D1726048

Ludwig Münchheimer (Versailles, Saint Germain)
Werner Münchheimer (Potsdam)

Selbstbestimmungsrecht der Deutschen

Welches sind Gebiete Deutschlands,
wo liegen Deutschlands Grenzen?
Weil das Selbstbestimmungsrecht der Völker
auch für das deutsche Volk gilt

FRIELING

Die Deutsche Bibliothek – CIP-Einheitsaufnahme
Münchheimer, Ludwig und Werner:
Selbstbestimmungsrecht der Deutschen : welches sind Gebiete Deutschlands,
wo liegen Deutschlands Grenzen? Weil das Selbstbestimmungsrecht der Völker
auch für das deutsche Volk gilt / Ludwig Münchheimer (Versailles, Saint Germain)
und Werner Münchheimer (Potsdam). –
Orig.-Ausg., 1. Aufl. – Berlin : Frieling, 1997
(Frieling – Zeitgeschichte)
ISBN 3-8280-0088-6

© Frieling & Partner GmbH Berlin
Hünefeldzeile 18, D-12247 Berlin-Steglitz
Telefon: 0 30 / 7 74 20 11

ISBN 3-8280-0088-6
1. Auflage 1997
Sämtliche Rechte vorbehalten
Printed in Germany

Gliederung:

Inhaltsverzeichnis
Kartenverzeichnis
Technisches Vorwort
Memento Vivorum

Inhaltsverzeichnis

Verzeichnis der Landkarten

Zur Darstellung kommen der polnische – und ostdeutsche – Volksboden in der Entwicklung zwischen 1897 / 1910 und 1931, 5 mal nach polnischen Autoren, 1 mal nach einer reichsdeutschen Darstellung auf Grund der amtlichen polnischen Sprachen- und Konfessionsstatistik 1931; der ukrainische – und polnische – Volksboden auf Grund US-amerikanischer Autoren.

Karte 1 (Eine deutsche Karte)
Zufolge der Flächengröße und des Maßstabes 1 : 1 000 000 sind nur die polnischen und ostdeutschen Volksgebiete in Polen darzustellen, vom Korridor bis zum Bug: Obwohl die kreisweise Darstellung der unwahrscheinlich riesigen weißruthenischen und ukrainischen Volksgebiete im sogenannten „Ostpolen" ostwärts des Bug höchst eindrucksvoll wäre!
Das Ergebnis zeigt überzeugend,- bis auf die Gemeindeebene heruntergehend,- daß vor der schikanösen Verdrängung der deutschen Westpreußen aus dem Korridor 1918 bis ca 1926 der polnische Volksboden in Pommerellen, in Westpreußen nirgends die Meeresküste der Ostsee erreichte, sondern nur der kaschubische; nur die Tucheler Heide von Tuchel bis Schubin und nur das Kulmerland einerseits um Kulmsee / Briesen, andererseits um Neumark 1918 polnisches Siedlungsgebiet war; dagegen die Städte und Landkreise Thorn, Bromberg, Wirsitz, Kolmar, Scharnikau, Birnbaum, Neutomischl 1918 weitaus überwiegend deutsche Kreise waren auch im Westen Posens!
Ebenso wird vom polnischen Volksboden im Osten äußerstenfalls – und nur zufolge der kreisweisen Darstellungsweise – der Flußlauf des Bug erreicht: Die Curzonlinie, bevor sie erfunden worden war!

Karte 2 (eine polnische Karte auf Grund von Volkszählungen 1897 bis 1910; erschienen Wien 1910).
Der Autor, E. Romer, gibt den „polnischen Kolonisationsstrom" freimütig zu!
Zwar verfälscht auch diese Karte den vorgeblichen polnischen Volksboden: in Südmasuren (vgl. dagegen das Ergebnis der Volksabstimmung), im Westen Oberschlesiens (vgl. wiederum das Ergebnis der historischen Volksabstimmung)!
Dennoch werden dort polnischerseits wahrheitsgemäß zugegeben: Das deutsche Weichseltal von Thorn bis Danzig, vorgeblich nur 25 – 50% polnisch, Thorn und Bromberg deutsch, entsprechend, Netze und Warthe deutsch, entsprechend, Breslau (vorgeblich) 1 bis 5% polnisch, Westoberschlesien deutsch, vorgeblich 5 bis 50% polnisch!
Ebenso, daß der polnische Volksboden 1910 von Brest-Litowsk bis Hrubieszow „Ostpolen" nirgends erreichte: Hinter der späteren Curzonlinie noch 15 bis 50 km zurückbleibend!

Karte 3 a (eine polnische Karte): Polnische Schulkinder in Westpreußen, Poznan.
Obwohl die Karte auch noch von bewußten Fälschungen gekennzeichnet ist – Masuren, Kaschubei, Weichseltal, Thorn, Bromberg, werden immer noch zugegeben: Danzig 1 bis 5% polnisch, Breslau unter 1% polnisch, (Eins) Nordostpreußen unter 1% polnisch!

Karte 3 b (eine polnische Karte): Ländereien der Ansiedlungs-kommission!
Deutlich wird der vergleichsweise sehr minimale Wirkungsbereich mit nur „über 25%" ostwärts Poznan.
Danzig 0%. (Null)
Thorn, Bromberg nur 15 bis 25%!

Karten 3c und 3d (zwei polnische Karten):
Römische Katholiken im Gouvernement Chelm 1905 bis 1909:
Im Jahre 1905 wurde im Zartum Rußland der Ukas der religiösen Toleranz erlassen.
Daraufhin konvertierten 120 000 Orthodoxe – vermutlich bisher gezwungene Polen – zugunsten des römischen Katholizismus.
Wenn unterstellt werden soll, – was die Autoren tun –, daß es sich um eine polnische nationale Bewegung gehandelt hat, so blieb dennoch:
von Terespol über Wlodawa = 33 km,
von Chelm = 26 km, von Hrubieszow = 24 km
die neue polnische „Volksgrenze" westlich hinter dem Bug und damit westlich hinter der Curzonlinie und der neuen polnischen Staatsgrenze von 1945 zurück!
Alle 5 Karten beweisen, daß es nach polnischer wissenschaftlicher Darstellung der Vorkriegszeit bis 1910 das spätere vorgebliche „Ostpolen" nirgends gegeben hat, sondern nicht einmal der Bug erreicht wurde: Sodaß für eine „Kompensation" eines verlorenen „Ostpolen" durch Entvölkerung und Annektion Ostdeutschlands keine Notwendigkeit bestand!

Karte 4a: Waldverbreitung

Karte 4b: Die Ostgebiete des Deutschen Reiches 1920 bis 1937 bis 1945

Karte 5: (eine US-amerikanische Karte)
Das Wunschbild der Ukraine ...
Von Berestia (Brest) über Kholm (Chelm) bis Peremyshl (Przmysl) bestätigt sie die dargestellten polnischen Eingeständnissse der polnischen Volksgrenze westlich vom Bug!

Karte 6: Nr.10, 12, 14, 15 eines Atlas der Ukraine; US-Amerikanische Karten von G. W. Simpson, Professor of History, University of Saskatchewan, Augsburg 1946; „Ukraine, an Atlas of its History and Geography"!
4 Bestätigungen der Erstreckung des ukrainischen Volksbodens westlich des Bug und westlich der Curzonlinie!

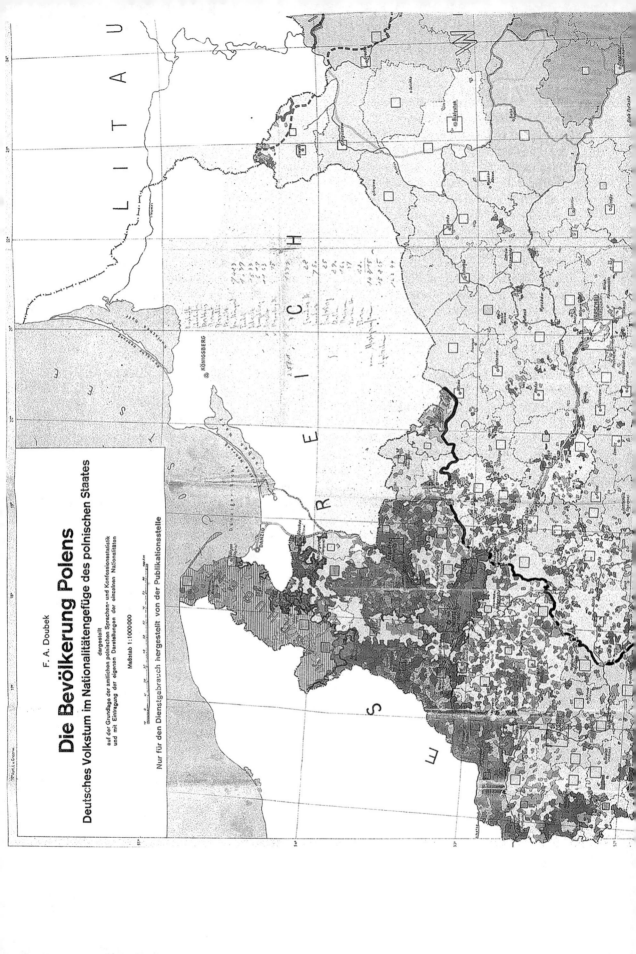

F. A. Doubek

Die Bevölkerung Polens

Deutsches Volkstum im Nationalitätengefüge des polnischen Staates

dargestellt

auf der Grundlage der amtlichen polnischen Sprachen- und Konfessionsstatistik
und mit Eintragung der eigenen Darstellungen der einzelnen Nationalitäten

Maßstab 1:1000000

Nur für den Dienstgebrauch hergestellt von der Publikationsstelle

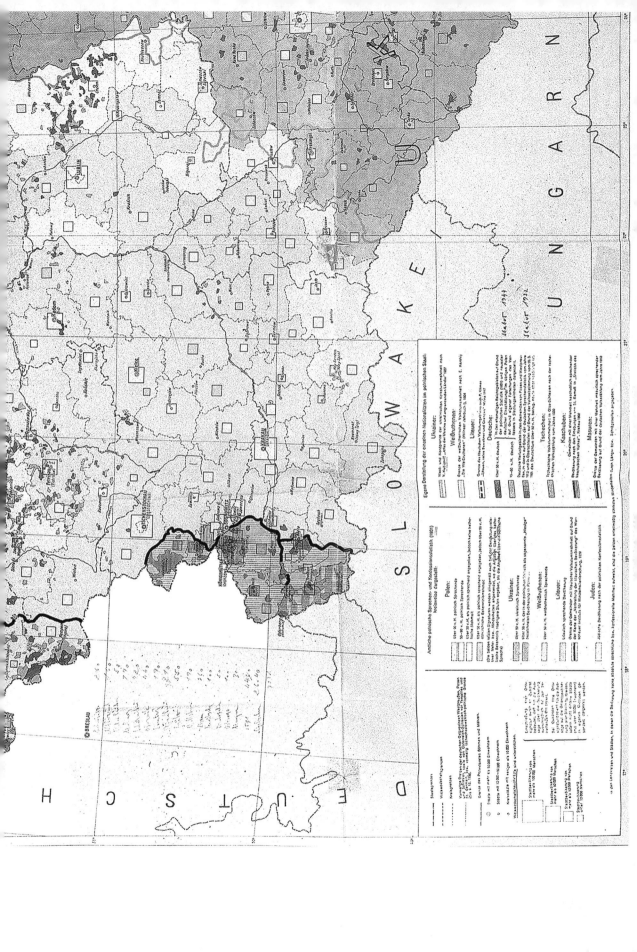

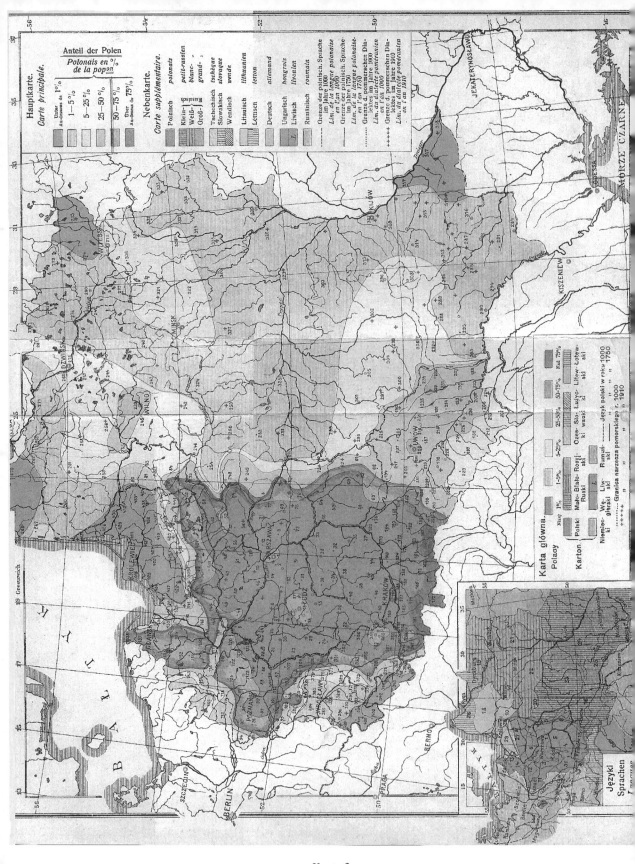

Karte 2

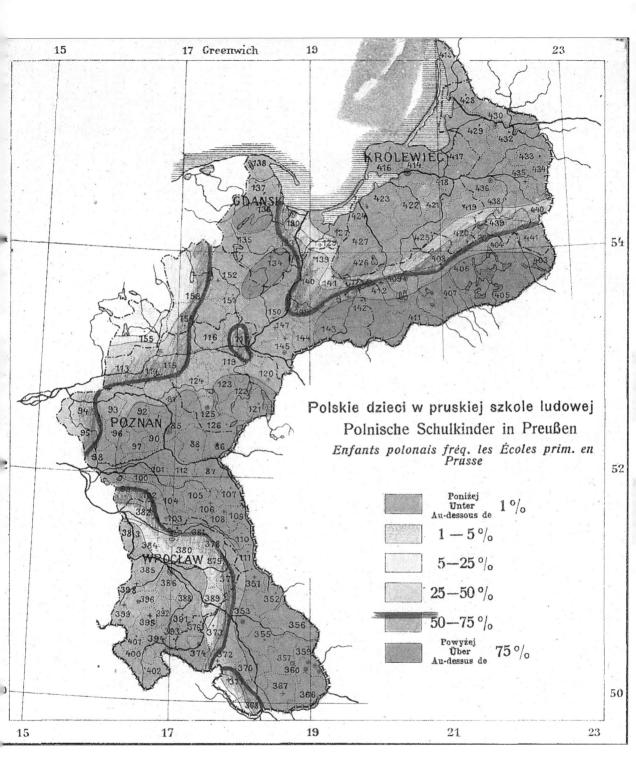

Karte 3a

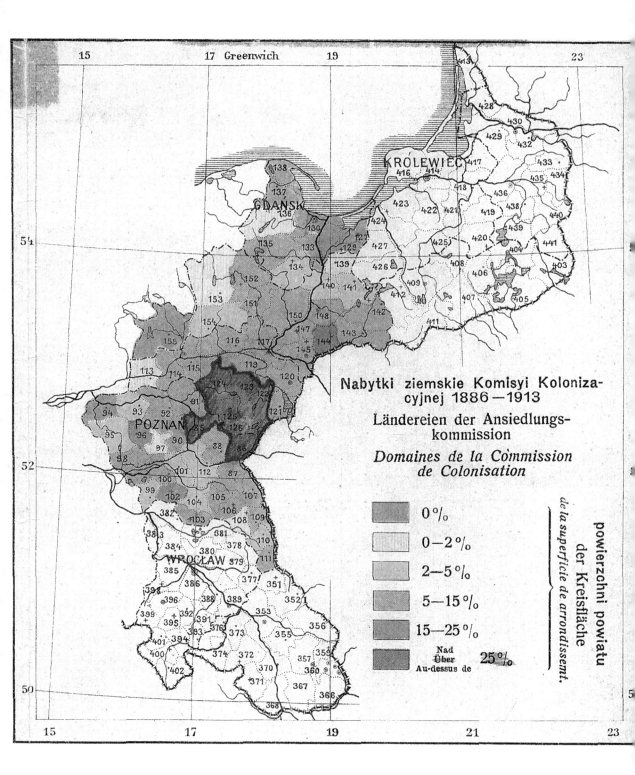

Karte 3b

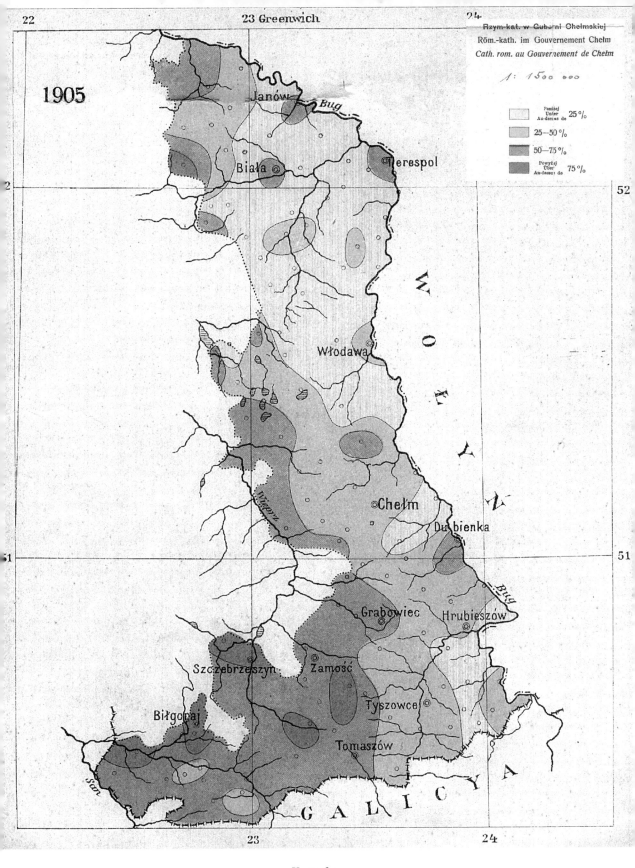

Rzym-kat. w Guberni Chełmskiej
Röm.-kath. im Gouvernement Chełm
Cath. rom. au Gouvernement de Chełm

1 : 1 500 000

Poniżej
Unter   25 %
Au-dessus de

25—50 %

50—75 %

Powyżej
Über   75 %
Au-dessus de

1905

Janów

Bug

Biała

Terespol

Włodawa

Chełm

Dubienka

Grabowiec   Hrubieszów

Szczebrzeszyn   Zamość

Biłgoraj

Tyszowce

Tomaszów

San

W O Ł Y Ń

G A L I C Y A

2   52

51   51

Karte 3c

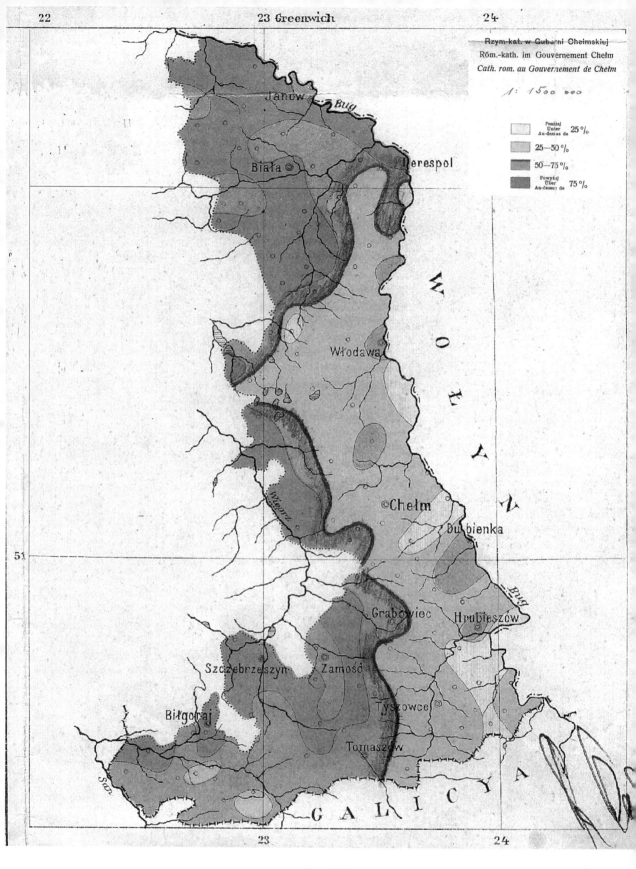

Rzym-kat. w Guberni Chełmskiej
Röm.-kath. im Gouvernement Chełm
Cath. rom. au Gouvernement de Chełm

1 : 1 500 000

	Poniżej Unter Au-dessus de 25 %
	25—50 %
	50—75 %
	Powyżej Über Au-dessus de 75 %

Janów

Bug

Biała

Berespol

Włodawa

WOŁYŃ

Wieprz

Chełm

Dubienka

Grabowiec

Hrubieszów

Bug

Szczebrzeszyn

Zamość

Tyszowce

Biłgoraj

Tomaszów

San

GALICYA

Karte 3d

Waldverbreitung

Maßstab 1 : 3 000 000

0	10	20	30	40	50	60	70	80	90	100 km

Wald
Grenze Deutschlands b.1918
Grenze Deutschlands
von 1937
Provinzgrenzen von 1937
Oder-Neiße-Linie 1945
Teilung Ostpreußens 1945

Karte 4a

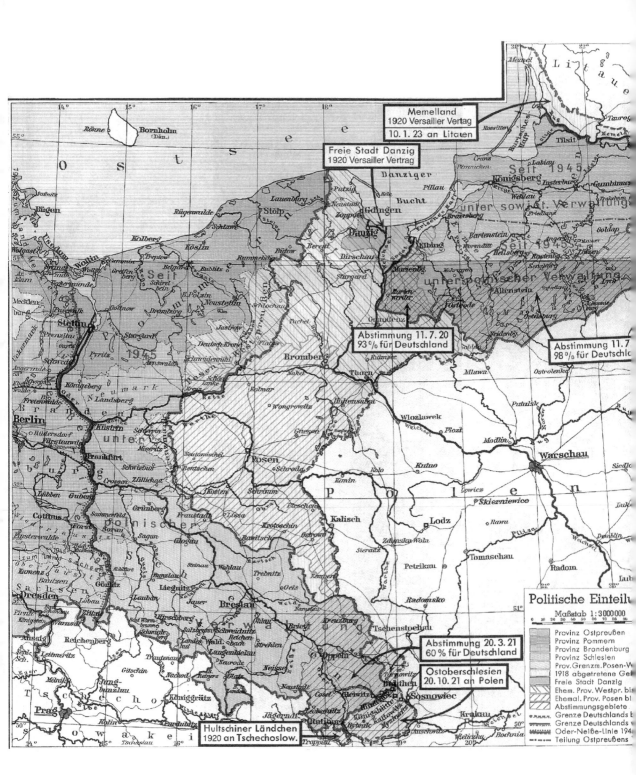

Karte 4b

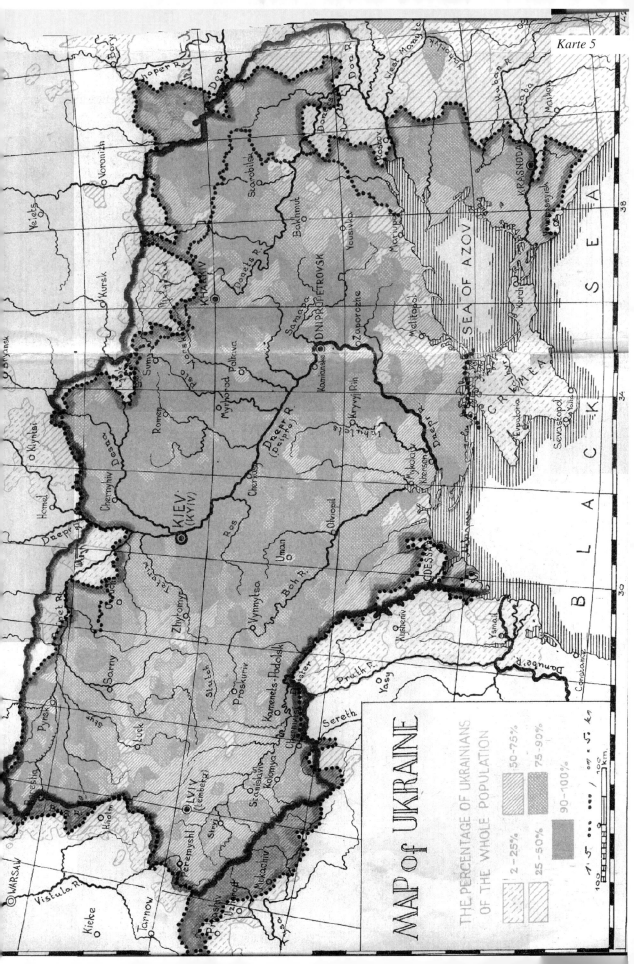

Karte 5

MAP of UKRAINE

THE PERCENTAGE OF UKRAINIANS
OF THE WHOLE POPULATION

2 - 25%

25 - 50%

50 - 75%

75 - 90%

90 - 100%

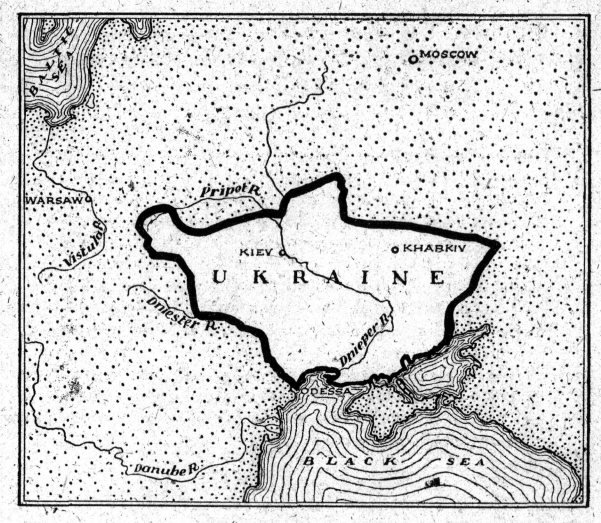

12. The Ukrainian National Republic as Established 22 January, 1918.

Karte 6

Memento Vivorum

1) „England cannot make a war, because 3,5 million Germans do not want to remain Czechs …"
Prime Minister Arthur Neville Chamberlain vor dem House of Commons nach dem Abkommen von München

2) „England müsse sich eines vor Augen halten: Wenn, wie manche behaupten, es heute den Frieden mit Unehre erkaufe"- München …1938 …- „so deswegen, weil es vor 20 Jahren einen ehrlosen Frieden auferlegt hatte" – … Versailles!
Lord Allen of Hurtwood im „Manchester Guardian" 20.10.1938; nach der Sudetenland-Krise, bis 29.09.1938

3) „Es handelte sich um einen seit dem Vertrag von Versailles bestehenden Sachverhalt, um ein Problem, für das man längst hätte eine Lösung finden müssen, wenn es nur die Staatsmänner der letzten 20 Jahre mit weiterem Blick und größerem Pflichtgefühl betrachtet hätten"
Prime Minister A. N. Chamberlain in Birmingham 20.03.1939; nach der Besetzung der Resttschechei, 15.03.1939

4) „We do not want that is either Breslau or Stettin …"
„Wir wollen weder Breslau noch Stettin. Wir fordern nur unsere ethnisch und historisch polnischen Gebiete" … Ministerpräsident Arciszewski der polnischen Exilregierung im „Sunday Times", London, 17.12.1944

5) „der Landraub Polens …" 31.07.1945; Potsdam; Admiral Leahy, I was there S.493; US amerikanische Delegation
Zur Oder-Neiße-Linie Juli/August 1945

6) „… es ist nicht ausgeschlossen, daß eine Tragödie ungeheuren Ausmaßes sich hinter dem Eisernen Vorhang abspielt" …
Winston Churchill am 16.08.1945 vor dem House of Commons

7) „In Potsdam wurden wir vor eine vollendete Tatsache gestellt und waren durch die Umstände gezwungen, der … polnischen Besetzung des östlich der Oder gelegenen Teils Deutschlands zuzustimmen. Es war ein willkürlicher Gewaltakt" …
N a c h Potsdam und Ostdeutschland 7.07. – 20.08.1945; Präsident der Vereinigten Staaten von Amerika Harry S. Truman, Memoirs, Band I, S.492

8) Nach der Zerstörung Ostdeutschlands durch Polen 1945:
„Hier lag ein Übel, neben dem das Elsaß-Lothringen und der Danziger Korridor belanglos wirkten. Eines Tages werden die Deutschen diese Gebiete zurückfordern" …
Winston S. Churchill, The second world war, Band 6, S. 561

9) „Die BRD und die DDR sind für sich genommen <u>auch gemeinsam nicht Deutschland</u>." …
„… die BRD und die DDR sind deutsche Staaten, <u>sie sind aber nicht das Deutschland</u> …"
(Professor Dr. Felix Ermacora, Der unbewältigte Friede, St. Germain und die Folgen, Wien-München 1989; S.185, S.210)
Sehr frei nach Martin Luther: Von der schlecht unterrichteten US-amerikanischen Nation an die besser zu unterrichtende amerikanische Nation, … britische, französische Nation …

Vorwort

1 Menschliche Erleichterungen / Territorialer status quo

Das Jahr 1989 – fünfzig Jahre nach dem Ausbruch des Zweiten Weltkrieges – ist weithin gekennzeichnet dadurch, daß in überraschend hohem Maße Bewegung in scheinbar erstarrte Strukturen der internationalen Politik gekommen ist.

Dabei bleibt jedoch zweierlei in jeder Deutlichkeit zu unterscheiden:

Einerseits: Im Osten treten Entwicklungen auf den verschiedensten Gebieten ein, insbesondere in der DDR, aber auch im ganzen zerfallenden Sowjetlager.

Andererseits: Im Westen werden daran Erwartungen, um nicht deutlicher zu sagen Illusionen bzw Träume angeknüpft. So auch in der dritten, der nicht sowjetisch beherrschten bzw beeinflußten und nicht westlichen Welt.

In den beiden Lagern, in fast allen Fällen jedoch handelt es sich prinzipal und fast ausschließlich um – im allerweitesten Sinne – irgendwelche menschlichen Erleichterungen. Dies bedeutet, daß der in unerträglichem Maße zufällige und ungerechte territoriale status quo verabsolutiert wird. Er wird als sakrosankt proklamiert, für unantastbar, für heilig erklärt. Wer auch nur Gedanken an seine Revision wende gefährde den Weltfrieden.

Vielmehr wird ausdrücklich und ununterbrochen – insbesondere von Polen – verlangt, diesen status quo förmlich und rechtsverbindlich anzuerkennen, das heißt als rechtmäßig zu erklären.

Im Sowjetlager und seinem weiteren Einflußbereich beschränkt sich deshalb der territoriale Bezug lediglich auf die stereotype strengste Wiederholung der Definition des jeweiligen betroffenen Anteils am zerfallenden spätkolonialen Konzentrationslager Groß-Rußlands in Ostmitteleuropa.

Dabei wird die Zügelung der vielen, nach Unabhängigkeit strebenden Staaten oder Kräfte in höchst bemerkenswertem Maße variabel gehandhabt noch immer von offenem Terror bis zu betont überaus friedlichen Verhaltensweisen.

2 Zwischeneuropa

In Litauen, Lettland, Estland ist die Entwicklung erstaunlich weit vorgeschritten, so daß aus litauischen, lettischen, estnischen Kommunisten – nach finnischem Vorbild – wieder Litauer, Letten, Esten wurden. Das glückliche Ende des Strebens nach Unabhängigkeit ist ungeachtet des litauischen Mutes und Estlands und Lettlands Klugheit noch nicht gänzlich abzusehen.

In Polen finden sich die Reste des eigenartigen volksdemokratischen Übergangsregimes. Zwar ist der kommunistische Staatspräsident vergangen.

Zwar hat die fortbestehende KP ihren früheren überwiegenden Anteil am Sejm verloren. Neben einer halboppositionellen KP Gewerkschaft gibt es die Solidarität. Sejm und Senat sind scheinbar demokratisch zusammengesetzt. Eine scheinbar neutrale Regierung verfolgt ein Austerity-Programm schärfster Anspannung, vermutlich noch auf Jahre hinaus.

Dazu ein Staatspräsident, dessen Eignung zu mehr als Polemik – und nebenbei unverantwortlicher Drohung gegen Deutschland – noch erwiesen werden muß.

Alle westliche, erstaunlicherweise gerade auch deutsche Hilfe, könnte vergeblich sein.

In der CR herrscht noch – oder wieder – die relative Ruhe partiellen kaum Genügens trotz allerbesten Willens.

In Ungarn ist von der Wiederzulassung des Mehrparteiensystems und anderer demokratischer Errungenschaften bis zum Eingeständnis der Rolle und der Bedeutung des Volksaufstandes von 1956, bis zur ausdrücklichen Rehabilitierung von Imre Nagy und Pal Maleter, die verheißungsvollste, vielleicht die realste Aufwärtsentwicklung im ehemaligen Sowjetblock im Gange.

In Armenien fordert ein leidgeprüftes uraltes europäisches Kulturvolk seine Einheit und seine Freiheit.

In Georgien beginnt sich der Stolz dieses ritterlichen Volkes in Schärfe zu zeigen.

Aserbeidschan ist ein Aufstandsgebiet.

In den übrigen islamischen Sowjetrepubliken ist eine Entwicklung angestoßen worden und langsam in Gang gekommen, von der Groß-Rußland nicht weiß, wo sie enden wird. Aber dies schon genügt, um Moskau das

Fürchten zu lehren.

Die Ukraine und Weißruthenien sind noch weithin in scheinbarer Starre befangen. Die Westukraine beginnt mit der Evolution. Wenn dann eines Tages die ganze Ukraine „brennen" sollte, so wird „der Dnipr nicht hinreichen, das Feuer zu löschen".

Auch die Ukraine hat sich schon für unabhängig erklärt.

Moldawien ist unruhig, hat Nationalitätenkämpfe. Auch Moldawien hat sich für unabhängig erklärt. Der Anschluß an Rumänien ist gedanklich vorbereitet.

Rumänien schließlich versucht in Siebenbürgen und im Banat gegenüber den Szeklern einerseits, den Sachsen und Schwaben andererseits, die schleichende Diskriminierung aufrechtzuerhalten.

Die glücklicherweise niemals zum Ende gekommene „Dorfsanierung" wäre für europäische Verhältnisse ein beispielloser Kulturrückschritt gewesen. Selbst die Vorbereitungen und Anfänge waren destruktiv genug.

Eine allgemeine Resignation und Stagnation bleiben als Folgen selbst nach der Revolution.

Albanien nimmt an der Allgemeinentwicklung noch viel zu wenig teil.

Jugoslawien war lange der freiheitlichste Teil der kommunistischen Länder. Zufolge der chauvinistischen Raserei Serbiens unter Milosevic gegenüber dem albanisch besiedelten autonomen Gebiet Kossowo, gegenüber Cerna Gora, gegenüber der Woiwodina, nunmehr gegenüber Kroatien und Slowenien, dann Bosnien (Hercegowina), dann Macedonien droht der Gesamtstaat Jugoslawien nach wenigen Jahrzehnten mühseligen Lebens zu zerfallen.

Im Ganzen also: Menschliche Bewegungen, möglichst Erleichterungen.

Territorial absolute Erstarrung.: Von den Kurilen über Nagorny Kara-Bagh, über Litauen, Lettland, Estland bis Kaliningrad, die ununterbrochen proklamierte geheiligte polnische Westgrenze, bis hin zum Sudetenland.

3 Westillusionen

Die Illusionen im Westen dagegen sind ebenso erstaunlich wie auf Dauer gefährlich.

Dabei läßt sich der Westen allgemein und von vornherein in den von der Sowjetunion oder ihren Satelliten propagierten und proklamierten Rahmen nicht nur drängen, sondern geradezu zwingen:

Wiederum „Dialoge", „Zwei-plus-vier-Gespräche", irgendwelche meist wenig erheblichen bzw. leicht zurücknehmbaren demokratischen Erleichterungen; dabei wiederum immer sowjetischer, polnischer, tschechischer status quo um jeden Preis und ohne jede Frage.

Jeder Territorialbezug bleibt noch immer im sowjetisch diktierten Rahmen, der vorgeblich nicht in Frage gestellt werden dürfte.

Zwar werden wegen der unaufhaltsamen Erhebung der Völker einerseits, dem völligen Zusammenbruch der Machtapparate andererseits, die „DDR" und Ostberlin nach und nach – bis 1996! – aufgegeben.

Aber militärisch noch nicht Polen, kaum Ungarn, kaum die CSFR, kaum Bulgarien, zweifelhaft Rumänien. Erst recht nicht die drei baltischen, so sehr freiheitsliebenden Staaten und Völker Litauen, Lettland, Estland. Erst recht nicht die Republiken Armenien, Georgien, Aserbeidschan. Soweit noch immer mit Gewalt aufrechtzuerhalten: Nur keine „Destabilisierung".

Der Westen läßt – ebenso wie Ungarn 1956, ebenso wie die CR 1968, zu schweigen von Mitteldeutschland 1953, von Polen 1980 – nun Vilnius, Riga, Tallin bewußt allein: Wie es selbst eine FAZ formulierte:

„Europa verrät sich selbst".

Jeder Territorialbezug hat daher gerade bei westlichen Fiedensanhängern so überaus vage zu bleiben, daß das „Neue Denken", daß die Perestroika nicht gefährdet, die westliche Illussion über Rußland nicht allzu deutlich in Erscheinung tritt.

Aus dieser geistigen Zwangslage heraus wird mit überraschendem Optimismus bis hin zur Euphorie und zur Apotheose der sachlich nicht welterschütternden Ziele eine neue, eine schönere, eine vorgeblich europäische Welt gepredigt: Das „Europäische Haus".

Die Nationen seien veraltet. – Insbesondere die deutsche!- Die Nationalstaaten seien überholt und gescheitert. – Insbesondere der deutsche! – Sie seien zu überwinden zugunsten der kleinen, volkstümlicheren, romantischen „Regionen".

Grenzen seien dadurch zu überwinden, daß sie „durchlässig" gemacht würden, ihres „trennenden Charakters entkleidet" würden, durch „Vernetzung"! Was immer das sein soll!

Jahrelang wurde propagiert, das eine deutsche Volk „könne nur" und es sollte deshalb freiwillig in zwei Staaten leben. Der deutsche Nationalstaat sei „gefährlich" (Günther Grass noch 1990)! Diese zwei Teilstaaten könnten und sollten „nebeneinander", „miteinander", „integriert" dem Europarat, der Europäischen Wirtschaftsgemeinschaft, dem europäischen Parlament, selbstverständlich beide den Vereinten Nationen angehören.

Dies genüge zur Freiheit Deutschlands. Dies genüge zur Einheit Deutschlands. Das Ziel einer Wiedervereinigung Deutschlands in Frieden und Freiheit sei nichts als die „Lebenslüge der Bundesrepublik".

Darüber hinaus Reichendes sei „sekundär", sei nationalistisch, sei engstirnig, sei ewiggestrig. Weiteres sei mithin ohne weiteres verzichtbar.

Ein – bisher fast nirgends existierendes! – „Volksgruppenrecht" solle und könne die Probleme aller nicht mitregierenden – also eigentlich aller „unterworfen gehaltenen"! – Volksgruppen Europas auf dem Wege der Regionalisierung und der Autonomie zur schließlichen Befriedung aller Staaten und aller Völker regeln.

Vorauszuschicken bleibt, daß Theorien solcher beinahe weltfremden Art überhaupt nur vertreten werden können, weil die schlimmsten Auswüchse der „Versailler" Zwischenkriegszeit: die Unterworfenheit von über 9 Millionen Ukrainern und Weißruthenen und über 1 Million Korridordeutschen unter polnische Herrschaft, im Osten unter polnischem Terror, die Unterworfenheit von 3,3 Millionen Sudetendeutschen und von Hunderttausenden Ungarn, sowie des ganzen slowakischen Volkes unter tschechische Drangsalierung nicht mehr existieren.

Dieses Heilmittel „Volksgruppenrecht" müsse nun zweierlei völlig paritätisch und gleichzeitig sein:

Es müßte für den freien Westen gerade noch geringfügig genug sein, damit Basken, Katalanen, Galicier, Corsen, Sarden, Bretonen, Flamen, Deutsch-Lothringer, Elsässer, Südtiroler möglichst wenig „gefährliche" Rechte erhielten einerseits, damit die herrschenden Staatsnationen gerade mangels Masse gerade noch zustimmen könnten, Spanier (Castellanos), Italiener, Franzosen andererseits.

Es müßte für den sich entwickelnden Osten gerade noch konstitutiv genug sein, damit die Deutschen in den deutschen Ostgebieten unter polnischer Verwaltung bzw. die im Sudetenland, damit die Albaner im Kossowo, damit die Deutschen in Ungarn, damit die Szekler in Rumänien, damit die Deutschen in Rumänien noch irgendwelche erwähnenswerten Rechte erhielten.

Darüber dann, wieviel Substanz nun ein solches Volksgruppenrecht enthalten sollte, läßt sich – nach dem Beispiel des Südtiroler Volksgruppenrechtes! – mit Sicherheit trefflich streiten.

Offensichtlich bleibt aber, daß die bis zu 13 Millionen Vertriebener der Jahre 1945 – 1947 aus Ostdeutschland und aus dem Sudetenland von einem solchen – höchst erstrebenswerten – Volksgruppenrecht trotz europäscher Basis überhaupt keinerlei Nutzen hätten.

Für sie bliebe es bei dem bloßen verbalen Fortschritt, wie es denn wäre, w e n n sie entweder nicht deportiert, vertrieben worden wären, 1945, oder wenn sie in ihre Heimatländer zurückkehren könnten und es angesichts der dortigen heutigen Verhältnisse überhaupt wollen könnten: 1997!

Deshalb müßte das völkerrechtlich ohnehin normativ zugesicherte Recht zur Rückkehr in das eigene Land
mindestens auch praktisch anerkannt und ermöglicht werden.

Den Unterdrückungsmächten, Polen, Rußland, der CR, bliebe ohnehin die Hoffnung bis zur praktischen Gewißheit des Scheiterns:

Faktisch kann es von niemandem gewünscht werden, freiwillig in ein Land wie Polen, in die CSFR, nach Kaliningrad zurückzukehren, ohne die Garantie der rechtlichen Freiheit unter deutscher Rechtsordnung.

Faktisch würde es ohnehin administrativ durch versteckte Schikanen und Sabotage unmöglich gemacht werden: Ähnlich, wie es in Polen 1920 bis 1926 erfolgreich vorgemacht worden ist und 1990 bereits in Schlesien vorbeugend wieder begonnen hat.

Solches wäre dann in etwa das „Haus Europa" in westlichem Mimikry auf ostdeutschem Boden in polnischer Praxis.

4 Verneinung des Selbstbestimmungsrechtes durch Scheinerfüllungen

Jeder normale Mensch wird sich mit Sicherheit den Frieden wünschen, und als Teil dieser Friedensordnung ein ordentliches und rechtlich anständig verfaßtes, ein „rechtmäßiges" „Europäisches Haus".

Nur sind die gerade dargestellten Fragen bzw Ergebnisse zum Europäischen Haus auch fundamentale Voraussetzungen auch für die Fragen und Ergebnisse über Deutschland, über das Selbstbestimmungsrecht des deutschen Volkes auf sein Land, auf Ostdeutschland, auf das Sudetenland, auf Danzig.

Weder sind die noch so hoffnungsvollen Bewegungen im Osten als Erfüllung genug. Die „Solidarität" in Polen ist eine res inter alios acta, die Wünsche des Baltikums, Armeniens, Georgiens, Aserbeidschans, der Wolgadeutschen blieben teilweise unerfüllt.

Noch sind noch so hoffnungsvolle Pläne im Westen als Erfüllung genug.

Das Volksgruppenrecht hilft den Deportierten, den Millionen überhaupt nichts mehr.

Beide Scheinerfüllungen sind keine Erfüllung des Völkerrechtes und der Menschenrechte, insbesondere nicht des Menschenrechtes des deutschen Volkes auf Selbstbestimmungsrecht auf sein Land.

Beides negiert das g a n z e Deutschland, in Einheit wie in Freiheit.

Beides verweigert das Selbstbestimmungsrecht des deutschen Volkes.

Beide Ziele bringen Ostmitteleuropa nur wohl abgemessene Bruchteile der demokratischen Rechte und Freiheiten.

Für das ganze Deutschland, für das deutsche Volk, für die Ostgebiete des Deutschen Reiches, für Danzig, für das Sudetenland, für die deutschen Grenzen muß es hier gehen

um menschliche Erleichterungen einerseits u n d um das deutsche Land andererseits.

Hier ist und bleibt der t e r r i t o r i a l e Zustand Deutschlands der Inhalt der Klage und der Anklage.

Was ist 1918 mit Deutschland gemacht worden in Versailles!

Was ist 1945 mit Deutschland gemacht worden in Potsdam!

Was wird 1990 mit Deutschland gemacht in Paris und Moskau!

Und dies alles im Zeitalter des Selbstbestimmungsrechts aller Völker und aller Nationen: Auch des deutschen Volkes, auch der deutschen Nation. Hier und Jetzt. 1990/1997

Wie ist alles gekommen?

Wie ist alles geschehen?

Kapitel 1

1 Fragestellung zum Selbstbestimmungsrecht der Deutschen ...

1.1 Selbstbestimmungsrecht und Land

1.1

Das internationalrechtliche Selbstbestimmungsrecht der Völker, Nationen und Volksgruppen ist seit spätestens 1917 in seinem Wesen erkannt, anerkannt und in der weiteren Entwicklung zur Allgemeingültigkeit begriffen gewesen.

Aus dem jahrhundertealten moralischen Prinzip war erst eine politische Maxime, dann ein völkerrechtlicher Grundsatz, dann eine Völkerrechtsnorm, ein Anspruch, ein Recht und eine Pflicht[1] geworden.

Hier bedarf es nicht der detaillierten historischen Ableitung, um im Ergebnis festzustellen, für wen das Selbstbestimmungsrecht gilt. Das Selbstbestimmungsrecht der Völker gilt heute allgemein für alle Völker, für alle Nationen, für alle Volksgruppen. Das Selbstbestimmungsrecht der Völker gilt speziell unterschiedslos und ausnahmslos gleichmäßig für alle. Das Selbstbestimmungsrecht ist unter keiner politischen Ausflucht, unter keinem anderen scheinbar anwendbaren Rechtstitel abdingbar. Auch nicht durch Debellatio. Es gibt gegenüber dem Selbstbestimmungsrecht der Völker kein Selbstbestimmungsrecht von Staaten. Die Staaten sind abgeleitet von den Menschen, nicht die Menschen von den Staaten.

Es gibt kein Selbstbestimmungsrecht von Klassen, von Religionen, von frei erfundenen Phänomenen („Sozialistische Nation"), von Phantasiegebilden („Gesicherte Grenzen von Staaten").

1.12

Seit den Verträgen von Verdun 843 n.Chr., das heißt seit nunmehr 1154 Jahren, war es bis 1945 unstreitig, daß es ein d e u t s c h e s Volk gibt, daß es e i n deutsches Volk gibt, grundsätzlich, ohne Ausnahme, immer.

Auf die unausgegorenen, zielbewußt manipulierenden, dabei ans Lächerliche streifenden Versuche der untergegangenen „DDR" braucht ernsthaft hier nicht mehr eingegangen zu werden: Isoliert von der ganzen übrigen Welt, von der Wissenschaft, von allen normalen Völkern, versuchte sie eine „sozialistische deutsche Nation" gegenüber einer „bürgerlichen, kapitalistischen deutschen Nation" zu erfinden. Nicht einmal die UdSSR hat sich je in solchem phantastischen Maße vorgewagt. Selbst ein Lenin oder Stalin dürfte solche Phantasmagorien von DDR-Schreibern kaum mehr als belächelt haben. Sie haben sich 1989 endgültig erledigt.

1.13

Das Recht eines Volkes auf einen, auf seinen Staat – oder ggf auf mehrere seiner Staaten!- wird so klar nicht zugestanden werden. Allen schönen Worten insbesondere der UdSSR über die „Freiheit der Wahl" zum Trotz.

Dagegen ist das Recht eines Volkes, auf seinem Boden seßhaft zu sein, mindestens in der Neuzeit bis zu den polnisch-sowjetisch-tschechischen Deportationen ab 1945 wenig be-

---

[1] Vergleiche z.B. abschließend jeweils die Artikel 1 der internationalen Pakte über bürgerliche, politische, soziale Rechte vom 16. Dezember 1966.

zweifelt worden. Mit dem Jahr 1945 ist hier – wie vielfach – eine krasse Wendung zum Schlechten und hin zum Unrecht eingetreten.

Selbst wenn – zum Ersten – nur das jüdische Volk „seinen" Boden „seines" Landes Zion untrennbar in seine religiöse Heilserwartung einbezieht; selbst wenn – zum Anderen – das japanische Volk „seine" Inseln als Teil seines uralten Schöpfungsmythos um Amaterasu einbezieht, einschließlich der „Nördlichen Inseln", der Kurilen; selbst wenn nur das polnische und das französische Volk jeden Quadratmeter Bodens, insbesondere auch fremden, vielfach deutschen Bodens, der einmal legalistisch, kommunal, aristokratisch, staatlich „polnisch" bzw „französisch" gewesen war – oder in Wirklichkeit vielmehr angeblich gewesen sein soll;- als für immer urpolnisch bzw urfranzösisch anzusehen geneigt sind; selbst wenn jedes natürlich sich entwickelnde und von außen nicht gewaltsam beeinflußte Volk seinen Boden völlig selbstverständlich als seinen Boden betrachtet; als ausschließlich ihm gehörig:

So soll dies angeblich nicht für Deutschland und nicht für das deutsche Volk gelten.

1.14

Selbst aber wenn dagegen – wohl insofern allein und einzigartig in der Welt – das deutsche Volk – k e i n wirkliches Verhältnis zu seinem Lande entwickelt hat:

Selbst wenn Deutschland riesige, jahrhundertelang zu ihm

gehörige Gebiete seines Reiches (– aber fremde Volksgebiete! –) niemals zur Kenntnis genommen zu haben scheint: Estland, Livland, Kurland, Schamaiten, Gotland (zu vernachlässigen Jerusalem und Cypern);

– selbst wenn Deutschland riesige Gebiete seines Reiches (und frühere d e u t s c h e Volksgebiete) erst siebenhundert Jahre lang beherrschte und dann vergaß als entstehende fremde Staatsnationen: Niederlande, Flandern, Luxemburg, Schweiz, Liechtenstein;

– selbst wenn von Deutschland her gesehen ganz zu schweigen sein soll von riesigen Jahrhunderte lang zweifelsfreien Gebieten seines Reiches (aber Volksgebieten anderer Völker) Lorraine, Freigrafschaft Franche Comté, Reichsitalien, Krain, Südsteiermark, Nordschleswig;

– selbst wenn Deutschland riesige Gebiet seines Reiches (und bis 1918 d e u t s c h e Volksgebiete) nach der Katastrophe des Ersten Weltkrieges zu verschmerzen begann: Westpreußen, den Westen von Posen, Ostoberschlesien, Elsaß-Nordlothringen, Eupen-Malmedy:

So kann aber Deutschland heute – nunmehr endgültig mit dem Rücken schärfstens an die Wand gequetscht – die riesigen 1945 wie 1991 besetzten Gebiet seines Reiches, die 1945 alle ausnahmslos d e u t s c h e Volksgebiete waren, nicht abgetrennt zu lassen bereit sein: Memelland, Nord-Ostpreußen, Süd-Ostpreußen, Danzig, Ostpommern, Stettin, Ost-Brandenburg, Niederschlesien, Oberschlesien, Sudetenland, Südtirol.

Die Vereinigten Staaten von Amerika wie Groß-Britannien, – Frankreich weiß es ohnehin! – müssen endlich zur Kenntnis zu nehmen bereit sein, daß es nicht nur darum geht und nicht damit getan ist, die „gesicherte polnische Westgrenze" zu versteinern, als ob damit in Europa alles gut wäre. Seit spätestens 1918 geht es um viel mehr.

1.15

Am zwingenden internationalen Recht der Selbstbestimmung scheitert hinfort selbst die Nachgiebigkeit, Entgegenkommens-Bereitschaft, Kleinmut, Timidität, Angst Nein zu sagen deutscher Regierungen, des Auswärtigen Amtes, deutscher Parlamente.

Auch das deutsche Volk hat genau das gleiche unverzichtbare, unteilbare Selbstbestimmungsrecht auf seinen Boden wie jedes andere Volk. Verbale Lippendienste über das Wort „Selbstbestimmung", die man sich nicht schämte auch in den Pariser und Moskauer Diktaten 1990 zu veranstalten, 12. September 1990, sind danach nichts als bewußte Irreführung und Falschdarstellungen.

Dieses Selbstbestimmungsrecht wird sonst überall in der Welt mit völliger Selbstverständlichkeit wahrgenommen:

von Polen, der Tschechei, Frankreich, Slowenien, Kroatien, Israel, Japan, Bolivien, Peru, Chile/Argentinien, Paraquai, Pakistan, Indien, bis Burkina Faso.

Darüber hinaus ist es die letzte Hoffnung der noch immer unterdrückten Völker, für die die Freie Welt nichts tut oder wenig tun kann: Litauen, Lettland, Estland, Weißruthenien, Ukraine, Georgien, Armenien, Aserbeidschan, Kasachstan, Kirgisien, Tadschikistan, Turkmenien, Usbekistan, Kurdistan, Tibet.

Zwar ist es nicht erstaunlich, aber dennoch weder zu rechtfertigen noch zu entschuldigen, wenn dieses deutsche Selbstbestimmungsrecht auf den deutschen Volksboden – auf nichts sonst – in einer untragbaren Art völliger politischer und geographischer Blindheit und Voreingenommenheit im Ausland kein Verständnis fand, 1918 in Versailles, 1945 in Potsdam, 1990 in Paris und Moskau („Zwei plus Vier" Diktate)!

Das Vereinigte Königreich von Groß-Britannien und Nordirland hat es gedanklich scheinbar leicht: Es ist doch im Grunde seit 1066 territorial unberührbar gewesen und geblieben. Selbst das umkämpfte Nordirland ist weder England noch Wales noch Schottland, sondern etwas Anderes, das England heute nicht mehr lebensbedrohend zu berühren braucht. England kann sich in aller Unbekümmertheit eigene „Gebietsabtretungen" – mit Streichhölzern wie Primeminister Winston Churchill über fremde Völker, über fremden Boden, über Millionen Ermordeter oder Deportierter hinwegmarschierend – gar nicht vorstellen.

Die Französische Republik hat es gedanklich scheinbar leicht: Denn Frankreich ist seit spätestens 1453 nach dem Erlöschen des Hundertjährigen Krieges mit England in fast ununterbrochenem Angriff gegen Südosten (Italien), Nordosten (Flandern), dann Osten (Deutsches Reich) gewesen. Dies brachte fast ununterbrochen Territorialgewinne.

Fast ohne territoriale Rückschlage. Allein der letzte Rückschlag – die über 90% sprachlich deutschen Departements von Elsaß und Nordlothringen,- genügte dann, den ersten Weltkrieg mitvorzubereiten.

Moskau hat es gedanklich leicht: Großrußland war selbst geistig niemals bereit gewesen, seine Grenzen festzulegen oder auch nur zur Kenntnis zu nehmen: Von Alaska über Sachalin und die Kurilen, bis Wiborg/Viipuri, Nowgorod am Ilmensee, Reval/Tallin, Riga, Vilnius, Königsberg/Kaliningrad, Warszawa, Lwiw, Cernauti, Kischinew; ganz zu schweigen von Konstantinopel/Istanbul/Zarigrad!

Die Vereinigten Staaten von Amerika haben es gedanklich scheinbar leicht:

Seit der zunächst begrenzten Entstehung im atlantischen Osten sind sie nach allen Richtungen expandierend zu einem riesigen Territorium herangewachsen; mit grandiosen, auch kriegerisch erzwungenen Landgewinnen und niemals Landverlusten. – Sowohl die britische Verbrennung der Hauptstadt Washington 1814 als auch die zeitweilige Konkurrenz zu Kanada („Fifty five or fight") als auch Vietnam und natürlich Irak mochten psychologische Traumata darstellen, niemals aber territoriale Traumata für die USA.

Keine dieser 4 die Weltgeschichte um und mit Deutschland gestaltenden Großmächte/Weltmächte hat das geringste Verständnis für das deutsche, in Mitteleuropa so eingezwängte Volk, Reich und Land. Ein Land, dem ringsum fast jeder Nachbar Teile auch d e u t s c h e n Volksbodens abzutrennen gewillt war und fast nach Belieben dementsprechend erst 1918, dann 1945, mit Bestätigung 1990 Teile deutschen Bodens geraubt hat.

Zum offenen Hohn und zur Satire wird es dann, wenn einer der Großen dieser Vier, wenn ein General/Präsident Charles de Gaulle sich nicht schämt, Breslau, die deutsche Hauptstadt der seit mindestens 6 Jahrhunderten deutschen Provinz Niederschlesien als die „polnischste Stadt Polens" zu fingieren und zu feiern: Im Ergebnis im übrigen ein lätales Armutszeugnis für Polen, wenn mangels polnischer diese deutsche die polnischste Stadt Polens sein soll: Jene Stadt, die der polnische Ministerpräsident Arciszewski am 17. Dezember 1944 noch nicht für Polen haben wollte, weil sie – Zitat: „ethnisch und historisch" nicht polnisch war! Sondern für Arciscewski mit Recht ethnisch und historisch deutsch war.

1.16

Die Folgerung und ihr folgend die Forderung aus dem Selbstbestimmungsrecht des deutschen Volkes auf s e i n Land muß in zwei Richtungen unterschieden werden!

Zum Ersten die Menschen:

Die Menschen im heutigen Ostdeutschland und Sudetenland sind wichtig.

Bevölkerungsbewegungen ohne oder gegen ihren Willen sind ausgeschlossen. Die bittenden Propagandapredigten deutscher nützlicher Funktionäre daß man ein Unrecht nicht mit einem zweiten Unrecht erwidern dürfe, daß eine Vertreibung der „seit mehreren Generationen dort Wohnenden nicht in Frage kommen dürfe", sind überflüssig. Niemand propagiert eine Deportation.

Ihre Freiwilligkeit bleibt aber gefordert zu ihrer eigenen polnischen Bestimmung, zurück in ihre Heimat. Diese Polen können auch freiwillig unter deutscher finanzieller Hilfe nach Polen zurückkehren, von wo sie 1945 hergekommen sind.

Zum Zweiten das Land:

Ostdeutschland, Danzig, das Sudetenland ist zur Wiederherstellung des Internationalen Rechtes einer rechtmäßigen Verwaltung zu unterstellen.

Dies ist die polnische, russische, tschechische Verwaltung zur Zeit noch nicht.

Die rechtmäßige Verwaltung kann nur durch eine Volksabstimmung festgestellt werden: Entweder europäische Verwaltung oder russische, polnische, tschechische oder deutsche Verwaltung.

Alles Andere wäre mit dem Selbstbestimmungsrecht der Völker niemals vereinbar. Dies muß bei gedanklicher Redlichkeit auch jeder Gegner deutscher Interessen zugestehen. Nicht nur als theoretisches Prinzip der „Nichtverneinung". Sondern in der Wahrnehmung und Ausübung in der Praxis. Ohne jede „Erlaubnis" oder „Genehmigung" anderer fremder Völker und ihrer Staaten für die Selbstbestimmung Deutschlands.

1.17

Diese Grenzen dieses Bodens, die Grenzen Deutschlands, sind Grenzen auch aller Nachbarländer und damit Grenzen der Staaten der größeren Hälfte Europas.

Diese nach dem internationalen Recht und den Menschenrechten rechtmäßigen Grenzen „Deutschlands", des deutschen Volksbodens (im Allgemeinen auch des deutschen Sprachraumes, aber ohne die Schweiz, Luxemburg, Liechtenstein) sind die Grenzen des deutschen Volksbodens nach dem Stande des letzten durch Vertreibungen bzw Deportationen nicht verfälschten „Normaljahrs":

Des 31. Dezember 1917.

Nicht aber die politischen Grenzen des Staates, des Deutschen Reiches, oder diejenigen seiner Teilstaaten 1991.

Es sind die rechtmäßigen Grenzen Deutschlands, des deutschen Volksbodens vor den rechtswidrigen polnischen Austreibungen von bis zu 750 000 Deutschen 1918 – 1934 aus

Westpreußen und dem Westen von Posen. Es sind die deutschen Volksgrenzen v o r den rechtswidrigen Heimatvertreibungen, den Deportationen von bis zu 13 Millionen Deutschen aus Ostdeutschland, Danzig, dem Sudetenland durch Polen, die Sowjetunion, die Tschechoslowakei ab 1945.

Die millionenfachen Deportationen waren und sind rechtswidrig. Sie sind kein legaler, erst recht kein legitimer Grund für Gebietsveränderungen nach der zielbewußt durchgeführten Deportation der legalen Wohnbevölkerung der Vertreibungsgebiete. – Gebietsveränderungen entgegen dem Selbstbestimmungsrecht der Völker sind menschenrechtswidrig und völkerrechtswidrig. Dies war im Grunde jedem der beteiligten Politiker bewußt, auch als 1945 ununterbrochen dagegen verstoßen wurde.

1.2 Die prekäre Forderung des Selbstbestimmungsrechtes des deutschen Volkes auf sein Land.

Die Forderung des Selbstbestimmungsrechtes des deutschen Volkes auf sein Land ist ebenso bedeutsam wie prekär.

Sie widerlegt mit rationalen, rechtlichen, moralischen, ethischen, im Ergebnis allesamt – bei geistiger Redlichkeit – unwiderlegbaren Gründen die polnische, sowjetische, tschechische anmaßende Behauptung von den vorgeblich unabänderlichen sogenannten „Realitäten des zweiten Weltkrieges", den Stalinrealitätten.

Jedes Kollektiv und jeder Einzelne, die an diesem Ergebnis, den Stalinrealitäten des zweiten Weltkrieges aus den verschiedensten Gründen blutig interessiert sind:

Sei es die Sowjetunion (= Rußland), weil sie mit ihrem hegemonialen, spätkolonialen Satellitengürtel in Osteuropa und Ostmitteleuropa auch Nordostpreußen, mit dem Memelland, nur vorübergehend noch die Reste der ehemaligen „DDR" und von Ostberlin, unterworfen hält, mindestens noch irgendwie zu behalten bzw. zu beeinflussen wünscht!

Sei es die Republik Polen, weil sie rechtswidrig die Ostgebiete des Deutschen Reiches und Danzig – von Südostpreußen über Danzig, Ostpommern, Stettin, Ostbrandenburg, Niederschlesien, Oberschlesien – als ihre Verwaltungszone nach Kriegsrecht und gleichzeitig als ihr

Deportationsgebiet noch 5 Jahrzehnte nach Kriegsende besetzt hält und zu annektieren sucht!

Sei es die tschechische, nicht mehr sozialistische Republik, weil sie nach wie vor das Sudetenland als ihr Deportationsgebiet zu annektieren sucht!

Seien es einzelne oder ganze Gruppen von am Kriegsende wie in der

Nachkriegszeit kriminell Handelnden aller Seiten, weil sie jede Nachprüfung ihrer Verbrechen gegenüber Deutschen verhindert zu sehen wünschen (Vergleiche den Verbrechenskomplex um das polnische Lager Lamsdorf in Oberschlesien.)!

Jeder von diesen wird die Forderung des Selbstbestimmungsrechts des deutschen Volkes auf sein Land und dessen objektive Behandlung nicht wünschen und deshalb bekämpfen.

Der status quo, die sogenannten Realitäten des zweiten Weltkrieges werden von der UdSSR und ihren Satelliten – auch wenn sie keine Satelliten mehr sein wollen – mit dem Frieden gleichgesetzt und propagiert.

Die Unveränderlichkeit der Stalinrealitäten des zweiten Weltkrieges wird von Neutralen und von westlichen Friedensbewegungen mit dem Frieden um jeden Preis gleichgesetzt bzw. verwechselt.

Der Frieden ist selbstverständlich allerseits gewünscht. Deshalb ist die Forderung des deutschen Volkes auf sein Land über Gebühr, d.h. über die Sachgesetzlichkeit hinaus prekär.

Auch die Vereinigten Staaten, Groß-Britannien, Frankreich setzen heute den europäischen status quo mit der Erhaltung des Friedens gleich, was sie 1945, 1949 und 1954 noch nicht taten.

Das Selbstbestimmungsrecht ist rational und objektiv mit den polnischen, sowjetischen, tschechischen „siegreichen" Behauptungen, daß 1945 „alles geregelt worden sei", nicht vereinbar. Diese Behauptungen werden aber dadurch noch nicht rechtmäßig, daß sie zur Zeit faktisch als Stalinrealitäten des zweiten Weltkrieges existieren.

1.3 Keine Anerkennung des f r e m d e n Besitzes an Gebieten Deutschlands entgegen dem deutschen Selbstbestimmungsrecht

1.31
Bei der Forderung des Selbstbestimmungsrechtes des deutschen Volkes auf sein Land geht es nicht um Gewalt.

Es geht um den Frieden der Völker für die Freiheit der Völker.

Ungerechtigkeit kann wie Unfreiheit nicht dauern. Sie können nicht Frieden, sie können nicht die Grundlage der notwendigen Versöhnung der Völker sein. Dies gilt ganz besonders im überaktiven Europa und gegenüber Deutschland.

Nichts ist geregelt, was nicht gerecht geregelt ist.

(Abraham Lincoln)

Von Deutschland her sollte niemals Ungerechtigkeit und Unfreiheit bei der Entscheidung über deutsches Land als Rechtens förmlich anerkannt werden. Dies muß unter allen Umständen gerade auch dann gelten, wenn der Unrechtszustand, der offenen Gewalt der Waffen folgend, auf Zeit, sei es auf lange Zeit, sei es selbst auf unabsehbare Zeit hingenommen werden muß: In der Hoffnung auf geistige Einkehr und Umkehr, auf „Neues Denken", auf die Vorsehung, auf den „Mantel Gottes in der Geschichte". Ungeachtet der Erpressungen von 1990 in den Diktaten von Paris und Moskau.

Personal beginnt die große Weltrechtsgemeinschaft aller friedliebenden Staaten der Welt zunehmend Mörder und Mördergruppen aus ihrer Mitte auszuschließen: Von Lenin über Stalin über Hitler, bis Pol Pot, Idi Amin, Gaddafi, Saddam Hussein, bis zur Drogenmaffia von Medellin.

Materiell sollten die Staaten, die die kriminellen Ergebnisse der Stalinrealitäten des zweiten Weltkrieges zu verantworten haben und sie nach wie vor zu vertreten bereit sind, – wenigstens von Deutschland her als dem Opfer dieser Verbrechen-, bis zur Wiedergutmachung nicht als normale Mitglieder in der rechtmäßigen Weltgemeinschaft des Friedens betrachtet und geachtet und deshalb möglichst zurückhaltend behandelt werden.

1.32
Um die Forderung nach Wiedergutmachung in einem Gleichnis und Beispiel zu zeigen:

Keine Jungfrau, keine Frau kann die an ihr vorgenommene Vergewaltigung jemals wieder ungeschehen und rückgängig machen.

Das gleiche gilt für die Vergewaltigung Ostdeutschlands 1945.

Deutschland kann im Wortsinn die Vergewaltigung Ostdeutschlands, Danzigs, und des Sudetenlandes durch die Deportation von bis zu 13 Millionen Deutschen unter Schändung von Millionen Frauen, unter Ermordung von bis zu 2,2 Millionen unschuldiger Menschen

– nach dem Ende aller Kampfhandlungen – im logischen Sinne –niemals „rückgängig" machen. Es kann objektiv nicht „ungeschehen" machen, daß Ostdeutschland, Danzig, das Sudetenland 1945 geraubt worden sind, devastiert worden sind, ausgemordet worden sind, mit objektiv „Kriegsgewinnlern" „neubesiedelt" worden sind. Deutschland muß aber weiterhin die Wiedergutmachung dieser Vergewaltigung fordern. Und diese Verbrechen, diese Vergewaltigung k ö n n e n wiedergutgemacht werden.

Mindestens aber: Beide, die vergewaltigte Frau, ebenso aber das vergewaltigte Deutschland können und dürfen die historisch erfolgte Vergewaltigung nicht nachträglich noch „anerkennen", das heißt aber als „Recht" anerkennen. Unter welchem Druck immer die Erpressung zur Anerkennung erfolgen sollte. Auch nicht um der „Versöhnung", um der „Freundschaft" mit den Räuberstaaten, den Vergewaltigern willen. Die „Realitäten" von 1945 bleiben für alle Zeiten durch nichts zu rechtfertigende oder auch nur zu entschuldigende Verbrechen gegen die Menschenrechte und gegen das Selbstbestimmungsrecht. Deutschland kann und darf diese Vergewaltigung nicht als „Rechtens" anerkennen, um noch so hehrer – vorgeschobener – Beweggründe willen!

Gerade das Streben nach Frieden erfordert dies nicht. Gerade das berechtigte Sehnen nach Aussöhnung verhindert dies. Gerade die erstrebte Stabilität der Friedensordnung kann auf solchem Unrechtsfundament nicht erreicht werden. Gerade die erstrebte wirkliche Entspannung verbietet solche Anerkennung.

Worin kann oder soll eine Versöhnung mit solchen Staaten und ihren Völkern bestehen. Von Vergewaltigern, von millionenfachen Mördern, von Räubern deutscher Provinzen, von Deportationsstaaten.

Von Völkern, bei denen Millionen Menschen aktiv am Raub von milliardenfachem Eigentum freiwillig beteiligt waren. Von Völkern, die wissentlich und willentlich keinerlei Einsicht, keinerlei Reue zu zeigen bereit sind. Verbrechen, die nicht im Kriege, sondern nach dem endlichen Ende der Kampfhandlungen, mit Leidenschaft bejaht begangen worden sind.

Worin soll eine Versöhnung bestehen, bei der der Räuber seinen Raub behält? Polen Ostdeutschland und Danzig behält? Die Tschechei das Sudetenland behält? Rußland Nord-Ostpreußen behält? Obwohl sowohl die Tschechei als auch Groß-Rußland mit ihrem Teil des Geraubten heute gar nichts mehr recht anzufangen wissen.

1.33

Dieses Ziel Deutschlands, die Wiedergutmachung ist ein Friedensziel. „Zurückholen" kann und will niemand etwas. Zurückgeholt, zurückgegeben werden braucht aber auch nichts, da von dem Souverän, dem Deutschen Reich ab 1945 niemals etwas rechtmäßig durch Friedensvertrag „gegeben", „weggebenen", „abgetreten" worden ist. Was von einem der Teilstaaten, erst die DDR, dann die Bundesrepublik Deutschland, dann Vier-Zonen-Deutschland „anerkannt" worden sein sollte, ist rechtlich unerheblich!

Das Recht ist wiederherzustellen. Dem Anstand, der Moral, der Ethik, den Menschenrechten ist auch in der Politik über Ostdeutschland wieder Folge zu leisten.

Die Humanität ist erneut zu achten; die Inhumanität der Vertreibungen bzw Deportationen ist zu beenden. Die Folgen sind wiedergutzumachen bzw zu mildern. Die völkerrechtswidrig kriegerische Besetzung/ Verwaltung Ostdeutschlands, der Freien Stadt Danzig, des Sudetenlandes – mitten im weitgehenden Frieden – ist zu beenden.

Groß-Rußland – ein Teil Europas seit Tausend Jahren, gegenüber Mongolen und Tataren ein Martyrerland, Heimat Tolstois und Dostojewskis, aber nicht Stalins, – dieses Rußland kann Kaliningrad nicht immer besetzt halten. Auch wenn dort heute, nach der Deportation der Deutschen aus Königsberg nach 1945, zeitweilig Russen wohnen. Sie sind ohne Verbindung zum russischen Boden. Groß-Rußland braucht Königsberg nicht.

Polen – streng römisch-katholisch in seinem Selbstverständnis, bis zur frommen Verklärung Mariens als Königin Polens, – dieses Polen k a n n nicht im absurden Widerspruch zu den christlichen Geboten: Du sollst nicht töten, Du sollst nicht stehlen, Du sollst nicht falsches Zeugnis reden über Ostdeutschland, rein deutsch besiedelte Provinzen besetzt halten! Auch wenn dort heute nach der Ermordung und dann der Deportation von vielen Millionen Deutscher aus den deutschen Ostgebieten und Danzig nach 1945 Polen wohnen. Aber immer noch mehr als eine Million Deutscher.

Die Tschechei braucht das Sudetenland nicht.

1.34

Deutschland fordert das Selbstbestimmungsrecht auf sein Land.

Auch wenn dies für gar zu Weltweise zur Zeit der Vogel-Strauß-Politik ohne jeden Zweifel nur weltfremd klingen wird. Dieses Deutschland hat vor der Geschichte und dem Gewissen aller Kulturvölker der ganzen Welt das Recht auf den Boden seines Volkes wie alle anderen Völker auch, so wie Deutschland von 843/911 bis 1918 entstanden war, so wie Deutschland niemandem fremden Volksboden auf Dauer, fremden Sprachboden in beachtlichem Umfang gewaltsam weggenommen hatte!

Niemand hat in den winzigen Ausnahmefällen Französisch-Lothringen 1871 – 1918, 146 097 Franzosen 1910, dänisch Nordschleswig 1864 – 1920, 123 828 Dänen „germanisiert". Insbesondere hat das deutsche Volk dem polnischen Volk keinen Volksboden genommen: seit 1181 Pommern deutsch wurde, seit 1231 Ostpreußen auf prussischem, nicht polnischen Boden als Ordensland neu geschaffen wurde, seit 1335 im Vertrag König Kasimirs des Großen von Polen zu Trentschin Schlesien zum Deutschen Reich kam, seit 1343 im Vertrag Kasimirs des Großen zu Kalisch auf Westpreußen-Pommerellen verzichtet worden war.

Und die „Anteks" in Posen? Sie waren lange und gerne die besten „Preußen", bis zur Wiederherstellung Polens 1916; vielfach ungeachtet der preußischen Staatsraison. Die „berühmte" Ansiedlungskommission in Posen-Westpreußen hatte praktisch fast keine Folgen.

Insbesondere hat das deutsche Volk dem tschechischen Volk keinen Volksboden genommen; es hat dem groß-russischen Volk keinen Volksboden genommen. Die Einzelheiten bleiben darzustellen.

1.35

Die ganze Kulturwelt handelt nur entsprechend ihrer eigenen unverzichtbaren Imago, wenn sie Deutschland als Kulturleistung, als geistige Idee diejenige allgemeine Achtung entgegenbringt, wie jedem anderen – auch nicht von Schuld freien! – Volke auch; über allen Haß von 1945 hinweg.

Dieses deutsche Volk diente der Idee der Freiheit, als Armin der Cherusker für alle Völker Europas gegen den Einheitsstaat kämpfte und siegte. Ohne ihn hätte es ein vielgestaltiges, reich gegliedertes Europa der Vaterländer niemals gegeben: Mit allen Nachteilen, aber auch mit allen unendlichen Chancen nicht gegeben.

Dieses deutsche Volk diente der Idee der Ordnung, wie sie Karl der Große für Europa verkörpert hat. Dieses deutsche Volk diente der Idee der Demut, Frömmigkeit und Hilfeleistung, wie sie die deutsche Nationalheilige, die Heilige Elisabeth für alle Menschen vorgelebt hat.

Dieses deutsche Volk diente der immerwährenden Freiheit des menschlichen, des christlichen Gewissens eines Christenmenschen, wie es Martin Luther für die Kirche Christi für eine ganze neue Welt bekräftigte. Ohne ihn wäre die Neuzeit anders.

Dieses deutsche Volk diente der Idee der in Gott ruhenden Macht auf Erden, wie sie stolzer als je ein anderer Mensch der Kaiser des Heiligen Römischen Reiches Deutscher Nation Karl der Fünfte ausübte in der Herrschaft über die Welt, und dann in frommer Bescheidung niederlegte.

Dieses deutsche Volk diente dem Geist der Musik, in Bach, Mozart, Beethoven, Richard Wagner.

Dieses deutsche Volk diente dem menschlichen Geist in Immanuel Kant, in Johann Wolfgang Goethe, in Friedrich Schiller, in Friedrich Nietzsche.

Dieses deutsche Volk ist der gleichen Achtung würdig wie jedes andere Volk, über alle Höhen, aber auch über alle Tiefen und selbst über Verbrechen hinweg. Alle Völker sind insofern einander gleich, auch in den zu verantwortenden Perioden zeitweiliger Verbrechen gleich.

Dieses deutsche Volk, das die blutige Katastrophe des Dreißigjährigen Krieges überwand, das mit dem russischen Volk die Befreiungskriege für Europa gewann, das 1848 aus eigener Kraft seine erste demokratische Verfassung beschloß, das 1918 in Weimar und 1949 in Bonn sich demokratische Verfassungen gab, das am 20. Juli 1944 für Menschlichkeit, Freiheit, Gerechtigkeit einen Aufstand gegen die Hitlertyrannei unternahm, das am 17. Juni 1953 einen Aufstand gegen die kommunistische Tyrrannei unternahm, das am 9. November 1989 in einer friedlichen Revolution sich die Freiheit in Mitteldeutschland erkämpfte, von Leipzig bis zur Berliner Mauer!

Dieses deutsche Volk, dieses Deutschland hat seinen Teil zur menschlichen Entwicklung der Welt fair beigetragen. Es hat deshalb das gleiche Recht auf Selbstbestimmung wie jedes andere Volk. Auch wenn damit polnische, sowjetische, tschechische Ergebnisse der Stalinrealitäten des zweiten Weltkrieges als nicht friedensfähig und nicht anerkennungsfähig, als rechtswidrig festgestellt werden.

Dabei genügen bloße wohllautende verbale Anerkenntnisse, jetzt 1990/1991, daß Deutschland 1945 „Unrecht" geschehen sei – ohne daß irgendwelche Folgen als Schlußfolgerungen sich daraus ergeben – nicht als Wiedergutmachung! Nachdem die Stalinrealitäten geschehen sind und weiter unverändert aufrechterhalten werden: Sie müssen wiedergutgemacht werden.

1.4 Keine Erledigung der Forderung des Selbstbestimmungsrechtes des deutsche Volkes auf sein Land durch die „Stalinralitäten des zweiten Weltkrieges"

1.41
Die Forderung des Selbstbestimmungsrechtes des deutschen Volkes auf sein Land ist vermutlich nach der gegenwärtigen Lage der deutschen Dinge objektiv gesehen in Vielem zum Verzweifeln. Erledigt aber ist sie nicht.

Es wird am Ende im Ergebnis am deutschen Volke liegen, ob es diese timide und masochistische Politik wünscht oder aber für die Zukunft zu ändern wünscht.

1.42
Das Problem der Verwirklichung der Forderung des deutschen Volkes auf sein Land ist zur Zeit nicht hoffnungsvoll. Teile des deutschen Volkes kennen diese seine Probleme um Ost-

deutschland, Danzig, das Sudetenland nicht einmal mehr. Oder sie wollen sie trotz Kenntnis nicht mehr kennen.

Einzelne Deutsche reden oder aber insbesondere schreiben, als ob sie bezahlt, als ob sie Landesveräter wären, gegen die eigenen rechtmäßigen Lebensinteressen des eigenen Volkes. Viele Deutsche sind außer an persönlicher Selbstverwirklichung des subjetiven Ichs an wenig Anderem mehr zu interessieren.

Andere Deutsche „hinterfragen" kritisch jede objektive Wahrheit gerade nur dann, sobald sie Deutschland betrifft.

Deutsche Friedensfreunde sind an Vietnam, Nicaragua, Chile und Südafrika weit mehr interessiert als an Deutschland. Solche Friedensfreunde protestierten auch nicht gegen den Friedens- und Rechtsbruch des Irak, sondern gegen die Schutzaktion der Vereinten Nationen.

Das deutsche Volk scheint sich in Form der Abtreibung von jährlich Hunderttausenden ungeborenen Lebens, wie in Form des nur mit unendlicher Anstrengung umzukehrenden, aber bisher nicht einmal aufgehaltenen Sterbefallüberschusses freiwillig zum langsamen kollektiven Selbstmord im XXI. Jahrhundert entschlossen zu haben.

Ohne es eigentlich auch nur zur Kenntnis zu nehmen bereit zu sein.

Es wird infolgedessen faktisch im Zweifel niemals mehr fähig und bereit sein, energisch für seine Zukunft einzutreten.

1.43

Es ist aber – und es bleibt – moralisch gar nicht entscheidend, ob jemals wieder mit Ostdeutschland, mit Danzig, mit dem Sudetenland territorial etwas „geschieht" Ob sie jemals wieder faktisch Reichsgebiete werden! Falls sie europäisiert werden.

Entscheidend bleibt, daß Deutschland um seiner Selbstachtung willen zurückfordern wird – wie Churchill es als Prophezeiung bereits angekündigt hat – vergleiche das vorausgeschickte Memento –, und zurückfordern muß. Gleichgültig, ob jemals etwas zurückgegliedert wird.

Was immer von nützlichen Funktionären geredet, gepredigt, gefaselt, paraphiert, unterschrieben, abgemacht, ratifiziert werden sollte.

Bis hin zu jenen „ungleichen", „endgültigen" erpreßten Grenz-„Verträgen", dem Pariser Diktat vom 17. Juli 1990, dem Moskauer Diktat vom 12. September 1990.

Entscheidend bleibt, daß Polen und Rußland – ebenso wie ansatzweise für die Tschechoslowakei Havel – moralisch eingestehen, daß die polnischen, die sowjetischen Massenmorde in den Ostgebieten des Deutschen Reiches 1945 durch nichts motivierte Morde waren, daß die Deportationen 1945 – 1947 rechtswidrig waren, daß die Annektion Ostdeutschlands und Danzigs Unrecht war und rechtswidrig ist und bleibt, daß die Eigentumsfrage gelöst werden muß. – Sonst bleibt Deutschland das verkörperte ewig schlechte Gewissen und die moralische Verdammung Polens, der Sowjetunion.

1.44

Was immer von Deutschland an Rechtsbuchstaben erpresst worden ist und noch erpreßt werden wird. Es ist und bleibt rechtlich unerheblich. Bis zum letzten Tage bleibt bestehen, Ostdeutschland und Danzig, das Sudetenland bleibt ein Raub, es bleibt ein Verbrechen, es bleibt ein ewiger Vorwurf, es bleibt die verlorene Ehre Polens, der Sowjetunion, der Tschechei. Havels, nach ihm nach anfänglichem Zögern Kardinal Tomascheks Anerkenntnis, daß mindestens die Ermordung von 250 000 Sudetendeutschen Unrecht war, die Vertreibung der Sudetendeutschen Unrecht war, ändert an sich an der Rechtsnatur und dem Ergebnis des seit

1945 abgeschlossen vorliegenden Raubes des Sudeten l a n d e s scheinbar noch gar nichts. Es macht aber die Gegenwart moralisch erträglicher. Es ist als solches Zeichen guten Willens des Lobes wert. Diese angedeutete Entschuldigung war eine Ehre für die tschechische Nation und für ihren Repräsentanten. Ähnlich wie seinerzeit schon die Bekenntnisse von General Prchala.

Polen aber?

Für Polen aber hat sich für den Staat niemand verbindlich entschuldigt.

Der polnische „demokratische" Sejm log noch nach 50 Jahren (vergleiche unten 4.92) über eine „Schuld der überwiegenden Mehrheit des deutschen Volkes" am zweiten Weltkrieg.

Der polnische „demokratische" Senat verfälschte noch nach 45 Jahren die Geschichte, indem er zu bestreiten versucht, daß Polen Ostdeutschland und Danzig gerade auch in Eigenverantwortung geraubt hat (vergleiche unten 4.92) nicht nur von anderen aufgedrungen bekam!

Kardinal Hlond hat 1945 unter bewußter Verfälschung seiner auf Polen beschränkten päpstlichen Vollmachten als gewalttätiger Eroberer Ostdeutschland und seinen Episkopat mißhandelt.

Der Bischof von Kammin, Majdanski, faselt weiterhin, 8.11.1988, „Polen hat Lebensrecht an der Oder" (vergleiche unten 6.94).

Kardinal Glemp redet weiterhin an der Wahrheit vorbei, 10.9.1990, vergleiche unten 10.45. Bischof Nossol, der als einer von sehr wenigen Wege zur Versöhnung zeigen möchte, bleibt weiterhin gefährdet.

1.45

Entscheidend aber wäre, wie angedeutet, die geistige Umkehr:

Deutscherseits bleibt am endlichen Ende festzustellen und festzuhalten, daß das Unrecht von 1945 nicht als rechtmäßig anerkannt wird: Gleichgültig was nützliche Funktionäre immer abmachen mögen. Auch 1990. Auch am 12. September 1990. Auch 1991.

Polnischerseits bleibt an Mindestforderungen zu erfüllen: daß die Verbrechen von 1945 mit Millionen Ermordeten eingestanden werden; daß Polen sein Unrecht von 1945 eingesteht und sich entschuldigt für sein Vorgehen 1945; daß Polen die Vertreibung und ihre Folgen bedauert; daß Polen Wiedergutmachung leistet und das deutsche Privateigentum in Ostdeutschland und Danzig wiederherstellt.

1.46

Ob ein „Aufgehen in Europa" – wovon nicht nur Idealisten die letzte mögliche Lösung erwarten –, daran dann noch irgend etwas zu ändern und zu bessern vermag, würde sich erst noch erweisen müssen.

Die friedliebende Union der Sozialistischen Sowjetrepubliken = Rußland, die friedliebende Republik Polen, die friedliebende tschechische Republik können ein halbes Jahrhundert nach dem Ende des zweiten Weltkrieges vermutlich bzw. mit an Sicherheit grenzender Wahrscheinlichkeit sich als glückliche illegale Besitzer Ostdeutschlands, Danzigs, des Sudetenlandes etwas beruhigt fühlen: Im Besitz des geraubten fremden, des deutschen Landes.

Nicht genügend Deutsche, geschweige andere Europäer oder Amerikaner, werden ihnen noch mit Nachdruck selbst auch nur die Wahrheit über ihre hochgepriesenen Ergebnisse der Stalinrealitäten des zweiten Weltkrieges mehr sagen. Insofern wird dann vermutlich doch „die Weltgeschichte" in 100 Jahren „das Weltgericht" werden.

Wenn sich das deutsche Volk nicht endlich aufrafft, um zu versuchen, es zu ändern und zu bessern. Sonst droht jedes Buch über Deutschland zu einem Totenbuch zu werden nach den ersten elf Jahrhunderten des Lebens des deutschen Volkes.

1.5 *Wozu* noch der Versuch der Klarstellung und der Erhebung der Forderung des Selbstbestimmungsrechtes des deutschen Volkes auf sein Land nach dem 1. September 1989? Nach der Resolution vom 20. Juni 1900? Nach den 5 Prinzipien des 17. Juli 1990 des Pariser Diktates? Nach dem Diktat des Moskauer „Vertrages" vom 12. September 1990.

Statt eines Ergebnisses: Nach alle dem bleibt dann die Kardinalfrage, warum dieses Problem dann überhaupt noch behandelt werden soll! Gerade auch dann, auch wenn nicht allzu viel Hoffnung besteht, es zu ändern.

1.51
Vorweg ist zuerst grundlegend festzuhalten, daß noch nicht alle Deutschen sich schon damit abgefunden haben, daß es eine weitere, der deutschen Geschichte würdige Zukunft Deutschlands im Laufe des XXI. Jahrhunderts nach Christus nur noch mühselig geben wird.

Wer die Größe, die Bedeutsamkeit, das Leben, die Kultur, die Leistungen des deutschen Volkes, des Deutschen Reiches von Ludwig dem Deutschen 843 und Heinrich I. 919 n.Chr., von Friedrich II. von Hohenstaufen bis Friedrich II. von Preußen, von Friedrich Ebert 1918 über Graf Stauffenberg 1944 in Erinnerung hat, der sollte gegenüber keinem Schicksal resignieren dürfen.

Wer sich an das keineswegs freundlich gemeinte, aber umso sachkundigere Urteil von Winston Churchill 1918 über Deutschland erinnert:

„Wahrlich Ihr Deutschen, für die Geschichte habt ihr genug geleistet!"

der wird sich nicht damit abzufinden bereit sein, daß das Schicksal dieses Volkes in den nächsten 100 Jahren dahingehen soll: Aus Resignation, Akadie, Müdigkeit, Naivität, Weltfremdheit, Ideologie, Borniertheit, Feigheit, einer Art masochistischer Geisteskrankheit („Aussöhnung").

1.52
Wer als Deutscher, als österreichischer Deutscher die Folgen der Diktate von Versailles und Saint Germain erlebt und überlebt hatte, die Abtrennung reichsdeutscher und österreichischer Gebiete, des Memellandes, Danzigs, Westpreußens, Westposens, Ostoberschlesiens, des Sudetenlandes, Südtirols, des Elsaß, Deutsch-Nordlothringens, Eupen-St. Vith, Tondern, der wünscht bedingungslos das Selbstbestimmungsrecht der Völker auch für Deutschland verwirklicht zu sehen.

Wer dann die endliche Revision des Unrechtes von Versailles und Saint Germain erlebte,
– die Rückkehr des Saarlandes 1935, Beweis des Selbstbestimmungsrechtes,
– die Beendigung der einseitig diskriminierenden Entmilitarisierung des Rheinlandes 1936,
– die Heimkehr Österreichs 1938, Beweis des Selbstbestimmungsrechtes, nachdem rechtswidrig 1918 entgegen Wilson und dem Selbstbestimmungsrecht verweigert worden war, den einstimmig angenommenen Anschluß durchführen zu dürfen,
– die Befreiung des Sudetenlandes 1938, Beweis des Selbstbestimmungsrechtes, Beendigung der rechtswidrig und blutig – 54 Tote – aufgezwungenen tschechischen Annektion,
– die Heimkehr des Memellandes 1939, Beweis des Selbstbestimmungsrechtes,

– die Heimkehr der entgegen ihrem Willen abgetrennten sogenannten „Freien Stadt Danzig"
1939, Beweis des Selbstbestimmungsrechtes,
– der bejaht die deutsche Geschichte im Selbstbestimmungsrecht.

Liebend gerne hätte jeder Deutsche alle diese Erfüllungen der Menschenrechte im Selbstbestimmungsrecht der Völker für die parlamentarische demokratische Weimarer Reichsrepublik gewünscht. Für die Freiheit, für die Demokratie: Statt für das „Dritte Reich", unterworfen unter den falschen Mann, unter einen Verbrecher. Mindestens hierzu braucht gar nichts „neu überdacht" zu werden.

Jeder weiß aber auch, daß diese zwingend erforderlichen Revisionen von Versailles der deutschen Demokratie durch die westlichen demokratischen Mächte wissentlich und willentlich verweigert worden waren: 15 Jahre lang, von 1918 bis 1933. Jeder objektive Beobachter und Urteiler vergleiche dazu z.B. nur die eindrucksvollen Zitate aus dem diesem Buch vorangestellten „Memento".

1.53

Jeder objektive und neutrale Urteiler weiß aber auch, daß alle diese nach dem Internationalen Recht des Selbstbestimmungsrechtes der Völker r e c h t m ä ß i g e n deutschen Ziele n i c h t deshalb dreckig oder rechtswidrig werden konnten, weil sie nach 15 Jahren vergeblichen Wartens auf die leider niemals kommende Einsicht im Westen, sie nunmehr ein totalitäres Regime in endlicher Selbsthilfe zur Verteidigung der Freiheit zur Einheit unter Druck erzwingen mußte.[2]

Diese rechtmäßigen Ziele werden auch nicht deshalb nachträglich dreckig oder rechtswidrig, weil dieses Regime sofort ab 1933 fragwürdig war, ab 1939 zunehmend ein verbrecherisches Regime wurde: Selbst dann, wenn es 1935 bis 1939 das Recht auf Selbstbestimmung auch als Mittel zum Zweck benutzt haben sollte.

Das demokratische Recht auf Selbstbestimmung der Völker kann niemand verdrecken oder beflecken. Das Selbstbestimmungsrecht bleibt nur und nichts als Gerechtigkeit, als „demos kratein".

Bei objektiver Ehrlichkeit und Redlichkeit werden auch fast alle „Gegner" von 1918 wie 1938 dies im Rückblick hinsichtlich des Selbstbestimmungsrechtes Deutschlands anerkennen müssen und auch anerkennen können. So wie sie es ehrlich 1938 taten; vergleiche erneut das „Memento". Bis einschließlich der Rückkehr des Memellandes 1939 haben a l l e Mächte diese Selbstverwirklichung des Landes Deutschland durch den Staat Deutsches Reich offiziell diplomatisch völkerrechtlich verbindlich anerkannt: Groß Britannien und Frankreich, ebenso die Vereinigten Staaten von Amerika, Roosevelt, ebenso die UdSSR, Stalin. Dieses seinerzeitige Anerkenntnis aus schlechtem Gewissen und Ehrlichkeit hatte und hat mit „appeasement" überhaupt nichts zu tun. Auch dann, wenn nach dem Kriege alles so verdrehend dargestellt worden ist. Die Wendung Hitlers hin zum offenen territorialen Unrecht kam erst im Frühjahr 1939 mit der Besetzung der restlichen Tschechei.

Nicht die Verfolgung des Selbstbestimmungsrechtes hat Hitler ermöglicht: Sondern die Politik der Alliierten des Ersten Weltkrieges mit den Diktaten von Versailles und Saint Germain hat Hitler ermöglicht.

1.54

Weiterhin bleibt für das Problem der Forderung des deutschen Volkes auf sein Land festzustellen, welchen Eigenwert der sowjetische Hegemonial-, Neokolonial-, Satellitengürtel in

---

[2] „Gerechtigkeit wird nicht dadurch ungerecht, daß sie von einem Diktator verlangt wird"; Times, 24. 9. 1938

Zwischeneuropa, das ist Ostmitteleuropa und Osteuropa hat. Dabei ist völlig selbstverständlich, unbestritten und unbestreitbar, daß jeder der konstitutiven bzw Nationalstaaten in Zwischeneuropa als Folge der Entwicklung seit 1918 Estland, Lettland, Litauen, erst recht Finnland, Polen, Tschechei und Slowakei, Ungarn, Rumänien, Bulgarien, Griechenland, Türkei, Albanien, wenn und soweit es seine Völker wollen Jugoslawien, sonst Slowenien, Kroatien, Serbien, Bosnien-H., Mazedonien seinen zeitlosen europäischen Eigenwert hat und behält. Sie alle werden ihn immer behalten wollen, ohne wesentliche Rücksicht auf die jeweilige, zeitlich bedingte innere Regierungsform und die aktuelle, ggf. unwesentlich zu variierende Grenzziehung: Auch bei einer Eingliederung in ein sich vereinigendes Europa.

Dagegen hat die sowjetische Hegemonialform, dagegen hat die Sowjetbastion Kaliningrad nur einen Nullwert vor der Geschichte. Dagegen hat die polnische Besetzung Ostdeutschlands und Danzigs, hat die tschechische erneute Annektion des Sudetenlandes im Zweifel einen mehr als fraglichen Wert. Sie sind nichts als gewaltsam und rechtswidrig erzwungenes Unrecht entgegen dem Selbstbestimmungsrecht, einseitig zu Lasten des deutschen Volkes, entgegen Recht und Anstand.

1.55

So wie bis 1813/1815 die napoleonischen Staatengürtel vor der Geschichte spurlos vergangen sind, – obwohl sie von Ferne scheinbar noch auf den höchsten Werten der Bürgerrechte und Menschenrechte der französischen Revolution zu beruhen schienen, – so ganz anders als die Sowjetunion und ihre Satelliten, – so sind die sowjetischen Herrschaftsformen von Tallinn (Reval) bis Tbilissi (Tiflis) wenig bzw nicht geeignet, vor dem Urteil der Geschichte zu bestehen. Sie beruhen nur auf Unterdrückung und Unfreiheit, aus denen einzelne sich höchst mühsam zu lösen beginnen. Dies alles aber gepaart mit der Tüchtigkeit der Völker in Zwischeneuropa, die versuchen, das Beste aus ihrer so verschiedenen, notgedrungenen, aufgezwungenen Lage herauszuholen.

Diese sowjetischen Herrschaftsformen im Umbruch sind von Europa her gesehen, von der dauernden Friedensordnung her gesehen, wenig bis nicht geeignet: Und wenn es Jahrzehnte dauern sollte bis zu ihrer endlichen Überwindung; von Estland, Lettland, Litauen, über Weißruthenien, die Ukraine, Georgien, Armenien bis Aserbeidschan.

1.56

Endlich ist für das Selbstbestimmungsrecht des deutschen Volkes festzuhalten als immerwährende Realität, – weit über alle Ergebnisse von Stalinrealitäten des zweiten Weltkrieges hinaus –, daß über alle Geschichte die göttliche Vorsehung waltet. Sie waltete, wie sie will, auch 1945, auch 1990. Sie waltet nicht für Deutschland. Sie waltet aber auch nicht gegen Deutschland.

Armselige Hoffnungslosigkeit wäre Verschwendung von Zeit, die genutzt werden muß. Der „Mantel Gottes in der Geschichte" wehet wann und wo er will. Das Sichere braucht nicht sicher zu geschehen; das Wahrscheinliche braucht nicht einzutreten; das zur Zeit ganz Unwahrscheinliche ist in keiner Weise auszuschließen. Gerade die Geschichte Polens ist für jede dieser Entwicklungen ein Beispiel. Gerade der 9. November 1989 ist ein Fanal hierfür.

1.57

Zwar anders als 1618, von 1806 bis 1813, von 1945 bis 1949 befindet sich Deutschland nicht mehr „in seiner tiefsten Erniedrigung."[3]

---

[3] Anlaß für die Erschießung des Buchhändlers Palm in Braunau am 26. August 1806.

50

Gerade deshalb aber schien die Bundesrepublik Deutschland sich selbst genug zu sein in der bürokratischen Verwaltung der Teilung Deutschlands, der vorgeblich „nicht mehr offenen" deutschen Frage. Solche kollektive Geistesverwirrung ist in ihren Ergebnissen unzweifelhaft rational widerlegbar. Sie unterlag aber leider kaum der Vernunft, sondern fingierte aus Opposition ihre höchst fraglichen Thesen zur „Fortschritts"-, zur beinahe Glaubensfrage.

1.58
Demgegenüber ist Romantik und Pathos nicht hilfreich, da der Glaube an jeden Inhalt fehlt („Null Bock").

Was einmal Generationen unglücklicher Deutscher Devise war ... „und handeln sollst Du so, als hing von Dir und Deinem Tun allein, das Schicksal ab der deutschen Dinge, und die Verantwortung wär Dein" ... berührt einzelne – einwandfrei demokratisch gewählte – „deutsche" Volksvertreter keinesfalls mehr, die erklärtermaßen „zu Deutschland keinerlei Verhältnis haben"

Warum also soll dann hier noch geschrieben werden über die Forderung des deutschen Volkes auf sein Land? Warum soll hier versucht werden zu klären, was Deutschland nach dem Recht war – daraus folgend, was Deutschland nach dem Selbstbestimmungsrecht, nach dem Völkerrecht ist.: Welches Gebiete Deutschlands sind, wenn die Menschenrechte, wenn das Selbstbestimmungsrecht – wie ausnahmslos für alle anderen Völker auch, sie mögen groß oder klein sein –, so auch für das deutsche Volk zu gelten hat.

Was theoretisch jeder fremde Politiker, auch Polen, jederzeit vermutlich bejahen muß, soweit er ehrlich bleibt! Dagegen wird er praktisch sofort und auf das Krasseste zu verstoßen bereit sein.

Das Selbstbestimmungsrecht der Völker gilt auch für das deutsche Volk. Darum bleibt festzustellen, was nach den Menschenrechten, nach dem Selbstbestimmungsrecht, nach der demokratischen Entscheidung der legitimen Mehrheit der Wohnbevölkerung Deutschland ist. Um festzustellen: „Wie alles gewesen ... Wie alles gekommen" ...

1.59
So wie in den Jahren 1618 bis 1648, dann 1918 bis 1933, dann verstärkt in absurdem Ausmaß 1945 bis heute ist mit Deutschland größtes Unrecht geschehen:

Zuerst durch die Diktate von Versailles und Saint Germain, dann durch Polen, die Tschechoslowakei, die Sowjetunion, Vergewaltigungen, Morde, Deportationen, Landraub an Gebieten, die größer und reicher sind als viele europäische Staaten, Ausbeutung und koloniale Unterdrückung Mitteldeutschlands als „DDR" bis 1990, Teilung, dann Blockade der Reichshauptstadt Berlin bis 1989.

Darüber ist das „Buch des Lebens" für Deutschland noch offen:

Auch nach dem 1. September 1989, dem 21. Juni 1990, dem 17. Juli 1990, dem 12. September 1990.

Was hier behandelt und dargestellt werden wird, an Gebieten, an Grenzen Deutschlands, soll kein Programm sein. Es soll keinerlei propaganda fide für ein Programm erfolgen. Dies ist schon deshalb selbstverständlich, weil keine deutsche Regierung es wagen würde, das ganze Deutschland, mit den rechtmäßigen Grenzen und Gebieten nach dem Selbstbestimmungsrecht, als Programm zu wählen und zu vertreten. Das hier zu Vertretende ist aber auch keine historische weltfremde Predigt. Es ist keine Missionierung. Es ist eine Anrufung. Es ist eine Aufforderung zur Gerechtigkeit. Es bleibt eine Aufforderung, je nach der Entwicklung des deutschen Volkes. Es bleibt eine Besinnung. Es bleibt eine Mahnung.

1.6 Nichterfüllung der Pflicht

1.61

Deutschland war und ist ein „schwieriges Vaterland" (Bundespräsident Dr. Gustav Heinemann).

Die Forderung auf das Selbstbestimmungsrecht des deutschen Volkes, vor allem diejenige auf das Selbstbestimmungsrecht des deutschen Volkes auf sein Land, ist die schwerste Schicksalsfrage nach Deutschland. Nur: … Wie kann sie mit dem unumgänglichen Nachdruck gestellt werden, wie soll sie von Partnern, erst recht von Gegnern zutreffend beantwortet werden müssen, wenn die eigenen Bundesregierungen der Bundesrepublik Deutschland (spätestens) seit dem 12. August 1970 zum Anliegen Ostdeutschland ununterbrochen e n t g e g e n der Völkerrechtslage denken, reden, ggf. handeln?

1.62

Fast alle deutschen Regierungen, mehrere Landesregierungen seit 1945, zu schweigen von der „DDR", fast alle Bundesregierungen, insbesondere seit 1966, ausnahmslos seit 1970, haben ihre verfassungsmäßige Aufgabe, für die Wahrung des deutschen Rechtes auf Ostdeutschland, Danzig, das Sudetenland einzutreten, vor der deutschen Geschichte, vor dem deutschen Volk, vor der Weltrechtsgemeinschaft n i c h t im rechtlich erforderlichen Maß wahrgenommen. Mit dem Moskauer Vertrag Willi Brandts 1970 begann die potenzierte Nichterfüllung der Pflicht.

Sie hätten mit allen Mitteln zu bestehen gehabt auf dem Recht Deutschlands, des deutschen Volkes auf sein Land, auf seinen Volksboden. Und sei es selbst nur mit dem letzten Mittel des überwältigten Machtlosen, mit dem ständigen, nie unterbrochenen Protest des Vergewaltigten gegenüber der Vergewaltigung: Selbst wenn es sie auf Dauer nicht oder wenigstens noch nicht zu ändern vermag … Stattdessen wurde um der „Neuheit" einer „Ostpolitik" willen, um des „Fortschritts" willen, um der eigenen persönlichen „Bewährung" neuer nützlicher Funktionäre willen, im Routinealltag der Timidität, zugunsten einer vorgeblichen Entspannung, mit dem Ziel einer einseitigen bundesdeutschen „Berechenbarkeit", zu gunsten einer an völlig verfehlter Stelle gesuchten „Verläßlichkeit", mit dem erträumten Phantom endlicher „Versöhnung" mit Polen, unter bewußter Beschränkung auf das geringste nur denkbar Niveau, das deutsche Recht mißachtet.

Ein deutscher Rechtsanspruch nach dem anderen wurde mit nichts mehr bedeutenden Formulierungen relativiert und bagatellisiert.

Dabei wäre die „neue Ostpolitik" im Zweifel auch zu eröffnen gewesen bei strikter Ablehnung jeglicher Verzichtspolitik betreffend Ostdeutschland, da auch die UdSSR aus mittlerweile überwältigend deutlich gewordenen Gründen die Zusammenarbeit gerade mit Deutschland auf längere Sicht um fast jeden Preis suchen mußte. Schließlich wurden sehr weitgehend alle territorialen Ansprüche Deutschlands verschwiegen. Im Ergebnis wurde wissentlich und willentlich, absichtlich trotz klarer Rechtslage, der unzutreffende und rechtswidrige gegnerische Standpunkt völlig übernommen: Sogenannte „Polnische Westgrenze".

1.63

Der gegnerische Standpunkt – „Westgrenze Polens" bezeichnenderweise ist von einer Ostgrenze Deutschlands niemals die Rede, – wurde übernommen und „für Deutschland" vertreten.

Die Bundesregierungen, der Deutsche Bundestag haben ihre Pflicht gegenüber Deutschland, Ostdeutschland, dem ganzen deutschen Volke, insbesondere den Heimatvertriebenen n i c h t erfüllt: Soweit das Delikt durch Unterlassung. Sie haben ihre Pflicht durch rechtswidriges Vorgehen verletzt. Soweit das Delikt durch Handlung.

Kein anderes Volk, keine andere Regierung, kein anderes Parlament würde jemals so handeln. Das Beispiel des tapferen japanischen Volkes und seiner Regierungen sollte befolgt werden. Die Kurilen, überhaupt erst seit 1875 japanisch, Südsachalin, überhaupt erst seit 1905 japanisch: Beide sind nur zu einem winzigen Bruchteil so bedeutsam wie Ostdeutschland. Darüber kapituliert Japan ... n i c h t. Entschlossen verhandelt es ohne bzw vor der Rückgabe n i c h t. Welch eine Schamade für Deutschland, um Deutlicheres nicht zu sagen.

Diese Nichterfüllung der Pflicht gegenüber Ostdeutschland, Danzig, dem Sudetenland ist von Verrat nicht sehr verschieden.[4]

Verrat ist objektiv Treubruch gegen den Souverän. Es ist das treulose Handeln gegen Personen – hier das ganze eigene Volk – denen man zur Treue verpflichtet ist.[5]

Hochverrat ist geistig der gegen den Bestand des Staates gerichtete ... Angriff auf ... das Staatsgebiet, um ... einen Teil des Bundesgebietes loszureißen.[6]

Dieser Hochverrat ist objektiv auch ohne „Gewalt" gegeben, auch wenn er positivrechtlich nur „mit Gewalt" oder „mit Drohung mit Gewalt" kriminalisiert ist (81 RStGB). Dies festzustellen gilt es gerade in einer Zeit, in der höchste deutsche Politiker – im weiteren Zusammenhang unter wörtlicher Namensnennung eines Bundesministers – in der o.a. Leserzuschrift von Professor Dr.Dietrich Hofmann – als Verräter bezeichnet werden. (Von einer Beleidigungsklage ist nichts bekannt geworden.) Die Problematik kann auch nicht beiseite geschoben werden mit armseligen Redensarten eines nützlichen Funktionärs: „Adolf Hitler habe schon lange Ostdeutschland verspielt". Das verbindliche zwingende Völkerrecht konnte auch Adolf Hitler nicht verspielen.

Im Ergebnis bestätigt diese späte Leserzuschrift Hofmann nur wörtlich, was v o r h e r Andere noch deutlicher ausgesprochen hatten: Herbert Wehner in der Sitzung des Deutschen Bundestages vom 14. September 1950:

„Das deutsche Volk sieht in der Anerkennung der Oder-Neiße-Linie, ... in der Mißachtung des Schicksals und des Heimatrechtes der Vertriebenen, Verbrechen an Deutschland und gegen die Menschlichkeit."

Ernst Reuter, Regierender Bürgermeister von Berlin, 1953: „Welcher Deutsche wird sich wohl bereit erklären, die Oder-Neiße-Grenze anzuerkennen? Es wird sich keiner zu dieser schändlichen Tat finden".

Grußbotschaft der Sozialdemokratischen Partei Deutschlands zum Schlesiertreffen 1963; unterschrieben von Herbert Wehner und Willi Brandt: „Breslau – Oppeln – Gleiwitz – Hirschberg – Glogau und Grünberg, das sind nicht nur Namen; das sind lebendige Erinnerungen, die in den Seelen von Generationen verwurzelt sind und unaufhörlich an unser Gewissen klopfen. Verzicht ist V e r r a t , wer wollte das bestreiten."

1.64

Es bleibt entmutigend, als offene Anmaßung nicht mehr näher qualifizierbar, wie diverse nützliche Funktionäre mit jedem Tage ihre beschränkte Funktion – damals für die Bundesrepublik, nicht einmal für Vier-Zonen-Deutschland, erst recht nicht für das ganze Deutschland – überschreiten und verletzen: so z.B. der Bundespräsident mit seiner Botschaft vom

---

[4] So schon eine Leserzuschrift von Professor Dr. Dietrich Hofmann, Paderborn; FAZ 22.8.1987!
[5] Großer Brockhaus, 12. Band, S. 154
[6] Großer Brockhaus, 5. Band, S. 482

29.08. 1989 an den General und kommunistischen polnischen Staatspräsidenten Jaruzelski; über den schon ohnehin viel zu weitgehenden Warschauer Vertrag hinausgehend, so z.B. der Bundesaußenminister mit seinem „Glückwunsch" vom 13. September 1989. so z.B. der Bundesaußenminister mit seiner Unterschrift unter den „ungleichen", erpreßten, daher nichtigen „Vertrag" von Moskau, dem einstweilen letzten Diktat, vom 12. 09. 1990.

Hier sei beispielhaft zitiert aus der Botschaft des Bundespräsidenten an Jaruzelski am 29.8.1989:

„W i r"! Wer ist dieses „wir"?

„… haben verbindlich zugesagt …! Wo?

„Gebietsansprüche nicht zu erheben" Wieso Ansprüche?

„W i r". Dieses „wir" waren nur die nützlichen Funktionäre

Das Grundgesetz mit dem Geist der Artikel 23 und 116, das Bundesverfassungsgericht in bisher ständiger Rechtsprechung, große Teile des deutschen Volkes, so insbesondere die vielen Millionen Heimatvertriebenen haben sie zu diesem „wir" weder beauftragt noch zu solchen Erklärungen ermächtigt, ohne ausdrücklich dazu befragt worden zu sein. Gerade die Allermeist-Betroffenen wurden überhaupt nicht befragt, entgegen den deutlichen Forderungen ihrer Vertreter.

Könnten diese nichts als nützlichen Funktionäre nicht wenigstens zu dieser Schicksalsfrage der Nation schweigen?

Sich wenigstens damit bescheiden, „Bundesrepublik" zu sein?

Damals noch nicht einmal Vier-Zonen-Deutschland! Nicht aber Deutschland!

„Verbindlich zugesagt"? Verbindlich zusagen kann nur der Souverän! Das Deutsche Reich! Deutschland! Nicht aber der Teilstaat Bundesrepublik! Nicht aber ein Teilstaat Vier-Zonen-Deutschland! Auch die Bundesregierungen wußten dies immer! Sie haben es selber seit der Außenministertagung von Genf 1959 jahrzehntelang ununterbrochen ständig erneut vertreten.

1.65

„Gebietsansprüche"? „Keinerlei Gebietsansprüche" zu erheben sei eine „Grundeinsicht" „europäischer Sicherheit" und „europäischen Vertrauens"!

„An ihr zu rütteln erlauben wir um der europäischen Zukunft willen niemand."[7]

Noch niemals ist das geheiligte Charisma Europas so schamlos mißbraucht worden.

„Gebietsansprüche"? Bereits der Erklärende ist unzuständig und redet ultra vires. Sowohl die Bundesrepublik als auch die „DDR", auch die des Herrn de Maizière, auch das Vier-Zonen-Deutschland sind nur in Teilidentität und in Teilordnungsrechtsstellung vorübergehend vertretend für das fortbestehende Deutsche Reich. Sie sind nicht das ganze Deutschland. Sie sind nicht das Deutsche Reich als wiedervereinigter deutscher Gesamtstaat.

Was die Bundesrepublik, Vier-Zonen-Deutschland immer erklären mag: Es bindet oder verpflichtet das Deutsche Reich nicht: Rechtlich nicht; aber auch politisch nicht.

Es handelt sich bei Ostdeutschland und dem Sudetenland zweifelsfrei um Gebiete des Deutschen Reiches vor Kriegsausbruch am 31. August 1939. Nicht um Gebiete der Bundesrepublik noch der „DDR" noch Vier-Zonen-Deutschlands.

Nur das Deutsche Reich kann gemäß dem internationalen Recht über seine Gebiete Ostdeutschland und das Sudetenland verfügen.

Auch die Alliierten 1945, auch das „Potsdamer Protokoll" konnte dies nicht. Bis zu einem Friedensvertrag sind und bleiben diese Gebiete s e i n e Gebiete, Gebiete des Deutschen

---

[7] Zitat: Bundesaußenminister Genscher laut FAZ 14.9.1989.

Reiches: Nach Völkerrecht nicht Gebiete Polens, der Sowjetunion, der Tschechoslowakei. Jeder Friedensvertrag kann – und braucht seitens des Unterlegenen! – aber nur in Übereinstimmung mit den Menschenrechten, insbesondere dem Selbstbestimmungsrecht der Völker abgeschlossen werden. Sonst – z.B. erpreßt – wäre er eine Verletzung des Völkerrechtes und vernichtbar bis nichtig.

„Gebietsansprüche"? So wie ein lebender Organismus, ein Mensch beispielsweise, auf seinen Kopf, seine Arme, seine Beine, alle seine Organe keine „Ansprüche" zu erheben braucht! Denn er ist sie! Denn sie sind er! Ebenso braucht der fortbestehende Staat Deutsches Reich der lebenden deutschen Gesamtnation auf alle seine integrierenden Teile, alle seine Organe Preußen, Pommern, Ostbrandenburg, Schlesien, Sudetenland keine „Ansprüche" zu stellen. Er kann es gar nicht. Denn sie sind sein. Er ist sie. Nach Völkerrecht.

„Ansprüche", „Gebietsansprüche" stellt dagegen jener Staat, der rechtswidrig – lediglich kriegsrechtlich besetzte! – Gebiete eines anderen, fremden Staates, des Deutschen Reiches, haben und behalten will, obgleich sie ihm nach göttlichem und menschlichem Recht nicht gehören, und er sie dennoch rechtswidrig und anmaßend haben will: Weil es nun einmal chauvinistisch so befriedigend ist, geraubte, fremde, deutsche Gebiete zu behalten: ... Polen, die Sowjetunion, die Tschechoslowakei.

Den Gipfel der Nichterfüllung der Pflicht bilden die Unterschrift und die Ratifizierung der „polnischen Westgrenze" in der Oder-Neiße-Demarkationslinie vom 14. November 1990, durch einen „Bundesminister des Auswärtigen" und einen „Deutschen Bundestag".

1.66

Dieser Landraub an Ostdeutschland, einem Viertel des Gebietes des Deutschen Reiches, ist so ungeheuerlich, daß er nicht bestehen bleiben kann. Um es in einem Beispiel zu belegen:

Die „DDR" ist offensichtlich gescheitert, zuerst innerlich, dann 1989 auch äußerlich: Ungeachtet aller Bemühungen der Kolonialmacht Sowjetunion, ungeachtet der mehr als naiven Mithilfe der Bundesrepublik für den Erhalt der „DDR". Sie ist gescheitert an der Tatsache ihrer ewigen Herabstufung durch das Leuchtfeuer West-Berlin, gescheitert an ihrer ununterbrochenen Widerlegung durch die Bundesrepublik.

Diese Existenz von West-Berlin war jahrzehntelang – und sie ist – für die Bundesrepublik wie nun Vier-Zonen-Deutschland höchst kostspielig. Sie verhinderte aber ebenfalls jahrzehntelang, trotz unwürdigen deutschen Willens zum Entgegenkommen an die Sowjetunion, die erstrebte Einigung „um jeden Preis" durch „Wandel durch Annäherung". Daher schien der Gedanke nicht völlig fern zu liegen, West-Berlin ganz ... aufzugeben ..., um endlich mit der Sowjetunion und ihrer „DDR" „Rapallo Zwei" verfolgen zu können. Obwohl dies so eindeutig niemals gesagt oder verfolgt worden war, wurden zweckdienliche Vorhaben einer „Lösung" gedacht: Sei es durch „Evakuierung" der Millionenbevölkerung nach Westdeutschland, so z.B. in die Lüneburger Heide ..., sei es durch Räumung der Stadt unter Scheinbegründung einer vorübergehend „Freien Stadt Westberlin" zum allerdings alsbaldigen „vogelfreien" sicheren Ende unter Sowjetherrschaft.

An diesen Überlegungen war soviel jahrzehntelang zutreffend, daß bei Bewahrung des Status der „Frontstadt" West-Berlin, mit der Sowjetunion und der „DDR" eine wirkliche, völlig „freie" „Ostpolitik" niemals begonnen werden konnte (– vor 1989 –!).

Was man an sich so sehr sich wünschte!

Dessen ungeachtet wäre jeder solcher Plan jeder solchen Kapitulation West-Berlins zu Gunsten der Sowjetunion so absolut untragbar geworden, daß selbst die pflichtvergessensten nützlichen Funktionäre ihn nicht offen vertreten konnten, da er zu geisteskrank war. Ein solcher Plan war Hochverrat. Er war Verrat in höchster Potenz.

Aber etwas vor der Geschichte völlig G l e i c h bedeutendes geschieht mit Ostdeutschland 1990.

Ebenso ist die polnische Hoffnung paranoid, zu glauben, Ostdeutschland auf Dauer besetzt halten zu können, neben einem deutschen Volk von zur Zeit im Vier-Zonen-Deutschland etwa 79 Millionen Deutschen: Paranoid, weil einerseits Polen bis zum jüngsten Tag bezweifeln wird, daß Deutschland wirklich auf Ostdeutschland verzichtet, andererseits Polen verzweifelt hofft, seinen Raub behalten zu dürfen, schließlich aber dagegen Polen nicht seinerseits auf einen einzigen Quadratmeter Landes – gleichgültig wo- aus noch so guten Gründen zu verzichten bereit sein würde.

1.67

Nun sind 1989/1990 die eigene Regierung der Bundesrepublik, ebenso der eigene Deutsche Bundestag bezüglich der „Westgrenze Polens", in Wirklichkeit bezüglich des Raubes an Ostdeutschland in einer Art und Weise tätig, die selbst im harmlos armen Deutschland von heute nur noch objektiv als strafrechtliche Erfüllung bestimmter Deliktstatbestände charakterisiert werden kann: Und das dann beklatscht im Deutschen Bundestag ...

Ein ganzes Volk, repräsentiert durch seine demokratisch gewählten Volksvertreter und durch seine Bundesregierung begeht Nichterfüllung der Pflicht, sich selbst gegenüber.

Obwohl dies nicht von vielen so gesehen wird – sollte Vernunft wirklich nur bei Wenigen zu finden sein? – ist die deutsche Ostdeutschland-Politik entwaffnend, einfach unter normalen zoon politicon nicht mehr vorstellbar und nicht mehr erträglich. Sie ist beschämend. Wehrlos, hilflos steht ein ganzes Volk sich selbst im Wege. Einer Erpressung, Nötigung, abstrusen Hintergehung folgend soll die territoriale Kastration Deutschlands anerkannt, das heißt nicht nur als verbindlich, sondern als Recht, als rechtmäßig gegengezeichnet werden. Durch Deutschland!

Dies ist einerseits Masochismus geworden, andererseits eine Krankheit im Geiste geblieben! Es bleibt zudem die Anmaßung unzuständiger Nichtberechtigter. Um dieses zu beweisen muß geklärt und dargestellt werden w i e a l l e s g e w e s e n , w i e a l l e s g e - k o m m e n .

Dies wird hier versucht werden:
Deutsche Revolution 9 . N o v e m b e r 1 9 8 9 .

1.71

Zum 50. Jahrestag der Wiederkehr des Beginns des deutschen militärischen Vorgehens gegen Polen am 1. September 1989 ist Vieles wenig Verantwortliche bis Unzutreffende gesagt worden.

Einen Monat später: Die deutsche Revolution des Oktober und November 1989 hat diese Verbalien eingeholt und überholt. Es war nicht nur eine friedvolle Revolution der Bittgebete, der Demonstrationen mit geweihten Kerzen. Es fiel nicht nur kein Schuß. Es floß nicht nur kein Blut. Ein Mal, zum ersten Mal hatte ein Volk geglaubt an den Geist der Zeit. Das deutsche Volk in der „DDR" hatte geglaubt an die Herrschaft des Rechtes, an die Gültigkeit der Menschenrechte, nun endlich auch für Deutsche. Es entnahm diesen Glauben seinem Anspruch auf seine Freiheit. Es forderte seine Einheit. Es proklamierte die Souveränität des Volkes:

„Wir sind das Volk"; „Wir sind ein Volk".

Alles dies ist an sich so selbstverständlich, ... daß es vorher fast niemand mehr auch nur zu denken wagte. Geschweige denn, es als Politiker den allzu vielen Armseligen gegenüber zu sagen wagte.

56

Dieses Volk im Jahre 1989 fragte nicht mehr vorher vorsichtshalber und ängstlich nach angemaßten und obsoleten Siegerrechten. Es nahm die ehemaligen Besatzungsmächte nicht mehr zur Kenntnis. Es beachtete nicht mehr vorschriftsmäßig die aufoktroiierten Besiegtenpflichten der allezeit fraglosen Hinnahme des spätkolonialen Unterdrückungsstatus in Form des sowjetischen Scheinstaates „DDR".

Es wartete nicht mehr auf Gorbatschows hoffentlich erfolgreiche Perestroika. Es fürchtete nicht mehr die sowjetischen Panzer. Und auch deshalb kamen sie nicht mehr. Was einem Wunder nahekam. Es schob Mrs. Thatchers Bedenklichkeiten und Einwände beiseite. Es nahm M. Mitterands Stirnrunzeln, nahm seinen Versuch, in Kijiw alles wenn möglich doch noch durch die UdSSR hintertreiben zu lassen, nicht zur Kenntnis. Es mißachtete Signor Andreottis unlogische Phantasmagorien vom Pangermanismus. Es verachtete Pan Walesas Völkermord-Drohung, Deutschland müsse „ausradiert „werden, wenn es noch einmal wage, Europa zu destabilisieren. Es destabilisierte die „DDR" bis zur Vernichtung. Es schob Herrn Genschers Ziel, die „DDR" nicht zu destabilisieren, einfach beiseite. Es lächelte über den Genossen Lafontaine und sein nichtswürdiges Gefasel der „Deutschtümelei".

Dieser Teil des deutschen Volkes, der in der „DDR", fürchtete sich nicht. Er glaubte nur. Er glaubte an sein Recht auf Selbstbestimmung. – Wie selbstverständlich ... Er glaubte an die Demokratie. – Wie zeitlos ... Er glaubte an das Menschenrecht der Freiheit. – Wie schwierig ... Er forderte deshalb die Einheit des ganzen deutschen Volkes. – Wie einfach ...

Und ebenso, wie im März 1938 die Deutschen in Südtirol nur mit der größten Mühe von der Volkserhebung zurückgehalten werden konnten, als sie, unter italienischem Terror lebend, die Heimkehr Österreichs in das Deutsche Reich mitansehen konnten ..., und ebenso, wie 1954 anläßlich der Erringung der Weltmeisterschaft im Fußball in Bern die Deutschen im polnisch besetzten und verwalteten Oberschlesien zu Hunderttausenden auf die Straßen gingen und das Deutschlandlied sangen: Und die landfremde polnische Miliz stand machtlos neben dem Volkswillen! Ebenso wären die Deutschen in Ostdeutschland im November 1989 gleichfalls zur deutschen Revolution aufgestanden, 1989 ... die Deutschen im Sudetenland aufgestanden, 1989 ... wenn nicht die Deportation 1945 ihre Provinzen des Deutschen Reiches in deutsches Niemandsland verwandelt gehabt hätte ...

Und diesmal wäre es anders ausgegangen als in Kaaden im Sudetenland 1918, als tschechisches Militär im deutschen Siedlungsgebiet die deutschen Demonstranten für das Selbstbestimmungsrecht zusammenschoß – 54 Tote, vom Kind bis zum Greis ... um 20 Jahre tschechischer Fremdherrschaft und dann die Sudetenkrise von 1938 vorzuprogrammieren ... Wer gefährdete damals den Weltfrieden?

1.72

Armselig sind im Angesicht des deutschen – unbestreitbar und unbestritten – demokratischen Aufbruchs in der „DDR" dagegen dann Versuche, nachträglich die Diktate von Versailles und Saint Germain zu verniedlichen und sie als „nicht so schlimm" zu postulieren. Diese Diktate verweigerten zwei Jahrzehnte lang, 1918 bis 1935 bzw 1938, für mehr als 11 Millionen Deutsche in Österreich, dem Sudetenland, Westpreußen, Südtirol – und anderes mehr – das versprochene Selbstbestimmungsrecht.

Heute scheint es sehr einfach zu sein, dieses ebenso mittelalterliche wie bornierte wie für die Zukunft Europas und Deutschlands lebensgefährliche Unrecht von Versailles und Saint Germain zu bagatellisieren und zu minimieren. Mit Sicherheit ist es von den bis ins Absurde größeren Verbrechen von 1945 weitaus übertroffen worden: An Millionen Ermordeten, an Vergewaltigungen, an Deportationen, an Annektionsversuchen entgegen dem Selbstbestimmungsrecht der Gebietsbevölkerung. Aber dennoch hat mit Versailles und Saint Germain, mit dieser „Drachensaat", mit der „Schuld der Friedensmacher"[8], mit dem „Friedensverbrechen" Versailles, mit den „alliierten Friedensverbrechern"[9] alles dieses begonnen!

1.73
Diese deutsche Revolution in Mitteldeutschland, die aus einem geradezu kindlich vertrauenden Idealismus angetreten war, begegnet nun der politischen Wirklichkeit des Jahres 1990.

Und 1990 wie 1945 mangelt es zuerst und zunächst immer an dem einfachsten Gefühl für Gerechtigkeit.

Da existiere nach wie vor ein obsoletes, niemanden zu etwas verpflichtendes Protokoll von einem Treffen eines Präsidenten, eines Primeministers und eines Generalsekretärs der Kommunistischen Partei der Sowjetunion namens Josip Wissarionowitsch Stalin über eine Tagung dieser drei in Potsdam 1945. Aus diesem Protokoll wird versucht, „Siegerrechte" und „Besiegtenpflichten" zu entnehmen: Entgegen dem Selbstbestimmungsrecht: 5 Jahrzehnte nach 1945.

Und immer noch erscheint, kaum verändert und gemildert, Stalin in seinen Stalinrealitäten des zweiten Weltkrieges von 1945 – nunmehr wie 1949 wie 1990, nunmehr jenseits noch so großen Wandels in Gorbatschow als später Nachfahre. Auch er gibt die Kurilen nicht zurück. Auch er gibt Königsberg, gibt Kaliningrad nicht zurück.

Und immer noch verkörperten sich Lord Halifax – 1939 Blankogarantie an Polen – und Churchill wie Attlee kongenial in Mrs. Thatcher. Und immer noch tritt hinzu der General-Präsident de Gaulle (… „Breslau, die polnischste Stadt Polens" …) in Person von M. Mitterand, im Versuch in Kijiw, alles noch zu verhindern. Und immer noch bleiben Mazowieczski, Skubiszewski, Walesa, im Geiste Oberst Becks bis Bieruts. Nur Reagan und nunmehr Bush waren und sind nicht mehr Franklin Delano Roosevelt.

Aus diesen Grundlagen folgt auf die deutsche Revolution von 1989 die schamlose Erpressung und Nötigung Deutschlands, endend in einem neuen Diktat von Paris vom 17. Juli 1990, endend in einem neuen Diktat von Moskau vom 12. September 1990.

Und damit ist Deutschland mitten in der gegenwärtigsten Gegenwart Ostdeutschlands.

1.8 Erpressung der Bundesrepublik Deutschland: „Resolution des Deutschen Bundestages zur Polnischen Westgrenze" vom 21. Juni 1990.

1.81
Die Geschichte der Entstehung, die Versuche einer Begründung, die Problematik der Oder-Neiße-Linie sind objektiv so ekelhaft, daß ein unterichteter Deutscher sie nur mit tiefster Antipathie behandeln kann. Es ist objektiv unmöglich, dies sine ira et studio, das heißt ohne Zorn, das heißt ohne Eifer zu tun.

Als Ausnahme soll deshalb hier einmal eine Erklärung durch zynische Satire gesucht werden. Sie verdeutlicht vielleicht einfacher und besser, als noch so viele, noch so unbestreitbare Fakten, – die von den Voreingenommenen aller Seiten einfach nicht zur Kenntnis genommen werden –, wie die Erpressung der Bundesrepublik Deutschland 1990 erfolgte

---

[8] A. Lentin; Leicester 1984.
[9] So Ferdinand Otto Miksche: Das Ende der Gegenwart. Europa ohne Blöcke. 1990

und wie sie mit Erfolg weiterhin erfolgen wird. Grundlegend bleibt festzuhalten, daß das, was in Ostdeutschland, Danzig, dem Sudetenland ab 1945 geschah, zielbewußt bagatellisiert zu werden pflegt. Von Voreingenommenen sowohl, als vor allem auch seitens der heutigen „glücklichen Besitzer" dieser deutschen Länder werden alle rationalen Maßstäbe verkannt, verfälscht oder geleugnet.

Ostdeutschland, Danzig, Sudetenland, 1945, ihr Raub, ihre Zerstörung waren der größte und erfolgreichste geplante Raubzug aller Zeiten.

Die Morde an Ostdeutschen und Sudetendeutschen 1945 waren ein brutaler, blutiger, überlegt geplanter und folgerichtig durchgeführter Völkermord, Genocidium, mit 2,2 Millionen Ermordeter, (Für die tschechische Seite vergleiche die Zitate Anm.[10])

Die Heimatvertreibung der Ostdeutschen und Sudetendeutschen ab 1945 war die gigantischste, kaltblütig geplante, bürokratisch durchgeführte Deportation aller Zeiten: Mit mehr betroffenen Menschen als die meisten europäischen Staaten Einwohner zählen; bis an 13 Millionen.

Geistig war solches vorbereitet worden im noch neutralen Amerika von einem Nichtamerikaner im Plan eines Theodore N. Kaufman[11] – mit dem Ziel der „eugenischen Sterilisation" des gesamten deutschen Volkes, dem Vorschlag des Idealtypus des zum kaltblütigen Ende gedachten geplanten Völkermordes: Der Kastration aller deutschen Männer, 40 Millionen Männer zu kastrieren, weil sie nach Gottes Willen als Männer und Deutsche geboren worden waren.

1.82
Und die Bundesrepublik Deutschland 1990?

Von der Bundesrepublik Deutschland sollen 1990/1991 immer neue Shylock-Scheine erpresst werden: „Polnische Westgrenze" in Oder und Neiße. Sonst keine Wiedervereinigung mit der „DDR".

Bundeskanzler Dr. Helmut Kohl hat diese fraglose und von niemandem zu bestreitende eindeutige Erpressung auf die historische, gleichsam dokumentarische Form gebracht.

Er hat offen das Problem ausgesprochen; allerdings ohne dabei jedoch diese Erpressung wörtlich als „Erpressung" zu bezeichnen und damit zu brandmarken:

Zitat: „Niemand soll sich täuschen. Wir stehen heute vor einer ganz klaren Wahl. Entweder wir bestätigen die bestehende Grenze oder wir verspielen unsere Chance zur deutschen Einheit" So in der Regierungserklärung, Deutscher Bundestag, 21. Juni 1990 vor der Annahme der „endgültigen" Resolution auch durch die Regierungsparteien CDU und CSU.

Angesichts des unaufhaltsamen Zusammenbruchs der sogenannten „DDR" 1989 wäre diese Chance im Zweifel auch gekommen o h n e Anerkennung der Oder-Neiße- Linie. Nach dieser Resolution aber ist Deutschland – wenig würdig vertreten in Teilidentität durch die Bundesrepublik, das heißt nur durch West-, Süd-, Norddeutschland, – veranlaßt, zu Gunsten der Wiedervereinigung zu einem „Vier-Zonen-Deutschland", – mit Mitteldeutschland, zielbewußt verfälschend als „Ostdeutschland" fingiert –, das wirkliche Ostdeutschland zu verraten. Dies ist der beispielloseste Treubruch in der deutschen Geschichte.

Die Bundesrepublik Deutschland ist durch diese Erpressung zu diesem Treubruch veranlaßt worden. Gezwungen dazu war und ist die Bundesrepublik aber n i c h t .

---

[10] Vergleiche für die tschechische Seite z.B. nur Tschechischer Staatspräsident Benes 27.10.1943: „Kriegsende wird Zeit der Rache": Dokumente zur Sudetenfrage S.251 / ebenso Benes Rede 3.2.1944: „Kriegsende Abrechnung;" DzS S.251 / ebenso Benes Brief 16.7.1944: „Bei Kriegsende erschlagt die Sudetendeutschen" DzS S. 276/ Rede des tschechischen Generals Ingr am 3.11.1944: „Bei Kriegsende tötet die Sudetendeutschen" DzS S. 251.

[11] Theodore N. Kaufman in seinem Buche: „Germany must parish" USA 1941

1.83

Wie unter Deutschen leider nicht anders zu erwarten, hat die Bundesrepublik sich teilweise selber in diese absurde Ausgangslage der Erpressbarkeit gebracht: Verzicht auf die Wiedervereinigung Ost als Preis der Wiedervereinigung Mitte.

Der Bundeskanzler Dr. Konrad Adenauer hatte vielfach mit größter Verpflichtungswirkung erklärt bzw. erklären lassen, daß die Bundesrepublik „die Oder-Neiße-Grenze niemals anerkennen werde". So hierzu nur einige Beispiele „Rechtsverwahrung" durch den Deutschen Bundestag am 13.6.1950, Erklärung v. Brentano in London am 3.5.1956, Regierungserklärung vom 31.1.1957, Regierungserklärung vom 5.11.1959, Stellungnahme vom 10.7.1960 vor den Ostpreußen, Erklärung Erhard vom 28.8.1960 vor den Oberschlesiern, Erklärung Erhard am 24.2.1961 zu Ostpreußen.

Als aber Bundeskanzler Dr. Adenauer die einzige Möglichkeit in Jahrzehnten gehabt hätte, so wie er die Unterstützung der 3 Westmächte für die Wiedervereinigung des Vier-Zonen-Deutschland im Deutschlandvertrag in Art. 7 Abs. (2) hineinschreiben lassen, das heißt aber erzwingen konnte, am 23. Oktober 1954, von den Alliierten (in allerdings ihrer tröstlichen Erwartung, niemals von deutscher Seite beim Wort genommen werden zu können!), so hätte in der damaligen einmaligen und einzigartigen Lage, einer absoluten Zwangslage der Westmächte:
– seit der Anfangskatastrophe des Koreakrieges und der offenen sowjetischen Kriegsdrohung wegen Westberlin,
– als japanische Soldaten der Selbstverteidigungsstreitkräfte nicht in Sicht waren,
– als polnische Soldaten für Stalin und gegen die USA, Groß-Britannien und Frankreich gekämpft hätten, ihre heutigen Helfer zur Nötigung ihres deutschen Verbündeten zur Oder-Neiße-Linie –,
– als die Westmächte um j e d e n Preis deutsche Soldaten zur Verstärkung ihrer Front in Mitteleuropa in höchster Alarmierung, ja beinahe in Panik brauchten:
So hätte Dr. Adenauer auch an Ostdeutschland denken können!

So hätten 1954 die Westmächte auch die Reichsgrenze nach dem Stande vom 31. Dezember 1937 im Deutschlandvertrag festgeschrieben. (Umsomehr wiederum in allerdings ihrer überaus tröstlichen Erwartung, zu Ostdeutschland erst recht von deutscher Seite niemals beim Wort genommen werden zu können.)

Und die Westmächte hätten sich in Übereinstimmung mit der objektiven Völkerrechtslage und in Übereinstimmung mit ihrer damaligen Nochnichtanerkennung einer polnischen Westgrenze in Oder und Neiße im deutsche Sinne verpflichtet.

Die Erpressbarkeit der Bundesrepublik Deutschland 1990 wäre damit 1954 mit größter Wahrscheinlichkeit zu ersparen gewesen.

Nach der etwas gespenstischen postumen Kontroverse der zwei Professoren Kaiser – Grewe, mit Nachtrag Posser, ist zwar sicherer als je, daß Adenauer Ostdeutschland n i c h t geheim formell „abgetreten" hat: Was er rechtlich gar nicht gekonnt hätte.

Die Frage aber bleibt lediglich erlaubt, ob der alte ehrwürdige „Kaiser von Köln", ehemaliger Präsident des preußischen Staatsrates, 1949 bis 1954 an Ostdeutschland, an „Preußen", an Pommern, an Schlesien genügend interessiert gewesen war! Positiv!

Die Westmächte waren es damals mit Sicherheit noch nicht: Negativ!

1.84

Der Weg ging weiter über die im Zweifel wenig sachdienlichen bis überflüssigen, überwiegend unheilvollen Verträge von Moskau, Warschau und Prag; durch einen Willi Brandt, einen nützlichen Funktionär.

Ähnlich wie seinerzeit Konrad Adenauer stand und steht Hellmuth Kohl zu Gebote, daß die Westmächte 1990/1991 wiederum sehr dringend Deutschland brauchen: Aber leider diesmal nicht um jeden Preis, wie vor 1954.

Gebraucht werden wiederum 1990 und weiterhin: die Bundesrepublik Deutschland für die Europäische Gemeinschaft bzw. die Europäische Politische Union, die Bundeswehr nach wie vor als Zentrum der Natobereitschaft bzw. Verteidigung Europas, die Bundesrepublik Deutschland als Partner in der Irakkrise, die Deutsche Mark für die Europäische Währung, die Bundesbank für die unabhängige Europäische Zentralbank.

Wenn die Westmächte 1990 – an Stelle der geübten Vogel-Strauß-Politik 1990 – … im fiktiven Falle deutscher Entschlossenheit zu deutscher Außenpolitik hätten wählen können und wählen müssen entweder Zusammenbruch der „DDR", deutsche Wiedervereinigung zu Vier-Zonen-Deutschland trotz und auf der Grundlage ausdrücklicher N I C H T anerkennung der Oder-Neiße-Linie als vorgeblicher polnischer Westgrenze, oder aber als zwingender Protest Deutschlands gegen die Erpressung über Ostdeutschland Austritt aus dem europäischen Wechselkurssystem, Austritt aus der europäischen Wirtschaftsgemeinschaft, Austritt aus dem Nordatlantikpakt, so ist das Ergebnis – Vernunft der Westmächte unterstellt, die mit an Sicherheit grenzender Wahrscheinlichkeit eingesetzt werden kann – mindestens außerordentlich weit im deutschen Sinne offen.

Ganz Ähnliches gilt angesichts der katastrophalen Wirtschaftslage der Sowjetunion bezüglich der Wahlmöglichkeiten der UdSSR: Zwischen der Einräumung überaus großzügiger deutscher Hilfen bis hin zu Krediten in 13,5 bis 15 Milliarden DM Höhe, oder aber der möglichen sowjetischen Obstruktionspolitik gegen die Wiedervereinigung mit Mitteldeutschland. Dann aber ohne jegliche deutsche Hilfen, Kredite usw.

Gewählt wurde vom Deutschen Bundestage und der Bundesregierung stattdessen der internationalrechtlich nichtige, dazu aber moralisch schamvolle „endgültige" Verzicht auf Ostdeutschland und die angebliche „Anerkennung" der sogenannten „Westgrenze Polens" durch die Bundesrepublik Deutschland.

1.85

Und P O L E N 1990

Die Arroganz des glücklichen Besitzers Ostdeutschlands, die Heuchelei über das vorgeblich unsagbar schwere Kriegsopfer Polens von 1939, die Verlogenheit des ersten „demokratisch gewählten" Sejms Polens aus 1989, der eine „Verbrechensschuld der überwiegenden Mehrheit der deutschen Bevölkerung" 1939 – 1945 zielbewußt erfindet: Babies, Jugendliche, Frauen, Verwundete, Vermißte, Greise. Die Verlogenheit gleichfalls des ersten „demokratisch gewählten" Senats Polens aus 1989, der eine Nichtbeteiligung des unschuldigen Polen am Länderraub 1945 an Ostdeutschland wider besseres Wissen entgegen Dutzenden polnischen Mittäterhandlungen behauptet. Sie alle vereinigen sich zum heutigen Polen 1990 und zur Forderung der gesicherten polnischen Westgrenze 1990.

Polen ist grundsätzlich leider auch 1990 nach wie vor der gleiche Räuberstaat – man kann es nicht anders nennen – der es 1918 – 1933 in Versailles, Westpreußen, den Oberschlesienaufständen war, der es 1921 im Raube Weißrutheniens und der Westukraine im Frieden von Riga war, der es im Raube von Vilnius 1920 gegenüber Litauen war, der es 1939 zur Zeit der Kriegsprovokation des Außenministers Oberst Beck war, der es 1945 2 Millionen deutsche Zivilisten im Vormarsch durch Ostdeutschland morden ließ, der es 1945 während der Deportation von bis zu 10 MillionenOstdeutscher war.

Polen ist 1990 nicht bereit, von seinen unmenschlichen Straftaten auch nur abzurücken. Polen ist 1990 nicht bereit, sich für seine Verbrechen auch nur zu entschuldigen: Was die

Tschechei und die slowakischen Bischöfe getan haben. Polen ist kein Teil einer humanitären Friedensordnung, solange es dieses nicht ändert, solange es die Menschenrechte der deutschen Minderheit weiterhin verletzt, solange es das Selbstbestimmungsrecht des deutschen Volkes verletzt: Solange ein Walesa „Deutschland auszuradieren", d.h. Genocidium zu begehen androhen darf und mit diesem Eventualvorsatz Staatspräsident der demokratischen Republik Polen geworden ist. Und nun folgen 1989 / 1990 die zynischen Satiren, in denen die friedliebende Republik Polen versucht, diese offensichtlichen Mißstände zu ändern.

Polen, die Regierung, das Parlament, ebenso aber das Volk, sie haben 1991 unverändert wie 1945 ein so erbärmlich schlechtes Gewissen über ihre Unrechtsgrenzlinie im Westen, daß nichts, – buchstäblich überhaupt nichts zur Beschwichtigung geschweige Beruhigung Polens ausreicht. Nichts, gar nichts vermag Polen zu genügen.

7 mal, 17 mal, 27 mal müssen Genscher, dann Kohl, dann unzuständigkeitshalber von Weizsäcker, müssen kleinste nützliche Funktionäre gebetsmühlenartig – was sie mit rechtlicher Bedeutung gar nicht können – versichern, garantieren, völkerrechtlich sich verpflichten „gesicherte Grenze", Oder-Neiße-Grenze, „keine Gebietsansprüche", „polnische Westgrenze" „Om mani padme hum", „Oh welches Heil liegt in der geheiligten gesicherten polnischen Westgrenze".

Wenn Polen die zehn Gebote nicht möglichst meiden müßte, weil darinnen sinngemäß auch unübersehbar steht: „Du sollst nicht morden in Ostdeutschland", „Du sollst nicht rauben und stehlen in Ostdeutschland", „Du sollst nicht falsches Zeugnis reden über Ostdeutschland", so würde Polen zwingend ein elftes Gebot auf geeigneten Wegen propagieren und oktroyieren: „Du sollst an die heilige polnische Westgrenze glauben". Und solches 1990/1991 ...

Der Vergewaltiger, – die Republik Polen – mitten in der fortdauernden Vergewaltigung Ostdeutschlands, verlangt von dem vergewaltigten Deutschland, – die Republik Polen von der Bundesrepublik Deutschland, – daß der Vergewaltigte feierlich, völkerrechtlich verbindlich laut und immer wieder erneut verkündet: „So are they all, all honourable ... states." (Shakespeare frei) „So ist die Republik Polen ein ehrenwerter Staat".

So sind sie alle ehrenwerte Staaten, diejenigen, die 1990/1991 Deutschland erpressen bzw. nötigen.

Staatspräsident Vaclav Havel gab sich und dem tschechischen Volk die Ehre, (– das slowakische Volk war von „1945" ohnehin nicht aktiv erfaßt –), sich 1990 zu entschuldigen für die Vertreibung der 3 1/2 Millionen Sudetendeutschen aus ihrer Heimat und für die Ermordung von 250000 Sudetendeutschen anläßlich der Vertreibung. Von Polen ist eine Entschuldigung für sein 10 faches Unrecht niemals erfolgt. Im Gegenteil. Pan Staatspräsident Walesa bleibt zum Völkermord bereit, zum „Ausradieren" Deutschlands.

Von Mazowieczki, Szczypiorski, jetzt Skubiczewski wird begonnen, wenig Verbindliches zuzugeben[12]:

Zitat: Deutsches „Leid von Millionen" ... Es waren zehn Millionen!

Zitat: „Aus der Heimat vertrieben" ... Diese 1000 jährige Heimat ist größer als viele europäische Staaten, war volkreicher, ist älter!

Zitat: Es habe „dabei Tote gegeben" ... Es waren bis zu 2,2 Millionen Ermordete, Vergewaltigte, Verhungerte, Gequälte in KZs!

Zitat: „Hab und Gut" sei verloren gegangen! ... Es waren weit über 100 Milliarden an Privateigentum, das entschädigungslos geraubt wurde; mit den Heimatländern; über 100 000 qkm Boden; wie nichts!

---

[12] FAZ 3.9.1990

1.86

Diese unheilige polnische Demarkationslinie, Devastationslinie westlich von Stettin, in der Oder, in der Lausitzer Neiße bewirkt nun 1990 eine deutsche dramatische Erpressbarkeit einerseits, und eine schamlos unmoralische und rechtswidrige Erpressung sowohl durch Polen und die UdSSR einerseits, als auch durch die Westmächte andererseits. Und niemand in den USA, der die Stellungnahmen von Präsident Truman bzw Admiral Leahy von 1945 nachliest, – vergleiche das vorangestellte Memento –, kann sich 1990 von dem Vorwurf der Nötigung durch Ermöglichung der polnischen Erpressung freizeichnen.

Dank den Stalinrealitäten des zweiten Weltkrieges und der Unaufmerksamkeit der Westmächte 1945 hatte Deutschland 1989 – und hat es noch heute und in völlig gleichem Maße:

Z W E I große Ziele: Beide betreffen Menschenrechte, beide sind demokratisch, beide sind rechtmäßig, beide sind moralisch, beide sind begründet im Völkerrecht, im Selbstbestimmungsrecht. Beide sind von redlichen Beobachtern und Urteilern nach dem geltenden internationalen Recht nicht zu bestreiten.

Zum Ersten: Die Aufgabe der Wiedervereinigung West-, Süd- und Norddeutschlands, der sogenannten Bundesrepublik Deutschland, mit Mitteldeutschland, der sogenannten „DDR", zum Vier-Zonen-Deutschland!

Zum Zweiten: Die Forderung der Wiedervereinigung des Vier-Zonen-Deutschland mit Ostdeutschland, mit der derzeitigen sowjetischen Restbesatzungszone, polnischer Verwaltungsteil, durch Wiedergutmachung, sei es in Form der Räumung, sei es in Form der Europäisierung!

1990 wird Deutschland nun erpreßt, indem die erste Wiedervereinigung, diejenige mit Mitteldeutschland, nur „zugelassen" wird, wenn auf die zweite Wiedervereinigung, diejenige mit Ostdeutschland, v o r h e r feierlich verzichtet werden muß, unter verbindlicher Anerkennung der Demarkationslinie in Oder und Neiße als vorgebliche endgültige polnische Westgrenze!

Grundlegend zu fragen bleibt sofort: Wieso bedarf das Selbstbestimmungsrecht, die Wiedervereinigung der Bundesrepublik mit Mitteldeutschland überhaupt einer „Zulassung"?

Diese nur scheinbar weltfremde Frage vermag nach dem verbindlichen internationalen Recht niemand gültig zu beantworten: Zum Trotz aller Potsdamer Protokolle und Deutschlandverträge.

Im Deutschen Bundestag, im Bundesrat, in der Volkskammer der zu beseitigenden „DDR" ist stattdessen der (nur faktisch – machtmäßig) viel leichtere Weg gewählt worden, sich mit vielen schönen Worten der Erpressung zu beugen und dem zukünftigen gesamtdeutsche Souverän empfehlen zu wollen, die „polnische Westgrenze" anzuerkennen; in ihrem gegenwärtigen faktischen, selbst nach dem Potsdamer Protokoll angemaßten rechtswidrigen Stand: Sogar einschließlich des unbestreitbar klarsten Rechtsbruchs Polens mit Stettin … westlich der Oder.

Im Deutschen Bundestag, am 21.6.1990 ist dennoch die „Wahrhaftigkeit als oberstes Gebot" erklärt worden. Dies ist eine schamvolle Demut der deutschen Geschichte.

1.87

Der vom Deutschen Bundestag am 21.6.1990 gewählte Vorschlag der Anerkennung der derzeitigen faktischen polnischen Westgrenze wird von einer einfallsreichen Fülle wohllautender Erklärungen begleitet. Die Annahme des Verzichtsdiktates wird verniedlicht durch phantasievolle Worte, deren Verwirklichung niemals kommen dürfte: … „Freude, Ernst, Trauer"! So schlug es zum 22.6.1990 die FAZ vor.

„Gute Nachbarschaft" wird einem „guten Nachbarn" angetragen. Gutnachbarliche freundschaftliche Beziehungen werden versprochen, doch nicht für Deutschland gefordert. Ein zuverlässiger Partner sein zu wollen wird bemüht. Ein Modell friedlichen Zusammenlebens wird gemalt. Ein Miteinander in einem vereinten Europa wird prophezeit. Die „Aussöhnung" wird gewünscht. Die „Verständigung" wird vorausgesagt.

Als Voraussetzung und Hintergrund wird festgestellt, daß „Grenzen nicht verschoben werden dürften, nicht in Zweifel gezogen werden dürften, nicht mehr trennen sollten und werden".

Dabei wird zugegeben, daß nur unumstrittene Grenzen ihren trennenden Charakter verlören. Dennoch wird ihr „neuer", vorgeblich zukunftsweisender Charakter gelobt. Offene Wege sollen zur Begegnung in Freiheit führen.

Und alles dieses um der erpreßten Schlußfolgerungen willen: Endgültigkeit der polnischen Westgrenze trotz Rechtswidrigkeit; Unverletzlichkeit des status quo trotz Entstehung durch Verbrechen! Territoriale Integrität Polens trotz Inhumanität und Amoralität! Keinerlei Gebietsänderungen jetzt und in Zukunft außer den riesigen polnischen Gebietsannektionen geraubter Provinzen des Deutschen Reiches.

1.88

Als Versuch einer Begründung für die Annahme dieses erpreßten Diktates im Deutschen Bundestag werden schiefe bis historisch unzutreffende Angaben gebracht: Unsagbares schreckliches Leid und Verbrechen seien dem polnischen Volk 1939 bis 1945 zugefügt worden. In einem totalen Versklavungs- und Ausrottungskrieg habe das polnische Volk ausgelöscht werden sollen zwischen 1939 und 1945.

Dazu bleibt festzustellen: Unsagbares schreckliches Leid und Verbrechen sind dem Teil des j ü d i s c h e n Volkes in Polen zugefügt worden ab 1939, durch Deutsche. Dies ist unbestreitbar und unbestritten. Es ist nach besten Kräften versucht worden, es am j ü d i - s c h e n Volk wieder gutzumachen.

Dies traf keinesfalls das p o l n i s c h e Volk. Das polnische Volk hatte grundsätzlich nur das zu erdulden, was sein völlig verantwortungslos handelnder Außenminister Oberst Beck durch den absichtlich, das heißt wissentlich und willentlich p r o v o z i e r t e n Krieg herbeiführte.

Der Krieg, in dem er mit Polen „nach Berlin" frevelhaft marschieren wollte und sich in Warschau wiederfand, nachdem e r – mit Hitler und Stalin! eine Weltkatastrophe heraufbeschworen hatte;[13] unterstützt von dem antiquierten britischen Außenminister Lord Halifax mit einer britischen Blankogarantie für den Kriegstreiberstaat Polen, selbst für jede Provokation durch Polen.

Ein „totaler Ausrottungskrieg" hat entgegen Horrorpropagandathesen in und gegen Polen durch das Deutsche Reich niemals stattgefunden. Phantasien solcher Art werden schon dadurch widerlegt, daß angesichts der Quantität des polnischen Volkes jegliche solche Vorstellung irreal sein muß.

1939 und erneut 1941 hat dagegen die Sowjetunion in ihrer gewohnten leninistisch-stalinistischen Weise mit Ermordungen und Deportationen begonnen. Die Verantwortung Stalins hierfür wurde sogar im Deutschen Bundestage offen erwähnt.

Zwar wird im Deutschen Bundestage betreffend 1939 – 1945 von „Verbrechen" am polnischen Volke gesprochen; betreffend 1945 dagegen nur von „Unrecht" am deutschen Volke!

---

[13] Hoggan; 13. Aufl.; Der erzwungene Krieg: S. 347 – 348, 416, 424, 434, 471, 503, 515, 518 – 520, 5344, 546, 554, 709, 720, 750.
Hoggan aao: S. 449, 451, 671.

Zugestanden wird daß die Vertreibung zahlreicher Millionen Deutscher durch Polen „ein großes Unrecht" ist, daß es „keine Rechtfertigung" dafür gebe, „weder moralisch noch rechtlich", daß die „angestammte Heimat" genommen worden ist, daß das Unrecht auch heute noch nach Jahrzehnten „nicht für rechtmäßig" erklärt werden kann, daß „Flucht, Vertreibung, Tod, Zurücklassen ein schweres Schicksal" sind.

Solche möglichst ausdrucksschwachen, aber dennoch wahren Feststellungen rechtfertigen oder auch nur entschuldigen dann die Annahme der erpressten Diktat-Resolution 1990 aber ja erst recht n i c h t . Nach alledem erfolgte also im Grunde k e i n e Begründung für den Umfall der Regierungsparteien in der Sache der Resolution vom 21. Juni 1990 im Deutschen Bundestag zugunsten der „Westgrenze Polens".

1.89
Verständigung zwischen dem deutschen und dem polnischen Volk kann nicht auf Unterwerfung der Deutschen unter ein polnisches Friedensdiktat nationalistischer, chauvinistischer polnischer Expansion in 700 Jahre alte deutsche Provinzen aufgebaut werden. Völkerrechtswidrige Annektion von Gebieten des Deutschen Reiches, dazu stalinistischer Imperialismus entgegen dem Selbstbestimmungsrecht der rein deutschen Bevölkerung Ostdeutschlands begründen keine Friedensordnung.

Die Anerkennung der Folgeergebnisse des Verbrechens der Vertreibung als eines pseudolegitimen Mittels der Politik muß ausgeschlossen bleiben für die Zukunft. Hundert zukünftige Räuber warten schon darauf, von Palästina bis Südafrika: Vertreiben und dann annektieren. Ein todsicheres Erfolgsrezept.

Das Selbstbestimmungsrecht der Deutschen in Ostdeutschland ist 1945 wie 1966 wie 1990 zwingendes Recht. Die Resolutionen des Deutschen Bundestages wie der Volkskammer der „DDR" vom 21.6. 1990 sind nichtig, da sie dem Völkerrecht, dem Selbstbestimmungsrecht krass widersprechen.

Sie sind nichtig, da sie sich auf zwei Verträge begründen, die sich ihrerseits gegenseitig ausschließen.

Der Görlitzer Vertrag einer sog. „DDR" ist nichtig. Er geht vom Untergang des Deutschen Reiches aus und davon, daß Ostdeutschland ab 1945 rechtlich Niemandsland gewesen sei, das Polen unbekümmert annektieren konnte. Der Warschauer Vertrag einer Bundesrepublik enthält ausdrücklich keine Regelung über Gebietsabtretungen. Er geht vom Fortbestand des deutschen Staates über 1945 hinaus aus. Nach der Rechtsprechung des Bundesverfassungsgerichtes, die Gesetzeskraft hat, besteht das Deutsche Reich in seinen Grenzen von 1937 fort. Die Bundesrepublik Deutschland ist „der deutsche Staat" nur in Teilidentität.

Die polnischen Annektionsversuche sind rechtswidrig. Eine kriegerische Besatzungsmacht Sowjetunion und eine bloße Verwaltungsmacht Polen kann nicht rechtsgültig allein annektieren, ohne Cession durch den rechtmäßigen Souverän, das Deutsche Reich.

Die Resolutionen vom 21.6.1990 sind ultra vires. Sie sind irrelevant. Zwei Teile Deutschlands können den gesamtdeutschen Souverän nicht präjudizieren. Auch das entstehende Vier-Zonen-Deutschland ist nicht der gesamtdeutsche Staat. Es ist nicht das Deutsche Reich. Ob Vier-Zonen-Deutschland überhaupt einen Friedensvertrag für das gesamte Deutsche Reich rechtsverbindlich und rechtsgültig abschließen könnte ist danach mehr als fraglich; es kann aber hier dahingestellt bleiben.

Nur in einem frei und im Rahmen des Völkerrechts, auch des Selbstbestimmungsrechtes und der Menschenrechte ausgehandelten Friedensvertrag – mit gegenseitigem Geben und Nehmen – könnten einzelne ostdeutsche Gebiete abgetreten werden, beispielsweise an Europa …

Da Polen, die Tschechei, Rußland zur Zeit nicht bereit sind, einen Friedensvertrag auf Grund des Selbstbestimmungsrechts abzuschließen, hat Deutschland die moralische Schuld und die Rechtspflicht, solange dies so ist, k e i n e n Friedensvertrag abzuschließen: Insbesondere auch, um absurde Reparationsansinnen 45 Jahre nach Kriegsende a limine zurückzuweisen. Dies gilt auch für Umgehungsregelungen, Verträge, Abmachungen, Resolutionen usw., welche schönen Namen für dieses Mittel immer gefunden werden mögen.

Wenn Deutschland der Erpressung „endgültig" nachgeben, und auf Ostdeutschland „verzichten" sollte, so wäre dies der ideale Prototyp eines „ungleichen" Vertrages in Europa. Ein solches Traktat eines erpreßten Diktates würde nicht länger währen, als es mit Brachialgewalt erwungen werden kann. Dergleichen ungleiche Verträge sind vernichtbar bzw nichtig.

Am Ende steht Winston Churchills berechtigte Prophezeiung: „Hier lag ein Übel, … neben dem Elsaß-Lothringen und der Danziger Korridor belanglos wirkten. Eines Tages werden die Deutschen diese Gebiete zurückfordern": Jeden Tag![14]

1.9 Erpressung Deutschlands: 17. Juli 1990; „Fünf Prinzipien" zur Regelung der deutsch-polnischen Grenze; Paris

12. September 1990; Diktat der 10 Artikel; sogenannter Vertrag über die abschließende Regelung in Bezug auf „Deutschland"; Moskau

1.91

Diese 5 Prinzipien lauten laut Beschluß der 3. „Zwei-plus-Vier"-Konferenz in Paris, wiederholt sinngemäß in Moskau:

1. Das vereinigte Deutschland umfaßt nur die gegenwärtigen Territorien der Bundesrepublik, der DDR und Berlins.

2. Die beiden deutschen Staaten verpflichten sich, die gegenwärtige Bundesverfassung so zu ändern, daß eine territoriale Ausdehnung ausgeschlossen ist.

3. Das vereinigte Deutschland erhebt keine territorialen Forderungen gegenüber einem anderen Land.

4. Die beiden deutschen Staaten und Polen verpflichten sich, ihre Grenze nach der Vereinigung in einem bilateralen Abkommen festzulegen.

5. Die vier Mächte nehmen die Verpflichtung der beiden deutschen Staaten zur Kenntnis und bestätigen, daß mit deren Realisierung die deutschen Grenzen endgültig sind.

Mit diesen 5 „Prinzipien", das heißt Befehlen, wird die formale, seit Monaten verfolgte Erpressung der Bundesrepublik Deutschland zur faktischen materiellen Erpressung gesteigert.

Diese 5 Prinzipien sind die kongenialen Nachfolger der Diktate von Versailles und Saint Germain. Sie sind die Diktate von Paris bzw. von Moskau anläßlich der Wiedervereinigung mit der „DDR", mit Mitteldeutschland.

1.92

Zu diesen beiden modernsten Diktaten der deutschen Geschichte soll nur noch in größter Kürze Stellung genommen werden. Was für den Geist von Versailles uns Saint Germain galt, für Potsdam galt, gilt auch für Paris und Moskau.

---

[14] Winston Churchill; The second world war. Bd. 6. S. 561.

Das Potsdamer Protokoll als stillschweigende „Rechtsgrundlage" dieser Diktate „berechtigt" nach der Haager Landkriegsordnung die Siegermächte zu heute gar nichts mehr, insbesondere nicht zur Einmischung in innere Angelegenheiten intimster „domaine réservé" Deutschlands.

Es berechtigt dagegen Deutschland zur Berufung auf Selbstverpflichtungen der vier Mächte.

Das Potsdamer Protokoll „verpflichtet" als „res inter alios acta" Deutschland zu gar nichts, verpflichtet dagegen die Mächte zur Einhaltung ihrer freiwilligen Selbstverpflichtungen.

Die Berliner Erklärung als stillschweigende „Rechtsgrundlage" dieser Pariser und Moskauer Diktate, mit ihrer „Übernahme der Obersten Gewalt über Deutschland" 1945, gleichviel, ob diese jemals rechtmäßig gewesen sein kann, … ist spätestens 1954 überholt, obsolet, hinfällig, … ist jedenfalls 1990 im Anwendungsversuch rechtswidrig.

Der Deutschlandvertrag von 1954 ist ein ausgesprochen „ungleicher" Vertrag, geschlossen seinerzeit, um der gewaltsamen rechtswidrigen omnipotenten Unterstellung Deutschlands unter alliierte Besatzung im Rahmen des beschränkten damals Möglichen ein Ende zu setzen. Gleichviel, ob er jemals rechtsgültig war: Er ist jedenfalls 1990, nach 45 Jahren ab Kriegsende, obsolet; bis auf solche Teile, über die im Einvernehmen Einigung besteht.

1990 ist für das Selbstbestimmungsrecht des deutschen Volkes a l l e i n das deutsche Volk berechtigt, verpflichtet und zuständig. Die danach unheilbar rechtswidrige sogenannte „West-Grenze Polens „ist 1945 wie 1954 sowohl von den Vereinigten Staaten als auch von Groß Britannien nicht anerkannt worden.

Warum sollte dann 1990 im Zeitalter des Selbstbestimmungsrechtes die jetzige „Anerkennung" entgegen zwingendem Völkerrecht als Alibi und Mimikry um des „lieben Friedens willen" rechtmäßig sein können.

1.93
Im Einzelnen:
Zum Prinzip 1; wiederholt in Artikel 1 Abs.(1) des Moskauer Vertrages.

Das vereinigte Deutschland wird nur und ausschließlich laut dem zwingenden internationalen Recht der Selbstbestimmung festgelegt vom deutschen Volk. Das geschilderte Territorium ist Vier-Zonen-Deutschland, nicht das vereinigte Deutschland. Der Versuch einer Legaldefinition durch Fremde, durch Nichtzuständige, durch Nichtberechtigte beweist gerade, daß dieses Prinzip 1 keineswegs selbstverständlich ist, sondern eine restliche Einmischung, keineswegs objektiv ist, sondern ein Fremdbestimmungsversuch, keineswegs richtig ist, sondern ein Erpressungsversuch. – Sonst brauchte nicht versucht zu werden, das deutsche" Recht" auf Selbstbestimmung legal zu definieren, von fremden Mächten und gegen Deutschland, etwas, was sonst afrikanischen Kleinvölkern gegenüber nicht unternommen wird.

Zum Prinzip 2; wiederholt in Artikel 1 Abs.(4) des Moskauer Vertrages.

Dies Prinzip ist so offensichtlich als Einmischung in innerste Angelegenheiten des deutschen Staates und Volkes, – die Verfassung –, rechtswidrig und nichtig, daß es nur der ausdrücklichen Zurückweisung bedarf. Spätestens die Verfassunggebung jedes Volkes geht keinen Fremden das Geringste an. Das Prinzip ist eine ausgesprochene arrogante Ungehörigkeit.

Zum Prinzip 3; wiederholt in Artikel 1 Abs. (3) des Moskauer Vertrages.

Ostdeutschland und das Sudetenland sind keine „territorialen Forderungen" Deutschlands. Territoriale Forderungen erheben die Fremdmächte, die Gebiete des Deutschen Reiches annektieren wollen. Deutschland kann und braucht für seine Gebiete keine Forderungen zu erheben. Es ist ihr Souverän laut Völkerrecht. Die Formulierung dieses Prinzips beweist, wie wenig durchdacht der Befehlskatalog abgefaßt worden ist.

So sind z.B. auch nirgends Gebietsabtretungen erwähnt, obwohl dies ohne jeden Zweifel das Ziel der unwürdigen Aktion ist.

Zum Prinzip 4; wiederholt in Artikel 1 Abs. (2) des Moskauer Vertrages.

Ein bilaterales Abkommen mit Polen kann 2 souveränen Staaten von vier fremden Mächten nicht befohlen werden.

Inhaltlich kann es nach dem internationalen Recht der Menschenrechte nur in Frage kommen, im Minimum, wenn Polen bestätigt, keinerlei Reparationen, „Arbeitsentschädigungen" usw mehr zu fordern zu haben, wenn Polen den Deutschen und den „Autochthonen" in den Ostgebieten Volksgruppenrechte und Minderheitenschutzrechte unter internationaler Garantie und Kontrolle zu gewähren veranlaßt ist, wenn Polen das bestehende Privateigentum der Ostdeutschen wieder anerkennt und entweder zurückerstattet oder entschädigt, wenn Polen die absolute Freizügigkeit herstellt.

Zum Prinzip 5: wiederholt in Artikel 1 Abs. (5) des Moskauer Vertrages.

Die deutschen Grenzen bestehen nach Völkerrecht weiterhin nach dem Stande vom 31. August 1939. Andere deutsche Grenzen können nur durch einen frei verhandelten Friedensvertrag mit Zustimmung des Deutschen Reiches festgelegt werden. Das gegenwärtige, das Vier-Zonen-Deutschland kann das Deutsche Reich weder verpflichten noch präjudizieren: Weder rechtlich noch politisch.

1.94

Abschließend bleibt die Erpressung Deutschlands durch beide Diktate, die Pariser Prinzipien und den Moskauer „Vertrag" strafrechtlich zu würdigen; so wie dies der Nürnberger Gerichtshof 1945 begonnen hatte: Bezüglich der erledigten deutschen Annektionsversuche. Nunmehr bezüglich heute faktisch noch bestehender polnischer Annektionsversuche.

Vorauszuschicken ist lediglich, daß das Pariser und Moskauer Diktat von 1990, ebenso wie die Diktate von Versailles und Saint Germain – ihre kongenialen Vorgänger – Diktate bleiben auch dann, wenn der Erpreßte, der Genötigte gezwungen bleibt, der Drohung zu weichen und zu „unterschreiben", d.h. „anzuerkennen".

Dabei sollen drei Unterschiede 1920 zu 1990 von vornherein nicht verkannt werden:

1920 waren die Verfasser so erstaunlich ehrlich, die absurd hohen Reparationen auch offen als Reparationen zu bezeichnen.

1990 werden viele Milliarden stattdesssen als Zahlungen für Offizierswohnungen, Kindergärten, Transportkosten, Umschulungsmaßnahmen usw getarnt, Reparationen dagegen weder gefordert noch geleistet.

1920 wurde nur einmal erpresst: Mit der Drohung des Einmarsches ins hungernde Deutschland, im Falle der Verweigerung der deutschen Unterschrift, die ja denn auch geleistet wurde!

1990 wird Deutschland nur zwei mal erpreßt! Zum Ersten: Zur Hinnahme des Raubes Ostdeutschlands: Kohl … Der Preis … Zum Zweiten: Zahlungen von bis zu 15 Milliarden an die UDSSR: Genscher … Der Preis …

1920 wurde das Diktat von vornherein als solches ganz klar erkannt und bekämpft.

1990 werden die Diktate von Paris und Moskau nicht nur hingenommen, sondern masochistisch bejubelt: Beweis … „ein glücklicher Tag für Deutschland" 12. September 1990: Genscher …

1.95

Die Forderung der Republik Polen gegenüber der Bundesrepublik Deutschland, internationalrechtlich und sogar verfassungsrechtlich verbindlich die polnische Annektion der Ostgebiete des Deutschen Reiches – und nebenbei Danzigs – bis zur Demarkationslinie in Oder und Lausitzer Neiße, einschließlich Stettin, als sogenannter Westgrenze Polens anzuerkennen, ist Erpressung und Nötigung seitens Polens, ebenso seitens der Sowjetunion, ist Nötigung seitens der drei Westmächte in Mittäterschaft.

Das Wesen dieser Erpressung besteht in der Nötigung, Deutschland zu einer Grenzanerkennung und Gebietsverfügung bestimmen zu wollen, durch die Deutschland der Nachteil der Gebietsverluste zugefügt werden soll entgegen dem internationalen Recht, Polen durch Gebiete des Deutschen Reiches bereichert werden soll entgegen dem internationalen Recht.

Deutscher Schaden, polnischer Nutzen sind stoffgleich.

Der deutsche Nachteil ist sowohl faktisch-materiell eingetreten als auch rechtlich-ideell durch Erklärungen, Resolutionen u. Ä. eingeleitet worden.

Der Angriff auf die freie Willensbildung Deutschlands liegt vielfach vollendet vor. Der Wille wird in einer bestimmten Richtung eingeschränkt und beschränkt.

Die Erpressung bezweckt die Bereicherung Polens. Das Mittel der Vergewaltigung ist die Drohung durch die Täter und die Mittäter, die Wiedervereinigung Westdeutschlands, der sogenannten Bundesrepublik Deutschland, mit Mitteldeutschland, der sogenannten „DDR", mangels Befolgung und Erfüllung der Drohung nicht „zulassen", sondern ggf verbieten zu wollen, theoretisch sogar mit Waffengewalt verhindern zu wollen.

Die Vergewaltigung ist geeignet, den Erpreßten zu dem mit den Drohungen bezweckten Verhalten zu veranlassen. Die Drohungen sind mindestens seitens einzelner Täter und Mittäter sehr ernst gemeint. Nicht relevant ist, daß sowohl Täter als auch Mittäter gegenüber dem entschlossenen Willen des die Einheit vollziehenden deutschen Volkes in beiden Landesteilen ihre Drohungen mit größter Wahrscheinlichkeit ohne völlig untragbaren Gesichtsverlust nicht ausführen könnten: Ohne sich demokratisch aufs Unerträglichste selbst zu widerlegen vor der gesamten Welt.

Die Tat ist rechtswidrig.

Die Tat ist schuldhaft.

Nicht nur das formale Recht allein entscheidet. Das Tun der Täter ebenso wie der Mittäter ist objektiv verwerflich, wenn man das angewandte Nötigungsmittel – Verweigerung der demokratisch vom deutschen Volk erzwungenen Wiedervereinigung – zum erstrebten Zweck – Anerkennung einer rechtswidrigen chauvinistisachen Raubgrenze Polens – in Beziehung setzt. Die Verwendung d i e s e s Mittels zu s o l c h e m Zweck erscheint nach der konkreten Lage als nach dem internationalen Recht, den Menschenrechten, dem Selbstbestimmungsrecht als besonders verwerflich.

Die konkrete Folge der Nötigung ist deutsches Handeln zum Eintritt des Nachteils. Es genügt das Fortwirken der Drohung. Das deutsche Handeln soll eine Gebietsverfügung darstellen. Dulden als passives Geschehenlassen, Unterlassen als Nichtstun des genötigten Deutschland erfüllte immer noch den kriminellen Tatbestand der Erpressung. Solches genügte den Tätern aber nicht mehr für ihren Shylock-Schein. Deutschland wird erpresst, selbst „handeln" zu müssen.

Der polnische – sowjetische – Vorsatz umfaßt die Nötigung und die Bereicherungsabsicht auf fremdes deutsches Gebiet. Die Absicht der Täter kommt hinzu, durch die Erpressung sich zu Unrecht zu bereichern. Dieses Unrechtmäßige ist nicht nur als formales, sondern als materielles Unrecht gemeint. Alles Gesagte gilt sinngemäß auch gegenüber der Sowjetunion.

Bei den drei westlichen Mittätern dagegen liegt Nötigung vor, da ihnen die sie selbst betreffende Bereicherungsabsicht fehlt.

Tatbestandsmäßig, rechtswidrig, schuldhaft erfüllt Polen die Verbrechenstatbestände der Erpressung und Nötigung.

Mit größtem Interesse wird auf die Stellungnahme polnischer Kronanwälte gewartet, die versuchen könnten, diese Feststellungen zu widerlegen.

Kapitel 2

2 Zum Nationalstaat Deutschland als Grundlage des Selbstbestimmungsrechtes des deutschen Volkes auf sein Land

2.1 Zum deutschen Volke, zur deutschen Nation: Als Beteiligter des Selbstbestimmungsrechtes für das ganze Deutschland.

2.11

Deutschland, das Land, der Lebensmittelpunkt, die Heimat! …

Imago eines Jahrtausends Geschichte, Tugend und Adel, Verbrechen und Vergänglichkeit sind immer bezogen auf die Menschen, die zu ihnen gehörten. Das Land und seine Grenzen werden zur Funktion der Menschen. Die Menschen werden mittelbar auch zur Funktion des Landes und seiner Grenzen.

Das Land Deutschland ist auch ein selbständiger Wert. Genauso wie das „Gelobte Land" im Alten Testament für die Hebräer und heute die Israelis ein – sogar religiöser – Eigenwert war und ist.

Die Grenzen Deutschlands sind auch selbständige Kriterien. Ihre Verletzung bringt auch eine Verletzung der Menschen dieses Volkes mit sich. Auch dann, wenn es Vielen nicht bewußt wird.

Dieser Dreiklang aber, das Land, seine Grenzen, seine Menschen, endet evtl. mit dem Niedergang dieses Volkes. Ohne das Volk kein Land und keine Grenzen. Das Volk bleibt das entscheidende Element.

Hier interessieren keine wissenschaftlichen Theorien. Es geht um Arbeitsbegriffe.

2.12

Volk ist nicht völlig gleich Nation.

Das deutsche Volk ist größer als die deutsche Nation heute. Volk ist ein Begriff mehr a quo, geprägt von der Herkunft, ethnographisch, kulturell, sprachlich, geschichtlich, „matriarchalisch".

Nation ist ein Begriff mehr ad quem, begrenzt von der Zielrichtung, programmatisch, politisch, willensmäßig, bekenntnismäßig, „patriarchalisch".

Das deutsche Volk gleicht vermutlich – bis zum jeweiligen regionalen Beweis des Gegenteils – dem Volksgebiet mit deutscher Sprache. Auszuschließen davon ist, wer sich bewußt trotz deutscher Sprachzugehörigkeit herausentwickelt hat zu einer nun eigenen Hochsprache. Dementsprechend sind die Niederländer und Vlamen nicht mehr Teile des deutschen Volkes. Dementsprechend ist fraglich, ob die an sich deutschsprachigen Elsässer und die Nordlothringer noch Teile des deutschen Volkes sind, da die Übernahme der französischen Hochsprache notgedrungen im Gange ist. Dementsprechend sind die Luxemburger und die Liechtensteiner noch Teile des deutschen Volkes, da sie lediglich den überkommen eigenen Regionsdialekt verabsolutieren. Ob die deutschsprachigen Schweizer noch zum deutschen Volke gehören, mögen sie jeden Tag selbst neu entscheiden.

Zum deutschen Volke zusätzlich einzuschließen sind diejenigen Teile schwebenden Volkstums, die sich ausdrücklich zum Deutschtum bekennen: Oberschlesier, Masuren, Kaschuben, Wenden (Sorben).

2.13

Die deutsche Nation dagegen gleicht vermutlich nur bis zum jeweiligen regionalen Beweis des Gegenteils dem Volksgebiet des deutschen Volkes. Auszuschließen davon ist, wer sich bewußt trotz deutscher Volkszugehörigkeit gegen die Zugehörigkeit zur deutschen Nation entschieden hat. Dementsprechend sind die Deutsch-Schweizer Angehörige einer eigenen Staatsnation, einer Willensnation, entgegen der deutschen Nation. Dementsprechend sind die Luxemburger und die Liechtensteiner Angehörige eines eigenen Staatsvolkes entgegen der deutschen Nation.

Danach ist Deutschland, das Land, vom Status des deutschen Volkes abhängig: Und unterschieden davon sind der deutsche Staat mit der deutschen Nation.

Dabei sind die heutigen Grenzen des deutschen Volksbodens und Sprachgebietes vielfach verformt durch völkerrechtswidrige Gewalt entgegen dem Selbstbestimmungsrecht der Völker, durch Verbrechen, durch Mord, durch Vertreibung. Danach kann das deutsche Sprachgebiet von 1989, von 1945 n i c h t mit konstitutiver Wirkung für Deutschland zugrunde gelegt werden.

Gleiches gilt aber auch noch für das Sprachgebiet 1939. Wenigstens der polnische Korridor durch das im Frieden überwiegend deutschsprachige Westpreußen kann nicht als normaler Friedenszustand zugrunde gelegt werden.

Das Problem gewaltsamer rechtswidriger Verfremdung, Veränderung von Volksgebiet, Sprachgebiet stellt sich nicht zum ersten Male. Das Selbstbestimmungsrecht über Gibraltar steht den Nachkommen der vertriebenen Spanier zu, nicht den Nachkommen der Besatzungsmachtangehörigen, der Kolonialmacht, den Eingewiesenen.

Nur genau das Gleiche hat für Ostdeutschland und das Sudetenland zu gelten. Die Rechtsfigur des „Normaljahres" allein kann einer solchen Problematik gerecht werden. Nach dem 30 jährigen Krieg wurde 1648, nach 24 Jahren endlosen Mordens und der Vertreibung, das Jahr 1624 als mitteleuropäisches „Normaljahr" zugrunde gelegt. Der Zustand zur Zeit dieses Normaljahres war gemäß dem Westfälischen Fieden der einzige und alleinige rechtmäßige Friedensstatus: Und nicht, was welche Partei durch Mord, Vergewaltigung, Vertreibung, Deportation zeitweilig besetzt, annektiert, neu „besiedelt" hatte.

Die Mordrealitäten des Dreißigjährigen Krieges, z.B 10. Mai 1631 Zerstörung und Massaker Magdeburgs, 15. – 18. Oktober Massaker auf der Marienburg bei Würzburg, entsprechen den Stalinrealitäten des zweiten Weltkrieges 1945, Vertreibung von Millionen Deutschen, 1945 Mord an Millionen Deutschen.

Das objektive und gerechte Normaljahr für alle Probleme des deutschen Volkes und Deutschlands ist (der 31.12.) 1917. Diesem Status entspricht im Westen auch 1870, 1789, 1681, 1648. Diesem Status entspricht im Osten auch 1772, 1526, 1466, 1410, 1335, 1231.

2.14

Im Ergebnis ist Deutschland das Land des deutschen Volkes im letzten Normaljahr 1917, nicht aber das mißhandelte Land der mißhandelten deutschen Nation 1945 wie 1990 …

Danach ist Berechtigter des Selbstbestimmungsrechtes der Völker auf sein Land für Deutschland das deutsche Volk, vertreten durch die deutsche Nation, in Teilidentität vertreten durch Vier-Zonen-Deutschland, die Bundesrepublik Deutschland: für das ganze Deutschland, für Westdeutschland, Süddeutschland, Norddeutschland und Westberlin, für Mitteldeutschland und Ostberlin, für Ostdeutschland, Danzig und Memelland, für das Sudetenland, für Österreich, für Südtirol.

2.15

Zu unterscheiden bleibt nun grundsätzlich Untersuchung und Darstellung einerseits der staatlichen, politischen Einheit des „deutschen Staates" und seiner Grenzen, andererseits der völkischen, kulturellen Einheit des „Landes der Deutschen" und seiner Grenzsäume.

Zuerst zum deutschen Staat, dem Reich; umfassend folgende Kategorien: Staat, Staatsgebiet, Hoheitsgebiet, Herrschaftsbereich, Ordnungsbereich, Provinzen, Regionen, Freistaaten/Länder, Regierungsbezirke, Staatsnation, Nationalität, Staatsangehörigkeit, Staatssprache, Gerichtssprache, Verwaltungssprache. dazu: Staatsgrenze, abgekürzt „Grenze".

Danach, und dies ist etwas völlig Anderes, zum deutschen Volk, zu Deutschland, zum „Land der Deutschen"; umfassend etwa folgende Kategorien: Volk, Nation, Ethnie, Volkstum, Volksboden, Kulturnation, Sprachgebiet, Schulsprache, Kirchensprache, Mediensprache, Land, Boden, Siedlungsgebiet, Selbstbestimmungs-Rechtsraum. dazu: Grenzsaum, Begrenzung, irreführend ebenfalls abgekürzt „Grenze".

2.16

Wer „Deutschland" untersuchen und darstellen will, der darf es danach nicht mit „dem deutschen Staat" verwechseln noch gleichsetzen.

Wer danach erwägt „Der Name Deutschland bezeichnet heute nach überwiegender Auffassung die Staatsgebiete der beiden deutschen Republiken"? Der irrt so offensichtlich, daß es verwundert.

Bei dem höchst komplexen Begriff „Deutschland" muß sehr genau darauf geachtet werden, einerseits wovon die Rede sein soll, was man untersuchen will, andererseits was man darstellen will.[15]

Mit dem puren Namen „Deutschland" ist noch gar nichts bestimmt und keineswegs etwa unterschiedslos alles gedeckt.

Mit Recht war ja auch „Deutschland" n i e m a l s der Name des „deutschen Staates" bzw. eines der deutschen Staaten.

Die geschichtlichen Namen sind Legion für den „deutschen Staat". Nicht aber ebenso für das „Land der Deutschen" ... „Germania".

Regnum theutonicorum, theutonicum, Deutsches Reich, Heiliges Römisches Reich Deutscher Nation (erst seit dem 17. März 1486, dem Frankfurter Reichslandfrieden! Alle Theorien, daß das Reich kein „deutscher" Staat gewesen sei, finden in diesem romantischen Protokollnamen keine Stütze!) Deutscher Bund, Norddeutscher Bund, Deutsches Reich, Republik Deutsch-Österreich, Freie Stadt Danzig, Saargebiet, Memelgebiet, Großdeutsches Reich, Bundesrepublik Deutschland, Bundesland Berlin (West) („Deutsche Demokratische Republik", Ostberlin), Republik Österreich.

Wer danach erwägt: „Eine teleologische Definition des Begriffes 'Deutschland'... liegt noch vor in der Brockhaus-Enzyklopädie von 1968, wo Deutschland in den Grenzen von 1937 normativ gesetzt ist ..."

Wer danach erwägt: „Damit scheint die politische Einheit „Deutschlands „als teleologisch definierter historischer Gegenstand an rest- und gruppenspezifische Voraussetzungen gebunden, die einem rationalen Verallgemeinerungskriterium kaum standhalten[16] ...

---

[15] „Deutschlands Grenzen in der Geschichte"; herausgegeben von Alexander Demandt; 1990. S. 11, 12
[16] Alexander Demandt: Deutschlands Grenzen in der Geschichte; S.11–12

2.17

Wer solches erwägt, der vertauscht erstens das über tausendjährige Deutschland mit den beiden – im Westen sehr vergänglichen, in Mitteldeutschland erbärmlichen – Republiken und Teilstaaten ..., der verwechselt zweitens völkerrechtswidriges, angemaßtes Besatzungsrecht 1945 – 1954,- das bereits wieder verschwunden ist –, mit Deutschland ...!

(Als der Staat Makedonien von den Römern zielbewußt gevierteilt wurde, blieb „Makedonien" im Geist und in der Wahrheit bestehen: Pydna 168 v. Chr.) der verkennt drittens das nach wie vor unverändert fortgeltende gesuchte „rationale Verallgemeinerungskriterium" für „Deutschland" ... 1920, wie 1938, wie 1945, wie 1954, wie 1989/1990/1991 ... das „Land der Deutschen", das Volk der Deutschen, nach der Demokratie und nach dem Selbstbestimmungsrecht, wie es aus 1000 Jahren bis 1917 entstanden ist, unveränderlich durch Verbrechen, Deportationen ...

2.2 Nationalstaaten in Europa

2.21

Ostdeutschland ist eine nationale Frage

Die Frage und die Forderung nach dem Selbstbestimmungsrecht des deutschen Volkes auf sein Land in Ostdeutschland ist eine ausdrücklich, ausschließlich und betont „nationale" Frage. Es ist eine Menschenrechtsfrage. Es ist eine demokratische Frage nach dem Recht der deutschen Mehrheit 1945.

2.211

Zwar braucht nicht „national gesinnt" zu sein, wer chauvinistisch, militaristisch, kriminell territoriale Eroberungen entgegen dem Selbstbestimmungsrecht der Völker vornimmt, die Bevölkerung vertreibt, das Gebiet annektiert. Diese polnische, tschechische, sowjetische Praxis als bisher fast ausschließlich kommunistische Praxis bedient sich des Nationalgefühls nur als eines psychologischen Hilfsmittels, um die einfache Bevölkerung und ihre Begehrlichkeit einzustimmen.

Es muß aber an einer Nation, an einem Volk, einer Nationalität interessiert sein, wer die Frage nach dem zukünftigen Schicksal wie die nach der Vergangenheit von Ostdeutschland stellt.

Wer – wie die Grünen – keinerlei Beziehungen zu so etwas wie „Deutschland „hat, den betrifft Mitteldeutschland nicht, es liegt jenseits des Horizontes, Ostdeutschland nicht, es sei „ewiggestrig", „faschistisch" und nicht „antiimperialistisch", was auch immer das sein sollte.

Es interessierte ihn schon die Zielsetzung der Wiedervereinigung mit Mitteldeutschland nicht.

Wer dagegen Ostdeutschland fordert, geht gedanklich aus von der 1000jährigen Existenz einer deutschen Nation. Er hält einen Staat der deutschen Nation, einen „Nationalstaat „für notwendig, für erstrebenswert, ja für unverzichtbar.

Unter den Denker-Ergebnissen insbesondere des deutschen politischen Masochismus steht vor allem auch die Behauptung im Vordergrund, ein deutscher Nationalstaat sei ohnehin überholt, ja gefährlich, sogar unter allen Umständen abzulehnen und zu verhindern.

Zwar wurde hier die gewaltsam erzwungene und kriminell aufrechterhaltene Krankheit, die Teilung Deutschlands, mit einem vorgeblichen Idealzustand, oder z.B. mit einer „Strafe für Auschwitz" verwechselt: Ein Ergebnis, das in der Höhenlage seines Denkens vermutlich fast nur in Deutschland möglich sein dürfte. Kein Chinese, kein Südkoreaner, kein Nordvietnamese kam bezeichnenderweise jemals zu vergleichbaren absurden Albideen. Kein anderes Volk würde anders als in seinen Albträumen bereit sein, solches nicht nur zeitweilig gezwungenermaßen hinzunehmen, sondern sogar zu verstehen, zu billigen, zu bejahen, tiefschürfend zu begründen, schließlich zu lobpreisen: Wie dies große intellektuelle deutsche Kreise taten. Dennoch ist im Interesse des Rechtes auf Ostdeutschland das Interesse und die Notwendigkeit für den deutschen Nationalstaat zu begründen.

2.212

Der Nationalstaat bedarf hier keiner wissenschaftlichen Definition. Hier ankommen kann es nur darauf, was in der praktischen Politik im Jahrhundert des Selbstbestimmungsrechts einander ergänzend, addierend, konkretisierend als Nation, als Staat, als Staat dieser Nation – unter Ausschluß anderer Nationen n u r im ethnokratisch-chauvinistischen Extremfall – verstanden wird.

Folgende Eigenschaften erscheinen geeignet, Nationen und dementsprechend Nationalstaaten hinreichend von einander abzugrenzen: ein Territorium, ein Unterscheidungskriterium gegenüber benachbarten Nationen, ein Bewußtsein der Zugehörigkeit zu einer Gemeinschaft, die eine natürliche und geschichtliche Grundlage hat (Identität), plebiscite de tous les jours, das Bestreben, unabhängig zu sein oder es zu werden und sich selbst zu bestimmen, normalerweise auch die Sprache.

2.21.3

Auf die Würdigung der Unterschiede zwischen Volk und Nation wird Bezug genommen. Auf die vielfachen – bewußten – Mißdeutungen, das heißt aber Verfälschungen des Volkes als Staatsnation kommt nichts an.

So z.B. glaubte Frankreich, jeder französische Staatsbürger sei damit auch „Franzose", so z.B. fingierte Polen, jeder Deutsche – und deutsche Reichsstaatsangehörige – in Ostdeutschland, dem nach 1945 die polnische Staatsangehörigkeit ohne Befragung bis gegen seinen Willen ohne Optionsrecht aufgezwungen wurde, sei als Angehöriger einer deutschen Minderheit nicht mehr existent, so daß die deutsche Minderheit – über eine Million – aufgehört hatte zu existieren.

2.214

Ein Nationalstaat wäre übertreibend theoretisch (– nur –) ein Staat, der ausschließlich Angehörige einer Nation umfaßt, sowohl seien es alle Angehörigen dieser und nur dieser Nation, als auch die größten Teile der Angehörigen nur dieser einen Nation.

Dabei ist selbstverständlich, daß Angehöriger dieser Nation nicht mit Staatsangehöriger dieses Staates gleichgesetzt werden kann: Ein „Tuteisci", zwecks Statistikfälschung „Hiesiger" genannter Weißruthene bzw. Ukrainer, wird auch dann noch kein „Pole", wenn er gezwungen wurde 1921 – 1939 gegen seinen Willen „polnischer Staatsangehöriger" zu heißen.

Nationalstaaten in diesem ethnisch, beinahe ideologisch-biologischen „reinen" Sinne gibt es in Europa nicht, und es kann sie, solange ein Mindestmaß von Vernunft herrscht, auch fast nicht geben. In solchem extremen Sinne war natürlich auch das Deutsche Reich 1871 – 1918, ebenso 1920 bis 1938 natürlich kein lupenreiner Nationalstaat.

2.215

Auch der Nationalstaat darf nicht „übertrieben", er darf nicht „zu Tode theoretisiert" werden.

Angesichts der Existenz von Hunderten aufs Äußerste verschiedenen Völkern und Nationen überall in der Welt ist und bleibt der Nationalstaat die natürliche Form des Staates. Weniger die abstrakte Notwendigkeit der Existenz kann problematisch sein. Fraglich ist nur immer erneut die konkrete Ausgestaltung dieses Staates durch die ihn schaffende, bewahrende, tragende und verteidigende Nation. Jedes befähigte, seiner Eigenart selbst bewußte, alles in allem „normale „Volk wird seinen eigenen Staat wollen.

Kein solches Volk wird freiwillig auf seinen eigenen, auf seinen Nationalstaat verzichten. Ist der Nationalstaat danach in der von der Vorsehung wie der Geschichte nun einmal als Realität vorgegebenen Welt nicht dazu bestimmt, absolut unverzichtbar zu sein?

Solange die schöne Utopie des Weltstaates nicht Wirklichkeit geworden sein sollte! Dies zeigt der Kampf der Völker seit vielen Jahrhunderten.

Auch das vereinigte Europa wird weiter auf lange Zeit aus grundsätzlich lauter „Nationalstaaten" bestehen. Was sollen dann anmaßende, theoretisierende deutsche Phantasien, daß gerade die Deutschen „über den Nationalstaat hinaus" gedacht hätten.

2.216

Wer Millionen Menschen anderer Völker unterworfen hält – Polen 1918/1921 bis 1939 Ukrainer, Weißruthenen, Deutsche, Litauer, Juden, „Tuteisci" – Tschechoslowakei 1918 bis 1938 Deutsche, Slowaken, Ungarn, Karpatho-Ukrainer, Juden.

Indem eine Minderheit fingiert, sie sei nicht nur die Mehrheit, sondern allein der Staat, die Tschechei 1919-1938, wer seine „Minderheiten" deportiert, vertreibt, um feierlich zu proklamieren, er sei Nationalstaat, er habe keine Minderheiten, noch dazu, nachdem er Optionen verboten und seine nicht gewünschte Staatsangehörigkeit zwangsweise oktroiiert hatte, so die Volksrepublik Polen und die Tschechoslowakei, der vertritt ein Zerrbild eines „Nationalstaates"

2.22
Wirklich „übernationale" Staaten in Europa

2.221

Das scheinbare absolute Gegenteil zum Nationalstaat ist der wirklich – auch in der Staatspraxis, nicht nur in einer verbalen konstitutionellen Theorie – „übernationale Staat".

Wirklich übernationale Staaten – in dem Sinne, daß keine Nation, keine Nationalität, keine Gruppe, kein „Volk" versucht, in dem gemeinsamen und auch von allen gemeinsam bejahten Staat einer anderen Gruppe ihre Hegemonie aufzuoktroiieren, scheint es in Europa nur zwei gegeben zu haben, zeitweilig das Kaiserreich Österreich-Ungarn, dauernd die Schweizerische Eidgenossenschaft, die Confoederatio Helvetica.

Beide waren in der Entstehung nur möglich und im Falle Österreich – Ungarns einerseits bis 1918 nur existenzfähig – trotz Ungarn und Slawentum, – im Falle der Schweiz andererseits bis heute ungefährdet und in Blüte existierend, gerade in der Suisse romande, gerade im Ticino, weil das cum grano salis faktisch wohl der Quantität nach „staatstragende „Volk sich – freiwillig! – einordnete und unterordnete. (Auf das Sonderproblem des Verhältnisses des Jura zu Bern kann es nicht mehr ankommen.)

In beiden Fällen handelt es sich höchst bezeichnenderweise um relativ bis völlig willkürlich herausgesprengte und staatlich verselbständigte Teile des d e u t s c h e n Volkes. Kein anderes europäisches Volk hat wirklich „übernationale" Staaten begründet.

2.222

Weder Nationalstaaten noch „übernationale Staaten" dagegen sind jene, die dem Chauvinismus eines Volkes, einer Nation zu dienen bestimmt sind. In ihnen übt im Grunde eine Nation die Hegemonie aus, bis hin zur im Extremfall blutigen Herrschaft einer einzelnen Nation über ähnliche oder gleichgroße, vereinzelt sogar größere Völker bzw. Volksteile anderer Völker. (Hier sind Reste aus Kolonialreichen außerhalb Europas, ggf. Nachfolgestaaten aus ehemaligen Kolonien nicht einbegriffen.)

Dabei ist es logisch und rational nicht von Belang, ob dies geschieht: scheinbar als vorgeblicher „Nationalstaat", was heftig beansprucht wird, bis hin zu absurden Scheinargumenten (so z.B. Polen, Tschechoslowakei), scheinbar als vorgeblicher „Staatenbund", Föderation, Konföderation, Sojus, oder wie immer das Mimikry lauten mag (so z.B. Sowjetunion). Dies gilt auch, wenn theoretisch sogar das Separationsrecht anerkannt wird, – dessen Ausübung bis 1987 noch mit der Todesstrafe geandet worden wäre. –

Ungeachtet aller anrührenden Manifestationen und Demonstrationen in Tallin/Reval, in Riga, z.B. zur Erinnerung an die Deportationen vom 14.6.1941, in Vilnius zur Erinnerung an den Hitler-Stalin-Pakt vom 23.8.1939, alles mit dem Endziel der Wiederherstellung der völligen Unabhängigkeit, ist infolgedessen mindestens bis 1987 ein solcher Versuch niemals ernsthaft unternommen worden. Darin besteht auch die Tragik der baltischen Völker, daß sie sich einerseits 1940 wie 1945 unterjochen lassen mußten und 1987 noch von der Prawda verhöhnen lassen müssen (1.9.1987: „Tragische Abschnitte in der Geschichte"!)

2.223

Keine „übernationalen Staaten" waren aber auch historische Unionen, die sich – aus welchen Gründen immer – als nicht tragfähig erwiesen haben: Dabei bleibt die Andersartigkeit mittelalterlich dynastischer Unionen einschränkend zu berücksichtigen: Schweden-Norwegen 1814 – 7.6.1905: Ein Doppelstaat, zwei zeitweilig lose verbundene Staaten eher als ein Staat. Dies gilt verstärkt für die dänische Herrschaftszeit über Norwegen 1380 – 1814, ungeachtet ihrer langen Dauer.

Die Niederlande und Flandern: Vereinigte und wieder getrennte Angehörige eines Volkes, einer Sprache, einer Kultur, aber zweierlei Geschichte seit 1581, und wiederum seit 1830.

Fraglich dagegen als heutige „übernationale Union" sui generis, von der aber in gar keiner Weise gesichert ist, ob sie noch erhalten bleiben kann: Jugoslawien.

Zwar mögen die Serben sich – insbesondere auch angesichts ihres selbständigen Geschichtshintergrundes 1171 – 1918 – als das vorgeblich „staatstragende Volk" betrachten. Allein keines der anderen Völker wird diese Annahme mitzuvollziehen bereit sein.

Zweifelsfrei vorhandene alte Völker als „Unions"partner, Kroatien, Slowenien, Bosnien, halten die Beendigung des Gesamtstaates für unumgänglich.

In der Entstehung begriffene bzw. neu entstandene „eigenständige" Völker, Makedonien, sind in noch prekärerer Lage. Volksteile in angeblich „autonomen" serbischen Gebieten, Ungarn in der Woiwodina, insbesondere Millionen Albaner im unterjocht gehaltenen unglücklichen Kossowo stehen am Rande. Im Kossowo hat Europa ein weiteres Mal sich selber verraten.

2.23

Europäische Völker, die einen „Nationalstaat" ihr eigen nannten und ihn im XX. Jahrhundert wieder verloren haben

2.231

Besonders traurig ist das Schicksal derjenigen Völker Europas, ... die um jeden Preis, buchstäblich um jeden Preis heute liebend gerne ihren Nationalstaat ihr eigen nennen wollten, die diesen Nationalstaat bereits in neuester Zeit, fast ausnahmslos im XX. Jahrhundert bereits errungen hatten (ggf. ihn 1918 „geschenkt" bekommen mußten!), und die diesen Nationalstaat, ihren eigenen Staat gemäß ihrem verwirklichten Selbstbestimmungsrecht dennoch danach ohne eigenes Zutun und gegen ihren ausgesprochenen Willen v e r l o r e n haben: Verloren bezeichnenderweise ausnahmslos durch kommunistische, meist sowjetische rechtswidrige militärische Gewalt.

2.232

Dabei handelt es sich erklärlicherweise um verhältnismäßig kleine Völker, die nach Jahrhunderten endlich ihr staatliches Schicksal in die eigenen Hände nehmen konnten, es für einige Jahrzehnte unangefochten behielten, und nun doch wieder unterjocht worden sind, mehr als jemals, durch Verfolgungen und Deportationen dezimiert worden sind, durch großrussische Unterwanderung sowjetisch majorisiert werden sollen:

Estland 24.2.1918 – 16.6.1940, 19.3.1942 – 7.1944
Lettland 18.11.1918 – 17.6.1940,
Litauen 16. 2.1918 – 21.7.1940,
Slowakei 14. 3.1939 – 1.5.1945.

2.233

Es handelt sich darüber hinaus auch um mittelgroße Völker, die meist viel ehrwürdiger, älter, zahlreicher, kultivierter, viel bedeutsamer sind, als Dutzende heutiger Mitgliedsstaaten der Vereinten Nationen.

Sie zeichnen sich zudem dadurch aus, daß sie mit die traditionsreichsten Kulturen Europas verkörpern; verehrungswürdiger als die der meisten heute großen Völker Europas.

Kroatien: 753 – 1377 / 1463
1941 – 1945
Georgien: 1014 – 1801 / 1804 / 1812 / 1819
26.5.1918 – 25. 2.1921
Weißruthenien: 1918 – 1920
Armenien (unterdrückt sowohl von der Türkei als auch vom Kommunismus): 885 – 1375
28.5.1918 – 29.11.1920
Aserbeidschan: 1917 / 1919 / 2. 1920 / 1946.

2.234

Es handelt sich schließlich um zwei der größten Völker Europas: Beiden hatte die Sowjetunion ihren „Nationalstaat" genommen:

Das ukrainische Volk, über 50 Millionen Menschen: 907 – 1169 / 1249

Das deutsche Volk, über 80 Millionen Menschen; 911 – 1945, erst seit 1989 / 1990 / 1991 in der Wiederherstellung der Einheit begriffen.

2.235

Sonderfälle sind abschließend zu erwähnen. Bei ihnen ist umstritten, ob es sich um eigenständige Völker, um Nationen handelt, um Volksteile, um Volksgruppen handelt, ob sie jemals einen „eigenen", einen „nationalen" Staat besessen haben; oder aber, ob sie etwa vor der Zeit des Selbstbestimmungsrechts (mehr oder aber weniger freiwillig?) in einer größeren, nunmehr „nationalen" Einheit integriert bzw. aufgegangen sind.

Einerseits größere Völker:

Schotten: bis 1603, 1714

Katalanen: bis 1479 Aragon, z.B. 1640 – 1659 Aufstand

1932 – 1939 Autonomie, erneut seit den Achtzigern

Galicier: 722 – 1388 Asturien, dann Leon, heute Autonomie.

Andererseits kleinere Völker, Volksgruppen, Volksteile (Trotz der Existenz von Navarra bis 1515, trotz 1876 bis 1939 Autonomie, erneut seit den Achtzigern, könnten die Basken nicht hierher gehören, da sie einen eigenen Staat nicht erkennen).

Bretonen: bis 1483

Waliser: bis 1283, 1301, 1400 – 1416, 1536, 1542.

Montenegriner: bis 1918

2.24
Europäische Völker, die noch keinen Nationalstaat ihr eigen nannten:

2.241
Erstaunlich, außerordentlich aufschlußreich ist schließlich die Existenz auch von kleinen und mittleren europäischen Völkern, die „noch niemals", das heißt seit historisch belangvoller Zeit seit vielen Jahrhunderten k e i n e n eigenen nationalen Staat ihr eigen nennen konnten; selbst nicht in der Form eines in etwa historischen Vorgängerstaates.

Alle diese Fälle sind weniger oder mehr, z.T. blutig umkämpft. (Mehr noch als bei europäischen findet sich dieses Phänomen bei asiatischen Völkern: Sikhs, Molukken, Tamilen, Assam; Kurden?)

2.242
Bezeichnenderweise ist keines dieser Völker, die alle ohne Ausnahme die höchste Hochachtung verdienen, bereit, sich mit seinem politischen Schicksal (trotz ggf. Terror) ohne Weiteres abzufinden. Keines nimmt es hin, daß ein anderes Volk, ein mehr oder weniger fremdes bis feindliches Volk es entweder in scheinbar „sanfter und verdeckter Haltung" (nach Richelieu) oder bis hin zur Brutalität, bis zum Giftgas im Irak beherrscht.

Fremdherrschaft bis hin zu bereits seit Jahrzehnten andauernden Kämpfen – um Churchill umzudrehen, mit Schweiß, Tränen und Blut: Und dementsprechend der verzweifelte Versuch, dies Schicksal um beinahe jeden Preis zu ändern; bis hin zum bewaffneten dauernden Aufstand.

Deutlichere Beweise, daß der „Staat einer Nation", also der Nationalstaat in gar keiner Weise in Europa „überholt" ist, und es auch nicht werden wird, daß er aber begründeter Weise überall existent ist, daß er sich lebendig fortentwickelt, daß er gerade in Europa nicht fortgedacht werden kann, sondern existieren muß, zum größten Glück der größten Zahl: Deutlichere Beweise kann es nicht geben.

Die Basken: Ungeachtet der gewährten Autonomie von 1876 bis 1939.

Die Korsen: Ungeachtet der Magie des französischen Namens, ungeachtet des Mythos Napoleons I (… Ich wurde geboren als mein Vaterland starb … 1768), ungeachtet der zeitweiligen Abstinenz des (italienischen) Volkscharakters und der Volkssprache!

Die Slowenen: Die mitteleuropäischen, die „österreichischsten" unter den Südslawen.

Die Weißruthenen: Obwohl die Bauernheere des Großfürstentums Litauen vor Jahrhunderten vergangen sind. Obwohl die weißruthenische Kirche schon unter dem Zarentum liquidiert worden war.

2.25

Die „normalen" europäischen „Nationalstaaten"!

Schließlich: Warum sollten die normalen europäischen Nationalstaaten etwa ihren eigenen Staat für überholt halten? Die europäischen Nationen ihren selbstgewählten und geformten Staat für überholt halten? Dabei ist es hier nicht entscheidend, ob diese Staaten reine Nationalstaaten oder aber solche mit Minderheiten, ggf. solche mit starken Minderheiten sind.

Die Völker und Nationen Europas sehen sich am stolzesten, am durchgeistigtesten in ihren S y m b o l e n .

Griechenland, vom Geiste des Perikles und des Sokrates, vom Athos und Olympos nach Marathon, Parthenon bis Mykenä, ist Griechenland – über alle riesigen Schwierigkeiten hinweg – selbstverständlich ein Nationalstaat.

Italien und Rom, ob es das alte Volk ist oder vielmehr nicht ist, vom Colosseum bis St. Peter, vom Äquinaten, Bruder Franziskus bis Michelangelo. Sie sind und bedeuten einen Staat einer stolzen Nation: Ob Nichtitaliener das richtig nachvollziehen können oder nicht. Für die Italianita ist das belanglos.

Malta: Einer der kleinsten Staaten ist im Gedenken an 1565, die größte aller Belagerungen, mit Recht einer der stolzesten.

Albanien: Völlig am Rande der europäischen Welt ein Sorgenkind. Der Staat ist fraglos, auch wenn die Kossowofrage noch der Lösung bedarf.

2.252

Frankreich: Von der Krönungskathedrale von Reims, über Notre Dame und Chartres, von der Bastille über den Arc de Triomphe zum Tour Eifel, von Les Baux und Carcassonne, Avignon nach Lourdes, nicht endend im Douaumont und den Schlachtfeldern: Dieser Nationalstaat dieser république une et indivisible ist so offensichtlich der Anima nach der Staat einer Nation, daß kein Franzose ihn anders nachzuvollziehen bereit sein könnte: Insbesondere nicht „la grande muette".

Für Franzosen sind deshalb deutsche Anti-Nationalstaats-Phantasien Hekuba.

2.253

Groß Britannien: Selbst und Nord-Irland, von Westminster zu Canterbury und York, von dem Parlament über Windsor nach dem Castle von Edinburgh, vom Tower Green zum Kloster von Battle bei Hastings: Obwohl zwei große Nationen und Teile zweier weiterer Völker umfassend, wird die Symbiose mehr noch als gedacht gelebt als Staat einer britischen Staatsnation.

Irland, die Gegenkraft ist stolz, ihren Nationalstaat endlich erzwungen zu haben.

Die Niederlande: ein kleines Volk, eine große Nation, ein Staat, der seine Nation, den die Geschichte und das Meer geschaffen haben; fraglos, in sich selber ruhend.

2.254

Spanien: Auch ein halbes Jahrtausend nach dem endlichen Abschluß von 781 Jahren Reconquista, von St. Jago de Compostela über Leon und Salamanca, mit Barcelona über die ciudad imperial Toledo nach Sevilla zur Alhambra von Granada, immer weiter in die spanische Welt nach 1492: Obwohl mehr als eine Nation bleibt es gerade nach dem Willen der spanischen Krone und der Armee der Staat einer Nation.

Portugal verkündet im Nationalkloster von Batalha heute noch, obwohl eines der ärmsten Länder Europas: „Für unsere Völker, für unsere Meere, für unsere Kontinente". Dabei spricht die Muttergottes von Fatima so wenig portugiesisch wie die Dame von Lourdes französisch wie die schwarze Madonna von Tschenstochau polnisch.

2.255

Ungarn, mit der heiligen Krone, dem Feld von Mohacs 1526, Bulgarien mit seinem Rila Kloster, Rumänien mit den bemalten gottgefälligen Kirchen in der Moldau und Bukowina; sie alle wollen – trotz Minderheiten – Nationalstaaten sein.

Die Türkei mit ihrem Kurdenproblem – es sind eben keine „Bergtürken" – hat bisher einen europäischen Status nicht zu belegen vermocht.

2.256

Island, der ehrwürdigste germanische Staat, Dänemark von König Gorm bis Hamlets Schloß, das älteste Herrschergeschlecht, Schweden, Wasa, von Lützen bis Poltawa, Norwegen mit einem Jahrtausend von Lindisfarne bis Nynorsk, Suomi mit 1000 Seen und Kloster Valamo: Sie sind und bleiben ohne jede Anfechtung Nationalstaaten.

2.257

Litauen, mit dem befreiten Vilnius, Lettland mit dem patrizisch-stolzen Riga, Estland mit der Hermannsburg u n d Iwangorod, die Ukraine mit Kijiw, der Hauptstadt des normannischen Rus, dem orthodoxen religiösen Zentrum des Ursprungs, Weißruthenien trotz Tschernobyl. Sie alle wären liebend gerne Staaten, gerne Nationalstaaten: Wenn die Sowjetunion – folgend Lenins Lehre! – sie nur unabhängige Staaten sein ließe.

2.258

Hierbei darf jedoch zweierlei an Absurdem der Faktizität und der Rechtsform des „Nationalstaates" n i c h t angelastet werden, was nur die Fehlsamkeit von verbildeten und uneinsichtigen Menschen allein zu vertreten hat:

Z w e i Z e r r b i l d e r sogenannter Nationalstaaten:

Polen 1918 bis 1939, erneut 1945 bis heute ...

Die Tschechoslowakei 1918 bis 1938, 1945 – ...

Polen: Ein Nationalstaat Polen ist ohne jede Frage, er ist jenseits jeder Frage berechtigt, als unabhängiger Staat der großen polnischen Nation zu existieren. Polen hat ein Recht aus Tausend Jahren, ein Volk von Dutzenden Millionen Menschen auf seiner Seite: ...

Auf das ethnographisch p o l n i s c h e Siedlungsgebiet des machtmäßig nicht verfälschten Siedlungsgebietes von 1917.

Auf n i c h t s sonst. Auf das wirklich polnische Siedlungsgebiet. Auf den polnischen Volksboden vor Gott und den Menschen.

Polen hat kein Recht, weil es – auch mit durch eigene Schuld – von 1772 bis 1806 auch unter Preußen, bis 1916 zumeist unter russischen Soldaten und russischen Beamten gelitten hat, nunmehr andere Völker leiden zu lassen.

Nur: Dieser Nationalstaat Polen wird zum e r s t e n Male ad absurdum geführt, wenn durch eine verfehlte, voreingenommene, naive, mystische, aber real-brutale Grenzziehung 1920 und 1921 über 10 Millionen Nichtpolen, Ukrainer, Weißruthenen, Deutsche, Juden gegen ihren erklärten und im Kampf bewiesenen Willen rechtswidrig entgegen dem Selbstbestimmungsrecht der Völker mit Gewalt diesem Staate Polen einverleibt wurden: Durch die sogenannten Friedensverträge von Versailles und von Riga.

Nur:

Dieses Zerrbild eines Nationalstaates Polen hatte 1919 bis 1921 Sturmwind gesäht und

1939 Orkan geerntet, als es nach einer Fülle polnischer Kriegsprovokationen durch Hitler in Bundesgenossenschaft mit Stalin geschlagen wurde.

Auferstanden 1945 aus Ruinen wird dieser Nationalstaat Polen, der absolut nichts zu lernen befähigt und bereit gewesen war, zum z w e i t e n Male ad absurdum geführt. Die nach wie vor von Polen gewünschte Unterjochung der Ukrainer und Weißruthenen im sogenannten „Ostpolen" weiterzuführen, blieb Polen 1945 verwehrt. Deshalb, weil ihm die Weiterführung seines großen Verbrechens aus 1921 verwehrt worden war, praktizierte Polen das zweite größere Verbrechen 1945, nunmehr gegenüber Deutschland.

Polen begnügte sich wiederum wie 1921 nun 1945 ohne jede objektive Notwendigkeit nicht mit dem wirklichen Siedlungsgebiet des polnischen Volkes. Nunmehr vereint mit dem Gegner von 1921 und dem Annektierenden von „Ostpolen" 1945, der Sowjetunion, vertreibt Polen nun über 10 Millionen Deutsche aus ihrer deutschen Heimat Ostpreußen, Danzig, Ostpommern, Ostbrandenburg, Niederschlesien und Oberschlesien. Und dieses Polen glaubte nun erklären zu können, keine „Minderheiten" zu haben. Dieses Polen erklärte, ein „Nationalstaat" zu sein.

2.259

Tschechei: Die Tschechei ist ohne Frage. Sie ist jenseits jeder Frage berechtigt, als unabhängiger Staat ihrer Völker zu existieren. Die Tschechen, die Slowaken mögen kleine Völker sein. Nach dem berühmten Wort aber sind sie groß im Reich der Musik, des Geistes, der Kultur.

Das tschechische Volk hat ein Recht auf das tschechische Siedlungsgebiet. Auf sonst nichts, gar nichts.

N u r : Dieser „Nationalstaat" Tschechei wird zum e r s t e n Mal ad absurdum geführt, als er 1918 bis zu 3,4 Millionen Sudetendeutsche gegen ihren Willen mit blutiger Waffengewalt – 54 Tote – rechtswidrig entgegen dem Selbstbestimmungsrecht der Völker unter Protesten Österreichs und der Sudetendeutschen dem Vielvölkerstaat Tschechoslowakei einverleibt.

Selbst wenn – wie Präsident Masaryk versprochen hatte und Präsident Benesch niemals einzuhalten bereit war – wirklich die Tschechoslowakei innerlich wie eine „Schweiz" ausgestaltet worden wäre: Warum sollten Millionen Deutsche einem solchen Staate eingegliedert werden, nachdem ihr viel Jahrhunderte altes Siedlungsgebiet überall an das deutsche Siedlungsgebiet, an Schlesien, an Sachsen, an Bayern, an Österreich anschloß.

Der Verlauf von ein paar Mittelgebirgen ist nicht nur kein Argument gegen die demokratische Selbstbestimmung, sondern gegenüber dem Volkswillen völlig unbeachtlich.

N u r : Dieser Nationalstaat Tschechoslowakei wird gleichfalls zum z w e i t e n Male 1945 ad absurdum geführt. Die Tschechen begnügten sich wiederum nicht mit ihrem Siedlungsgebiet. Vereint mit der Sowjetunion vertreibt die Tschechoslowakei 1945 bis zu 3,5 Millionen Sudetendeutsche aus ihrer deutschen Heimat. Und auch diese Tschechoslowakei erklärt, nunmehr keine deutsche Minderheit zu haben.

Sie alle diese Staaten, von Griechenland und Italien, Frankreich und Groß Britannien, Spanien und Portugal, von Island, Norwegen, Dänemark, Schweden, Finnland, von Ungarn, Bulgarien, Rumänien, Albanien, bis hin zu den Unterjochten, Litauen, Lettland, Estland, bis zur Ukraine und Weißruthenien, sind in irgendeinem, wenn auch sehr verschieden ausgestalteten Sinne „Nationalstaaten": Oder sie möchten es jedenfalls um jeden Preis sein. Dies gilt selbst für die beiden Zerrbilder von „nationalen" Staaten. Sie alle sind ohne Frage grundsätzlich Nationalstaaten. Sie alle wollen es sein. Sie alle sind es bewußt und gerne. Sie können es sich gar nicht anders vorstellen. Sie alle sind Mosaiksteine im großen Haus des Europa der Vaterländer. Dabei ist es sogar fast gleich viel, ob sie frei sind, oder aber vorübergehend vom Kommunismus beherrscht werden. Ihren Staat, mag er im Innern aussehen wie immer, bejahen sie trotzdem.

2.26
Zum deutschen Nationalstaat!

2.261
Der Anfang Deutschlands als Nationalstaat ist relativ einfacher als der Weitergang durch ein Jahrtausend deutscher Geschichte: ... „Das deutsche Volk, einig in seinen Stämmen und von dem Willen beseelt, sein Reich in Freiheit und Gerechtigkeit zu erneuern und zu festigen, dem inneren und dem äußeren Frieden zu dienen", baute an diesem seinem Staate elf Jahrhunderte lang.

Beginnend (spätestens) 911 nach Christus besaß das deutsche Volk einen Staat seiner Nation zu eigen. Theorien sind irreal und dementsprechend irrelevant, wonach es im Mittelalter zwar ohne Zweifel eine deutsche Nation, aber – überraschenderweise! – keinen deutschen Nationalstaat gegeben haben soll:

... „das überholte Prinzip des Nationalstaates" ... (vgl. Anm.[17] Professor Dr. Heimann).

Die Frage nach Ostdeutschland ist eine nationale und eine nationalstaatliche Frage. Nur die ganze deutsche Nation, ebenso nur der deutsche Nationalstaat können logischerweise, und müssen um des Erhalts der ganzen Nation willen, auf ihrem Recht auf Ostdeutschland bedingungslos und zeitlos bestehen.

Die Frage ist daher unausweichlich, wie es nun steht mit dem vorgeblich so „überholten" deutschen Nationalstaat! ...

Der Freiherr vom Stein – der untadeligste deutsche „Demokrat" seiner nichtdemokratischen Zeit – schlug im Herbst 1812 in einem Brief an den Zaren Alexander I. von Rußland vor: „... die Vereinigung Deutschlands zu e i n e r Monarchie ..."

„e i n Reich zu bilden, welches alle sittlichen und physischen Bestandteile der Kraft, Freiheit und Aufklärung enthielte ... Ein solcher Zustand der Dinge werde dem Volk das Gefühl seiner Würde und Unabhängigkeit wiedergeben, seine Kräfte würden sich ... denen der Nation im Ganzen zuwenden".

„Die Vereinigung Deutschlands zu einer Monarchie", sogar ohne die preußischen Grenzpfähle zum Bodensee mitzunehmen – unter Schonung nicht nur von Bayern, Sachsen, Württemberg, Baden und Hessen, sondern auch der zahlreichen deutschen Krähwinkel bis Reuß ältere bzw. jüngere Linie im Flickenteppich Thüringen – hat Preußen unter der Herrschaft des Sohnes der Königin Luise, Wilhelms I., und unter der Regierung des preußischen Ministerpräsidenten Otto von Bismarck-Schönhausen vom 23. September 1862 bis zum 18. Januar 1871 in 3 Kriegen erreicht: In 3 sehr kurzen Kriegen. Mit relativ sehr geringen bis moderaten Menschenverlusten bzw. Zerstörungen:

Erstens: Gegen Dänemark um das überwiegend deutsch besiedelte Schleswig-Holstein:
1. Februar 1864,
1. August 1864 Vorfriede,
30. Oktober 1864 Frieden von Wien.

Zweitens: Gegen Österreich, den Deutschen Bund, die meisten Einzelstaaten des Deutschen Bundes, für die preußische Handlungsfreiheit und Hegemonie:

---

[17] Professor Dr. Heimann, Berlin, Mitglied des Deutschen Bundestages SPD, laut FAZ vom 1.7.1987

15. Juni 1866,

26. Juli 1866, Vorfriede von Nikolsburg,

23. August 1866 Frieden von Prag.

Drittens: Gegen Frankreich, auf Grund der französischen Kriegserklärung! Verbündet mit allen deutschen Staaten.

19. Juli 1870 Französische Kriegserklärung,

26. Februar 1871 Vorfriede,

10. Mai 1871 Frieden von Frankfurt.

Frankreich ca 80 000 Tote, Deutschland ca 40 000 Tote,

89 620 Verwundete und Vermißte.

2.263

Vorgebracht wird, daß „die staatliche Einheit, die Bismarck schuf" mit der „äußerst fortschrittlichen Verbindung von Nation, Staat und Demokratie", „die Frankreich seit der Revolution von 1789 geglückt" sei, ... „nicht verglichen und nicht – wie sie – positiv bewertet werden" dürfe. (Heimann aaO)

Bismarcks Einigung habe vor allem eine „vordemokratische und vorparlamentarische Ordnung" geschaffen. Der daraus hervorgegangene „populistische Nationalismus" sei „eine der tieferen Ursachen für die deutsche Katastrophe". Sie habe 1933 und 1945 nicht begonnen, sondern sei damals lediglich kulminiert. (Heimann aaO.)

An diesem professoralen theoretischen Versuch eines abstrakten Vorbringens gegen den deutschen Nationalstaat in seiner ab 1871 realen Ausgestaltung ist ungefähr in einer selbst für eine politisch gedachte Äußerung in erstaunlicher Weise ungefähr alles so grundfalsch wie nur möglich.

Die französische Revolution als Bezugszeitraum in Ehren. Die französischen Menschenrechte und Bürgerrechte in allen Ehren.

Aber auch die große französische Revolution hatte ihre schändliche Periode des Schreckens und des Massakers im „Kampf des Gaulois gegen den Francais, des Proletariers und des Bourgeois gegen den Aristokraten". Niemand wird heute noch die Herrschaft der Guillotine rechtfertigen können oder auch nur wollen. Die Revolution währte nur vom 14. Juli 1789 bis zum 9. November 1799, dem Staatsstreich des 18. Brumaire durch Napoleon Bonaparte, das heißt nur 10 Jahre „geglückter Verbindung".

Von 1799 bis 1871, das heißt sieben Jahrzehnte lang, kann auch in Frankreich von einer solchen glücklichen Symbiose von Nation und Staat nicht die Rede sein. Schon gar nicht aber von einer Symbiose in Demokratie.

Positiv bewertet werden, sowohl nach ihren Anstrengungen als auch nach ihren Ergebnissen, kann dieses Ringen um die Symbiose von Nation und Staat erst ab 1871. Auch dann aber nicht gänzlich vorbehaltlos, sondern in Maßen:

die Boulanger Krise 1884 – 1887, der Panamaskandal 1892 – 1893, Faschoda und seine innenpolitischen Folgen 1898, der Dreyfus-Prozeß und 14 Jahre Skandal, 1892 bis zur Rehabilitation 1906, begleitet von antisemitischer Hetze, die höchst extreme Laizismusgesetzgebung 1905.

Überaus bezeichnend ist, daß am Ende des XIX. Jahrhunderts wütende, verzweifelnde französische Bauern bei Orleans schwarz-weiß-rote, d.h. deutsche „Grenzpfähle" aufstellten, um ihrer Begeisterung über die „glückliche Symbiose" von französischer Nation und republikanischem französischem Staat Ausdruck zu verleihen.[18]

---

[18] „Nationalismus und Demokratie in Frankreich"

Und Napoleon I, größter Feldherr und Kaiser der Franzosen, der mit vollstem Recht vielgerühmte Vollender der französischen Revolution, hat zwischen 1793 – als Artilleriehauptmann – und 1815 – als größter Soldat und Staatsmann seiner Zeit – Dutzende Kriege für seine für sich persönlich erstrebte Herrschaft über Europa führen müssen.

Diese Kriege, wie immer sie die europäische Geschichte hätten verändern können, kosteten bis zu 15 Millionen Unschuldiger das Leben … Kaum ein Franzose hat ihm dies je vorgeworfen. (Zu Metternich: „Was schere ich mich um eine Million Toter")

Dagegen fällt die Einigung Deutschlands durch Bismarck, auch und gerade durch Bismarcks drei Kriege, keinesfalls ungünstig ab. Sie mindestens können mit außerordentlich gutem Gewissen gerade „verglichen" werden. So bleibt die deutsche Einigung aus ihrer Zeit heraus sehr positiv zu bewerten: Nicht nach 74 Jahren 1945 oder 116 Jahren 1987 in einer bis zur Unkenntlichkeit verwandelten Welt theoretisierend zu beurteilen bzw. zu verurteilen.

2.264

Grundsätzlich bleibt auch festzuhalten, daß rein innenpolitische Kriterien – Parlamentarismus, Demokratie – rein außenpolitischen Ereignissen – Herstellung der Einheit des Deutschen Reiches – nicht als mögliche Kriterien, mithin nicht als zulässiger Bezug gegenübergestellt werden dürfen. Als Scheinargumente solcher Art sind sie nicht redlich.

Das Reich Bismarcks mit einem Reichstag, gewählt auf Grund allgemeinen, freien, gleichen und geheimen Wahlrechtes: Mit einem Parlament mit langsam stark zunehmender Zuständigkeit.

Dieses Deutsche Reich war nur „ähnlich vordemokratisch" wie fast alle anderen überhaupt schon konstitutionell verfassten Staaten seiner Zeit. So manche hatten es überhaupt noch nicht einmal so weit gebracht.

Wie sinnwidrig, ungerecht und parteiisch der Vorwurf der „vordemokratischen Ordnung Deutschlands" in Wirklichkeit ist, beweist ein Blick in die Verfassungsgeschichte.

Die „Edinburgh Review" brachte 1818 einen postumen Beitrag des britischen Politikers Charles James Fox. In diesem findet sich die oft zitierte Aussage, daß es in Europa überhaupt nur zwei Verfassungen gebe: Die britische und die … württembergische!

Dies bedeutete in keiner Weise eine Mißachtung der US amerikanischen Verfassung von 1776 / 1789. Dagegen enthält es eine gerade hier bezeichnende britische Einschätzung der diversen französischen Verfassungen:

26.8.1789, mit den Menschenrechten,

3.9.1791, 21.9.1792, Republik, 24.6.1793 Comité du salut public, 23.9.1795 Direktoriat, 13.12.1799 Konsulat.

Ebenso ist es eine vorsichtige Stellungnahme zu der so viel gelobten Verfassung des Königreichs Polen von 1791. Angesichts der lückenlosen Existenz von Parlamenten verschiedenster Zuständigkeit im Deutschen Reich zwischen 1866 und 1918, in allen Bundesstaaten und Monarchien, in den drei seit vielen Jahrhunderten demokratischen Freien Reichs- und Hansestädten, kann von „vorparlamentarisch" im Ernst logisch keine Rede sein. Auch ist die Frage einer Präponderanz der Parlamente in Staaten mit einem Präsidialsystem offensichtlich anders zu beurteilen, als in solchen mit einem parlamentarischen Regierungssystem. Und der „Charaktermajor" „Deutscher Kaiser", sanft und verdeckt herrschend durch den Bundesrat und den preußischen Minister des Auswärtigen, war eine vorsichtige und labile Sonderart von „Präsidialsystem".

Pluralistische Parteiparlamente, Parteiregierungen des XX. Jahrhunderts beginnen sich der Vergleichbarkeit zu entziehen.

2.265

„Populistischer Nationalismus" wird dem Deutschen Reich, insbesondere dem Reich Bismarcks, dem deutschen Volke zum Vorwurf gemacht: Was immer dies objektiv und werturteilsfrei sein mag ... Im Deutschland zwischen 1871 und 1918 war es mit Sicherheit viel weniger anzutreffen als in vergleichbaren Staaten zu dieser Zeit: Als im Frankreich der Commune März bis Mai 1871, Boulangers, Panamas, Dreyfus, des Laizismus und Antisemitismus, als im Groß Britannien des Sepoy-Aufstandes 1857-1858, des Opium-Krieges 1839 – 1842, der Burenkriege 1880 – 1881, 1896, 1899 – 1902, Faschodas 14.6.1898, dem Wirken eines Generals Dyer 1919, als im Zartum Rußland des Dekabristen-Aufstandes 1825, der polnischen Revolution 1830-1831, des Krim-Krieges 1853 – 1856, des polnischen Aufstandes 1863, der Judenpogrome 1881, der Revolution 1905 – 1906, als im Italien von Adua 1896, als im Spanien von „Anno 98" und Habana, Cavite, Santiago.

Gerade der Reichskanzler Fürst Bismarck und von ihm regiert das Deutsche Reich haben von 1871 bis 1914 k e i n e n Krieg geführt: Sehr anders als fast alle anderen europäischen Mächte zu dieser Zeit. 43 Jahre wenigstens im Großen und Ganzen Friedens waren das Werk und der Erfolg dieses Werkes Bismarcks; begleitet von einem beispiellosen Aufschwung und einer grandiosen Vermehrung der Bevölkerung. Dagegen sind sowohl der „Kulturkampf" als auch das „Sozialistengesetz" nicht mehr nachvollziehbar.

Nur Bismarcks von ihm gerecht eingeschätzter „Vorgänger", Fürst Metternich, hat eine ähnlich lange Friedensperiode zu erreichen und zu erhalten vermocht.

Auslassungen von Voreingenommenen über die vorgeblich „tieferen Ursachen" für die deutsche Katastrophe von 1939 bis 1945, die angeblich aus der Politik Bismarcks abzuleiten seien, sind phantasievolle, gequält postume Opportunitätsschlußfolgerungen. Auch wenn 1945 manche alliierte Politiker solche Meinungen geteilt haben sollten.

Parteiische Erinnerungen aus dem Kulturkampf oder aber aus dem Sozialistengesetz sollten am Ende nunmehr des XX. Jahrhunderts nicht nur ohne Beweiswert, sondern auch ohne Argumentationsversuchung sein.

2.27

Das deutsche Nationalbewußtsein zum deutschen Staat
    Deutschland war immer „ein schwieriges Vaterland" (Heinemann).

2.271

Dennoch bestand das deutsche Nationalbewußtsein zu dem einen deutschen Staat, heute genannt Nationalstaat ungebrochen über die Jahrhunderte.

Armin der Cherusker war sicher noch kein Deutscher. Bezeichnend aber ist die Notwendigkeit seines Kampfes gegen Marbod und die Markomannen. Bezeichnend aber bleibt, daß er von seinen eigenen Verwandten ermordet worden sein dürfte, 21 nach Christus.

Karl der Große, Franke, kein Gallier, konnte sein Reich der Einheit der westlichen Christenheit nur konsolidieren, indem er den niedersächsischen „deutschen" Stamm mit seinem Adel in einem Blutbad niederwarf; an der „Blutbeke" bei Verden.

Otto der Große mußte die Ungarn bei Augsburg vernichtend schlagen, weil deutsche Fürsten sie selbstsüchtig gerufen hatten, 955 n.Chr.

Am Zwiespalt zwischen den Herrschergeschlechtern der Staufer einerseits, der Welfen andererseits, scheiterten lange Zeit sowohl die Italienpolitik der „Ghibellinen", als auch die Ostpolitik der „Guelfen" 1212 – ...

Aus der egoistischen Habgier der frühen Habsburger entstand in der altväterlichen Abwehr der Eidgenossen – deutsch bis auf die Knochen, aber notgedrungen gegen das Deutsche Reich –, die heutige Confoederatio Helvetica 1291 – 1389 / 1460. Weil das Deutsche Reich Jahrhunderte lang dahindämmerte, gab es nicht nur den vielberufenen „Drang nach Osten" n i c h t, sondern verströmte die bürgerliche und bäuerliche Ostkolonisation schließlich in der polnischen Gmina (Gemeinde), im jüdischen Aschkenasim – Schtetl! Bis hin zu jenem Nikolaus Kopernikus in Frauenburg im Ermland,- dem Neffen des deutschen Bischofs Lukas Watzelrode –, von dem dennoch versucht wird, zu behaupten, er sei Pole gewesen. Bis hin zu jenem Veit Stoß – geboren und gestorben in Nürnberg – der dennoch vorgeblich Pole gewesen sein soll.

Weil das Deutsche Reich dahindämmerte seit der Ermordung des Habsburgers, König Albrecht I 1308 n.Chr., – das ganze Mittelalter hindurch –: starb das preußische Bauern-, Bürger- und Ritterheer des Deutschen Ordens, alleingelassen gegen den polnisch-litauisch-tatarischen Angriff auf deutschem Boden auf dem Schlachtfeld von Tannenberg 1410 n.Chr.; siegte der größte Landmeister des Deutschen Ordens in Livland, Wolter von Plettenberg, vergeblich am Smolinasee 1502 n.Chr. gegen die Moskauer Aggression Iwans III., des Großen: gingen die Länder des Deutschen Ordens, – Schamaiten, Westpreußen, Ostpreußen, Estland, Livland, Kurland, – verloren an Staaten, die auf Dauer zur Bewahrung der Kultur dieser Länder nicht fähig waren, insbesondere an Polen:

Unterstützt,- wie könnte es in Deutschland anders sein, – vom Hochverrat und Landesverrat der deutschen Patrizier in Thorn, Danzig und Elbing, und des deutschen Adels in Westpreußen,

Weil deutschen Protestanten „die reine Lehre" Martin Luthers wichtiger war als ihr Deutsches Reich und Volk, weil deutschen Katholiken unter Habsburg der Gehorsam gegenüber Rom wichtiger war als ihr Deutsches Reich und Volk, starb das deutsche Volk völlig sinnlos 3 0 Jahre lang im 30 jährigen Krieg 1618 – 1648.

Weil einem Churfürsten von Brandenburg, König „in Preußen", einem jungen, glänzenden Genie, Friedrich II., Schlesien und sein Ruhm wichtiger waren als das Recht, wurden 4 Kriege Deutscher gegen Deutsche ausgefochten, Österreich gegen Preußen, um das deutsche Schlesien, 1740 – 1742, 1744 – 1745, 1756 – 1763, 1778 – 1779.

Als das alte Reich dann schließlich vergangen war, – aber nunmehr sowohl Österreich als auch Preußen deutsche Hegemonialmacht sein wollten-, fochten erneut unter Bismarck Deutsche gegen Deutsche, zum letzten Male, 1866.

Weil die Union der Sozialistischen Sowjetrepubliken eine Kolonie auf dem deutschen Boden in Form einer vorgeblichen „Deutschen Demokratischen Republik" 1945/1949 gründete und bis 1989 aushielt, – unterstützt von der Bundesrepublik Deutschland –, hielt der Tischler Walter Ulbricht – (der größte Verräter an seinem Volk; Zitat eines Kanadiers!) – hielt der Dachdecker Erich Honecker 17 Millionen Mitteldeutscher unterworfen, insgesamt 45 Jahre.

Solange stand eine „Nationale Volksarmee" bereit, der Sowjetherrschaft zu dienen.

Diese traurige Liste könnte noch in Fülle ergänzt und vervollständigt werden. Dennoch ist das deutsche Nationalbewußtsein, der ganzen deutschen Nation, einer wahrlich zum Leiden immer bereiten Nation, niemals erloschen: Über leidvolle wie schmachvolle, über glückliche wie schmerzliche Jahrhunderte hinweg. Werke deutscher Dichter aus allen deutschen Ländern vermögen es zu bezeugen.

2.272

Die Aufgabe der Bewahrung des deutschen Nationalbewußtseins ist durch 1918 wie 1945 nicht leichter geworden.

Mit schönen Worten, wohlformulierten Feiertagsreden, ziselierten Beschwörungen vielfach lange vergessener Vorsätze, – insbesondere über Ostdeutschland –, wird das heute so notwendige deutsche Nationalbewußtsein zum deutschen Nationalstaat nicht gefestigt. Staatstheoretische und philosophische Utopien und Denkphantasmagorien weltfremder Art sind in keiner Weise hilfreich.

Nur aber wenn das deutsche Nationalbewußtsein so kraftvoll und lebendig sein wird wie das der anderen europäischen Völker, – fast ohne jede Ausnahme, – nur dann bleiben der deutsche Anspruch und die Forderung auf die Ostgebiete des Deutschen Reiches die unumgängliche Realität.

Johann Baptist Gradl hat seinen Abschied von der Politik auf dem XIX. Parteitag der Exil-CDU zusammengefaßt in dem Vermächtnis: „Wir sind und bleiben ein Volk, die deutsche Nation" (FAZ 11.4.1987) ...", die endlich ihre Zukunft in freier Selbstbestimmung gestalten will. Daher muß die deutsche Politik hinter der Einheit her sein; – von selbst aber kommt sie nicht". Dies gilt mehr denn je für die Forderung des deutschen Selbstbestimmungsrechtes auf Ostdeutschland.

2.273

Sie kommt nicht, wenn die Politik der Bundesrepublik Deutschland zu beinahe jedem Gegenstand politischer Kontroverse:

Frieden, Mitteldeutschland, Ostdeutschland, Afghanistan, Südafrika, Namibia, Entwicklungshilfe, politisches Asyl, Datenschutz, Ehrenmal in Bonn, Museum in Berlin, Rüstungsexport, Hilfen für Israel, besonders verheerend statt verkannter und verpönter Familienunterhalts- „Bevölkerungspolitik" + „Abtreibungsproblematik" versucht, ihr Nichthandeln oder unsicheres bis falsches Handeln aus dem stets gesuchten Widerspruch zur „Nazivergangenheit" zu begründen:

Hitler ist tot. Hitler ist 1997 52 Jahre tot.

Es gibt im deutschen Nationalbewußtsein nicht nur eine Pflicht zur Erinnerung zur Vergangenheitsbewältigung. Es zählt vor allem die immer schwerer werdende Verantwortung für die Gegenwart und für die Zukunft.

2.274

Dieser Verantwortung für das deutsche nationale Bewußtsein hatten die deutschen Burschenschaften am 18. Oktober 1817 im Wartburgfest dienen wollen. An diese Verantwortung erinnerte die deutsche Burschenschaft in einer Entschließung anläßlich der 170. Wiederkehr des Wartburgfestes für die Einheit Deutschlands, gegen die „DDR", gegen die Unterdrückung, für die Freiheit, für Ostdeutschland.

FAZ, 24.1.1987.

2.275

Zu diesem Nationalbewußtsein gehört der Nationalstaat, gehört das Deutsche Reich. Es war mit an Sicherheit grenzender Wahrscheinlichkeit ein großer und verhängnisvoller Fehler, daß 1949 und anders als 1918 – aus welchen und wievielen scheinbar gültigen Gründen auch immer – der ein Jahrtausend alte, geheiligte Name des Deutschen Reiches zeitweilig zurücktrat hinter ein Provisorium Bundesrepublik Deutschland.

Die in dieser Bundesrepublik zeitweilig kultivierte, ja gepflegte, bewußt gesuchte Vernachlässigung des deutschen Geschichtsbewußtseins – zugunsten einer wohlgefälligen volkspädagogischen Büßerrolle – dient dem Nationalbewußtsein in Richtung des deutschen Nationalstaates nicht. Es geht dabei nicht um eine rückwärts gewandte Staatsromantik. Aber was soll die Ironisierung bis Tabuisierung des Begriffes Reich? Eines ehrwürdigen

Begriffes, den mit Stolz die Niederlande, Dänemark, Schweden, Norwegen, Finnland für sich anwenden: Ausgerechnet nicht die Deutschen, die Träger des ersten christlichen europäischen Großstaates.

Das Nationalbewußtsein der Deutschen, das Nationalgefühl, die Nationalhymne, die Nationalsymbole, die Nationalfarben bedürfen der sorgsamen Pflege. Ohne sie wird es keinen deutschen Nationalstaat geben.

2.276

Es genügt aber nicht mehr, mit Goethe –jedem Nationalgefühl abhold und weit entrückt – zu postulieren: „Mir ist nicht bange, daß Deutschland nicht eins werde; unsere guten Chausseen und künftigen Eisenbahnen werden schon das ihre tun!" ... Da muß schon mehr getan werden heute!

Auch dies ist Goethe:

„Den rechten Augenblick stets verpassen nennt ihr die Dinge sich entwickeln lassen, was hat sich denn entwickelt, saget an, was man zur rechten Stunde nicht g e t a n ..."

2.28

„Scheitern" des deutschen Nationalstaates?

2.281

Die am weitesten gehende, somit konsequente Phantasie hält den Nationalstaat für „überholt". Damit wären fast alle Staaten, fast alle Institutionen der modernen Staatenwelt, die auf diesen Staaten aufbauen, überholt. Dies ist so unwahrscheinlich, daß es nur sporadisch und beiläufig, mangels besserer Argumente vertreten wird. Das Vorbringen erledigt sich eigentlich fast von selbst.

Etwas weniger utopisch ist die beschränktere, aber beliebtere Variante, wonach ausdrücklich und allein?, und nur? und ausschließlich? der deutsche Nationalstaat „gescheitert" sei.

Wenn solches von fremden interessierten Mächten vorgebracht würde, so bedürfte solche Interessenpolitik rational keiner logischen Widerlegung, da nicht die Richtigkeit und Realität, sondern das fremde Interesse die Ausführung bestimmte.

Wenn es dagegen, wie geschehen, von Deutschen vorgebracht wird, – und vor allem Deutsche, vielleicht nur Deutsche scheinen ein so pervers masochistisches Verständnis ihrer eigenen deutschen Geschichte für überlegenswert zu halten, – so bleibt es zu widerlegen.

2.282

Wie ist es nun um die Vorgeschichte dieses vorgeblich gescheiterten deutschen nationalen Staates, des Deutschen Reiches seit 911 nach Christus bestellt?

Was alles mußte jenes deutsche Volk alles überstehen, um seinen Staat zu erringen, zu bewahren und zu behalten:

Oder wie jene Kreise von „nützlichen Idioten" meinen: Zu scheitern!

Am 13.7.982 wird bei Cotrone Kaiser Otto II, vernichtend von den Sarazenen geschlagen. Diese Katastrophe im Süden führte zu einer Katastrophe im Osten. 983 folgte ein gewaltiger Aufstand aller Unterworfenen in Mitteldeutschland und Ostdeutschland.

1077 geht Kaiser Heinrich IV. nach Canossa.

1197 stirbt der herrische Hohenstaufe Heinrich VI. 32 Jahre alt, Herrscher von Jerusalem bis Mecklenburg.

1220, 1231 verschenkt der deutsch-normannische Sizilianer Friedrich II. die Macht des

Reiches erst an die geistlichen, dann auch an die weltlichen Fürsten (Confoederatio cum principibus ecclesiasticis / Statutum in favorem principum).

1256 – 1273 ist Interregnum, die kaiserlose Zeit.

1348 – 1352 rast die Pest, der schwarze Tod über Europa und Deutschland hinweg.

1410 erliegen der Deutsche Orden und der allein gelassene preußische Neustamm auf deutschem Boden bei Tannenberg den angreifenden Polen, Litauern, Tataren.

1517 beginnt gerade in Deutschland mit Martin Luthers Anschlag der Thesen zu Wittenberg die neue Zeit.

1524 – 1525 ertrinkt der deutsche Bauernkrieg im Blut.

1618 – 1648 forderte ein überflüssiger Religionskrieg, der 30jährige Krieg, mit mehr als 10 Millionen Toten die Hälfte bis 2/3 des deutschen Volkes.

1797 und 1801, im Frieden von Lunéville kommt nach Jahrhunderten französischer Angriffe das ganze linke Rheinufer an Frankreich.

1806 endete bei Jena und Auerstädt mit der Katastrophe der preußischen Armee praktisch das alte Reich. Ein Rheinbund wurde gegen Deutschland ins Leben gerufen.

2.283

Nach J. W. von Goethe ist von der Kanonade bei Valmy 1792 „eine neue Zeit" ausgegangen. Von 1792 – 1815 waren in ihren Staaten – und damit ihrer Zeit entsprechend – auch und gerade alle Stämme der deutschen Nation gefordert gewesen. Diese deutsche Nation hat am Ende der Befreiungskriege auch für Europa 1813 wie 1815 anständig bestanden.

Von 1815 bis 1871 hat diese deutsche Nation in ihrer Gesamtheit, in ihren Teilen, in ihren Staaten, hinweg über das Wartburgfest der deutschen Burschenschaft am 18.10.1817, über das Hambacher Fest der deutschen Jugend am 27.5.1832, – ein Fest, dessen Andenken der Präsident Reagan der Vereinigten Staaten von Amerika hoch geehrt hat, – über die Aufstände und die Kämpfe der Bürger im Jahre 1848 hinweg, – in Wien, in Berlin, in Dresden, in Baden, in der Pfalz, bis zum Ende bei Rastatt, – über die mannhaften Versuche des deutschen Nationalparlamentes in der Paulskirche zu Frankfurt am Main vom 18.5.1848 bis zum 18. 6. 1849, um Deutschland zu einigen und ihm eine demokratische Verfassung zu geben, hinweg, versucht, ihre Pflicht zu erfüllen.

Wenn diese Geschichte nicht zum Erfolg geführt hat ... so bleibt sie innerlich so berechtigt, so richtig, so logisch und so anständig, wie sie begann. Schon die Paulskirche kann nicht als „gescheitert" diskriminiert und verleumdet werden.

(Nicht der unschuldige jugendliche Hohenstaufe Konradin ist durch seine Hinrichtung durch Justizmord durch Charles von Anjou am 29.10.1268 „gescheitert"; indem er seine Pflicht erfüllte! Der Usurpator und Mörder Charles von Anjou ist mit Recht gescheitert am Willen des Volkes in der Sizilianischen Vesper am 30.3.1282.)

1864, 1866, 1870 – 1871 ist die deutsche Staatsnation im Ergebnis in ihrer Zeit in keiner Weise gescheitert. Sie war erfolgreicher als jemals vorher. Dies kann von Negativ-Interessierten, Pessimisten, Böswilligen auch nicht nachträglich ins Gegenteil verkehrt weden. Gleichviel, ob Bismarcks Politik gefällt oder mißfällt. Jede Zeit beurteilt sich nur nach der Lage ihrer Zeit.

2.284

Diese geeinte deutsche Staatsnation von 1871 bewahrte bewußt den Frieden. Dies war damals keineswegs so selbstverständlich, wie es heute angenommen wird. Es hätte mindestens theoretisch naheliegen können, zwischen 1871 und 1914 Österreich zum Wiedereintritt in das Reich zu veranlassen: Sei es als Gesamtstaat, sei es aufgeteilt in verselbständigte Bestandteile, seine Bundesländer. Daß die deutsche Monarchie 1866 fähig gewesen war, über dynastische Ansprüche hinwegzugehen, hatte Preußen ja bezüglich Hannover und Kurhessen und Nassau bewiesen.

Auch wäre es selbst für einen Bismarck erwägenswert gewesen, an die baltischen Länder zu denken, die zwischen 1201 – der Gründung von Riga – und 1561 – der letzten Schlacht des Deutschen Ordens bei Ermes in Estland – Gebiete des Deutschen Reiches gewesen waren. Estland, Livland, Kurland, Schamaiten, waren Gebiete, in denen z.gr.T. deutscher Adel tonangebend und Kulturträger war. Ein „Zurückholen Wollen" hätte ggf. naheliegen können.

Schließlich wäre an Luxemburg zu denken gewesen, es zum Wiedereintritt zu bewegen, nachdem es bis 1801 zum Reich, bis 1866 zum Deutschen Bund gehört hatte. Auch Liechtenstein hatte bis 1866 zum Deutschen Bund gehört. Auf alles solches hatte gerade Bismarck bewußt verzichtet. Ihm genügte die Hegemonie Preußens über Kleindeutschland; die über Europa hat er weder jemals gesucht noch gewollt. Er hat überzeugend Deutschland für „saturiert" erklärt.

Zwar hat diese neu geeinte deutsche Staatsnation stattdessen einen überflüssigen und sinnwidrigen „Kulturkampf" geführt, mit dem Geiste des Papstes Pius IX. und mit der römisch-katholischen Kirche 1871 – 1879. Das gleiche aber und mit noch geringerer Unvermeidbarkeit tat auch die Französische Republik und zwar noch wesentlich später: 1905 Gesetz über die Trennung von Staat und Kirche.

Zwar hat diese neu geeinte deutsche Staatsnation ferner einen verderblichen Kampf in sich selbst geführt in Form der Sozialistengesetze. Aber der Weg, den August Winnig so bewegend beschrieben hat, der Weg „Vom Proletariat zum Arbeitertum", wurde dadurch zwar nur noch schwerer. Aber die deutsche Arbeiterschaft und ihre Partei sind ihn gegangen. Über den Revisionismus, den Staatssozialismus führte er zur Bewilligung der Reichskriegskredite 1914 bei Beginn des ersten Weltkrieges auch durch die Sozialdemokratische Partei Deutschlands. 1918 übernahm diese Partei, die aus den Verfolgungen gestärkt hervorgegangen war, die Regierung des Deutschen Reiches.

2.285

Mit Sicherheit waren keineswegs alle Deutsche zu keiner Zeit „Bismarck-Deutsche". Nicht nur Constantin Frantz hatte mit sehr guten Gründen eine andere Einigung Deutschlands erhofft und erstrebt. Doch ist dies für die Existenz der Realität, für die Legalität und die Legitimität des Deutschen Reiches zwischen 1871 und 1945 völlig ohne jeden Belang. Es war die deutsche Nation, die Staatsnation, die allein zählte. Es ging damals und es geht erst recht heute niemals um die vorgebliche Herstellung oder die angebliche Wiederherstellung einer „Bismarckschen Nation".

Niemals war das Nationalbewußtsein und das Staatsbewußtsein der Deutschen in der Neuzeit von irgendeiner Person abhängig: Weder von Bismarck noch gar von Wilhelm II., weder von Ebert noch von Hindenburg, nicht von Hitler, weder von Schumacher noch von Adenauer.

Zufolge der Existenz dieser einigen deutschen Nation war und ist der deutsche Nationalstaat auch nicht an „einem gescheiterten Modell" orientiert gewesen. Noch weniger als der deutsche Staat kann – anders als theoretisierend vorgebracht – etwa „die deutsche Geschichte" gescheitert sein. Insbesondere kann sie aber nicht etwa deshalb als gescheitert erklärt werden, weil irgend – eine Geschichtsbetrachtung Bismarck zu perhorreszieren wünscht.

2.286

Innenpolitische Mißerfolge wären schließlich noch keinerlei Argument für ein vorgebliches außenpolitisches Scheitern dieser deutschen Staatsnation. Innenpolitisch ist die Nation 1918 bis 1933 trotz Überwindung unendlich schwerer Kämpfe nicht gescheitert. Sie behauptete sich, indem sie die Staatseinheit des Deutschen Reiches aufrechterhielt. Diese Zeit der Weimarer Reichsrepublik in Ehren durchgestanden zu haben, ist alles Anderes als ein Scheitern. Es ist unverständlich und ist unverständig, wenn Genossen damals die so überaus mühselige Arbeit der Reichs- und preußischen Regierungen auf sich nehmen mußten, – und mit im Ergebnis beachtlichen Erfolgen geleistet haben, – wenn heute Nachkommen ihre lange toten, zu verehrenden Vorgänger mittelbar beleidigen.

Außenpolitisch ist die Nation 1918 entgegen dem Selbstbestimmungsrecht der Völker durch rechtswidrige fremde hohe Gewalt gescheitert. – Sie ist somit (soweit überhaupt) gescheitert gegenüber den Mächten der Diktate von Versailles und Saint Germain in der erzwungenen Unmöglichkeit der Bewahrung deutschen und österreichischen Volksbodens.

2.287

Innenpolitisch ist die Nation 1933 bis 1945 dagegen gescheitert, indem sie einen Verbrecher und seine Partei an die Regierung kommen ließ, diesen Verbrecher dann 12 Jahre lang nicht ablöste und erst am 20. Juli 1944 die Ablösung versuchte, viel zu spät und auch noch erfolglos.

Außenpolitisch ist die Nation 1933 bis 1939 nicht gescheitert.

Frei nach Stalin: „Die Hitler kommen und gehen. Das deutsche Volk aber bleibt". Die Erfolge der Außenpoltik des Deutschen Reiches 1933 bis 1939 waren genau so Ziele der demokratischen Weimarer Reichsrepublik, rechtmäßig, in Übereinstimmung mit dem Selbstbestimmungsrecht. Diese Erfolge, wenn auch nur zeitweiligen Erfolge, sind in jedem Falle kein Beweis für ein „Scheitern" der deutschen Geschichte.

Außenpolitisch ist die Nation 1939 bis 1945 dagegen gescheitert, indem sie den von diesem Verbrecher und seiner Partei absichtlich – mit anderen – herbeigeführten zweiten Weltkrieg subjektiv wie objektiv nicht zu verhindern vermochte, unbeschadet einiger schwacher Versuche: Schließlich indem sie diesen Krieg verlor. Gescheitert sind damit das Deutsche Reich und die deutsche Staatsnation innenpolitisch 12 Jahre und außenpolitisch 6 Jahre. Auch wenn es sich um erst relativ kurz zurückliegende Jahre, um höchst entscheidende Jahre, um politisch schmachvolle Jahre handelt, sogar um moralisch als verbrecherisch zu bezeichnende Jahre gehandelt hat: Deshalb ist die Geschichte des Deutschen Reiches, der deutschen Staatsnation, 911 bis 1991, 1080 Jahre n i c h t gescheitert.

2.288

Was dann nach 1945 kam: Die Abtrennung Ostdeutschlands und des Sudetenlandes, die Verselbständigung Österreichs ohne eine Volksabstimmung, die 1 Jahrzehnt während zweite Abtrennung des Saarlandes, die Reparationen, Demontagen, die Zwangsformation der „Sowjetischen Besatzungszone Deutschlands" als Kolonie, als „Deutsche Demokratische Republik", mit der Folge des Volksaufstandes vom 17. Juni 1953, die Teilung Berlins und der Bau der Mauer, die Zonengrenze, Minenfelder, Schießbefehl und Ermordete!

Bei alledem ist nicht Deutschland gescheitert, sondern es handelt sich entgegen dem Selbstbestimmungsrecht der Völker um rechtswidrige fremde hohe Gewalt. – Selbst wenn dies erneut als ein Scheitern propagiert werden sollte, so endete es 1949 mit der demokratischen Selbstbestimmung der Deutschen durch die Verfassungs-Gesetzgebung des Grundgesetzes für die Bundesrepublik Deutschland. Jede solche pessimistische Negativtheorie endet spätestens 1989/1990/1991.

Innenpolitisch entscheiden niemals anmaßende Parteipolitiker, – die große, eindrucksvolle, scheinbar neuartige Formulierungen lieben, – um sich selbst zu beweisen –, „daß 1945 nicht nur 12 Jahre Hitler, sondern 150 Jahre deutscher Geschichte gescheitert seien", „man müsse für Deutschland ein Scheitern der nationalstaatlichen Geschichtsform konstatieren".

Glotz laut FAZ vom 16.07.1987

Beide Behauptungen sind – frank und frei – nichts als arroganter N o n s e n s .

Die Bilanz als Ergebnis beweist, daß außenpolitisch das Machtkalkül einiger Großmächte niemals endgültig zu entscheiden vermag, ob eine Bevölkerung zwecks Abspaltung zur „Nation" erhoben wird, ob ein Volk als Nation erhalten bleibt und anerkannt wird oder unterzugehen hat, ob von einer Nation kraft Besatzungsbefehl Teile als „sozialistische Nation" abgespalten werden können. Was für eine Allianz von siegreichen Besatzunsmächten gilt, – 1945 –, gilt erst recht für eine einzelne Besatzungsmacht 1949 –.

Der deutsche Nationalstaat ist 1989 erwiesen als nicht gescheitert.

2.29

Das Scheitern der Nationalstaaten

Ein weiterer abschließender Beweis dafür, daß kein logischer Grund besteht, zu postulieren bzw. zu fingieren, daß die deutsche Nation, der deutsche Nationalstaat, die deutsche Geschichte gescheitert seien, findet sich in der Geschichte – fast ausnahmslos – aller anderen modernen Nationalstaaten fremder Völker.

Die deutsche Geschichte ist genauso wenig gescheitert wie die Geschichte anderer Völker. Die Geschichte der meisten Völker ist voll von nationalen Katastrophen. Dies geht so weit, daß beinahe vermutet werden kann, daß Geschichte eine lose Aneinanderreihung von nationalen Katastrophen sein kann. Dennoch bejahen – nunmehr ohne Ausnahme, es sei denn Deutschland – alle Völker, mindestens alle normalen, nicht masochistischen Völker ihren Nationalstaat: Über alle Katastrophen hinweg.

Eine lange und aufs Äußerste bezeichnende Reihe von Nationalstaaten beweist dies bei Redlichkeit auch für die deutsche geistige Erkenntnis.

Dies gilt ohne Einschränkungen für etwa die letzten 1100 Jahre der Geschichte in Europa, mithin für die Vergangenheit bis in die Gegenwart etwa für England seit 878, Deutschland seit 843, 911, Frankreich seit 843, Spanien seit 711, 866, 932.

Diese Theorie mag entwicklungsfähig, vielleicht entwicklungsbedürftig sein im Sinne des „Scheiterns" zum Überleben der Welt im Nuklearzeitalter. In einer Theorie des Scheiterns wird für die Zukunft „die europäische Geschichte des Scheiterns" vorausgesetzt.

Rüdiger Altmann; der wilde Frieden. 1987

Angesichts der gänzlichen Unwahrscheinlichkeit eines säkularen Nuklearkrieges, bei allerdings einem ununterbrochenen Weitergang kleiner bis mittlerer bis großer Kriege überall in der Welt, alleine etwa 20 relevante seit 1945, bleiben aber nationale Katastrophen vorprogrammiert. Sie werden zwar weiterhin einerseits der Zeitgeschichte in unerträglicher Bitterkeit angehören. Sie werden aber andererseits von niemandem, gerade auch nicht von den Opfern der Katastrophen, als ein endgültiges nationales Scheitern anerkannt werden.

Hier nun also – als deutsches Indiz gegen das Scheitern! – eine zwanglose und naturnotwendig unvollständige Aufstellung von nationalen Katastrophen, mit denen niemand sich als nationalem Scheitern abzufinden bereit war: Keine einzige europäische Nation.

2.291

Griechenland: Das griechische Volk ist nicht nur das Volk des Geistes, des Sokrates, des Platon, des Aristoteles, das Volk der Künste, des Phidias, das Volk der Demokratie und der Polis, des Miltiades, Leonidas, Perikles, das Volk der hellenistischen Weltherrschaft und Kultur, des Alexander. Das griechische Volk ist auch das Volk des (scheinbaren oder wirklichen?) Unterganges der Volkssubstanz und der Vernichtung der unvergleichlichen Metropole Konstantinopel.

Die inneren Vernichtungsschlachten, – Syrakus, Leuktra, Mantineia, Chaironeia –, waren nur der katastrophale Anfang.

Die äußeren Siege führten zum Verströmen der Kraft Griechenlands in Asien.

Die Konsolidierung durch Byzanz ging mit der Schlacht von Mantzikert 1071, dem Anfang des Unterganges – in Europa als Menetekel kaum zur Kenntnis genommen – zu Ende.

Die Eroberungen von Byzanz – vom Abendland allein gelassen, ungeachtet der Genuesen und zuletzt der Venezianer – 1203 durch die räuberischen Lateiner, 1453 durch die Türken, waren nur das Ende der Agonie.

Anatolien war einmal ein wundervolles Land ...

Die Greuel von Chios, mit 23 000 Ermordeten, 47 000 in die Sklaverei verkauften griechischen Christen, waren der Weitergang. Der Unabhängigkeitskrieg 1821 – 1829, der erste Weltkrieg im „Bird-cage" vor Saloniki, die Jahre der Besetzung und des Hungers im zweiten Weltkrieg mußten überstanden werden.

Die Massaker in Anatolien, in Smyrna 1922 mußten überwunden werden.

Dennoch hat kein Grieche jemals seine Nation, seinen Nationalstaat für gescheitert gehalten. Obwohl das moderne Griechenland heute vor dem sozialen Bankrott steht.

Bulgarien: Das bulgarische Volk sammelte von Alters her immer wieder Niederlagen. 813, 894, 913, 917, mehrere vergebliche Belagerungen von Konstantinopel, 1330 Niederlage bei Kustendil, 1393 bei Trnovo, 1396 bei Vidin, Vernichtung durch die Türken. Jahrhunderte Sklaverei. Von allen seinen Nachbarn 1913 im zweiten Balkankrieg geschlagen. Am 27.11.1919 im Diktat von Neuilly vergewaltigt. Der bulgarische Nationalstaat aber wird selbst in seiner mißglückten Form noch immer bejaht.

2.292

Italien: Zwischen 476 (Absetzung des letzten weströmischen Kaisers Romulus Augustulus) und (frühestens) 1720 war für die nationale Einigung Italiens kein Raum: Ungeachtet des Ruhmes und Glanzes so mancher Einzelstaaten wie Venedig, Florenz, Neapel und Sizilien, Genua, Mailand, Parma und Piacenza, Ferrara mit Modena und Reggio, Mantua. Ungeachtet des immer gültigen Wahlspruchs „Italia fara da se", unbeschadet der grandiosen Blütezeit der italienischen Kunst und Literatur im Rinascimento, bleibt Italien der klassische Fall des „zu spät gekommenen Nationalstaates". Italien sammelte an Niederlagen ein Jahrhundert lang:

1848 Custozza, Milano, Mortara, Novara, Venedig. 1866 Custozza, Lissa. 1896 Adua. 1915 – 1917 11 mörderische sinnwidrige Isonzoschlachten. 1917 Zusammenbruch bei Flitsch und Tolmein.

1940 französische Alpenfront. 1941 griechische Calamay-Front.

1941 – 1943 Afrikafronten von Ägypten bis Tunis und Abessinien.

Dem Selbstbewußtsein und Selbstvertrauen der Italiener tat dies alles keinen Abbruch.

Serbien: Das serbische Volk ist eines der Leidensvölker dieser Welt. 1371 Niederlage an der Maritza. 1389 vernichtende Niederlage – in der Verteidigung Europas – auf dem Amselfeld. 1444 Niederlage von Varna 1459. 1914 – 1918 Niederlagen und Besetzung. 1941 –

94

1945 Niederlagen und Besetzung. Kleinkrieg mehrerer Bürgerkriegsparteien, mit furchbaren Morden auf allen Seiten; ferner Hunderttausende serbische Tote durch Kroaten. Nach dem Krieg hunderttausende kroatische Tote durch Serben. Das serbische Volk, von den Komitadschis bis zu Tito, wird seine Anwandlungen zum hunderttausendfachen Genocidium auch im sogenannten Frieden, begangen mit beispielloser Grausamkeit an den Volksdeutschen, Kroaten, Albanern überwinden müssen. Das serbische Volk ist gleichwohl stolzer auf seinen Staat als viele andere Völker auf den ihrigen.

Kroatien: Das kroatische Volk schließlich, 753 – 1463, wiederum bis in die Neuzeit glücklicher, 1941 sich endlich erneut befreit fühlend, verlor 1945 seine ganze Armee, übergeben gegen Widerstand von britischen Soldaten an die jugoslawische Partisanenmacht.

Diese ließ Soldaten eingraben bis zum Hals, und dann durch Pflügen die Schädel abschneiden.

Das kroatische Volk ist schon glücklich, es darf seinen „gescheiterten" Nationalstaat heute sein eigen nennen.

Ähnliches gilt für Bosnien-Herzegowina, Cerna Gora, modifiziert für die Woiwwodina, sowie Makedonien als selbständige Völker. An das Drama der Albaner im „serbischen" Kossowo bleibt zu erinnern.

Slowenien: Ebenso für die Freiheit als eigener Staat eintreten wollen die mitteleuropäischsten Südslawen, die Slowenen.

2.294

Ungarn: Das magyarische Volk reiht sich würdig ein bei der Sammlung von Vernichtungsniederlagen. 933 Niederlage an der Unstrut. 10.8.955 vernichtende Niederlage auf dem Lechfeld bei Augsburg. 1241 Niederlage gegen die Mongolen. 1396 Niederlage bei Nikopolis.

1444 Niederlage bei Varna. 1526 schließlich Untergang bei Mohacz, wo der König und der gesamte Adel dieses mannhaften Volkes hingebettet wurden durch die Yenitscheri, die ehemals christlichen „Neuen Soldaten"; vor der nun offenen Tür Europas 1529 für die Türken vor Wien. Bezeichnend reiht sich an am 13.8.1849 die lätale Kapitulation bei Vilagos: Vor dem Zartum Rußland, nicht vor Habsburg, dem Gewinner.

Und dann folgte die unerträgliche Vergewaltigung 4.6.1920 durch den „Frieden" von Trianon; mit Ungarns Antwort „Nem, Nem, Soha". Mit hinfort Millionen Ungarn unter fremder Herrschaft. Den Abschluß bildete die Brutalisierung durch die UdSSR 1956.

Dennoch ist Ungarn ruhig und stolz im Gefühl seines Staates, geschmückt mit der Stephanskrone. Keinen Ungarn läßt das Schicksal der Szekler gleichgültig.

2.295

Groß Britannien und Irland: Ganz anders das Schicksal der 4 Völker im Machtbereich Groß-Britanniens. Und doch geradezu überfüllt mit Fällen von nationalen Katastrophen:

England: Welch unwahrscheinlich glückliches Volk, das nach einer anfänglichen Niederlage 1066 bis heute sein Land nie mehr in Frage gestellt sah.

Irland: Ganz anders das irische Volk. Das irische Volk stand 752 Jahre auf der Nachtseite der Geschichte. Mindestens so lange dauerte sein Kampf um seinen Nationalstaat.

1170 nahm ohne Recht auf Grund einer mythischen konstantinischen Schenkung des Papstes Hadrian IV der englische König Heinrich II Plantagenet Irland im Kampf mit Gewalt. Ewiger Kampf blieb nun das Los.

1601 eine erneute Unterwerfung;

1640 ein katholischer Aufstand;

1689 – 1702 ein katholischer Aufstand;

1845 – 1849 eine vernichtende Hungersnot. Verbunden mit der gesteigerten Auswanderung zufolge Verzweiflung sank die Zahl der Bevölkerung von 6,6 auf 5,4 Millionen.

Erst am 6.12.1922 konnte die Proklamation des ersten irischen Freistaates erfolgen.

Obwohl also ohn allen Zweifel das irische Volk in seinem Verzweiflungskampf 752 Jahre völlig „gescheitert" zu sein scheint, zudem Irland nach wie vor geteilt ist durch die Separation von Ulster, betrachtet kein Ire seinen nach wie vor mißhandelten Nationalstaat als „gescheitert". Welch ein tapferes Volk.

Schottland: Das schottische Volk, eines der mannhaftesten und tapfersten, verehrungswürdigsten Völker der Erde, ist 450 Jahre lang eines der unglücklichsten und am stärksten heimgesuchten im Kampf um seinen Staat gewesen. Von 1296 bis 1746 zählt die schottische Geschichte 16 englische Siege über die Schotten; einer immer vernichtender als der andere. Und überwiegend auf schottischem Boden:

1296 Dunbar, 1542 Haddourig

1298 Falkirk, 1650 Dunbar

1332 Dupplin Moor, 1651 Worcester

1333 Halidon Hill, „the worst" 1666 Rullion Green

1346 Nevilles Cross, 1678 Bothwell Brig

1402 Homildon Hill, 1725 Glenshiel

1406 Shrewsbury, 1746 Falkirk

1513 Flodden, 1746 Culloden

(die berühmteste Niederlage).

Nur 5 schottische Siege über die Engländer stehen dem gegenüber:

1308 Barra Hill: Tief im Norden von Schottland. 1314 Bannockburn, „the most decisive": Tief in Schottlands Lowlands.

1388 Otterburn: Am römischen Wall, an der Grenze. 1544 Ancrum Moor: Im Grenzland in Schottland. 1745 Prestonpans: Am Firth of Forth. Tief in Schottland.

Hier geht es nicht um die lange verklungenen Namen. Auch nicht mehr um die zahllosen Toten, die in Frieden ruhen mögen. Es geht um den Charakter, die Identität, die Kontinuität eines kleinen Volkes, aber einer großen Nation, die ununterbrochen ein halbes Jahrtausend, über alles scheinbare Scheitern hinweg, für die Freiheit ihres Staates gekämpft hat.

Seit der Union – 16.1.1707 – hat Schottland dann seit Jahrhunderten seinen endlichen „Nationalstaat" in Groß Britannien gefunden und gesehen. Selbst ein Schotte, der den heutigen Gesamtstaat wegen seiner „Englishness" noch in Zwiespältigkeit sehen sollte, oder einer, der noch so sehr den „stone of Scone" aus der Westminster Abbey herausholen möchte … jeder von ihnen wird fraglos die Geschichte der schottischen Nation bejahen. Er wird weder Schottland noch Groß-Britannien für „gescheitert" halten.

Wales schließlich hat lange den „march of the men of Harlech" hinter sich gelassen im wesenlosen Scheine. Das kleine, liebenswerte, so überaus freundliche Volk ordnete sich ein in Groß-Britannien.

2.296

Frankreich: Ganz anders dagegen die Entwicklung Frankreichs in Würdigung der Katastrophen der französischen Geschichte. Und dennoch verlief im Ergebnis die Entwicklung zum französischen Nationalstaat zum scheinbar schärfstens entgegengesetzten Extrem im Vergleich zum deutschen Staat.

1209 Eroberung von Béziers, Untergang der langue d'oc als Kraftzentrum des Südens, als politische Größe und kultureller Gipfel des damaligen Europa: Entsprechend der „Kreuz-zugsdevise":

„Schlagt alle tot. Der Herr wird die Seinen erkennen". Zu erinnern bleibt an den „brasier gigantesque" vom Montségur am 16.3.1244: 210 cathares furent brulés vifs.

1302 vernichtende Niederlage bei Kortryk gegen die Flamen.

1339 – 1453 das Martyrium des mehr als Hundertjährigen Krieges gegen England, bei-spielsweise mit dem Blutbad von Crecy 1346, Maupertuis 1356, Azincourt 1415.

1520 – 1544 vier Kriege Frankreichs und Franz I gegen Kaiser Karl V, Pavia 1525.

1572 die Bartholomäusnacht mit 20 000 Ermordeten.

1685 die Aufhebung des Ediktes von Nantes, der größte historische Fehler in der franzö-sischen Innenpolitik.

1667 – 1697 drei Eroberungskriege Frankreichs und Ludwigs XIV: trotz Staatsruins en-dend im Sieg im Frieden von Ryswijk.

1792 – 1815 endlose Revolutionskriege und Napoleonische Kriege, 1812 mit dem Un-tergang der Großen Armee von 600 000 Mann in Rußland.

Trotz zweifacher Staatskatastrophe Napoleons, endlich in Waterloo endend praktisch im Sieg des 2. Friedens von Paris, mit den „Grenzen von 1790", mit Straßburg, das erst vor 134 Jahren besetzt worden war, weiterhin französisch, als ob trotz 15 Millionen Toten überhaupt nichts geschehen wäre.

Und dann traf eine Katastrophe nach der anderen „Gott in Frankreich":

1870 – 1871 Französische Kriegserklärung, ganz Deutschland (nur ohne Östereich) als Gegner: Sedan, Metz, Paris, Commune, Elsaß-Lothringen, endend im Frieden von Frank-furt.

1914 – 1918 erster Weltkrieg, von der Marne über Verdun, die Meuterei 1917, endend mit dem Siege in den Diktaten von Versailles und Saint Germain, Besetzung des Ruhrge-bietes.

1939 – 1945 zweiter Weltkrieg, Niederlage, Zusammenbruch, Besetzung, Collaboration, über Pétain zu de Gaulle, endend im Siege der Sowjetunion in den Potsdamer Protokollen.

Trotz allem, allem was geschehen, sah kein Franzose – bei aller wütenden Kritik an den sozialen Verhältnissen – irgend einen Grund, am „sanctuaire" des geliebten Sechsecks, am französischen Nationalstaat zu zweifeln.

2.297

Polen: Besonders eigenartig und daher hoher Aufmerksamkeit wert für die Frage der Bedeu-tung des Nationalstaates für sein Volk und die Welt ist das Schicksal Polens.

Zufolge der Eigenart seiner beiden! – vorherrschenden, interessanterweise aber entgegen-gesetzten, wenn nicht sich ausschließenden – Geschichtsmythen, gesteigert durch die Be-sonderheiten seiner Geschichte, wie sie die polnische Intelligenz einerseits zu sehen wünscht, andererseits sehen zu sollen glaubt, vollendet durch die Einzigartigkeit des römi-schen Katholizismus in seiner polnischen Form, der sich nicht nur anmaßt, sondern ernst-lich glaubt, ein Teil des polnischen Volkscharakters sein zu können, ist in der polnischen Intelligenz eine Art „Martyrerglaube" an Polen gegeben.

Dabei ist es (erstaunlicherweise) völlig gleichgültig, ob dies in der polnischen, so be-schränkten Realität irgend eine Rechtfertigung finden kann.

Ebenso ist es gleichgültig, ob dies im Charakter des polnischen Volkes, seinen Leistun-gen wie seinen Handlungen, irgendeine objektive Grundlage hat – bzw. realistischerweise eben in gar keiner Weise hat.

An die vorgebliche Aufopferung Polens, sei es vorgeblich für Europa, – wodurch? – sei es für die Welt, – erst recht wodurch? – wird mit quasi religiöser Inbrunst geglaubt. In ebenso großer Naivität wie Anmaßung wird so die Gottesmutter Maria, die Gottesgebärerin, als Mutter Polens, als Königin Polens beansprucht.

In der polnischen Geschichte des polnischen Staates, in den

Leistungen Polens, in den kulturellen Ergebnissen der gewaltsamen „Ostkolonisation" Polens finden diese unendlich hohen Forderungsansprüche wirklich keine Grundlage.

963 erfolgte der – kommunistisch würdevoll im „Millenium" gefeierte – Eintritt in die Geschichte Mitteleuropas: Mit der Niederlage des Piasten Miesko I vor dem deutschen Markgrafen Gero.

1025 – 1036 erfolgte unter dem Piasten Miesko II ein erster Zusammenbruch Polens.

Ein Hin- und Her kurze Zeit gewonnener und alsbald verlorener Angriffskriege der Piasten folgte ebenso, wie ein zweiter Zusammenbruch des piastischen Polen. Das kaschubisch-deutsche Pommerellen – Westpreußen war ohnehin nie mehr als eine polnische zeitweilige Angriffsspitze. Niederschlesien, Oberschlesien wurden feierlich abgetreten, mehrfach auf sie verzichtet. Sie glitten in den deutschen Kultur- und dann Herrschaftsbereich hinein, weil er der Überlegene war. Von Polen wird dies heute als Katastrophe geglaubt, dargestellt, propagiert, die von Deutschen „wiedergutgemacht" werden müßte. Als ob Polen – vor 7 Jahrhunderten – ein Unrecht geschehen wäre.

1490, im Petrikauer Statut, prononciert 1574 in den Articuli

Henriciani wird Polen Wahlreich. Die Adelsrepublik hatte sich auf den Weg zum sowohl destruktiven als auch korrupten liberum veto begeben.

Es folgt schließlich das Jahrhundert des territorialen Zurückrollens Polens, – im Grunde Litauens in Weißruthenien und der Westukraine, – vom Waffenstillstand von Andrussovo 1667, förmlich anerkannt 1686 in einem Friedens- und Bündnisvertrag mit Rußland, bis zum bitteren Ende 1795.

Doch fast alles, was dort 1667, 1772 verlorenging, war (bis auf das österreichisch werdende Westgalizien) kein Quadratmeter polnischen Volksbodens:

1667 Smolensk, Poljanowa, Tschernigow, Batuvin, Kiew, Perejaslawl, Poltawa, Perewolatschna an Rußland verloren;

1710 Reval, Riga, Mitau über Schweden an Rußland verloren;

1772 Polotzk, Witebsk, Holowzin, Mogilew, Lesnaja an Rußland verloren;

1773 – 1774 Saporoger Kosaken an Rußland verloren.

Alle diese Riesengebiete waren weißruthenisches, ukrainisches, estnisches und lettisches Volksgebiet: Kein polnischer Volksboden.

Dagegen stehen dann die unverhältnismäßig sehr viel geringeren Verluste im Westen:

1772 Galizien an Österreich, z.T. ukrainisch-jüdisch, z.kl.T. polnisch;

1772 Westpreußen, erst seit 1463 Teilland der Krone Polen, nicht dagegen polnisches Staatsgebiet, z.T. deutsch, z.T. kaschubisch, nur im Süden und im Kulmerland z.T. polnisch;

1793 das Riesengebiet von der Düna bis zum Dnjestr verloren an Rußland, erneut ein Gebiet, das größer war als der ganze wirkliche ethnographische polnische Volksboden;

1793 westpolnisches Volksgebiet an Preußen;

1795 erst ein Streifen von der Ostsee, Samogitien, Kaunas, Vilnius, bis nach Wolhynien, verloren an Rußland, erneut nur litauisches, weißruthenisches, jüdisches, ukrainisches Volksgebiet;

1795 dagegen nunmehr die restlichen Randstreifen des polnischen Sprachgebietes: Warschau an Preußen, Radom und Lublin an Österreich.

Katastrophale Ereignisse waren in Fülle vorausgegangen:

1724 das bezeichnend imbecile bestialische Thorner Blutgericht; 1733 – 1735 der polnische Erbfolgekrieg; ·

und was auf die beiden ersten Teilungen folgte:

1794 der Freiheitskampf Kosciuskos,

29.11.1830 – 8.9.1831 die polnische Revolution,

22.1.1863 der polnische Aufstand.

Es blieb alles ohnmächtiges Aufbäumen, teilweise erstickt in russischen Massakern.

16.1.1920, – die Notwendigkeit zu einem „Wunder an der Weichsel," – war nur die Quittung gewesen für Pilsudskis jagellonischen Größenwahn.

20.9.1939 war die Eroberung von Warschau wiederum im Grunde nur die Quittung für Größenwahn, nunmehr des Außenministers Oberst Beck und seiner Kriegsprovokation.

Im Ergebnis: Nirgends sonst ist je ein Staat so absolut und weitgehend durch eigene Veranlassung und manchmal eigene Schuld so katastrophal „gescheitert" wie der polnische Staat.

Innenpolitisch 1496 – 1791, fast dreihundert Jahre gescheitert an sich selbst, außenpolitisch 1667 – 1795, fast eineinhalb Jahrhunderte lang gescheitert an sich selbst, vor allem an Rußland, in zweiter Linie an Preußen und Österreich.

Dennoch glaubten die Polen an diesen Staat. Dennoch glaubten sie an ihn in dem zusammengesuchten Gebietsumfang seiner umfangreichsten Dimension, die mit dem polnischen Volksgebiet fast nichts mehr zu tun hatte.

Dennoch hat mit Sicherheit k e i n Pole zwischen 1795 und 1918 12 Jahrzehnte lang, 4 endlose Generationen hindurch, je gezweifelt an Polen, das „noch nicht verloren" sei: Je gezweifelt an Polen, das sie völlig irrigerweise für einen „Polnischen Nationalstaat" hielten: Ein im Grunde unwiderlegbarer Beweis für die Notwendigkeit des nationalen Staates, des Nationalstaates als zum Wohle s e i n e r Nation konstitutiv entscheidend.

2.298

Rußland: Das großrussische Volk ist eines der Leidensvölker dieser Welt. Es unterlag 1223 in der Schlacht an der Kalka, 1238 in der Schlacht am Sit den Mongolen. – Erst 1380 mit der Schlacht auf dem Kulikover Feld wird der Weg frei zur Erringung der Freiheit 1480.

Es scheint nicht, als ob seitdem, bis hin zu Gorbatschow einerseits, Jelzin andererseits, das großrussische Volk seinen Staat trotz diverse Katastrophen jemals als gescheitert anzusehen Gelegenheit gesucht oder gefunden hat.

2.3 Zum Gegenstand Deutschland

2.31
Zum deutschen Staat

2.311
Auch wenn wie ausgeführt das deutsche Volk in seiner Gesamtheit, wie es sich im deutschen Volksboden verwirklicht, die entscheidendste Voraussetzung und Grundlage des deutschen Selbstbestimmungsrechtes auf sein Land ist, so bleibt doch der deutsche Staat von entscheidender Bedeutung.

Der Staat der Deutschen hat in vielen Formen existiert. Dabei kann naturgemäß keine Apotheose des Heiligen Römischen Reiches Deutscher Nation gewollt sein. Eine Überbewertung deutscher Einzelstaaten, vor allem Österreichs und Preußens, ist zu unterlassen.

Eine Aufwertung des Deutschen Bundes scheidet ebenso aus wie eine sinnwidrige Abwertung. Die Selbstbeschränkung auf das zweite, das Bismarckische Reich, das Deutsche Kaiserreich ist beendet. Die Weimarer Reichsrepublik bedarf keiner Versuche der Rechtfertigung mehr. Sie hat ehrlich ihre Pflicht zu ihrer Zeit zu erfüllen gesucht. Die Völkerrechtsgrenzen des (zuletzt) Großdeutschen Reiches sind rechtlich nach wie vor völlig unverändert gültig mangels eines etwa verändernden Friedensvertrages.

Die Bundesrepublik Deutschland hat aufzuhören, in helotenhafter Resignation und Sebstbescheidung um jeden Preis „berechenbar" bleiben zu wollen. Das neue Vier-Zonen-Deutschland ist ein weitgehend noch leeres Blatt, wenn man den Eindruck der Irak-Ratlosigkeit nicht überbewertet.

2.312

Alle diese Verfassungsformen des deutschen Staates sind bloße Durchgangsformen im langen und langsamen Werden eines Volkes. Keine davon ist ein Ideal um jeden Preis.

Auch das alte Reich erschöpfte sich nicht in den beiden Reichsregelungen Friedrichs II, die den Untergang vorbereiten halfen, Jahrhunderte vor dem Untergang.

Keiner der Einzelstaaten ist ein absoluter Eigenwert an sich gewesen, auch wenn es lange so angesehen worden ist. Sie alle sollten auf Deutschland als Ganzes bezogen werden.

919 – 1024, 1125 – 1137 regierten (nieder)sächsische Könige und Kaiser. Der niedersächsische, der mecklenburgische, der thüringische wie der obersächsische Stamm haben nie zur Separation geneigt: Regierungszeit 117 Jahre

911 – 919, 1024 – 1125 regierten die fränkischen oder salischen Könige und Kaiser. Der deutsche fränkische Stamm hat zwar das niederländische Volk und das vlämische Volk geboren. Im Reich aber ist Franken von Kleve bis Hof untergegangen für das Reich.

Seine letzte Staatsschöpfung war Luxemburg: Regierungszeit 109 Jahre.

1138 – 1254 regierten die staufischen Könige und Kaiser. Schwaben, Alemannen, haben zwar auch die deutsche Schweiz, das Elsaß und Liechtenstein geschaffen. Für das Reich aber ist Schwaben immer ein Kernland geblieben: Regierungszeit 116 Jahre.

1247 – 1256 regierte ein holländischer König, einer der Tüchtigsten: Regierungszeit 9 Jahre.

1273 – 1291, 1314 – 1330, 1438 – 1740, 1745 – 6.8.1806 regierten Habsburg/österreichische Könige und Kaiser. Aus gutem symbolischem Grund sind die Reichskleinodien, – die rechtlich nach wie vor Aachen gehören! – nach einer kriegerischen Auslagerung in Wien. Wien war viele Jahrhunderte „Vorort" des Reiches. „Nation Österreich", „Unterrichtssprache" u.a. sind auch daher keine endgültigen Manifestationen eines Rechts Österreichs auf Separation von Deutschland. Regierungszeit 397 Jahre.

1347 –1437 regierten luxemburgische Könige und Kaiser das Reich d e u t s c h e r Nation. Auch ein Premierministre du Grand Duché de Luxembourg kann dies nicht rückwirkend hinwegfingieren, obwohl es versucht worden ist: Regierungszeit 90 Jahre.

1314 – 1347, 1742 – 1745 regierten bayerische Könige und Kaiser.

Der bayerische Stamm, aus dem der österreichische Neustamm entwickelt worden ist, blieb immer unversehrt, der gefestigteste Teilstaat Deutschlands: Regierungszeit 36 Jahre.

2.313

Auf Deutschland bezogen sind die Rheinbünde, sowohl der erste Rheinbund Ludwigs XIV., 1658, als auch der zweite Rheinbund Napoleons I, 1806 – 1813, nichts als eine altertümliche koloniale Satellitenform auf deutschem Boden. Entgegen mißgünstiger Meinungen war die Bundesrepublik niemals ein Rheinbund gewesen noch geworden. Es stand ihr kraft ihrer

Herkunft auch nicht frei, ein Rheinbund zu werden. Auch im Rheinland ist dies nie anders gesehen worden.

1815 – 1866, der Deutsche Bund, war nur eine scheinföderalistische Übergangsordnung. Er verlängerte nur als temporäre Durchgangsregelung in Reaktion auf die Fortschrittsbestrebungen des Volkes nochmals die Fortdauer der Herrschaft Österreichs: „Herrschaft" 51 Jahre; 448 Jahre insgesamt.

Gebührend gewürdigt sollte aber werden, daß während dieser Periode scheinbarer Schwäche fast der gesamte deutsche Volksboden zum ersten und einzigen Male in der Neuzeit in einer staatlichen
deutschen Organisation vereint war: Nicht nur Österreich und
Preußen und die anderen Länder von 1871, sondern zeitweilig auch
Ostpreußen, Westpreußen und Posen 1848 –1851, Luxemburg ab 1839,
ohne Arel, dafür mit Limburg, Liechtenstein.

2.314

Mit Constantin Frantz – gleichviel ob er auf Dauer recht behält oder nicht – bleibt zu bedauern, daß im zweiten deutschen Kaiserreich, 1871 – 1918, regiert von preußischen Kaisern und Königen, Österreich ausgeschlossen blieb. Dieses Reich war nicht vollständig, war als Nationalstaat mithin nicht folgerichtig, aber auch noch nicht falsch, sondern eine gute, zeitweilig vielleicht unvermeidliche Durchgangsstation. Es liegt nichts an seiner bloßen abziehbildartigen Wiederherstellung. Nur eine überflüssige Polemik wendet sich mithin gegen seine „Wiederherstellung", die ohnehin nicht und niemals in Frage steht.

2.315

Die Weimarer Reichsrepublik, die selbst der erste Reichspräsident nicht als Republik gewollt hatte, bleibt dennoch eine eigene Schöpfung deutscher Volksherrschaft. Versailles hat sie nicht geschaffen. Versailles hat Weimar nur das Leben gekostet.

2.316

Völkerrechtlich irrelevant ist es, ob das Deutsche Reich 1933 – 1939 emotional abgelehnt wird. Aus welchen noch so potenten Gründen immer. Die Bundesrepublik Deutschland, ihr folgend das Vier-Zonen-Deutschland müssen beanspruchen, in Teilidentität mit dem Deutschen Reich verbunden zu sein. Am 1.9.1989 sind alle Gebiete dieses Deutschen Reiches nach wie vor – mangels eines Friedensvertrages und mangels Abtretungen in gültiger vertragsrechtlicher Form – die v o r Kriegsausbruch am 31.8.1939 als Reichsgebiet von der ganzen Völkerrechtsgemeinschaft allgemein und unstreitig anerkannten Gebiete.

2.32

Zum „Verfassungspatriotismus anstatt Staat?

Ostdeutschland, ebenso Mitteldeutschland, ebenso Sudetenland, ebenso Österreich heißt immer: L a n d ! Es heißt damit „Land des Eigentümervolkes". Es heißt nicht Rechtsordnung eines Rechtsstaates, nicht Verfassung, nicht Grundgesetz, nicht Einheitsvertrag. Alles dies sind wichtige, aber gänzlich andere Kategorien.

2.321

Nur wenn das „Land" entscheidend ist; nur wenn das Land die Pflicht, das Ziel, der Inhalt deutscher Ostpolitik ist, nur dann kann auch Ostdeutschland als Land, kann Danzig, kann das Sudetenland, kann Österreich erheblich sein. Wenn das Land hinweg „sublimiert" wird, überhöht wird, bagatellisiert wird, hinweg rationalisiert wird, moralisiert, spintisiert, phantasiert, ausgehöhlt wird, so erledigt sich jede Ostdeutschlandfrage. Im Grunde erledigte sich mit einer solchen Geisteshaltung auch jede Mitteldeutschlandfrage, bis dagegen das Jahrhundertjahr 1989 überwältigend einschritt. Mit jedem Nachdruck bleibt dennoch festzustellen und festzuhalten, daß von den Missionaren des Verfassungspatriotismus jede solche kalte Erledigung beider „nicht mehr offener deutscher Fragen" gerade gewünscht wurde.

Patria heißt Land, Vaterland, Mutterland, das Land der Alten, Land für die Kinder. Patria bezieht sich nur auf Vater, nicht auf Recht, nicht auf Verfassung, nicht auf Innenpolitik, nicht auf sanftes, klein dimensioniertes Gefühl. Patria ist Verpflichtung, nicht der Versuch zu möglichst unauffälliger wohlklingender Entlassung aus der Verpflichtung. Patria, pater zu verfälschen, um sich heraus zu stehlen, ist schon öfter vorgekommen: So z.B. „Legio patria nostra" für bezeichnenderweise die Fremdenlegion! „Constitutio patria nostra" ist viel schöner gedacht. Es ist im Grunde aber weder richtiger noch empfehlenswerter. Es ist ein aliud, ein zwar geheiligtes, aber ein Surrogat, ein Ersatz, ein Talmi, ein moralisches Placebo.

2.322

Als Beispiele für Verfassungspatriotismus werden die Gesellschaften der Schweiz einerseits, der Vereinigten Staaten andererseits angeführt. Beides sind keine „Völker", keine Nationalstaaten, sondern Willensnationen, Staatsnationen. Schon deshalb besagen beide Beispiele für den Normalfall der Nation wenig. Weitere Beispiele konnte aber auch Dolf Sternberger nicht finden. Entscheidend aber ist, daß beide Beispiele unzutreffend sind:

Bis 1874 z.B. hatte die Schweiz nur 7 Verfassungen in 76 Jahren erlassen und bis einschließlich eines Bürgerkrieges widerrufen. Bis 1874 war also faktisch Verfassungspatriotismus unmöglich: Wobei die Schweiz bis dahin aber bereits seit 1315 nur 569 Jahre, seit 1499 immerhin schon 375 Jahre existiert hatte. Die Patria war in Wirklichkeit die Kantonsheimat.

Die USA z.B. haben nicht eine, sondern zwei Verfassungen: 15.11.1777 / 1781 … 17.9.1787 / 21.6.1788 Ferner sind zwischen dem 25.9.1789 /1791 bis 1951 in nur 22 Amendments wichtigste Bestandteile völlig verändert worden.

Frankreich z.B. ist ein ausgesprochenes Negativbeispiel für jeglichen Verfassungspatriotismus. Allein zwischen dem 3.9.1791 und dem 16.6.1875 hat Frankreich nur 12 Verfassungen erlassen und abgelegt.

Selbst Sokrates als angebliches Beispiel ist unzutreffend. Athen hatte gar keine Verfassung im Sinne des GG. Sokrates blieb zu allererst sich selbst, dann erst dem Gesetz treu. Eine Verfassung, z.B. die Gesetzgebung des Drakon, hat er als „Vater", als „Vaterland" nicht verehrt.

2.323

Das Grundgesetz für die Bundesrepublik Deutschland als Gegenstand des Verfassungspatriotismus steht in einer Reihe mit dem preußischen Allgemeinen Landrecht, der Verfassung von Württemberg, der Paulskirchenverfassung, der Bismarck-Verfassung, der Weimarer Verfassung. Es ist zufolge Bekenntnis und Nachfolge von Grundrechten, Menschenrechten höchster Ehren wert. Jegliche Lobpreisung soll willkommen sein. Entweder aber ist mit der Preisung gemeint die Erhöhung des Grundgesetzes. Sie ist gerechtfertigt und soll willkommen sein. Oder es ist gleichzeitig gemeint die Abwertung der wirklichen Patria, des Landes. Diese Ablenkung ist verfehlt, falsch, irrig, abzulehnen. Wer solchen abirrenden „Patriotismus" als Isolation vertritt, der handelt entgegen dem Grundgesetz, dem Wortlaut, erst recht dem Geist. Gemäß Artikel 146 alte Form beendete das Grundgesetz sich selbst: Wo bliebe denn dann der „Verfassungspatriotismus"?

Er handelte entgegen der Verpflichtung Mitteldeutschland, das zwar spurenweise im GG noch vorkommt, aber durch noch so schöne Texte 1990 nicht wiedervereinigt worden wäre.

Er handelt entgegen der Verpflichtung Ostdeutschland, das zwar unter Reichsgebiet 1937 noch vorkommt, aber im Buchstaben in Liquidation erscheinen kann.

Er handelt entgegen der Verpflichtung Sudetenland, das zwar nach wie vor Reichsgebiet ist, aber nicht nach dem Stande von 1937.

Wer nur für den Verfassungspatriotismus eintritt, entwürdigt das GG und damit sich selbst: Er handelt für den größtmöglichen Wohlstand der kleinstmöglichen Zahl Deutscher, der „Multikulturellen", der Organisierten, der Angepassten. Er beschränkt sich auf Schuldbewältigung, Schuldanerkenntnis, Verwahrung, Wiedergutmachung, Aufarbeitung, Egoismus, Selbstgenügsamkeit. Da ein solcher Verfassungspatriotismus das GG logisch auf 1949 und die folgenden Jahre beschränkt, nimmt er – zufolge äußeren Zwanges – 1000 Jahre deutscher Patriageschichte nicht zur Kenntnis. Er ist in der Gefahr, das geistig-historische Leben auf 40 Jahre Jetztzeit zu verengen. Diese Art von Patriotismus mag jeden Tag Tradition, Charisma, Prinzipien neu erwerben können. Er verzichtet aber willentlich auf ein Vielfaches. Er reduziert den Staat zu einer nur Rechtsgemeinschaft, während aus der Pflichtengemeinschaft so weit als möglich der Austritt versucht wird. Dieser Patriotismus kann zwar ein „Pietätsverband" werden; z.Zt. aber noch kaum sein. Er deutet die Geschichte auf bloße Gegenwart um. Damit verlöre die Geschichte ihre Orientierungs- und Sinnstiftungsfunktion. Im Ergebnis würde die Verfassung, das Grundgesetz herabgewürdigt zur Instrumentalisierung geistiger Beschränkung unter dem Vorbringen der Erhöhung.

2.324

Patriotismus (vgl. von Weizsäcker in Heidelberg) hat immer eine Patria, ein Bewußtsein des eigenen Stand o r t e s. Er umfaßt Landschaft, Sprachgemeinschaft, Reich. Patriotismus, der sich der Verfassung allein verpflichtet fühlt, taugt nicht dazu, die Massen zu begeistern. Entgegen von Weizsäcker hat Patriotismus keinesfalls „weit ältere Wurzeln als die Nation". Alle Völker sind langsam, in vielen Jahrhunderten entstanden; das deutsche Volk z.B. ab 843, 911 n.Chr. Der Patriotismus folgte der Patria. „Diese Verfassung ist ein wirkliches Grundgesetz" (aaO). Niemand braucht es mehr, fast niemand kann es mehr bezweifeln. „Auf diese Weise gewann die Verbindung des Gedankens der Verfassung mit dem Gedanken des Patriotismus die Selbstverständlichkeit einer Wahrheit" (aaO). Es ist nicht erforderlich, es zu bestätigen oder zu bezweifeln, denn es sagt nichts darüber, daß prinzipal und primär Patriotismus der Patria gilt und nicht der Verfassung, daß Patriotismus dem Volk dieser Patria gilt, dann erst der Verfassung dieses Volkes gelten kann. Das Volk sowohl als auch die Patria kommen logisch, moralisch und geschichtlich v o r der Verfassung.

Jede Verfassung, auch das Grundgesetz ist in Andeutungen Moral, Sitte und Ethik – in der Form der Grundrechte und Menschenrechte. Jede Verfassung ist aber auch, und zwar unabänderlich im Hauptteil, eine Verfassungs o r d n u n g ..., in Rechtsform genormte menschliche Gemeinschaft. Wie soll dann eine Verfahrensordnung den „Patriotismus",-allein, die Patria ausschließend! – begründen? Patriotismus „dient auch nicht dem Zweck, uns in gute und schlechte Patrioten auseinander zu sortieren" (aaO). Weil dies zwingend und richtig ist: Was soll dann Dolf Sternbergers bewegender Aufruf an d i e „Freunde des Grundgesetzes"?

Auch wer die zielbewußt erkennbare Denkfigur des „Verfassungspatriotismus" für eine vorgeschobene, insofern auch für eine zur Verfälschung möglicherweise gedachte und geeignete, das heißt für eine schärfstens abzulehnende Zwecktheorie gegen die Vaterlandsliebe hält, kann und wird ein Freund des Grundgesetzes für die Bundesrepublik Deutschland sein.

Zum Patriotismus gehören (von Weizsäcker aaO): Kultur, Mitbeteiligung Lebensweise, zu Hause sein, Sprache, Aufgabe, Geborgenheit, Zusammengehörigkeit von Menschen mit „gemeinsamer Geschichte", „Herkunft", Zukunft und mit gemeinsamer G e o g r a p h i e . Das alles ist aber viel mehr als das Grundgesetz. So bleibt am Schluß die patria, das Land, das Heimatland, Deutschland.

Nachdem auf deutscher Ebene sich die Lehre des Verfassungspatriotismus erledigt hat, wird versucht, nunmehr auf europäischer Ebene – aber nur für Deutschland – entsprechende Theorien zu entwickeln. Der Versuch ist zwiespältig. Immerhin wird das Problem weiter bestehen. Immer neue Untersuchungen belegen es. (Vgl.: G. E. Rusconi: „Italien, aber wo liegt es? Auch im Süden ist unklar, ob Verfassungspatriotismus ausreicht!" vgl FAZ vom 14.2.1991).

2.41
„Itio in partes"

2.411
Wenn von Deutschland, vom deutschen Staat, vom deutschen Volk notwendigerweise immer wieder die Rede sein muß, bei Deutschen wie erst recht bei Gegnern, so ist hier für die Frage nach Ostdeutschland keine wissenschaftliche Definition erforderlich. Sie ist grundlegend bereits in reichlichem Maß geliefert worden. (So z.B. von Günter Decker, Kurt Rabl, Theodor Veiter; vergleiche selbst Stalin) Anm.: Selbst zu einer Zeit wie der unbegründet euphorischen heutigen, in der die bloße Nennung zweifelsfrei rechtlich deutscher Gebiete, wie Ostdeutschland, Sudetenland, Südtirol, Österreich als „ewiggestrig", als „rechtsextrem", als „faschistoid" gilt, selbst in einer solchen höchst einseitigen, ja deutsch-masochistischen Zeit weiß bei minimaler Allgemeinbildung prima vista noch jeder wenigstens, was das ist, das „deutsche" Volk.

Dies gilt selbst dann, wenn und obwohl unklar ist und unklar bleibt, was „Deutschland", was die Gesamtheit, was vom deutschen Volk her gesehen territorial „das Ganze" sei bzw. zu sein habe. Vorgeblich war dies bis 1989 sogar nur „die BRD"? Dabei war sie nur eine Notgeburt Fremder Hoher Gewalt, aus Ungenügen und schließlich Resignation. Dann sollte dies ebenso vorgeblich die „DeDeÄr" sein? In Wirklichkeit war sie mit Goethe „eine Spottgeburt aus Dreck und Ideologie". Vorgeblich soll es schließlich seit 1990 nach der sogenannten „Wiedervereinigung" das neue „Vier-Zonen-Deutschland" sein. Und ist doch nur ein besatzungsrechtlich kraft Erpressung begrenztes Restgebiet, ein Teil Deutschlands. Keines davon ist das Ganze; keines ist Gesamtdeutschland. Anm.: So beispielsweise Günter Decker: Das Selbstbestimmungsrecht der Nationen; Göttingen 1955. Kurt Rabl: Das Selbstbestimmungsrecht der Völker; München 1963.

2.412
Das Ergebnis ist 1990 ein Entsprechendes wie 1918 und 1871. Deutschland als ein Ganzes sei zu anstrengend, sei zu groß, sei zu mächtig, sei zu dynamisch, sei in Allem zu … Jede Lösung „der deutschen Frage" konnte dann in zweierlei Richtung geschehen:

Entweder in der Richtung des Rechts und der Gerechtigkeit; nach dem Selbstbestimmungsrecht des deutschen Volkes. Dies ist dummer- und verbrecherischerweise 1918 in Versailles und Saint Germain vertan worden!

Oder aber dann in der Richtung der Aufteilung, im „divide et impera" als Abhilfe. Diese Richtung ist seit Jahrhunderten immer erneut zu praktizieren gesucht worden; sei es, daß sie sich endogen angeboten hatte, sei es, daß sie exogen aufgezwungen worden wäre:

So nur beispielsweise zwischen Armin und Marbod, Hohenstaufen und Welfen, Katholiken und Protestanten, Österreich und Preußen, Reich und Separatisten. „BRD" und „DeDeÄr". Eine solche „itio in partes" mochte im Regensburger Reichstag bis 1803 noch als legitim und weniger folgenträchtig erscheinen. Seit 1815, erst recht ab 1866, 1871, 1918, 1945 bezeichnet sie die Wahl zwischen dem deutschen Rechtsstaat einerseits und im Extrem Hochverrat und Landesverrat andererseits. Dabei mögen im Zusammenhang überaus wohlklingende Ziele vertreten werden: Bis hin zum zielbewußten Versuch der Schaffung der „scheußlichen Mißgeburt" einer separaten „Sozialistischen deutschen Nation".

2.2413

Die Aufteilung Deutschlands in irgendwelche Volksteile, staatliche Abtrennungen, Separationen, waren daher schon seit sehr langem eine bequeme gegnerische Devise: Schon Ludwig XIV schuf einen Rheinbund. Schon Napoleon I schuf einen Rheinbund. Schon Clemenceau, Poincaré, Foch suchten Separationsstaaten am Rhein zu gründen. Noch ein Präsident der Vereinigten Staaten von Amerika, F. D. Roosevelt, wünschte schon vor der ersten großen Kriegskonferenz von Teheran am 14.3.1943, „daß wir die separatistischen Neigungen und Ambitionen, die in Deutschland entstehen würden, ermutigen und schließlich einer Teilung zustimmen, die der deutschen öffentlichen Meinung entspreche" (sic). Anm.: G. Rhode/W. Wagner: Quellen zur Entstehung der Oder-Neiße-Linie. Stuttgart 1959.

Angesichts dieser Vorgeschichte der Rechtslage und Verfassungslage zwischen Deutschland und dem deutschen Volk als Ganzem und und einzelnen willkürlichen Volksteilen des deutschen Volkes bleibt nunmehr die unumgängliche Grundfrage, w e r die Frage nach dem Selbstbestimmungsrecht zu entscheiden hat: Entweder beliebige willkürliche Volksteile? Oder Separatisten mit Hilfe Fremder Hoher Gewalt? Oder das deutsche Volk für Deutschland in Demokratie und im Selbstbstimmungsrecht als Urteil der Mehrheit, sei es in Übereinstimmung mit dem regionalen Volksteil als „Minderheit."

2.42

These: Entweder: Selbstbestimmungsrechts-Entscheidung durch den Volksteil allein:

Ohne Berücksichtigung der (Rechtmäßigkeit oder) Rechtswidrigkeit der Faktizität der (zur Zeit bestehenden) Teilung. Das letzte Grundprinzip der Demokratie ist die Endgültigkeit der Entscheidung der Mehrheit.- Theoretisch wird niemand – schon um der Öffentlichkeitswirkung willen – dieses Grundprizip in Frage stellen. Wer dennoch praktisch nicht bereit ist, das dann zu erwartende, ggf. zu befürchtende Entscheidungsergebnis hinzunehmen, kann und wird auf zwei Wegen versuchen, unter scheinbarer Befolgung des so bejahten Prinzips, es in sein Gegenteil zu verkehren: Einerseits die Mehrheit zwar formal am Ende noch akklamieren zu lassen in vorgeblich geheimer oder sogar schon offener Befragung: Aber alles nach Manipulation durch Verweigerung jeglicher Wahl mangels Auswahlzulässigkeit. Dies ist der kommunistische Weg. Er ist hier nicht weiter relevant.

Andererseits die „Mehrheit" zwar förmlich, ehrlich, demokratisch irgendwie „entscheiden" zu lassen: Aber den Rahmen der vorgeblichen Mehrheit so zu manipulieren, herauszuschneiden aus der Gesamtheit, daß das gewünschte Entscheidungsergebnis wahrscheinlicher wird. Im deutschen Falle heißt das, willkürliche Teile aus dem deutschen Volksboden herauszuschneiden, sei es (n u r historische Beispiele: Nicht Fälle, wo selbst dieses rechtswidrige Verfahren schon zuviel an Gerechtigkeit hätte befürchten lassen!) durch Abtrennung und Befragung: Masuren und Teile von Westpreußen, Oberschlesien, nur Teile, das Industriegebiet, Ödenburg, nur die Hauptstadt des Burgenlandes, nicht Umland, Südkärnten, Eupen – St. Vith (Malmedy nicht gemeint: Wallonisch!), Tondern (Nordschleswig nicht gemeint: Dänisch!), Diese Art von Verfahren war lobenswerterweise wenigstens der Praxiswunsch von Lloyd George.

Sei es durch Verweigerung der Durchführung des demokratisch beschlossenen und rechtlich bereits vollzogenen Anschlusses: Österreich, Sudetenland. Dies war die Praxis Clemenceau, Poincaré, Masaryk.

Sei es durch Besetzung, Teilung, Niederhaltung entgegen demokratischen Wahlen, selbst unter Waffengewalt: Dies war die Praxis Stalin, Breschnew, Ulbricht, Honecker bis 1989.

Diese Praxisformen alle, die „Entscheidungen" herbeiführten ohne und gegen den Willen der Gesamtheit des zutiefst betroffenen deutschen Gesamtvolkes, die Entscheidung allein dem willkürlich herausgeschnittenen Volksteil zu manipulieren, ist demokratisch kaum zu vertreten. Dies gilt selbst dann, wenn förmlich wenigstens noch eine Befragung erfolgte: Sei sie selbst noch in formaler Ordnung erfolgt, oder aber erst recht, wenn diese sogar noch verfälscht wurde, wie in Oberschlesien durch Insurrektion, in Ödenburg, in Eupen-St. Vith durch Eintragungsschwindel. Sei es schließlich o h n e Befragung erfolgt, – weder des Volksteiles noch des Gesamtvolkes – um konkludent, durch Gewöhnung, durch Resignation, durch sich Abfinden als endliche Entscheidung fingiert zu werden: so im XIX. Jahrhundert Luxemburg, Liechtenstein; so im XX. Jahrhundert, erst mit Elsaß-Lothringen, dann mit der von den Besatzungsmächten, der Kp und Wenigen frisch erfundenen neuen „Nation Österreich", schließlich mit „dem Volk" der „DDR" und Ostberlin.

Die vielen Interessenten an solchen Ergebnissen werden immer solches Verfahren und so herbeigeführte Ergebnisse und Entscheidungen mit oder gar ohne allzu schlechtes Gewissen zu vertreten befähigt und bereit sein. Demokratisch sind solche Verfahren und dementsprechend die Ergebnisse o h n e Befragung beider Betroffener, des Volksteiles und gleichzeitig und übereinstimmend der Volksgesamtheit, in keiner Weise.

2.43
Antithese: O d e r Entscheidung über das Selbstbestimmungsrecht durch den Volksteil allein: Zufolge demokratisch beurteilt Rechtswidrigkeit der Faktizität der Zusammenfügung?

Gänzlich anders ist die Lage, wenn eine Faktizität der Zusammenfügung erzwungen worden sein sollte ohne demokratische Zustimmung, das heißt rechtswidrig. Dann wäre es evtl. nur folgerichtig, daß der „gezwungene" Bevölkerungsteil allein und endgültig sollte entscheiden können, sei es auch gegen den Willen der Gesamtheit des Volkes oder der Bevölkerung des Staates. Nur sind alle hierfür vorzutragenden Beispiele an deutschen Bezugsfällen Widersprüche in sich selbst:

Österreich 1 1. März 1 9 3 8: Nur war Österreich nicht frei und nicht demokratisch von 1918 bis 1920 zu diesem Datum 1938 gekommen. Es war gewaltsam am Anschluß gehindert worden.

Sudetenland September 1938: Nur war das Sudetenland noch prononcierter als sein Stammland Österreich 1918 rechtswidrig mit Waffengewalt gezwungen worden, gegen seinen Willen tschechisch zu werden. Eine gesamte Volksabstimmung des tschechischen Volkes über Verbleib oder Ausscheiden der Sudetendeutschen kam überhaupt nicht in Frage, da es keine „Gesamtheit" Ceski geben konnte.

Memelland März 1939: Nur war das Memelland rechtswidrig litauisch geworden. Eine gesamte Volksabstimmung des litauischen Volkes über Verbleib oder Ausscheiden der Memelländer kam überhaupt nicht in Frage, da es keine „Gesamtheit" Nemunasland geben konnte.

Freie Stadt Danzig September 1939: Nur war 1920 Danzig entgegen seinem Selbstbestimmungsrecht ausgegliedert und „verselbständigt" worden.

Alle diese Beispiele sind keine Argumente dafür, daß irgend ein deutscher Volksteil sollte „demokratisch konsequent" alleine über seine staatliche Zugehörigkeit entscheiden können oder gar müssen.

2.44

Synthese: Entscheidung durch das Gesamtvolk und durch den betroffenen Volksteil in Übereinstimmung: Zufolge demokratisch beurteilt Rechtmäßigkeit der Faktizität ...

Deutsches Reich 1871 – 1933, ab der ersten Reichstagswahl; DeutschÖsterreich 1918 – 1920, ab dem Anschluß bis Saint Germain; Saargebiet in Deutschland 1935; Saarland in Deutschland 1955.

Nach faktischer gewaltsamer rechtswidriger Trennung entgegen dem Selbstbestimmungsrecht konnte die Zusammenfügung jederzeit erfolgen durch Übereinstimmung: die Bundesrepublik pro Zusammenfügung in Volksabstimmung bzw. Wahlen, die „DDR" pro Zusammenfügung in Wahlen bzw. Volksabstimmung. Nach der faktischen gewaltsamen rechtswidrigen Trennung entgegen dem Selbstbestimmungsrecht könnte die r e c h t l i c h e deutsche Trennung nur erfolgen durch die Bundesrepublik in Volksabstimmung und übereinstimmend die „DDR" in Volksabstimmung, beide p r o Trennung. Die Trennung hätte also rechtlich nur erfolgen können durch die demokratische gleiche Entscheidung der Volksgesamtheit und jedes der beiden Teile in Übereinstimmung für die vorgeblich gewünschte endgültige Trennung. Dieser theoretische Fall ist erledigt spätestens mit dem 3. Oktober 1990.

2.45

Folgerungen aus der Notwendigkeit gleichlautender Selbstbestimmungsrechts-Entscheide durch das Gesamtvolk und durch die Volksteile für die Teile Deutschlands.

Wie dargelegt gilt diese Notwendigkeit sowohl für Fälle der Aufnahme in den deutschen Staatsverband wie für Fälle der Entlassung von deutschen Volksteilen. Sie gilt insbesondere, wenn ein Volksteil sich dismembrieren wollen sollte.

Parallelbeispiele finden sich in aller Welt.

China: Zwar gilt die uralte chinesische Weisheit: „Lang getrennt gehen wir zusammen. Lang vereint trennen wir uns leicht". Bezüglich Taiwan ist die Volksrepublik China aber adamant entschlossen, nichts ohne oder gegen das Gesamtvolk geschehen zu lassen.

Frankreich: Als das 2. Kaiserreich Frankreich sich französisch Savoie und Nice vom italienischen Königreich Savoia abtreten ließ, fanden Volksabstimmungen sowohl in Gesamtfrankreich als auch in den einzugliedernden Gebieten statt, die alle gleichermaßen zustimmten: Ein Fall von in jeder Hinsicht einwandfreiem Verfahren.

Das deutsche Gesamtvolk umfaßt mindestens und logisch unbestreitbar die Volksgebiete sowohl der ehemaligen „DDR" als auch die der Bundesrepublik als auch weitere Gebiete. Die zielbewußte Streichung sowohl der Präambel als auch von Artikel 23 des Grundgesetzes sind hierzu ohne Rechtsbedeutung.

„DDR": Danach könnte die undeutsche undemokratische „Republik" „DDR" ihre Bevölkerung gar nicht mit konstitutiver Wirkung haben beschließen lassen: „W i r in der DDR beschließen ..." Es sei denn Gleiches hätte mit gleicher Zustimmung in der Bundesrepublik einschließlich des Bundeslandes Westberlin als auch in Ostberlin beschlossen werden müssen. Erst dann erfolgte der marxistische Umschlag „von der Quantität in die Qualität". Einen solchen konnte die „DDR" aber niemals wagen, geschehen zu lassen.

Österreich: Österreich ist seit 1919 niemals, weder 1920 noch 1945 zu seiner staatlichen Separation befragt worden. Die Entscheidung durch Volksabstimmung – und zwar ausdrücklich über die wissentliche und willentliche Abtrennung vom deutschen Gesamtvolk nach einem Jahrtausend der Zugehörigkeit – steht für den österreichischen Volksteil wie für das Gesamtvolk nach wie vor aus und steht offen. Es geht nicht nur um die Separation des Landes Österreich vom Deutschen Reich.

Südtirol: Das deutsche und das ladinische Volk in Südtirol ist weder 1920 noch 1945 jemals nach seinem Wunsch befragt worden. Dabei ist völlig Entgegengesetztes anzunehmen: Die Bundesrepublik Deutschland weiß weder ob sie etwas wollen soll noch ob sie etwas will. Sie muß es aber um der Menschenrechte und um des Selbstbestimmungsrechtes willen lernen. Entsprechendes gilt erstaunlicherweise – ungeachtet des Pariser Vertragswerkes – für Österreich. Südtirol dagegen weiß, daß es sich bewahren will. Es fordert die Mitverantwortung Österreichs und diejenige Deutschlands. Südtirol fordert seinen Mitentscheid und will keinen Octroi mehr hinnehmen. Die italienische Verzögerungspolitik dauert bereits viel zu lange.

Elsaß-Lothringen: Die Bevölkerung ist 1871 ebenso wie 1914 wie 1918 wie 1940 wie 1945 niemals in einer Volksabstimmung nach ihrer Meinung und ihren Wünschen befragt worden. In der Weimarer Zeit war das deutsche Volk noch nicht bereit, die französische Sprachpolitik, die in Prozessen kulminierte, fraglos hinzunehmen (Bünde, Bestrebungen, Elsaß-Lothringen Atlas). Heute hat das deutsche Volk völlig resigniert. Seit 1945 wie heute weiß die Bevölkerung von Elsaß – Lothringen, daß sie allein gelassen wird: Aus Höflichkeit, aus Feigheit, ohne Wahrung der Menschenrechte. Die Bevölkerung allein versucht immer erneut Sprachenfragen anzuregen. Auch ohne jegliche deutsche Unterstützung, zu der an sich die Wahrung der von Frankreich unterschriebenen wie garantierten Menschenrechte zwingen würde. Das deutsche Volk hat im Falle Elsaß-Lothringen durch lupenreines Nichtstun das Selbstbestimmungsrecht verwirkt. Ein bezeichnender Fall vollendeter Timidität, der einmalig sein dürfte.

2.46
K e i n e Zulässigkeit von isolierten Selbstbestimmungsrechts-Entscheidungen von deutschen Volksteilen ohne oder gegen das deutsche Gesamtvolk (Praktische Fälle).

Österreich: Wie dargelegt steht es isoliert der Bevölkerung Österreichs nicht zu, sich allein gegen Deutschland zu entscheiden. Vorgebliche isolierte konkludente „Volksentscheidungen", zum Beispiel durch Wahlen zum Parlament, sind für diese Entscheidungsfrage mangels der zwingenden Fragestellung ohne Erheblichkeit.

Vorarlberg: Ebenso wenig stünde es isoliert der Bevölkerung Vorarlbergs nicht zu, sich gegen Österreich und damit gegen Deutschland entscheiden zu wollen, wie dies 1920 zeitweilig propagiert worden war.

Separatisten: Ebenso stand es den Separatisten am Rhein nach dem ersten Weltkrieg nicht zu, sich gegen Deutschland für französische Duodezgebiete zu entscheiden. Dies war Hochverrat und Landesverrat.

Saar: Weder als Saargebiet 1920 bis 1935 noch als Saarland 1945 bis 1955 stand es isoliert der Bevölkerung an der Saar zu, sich gegen Deutschland zu entscheiden. Danach bleibt auch die Politik der Bundesregierung mit dem Scheinziel der „Europäisierung" zu würdigen.

Die abgehaltene Volksabstimmung 1955 mit dem erkennbaren Pseudoziel war entgegen dem Selbstbestimmungsrecht. Adenauer könnte ihr zugestimmt haben, in der zutreffenden Einschätzung, daß der Plan scheitern werde und den Weg frei machen werde.

Bayern: Das Unternehmen einer „Freiheitsaktion Bayern" 1945 dürfte über Phantasien nicht hinaus gegangen sein. 1949 stand es dem Freistaat Bayern nicht zu, sich isoliert gegen Deutschland entscheiden zu wollen. Danach hat sogar die US-amerikanische Militärregierung gehandelt, indem sie Artikel 178 der Verfassung von Bayern vom 2.12.1946 zwangsweise als Bayern nicht berechtigend sondern verpflichtend auslegte. Dementsprechend brauchte auch deshalb die Nichtzustimmung des bayerischen Landtages zum Grundgesetz für die Bundesrepublik Deutschland nicht prohibitiv beachtet zu werden. Artikel 99 Satz 2 der Bayerischen Verfassung ist überholt, ... grundgesetzwidrig, daher obsolet und nichtig. Bayern steht noch nicht unter der Garantie des Völkerrechtes, sondern – wenigstens theoretisch – unter der Forderung nach Artikel 29 des Grundgesetzes zur Neugliederung des Bundesgebietes. Was natürlich um Gottes willen niemand je ernsthaft gewollt hat.

Mützenich: 1946 wollten vergeblich die Einwohner der Gemeinde Mützenich, (Kreis Monschau, Reg. Bez. Aachen, 1087 Einwohner 17.5.1939) „zu ihrem Wald"! Dieser Mützenicher Wald war seit 1920 mit Eupen-Malmedy an Belgien abgetreten worden. Ein solches Recht steht einer solchen Bevölkerung nicht zu.

Büsingen: Der Bevölkerung der Exklave Büsingen (Kreis Konstanz, Reg. Bez. Freiburg i.B., 956 Einwohner 17.5.1939) stand ein Separationsrecht hin zur Schweiz auch bei Kriegsende nicht zu.

„DDR": Wie dargelegt stünde es isoliert der Bevölkerung in der „DDR" bzw in Ostberlin nicht zu, sich allein gegen Deutschland zu entscheiden. Vorgebliche konkludente Entscheidungen vor wie nach dem 9.11.1989 sind belanglos. Entgegen liberalistischem westlichen Gerede wären solche Separationsentscheidungen keinesfalls „zu akzeptieren" gewesen.

Berlin (West): Ebenso stand es isoliert der Bevölkerung von Berlin (West) nicht zu, sich separieren zu wollen. Nur dies entsprach auch Artikel 23 und 144 Abs. (2) des Grundgesetzes gemäß Entscheidungen des Bundesverfassungsgerichtes in Verbindung mit Nr. 4 des Genehmigungsschreibens der Militärgouverneure. Weder die Bundesrepublik Deutschland noch Berlin (West) waren danach in der Lage, entgegen den Menschenrechten und dem Selbstbestimmungsrecht einer „Freien Stadt Westberlin" zuzustimmen.

2.47

Das Selbstbestimmungsrecht deutscher Volksteile einerseits und Souveränität und Nichteinmischung in vorgeblich „innere Angelegenheiten" fremder Staaten andererseits.

Das Selbstbestimmungsrecht steht ganzen Nationen, ganzen Völkern ohne Zweifel zu. Auf wissenschaftliche Einzelheiten kommt hier nichts an. Das Selbstbestimmungsrecht steht aber auch kleineren Völkerschaften, Gemeinschaften, auch abgetrennten Teilen von Nationen, Völkern zu. Es ist eine bequeme Scheinargumentation von Interessenten, daß deutschen Volksteilen dann kein Selbstbestimmungsrecht zustehen könne, in Fällen, wenn dieses Recht die Souveränität fremder Staaten zu verletzen geeignet sei, seiner Natur nach zu einer „unzulässigen Einmischung in innere Angelegenheiten" fremder Staaten führen müsse, „gesicherte Grenzen" zu beeinträchtigen geeignet sei.

Es ist unbestreitbar zutreffend, daß das Internationale Recht das Recht zwischen souveränen Staaten darstellt. Entgegen seinem deutschen, insoweit unscharfen Namen – Völkerrecht – ist das Internationale Recht seinem herkömmlichen Grundprizip nach gerade kein Recht zwischen Völkern. Es war und bleibt zwischenstaatliches Recht. Insoweit sind Rechtsfiguren wie die Souveränität der Staaten bzw. die Nichteinmischung in innere Angelegenheiten schonungswürdig und soweit möglich zu respektieren. Dies ist auch notwendig im Interesse der internationalen Friedensordnung der Welt.

Aber: Das Selbstbestimmungsrecht der Völker ist herangereift ungeachtet des Widerstandes von betroffenen Gegeninteressen bösgläubiger Staaten. Das Selbstbestimmungsrecht ist jünger, ist demokratischer als viele Prinzipien, sogar als alte Normen des herkömmlichen internationalen Rechtes. Das Selbstbestimmungsrecht ist spätestens seit den Kodifikationen der internationalen Pakte über bürgerliche, politische, wirtschaftliche, soziale und kulturelle Rechte vom 16.12.1961; jeweils Artikel 1, ebenfalls allgemeines verbindliches mit Inkrafttreten zwingendes Recht. Das auch Jahrzehnte vorher schon gültige Selbstbestimmungsrecht geht spätestens seitdem dem alten, partiellen, regionalen Recht der jeweiligen „souveränen" Staaten v o r (23.3.1976 bzw. 3.1.1976).

Ebenso verhält es sich mit der Forderung auf strikte Beachtung „innerer Angelegenheiten", auf die sich Unrechtsstaaten wie die „DDR", die Volksrepublik Polen, die Tschechoslowakei vorzugsweise beriefen. Aber auch mit dem Argument „innere Angelegenheiten" dürfen Menschenrechte nicht verletzt werden: Sonst sind sie der geeigneten, abgestuften Intervention zur Wahrung und Wiederherstellung der Menschenrechte fähig und bedürftig. Das seiner Natur nach demokratischste Recht ist das Selbstbestimmungsrecht, ist das Recht auf Selbstregierung, auf Selbstverwaltung, Selbstbestimmung. Es geht dem Abwehranspruch des Verbots der Einmischung in die inneren Angelegenheiten vor.

Vielfach vorkommende eklatante, brutale, unleugbare, ohne jeden Zweifel rechtswidrige Verletzungen diverser Menschenrechte, Vergewaltigungen des Selbstbestimmungsrechtes können n i c h t sakrosankt werden. Sie werden auch nicht dann unberührbar, wenn sie – vom Unrechtsstaat einmal vollendet – als Teil der Souveränität zur inneren Angelegenheit erklärt werden.

Vorliegende vollendete Verletzungen des Selbstbestimmungsrechtes deutscher Volksteile, der Memelländer, Sudetendeutschen, Ostpreußen, Südtiroler, Westpreußen und Danziger, Pommern, Brandenburger, Niederschlesier, Oberschlesier, bleiben internationalrechtlich als Verletzungen des Selbstbestimmungsrechts rechtswidrig trotz Berufung auf Souveränität und innere Angelegenheiten. Nur noch „Ähnliches" gilt für die deutschsprachigen Elsässer und Nord-Lothringer und für Eupen-St. Vith. Darüber hinaus bleibt grundsätzlich zu fragen: Welcher Staat ist heute im Sinne von Bodin noch wirklich „souverän"?

Nur scheinbar schwieriger wird die Fragestellung, wenn es sich nicht (mehr) um Fremdherrschaft über abgetrennte deutsche Volksteile – bis 1939 – sondern um deutsche Gebietsteile handelt, deren Bevölkerung der Einfachheit halber vergewaltigt, ermordet und vertrieben wurde – so seit 1945: Litauische, sowjetrussische, polnische, tschechische, italienische Fremdherrschaft!

 Wenn es sich um 45 Jahre sowjetische Fremdherrschaft in scheinbar „deutscher" regionaler kommunistischer Satellitenregierung handelt: „DDR", Ostberlin bis 1989; wenn es sich wirklich um regionale deutsche Eigenherrschaft handelt: Luxemburg, Liechtenstein, Österreich. Hier bleibt an das zur Entscheidung durch das Gesamtvolk oder aber den Volksteil oben Gesagte zu erinnern.

2.48
Absurdität „souveränen" Selbstbestimmungsrechts fremder Staaten, fremder Völker, von Teilen von fremden Völkern an deutschem Volksboden.

In fast allen Rechtsordnungen der Welt, soweit sie überhaupt bereit sind, den Eigentumsbegriff anzuerkennen, ist gutgläubiger, erst recht mindestens aber bösgläubiger Erwerb von Eigentum an gestohlenem, erst recht an geraubtem Eigentum nicht möglich, rechtswidrig, nichtig. Genau Entsprechendes gilt für den Anspruch der „souveränen" Siegerstaaten, nunmehr nach 1945 ihrerseits für ihr Volk das örtliche Selbstbestimmungsrecht erworben zu haben und ausüben zu können, an bis 1945 ohne Zweifel deutschem Volksboden: Gebiete, die sie zuvor mit Vergewaltigung, Mord, Deportation von vielen Milionen Deutschen geräumt und menschenleer gemacht haben. Keiner dieser Siegerstaaten der Stalinrealitäten des zweiten Weltkrieges hat das „souveräne" Recht, über seine „inneren Angelegenheiten" der fraglichen Gebiete, das Selbstbestimmungsrecht des internationalen Rechtes anrufen und geltend machen zu können: Auf Raub beruhend gibt es k e i n e n Selbstbestimmungsrechtstitel. Auf Raub beruhend gibt es auch für auf dem Raubgebiet geborene Nachkommen der Raubgeneration von 1945 k e i n e n Selbstbestimmungsrechtstitel.

Memelland: Die litauische Republik, auch die freie und unabhängige, kann nicht Selbstbestimmungsrecht geltend machen, so unabdingbar ein Freihafen für Litauen sein mag. Das Selbstbestimmungsrecht der Memelländer geht vor.

Nordostpreußen: Die UdSSR ebenso wie die großrussische Republik kann nicht für die zeitweilige großrussische Ortsbevölkerung des Oblast „Kaliningrad" Rechte geltend machen, weil sie gern einen weiteren eisfreien Ostseehafen in Königsberg behalten möchte. Es handelt sich nur um eine Besatzungszone. Das Selbstbestimmungsrecht der Ostpreußen geht vor.

Danzig! Oder-Neiße-Gebiete: Die Republik Polen kann nicht Selbstbestimmungsrecht für die aus Zentralpolen eingewanderte großpolnische Bevölkerung der Ostgebiete des Deutschen Reiches geltend machen, weil sie ihren Raub von 1945 gerne behalten möchte. Es handelt sich nur um ein Verwaltungsgebiet in der sowjetischen Besatzungszone. Das Selbstbestimmungsrecht der Ostdeutschen und ihrer Nachkommen geht vor.

Sudetenland: Die CR kann nicht Selbstbestimmungsrecht für die eingewanderte zentralböhmische tschechische Bevölkerung des Sudetenlandes geltend machen, weil sie ihren Raub gerne behalten möchte. Das Selbstbestimmungsrecht der Sudetendeutschen und ihrer Nachkommen geht vor.

Kapitel 3

3 Das deutsche Volksgebiet, der Westfälische Frieden, Versailles bzw. Saint Germain, und Potsdam

3.1 Die Tragödie des deutschen Volksbodens

Die Entwicklung des deutschen Volksgebietes in der Neuzeit – im Vergleich zu dem Schicksal der Heimatländer anderer europäischer Völker – gleicht einer Tragödie.

3.11
Die deutsche Sprachgrenze in der Entwicklung seit 843 n.Chr.

Seit etwa 843 n.Chr. waren einerseits das französische Volk, andererseits das deutsche Volk in einer langsamen, mehr bzw. weniger stetigen Entwicklung begriffen. Die wichtigsten Nachbarn des deutschen Volkes folgten in Abständen: im Norden die Dänen, etwa seit Göttrik 808, spätestens seit den Valdemaren 1157, im Südosten erst die Ungarn, ab etwa 896 unter Führung Arpads, 933 Schlacht bei Riade an der Unstrut, 955 Schlacht auf dem Lechfeld bei Augsburg, dann die Tschechen, ab etwa 921, 950, im Osten schließlich die Polen, ab etwa 966, der Annahme des Christentums, im Süden als letzte die Italiener, ab etwa 1200 Übergang von Volkslatein zur lingua volgare.

Für die Jahrhunderte des frühen wie des hohen Mittelalters, hier verkürzt gesagt von etwa 843 bis 1422 – Eide von Verdun bis zum Frieden am Melnosee – ist im Folgenden zu unterscheiden zwischen einerseits den Tausend Schlachten, Gebietswechseln, Herrschaftswechseln, das heißt dem Alltag der Geschichte, und andererseits der grundsätzlichen Unveränderlichkeit der Volksgebiete.

3.111
Im krassen Unterschied zur höchst wechselvollen Entwicklung der Staatsgrenzen hat die französisch-deutsche Sprachgrenze von 843 bis ca 1815 fast völlig unverändert bestanden. Ganz geringfügige Bewegungen, vielleicht bei Delsberg/Delémont in der Schweiz, Rothenburg/Rougemont, Longwy, Arlon/Arel, desgleichen im äußersten Westen Westflanderns, bestätigen nur die Statik des Volksbodens während fast einem Jahrtausend. (Friederike Brion und Johann Wolfgang Goethe dürften nur Deutsch miteinander gesprochen haben.)

3.112
Die dänisch – deutsche Sprachgrenze mag im Mittelalter um wenige Kilometer zwischen Haithabu und Dannewerk im Süden und Harrislee im Norden (höchstens) geschwankt haben. Sie unterlag keinen gewaltsamen Veränderungen.

3.113
Die ungarisch – deutsche Sprachgrenze schloß schon um 900 die Mark Ostarrichi völlig ein. Das heutige Burgenland wurde unter sehr langsamem Rückzug des madjarischen Kleinadels – bei Siedlung bis etwa 1200 – größtenteils deutsches Sprachgebiet. Dies geschah unbeschadet der Fortdauer des Privateigentums etwa der Familie Baumkircher einerseits, der Fürsten Esterhazy, der Grafen Batthyany bzw. Erdödy andererseits.

3.114

Die tschechisch-deutsche Sprachgrenze war über 4 Jahrhunderte bis zum Märtyrertode des justizgemordeten Jan Hus nur wenig prekär, da Böhmen zum Deutschen Reich gehörte. Sie ist erst durch die Hussitenkriege grausam verändert worden (1420 – 1434, 1453) Vgl. Sudetendeutscher Atlas, Blatt 7. Während vorhussitisch z.B. die Altstadt Prag, desgleichen die Kleinseite von Prag, die Städte Kolin, Chrudim, Königgrätz, Mies, Budweis, Deutsch-Brod, Iglau, Brünn, Olmütz, Znaim, Ungarisch Hradisch mehrheitlich deutsche Städte waren, hatten die meisten dann nachhussitisch tschechische Mehrheiten. Während des folgenden halben Jahrtausends von 1453 bis 1618, 1648 – 1918, im Grunde 1938 wie 1945, blieb sie wiederum wenig prekär; so unbefriedigend das wechselseitige Verhältnis beider Völker sich im Zuge des Nationalismus/Parlamentarismus auch entwickeln mochte., insbesondere 1918 – 1938.

3.115

Die italienisch – deutsche Sprachgrenze ist einer gesonderten Untersuchung wert und bedürftig. Als Linie hat sie sich relativ wenig bewegt. (Vgl. z.B. Josef Riedmann, Deutschlands Südgrenze; in „Deutschlands Grenzen in der Geschichte"; herausgegeben von A. Demandt).

3.116

Nach dem Abschluß der deutschen Ostsiedlung bestand die polnisch-deutsche Sprachgrenze in großen Teilen als eine der friedlichsten Grenzen in Europa: sowohl gegenüber Ostpreußen, ab 1231 / 1422 – 1918, das heißt 496 Jahre, als auch gegenüber Niederschlesien, ab 1336 – 1918, das heißt 582 Jahre, als auch gegenüber Ostpommern, von schon 1181 ab, der Rest mit Lauenburg und Bütow ab spätestens 1466, als auch gegenüber Ostbrandenburg, hier aber bereits ab der Zeit der Staufer. Die Grenzlinien blieben trotz Kämpfen unverändert lange im tiefen Frieden.

Nur Westpreußen/Pommerellen war und blieb bis zuletzt eine höchst bezeichnende Ausnahme.

Die grundsätzliche Ausgangslage in Europa unter der Herrschaft des Christentums war im Mittelalter wie geschildert eine solche, daß die Bevölkerung, der jeweilige Volksboden, das Sprachgebiet, – das heißt aber das für die Dauer allein Entscheidende,- unbewußt, oder aber im geistigen Fortschritt bewußt, unwillentlich oder aber entsprechend dem moralischen und geistigen Niveau willentlich, n i c h t angetastet wurden. Die Menschen, wenn auch wirklich hochgeachtet nur als religiöses Individuum, waren immerhin schützenswert und schutzbedürftig. Menschen, als Untertanen, als mögliche Steuerzahler, als mögliche Soldaten, waren eine wertvolle Beigabe des Landes, wenn nicht die beachtenswerteste Potenz. Die Zeiten der Ausrottung, der Dezimierung, der Deportation, der Vertreibung, der „Umsiedlung" im Frieden, aber als Waffe, … – die Zeiten der Assyrer, Babylonier, Hunnen, schließlich Mongolen schienen im immer mehr aufgeklärten Europa endgültig vorbei zu sein.

Dieser moralischen, ethischen, rationalen, rechtlichen Grundüberzeugung hätte es entsprochen, wenn entsprechend den uralten Grundlehren aller Kulturen, aller Völker, aller Zeiten suum quique tribuere neminem laedere jedem des „Seine" gegeben und – nach Herstellung eines gerechten Friedens- und Normalzustandes – gelassen, dann aber niemandem das Seine genommen worden wäre. Diese frommen Bekenntnisse waren und blieben scheinbar naiv. Diese im Grunde streng rechtlichen Aufforderungen blieben idealistische Träume.

In der folgenden Darstellung einer Entwicklungsreihe in Europa sind primär und prinzipal n i c h t die staatlichen Gebietswechsel gemeint, – die ununterbrochen in riesiger Zahl unter sinnlosen Blutopfern Jahrhundert um Jahrhundert passierten! – Erst danach damit verbundene oder erreichte Änderungen der Volksgebiete, der Sprachgebiete, der Volkssubstanz sind entscheidend in dieser ewigen Problematik des blutigen Kampfes und Raubes j e d e s von j e d e m um jeden Preis, gerade und auch im fortschrittlichen Europa.

3.12
Nicht als Völker von Verlusten an Volksboden betroffene europäische Staaten:
   Nicht betroffen sind nur wenige Glückliche: Einzelne Großvölker, wenige Mittelvölker, sogar einzelne Kleinvölker! Erst dieser Vergleich wird dann zeigen, wie sehr das Schicksal – und seine Nachbarn – anders mit dem deutschen Volke verfahren sind.

3.121
Island, seit 874 besiedelt, kommt zwar 1262/1264 unter Norwegen, erhält erst 1903 Selbstregierung, bleibt aber eigentlich in seiner Substanz unberührt.

3.122
England, in glücklicher Insellage, erlebt seit 1066 keine ernsthafte feindliche Invasion mehr. Nur durch eigene Aggression gegenüber Frankreich, Schottland, Wales, Irland wird es immer wieder in Problemgebiete hineingezogen. Die Briten in Cornwall sind heute integriert. Die Waliser sind heute befriedet. Die Schotten bleiben uniiert, ungeachtet von Autonomiebewegungen. Die Nordiren, soweit sie Protestanten sind, Nachfahren von Kolonisten sind, möchten integriert bleiben. Der Ausgang bleibt fraglich angesichts des Freiheitswillens des ungeteilten irischen Volkes.

3.123
Spanien entringt sich 1492 scheinbar der letzten endogenen Bedrohung. Obwohl fraglich sein kann, ob die Katalanen, die Galicier – mit selbständiger Sprache, in Aragon bzw. in Asturien mit einer selbständigen Geschichte, – geborene Spanier, „Kastilier" sind bzw. sein bzw. bleiben wollen,. dürfte dies Phänomen föderalistisch lösbar sein. Es tangiert die verschiedenen Volksgebiete zur Zeit nicht. Die Basken dagegen, in Sprache, Kultur, in der Geschichte (mit Navarra) eigenständig, bleiben als fortdauernde Aufgabe des Königreiches problematisch. Doch betrifft dies ein eigenständiges Volk, nicht das der Hochsprache „Castellano".

3.124
Portugal, in der Volkssubstanz unversehrt, brauchte einige Jahrhunderte, 1013 – 1640, bis es seine Unabhängigkeit errungen und dann bewahrt hatte. Heute ist dieses stolze Volk fraglos respektiert.

3.125
Italien ist seit 1866 im Grunde geeint und italienischer Volksboden fast nicht beeinträchtigt; wenn überhaupt, so nur am Rande betroffen: Die Malteser sind ein selbständiges Volk geworden. Lybien ist bloße koloniale Vergangenheit. Istrien, das Isonzotal sind nur von untergeordneter Bedeutung und weitgehend slawisch. Triest ist zurückgekehrt. Die Südtiroler sind und werden keine Italiener. Südtirol unterliegt aber auch nicht der Forderung auf „Italianita". Das Ticino dürfte über sich selbst entschieden haben; ohne jeden Zwang. Nice (Nizza) war schon fraglich, als es 1859 abgetreten worden ist. Corse (Corsika) mag über

114

sich selber bestimmen. Es wird sich zu zeigen haben, ob es hierher gehört oder verlorener italienischer Volksboden ist und bleibt.

3.126
Dänemark, seit 1864 nicht mehr tangiert, wird nach 1918 abgerundet und 1945 nur bestätigt. Der Verlust in Südschweden ist nur noch Geschichte.

3.127
Schweden und Norwegen sind seit der allgemeinen Befriedung zufolge der Regelung der Unabhängigkeit 1905 saturiert, eigentlich aber seit 1815 ruhig.

3.128
Griechenland in seinem europäischen Bestand ruht in seinen Grenzen der Balkankriege und von Lausanne 24.7.1923. Die Grenze zu Albanien bleibt zu verifizieren. Die anatolischen Massaker sind aber noch nicht lange vorbei.

3.129
Zwischeneuropa dagegen, mit einer Fülle seit 1918 fast nicht mehr veränderter Grenzen und relativ wenig verletzter Volkskörper: Slowenen, Kroaten, Serben, Montenegriner, Albanier, Bulgaren, Rumänen, Slowaken, Tschechen ... wird noch länger seinen Weg nach vorne heraus aus der Erbschaft des realen Sozialismus suchen.

Schwereres gilt leider bis auf Weiteres für die drei baltischen Kleinvölker und für Bosnien.

3.13
V e r l u s t e an V o l k s b o d e n bei den Staatsvölkern anderer europäischer Nationalstaaten.

3.131
Auf Dauer von höchster Bedeutung – weil es sich um Änderungen wirklich in der Volkssubstanz und nicht nur allein um isolierte Abtretung bzw. Inbesitznahme von Staatsgebiet handelt – wird eine Annektion, die verbunden ist mit einem „Entwicklungsprozeß" vorgeblich friedlichen „Fortschritts", die zur „Umvolkung" führt. Es gibt solches viel häufiger, als oberflächlich angenommen wird, obwohl eigentlich nicht überall, nicht gleichmäßig, nicht gleichzeitig, nicht gleich schwer, nicht gleich unbekümmert, nicht gleich unverschämt, nicht unter gleich gravierender Verletzung elementarer Menschenrechte.

3.132
Ab 1071: Byzanz / Türkei: Byzanz über Thessaloniki bis 1453: Für die beginnende Neuzeit scheint dies der Anfang zu sein. Obwohl seitens der islamischen Religion zur Toleranz gegenüber dem Christentum als einer „Religion des Buches" ermutigt, folgen in praxi Jahrhunderte türkischer Politik von Massakern, Vertreibung, Umvolkung; insbesondere Griechen an das türkische Volk verlierend. Vorausgegangen waren Jahrhunderte ähnlicher osmanischer Politik gegenüber einer byzantinisch – orthodoxen – hellenistischen Bevölkerung in Anatolien: Seit der Niederlage von Mantzikert 19.8.1071! Eine der folgenreichsten Katastrophen der europäischen Geschichte. Ab 1923 folgte die neue Türkei ebenso nach: Westanatolien, Ionien, Smyrna/Izmir, erneut mit Massakern, einem sogenannten Bevölkerungsaustausch; Griechen aus der Türkei gegen Türken aus Griechenland: In Wirklichkeit, um

das Hinschlachten der Griechen zu beenden; der erste moderne Fall einer Deportation / Vertreibung, um das so von der Ortsbevölkerung freigeräumte Territorium annektieren zu können. Der einzige, aber wesentliche Unterschied zu 1945 war der, daß das ionische anatolische Festland seit Jahrhunderten schon osmanisches Staatsgebiet gewesen war und 1923 wieder türkisches Gebiet wurde. Es folgte Nordzypern, das von der türkischen Armee entgegen dem Selbstbestimmungsrecht bis zu einer widerrechtlich extensiven „Attila-Linie" besetzt wurde. Auf griechischem Boden wurden Türken mit überproportioniertem Landbesitz ausgestattet.

3.133
Ab 1171: Irland / Groß Britannien: Nachhaltig ab 1597 / 1603 wurde Nordirland als britischer Besitz mit Schotten und Engländern bevölkert. Diese heute noch ununterbrochen blutende Wunde Europas, Irlands und Englands entstand schon vor Jahrhunderten.

3.134
Ab 1658: Dänemark / Schweden: Weil beide Völker so überaus friedliebend geworden sind, wird eine der vermutlich ältesten Umvolkungen in Europa immer übersehen. Ab 1658 gingen die Landschaften Skane, Malmöhus, Kristianstad, Blekinge und Halland vermutlich dem dänischen zugunsten des schwedischen Volkes verloren.

3.135
Ab 1690: Serbien / Albanien: Eine der heute bedeutsamsten Wunden Europas entstand ab 1690 in den vorher serbischen Gebieten Kossovo-Metohija, Kosmet, Prischtina. Das dem serbischen Volk geheiligte Amselfeld, das historische Schlachtfeld von 1389 – die katastrophale, tragische Abwehrschlacht der südslawischen Völker gegen die Türken – geht unaufhaltsam vom serbischen zugunsten des albanischen Volksbodens verloren.

3.136
Ab 1768: Italien / Frankreich: Als die Bank von Genua Korsika 1768 an das Königreich Frankreich verkaufte, war dies mit Sicherheit keine Regelung, die dem heutigen Selbstbestimmungsrecht entsprochen hätte. Die Frage bleibt, ob hier nicht ein italienisches Volkstum – prima vista ein Inselstamm wie Sardinien, Sizilien – zugunsten des französischen Volkes einer Umvolkung unterliegt.

Ab 1859: Es folgte die Abtretung von Nice / Nizza, Haute Savoie. Nachdem Volksabstimmungen in beiden Gebieten und in ganz Frankreich der Einverleibung zustimmten, dürften beide mindestens gemischt gewesen sein: Savoie fast rein, Nice überwiegend französisch.

3.137
Ab 1878 / 1913: Bulgarien / Serbien: Ein besonders instruktiver, im Prinzip vermutlich „geglückter" Fall einer Einverleibung / Umvolkung dürfte „Makedonien" sein. Staatlich gehörten das Gebiet und die Bevölkerung seit etwa 864, der Herrschaft des Zaren Boris, z. gr. T. zu Bulgarien, bis etwa 1878 / 1913; mithin über 1 000 Jahre. Zielbewußt wurde seitens Serbiens nach dem Erwerb des Gebietes erst entnationalisiert, dann ein „eigenes", ein „jugoslawisches", ein „makedonisches" Volk institutionalisiert als Ersatz. Selbst der neue Name „Mazedonien" ist der griechischen Geschichte entlehnt und zweifelsfrei nicht slawisch. Wenigstens aber handelt es sich zur Zeit um keine Fremdherrschaft, sondern um Selbstverwaltung.

3.138

Ab 1913: Albanien / Griechenland: Fraglich könnte sein, ob es sich bei Nordepirus um Südalbanien oder aber um Nordwestgriechenland handelt, ob Albaner an das Griechentum verloren gehen? Angesichts der eigenartigen Mischsubstanz des neugriechischen Volkes wäre dies aber kein singulärer Vorgang.

3.139

Ab 1913: Rumänien / Bulgarien: Mit der Süddobrudscha bleibt ein gerechter Entscheid wohl offen. 1913 kamen Bulgaren an Rumänien und blieben dort 1918. 1945 kamen Rumänen an Bulgarien.

3.1310

Ab 1918: Bulgarien / Griechenland: Mit Trakien kamen zunächst abschließend Bulgaren an Griechenland.

3.1311

Ab 1918: Ungarn: Der – nach Deutschland – zweitschwerste Fall einer gewaltsamen Verkleinerung von Volksgebiet – ohne den Versuch der erträglichen Regelung durch Selbstbestimmung bzw. Selbstverwaltung vorzunehmen – liegt gegenüber Ungarn vor.

Die Szekler in Siebenbürgen, geschätzt auf bis zu 2,7 Millionen Ungarn, kamen an Rumänien. Dort wurden sie einer rigorosen Romanisierungspolitik unterworfen; seit nunmehr 75 Jahren. Zufolge der Eigenart der zu schmalen Landverbindung zwischen Ungarn und Szeklern konnte der Schiedsspruch von Wien zugunsten Ungarns auf Dauer nichts bewirken. Er wurde 1945 rückgängig gemacht. Die „Regiune autonome Maghiara" in Westrumänien dürfte meist nur Alibifunktion haben.

Die „Südslowakei" kam mit Bratislava / Preßburg an die Slowaken.

Die Batschka, die Woiwodina kamen an Jugoslawien, Teilrepublik Serbien, als heute z.T. autonomes Gebiet bzw. vergewaltigtes serbisches Teilgebiet.

3.1312

Ab 1918 bzw. 1945: Italien / Kroatien: Die dalmatinischen Küstenstädte wurden seit der Herrschaft Venedigs z.T. stark italianisiert. Mindestens waren sie seit Jahrhunderten gemischt. Hier ist italienisches Volkstum auch in seinen Resten – wie Fiume, Zara, Lagosta – an Jugoslawien, Teilrepublik Kroatien, verloren gegangen.

3.1313

Ab 1944 / 1945: Finnland / Sowjetunion: Suomi fand ab 1918 mit deutscher Hilfe den Weg in die Freiheit. Mit seinem Kernbestand überstand es den 1. Winterkrieg – 30.11.1939 bis 12.3.1940. Nach dem Frieden von Moskau mußte es Westkarelien mit Viipuri/Wiborg, das Sallergebiet, die Fischer-Halbinsel sowie die Landspitze Hanko abtreten. Nach dem 2. finnisch-sowjetischen Krieg – am 29.8.1941 Rückeroberung von Viipuri – beendeten der Waffenstillstand vom 19.9.1944, der Frieden von Paris vom 10.2.1947 mit grundsätzlich den gleichen Gebietsabtretungen diesen Rückzug von finnischem Volksboden. Der zusätzliche Verlust von Petsamo, der Austausch von Hanko gegen Porkkala kam hinzu. Die Menschen konnten für Finnland heimgeholt werden, der Boden ging verloren: Ein einwandfreier Verlust einwandfrei finnischen Volksbodens an Großrussen bzw. Finno-Karelier.

3.1314

Ab 1945 Weißruthenien / Litauen: Vilnius / Wilna / Wilno war ethnographisch bis 1918 eine weißruthenisch- jüdisch-litauische Stadt; dagegen kaum eine polnische. Von dem polnischen Insurgenten – General Zeligowski rechtswidrig über eine verlogene Scheinstaatsschöpfung „Zentrallitauen" Polen zugeführt, gehörte die Stadt nicht zum polnischen Volksboden. Auch die wie üblich zielbewußte Polonisierung 1921 bis 1939 vermochte nicht, dies mehrheitlich umzukehren. Vilnius war die historische Hauptstadt Litauens. Ab 1945 ist es wieder die Hauptstadt des neu in der Entwicklung begriffenen Litauen; nunmehr anstelle der provisorischen Hauptstadt Kaunas, Kowno. Angesichts der zahlenmäßigen Kleinheit des litauischen Volkes bleibt zu fragen, wie Vilnius litauisch wiederbesiedelt worden ist! Weißruthenen dürften hier unter litauische Verwaltung gestellt worden sein. Dazu eine polnische Minderheit.

3.1315

Ab 1945 Rumänien / Sowjetunion: Die Nordbukowina und Südbessarabien, nach wie vor rumänisch-jüdisch-deutsch besiedelte bzw. geformte Gebiete, werden willkürlich zerteilt. Rumänischer Volksboden wurde zugunsten der Sowjetunion abgetrennt. Das Hauptgebiet Bessarabiens ist gleichfalls mehrheitlich rumänischer Volksboden. Es wurde zu einer ephemären Moldawskaja SSR umgeformt, zum Staat eines „moldauischen Volkes", das es nicht gibt. Die Entwicklung der Autonomie bzw. der angestrebten Unabhängigkeit bleibt abzuwarten.

3.1316

Leider wesentlich gravierender verläuft die Entwicklung in den drei baltischen Staaten mit ihren uralten Kleinvölkern. Zunächst wurden sie – angesichts ihrer geringen Volksquantität umso schwerwiegender – bewußt geschwächt durch den sowjetischen Mord, gefolgt von der Deportation von Hunderttausenden. Anschließend begann schleichend und geht immer offener weiter die absichtliche großrussische Unterwanderung. Obwohl formal alle drei Völker scheinbar eigene Republiken aufweisen, ist bereits örtlich, z.B. ausgerechnet in Riga, ein russisches Übergewicht erreicht. Die einheimische Bevölkerung droht zunehmend zur Minderheit in ihrer eigenen Heimat zu werden. Ab 1989 hat ein bewunderungswürdiger Weg in die Freiheit und Unabhängigkeit begonnen. Auch hier verrät Europa sich selber durch timide Nichtunterstützung bzw. Verspätung.

3.1317

Insgesamt ist dies eine leider höchst umfangreiche und imponierende Liste von staatlich gelenkten bzw. erzwungenen Versuchen, nach territorialen, politischen, internationalrechtlichen Annektionen nunmehr auch auf der Volkstumsebene dem jeweiligen „unterlegenen" Volkstum nicht nur das Gebiet, sondern soweit möglich auch seine Menschen durch Umvolkung zu nehmen. Im äußersten Falle – z.B. berechtigten Minderwertigkeitskomplexen – wird auch die Bevölkerung vertrieben, um dann das Erbe der Unterdrückung antreten zu können.

Alles dies gab und gibt es als Erscheinung prinzipiell also auch allgemein in Europa; nicht nur in Deutschland. Aber nirgends so gigantisch und nirgends so „erfolgreich" wie gegenüber Deutschland

3.14
Und D e u t s c h l a n d !

Die Lage ist anders als in allen anderen europäischen Staaten.

3.141
Hier geht es erst in Folgewirkung und damit sekundär um Verluste deutschen Staatsgebietes: Sei es welches deutschen Staates und welchen Namens immer. Es geht um die Verluste an deutschem Volksboden, an deutschem Sprachgebiet, an Volkstum, an deutschen Menschen.

Die Lage Deutschlands und des deutschen Volkes, wie sie sich entwickelt hat, zuerst durch den Westfälischen Frieden 1648, dann entscheidend durch Versailles und Saint Germain 1920, vor allem aber schließlich durch Potsdam 1945, ist gänzlich anders. Sie ist so sehr verschieden von der jeden anderen Landes und jeden anderen Volkes in Europa, daß sie in ihrem krassen Widerspruch gegen die Menschenrechte und das Selbstbestimmungsrecht der Völker einem neutralen und objektiven Beobachter und Urteiler gänzlich unglaublich erscheinen muß. Wenn er nur bereit ist, die Wahrheit als wahr zuzugestehen.

Daran ändert es auch nichts, daß Deutschland immer als „the villain in the history" zu erscheinen hat. Daran ändert es auch nichts, daß im Ausland nicht nur viele an den Verbrechen gegen das deutsche Volk Schuldige und Interessenten, sondern auch Unbeteiligte glauben, die Lage des deutschen Landes für endgültig geklärt halten zu sollen. Daran ändert es auch nichts, daß in Deutschland und in Österreich viele nützliche Funktionäre diese Lage als Rechtens vertreten: Auch wenn viele Unpolitische, Unbeteiligte die Lage Deutschlands zu verdrängen und zu vergessen versuchen. T e r r i t o r i a l ist die Lage Deutschlands katastrophal.

3.142
Selbst die – neben bzw. hinter den Deutschen – am stärksten bezüglich ihres Volksbodens benachteiligten europäischen Völker beklagen und bekämpfen Verluste an ihrem Volksboden nur an wenigen Fronten.

3.143
Das am vergleichbar stärksten geschädigte Volk, das der Ungarn, erlitt „nur" an 3 Fronten Verluste an madjarischem Volksboden: Gegenüber den Rumänen, den Slowaken, den Serben. Keinen Verlust an Volksboden erlitt Ungarn dagegen gegenüber Österreich, da das Burgenland weitaus überwiegend deutsch besiedelt war. Mit der früher deutschen Stadt Ödenburg, heute madjarisch Sopron, hat Ungarn noch zufälliges hitorisches Staatsgebiet mit 1918 deutscher Mehrheit durch Manipulation behalten können.

3.144
Das als nächstes geschädigte Volk der Rumänen erlitt an 2 Fronten Verluste rumänischen Volksbodens: An der Hauptfront in Bessarabien und der Bukowina, an der Nebenfront in der Süddobrudscha.

3.145
Das als letztes geschädigte Volk, die Italiener, erlitten Verluste nur an zwei Nebenfronten: In Istrien und im Isonzotal, in Dalmatien.

3.146

Das in der Schädigung befindliche serbische Volk im Kossowo ist noch nicht bereit, dieses Schicksal friedlich zu ertragen.

3.147

Die deutschen Verluste an Volksboden 1920 und 1945 sind dabei entgegen jedem Recht in zwei wesentlich verschiedenen Kategorien des Vorgehens erfolgt.

Einerseits entweder: Die sanfte und verdeckte Methode nach Richelieu: Beinahe noch human. Staatliche Annektion deutscher Gebietsteile, völkliche Unterwanderung, zwangsweise Entrechtung in der Schulpolitik, Assimilation, „friedliche Verdrängung" durch Schikanen, Enteignungen, entweder Verweigerung der neuen Staatsangehörigkeit oder zwangsweises Octroi der nicht gewünschten neuen Staatsangehörigkeit einer bloßen Verwaltungsmacht, Schuldknechtschaft, Unterwanderung der Kirchenhierarchie, Psychologische Propaganda, Diskriminierung der deutschen Sprache in der Öffentlichkeit, vor der Verwaltung, den Gerichten, den Medien.

Andererseits oder: Die offene Vertreibung als Deportation. Unmenschlich, verbrecherisch: Wiederum Annektion deutscher Gebietsteile, selbst von offiziell nur Kriegsbesatzungs- oder Verwaltungsgebieten, Verbrechen gegen die Menschlichkeit, Genocidium, Massenmorde, Massenvergewaltigungen, Massenenteignung, Verbringung in ein niemals vorher gesehenes vorgebliches „Heimatland" Westdeutschland oder Mitteldeutschland, Räumung riesiger Gebiete in Ostdeutschland und dem Sudetenland, um sie – viel dünner – mit eigenen polnischen bzw. tschechischen Volksangehörigen besiedeln zu können.

3.15

V e r l u s t e an deutschem Volksboden in Form von 10 Separationsstaaten, bzw. 30 abgetrennten Grenzgebieten.

Verluste an deutschem Volksboden kamen in beiden Kategorien vor, in der sanften und verdeckten Methode bis 1945, in der Deportationsmethode seit 1945.

Die sanfte und verdeckte Methode ist in 3 verschiedenen Formen 1648 bis 1945 aufgetreten, mit dem Ziel der Bildung von 10 Separationsstaaten. Eine solche Entwicklung und Methode ist bei k e i n e m anderen europäischen Staate festzustellen.

3.16

Ein Verlust deutschen Volksbodens zugunsten einer wirklichen neuen Nation und ihres Nationalstaates:

Kategorie Eins: Ein Verlust deutschen Volksbodens zugunsten d r e i e r neuer Staaten mit bloßen Staatsvölkern, „Staatsnationen":

Kategorie Zwei: Ein Verlust deutschen Volksbodens zugunsten s e c h s e r neuer „nichtdeutscher" Staaten, die keine neuen Nationen noch auch nur Staatsnationen aufweisen:

Kategorie Drei: Hinzu kommen schließlich noch 30 Verluste deutschen Volksbodens 3.19 in Grenzgebieten zugunsten fremder Annektionsstaaten:

Kategorie Vier.

– zu <u>Kategorie Eins:</u>

E i n Verlust an deutschem Volksboden an einen ab 1648 zukünftig selbständigen Nationalstaat, der wirklich eine eigene Sprachnation und Kulturnation in Ausübung des Selbstbestimmungsrechtes entwickelt hat. Obwohl die Vorfahren einmal Deutsche waren ist der Vorgang seit 1648, das heißt seit Jahrhunderten zufolge der Selbstbestimmung abgeschlossen und erledigt: Die Niederlande. Ein Ergebnis auch habsburgisch-spanischer Unterdrückungspolitik. 41 548 qkm; Heute alleine ca 14 550 000 Menschen.

– zu <u>Kategorie Zwei</u>:

3.17
D r e i Verluste an deutschem Volksboden an drei zukünftig selbständige souveräne Staaten, die zwar keine eigene Nation, aber ein Staatsvolk, eine eigene „Staatsnation" seit langem entwickelt haben, bzw. in einem Falle seit 1945 absichtlich und künstlich zu entwickeln versuchen:
   Schweiz: Deutsch besiedelt 12 Kantone, 6 Halbkantone. Der Vorgang ist seit 1648 zufolge der Ausübung des Selbstbestimmungsrechtes abgeschlossen und erledigt. 41 293 qkm; 6 520 000 Menschen davon ca. 3 600 000 Deutsche
   Flandern: Flämisch besiedelt 4 1/2 Provinzen, ca 13 400 qkm Der Vorgang ist seit 1795 erledigt. 30 513 qkm insgesamt 9 860 000 Menschen davon ca 5 100 000 Vlamen
   Österreich: 1918 – 1920 wünschte das ganze Volk Österreichs die Integration in den deutschen Gesamtstaat, die Republik von Weimar. In Volksabstimmungen in einzelnen Bundesländern stimmten bis zu 99% für den Anschluß, bis die Abstimmungen von den Alliierten verboten wurden. Das Selbstbestimmungsrecht wurde durch das Diktat von Saint Germain in krassester Weise durch das Verbot des Vollzugs des bereits einstimmig beschlossenen Anschlusses verletzt. 1938 wurde in einer erneuten Volksabstimmung – die niemand zu beeinflussen brauchte – der Integrationsbeschluß von 1918 bestätigt mit 99% Jastimmen. Seit 1945 wird absichtlich versucht, die Integration in die Separation umzukehren. Eine im Verhältnis zu 1918 und 1938 gegenteilige Entscheidung gemäß dem Selbstbestimmungsrecht mit klarer Fragestellung „Für oder gegen des deutsche Volk" hat bisher nicht stattgefunden. 83 854 qkm; ca 7 660 000 Deutsche.

– zu <u>Kategorie Drei</u>:

3.18
S e c h s Verluste an deutschem Volksboden an s e c h s zukünftig selbständige souveräne Staaten. Diese Staaten sind entweder zu klein, um auch nur eine „Staatsnation" entwickeln zu wollen bzw. es zu können; oder aber entgegen äußerster entsprechender Bemühungen ihrer Regierung wurde dieses Ziel Staatsnation noch nicht erreicht; oder aber es wird mit an Sicherheit grenzender Wahrscheinlichkeit n i e m a l s erreicht werden.

3.181
Z w e i dieser Fälle der bewußten entweder von innen gesuchten oder aber der von außen aufgezwungenen Separation von Deutschland sind bereits vollendet:
   seit 1866 Luxemburg: 2 586 qkm ca 367 200 Deutsche
   seit 1866 Liechtenstein: 160 qkm ca 27 300 Deutsche
   Beide Fälle von Separation können heute als mit dem Selbstbestimmungsrecht übereinstimmend (geworden) angesehen werden und sind erledigt.

3.182

V i e r dieser Fälle der Separation sind:

entweder im Versuchsstadium gescheitert, 1935, 1955 entweder – bereits rechtswidrig über die Separation hinausgehend – liquidiert worden 1945

oder noch im Versuchsstadium der Eroberungspolitik der Sowjetunion 1990 gescheitert oder bisher bloß ein Projekt der Eroberungspolitik der Sowjetunion bis 1990 gewesen und geblieben.

Das „Saargebiet" erst 1920 – 1935, dann als „Saarland" erneut von Frankreich versucht 1945 – 1955. Zwei Mal im Versuchsstadium gescheitert. 2 436 qkm ca 1 070 000 Deutsche.

Die „Freie Stadt Danzig" 1920 – 1939. Die angebliche Freiheit wurde 1945 von Polen und der Sowjetunion zugunsten der Deportation der Bevölkerung und der Annektion des Gebietes abgewürgt. Der lätale Ausgang 1945 überholt die alliierte „Fürsorge" der „Freiheit" von 1920. 1 893 qkm ca 349 000 Deutsche.

Die „DDR", die sogenannte „Deutsche Demokratische Republik", (einschließlich Ostberlin). Dies bleibt für die Neuzeit der anmaßendste, der unverschämteste Versuch, ein großes Volk gegen seinen Willen zu zerteilen. Die Geschichte hat 1945/49 1949 – 1990 ihr Urteil über diesen rechtswidrigen Versuch der Sowjetunion 1989 / 1990 gesprochen. 107 173 qkm ca 16 640 000 Deutsche.

Die „Freie Stadt Westberlin"; dies Objekt des einstweilen letzten Separationsversuches, ist aber die Hauptstadt Deutschlands. Diese Separation wäre wie dargelegt der z e h n t e aus Deutschland herausgeschnittene „selbständige" „souveräne" Separationsstaat. 488 qkm ca 1 800 000 Deutsche.

Wenn zur Aktualisierung auf heutige hochdeutsche Volksteile die beiden niederländisch / vlämischen Separationsteile abgerechnet werden, so bliebe der Versuch Westberlin immer noch der a c h t e Separationsstaat mit hochdeutscher Sprache, alles fraglos und redlicherweise unbestreitbar Teile der deutschen Kulturnation. Zu Westberlin als letzter Separation bleibt ebenso erstaunlich wie erfreulich, daß in diesem zehnten Falle im Zeitalter der Menschenrechte, insbesondere des Selbstbestimmungsrechtes der Völker, die Vereinigten Staaten von Amerika, das Vereinigte Königreich von Groß Britannien und Nordirland, die Französische Republik nunmehr zu realisieren bereit gewesen waren und sind, daß solches im XX. Jahrhundert nicht geht, nicht mehr geht, nicht einmal mehr mit Deutschen. Naturgemäß war hilfreich, daß das Eigeninteresse der Westalliierten in diesem Falle parallel war zum deutschen Interesse.

3.151

Allein die isolierte Bevölkerung dieser 10 Separationsstaaten – die ja alle aus dem Körper des deutschen Volkes einmal herausgeschnitten worden sind – beträgt zur Zeit (bzw. nach Staatsuntergang zur Zeit des Unterganges, der Vertreibung usw) ca 51 163 000 Menschen.

Bei weiterer Absetzung der durch die Geschichte erledigten niederländisch / vlämischen Separationsteile mit ca 19 650 000 Menschen bleiben ca 31 513 000 Deutsche.

Bei weiterer Absetzung der z.Zt. hochsprachlich deutschen Schweiz, Luxemburgs, Liechtensteins mit ca 3 994 000 Deutschen bleiben ca 27 519 000 Deutsche.

3.152

Zu fragen bleibt nun, wie das Verhältnis ist zwischen dem Selbstbestimmungsrecht und der dennoch erfolgten – oder ggf. versuchten – Herauslösung und Entstehung dieser 10 Separationsstaaten aus Deutschland und aus Deutschland heraus.

3.153

In drei der dargestellten Fälle von Separationsstaaten – Niederlande, Flandern / Belgien, Schweiz- wurde wenigstens die Selbstbestimmung gewahrt bzw. jeder Mangel durch den Zeitablauf sehr langer Zeit fast geheilt. Obwohl Deutschland in Volksabstimmung zu diesen Trennungsfällen niemals befragt worden ist, sind diese Fälle von Deutschland her gesehen erledigt. Diese 3 Länder gehören nicht mehr zu Deutschland. Ihre Menschen sind nicht mehr Deutsche, da sie es nicht sein wollen.

3.154

In zwei weiteren der dargestellten Fälle von Separationsstaaten, Luxemburg, Liechtenstein, wird das Selbstbestimmungsrecht vorgebracht. Diese Fälle mögen erledigt sein, wenn die Menschen dort es so wünschen.

3.155

In einem weiteren der dargestellten Fälle von Separationsstaaten, im Falle Österreichs, ist 1918 – 1938 das Selbstbestimmungsrecht so krass verletzt worden, daß eine noch schwerer wiegende, noch offenere, noch schamlosere Verletzung nicht mehr denkbar ist. Der Eintritt Österreichs 1938 in das Deutsche Reich, nachträglich bestätigt durch eine Volksabstimmung, entsprach objektiv dem Selbstbestimmungsrecht und 20 Jahren Willens des deutschen Volkes in Österreich. Seit 1945 wurde – beginnend mit dem illegalen Siegerbefehl – ein Bildungsprozeß einer „österreichischen Nation" künstlich eingeleitet. Die Zukunft, die Menschen, die Geschichte werden zu entscheiden haben. Bisher hat eine neutrale, unabhängige, überwachte Volksabstimmung: „Anschluß an das deutsche Volk und Staat" – wie nach 1918 begonnen, wie 1938 unbestreitbar erfolgt – nach 1945 nicht stattgefunden. Hat Amerika, hat Groß Britannien, hat Frankreich jemals objektiv dies zur Kenntnis genommen, daß das deutsche Volk in Österreich und in Deutschland in seinem Selbstbestimmungsrecht kraß verletzt worden ist: 1918, 1945, bis heute! Bis zu einer Volksabstimmung?

3.156

In drei weiteren der dargestellten Fälle von Separationsstaaten, Saargebiet, Saarland, Freie Stadt Danzig, Freie Stadt Westberlin wurde bzw. wird das Selbstbestimmungsrecht offen und aufs deutlichste verletzt. Besonders „entwaffnend" dürfte sein, daß das im Falle des Saarlandes naiv unbekümmert zwei mal mit dem gleichen Separationsziel und zwei mal mit dem gleichen Mißerfolg geschehen ist.

3.157

Im letzten, einem weiteren Fall eines Separationsstaates, „DDR", sogenannte „Deutsche Demokratische Republik" einschließlich sogar Ostberlins, nur 44 Jahre lang, ist die Selbstbestimmung und die eigene Wahl – nach Gorbatschow – so offen verletzt worden, daß die klarsten Beurteilungen und Verurteilungen dieses Vorgehens der Sowjetunion und ihrer deutschen kommunistischen Helfershelfer sich abschließend in Lenins und Stalins Werken finden. In Nationalitätenfragen sehr klar zu denken vermochten sowohl Lenin als auch Stalin.

3.158

Dabei sind selbst diese 1 0 Separationsstaaten nur die 10 bzw. 8 Fälle (– mit verbleibender hochdeutscher Sprache –) staatlicher Separation zugunsten selbständiger Staaten n e b e n und außerhalb des deutschen Gesamtstaates. (Dabei sind noch nicht mitgezählt worden die zwei sofort erbärmlich mißglückten Fälle von Separatistenversuchen der „rheinischen" bzw. „pfälzischen" Separatistenaufstände 1923).

– zu Kategorie Vier:

Wer diese Aufstellungen der vielen deutschen Separationsstaaten – und die mit jedem verbundenen endlosen Kämpfe – kritisch würdigt im Lichte der normalen europäischen Entwicklungsstufen, der wird ohnehin überrascht und erschüttert sein über das, was sich an schwerer deutscher Geschichte hinter diesen nüchternen Fakten verbirgt. Hinzu kommen aber noch nunmehr (– weil es so gut ging und weil es so schön war! –) n u r weitere 30 – in Worten dreißig – Fälle staatlicher Abtrennung von Grenzgebieten mit zum Großteil Deportation der deutschen regionalen Bevölkerung, um die Gebiete in tabula rasa annektieren zu können: Grenzgebiete, die sich fremde Staaten, – Nachbarstaaten, in einem Falle noch nicht einmal ein Nachbarstaat, die Sowjetunion –, entgegen dem Selbstbestimmungsrecht anzueignen wünschten und annektiert haben; meist 1920 bzw. 1945.

3.19
V e r l u s t e an deutschem Volksboden in Form von Abtrennung von d r e i ß i g Grenzgebieten zugunsten fremder Annektionsstaaten
   Wie oben dargelegt bezüglich der Methoden erfolgten auch diese 30 Abtrennungen in den zwei verschiedenen Kathegorien des Vorgehens: Entweder einerseits in der sanften und verdeckten Methode nach Richelieu, – die aber auf Dauer ebenfalls zum Verlust des deutschen Volksbodens führt –, oder aber andererseits in der Genocidmethode nach Stalin mit Mord bzw. Deportation plus Annektion; von Polen besonders erfolgreich praktiziert.
   22 Abtrennungen erfolgten 1920 nach der alten Methode, das heißt o h n e Deportation der Bevölkerung ... 8 plus 8 Abtrennungen erfolgten 1945 nach der Stalinmethode, das heißt m i t Deportation der Bevölkerung.

3.191
Dies sind nun die 22 Abtrennungen ohne Deportation der deutschen Bevölkerung. Für deren baldigste Abnahme zwischen 1920 und 1939 wurde alsbald überall durch administrative Unterdrückung gesorgt.

3.1911
Durch Dänemark: 1 Abtrennung; Nordhälfte des Landkreises Tondern (nicht virulent) ca. 30 000 Deutsche

3.1912
Durch Belgien: 4 Abtrennungen; Aubel (nicht virulent) ca. 23 000 Deutsche; 3,5 qkm Kelmis (Neutral Moresnet) ca. 4 000 Deutsche; 800 qkm Eupen/St. Vith, ohne Malmedy ca. 49 000 Deutsche, Arel (erloschen) ca 30 000 Deutsche

3.1913
Durch Frankreich: 2 Abtrennungen; 4300 qkm Deutsch-Nord-Lothringen ca. 450 000 Deutsche; 8200 qkm Elsaß ohne die kleinen französischen Grenzsprachteile ca. 1 075 000 Deutsche (Resignation. Erlöschen)

124

3.1914
Durch Italien: 3 Abtrennungen; Walsertäler Monte Rosa ca 4 000 Deutsche (erloschen?);
7400 qkm Südtirol (ohne Ladiner) ca 247 000 Deutsche, Tarvis/Kanaltal (erloschen) ca.
3 000 Deutsche

3.1915
Durch Jugoslawien: 2 Abtrennungen; Mahrenberg, Marburg (vertrieben) ca. 50 000 Deutsche

3.1916
Durch Ungarn: 2 Abtrennungen; Ödenburg (im Erlöschen) ca. 56 000 Deutsche, Wieselburg

3.1917
Durch die Tschechoslowakei: 4 Abtrennungen; Feldsberg (vertrieben), Weitra 28 971 qkm,
Sudetenland ca 3 071 000 Deutsche, Hultschin ca. 4 000 Deutsche.
   Diese Gebietsteile, die 1918 / 1920 bis 1938 mit der deutschen Bevölkerung annektiert
worden waren, wurden 1945 nach Mord bzw. Deportation der deutschen Bevölkerung nunmehr ohne diese Bevölkerung erneut annektiert.

3.1918
Durch Polen: 3 Abtrennungen; 15864 qkm Westpreußen/Pommerellen ca 427 000 Deutsche. (Dabei muß zugrundegelegt werden, daß die Hauptstadt Westpreußens Danzig mit allein 349000 Deutschen isoliert als Freie Stadt abgetrennt worden war!). Deutsche Teile Posens ca. 681 000 Deutsche. 3 213 qkm Ostoberschlesien, deutscher Teil ca. 301 000 Deutsche.
   Diese Gebietsteile, die 1918 / 1920 bis 1939 m i t der deutschen Bevölkerung annektiert
worden waren, wurden 1945 nach Mord bzw. Deportation der deutschen Bevölkerung ohne
diese Bevölkerung erneut annektiert. In Oberschlesien dagegen wurde der größte Teil der
deutschen Bevölkerung als „Autochthone", Polonisierungsfähige, als vorgebliche Polen zurückbehalten unter Verweigerung des Optionsrechtes.

3.1919
Durch Litauen: 1 Abtrennung; 2 417 qkm Memelland, ca. 98 000 Deutsche. Dieser Gebietsteil, der 1918 / 1923 bis 1939 mit der deutschen Bevölkerung annektiert worden war,
wurde 1945 nach sowjetischem Mord und nach Deportation der deutschen Bevölkerung ohne diese Bevölkerung erneut annektiert.

3.192
Acht plus acht Abtrennungen n a c h Mord und Deportation.
   Hier wären erneut zu behandeln – und sind nicht mehr zu behandeln, da es sich um Wiederholungen von Abtrennungen 1920 handelt, die 1945 nunmehr als Verbrechen weitergingen: Nunmehr mit Mord und Deportation, da 1920 bis 1939 die Belassung der deutschen
Bevölkerung „Probleme" mit sich gebracht hatte, die man nun blutig zu vermeiden entschlossen war.
   A c h t Abtretungen wie 1920: Feldsberg an die Tschechoslowakei; Weitra Tschechoslowakei; Sudetenland Tschechoslowakei; Hultschin Tschechoslowakei;
   Westpreußen an Polen; deutsche Teile Posens an Polen; deutsche Teile Ostoberschle-

siens an Polen.

Memelland an Litauen.

Nachdem die deutsche Bevölkerung in den abgetrennten Gebieten es nach 1920 gewagt hatte, einen eigenen Willen haben und behalten zu wollen, das heißt auf ihrem Menschenrecht des Selbstbestimmungsrechtes bestehen zu wollen, – was insbesondere Eden als Danziger „Rapporteur" und Churchill aufs Äußerste mißfallen hatte, und was deshalb für die Zukunft ausgeschlossen werden sollte –, wurden diese Menschenrechtsprobleme solcher Art 1945 radikal vermieden durch Massenvergewaltigungen, Massenmord, Massendeportationen von vielen Millionen Ostdeutschen.

3.193

Für den verbrecherischen Landhunger Polens und den auf Verewigung des Kriegszustandes zwischen Deutschland und Polen gerichteten Aggressionswillen der UdSSR unter Stalin genügten diese dargelegten Wiederholungen nicht. Deshalb schloß sich Polens und Stalins Mord an Ostdeutschland an. Es muß erneut festgestellt werden, daß es sich um den größten Raubzug der Menschheitsgeschichte und um einen der größten Völkermorde handelt:

Die Stalinrealitäten des zweiten Weltkrieges.

Naturgemäß fand sich hierfür keinerlei objektive Begründung, aus dem Sprachgebiet, aus dem Volksboden, aus den Menschenrechten, insbesondere nicht aus dem Völkerrecht, nicht dem Selbstbestimmungsrecht, das alle Alliierten, auch Polen und die UdSSR, gerade erst in der Atlantik-Charta erneut feierlich verkündet hatten.

3.1931

Durch die Sowjetunion: 1 Abtrennung: Das nördliche Ostpreußen! Bezeichnend ist, daß die UdSSR nicht einmal ein Grenznachbar Deutschlands ist. 13 886 qkm ca. 1 187 000 Deutsche

3.1932

Durch Polen: 7 Abtrennungen: Über Versailles weit hinausgehend (ebenso über Danzig, Westpreußen, Posen, Ostoberschlesien weit hinaus) Ostpreußen südlicher Teil, Ostpommern, Grenzmark Posen – Westpreußen, Stettin (westlich selbst der Potsdamer Demarkationslinie in der Oder und Neiße), Ostbrandenburg, Niederschlesien, (West) Oberschlesien. 100 663 qkm (1939 ca. 8 372 000 Deutsche)

3.1933

Durch die Tschechoslowakei: 4 Abtrennungen; Versailles und Saint Germain wiederholend; Sudetenland, Feldsberg, Weitra, Hultschin. 28 971 qkm ca 3 490 000 Deutsche

3.194

Die 22 Abtrennungen von Gebietsteilen deutschen Volksbodens 1920 durch Versailles und Saint Germain zählten ca 6 856 000 Deutsche

Die 8 plus 8 Abtrennungen von Gebietsteilen deutschen Volksbodens: 8 Wiederholungen von 1920, 8 erstmalige Abtrennungen zusätzlich 1945 zählten zusätzlich weitere ca. 9 560 000 Deutsche

Damit sind allein von den im einzelnen bezeichneten und detaillierten 1920 und 1945 abgetrennten 22 plus 8 Grenzgebietsteilen deutschen Volksbodens ca 16 416 000 Deutsche betroffen worden: Sei es zuerst 1920 in Form von Unterwerfung durch Annektionen durch fremde Staaten gegen ihren Selbstbestimmungswillen. Sei es dann nachfolgend bzw. wiederholend 1945 in Form von Vergewaltigung, Mord, Deportation der Bevölkerung und folgender Annektion der Gebiete, erst recht gegen das Selbstbestimmmungsrecht und gegen den demokratischen Selbstbestimmungswillen der angestammten deutschen Bevölkerung. Dabei sind nur die 30 Grenzgebiete berücksichtigt, nicht die so viel volkreicheren Separationsstaaten Österreich, Danzig, „DDR" „Deutsche Demokratische Republik", Ostberlin.

3.195

Diese betroffene Grenzbevölkerung mit 16 416 000 Deutschen ist der Gesamtbilanz im Ergebnis zugrunde zu legen.

Sie ist zusammenzurechnen: Zuerst n u r mit der deutschen Bevölkerung der 5 neuen Separationsstaaten, das heißt zunächst nur mit Österreich, dem Saargebiet/Saarland, der „Freien Stadt Danzig", der „DDR", „Deutschen Demokratischen Republik", einschließlich Ost-Berlin, und mit der einmal drohenden „Freien Stadt West-Berlin" mit ca. 27 519 000 Deutschen.

So ergibt schon dies alleine 5 neue rein deutsche Separationsstaaten, 22 rein deutsche Grenzgebiete, ca 43 935 000 Deutsche.

Die Grenzbevölkerung und diejenige der neuen Separationsstaaten ist aber, da es sich schließlich um ein geschichtliches Ergebnis handelt, auch zusammenzurechnen mit der deutschen bzw. in ihren Vorfahren einmal deutsch gewesenen Bevölkerung der 5 alten Separationsstaaten: Mit den Niederlanden, Flandern, den deutschsprachigen Teilen der Schweiz, Luxemburg, Liechtenstein: Mit ca 23 427 000 Menschen.

Die Abtrennung dieser Staaten ist zwar 1648 bis 1866 erfolgt. Sie ist auch von Deutschland her gesehen endgültig und erledigt. Aber der historische V e r l u s t für Deutschland ist außerordentlich bezeichnend. Danach beträgt die geschichtliche Gesamtzahl der betroffenen Menschen ca 67 362 000 Menschen.

Demgegenüber betrug die deutsche gesamte Restbevölkerung der Bundesrepublik Deutschland bis 1989 – welches Ergebnis in Gerechtigkeit – nur noch ca. 57 000 000 Deutsche.

Wie nachdenklich machend, geradezu traurig stimmend, das Ergebnis von Jahrhunderten erbitterter Bemühungen durch die Abspaltung von Separationsstaaten, durch die Abtrennung von möglichst vielen Grenzgebieten, dieses Deutschland klein zu bekommen. Und es ist von Deutschland immer noch etwas da …

Zufolge der Bevölkerungsverschiebungen, insbesondere der Deportationen der Memelländer, Ostpreußen, Ostpommern, Stettiner, Ostbrandenburger, Niederschlesier, Oberschlesier, Sudetendeutschen, erscheinen 13 335 000 Millionen Deutscher zweifach, sowohl unter den von den 30 Abtrennungen Betroffenen, als auch unter der sie aufnehmenden Restbevölkerung der Bundesrepublik Deutschland bis 1989.

3.2 Aufteilung Deutschlands

3.21

„Winzig – Deutschland" 2 plus 8 Separationsstaaten sind wie dargestellt aus Deutschland im Laufe der Zeit willkürlich und zumeist rechtswidrig herausgeschnitten worden oder die Separation ist noch im Gange oder ist bisher wenigstens vergeblich versucht worden.

30 rein deutsche Grenzgebietsteile sind aus Deutschland herausgeschnitten worden, sei es unter Belassung der Gebietsbevölkerung in den Heimatgebieten, sei es nach Vergewaltigung, Beraubung, Völkermord, Deportation der deutschen Ortsbevölkerung: Rechtswidrig!

Das geradezu erstaunliche, für viele feindliche Interessenten höchst bedauerliche – als ob

Europa noch im Mittelalter wäre – ist nun, daß überraschenderweise von Deutschland immer noch etwas übrig geblieben ist und fortbesteht: 1918 das Deutsche Reich, 1949 die Bundesrepublik Deutschland; ein Rest Deutschlands: Winzigdeutschland. Auch die Zerstükkelung unter Abtrennung der „DDR" von Westdeutschland, unter Ersatzbegründung der Bundesrepublik ist nichts als eine Aufteilung: Es war keine Ratio, keine Planung. Objektiv gesehen war es nichts als Nonsens.

Der Gedanke scheint naheliegen zu können, endgültig Schluß zu machen mit diesem Deutschland: Aufteilung Deutschlands.

Daß solche Pläne mit der Demokratie, mit dem Völkerrecht, mit dem Selbstbestimmungsrecht der Völker, dem Deportationsverbot, der Gerechtigkeit, der Moral, ja auch nur der Vernunft im XX. Jahrhundert völlig unvereinbar sind wird verdrängt, wird bewußt nicht zur Kenntnis genommen. Die Unerträglichkeit solcher Pläne scheint im Westen – einschließlich Deutschlands – mancherorts nicht eigentlich abschließend zu interessieren einerseits. Sie ist im Osten im Lager der Besitzer der Stalinrealitäten des zweiten Weltkrieges zufolge der bolschewistisch erleichterten Leugnung aller der angeführten Werte nicht abschließend von Belang andererseits: Wenn man könnte, wie man möchte: „Ausradieren"?

Hier soll es auf die leider recht zahlreichen, manchmal höchst ernst zu nehmenden Vorschläge und Erwägungen, sowie auf die Namen der Erfinder solcher Pläne nicht ankommen. Morgenthau war ihr berühmtester, Walesa ist ihr einstweilen letzter. Negativ Interessierte sind ohnehin nicht zu beeindrucken, geschweige zu überzeugen. Hier soll es deshalb nur darum gehen – in gedanklicher logischer und konsequenter Vollendung der Separationspolitik mit der Bildung von 10 Separationsstaaten aus deutschem Volksboden, der Abtrennungspolitik mit 30 Grenzgebiets-Abtrennungen und Annektionen – die mögliche Vernichtung Deutschlands theoretisch zu Ende zu denken: Aus welchen Gründen diese Vernichtung auch immer praktisch erstrebt wurde; obwohl sie natürlich verbal mit Überzeugungstreue – wenigstens heute – verleugnet wird.

Den Gutwilligen, den Nachdenklichen dagegen sollte versucht werden zu belegen, warum der Normalzustand Deutschlands mitten in Europa nicht die Aufteilung in (möglichst viele möglichst kleine) Teilstaaten ist, sondern entsprechend dem Selbstbestimmungsrecht der Völker die Einheit Deutschlands, wenn das deutsche Volk diese Einheit Deutschlands will, „Wir sind das Volk" – „Wir sind ein Volk" – weil das deutsche Volk diese Einheit Deutschlands will.

3.22

Teilungspläne: Lediglich damit die Präzedenzfälle nicht weiterwirken können, lediglich damit Unrecht als Unrecht offen beim Namen genannt wird, lediglich der historischen Klarheit der Verurteilung halber, lediglich der chronologischen Vollständigkeit halber sind hier die politischen Pläne der Aufteilung Deutschlands zwischen dem 16.12.1941 und dem 27.2.1945, auf dem Wege zu Potsdam aufzuzählen: Pläne, deren Borniertheit nur von ihrer Ungeheuerlichkeit übertroffen wird.

16. Dezember 1941 – niemand beachtete deutsche Konzentrationslager, niemanden interessierten deutsche wirklich singulare noch vorgebliche „einzigartige" Verbrechen! Schon schlägt Stalin dem britischen Außenminister Eden vor: Wiederherstellung Österreichs als unabhängiger Staat, Loslösung des Rheinlandes von Preußen als unabhängiger Staat oder als Protektorat, eventuell die Bildung eines selbständigen Bayern, Ostpreußen soll an Polen abgetreten und das Sudetenland an die Tschechoslowakei zurückgegeben werden. (aO S. 31).

Anm.: G. Rhode / W. Wagner: Quellen zur Entstehung der Oder-Neiße-Linie in den diplomatischen Verhandlungen während des zweiten Weltkrieges. 1959

20. Dezember 1941 – Primeminister Churchill antwortet Stalin: Trennung Preußens von Süddeutschland, territoriale Neugestaltung Preußens ... (aaO S.32)

14. März 1943 – Eden warf die Frage auf in Washington, ob ... „wir darauf bestehen werden, daß Deutschland in mehrere unabhängige Staaten zerbrochen wird. Stalin werde darauf bestehen, daß es in eine Anzahl von Staaten aufgeteilt werde". Präsident Roosevelt sagte, er hoffe „wir würden nicht die Methode einer willkürlichen Teilung Deutschlands anwenden". Er habe vielmehr die Vorstellung, „daß wir die separatistischen Neigungen und Ambitionen ... ermutigen und schließlich einer Teilung zustimmen sollten, die der deutschen öffentlichen Meinung entspreche" (sic). (aaO S.63 64). (Und was, wenn sie ihr nicht zu entsprechen wagen sollte?)

22. Mai 1943 – Churchill sprach in Washington: Bayern könnte sich einer Donauföderation anschließen; Preußen vom übrigen Deutschland abgetrennt werden. (aaO S.65).

21. August 1943 – Eden erklärt in Quebec: Es wäre gut, eine Aufspaltung Deutschlands in die verschiedenen Länder zu erreichen, wenn sie aus freien Stücken erfolge. Außenminister Hull beschränkte sich auf die Erwägung einer Dezentralisierung und – für Süddeutschland – die Schaffung eines besonderen Zugangs zum Mittelmeer: Fiume, Triest? (aaO S. 67, 68).

5. Oktober 1943 – Roosevelt sprach sich entschieden „für eine Aufteilung in drei oder mehr staatsrechtlich völlig unabhängige Staaten aus". Er bestand darauf, daß „Aufteilung die richtige Lösung sei". (aaO S.70).

25. Oktober 1943 – Eden sagte auf der Moskauer Außenministerkonferenz. Seine Regierung zöge Deutschlands Aufteilung in verschiedene getrennte Staaten vor, insbesondere ein abgetrenntes Preußen. Sie werde deshalb jede separatistische Strömung in Deutschland unterstützen. Außenminister Hull „war von Anfang an gegen die Zerstückelung". (aaO S.70).

1. Dezember 1943 – Roosevelt schlägt als Diskussionsgrundlage vor „die Aufspaltung Deutschlands in fünf Teile" Preußen, Hannover und Nordwestdeutschland, Sachsen und das Gebiet um Leipzig (sic), Hessen, Bayern, Baden und Württemberg, Kiel, Hamburg, Ruhr, Saar unter direkter Verwaltung der Vereinten Nationen. (aaO S.77).

Churchill ergänzte – ... „an erster Stelle steht die Isolierung Preußens"; den Rest „am liebsten in einer Art von Donauföderation" (aaO S. 78).

Stalin bestand dagegen darauf – „Österreich sei ein unabhängiges Land gewesen und könne es wieder werden". „Deutschland aber müsse um jeden Preis so auseinandergebrochen werden, daß es sich nicht wieder zusammenschließen könne". Die deutschen Stämme seien „auseinanderzureißen". (aaO S.78).

Dezember 1943 – Churchill berichtete abschließend über Teheran: – Roosevelts skizzenhafte Pläne ... waren für Stalin selbstverständlich viel annehmbarer als mein Vorschlag ... Es müßte möglich sein, mit Preußen „einen harten aber ehrenvollen Frieden abzuschließen". (aaO S. 80).

14. Januar 1944 – Churchill berichtet dem britischen Kabinett – ...die britische, amerikanische und russische Regierung haben sich geeinigt, Deutschland endgültig in eine Anzahl verschiedener Staaten aufzuteilen. „Preußen wird beschnitten und zerschlagen werden". (aaO S.169).

23. Februar 1944 – Der Member Parliament G. Strauss rügte vor den Commons: „Niemals ist es vor dem Haus zur Sprache gekommen und niemals unter meinen Kollegen eingewilligt worden, daß Deutschland nach dem Kriege zerstückelt werden soll. Dieser Vorschlag ist aus verschiedenen Gründen falsch." (aaO S.172). – Der Member Boothby postulierte – „die Menschen in Preußen, die Sachsen, die Bayern, ... Hansestädte ... Rheinländer unterscheiden sich zutiefst von einander ... eine gute Sache ... Bayern abzuspalten." (aaO S.176)

8. März 1944 – Der Earl of Mansfield vor dem House of Lords bejaht die zwangsweise Umsiedlung … in die verschiedenen Staaten … welche die Nachfolge des Reiches antreten. (aaO S.179)

September 1944 – Bei der Konferenz von Quebec unterschrieben sowohl Roosevelt als auch Churchill den Plan des amerikanischen Finanzministers Morgenthau – „Der verbleibende Teil Deutschlands soll in zwei autonome, unabhängige Staaten geteilt werden, … einen norddeutschen Staat … einen süddeutschen Staat … in Zollunion mit Österreich." Roosevelt hat seine Unterschrift kurz darauf zurückgezogen. (aaO S.190).

5. Februar 1945 – Stalin wünschte auf der Krim festzustellen, ob die drei Mächte in der Absicht übereinstimmten, Deutschland zu zerstückeln … Churchill erklärte, die britische Regierung sei im Prinzip für die Zerstückelung … (aaO S.210).

Februar 1945 – In den Beschlüssen der Konferenz von Jalta wurde das Studium des Verfahrens bei der Aufteilung Deutschlands einem Komitee übertragen … Das Ergebnis, ein Entwurf eines Artikels, wurde später nicht in die tatsächlichen Bedingungen der Kapitulation der deutschen Wehrmacht aufgenommen.

27. Februar 1945 – Der Member Parliament G. Strauss faßte vor dem House of Commons prophetisch zusammen: „Es steht uns frei, ein Unrecht zu begehen, weil wir es tun können, ohne selbst bestraft zu werden … Jede realistische Betrachtung … zeigt, daß eine Politik der Zerstückelung oder Aufsplitterung Deutschlands … sich schädlich und möglicherweise äußerst unheilvoll auf eine dauerhafte europäische Friedensregelung auswirken muß" (aaO S. 245).

3.23

Die geschichtliche E i n h e i t Deutschlands

Deutschland war eine Einheit. Die ursprüngliche Einheit während 8 9 5 Jahren, von 911 bis 1806, kann nicht vergessen, unberücksichtigt bleiben, hinweggfingiert werden. Ob damals Deutschland „nur" ein Reich war oder aber auch ein „Staat", war für das deutsche Volk und für dessen geistige Einheit völlig unerheblich.

Die Teilung Deutschlands während 60 Jahren, 1806 – 1866, war nichts als eine kurze Zwischenperiode. Nicht dagegen die neue Einheit, die Einheit 1866 bis 1949! Nicht die Einheit war die Zwischenperiode.

Die erneuerte Einheit Deutschlands während 83 Jahren, 1866 – 1949 war die Wiederherstellung des Normalzustandes. Gewollt vom ganzen deutschen Volk, anerkannt restlos von der ganzen Völkerrechtsgemeinschaft, von allen ohne jede Ausnahme. Die Teilung Deutschlands während nunmehr am Schluß 40 Jahren 1949 – 1989, war ein rechtswidriges, wiedergutmachungsfähiges und wiedergutmachungsbedürftiges spätkoloniales Provisorium in Mitteldeutschland.

Natürlich kann durch sinnwidrige Gewalt jeder Staat geteilt werden: Und vernichtet werden! Irgend eine Linie kann bei bedenkenloser Wahl überall gezogen werden; sogar mitten durch eine Millionenstadt. Natürlich kann ein Stalin, kann eine Sowjetunion überall eine Hauptkampflinie, dann Demarkationslinie, dann Zonengrenze, dann „Staatsgrenze" der „souveränen Deutschen Demokratischen Republik" errichten: Mit Kugeln, Bajonetten, Stacheldraht, Minen, elektrischen Zäunen, Suchhunden, mit Mord an jedem Tag. Eine solche Kampflinie, eine völlig sinnwidrige Linie war bis zum 9. November 1989 die Zonengrenze zur „DDR", obwohl ein Vertrag, ein Grundlagenvertrag geschlossen worden war.

Hessen und Thüringen gehörten über 10 Jahrhunderte zusammen. Die deutsche Nationalheilige, die Heilige Elisabeth lebte erst in Thüringen auf der Wartburg; sie starb in Hessen in Marburg. Dazwischen lag 1949 bis 1989 eine „Grenze" zwischen dem freien Deutschland und der Stalinkolonie „DDR". Einen logischen Sinn hatte diese Linie, diese sogenannte Grenze gerade nicht. Wie geradezu idiotisch zufällig, wie absurd gewaltsam – wie in einer Wüste in Afrika – solche 1945 gezogenen Linien sind, zeigt die sowjetische Kampflinie, sogenannte Grenze in Ostpreußen, die Südgrenze des sowjetisch-großrussischen Oblast Königsberg/Kaliningrad gegenüber der volkspolnischen Wojewodschaft Allenstein.

An Beispielen aller anderen europäischen Staaten bleibt zu zeigen, daß solche Aufteilung keine Lösung von Problemen moderner Staaten und Völker ist noch sein kann.

3.24
Auch theoretisch „unteilbare" Staaten Europas

So wie vor 1918 oder vor 1939 nur Schwachsinnige einerseits, panslawistische und polnische Friedensfreunde andererseits, auf die Idee gekommen wären, dem Weltfrieden im Einklang mit dem internationalen Recht dienen zu können durch die Aufteilung Deutschlands, so gibt es in Europa eine große Reihe von Staaten, die nicht (trotz selbst stark strapazierter Logik) aufgeteilt werden könnten: Island, Dänemark, Norwegen, Schweden, Finnland, Estland, Lettland, Litauen, Niederlande, Ungarn, Portugal, Griechenland; zu schweigen von den Klein- und Zwergstaaten. Zu erinnern bleibt trotzdem daran, daß die UdSSR – und nicht nur sie – Irreales fertigbringt. Das pure sowjetische zeitweilige faktische Fertigbringen bedeutet aber noch nicht Können, noch nicht Dürfen, noch nicht Dauer.

3.25
Mindestens praktisch unteilbare Staaten Europas

Noch deutlicher, womöglich noch absurder wird das Erscheinungsbild der polnischen Demarkationslinie in der Oder und Neiße, der sowjetzonalen Zonengrenze der „DDR", wenn sie verglichen werden mit zwar zu erfindenden Teilungslinien mitten in Europa, die aber wenigstens theoretisch denkbar wären, die nicht einmal völlig phantasiert zu werden brauchen: Rein theoretisch denkbare Beispiele von „Grenzlinien" durch die folgenden mindestens praktisch unteilbaren Staaten Europas!

Irland: Zwischen Eire und Ulster;

Groß Britannien: Zwischen England, Schottland, Wales;

Spanien: Zwischen Kastilien/Leon, Galicien, Navarra/Baskenland und insbesondere Katalonien;

Frankreich: Zwischen der république und der langue d`oc, der Bretagne, Navarra, Corsica, Alsace-Lorraine;

Belgien: Zwischen Flandern und Valonay;

Schweiz: Zwischen der Eidgenossenschaft und der Suisse Romande, dem Ticino, den Rätoromanen;

Österreich: zu Tirol, zu Vorarlberg;

Italien: Zu Aosta, Sardinien, Sizilien, Südtirol, Friaulisch-Venetien;

Rumänien: Zu den Szeklern.

(Jugoslawien unterfällt n i c h t mehr der Voraussetzung der praktischen Unteilbarkeit.)

Alle diese Linien, Grenzvorstellungen, Träume, Befürchtungen haben nur noch einen winzigen Rest von Vernunft, von Logik für sich: Ausschließlich theoretisch! Dennoch wird kaum jemand Ernstzunehmender sie ernsthaft denken, sie ernsthaft verfolgen. Wie viel mehr noch sind dann sinnwidrig sowjetisch/polnische Kampflinien mitten durch Europa, mitten durch Deutschland, bis 1990 mitten durch Berlin, alle diese Stalinrealitäten des zweiten Weltkrieges: Unerträglich und schnellstens zu beseitigen.

Für einen Demokraten konnte – solange die Teilung Berlins und Mitteldeutschlands dauerte – die „deutsche Frage" nur „offen" sein und bleiben. Die Aufteilung Deutschlands – die bis 1990 durchgeführte Politik war – ist kein „Glück" für die Menschheit, für Europa, für die Deutschen. Mögen nützliche Intellektuelle immer schreiben oder sagen, was sie wollen. Sie ist ein Verbrechen und mehr noch: Sie ist ein Nonsens, eine Dummheit.

Im Ergebnis bleibt mit allem Nachdruck festzustellen und festzuhalten, daß keine, daß g a r   k e i n e der oben angedeuteten theoretischen Linien deutscherseits anders denn als absurd eingeschätzt wird. Es geht hier nur darum, zu beweisen, an Hand dieser Beispiele unwiderlegbar, daß und warum die willkürlichen und zufälligen Zonengrenzen, die zur „DDR", die Oder-Neiße-Linie absurd und untragbar sind. Ebenso, wie jede der dargelegten Phantasielinien untragbar sein würde.

3.26
Feindliches abstraktes Vorbringen für die Aufteilung Deutschlands

Demgegenüber bleiben die feindlichen Scheinargumente festzuhalten, warum Deutschland aufzuteilen sei, aufgeteilt worden ist, aufgeteilt bleiben müsse.

Hier geht es noch nicht um Ostdeutschland insbesondere. Es geht um die Voraussetzung der Existenz eines deutschen Ostdeutschland. Es geht um die Aufteilung von Deutschland als Ganzem. Ohne zu vereinigendes Deutschland kein Ostdeutschland … Jeweils meist Andeutungen des feindlichen Vorbringens und sodann Andeutungen der Argumente zur Widerlegung müssen hier genügen.

3.261
Vorgebracht wird: Deutschland sei – seit langem, seit wie langem? – nicht im inneren Gleichgewicht und daher ein Störfaktor?

Was immer unter innerem Gleichgewicht gemeint, hier als vorgeblicher Mangel gerügt sein sollte: Seit der Reformation – dem im Zweifel nachhaltigsten „Störfaktor" der gesamten europäischen Geschichte – ist Deutschland bis 1740 / 1864 in sich versunken gewesen, so lethargisch, so passiv, so sehr Objekt, daß es äußerstenfalls als ein „Vakuum störte", was dem Opfer von fremden Aggressionen logischerweise kaum als mangelndes Gleichgewicht vorgeworfen werden kann! Auch 1740, auch 1864 sind vom Ausland her Deutschland nicht vorzuwerfen, 1740, 1744, 1756, 1866 waren für Deutschland deutsche Bürgerkriege, innerdeutsche Hegemonialentscheidungen, ohne berechtigte Verwicklung Fremder, wenn diese sich nur nicht hätten hineindrängen wollen. 1864 wie 1870 waren Kriege zur berechtigten Wahrung des Selbstbestimmungsrechtes. Von 1871 bis 1914 war das Deutsche Reich nur in ebenso prekärem Gleichgewicht wie alle anderen modernen Großstaaten seiner Zeit. Daran ändert auch die unbestrittene Tatsache nichts, daß der letzte Kaiser Wilhelm II und einer seiner Reichskanzler so negativ zu beurteilen bleiben. Alle Einzelheiten sind bekannt.

3.262
Vorgebracht wird: Zufolge seiner Beschaffenheit in Kultur und Gesellschaft „störe" die Einheit Deutschlands die Ruhe Europas?

Die Kultur und die Gesellschaft Deutschlands waren zwischen 1815, 1864, 1918 und 1933 weder gesünder noch unvergleichbar kränker als die anderer Teile Europas. Die schwerwiegenden Folgen von Versailles wie der Weltwirtschaftskrise sind außerhalb jeder deutschen Verantwortung. Auch in Deutschland ist die Idee des aufgeklärten und fortschrittlichen Bürgertums, d i e Idee des XIX. Jahrhunderts, keineswegs mehr gescheitert als sonst in Europa. Das Vorbringen ist danach nichts als elitäre und arrogante Selbstbelobigung Glücklicherer.

3.263

Vorgebracht wird: Das deutsche Volk sei ein zu „unruhiges" Volk?

Seit 1517 bis mindestens 1864, im Grunde bis 1888, ja eigentlich bis 1914 ist dieser Vorwurf durch nichts zu belegen. Nicht Deutsche kämpften in der Tschechei und gegen die Tschechen, sondern Hussiten viele Jahre in halb Deutschland, in Österreich, Bayern, Franken, Sachsen, Schlesien, Lausitz, Brandenburg, ja bis hin nach Westpreußen gingen ihre Raubzüge.

Nicht Deutsche kämpften in Schweden, sondern Schweden fast 2 Jahrzehnte in Deutschland von Pommern bis München und vor Wien!

Nicht Deutsche kämpften bis 1813 in Frankreich, sondern Franzosen für die Republik wie für den Kaiser in Deutschland viele Jahre.

Nicht Deutsche kämpften bis 1914 in Rußland, sondern Russen in Deutschland, von Groß-Jägersdorf über Zorndorf und Kuhnersdorf bis Leipzig.

Die geistige „deutsche Unruhe" – was immer das sein mag – von Kopernikus über Martin Luther, Leibnitz, Lessing, Goethe, Schiller, Nietzsche und Karl Marx, und so vieler Anderer, ist ein Teil des Stolzes des Geisteslebens Europas und der Welt: Kein Vorwurf; schon gar kein Argument, um Deutschland aufteilen zu wollen.

3.265

Vorgebracht wird: Das deutsche Volk sei ein unverständliches und unverständiges Volk?

Wer kann berechtigt sein, über ein anderes großes Volk so zu urteilen, bzw. es zu verurteilen? Wenn das deutsche Volk – vielleicht sogar zunehmend? – einen vorgeblichen „Sonderweg" gegangen sein sollte: So ist ein solcher eigener Weg das Recht jedes Volkes. Das deutsche Volk hat seit 800 n.Chr., spätestens seit 911 das „Reich", das abendländische Kaisertum in und für Europa getragen, da Byzanz zunehmend ausschied und 1453 unterging. Wer ist dann eigentlich einen „Sonderweg" gegangen? Wer war die Mitte Europas? Welches war das größte Volk Europas bis 1618? Wo und was war dann „Rand" Europas? Paris und das „Judicium" bedeuteten keineswegs mehr als Rom und das „Sacerdocium", als Bologna, als Salamanca, als Prag, als Krakau, als Konstantinopel, als Wittenberg.! Die deutsche Geschichte ist keineswegs unverständlicher als die französische, britische, spanische, italienische! Das Scheinargument ist wertlos.

3.266

Vorgebracht wird: Das deutsche Volk sei von fehlender Voraussicht, von politischer Blindheit charakterisiert?

Und wenn dies horribile dictu wirklich so wäre, – und wenn es so wäre über das entsprechende Maß anderer europäischer Völker hinaus!? –, so gäbe dies noch niemandem das Recht, dieses „blinde" Volk zur Abhilfe aufteilen zu wollen. Das Vorbringen ist zu dem Vorhaben und zum Aufteilungsergebnis ohne jeden logischen Bezug. Wer aber könnte Luther, Karl V, Goethe, Karl Marx, Einstein der Blindheit zeihen.

3.267

Vorgebracht wird: Deutschland, das Deutsche Reich, die „wiedervereinigte" Bundesrepublik Deutschland sei für Europa „zu groß", „vingt millions de trop", nun „quarante millions de trop"? Es sei „zu mächtig"?

Hier geht es noch nicht darum, ob Deutschland wiedervereinigt mit Ostdeutschland zu groß bzw. zu mächtig sei! Allein Deutschland als Einheit, als ein Ganzes sei zu groß? Sei zu mächtig? Auch ohne Ostdeutschland, Österreich, das Sudetenland? Was zu groß sein soll, was zu mächtig sein soll, sind keine Absolutbegriffe! Sie können n u r im Vergleich beurteilt werden, im Vergleich mit anderen europäischen Mächten, im Vergleich zu verschiedenen Perioden bzw. Zeitpunkten:

– als die Schweizer über österreichisch/schwäbische Heere siegten, 1315 am Berge Morgarten, 1386 bei Sempach, 1388 bei Näfels,

– als die Polen und Tartaren – nicht die Litauer! – 1410 bei Tannenberg auf deutschem Boden siegten,

– als die Hussiten kämpften 1419 – 1436 auf deutschem Boden-,

während der 4 Kriege Franz I von Frankreich gegen den deutschen Kaiser Karl V 1521–1526, 1526–1529, 1536–1538 –,

– als die Schweden siegten, 1631 bei Breitenfeld, 1632 bei Rain am Lech, 1632 bei Lützen, 1636 bei Wittstock, auf deutschem Boden –,

– als die Franzosen 1689, 1693 Heidelberg und die Pfalz verbrannten, 1701 – 1714 in Deutschland um Spanien kämpften –,

– als die Franzosen 1757 bei Roßbach mitten in Thüringen, in Deutschlands Mitte geschlagen werden mußten –,

– als die Russen 1758 bei Groß-Jägersdorf in Ostpreußen, 1759 bei Kuhnersdorf in der Mark Brandenburg siegten auf deutschem Boden,

– als Frankreich 1789 bis 1815 Deutschland und ganz Europa überschwemmte mit den Armeen der Revolution und dann Napoleons.

M i n d e s t e n s in diesen 5 Jahrhunderten 1315 – 1815 war ohne jeden Zweifel Deutschland nicht „zu groß". War es erst recht nicht „zu mächtig". Dies gilt gerade auch für das vereinigte Deutschland. Soweit dürfte das Ergebnis aller dieser Vergleiche unwiderlegbar sein. Nicht nur bedauerlich, sondern für Deutschland buchstäblich tödlich ist es geworden und geblieben, daß solche unbestreitbaren Tatsachen in den Vereinigten Staaten von Amerika niemals jemand zur Kenntnis zu nehmen bereit war, wie die Geschichte Mitteleuropas wirklich verlief: Vermutlich nicht einmal ein objektiver Beurteiler wie Gordon A. Craig.

1864 kämpfte Deutschland in Einigkeit, Österreich wie Preußen, für das Selbstbestimmungsrecht des überwiegend deutschen Landes Schleswig; 1871 erklärte Frankreich den Krieg, wollte Frankreich angreifen zur „Revanche pour Sadowa", die es gar nicht betraf, um die es das allein betroffene Österreich gar nicht gebeten hatte, die Frankreich gar nichts anging; 1871 bis 1914 hat Deutschland nicht nur keinen Angriffskrieg, sondern überhaupt keinen Krieg in Europa geführt, als Deutschland vermutlich am größten und am mächtigsten war ...!

Der wirkliche Kriegsgrund 1914 lag bei Rußland und lag bei Frankreich. Serbien wurde nur als Kriegsanlaß benutzt. Anm. Zar Alexander III proklamierte wie ein Selbstmörder: „Wir müssen die Fehler der Vergangenheit korrigieren und Deutschland bei der ersten sich bietenden Gelegenheit vernichten".[19] [20]

1914 Hier ist die Kenntnisnahme der Fakten so eindeutig überzeugend, als Beweis, daß es unverständlich ist, daß das viel zu kleine und zu schwache Deutschland als „zu groß" und „zu mächtig" bezeichnet und sogar geglaubt wird. Dabei sind die Grunddaten die folgenden (Reichsarchiv: Der Weltkrieg 1914–1918, 1. Bd., S.22): 1.8.1914 Staat Einwohnerzahl, Fläche, Stärke des Feldheeres, Wehrpflicht: R u ß l a n d   157 000 000,   22 429 997, 2 712 000, 1–4 Jahre,

---

[19] Vergleiche George F. Kennan: „Auf Krieg programmiert"; Frankreich und Rußland am Vorabend des ersten Weltkrieges; 1990
[20] Vergleiche FAZ v. 31.7.1990

Frankreich 39 000 000, 536 408, 2 150 000, 3 Jahre,
Deutsches Reich 67 000 000, 539 366, 2 147 000, 1–2 Jahre
Österreich-Ungarn 50 000 000, 622 323, 1 400 000, 1–3 Jahre
Italien 34 000 000, 286 589, 2–3 Jahre

Wenn Deutschland wirklich zu groß und zu mächtig gewesen wäre, so hätte nicht Frankreich mit 39 Millionen Franzosen eine stärkere Friedensarmee und ein stärkeres Feldheer aufstellen können als das Deutsche Reich mit seinen 67 Millionen Deutschen: Zu schweigen von der noch viel stärkeren, mit Frankreich verbündeten russischen Armee. Während Frankreich sich als zu allem entschlossen erwies mit der Wiedereinführung der dreijährigen Wehrpflicht war Deutschland ohne Kriegsziele. Auch Fritz Fischer vermag „Ziele", um einen Krieg zu beginnen, nicht nachzuweisen. Rein theoretische Routineüberlegungen von Reichsressorts sind Pflichtarbeit des Alltags, aber keine „Ziele". Dem Deutschen Reich von 1914 unterstellen zu wollen, daß es sich wissentlich und willentlich nicht darauf vorbereitet habe, aber unvorbereitet dennoch entschlossen gewesen sei, z w e i s t ä r k e r e Armeen – ohne Kriegsziele – (nur mit dem schwachen Österreich-Ungarn verbündet) anzugreifen, setzt voraus, die Regierung des Deutschen Reiches 1914 nicht nur für unfähig – was sie partiell vielleicht war – zu halten, sondern sie für schwachsinnig zu halten, – was sie nicht war.

1933 war bei 100 000 Mann Reichswehr das Deutsche Reich nach jeder möglichen Definition sicher „zu groß" und „zu mächtig".

1935 mit nunmehr 300 000 Mann Reichswehr hatte sich dies noch nicht grundlegend gewandelt.

1938 erst, 1939 erst wurde Deutschland mächtig. Dennoch war es auch nicht nur so mächtig, daß auch nur Polen den relativ sehr maßvollen deutschen Forderungen zum endgültigen Ausgleich: – Sogenannter Marienwerder-Plan, Danzig, exterritoriale Autobahn durch den Korridor nach Ostpreußen, Volksbefragung in Westpreußen –, auch nur zur Prüfung näherzutreten bereit gewesen wäre: Denn das angeblich überfallene Polen provozierte ja den Krieg, weil die polnische Armee noch immer glaubte, „nach Berlin marschieren" zu können.

Zu mächtig wurde das Deutsche Reich dann erst in Stalins Bündnis mit der Polen genauso angreifenden Sowjetunion: Eine offensichtlich einmalige Lage, die sich niemals wiederholen kann noch wird. Dementsprechend kann Deutschland niemals mehr zu groß oder zu mächtig sein.

Im Übrigen: Was heißt noch zu groß oder zu mächtig im Zeitalter der Atomwaffen; Waffen, die der deutsche Staat nicht hat und nicht zu haben wünscht.

3.268

Vorgebracht wird: Deutschland sei ökonomisch zu dynamisch?

Daß „Made in Germany" ca. 1888 bis 1914 dynamisch war bestreitet niemand. Daß dies Teile eines Kriegsgrundes 1914 bedeutet haben mag, ist vergangen. Auf jeden Fall wurde mit „Made in Germany" kein Quadratzentimeter Bodens in Europa gefährdet oder erobert. Anschließend 1918 bis 1933, im Ruhrkampf, in der Inflation, in der Weltwirtschaftskrise, war Deutschland in keiner Weise ökonomisch zu dynamisch. Die wenigen Jahre des Wirtschaftsfortschritts nach der Gesundung der Weltwirtschaft bis 1939, z.B. gegenüber dem Balkan, nahmen niemandem über Gebühr etwas weg.

Die Wirtschaft in der Bundesrepublik ab 1948/1949 ist in unvergleichbarer Weise dynamischer als je zuvor. Damit aber ist Deutschland weder zu dynamisch geworden noch zu dynamisch geblieben. Wie die meisten anderen westlichen europäischen Staaten ist auch

Deutschland in den europäischen wirtschaftlichen Gemeinschaften aufgegangen. Damit ist das hier fragliche Scheinargument unwiderruflich und endgültig gegenstandslos. Es dürfte sowohl in der europäischen Währungsgemeinschaft als auch in der europäischen politischen Union mit jedem Tage antiquierter werden. Die Teilung Deutschlands braucht nicht mehr angestrebt zu werden, die deutsche Frage braucht nicht mehr als „nicht mehr offen" fingiert zu werden, weil angeblich Deutschland – oder die Deutsche Mark – zu dynamisch sei und bleibe.

3.269

Vorgebracht wird: Deutschland habe ein unglückliches Verhältnis zum Gleichgewicht Europas. Seine jeweilige pure Existenz als einheitlicher Staat sei eine Bedrohung des Gleichgewichtes Europas.

Um diese Angriffsthesen beurteilen zu können, ist es grundlegend zunächst erforderlich, zu versuchen zu definieren, was das „Gleichgewicht Europas" ist bzw. wohl ggf. sein soll, da sehr verschieden dimensionierte Staaten Europa darstellen:

In der pax romana waren Germanien einerseits und Persien andererseits nicht nur wirklich überflüssig sondern zerstörend.

Im Gleichgewicht im Sinne Franz I., Richelieus, Mazarins, Ludwigs XIV., Robespierres, Napoleons I, Napoleons III, Boulangers, Poincarés, Clemenceaus, war jeder andere Friede als ein französischer Friede eine „Störung des Gleichgewichts Europas". Erst Briand und De Gaulle lernten, es anders zu sehen.

Im Gleichgewicht Europas im Sinne von – höchst ehrlich und überzeugt – einerseits George Canning, Robert Peel, Palmerston, Russel, Gladstone, Disraeli, Lord Haldane, Winston Churchill, Asquith, Lloyd George, Baldwin, MacDonald, Neville Chamberlain, andererseits Theodore Roosevelt, Taft, Woodrow Wilson, – nicht dagegen Harding, Coolidge, Hoover! – vor allem aber wieder Franklin D. Roosevelt war jeder andere Frieden als eine angelsächsische Weltordnung eine „Störung des Gleichgewichtes Europas", die alsbald schnellstens zu beseitigen bliebe.

So wie Roosevelt Groß Britannien veranlaßt haben soll, Polen blanco zu garantieren, – am 31.3.1939 –, und weiter Polen veranlaßt haben soll, auch deutschen Forderungen aus dem Selbstbestimmungsrecht n i c h t entgegenzukommen. Erst damit hatte der zweite Weltkrieg seine „notwendige" Bedingung gefunden. Seine „hinreichende" Bedingung fand er dann durch Stalin durch den Hitler-Stalin Pakt.

Erst langsam Churchill, dann Bevin, schließlich langsam Thatcher einerseits, Kennedy, Reagan, Bush andererseits, begannen es anders zu sehen.

In jedem hier geschilderten Sinne, im Sinne Roms, Frankreichs, Groß Britanniens, mit diesem im Sinne der USA, war mithin im Ergebnis das Deutsche Reich, „rien qu'en existant", „rien qu'en vivant" eine vorgebliche „Störung des Gleichgewichtes": Ohne überhaupt stören zu wollen, ohne überhaupt bis 1938 ernsthaft stören zu können.

Nachdem jede der geschilderten Lagen unabänderlich vergangene Vergangenheit ist, nachdem die Entente pas cordiale zwischen der Französischen Republik und der Bundesrepublik Deutschland das Herzstück des Gleichgewichts Europas geworden ist, kann Deutschland, auch als „wiedervereinigtes" Vier-Zonen-Deutschland, keine Störung des Gleichgewichts Europas sein.

3.2610

Vorgebracht wird: Deutschland strebe nach der Hegemonie über Europa?

Das Deutsche Reich war schon nur ungern „ehrlicher Makler" 1878 im Berliner Kongreß. Ein einziges Mal hat das Reich wirklich nach der Hegemonie gestrebt 1939 – 1945. – Dies war offensichtlich einmalig und ist vorbei. Es ist heute keinerlei Argument mehr gegen Deutschlands ungeschmälerte Einheit. Im sich vereinigenden Europa ist jede Hegemonie begrifflich ausgeschlossen: Außer der Reste der Ostmitteleuropa noch aufgezwungenen russischen Hegemonie und der Roten Armee …

3.2611

Vorgebracht wird: Deutschland sei gleichermaßen zu fürchten, ob demokratisch 1848, unter Bismarck, unter Bethmann-Hollweg, unter Adolf Hitler, unter Konrad Adenauer oder Willy Brandt oder Hellmuth Kohl.

Befürchtungen solcher Art, sogar vor Adenauer, Brandt, Kohl sind logisch weder zu erfassen noch sind es Argumente. Sie sind opportunistische Feindbildillusion einer Phantasmagorie aus dem XIX. Jahrhundert. Sie sind der unabänderliche Ausdruck eines unglaublich schlechten Gewissens. Sie sind psycho-pathologische Propaganda bis hin zu Minister Ridley und zu Walesa.

3.2612

Vorgebracht wird: Deutschlands Machtstreben sei zufolge seiner Angriffslust, Aggressivität und Aggressionen unerträglich und müsse durch seine Aufteilung ausgeschaltet werden.

Von dieser Kampfthese ist alles schief, falsch, verzerrt, Vorurteil.

Machtstreben war die Zielsetzung jedes Staates mindestens bis 1945, – auch jedes europäischen Staates – seit es Staaten gibt. Das deutsche Volk ist nicht mehr, sondern weniger angriffslustig als viele andere Nationen. Preußen beispielsweise hat unvergleichlich viel weniger Kriege geführt als Spanien, Frankreich, England, Polen, Rußland, die Türkei. Von Aggressivität und Aggressionen ist die deutsche Entwicklung seit dem Verlust von Reichsitalien, vielleicht seit 1526 – dem sacco di Roma – fast völlig frei. Die deutschen Italienzüge waren aber kaum Zeichen von Aggressivität, sondern von irreleitenden römischen Geschichtsmythen, aus Religionsgründen, aus dynastischen Kaiserträumen und Illusionen, aus in der Neuzeit geistig nicht mehr nachvollziehbaren Ideen und Emotionen, die damals die Welt bedeuten mochten. Wenn in britischen intellektuellen Kreisen 1944 das gegenseitige Erschießen Deutscher – Konservativer – durch Deutsche – Waffen SS – um den 20. Juli 1944 begrüßt worden sein soll, „weil die Deutschen selbst die hinrichteten, die sonst den dritten Weltkrieg hätten vorbereiten wollen", so zeugt dies von einer Weitsicht, zu der nur gratuliert werden kann: Angriffslust, Aggressivität, Aggression kann auch frei erfunden, kann emporgeglaubt, kann großgeglaubt werden.

3.2613

Vorgebracht wird: Vom deutschen Boden sollte kein K r i e g mehr ausgehen dürfen. Um dies zu verhindern, müsse Deutschland aufgeteilt werden.

Dies ist propagandistischer Nonsens. In den letzten 2 0 0 Jahren sind fast alle Kriege in Europa offensichtlich nicht von deutschem Boden ausgegangen. So beispielsweise: die französische Revolution, Napoleon usw. 1789 – 1815, griechischer Unabhängigkeitskrieg, 1821 – 1830 russisch – türkischer Krieg, 1828 – 1829 russisch – kaukasische Kriege, 1801 – 1859 russisch – polnischer Aufstand/Krieg 1830 – 1831, russisch/österreichisch – ungarischer Krieg 1849

italienisch – österreichischer Krieg 1848 – 1849, russisch – britisch/französisch/türkischer Krieg 1853 – 1856 Krimkrieg, französisch/sardinischer-österreichischer Krieg 1859, russisch – polnischer Aufstand/Krieg 1863 italienisch – österreichischer Krieg 1866, russisch – türkischer Krieg 1877 – 1878, serbisch – türkischer Krieg 1876 – 1878, serbisch – bulgarischer Krieg 1885 – 1886, griechisch – türkischer Krieg 1896 – 1897, Erster Balkankrieg: Serbien, Bulgarien, Montenegro, Griechenland gegen die Türkei 1912, Zweiter Balkankrieg: Serbien, Griechenland, Rumänien, Türkei gegen Bulgarien 1913

russisch – estnischer Krieg 1918 – 1919, russisch – litauischer Krieg 1918 – 1920, russisch – lettischer Krieg 1919 – 1920, russisch – finnischer Krieg 1918 – 1920, russisch – polnischer Krieg 1920, griechisch – türkischer Krieg 1921 – 22!

Mindestens 23 Kriege fanden in diesen 133 Jahren statt, ohne daß sie vom deutschen Boden ausgegangen sind.

Dagegen vom deutschen Boden: 1864 fand in Verwirklichung des Selbstbestimmungsrechtes statt und nur auf deutschem Boden. 1866 war ein innerdeutscher Krieg auf deutschem Boden (Österreich / Deutscher Bund – Preußen). 1870/1871 ist zufolge der französischen Kriegserklärung vom 19. Juli 1870 nicht vom deutschen Boden ausgegangen, sondern von Paris! 1914 – 1918 ist entgegen der Kriegsschuldthese n i c h t allein vom deutschen Boden ausgegangen, sondern von Serajewo und Rußland.

1939 – 1945 bleibt der e i n z i g e vom deutschen Boden ausgegangene Krieg von mindestens 27 Kriegen in 156 Jahren in Europa. Und auch dieser Krieg noch war vor allem auch die Folge von Versailles und Saint Germain und dem Versagen der Alliierten als Siegermächte 1918, 1920 bzw. zufolge der Verweigerung der Revision bis 1933; sowie der Provokation Polens. Angesichts solcher unbestreitbarer Fakten volltönend zu fordern einerseits, zu proklamieren andererseits, daß vom deutschen Boden – der 1945 in mindestens 11 Teile zerschnitten worden ist! – kein Krieg-mehr-ausgehen solle, kann höflichkeitshalber objektiv ohne Verwendung von Deutlichkeit nicht mehr charakterisiert werden.

Wenn ein Scheinargument solcher Art von nützlichen Funktionären im Inland vorgebracht wird, so ist es Parteiengerede zu Wahlzwecken, da der Frieden unzweifelhaft und ausnahmslos bei allen populär ist.

Wenn es die „DDR" vorbrachte, so war es der Gipfel der Heuchelei. Auch „aus der DDR" und unter maßgeblicher Beteiligung der „DDR" – anders als z.B. Rumänien! Es gab also keinen Beteiligungszwang! – hat der kriegerische Einfall der Sowjetunion in die Tschechoslowakei gegen Dubcek 1968 stattgefunden.

Wenn es im Ausland vorgebracht wurde, so ist es im Westen bestenfalls Unkenntnis der historischen Fakten, im Osten zielbewußte sowjetische psychologische Propaganda: Um von der eigenen sowjetischen ständigen Kriegführung abzulenken, so von z.B. 9 Jahren in Afghanistan, aber auch in Angola, Mocambique, Athiopien usw.

3.2614
Vorgebracht wird: Deutschland müsse auf Dauer absolut niedergehalten werden.

Kaum ein Nachbarstaat wird solches heute noch offen zugeben Dennoch dürfte die innere Motivation vielfach nicht weit davon entfernt sein. Die wirkliche Emotion ist dann vielfach niedrige Sentimentalität, Rache um jeden Preis, Vergeltung bis in alle Zukunft, „Wiedervereinigung erst in zehn Generationen". Gegenüber solchen Erwägungen ist jede pure Logik nicht nur wehrlos, sondern auch nicht mehr angebracht.

3.27
Feindliches konkretes Vorbringen für die Aufteilung Deutschlands.

3.271

Vorgebracht wird: P r e u ß e n ! – Preußen sei der Stein allen Anstoßes an Deutschland. Aus Preußen sei die Militarisierung Deutschlands gekommen. Preußen müsse vom restlichen Deutschland abgetrennt werden. Preußen müsse zur Isolierung verurteilt werden. Süddeutschland müsse von Preußen getrennt werden. Das Rheinland, mit dem Ruhrgebiet und mit dem Saargebiet müsse von Preußen getrennt werden. Bayern müsse von Preußen getrennt werden. Österreich müsse von Preußen getrennt gehalten werden.

Preußen isoliert, mit 40 Millionen „Preußen", sei eine „brauchbare" Einheit. Mit Preußen könne „ein harter, aber ehrenvoller Frieden" geschlossen werden. Dies erklärte Winston Churchill im Dezember 1943: Und wenige Tage später erklärte der gleiche Friedensstifter Winston Churchill, am 14. Januar 1944, Preußen müsse „beschnitten" und „zerschlagen" werden.

Entwaffnend an diesem Argument für die Aufteilung Deutschlands ist von vornherein, daß es nicht bereit ist, auch nur zur Kenntnis zu nehmen, daß es aber einen de facto seit 1918, spätestens aber seit dem 1. August 1932 auch theoretisch – Papenschlag – t o t e n deutschen Staat als Urgrund aller deutschen Probleme zu bekämpfen und zu vernichten sich bemüht ... 1943 – 1945. Praktisch aber verging Preußen seiner Staatsidee nach bereits mit der Abdankung seines letzten Königs und der Auflösung seiner letzten Armee 1918.

Eine Begründung aber, selbst wenn es Preußen 1945 noch gegeben hätte, warum wegen der Existenz eines deutschen Teilstaates Preußen ganz Deutschland aufgeteilt werden müßte, sollte, dürfte, liefert ein solches Vorbringen logischerweise ohnehin nicht. Der Vorwurf des „Militarismus" schließlich ist eine für die Vorhaben der Aufteilung Deutschlands irrelevante äußere Form, Protokoll, Prestige, Gepränge, Nachklang der Ritterlichkeit, Mythos. Keine faßbare Tatsache.

3.272

Vorgebracht werden: Die deutschen Stämme – Entweder: „Die Menschen in Preußen, die Sachsen, die Bayern, die Einwohner der Hansestädte und die Rheinländer unterscheiden sich zutiefst von einander".[21] „Nur Bismarck hat sie 1870 zu einer Einheit zusammengeschlossen". Es wäre viel besser, die deutschen Stämme auseinanderzureißen, „... nötigenfalls mit Gewalt".

Oder: „Die Deutschen aber seien alle gleich ... Im Grunde aber bestehe zwischen Norddeutschen und Süddeutschen kein Unterschied, denn alle Deutschen kämpften wie die Bestien."[22] Roosevelt pflichtete Stalin eifrig bei: „Es sei kein Unterschied unter den Deutschen. Die Bayern hätten keine Offizierskaste, sonst aber seien sie genau so wie die Preußen".

Seien nun in der Wirklichkeit die deutschen Stämme entweder so gleich, wie eine gütige Schöpfung es erlaubt hat, oder aber seien die deutschen Stämme so „zutiefst" unterschiedlich, wie eine leidvolle Geschichte nach 1000 Jahren sie hinterlassen haben mag: Keine dieser Erwägungen gibt auch nur den leisesten Grund, einen Anlaß oder die Berechtigung, Deutschland in seine Stämme – gegen ihren Willen – aufzuteilen.

Ist der Cockney nicht „zutiefst" unterschieden von einem Mitglied eines schottischen Clans? Ist der Pariser nicht grundverschieden von einem Provencalen? Ist der Savoyer nicht völlig anders als der Calabrese? Niemand aber hat jemals aus solchen Gründen das Vereinigte Königreich, die Französische Republik oder Italien aufteilen wollen. Vom „zutiefsten Unterschied" zwischen den Slowenen einerseits und den Macedo-Slawen andererseits zu schweigen.

---

[21] MP Boothby vor dem House of Commons, 23.2.1944.
[22] Stalin in Teheran, 1. Dezember 1943

3.273

Vorgebracht wird: Wünschbarkeit einer Unabhängigkeit Bayerns, einer Unabhängigkeit Österreichs, der Neubildung einer Donau-Föderation oder Donau-Konföderation.

Österreichs Wiederherstellung als unabhängiger Staat vorgebracht von Stalin in Moskau gegenüber Eden Mitte Dezember 1941; Wiederholt von Stalin in Teheran am 1. Dezember 1943; vorgebracht von Morgenthau für Quebec im September 1944; vorgebracht im „Briefing Book" des US amerikanischen Department of State am 12. Januar 1945 für Malta wie Jalta; ist eine Separationsthese, ist eine Frage der Aufteilung von Deutschland. Auch wenn sie von Teilen der Weltöffentlichkeit – und der Bevölkerung Österreichs, ihrer Regierungspolitik folgend – so nicht gesehen wird. Alles Nähere über den deutschen Charakter Österreichs wird unten dargetan werden. (Vgl. unten 3.71 bis 3.79).

Die einzige Absicht der Aufteilung Deutschlands wird auch dadurch deutlich, daß vielfach es den Vortragenden überhaupt nicht um Österreich geht, – positiv –, sondern um die Separation um jeden Preis von Deutschland, – negativ! In Form irgendeiner Donauverbindung: vorgebracht von Churchill am 22. Mai 1943 in Washington: „Bayern könnte sich dieser Gruppe (d.i. „Donauföderation") anschließen"; vorgebracht von Churchill erneut am 28. November 1943 in Teheran; betreffend Bayern, Österreich, Ungarn; vorgebracht von Churchill erneut am 1. Dezember 1943 in Teheran, betreffend „ungefähr das österreichisch-ungarische Reich"; abgelehnt von MP G. Strauss im House of Commons am 23. Februar 1944; vorgebracht von Morgenthau im September 1944 für Quebec in Form des Vorschlags einer Zollunion mit einem ephemeren süddeutschen Staat.

B a y e r n s wird in separatistischer Ambition besonders eifrig gedacht: vorgebracht von Eden Mitte Dezember 1941 in Moskau als „Bildung eines selbständigen Bayern"; vorgebracht wiederholend von Churchill am 22. Mai 1943 in Washington; vorgebracht am 23. Februar 1944 von MP Boothby im House of Commons; „... daß es für Bayern, für Europa und für die Welt eine gute Sache gewesen wäre, wenn man Bayern nach dem letzten Krieg die Gelegenheit gegeben hätte, sich vom übrigen Deutschland abzuspalten"; vorgebracht von Morgenthau für Quebec im September 1944 in Form des Vorschlags „eines süddeutschen Staates, der Bayern, Württemberg, Baden und einige kleinere Gebiete umfaßt".

Daß Bayern weder gefragt werden sollte noch diese verräterische Abspaltung überhaupt wünschte, interessierte zwar keinen der wohlwollenden Vorbringenden. Aber objektive und rechtmäßige Gründe für diese Separation vermochte erst recht niemand vorzubringen.

3.274

Vorgebracht wird: Föderalismus, Dezentralisation, Separatismus – F ö d e r a l i s m u s – vorgebracht von verschiedenen und wechselnden Militärregierungen von 1945 bis 1949 – braucht wahrlich Deutschland nicht erst vorgeschlagen zu werden: Jeder deutsche Staat, das Heilige Römische Reich Deutscher Nation 911 – 1806, der Deutsche Bund 1815 – 1866, der Norddeutsche Bund 1866 – 1871, das Deutsche Reich 1871 – 1945, die Besatzungszonen bis zur Trizone 1945 – 1949, die Bundesrepublik Deutschland 1949 – 1990, Vier-Zonen-Deutschland 1990 – war selbstverständlich in etwas wechselndem Maße – sei es noch verfassungsrechtlich, sei es schon völkerrechtlich – auch föderalistisch.

D e z e n t r a l i s a t i o n – vorgebracht von Eden und Cadogan für Groß-Britannien einerseits, von Cordell Hull für die Vereinigten Staaten andererseits – am 21. August 1943 in Quebec, – als sanfte und verdeckte Methode der Aufteilung, ... „unbewußt", „in Deutschlands eigenem Interesse", „auf natürlichem Wege", ist schon sowohl im rechtlichen als auch im politischen Ansatz verfehlt. Als Verwaltungsrechtsmaßnahme geht es nach Völkerrecht, das heißt hier aber Besatzungsrecht, eine Besatzungsmacht als Maßnahme auf längere Dauer gemäß Kriegsvölkerrecht n i c h t das Geringste an. Ebenso wie das „maius“, die Aufteilung unzulässig ist, so ist auch das nur taktvoll getarnte „minus“ unzulässig, rechtswidrig, eine Einmischung ohne Rechtsgrundlage in ausschließlich deutsche innere Angelegenheiten als domaine réservé.

S e p a r a t i s m u s schließlich, vorgebracht von Roosevelt 14. März 1943 in Washington gegenüber Eden, „die separatistischen Neigungen und Ambitionen, die in Deutschland entstehen würden, ermutigen, …schließlich einer Teilung zuzustimmen …die der deutschen öffentlichen Meinung entspräche“. ist nur eine Alibibezeichnung. Gemeint und gewollt bleibt die Aufteilung Deutschlands, bis hin zur manipulierten deutschen öffentlichen Meinung – als ob diese Selbstbestimmung interessieren würde, bis hin nötigenfalls zur Gewalt. Förderung des deutschen Separatismus als Programm wurde genauso vorgetragen von Eden in Moskau am 25. Oktober 1943 unter Erwähnung und Bejahung der Gewalt.

Separatismus ist seiner Natur nach eine ausschließlich innerdeutsche Angelegenheit. Als solche ist Deutschland verpflichtet und berechtigt, mit ihr mit den adäquaten Mitteln fertig zu werden. So wie alle anderen Staaten gegenüber Verrat ausnahmslos auch. Sei es durch standrechtliche Erschießung, sei es durch Gerichtsurteil, wie nach der Schlacht am Siebengebirge 14.–19. 11. 1923, wie nach der Münchner Räteherrschaft, 1919, wie nach dem Max-Hölz-Aufstand, 1921, wie gegenüber der „Roten Armee an der Ruhr“, wie nach der Feldherrnhallen-Querele Hitlers 9.11.1923! So wie Deutschland weiterhin Hochverrat bzw. Landesverrat ahnden wird ohne irgendeine Rücksicht auf ausländisches Wunschvorbringen hin zu deutschem Separatismus.

3.275

Vorgebracht werden: Unterstellung und Verwaltung duch die Vereinten Nationen. – Besonders scheinbar harmlos, – und daher besonders irreführend und unseriös-, ist das Vorbringen, speziell ausgewählte Teile Deutschlands – ohne die Deutschland überhaupt nicht existieren kann – der „Verwaltung“ der Vereinten Nationen zu unterstellen. Dies wurde vorgebracht erstmals von Roosevelt am 1. Dezember 1943 in Teheran. Es sollte betreffen „Kiel und den Kieler Kanal“; „Das Ruhrgebiet und das Saargebiet“. „Die Vereinten Nationen würden diese Gebiete als Treuhänder verwalten“. – Als Treuhänder wessen? Dabei hatte Roosevelt selber am 14. März 1943 noch erklärt, „er hoffe, wir würden nicht die Methode einer willkürlichen Teilung Deutschlands anwenden, die in Versailles erörtert und auch von Clemenceau gefördert worden sei“.

Zunächst ist zugrundezulegen, daß zu diesen Terminen die „United Nations“ nichts waren als ein Zusammenschluß der einen kriegführenden Partei. Zur gewünschten Weltorganisation konnten sie erst Jahre später werden. Weiter ist bis auf den mit Recht gescheiterten Versuch der „Europäisierung“ des Saarlandes niemals ein Versuch unternommen worden, durch eine prekäre internationale Staatenorganisation wie die Vereinten Nationen direkt „als Treuhänder“ in Europa Gebiete mit vielen Millionen Einwohnern zu verwalten. Auch der Völkerbund hatte 1920 bis endend 1945 nur an Einzelstaaten Mandate, Aufträge, Vollmachten vergeben. So wie diese deutschen Kerngebiete zu behandeln vorgeschlagen wurde, sind im Grunde nur Südseegebiete behandelt worden.

Im Ergebnis bleibt aber auch die scheinbar schonende äußere Organisation der Gebietsverwaltung durch die Vereinten Nationen als eine bloße Folgefrage keinerlei Argument für die Grundfrage der gewünschten Zerstückelung. Im Beispiel Roosevelts 4 getrennte Gebiete mit mehr als 8 Millionen Einwohnern.

3.276

Vorgebracht wird: Deutschland sei das Land der Mörder und Henker. – Vorgebracht wird als erstes, mittleres, neuestes, letztes Argument: Deutschland sei nicht das Land der Dichter und Denker, sondern sei das Land der Mörder und Henker … Deutschland ein Staat der Verbrecher … „Der Tod ist ein Meister aus Deutschland". Die deutschen Verbrechen – in ungebrochener Tradition von Martin Luther über Bismarck und Wilhelm II – Adolf Hitlers im zweiten Weltkrieg seien zufolge ihrer Singularität und Einzigartigkeit der Grund der Forderung, niemals zu vergeben, sondern immerwährend durch die Aufteilung Deutschlands unmöglich zu machen, daß sich solche singulären Verbrechen wiederholen könnten.

Zu den Verbrechen Deutscher im zweiten Weltkrieg, zur gegebenen Einmaligkeit, zur nicht gegebenen „Einzigartigkeit" ist gesondert in aller Deutlichkeit unten Stellung genommen worden. Die Aufteilung Deutschlands zu begründen vermögen sie nicht. Es handelt sich um absolut verschiedene Kategorien, die miteinander nicht das Geringste zu tun haben. Die Aufteilung eines Volkes und seines Nationalstaates gegen seinen entschlossenen und ausdrücklichen Willen durch Gewalt bleibt ein Verbrechen: Unter welchen erlogenen oder noch so wohllautenden Vorwänden als Scheinargumenten immer.

3.28
Wieso soll es ein Recht auf die A u f t e i l u n g gerade Deutschlands geben?

Selbst von ausgezeichnet unterrichteter und keineswegs von vornherein negativ voreingenommener Seite – von deutschen Professoren und modernen Historikern – ist in einer Art und Weise, die kindlich, wundergläubig, harmlos, erstaunlich erscheinen muß, die Frage wiederholt aufgeworfen worden, ob es nicht „ein Wunder" sei, daß Deutschland nicht 1918, daß Deutschland nicht 1945 aufgeteilt worden sei. Nichts sei weniger selbstverständlich als dies. Nichts sei weniger erstaunlich als das.

Nun also überhaupt Aufteilung? Wieso soll es also ein beinahe selbstverständliches Recht von Siegermächten eines Krieges der Neuzeit geben, einen nun ein Mal unterlegenen Staat eines unterlegenen, eines unbequemen Volkes aufzuteilen, zu sollen, zu können, zu dürfen?

Rache, auch Rache am deutschen Staat und am deutschen Volk ist kein Argument: Auch nicht nach Auschwitz. Es ist kein moralisches, kein ethisches Argument. Erst recht ist es kein Argument des Internationalen Rechts. Selbst wenn es weißglühenden Siegern, Stalin wie Roosevelt, irrigerweise als ein logisches Argument erschienen sein soll! Vor 1945! Vergeltung? Mein ist die Rache spricht der Herr. Vergeltung ist kein Argument.

Frankreich? Dabei hat 1813 und erneut 1815 keine der zahlreichen Siegermächte nach der Niederwerfung Frankreichs – das alle diese Mächte mißhandelt hatte – nach 26 Jahren ungezählter Angriffskriege, nach 15 Millionen sinnlos geopferter Toter, daran gedacht, nunmehr etwa das restlos unterlegene Frankreich aufteilen zu wollen.

Polen? Dabei ist von 1772 bis 1916/1918 in der internationalen Weltöffentlichkeit allgemein als offensichtliches Unrecht beklagt worden, daß das (innerlich weitgehend lebensuntüchtige) Königreich Polen aufgeteilt worden war: Der einzige Fall aber der Teilung ausdrücklich eines Doppelstaates! Dabei ist noch als Entschuldigungsgrund zugrundezulegen, daß 1772 im wesentlichen n i c h t polnische Gebiete, sondern litauische, weißruthenische, ukrainische, deutsche Volksgebiete abgetrennt worden waren. Dies ist nicht rechtswidrig, sondern rechtmäßig im Sinne der Selbstbestimmung. Es ist richtig, im Sinne des XX. Jahrhunderts. Rechtswidrig dagegen waren erst ohne Zweifel die Aufteilungen des wirklich polnischen Volksgebietes 1793 wie 1795.

Seit Strindbergs Drama „Nach Damaskus" spätestens ist klar, daß jegliches Handeln, jegliche Rache, jegliche Vergeltung immer nur Retorsion ist und nie Anderes oder mehr sein kann.- Retorsion, die immer weitergeht, wenn sie nicht bewußt abgebrochen wird. Es gibt keine letzte Rache, keine letzte Vergeltung, keine letzte Aufteilung eines Staates und Volkes, keine einmalige – ausnahmsweise!? – gerade Aufteilung Deutschlands: Als vorgeblich letzte, gerade noch ausnahmsweise zulässige Aufteilung gerade Deutschlands? Die Aufteilung wäre steinzeitliche Politik mitten im XX. Jahrhundert. Sie ist das absolute, auszuschließende Gegenteil von Demokratie.

Genauso, wie es ein Verbrechen ist, einen Menschen, ein Individualwesen „aufteilen" zu wollen, aus welchem „Grund" immer. Genauso ist es ein Verbrechen, ein Kollektivwesen, eine grandiose Schöpfung des Herrgotts, ein Wesen, das auf dem freien demokratischen Selbstbestimmungsrecht des Volkes beruht, aufteilen zu wollen. Ein Volk, eine Nation, der Staat dieses Volkes ist ein Kollektivwesen. Es ist nach Naturrecht, Menschenrechten, Internationalem Recht auch der Verfügungsgewalt von omnipotenten Siegermächten nicht grenzenlos ausgeliefert. Es gibt keinerlei Recht auf die Aufteilung eines Volkes. Die Aufteilung eines Staates eines Volkes ist ein Verbrechen.

Die modernen großen Siegermächte dieser Erde, alle gemeinsam und jede einzelne, diejenigen des ersten Weltkrieges, diejenigen des zweiten Weltkrieges, sie alle handelten in einem geistig lätalen Widerspruch in sich, gegen ihren eigenen Geist, gegen ihre Geschichte, gegen ihren Glauben, gegen ihre Rechtsüberzeugung, gegen das Internationale Recht, gegen das demokratische Selbstbestimmungsrecht, wenn sie alle glaubten, als sie alle glaubten – oder einzelne von ihnen immer noch glauben sollten 1990 in Kijiw – es stünde ihnen rechtlich frei, Deutschland aufteilen zu dürfen bzw. es aufgeteilt zu halten, ohne oder mit Gewalt.

3.29
Internationaler Standard des Selbstbestimmungsrechts eines Volkes auf seine Einheit.

Weiter bleibt aber grundsätzlich festzustellen und verbindlich festzuhalten, wie der internationale Status einer dauerhaften Weltfriedensordnung die Fragen der Einheit oder aber der Aufteilung eines Volkes löst. Die wichtigsten Länder bleiben zu würdigen.

Vereinigtes Königreich? 15. Juni 1215: Die M a g n a   C h a r t a Libertatum. Der Staat (… Der König …) ist an das Recht gebunden. Die Charta diente der Freiheit. Sie beendete Unfreiheit und Rechtlosigkeit. Was danach für einen einzelnen Bürger Englands gelten muß seit 776 Jahren, wieso soll das einem ganzen Volk – bestehend aus diesen lauter Einzelbürgern – genommen werden dürfen? Von Besatzungsmächten, von fremden feindlichen Mächten?

Vereinigte Staaten? 4. Juli 1776: Die Unabhängigkeitserklärung bekräftigt die „ursprüngliche Freiheit und Gleichheit aller Menschen", die Souveränität des Volkes, das Recht auf Widerstand gegen die Bedrückung der Menschen. Wieso soll dann eine Aufteilung Deutschlands gegen den Willen des deutschen Volkes mit Gewalt – durch Besatzungsmächte in Stalinrealität – mit der beschworenen Freiheit a l l e r Menschen, mit der Gleichheit a l l e r Menschen, mit der Souveränität eines Volkes, hier des deutschen Volkes vereinbart werden können? Roosevelt kann hier der Vorwurf nicht erspart werden, daß er die Grundsätze seiner eigenen Verfassung und der Unabhängigkeitserkärung gegenüber Deutschland zu brechen bereit war.

Zu erinnern bleibt auch an die Devise von Außenminister Baker für Präsident Bush, wonach die Vereinigten Staaten immer in Übereinstimmung mit der Moral handeln.

Die Aufforderung Deutschlands an die Vereinigten Staaten von Amerika bleibt offen. Wie konnten die Vereinigten Staaten bei solchem berechtigten moralischen Anspruch für ihr staatliches Handeln es nicht nur geschehen lassen, sondern heute noch unterstützen, daß

Deutschland in zwei erpressten „ungleichen" Diktat„verträgen" zur „Anerkennung" der Oder-Neiße-Linie gegenüber dem „Landraub Polens" (Admiral Leahy für die USA 1945), gegenüber einem „willkürlichen Gewaltakt" (Präsident Truman für die USA 1945) Polens gezwungen wurde?

Durch diese beiden Diktate, erst von Paris, 17.7.1990, dann von Moskau, 12.9.1990, t e i l e n auch die Vereinigten Staaten Deutschland 1990 / 1991 a u f in einerseits Vier-Zonen-Deutschland, getrennt von andererseits Ostdeutschland unter polnischer Verwaltung.

Frankreich? 26. August 1789: Erklärung der Menschen- und Bürgerrechte. Wenn Frankreich, wie es mit Stolz bekannte, an der Spitze der Zivilisation marschiert, so kann es die Menschenrechte, die Bürgerrechte, die Zivilisation nicht teilen in solche, die allen Menschen zustehen, und in solche, die nur Deutschen nicht zustehen: So das Recht des deutschen Volkes auf den eigenen deutschen Staat nach dem Einheitswillen des ganzen deutschen Volkes.

Sowjetunion? Nach dem Marxismus-Leninismus ist der unaufhaltsame Aufstieg zum Sozialismus die Folge eines wissenschaftlichen automatischen Entwicklungssystems, zu dem Endziel einer (vereinfacht gesagt) prästabilierten Harmonie des größten Glücks der größten Zahl. Diese unabänderliche wissenschaftliche Automatik kann gerade deshalb keine Aufteilung irgend eines einzelnen Volkes erfordern noch zulassen, da sie in jedem Falle automatisch unverbrüchlich eintreten wird für die ganze Welt. In der sozialistischen Weltunion gibt es aber keine geteilten Völker.

Weltrechtsgemeinschaft? An die beiden, ohnehin seit langem geltendes Recht nunmehr in positive zwingende Völkerrechtsnormen verstärkenden feierlichen abschließenden Erklärungen der Grund-, Menschen- und Bürgerrechte 1966 bleibt nur zu erinnern. So wie sie jedem gleichermaßen zur Seite stehen, jeden schützen, so gelten sie auch für die Deutschen und Deutschland.

Demokratie? Mit „demos kratein", mit der Herrschaft des Volkes ist es in keiner Weise vereinbar, das deutsche Volk gegen seinen Willen oder auch nur ohne seinen Willen aufteilen zu wollen.

Alle solche Feststellungen mögen als idealistisch, naiv, unrealistisch, weltfremd, „blauäugig" angesehen werden. Wer aber sich selber zuwider handelt, dem Geist entgegen, dem Gesetz entgegen, nach dem er selber seit Jahrhunderten angetreten ist, krass zuwiderhandelt durch den Versuch der Aufteilung des Staates eines großen Volkes, des deutschen Volkes, der handelt schamvoll und rechtswidrig.

Wie für alle Völker und alle Staaten in der Weltrechtsordnung gilt auch für das deutsche Volk die alte Grunderkenntnis: Neminem laedere, suum cuique tribuere!

3.3 Deutschland sei „glimpflich" davongekommen?

3.31

„Glimpflich"? Ein Argumentationsversuch für den status quo Deutschlands, für die Teilung Deutschlands, für die vorgebliche Unabänderlichkeit des Raubes Ostdeutschlands, bleibt schließlich das Vorbringen von sogar Wohlmeinenden, erst recht darüber hinausgehend von Interessenten am status quo: Deutschland habe keinen Grund, sich zu beklagen. Angesichts der „Vergangenheit, die nicht vergehen kann" sei Deutschland im Grunde 1918 wie gleichfalls 1945 doch noch „glimpflich davon gekommen": Nach dem Ende des ersten, vorgeblich „von Deutschland begonnenen" Weltkrieges, ... nach dem Ende des zweiten „formell von Deutschland begonnenen Weltkrieges"! ...

Dieser Argumentationsversuch potenziert die vorgebliche Kriegsschuld am ersten Weltkrieg, die formelle Kriegsschuld am zweiten Weltkrieg in einem solchen Maße, daß daraus – gewissermaßen in gerechter Retorsion – jedes Unrecht der Sieger 1920, jedes Verbrechen der Sieger Polen, Sowjetunion, Tschechoslowakei 1945 nur noch leicht wiegen könne, ja zu vernachlässigen sein könnte. Dieser Rechtfertigungsversuch, dieser Entschuldigungsversuch ist unzutreffend: Er ist ein arglistiges venire contra factum proprium.

Jede Motivation, Deutschland sei „glimpflich" nach jedem beider Kriege davongekommen, beruht, steht und fällt mit der Beurteilung des Krieges: Das vorgeblich so glimpfliche Diktat von Versailles wie von Saint Gernain als purer Friedens„vertrag", das vorgeblich „glimpfliche" Diktat von Potsdam als Protokoll eines Siegesprogrammes, sollten einen Frieden begründen. Sie sollten das Ende eines vorausgegangenen, endlich überwundenen Krieges bedeuten. Demnach hängt ihr Inhalt, ihre Moral, ihr Recht von der Art des Krieges ab, den sie zu beendigen versuchen sollten.

Es gibt zwei gänzlich verschiedene Arten von Kriegen: Entweder Vernichtungskriege / oder Kriege unter dem Völkerrecht!

3.321

Entweder: Bei dem Vernichtungskrieg handelt es sich um einen Krieg, wie ihn rechtlich Nichtgebundene – rückwärts bis in die Steinzeit – geführt hatten; im Grunde über die Jahrmillionen hinweg. Ein Krieg von Zerstörung zu Zerstörung, von Massaker zu Massaker, von Blut zu Blut, Auge um Auge, Zahn um Zahn: Das kanaanitische Chazor in ca 966 Jahren 28 mal erobert, im Blut ertränkt; die Kinder mit dem Kopf gegen die Wand.

Solche Kriege sind bekannt; so z.B.: Die Vernichtung Makedoniens durch Rom; die Aufteilung auf 4 nicht verbundene Zonen, zwischen denen jede Verbindung verboten war und streng bestraft wurde: 168 v.Chr. Die Eroberung und Vernichtung Karthagos durch Rom: 146 v.Chr Korinths; 146 v.Chr Jerusalems; 70 n.Chr Palmyras; 273 n.Chr.!

Richelieus und Mazarins: Divide, impera, annektiere. Die Eroberung und Verbrennung der Pfalz und Heidelbergs im dritten Eroberungskrieg Ludwigs XIV 1688 – 1697 n.Chr. (Ferner die nicht mehr repräsentativen Menschheitsverbrechen „Primitiver": Assyrer, Babylonier, Hunnen, Mongolen! Deren jeder die Abschlachtung von Millionen jederzeit gewohnheitsmäßig betrieb!) …

Wenn Deutschland in einem solchen Kriege, einem „Steinzeit"kriege 1914 –1918 unterlegen wäre, so wäre es vielleicht noch richtiger zu sagen, es sei „glimpflich" 1914 – 1918 „davongekommen". Niemand aber im XX. Jahrhundert wird selbst bei verbissenstem Haß behaupten können, daß ein solcher Krieg als einer der beiden Weltkriege zulässig gewesen wäre: Oder daß er so geführt worden wäre im XX. Jahrhundert.

3.322

Oder: In der Wirklichkeit handelte es sich bei dem ersten Weltkrieg, ebenso handelte es sich bei dem zweiten Weltkrieg um Kriege des XX. Jahrhunderts: Kriege unter entwickeltem verbindlichem Völkerrecht, Kriege unter der Forderung der Einhaltung der Menschenrechte, Kriege unter absoluter und zwingender Anwendungsnotwendigkeit aller Kriegsgesetze, insbesondere der Haager Landkriegsordnung: Kriege unter dem Zwang der Beendigung unter dem Selbstbestimmungsrecht der Völker und unter dem Annektionsverbot. Zwingendes internationales Recht, an dem selbst eine von Roosevelt unzutreffend so genannte „Bedingungslose Kapitulation" der deutschen Wehrmacht nichts zu ändern vermag, da sie an die Kriegsgesetze gebunden bleibt.

Da es sich um Kriege des XX. Jahrhundert handelte, so ist Aufteilung nach der Art Makedoniens 168 v.Chr., Vernichtung nach der Art Karthagos 146 v.Chr., Annektion nach der Art Straßburg 1681 n.Chr., Deportation nach der Art Armeniergenocidium 1915 nicht mehr nur nicht üblich und nicht zulässig, sondern verboten und wird als ein Völkerrechtsverbrechen – evtl! – bestraft. Insbesondere noch, da das Selbstbestimmungsrecht sowohl im Vorfriedensvertrag zum Waffenstillstand 1918 von den USA durch Präsident Wilson, als auch in der Atlantikcharta vom 14. August 1941 von den USA und von Groß-Britannien und dann auch von der Sowjetunion, Polen und der Tschechoslowakei förmlich versprochen worden ist, als zwingende Grundlage in Selbstverpflichtung für den Frieden.

3.33

„Glimpflich" ist danach nur jedes moderne Friedenstraktat, das mit dem Selbstbestimmungsrecht der Völker vereinbar ist.

„Glimpflich" waren dann die 6 modernen Friedensverträge, die entscheidend gerade von Deutschland bestimmt und – z.T. durch seine Teilstaaten – abgeschlossen worden waren: Der erste Friede von Paris mit Frankreich als Angreifer: 30.5.1814. Der zweite Friede von Paris mit Frankreich als Angreifer: 8.6.1815. Der Frieden von Wien zwischen Dänemark, Österreich und Preußen. (Mit dem Bruchteil Nordschleswig waren nur – von ca 950 000 = 1861 – An Dänischsprechenden betroffen 1910 = 123 828!). 30.10.1865 Der Frieden von Prag zwischen Österreich, den Staaten des Deutschen Bundes und Preußen: 23.8.1866. Der Frieden von Frankfurt mit Frankreich als Angreifer. (Mit Metz waren nur 204 262 Französischsprachige betroffen = 1910) Der Frieden von Brest mit der Sowjetunion: 3.3.1918 Zusatzvertrag: 27.8.1918. Durch ihn erhielten die Freiheit: Finnland, Estland, Livland + Kurland (=Lettland), Litauen, Polen, die Ukraine! Weiter wurden faktisch befreit: Weißruthenien 25.3.1918. Georgien, Armenien, Aserbeidschan: 5.1918. Kein westlicher, kein demokratischer Staat kann objektiv und werturteilsfrei diese Ergebnisse des Friedens von Brest mißbilligen. Alle diese 6 „deutschen" Friedensverträge stimmten mit dem Selbstbestimmungsrecht überein. Dies unterscheidet sie schärfstens von den Regelungen von Versailles, Saint Germain und Potsdam.

Nicht „glimpflich" sind danach die Diktate von Versailles, Saint Germain und Potsdam, da sie mit den Menschenrechten, insbesondere dem Selbstbestimmungsrecht der Völker nicht nur nicht vereinbar waren, sondern dem Selbstbestimmungsrecht in der krassesten nur denkbaren Weise zuwiderhandeln.

3.34
Die Diktate von Versailles und Saint Germain entgegen dem Selbstbestimmungsrecht

3.341
Illegitimität: Beide Diktate entbehren jeglicher Legitimität. Sie entbehren der Moral und des Anstands. Das von ihnen geschaffene System vermochte keine Friedensordnung zu begründen:

Die Behauptung der einseitigen deutschen „Kriegsschuld" war unzutreffend. Als politische Lüge war sie unerträglich.

Die Reparationen waren von Anfang an keine Wiedergutmachung, sondern bestimmt dazu, zur Ausblutung zu führen.

Die einseitige Entwaffnung – bis auf die 100 000 Mann der Reichswehr – war untragbar. Innerhalb der hochgerüsteten Umgebung war sie offensichtlich diskriminierend. Die versprochene allgemeine Abrüstung kam niemals.

Die Entmilitarisierung des Rheinlandes, die langjährige Fremdbesetzung war nicht nur

146

überflüsig, sondern wiederum diskriminierend. Die Ruhrbesetzung war nicht rechtmäßig. Sie war ein Versuch zur Erpressung.

Die Unterstützung der Separatisten war offene Unterstützung von armseligem deutschen Landesverrat bzw. Hochverrat.

Das Memelland wurde abgetrennt, obwohl die Siegermächte nicht einmal zu wissen vermochten, was sie damit eigentlich wollten oder vorhatten.

Der Korridor sollte Gebiete „einwandfrei überwiegend polnischer Bevölkerung" einschließen. Er umfaßte aber bei 433 281 Polen (1910) 411 621 + 318 375 (Danziger) Deutsche, das heißt er trennte eine deutsche Majorität von mehr als 729 996 Deutschen im deutschen Westpreußen vom Reich.

Ostoberschlesien sollte gemäß dem Diktatstext in toto zugeteilt werden. Da es nach dem Ergebnis der Volksabstimmung danach ganz bei Deutschland zu bleiben beanspruchte, wurde es entgegen selbst dem Diktatstext aufgeteilt zugunsten Polens.

Die Tschechoslowakei hatte vorgebracht, mit den Sudetendeutschen eine zweite „Schweiz" begründen zu wollen. Mit welchem Recht aber konnten überhaupt – unabhängig von dieser Lüge – 3 1/2 Millionen Österreicher, Deutsche, gezwungen werden mit Waffengewalt, 6 1/2 Millionen Tschechen unterworfen zu werden, gegen ihren überdeutlich erklärten Willen auf Selbstbestimmung? Jedes noch so kleine Volk hatte und hat das Recht auf demokratische Selbstbestimmung.

Österreich selbst schließlich, einschließlich des angeschlossenen Sudetenlandes, und das Deutsche Reich hatten den freiwilligen Zusammenschluß, den „Anschluß" bereits durch Gesetze durchgeführt. Dennoch wurde er durch die beiden Diktate von Versailles und Saint Germain unter offener Nichtachtung des Willens von 80 Millionen Deutschen verweigert und verboten.

Südtirol, das 1918 zu 97% von Österreichern, d.h. von Deutschen bewohnt war, wurde (obwohl also rein deutsch) an Italien ausgeliefert.

Elsaß-Lothringen wurde entgegen dem Selbstbestimmungsrecht nicht durch eine Volksabstimmung nach seinem Willen befragt. Der beliebte Slogan auf den Straßen: „Le plebiscite est fait" entsprang dem schlechten Gewissen.

3.342

An Deutschen wurden 1920 durch die beiden Diktate vom Deutschen Reich abgetrennt bzw. der Anschluß verboten: (Bevölkerungszahlen i. Allg. Volkszählung 1910)

Österreich 83 833 qkm; 1910: 6 001 797 Einwohner; 1923: 6 272 892 Einwohner! Sudetenland: 28 971 qkm; 1910: 3 489 711 Einwohner; 1921: 2 973 418 Einwohner! Südtirol, Kanaltal: 7 400 qkm; 1910: 234 700 Einwohner; nur Deutsche! Ohne selbst Ladiner! Deutsche Westposen 104 332 Einwohner! Hultschin: 316 qkm; 1910: 7 173 Einwohner! Oberschlesien: 3 213 qkm; 1910: 300 782 Einwohner! Freie Stadt Danzig: 1 893 qkm; 1910: 318 375 Einwohner; 1923: 350 122 Einwohner! Memelland (nur Deutschsprechende): 2 417 qkm; 1910: 73 809 Einwohner; 1925: 97 741 Einwohner! Elsaß-Lothringen (nur die ca. Deutschsprechenden und deren Wohngebiete): 12 500 qkm; 1910: 1 634 260 Einwohner! Saargebiet: 1 913 qkm; 1910: 652 381 Einwohner; 1927: 770 030 Einwohner; 1935: 810 987 Einwohner! Eupen-St. Vith (ohne das wallonische Malmedy) 978 qkm: 1920: 49 238 Einwohner! Tondern ca. 95 qkm; 1910: 40 904 Einwohner!

Dies waren 1920 13 Millionen 933 Tausend Deutsche. Dies sind mehr Menschen, zum Teil sehr viel mehr Menschen, als zu dieser Zeit 18 europäische, heute zum größten Teil nach wie vor souveräne Staaten zählen konnten: Portugal, Island, Irland, Norwegen, Schweden, Dänemark, Finnland, Estland, Lettland, Litauen, Belgien, Luxemburg,

Schweiz, Ungarn, Griechenland, Albanien, Zypern, Malta; von weiteren 6 Zwergstaaten ganz zu schweigen.

Die Fläche umfaßte ca 186 459 qkm, ein Gebiet, das wesentlich größer ist als England, Wales und Ulster zusammengenommen. Ein Viertel Deutschlands. Was also soll von diesen beiden Dktaten von Versailles und Saint Germain „glimpflich" gewesen sein, was gerecht, was Achtung der demokratischen Selbstbestimmung?

3.343
Versailles der Anfang der Apokalypse Europas

1871 – 1914 war in Mitteleuropa um Deutschland herum Frieden. Das Deutsche Reich griff niemanden an; 43 Jahre lang; auf der wahrscheinlich absolut höchsten Höhe seiner Macht. Danach kamen der erste Weltkrieg und Versailles. Da danach Europa in Deutschland, mit Deutschland und erst zuletzt durch Deutschland in einem Meer von Elend versank, muß der Anfang dieser tragischen Apokalypse Europas, muß „Versailles" eingehend gewürdigt werden. Anders als in Strindbergs „Nach Damaskus" begann in Versailles n e u nach 1618 und nach 1793, und erstmalig in der Neuzeit das Chaos, das krasseste Unrecht, das Elend vieler Millionen.

In mehreren höchst kritischen Monographien gerade von N i c h t deutschen (so zum Beispiel A. J. P. Taylor, Harold J. Nelson, Arno J. Mayer, H. Elcock) ist „Die Schuld der Friedensmacher", „Die Drachensaat von Versailles" so der Titel einer der neuesten Stellungnahmen eines Briten, A. L e n t i n , Leicester 1984 nachgewiesen worden. Hier mag es genügen, an Hand des Buches von Lentin, den Sachverhalt klarzustellen; eigentlich fast ohne von deutscher Seite weiter zu den Fakten Stellung nehmen zu brauchen, da von den dort zitierten Briten wie von Angehörigen zahlreicher anderer Nationen die Fakten von Versailles bis zur Überdeutlichkeit gebrandmarkt werden.

Im Anfang stand der Versuch des Friedens in Gerechtigkeit. Die 14 Punkte Wilsons, des Präsidenten der Vereinigten Staaten von Amerika. Seine „elenden, scheinheiligen Vierzehn Punkte", die geeignet waren Clemenceau und Lloyd George unsagbar zu stören. (Lentin S.126). Selbst der liebe Gott habe nur zehn, „knurrte" Clemenceau (Lentin S.181). Hinweise, daß Wilson „seine Prinzipien verraten" habe, er habe „Substanz für den Schatten des Völkerbundes" aufgeben, führen zur Beurteilung Lentins, daß „die Gegensätze zu den 14 Punkten" „schreiend und schrecklich" waren (Lentin S.216). Jeder, insbesondere Wilson, aber auch die Partner und Gegner, Clemenceau, die Italiener, die Polen, die Tschechen, war sich darüber im Klaren, daß das Selbstbestimmungsrecht der Völker gemäß Wilsons unabänderlichem Programm – ebenso wie nach der Gerechtigkeit – der einzige Schlüssel zu allen territorialen Fragen zu sein und zu bleiben habe: Dies wünschte auch Lloyd George, der in der glücklichen Lage war, keinen europäischen Gebietszuwachs für sein Land fordern zu brauchen.

Dementsprechend wurde Wilson „täglich von Abgesandten unzähliger Völkerschaften belagert, die sich beredt für die unveräußerlichen Rechte der Griechen, Albanier, Ägypter, Litauer, Armenier, Polen, Juden und Iren einsetzten" (Lentin S.121).

Nur n i c h t von Deutschen. Die Franzosen z.B. „verlangten – in flagrantem Widerspruch zu seinen Punkten – nicht nur das Rheinland, sondern auch die Saar, von der – wie Wilson gegenüber Clemenceau protestierte – überhaupt erst nach dem Waffenstillstand die Rede gewesen war" (Lentin S.122). Die gebrochenen Verpflichtungen Wilsons „wirbelten durch die Luft wie trockene Blätter im Herbstwind". „Wilson säe auf dem Kontinent neue Irredenta-Bewegungen", „verstreute rechts und links Völker und Provinzen". „Präsident Wilson hat ein sehr elastisches Gewissen" höhnte Sir M. Hankey, britisches Delegationsmitglied (Lentin S.137).

Dabei war die selbstverständliche Grundlage in Form der 14 Punkte – insbesondere das Selbstbestimmungsrecht der Völker – vom 8. Januar 1918 und ihre Übernahme in das Waffenstillstandsrecht als Vorfriedensvertrag gemäß der Note des US-Außenministers Lansing, – mit den Einverständniserklärungen nicht nur Wilsons, sondern auch Clemenceaus, Lloyd Georges und Orlandos –, von jeglichen Zweifeln frei. Versuche, den Text nachträglich ins Gegenteil zu verdrehen, insbesondere zu Gunsten der rechtswidrigen Entschädigungsforderungen, sind rechtlich so offensichtlich unzutreffend, daß nicht erstaunlich ist, daß Monate zu ihrer endlichen rechtswidrigen Durchsetzung erforderlich waren.

Bei der Abfassung des Textes des berühmten Artikels 231 – die Kriegsschuldanerkenntnis allein Deutschlands – daher dann die Kriegsentschädigungen – warnte Oberst House noch: „Der Text muß so aufgesetzt werden, daß er keine Verletzung unserer Verpflichtungen" (– aus der Lansing-Note! –) „darstellt". Dennoch wurde unter klarer Verletzung dieser Note eingefügt, was der deutsche Außenminister Graf Brockdorff-Rantzau als „eine Lüge in seinem Munde" festgestellt hatte: Die schicksalsschweren Worte … „und Deutschland erkennt an" … (Lentin S.127).

3.344

Wilson, Clemenceau, Lloyd George? Dabei war Präsident Wilson – im ausgesprochenen Gegensatz zu seinen Partnern und Gegnern von 1918 sowohl als auch zu seinem Epigonen und Nachfolger 1939 – 1945 – sogar ausgesprochen rechtschaffen, „freundlich", „großzügig","ansprechbar", „fast weiblich empfindsam", von entschiedener „Geistigkeit" der Haltung (Lentin S.125), persönlich besten Willens, entschlossen „zur Errichtung einer gerechten Demokratie in der ganzen Welt" (Lentin S.118, 119).

Gerade diese beispielhaften Eigenschaften brachten egoistische Interessenvertreter, denen Wilson anfänglich entgegen zu treten versuchte, zu unsachlichen bis gehässigen Verurteilungen Wilsons. Er sei „ein guter Amerikaner" (Lentin S.125) bis hin zum „Plumps in Idealismus" (Lentin S.130) mit einem „beschwerlichen, stacheligen, puritanischen Bewußtsein", das er „fast wie eine Dornenkrone" provozierend zur Schau zu stellen schien, als habe man es, wie Clemenceau hetzte, „mit Jesus Christus zu tun" (Lentin S.126). „Der geschlagene Präsident starb, wie er lebte, als Märtyrer der Lehre von der Rechtfertigung durch den Glauben" (Lentin S.195).

Aber auch hinter dem Idealisten Wilson stand hinter dem Politiker Wilson ein Senat mit 39 Stimmen gegen ihn. Sein Entwurf eines Friedensvertrages aber konnte mit 33 Senatsstimmen zu Fall gebracht werden (Lentin S.101). Sein Außenminister Lansing blieb weitgehend passiv; im Gegensatz zu Oberst House.

Ganz anders der Vertreter Groß Britanniens, Primeminister Lloyd George. Seine Beurteilung ist eindeutig: Ein „zweideutiger Gaukler", ein „zerzauster Verschwörer", ein „Waliser Zauberkünstler" (Lentin S.179), ein „Chamäleon", „schräg", „ausweichend" bis zu „vorbedachtem Betrug" (Lentin S.196,199), ein „Schwarzkünstler", ein"Zauberer-Schauspieler" (Lentin S.200), der „es ablehnte sauber zu bleiben" (Lentin S.192).

Dabei darf aber nicht unberücksichtigt bleiben, daß eine Reihe bewußt destruktiver britischer Delegationsmitglieder einen „vergiftenden Einfluß" (Lentin S.187) auf Lloyd George ausübten. Hughes für Australien, Massey für Neu-Seeland, Bottomley, Northcliffe, Cunliffe, erfüllt von „siedendem Haß auf Deutschland" (Lentin S.188), Sumner, Lowther. Das sachlich Vernichtendste aber war, daß Lloyd George mit seinem persönlichen, mit allen Mitteln verteidigten politischen Schicksal von seinem heimischen House of Commons von 1919 absolut abhängig war. Sir Eyre Crowe nannte dieses Haus einen „Haufen Dummköpfe" (Lentin S.193). Sie seien das „kennzeichnendste, reaktionärste, unwissendste in den Annalen Westminsters" gewesen, „hartköpfige Männer", „gewissenlose Charaktere" (Lentin S.92), „ohne großes Interesse an territorialen Regelungen" (Lentin S.165), „extrem", „streng", „unwissend", „kindisch" (Lentin S.193). Er mußte sich ständig fragen: „Was werden unsere Narren zu Hause dazu sagen?" (Lentin S.207).

Von solchen Grundlagen ausgehend haben Lloyd George und sein Groß Britannien in Versailles beinahe im Vergleich noch eine relativ gute Figur abgegeben: Vergleiche z.B. Masuren und die Volksabstimmung, vergleiche Oberschlesien (Lentin S.169). „Ich tue doch nichts Anderes, als daß ich mich an Ihre 14 Punkte halte" versicherte Lloyd George.

Wieder ganz anders Clemenceau, hinter dem drohend Marschall Foch nicht einmal zu stehen brauchte: Voller „Hartköpfigkeit" (Lentin S.102), ohne jede Rücksicht auf Selbstbestimmungsrecht oder Billigkeit fordernd „des garantis d'ordre physique" (Lentin S.103); „il faut aboutir" (Lentin S.138); „offen in Annektionsgelüsten auf Raub ausgehend, um Deutschland um jeden Preis zu schwächen; an allen seinen Grenzen". Vernichtend ist Clemenceau von dem unverdächtigen Beurteiler Thomas Mann als Totengräber der europäischen Kultur gekennzeichnet worden. „Über den Entente-Frieden kein Wort. Er offenbart die Gottgeschlagenheit der Sieger. Das giftige alte Mannsbild, das ihn in seinen schlaflosen Greisennächten ausgeheckt hat, trägt Schlitzaugen. Vielleicht hat er ein Blutsrecht darauf, der abendländischen Kultur das Grab zu graben und das Kirgisentum heraufzuführen".

3.345

„... daß es gar nichts mehr auszuhandeln gab ..." Als besonders bezeichnend – und abweichend von der Praxis gegenüber jedem anderen Kontrahenten – ist die Behandlung der deutschen Friedensdelegation in Versailles nur sehr kurz zu erwähnen. Sie wurden als „Parias" behandelt (Lentin S.146), wozu die Nachbarschaft von Paris, dieser „fieberhaften" Metropole, mit ihrer „zynischen, flatterhaften und durchaus auch noch käuflichen Presse" beigetragen hat. Am 6. Mai 1919 waren die „Friedensbedingungen" noch nicht einmal in einem Dokument festgelegt, das alles umfaßt hätte (Lentin S.147). Der Text der Rede Clemenceaus bei der Übergabe des „großen weißen Foliobandes des Friedenstraktattorsos" (Lentin S.149ff), der Text der Antwort von Graf Brockdorff-Rantzau (Lentin S.151ff) sprechen für sich. Die Einzelheiten sind bekannt.

„Aber der überwältigende Grund für das Veto gegen direkte Verhandlungen mit den Deutschen war die Tatsache, daß es bei den Bedingungen als solchen gar n i c h t s m e h r a u s z u h a n d e l n gab (Lentin S.147). Zwar wird ohne Ausnahme jeder Friedensvertrag auch durch Gewalt oder durch Drohung mit Gewalt abgeschlossen werden. Um aber ein „Vertrag" zu werden, zu sein, zu bleiben, bedarf es dennoch eines Mindestmaßes von Verhandlung, von gegenseitigem Nachgeben, von Kompromissen, von Recht, von Gerechtigkeit. (Selbst ein Fürst Bismarck hat 1871 auf Belfort „verzichtet".) Ein Diktat aber, bei dem es nichts zu verhandeln gab, die vorgebrachten, rein schriftlichen deutschen Einwendungen nicht berücksichtigt wurden, bleibt ein Diktat: Auch wenn es unter Einmarsch- und Besetzungsdrohungen und weiteren 6 Monaten Hungerblockade schließlich „unterzeichnet" worden ist von der demokratischen, erpressten deutschen Reichsregierung.

Inhaltlich handelte es sich bei den Regelungen von Versailles „um eine furchtbare Anhäufung von Unmöglichkeiten" (Lentin S. 148). Für John M. Keynes, den großen Ökonomen, waren die Bedingungen der Versailler „Albdrucksszene" „undenkbar" (Lentin S.148), „schrecklichster Mißbrauch", „demütigende Einmischung", „ein hoher Grad von Unklugheit" (Lentin S.148). Mit dem „epochemachenden „Buch „The Economic Consequences of the peace" hat John M. Keynes sein vernichtendes wissenschaftliches Urteil über das „Diktat" niedergelegt (Lentin S.226). Beatrice Webb nannte es einen „harten und brutalen" Frieden (Lentin S.156). General Smuts hatte vergeblich gefordert, „die Deutschen sollten nicht mit auf die Brust gesetztem Bajonett zur Unterzeichnung gezwungen werden. Es sollte keine Möglichkeit geben, daß der Vertrag später vom deutschen Volk moralisch zurückgewiesen würde" (Lentin S.161). Der Vertragsentwurf sei ein „unmögliches Dokument" (Lentin S.163). Es atme den „giftigen Geist der Rache" (Lentin S.167). Die geforderten Entschädigungssummen seien „vollkommen absurd" (Lentin S.96). John M. Keynes hielt den Vertrag für „schändlich und unmöglich" (Lentin S.215). Das Diktat kulminierte in der These der alleinigen Kriegsschuld Deutschlands nach Artikel 231 des Traktates. Sie wurde in dieser unerträglichen Überdeutlichkeit als erforderlich angesehen, um die Haftung für eine Entschädigung begründen zu wollen und zu können (Lentin S.172). Lloyd George nannte die Bedingungen vor dem House of Commons „in vieler Hinsicht schrecklich" (Lentin S.173). Nicolson nannte sie ebenso „sinnlos wie unmoralisch" (Lentin S.180). Erzbischof Temple von York forderte noch 1932 „ … Die Kriegsschuldklausel muß verschwinden" (Lentin S.241).

3.346
Die Erledigung der Territorialfragen: Zum Schwur zu den Gerechtigkeitsanliegen der 14 Punkte und insbesondere zum Selbstbestimmungsrecht der Völker kam es bei der Erledigung der Territorialfragen; insbesondere derjenigen Deutschlands.

Schon bei der Feststellung der zu befolgenden Kriterien für territoriale Veränderungen versagte „die zu fordernde Gerechtigkeit jedes besonderen Falles" (Lentin S.119,118): „Sollte eine Sprachgrenze streng eingehalten werden?" … Eigentlich sollte dies selbstverständlich sein! „Sollte eine bestehende Bahnverbindung nicht unterbrochen werden?" … Eigentlich allermeist völlig sekundär und irrelevant! „Durfte man ein Bergbaugebiet (sic: Oberschlesien!) auseinanderreißen"? … Eigentlich nur, wenn es die Bevölkerung nach dem Selbstbestimmungsrecht einwandfrei forderte! „Was sollte mit den Gebieten geschehen, „deren Rassen" „unauflöslich miteinander vermischt waren"? … Gebiete „unauflöslicher" Mischung gab es viel seltener, als es immer behauptet wurde! Und die demokratische Mehrheit gab eigentlich, verbunden mit einem Mindestmaß von Logik, jede notwendige Antwort! … „Sollte man sich auf überholte historische Rechte nicht einlassen? … Entschieden Nein: Das sollte man nicht! Aber damit waren die meisten polnischen und alle tschechischen sogenannten Rechte und Ansprüche armselig erledigt! Die Praxis sah sehr anders aus. Selbst der normalerweise notorische Antideutschenhetzer Hughes fand es selbst als Australier noch „monströs, Deutsche unter polnische Herrschaft zu stellen" (Lentin S.166). Wilson fand sich genötigt zu Bestimmungen eines „Friedens der Fetzen und Flikken", der sogenannten „Kompromisse", und der ihm von Kriegsparteien vorgelegten „Absprachen" und „Arrangements" genötigt (Lentin S.169). Außenminister Balfour befragte einmal aufs Äußerste erstaunt General Smuts, „ob das wirklich im Vertrag stehe"! Entsprechend diesen geistigen Grundlagen war die festzustellende, noch weit darüber hinausgehende Unwissenheit verheerend: „Als Wilson Italien Südtirol versprach, ahnte er offenbar nicht, daß dessen Bevölkerung deutsch war" (Lentin S.137).

„Als er die Grenzen der Tschechoslowakei guthieß, hatte er keine Idee, daß diese 3 Millionen Deutsche einschlossen"! (In Wirklichkeit 3 1/2 Millionen)! (Lentin S.137).

„Als er der Eingliederung Transsylvaniens in den rumänischen Staat zustimmte, war er sich nicht bewußt, daß er einen Akt der Annektion gebilligt hatte". (Lentin S.138).

Lloyd George wiederum hatte, wie er bereitwillig zugab, „von einem Fürstentum Teschen nie etwas gehört" (Lentin S.202). „Er wußte nicht, daß Luxemburg ein eigenes Großherzogtum war" (Lentin S.202).

Entsprechend dieser Unwissenheit erfolgte die Regelung der Territorialfragen: Zwar verlangte Lloyd George die Aufgabe der französischen Forderung auf das Rheinland und das Saargebiet (Lentin S.102). Zwar trat er dafür ein, „daß das neue Polen so wenig Deutsche wie möglich einschließen sollte" (Lentin S.102). Paderewski aber „bestand auf Danzig als Einlösung des Polen gegebenen Versprechens" eines „freien und sicheren Zugangs zum Meer." Wilson, der das Versprechen gegeben hatte, fühlte sich verpflichtet, es zu halten, auch wenn Polen – wie General Smuts sich beklagte – „auf Danzig n i c h t mehr Ansprüche als die Tschechoslowakei auf Hamburg hatte" (Lentin S.122). Smuts führte die „polnische Regelung" als „ernstlich schlecht" an (Lentin S.163).

„Die Belohnung für Italien mit Südtirol, für Frankreich mit der Saar, für die Tschechen mit dem Sudetenland", lauter „gebrochene Verpflichtungen aus dem Selbstbestimmungsrecht" (Lentin S.137). Zufolge des Sicherheitsbedürfnisses Clemenceaus „mußte Deutschland daran gehindert werden, sich mit Österreich zu vereinen" (Lentin S.182, 216).

Bis 1935, 1936, 1938 galt dieser „Karthagische Frieden" (Lentin S.214 – 246), die „Loslösung Ostpreußens", das „Verbot des deutsch-österreichischen Anschlusses", die „Wegnahme der deutschen Überseegebiete" (Lentin S.216). Keynes schrieb: „Ich fürchte, ich bin bei all dieser Schlechtigkeit und Dummheit Komplize gewesen" (Lentin S.217). Lloyd George dagegen sah in dem nun einmal abgeschlossenen Traktat von Versailles nur eine „erwünschte Improvisation", eine „zeitweilige Maßnahme", „einen Lückenbüßer-Einfall", eine „Atempause" (Lentin S.219). 1936 dagegen sollte „Deutschland im Namen der Gleichberechtigung gestattet werden, sich wiederum zu bewaffnen" und im Namen der Gerechtigkeit zunächst das Rheinland „zu besetzen", (sic: Notabene seit 1871 niemals etwas Anderes als deutsches Reichsgebiet! Niemand besetzt sein eigenes Gebiet!), dann Österreich und danach das Sudetenland zu „besetzen"! „Nicht, weil sich das auszahlt", wie Lord Astor sagte, „sondern weil es recht war" (Lentin S.241). Philip Kerr erklärte als Lord Lothian vor dem Oberhaus, Deutschlands Beschwerden als legitim (Lentin S.234).

Wie hier in Versailles und in Saint Germain Geschichte gespielt worden ist, ist gleichermaßen unerhört und unverantwortlich. Es war mit Talleyrand gesprochen „mehr als ein Verbrechen, es war eine Dummheit. Das Ergebnis von Versailles' Dummheit hieß dann Adolf Hitler … Dies hat mit Deutlichkeit der in Gott ruhende Alt-Bundespräsident Professor Dr. Theodor Heuß – mit Sicherheit angesichts seines ganzen aufrechten Lebens ein unverdächtiger Zeuge – festgestellt … Er schrieb schon 1932: „Die Geburtsstunde der nationalsozialistischen Bewegung ist nicht München, sondern V e r s a i l l e s."

Das Ergebnis von Adolf Hitler hieß dann: Zweiter Weltkrieg. Clemenceau, Paderewski, Benesch und viele … sind seine Verursacher. Frankreich und Polen und die Tschechoslowakei, Groß Britannien und Italien … und das Deutsche Reich und Amerika und Europa haben sich Versailles und Saint Germain zu schämen.

3.347
Würdigung von Versailles durch ausländische Beurteiler …

Zur Abrundung und zum Abschluß der Würdigung des Versailler Diktates sollen im Folgenden noch einige wörtliche Zitate von Stellungnahmen meist höchst bedeutsamer meist ausländischer Beurteiler dienen: (Dabei sind – vgl. unten 6.71 – weitere 22 vernichtende Stellungnahmen zu Polen und zum Korridor hier nicht angeführt worden!) (Die Zitate der Fundstellen sind entnommen aus: Ulrich Stern, Die wahren Schuldigen am Zweiten Weltkrieg, Ursachen und Anstifter im Licht der neuen Forschung, München 1990. Der Verfasser stammt aus deutsch-jüdischer Familie.)

Aga Khan, 1937 Präsident des Völkerbundes: „Wir müssen uns noch einmal jene unglückliche, falsche und ungerechte Behauptung ansehen, die am Ende des Ersten Weltkrieges aufgestellt wurde und dann im Versailler Friedensvertrag ihren Niederschlag fand, daß Deutschland allein schuld am Krieg gewesen sei ... Deutschland wurde gebrandmarkt". (S.83)

Anatole France, Französischer Dichter, Nobelpreisträger: „Der fürchterlichste aller Kriege hatte einen Friedensvertrag zur Folge, der kein Vertrag des Friedens ist, sondern die Fortsetzung des Krieges. Europa wird durch ihn zugrunde gehen, wenn es nicht die Vernunft zu seinem Ratgeber wählt." (S.169).

Hutchinson, Britischer Oberstleutnant, zeitw. Leiter des englischen Frontkämpferverbandes: „Es ist ein Vertrag, gegründet auf Betrug und erzwungen durch Gewalt. Er ist ein monströses Stück politischer Gaunerei. Er hat Chaos über die ganze Welt ausgebreitet und die Kräfte des Mordes und der Anarchie wachgerufen". (S.243).

John Maynard Keynes, Brite, Wirtschaftswissenschaftler: „Man hat in England und Amerika nicht verstanden, wie tief die Wunde war, die man Deutschlands Selbstachtung dadurch zugefügt hatte, daß man es zwang ... Glaubensbekenntnisse zu unterschreiben, welche es tatsächlich nicht teilte". (S.266).

Wladimir Iljitsch Lenin, Gründer und erster Führer der Sowjetunion: „Deutschland wurde ein Frieden aufgezwungen: Aber das war ein Frieden von Wucherern und Würgern, ein Frieden von Schlächtern, denn Deutschland und Österreich wurden ausgeplündert und zerstückelt ... Das ist ein ungeheuerlicher Raubfrieden ... Das ist kein Frieden, das sind vielmehr Bedingungen, die einem wehrlosen Opfer von Räubern mit dem Messer in der Hand diktiert worden sind". (S.294).

Francesco Nitti, italienischer Ministerpräsident 1919/20, Antifaschist: „Die Friedensverträge, im Hasse geboren, sind fast ausschließlich nach Frankreichs Willen ausgestaltet worden, und dieser Wille war nur einer: Deutschland demütigen, es erwürgen und zerstückeln. ... Der Vertrag von Versailles ist an sich schon undurchführbar ... Nicht genug, Deutschland durch den grotesken Danziger Korridor in zwei Teile zerrissen zu haben, das Verbrechen „Oberschlesien" mußte noch dazu kommen". (S.335).

Romain Rolland, französischer Schriftsteller: „Tatsache ist, daß die durch die Verträge von 1919 festgesetzten Grenzen vom Standpunkt von zwei Dritteln Europas nicht aufrechterhalten werden können. Deutschland ist ausgehungert und wird nicht imstande sein, diesen Druck länger ... zu tragen ohne soziale und nationale Erschütterungen, die eines Tages die Welt zittern machen werden." (S.373).

Smuts, südafrikanischer Ministerpräsident, britischer Feldmarschall: „Der Vertrag wird auf jeden Fall als verdorBenesch Stück herauskommen, dessen wir uns alle zu gegebener Zeit von Herzen schämen werden". (Lentin S.145).

Sumner Welles, US-amerikanischer Staatssekretär Außenministerium: 7. Juli 1937: „Die Ungerechtigkeit und die falsche Begründung der Bestimmungen des Friedensvertrages von Versailles waren der Hauptgrund für das Chaos, das dem Weltkrieg folgte und folgen mußte". (S.454).

Die Nichteinhaltung mancher Vorschriften des Versailler Diktates durch das Deutsche Reich ist von vielen Beobachtern und Urteilern – selbst von formell neutralen – außerordentlich verurteilt worden. Dies ist nicht gerecht. Es ist mit der Selbstbestimmung nicht vereinbar. Versailles war ein ganzes System, beruhend auf einer im Grunde veralteten, mittelalterlichen Geisteshaltung, bis hin zur Errichtung einer Art moderner Knechtschaft. Die „Friedensmacher" von Versailles hatten wissentlich und willentlich ihre geistige Grundkonzeption, das Selbstbestimmungsrecht, verlassen, verletzt, in das absolute Gegenteil verkehrt. Versailles konnte nur bestehen auf der Spitze der Bajonette von 40 aktiven französischen Infanterie-Divisionen gegenüber einem wehrlosen Deutschen Reich. Der polnische Korridor, die Aufteilung Westpreußens, die Abtrennunmg Danzigs, Ostoberschlesiens, sie konnten nur dauern, solange die französischen Bajonette sie gewährleisteten. Die Herrschaft der Tschechei über das Sudetenland, sie konnte nur dauern, solange die französischen Bajonette sie gewährleistete. Die Abtrennung Österreichs vom Deutschen Reich, sie konnte nur dauern, solange französische und italienische Bajonette sie gewährleisteten. Das ganze Versailler System mußte im Laufe der Erholung und Entwicklung Deutschlands scheitern an seiner eigenen beispiellosen Ungerechtigkeit. Nicht ohne tiefe Gründe des miserablen Gewissens haben die Richter in Nürnberg 1945 nicht zugelassen, auf Deutsch es nicht wagen können, Argumente aus Verhältnissen zufolge des Versailler Diktates vorzutragen.

3.348
Versailles Urheberschaft für den zweiten Weltkrieg

Während die bisher angeführten Stimmen sich auf Versailles und 1919, äußerstenfalls die Zwischenkriegszeit beschränkten, sollen nunmehr noch Stellungnahmen zu Versailles Urheberschaft für den Ausbruch des zweiten Weltkrieges folgen. Dabei sind wiederum die zahlreichen Stimmen über den besonders verderblichen Einfluß Polens hier nicht angefügt, sondern folgen unten 6.71.

Gregory Bateson, 1966, Professor von dem State College, Sacramento. „Ein wahrhaft außergewöhnliches Ereignis, das dann ziemlich direkt in den zweiten Weltkrieg führte. Versailles führte auch zur völligen Demoralisierung der deutschen Politik ... Der zweite Weltkrieg war also nicht nur der entsprechende Gegenschlag einer Nation ... Viel wichtiger ist wohl, daß man diese Demoralisierung der Deutschen auf eine solche Behandlung hin hätte vorhersehen können.“

Pietro Gasparri, Kardinalstaatssekretär: „Jetzt schätzen wir uns glücklich, an diesem Werke, das nicht einen, sondern zehn Kriege zur Folge haben wird, nicht beteiligt gewesen zu sein“. Gasparri betonte zum Schluß die Verwerflichkeit des Gewaltfriedens. (S.185).

James Hertzog, südafrikanischer Ministerpräsident, General: 21.5.1937: „Er beanstandete dabei das Unrecht, das an Deutschland verübt worden sei und das wiedergutgemacht werden müsse.“! „Wenn es keine grundsätzliche Änderung in der Mentalität der nationalen Führer Europas gibt, dann wird der nächste europäische Krieg ein Kind des Versailler Vertrages und seines feindseligen Geistes sein“. (S.221).

Gustave Hervé, französischer Publizist: „Die nicht rechtzeitige Revision des Versailler Vertrages wird in mehr oder minder naher Zukunft Europa wieder in einen Krieg hineinziehen.“. (S.221.).

Jean Longuet, Abgeordneter der französischen Nationalversammlung, Enkel von Karl Marx, Sprecher für die Sozialistische Partei: „Dieser Vertrag ist geboren aus dem schändlichsten Mißbrauch der Geheimdiplomatie, den es je gab. Er tritt ganz offen das Selbstbestimmungsrecht der Völker mit Füßen.“ „... vor der Geschichte stellt er fest, daß der Versailler Vertrag nicht nur einer Teilrevision bedarf, sondern einer vollkommenen Neugestaltung“. (S.307).

Hermann Lutz, amerikanischer Historiker, Politologe: „Wenn Ihr Deutschen glaubt, Deutschland sei allein verantwortlich für den Zweiten Weltkrieg, so seid ihr schlecht unterrichtet geblieben ... Es ist für uns eine unumstößliche Tatsache, daß der Zweite Weltkrieg im Vertrag von Versailles wurzelt“. (S.307).

Paul Rassinier, französischer sozialistischer Politiker: „Dabei sei der deutsche Entschluß, den Vertrag zu zerreißen, nichts Anderes gewesen, als eine Antwort auf die Vertragsbrüche der Sieger. Die Grenzziehung zwischen Polen und Deutschland z.B. sei so ungerecht gewesen, daß sie wesentlich dazu beitrug, die ganze internationale Politik zu vergiften und schließlich zu einer der Hauptursachen für den Ausbruch des Zweiten Weltkrieges wurde". (S.357).

3.349

In dem obigen Kapitel über Versailles ist beispielhaft unterbrochen das oben näher bezeichnete Buch des britischen Autors A. Lentin w ö r t l i c h mit unzähligen Stellungnahmen höchst bezeichnender Art zitiert worden. Fast immer handelt es sich um objektiv unbestreitbar f ü r Deutschland sprechende, offensichtlich aber zutreffende Feststellungen der allerverschiedensten Persönlichkeiten des öffentlichen Lebens aus den verschiedensten Nationen: Kaum um Meinungen Lentins! Der Verfasser A. Lentin seinerseits hat sich offensichtlich um äußerste Objektivität bemüht. A. Lentin lag es aber gänzlich fern, etwa „prodeutsch" argumentieren zu wollen. Dies beweist Lentin am Schluß seines Buches. Nachdem er die Diktate von Versailles und Saint Germain und die „Schuld der Friedensmacher" über 277 Seiten hinweg objektiv geradezu vernichtend zu beurteilen gezwungen war, glaubt er am Schluß, fast als eine Art Bilanz, feststellen zu müssen: „ ... fanden die Grundsätze der Selbstbestimmung und des Einheitsstaates insgesamt gerechte Anwendung ... (Lentin S.215). Beides ist mindestens mehr als mißverständlich formuliert. Es ist offensichtlich sehr geschönt.

Grundsätze der Selbstbestimmung, d.h. des Selbstbestimmungsrechtes fanden in Versailles gerade keine gerechte Anwendung. Gemeint sein dürfte, daß das Deutsche Reich entgegen der "Karthago" Forderung Frankreichs nicht zerstört wurde! Gemeint sein dürfte, daß das Deutsche Reich nicht in seine Länder aufgeteilt wurde: Damit wurde es aber weder noch blieb es ein „Einheitsstaat"! Was als domaine réservé auch damals schon keine auswärtige Macht in Versailles das Geringste anging! Insgesamt – gerechte Anwendung? – aber doch eine logisch nicht verständliche Fehlleistung fremder Egozentrik.

3.35

Das Diktat von Potsdam 1945: Entgegen dem Selbstbestimmungsrecht!

1918 bis 1932 gingen die Siegermächte der Diktate von Versailles und Saint Germain noch (nach Richelieu) in „sanfter und verdeckter Haltung" vor. Die Bevölkerung wurde grundsätzlich mitannektiert. Nur aus dem „restituierten" Elsaß-Lothringen wurde ausgewiesen, nur die sogenannten Reichsdeutschen. 1945 waren die Stalinrealitäten weder so zartfühlend noch so zurückhaltend. Die örtliche, regionale deutsche Bevölkerung in den Ostgebieten des Deutschen Reiches und im Sudetenland wurde ausgeraubt, vergewaltigt, zu Millionen ermordet, ein Dutzend Millionen deportiert, die Rückkehr von Kriegsevakuierten bzw Kriegsgefangenen bzw. Soldaten wurde nicht zugelassen.

In den Ostgebieten des Deutschen Reiches sind 1945 folgende Menschen und Länder betroffen: Zum Teil zum zweiten Male, jetzt mit der Vertreibung und Annektion, nicht nur mit der Annektion wie 1918 betroffen (Bevölkerungszahlen 1939):

Memelland: 2 416 qkm, 115 000 Menschen! Ostpreußen sowjetische Verwaltung: 13 886 qkm, 1 187 000 Menschen; Ostpreußen polnische Verwaltung: 23 099 qkm, 1 301 000 Menschen! „Freie Stadt Danzig": 1 893 qkm; 392 000 Menschen! Ostpommern: 31 432 qkm; 1 895 000 Menschen! Ostbrandenburg: 11 351 qkm, 594 000 Menschen! Niederschlesien: 25 066 qkm; 3 053 000 Menschen! Oberschlesien: 9 715 qkm, 1 529 000 Menschen! Sudetenland: 28 971 qkm, 3 636 000 Menschen; gesamte Ostgebiete (7 Provinzen): 141 466 qkm; 13 742 000 Menschen! Ferner zunächst Saargebiet: 1 913 qkm 842 000 Menschen; zeitweilig Saarland: 2 436 qkm, 908 000 Menschen! Anschlußverbot Österreich 83 764 qkm, 1934: 6 759 000 Menschen; 1939: 6 964 000 Menschen.

Fläche insgesamt von Deutschland abgetrennt ca 227 666 qkm, mit im Frieden 1939 ca 21 558 000 Menschen: Ein Drittel Deutschlands!

Wohnbevölkerung in den 7 betroffenen Provinzen bei der Volkszählung am 17. Mai 1939 somit 13 742 000 Menschen! Davon: Anzahl der bei K r i e g s e n d e am 8. Mai 1945 Anwesenden in den deutschen Ostgebieten des Deutschen Reiches 9 075 000 Menschen; Freie Stadt Danzig 388 000 Menschen; in Polen in den Grenzen vom 1.9.1939 2 370 000 Menschen! in der Tschechoslowakei i. d. Gr. v. 29.9.1938 3 496 000 Menschen!

Davon wurden nach der Sowjetunion verschleppt oder zwangs„repatriiert" Ostgebiete des Deutschen Reiches ca 350 000 Menschen; Freie Stadt Danzig ca 10 000 Menschen; Polen ca 460 000 Menschen; Tschechoslowakei ca 30 000 Menschen.

Anzahl der in den Vertreibungsgebieten zurückgehaltenen Deutschen: Ostgebiete des Deutschen Reiches, Autochthone ca 1 260 000 Menschen; Freie Stadt Danzig ca 49 000 Menschen; Polen (Zentralpolen) ca 269 000 Menschen; Tschechoslowakei ca 279 000 Menschen.

Es fanden bei den Vergewaltigungen, den Mißhandlungen, den inhumanen Deportationen den Tod: Ostgebiete des Deutschen Reiches mindestens ca 1 730 000 Menschen; Freie Stadt Danzig ca. 35 000 Menschen; Polen (Zentralpolen) ca 134 000 Menschen; Tschechoslowakei ca. 216 000 Menschen.

Es fanden den Tod als Kriegsgefangene, insbesondere der Sowjetunion ca. 2 000 000 Menschen.

Es trafen in den westliche Aufnahmegebieten aus den Ostgebieten über Polen, aus der Sowjetunion bis Jugoslawien ein 11 926 000.

Angesichts dieses unermeßlichen Abgrundes von menschlichem Leid, von Beraubung, Vergewaltigung, Mißhandlung, Mord, Tod bei der Vertreibung, Deportation vom Säugling bis zur Greisin … können nur die Volksrepublik Polen, die Tschechoslowakische Republik, die Union der Sozialistischen Sowjetrepubliken behaupten, die Deutschen und Deutschland seien 1945 und in den folgenden Jahren „befreit" worden und „glimpflich" davongekommen. Wenn dies die Befreiung war, so ist Dantes Inferno das Paradies gewesen. 1945 war der unmenschlichste, der verbrecherischste Raubzug, Völkermord und Landraub der Geschichte der Menschheit.

Diesem Inferno lag als geistige Grundlage zugrunde der Punkt Zweitens der „Atlantik-Charta", die am 14. August 1941 als „gemeinsames Prinzip" in der nationalen Politik der Vereinigten Staaten von Amerika und des Vereinigten Königreichs verkündet worden war. Bis Kriegsende hatten die Regierungen von 30 Staaten, darunter auch die Sowjetunion, Polen und die Tschechoslowakei die Charta unterzeichnet: Zweitens: „Sie wünschen nicht, daß territoriale Veränderungen zustandekommen, die nicht mit den frei geäußerten Wünschen der betreffenden Völker übereinstimmen".

3.4 „Deutschland: Bleiche Mutter …"

Inschrift über dem Grabkreuz eines von der „DDR" gemordeten Flüchtlings an der Berliner Mauer neben dem Deutschen Reichstag: Verfasser Bert Brecht.

3.41
Feindliche Erklärungsversuche für die Zerstückelung:

Dies wie dargestellt ist die territoriale Lage Deutschlands, des deutschen Staatsgebietes, des deutschen Volksbodens im Jahre 1989/1990/1991, nach dem Raub Ostdeutschlands und des Sudetenlandes, zu schweigen von Danzig und Österreich. Die mehr oder weniger feindseligen Erklärungsversuche für diese allen Menschenrechten widersprechende Lage sind wie aufgeführt Legion:

Weil Deutschland nicht im inneren Gleichgewicht sei! Weil Kultur und Gesellschaft Deutschlands die Einheit Europas störe! Weil alle die „querelles allemandes" leid seien! Weil das deutsche Volk unruhig sei, unverständlich und unverständig, von fehlender Voraussicht und Blindheit! Weil das Deutsche Reich für Europa zu groß und zu mächtig gewesen sei, ökonomisch zu dynamisch, es das Gleichgewicht Europas störe, es nach der Hegemonie gestrebt habe, unter jeder Regierungsform zu fürchten bleibe und deshalb niedergehalten werden müsse. Weil Deutschlands Angriffslust und Aggressivität ausgeschaltet werden müsse, vom deutschen Boden kein Krieg mehr ausgehen dürfe! Letztmalig weil deutsche Verbrechen so singular, einmalig und „einzigartig" gewesen seien, daß eine Wiederholung unter allen Umständen unmöglich gemacht werden müsse: Insbesondere auch durch die Abtrennung von Ostdeutschland und wenn möglich und so lange wie möglich auch von Mitteldeutschland!

Im Ergebnis gehen diese Erklärungsversuche für das menschenrechtswidrige Vorgehen bis zur Bejahung und zu Begründungsversuchen für die gewünschte Aufteilung Deutschlands. Sie gehen bis zur Leugnung des Rechtsanspruchs und der moralischen Pflicht auf Zuerkennung der Gleichberechtigung, auf gleichberechtigtes Leben als deutscher Staat und als deutsches Volk. Sie gehen bis zur Leugnung des Rechtes auf eigenständiges Leben Deutschlands überhaupt. Die extremste Form der Leugnung ist der Versuch der Bolschewisierung Ostdeutschlands, dann erst Mitteldeutschlands als sogenannte DDR und Ostberlins, dann Westberlins und als Wunschziel schließlich des Restes. Die Bolschewisierung wäre die Vernichtung eines europäischen und deutschen Deutschland zugunsten einer Sowjetrepublik im russischen Imperialsystem: Auch dies wäre eine Vernichtung Deutschlands: Dann aber wohl auch des freien Europa.

3.42
Exogene Gründe für die Tragödie des deutschen Volksbodens!

Gegenüber dieser Lage des deutschen Volkes in seinen Stämmen bis zum Jahre 1991 bleiben dagegen im Ergebnis von Versailles, von Saint Germain, von Potsdam, eine Reihe der wirklichen Gründe für diese Tragödie der Entwicklung des deutschen Volksbodens in Mitteleuropa darzustellen … Die gänzlich andere Lage Deutschlands gegenüber der Lage aller anderen Völker Europas ist n i c h t die Folge der im Ausland – und manchmal auch im Inland – vorgebrachten, vorgeschobenen Erklärungsversuche.

Es liegt nicht am Mangel inneren Gleichgewichts, an Kultur und Gesellschaft Deutschlands. Es liegt nicht an der Unruhe, der mangelnden Verständigkeit und Voraussicht Deutschlands. Es liegt nicht an Deutschlands Größe, Macht, ökonomischer Dynamik. Es liegt nicht am Hegemoniestreben, Angriffslust, Aggressivität. Es liegt nicht an der angeblichen Alleinschuld des Deutschen Reiches am Ausbruch des ersten Weltkrieges. Es liegt nicht an der geopolitischen Mittellage Deutschlands in Europa. Es liegt nicht an den Folgen deutscher Ostkolonisation. Es gab objektiv wisenschaftlich gar keinen „Deutschen Drang nach dem Osten".

Die Grenzen des deutschen Volkstums, ihnen folgend deutscher Staaten in Ostdeutschland diejenigen des Memellandes und Ostpreußens seit dem Frieden vom Melnosee, 1422; diejenigen Schlesiens seit dem Frieden von Trentschin, 1 3 3 6; diejenigen des Sudetenlandes seit dem Ende der Hussitenkriege 1453, waren ethnographisch unverändert bis 1945 über grundsätzlich 5 bis 6 Jahrhunderte hinweg. Friedlicher als das deutsche Volk in der bloßen Wahrung seiner Grenzen kann ein Volk nicht sein.

Deutschland ist zwar auch so zerstückelt worden aus e n d o g e n e n Gründen. So beispielsweise des Zerfalls des (Heiligen Römischen) Reiches Deutscher Nation zwischen 1220 / 1232 und 1618/1648, 1806. Das Reich war eingeschlafen. Das entstehende Vakuum verlockte a l l e N achbarnationen zu Angriffen, zu Verletzungen deutschen Volksbodens, zu Abtrennungen von Gebieten von Deutschland, vom deutschen Volksboden.

Deutschland ist vor allem aber zerstückelt worden aus e x o g e n e n Gründen in der Folge herrschender wildromantischer Mythen fremder Nachbarstaaten. Dies ist oben dargestellt worden.

Frankreich: le grand rhin, le petit rhin! Nicht nur Elsaß-Lothringen und das Saarland, sondern das ganze Rheinland, die Ruhr, die Pfalz sollten es sein.

Polen: Die Piast Idee! Nicht nur die polnischen Randgebiete, Südwestpreußen, Ostposen, Teile des Kulmerlandes, sondern alle deutschen Provinzen, so viele immer zu rauben waren!

Tschechei: Die „Krone Böhmens", das „böhmische Staatsrecht"!

Italien: Vetta d'Italia! Alpenkamm Wasserscheide!

Litauen: Der Hafen Memel /Klaipeda!

Dänemark: Schleswig / Sönderjylland!

Deutschland ist danach vor allem so zerstückelt worden aus den e x o g e n e n Gründen: Aus der Anmaßung, ja es kann nicht anders gesagt werden, aus Motiven, gehend bis zur naiven Frechheit manches Nachbarn, sei er groß, sei er auch noch so klein.

Auch und gerade ohne rechtlichen Grund! Auch und gerade, ohne daß fremder Volksboden zu „befreien" gewesen wäre! Auch und gerade ohne andere Notwendigkeit, als die Gier, „haben zu wollen"! Um Gebietsteile deutschen Volksbodens an sich reißen zu können! Und dies insbesondere 1945 mit der naiven kriminellen Brutalität assyrischer Eroberer. Dies alles unter der Geltung des christlichen „International Law", der Menschenrechte, der Haager Landkriegsordnung, der Demokratie, des Selbstbestimmungsrechtes der Völker!

Diese Ereignisse sind auch nicht die vorgebliche Folge deutscher Unterdrückung fremder Völker:

Selbst die Teilungen Polens 1772 und 1793 waren prizipal und primär Teilungen zugunsten Rußlands. Auch die Teilung 1795 – der europäisch gesehen wirkliche „Schritt vom Wege" – war für Österreich wie für Preußen ein von den Fakten erzwungenes „Mitmachen", um Moskau in irgendwelchen Grenzen zurückzuhalten!

Diese Ereignisse sind auch nicht die Folge unklarer Volksgrenzen des deutsche Volkes; auch nicht im Osten. Die Volksgrenzen im Osten waren relativ genügend klar, wenn die polnische Seite nur bereit gewesen wäre, sie zu berücksichtigen, und sie erst für Versailles 1919, dann für Potsdam 1945 zugrundezulegen. Anstatt sie zu beiden Kriegsenden auf das Inhumanste zu verletzen. (Das vielfach ehrlich geglaubte – und gutgläubig vorgebrachte – Argument der vorgeblich mangelnden Erkennbarkeit klarer Volksgrenzen ist so nicht zutreffend: Grundsätzlich auch nicht für den deutsch-polnischen Grenzraum; erst recht nicht für den deutsch-tschechischen mit einer sehr klaren Grenzlinie.)

3.43

Niederhaltungsgegnerschaft, „Erbfeindschaft", Raubgier

Es kann dabei nicht geleugnet noch aus heutiger Psychologie verschwiegen werden, daß 1920 – und dann gleichviel, wie immer die gerechte Lösung und Rechtslage war –aus psychologischer eiskalter, egozentrischer Niederhaltungsgegnerschaft um jeden Preis gegen Deutschland gehandelt worden ist: Man vergleiche die Entwicklung der Ereignisse selbst noch im scheinbar weit entfernten Ostoberschlesien und im Memelland bis 1923. Als ob das XX. Jahrhundert noch 1681 wäre. Die Zerstückelung erfolgte ferner noch aus historischer Gegnerschaft, aus Verletzungswillen, aus „Erbfeindschaft". Sie erfolgte aus Egoismus, aus Egozentrik, aus Beschränktheit eines sehr alten Mannes.

Diese Zerstückelung erfolgte ferner aus exogenem Grund aus Rache, aus Vergeltung, als Vergewaltigung, als Verbrechen. Sie erfolgte als Folge von Propaganda, von Mythen, von Lügen.

Es kann nicht verschwiegen werden, daß 1945 die Sowjetunion entsprechend den Aufrufen von Ilja Ehrenburg …, Polen, die Tschechei aus Mordgier, dann aus Raubgier gehandelt haben: Und den Raub ohne Wiedergutmachung bis heute festhalten!

3.44 Die Zerstückelung Deutschlands erfolgte exogen ferner zunächst schlicht aus U n - w i s s e n h e i t :

3.441
Thomas Mann, ein demokratisch unverdächtiger, als Flüchtling unbestreitbar objektiver Beobachter und Urteiler hat die drei leitenden und entscheidenden Staatsmänner der Antikoalition wie folgt charakterisiert (Brief an seinen Bruder Heinrich Mann, 7.9.1941) bezüglich ihrer Allgemeinbildung: Joe Stalin versteht gewiß nicht viel von Büchern … Churchill schreibt zwar eine gute Prosa, hat aber doch eingestandenermaßen nur eine aristokratische Leutnantsbildung und ist ein naiver Autodidakt … Roosevelt liest nie etwas, außer mystery – stories zum Einschlafen … Und diese drei also urteilten als der Weltareopag über Deutschland einerseits, Polen und die Tschechei andererseits! Und über so manches Andere.

3.442
Wer als maßgeblicher Funktionär – bis einschließlich Minister – einer westlichen Macht aus mangelnder Kenntnis vermutlich zunächst und mindestens zeitweilig verwechselt hat: Englisch: Sicily / Deutsch: Sizilien / Italien Sicilia … / Cilicia, Cilicien Türkei …/ Silesia Schlesien Ostdeutschland … – denn keine der 3 Bezeichnungen kommt im normalen englischen Dictionary bzw. im US-amerikanischen Unterricht vor – der kann Polen und Deutschland und der Tschechei selbst trotz besten Gewissens keinesfalls gerecht werden.

3.443
Wenn ein „Mißverständnis "zwischen Stalin einerseits und Churchill und Präsident Roosevelt andererseits in Teheran befürchtet werden muß, so ist solches unentschuldbar. (Professor Savory, MP im House of Commons, 24. August 1945): „Dort wurde vereinbart, daß die Polen das früher deutsche Land bis zur Oder und zur Neiße erhalten sollten. Es gibt aber zwei Neißen. Churchill und Roosevelt dachten bei der Abmachung an die östliche Neiße, Stalin an die westliche Neiße. Die russische Ansicht setzte sich durch … So war die Schaffung einer dauerhaften und gerechten Friedensordnung gewährleistet.

3.444
Roosevelt selber sah seine Befähigung anders (5.10.1943 vor Moskau): „Er habe Deutschland bereist und dort studiert; er spreche deutsch und glaube, Deutschland besser zu kennen als wir!" Bereits aber 3 Zeilen weiter im Text findet sich bei Cordell Hull der Widerruf:

„ ... es sei doch schon viele Jahre her, seit er Deutschland kennengelernt habe, und vielleicht wisse er doch nicht so gut Bescheid, wie er geglaubt habe" ... Am 1.12.1943 stellte Roosevelt in einem Plan der Aufteilung Deutschlands in Teheran die Stadt Leipzig dem Lande Sachsen gegenüber, obwohl Leipzig in Sachsen liegt. Am 12.6.1944 erklärte Roosevelt dem polnischen Exilministerpräsidenten Mikolajczyk, daß Polen ganz Ostpreußen einschließlich Königsberg erhalten solle, das – „wie er sich zu erinnern meine „ ... also ein Neuordner einen neuen Weltordnung, der sich in einer Sachfrage nicht vergewissert, sondern „sich zu erinnern meint" ... Am 1.3.1945 berichtete Roosevelt dem US amerikanischen Kongreß: „Polen war in der Geschichte immer der Korridor, durch den Rußland angegriffen worden ist. Zwei Mal in unserer Generation ist Deutschland durch diesen Korridor gegen Rußland vorgestoßen".

Bei Roosevelt war dies pure Unkenntnis der Fakten: Bei Ausbruch des ersten Weltkrieges stand Polen unter russischer Herrschaft. Beim Ausbruch des zweiten Weltkrieges wurde Polen zwischen der Sowjetunion und dem Deutschen Reich aufgeteilt! Rußland ist vor dem Gegenschlag 1915 – nach dem ersten Kriegsjahr mit russischen Angriffen – von Deutschland niemals angegriffen worden. Dagegen mehrfach von Polen, – bis nach Moskau –, Litauen, Schweden, der Türkei, einmal von Frankreich – bis nach Moskau –!

In mehreren Jahrhunderten sind dagegen russische Truppen vielfach durch Polen – als „Korridor" – bis tief nach Mitteleuropa hinein vorgestoßen: Groß Jägerndorf / Ostpreußen 30. August 1757; Zorndorf / Brandenburg 25. August 1758; Kuhnersdorf / Brandenburg 12. August 1759; Austerlitz / Mähren 2. Dezember 1805; Leipzig / Sachsen 16. Oktober 1813; Tannenberg / Ostpreußen 26. August 1914; Masurische Seen / Ostpreußen 6. September 1914; Winterschlacht in Masuren 9. Februar 1915; Warschau / Polen 18. August 1918; schließlich 1945.

3.445
Churchill charakterisierte dagegen überzeugend seine Kenntnisse über Mitteleuropa, indem er postulierte (am 1. Dezember 1943 in Teheran): „Meiner Ansicht nach liege die Wurzel des Übels in Preußen, in der preußischen Armee und ihrem Generalstab" ... Preußen existierte seit dem 1. August 1932 praktisch nicht mehr. Die preußische Armee existierte seit Versailles, seit 1920 nicht mehr. Der preußische Generalstab war selbst in seinen „Reichswehr-Ersatz-Institutionen" 1934 untergegangen. Churchill schien bisher nicht bereit oder nicht fähig, dies zur Kenntnis zu nehmen. Der kraftvolle Name Preußens schien selbst nach dem Ende noch fortzudauern.

3.446
Primeminister Churchill als bis 1945 dominanter britischer Staatsmann hatte entweder nie gewußt, wußte es nicht mehr oder hatte es zielbewußt vergessen, was seiner eigenen Majestät Regierung 1934 – 1938 in voller Deutlichkeit erkannt und in aller Offenheit vertreten hatte, gerade, weil es höchst vernünftig gewesen war: Sir Joseph Addison, britischer Gesandter in Prag, schrieb am 3. März 1934 in einem Bericht an sein Außenministerium: „Wenn man ein künstliches Gebilde erhalten will, verlangt dies künstliche Unterstützung, und so wird jedermann ... die außerordentlich schwierige Lage feststellen, ... in welche dieser Staat (CSR!) durch seine bloße Existenz kommen mußte: Ärgerliche Grenzen, ... Volksgenossen, ... die ... nichts Anderes wünschen, als das Verschwinden dieses Staates ... daß ... Unterstützung nicht in der einzig brauchbaren Form kommen wird: Gewalt zur Aufrechterhaltung des jetzigen Zustandes ... (ein) Staat, der (nur) von Tschechen für Tschechen regiert wird".

3.447

Dieses tödliche Urteil über die Tschechoslowakei wurde von britischen Politikern und Diplomaten ununterbrochen wiederholt; gerade auch für den Fall eines gegen Deutschland gewonnenen Krieges:

Sir Basil Newton, britischer Botschafter in Prag, schrieb in einem Brief am 15. März 1938 an den Außenminister: ... einen Zustand wiederherzustellen, der sich bereits als unannehmbar erwiesen und nach seiner Wiederherstellung neuerlich als nicht haltbar erweisen würde! ...

Lord Halifax, britischer Außenminister, erklärte am 29. April 1938 in London: ... „Wir müssen uns die Frage stellen, ob – selbst am Ende eines siegreichen Krieges – es möglich sein wird, den tschechoslowakischen Staat in seiner derzeitigen Form wiederherzustellen! ...

Sir Basil Newton, britischer Botschafter in Prag, erklärte dem tschechoslowakischen Präsidenten Benesch in Prag am 4. September 1938: ... Wie günstig auch immer das Ergebnis dieses Krieges sein möge, es wäre mehr als zweifelhaft, ob die Tschechoslowakei in ihrer derzeitigen Form wiederhergestellt werden könnte! ... Präsident Benesch schien ... schmerzlich beeindruckt! ...

Sir Nevile Henderson, britischer Botschafter in Berlin, erklärte am 10. September 1938 in Nürnberg; ... Selbst wenn Deutschland besiegt würde, müßten ... in einem Friedensvertrag die sudetendeutschen Gebiete Deutschland gegeben werden! ...

Lord Halifax, britischer Außenminister, sagte am 18. September 1938 zum französischen Ministerpräsidenten Daladier: ... Bei der Friedenskonferenz, die dem Krieg folgen wird, könne er ... sich nicht vorstellen, daß ... die heutigen Grenzen der Tschechoslowakei bestätigt würden!

Lord Halifax über seinen Botschafter in Prag an die Regierung der Tschechoslowakei am 27. September 1938: ... Die (CSR) Regierung muß klar erkennen, daß ... es ohne Rücksicht auf den Ausgang (eines allgemeinen Krieges) keine Möglichkeit gibt, der Tschechoslowakei ihre heutigen Grenzen zurückzugeben! ...

„Times": Nur zur Abrundung ein Leitartikel; 3. Juni 1938 in Stichworten: ... Volksabstimmung ... ausscheiden aus der CSR ... Die Anwendung dieses Grundsatzes (des Selbstbestimmungsrechtes) wurde jedoch den Deutschen Österreichs und Böhmens kurzsichtig und unklugerweise verweigert ... Ungerechtigkeit ... müsse damit beseitigt werden! ...

3.448

Antony Eden, britischer Außenminister, zeigte sich am 14. März 1943 in Washington geographisch-politisch über Ostmitteleuropa nicht unterrichtet: ... er glaube, daß Rußland sehr wenig Gebiet von Polen verlangen werde, möglicherweise bis zur „Curzon Linie"! ... Dies was Rußland verlangte, waren rund 188 000 qkm Fläche, das heißt mehr als ganz England, Wales und Nordirland zusammen! ...

3.449

Ernest Bevin, britischer Außemminister, erschien als Neuling nicht eingearbeitet in Potsdam: „ ... und Truman war derselben Meinung, daß sich daraus nur so viel ergab, daß Bevin nicht allzu viel von Polen wußte!"

3.4410

Im House of Commons stellte am 23. Februar 1944 der MP G. Strauss zutreffend fest:

„ ... Betrachten wir die Lage Ostpreußens. Unter jedem Gesichtswinkel ist es deutsches Gebiet, bewohnt von einer deutschen Bevölkerung. Nach den Untersuchungen sprechen 97% der Bevölkerung Deutsch!" Der MP Bartle Bull entblödete sich nicht, dazu zu sagen: „ ... Alle Polen sprechen Deutsch!"

3.4411

Die Zerstückelung Deutschlands – 1920 wie 1945 – erfolgte exogen schließlich aus einer Art Nonchallence und Schlamperei, weil Europa so viel kleiner als Texas und zudem so weit entfernt war. Die Zerstückelung ist aber wiederum nicht nur – entgegen naiven Reden – die Folge von „ein paar schlampig gezogenen Grenzen", sondern von viel Schlimmerem!

3.45

Diese Zerstückelungen Deutschlands erfolgten exogen vor allem zufolge einer riesigen, verantwortungslosen und unglaublichen, V e r l o g e n h e i t .

Verantwortlich sind feindliche Interessenvertreter: Für die Sowjetunion: Stalin und Molotow; für Polen: Mikolajczyk und Bierut; für die Tschechoslowakei Masaryk und Benesch. Angesichts der vielfachen Unkenntnis der britischen und leider meist ebenso der US-amerikanischen Staatsmänner und Unterhändler über die Gegebenheiten Ostmitteleuropas kamen für alle Fakten den Zahlenangaben größte Bedeutung zu. Immer erneut sind Zahlenangaben, polnische, sowjetrussische, tschechische Zahlenangaben, auf die der Westen sich dann ein ließ und auf die er sich dann verließ, offensichtlich schamlos gelogen: ...

Dabei haben sich die Herren Molotow einerseits, Benesch andererseits als die größten Lügner, aber auch die folgenreichsten Lügner der Weltgeschichte erwiesen! ...

3.451

Ostpolen jenseits der Curzon-Linie:

Nach polnischer Propaganda gab es dort bis zu 6 Millionen Polen. Bei der Volkszählung vom 9.12.1931 hatte die notorisch unzuverlässige polnische Statistik 3 850 000 Polen, 4 272 000 Ukrainer und „Hiesige", 970 000 Weißruthenen ausgewiesen. Da mit an Sicherheit grenzender Wahrscheinlichkeit jeder Pole katholisch war, könnten es höchstens 3 250 000 Polen gewesen sein, entsprechend der Zahl der Katholiken.

Tatsächlich aber siedelten bei der jedem in Option freistehenden Umsiedlung der „Ostpolen" nach Zentralpolen ab 1944 bis 1948 nur 1 503 263 Polen aus dem angeblichen „Ostpolen" zurück. Da wiederum vermutlich kaum jemand als Pole freiwillig unter sowjetischer Herrschaft verblieb – Katyn war schon bekannt! – müßten also von der angeblichen Gesamtzahl der Ostpolen 1 747 000 Polen verschwunden oder von den Sowjets ermordet oder verschleppt worden sein. (Was selbst Rhode vermutet!) Oder sie haben in Wirklichkeit niemals existiert! Für die „Ostpolen" „einen Platz, wo sie hingehen konnten" im Nachkriegspolen brauchten also nur 1 503 000! Und dafür wurden über 10 Millionen Ostdeutscher vertrieben!

3.452

Deutsche zwischem Curzon-Linie und polnischer Westgrenze 1939:

Nach der o.a. polnischen Volkszählung gab es 741 000 Volksdeutsche in Polen; nach der Selbstzählung der Volksgruppe waren es aber 1 022 000 Deutsche, die soweit sie die Verbrechen überlebten dann heimatvertrieben wurden. Allein die Zahl der durch diese Vertreibung freiwerdenden Plätze hätte genügt, um die polnischen Rücksiedler aus Ostpolen aufzunehmen. Von dem hinzukommenden Ausfall von über 3 Millionen Juden aus Polen nicht zu reden, deren Plätze ja schmerzlich vakant waren und die die polnischen Rücksiedler hätten gleichfalls aufnehmen können.

3.453
Deutsche aus den Ostgebieten des Deutschen Reiches:

Gegenüber den Westalliierten erklärten Stalin und Molotow immer erneut über den Zustand der ostdeutschen Bevölkerung: „alle seien davongelaufen" (z.B. 21. Juli 1945)! „Sie sind geflohen"! „es ist niemand zurückgeblieben", „außer den Polen, um das Land zu bestellen"! Dabei gab es im Reichsgebiet nur sehr wenige Polen. Und heimatvertrieben wurden dann noch Millionen Deutscher!

3.454
Polen im Gebiet des Deutschen Reiches:

Ministerpräsident Mikolajczyk behauptete zwar in Potsdam: „ … mehr als 1,5 Millionen Polen in Deutschland"! Nach der Volkszählung von 1925 gab es im Reichsgebiet etwa 645 000 Reichsdeutsche mit der Angabe Polnisch als Muttersprache. Zum ersten durfte diese Sprachangabe aber nicht mit einem national-polnischen Bekenntnis verwechselt werden; so z.B. im Ruhrgebiet, in Oberschlesien, wo diese Menschen seit sehr langem sehr gute Preußen waren und es bleiben wollten. Zum zweiten verschwieg Mikolajczyk, daß diese „Polen" gerade nicht in den von Polen geforderten Provinzen wohnten, vom Memelland und Ostpreußen über Danzig, Ostpommern, Ostbrandenburg bis Niederschlesien, sondern im Ruhrgebiet, ggf. Oberschlesien.

3.455
Polnische Saisonarbeiter im Reichsgebiet:

Bierut erklärte in Potsdam am 24. Juli 1945 gegenüber Churchill: „Vor dem Krieg seien regelmäßig etwa 800 000 polnische Saisonarbeiter nach Ostdeutschland gegangen"! Dagegen war schon ab 1932 bis 1939 jegliche polnische Saisonarbeit stärkstens vermindert worden. In den 5 Jahren von 1931 bis 1935 kamen insgesamt nur noch 35 400 Polen als Saisonauswanderer nach Deutschland.

3.456
Sudetendeutsche als angebliche Immigranten und Kolonisten:

Staatspräsident Thomas G. Masaryk, allseits geschätzt, war sich trotzdem nicht zu schade, um zu versuchen, die Weltöffentlichkeit zu belügen. Er erklärte am 10.1.1919 in einem Presseinterview im „Matin": Sudetendeutsche seien „im letzten Jahrhundert" eingewandert und nunmehr „in rascher Entgermanisierung" begriffen. „ … Unsere geschichtlichen Grenzen stimmen mit den ethnographischen ziemlich Überein"! In einer Regierungserklärung vom 23. Dezember 1918 versuchte er zu definieren: „ … die staatsrechtliche Stellung unserer Deutschen, die einst als Immigranten und Kolonisten hierhergekommen sind …"! In Wahrheit lebten die Sudetendeutschen nicht erst seit dem „letzten Jahrhundert", sondern seit etwa 7 Jahrhunderten schon im Sudetenland: In ähnlicher Abgrenzung der Siedlungsgebiete seit etwa Mitte des 13. Jahrhunderts.

Was sollen dann nach fast 700 Jahren solche „staatsrechtliche" Phantasmagorien eines kleinen Volkes durch seinen leitenden Staatsmann?

3.457
Sudetendeutsche in Mähren:

Außenminister Benesch aber übertrifft an Verlogenheit weit alle alle anderen Fälscher: In einer offiziellen Note der tschechoslowakischen Regierung im Januar 1919 an die Delegationen der Pariser Friedenskonferenzen, dem „Memoire III", erklärte er: „in Mähren leben die Deutschen zerstreut und es gibt nirgends geschlossene, durchaus deutsche Massen"!

Nur: Herr Benesch lügt: Von den (1935) 107 Gerichtsbezirken in Mähren-Schlesien waren 30 mit absoluter deutscher Mehrheit, meist an und über 90%! Selbst nach 12 Jahren tschechischer zielbewußter Herrschaft hatten z.B. an Deutschen: Bennisch 96,1%, Freudenthal 95,4%, Hennersdorf 93,9%, Hof 96,9%, Hotzenplotz 95,6%, Jauernig 94,9%, Olbersdorf 94,4%, Römerstadt 97,1%, Stadt Liebau 97,4%, Weidenau 95,4%, Würbenthal 97,1%, Zuckmantl 94,4%.

3.458
Sudetendeutsche in Böhmen:

Benesch erklärte: „ … daß die Zahl der Deutschen in Böhmen, die sich nach den deutschen (d.h. österreichisch-ungarischen!) Statistiken auf 2 467 724 Deutsche beliefe, um 800 000 bis eine Million vermindert werden muß"! … Selbst das wären ja dann immer noch nur 1 467 724 Deutsche gewesen! …

Nur: Herr Benesch lügt: Nach der tschechischen Volkszählung von 1930 betrug die Zahl der Deutschen in Böhmen 2 270 943 + 55 147 = 2 326 090!"

… „daß überall in diesen Gegenden (d.i. Böhmen) die tschechische Bevölkerung mit der deutschen Bevölkerung vermischt lebt, und daß es fast keine Bezirke gibt, die wirklich deutsch wären!"

Nur: Herr Benesch lügt: Von den (1935) 228 Gerichtsbezirken in Böhmen waren 90 mit absoluter deutscher Mehrheit, meist an und über 90%. So hatten z.B., um nur einige zu nennen, an Deutschen: Bad Königswart 96,6%, Bensen 96,9%, Buchau 97,7%, Duppau 98,4%, Hostau 96,1%, Neudek 97,6%, Oberplan 96,1%, Petschau 97,4%, Pfraumberg 98,0%, Plan 96,4%, Pressnitz 97,4%, Sebastiansberg 96,8%, Tachau 96,5%, Tepl 98,1%, Weseritz 97,1%!

Gerade im Sudetenland, vor allem in Böhmen, aber auch in Mähren konnte von Mischung der Wohngebiete k e i n e Rede sein. Es gab vielmehr fast überall haarscharfe Bevölkerungsgrenzen und relativ besonders wenig Vermischung.

3.459
„Kolonisten und Abkömmlinge von Kolonisten?"

Nur: Herr Benesch lügt: Nach 700 Jahren Seßhaftigkeit in der gleichen sudetendeutschen Heimat ist niemand mehr ein Kolonist, ein Immigrant. Im Übrigen widerlegte Benesch sich im nächsten Satz selbst: „ … während langer Jahrhunderte hätten die Sudetendeutschen dort gewohnt"!

3.4510
Gruppen der Sudetendeutschen in der Tschechei:

Benesch erklärte: „ … die drei Gruppen (das sind die Sudetendeutschen in der Tschechei) können wegen ihrer geographischen Lage verwaltungsmäßig keine autonome Provinz bilden!" …

Nur: Herr Benesch lügt: Die geographische Trennung hinderte schon logisch eine Autonomie der Gebiete, oder ggf von drei Gebieten in keiner Weise! Vor allem aber gingen ihn und die Tschechei die von Deutsch – Österreich nach dem Selbstbestimmungsrecht beanspruchten und bereits in Österreich eingegliederten Sudetenprovinzen überhaupt nichts an. Im Rahmen Deutsch-Österreichs und mit diesem im Deutschen Reich seit Gesetz vom 11. November 1918 waren alle diese Gebiete in breitester Verbindung zu den deutschen Hinterländern Oberschlesien, Niederschlesien, Sachsen, Franken und Niederbayern; neben Ober- und Niederösterreich, zu denen sie ethnographisch ausschließlich gehörten.

3.4511

Benesch sieht im übrigen interessante Tatsachen stellenweise sogar ein: ... müßten sie (die Sudetengebiete) an Deutschland angegliedert werden ... ... die Tschechen (haben) fast das ganze Land zurückerobert ... es hat sich tatsächlich eine umgekehrte Kolonisation vollzogen! ... um dann in der nächsten Zeile von „gewalttätiger Germanisation" zu sprechen ... und „den Deutschen alle Rechte zu geben, die ihnen zukommen"! Nur nicht das Selbstbestimmungsrecht! Auf welches Recht er sich für sein tschechisches Volk am Anfang des Memoire III feierlich beruft. Dagegen sei Selbstbestimmung für Deutsche eine „Unzukömmlichkeit".

3.4512

„Ein absolut demokratischer Staat" ...

„Die Tschechoslowakische Republik wird ein absolut demokratischer Staat sein!". Nach dieser erträumten Grundlage: Als Herr Präsident Edvard Benesch dann ausnahmsweise 1936 einmal begann, die Wahrheit zu sagen, da vermochte er sie nicht mehr lange mit Waffengewalt aufrechtzuerhalten: Am 18. Dezember 1936 erklärte er gegenüber Professor Dr. Albrecht Haushofer und Graf Trautmannsdorf vom deutschen Auswärtigen Amt ... „Es ist Tatsache, daß sich unter der Republik vieles zu Gunsten der Tschechen und gegen die Deutschen gewendet habe, daß die sogenannte „Tschechisierung" auf vielen Wegen durchgeführt wurde, und daß dieser Prozeß weitergehen werde ... Es ist ein natürlicher, moderner, soziologischer, politischer und wirtschaftlicher Prozeß, der nicht aufgehalten werden kann!" So wurde das österreichische, deutsche Sudetenland 1918 bis 1938, so wurde es 1945 behandelt. Dies waren das Selbstbewußtsein und der absolut demokratische Geist eines Volkes von 7 Millionen Tschechen gegenüber den 3 1/2 Millionen Sudetendeutschen, den Angehörigen eines Volkes von über 8 0 Millionen Menschen. Weitere Beispiele ließen sich zahlreich anführen, wie die deutsche Zerstückelung vollzogen worden ist.

3.4513

Gegenüber diesem einzigartigen Prius an Erfahrungen Deutschlands mit der ebenso bodenlosen wie schamlosen Verlogenheit polnischer, tschechischer und sowjetischer, im Westen hochgeschätzter Staatsmänner, sind selbst trotz aller Bedenken die Entwicklungen der deutschen Außenpolitik zur Revision von Versailles 1935 bis 1939 neu zu würdigen.

3.46

Die Zerstückelung Deutschlands zufolge von T ä u s c h u n g : Die Zerstückelung Deutschlands erfolgte exogen endlich zufolge von grandiosen Täuschungen, seien es Selbsttäuschungen Interessierter, seien es absichtliche Täuschungen Betroffener, so z.B. des deutschen Volkes.

3.461

Getäuschte und Täuscher: Getäuscht wurden: Präsident Wilson, die Vereinigten Staaten, der Kongreß der Vereinigten Staaten, Präsident Roosevelt, das House of Commons! Endlich das deutsche Volk!

Getäuscht haben: 1918–1920 Frankreich, Polen, Italien, die Tschechoslowakei; 1945 Churchill, Eden, Attlee, Stalin, Molotow.

Präsident der Vereinigten Staaten Woodrow Wilson erklärte in seiner Botschaft an den Kongreß der USA vom 8. Januar 1918: „ ... Die Welt muß ... auf solche Weise umgestaltet ... werden, daß ... jede friedliebende Nation ... die Sicherheit erhält, daß sie hinfort mit den anderen Völkern der Welt auf der Grundlage des Rechts und der Billigkeit ... verkehren kann" ...

Dieses Gerechtigkeitsprinzip wurde noch zwingender gefordert von Wilson in seiner Botschaft an den Kongreß vom 11.2.1918: ... Selbstbestimmung ist kein bloßes Schlagwort. Sie ist ein zwingender Grundsatz des Handelns ... Die zu verwirklichenden Grundsätze sind die folgenden: ... 1. „daß jeder Teil einer endgültigen Vereinbarung darauf beruhen muß, in ihm die Gerechtigkeit zur Geltung zu bringen und jenen Ausgleich zu finden, der die bestmögliche Aussicht auf dauerhaften Frieden eröffnet;" ... 2. „daß die Völker und Gebiete nicht von einer Staatshoheit zur anderen herumgeschoben werden dürfen, als handele es sich um tote Gegenstände;" ... 3. „daß jede Lösung einer Gebietsfrage ... im Interesse und zu Gunsten der betroffenen Bevölkerung ... getroffen werden muß!"

3.462

Diese abstrakten Grundsätze voll höchster Moral und Ethik werden näher konkretisiert in der angeführten Botschaft Wilsons vom 8. Januar 1918 in seinen sogenannten „14 Punkten" ... Kriegsziele der Vereinigten Staaten waren danach u.a.: Punkt 9: ... „Die italienischen Grenzen sollen entsprechend klar erkennbarer Volkstumslinien berichtigt werden"! Punkt 13: ... „Ein unabhängiger polnischer Staat ist zu errichten, der die von unstreitig polnischer Bevölkerung bewohnten Gebiete umfassen soll; ein unbehinderter und gesicherter Zugang zum Meer ...(ist) zu gewährleisten"!

Frankreich, die Herren Clemenceau, Poincaré, Polen, die Herren Pilsudski, Dmowski, Paderewski, die Tschechoslowakei, Herr Benesch, Italien, Herr Orlando verkehrten diese Grundsätze in das krasse Gegenteil, in einen Raubzug: Großbritannien, Lloyd George, die Vereinigten Staaten, Wilson, waren nicht befähigt, nicht interessiert genug, zu schwach, diesen Raubzug in Form der Diktate von Versailles und Saint Germain zu verhindern. Südtirol als rein deutsches Land wurde abgetrennt. In Elsaß-Lothringen fand wiederum keine Volksabstimmung statt. Das überwiegend deutsche Westpreußen wurde durch einen polnischen Korridor zerstückelt. Die deutschen Westrandgebiete von Posen wurden abgetrennt. Das Memelgebiet wurde abgetrennt. Oberschlesien wurde entgegen dem Diktatstext aufgeteilt. Das Sudetenland wurde nach Massakern unterworfen. Österreich wurde am Anschluß gehindert. Das Ergebnis von Wilsons Selbstbestimmungsforderung, übertragen in die Diktatspraxis, war ein bis dahin nicht vorgekommener Raubzug 1920. Er wurde erst 1945 übertroffen.

Dabei hatten sowohl Präsident Wilson als auch die Vereinigten Staaten, die deutsche Reichsregierung und das deutsche Volk alle unterschiedslos ohne jeden Zweifel höchst ehrlich an seine Gerechtigkeitsprinzipien des Selbstbestimmungsrechtes der Völker geglaubt. Die Täuschung durch die bösgläubigen Landinteressenten war gelungen.

Noch am 4. Juli 1918 hatte Wilson in seiner Rede in Mount Vernon die USA verpflichtend erklärt: „ ... die Regelung jeder Frage – ob sie Gebiet, staatliche Hoheitsrechte ... betrifft – auf der Grundlage freiwilliger Annahme der Vereinbarung durch das unmittelbar betroffene Volk"! ... Die Diktate von Versailles und Saint Germain waren das extreme Gegenteil einer freiwilligen Annahme! Die „bolschewistische Friedensdeklaration" vom 8. November 1917, weitgehend vom Partei- und Staatschef W. I. Lenin persönlich verfaßt, erklärte jede Verletzung des Selbstbestimmungsrechtes ohne freie Zustimmung der Bevölkerung für „Annektion, das heißt Eroberung durch Macht und Gewalt"!

3.463

Der Primeminister Winston Churchill als Vertreter seiner Regierung seiner Majestät im Vereinigten Königreich – einer kriegführenden Macht – und der Präsident der Vereinigten Staaten – eines zu dieser Zeit förmlich noch neutralen Staates – „erachteten es für richtig, gewisse gemeinsame Grundsätze ... bekanntzugeben", die sogenannte Atlantik Charta vom 14. August 1941: Grundsatz 2 lautet: ... Sie wünschen, daß keine territorialen Veränderungen zustandekommen, die nicht mit den frei geäußerten Wünschen der betroffenen Völker übereinstimmen"! Die Kriegserklärung an die Vereinigten Staaten erfolgte erst am 11. Dezember 1941. Diesen Selbstverpflichtungen der Erklärungen der Atlantik Charta hat das deutsche Volk sehr weitgehend geglaubt!

3.464

Präsident Roosevelt proklamierte am 24. Januar 1943 in Casablanca „ ... das Ziel dieses Krieges in der Form einer bedingungslosen Kapitulation Deutschlands!" Dabei übersah er, daß – genau wie bei Appomatox Court House – die allgemeinen Kriegsgesetze, die Menschenrechte und die eigenen Selbstverpflichtungen auch bei einer „bedingungslosen" Kapitulation ihre zwingende Gültigkeit behalten!

3.465

Primeminister Churchill erklärte in einem Bericht über die Teheraner Konferenz vor dem House of Commons am 22. Februar 1944: ... „Bedingungslose Kapitulation" ... „bedeutet, daß die Alliierten ... den Deutschen gegenüber durch ... keine Verpflichtung gebunden sind! So wird ... die Anwendung der Atlantik-Charta auf Deutschland als Rechtsgrund, der die Abtretung von Gebieten ... oder Grenzberichtigungen verhindert, nicht in Frage kommen." ... Argumente, wie sie die Deutschen nach dem letzten Kriege vorbrachten, als sie sagten, sie hätten nur auf Grund der 14 Punkte Wilsons kapituliert, werden von uns nicht zugelassen werden. Bedingungslose Kapitulation bedeutet, daß die Sieger freie Hand haben.

Juristisch ist dies nichts als Nonsens. – „Freie Hand" wäre Steinzeit. Hier täuschte sich Churchill und er täuschte das deutsche Volk: Nach der bedingungslosen Kapitulation der Konföderierten Staaten von Amerika, der Südstaaten, mit dieser Formel blieben das Allgemeine Völkerrecht, die Menschenrechte und Grundfreiheiten, das Kriegsrecht, insbesondere aber auch die Geltung der Verfassung der Vereinigten Staaten in Kraft. Nach der Appomatox nachfolgenden Casablanca – Formel blieb ganz genauso das Völkerrecht in Kraft: Das Selbstbestimmungsrecht der Völker; das Deportationsverbot; das Annektionsverbot; die Haager Landkriegsordnung betreffend die Rechte und begrenzten Zuständigkeiten von Besatzungsmächten; insbesondere aber auch das Mantel-Übereinkommen zur Haager Landkriegsordnung vom 18. Oktober 1907. Danach setzten die hohen vertragschließenden Teile der HLKO fest, daß in den nicht ausdrücklich einbegriffenen Fällen ... „die Bevölkerung ... unter dem Schutz und der Herrschaft der Grundsätze des Völkerrechts bleibt", „wie sie sich aus den unter gesitteten Völkern feststehenden Gebräuchen, aus den Gesetzen der Menschlichkeit und den Forderungen des öffentlichen Gewissens ergeben"!

Da seit einigen Millionen Jahren noch niemals eine siegreiche Macht an die unterlegene Macht freiwillig eigenes Gebiet und eigene Bevölkerung abgetreten hat, k a n n sich der Grundsatz „Zweitens" der Atlantik Charta n u r auf die Unterlegenen, insbesondere auf das

Deutsche Reich beziehen. Nach der – entsprechend Wilsons 14 Punkten und freiwillig eingegangenen – Selbstverpflichtung Groß Britanniens, der Vereinigten Staaten, der Sowjetunion, Polens und der Tschechoslowakei sind danach „territoriale Veränderungen, die nicht mit den frei geäußerten Wünschen" der deutschen Bevölkerung der betroffenen Gebiete übereinstimmten rechtswidrig. Danach liegen vor: Bruch feierlicher Proklamationen, bewußte Täuschung, unmoralische anmaßende Argumentationsversuche, auf Grund von Lügen, Arglist, venire contra factum proprium!

3.466

Churchill täuschte sich erneut, als er am 15. Dezember 1944 vor dem House of Commons vorgab zu glauben, daß „gegenseitig vereinbarte Veränderungen von Versprechen der Atlantik-Charta nicht erfaßt würden".

3.467

In Fülle wurde Churchill vor seinem Parlament von Abgeordneten geziehen, die Atlantik-Charta wissentlich und willentlich verletzen zu wollen!
  Vor dem House of Commons:
  Mr Raikes MP, 15. Dezember 1944: … „das ist nicht die Art von Regelungen, die die Atlantik-Charta versprach, bevor sie zu einem bloßen Gespenst wurde, und dieses Gespenst hat der Primeminister heute endgültig zu Grabe getragen"!
  Mr G. Strauss MP, 23. Februar 1944: … „Es wäre gewiß nicht im Einklang mit den Grundsätzen der Atlantik-Charta und würde zwangsläufig zu Unheil und Krieg führen" …
  Mr Stokes MP, 23. Februar 1944: … „daß das Fallenlassen der Atlantik-Charta … vollkommen der Meinung entgegengesetzt ist, die er (d.i. der stellvertretende Primeminister Attlee) selbst zum Ausdruck gebracht hat!"

3.468

Außenminister Eden täuschte sich über den Rechtsgehalt der Atlantik-Charta vor dem House of Commons – oder vielmehr versuchte er das Haus zu täuschen! – am 23. Februar 1944: … „daß Deutschland nicht den rechtlichen Anspruch wird erheben können, aus der Atlantik-Charta … Vorteile zu ziehen, um die Siegermächte daran zu hindern, territoriale Veränderungen auf seine Kosten vorzunehmen!" … „wir können nicht zugeben, daß Deutschland … den rechtlichen Anspruch erheben kann, irgend ein Teil der Charta … müsse auf Deutschland angewandt werden!" … Auf wen sonst als auf den Hauptunterlegenen, auf das Deutsche Reich, sollten die Regelungen über Gebietsveränderungen angewandt werden? Edens Ziel zu erreichen ist somit für die Siegermächte unmöglich. Die Atlantik-Charta, Grundsatz 2, bezieht sich gerade und ausdrücklich auf Deutschland. Selbst dann, wenn nach den Ausführungen der britischen Staatsmänner Teile der Charta oder die gesamte Charta als Täuschung und als Lüge gemeint gewesen sein sollten.

3.469

Auch die Sowjetunion verschmähte es nicht, ihre eigenen Verbündeten zum polnischen und sowjetischen Vorteil täuschen zu wollen: 2 mal, am 6. Februar 1945 auf der Jaltakonferenz, am 7. April 1945 in einer Note an die Westmächte, brachte Stalin die Geschichtsfälschung von dem „Korridor Polen" vor, der angeblich „in den letzten 30 Jahren zwei mal zum Überfall auf Rußland benutzt worden" sein solle: Eine offensichtliche Fälschung, die aber Roosevelt fast wortgleich aus Unkenntnis übernahm.
  Am 10. Februar 1945 versuchten Molotow und Stalin – die die polnische Geschichte

weder kannten, noch daß ihnen das Geringste an ihr gelegen hätte – das vorgebliche historische Recht Polens auf „urpolnische Gebiete" auf deutschem Boden vorzubringen! Dies wurde selbst Präsident Roosevelt unter angeblich Verbündeten zu viel des offensichtlichen Nonsens. Er frug Molotow, wie lange es her sei, daß diese Gebiet polnisch waren! – Sie waren es seit spätestens 1332 mit keinem qm mehr! – ... Molotow entgegnete „ ... sehr lange, aber sie seien tatsächlich polnisch gewesen!" ... Der Präsident führte diese offensichtliche Ausflucht ad absurdum, indem er sagte, „das könnte dazu führen, daß die Briten die Rückkehr der Vereinigten Staaten zu Großbritannien forderten!" – der USA, die erst 1776 sich von Großbritannien gelöst hatten, mindestens 444 Jahre später als als letztes die Loslösung Schlesiens vom Piastenkönigtum. „Marschall Stalin erwiderte, das werde der Ozean verhindern".

3.4610

Die Geschichte der 14 Punkte Wilsons einerseits, der Atlantik Charta andererseits, beweist leider über jeden Zweifel erhaben, daß die feierlichsten und ethisch hochstehendsten Grundprinzipien über Unkenntnis einerseits, Verlogenheit andererseits durch Täuschung in das absolute Gegenteil in der praktischen Politik verwandelt werden, sobald diese Politik sich gegen Deutschland verwenden läßt.

3.47
Die R e a k t i o n Deutschlands

Wie war nun die Reaktion Deutschlands gegen die dargestellte Behandlung und Zerstükkelung en canaille; gegen die Art, wie sie erfolgte? Was war die Folge dieser Zerstückelung eines der größten Kulturvölker der Erde, einer Nation von über 80 Millionen Menschen, an der sich selbst mittlere und kleine Staaten, wie Polen, die Tschechei, Litauen rechtswidrig bereichern durften.

Dieses deutsche Volk, das Versailles und Saint Germain, das dann Potsdam überleben mußte, es ist genauso gutwillig wie die meisten anderen Kulturvölker dieser Erde. Dieses deutsche Volk 1918 – 1932: es verzweifelte an der Republik, es verzweifelte wegen Versailles, wegen Saint Germain, wegen der Kriegsschuldlüge, es verzweifelte wegen der Ausweisungen aus Elsaß-Lothringen, der Rückwanderung zufolge polnischer Schikanen aus Westpreußen, aus Posen, es verzweifelte wegen der importierten polnischen Insurgentenaufstände im deutschen Oberschlesien, es verzweifelte wegen der Besetzung der Ruhr mit der Folge der galoppierenden Inflation. Hinzukamen 6 Millionen Arbeitslose.

Welches andere Volk hätte anders gehandelt und wäre nicht verzweifelt 1918 bis 1932?

Dann kam dazu der krankhafte Wutparoxismus eines gescheiterten Anstreichers namens Adolf Hitler, nicht eines „Reichsdeutschen", nicht eines „Preußen", sondern eines Österreichers: Aus dem vergewaltigten Deutsch Österreich, dem 1920 gegen seinen entschlossenen Willen verboten worden war, deutscher zu sein als die glücklicheren Binnendeutschen! Dann kam dazu die Privatidiotie des nommé Hitler, der Antisemitismus. Dies wurde die Kastenidiotie einer ganzen Verwaltungsclique über dem, neben dem, in dem, ohne das deutsche Volk.

Was dann kam, in Deutschland 1933 bis 1939, außerhalb Deutschlands 1939 bis 1945 ist nicht zu rechtfertigen. Was dann kam ist nicht einmal zu entschuldigen. Es waren Verbrechen. Von denen das Volk wenig wußte. Was dann kam wird aber verständlicher: ... Ohne Versailles, ohne Saint Germain, ohne die Entschlossenheit des ganzen deutschen Volkes zu deren Revision, hätte es nie die deutsche Explosion 1933 bis 1939, dann 1945, hätte es nie die deutsche Katastrophe 1939 bis 1945 gegeben.

Aus über jeden Zweifel erhabenen Gründen ist bei dem Versuch der Rechtsprechung des internationalen Tribunals in Nürnberg 1945 jedes Vorbringen solcher Tatsachen nicht berücksichtigt worden, sondern verboten und hinweggfingiert worden: Aus dem unheilbar miserablen Gewissen vor der Geschichte: Venire contra factum proprium. 1989

3.48

1989 geht es für das deutsche Volk 50 Jahre nach dem Ausbruch des Krieges nicht um Bagatellisierung. Es geht nicht um do ut des, geht nicht um gegenseitige Aufrechnung ... Wer Wind gesät hat 1920 in Versailles und Saint Germain hat Sturm geerntet. Wer Sturm gesät hat, das Deutsche Reich 1939 bis 1945, hat Orkan geerntet. Es geht um die klare Feststellung der Stalinrealitäten des zweiten Weltkrieges, die für die Vereinigten Staaten von Amerika unwürdig sind. Es geht um die Wiedergutmachungspflicht; aber Wiedergutmachung nicht nur der Deutschen. Die geschieht seit mittlerweile 50 Jahren: Sondern Wiedergutmachung Polens und der Tschechei. Wenn heute 1991 die fortbestehenden Stalinrealitäten des zweiten Weltkrieges, die Oder-Neiße-Linie, das Sudetenland, die Separation Österreichs, als Bestandteil der allgemeinen dauernden Friedensordnung fingiert werden, so ist dies verachtenswert; es ist schamvoll; es ist beschämend. Es ist ein Vergehen gegen den Geist der zivilisierten Welt, über die inhumanen und grundsätzlich undenkbaren Folgen von 1945 einfach hinwegzugehen zur euphorischen Tagesordnung. Es ist gegen den Geist Europas. Die Hoffnung der Welt richtet sich nicht auf Krieg, sondern auf Einsicht. Nicht Gewalt ist gefordert, sondern friedlicher Wandel. Nicht Revolution ist gefordert, sondern Revision und Wiedergutmachung aller. Ein solcher Appell richtet sich auch an die christlichen Kirchen, die Religionen der Welt. Der Appell bittet – so weltfremd und naiv dies immer klingen mag – das calvinistische, das puritanische, das auserwählte, das in sich ruhende Amerika um Gerechtigkeit für das deutsche Volk und sein Land. So wie Truman und Leahy es 1945 noch erkannt hatten. Der Appell richtet sich an die britische, die französische Nation. Ein solcher Appell richtet sich nicht nur an das Gewissen aller Völker, sondern insbesondere an das Gewissen der schlecht unterrichteten an die besser zu unterrichtende großrussische Nation.

3.49

„Mitteldeutschland" wird nicht „Ost"deutschland 1990

Solange das Sowjetlager existierte, d.h. bis etwa 1989, war die gedankliche Teilung Europas in das Gegensatzpaar einerseits Westeuropa, andererseits Osteuropa scheinbar logisch und naheliegend. Mitteleuropa schien es nicht mehr geben zu können noch zu sollen. Dementsprechend war es entschuldbarer, wenn auf der deutschen Ebene dieser europäischen Teilung als vorgeblich Westdeutschland gegenüber vorgeblich Ostdeutschland gegenübergestellt wurde: Bis hin zu jenem gedankenarmen Spiel zwischen „Wessis" und „Ossis". Dieser Urgrund, das Sowjetlager, ist nun aber, Gott sei es gedankt, endgültig vergangen: Mit Westeuropa, mit Osteuropa hat dann aber auch „Westdeutschland" gegenüber „Ostdeutschland" vergangen zu sein. Nun aber bleibt mit elementarer Gewalt zur Kenntnis zu nehmen:

Mitteleuropa ist erstens geographisch in einer Teilung von Norden nach Süden vorgegeben in drei Zonen: Norddeutschland, Mitteldeutschland, von der Maas bis Oberschlesien, Süddeutschland.

Mitteleuropa kann zweitens gedanklich dagegen auch in einer Teilung von West nach Ost in den vier Himmelsrichtungen gesehen werden: Westliches, östliches, nördliches, südliches Mitteleuropa. Diese Einteilung wäre zwar wenig aussagend, aber nicht unüblich.

In der Kulturlandschaft der deutschen Länder und Stämme ist dagegen drittens seit mehr als 7 5 0 Jahren eine Synthese in fünf Volksgebiete, fünf Teile Deutschlands vorgegeben. Da dies die menschliche Einteilung ist, ist sie nicht nur die wichtigste, sondern die allein entscheidende: Westdeutschland: Rheinland, Westfalen, Nassau, Saar, Pfalz, Hessen-Darmstadt / Norddeutschland: Schleswig-Holstein, Lübeck, Mecklenburg, Vorpommern, Hamburg, Bremen, Oldenburg, Hannover / Süddeutschland: Bayern, Franken, Württemberg, Baden, Elsaß, Österreich / Mitteldeutschland: Thüringen, Sachsen-Anhalt, Sachsen, Brandenburg, Berlin, Egerland, Kurhessen (Vergleiche: Mitteldeutschland auf dem Wege zur Einheit) und endlich unbestreitbar und seit 1231 bis 1945 unbestritten Ostdeutschland: Ostpreußen, Westpreußen, Danzig, Ostpommern, Niederschlesien, Oberschlesien, Sudetenland.

Und nun wurde tatbestandsmäßig, rechtswidrig und schuldhaft in einem der größten Verbrechen der Weltgeschichte Ostdeutschland 1945 / 1990 geraubt und entvölkert. Mitteleuropa bleibt; es wird nicht Osteuropa; es wird kein Zwischeneuropa. Verschwindet dennoch Mitteldeutschland? Wird es dennoch Ostdeutschland? Obwohl eine „politische" Ostgrenze nicht präjudiziell ist gegen ein „historisches" und ein menschliches Ostdeutschland.

Die deutsche Regierung, die Bevölkerung, die Öffentlichkeit wurden – völlig überflüssigerweise, um nicht zu sagen dummerweise – in eine „Namensnot" gebracht: Wie soll Mitteldeutschland hinfort heißen? DDR? Ehemalige DDR? Ostzone? Sowjetzone? Sowjetische Besatzungszone? Die Neuen Länder? Die Neuen Bundesländer? Die fünf neuen Länder? Das östliche Deutschland? Endlich das Ziel der sinnwidrigen Bemühungen: „O s t deutschland"?

Die Frage wird alsbald als absurd erkannt, sobald zur Kenntnis genommen wird, wie die Fakten wirklich gegeben sind: Polen betrachtet sich als „Mitteleuropa", Warschau als Mitteleuropa! Mitteldeutschland soll dagegen „Ost"deutschland sein, Eisenach soll Ostdeutschland sein. Thüringen aber ist und bleibt mittelstes Mitteldeutschland, das „Herz Deutschlands". Schlesien, Preußen sind und bleiben Ostdeutschland, auch wenn sie zur Zeit unter polnischer Verwaltung stehen.

Wenn Eisenach Ostdeutschland sein soll, dann sind naturnotwendig Kiel, Hamburg, Goslar, Göttingen, Würzburg und Ulm Ostdeutschland! Sie alle liegen genauso weit östlich. Wenn der Ortsteil Neukölln, wegen Berlin, unbestreitbar seit 1945 wie ganz Berlin Westdeutschland ist, dann sind naturnotwendig Greifswald und Meißen Westdeutschland! Von Ostberlin nicht zu reden.

Entscheidend aber sind die Interessen der deutschen Menschen, deren Leben verfälscht wird mit dem für Mitteldeutschland „entliehenen" Scheinnamen Ostdeutschland.

Zuerst die Lebenden: Die Vertriebenen werden heimatlos gemacht. Mit „polnischen" Geburtsurkunden, Standesamtsunterlagen, Kirchenunterlagen, – obwohl sie im Reichsgebiet geboren sind, mit Verfälschungen von Namen, von Kaliningrad bis Bolzano bis Karl-Marx-Stadt. Den Vertriebenen wird so die deutsche Abstammung scheinbar verweigert.

Dann die Toten: Die Friedhöfe werden eingeebnet, die Grabsteine verschandelt mit polnischen, italienischen Namen. Selbst die Toten sollen heimatlos gemacht werden. Immanuel Kant war aber niemals Russe. Er lebte und lehrte in Königsberg, niemals in Kaliningrad. J. G. Herder war Preuße. J. von Eichendorff, F. Lassalle, G. Hauptmann waren deutsche Schlesier, nicht Polen. Schopenhauer wurde in Danzig geboren, nicht in Gdansk. Rosa Luxemburg wurde in Breslau eingekerkert, nicht in Wroclaw. Friedrich der II, der Große, überwand die Katastrophe der Niederlage von Kunersdorf gegen die Russen auf dem deutschen Boden der Neumark, nicht bei Kunowice. Martin Luther war niemals ein Ostdeutscher. Den Gipfel der Simplizität aber erreicht eine Leserzuschrift an die FAZ, wonach Kant auch kein Deutscher, sondern nur Preusse gewesen sein könne, weil „Preußen", hier Ostpreußen, obwohl seit 1657 nur brandenburgisches Territorium ohne jegliche Fremdverpflichtungen, nicht zum Reich gehört habe. Selbst wenn davon abgesehen werden kann, daß aus offensichtlichen „preußischen" Prestigegründen Königsberg im Jahre 1701 nicht im Reich liegen durfte, so hat – wie dargetan – staatsrechtlich sowohl der Kaiser als auch das Reich niemals auf „Preußen" verzichtet, der Deutsche Orden im Altreich wie in Estland, Livland, Kurland niemals verzichtet, der Papst internationalrechtlich den Frieden von Thorn 1466 niemals anerkannt, auf dem die „Belehnung" von 1525 beruhte. Wenn I. Kant – vom 22. April 1724 bis zum 12. Februar 1804 in Ostpreußen, in Preußen lebte, so lebte er auch im „Reich", auch der Staatsangehörigkeit nach. Entscheidend aber ist, daß er „Deutscher" war; die Zugehörigkeit zum deutschen Volkstum, die Volkszugehörigkeit ist von der Staatsangehörigkeit unabhängig. Sie kann mit ihr übereinstimmen; sie muß es aber nicht. Niemand war deutscher als der Mann des „Kategorischen Imperativs". Auch wenn der deutsche Staat heute seiner nur noch im Zweifel wert sein sollte. Um nun physisch das Gemeinte in einem Bilde zu sagen, das eindringlicher ist als die geschichtlichen Fakten des deutschen Volkskörpers, die einfach geleugnet werden: Ein Mann verliert – durch ein Verbrechen – beide Beine, Unterschenkel wie Oberschenkel, seinen ganzen Unterkörper. Wird jetzt die Mitte seines Körpers, werden seine Genitalien jetzt sein Unterkörper? In der Annahme, jetzt dadurch den Verlust eines Viertels seines Körpers und das Verbrechen verheimlichen zu können und leichter zu vergessen? Im Endergebnis: Wer absichtlich, wissentlich und willentlich, den geheiligten Namen Ostdeutschland verfälscht, indem er ihn für Mitteldeutschland verfremdet, um das wahre Ostdeutschland vergessen sein zu lassen, mag glauben, „volkspädagogisch" zu handeln. In Wirklichkeit handelt er armselig, ohne Herzensbildung, ohne Würde, ohne Ehre, als ein Helot. Er praktiziert Orwellsches 1984 „Neudenk".

Dies wäre eben der Unterschied zwischen der mit Erfolg „umerzogenen", „aufarbeitenden", im Geiste zu Ostdeutschland masochistisch kranken Bundesrepublik und – im Normalzustand – Frankreich ab 1871 bis 1918: Kein Franzose wäre im Ernst auf die Idee gekommen, die Figur der „Strasbourg" auf der Pariser Place de la Concorde, entweder ab 1871 abzureißen, oder aber umzubenennen bis 1918. Dabei war Ostdeutschland 1945 nur spätestens seit 1231 bis 1945 deutsch besiedelt, d.h. seit 714 Jahren, Straßburg dagegen seit 843 bis 1681, das heißt seit 838 Jahren deutsches Staatsgebiet und blieb weiter deutscher Volksboden. Straßburg, eine deutsche Stadt, zählte 1905 166 800 deutsche Einwohner, 3 800 Franzosen, 1 500 Andere (insgesamt ohne die Soldaten). Frankreich dagegen überhäufte die „Strasbourg" in Paris 1871 bis 1918 mit Blumen. Es kam nicht auf die Idee, etwa liebedienerisch, helotenhaft, „seine" Strasbourg vergessen zu wollen. Frankreich kam 1871 bis 1918 nicht auf die Idee la Lorraine umzubenennen in L'Alsace, um L'Alsace leichter verleugnen und vergessen zu können, Nancy zur Hauptstadt von L'Alsace zu erklären, – so wie Berlin plötzlich eine Provinzstadt in Ostdeutschland sein soll und nicht mehr die Hauptstadt gleich Regierungssitz, Stadt des Deutschen Reichstages und des Bundesrates, – die Grenze in den Vogesen, eine der natürlichsten Grenzen der Welt, für unantastbar zu erklären, wie die „heilige" polnische Westgrenze. Im Gegenteil wurde mit wissenschaftlicher Rabulistik die Grenze zur „frontière démenbrée" erklärt und fingiert.

Der in Gott ruhende Bundespräsident Professor Dr. Theodor Heuss legte seinerzeit „in Anerkennung des Tatbestandes" das gesamte Deutschlandlied als die unteilbare Nationalhymne der Deutschen fest: Nicht die Bundesregierung Dr. Adenauer, nicht der Deutsche Bundestag mit dem Bundesrat.

Die endliche deutsche amtliche Festlegung des zutreffenden Namens Mitteldeutschland für Mitteldeutschland mag mehr dem normalen Leben der Nation zugewandt sein als die Festlegung der Nationalhymne. Deshalb ist es Aufgabe des „Bundeskanzlers im Parlament", diesen korrekten Namen festzulegen. Dies fordert sein Amtseid, „Schaden vom deutschen Volke abzuwenden". Es wird zu erwarten bleiben, o b er der Forderung und der Selbstverpflichtung seines Amtseides zu folgen bereit sein wird.

3.5 Die Niederlande

Dieses Geamtkapitel war gewidmet der räumlichen Entwicklung des deutschen Volksgebietes. Dargestellt werden soll die Tragödie des deutschen Volksbodens im Vergleich zum räumlichen Schicksal anderer europäischer Völker; so wie dieser Prozeß beeinflußt wurde durch den Westfälischen Frieden, durch Versailles, durch Saint Germain, schließlich durch Potsdam. Während von 843 bis 1517 die räumliche Entwicklung des deutschen Volksbodens relativ sprunglos vorwärts gegangen war, beginnt – erstaunlicherweise – mit der deutschen Hochsprache im Gefolge der Reformation ab 1517 ein unaufhaltsamer Rückgang des deutschen Volksgebietes. Der g r ö ß t e und fast auch der ä l t e s t e Verlust des deutschen Volkes und des deutschen Volksbodens sind die Niederlande! Auch wenn dies überraschen mag: Die Niederlande …

3.51
Heute Niederländer: Vor 1517 / 1648 einmal Deutsche:

Das heutige Königreich der Niederlande – und das Königreich Belgien – waren einmal vor etwa 400 Jahren eine Gemeinschaft von erst 17, dann 7 kleinen, weithin autonomen Staaten (bzw. einigen wallonischen Staaten), bevor sie durch ein von Deutschland her gesehen zu verdammendes Schicksal abgetrennt und 2 selbständige Separationsstaaten wurden: Was sie heute seit langem bzw. sehr langem sind. Der – im Vergleich zum Reichsdeutschen – geschichtsbewußte Niederländer, ähnlich der Vlame, wird vielleicht nicht nur nicht erfreut sein, seinen Staat, seine Nation, seine Sprache in diesem Zusammenhang stehend zu sehen. Er wird dazu, wie er glauben wird zu Recht, nicht bereit sein; vielleicht es erbittert ablehnen.

Der meist geschichtslose Deutsche wird überrascht sein, die Niederlande, die niederländische Nation, ähnlich die Vlamen, die niederländische Sprache von heute verstehen zu sollen.

Dabei ist es zweifelsfrei – und dabei beginnt schon das große Erstaunen – daß bis vor geschichtlich gesehen relativ kurzer Zeit: Die Niederlande ein Teil Deutschlands, 17 bzw. 7 Teil-Provinzen des Deutschen Reiches waren; die heutigen Niederländer, ähnlich die Vlamen, Deutsche, Niederdeutsche, Niederfranken, Niedersachsen-Westfalen, Friesen waren, zum Teil es heute noch sind; die heutige niederländische Hochsprache, Schriftsprache A B N niederfränkische Stammessprache war; die heutigen Niederländer – in ihren Vorfahren – niederfränkisch, niedersächsisch-westfälisch, westfriesisch sprachen und ggf. schrieben.

Für diese Tatsachen ist es unerheblich, daß diese niederen Lande als Grenzlande des deutschen Volkes und Staates Einflüssen aus England einerseits, aus Frankreich/Burgund andererseits ausgesetzt waren; ggf stärker, ja viel stärker als andere Teile des Reiches. Aber alle Grenzlande des Reiches waren entsprechenden Fremdeinflüssen ausgesetzt:Von allen Seiten!

Die heutigen Niederlande waren einmal 7 deutsche Teilstaaten. Um das heutige Gesamtergebnis vorwegzunehmen: Um das Ergebnis über jeden Argwohn hinweg zu betonen:

Das Königreich der Niederlande ist seit 1648 ein selbständiger Staat. Es ist ein souveräner Staat. Es ist der Nationalstaat der Niederländer.

Die niederländische Sprache (ABN = Algemeen Beschaafd Nederlands) ist eine völlig selbständige geschriebene Hochsprache. Diese westgermanische kontinentale Hochsprache ist heute sui generis gleich jeder anderen heutigen europäischen Hochsprache. Sie ist insbesondere auch gleich Martin Luthers neuhochdeutscher Hochsprache.

Das niederländische Volk, das durch diesen Staat mit dieser Hochsprache zu einer großen Kulturnation entwickelt und geformt worden ist, ist heute völlig autochthon. Heutiges Volk und Nation der Niederlande sind kein Teil des heutigen deutschen Volkes und der heutigen deutschen Nation mehr.

Bei jeder Prüfung des Weges zur Entstehung dieses aus Tausend Jahren Geschichte zuerst in gar keiner Weise vorgegebenen Ergebnisses sind immer die grundverschiedenen Strukturelemente und ihre Reihenfolge zu berücksichtigen:

Zuerst die Geschichte und Politik, das heißt die 7 Staaten, werdend zu einem Staat, von diesem Staat postuliert die westniederfränkische Stammessprache, nunmehr niederländische Hochsprache, schließlich das Volk, das heißt die niederländische Nation.

3.52
Die zweifelsfreie Nichtunterscheidbarkeit der 17 Provinzen von 911 bis 1477 n.Chr. von allen anderen deutschen Gauen.

3.521
Vor 1517: Nur scheinbar entgegen dem vorgetragenen klaren Ergebnis – gegen das auch nationale Niederländer kaum viel einzuwenden haben dürften – waren danach v o r 1517 (bzw. 1555, 1648) die 17 Provinzen d e u t s c h e s Reichsgebiet, Gebiet des Heiligen Römischen Reiches D e u t s c h e r Nation, Gebiet des regnum theutonicorum, des deutschen Königreiches,

die gesprochenen und ggf. geschriebenen Mundarten, Dialekte, Stammessprachen, Teilsprachen waren d e u t s c h e Sprache,

die Menschen im Gebiet der meisten der 17 Provinzen (ohne die wallonischen Provinzen) und insbesondere im Gebiet aller 7 Provinzen der heutigen Niederlande waren D e u t - s c h e .

Insofern und insoweit waren auch die Niederlande einmal von Deutschland her gesehen deutscher Staat in Separation vom Deutschen Reich. Ein Staat, der aus Deutschland heraus entstanden war, aus Deutschland heraus ausgeschieden ist. Dieser Staat ist Deutschland verloren gegangen nach 737 Jahren gemeinsamer Geschichte Deutschlands einschließlich seines Teilgebietes, der heutigen Niederlande, von 911 bis 1648. Die Niederlande sind einer jener „heruntergefallenen Mauersteine“ des Deutschen Reiches zufolge der deutschen Geschichte: An den Grenzen Deutschlands.

3.522
In nichts unterschieden: Zweifelsfrei ist, ja es kann bei gedanklicher Redlichkeit von niemandem bestritten werden, daß die niederfränkischen, niedersächsisch-westfälischen, westfriesischen Gaue einerseits im alten niederfränkischen Staatsverband, im Reiche beispielsweise Karls des Großen, andererseits im Deutschen Reich um 922 n.Chr., mit insgesamt 238 Gauen, von denen nur 17 1/2 damals sogenannte friesische, das heißt westfälisch-niederfränkische und 2 2/2 lothringische, das heißt niederfränkische in den heutigen Niederlanden liegen, sich staatlich, sprachlich, kulturell, völkisch, national von 911 bis mindestens 1347 / 1378 in nichts unterschieden vom restlichen Deutschland und seinen Verhältnissen, insbesondere seinen Dialekten: In gar nichts, was heute für Konstruktionen von Unterscheidungsmerkmalen wesentlich und verwendbar sein könnte.

Unter den Karolingern bis 911, unter den sächsischen Königen und Kaisern 911 – 1024

174

n.Chr., unter den fränkischen oder salischen " 1024 – 1125, unter den Hohenstaufen 1138 – 1254, auch im Interregnum 1256 – 1273, unter Herrschern verschiedener Häuser 1273 – 1347, bis zur Ablösung durch die Luxemburger 1308 – 1313, 1347 – 1437, änderte sich an dieser völligen Nichtunterscheidbarkeit nichts. Diese völlige Gleichheit, Gleichstellung, Gleichartigkeit der 17 Provinzen, insbesondere aber der 7 Provinzen der heutigen Niederlande gegenüber allen anderen deutschen Gebietsteilen ist festzuhalten.

3.523

Deutscher König W i l h e l m   v o n   H o l l a n d : Dieser deutsche Charakter der niederen Lande wird besonders deutlich und eigentlich unwiderlegbar in Person und Herrschaft des deutschen Königs Wilhelm von Holland. 1227 in Leiden geboren, ist er schon 1256 für seine Erblande und für sein Königtum unerkannt gefallen, mit 29 Jahren. (Aber auch der machtbesessenste deutsche Kaiser, Heinrich VI., ist nur 32 Jahre alt geworden.) Allein in dem einen Jahrzehnt seiner Herrschaft und seines Siegeszuges gab er zu großen Hoffnungen gerade für das Reich, nicht nur für Holland Anlaß. Ob zwar schon ein Gegenkönig gegen den letzten Hohenstaufen, Konrad IV., gehört er nicht eigentlich zum Interregnum: ... da er kein Fremder, sondern ein Deutscher war, da er aus eigenem Recht kämpfte und starb. Anders als die Fremden, als Richard von Cornwall, der sich nur auf seine Verwandschaft mit den Staufern durch seine Schwester Isabell berufen konnte und deshalb den deutschen Fürsten „Geld wie Wasser vor die Füße schüttete", als Alfons der Weise von Kastilien, der sich nur auf seine Verwandschaft über seine Mutter Beatrix von Schwaben berufen konnte. Wilhelm von Holland wurde in Aachen zum deutschen König ausgerufen. Bei Oppenheim siegte er 1251 über Konrad IV. Palmsonntag 1252 wurde er e i n s t i m m i g von allen (damals) 6 Churfürsten gewählt. Auch der stolze Vorort der deutschen Hanse, Lübeck, hatte erklärt, daß es ihn als einstimmig Gewählten als Kaiser anerkennen würde. März 1255 trat er auf dem Reichstag zu Worms als anerkannter Herrscher, als rex theutonicorum auf. Von entscheidender Bedeutung für die Zukunft wäre seine Anerkennung des „Rheinischen Bundes" geworden: Eines Bundes von 70 Städten zur militärischen Abwehr der Fürstenwillkür. Damit setzte er sich an die Spitze einer bürgerlichen Reformbewegung von unten nach oben. Dementsprechend übertrug ein rheinischer Bundestag im Oktober 1255 die executive und judicative Gewalt der Bundesstädte auf den König und seine Ministerialen. Er befahl einen allgemeinen Landfrieden. Sein Zug zur Kaiserkrönung nach Rom war bereits geplant. Da fiel er 1256: Ein Herrscher, der vielleicht im Stande gewesen wäre, die Zersplitterung des Reiches abzuwehren. Erst nach seinem Tode wurde das Deutsche Reich an den Meistbietenden verkauft. Mit Sicherheit war König Wilhelm von Holland ein deutscher König des regnum theutonicorum. Mit Sicherheit hat er keine Fremdherrschaft, keine „niederländische Besatzung" in Deutschland ausgeübt. Schon die Formulierung beweist bereits die naive Irrealität solcher etwaiger Konstruktionen. Festzuhalten bleibt: Ein Holländer als deutscher König, auf dem Wege zur deutschen Kaiserkrone! Kein Württemberger, kein Badener, kein Hesse, kein Thüringer, kein Hannoveraner, kein Oldenburger, kein Mecklenburger kam jemals soweit.

3.524

Vielgestaltigkeit: Wie immer im deutschen Staatsleben handelte es sich auch um die niederen Lande herum um eine Einheit in Vielgestaltigkeit. Nur die fraglichen 17, dann die 7 heutigen Provinzen hatten bis mindestens 1437 keinerlei nur ihnen eigene, damit andere Teile Deutschlands abtrennende und ausschließende Einzigartigkeit; nicht die geringste. Durch die bloße Existenz von die heutigen Grenzen der Niederlande der 7 Provinzen – wie der 17 Provinzen – weithin überlagernden innerdeutschen Territorien, Teilstaaten, Dynastien, Städten usw.; Lotharingien, dann Nieder-Lothringen, Flandern neben Holland neben Friesland, dann Brabant, Geldern, Jülich, Limburg, Luxemburg war jede staatliche, sprachliche, volkliche, „nationale" Sonderung der 7 Provinzen, der heutigen Niederlande, die der politischen Begrenzung und des politischen Rückhalts bedurft hätte, bis 1437 logisch absolut ausgeschlossen. Dies dürfte selbst noch zur Zeit des Burgundischen Großstaates, der sowohl französisch als auch deutsch zusammengesetzt war, der sowohl oberdeutsch als auch niederdeutsch war, bis zum Tode Karls des Kühnen 1477 eigentlich unbestreitbar gelten.

3.53
Wie sind die sich ausschließenden Extreme – deutsch 911, niederländisch 1648 – zu erklären?

Versucht wird zu bestreiten, daß das „Heilige Römische Reich Deutscher Nation" weder ein „Staat" noch „deutsch" gewesen sei? Weil es logisch einfach nicht bestritten werden kann, daß die 17 Provinzen Jahrhunderte lang dazugehört hatten.

3.531
Wie konnte es nun geschehen, daß im Falle der Niederlande zwei zeitliche Ebenen sachlich vorliegen, die einander auszuschließen scheinen? 911 bis … irgendwann, 1437, 1477, 1517 … waren die Niederfranken, die Niedersachsen-Westfalen, die Westfriesen (in den heutigen Niederlanden) staatlich, sprachlich, volkisch, geistig so deutsch wie alle anderen Deutschen im Deutschen Reich. (Auf den mytischen romantisierenden Protokollnamen kommt hier nichts an.) Irgendwann …1648? … bis heute sind die Niederlande ein eigener Staat geworden, mittlerweile zwei Staaten geworden, die beide unstreitig keine deutschen Staaten sind. Ebenso „irgendwann „ist die niederländische Sprache, mit mittlerweile 2 Teilen, eine eigene Hochsprache, ist das niederländische Volk eine eigene Nation, in mittlerweile 2 Staatsnationen geworden.

Für diese historische Fragestellung nach der Entstehung der niederländischen Nation bleibt es noch ohne Belang, ob 911 bis 1477 die Inhalte und Begriffe: Reich, Staat, Kaisertum, Königtum, Sprache, Mundart, Dialekt, Volk, Nation, Volklich, national, schon die exakt gleichen Inhalte und Bedeutungen oder aber eben nicht genau und völlig die gleichen Potenzen haben wie 1517, 1648, 1914 oder 1991.

3.532
Argumente gegen das Deutschtum der niederen Lande?

Um das in Rede stehende Deutschtum der 17 Provinzen bzw. der 7 Provinzen vor 1437 bestreiten zu können, wenn man um jeden Preis entschlossen ist, es bestreiten zu wollen, bieten sich weiter mehrere Scheinargumente an:

Zunächst und zuerst könnte es gehen um die Frage der Zugehörigkeit der 17 Provinzen, dann der 7 Provinzen der Niederlande zum Deutschen Reich: Hat ja doch in Parallele in allem Ernst ein Ministerpräsident von Luxemburg zu erklären unternommen, daß „Luxemburg niemals zum Deutschen Reich" gehört habe Nun ist aber einfach unbestreitbar, daß die Provinzen zum „Heiligen Römischen Reich Deutscher Nation" gehört haben: von 911 bis 1555/1648! Alles Andere wäre schlichtweg Verfälschung und Nonsens. Danach scheint es nahezuliegen, zu bestreiten, daß das mittelalterliche Deutsche „Reich" überhaupt ein „Staat" gewesen sei. In absichtlich mißverstandener Apotheose, in theoretischen und im Kern wundervoll romantischen Konstruktionen über die mystische Natur einer Art „Parsifal" Gedankens des Reiches soll die Realität dieses Reiches hinwegfingiert werden. Weder Otto der Große noch Heinrich VI., weder Friedrich II. noch Karl V. bieten den leisesten Beweis für eine These, daß es dem Reich an zeitgemäßer „Staatlichkeit", und zwar brutaler, machtvoller, praller, gesunder, sehr realistischer Staatlichkeit gemangelt haben könnte: Deutscher Staatlichkeit, nicht irgendwelcher römischer, internationaler, heiliger, gar päpstlich abgeleiteter usw.

3.534

Weiter könnte versucht werden zu argumentieren, daß dieses deutsche Reich,- wenn es denn nun schon logisch ein Staat war –, so kein „Deutsches" Reich gewesen sei. Dies geschah und wird weiter geschehen von Interessenten. Bei Objektivität, bei gedanklicher Redlichkeit erledigt sich jedoch dieses Scheinargument. Der volle Protokollname – „Heiliges Römisches Reich" Deutscher Nation – ist zunächst relativ sehr jungen Ursprungs: Er datiert erst seit dem Frankfurter Reichslandfrieden vom 17.3.1486. Zudem wurde er selten verwendet. Damals bestand das Deutsche Reich aber schon 6 Jahrhunderte. Die neuen antiquierten Bestandteile besagen aber zudem gegen die Betonung „Deutscher Nation" überhaupt nichts. Das"United Kingdom" bleibt selbstverständlich dennoch prinzipal „England", ebenso selbstverständlich an der Seite von Schottland, Wales und Ulster. „La république" bleibt trotzdem „La France". Die protokollarische „Confoederatio helvetica" bleibt dennoch die Eidgenossenschaft und ist weder eine Konföderation noch eigentlich helvetisch. Zuerst und vor allem, entgegen aller Übernationalität, war das Reich das Reich der Deutschen: 895 Jahre lang, von 911 bis 1806. Niemand hat oder hätte dies in diesen Jahrhunderten bestritten. Es ist in keiner Weise einzusehen, warum eine 980 Jahre vergangene Vergangenheit – seit 911. Warum eine 185 Jahre erledigte Vergangenheit – seit 1806 … eine mithin schon sehr lange ruhende Vergangenheit, aus heutigen, meist armseligen Opportunitätserwägungen rückwärtsrevidiert, umkonstruiert, umfingiert werden sollte. Ebenso, wie es niemand unternimmt, etwa die Staatlichkeit Spaniens seit 1035/1065/1230, die Staatlichkeit Englands seit 1066/1154, die Staatlichkeit Frankreichs seit 989/1124/1214 zu bestreiten. Ebenso, wie mit Stolz vorgebliche Millenien der Staaten in Polen, in Kijiv, in Ungarn begangen werden; mit manchmal weniger Plausibilität.

Am deutschen Charakter dieses Staates und Reiches ändert es auch nichts, daß zu diesem deutschsprachigen Deutschen Reich auch nichtdeutschsprachige Gebiete gehörten; selbst noch zu relativ späten Zeitpunkten, wie z.B. der „Kreiseinteilung" von 1500 / 1512: Artois, Cambrai, Namur, Liège, Verdun, Toul, Metz, Lorraine, Franche Comté, Savoie, Trient, Triest, Krain, das tschechische Innerböhmen und Innermähren. Der Hauptteil dieses Reiches war dennoch ein deutscher.

3.535

Schließlich könnte letztlich versucht werden, grundlegend bestreiten zu wollen, daß für eine bestimmte, mindestens für die frühmittelalterliche Zeit, wenigstens für einige Jahrhunderte ab 911 n.Chr., vielleicht äußerstenfalls bis 1517 – also gerade bis zu einem für die niederländische Sprache hochbedeutsamen, quasi „erwünschten" Datum – das Deutschtum der Deutschen noch gar nicht „deutsch" gewesen sei: Nicht deutsch im Sinne eines deutschen Nationalbewußtseins. Diese Einwände mögen ernster zu nehmen sein, auch wenn sie nicht wirklich zutreffend sind. Zwar wird das deutsche Nationalbewußtsein auch in Deutschland überall erst langsam – und in verschiedener Intensität – gewachsen sein. Dies ist in allen anderen großen europäischen Nationalstaaten nicht anders gewesen.

In Spanien stand der Nationalheld, der Cid, lange genug im Kampf gegen seinen König.

In Frankreich waren die 4 großen Herzöge von Burgund selbständiger als jemals ein deutscher Reichsfürst. Karl der Kühne strebte nicht umsonst bei dem deutschen Kaiser Friedrich III. in Trier nach der Königskrone. In Italien war die Nation im Mittelalter schwerer geschlagen als die deutsche. In Britannien brauchten Angelsachsen, Normannen, Schotten, Waliser, Nordiren Jahrhunderte zur Einheit. Dennoch bestreitet allen diesen niemand das Nationalbewußtsein. Nicht nur Deutschland in der Neuzeit, auch Italien ist als Nation spät zur Verwirklichung gekommen.

Das „deutsche" Nationalbewußtsein im Mittelalter kann nicht, es braucht aber auch nicht verglichen zu werden mit dem Bewußtsein der Nation im XIX. und XX. Jahrhundert. In seiner Zeit war es gleich stark dem anderer großer europäischer Nationen. Die von den Heeren in Straßburg 842 n:Chr. geschworenen Eide in altfranzösisch bzw. in althochdeutsch waren ein Anfang. Der Königsname „Ludwigs des Deutschen", 843 – 876, war ein Programm und eine Zielsetzung. Auch wenn die grundlegenden Jahrhundertverträge Europas, ... Verdun 843 n.Chr., Meersen 870 n.Chr., Ribemont 880 n.Chr. nur eine S t a a t s grenze, eine Reichsgrenze festlegten: Die dann für Jahrhunderte im Prinzip bis zum Beginn der französischen Aggressionspolitik unverändert bestehen blieb. Auch wenn diese Staatsgrenze, die Grenze des mittelalterlichen Deutschen Reiches, die fast ein Jahrtausend fast starr festliegende deutsch-französische S p r a c h grenze nicht zugrundelegte.

3.536

Daß entgegen allem anderen Vorbringen das deutsche Nationalbewußtsein so stark war wie nur irgend ein anderes, beweist ein geschichtlicher Vorgang. Anläßlich des Reichstages des Deutschen Reiches 1157 in Besancon kam es zu scharfen Zusammenstößen zwischen Deutschen und einem Vertreter des Papstes. Der große Kanzler des Kaisers Friedrich I, Rainald von Dassel, verwahrte sich auf das Entschiedenste dagegen, daß der päpstliche Legat gewagt hatte, dem deutschen Kaiser „noch mehr Beneficien" des Papstes zur Verleihung in Aussicht zu stellen. Und weil ein Brief des Rom-Papstes gewagt hatte, rechtswidrig die deutsche Kaiserkrone als „päpstliches Beneficium" zu bezeichnen. Der anwesende deutsche Adel war, als er von der Bedeutung der Vorgänge unterrichtet wurde, so erregt, daß ein Fürst von Wittelsbach den Kardinal, – einen späteren Papst – der von ihnen allen hochverehrten Heiligen römischen Kirche zur Rechtswahrung und Strafe auf der Stelle töten, das heißt hinrichten wollte. Nur das persönliche Dazwischentreten des Kaisers Barbarossa konnte den Römer retten! Dies war ohne Zweifel ein prononciertes, ausdrückliches, höchst entschiedenes deutsches Nationalbewußtsein: Bereits Mitte des XII. Jahrhunderts; bereits lange vor jeder möglichen Vereinzelung von Teilen Niederlothringens, Niederfrankens hin zu selbständigen Niederlanden! Auch das deutsche Nationalbewußtsein kann also nicht geleugnet werden.

3.54

Deutsche Teilsprachen, Stammessprachen, Mundarten, Dialekte in Deutschland und das Niederländische!

3.541

Sprachen von Teilen des deutschen Volkes, Teilsprachen, Sprachen von Stämmen, aus denen das deutsche Volk seit jeher besteht, Mundarten, Dialekte gibt es in Deutschland seit jeher in großer Fülle. Ihre Existenz, ihre volkstümliche Fortentwicklung, ihre fortdauernde Blüte bis heute – sogar über die chaotische Zerstreuung durch die Stalinrealitäten des zweiten Weltkrieges hinweg – sind „kostbare Edelsteine in der Krone deutscher Fülle"; wie ebenso romantisch wie dennoch realistisch gesagt worden ist. Teilsprachen gab und gibt es in Deutschland noch heute. Auch wenn manche dieser Teilsprachen schwer oder aber für hochdeutsches Sprachverständnis überhaupt nicht verständlich sind: Nordfriesisch, Ostfriesisch, Sorbisch, Masurisch, Slonsakisch.

Dennoch sind die, die sie sprechen Deutsche. Und sie wollen seit vielen Jahrzehnten oder Jahrhunderten nichts Anderes sein als ausdrücklich Deutsche. Stammessprachen, diejenigen der alten Stämme, Franken, Niedersachsen-Westfalen, Schwaben (Alemannen), Bayern, Thüringer, diejenigen der neu entstandenen jüngeren deutschen Stämme, von Schleswig-Holstein und Sachsen bis Pommern, Ostpreußen und ins Baltikum, bis Niederschlesien, Oberschlesien, Sudetenland, Österreich schließen sich an.

3.542

Genau diese Erscheinung, die Vielgestaltigkeit in aller Einheit, die Existenz von Teilsprachen, von Stammessprachen wird auch in Großsprachen und Völkern des Auslandes bestätigt. In Frankreich wird von Sprachlandschaften der Bretonen, Basken, Provencalen, Corsen (?) selbstverständlich beansprucht, daß sie Franzosen bewohnen, daß Französisch die allgemeine Hochsprache ist. In Spanien gilt Vergleichbares für die Katalanen, die Galicier, in Grenzen für die Basken. In den Niederlanden selbst gibt es die Teilsprache des Westfriesischen, die Stammessprache des Niedersächsisch – Westfälischen (z.B. bei Enskede statt Ens-chede) bis heute unangefochten neben und trotz der niederländischen Staatshochsprache ABN, Schriftsprache, gesprochenen niederfränkischen Hochsprache.

3.543

Die fortdauernde Existenz von Sprachen von Teilen des deutschen Volkes, von Sprachen von Stämmen widerspricht: sowohl der beanspruchten „immerwährenden", „von Anfang an" vorgeblichen Nichtzugehörigkeit ... als auch der Verneinung der früheren Zugehörigkeit, ... der heutigen (niederfränkischen) niederländischen Sprache, der heutigen Niederländer als Volk, als Nation, ... f r ü h e r (– bis 1648 –) zu deutschen Sprachen, zum Deutschtum. Daß der örtlich in den 17 Provinzen vorgegebene Stamm der Franken seinen stolzen Stammesnamen – noch bei den Kreuzzügen kämpften nur „les franques" – aufgab und freiwillig als Kern- und Reichsstamm im deutschen Volke aufging, – um den teueren Preis, selbst sein Stammesherzogtum um Nürnberg aufzugeben –, ist für Westniederfranken nicht entscheidend. Immerhin mag die Aufopferung der Franken, die scheinbare „Identitätslosigkeit" aller Franken zur späteren Vereinzelung der 17, dann der 7 Provinzen beigetragen haben. Wie sehr aber dieser deutsche Stammesname der Franken jeden zum Stolze berechtigte, wird dadurch weltgeschichtlich manifestiert, daß dieser Name von einem offensichtlich nichtfränkischen fremden Volke, den Galliern angenommen wurde, daß eine fremde Sprache sich danach bezeichnete, das lateinisch-gallische Französisch, das ohne Zweifel gar nicht „fränkisch" sein will.

3.544

Die rheinfränkische Hofsprache der Karolinger, unter den Ottonen niederdeutsch, unter den Saliern wieder fränkisch, unter den Staufern schwäbisch weiterentwickelt, kann noch nicht die Auffassung einer Kontinuität einer „deutschen Hochsprache" rechtfertigen. Erstmals in der mittelhochdeutschen Dichtersprache des Rittertums sind Züge aufzuzeigen, die sie als gepflegte Gemeinsprache erkennen lassen. Heinrich von Veldeke, Gottfried von Straßburg, Walter von der Vogelweide, Morungen, Neidhart, Hartmann von Aue, Wolfram von Eschenbach, Konrad von Würzburg gestalteten nicht nur die Sprache der höfischen Gesellschaft. Bürgerliche folgten ihnen. Die staatlichen Kanzleien der Fürsten und Städte folgten ihnen. Ebenso wie zur gleichen Zeit Dante – 1305 – für den Gebrauch der Muttersprache eintritt, ebenso geht die kaiserliche Kanzlei unter Ludwig dem Bayern (1313–1346) zum Gebrauch der deutschen Gemeinsprache in ihren Urkunden über: Zwei Jahrhunderte vor der Vereinzelung einer westniederfränkisch-niederländischen Sprache. Erst um 1400 beginnen Zeugnisse für häusliche Laienlektüre. Erst im 15. Jahrhundert ist die Lesefertigkeit, das ist aber die Grundlage jeder großen geschriebenen und gesprochenen Hochsprache, weit verbreitet. Kleriker blieben nun einmal bei geschriebenem Latein; Analphabeten allein schaffen keine neue Sprache. Schreibende, lesende Bürger sind die Grundlage der Sprachentwicklung. Noch 1518 erschienen in Deutschland nur 150 deutsche Bücher; 90% aller Bücher blieben in Latein. Trithenius, Celtis, Reuchlin, Bebel, Wimpheling, Hutten hätten der deutschen Sprache viel mehr dienen können und sollen.

3.545
Soweit also bis 1518: Erste deutsche Gemeinsprache, keine gesonderte niederländische Gemeinsprache. Da nun seit sehr langem die Frage nach Zeit und Gang und Inhalt und Grund der Entwicklung der unstreitig existenten, völlig selbständigen niederländischen Hochsprache nicht nur fast, sondern ausgesprochen zur quasi theologischen Glaubensfrage geworden ist, – da nun Argumente „right or wrong my language" geglaubt oder eben nicht geglaubt werden, je nach der Nichtwünschbarkeit des Ergebnisses –, ist hier zugunsten eines der bedeutendsten deutschen Sprachforscher zurückzutreten: Um ihn, der ausgesprochen ruhig und objektiv urteilt, zu zitieren: – Professor Dr. Adolf Bach, Geschichte der deutschen Sprache, 6. erweiterte Auflage, Heidelberg 1956; auszugsweise S.202 – 204.

3.546
„Wenn es der Luthersprache bestimmt war, über die frühnhd. Schriftdialekte und auch über das Nd. im Laufe der Zeit Herr zu werden, so gelang ihr das nicht beim Ndl. In den Niederlanden hat sich eine Schriftsprache ausgebildet, die selbständig neben der im Reich geltenden Luthersprache steht. Der ndl. Raum ist also auch hinsichtlich seiner Hochsprache ein Restgebiet ... unter Restgebieten (Rückzugs- oder Erhaltungsgebieten) hat man keineswegs ... notwendig etwas Minderwertiges zu verstehen. Restgebiete erweisen durch ihre Beharrungskraft vielmehr oft ihre innere Stärke, ihr Selbstbewußtsein und ihre Unabhängigkeit: – gerade wie bezüglich der Mundarten oder der Familiennamen.
Fragen wir nach den Ursachen der ndl. Sonderentwicklung, so zeigt sich, daß die räumliche Randlage des ndl. Gebietes dem Eindringen des sonst siegreichen Sprachtyps Luthers ein Hindernis war; alle kulturellen Neuerungen verlieren ja an Kraft, je weiter sie sich von ihrem Ursprungsherd entfernen. Keine Frage auch, daß bei der Entwicklung auch konfessionelle Momente mitgespielt haben: die ndl. Reformierten widerstrebten mit größerem Erfolg als ihre Glaubensbrüder in Binnendeutschland der Luther – Sprache, von den ndl. Katholiken nicht zu reden. Sicherlich aber lag die Entscheidung in der Entwicklung bei jenen Kräften, die auch die politische Trennung der Niederlande vom Reich, die zwar erst im Westfäl. Frieden ausgesprochen wurde, bewirkt haben: bei der alten Eigenständigkeit des Sprachlebens der Niederlande, bei der Selbständigkeit ihres wirtschaftl., dem Selbstbewußtsein ihres polit. und der Eigenwüchsigkeit ihres kraftvollen kulturellen Lebens.
Im Mittelalter nannten die Niederländer ihre Sprache gerade wie unsere Vorfahren die ihre: deutsch, nur daß sie dafür dietsch oder duutsch sagten. Auch im liter. Gebrauch war duytsch in der Neuzeit als Bezeichnung des Ndl. durchaus geläufig. 1553 erschien von Jan van de Werve der Schat der Duytscher talen. Vondel gebrauchte das Wort für eine ndl. Über-

setzung der Werke von Du Bartas, Spieghel nennt sich een duytsch poet und Jan Luyken seine Gedichtsammlung Duytse lier. Daneben erscheint die Bezeichnung nederduitsch, die zuerst 1457 in einem holländ. Gebetbuch gebraucht wird und bis um das Jahr 1815 als Bezeichnung des Ndl. im Vordergrund steht; so veröffentlicht z.B. Plantijn seinen Thesaurus Teutonicae Linguae mit dem Nebentitel Schat der Nederduytscher spraken. Noch heute lebt der Name fort in dem der Nederduitsche Hervormde Kerk. Nederlandsch, das im Gegensatz steht zu Overlandsch, womit man zunächst die Sprache der rheinaufwärts ansässigen Deutschen bezeichnete, erscheint als Name der Sprache zuerst 1518 in einem in Brüssel gedruckten geistl. Buch, das nach seiner Angabe übersetzt ist ut de spaensche tale in onse ghemeene nederlantsche tale. Nach 1540 findet sich nederlandsch nicht selten in der Überlieferung. Es hat aber erst im 19. Jh. nederduitsch als Name der Sprache des ndl. Raumes verdrängt, nachdem es seit 1815 amtl. Charakter gewonnen hatte und man offenbar im Koninkrijk der Nederlanden der Bezeichnung nederduitsch aus dem Weg gehen wollte. Noch heute ist der Name nederlandsch im Volke in Holland wie in Belgien kaum gebräuchlich, vielmehr nennt das Volk im ndl.N seine Sprache Hollandsch, im ndl.S Vlaamsch. Das Engl. hat in seinem Dutch den alten Namen Deutsch (bezw. duutsch) für das Ndl. bis auf den heutigen Tag bewahrt".

Daß noch vor 1650 das Ndl. als zum Dt. gehörig empfunden wurde, zeigen die … angezogenen Verse P. Flemings, in denen neben Opitz die Niederländer Heinsius und Cats als dt. Dichter gefeiert werden. Erst im 18. Jh. beginnt die Entfremdung.

3.55
Streben nach Unabhängigkeit deutscher Teilgebiete im Mittelalter zwischen 1156 und 1648.

Das wesentliche Kriterium, einerseits des Heraustretens aus dem Deutschtum, andererseits des Beginns der Entstehung einer eigenen Hochsprache, eines eigenständigen Volkes, einer niederländischen Nation, lag danach doch in der Geschichte, der politischen Entwicklung im deutschen Mittelalter zwischen 1517 und 1648. Es lag im Streben nach „Unabhängigkeit" noch der kleinsten Gemeinschaft. Dieses Streben lag angesichts der Schwäche des Reiches in Deutschland über in der Zeit, „in der Luft". Viele noch so kleine Gebietseinheiten glaubten sich etwas zu vergeben, wenn sie diesem Streben nicht gefolgt wären. Die Schweiz hatte es gegen Habsburg – und damit stellvertretend gegen das Reich – faktisch endgültig erreicht im Schwabenkrieg 1499. Thorn 1454, Danzig 1455, Elbing, ihre preußischen Bundesgenossen, die unter bewußter Nachahmung auch der Schweiz, später der 17 Provinzen im Hochverrat gegen den Deutschen Orden und gegen das Reich danach strebten, sie erreichten die „Unabhängigkeit" 1466 im 2. Thorner Frieden. Die verratenen Verräter fielen aber vom Regen in die Traufe. Sie verloren die „Freiheit" 1564 in der Union von Lublin durch polnischen Rechtsbruch. (Und dies alles, weil Elbing ein größeres Landgebiet zu besitzen wünschte und Urkunden mit rotem Wachs siegeln dürfen wollte: Offensichtlich hehre Ziele für Freiheit im Hochverrat.) Königsberg-Kneiphof, 1455, hatte es unter Bürgermeister Andreas Brunau ebenso versucht. Es war am Widerstand der ordenstreuen Altstadt, von Löbenicht, an den Zünften, den Gewerken gescheitert. Berlin scheiterte 1432, 1442, 1448 im „Berliner Unwillen". Wien, obwohl mehrfach als „Freie Reichsstadt" anerkannt, scheiterte schon 1237, 1288, 1296, Lepzig schon 1156, Dresden schon 1216, München schon 1294, 1314 – 1347. Sie alle hatten es mehr oder weniger energisch versucht, waren dann wieder unterworfen worden, und waren und blieben „gescheitert" im Streben nach kommunaler bis regionaler Unabhängigkeit um jeden Preis. Wie alle diese anderen aber: Die Niederlande aber kämpften auf Leben und Tod – Antwerpen 1585 – Wilhelm von

Oranien 1584 – ..., 80 Jahre lang um ihre Freiheit, 1556 / 1568 – 1648 ... Der Unterschied war der, daß sie nicht gegen irgend einen Reichsfürsten zu kämpfen hatten, sondern gegen das Königreich Spanien, eine fremde Macht ... Danach war nicht nur die spanische Herrschaft zerbrochen und beendet. Dann war auch das Deutsche Reich vergessen für die Niederlande.

3.56
Karl der Fünfte

17 Provinzen, Burgundischer Reichskreis, Habsburgische Trias, der Hochverrat des Kaisers Karls V. am Deutschen Reich und den niederen Landen.

3.561
Die 17 Provinzen und Habsburg. Das niederländische Volk, der Staat der Vereinigten Niederlande (1579/1581 bis heute), die niederländische Staatssprache und Schriftsprache, die niederländische Nation: Sie alle sind prinzipal nicht langsam, kontinuierlich, organisch, in Jahrhunderte langem Wachstum, aus den „Graswurzeln", aus unvordenklichem Herkommen entstanden. Sie sind die – von ihren beiden unfreiwilligen „Schöpfern" absolut nicht gewollten – zwangsläufigen Folgen von monarchischen abstrusen Ideen einerseits, unverantwortlicher Handlungen andererseits, aus willkürlicher, verfehlter bis absurder, aber entschlossener Politik zweier Herrscher des Hauses Habsburg gegen Deutschland und die Niederlande: Des unter Anderem Deutschen Kaisers Karl V, des Königs von Spanien Philipp II. Diese Entstehungsumstände sind für die Niederlande in gar keiner Weise ehrenrührig; nur für das Deutsche Reich und seinen Kaiser.

Karl V wurde in der Hauptstadt Flanderns, in Gent, am 24. Februar 1500 geboren als Sohn des Erzherzogs Philipp von Österreich (und Erbe Burgunds) und der Johanna von Kastilien und Aragon. Er wurde erzogen von einem Utrechter Priester, Hadrian Florisjon, dem späteren Hadrian VI., dem letzten deutschen Papst, von einem Wallonen-Westfalen, Wilhelm von Croy-Chièvres, dazu ferner zeitweilig Heinrich III von Nassau-Dillenburg. Obwohl von Geburt Deutscher und Spanier lebte er vorwiegend in der französischen Sprache. Seine Abschiedsrede im vlämischen Brüssel hielt er in Französisch. Sowohl die deutsche als auch die spanische Sprache hat er nur teilweise gelernt.

1506 erbte Karl von Philipp dem Schönen Burgund, einschließlich von kleinen Teilen der späteren Niederlande; 1515 hat er als 15 jähriger die „Regierung" der niederen Lande selber angetreten; 1516 erbte er von (Isabella von Kastilien und) Ferdinand von Aragon, den katholischen Königen Kastilien und Aragon und wurde als Carlos I König von Spanien; 1519 am 28. Mai wurde er als (erwählter) Deutscher Kaiser und König Karl V.; 1530 am 24. Februar wurde er in Bologna gekrönter Deutscher Kaiser Karl V.

Karl V. wollte von den Niederdeutschen, von seiner Heimat, von Gent,. als Compatriote, als „Seigneur Naturel" ästimiert werden. Seit 1517 jedoch, seit dem Beginn der Reformation, mußte seine Politik im Zuge der Verschärfung der Inquisition und der Gegenreformation zunehmend zu konfessionellen Unruhen führen.

3.562
In der Vervollständigung der territorialen Reichsreform durch die Kreiseinteilung des Reiches fanden auch die niederen Lande ihren Platz: 1500 gab es 6 Reichskreise (fränkischer, schwäbischer, bayerischer, rheinischer(später oberrheinischer), westfälischer, sächsischer (später niedersächsischer); 1512 gab es 10 Reichskreise (dazu noch niederrheinischer, obersächsischer, österreichischer, burgundischer). Schlesien, Böhmen, Mähren, Preußen, die

baltischen Länder waren nicht eingekreist. Im zehnten, im letzten Reichskreis, dem burgundischen waren die niederen Lande völlig unselbständige und durch nichts unterschiedene
Reichsteile, wie alle anderen auch: Zum Teil aus dem riesigen Reichs-Hausbesitz der Habsburger; ebenso wie etwa der Breisgau, der Sundgau, wie die neun österreichischen Erblande
auch. Der burgundische Reichskreis war keine „staatsrechtliche" Einheit. Er war lediglich
ein Bezirk der Reichsverwaltung. Die „Generalstaaten" der 17 Provinzen, ebenso die „Staaten" der einzelnen kleinen „republikanischen Aristokratien" der Provinzen waren noch
machtlose Symbole. Karl V. hat sie nur ein Mal, zum ersten Male einberufen.

3.563
Der Status der Provinzen: Es gab in den 17 Provinzen weder ein „gewisses", noch überhaupt ein „Nationalgefühl". Woher hätte es auch kommen sollen, seinen Anfang nehmen
sollen? Die Provinzen waren nach dem Sinn der Privilegierung des burgundischen Reichs-
kreises nach Habsburgs Zielsetzung lediglich entzogen: der Reichsregierung, – die es praktisch nicht gab – dem Reichskammergericht, – das faktisch sehr wenig effektiv war. Es gab
keine Zusammenfassung der 17 Provinzen. Die rechtlichen Handfesten dieser 17 Provinzen
– z.B. Blyde Inkomst von Brabant, „La joyeuse Entrée" – wurden von Karl V. tatsächlich,
wenn auch nicht förmlich und rechtlich durchbrochen. Danach blieb jede einzelne Provinz
ihr eigener politischer abschließender Mittelpunkt. Der Schwerpunkt Burgunds aber war bis
zum Ende Dijon gewesen; nicht die niederen Lande. Die weithin unterschiedliche Bedeutung der 17 Provinzen folgte schon daraus, daß sie kulturell, sprachlich, wirtschaftlich,
„national" äußerst verschieden gestaltet waren: 1 friesische Provinz: Friesland, 2 (3) niedersächsisch-westfälische: Groningen, Overijssel (einschließlich Drenthe), 5 niederfränkische:
Holland, Utrecht, Geldern, Seeland, Mecheln, 1 gemischt niederfränkisch-wallonische: Brabant (mit Brüssel), 2 „mittelfränkisch": Luxemburg, Limburg, 3 „niederfränkisch-französi-
sche": Das freie Land, Flandern, Hennegau, 1 wallonische: Namur, 2 französische: Artois,
St. Pol. Insgesamt somit 13 rein bis überwiegend deutsche, 4 überwiegend romanische.
Diese 17 Provinzen, von der Nordsee bis zum Ärmelkanal, von Friesland bis Luxemburg,
waren vermutlich das reichste und das am dichtesten besiedelte Gebiet ihrer Zeit in Europa.
ca 4 Millionen Einwohner, 208 ummauerte Städte, 150 große Flecken, 6300 Dörfer, ca
700 000 Häuser, ca 5 Millionen Dukaten an Steuern; (zum Vergleich: ganz spanisch Amerika: 1,2 Millionen). Dieses Gebiet gedachte Karl V. – zu allererst aber Carlos Primero –
ohne jeden Zweifel festzuhalten um jeden Preis: Und nur für das Haus Habsburg.

3.564
Was der Kaiser Karl V. als 19 Jähriger, als gerade neu gewählter deutscher Kaiser und
deutscher König tat oder aber unterließ, was er als 21 Jähriger auf dem weltgeschichtlichen
deutschen Reichstag 1521 zu Worms begriff oder aber leider nicht begriff bezüglich der
Notwendigkeiten und noch mehr Möglichkeiten der Reformation des Dr. Martin Luther ...
„der wird mich nicht zum Ketzer machen" ... wird ihm kaum gravierend vorgehalten werden können. Wohl aber sein ganzes Lebenswerk. Wohl aber das Scheitern seines Lebens-
werkes. 37 Jahre lang, von 1519 bis 1556 war und blieb Karl V Kaiser und König. Dennoch verschenkte er schon 1521 / 1522, 21 jährig, die habsburgischen Erblande von Vor-
derösterreich bis Niederösterreich an seinen Bruder Ferdinand I. – Danach verschenkte er
schon 1526 Böhmen und Mähren an Ferdinand dazu. – Danach quälte er sich sein Leben
lang ... Er quälte sich, Deutschland und Europa durch 4 Kriege mit Franz I, mit
Frankreich und der Türkei. Er quälte sich durch die Reichsregierung, durch die Reichstage:
1521 Reichstag zu Worms, 1526 „zu Speyer", erster Reichstag, 1529 „zu Speyer", zweiter,

1530 zu Augsburg. Er quälte sich durch die Reformation, die ihn nicht verstand, und die er nicht verstand: 1532 Religionsfrieden zu Nürnberg, 1555 „zu Augsburg".

Karl V. quälte sich durch äußerste Siege: Schlacht bei Pavia mit der Gefangennahme Franz I., 24.2.1525, an seinem 25. Geburtstag, Schlacht bei Mühlberg gegen den Schmalkaldischen Bund, 24.4.1547, dazu der Sacco di Roma, 6. Mai 1527. Karl V. quälte sich durch tiefste Niederlagen. Mai 1552 Verrat des Moritz von Sachsen: Verfolgung bis nach Tirol! 1555 war Karl V erschöpft. Er war am Ende. Er war müde. Alle seine Handlungen und seine Pläne waren gescheitert.

3.565

Die Illusion von der Habsburgischen Trias 1554 – 1558:

Lediglich ausgerechnet seine gefährlichste Illusion, die von der Habsburgischen Trias, kam noch zum Tragen. Und durch diese Habsburgische sinnwidrige Illusion schadete der Kaiser, schadete Karl V. Deutschland und dem Deutschen Reich in einem vorher nie gekannten Ausmaß. Am 6. Juli 1553 war Maria die Katholische, die die englische Geschichte die Blutige nennt, Königin von England geworden. Im Juli 1554 vermählte sie sich mit Philipp II., dem Sohne Karls. Maria war 1516 geboren, Philipp war 1527 geboren. Er war mithin 11 Jahre jünger als seine Gattin England. Karl V. hoffte nun 1555 – im letzten Jahr seiner vollen Regierung – auf eine gigantische Trias für das Haus Habsburg: Dies waren 5 entscheidende Jahre für Deutschlands Geschichte, 1554 – 1558; aber die Geschicke der Deutschen, seines ihm anvertrauten Reiches, interessierten den Habsburger Karl V. überhaupt nicht:

Das erste Habsburg sollte sein: In Südostdeutschland, in den Erblanden, vom Sundgau bis Wien;

Das zweite Habsburg sollte sein: In Spanien, im vereinigten Kastilien und Aragon: Mit seit 1492 der neuen Welt Amerika.

Das dritte Habsburg sollte sein: In England u n d in den 17 Provinzen. Mit diesem Plan beginnt eine große Stufe des Niederganges Deutschlands.

Vom März 1554 bis zum August 1555 war Philipp II. in England. Maria Tudor erlitt eine Scheinschwangerschaft, die sich als Wassersucht herausstellte. Aber alles war dadurch zu Ende. Philipp verließ England für immer u n d ging in die 17 Provinzen. Im Oktober 1555 übertrug Karl V. an Philipp II. die 17 Provinzen. Am 15.1.1556 übertrug Karl V. an Philipp II. Spanien und Neapel. 1555 hatte Karl V. seine Abdankungs- und Abschiedsrede vor den Generalstaaten der 17 Provinzen gehalten: In weltgeschichtlicher Ironie gestützt auf die Schulter des Grafen Wilhelm von Nassau-Dillenburg-Oranien. Im September 1556 ließ Karl V. den deutschen Churfürsten seine förmliche Abdankungsurkunde zugehen. Er zog sich zurück in die Einsamkeit des Klosters San Geronimo de Yuste. Dort starb er 1558. Den Untergang der deutschen/spanischen Niederlande – den er verschuldet hatte – wie den Untergang der Armada zu erleben blieb ihm erspart.

Am 16.11.1558 verstarb auch Maria von England. Auch sie war gescheitert. Philipp II. bot sich vergeblich der jungen Königin Elisabeth I zur Heirat an. 1559 verließ Philipp II, König von Spanien, Neapel, der 17 Provinzen, Prinzgemahl von England, auch die 17 Provinzen für immer. Aber die „spanischen Niederlande „waren das fluchwürdige Relikt der Schenkungen Karls V.

3.566

Der H o c h v e r r a t des Kaisers Karls V.:

Damit war etwas geschehen, was erst 1648 in seiner ganzen Bedeutung und in seinen

Folgen für Deutschland offenbar werden sollte ... Alle Deutschen Könige, alle Deutschen Kaiser waren verpflichtet gewesen, und sie hatten sich selber durch feierliche Eide verpflichtet: „allezeit Mehrer des Reiches" zu sein und zu bleiben. Aus ausschließlich Habsburgischen Hausinteressen, ... aus persönlichsten Gründen der Bevorzugung seines Sohns Philipp, aus familiären Erwägungen des Mißtrauens gegen seinen Bruder Ferdinand I., hatte der Deutsche Kaiser und Deutsche König Karl V. zweifelsfreies Reichsgebiet, die 17 Provinzen, an einen fremden Staat, das Königreich Spanien, an einen fremden König, Philipp II., verschenkt. Dabei ist es rechtlich belanglos, daß Karl V. in Personalunion sowohl Deutscher Kaiser war, als auch Deutscher König war, als auch König von Spanien war, als auch Herzog von Burgund war. Dabei ist es rechtlich belanglos, daß Karl V. nicht als Deutscher Kaiser gehandelt haben dürfte, prinzipal, nicht als Deutscher König gehandelt haben dürfte, primär, sondern als Herzog von Burgund über sein „privates" burgundisches Erbteil, hier den deutschen Lehensanteil des Herzogtums Burgund verfügte: Der allerdings nur Teile der 17 Provinzen einschloß. Dabei ist es erst recht rechtlich belanglos, daß der Beschenkte, daß Philipp II., der König von Spanien sein Sohn war. Rechtlich einwandfrei wäre es dagegen gewesen, wenn Karl V. die 17 Provinzen – soweit sie ihm überhaupt gehörten – an seinen österreichischen Bruder Ferdinand I verschenkt hätte als den bereitesten Erben solchen Lehens. Der König von Spanien dagegen trat niemals als Lehensfürst, als „Untertan" des Kaisers in das Deutsche Reich ein. Spanien war nichts Anderes und blieb immer nichts Anderes als ein fremder, wie sich sofort erwies feindlicher Staat. Karl V. war reichsrechtlich nicht berechtigt, Reichsgebiete aus dem Reichsverbande herauszulösen.

Im Ergebnis ist diese Politik Karls V.,- Oktober 1555 bis Januar 1556 – V e r r a t : Verrat eines Deutschen Kaisers und Deutschen Königs an seinem Deutschen Reich und an seiner Krone.

Es ist H o c h v e r r a t / (Landesverrat) ...

Es ist Hochverrat / (Landesverrat) nach jeder möglichen Definition.

So z.B. Meyers Konversationslexikon 1895, S.874 Bd.8; S. 2 Bd.14. So z.B. Reichsstrafgesetzbuch analog 81 Zi. 1 (94 Zi.1). So z.B. Der Große Brockhaus Bis 1985 Bd. 5 S.482, Bd. 7 S.42.

Im Ergebnis dieses gegen den Gebietsbestand des Deutschen Reiches, gegen Deutschland, gegen das Deutsche Volk in den niederen Landen gerichteten gewaltsamen Angriffs, zufolge der Habsburgpolitik Karls V., dann Philipps II., kam es zu dem weltgeschichtlichen Befreiungskampf der 17 Provinzen der Niederlande gegen Spanien. Dieser Befreiungskampf war ein Kampf o h n e Deutschland, außer durch Nassau – Dillenburg. Es war aber niemals ein Kampf gegen Deutschland gewesen.

3.567
Der Freiheitskampf der niederen Lande: Die Stufen des Weges in diesem Kampfe sind signifikant:

1550 zeitweilig Abschaffung der Inquisition in den 17 Provinzen. 1556 Einsetzung von Margarete von Parma als Regentin; 1564 Entfernung des Kardinals Granvella als Ratgeber; 1565 Mission Egmonts nach Madrid; Gegeninstruktion Philipps II. von Segovia; Adels „Kompromiß" als Bündnis von Brüssel; 1566 die Petition der 400 der „tas de gueux", protestantischer Bildersturm; 1567 Beginn von Kämpfen, Eroberung von Valenciennes; 22. August 1567 Einzug Herzog Albas in Brüssel; Mai-Juni 1568 Erste Schlacht = Heiligerlee, Erste Märtyrer.

Am 5. Juni 1568 Hinrichtung der beiden niederdeutschen Grafen Egmont und Hoorn. Damit war Unabänderliches von weltgeschichtlicher Bedeutung geschehen, weniger für

Spanien, ... oder für Philipp II., sondern für die niederen Lande und in und mit ihnen mit Deutschland. 1568 begann jener 80 Jahre dauernde Kampf der 17 Provinzen um ihre Freiheit, um ihre Selbstbestimmung, dann auch um ihre Religion. Von den anfänglich 17 Provinzen blieben 1648 am Schluß nur noch 7. Diese 7 Provinzen aber wurden 1648 ein eigener Staat außerhalb Spaniens nicht nur: Ein eigener Staat außerhalb des Deutschen Reiches. Dieses Deutsche Reich, daß dabei 81 Jahre lang weder gefragt worden war, noch welches dabei 81 Jahre lang etwas für die Freiheit der Niederlande getan hatte. In „an absence of mind „verloren das Reich und Deutschland und das deutsche Volk die Niederlande und Flandern. Ebenso, wie es – ohne es überhaupt zur Kenntnis zu nehmen – verloren hatte von 1422 Schamaiten, Westpreußen, Ostpreußen, Kurland, Livland bis Estland, endend 1561.

3.57
Belege für das Deutschtum der niederen Lande bis 1625.

3.571
Belege aus den Familiengegebenheiten der Nassau-Dillenburg-Breda Beweise für das Deutschtum in Fülle finden sich aus dem Kultur- und Geistesleben der niederen Lande: Für das Deutschtum seiner Bevölkerung, der 17 Provinzen, dann der 7 Provinzen ... 1477, 1517, 1568, 1618, bis 1648.

Historisch ist gefolgert worden aus der Nassauhochzeit zu Breda am 1. August 1403 zwischen Graf Engelbrecht I. von Nassau-Dillenburg und Johanna von Polanen (damals 11 Jahre alt) daß die Familie Nassau keine binnendeutsche, sondern eine nieder-deutsche Adelsfamilie mit Sitz in Breda gewesen sei. Dabei ist selbst hierbei noch anerkennenswert, daß der Bräutigam von zwei, die Braut gleichfalls von einem binnendeutschen Geschlecht abstammt (Gräfin zu Salm). Vielmehr hatte sich mit Engelbrecht erstmals „endgültig" ein Nassau-Dillenburg – aber wohlgemerkt Neben-Wohnsitz weiterhin auch im vereinigten Dillenburg – in Breda niedergelassen. Aus dieser Ehe Engelbrechts ist in direkter Folge auch noch Wilhelm der Erste, der Schweiger, der Befreier hervorgegangen. Es lohnt sich daher, dessen Abstammung etwas zu beleuchten.

Der Sohn Engelbrechts, Graf Johann IV., geboren am 1. August 1410, gestorben in Dillenburg am 3. Februar 1475, war verheiratet mit einer Grenzlanddeutschen, Gräfin von Loon-Heinsberg. Der Enkel Engelbrechts, Graf Johann V., geboren am 9. November 1455 in Breda, gestorben in Dillenburg am 30. Juli 1516, war verheiratet mit einer Binnendeutschen, einer Landgräfin von Hessen. Der erste Urenkel Engelbrechts, Graf Heinrich III., geboren am 12. Januar 1483 in Siegen, gestorben am 14. September 1538 in Breda, interessiert deshalb besonders, weil sein Sohn aus der 2. Ehe René von Chalon / Orange war! Der dann vierte Urenkel, Graf Wilhelm I. der Reiche, war der Vater Wilhelms des Schweigers. Er wurde geboren in Dillenburg am 10. April 1487; er starb in Dillenburg am 6. Oktober 1559. Er war in 2. Ehe verheiratet mit einer Binnendeutschen, einer Gräfin von Stolberg. Danach mag wer will analog zum Erbrecht die Sechzehntel ausrechnen, die auf binnendeutscher und die „dagegen", die auf niederdeutscher Abstammung beruhen. Gerade weil beide Möglichkeiten der Abstammung des Schweigers d e u t s c h e Abstammungslinien waren, kann die beide Seiten gleichermaßen rühmende Feststellung getroffen werden, daß der Schweiger von fast ausschließlich binnendeutscher Abstammung war ...

Zwar waren in höchst eindrucksvoller Weise die z.T. seit Jahrhunderten in den niederen Landen ortsansässigen Adelsfamilien, so z.B. die van Bergen, van Liedekerke/Gavere, von Ligny, van Egmond, einerseits viel reicher als ihre binnendeutschen Vettern im deutschen

186

Umland, andererseits als zeitweilig burgundische Protegés in der Entwicklung waren zum Patriziat, zum jeweiligen Provinzial-„Staaten"-Vertreter, zum Unterbau zum „Weltbürger".

Die Nassaus dagegen sowohl die Bredaer, die wieder in Binnendeutschland einheirateten, als auch insbesondere die Dillenburger Nassaus waren z.T. ärmer geblieben. Sie blieben aber in der relativ kurzen Anlaufzeit, hier 1403 bis 1568, (Nicht-Bindesstrich)Deutsche. Nassau und Dillenburg und Siegen liegen nun einmal nirgends anders als in Deutschland. Mehrfach waren die Bredaer und Dillenburger Besitztümer in einer Hand vereinigt worden.

3.572

Graf Wilhelm von Nassau – Oranien: 1533 – 1584 …

Das berühmteste Lied des niederländischen Befreiungsklampfes, die 1568 gedichtete heutige Nationalhymne des Königreiches der Niederlande, lautet schlicht und einfach im berechtigten Stolz eines souveränen deutschen Fürsten des Deutschen Reiches: „Wilhelmus van Nassouwe ben ick van duytschen bloet" … und weiter rühmt sich der singende Schweiger in Erinnerung an seinen Vorfahren König Adolf von Nassau von „Kaiserlichem Blut" zu sein. Der, der dies singt und spricht, Graf Wilhelm von Nassau-Dillenburg, geboren in Nassau, in Dillenburg am 25. April 1533, – ermordet 1584 –, hatte erst 1544 von seinem Vetter René von Chalon das souveräne Reichsfürstentum Orange geerbt und hieß danach erst Prinz von Oranien. Ob er jemals Orange auch nur betreten hat ist unerheblich. Nachkomme war er des Grafen Wilhelms I., des Reichen, eines fast ausschließlich von Westerwälder Binnendeutschen Abstammenden, und einer Herzogin von Sachsen, ein waschechter Nassauer Dillenburger; sonst gar nichts. Als Junge schon kam er an den Hof Kaiser Karls V. Eine grandiose Laufbahn schien ihm offen. Auf seine Schulter lehnte sich der Kaiser, als er in Brüssel seine Abschiedsrede an Brabant und Flandern hielt. Nach dem Einzug von Herzog Alba in Brüssel war Wilhelms Mission scheinbar gescheitert und er kehrte nach Hause, nach Dillenburg zurück. Seine Devise wurde für Jahrzehnte: „Je maintiendrai Nassau". 1 6 Jahre kämpfte er gegen das ihm und den niederen Landen angetane Unrecht. Seine und seiner Adelsgenossen Politik des friedlichen Widerstandes 1561 – 1567 war offensichtlich im Blut erstickt worden. Dabei ging es zu allererst um die Freiheit der Selbstbestimmung. Die lange Zeit scheinbar erstrangigen religiösen Verfolgungen waren mindestens für Wilhelm den Schweiger – wie für viele seinesgleichen – näherer Überlegungen fähig und zugänglich. Wilhelm erachtete offensichtlich die Religion als Privatsache; als nachrangig der Politik: 1533, arm in den binnendeutschen lutherischen Protestantismus hineingeboren, ab 1545 zum reichen niederländischen Katholizismus erzogen und katholisch geworden, ab 1567, offen 1573 zum reformierten Protestantismus vorwärtsschreitend – oder zurückkehrend – … Dabei blieben sichtlich die „Blutplakkate" bedeutungsvoll.

Seine 2. Ehefrau, die unglückliche Herzogin Anna von Sachsen, blieb als die Tochter des protestantischen Vorkämpfers Moritz von Sachsen unverändert lutherisch.

Die letzten beiden Jahrzehnte seines ja nicht sehr langen Lebens verzehrte sich der Schweiger in der Fürsorge für die 17, dann die 7, schließlich nur noch die 2 Provinzen – Holland und Seeland –. Obwohl sein Geschick scheinbar ununterbrochen rückwärts ging, blieb seine Beharrlichkeit am Ende erfolgreich … obwohl selbst Teile von Holland, Amsterdam, und von Seeland zeitweilig zum Feinde hielten, obwohl die Armseligkeit der „gehorsamen" Provinzen die Wallonen und die Vlamen die Freiheit kostete, obwohl die „Malcontenten" ihm das Leben schwer machten.

3.573

5 deutsche Dillenburger Brüder ... 10 deutsche Dillenburger Schwestern ...

Wie vielschichtig immer die Beziehungen des Schweigers gewesen sein mögen, ... zuerst zu den 17 Provinzen, – er war beim Bildersturm Burggraf in Antwerpen ... dann zu den 7 Provinzen, – als er ermordet wurde in Delft 1584 war er förmlich: Statthalter von Holland, Seeland und Utrecht, seit 1559, ... Ruwart von Brabant, seit 1577, ... stellvertretender Generalgouverneur der Niederlande, seit 1578, ... Statthalter von Friesland, seit 1580! Wie immer er auch bis zu seinem Opfertode seine weltgeschichtliche Mission für die niederen Lande erfüllt hat: So doch auf einen ersten Blick hin nicht für „sein" Land, für Nassau; auf den ersten Blick der Gegenwart hin nicht für Deutschland. Er selbst hat in seiner berühmten Apologie mit Nachdruck festgestellt, daß er in den niederen Landen „kein Fremdling und Außenstehender oder gar Ausländer" sei. Ganz offensichtlich gab es für ihn und das Bewußtsein seiner Zeit noch keinerlei Unterschied nationaler Empfindung zwischen den „niederen" Landen und den „oberen" Landen, dem Westerwald, dem Lahntal, dem Siegerland, also dem übrigen, dem Rest Deutschlands. Sein Wort von seinem „duytschen" Blut, von Dillenburger, von Nassauer, von Siegener, von Kaiserlichem Blut, ohne wenn und aber, ohne Hörner, Zähne und Klauen, – um mit Martin Luther zu sprechen –, bedeutet in jeder nur möglichen Beziehung nichts als „deutsches" Blut. Auch seine immer erneut für die niederen Lande aufgestellten nassauischen Armeen, die sein Bruder Johann z.T. bezahlte, waren binnendeutsche Armeen, kaum niederländische Armeen.

Graf Wilhelm I. hatte v i e r Brüder, die ihn bis zur Selbstlosigkeit in seinem Kampfe unterstützten: Graf Adolf, geboren in Dillenburg bzw. Siegen, 11.7.1540 ... gefallen für die niederen Lande mit 28 Jahren sofort in Heiligerlee. Graf Ludwig, geboren in Dillenburg, 10.1.1538 ... gefallen für die niederen Lande mit 36 Jahren bei Mook 1574. Graf Heinrich, geboren in Dillenburg, 15.10.1550 ... gefallen für die niederen Lande mit 24 Jahren bei Mook 1574. Graf Johann I., geboren in Dillenburg, 22.11.1536 ... gestorben als einziger nicht im Felde, sondern in Dillenburg, mit 70 Jahren, 1606. Sie alle vier waren wie der Schweiger in Dillenburg geboren. Sie alle waren wie er nichts als Deutsche. Daß von diesen 5 Brüdern mit ihm 4 für die Freiheit der Niederlande gefallen sind bzw. ermordet wurden, beweist, daß es sich um eine Nothilfe in Nachbarschaft einer deutschen Landschaft für die andere deutsche Nachbar-Landschaft handelte, und nicht dagegen um internationales, fremdnationales Söldnertum („Reisläufer") gehandelt hat.

Auch von den 1 0 Schwestern Wilhelms des Schweigers sind, soweit die Geburtsorte bekannt zu sein scheinen, 6 nachweislich in Dillenburg geboren. Das tapfere deutsche niederländische Geschlecht der Nassau-Dillenburg-Oranien hat Grund und Recht, sein deutsches Kaiserliches Blut zu besingen.

3.574

Graf Moritz von Nassau-Dillenburg, Prinz von Orange ...

Besonders aufschlußreich zur Frage des Deutschtums der niederen Lande und der Nassau-Dillenburg-Oranien, ist das Schicksal des zweiten Sohnes Wilhelms des Schweigers, Moritz, Graf von Nassau-Dillenburg, Prinz von Orange, genannt von Oranien (1618). Er wurde geboren in Dillenburg am 14.11.1567, war niemals verheiratet, ist gestorben in Den Haag am 23.4.1625 mit 58 Jahren. Er war Statthalter von Holland und Seeland (1585), von Gelderland, Utrecht und Overijssel (1590), von Groningen und Drenthe (1620), Generalkapitän, Admiral. Er war Enkel des deutschen Grafen Wilhelm der Ältere von Nassau-Dillenburg, 1487–1559, geboren und gestorben in Dillenburg, und seiner 2. Ehefrau Gräfin Stolberg. Er war Sohn des deutschen Grafen Wilhelm I. von Nassau-Dillenburg, 1533 –

1584, geboren in Dillenburg, ermordet in Delft, und seiner 2. Ehefrau, Herzogin in Sachsen.

Im relativ friedlichen XIX. Jahrhundert, 1886, rühmt dem Moritz von Nassau-Dillenburg in seiner sonst sehr objektiven „Geschichte der neueren Zeit" Professor Dr. Martin Philippson, von der Universität Brüssel, nach, dieser Moritz von Nassau-Dillenburg-Oranien sei „ein echt niederländischer Charakter" gewesen. Dazu bleibt festzustellen: ... Zugrundezulegen sind: 9 erste Lebensjahre in Dillenburg bis 1576, ... Studium ab 1576 in Heidelberg, ... niederländische Aussprache mit Westerwälder Akzent, ... französische Aussprache mit wallonischem Akzent.

Die angeführte These zu Moritz von Nassau-Dillenburg ist dann völlig zutreffend, wenn anerkannt wird zur Feststellung des echt niederländischen Charakters:

daß niederländisch gegenüber deutsch am 10. Juli 1584 – im Augenblick der Ermordung seines Vaters Wilhelms des Schweigers – noch ein T e i l begriff gegenüber seiner G e s a m t h e i t darstellt ...

daß der Wechsel der Sprechart des Moritz von Nassau-Dillenburg von seiner rheinfränkisch-nassauischen Mundart seiner Jugend zu der niederfränkisch-holländischen Mundart seines Mannesalters einen Wechsel von einer deutschen Mundart zu einer anderen deutschen Mundart bedeutete ... damit der echte Niederländer Moritz von Nassau-Dillenburg gleichzeitig ein echter Deutscher war, und dieser „Deutsche", dieser Graf Moritz neben seiner Geburtsheimat Nassau ohne jeden Bewußtseinswandel seiner Wahlheimat der niederen Lande dienen konnte und Zeit seines langen Lebens gedient hat.

Die angeführte These zu Moritz von Nassau-Dillenburg ist dann aber völlig u n z u - t r e f f e n d , wenn angenommen werden sollte, – zur Feststellung des echt niederländischen Charakters –

daß niederländisch und deutsch schon damals einander ausschließende Begriffe schon 1584 gewesen seien ...

daß Graf Moritz von der deutschen Sprache in eine fremde Sprache, in die niederländische Sprache gewechselt habe ...

daß der „echt Niederländer" Graf Moritz kein Deutscher war oder z.B. 1584 oder ab 1584 nicht mehr war: Mit 17 Jahren also bewußt seine deutsche Nation gewechselt und abgelegt habe!

Daran ändert es auch nichts, daß Graf Moritz für die Parteigänger Oldenbarnevelts nach dessen wohl rechtsirriger Justizmord – Hinrichtung 1618 zum absichtlich so beschimpften ... „Mof" geworden war: Auf jeden Fall also gerade ein Deutscher! Dies fand 1623 in einem mißglückten Mordanschlag sein Ende. Sterben durfte Graf Moritz von Nassau-Dillenburg-Oranien dann 1625 friedlich.

3.575

Gemeinsame Literatur und Kultur ... Daß noch bis mindestens 1648 das Niederländische als zum Deutschtum gehörig empfunden wurde, zeigen Verse Paul Flemings, in denen neben Opitz die Niederländer Heinsius und Cats als deutsche Dichter – und Dichter höchsten Ranges, neben Tasso und Petrarca – gefeiert wurden. Erst im 18. Jahrhundert begann die Entfremdung.

So sind als Deutsche und deutsche Niederländer anzusehen und zu feiern:

Heinrich von Veldeke, geboren in Limburg bei Maastricht, 12. Jahrhundert, Minnesänger, Dichter in der Gemeinsprache, Volkssprache.

Johannes Ruysbrock, 1293–1381, Vlame, Mystiker, 14. Jahrhundert.

Der große Erasmus von Rotterdam, 1465-1536, Philosoph, 15 Jahre wohnhaft in den damals noch ohne Zweifel beides „deutschen" Städten Freiburg im Breisgau und Basel, gestorben in Basel 12.7. 1536, vor Luther.

Jacob Cats, 1577–1660, Dichter, Staatsmann.

Daniel Heinsius, 1580–1655, Vlame, Dichter, Philologe.

Nicht mehr so angesehen, nicht mehr als Deutscher eingeschätzt wurde dagegen der größte niederländische Dichter Joost van den Vondel, 1587–1679, obwohl auch er bezeichnenderweise in Deutschland, in Köln geboren worden war.

Nicht mehr gesagt wird es von Multatuli, 1820–1887, obwohl auch er 21 Jahre in Deutschland gelebt hat und in Nieder-Ingelheim gestorben ist.

3.576
Die niederländische Sprache …

Ungeachtet der gemeinsamen Kultur, der Literatur, der Philosophie, des Geisteslebens: Unbestritten und unbestreitbar ist, daß die neu „hoch" deutsche kursächsische Kanzleisprache in der Form von Martin Luthers Bibelsprache die 7 niederländischen Provinzen, das Niederfränkisch Hollands, das werdende niederländische Volk n i c h t erreicht hat. Es vermochte sie nicht hochsprachlich „einzudeutschen", obwohl sie noch „Deutsche" waren. Dies hat eine lange Reihe von Gründen, wie sie Bach spezifiziert hat.

In diesem tragischen Sinne hat Martin Luthers Riesenwerk die Entstehung der niederländischen Sprache, des Volkes, der Nation gefördert, wenn nicht überhaupt erst ermöglicht. Dabei ist es natürlich nicht erheblich, daß Martin Luther – auch wenn er dieses für Deutschland so katastrophale Teilergebnis seines Wortes geahnt oder sogar gewußt hätte – da er nur seinem Gott gegenüber stand, keinen Augenblick anders gehandelt hätte.

Danach, nach dieser Ableitung ist es nicht mehr entscheidend, ob das Niederländische, die niederländische Hochsprache noch eine „Tochter"sprache des Deutschen sei, wie manche noch annehmen möchten …

Nur eine „Schwester"-sprache des Deutschen ist, wie man feststellen sollte, oder aber „o h n e" Verbindung zum Deutschen ist „von Anfang an", wie politisch zielbewußt manchem ohne stichhaltige Begründung erwünscht sein könnte.

Danach ist es nicht von Belang, daß sich unzweifelhaft und objektiv diese niederländische Sprache ABN nicht und niemals von Martin Luthers „Hochdeutsch" „abgespalten" hat: Auch wenn das ABN nicht „von Anfang an", sondern frühestens nach 1517, 1555, 1568, 1648 „d a" war.

W e i l die 7 Provinzen, die Niederlande (spätestens) 1648 ein eigener Staat wurden, schufen sie sich in der Handhabung der niederfränkischen Stammessprache aus Holland (usw.), aus ihrem Dialekt, aus ihrer nieder d e u t s c h e n Sprache eine n i e d e r l ä n d i - s c h e Sprache.

(Der Schweizer Jakob Burckhardt – sicher ein unverdächtiger Zeuge – schrieb in einem Bericht (7.5.1845; „Kölnische Zeitung") über die Deutschschweizer: „Sie preisen sich glücklich, daß kein zur Schriftsprache erhobener Dialekt uns von Deutschland trennt, wie etwa Holland".)

In Schrift und Sprache überdeckt diese niederländische Hochsprache zielbewußt in Friesland die friesische Teilsprache, in Groningen, Drenthe und Overijssel die niedersächsisch-westfälische Stammessprache. Ohne den Staat der Niederlande wäre es zweifelhaft, ob es jemals eine niederländische Hochsprache und Schriftsprache ABN gegeben hätte. Aber dieses Kapitel ist abgeschlossen. Die niederländische Sprache ABN hat keinerlei Vertretung mehr nötig. Sie ist. Niemand verkennt sie. Niemand bestreitet sie.

3.58

Philipp Marnix von Sint Aldegonde: „Meine Herren Deutschen" …

In der glücklichen Borniertheit nützlicher Narren im Deutschland des XX. Jahrhunderts wird von Zeit zu Zeit (z.B. eine Leserzuschrift FAZ vom 27.4.1988) ein „Selbstrechtfertigungsmythos" der niederländischen Sprache und der Niederlande vertreten, den beide in gar keiner Weise notwendig haben. Nur wer nicht fähig ist, sehen zu können oder zu wollen, daß die Gegenwart naturnotwendig mit der Vergangenheit – in diesem Falle der Niederlande – nicht mehr übereinzustimmen braucht, und nicht mehr übereinstimmt, bedarf solcher mytischer Argumentationen.

Zur Sprache ABN als niederdeutsche Sprache: Es wird z.B. behauptet, daß die Sprache „anfangs bar jeder ethnischen oder nationalen Bedeutung" war. Es ist aber einfach nicht wahr, daß die deutschen Sprachen, die deutschen Stämme und ihre Mundarten, zu schweigen von der selbständigen Stammessprache des Friesischen „ohne nationale Bedeutung" waren. Alle diese Stämme – seit Heinrich I. und Otto dem Großen – sprachen die „Volks"-sprache, „deutsch" und wollten deutsch sprechen. Schon die Straßburger Eide 842 wurden ganz bewußt in der Volkssprache geschworen. Die Höfe gingen nach und nach zur lingua volgare, zur Volkssprache über. Die Bedeutsamkeit der allen verständlichen Volkssprache liegt doch viel näher als das sinnlose Gegenteil. Martin Luther hat aus klarem Grund, „dem Volk aufs Maul geschaut". Franz von Sickingen, Ulrich von Hutten, Georg von Frundsberg, Thomas Münzer, waren sehr bewußt „Deutsche", deutsch sprechend.

Die Zugehörigkeit aller dieser Deutschen zu einem „Heiligen Römischen Reich" aber „Deutscher Nation" kann auch dadurch nicht beeinträchtigt werden, daß zu ihm auch Wallonen, Franzosen, Burgunder, Provenzalen, Italiener gehörten! Zu Frankreich gehören auch Bretonen, Basken, Corsen, Vlamen und Deutsche: Und es bleibt trotzdem ein ausgesprochen französischer Staat.

Zum Volke der Niederländer als bis 1648 Deutsche: Es wird mit jedem Brustton der Überzeugung aus glücklichem Nichtwissen behauptet, daß „die Niederländer sich zu keiner Zeit als Deutsche gefühlt haben". Dies ist aber einfach nicht wahr. Und solches ist historisch zu belegen.

Philipp Marnix von Sint Aldegonde war viele Jahre lang ein enger Mitarbeiter Graf Wilhelms I., des Schweigers, von Nassau-Dillenburg. Graf Wilhelm stellte ihn zu Beginn des Jahres 1571 – nur 3 Jahre nachdem er die Führung des Aufstandes im März 1568 übernommen hatte – als hochbegabten Polyhistor als seinen Sekretär an. Sint Aldegonde blieb wichtiger Berater auch noch des Sohnes Moritz von Nassau-Dillenburg; bis dieser 1587 unter Übergehung Leicesters Generalkapitän der Heere Hollands wurde. Welch bedeutender Mann er war, beweist er als Bürgermeister von Antwerpen seit 1583 und seine Verteidigung der Stadt und Festung Antwerpen gegen Alexander Farnese während der berühmten 14 monatigen Belagerung durch die Spanier bis zur Übergabe am 16/17. August 1585.

Dieser Philipp von Sint Aldegonde erschien mit der zwingenden Bitte um die Hilfe des Deutschen Reiches für die von ihm vertretenen Gliedstaaten des Deutschen Reiches, für die niederen Lande, auf dem Deutschen Reichstag zu Worms 1578 … Zur Zeit des rätselhaften und unfähigen Kaisers Rudolf II. Diese Bitte und Aufforderung ist eine der bewegendsten und der traurigsten Ansprachen der ganzen deutschen Geschichte und der niederen Lande: Sint Aldegonde, der diese Bitte vortrug, war mit Geist, Herz und Bewußtsein Niederländer und Deutscher geworden, obwohl er der Sohn eines französischen Edelmannes war. Er forderte nicht nur aus der Verzweiflung der katastrophalen Lage seines Heimatlandes, sondern aus innerer Überzeugung: „Meine Herren Deutschen. Es handelt sich um Ihre Angelegenheit"!

„Die Niederlande bitten Sie inständigst, daß Sie uns nicht nur Ihre Anteilnahme und Ihre guten Wünsche erklären, wie Sie es bisher getan haben, sondern diese auch durch die Tat beweisen … Sie haben sich durch feierliches Gelöbnis verpflichtet, und Sie haben versprochen, niemals zuzulassen, daß ein Teil des Heiligen Römischen Reiches Deutscher Nation durch einen fremden Soldaten geschändet würde … Ihre Majestät hat häufig genug erklärt, daß die niederländischen Provinzen ein Glied des Reiches sind. Denken Sie an die heilige Gemeinschaft und Übereinstimmung, die zwischen Ober- und Niederdeutschland herrscht, durch Nachbarschaft, Freundschaft und Vertrag! Und diese Gemeinschaft besteht: … welche Einheit der Gefühle, welche Übereinstimmung der Ausdrucksweise, der Sprache und schließlich welches Band durch Handel und Überlieferung! Selbst der Name ist gemeinsam, Ober- und Nieder-Deutschland, mehr noch die Sprache! Es berührt das ganze Deutschland, wenn diese Provinzen aus dem Verband des Reiches losgerissen werden, um in die Gewalt grausamer Feinde und einer fremden Nation zu fallen! … Meine Herren Deutschen: es handelt sich um Ihre Angelegenheit und Ihr Heil und Ihre Würde!" … (Salm, I.-C., Flandern, Wien 1983).

3.59
Wiederholung des Ergebnisses: Die Niederlande eigner Staat, eigenes Volk, eigene Sprache, eigene Nation, eigener Nationalstaat!

3.591
Das kulturelle Gesamtergebnis:

Um das kulturelle Gesamtergebnis nochmals festzustellen und zu wiederholen; in der Reihenfolge der Entstehung: Eigenes Volk der niederen Lande; eigener Staat der Niederlande; eigene Hochsprache ABN; eigene niederländische Nation; eigener Nationalstaat. Zu diesem Ergebnis kann und muß unterschieden werden:

Einerseits: Land und deutsches Volk in den niederen Landen, dem die Niederfranken, Niedersachsen-Westfalen, Westfriesen in den Niederlanden bis etwa 1648 angehört haben, sind die Grundlage. Bis etwa 1789 dauert dann eine Übergangs- und Entwicklungszeit. Ab etwa 1789 ist dann Eigenständigkeit des niederländischen Volkes gegeben.

Andererseits: Der niederländische Staat, 1579, 1581, schließlich 1609, 1648. Der „herunter gefallene Mauerstein" der Westgrenze des Deutschen Reiches fiel also sehr lange schon. Aber erst durch die Existenz dieses Staates, durch seine Selbstbehauptung, durch seine Unabhängigkeit und Souveränität hat die Politik die Abgrenzung, die Verselbständigung, die Isolierung, die Ausgrenzung, den Weitergang, die Weiterentwicklung zur Hochsprache, zur Nation und zum Nationalstaat ermöglicht.

Schließlich: Die Sprache in den niederen Landen war mit niederfränkisch, niedersächsisch-westfälisch, friesisch, dann althochdeutsch, dann mittelhochdeutsch noch gemeinsam gewesen. Gegenüber dem in Abwehr gegen Luthers Bibel-Neuhochdeutsch betont entwickelten Hochniederdeutsch = Hochniederländisch ist das allgemeine Neuhochdeutsch zurückgetreten zugunsten der neuen Sprache. Am Ende: Die Nation der Niederländer.

3.592
Das sprachliche Ergebnis: Nichts gegen diese historische, deutsche, chronologische, kausale Entwicklungskette besagt die Tatsache, daß die niederländische Sprache, ABN, die Kultursprache, die Hochsprache eines zwar nach eigener Einschätzung kleinen Volkes, aber einer großen Nation n i c h t aus der neuhochdeutschen Hochsprache Martin Luthers entstanden ist.

192

Das Niederländische ist aus dem Teil des deutschen Volkes in den niederen Landen geboren worden, entstanden und gewachsen: Wie das Hochdeutsche also ebenso aus dem deutschen Volke. Gleichrangig und selbständig neben dem Hochdeutschen; somit zwei getrennte Hochsprachen aus früher einem, aus heute zwei Volkskörpern.

Dies ist nichts Unmögliches oder Einmaliges: In Frankreich existiert neben der offiziellen Staatssprache der langue d'oui nach wie vor die langue d'oc. Sie ist lediglich durch Krieg und Gewalt in ihrer Entwicklung gehindert, wenn nicht verhindert worden. In Spanien existiert neben der offiziellen Staatssprache des Castellano nach wie vor, und heute kräftiger denn je, das Catalan, das galicische. Von der uralten baskischen Sprache zu schweigen. In der Schweiz könnte sich theoretisch der Dialekt des Schwyzerdütsch zu einer eigenen Hochsprache entwickeln. Vielleicht in bewußter Entwicklung gegen das Hochdeutsche: Jahrhunderte nach dem Niederländischen in Parallele. Ein komplexes Unterfangen. So wäre dies – dann – die dritte Hochsprache aus dem Nährboden des deutschen Volkes.

3.593

Das politische Ergebnis: Die Isolierung vom übrigen Deutschland zufolge des 80 jährigen Kampfes gegen Spanien, die völlige Unabhängigkeit seit 1648 haben bewirkt, daß dieser niederfränkische Teil des deutschen Volkes, daß diese 7 Provinzen der 17 Provinzen des in der Entstehung seit 911 begriffenen deutschen Volkes einen eigenen Staat, die Niederlande, eine eigene Hochsprache, ABN, ein eigenes Staatsvolk, eine eigene Nation entwickelt haben.

Die Niederlande sind nach Ausübung des Selbstbestimmungsrechtes kein Teil Deutschlands mehr, die niederländische Hochsprache eine völlig selbständige, unabhängige Sprache, Kultursprache, Schriftsprache, das niederländische Volk kein Teil des deutschen Volkes mehr, die niederländische Nation die Krönung dieser Entwicklung aus 340 Jahren.

Heute zählen die Niederlande mindestens 14,550 Millionen Einw., Flandern (bis zu) 5,600 "" Dies sind 20,150 "" deren Vorfahren vor 3 1/2 Jahrhunderten einmal Deutsche in Deutschland waren. Dies ist der größte deutsche Verlust in 1000 Jahren deutscher Geschichte.

Beide Nationen, die niederländische wie die deutsche haben dies nicht zur Kenntnis genommen.

3.61

Flandern (– Belgien –)

Das Herzogtum Brabant, die Grafschaft Looz, die Grafschaft Hennegau (Hainaut), die Markgrafschaft Namur, die Bistümer Lüttich und Cambrai (Kamerich) usw. waren ab etwa 911 n.Chr. einige von vielen Dutzenden völlig gleichen Besitztümern im Deutschen Reich. Nicht umsonst spielt in der Oper Lohengrin von Richard Wagner – der bis auf den Lapsus „Wolfram von Eschinbach" (in der Oper „Tannhäuser" oder der Sängerkrieg auf Wartburg) geschichtlich höchst interessiert war – im Schiedsspruch für Elsa von Brabant der deutsche König, der Sachse Heinrich I., der Vogler, die beherrschende Rolle zum Gottesurteil. Die engere Grafschaft Flandern war durch welchen Zufall immer zwar vorübergehend französisch. Es lehrte aber die glänzenden französischen Ritterheere, ungeachtet von deren „güldenen Sporen" das Fürchten, 11. Juli 1302. Dann teilte Flandern bis 1568 das kulturelle und sprachliche Schicksal Hollands, Gelderns usw, ebenso wie alle übrigen Gebietsteile des Deutschen Reiches. Dabei wurden Flandern und Brabant, wohlgemerkt im 16. Jahrhundert, der „Kernbereich der mittelniederländischen Schreibsprache" (Jan Goossens). Erst ab 1585 mit der Einnahme von Antwerpen durch die Spanier unter Alexander Farnese wanderte die Mehrheit der geistigen Oberschicht nach Norden aus. Dies hatte verhängnisvolle Folgen. Schon in der österreichischen Zeit (1713 – 1794), erst recht in der französischen Besatzungszeit (1795 – 1814), setzte sich das Französische als Verwaltungs- und dann als Kultursprache in Flandern durch. Die neuen Möglichkeiten im neuen niederländischen Großstaat (1815 – 1830) waren zu kurz und zu belastet, um normale Sprachverhältnisse entstehen zu lassen. Im belgischen Neustaat war dann Französisch anfangs die einzige alleinige offizielle Sprache. Erst durch die flämische Bewegung wurde dann bis ins XX. Jahrhundert hinein die Anerkennung der flämischen Muttersprache erreicht („vlaandern vlaamsch"). In den belgischen Sprachgesetzen ist schließlich korrekt das „Niederländische" als die Kultursprache von und für Flandern festgelegt. Eine gesonderte flämische Hochsprache gab es nicht (Goossens). Die Flamen sind im Ergebnis Teil des Staates Belgien. Ob sie ein Teil der niederländischen Nation, oder etwa aber eine eigene flämische Nation oder aber Teil einer sich ggf. entwickelnden belgischen Staatsnation sein wollen und werden, werden sie selber allein zu entscheiden haben. Teil des deutschen Volkes sind die Flamen seit spätestens 1794, 1815 nicht mehr.

3.62
Schweiz, Confoederatio Helvetica:

Die Schweiz ist eines der bemerkenswertesten Relikte des mittelalterlichen Deutschland. Bereits dieser höchst ehrwürdige Name dieses höchst ehrwürdigen und geistig und moralisch so überaus – entgegen seinem Willen – „deutschen" Staates deutet an, daß der Staat selbst in seiner symbolischen puren Bezeichnung nicht frei ist von Problemen.

Die Confoederatio ist keine Confoederatio. Die Confoederatio Helvetica, der Staatenbund dürfte etwa ab 1848, spätestens ab 1874 als eine Foederatio, ein Bundesstaat korrekt zu betrachten sein.

Wesentlicher ist, daß von den vier nationalen und unstreitigen Teilen der Staatsbevölkerung keiner irgend etwas mit den vergangenen keltischen Helvetern gemeinsam hat: Weder die alemannischen deutschsprachigen Schweizer, noch die französisch-sprachige Suisse Romande, noch die italienisch-sprachigen Ticinesi, noch die Rhätoromanen. Geblieben ist die „Willensnation".

Dieser Seltsamkeit der eigenen gewählten Identität entspricht die Seltenheit des vierteiligen Staatsvolkes. Dieser Problematik entspricht die Eigenart der geschichtlichen Entstehung dieser Staatsnation, die so sehr offensichtlich ihr Staat geformt hat. Während umgekehrt die Formung eines Staates durch eine Nation den fast ausnahmslosen geschichtlichen und politischen Normalfall darstellt. Auch dieser Ausnahmefall wurde nur möglich ... nicht weil Rhätoromanen lebensnotwendig des Kantons Graubünden bedurft hätten, in ihren getrennten Tälern, nicht weil Ticinesi möglichst nicht Königreichitaliener und dann Republikitaliener sein möchten, nicht weil die Suisse Romande nicht auch bereit gewesen wäre, französische statt schweizer Franzosen zu sein, zu werden, zu bleiben, sondern weil einige Millionen Deutscher immer wieder entschlossen tätig wurden im Lauf von Jahrhunderten, um nicht mehr zum Deutschen Reich gehören zu müssen, zu sollen, zu wollen: Unabhängig sein zu wollen.

Keine „Deutschen" mehr sein zu wollen, haben sie nie beschlossen. Sie haben es sich vermutlich auch bis vielleicht 1871 nicht klargemacht, daß es dies bedeutete: Entgegen sehr klaren Stellungnahmen einzelner schweizer Dichter bzw. Schriftsteller. An sich war nach der Herkunft der Menschen aus dem gänzlich unbestritten deutschen Stamm der Alemannen, nach der Geschichte von 911 bis 1386 / 1499 / 1648, die Schweiz ganz genau so viel, das heißt aber gerade ganz genau so wenig prädestiniert, ein selbständiges Staatsvolk zu entwickeln – ihr Deutschtum zurücktreten zu lassen, sich zu isolieren, „auszutreten" –, wie alle anderen deutschen Volksteile auch. Mit genau der gleichen Ratio, das heißt aber mit genau dem gleichen völligen Mangel an Ratio hätten ... einerseits etwa die Tiroler, die Kärntner, die Steirer ... andererseits die Schleswig-Holsteiner, die Pommern, die Ostpreußen sich entschließen können, ein eigenes Staatsvolk eines eigenen Staates zu begründen. Keines von ihnen hat es je getan.

Dabei waren sogar Teile der deutschsprachigen Schweizer jahrhundertelang gerade betont „deutsch". Am Sitz des Bistums Basel in Delémont / Delsberg sprachen der Bischof und sein Hofstaat betont Deutsch in einer völlig französisch-sprachigen Stadt! Leitung und Verwaltung von Fribourg / Freiburg im Üchtland – genau auf der Sprachgrenze liegend, aber mit einem weitaus überwiegend französischen Landgebiet des Kantons – versuchten lange so deutsch zu sein wie die anderen Landstände der deutschen Schweiz! Das französische Jura fand im „deutschen" Bern – wenigstens nach seiner Meinung – nicht immer das gewünschte oder geschuldete Verständnis!

Purer Geschichtszufall, Schicksal, Gnade für die eidgenössischen Orte führten im Ergebnis zum Erfolg der Loslösungsbestrebungen. Es war ein Mißgeschick für das Deutsche Reich, daß die schweizer Kämpfer gegen die habsburgischen Ritterheere ebenso im Zufall der Schlachten zu siegen vermochten wie gegen die schwäbischen Landsknechte. An sich war die deutsche Schweiz ganz genau so ein deutsches Land wie jedes andere auch. Es war lediglich ein Geist der Zeit, der damals – im 13. bis 16. Jahrhundert- von Thorn, Danzig, Königsberg, bis Wien, Berlin und Metz jede noch so kleine städtische oder ländliche Gebietseinheit versuchen ließ, sich um jeden Preis „frei", sich „unabhängig" zu machen: Sei es im Reich, sei es gegen das Reich, sei es mit legalen Mitteln, sei mit Landesverrat und mit Hochverrat. Selbst Königsberg hatte noch die neue „Selbständigkeit" der Niederlande vor Augen. Der einzige Erfolgsgrund der besonderen Bestrebungen der Schweiz war die Schwäche des Deutschen Reiches. Die ursprüngliche Eidgenossenschaft war noch sehr klein und sehr schwach gewesen. Aber auch hier war nichts so erfolgreich wie der Erfolg.

Der Geschichtsablauf der Entwicklung der Eidgenossenschaft zeigt es und beweist es: Aus einem winzigen Kern, aus Uri 1231, 1291 ist auf dem Wege über einen losen Bund freier Bauerngenossenschaften und Städte ohne jede dynastische Mitwirkung ein Staat geworden. Und dieser Staat bildete ein Staatsvolk aus abgetrennten Teilen von drei großen Nachbarnationen und einem weiteren uralten kleinen Volksstamm. Ohne jeden Zweifel: Ein Separationsstaat von Deutschland. Ein „herunter gefallener Mauerstein". Ein völlig selbständiges Staatsvolk nach dem Selbstbestimmungsrecht sui generis. Kein deutscher Staat. Kein Teil Deutschlands mehr.

Staatsvölker, die aus dem deutschen Volke nicht ausgeschieden sind ...

3.7
Österreich:
Die Bevölkerung Österreichs ist aus dem deutschen Volk nicht ausgeschieden! Was ist also Österreich?

Die beiden unvergleichlich wichtigsten Fragen nach politischen Staatsvölkern, sogenannten Staatsnationen in Europa sind diejenigen nach der „DDR" und nach Österreich! Gibt es ein österreichisches Staatsvolk/Staatsnation, Sprachnation, Kulturnation? Gibt es wirklich im Ernst eine „österreichische Nation"? Beginnend mit einem alliierten Geburtsbefehl 1945? Gibt es ein DeDeÄrsches Staatsvolk/Staatsnation, Sprachnation, Kulturnation? Gibt es eine „sozialistische DeDeÄrsche Nation"? Beginnend mit einem sowjetischen Geburtsbefehl ab 1945/1949?

Beide Fragen sind deutsche Fragen. Beide Fragen sind offene Fragen noch 1989! Beide Fragen sind erst mit und durch 1945 entstanden: Für diese katastrophale deutsche nationale Nachkriegsproblematik! Die Frage nach Österreich ist eine Hitlerrealität des zweiten Weltkrieges und damit einerseits eine Stalinrealität, andererseits weitgehend eine alliierte Diktatsrealität: Auferlegt einer nicht befragten Bevölkerung, die zu „ihrem Glück" gezwungen wird. Die Frage nach der „DDR" ist eine ausschließliche Stalinrealität, die endlich 1989 zu Ende ging. In der Unlogik, in der Irrationalität, in der Unbegründetheit waren bzw. bleiben beide Fragen grundsätzlich ähnlich: Auch wenn die dahinter stehende Geschichte gänzlich anders ist. Gerade auch Österreich sollte sich in diesem Zusammenhang sehen

3.71
Geschichte Österreichs

3.711
„Der Österreicher hat ein Vaterland und liebt's und hat Ursach es zu lieben! Doch dieses Heer, das kaiserlich sich nennt, das hier in Böheim hauset, das hat keins". (Friedrich Schiller 1799 in „Wallensteins Tod", Erster Aufzug, Fünfter Auftritt, Wallenstein zu dem schwedischen Obersten Wrangel). Alles hiervon war und ist zeitlos gültig: Der Österreicher hat ein Vaterland Österreich! Der Österreicher liebt sein Vaterland Österreich! Der Österreicher hat Ursach, sein Vaterland Österreich zu lieben! Jenes „kaiserliche", also vaterlandslose Heer aber war nur eine zeitweilige Schöpfung und ein Relikt des 30 jährigen Krieges. Es verging im Grunde schon 1648 nach dem Westfälischen Frieden, da es nur der Krieg geschaffen hatte! Eine neue Armee nunmehr des Hauses Habsburg focht in den Kriegen gegen Frankreich

1667 – 1697 in den Türkenkriegen
1663 – 1718 in den schlesischen Kriegen
1740 – 1763 in den Revolutions- und Napoleonischen Kriegen
1792 – 1815 in den italienischen Kriegen
1848 – 1866 im Krieg Preußens gegen den Deutschen Bund
1866
1914 – 1918 im ersten Weltkrieg

Schiller konnte nicht die Armee Österreich-Ungarns gemeint haben. Sie hat für das gemeinsame Vaterland 1914 – 1918 gekämpft und ist untergegangen in Pflichterfüllung.

3.712
Das deutsche Österreich ist eine Realität als Ergebnis seiner tausendjährigen Geschichte seiner Bundesländer und des Strebens nach Bewahrung der deutschen „Ostmark" als Gesamtheit. Unbestreitbar ist, daß es auf österreichischem Boden zuerst fremde Geschichtsperioden gegeben hat: Illyrer, Kelten, Veneter, Karner, Hunnen. Die vorübergehende Periode der römischen Front an der Donau gegen Norden ist spätestens 395 n.Chr. vergangen. Der Durchzug der Langobarden durch Österreich endet 488 n.Chr. Die Bevölkerung des österreichischen Landes ist im frühen Mittelalter ca 500 bis 900 n.Chr. deshalb nicht einheitlicher Herkunft. Die Landnahme durch die Bajuwaren, die dem Lande endgültig ihre Sprache gaben, geschieht in Zuwanderung auf Restsiedlungsgebieten kelto-, rhätoromanischer und slawischer Volksteile. Im Westen schließt sich die Zuwanderung durch die Alemannen im Rhein- und Lechtal an. Slawen bleiben in Teilen Österreichs, vor allem in Südkärnten erhalten. Die Awaren wurden ab etwa 600 n.Chr. besiegt und gingen nach der Zerstörung ihrer Ringe unter.

196

Danach war Österreich logisch niemals „ein slawisches Land mit deutscher Überfremdung", wie ein Toncic Sorinj 1955 behauptet hat; mit größter Wahrscheinlichkeit wider besseres Wissen. Vereinzelt vorhandenen Ortsnamen nichtdeutschen Ursprungs … illyrische, keltische, romanische, insbesondere slawische stehen deutsche Ortsnamen deutscher Ortsgründungen gegenüber, die weitaus dutzendfach überwiegen. Kelten, Römer, Slawen fanden sich Jahrhunderte hindurch in vielen Gebieten Deutschlands, in genau gleichem Maße wie in Österreich. Deren Deutschtum, ihre berechtigte Zugehörigkeit zu einem Deutschland, von Wagrien über die Rhön und die Oberpfalz bis zum bayerischen Wald, hat niemals jemand bezweifelt. Aus der historisch gegebenen Volksmischung, die bis 900 n.Chr beendet war – also mithin vor nunmehr 1100 Jahren – fingieren zu wollen, – was immerhin zielbewußt behauptet worden ist –, „die Österreicher seien niemals Deutsche gewesen", ist nichts als ein Nonsens, eine verlogene, antideutsche „Rassenlehre"; nunmehr negativ und wissentlich und willentlich. Es ist nichts als der schamlose Versuch, das XX. Jahrhundert in Österreich nach 11 deutschen, österreichischen, vergangenen Jahrhunderten bewußt verfälschen zu wollen.

3.713

Das deutsche Österreich beginnt sich zu entwickeln mit der Entstehung der bajuwarischen, der deutschen Front gegen Osten, spätestens nach der bajuwarischen Niederlage am 4. Juli 907 bei Preßburg gegen die Ungarn. Das heldenmütige Riesengeschlecht der Babenberger (976 – 1246) nimmt 270 Jahre lang dann den bajuwarisch-österreichischen Kampf gegen Osten auf. Noch der letzte Babenberger fällt in diesem Kampf. Südlich davon war Kärnten ab 876 bereits unter Arnulf von Kärnten vorausgegangen als eigenes Herzogtum. Mit der bajuwarischen, deutschen Markgrafschaft Ostmark – die erst ab 996 „Ostarrichi" genannt wird – gewinnt die bayerische „deutsche Bastion" Festigkeit, Dauer und Endgültigkeit. Ostarrichi aber ist von Anfang an eine geographische, eine Territorialbezeichnung. Es war niemals eine Volks-, eine Nationsbezeichnung. Der große Historiker – und Österreicher – Heinrich Ritter von Srbik hat mit Recht schon vor einem halben Jahrhundert in seinem epochalen und bezeichnenden Werk „Deutsche Einheit" festgestellt: „Das Volk, nicht die deutsche Staatlichkeit ist das eigentliche Objekt deutscher Geschichte". Dazu bedurfte es aber der „translatio imperii", der Übertragung des Reichsgedankens, zuerst auf die Franken als den Reichsstamm, dann auf alle anderen deutschen Stämme. Aus der Reichsidee erwuchs die deutsche Nation. Nicht die Deutschen schufen das Reich. Das Reich, – beginnend mit Heinrich I., – schuf die Deutschen. Diese Deutschen schufen ihre neuen Stämme: So die Bajuwaren die Österreicher; ein neuer deutscher Teilstamm in neuen Teilstaaten. Die gebietliche Zersplitterung Deutschlands in fast selbständige Kleinstaaten, die „deutsche Zwietracht", die konfessionelle, die ideologische Spaltung, die Existenz von immer mehr „deutschen" Staaten ist stets nur die abgewandelte Neuauflage eines alten, mehrfach dagewesenen unglücklichen Wesenszuges in der deutschen Geschichte. Sie ist aber nicht der alleinige oder der Normalzustand. Noch weniger ist sie das erstrebenswerte Ideal. So im geschichtlichen Zusammenhang gesehen bedeutet die Abtrennung Österreichs von Bayern keinerlei Kriterium für „Selbständigkeit" vom Reich; keinerlei Zäsur für „Austria" oder „Nation". Selbst bis hin zum habsburgischen Donau-Monarchie-Riesenstaat blieb dieser Staat ein im Kern von Deutschen wesentlich getragener Staat: Im Ganzen und in so manchen seiner Teile.

Am 17.9.1156 wird Ostarrichi, wird Österreich – somit nur 280 Jahre n a c h Kärnten! – durch einen Hohenstaufen, den deutschen Kaiser Friedrich I., Barbarossa, zum eigenen Herzogtum erhoben: Im „privilegium minus"! Österreich wurde aber kein selbständiges, kein „souveränes" Herzogtum. Österreich blieb e i n Herzogtum von vielen im Rahmen des

Deutschen Reiches.

3.714

Nach 1945 ist dieses „privilegium minus" – eine bloße förmliche Herauslösung einer Markgrafschaft aus dem Herzogtum Bayern – wissentlich und willentlich unzutreffend ausgelegt und völlig überschätzt worden: Bis hin zu Fiktionen um politischer, heutiger eigensüchtiger Zielsetzungen willen.

Davon hält einer Nachprüfung nichts stand.

Österreich wurde 1156 das a c h t e Herzogtum innerhalb des Heiligen Römischen Reiches Deutscher Nation. Dies war zwar höchst ehrenvoll; aber auch nicht viel mehr als die Markgrafschaft bisher. Insbesondere bedeutete es in keiner Weise „Selbständigkeit"; wovon? Wozu? Das Deutsche Reich umfaßte zu dieser Zeit innerhalb des Gesamtstaates allein 10 bis 11 ältere und größere Gebietskörperschaften.

Das Reich umfaßte einerseits sogar 4 Königreiche: Burgund/Arelat seit 1033, Böhmen seit 1158, dazu Reichsitalien, schließlich förmlich hinzukommend Sizilien 1194-1266.

Das Reich umfaßte andererseits 7 ältere Herzogtümer, älter als Österreich, allein im engeren, nur „deutschen" Herrschaftsbereich, – im regnum theutonicorum – schon im X. Jahrhundert: die 4 Herzogtümer der Gründungsstämme von 911, Franken, Schwaben, Sachsen, Bayern, die 2 Lothringen, Nieder-Lothringen, Ober-Lothringen 925 / 959, sowie erneut Kärnten seit 976 / 1002.

Ferner kleinere Gebietskörperschaften gleicher Ehrwürdigkeit in Fülle: Friesland, Thüringen, Thüringer Mark, Nordmark, Mark der Billunger.

Dazu kamen alsbald, parallel zu Österreich, zusätzlich 3 weitere, neu hinzutretende deutsche Herzogtümer im XII. Jahrhundert: Schlesien, 1163, 7 Jahre nach Österreich, Steiermark, 1180/ 1192, 24 Jahre nach Österreich, Pommern, 1181, 25 Jahre nach Österreich.

3.715

Vorgebracht worden ist – erstaunlicherweise scheinbar ernst – Österreich sei „Jahrzehnte", sei „Jahrhunderte" älter als das Deutsche Reich. Selbst wenn aber kontradiktorisch so fingiert würde, daß Österreich nicht erst 1156, sondern schon 996 entstanden sei, so bliebe zu fragen, wieso nicht Kärnten, wieso nicht Tirol, wieso nicht Steiermark solcher früherer Entstehung fiktiv gewürdigt werde! Dieses deutsche Königreich aber existierte schon unbestreitbar und unbestritten 911 n.Chr. Nach Hugelmann waren schon 909, ja 845 „deutsche" Herrschaftsformen von anderen, so z.B. romanischen unterschieden worden.

Mit Selbstverständlichkeit hat Enea Silvio Piccolomini, Papst Pius II., 1496 die Österreicher als Deutsche betrachtet und bezeichnet.

Die sinnwidrige aber absichtsvolle Berufung auf das „privilegium minus" bzw. die Fälschung „privilegium maius" wird auch nicht dadurch überzeugender, daß wider besseres Wissen: Stimmen einzelner Professoren nach 1945 einerseits, die Privatmeinung eines unzuständigen Sektionschefs vom Ballhausplatz andererseits bemüht werden. Es gibt völlig zu Recht außerordentlich zahlreiche Sympathieträger für Altösterreich. Dies hat aber mit der Frage der Einordnung Österreichs in das Deutsche Reich bis 1806 nicht das Geringste zu tun. Die angeführten Äußerungen wider besseres Wissen können historisch fundierte Argumente weder widerlegen noch ersetzen. Solche Stimmen können historische Fakten nicht rückwärts posthum revidieren oder hinwegfingieren, um eines armseligen separatistischen Programms nach 1945 willen.

3.716

Die Vergrößerungen der Erblande, cum grano salis „Österreich", durch Steiermark 1192 /

1282, durch Kärnten und Krain (1278) 1335, durch Tirol 1363, durch Görz bleiben festzuhalten. Die Entscheidungsschlacht für Habsburgs Schicksal aber, Dürnkrut 26.8.1278, – Rudolf von Habsburg gegen Ottokar von Böhmen, – war nur einer der zahllosen Kämpfe i m Reich, nicht gegen das Reich, nicht außerhalb des Reiches. Von da an blieb Habsburgs Politik auch weiterhin Reichspolitik, Politik für die Herrscherfamilie. Es war niemals eine gezielte Politik nur für die deutschen Erblande. Habsburgs Familienpolitik war niemals „Österreichs"- Regionalpolitik. So etwas besagt noch gar nichts gegen das Haus Habsburg. Es war vergleichbar den meisten deutschen Dynastien.

Es folgt eine schier endlose Reihe von deutschen Königen und Kaisern aus dem Hause Habsburg: zwischen Rudolf I. 1273-1291, und Franz II., 1792–1806/1835 ... ... 534 Jahre lang, das heißt 18 Generationen lang, 19 Herrscher. Seit 1438 waren es Kaiser. Seit 1452 gab es nur noch von den deutschen Churfürsten „erwählte" Kaiser, n i c h t mehr in Rom gekrönte Kaiser. Sie waren also im strengen Sinne nicht mehr „römische", sondern nur „deutsche" Reichsfürsten Habsburg. Gerade dieses würde ihnen die „neuösterreichische" Geschichtslegende der Unabhängigkeit aberkennen wollen. All dessen ungeachtet blieb selbstverständlich der alte mystische – wenig sagende – „römische" Reichsname weiterhin üblich.

Entgegen ihrem Eid: „Allzeit Mehrer des Reiches zu sein" waren es alle mittelalterlichen Habsburgherrscher leider wenig oder überhaupt nicht. Die Reformation ab 1517, die Gegenreformation, der Westfälische Frieden 1648 brachten wohl einen Niedergang des Reiches, des Amtes des Kaisers, des Hauses Habsburg nur im Reich, nicht in der Hausmacht und nicht in Österreich. Auch wenn Habsburg sich „Haus Österreich", „Casa d'Austria" zu nennen begann: Habsburg war nur a u c h Österreich, aber eben nur neben sehr vielem Anderen. Habsburg verpflichtete und berechtigte auch Österreich. Habsburg war aber weder wesensgleich noch ausschließlich Österreich. Habsburg ging über das Lebensinteresse des deutschen Österreich weit hinaus. Es diente nicht Österreich. Es handelte sogar so manches Mal gegen im engeren Sinne „Österreich".

3.717

Die vier Kriege Kaiser Karls V. gegen Franz I. und Frankreich waren leider auch Reichskriege. Die erste Türkenbelagerung von Wien 1529 mochte noch „österreichischer" erscheinen. Die zweite Türkenbelagerung von Wien 1683 dagegen war Reichssache. Die Entsatzschlacht am Kahlenberge wurde unter dem praktischen Befehl eines Reichsfürsten, des Herzogs von Lothringen, als Feldherrn mit Reichstruppen – einschließlich österreichischer Truppen – und mit polnischen Truppen gewonnen. Die Türkenkriege 1663 – 1718, mit den Reichsfürsten Eugenio von Savoie und Markgraf Ludwig von Baden, mit brandenburgischen Truppen auch vor Pest waren Reichskriege. Die Kriege gegen Ludwig XIV. und Frankreich waren Kriege des Deutschen Reiches einschließlich Österreichs. Die drei österreichisch-preußischen Kriege um Schlesien zwischen 1740 und 1763, der folgende Krieg um Bayern 1778–1779 waren innerdeutsche dynastische Kriege; begonnen aus dem frevelhaften jugendlichen Hochmut eines königlichen Genies. Daß gleichzeitig parallel Weltkriege stattfanden im Hintergrund, – Groß Britannien gegen Frankreich –, veränderte die tragische deutsche Lage höchstens indirekt. Habsburg kämpfte gegen Preußen noch nicht um die Hegemonie. Es kämpfte nicht um oder gegen sein Ausscheiden aus dem Reich. Woran bis 1866 im Ernst kaum jemand dachte. Habsburg kämpfte nur um die Macht in Deutschland und den Besitz des deutschen Schlesien.

3.718

Fürst Schwarzenberg war mit Selbstverständlichkeit zu den logischen Schlußfolgerungen bereit. Am 3.2.1817 forderte er in einer Denkschrift: „Wir müssen uns entweder von Deutschland lossagen" (– was offensichtlich durch das „privilegium minus" nach seiner Meinung wohl keineswegs geschehen war –) „oder kräftig an seine Spitze treten wollen".

Fürst Metternich handelte entsprechend derselben Erkenntnis in seiner praktischen Politik zur Ausgestaltung und Führung des „Deutschen Bundes". Am 14.1.1818 legte er ein geradezu emotionales Bekenntnis zu diesem seinem Deutschen Bunde ab: „Niemand hält mehr auf den Bund und respektiert ihn mehr als ich; ihn anzugreifen hieße mein eigenes Kind töten; denn so wie es ist, und vor allem so, wie es sein sollte, gehört es mir". Damit gehörte er vor allem aber auch Habsburg und gleichzeitig auch Österreich. Aber auch umgekehrt: Österreich gehörte auch dem „Deutschen Bunde". Deshalb warnte Mtternich mit vollstem Recht 1833 davor: ... „die Höfe daran zu gewöhnen, ihre Blicke der Furcht wie der Hoffnung nur nach Berlin zu richten, Österreich endlich ... als Ausland ansehen zu machen".

Dennoch lag es an Fürst Metternich und seiner veraltenden Politik, als 1843 V. Freiherr von Andrian-Warburg als österreichischer Exilpublizist warnen mußte: „Österreich ist im Verhältnis zu Europa das, was China in Asien ist, so hoffnungslos abgekapselt, hinter der Zeit stehend, gegen die deutsche Befreiung und Einigung ankämpfend".

Damals lag Österreichs Niedergang noch nicht überwiegend an preußischer Politik, insbesondere preußischer Obstruktion. Auch als Partner und Gegner des Fürsten Metternich erkannte J. M. von Radowitz als preußischer General und Außenminister am 20.11.1847 an: „Nur im äußersten Fall darf die innigste Gemeinschaft mit dem alten Kaiserstaate momentan aufgegeben werden". Der König von Preußen, Friedrich Wilhelm IV., äußerte sich selbst zu solchen höchst vorsichtigen Andeutungen schärfstens ablehnend: „Teutschland ohne Triest, Tyrol und das herrliche Erzherzogtum wäre schlimmer als ein Gesicht ohne Nase".

Zeitgenössisches Pathos, wie das des böhmischen Grafen Friedrich Degen, J. Heinrich Wichern, J. Nepomuk Berger, Karl Vogt bezeichnete die Schaffung eines „mitteleuropäischen Riesenstaates" als Deutschlands (mit Österreichs) Mission.

Fürst Felix Schwarzenberg postulierte dies in seiner praktischen Politik so: „Nicht in dem Zerreißen der Monarchie liegt die Größe, nicht in ihrer Schwächung die Kräftigung Deutschlands. Österreichs Fortbestand in staatlicher Einheit ist ein deutsches wie europäisches Bedürfnis".

So blieb Österreich auch als Kaiserstaat ab 1804, nach 1815 bis 1848 als Präsidialmacht des Deutschen Bundes Deutschlands Vormacht. Niemand wäre auf die abstruse Idee gekommen, eine etwa „fremde", „ausländische" Macht in Österreich sehen zu wollen. In Anerkenntnis auch dieses Tatbestandes wählte am 28. Juni 1848 die deutsche Nationalversammlung in der Paulskirche mit 436 gegen nur 112 Abgeordneten den österreichischen Erzherzog Johann, den jüngsten Bruder des letzten deutschen Kaisers Franz zum Reichsverweser. Österreichischer Reichsverweser war er bereits. Er zögerte nicht, beide Ämter förmlich miteinander zu verbinden. Seine und Österreichs Schuld, seine Veranlassung war es dann nicht, daß die Paulskirchenversammlung schließlich scheiterte. Zu Recht mußte die „Allgemeine Zeitung" im Herbst 1855 schreiben: „Wenn heute Österreich in die Hand nähme, was Preußen den seinen entschlüpfen ließ, wenn es die Zufriedenstellung der Nation anstrebte, wenn es Brot reichte statt des Steins, es würde des vollen Danks und Beifalls gewiß nicht entraten".

Friedrich Hebbel begrüßte freudig im August 1863 den Versuch der Einigung durch die Fürstenversammlung zu Frankfurt auf Einladung Österreichs: „Jetzt wird Deutschland sich einigen und mit den deutschen Provinzen Österreichs ein großes Reich bilden" …

Stattdessen mußte der bayerische Staatsmann Gustav Freiherr von Lerchenfeld Ende 1864 geradezu verzweifelt schreiben: „ … Preußens Frechheit und Österreichs Feigheit … flößten ihm gleicherweise Verachtung ein".

3.719

Dann kam nach dem 14. Juni 1866 unter Bruch des Rechtes des Deutschen Bundes, – 9 Stimmen des Bundesrates und nachträglich Baden waren für die Mobilisierung gegen Preußen, 5 der unwichtigsten „Kuriatsstimmen" dagegen –, der Krieg Preußens und weniger kleiner Verbündeter gegen den Deutschen Bund, gegen Österreich, Bayern, Württemberg, Hannover, Sachsen, Baden, Kurhessen, Hessen-Darmstadt bis Frankfurt und Liechtenstein. 3. Juli 1866 Königgrätz unter Moltkes bzw. Benedeks Führung, 24. Juni 1866 Custozza, Sieg unter Erzherzog Albrechts Führung, 20. Juli 1866 Lissa, Sieg unter Tegetthoffs Führung, 23. Juli 1866 Vorfriede von Nikolsburg, … 23. August 1866 Friede von Prag mit Artikel IV, Auflösung des Deutschen Bundes.

3.7110

1866 war keinerlei letztes Wort der Geschichte für Deutschland, Österreich und Preußen. Niemand in der deutschen „Trias" – dem „Rest" ohne Österreich und ohne Preußen – sah in der formellen staatsrechtlichen und politischen Zurückdrängung Österreichs ein endgültiges Ausscheiden aus Deutschland, dem deutschen Volke, der deutschen Nation.

Wilhelm Emanuel von Ketteler, Bischof von Mainz, wandte sich Ende August 1866, nach dem Frieden von Prag, an Kaiser Franz Joseph: „Ein Deutschland ohne Österreich … sei kein Deutschland mehr", verbunden mit dem Wunsche … daß Österreich einst wieder an die Spitze Deutschlands treten werde …

Max Weber, Thüringer, als Hochschullehrer in Freiburg im Breisgau, formulierte es 1896 eiskalt so: „Das dynastische Österreich war, von Bismarcks Standpunkt aus gesehen, eine Veranstaltung, welche die Zugehörigkeit von 10 Millionen Deutschen zum Reich opferte, um 3 0 Millionen Nichtdeutsche zu isolieren" …

3.7111

Österreich selbst hat 1866 nicht als ein „Ausscheiden aus Deutschland" angesehen. Schon im August 1866 – auf dem Höhepunkt der Napoleonischen Kompensationskrise mit Frankreich – konnten Bismarck und Moltke auf das Bündnis mit Süddeutschland, „zur Not auch mit Österreich"rechnen: Obwohl Preußen selbst 1859 ganz anders gehandelt hatte: Und Österreich allein gelassen hatte im Krieg gegen Frankreich und Savoyen in Italien.

Nicht ohne Grund blieb deshalb das gerade erst „geschlagene" Österreich-Ungarn – anstatt auf „Revanche pour Sadowa" zu sinnen-neutral im beginnenden Nationalkrieg aller übrigen deutschen Staaten 1870 – 1871 gegen Frankreich.

Fr. Freiherr von Beust, als sächsischer wie als österreichischer Staatsmann erbitterter Gegner Preußens und persönlicher Feind Bismarcks, folgte der gleichen Logik, als er schon im Mai 1871 als Ziel der Politik Österreichs postulierte: „ … faktisches Prädominieren Mitteleuropas in der Waagschale der europäischen Geschicke" …

Nicht ohne Grund gab es bis 1898 in fast jeder österreichischen – wie fast jeder reichsdeutschen! – Stadt eine Bismarck-Straße, -Platz, -Denkmal, -Turm.

Nicht ohne Grund konnte der – schon 1890 entlassene – ehemalige preußische und Reichskanzler Fürst Bismarck bei dem privaten Hochzeitsbesuch am 21.6.1892 in der Reichshauptstadt Österreich-Ungarns, in Wien, sich vor der Begeisterung der (vorgeblich

„unterlegenen“) deutschen Österreicher so wenig retten, daß er, der „Privatmann“ sich verstecken mußte, … nur um Habsburg nicht zu verärgern oder zu kompromittieren!

3.7112

Gerade Preußen hat den Sieg von 1866 niemals als ein Ausscheiden Österreichs aus Deutschland angesehen. Gerade Otto von Bismarck hat schon 1850 – ironischerweise nach Olmütz – festgestellt: „Es ist eine seltsame Bescheidenheit, daß man sich nicht entschließen kann, Österreich für eine deutsche Macht zu halten.“ „… Ich erkenne in Österreich den Repräsentanten und Erben einer alten deutschen Macht, die oft und glorreich das deutsche Schwert geführt hat“.

Er bestätigte es ohne jede Einschränkung 1879 beim Abschluß des Zweibundes auf einem Höhepunkt seiner und Preußens Macht, da … „das deutsche Vaterland nach Tausendjähriger Tradition sich auch an der Donau, in Steiermark und Tirol noch wiederfindet“! Obwohl er selber niemals „deutschnational“ gewesen war.

Viel entschlossener noch vertrat Generalfeldmarschall Helmuth von Moltke vor wie nach 1866 Österreich als eine „deutsche Macht“, die im Dienste des Deutschtums große kolonisatorische Aufgaben im Südosten zu erfüllen habe. Bis zuletzt trat er 1865 / 1866 bis zum Kriegsausbruch – nun schon gegen Bismarck – für die „begründeten Ansprüche“ Österreichs ein.

Bismarck wie Moltke handelten dann auch nach diesen Einsichten.

Nicht ohne Grund wurde Österreich 1866 in gänzlich unwahrscheinlichem Maße von Bismarck geschont: Gegen den erbitterten Vorsatz seines eigenen Souveräns, König Wilhelms I. von Preußen, Österreich zu unterwerfen und zu demütigen.

Nicht ohne Grund schloß Bismarck seinen einzigen wirklich bedeutsamen Bündnisvertrag 1879 mit Österreich-Ungarn.

Nicht ohne Grund reisten alle deutschen Reichsfürsten, mit an der Spitze dem Hohenzollernkaiser und König von Preußen, zur Gratulation zum Geburtstag nach Wien zu dem Kaiser Franz Joseph I von Österreich-Ungarn. Etwas, was ungeachtet aller völlig gleichermaßen bestehenden Verwandschaftsbeziehungen, zu den Coburg-Gotha in London, den Romanows in Sankt Petersburg, den Nassau-Oranien in den Niederlanden und Luxemburg, den Coburg-Gotha in Belgien, nicht in Betracht gekommen wäre. Österreich-Ungarn wurde bis 1918 im Bewußtsein des deutschen Volkes sehr viel „deutscher“ eingeschätzt, als es es selber trotz zeitweiliger Anstrengungen 1866 – 1914 wahrzunehmen und auszufüllen vermocht hätte.

3.7113

Nach dem erfolgten Ausgleich zwischen Habsburg und Ungarn 1867 blieben die „im Reichsrat vertretenen Königreiche und Länder“, Cisleithanien, das „Kaisertum Österreich“, gedanklich ein deutscher Staatsverband: Obwohl sie niemals mit den deutschen Erbländern Österreichs übereinstimmten, und obwohl diese niemals irgend einen Vorzug genossen hätten. Cisleithanien wurde ebensowenig jemals eine Einheit wie die Erbländer. Völlig konsequenterweise hat denn auch deshalb eine „österreichische“ Kaiserkrönung zwischen 1806 und 1918 niemals stattgefunden. Im Gegensatz zu vorgekommenen ungarischen bzw. böhmischen Krönungen zu Königen.

1918 wurde durch alliierte Unwissenheit und kleinnationales Zelotentum ein für Europa unverzichtbares „Lebewesen“ – Österreich-Ungarn – katastrophalerweise zerstückelt. „L'Autriche c'est ce que reste“ meinte Clemenceau. Solches war der deutsche Kern. Entgegen dem Selbstbestimmungsrecht auch noch ohne das Sudetenland. Naturgemäß fehlte diesem „Rest", dem „Staat wider Willen", jeglicher „Enthusiasmus der Emanzipation". Und alle „Befreiten" begannen nach und nach ihre endliche „Befreiung" von Österreich-Ungarn kritisch zu würdigen, ja so mancher schließlich zu bedauern.

Was die wenigen Millionen österreichischer Deutscher hier zwischen 1648 und 1918 für Ostmitteleuropa geleistet haben, kann nur erahnt werden: Gerade nachdem es vergangen ist.

3.7114

Die tapfere Proklamation der provisorischen Nationalversammlung der Republik Deutsch-Österreich erklärte gemäß dem Selbstbestimmungsrecht der Völker DeutschÖsterreich einschließlich des Sudetenlandes zum Bestandteil der Deutschen Republik. Sie erfolgte einstimmig. Sie war die ehrlichste Überzeugung aller Österreicher. Derjenige beleidigt Österreich, der diese Proklamation für einen „Verzweiflungsakt" erklären und diffamieren zu müssen glaubt. Anstatt nun vollendete Tatsachen zu schaffen, kam es 1919 nur zu dem ergänzenden Geheimabkommen des reichsdeutschen Außenministers Grafen Brockdorff-Rantzau und dem deutschösterreichischen Staatssekretär für Auswärtige Angelegenheiten, dem Sozialdemokraten Otto Bauer. Vielleicht wurde eine geschichtliche Chance versäumt: Das „fait accompli"! Nur: Die unerläßliche „Bahnsteigkarte zum Sturm auf den Bahnhof" war dann einfach nicht mehr zu haben.

In Artikel 88 des Friedensdiktates von Saint Germain wurde DeutschÖsterreich der bereits vollzogene Anschluß nachträglich rückwirkend verboten und seine „Unabhängigkeit" ihm gegen seinen Willen aufgezwungen. Die konstituierende deutschösterreichische Nationalversammlung konnte sich nur noch in einem flammenden Appell an die Weltöffentlichkeit und an die Geschichte wenden mit ihrem Ruf nach Gerechtigkeit. Dennoch wollten danach die Landtage der Bundesländer Tirol, Salzburg, Oberösterreich und Steiermark Volksabstimmungen für den dennoch durchzuführenden Anschluß abhalten lassen. Trotz alliierten erneuten ausdrücklichen Verbotes in Tirol und Salzburg abgehalten, erbrachten sie überwältigende Mehrheiten von Voten für das Reich 1921.

Selbst der gewählte Staatsname „DeutschÖsterreich" wurde Österreich verboten.

In der Zwischenkriegszeit waren a l l e österreichischen Parteien bedingungslos für den Anschluß: Sozialdemokraten, Christlich-Soziale Partei, Großdeutsche Volkspartei, Landbund. Der österreichische deutsche Volksbund, der ausschließlich als Ziel die Herbeiführung des Anschlusses verfolgte, zählte 1930 1 Million 300 Tausend Mitglieder; bei kaum 7 500 000 Einwohnern Österreichs. 1928 – 1931 versuchte Österreich eine praktische Angleichung der Rechtsverhältnisse, der Wirtschaft, des Eisenbahnnetzes an die reichsdeutschen Verhältnisse. Am 19. März 1931 erklärte das Protokoll die Absicht zum bevorstehenden Abschluß einer Zollunion zwischen Österreich und dem Deutschen Reich: Zu fragen bleibt „Warum die Absicht", „Warum nicht den Abschluß des fertigen Vollzuges"? Auf Veranlassung Frankreichs entschied ein Schiedsspruch des internationalen Gerichtshofes in Den Haag mit 7 zu 8 Stimmen die Zollunion für unzulässig; weil dem Friedensdiktat mit dem Anschlußverbot zuwiderhandelnd.

Für jeden Russen ist j e d e r Herr des Kreml in Moskau immer der Herr ganz Rußlands. Für die Herren Dollfuß und von Schuschnigg waren die eigene und die gegnerische Partei relevanter als das Deutsche Reich: Unter Verleugnung und Umkehrung von Jahrzehnten eigener ununterbrochen erklärter Überzeugung. Es folgte im März 1938 der vorgeblich „aufgezwungene" Anschluß: Durch den Ironie der Geschichte „österreichischen Herrn des deutschen Kreml" Der überwältigende Jubel auf dem Heldenplatz in Wien im März 1938 galt zuallererst der endlichen Einheit Deutschlands. Die objektiv nicht anzuzweifelnde und auch nicht angezweifelte Volksabstimmung am 10. April 1938, die mit 99,73% den Anschluß Österreichs an das Deutsche Reich bejahte und billigte, galt allein der Einheit Deutschlands. Sie war wahrheitsgemäß. Sie bedurfte keiner Fälschungen. Fälschungen sind dagegen die Scheinargumente, die nach 1945 dagegen vorzubringen versucht worden sind. Niemand kann heute solches leugnen, wenn er nicht absichtlich wissentlich und willentlich die Unwahrheit vorzubringen unternimmt. Österreich im Frühjahr 1938 handelte in Übereinstimmung mit dem Selbstbestimmungsrecht der Völker. Wenn versucht wird vorzubringen, „jeder neunzigste" Österreicher sei 1938 gegen den Anschluß gewesen, so ist gerade dies demokratisch eindeutig, daß es gar nicht eindeutiger sein könnte. Seit wann soll es „demos kratein" bedeuten, daß ein Neunzigster den Neunundachtzig Anderen die Entscheidung soll vorschreiben können?

Die Briefmarke der „Republik Österreich" 1988 über das Frühjahr 1938 mit der These „Finis Austriae" bedarf daher keines Kommentars vor der Wahrheit und der Geschichte.

Die Ausschreitungen der Judenverfolgungen um den 9. November 1938 überall im Reich fanden eine mindestens gleiche und gleichstarke Parallele in Wien und in Österreich. Wien brauchte keine Reichsdeutschen dafür.

Wer um der nun einmal erwünschten Rückschau willen jetzt zu postulieren versucht, „Die Österreicher" seien 1938 bis 1945 „Menschen zweiter Klasse" gewesen, wer argumentieren will, „Die Österreicher" seien „einem brutalen Regiment" unterworfen gewesen, der vergißt absichtlich das Entscheidende: Daß das nationalsozialistische Regiment seiner Intention nach überall gleich brutal war, daß es ein österreichisches Regiment über Deutschland war, daß die extremsten Exponenten dieser Brutalität Adolf Hitler, Ernst Kaltenbrunner, Adolf Eichmann in Österreich geboren worden waren, nicht im Altreich, nicht in Preußen …

Es ist eine Tragödie der Geschichte Deutschlands, daß der deutschen wie der österreichischen Demokratie feindselig, borniert und naiv die Selbstbestimmung und der Anschluß Österreichs an das Deutsche Reich verboten worden waren 1918 bis 1938. Es ist eine Tragödie, daß erst ein Adolf Hitler dieses durch nichts zu beschmutzende Ziel der Selbstbestimmung zu seinem Mittel machen mußte, um zum demokratisch unbezweifelbaren Selbstbestimmungsrechts-Ergebnis des Anschlusses zu gelangen: Und dann als Verbrecher das Deutsche Reich einschließlich Österreichs in die Katastrophe zu stoßen.

Das Startsignal und der Anfang in Richtung der erneuten faktischen rechtswidrigen Herauslösung Österreichs aus dem deutschen Staatsverbande 1945 war eine Lüge.

Die Moskauer Konferenz der Sowjetunion, der Vereinigten Staaten von Amerika und Groß Britanniens „stimmte darin überein, daß Deutschland alle seine Eroberungen aufgeben … solle". Österreich, – warum war eigentlich, nachdem überwältigende Volksabstimmungen ohnehin nicht interessieren, nicht das Saarland 1935 die erste Eroberung?, – Österreich wurde als „das erste Opfer des imperialistischen Hitlerfaschismus" fingiert.

Österreich wurde damit schon beinahe zu einer nur noch zu befreienden Siegermacht hochstilisiert. Daß dies eine Lüge war, hat der Botschafter ausgerechnet der Vereinigten Staaten ausgerechnet in Österreich, René Lauder, ausdrücklich und wörtlich 1987 bestätigt (FAZ 2.11.1987).

Diese Herauslösung Österreichs ist nicht durch einen Friedensvertrag bestätigt worden. Sie ist nur eine zur Zeit von niemandem in Frage gestellte Faktizität. Sie ist nicht legalisiert worden. Die willfährige Bundesrepublik, auch das Vier-Zonen-Deutschland ist weder fähig noch legitimiert, diese Herauslösung ohne übereinstimmende Volksabstimmungen in Deutschland und in Österreich zu legalisieren. Die gegenwärtige faktische Herauslösung aus dem Deutschen Reich ist völkerrechtlich nichtig.

Ab 1945 existiert faktisch wieder die Republik Österreich. Ab dem österreichischen

Staatsvertrag vom 15.5.1955 ist die Republik Österreich wieder souverän; sie ist zugleich neutral. Die erste Teilung Deutschlands erfolgte 1866. Die zweite Teilung Deutschlands erfolgte 1919. Die dritte Teilung Deutschlands erfolgte 1945. Die vierte Teilung Deutschlands erfolgte 1955. Die fünfte Teilung Deutschlands erfolgte 1990.

3.72

Österreichs Nationalökonomie: Das Schicksal jedes modernen Staates bleiben seine ökonomischen Verhältnisse einerseits, seine räumlich Lage andererseits. Das Restösterreich von 1918 war offensichtlich nicht lebensfähig. Dies interessierte die alliierten Gewaltschöpfer dieses „contradeutschen" Rumpfstaates überhaupt nicht. Die mangelnde Lebensfähigkeit wurde daher in keiner Weise als Argument g e g e n die aufgezwungene Pseudoselbständigkeit anerkannt noch gewürdigt.

Das wiederhergestellte Restösterreich von 1945 war – zumal nach der Inbesitznahme des „deutschen Eigentums" – offensichtlich lebensfähig. Dann aber ist diese neugewonnene Lebensfähigkeit isoliert nunmehr ebensowenig ein Argument f ü r eine isolierende „Selbständigkeit" Österreichs. Die im Allgemeinen höchst erfreuliche, erhebliche heutige Wirtschaftskraft, die ebenso beachtliche politische Stabilität sind danach wertneutral. Sie sind keine Separationsargumente für ein Österreich ohne Deutschland gegen Deutschland. Die beiden deutschen Nachbarländer Österreichs, Bayern wie Baden-Württemberg, sind politisch ebenso stabil wie Österreich. Sie sind wirtschaftlich ebenso potent wie Österreich.

Schon das historisch gewachsene Großösterreich, Gesamtösterreich, bis hin zu Österreich in Österreich-Ungarn, war nie eine räumliche Einheit gewesen. Mit aber geradezu mathematischer Genauigkeit und Ausschließlichkeit hatte es kraft seiner Existenz und Potenz verhindert, daß die „deutschen Erblande" vor 1918 jemals zu einer Einheit werden konnten.

Der Raum weiterhin von DeutschÖsterreich gibt – im Gegensatz zur schweizer Geographie – nichts her für eine Einheit. Der Raum Österreichs kann Verbindungsglied, Verkehrsknotenpunkt, Zentrum, Grenze, Barriere, Front sein. Nur eine „natürliche Einheit" vom Bodensee bis zum Neusiedler See kann Österreichs Raum nicht sein. Österreich bleibt „Brücke" zwischen „West und Ost", zwischen „Nord und Süd", es bleibt Drehscheibe, bleibt gegliederte Vielgestaltigkeit.

Der destruktive Gedanke der Herauslösung Österreichs aus Restdeutschland konnte aber dennoch gerade nur aus einer scheinbaren räumlichen Erscheinung, einer sinnwidrigen Anomalie entstehen. Offensichtlich würde niemand glauben, etwa z.B. die Isle de France, die Champagne u.ä. aus Frankreich herauslösen zu können. Ebenso bezeichnenderweise wäre wohl niemand jemals auf den Gedanken gekommen, etwa Thüringen oder Hessen aus Deutschland herauslösen zu können oder zu wollen. Solches blieb der „DDR" vorbehalten. Lediglich durch die Eigenart der deutschen Jahrhunderte langen Ostbesiedelung in 3 großen, auseinanderfließenden Richtungen: nach Südosten aus Bayern: Österreich … nach Osten aus Thüringen, Sachsen: Niederschlesien, Oberschlesien … nach Nordosten aus Brandenburg, Pommern: Ostpreußen, Westpreußen … geriet Österreich überhaupt in diese Isolationsproblematik einer „Halbexklave", ebenso die beiden Schlesien, ebenso West- und Ostpreußen. Alle 3 Richtungen, alle 3 Strömungen sind 1918 / 1945 politisch und räumlich abgebrochen worden: Ostpreußen, Westpreußen, Pommern durch Mord und Vertreibung 1918 bzw 1945; Oberschlesien, Niederschlesien durch Mord und Vertreibung 1945; Österreich, Sudetenland durch Anschlußverbot 1918 / 1945.

Das Herausbrechen Österreichs – dessen Bevölkerung als einzige in den 3 Richtungen n i c h t vertrieben worden ist! – war überhaupt nur möglich, weil durch Geschichte und Zufall Innerböhmen und Innermähren tschechisches Siedlungsgebiet waren und blieben. So entstand zwischen Passau und Salzburg eine mögliche Bruchzone der scheinbaren Halbexklave Österreich. Dadurch war es bei dem 1918 wie 1945 vorhandenen bösen Willen relativ leicht möglich, Österreich herauszubrechen: Rein räumlich gesehen.

Für das einseitig festgelegte amtliche Österreich ab und nach 1945 liegt es nahe, Österreich nach einer Definition von Herbert Krajci, einem Generalsekretär der österreichischen Industriellenvereinigung, zu minimieren – ohne und gegen jede nationale Zielsetzung – „als neutraler Kleinstaat mit solidem wirtschaftlichen Fundament und sozialem Frieden … Modell eines überschaubaren Industriestaates mit Lebensqualität" … Eine moderne Definition einer (gerade aus dem Nirwana entstandenen) „Insel der Seligen" ohne Vergangenheit und ohne nationale Gegenwart.

Abgesehen davon, daß ein Volk nicht leben kann ohne geistigen, ohne „nationalen" Inhalt, abgesehen davon, daß die Kultur noch wichtiger sein kann als die Wirtschaft, abgesehen also von allen wesentlichen Rahmenbedingungen nicht ökonomischer Art: Österreich entspricht dieser Definition des ökonomischen Biedermeier mitten im Aufbruch und im XX. Jahrhundert n i c h t .

Schon die Existenz des österreichisch-preußischen Handelsvertrages von 1853 – 1866 des sonst leider gescheiterten Karl Ludwig Bruck, der übereinstimmende Erlaß des Allgemeinen Deutschen Handelsgesetzbuches, belegen die über ein Jahrhundert gewachsene österreichische Integration in der modernen allgemeindeutschen Wirtschaft.

Obwohl Friedrich Naumann, Gustav Stresemann, Karl Renner mit den Bestrebungen für ein ökonomisch-politisches Mitteleuropa nicht Erfolg hatten, bleiben unlösbare Klammern scheinbar unpolitischer Art.

Eine ökonomisch gegenseitige Bezogenheit, bis hin zur Abhängigkeit, ist das sehr weitgehende, ja vollständige Beruhen der österreichischen Fremdenverkehrswirtschaft auf dem bundesdeutschen Gast.

Eine Interessengemeinschaft sehr enger Art besteht zwischen den beiderseitigen Währungen. Von einem Österreicher so formuliert: … „der österreichiche Schilling (ist) in währungspolitischer Hinsicht geradezu unerschütterlich an die Deutsche Mark gebunden" …

Jahrzehnte eines vollen Verpflechtungsprozesses ohnegleichen verbinden die Republik Österreich und die Bundesrepublik Deutschland. Selbst nur ein überlang andauernder Streik bundesdeutscher Metallarbeiter beeinträchtigte aufs Nachhaltigste österreichische Betriebe.

Für mehr als 10 Milliarden Schilling werden deutsche Autos von Österreichern bezogen: Eine absolute Einbahnstraße!

Nach einer Erhebung der Deutschen Handelskammer sind 17 000 westdeutsche Unternehmen in Österreich vertreten.

41,5% aller nach Österreich eingeführten Waren, im Werte von 134,9 Milliarden Schilling, kamen aus Westdeutschland. 31% aller österreichischen Exporte, im Werte von 78,3 Milliarden Schilling, gehen nach Westdeutschland; davon alleine 60% in die beiden Nachbarländer Bayern und Baden-Württemberg.

93% aller in Österreich gehaltenen oder verkauften „ausländischen" Zeitungen und Zeitschriften stammen aus Westdeutschland.

Mehr als eine halbe Million der 2,8 Millionen österreichischer Arbeitnehmer leben von der Zusammenarbeit mit Westdeutschland; bei 7,5 Millionen Gesamtbevölkerung.

3.73

Die Bundesländer Österreichs:

„Da der Südtiroler ein Tiroler, der Tiroler ein Österreicher und der Österreicher … dem deutschen Kulturraum zugehört, sind Südtiroler, Tiroler und Österreicher nur jeweils Teile eines – deutschen – Ganzen" … (Franz Pahl in „Südtirol": „Österreichisch oder deutsch".

3.731

Die deutschen Erbländer, die Bundesländer Österreichs waren von 911 bis 1918 das einzige, das ganze, das deutsche Österreich. Diese Bundesländer sind in erstaunlichem, unvergleichbar positivem Maße „historisch-politische Individualitäten", gewachsene Gebietskörperschaften, Lebewesen, mit energisch ausgebautem und erbittert bewahrtem korporativen Freiheitsbegriff.

Die deutschen Erbländer Österreichs waren als Gesamtheit eine monarchisch-dynastische Zufallsunion vollkommen gleichberechtigter Ständestaaten. Zur Einberufung von auch nur Generallandtagen kam es selten. Auch die Länder handelten meist erst, wenn sie zur Abwehr einer Bedrohung zusammenstehen mußten. (Vergleiche die Rüstkammern des Zeughauses der Steiermark in Graz.) Geschichtliche Ereignise erfolgten vielfach nur lokal. So verliefen die Bauernaufstände von 1515, der Bauernaufstand in Oberösterreich 1526 lokal. Dagegen war der große vereinigte Bauernaufstand in Tirol, Salzburg, der oberen Steiermark, nur ein unselbständiger Teil des großen süddeutschen Bauernkrieges 1525. Selbst die zeitweilig so erfolgreiche, schließlich aber allein gelassene und glücklose Erhebung von Tirol gegen Bayern, Italien und Napoleon 1809, blieb ein Krieg eines Landes Tirol um sein Land Tirol.

Dokumente der Autonomie, der Selbstverwaltung, der Eigenverantwortung belegen den Rang jedes Bundeslandes Österreichs: 1186 in der Steiermark die Georgenberger Handfeste; 1237 im österreichischen Landrecht das Mitspracherecht des Adels; 1355 das Widerstandsrecht; 1363 zeichnen 14 Adelige, Tiroler, verantwortlich mit, als Gräfin Margarete Maultasch Tirol an Habsburg überträgt.

3.732

Die Entwicklung dieser Länder hatte dennoch oder gerade deshalb eine immerwährende Problematik mitprogrammiert. Nur wenige Länder lagen „problemlos" eingebettet, wie etwa das spät dazu kommende Salzburg. Dagegen Südkärnten, Südsteiermark, insbesondere Krain, Trient, Aquileja, Görz, zuletzt Tirol, Vorarlberg und Burgenland mußten bald beginnen, sich ihres Landes und Lebens zu wehren bzw. gingen verloren.

Kärnten und Steiermark mußten zum Selbstschutz gegen die Slowenen und die serbische Armee aufstehen. Die deutschen Kärntner tun es noch bis heute; manchmal über das hinausgehend, was die Wiener Österreicher gutheißen.

Tirol war 1919 in Versuchung, eine selbständige Republik Tirol ausrufen zu wollen, im Bestreben, Südtirol retten zu wollen. Das heutige Schicksal Südtirols wird in Bozen und in Innsbruck einerseits, in Wien andererseits nicht immer völlig gleich beurteilt und behandelt.

Vorarlberg war 1919 versucht, sich so zu salvieren von Restösterreich, wie DeutschÖsterreich es 1945 vom Rest des Deutschen Reiches mit Erfolg unternommen hat. Trotz einer den Anschluß an die Schweizerische Eidgenossenschaft fordernden Volksabstimmung mit über 80% Zustimmung war die Schweiz aber so klug und zurückhaltend genug, den dargebotenen Eintritt Vorarlbergs gar nicht annehmen zu wollen.

Das Burgenland konnte sich der gewaltsamen ungarischen Manipulation 1919 bei der Volksabstimmung um Ödenburg/Sopron – allein gelassen – nicht erwehren.

Der Hauptstadt Wien folgte im Sozialistenaufstand im Februar 1934 im Grunde kein anderes Land; auch wenn in anderen Städten gekämpft worden war.

Oberösterreich und Niederösterreich nahmen es dem Österreicher Adolf Hitler mit Recht tödlich übel, daß er aus Antipathie gegen den Namen Österreich diesen beiden Ländern völlig unbegründet unhistorische belanglose Stromnamen gegeben hatte: Ober-Donau, Nieder-

Donau, „Alpen- und Donaureichsgaue". Tirol verzieh ihm nicht, daß er zur Verwaltungs-vereinfachung Osttirol um Lienz zu Kärnten zugeteilt hatte. Das Burgenland beklagte seine unbegründete zeitweilige Auflösung. Ganz Österreich verzieh dem Hitler nicht die Koloni-almanier seines Gauleiters Bürckel: „Bierleiter Gauckel".

3.733

1945 wurden die neu- bzw. wiederkonstituierten Länder nach den Reichsgauverwaltungen sofort sehr aktiv; zum Teil mit „recht divergierenden Tendenzen". So versuchte der Salzbur-ger Landeshauptmann Rehrl im Sommer 1945 auch seinerseits als „Sieger" aufzutreten. Er forderte für Salzburg, also wohl auch für die „Siegermacht" Österreich, daß das bayerische Berchtesgadener Land zu Österreich, zu Salzburg komme: Rein geographisch vielleicht scheinbar zu recht. Bayern antwortete mit Erfolg mit der Ankündigung entschlossener Ge-genwehr mit Dreschflegeln und Sensen.

Im Dom Sankt Stephan zu Wien finden sich anrührende Darstellungen aller Wappen al-ler Bundesländer Österreichs. Diese anheimelnde Darstellung versucht eine E i n h e i t dar-zustellen, die nur in der V i e l h e i t besteht: Einheit in Vielgestaltigkeit.

Seine Bundesländer stehen in Österreich auf festem Grund. Zwar muß Österreich mehr sein als seine Länder. Österreich ist aber auch die Summe seiner einzelnen Bundesländer. Dabei waren die westlichen Länder Tirol, Salzburg, Kärnten, Steiermark, Oberösterreich immer „deutscher" gewesen als der Gesamtstaat Österreich; Wien dagegen war immer ins-besondere „eigenständiger": Ein bis heute unverändert bestehender Unterschied.

3.74

Hauptstadt Wien:

Der größte Bürgermeister von Wien Dr. Karl Lueger verpflichtete ab 1897 die neu er-nannten Bürger Wiens in ihrem Bürgereide feierlich und ausdrücklich ... „den deutschen Charakter Wiens zu wahren". Am 13.2.1901 stellte er im österreichischen Abgeordneten-haus fest: „Ich erkläre Ihnen, jeder Deutsche, der sich die Nationalität stehlen lassen wird, ist in meinen Augen einfach ein Feigling, der nicht verdient, auf der Welt zu sein." Wien, jene Stadt – die einmal für 54 Millionen Menschen die große Welt bedeutete – ist erstmals 1137 n.Chr. als Stadt erwähnt worden. Sie ist damit um Jahrhunderte jünger als die westli-chen Bundesländer Österreichs, die in schwäbischer und bayerischer Formung zu entstehen begannen. Auch als eigenständige Territorien entstanden sie lange vor Wien: Salzburg 739 Bistum, 798 Erzstift, Sitz eines Erzbischofs als primas germaniae, österreichisch erst 1805; Kärnten 876/887, 976 erneut von Bayern getrennt, Herzogtum, österreichisch 1335; Tirol 1027 Grafschaft, österreichisch 1363; Österreich dagegen erst 1156 Herzogtum.

Wien wurde etwa um 1100 babenbergisch. Es wurde zwar alsbald mit der Schaffung des Herzogtums Österreich Residenzstadt, der Babenberger bis 1246, dann bald der Habsburger. Doch führten Rückschläge dazu, daß es erst im XIII. Jahrhundert eine vergleichsweise volkreiche Stadt wurde. Wegen dieser Schwäche scheiterten die mehrfachen Anläufe zur „Freien Reichsstadt" 1237 – 1288. Dies erklärt aber, warum die westlichen Bundesländer schon gegenüber Ostarrichi, erst recht aber gegenüber dem bis 1221 schwachen zentralen Ort Wien mehr als zurückhaltend und eifrig selbständig zu bleiben bestrebt waren.

Dennoch blieb Wien förmlich die Residenzstadt des Hauses Habsburg auch zur Zeit der ununterbrochenen Folge der Könige und Kaiser aus Österreich ab 1438. In Wien nahmen infolgedessen die meisten der (nicht zahlreichen) Institutionen und Organe des Heiligen Römischen Reiches Deutscher Nation ihren Sitz. Ohne daß es formal eine Hauptstadt gab, war Wien praktisch die Hauptstadt des Deutschen Reiches. Es blieb es Jahrhunderte (neben

Regensburg, Wetzlar usw.).

Wien war Erregerin und Stimulans des ideellen Österreich und ganz Deutschlands. Einerseits in Musik, Literatur, den darstellenden Künsten. Andererseits in Medizin, Psychoanalyse, Nationalökonomie. „Wien … mag sein, wie es will" schreibt Lessing am 25.8.1769, „der deutschen Literatur verspreche ich doch immer mehr Glück als in einem französisierten Berlin". Und Wieland meint 1772: „Wien … sollte in Deutschland sein, was Paris in Frankreich ist, und wir alle sollten zu Wien sein". Das Burgtheater wird 1776 zur Deutschen Nationalbühne erklärt; Mannheim erst 1779, Berlin 1786, lange vor Weimar.

Wien blieb Hauptstadt bis 1806 und weiter praktisch 1815 bis 1866, da Frankfurt als Konkurrenz zu schwach war. Es blieb Hauptstadt des k.k. Österreich bis 1867 und des k.u.k. Österreich-Ungarn bis 1918. Wien war aber und blieb dann insbesondere die geborene Hauptstadt jedes umkämpften Österreich. Wien kämpfte und litt stellvertretend für das Deutsche Reich und für Österreich. Es litt in den beiden Belagerungen durch die Türken 1529 und 1683. Wien litt in den Napoleonischen Kriegen. Wien kämpfte und litt stellvertretend bis zum 31.10. 1848. Auch Robert Blum und Julius Fröbel hatten dieses Schicksal nicht wenden können. Aber Blums Testament wird bestehen bleiben: „Was wir für Wien tun, tun wir für Deutschland … Rettet die Freiheit Wiens, rettet die Freiheit Deutschlands" (29.10. 1848).

Wien wurde – ohne Land zu sein- mehr als ein Erbland. Wien wurde Metropole; unbeschadet des gloriosen Aufstiegs von Buda und Pest. Wien war bis 1918 d e r Zentrale Ort für ganz Österreich-Ungarn, von Vorarlberg bis zum Buchenland, vom Egerland bis Siebenbürgen, von Galizien bis Dalmatien.

Wien war immer moderner als das Kaiserreich. Aber Wien brauchte dieses Reich noch mehr, als dieses Reich Wien in einer gemeinsamen Symbiose. Der verkennt Wien gründlich, der glaubt „echt österreichische" Einzigartigkeiten ausgerechnet in belanglosen Wiener Äußerlichkeiten triumphierend entdecken zu sollen.

Im Frühjahr 1919, im Geheimabkommen Graf Brockdorff-Rantzau / Otto Bauer befaßt sich Artikel VI ausschließlich mit der Stellung der Stadt Wien.

Über die Anerkennung der Stadt Wien als „Zweite Hauptstadt des Deutschen Reiches" bestand Einverständnis: Der Reichspräsident hätte für einen Teil des Jahres seinen Sitz in Wien zu nehmen gehabt. Das Auswärtige Amt hat während dieser Zeit in Wien ausreichend vertreten zu sein.

Der Deutsche Reichstag hätte alljährlich eine Tagung in Wien abzuhalten gehabt. Eine Reihe von obersten Reichsämtern, von Monopolverwaltungen des Reiches und eine Reihe von Leitungen öffentlich-rechtlicher Industrieverbände wären dauernd nach Wien zu verlegen gewesen. Die Schaffung von Kulturinstituten – z.B. eine Musikhochschule – wäre in Wien in Aussicht zu nehmen gewesen.

Die mehr als maßvollen Wünsche beider Seiten bewiesen die allgemeine Wertschätzung der heimlichen Kulturhauptstadt Deutschlands Wien.

1934 versuchte die Hauptstadt Wien gegen ein autoritäres Regime für Österreich-und für Deutschland!-für einen demokratischen Sozialismus zu kämpfen. 1945 begann Wien ähnlich wie Berlin zu leiden. 1955 ging zum Glück für Wien anders als in Berlin die Episode der Vier („in einem Jeep") zu Ende.

Wien, heute am Rande liegend, für Österreich „gerade groß genug", Weltstadt an mehreren Grenzen, Stadt auch der Vereinten Nationen, – ob Wien es will oder nicht eine deutsche Stadt! –, bleibt eine verantwortungsvolle Aufgabe für eine schwierige Zukunft.

3.75

Österreichs Kultur:

„Wenn die ebenso reaktionäre wie widerliche Utopie einer österreichischen Nation Wahrheit würde, und ich gezwungen wäre, zwischen ihr und der deutschen zu wählen, würde ich mich für jene entscheiden, in der Goethes Faust, Freiligraths revolutionäre Gedichte und die Schriften von Marx, Engels und Lasalle nicht zur ausländischen Literatur gehören": Friedrich Adler, ehemals Generalsekretär der Sozialistischen Arbeiter-Internationale in der „Roten Tafel", Wien, Jg.13 (1967) Nr.1 S.14 …

3.751

Sprache: Eine nur scheinbar witzige provozierende Idee versucht zu propagieren, „das einzige, was die Österreicher von den Deutschen trenne, sei die gemeinsame Sprache". Was zwischen Briten und US-Amerikanern vielleicht zutreffender sein mag, trifft für die deutsche Sprache für ganz Deutschland gerade in gar keiner Weise zu. Es bleibt überall „une et indivisible" die Hochsprache der Bibelübersetzung des D. Martin Luther in der Prager bzw. sächsischen Kanzleisprache. Es gibt gerade auch im kulturell so prononcierten Österreich nur die e i n e deutsche Hochsprache, Kultursprache, Literatursprache, Schulsprache, Mediensprache, Verwaltungssprache, Rechtssprache, Kirchensprache. Versuche ideologisch verbildeter und borierter Art, – wie zeitweilig einseitig und isoliert in Hessen –, diese Hochsprache aus pseudosozialen Scheinrücksichten zurückdrängen zu wollen, sind in Österreich nicht in Erscheinung getreten.

Dagegen bleibt festzuhalten, daß parallel ebenso destruktive Versuche, der „deutschen" Sprache durch absichtsvolle Falschbezeichnungen für Österreich ledig werden zu wollen, gescheitert sind. Sei es anfangs durch bloßes unschuldiges Vorschieben der veralteten Formulare von vor 1914, die harmlos von „Unterrichtssprache" handelten! Sei es durch Ausweichenwollen auf „Landessprache", vom Volk deshalb liebevoll nach dem schuldigen Minister „Hurdestanisch" genannt! Sei es schließlich durch die absichtliche Wieder- und Neuschöpfung einer unbekannten „Unterrichtssprache".

Diese im Grunde sinnwidrigen, eigentlich kindischen Auswegversuche in Österreich, zeitweilig sich um die deutsche Muttersprache herumzuschleichen, waren überflüssig. Sie waren auch rechtswidrig. Sie wurden von der gesetzlichen Grundlage weder gefordert noch gedeckt.

Freie Phantasie schließlich in intellektueller Phantasmagorie waren Versuche, zur frisch erfundenen österreichischen Nation dann auch eine gesonderte Kultursprache, „österreichisch", eine lingua austriaca, eine austriacistische Sprache zu erfinden. Den Germanisten, die sich hier zu Austriacisten weiter zu entwickeln versuchten, gebührt die gebührende Hochachtung.

Weiter sind bereits ans Lächelnde, wenn nicht ans Lächerliche grenzende Abweichungsversuche, Abgrenzungsversuche eines nur „österreichischen Wörterbuches" gegenüber dem Deutschen, (z.B. gegenüber dem „Duden") um jeden Preis, – bis hin zu gesuchten Fremdwort-Beweihräucherungen, aber statt „reichsdeutscher" Worte – zu belächeln: Radio statt Rundfunk, Korrespondenzkarte statt Postkarte, Schweinsbraten statt Schweinebraten, Marille statt Aprikose, Verpönung von „Vati" und „Mutti" wegen vorgeblicher „norddeutscher" Herkunft … Die hier zugrundeliegende Geisteshaltung entspringt nicht mehr dem berechtigten Willen zur Pflege schöner landschaftlicher Eigenart. Sie hat nichts mehr mit immer zu begrüßender Liebe zu Österreich zu tun. Sie entspringt einer Sucht, gewaltsam und um jeden Preis – auch der Logik, auch wenn es nicht geht – alles „anders" machen zu wollen als im restlichen Deutschland. Sie entspringt mithin nur einer tiefen Abneigung gegen die uralte naturgewollte, gottgewollte Gemeinsamkeit im ganzen deutschen Sprachraum.

Zu unterscheiden von solchen armen Verirrungen ist der Bestand und die Entwicklung der deutschen Dialekte. Bei allem Sprechen „verschleifen" sich die Dialekte. – Dies geschieht selbstverständlich auch im Deutschen als einer lebenden Sprache. Insbesondere findet es wohl in den Städten statt. Aber durch solche langsame Wandlung kann nicht „auf Abruf" eine „Landessprache" Österreichisch entstehen. Überall findet sich wohl ein Anklang von deutscher Allerweltssprache; überkritisch gesagt von Jargon. Dies aber gilt völlig gleichermaßen für alle deutschen Landschaften. Im Übrigen: Die erstaunlich großen Unterschiede in den Dialekten zwischen den österreichischen Bundesländern bleiben.

Unschätzbar bleibt im Ergebnis, daß die deutsche Sprache – „Deutschland, bleiche Mutter" – ein solcher rocher von bronce bleibt, von keiner Parteien Gunst und Haß verwirrt. Gerade ein österreichischer Deutscher, Josef Weinheber, hat so seinen einmaligen „Hymnus an die deutsche Sprache" gedichtet.

3.752

Literatur: Die hoch bedeutsame kulturell-literarische Stellung der österreichischen Länder schon zur Zeit der Babenberger, der Minnesänger ist bemerkenswert: Walter von der Vogelweide, vermutlich Österreicher … Reinmar von Hagenau, am Wiener Hofe, Elsässer oder Oberösterreicher … Neidhart von Reuenthal, Bayer … Ulrich von Liechtenstein, Steierer … der Tannhäuser, Bayer, am Wiener Hofe … der Verfasser des Nibelungenliedes … Bischof Otto von Freising. Sie alle sind Zeugen dieses hohen Ranges.

Für die Neuzeit wird versucht, der deutschen Literatur eine spezielle österreichische gegenüberzustellen (Fr. Heer). Ein bescheidenes, sicher erwägenswertes Wort versichert, die Hälfte der deutschen Literatur – vermutlich doch nur der Gegenwart? – stamme ohnehin aus Österreich!

Umso entscheidender bleibt es, festzustellen und daran festzuhalten, daß – nach dem oben zitierten Bekenntnis von Friedrich Adler! – nicht nur Goethe, Schiller, Freiligrath, Marx, Engels, Lasalle deutsche Dichter und Schriftsteller waren. Auch Hugo von Hofmannsthal, Franz Grillparzer, Anton Wildgans waren Deutsche und wollten ausdrücklich österreichische Deutsche sein. Gottfried Keller und Conrad Ferdinand Mayer waren deutsche Dichter der Schweiz. Die Dichter beider Alpenländer gehören ohne Zweifel zur deutschen Literatur.

Ein Österreicher unserer Tage (Andreas Mölzer, Österreich, ein deutscher Sonderfall, 1988) führt an, daß Thomas Bernhard, Stefan Heym, Günther Grass und Max Frisch, Hermann Hesse und Peter Handke – und zahlreiche andere – zweifellos in der geistigen Vielfalt der deutschen Kultur und Literatur wurzeln. Warum sollte für Österreicher – Ingeborg Bachmann – anderes gelten?

Schon Franz Grillparzer hat es 1867 – in dem Album einer deutschen Fürstin – abschließend gültig formuliert: „Als Deutscher ward ich geboren – / Bin ich noch einer? / Was ich Deutsches geschrieben, / das nimmt mir keiner".

3.753

Philosopie: Gefragt worden ist in allem Ernst, ob es nicht eine eigene österreichische Philosopie gebe. Schulen aller Richtungen gibt es ohnehin mit Sicherheit. Die Antwort mögen Philosophen geben. Möge diese Antwort richtiger sein als die grandiose These der „deutschen Physik" 1933, die berühmt und berüchtigt wurde ob ihrer geradezu arroganten Absurdität.

3.754

Kunst: Der unerhörte Reichtum aller Künste in Österreich bedarf kaum der Würdigung, da das Land für sich selber spricht. Nur einige neuzeitliche Ergebnisse sind zu streifen.

Ludwig van Beethoven, Wolfgang Amadeus Mozart, Johannes Brahms sind zweifellos unverzichtbare Teile der geistigen Imago Österreichs. Dennoch aber hat der Altbundeskanzler Kreisky recht, daß L.v. Beethoven – aus Bonn – nicht österreichischer wird dadurch, daß er Österreich gefällt: Er bleibt Rheinländer; daß Adolf Hitler – aus Braunau – nicht reichsdeutscher wird dadurch, daß er Österreich nicht gefällt: Er bleibt Österreicher! Entsprechendes gilt für den Vater Leopold Mozart – aus Augsburg – und dementsprechend für seinen Sohn Wolfgang Amadeus Mozart. Entsprechendes gilt für J. Brahms – aus Hamburg.

Das reiche Theaterleben Österreichs ist in Deutschland beispielhaft. Das Wiener Nationaltheater 1776 – 1807 bleibt in Erinnerung. Es wurde vom Burgtheater als „der ersten Bühne Deutschlands" abgelöst. Daran ändert auch das brandneue „Virtuosentum der Wutanfälle" (zu Thomas Bernhards „Heldenplatz") über „den seltsamen Ausländer Claus Peymann und dessen ruhr-germanisches Besatzungsregime an der Burg" nichts. Alle anderen, das Hamburger Nationaltheater 1767–1769, das Berliner Nationaltheater 1786–1815, das Mannheimer, das Weimarer Nationaltheater wetteifern nur mit Wien und seiner „Burg".

3.755

Baudenkmäler: Österreichisch und dadurch deutsch sind selbst noch die Baudenkmäler in Österreich.

Ist die Veste Hohensalzburg, – jahrhundertelang der Sitz des Reichsfürsten und Erzbischofs von Salzburg, der den ehrwürdigen Titel des Primas Germaniae bis heute trägt,- eine Festung, die erst überhaupt seit 1806 (bzw.1816) bei Österrreich ist, … etwa weniger deutsch … als die Wartburg, auch diese der Sitz eines Reichsfürsten, der Landgrafen von Thüringen … als die Veste Marienberg der Reichsfürsten und Bischöfe von Würzburg … als die Veste Kronach der Reichsfürsten und Bischöfe von Bamberg … als die Veste Moritzburg in Halle, der Reichsfürsten und Erzbischöfe von Magdeburg?

Ist die Burg des Deutschen Ordens in Tartlau im österreichischen Siebenbürgen – die 52 mal von den Türken belagert und niemals eingenommen worden ist!- weniger deutsch als das Haupthaus des Deutschen Ordens im Preußischen, die Marienburg, als der erste Sitz des Deutschen Ordens im Heiligen Land, Burg Starkenburg/Montfort?

Ist die Riegersburg, das steierische „Gibraltar des Ostens" gegen die Türkenfluten, weniger deutsch als die kurtrierisch/ preußische Festung Ehrenbreitstein über dem Rhein? Ist die Löwelbastei – an der ein österreichischer Kommunalbeamter Wien in der Zweiten Türkenbelagerung rettete 1683! – für Wien weniger deutsch als die Zitadellen Küstrin und Spandau für Berlin?

Ist der Sankt Stephans Dom, der Dom zu Salzburg, der Dom zu Gurk weniger deutsch als die Dome zu Speyer, Worms, Mainz, Köln, Aachen, Frankfurt, Freiburg, Ulm, Magdeburg, Meißen, Breslau, Danzig, Marienwerder, Frauenburg, Königsberg?

3.756

Kulturgemeinschaft Österreich: Wenn eine eigene isolierte, nur österreichische Kulturgemeinschaft gewünscht und gesucht wird … wenn österreichische Hochkultur, Breitenkultur postuliert, eine eigene österreichische Kulturnation gesucht wird … wenn diese gesuchte, um nicht zu sagen angeordnete österreichische Kultur bewußt wahrheitswidrig als „alpenslawisch, oberflächlich germanisiert, slawisch-magyarisch-keltisch-romanische Mischung" zu einem „homo austriacus" propagiert wird … wenn das „Kristallgitter des Schaffens" der

Österreicher von dem der Deutschen verschieden sein soll (Washietl) ... so werden offensichtlich um eines unzutreffenden, sachwidrigen Zieles willen, aus politischen vorgefassten Prämissen antideutscher Haltung sinnlose bis sinnwidrige Folgerungen gezogen bzw, behauptet. Dies scheint weithin, ohne normalerweise öffentlich so deutlich manifestiert zu werden, die offiziöse „österreichische" Sachverhaltsfiktion zu sein.

Eine einzige politische Bewegung bekennt sich in ihrem Programm zur deutschen Kulturgemeinschaft, die Österreich einschließt.

Im Einzelnen bleibt zu den aufgezählten Versuchen zu bemerken:

Die deutsche Kulturgemeinschaft ist eine Einheit in Vielgestaltigkeit. Sie schließt Österreich so nahtlos ein, daß eine gesonderte isolierte österreichische Kulturgemeinschaft nicht angenommen werden kann. Das Gegenteil wäre eine kulturelle gewaltsame Amputation. Es wäre eine bewußte und gewollte geistige Verarmung beider möglicher Restteile, nicht nur des restlichen Deutschland, sondern auch Österreichs.

Bei Objektivität und Redlichkeit bleibt es im Grunde keine Frage, daß es eine gesonderte spezifisch nur österreichische Hoch- oder Breitenkultur, daß es eine österreichische – nur sich selbst gleichende und zugehörige – Kulturnation nicht gibt. Das österreichische Volk ist ein unverzichtbarer und unersetzlicher integrierender Bestandteil der gesamten deutschen Kulturnation. Es wird ein solcher Teil dieser Einheit in Vielgestaltigkeit bleiben: Unbeschadet dessen, daß es ein eigenes österreichisches Staatsvolk in einem eigenen souveränen österreichischen Staate gibt. Das eine – die deutsche Kulturnation – hat mit dem anderen – dem österreichischen Staatsvolk, der „Staatsnation", die nur in diesem Staat besteht, nicht als eigene Nation – weder Berührungsängste noch Konfrontationsmöglichkeiten. Es handelt sich um unvergleichbare verschiedene Ebenen und Kategorien.

Die Thesen der alpenslawischen österreichischen Nation ... der „homo austriacus" Mischung ... sind nichts als Nonsens.

Schließlich das vorgeblich verschiedene „Kristallgitter des Schaffens"? Was immer das sein mag? So etwas mag das Charakteristikum einer Persönlichkeit, einer Familie, einer Gruppe sein; nicht eines Millionenvolkes oder einer großen Nation.

3.757

Kulturelle Einheit in Vielgestaltigkeit: Die kulturelle Einheit ganz Deutschlands von Südschleswig bis Südkärnten bleibt bestehen. Sie ist festzustellen und als ein hohes Gut festzuhalten.

Für fremde Völker, Nationen, Länder wird die Synthese aus Einheit und Vielgestaltigkeit als selbstverständlich empfunden und fraglos bejaht. Selbstvertsändlich ist der Süden Spaniens anders Spanien als der Norden Spaniens. Dennoch sind beide fraglos Spanien. Selbstverständlich ist der Süden Frankreichs, die Langue d'Oc, gründlich anders als der Norden, die Bretagne, die Normandie. Dennoch sind sie alle fraglos Frankreich. Selbstverständlich ist der Norden Italiens, von Turin und Mailand bis Florenz gänzlich anders, geradezu „mitteleuropeo", im Vergleich zu Latium, zu schweigen vom Süden, wo geradezu Afrika anfangen soll. Dennoch trotz aller Schwierigkeiten alles Teile eines Italien.

Ebenso ist die grundsätzliche kulturelle Gleichwertigkeit, Gleichartigkeit, in höherem Sinne also Gleichheit der Deutschen in Nordfriesland, in Südbaden, in Vorpommern, in der Oberpfalz unbestritten.

Wieso soll dann diese Einheit in der Vielgestaltigkeit ... einerseits zwischen den nebeneinander wohnenden „bajuwarischen" Salzburgern, Oberbayern und Münchnern bestritten werden können ... andererseits zwischen den grundverschiedenen alemannischen Vorarlbergern und den bajuwarischen Wienern bzw. z.B. Burgenländern behauptet werden können.

Keine Rabulistik kann diesen Mangel an Logik kaschieren. Die Oberösterreicher haben mit den Niederbayern, die Vorarlberger mit den Schwaben, die Salzburger mit den Altbayern viel mehr gemeinsam als die Wiener mit den Westösterreichern. Der Mentalitätsunterschied ist vermutlich allermindestens gleichgroß ... einerseits zwischen einem Wiener und einem Innsbrucker ... andererseits zwischen einem Innsbrucker, Nürnberger, Stuttgarter oder Bonner.

Gott sei Dank gibt es keine kulturell gleichzuschaltenden Einheitsvölker. Ebenso braucht es kein kulturell gleichgeschaltetes Einheitsdeutschland zu geben: Insbesondere aber auch nicht: als Bestandteil Deutschlands ein geteiltes Österreich ... oder aber als Partner oder Gegner Deutschlands ein kulturell gleichgeschaltetes grundverschiedenes „Einheitsösterreich".

Was hätte die Kulturwelt eigentlich von einer Verarmung durch Ausgrenzung Österreichs, einer Zerteilung, einer Zerstörung des einen deutschen Volkes? Bezugnahmen auf die beiden anderen Nachbarstaaten, die aus dem deutschen Volkskörper heraus entstanden sind, gehen fehl. Die Deutschschweizer gehören – ohne und jenseits jedes politischen Bezuges – der deutschen Kulturvielgestaltigkeit an. Die Niederländer sind seit drei Jahrhunderten eine eigene Nation mit eigener Sprache und eigener Nationalkulur. Beide sind mit Österreich nicht zu vergleichen.

3.758

Stimmen: Im Sinne der Aufrechterhaltung und Anerkennung der kulturellen Einheit Österreichs in und mit Deutschland finden sich zahlreiche sehr beachtliche Stimmen, denen zu danken bleibt.

Als einer der allerersten bezeichnete es schon am 1.1.1948 der Fürst-Erzbischof von Salzburg, Dr. Rohracher, als ... „eine Vergewaltigung, vom Bruder jenseits der Grenzen, mit dem uns Blut, Sprache und Kultur verbinden ... abgeschlossen zu werden". Professor Dr. Gschnitzer, Professor Dr. Dr. J. Ude, der sozialistische Bürgermeister von Linz, Dr. Korel folgten. Andere schlossen sich an. Höchste Repräsentanten der Republik Österreich mögen abschließend erwähnt werden:

Bundeskanzler Raab: „Meine Muttersprache ist deutsch. Mein Vaterland Österreich"; Vizekanzler A. Schärf bekannte sich am 14.4.1957 als Präsidentschaftskandidat zur deutschen Kulturgemeinschaft; W. Denk als Präsidentschaftskandidat ebenso; Bundespräsident Kirchschläger erklärte, daß"zwischen Deutschen und Österreichern Gemeinsamkeit von Sprache und Kultur bestehe"; Bundespräsident A. Schärf: „ ... es wird ein Volksbewußtsein geben, das die Gemeinsamkeit im deutschen Kulturgut immer wieder geistig lebendig erhalten wird";

Versuche, zur Unterscheidung von „inneren Gegebenheiten", die nur Österreich eigen seien, die „reale Grundlage", das „Spezielle", das „Eingeborene", das „national Österreichische", weiter dagegen der „ideelle Überbau", das „Universelle", das „Geistige", das „übernational-großösterreichische" ... und alles solches gänzlich Vages in einem ausschließenden, isolierenden, vorgeblichen Gegensatz zu Deutschland: Sie treffen ein „wahres", ein „echtes" Österreich nicht. Österreich ist mehr als alles dieses und keines nur von diesen. So findet sich keine „Strukturformel", keine „Bauformel" für eine angeblich so „heiß ersehnte", so „unverzichtbare" Kulturnation Nurösterreich. Warum muß eine solche isolierte Kulturnation Österreich sich überhaupt mit Gewalt und um jeden Preis finden lassen?

3.76

Das deutsche Österreich: „So falsch und verurteilungswürdig es wäre, ... die österreichische eigene Staatlichkeit anzutasten, so sinnwidrig wäre es, die Zugehörigkeit Österreichs zur deutschen Nation in Frage zu stellen; im Zeitpunkt des tiefsten deutschen Unglücks ist dies noch besonders schändlich". Professor Dr. Gschnitzer (Salzburger Nachrichten, 1.3.1948).

Wie ist das geschichtlich gewesen und geworden, das „deutsche" Österreich?

Das so sehr „deutsche Österreich" im Rahmen der so viel größeren Habsburgischen Monarchie war immer „en quelque façon nulle". Bezeichnenderweise hat das deutsche Österreich bis 1918 kein Gesamtsymbol, keinen „einen" Namen. Dies ist umso deutlicher, als die einzelnen deutschen Erbländer außerordentlich starke Inhalte und Symbole aufzuweisen hatten. Zwar waren zeitlos gültige Symbole vorhanden: Die rot-weißrote Fahne war jedoch schon die der Babenberger. Daneben stand schwarz-gelb. Daneben gab es den kaiserlichen Doppeladler. Daneben die Reichsfarben „schwarz-gelb-rot", „schwarz-rot-gold". Sie alle aber definierten nicht „Deutschösterreich".

„Deutsch"-„Österreich" war nicht ein genau begrenztes, deutsch besiedeltes Territorium. Der Gedanke Österreich war weniger ein Raum, sondern eine Vielzahl differenzierender Energien. Das „echte", das „wirkliche", das deutsche territoriale Österreich wurde als gesonderte Einheit – gegenüber den übermächtigen einzelnen Erbländern – niemals vermißt. Es wurde deshalb auch nicht festgelegt.

Der geistige „strukturelle Konservativismus" Österreichs forderte existenznotwendig Anstöße. Solche Anstöße mußten von oben, mußten von außen, insbesondere von Habsburg kommen, um akzeptiert, um dann als eigene Idee weitergetragen zu werden.

Dem habsburgischen innerstaatlichen „divide et impera" des gewaltigen Machtkomplexes, des ungeheueren „Familiengutes", jenes riesigen amorphen Länderkonglomerates, stand das moderne Ziel des Prinzen Eugen, ein „totum" zu schaffen, „lo statu" zu konstituieren, – ein l'état c'est moi als Wunsch und Ziel – ohnmächtig gegenüber.

So ist mit Feinsinn festgestellt worden, daß es mehrere Österreich gab, einerseits ein ideelles Österreich, A.E.i.Ö.u., eine rein geistige Norm … andererseits ein territoriales Österreich, das war das verschwimmende Riesenreich, niemals das „Deutsche Österreich", schließlich dagegen ein deutsches Österreich, das bis 1918 niemals und nirgends als Einheit gegenüber anderen Einheiten in Erscheinung trat. Das territoriale Österreich, bis hin zu Österreich-Ungarn, war niemals nur eine bloße Vergrößerung des fiktiven, staatsrechtlich nicht existenten „Deutsch",Österreich".

3.762

Versuche, dies zu ändern, „Deutsch",Österreich" zu definieren, – vor 1918 – sind zwar mehrfach unternommen worden. Sie sind aber drei mal gescheitert.

Herzog Friedrich der Streitbare, der letzte Babenberger, hatte bis 1246 versucht, ein „österreichisches" Gesamt-Königreich aus den Erblanden zu begründen, bis er gegen die Ungarn fiel. Kaiser Maximilian I. versuchte zwischen 1493 und 1519 die Königskrone – oder wenigstens eine der sieben Churwürden – zu erreichen für die beiden einigen Herzogtümer Österreich. Kaiser Karl V und sein Bruder Ferdinand I. verfolgten ähnliche Pläne in den Wormser und Brüsseler Verträgen 1521-1522.

Diese 1945 beklagte, weil vertane vorgebliche Chance für ein „selbständiges" Österreich brauchte zu ihrer Zeit niemals ernsthaft genutzt zu werden, da das Ziel sich jedesmal im Mittelalter als faktisch überflüssig erwies. Dagegen wurden mehrfach Teilungen notwendig, da Spannungen eintraten, die zentral nicht zu beherrschen waren.

So z.B. 1365 / 1379 die Teilung von Neuberg in die Albertinische Linie, mit Albrecht III., 1365-1395, beide Österreich, in die Leopoldinische Linie, mit Leopold III., für den

Westen der Erbländer. Diese zerfiel dann wiederum in die tirolische Linie, bis 1496, und in die steierische Linie. So z.B. weiter die Teilung 1564 mit Maximilian II., mit Ferdinand, mit Tirol bis 1665, mit Karl mit Steiermark, Kärnten, Krain, Görz bis 1619.

Ein „österreichischer", ein „deutsch-österreichischer" Staatsgedanke, für ein Volk, für eine Nation, für eine 1945 zu zitierende Einheit konnte so im Mittelalter nicht einmal zu Ende gedacht werden. Es gab keinen „österreichischen Menschen", homo austriacus, homo alpinus! Der Staatsgedanke war „der Kaiser", der Adel, das Offizierskorps, der Stolz der „Kaiserlichen", bis 1648, dann „die Armee", ab 1740 die große Schweigerin. Der Staatsstil war der „Statthaltereistil". Graf Stadion meinte keinesfalls eine „Nation" im Sinne von 1989, wenn er glauben machen wollte: „Wir haben uns als Nation konstituiert". Dies war nichts als eine bewußt unklar gehaltene Scheinbezeichnung. Ab 1804, 1809 entstand vehement gegen Frankreich ein vom Volk getragenes „österreichisches" Bewußtsein. Da aber der Kaiser selbst das Wort „Vaterland" 1809 strich und statt dessen nur „Kaiser" anbot, war dieser „gesamtösterreichische Patriotismus" „gesamtdeutsch". Die Erbländer konnten sich nicht als „Deutschösterreich" identifizieren, – weil es nirgends konstituiert war, – sondern mit dem deutschen Nationalgefühl der ganzen deutschen Nation im Kampf gegen Napoleon.

Nach 1866 endete der ohnehin nach der Staatsräson immer höchst zweifelhafte vorgebliche Vorzug der Deutschen in Österreich. Er ging ein und unter in der bürokratischen Gleichheit aller Nationalitäten: Faktisch in der Benachteiligung der österreichischen Deutschen.

Die sozialen Volksbewegungen des ausgehenden XIX. Jahrhunderts, 1897 – 1905, negierten nur anfänglich den Nationalismus. Dann wurden die Klassenideale vom Nationalismus zurückgedrängt ab 1905. Die Christlich-soziale Partei mußte sich alsbald auf die „Stammlande" beschränken. Die demokratische Gleichheit, die Revolution drohte die unzeitgemäße archaische Verfassung, das Vakuum Österreich-Ungarn, als eine Anomalie zu zerstören. Der Nationalismus hat es zerstört.

Übrig blieb, nach dem Untergang des mittelalterlichen Großreiches, das deutsche Österreich.

3.77

Die Identität Österreichs:

„Auch in meiner Brust schlägt ein stolzes deutsches Herz; und wir räumen niemandem das Vorrecht ein, deutscher zu empfinden als wir!" Feldmarschall Joseph Graf Radetzky von Radetz nach dem Siege von Novara über die Italiener (23.3.1849) auf die Glückwünsche des preußischen Gardecorps.

Von vielen Berufenen, nicht nur von Friedrich Heer ist nach der „Identität" Österreichs gefragt worden. Hier bleibt zu würdigen, wo diese Identität gesucht worden ist.

3.771

Vielerlei ist vorgebracht worden: Das Österreichertum sei eine Symbiose europäischer Kulturen, eine gesonderte Lebensart, entstanden aus besonderen Lebensbedingungen, eine Traditionsgemeinschaft, eine politische Gemeinschaft, eine Kulturgemeinschaft mit autonomer Entwicklung. Das Österreichertum sei bäuerlich geformt, religiös gefestigt, konservativ gesinnt. Es zeichne sich aus durch Bescheidenheit, gesunden Menschenverstand, wahres Gefühl, Gespür für Tatsachen, Fähigkeit zum Kompromiß. Es sei abhold grotesken Eskapaden der Deutschen, wie z.B. der Klarheit bis zum Excess, die der Österreicher fürchte wie ein Schwefelbad.

216

Das Österreichertum widerstehe der Verrechtlichung, die das Deutschtum so kennzeichne. „Die Deutschen" begeisterten sich an Schuldhysterie. „Die Österreicher" praktizierten Schuldlässigkeit.

Das Österreichertum neige nicht in gleichem Maße wie das Deutschtum zum sich selbst zerfleischenden Querulantentum, zu einem zum Selbsthaß verinnerlichten Rassismus.

Das Österreichertum kultiviere den Trend zur kleinen Isolierung. Das Deutschtum verströme sich im Streben nach europäischem Internationalismus.

Und der Gegensatz: Das Österreichertum stehe in seiner Befähigung zum Kosmopolitismus deshalb dem Deutschtum nicht als Brüdern, sondern als Nachbarn in freundlicher Unbefangenheit gegenüber.

„Es sei geradezu eine Halbbildung, die nur mitleidig belächelt werden könne, nicht sehen zu wollen, daß ein Jahrtausend österreichischer Geschichte mehr von Deutschland trenne als verbinde. Und das sei schon immer so gewesen." (Sic: Wer ist hier wohl halbgebildet?)

Identität? Was bleibt nun von dieser konstruierten österreichischen, das Deutschtum ausschließenden Identität?

Es braucht objektiv und im Ergebnis nicht einmal darauf anzukommen, ob und was von diesen so zahlreichen angeführten ebenso unschuldigen wie naiven Unterschiedsthesen stimmen mag oder aber keinesfalls stimmen kann. Die allermeisten der scheinbar umstrittenen rein österreichischen Identitätsmerkmale sind solche irgendeines, einzelner, der meisten oder aber aller deutschen Stämme. Sie sind in keiner Weise geeignet, irgend eine gesonderte, isolierte österreichische Identität zu begründen. Nichts in diesen nur scheinbar anspruchsvollen, allein für das Österreichertum beanspruchten Eigenschaften ist entfernt geeignet zu begründen, daß es eine von der deutschen Nation getrennte österreichische Nation gebe, die von der deutschen Nation verschieden sei.

3.772

Was bleibt dagegen im Ernst maßvoll und vorsichtig wirklich von vielleicht deutlicheren Identitätsmerkmalen Österreichs zu konstatieren. Nationalbewußtsein und Patriotismus konnten für die Deutschen im Reich bis 1914 – ohne jede Rücksicht auf die Parteizugehörigkeit – deckungsgleich sein. Für die Deutschen in der Habsburger Monarchie dagegen waren diese beiden Haltungen fast unvereinbar geworden. Deutscher Nationalismus stellte mit jedem Jahrzehnt mehr beinahe so etwas wie eine Irredenta dar in österreich-Ungarn. Dennoch war der „Deutsche Nationalverband", – eine lose Gemeinschaft österreichischer deutschnationaler Abgeordneter 1911 –, staatstragend. Nach der Überwindung der deutschfeindlichen Regierungen Taaffe und Badeni bejahten sie den Staat und erfüllten bis 1918 ihre Pflicht.

Von 1918 bis 1938 waren in Österreich alle Parteien, Gruppen, Bünde, sogar die Kirchen so sehr auf die Erreichung des Zieles der Einheit Deutschlands mit Österreich eingestellt, daß 1938 ohne jede Ausnahme alle – einschließlich des Kardinals Innitzer von Wien – für den Anschluß waren. Dies wirkte nach bis 1943 und bis zur „Moskauer Deklaration". Sogar die Emigranten des Landes akzeptierten bis 1943 den Anschluß; besonders energisch die „Revolutionären Sozialisten".

1945 aber schrieb Karl Renner seinen Bittbrief an den „lieben Genossen Stalin". Ein neues halb„amtliches" Österreich bemühte sich, aus der gemeinsamen deutschen – und österreichischen – Geschichte auszusteigen. Berufsantifaschisten (mit 14. Monatsgehalt) bestimmten die zukünftige Identität Österreichs. National wurde als nationalsozialistisch fingiert, als nazistisch, als faschistoid. Dabei ist das „Anschluß-Tabu" in keiner Weise objektiv identisch mit der Nichtzugehörigkeit zur deutschen Nation.

3.773

War bis 1938 für ein Minderwertigkeitsgefühl – im Gefühl, Deutsche zu sein – kein
Raum, so änderte sich dies im Bewußtsein, äußerstenfalls „auch" Deutsche zu sein: Oder
besser nicht mehr zu sein. Österreicher, die behaupteten, keine Deutschen (mehr) zu sein,
brauchten sich auch nicht mehr für Deutschland verantwortlich zu fühlen. Sie brauchten
daher auch nicht betroffen zu sein, brauchten nicht zu trauern über das Deutschland 1945,
zumal das Ostdeutschland und dem Sudetenland Angetane: Massenvergewaltigungen, Massenmorde, Massenvertreibungen, Landraub viel größer als ganz Österreich.

Ein neues Österreichbewußtsein, Identitätsbewußtsein wurde gesucht. Ein Staatsbewußtsein, ein neues Selbstwertgefühl. Der verbliebene Kleinstaat wurde als Heimat bewußt dem
vergangenen Großstaat gegenüber gestellt. Opportunismus, Anbiederung breiteten sich aus,
wenn sie nur der Loslösung von allem Deutschen. – auch von den durchkommenden Heimatvertriebenen – zu dienen schienen.

An nationale Politik, wie sie fraglos alle Parteien 1918 bis 1933 vertreten hatten, konnte nicht mehr gedacht werden. Auch in Österreich wie in Deutschland wirkte die Reeduca-
tion. Die kleine Freiheit ging vor die große Einheit. Wie für Österreich wurde auch für die
Bundesrepublik „Nationalbewußtsein" für das „Vaterland" „BRD" und „DDR" gefordert (K.
Sontheimer). Wie für Österreich wurde auch für die Bundesrepublik die „Selbstanerken-
nung" gefordert (Golo Mann). Wie für Österreich „Staatsvertragspatriotismus" sollte für die
Bundesrepublik „Verfassungspatriotismus" an die Stelle der Nation treten (D. Sternberger).
Alle diese mühevollen, blutleeren Ersatzvorschläge sind theoretische Konstruktionen, die
sowohl in der Bundesrepublik als auch in Österreich schon gescheitert bzw. im Scheitern
begriffen sind. Gemeinsam ist ihnen allen, in Deutschland wie in Österreich, das Vergessen
bzw. die Leugnung der Existemz und der Unveränderlichkeit der Existenz einer deutschen
Nation.

Gegen diesen offiziellen Trend in Österreich zu handeln unternahm nur die Freiheitliche
Partei Österreichs in ihrem Programm von Salzburg vom Juni 1985. Danach scheint es
auch in Österreich nicht unpopulär zu sein, zu fragen, warum einerseits sich völlig zutreffend der österreichische jüdische Deutsche Simon Wiesenthal als Deutscher bekennen und
bezeichnen darf, andererseits man das Gleiche dem Parteichef und Landeshauptmann von
Kärnten Jörg Haider „tödlich" übelnehmen will. Seitdem konnte man sich fragen: „Eilt
Haider von Sieg zu Sieg"? (FAZ 8.12.1988). Das Parteiprogramm der Freiheitlichen Partei
formuliert die Grundfakten der Lage Österreichs so: „Die bei weitem überwiegende Mehrheit der Österreicher gehört der deutschen Volks- und Kulturgemeinschaft an … Wir wollen, daß Österreich, eingebettet in den deutschen Volks- und Kulturraum, auch in Zukunft
dessen Entwicklung eigenständig mitgestaltet!"

3.774

Diese Entwicklung Österreichs in Deutschland und Europa wird bestimmt werden vor allem auch von der österreichischen Sicht der Sachverhalte, dem Willen Österreichs und dem
Zukunftsprogramm Österreichs. Ist oder wird Österreich wirklich eine Miniaturnation im
Werden, eine Sondernation, ein Nationalverband? H. Krejci hat, wie erinnerlich, Österreich
definiert 1981: „ … als neutraler Kleinstaat mit solidem wirtschaftlichem Fundament und
sozialem Frieden … der Modell eines überschaubaren Industriestaates mit Lebensqualität
sein könnte!" Weiter ist postuliert worden, die Österreicher seien „Slawisierte Illyrer",
„Athener von Geist" und „einzige Erben des orientalischen-griechisch-römischen Reichtums!"

Ein modernerer Österreicher dagegen,-der nicht wildentschlossen seine Phantasie schweifen läßt in dem Bestreben, irgend etwas Antideutsches zu entdecken, vom Orient bis Rom-, (Andreas Mölzer, 1988: „Österreich, ein deutscher Sonderfall") klagt das von offizieller Seite lancierte Österreichbild wie folgt an: „ ... Land und Leute als eine Art Alpen-Disneyland, als eine Mischung zwischen neutralem UNO-Konferenzzentrum, Hochgebirgszoo und Operettenlandschaft darzustellen ... Eine von Salzburger Nockerln verzehrenden Phäaken, von Walzer tanzenden Edelproletariern und in Kaffeehäusern überwinternden Literaten besiedelte Insel der Seligen, verwaltet und gewartet von Museumsführern, Skiliftbilleteuren und Oberkellnern, wird dem Ausland vorgegaukelt!" Er nennt diese geschichtsklitternde Bewußtseinsformung in Österreich „dummdreiste Lügen".

Wo bleibt dann nun die Identität Österreichs und die Deutschlands? Der gewollten Separation Österreichs steht die „freiwillige" Selbstaufgabe Deutschlands zur Seite. Dies bedeutet nach Worten des jüdisch-deutschen Historikers H. J. Schoeps für Deutschland – aber auch für Österreich – „ ... eine moralische Krisis, ein Zurücksinken ins Fellachendasein, eine Verkümmerung des Menschentums, deren Symptome Daseinsflucht, Verwirrung und Entscheidungslosigkeit sind!" Deutschland wie Österreich haben die Identifikation mit ihrer eigenen Geschichte und damit ihre Identität verloren.

3.775

Was also bestimmt die wirkliche Identität Österreichs und seiner Bevölkerung? Eine zielgerichtete außenpolitische Identitätsfindung, wie seinerzeit gegen Napoleon, wie zur Zeit Bismarcks, wie seinerzeit gegen die Diktate von Saint Germain und Versailles, ist zur Zeit nicht in Sicht und nicht wahrscheinlich. Dann stellen sich erst recht in aller Deutlichkeit die Fragen nach der Identität: Was ist Deutschland; was ist dann dementsprechend Österreich? Was sind die Deutschen; was sind die Österreicher? Welches ist ihr Geschichtsbewußtsein? Welches sind ihre Zukunftsprogramme? Dieses Fragen nach Deutschland und Österreich, nach den deutschen und österreichischen Menschen hat entscheidend damit zu tun, wer und was die Deutschen und die Österreicher waren.

Auszugehen ist von der heutigen, hoffentlich vorübergehenden Negation Deutschlands und des deutschen Österreich. Namen wie Gaus, Bölling, Habermas und andere sind wenig belangvoll. Anschließend ist die wohlmeinende Ratlosigkeit zu würdigen. Namen wie Stürmer, Schwan, Hillgruber sind gleichzeitig intellektuelle Komplimente und nicht entscheidend. Abschließend sind die „multikulturellen", am Rande nationalen Strömungen zu erwähnen: So die berühmte, nun aber zum Glück armselig vergangene „Vermeidung der Destabilisierung der DDR", der „linke" Scheinnationalismus bis hin zu den Friedensbewegungen, die verbalen leeren Wortemasken bestimmter deutscher wie österreichischer Regierungs- wie Oppositionsparteien! Dagegen ist nicht existent eine „nationale" Strömung, von Ebert, Noske und Rathenau, von Stresemann und Schacht bis Brüning und Hindenburg.

Noch so weitblickende, manchmal sogar beinahe objektive, jedenfalls nicht bewußt antideutsche ausländische Beobachter, wie Henry Kissinger, Gordon A. Craig – im Gegensatz zu einem Fritz Stern! –, Oppenheimer, der Zyniker Francois Mauriac, bis Joseph Rovan können Deutschland und Österreich die Suche der eigenen Identität nur erleichtern.

Diese Suche nach der Identität Österreichs – und Deutschlands – beginnt und endet mit dem richtig verstandenen Begriff und Inhalt der „deutschen Nation". Stichwortartig können Leitbegriffe für diese Nation wie folgt zusammengefaßt werden: Gemeinsame Abstammung, gemeinsame Geschichte, Einheitlichkeit der Kultur, gemeinsame Sprache, verwandschaftliche Beziehungen, Ähnlichkeit der ökonomisch-sozialen Lebensverhältnisse, wirtschaftliche und Handelsverpflechtung, verdichtete Kommunikationsstruktur.

Bei einer näheren Prüfung dieser Leitbegriffe, – wobei es auf Einzelheiten nicht einmal wörtlich strikt ankommt –, erweist sich alsbald und fast ohne jede Gegenargumente die Kontinuität der Existenz der deutschen Nation. Sie bestimmt, sie regelt sie begrenzt die Identität Deutschlands einschließlich Österreichs.

Ein bewußter Österreicher, ein Salzburger Ordinarius für Geschichte der Neuzeit, Sozialdemokrat, Professor Dr. Fritz Fellner, hat die Frage nach der Identität Österreichs freimütig 1982 beantwortet. Er bekennt, weder zur Freude der Wiener Regierung noch seiner Partei noch vermutlich seiner Universität: „Österreich war in seiner Vergangenheit n i e deutscher als in dieser Gegenwart, in der die wirtschaftliche, kulturelle, wissenschaftliche und gesellschaftliche Verflechtung zur stillschweigend akzeptierten Realität geworden ist!"

3.776

Dieses Ergebnis zur Identität Österreich als ein Kernland Deutschlands haben jahrhundertelang Deutsche aller Stände praktisch gelebt, indem sie von irgendwoher, von der Eifel bis zum Baltikum, nach Österreich übersiedelten oder in Österreichs Dienste traten. Dieses Ergebnis deutscher Identität Österreichs haben Millionen Österreicher jahrhundertelang gelebt, haben dafür gekämpft, von Belgrad bis Paris, und sind dafür gefallen.

Dieses Ergebnis haben in Fülle österreichische Deutsche mit allem Nachdruck und gegen etwaige Widerstände vertreten.

3.777

Bekenntnisse: Aus der Fülle der Bekenntnisse österreichischer Deutscher zum Deutschtum sollen im Folgenden nur einige Stimmen angeführt werden (in Stichworten), weil kein heute Lebender es ebenso großartig oder aber besser sagen könnte:

Kaiserin Maria Theresia: Nach Richard Kralik war sie die „deutscheste Frau ... aller Zeiten". Sie ermahnte ihre Töchter, auch in der Fremde Deutsche zu bleiben: Vielleicht trug dies zusätzlich dazu bei, Marie Antoinette (neben ihrer Verschwendungssucht) bei der proletarischen Pariser Bevölkerung unbeliebt zu machen.

Kaiser Joseph II. Er bekannte, mit Stolz Deutscher zu sein.

Erzherzog Karl: Er hatte sich 1809 in einem Manifest an die deutsche Nation gewandt: „Unsere Sache ist die Sache Deutschlands. Mit Österreich war Deutschland selbständig und glücklich; nur durch Österreichs Beistand kann Deutschland wieder beides werden."

Kaiser Franz Joseph I.: 1853 widmete er das Denkmal für Erzherzog Karl auf dem historischen Heldenplatz dem „beharrlichen Kämpfer für Deutschlands Ehre!"

K.L. Freiherr von Bruck: Gebürtig aus Elberfeld, dann lebend in Triest, vertrat er als österreichischer Handelsminister die deutsche Interesseneinheit im November 1848 wie folgt: „Die innige Vereinigung Deutschlands und Österreichs, wie sie allein möglich ist, nämlich auf der Grundlage der Identität der Interessen, erscheint mir als eine der dringendsten Angelegenheiten, ja als eine der Lebensfragen ..."

Kaiser Franz Joseph I.: Er erklärte zu dem deutschen Fürstentag in Wien im September 1862: „Ich bin vor allem Österreicher, aber entschieden deutsch, und wünsche den innigsten Anschluß Österreichs an Deutschland!" Welchen logischen Grund sollte in Vergangenheit und Gegenwart ein Österreicher haben, irgendeines dieser Worte seines österreichischsten Kaisers nicht bejahen zu können?

B. Graf Rechberg: Als österreichischer Außenminister stellte er fest: „Österreich kann niemals auf seine historische Stellung als erste deutsche Macht verzichten." „Niemals kann sich die deutsche Macht Österreich aus Deutschland verdrängen lassen. Um ihrer selbst wie um Deutschlands willen, muß sie mit der äußersten Kraft ihren Platz in Deutschland behaupten. Neben einem großen deutschen Nationalstaate hat sie keine Zukunft ... Zu einem deutschen Nationalstaate neben Österreich aber würden die deutschen österreichischen Provinzen sich verhalten wie Lombardo-Venetien zu einem italienischen Reiche. Der deutsche Einfluß würde ihr selbständiges Leben nicht stärken, sondern erdrücken!"

Adalbert Stifter: Er erlebte den Bruderkrieg 1866 als die „Zerreißung Deutschlands", das er „das Land meiner Liebe und meines Stolzes" nannte.

Franz Grillparzer: Ihm blieb angesichts der preußischen Reichsgründung nur der schneidendste Ingrimm: Sowohl: „Ihr meint, ihr habt ein Reich gegründet, ihr habt doch nur ein Volk zerstört" ... als auch: „Als Deutscher ward ich geboren, ... /bin ich noch einer?/ /Nur was ich Deutsches geschrieben, ... /das nimmt mir keiner!"

Erzherzogin Marie Valerie: Sie war die Tochter der legendären Prinzessin Elisabeth in Bayern, die Schwester des Kronprinzen Rudolf. Auch nunmehr nach 100 Jahren noch gültig schrieb sie 1889 in ihr Tagebuch: „Ich empfand so lebhaft wie vielleicht noch nie, daß gerade dies Ausgeschlossensein uns alles, alles Unglück gebracht hat. Wie lange müssen wir noch so fort bestehen und vom deutschen Vaterland als 'Ausland' sprechen?"

3.778
Richard Kralik: „Österreich ist das deutscheste aller Länder!"

Peter Rosegger: Er erklärte am 24.6.1904: „Österreich und Deutschland – für seine Wesenheit ist eins so notwendig als das andere!"

Hugo von Hofmannsthal: Er schrieb: „ ... es gibt nur e i n e deutsche Musik und e i n e deutsche Literatur, und in dieser die von Österreich hervorgebrachten Werke"; u n d: „ ... daß wir uns auf deutschem Boden befinden!"

Anton Wildgans: Er stellt fest in seiner „Rede über Österreich": „Der österreichische Mensch ist seiner Sprache und ursprünglichen Abstammung nach Deutscher!" ... (Wildgans ist besonders schamlos bewußt ins Gegenteil zu verkehren gesucht worden!)

Karl Seitz: 1919 – 1920 provisorisches Staatsoberhaupt, hat sich offen zu Deutschland bekannt!

Feldmarschall Graf Conrad von Hötzendorff: (Generalstabschef der k.u.k. Armee 1906-1911, 1912–1917, in seinen Privaten Aufzeichnungen nach 1918: ... „so lasse ich mir meine deutsche Nationalität, mein deutsches Sinnen, Fühlen und Denken nicht nehmen!"

Ignaz Seipel: 1922 – 1924, 1926 – 1929 Bundeskanzler. Er erklärte am 2.9. 1926 im Finanzausschuß des Nationalrates: „Die Österreicher freuen sich und sind stolz darauf, der deutschen Nation ... anzugehören!"

Wilhelm Niklas: 1928 – 1938 Bundespräsident, Anschlußgegner, schrieb am 1.1.1929 zum deutschen Sängerbundfest: „ ... wir gehören zusammen zu einem Volke!"

Dr. Engelbert Dollfuß: 1932 – 1934 Bundeskanzler, ermordet. Er bezeichnete sich selbst als „wahrer deutscher Mann" Er schrieb am 24.12.1933 in der „Reichspost": „Gerade in unserer österreichischen Eigenart fühlen wir uns als einen echten Bestandteil deutschen Wesens und deutschen Lebens!" Wie er danach gehandelt hat ist Geschichte. Es hätten sich auch andere Wege finden lassen ... Und er bot die historische Grundlage für die historische Lüge anderer in der „Moskauer Deklaration". Ob er dies gewollt hätte?

Dr. Kurt von Schuschnigg: 1934 – 1938 Bundeskanzler: Er erklärte am 20.1.1935 in Salzburg: „Jedermann weiß, daß Österreich ein deutsches Land ist, sich seines Deutschtums niemals schämte!" ...

Otto Bauer: 1938 im Pariser Exil: „ ... Die deutsche Revolution ist unsere Aufgabe, nicht ... die reaktionäre Utopie der Wiederherstellung der Unabhängigkeit"

„ ... Jene Unabhängigkeit Österreichs wäre ... für die Arbeiterschaft verknüpft ... mit

der Erinnerung an Arbeitslosigkeit und Not und Adelsdiktatur und pfäffischen Gesinnungs-
zwang"..

„Die Parole ... kann nicht die reaktionäre Parole der Wiederherstellung der Unabhängigkeit Österreichs sein, sondern nur die revolutionäre Parole der gesamtdeutschen Revolution!"

Karl Renner: 1945! ... Lange vor 1945 bezeichnete er die deutsche Bevölkerung in
Österreich als die „ostdeutsche Vorhut". Zwischen 1938 und 1945 scheint er seine Stellungnahmen zum Deutschtum und zu Österreich modifiziert zu haben. Niemand wird ver-
kennen, daß ein Staatsmann nach einer Staatskatastrophe in der praktischen Politik prag-
matisch zu handeln gezwungen ist. Aber wieso können geistige Überzeugungen ohne logischen Grund ins Gegenteil verkehrt werden durch einen Mordsieg eines Stalin? Einen
Mordtod eines Hitler? Beides Verbrecher ...

Nachdem die Katastrophe von 1945 vorüber ist. Nachdem Österreich nicht mehr „sal-
viert" zu werden braucht. Nachdem dieses so eindeutige Ergebnis in Fülle österreichische
Deutsche mit allem Nachdruck und gegen alle armseligen Widerstände und Ausflüchte und
Redensarten vertreten haben: Dann bleibt die Frage zu stellen, ob das heutige offizielle und
offiziöse Österreich sich nicht schämt, diese Stellungnahmen großer Angehöriger Österreichs aus Jahrhunderten ins Gegenteil verkehren zu wollen.

3.78
Gesamtbilanz der geplanten „Nation" Österreich

3.781
Thesen: Historische These: „Das Jahr 1938 brachte einen alle Erwartungen übertreffenden
Sieg des nationalen Gedankens. Die nationalsozialistische Führung hat aber nach Erreichung der Macht den Boden des Rechts und der Menschlichkeit ebenso verlassen, wie es die
Gegner des deutschen Volkes für die jetzt lebende Generation besonders eindrucksvoll seit
1918 bis zum heutigen Tage getan haben!" (Dr. Günther Berka, Vöcklabruck: „National";
vor 1956)

Nonsens einer „Anti"these: Die Weltgeschichte hat „deutsch-völkische Äußerungen mit
harter und unbestechlicher Hand von der Bühne der politischen Wirksamkeit hinweggefegt!"
(Dr. Jambor: „Österreich in Geschichte und Literatur", Heft 6, 1961).

Conclusio: „Was ihr den Geist der Zeiten heißt, das ist im Grund der Herren eigener
Geist, in dem die Zeiten sich bespiegeln!" (J. W. v. Goethe) Hier geht es nicht um eine Bilanz zum Faktum der bestehenden und berechtigten „politischen Staatsnation" Österreichs.
Die Staatsnation ist nicht die Nation, sondern eine Folge und Funktion des Staates. Dagegen beweist der Versuch einer Gesamtbilanz zum Problem der vorgeblichen eigenen
„Nation" Österreich: Es gibt nichts Beweiserhebliches. Die Sprache der d e u t s c h e n Fakten Österreichs ist unwiderlegbar.

3.782
Keine österreichische „Besetzung" Deutschlands: Die Überschau der deutschen Könige und
Kaiser des Deutschen Reiches 911 – 1918 ist mehr als imponierend: Gerade für Österreich.

Zunächst zum Vergleich (unter Weglassung von Einzelpersönlichkeiten): Die Karolinger
7 (bzw. 8) Herrscher 768- 911=144 Jahre

Dann nach der Staatsgründung des Deutschen Reiches ab 911 n.Chr.

Die Sachsen 5 Herrscher von 919-1024=106 Jahre

Die Salier 4 Herrscher zwischen 1024-1125=102 Jahre

Die Hohenstaufen 7 Herrscher 1138-1254=111 Jahre

Dann nach dem Interregnum: Die Luxemburger 5 Herrscher 1308-1437=120 Jahre

Die Bayern 2 Herrscher 1314-1347= und von 1742-1745= 38 Jahre

Die Hohenzollern 3 Herrscher zwischen 1871-1918= 48 Jahre.

Das Haus Österreich/Habsburg dagegen stellte im Deutschen Reich 19 Herrscher zwischen 1273 und 1806/1835, d.h. 534 Jahre, in Österreich-Ungarn 3 Herrscher von 1806/1835 bis 1918, d.h. 113 Jahre. (Der Gemahl der Kaiserin Maria Theresia, Franz I von Lothringen, 1745-1765, brauchte – obwohl nur er der Träger des Kaisertitels war- nicht einmal mitgerechnet zu werden.) Das Haus Österreich/Habsburg als deutsches Herrschergeschlecht herrschte mithin während (insgesamt, mit kleinen Unterbrechungen) 534 Jahren plus 113 Jahren. Dies sind mehr als vier mal so viele Jahre, als ein anderes Herrschergeschlecht des Deutschen Reiches je regiert hat. Dies sind in der Tat mehr Jahre als die o.a. aufgezählten wesentlichen anderen 6 Herrschergeschlechter des Deutschen Reiches ab 911 n.Chr. z u s a m m e n genommen zählen. Während mehr als fünf Jahrhunderten, das heißt über ein halbes Jahrtausend vom frühen Mittelalter bis nach der französischen Revolution, war das Haus Österreich/Habsburg als „Kaiser und Reich", fast als identisch angesehen worden.

Eine Nation braucht eine sehr lange Zeit, um entstehen und wachsen zu können.

3.783

Die logisch dann unumgängliche Folgerung aus der Konstruktion einer österreichischen Nation – die ja keinesfalls an einem Tage, beispielsweise ungeachtet solchen alliierten Geburtsbefehls am 8. Mai 1945 aus dem Nichts „geboren" worden sein kann –, die logische Folgerung ist absurd. Diese logisch dann unumgängliche Folgerung aus der Konstruktion der Österreichischen Nation führte danach folgerichtig zu dem absurden Schwachsinn, als logisch fingieren zu müssen … das Deutsche Reich, Deutschland, das deutsche Volk sei über ein halbes Jahrtausend seit 1273 bis 1806 bzw. bis 1866 von der „fremden" österreichischen Nation unterworfen und besetzt gehalten worden … sei von dem „ausländischen" Herrschergeschlecht Haus Österreich-Habsburg beherrscht und regiert worden, insbesondere um den tödlichen Preis des 30 jährigen Krieges.

Diese logische Konsequenz der Existenz der „Österreichischen Nation" wäre, um es wiederholend zu betonen, absurder Schwachsinn, obwohl ihre Grundlage, die „österreichische Nation" heute offiziöse Politik ist.

Hinzu kommt noch, daß die deutschen Könige und „römischen" deutschen Kaiser ja nicht kraft Erbschaft Herrscher wurden. Sie wurden vielmehr quasi „repräsentativ-demokratisch" gewählt: Von durch Reichsgesetz festgelegten Teilen des deutschen Hochadels, von den 7 Churfürsten. Diese vornehmsten deutschen Reichsfürsten hätten also mithin (– ungeachtet mancher Bestechungsgelder! –) freiwillig 1 9 mal, mit Franz von Lothringen 20 mal den Herrscher der fremden Besatzungsmacht Österreich wählen müssen, 534 bzw. 554 Jahre lang. Dies zeigt die Absurdität der neuösterreichischen Konstruktionen noch in potenziertem Maße.

3.784

Österreich blieb im Deutschen Bund 1815 – 1866 im Verband aller deutscher Staaten, ganz genau wie alle anderen deutschen Staaten auch. Österreich blieb – wie Bayern, Württemberg, Baden, Hessen südlich des Maines, sowie Liechtenstein – zwischen 1867 und 1871 ein Teil des politischen Deutschland, obwohl alle diese Staaten nicht Mitglieder des norddeutschen Bundes waren: Und es weder werden konnten, noch es werden wollten. Nur

Luxemburg war 1867 ausgeschieden. Ebenso blieben die deutschen Siedlungsgebiete Österreichs – Cisleithanien, die deutschen Gebiete der „im Reichsrat vertretenen Königreiche und Länder" – zwischen 1871 und 1918 Teile Deutschlands, obwohl sie (noch) nicht Staaten des Deutschen Reiches geworden waren. Der einzige Grund der Teilung 1866/1871 war die damals wohl unumgängliche Gleichrangigkeit ... der katholischen Kaiser des Hauses Habsburg in Österreich, der evangelischen Kaiser des Hauses Hohenzollern in Preußen und im Deutschen Reich. Nichts aber unterschied d e s h a l b das Territorialschicksal Österreichs von dem jedes anderen deutschen Landes im gesamten deutschen Volksboden bis zum Ende des ersten Weltkrieges.

3.785

Die Verbote der Volksabstimmungen für den Anschluß in den 4 westlichen Bundesländern, die Vergewaltigung DeutschÖsterreichs 1918 – 1920 durch Saint Germain und Versailles, 1922 durch die Genfer Protokolle, 1931 durch Frankreich mit Hilfe des Schiedsgerichtshofs in Den Haag, wirkten nicht identitätsbildend für Österreich. Sie konnten nicht zu einer Nationswerdung Österreichs führen.

Nach 1933 und bis 1938 waren dann aus i n n e n politischen Gründen – Dollfuß, v. Schuschnigg – Teile der österreichischen Politik außen politisch eine Verletzung der deutschen Aufgabe Österreichs in Deutschland: Sie waren moralisch beurteilt ein Vergehen an dem allen Deutschen, auch den Österreichern gehörenden Deutschen Reich. Für dieses Deutsche Reich fielen dann, ebenso wie 1914 – 1918, wiederum 1939 – 1945 Millionen der Besten aller deutschen Stämme, auch der Österreicher, auch der Preußen, wie zum 20. Juli 1944 mit dem Rufe und der Ermahnung und Aufforderung des sterbenden Grafen Stauffenberg:" Es lebe das heilige Deutschland"

3.786

Es ist unzweifelhaft ein unhaltbarer Zynismus, simplifizierend so weit gehen zu wollen, zu postulieren, daß „Adolf Hitler Österreichs Vergeltung an Preußen" gewesen sei.

1933 / 1938 aber hat vor der Geschichte im Ergebnis durch einen österreichischen „Führer" Österreich sich die deutsche, cum grano salis „preußische" Armee zu unterstellen vermocht.

1933 / 1938 aber hat vor der Geschichte im Ergebnis durch einen österreichischen „Führer" Österreich sich das restliche Deutsche Reich zu unterstellen vermocht: Keinesfalls umgekehrt! Dies ist das faktische Ergebnis der Geschichte.

Daß Österreich in einer unzutreffenden „laudatio auctoris" nach der Staatskatastrophe und der Niederlage ausgerechnet Deutschland – und natürlich Preußen – verantwortlich machte, und sich zu „salvieren" vermochte als „befreite" Macht, ist ein ironischer trauriger Witz der Geschichte.

Angesichts dieses Ergebnisses der Schicksaljahre 1938 mit 1945 ist es absurd, daß 1945 nicht Reichsdeutschland es Österreich, sondern Österreich es dem Deutschen Reich nach dem unter einem österreichischen „Führer" geführten und verlorenen zweiten Weltkrieg übelnimmt und vorwirft, daß das Deutsche Reich 1938 durch Hitler von Österreich v e r e i n n a h m t worden war,

daß 1945 Österreich sich unter der Moskauer alliierten Lüge, „das erste freie Land, das der typischen Angriffspolitik Hitlers zum Opfer" gefallen ist, sich freizuzeichnen sucht von der Blutschuld des Hitler, sich freizeichnen will von dem Kriegsverlierer Deutsches Reich, sich freizeichnen will von allen anderen Deutschen.

3.787

Es geht vor der Geschichte und der Verantwortung aller Deutschen hier nicht darum, ob 1945 – 1955 von Österreich Schattengefechte geführt worden sind, ob manchem manches stickig, kindlich, peinlich, unwahr erscheinen mag, als Nabelschau. Die Wiederherstellung der Souveränität Österreichs, die Erklärung der Neutralität Österreichs haben ihren geschichtlichen Auftrag erfüllt. Es muß jetzt jenseits der üblich gewordenen deutschen „Timidität" – um nicht Deutlicheres zu sagen – möglich sein, an und für die Zukunft zu denken: Gerade in Richtung Europa. Ebenso wie es legal und legitim ist, nach dem Selbstbestimmungsrecht in Österreich an ein vereinigtes Europa zu denken und sich einzugliedern, ebenso ist es legitim, in Österreich an Deutschland zu denken. Es ist ein Widerspruch in sich, daß alle Nationen Europas an einem vereinten Europa zu arbeiten seit langem begonnen haben, daß dagegen Österreich wirklich als Kleinstaat, in Eigenbrötelei, in Verzwergung, in provinzieller Enge, in mittelalterlichem Stammesdenken, (in „Verhausschweinung" nach Konrad Lorenz), sein Genügen im XXI. Jahrhundert finden können sollte. Dies wird nicht sein. Langfristige, wenig verpflichtende Aufnahmeanträge sind zu wenig. Österreich wird alle seine Aufgaben erkennen müssen.

3.788

Ein seit Jahren im Gang befindlicher geistiger Rückzug Österreichs auf möglichst vielversprechenmde vage Inhalte ... seien es mystische Nachklänge ohne eigentliche Verpflichtung, seien es pseudomoderne Ersatzbegriffe der ganzen Welt, „Kranz und Kreuz des Abendlandes", „Herzstück Europas", „Besondere Beziehungen", einerseits, „Drehscheibe Europas", „Brücke zwischen Ost und West, Nord und Süd", mehr als eine Grenze, Handelspartner von Ost und West, Fremdenverkehrsmacht, internationales Kongreßzentrum, andererseits

ändert nichts an Österreichs deutscher Verpflichtung aus einem Jahrtausend österreichischen Lebens in Deutschland. Diesen Rückzug ins Alltägliche glaubt man Österreich nicht eigentlich, und er nutzt Österreich noch nicht einmal. Die feindliche „moraltheologische Dämonologie" beschmutzt und hetzt gegen Österreich ganz genauso wie gegen die Bundesrepublik. Der vergeblichen, aber tiefgründigen Kakaphonie gegen Bitburg 1985 entspricht die internationale Rufmordkampagne gegen Waldheim 1986; bei der es genügte, deutscher niedrigrangiger Offizier gewesen zu sein, um verhaßtes Angriffsziel zu werden.

Der Versuch, das vergangene riesige ideelle mittelalterliche und das moderne kleine territoriale Österreich zusammenzufassen, nunmehr geistig gerichtet gegen Deutschland, ist ein Fehlschlag. Der Versuch, beide als Österreichs Sendung und Mission für identisch zu erklären, ist im Zeitalter des demokratischen Selbstbestimmungsrechtes ein Anachronismus.

3.789

Wieso sollte – wie vorgebracht wird – von dem Jahrtausend der österreichischen Geschichte als Teil der deutschen Geschichte Abschied genommen werden können bzw. sogar müssen?

Wieso soll durch einen verlorenen Krieg eines österreichischen Deutschen die tausendjährige Idee vom Deutschen Reich durch die Jahre 1939 – 1945 pervertiert oder ausgelöscht worden sein?

Wieso soll durch die Zeit von 1938 bis 1939, durch den Krieg von 1939 bis 1945, durch 1945 die Integration Österreichs in Deutschland unmöglich gemacht oder ad absurdum geführt worden sein?

Nicht entscheidend ist, ob der deutsche Teilstaat Österreich zu einem deutschen Gesamtstaat gehört! Entscheidend ist, daß Österreich zu Deutschland, das heißt zum deutschen

Volk und zur deutschen Nation gehört: Daß die Bevölkerung Österreichs, die „Staats"nation Österreichs dies weiß und diese ihre Zugehörigkeit bejaht. Kein Siegerstaat der Welt kann entgegen dem Selbstbestimmungsrecht der Völker die Volkszugehörigkeit der deutschen Österreicher, der österreichischen Deutschen entgegen dem Willen der Österreicher bestimmen. Der erfolgte Versuch, dies zu tun, die Diktate von 1945 und 1955 durch die Alliierten, sind moralisch – vergleiche das US – amerikanische Eingeständnis – eine Lüge. Politisch und rechtlich sind sie völkerrechtswidrig. Wenn Österreich, wenn das Volk in Österreich es will, sind sie zum Scheitern verurteilt.

Es wird nur an den Deutschen liegen, in der Bundesrepublik Deutschland, einschließlich Berlin(West), einschließlich der ehemaligen „DDR", einschließlich Ostberlin, nunmehr im vereinten Vier-Zonen-Deutschland, an den österreichischen Deutschen, ob Gromyko recht behält, oder ob die Geschichte weiter, so wie schon bisher, über ihn hinweg gehen wird. 1975 hatte er erklärt, daß „die deutsche Frage aufgehört habe zu existieren, da sie nicht mehr den Forderungen der Zeit, nicht mehr der Lage in Europa und nicht mehr den Haupttendenzen der internationalen Entwicklung entspricht". Seit Jahren nunmehr ist die „Haupttendenz" Österreich absolut nach Westen gerichtet. Im Westen von Österreich liegt nur Deutschland. Die Verbindung Österreichs zum Westen und nach Europa geht nur über Deutschland.

3.79

Was ist nun also Österreich?

Dr. Alois Oberhumer 1946: „Es gibt kein österreichisches Volk, nur ein deutsches Volk in Österreich. Es gibt auch keine österreichische Nation, sondern nur österreichische Staatsbürger deutscher Nationalität". „Man kann aus einem Volk, in das man hineingeboren wird und dem man mit Sprache und Kultur verhaftet ist, nicht austreten. Die Österreicher sind … ein deutscher Stamm, der durch Jahrhunderte der beste deutsche Stamm gewesen ist!" Zitat: Chefredakteur Dr. Alois Oberhumer des sozialistischen Linzer „Tagblatt", 17. Februar 1946! (Anschließend wurde Dr. Oberhumer gekündigt, das Tagblatt von der US amerikanischen Militärregierung verboten!)

3.791

Was ist nun also Österreich? Keine Nation! Keine eigenständige Kulturnation! Keine selbständige Sprachnation! Es bleibt ein „politisches Staatsvolk!" Eine sogenannte „Staats"nation: Keine ethnographische „Nation"!

Nach der demokratischsten Definition der unabdingbaren Grundvoraussetzungen der Bildung und des Bestandes eines Staatsvolkes, der berühmten Definition von Ernest Renan über den „plebiscite de tous les jours", bleibt für Österreich die Bilanz zu würdigen. Vorweg bleibt mit allem Nachdruck festzustellen und festzuhalten, daß Österreich unbestritten ein sehr liebenswertes und menschliches Land ist. Doch dieses steht hier gerade nicht zur Würdigung, ist kein Argumentationsmerkmal, gerade weil Österreich einer der schönsten Teile Deutschlands ist.

3.792

Vergleichsmaßstäbe: Für die objektive Würdigung der fraglichen „Nation Österreich" ist es unerläßlich, sich an Hand der angedeuteten neutralen Kriterien einer Nation in Europa Vergleichsmaßstäbe zu suchen und danach Österreich zu würdigen. Wie ist der Vergleich in Europa: Zunächst die 5 (+1) Kategorien der „Normalstaaten":

Nationalstaaten o h n e erhebliche Minderheiten: Wirkliche Nationen (nicht nur gemäß der Minimaldefinition) mit Nationalstaaten ohne erhebliche Minderheiten, das sind dann aber auch ebenso gleichzeitig Kulturnationen, ebenso gleichzeitig Sprachnationen gibt es in Europa 9: Portugal, Island, Irland, Dänemark, Norwegen, Schweden, Niederlande, Malta, Albanien.

Nationalstaaten m i t (z.T. höchst erheblichen) nationalen Minderheiten: Wirkliche Nationen (nicht nur gemäß der Minimaldefinition) mit Nationalstaaten mit zum Teil höchst erheblichen Minderheiten, dies sind dann aber ebenso gleichzeitig Kulturnationen, ebenso gleichzeitig Sprachnationen gibt es in Europa 1 4 : Spanien, Frankreich, Großbritannien, Finnland, Italien, Bulgarien, Griechenland, Türkei, Rumänien, Ungarn, Polen, Litauen, Lettland, Estland.

Kleinststaaten ohne eine Nation gibt es in Europa 5 (+1): Andorra, Monaco, San Marino, Athos, Malta, dazu der Vaticanstaat.

Mehr nationale Staaten: Für die Würdigung der Frage nach der „Nation Österreich" erheblicher, – weil von Vergleichsinteresse als jeweils ein logisches Gegenbeispiel – sind die mehr – nationalen Staaten: In Europa drei: Belgien, Tschechoslowakei, Jugoslawien. Sie sind ggf. wenn ihre Völker es wollen, – und dies ist bei den Slowaken und bei den Slowenen, Kroaten und Bosniaken schon unzweifelhaft nicht (mehr) der Fall – äußerstenfalls politische Staatsvölker=„Staatsnationen", oder erst auf dem Wege zum politischen Staatsvolk, sie sind ggf. auf dem Wege zur Kulturnation, sie sind nicht einmal auf dem Wege zur Sprachnation und sie sind auch nicht bereit dazu. Sie sind ohne Zweifel keine „Nationen", sondern ggf. eine Addition von Völkern auf dem Wege zu kleinen Einzelnationen.

Ü b e r nationale Staaten: Ähnliches gilt für den über-nationalen Staat: In Europa die Schweiz. Sie ist ein politisches Staatsvolk, eine „Staatsnation". Sie ist keine gesonderte Kulturnation. Sie ist nicht und wird nicht eine Sprachnation. Sie ist keine ethnische „Nation".

(Alle europäischen Staaten auf dem Boden der Sowjetunion – mit welcher europäischen Ostbegrenzung immer – sind nicht berücksichtigt.)

(Keine Staaten sind dagegen – mindestens noch zur Zeit – die Staatsreste: Nordirland, eine historische Rückzugskolonie Großbritanniens; Man, die Kanalinseln, pitoreske autonome Residuen; die Färöer, Grönland; in der Entwicklung; Gibraltar; eine Rokokozwingburg/Militärkolonie; beide Zypern; z.Z. noch ungeklärt.)

3.793

T e i l e einer Nation: Das aus allen diesen Staaten, diesen „Normal"staaten herausfallende entgegengesetzte Extrem bilden die Staaten von Teilen einer Nation: Sie sind politische Staatsvölker oder mögen auf dem Wege zum Staatsvolk sein. Sie bilden keine eigengeartetet Kulturnation. Sie sind keine eigene Sprachnation. Es gibt sie höchst bezeichnender Weise in Europa nur auf dem deutschen Volksboden: In Europa 5 (+ 1) Sie sind keine Nationen! „Bundesrepublik Deutschland" einschließlich ihres Bundeslandes Berlin (West); „Deutsche Demokratische Republik" einschließlich Ostberlin, sogenannte „Hauptstadt der DDR"; seit 1989/199o liquidiert; an beider Stelle „Vier-Zonen-Deutschland" … „Republik Österreich"; „Grand Duché de Luxembourg"; „Fürstentum Liechtenstein"; („Freie Stadt Danzig" unter polnischer Verwaltung:als nudum ius!

Über alle diese Staaten, Teile des deutschen Volkes, ggf. der deutschen Nation, ist an anderer Stelle Deutlicheres ausgeführt worden.

3.794

Die Frage nach der Nation: Was folgt aus dieser Würdigung der Nationen, der

Nationalstaaten, Kulturnationen, Sprachnationen, politischen Staatsvölker Europas nunmehr für die Frage nach der „Nation Österreich"! In einer beispiellosen „elitären" Anmaßung wird Verfälschung zur Lage Österreichs gepredigt. Beansprucht wird von pseudowissenschaftlicher Seite, diesen Stimmen nachfolgend offiziös bzw. offiziell von politisch interessierter Seite in Österreich, daß das selbstverständliche demokratische bloße Staatsbekenntnis, – nach der Minimaldefinition des „plebiscite de tous les jours" – allein schon zur Feststellung des Entstehens, der Existenz und der Entwicklung der gewünschten neuen „Nation Österreich" genüge, ebenso wie zur Beendigung der Zugehörigkeit zur so viel größeren deutschen Nation.

Teilnahme an einer demokratischen Wahl als Entstehung der Nation Dies ist platterdings, wie weiter zu belegen sein wird, so unzutreffend, daß die Vertretung einer solchen These wissenschaftlich erstaunlich und politisch und moralisch beschämend ist.

3.795

Entstehung der Nationsthese: Bezeichnend war, daß als erste Kommunisten in der ehemaligen sowjetischen Besatzungszone Österreichs den inneren Drang zur Vertretung der österreichischen Nation entdeckten und predigten:

Koßmann: Aus: „Weg mit dem inneren Deutschtum": „Nun, wir sprechen deutsch ... wenn es damit sein Bewenden hat, wenn wir sonst ein nichtdeutsches, undeutsches Land und Volk sein wollen" ... (im „österreichischen Tagebuch", 29.7.1946)

Otto Langbein: Aus: „Unsere Stellung zur deutschen Nation": „Wir müssen ... beweisen, daß wir keine Deutschen sind ... die deutsche Nation und die deutsche Kultur sind für uns eine fremde Nation, eine fremde Kultur ... (in „Weg und Ziel" Nr.1/1947)

Niemand wird heute mehr bereit oder stolz sein, diesen kommunistischen Ursprung der „Nation Österreich" zu vertreten.

Dr. Karl Renner, Bundespräsident: Er erklärte die offizielle Version am 22.10.1946 zeitweilig so, daß er zugleich dreierlei Verschiedenes beanspruchte:

„die selbständige österreichische Nation internationalen Gepräges", das heißt die „österreichische Nation"; „Anteil an der Kultur der deutschen Nation", das heißt „keine österreichische Kulturnation"; „das österreichische Volk, das die deutsche Sprache spricht", das heißt „keine österreichische Sprachnation"; sondern: deutsche Kulturnation, deutsche Sprachnation! Dies sind drei Forderungen, die sich widersprechen und sich logisch ausschließen.

Leopold Figl, Bundeskanzler: Er formulierte eine noch weitergehende Version am 27.10.1946: „Österreich sei kein zweiter deutscher Staat"; „Österreich sei kein zweites deutsches Volk"; „Das österreichische Volk sei etwas eigenes ... in Europa ... entstanden aus einer Vermischung von Kelten, Bajuwaren, Franken, Römern, Magyaren, Hunnen, Türken, jungem slawischen Blut von Norden und Süden, romanischen Elementen". Vergessen wurden dabei erstaunlicherweise nur – trotz der so überaus liebevollen und irreführenden Enumeration – die Rhäto-Romanen, die Alemannen, Illyrer, Veneter, Karner, Awaren, Kroaten ... Dies erscheint unverständlich, da Figl bei seiner sinnwidrigen Aufstellung – Türken, Hunnen – ja doch offensichtlich so außerordentlich an einer Addition und Mischung möglichst zahlreicher nichtdeutscher Elemente lag. Die Aufstellung dürfte – gelinde gesagt – das Unzutreffendste sein, daß je ein Staatsmann zu fingieren versucht hat.

3.796

Staatsangehörigkeit? Es folgt der Versuch der Verstaatlichung der Bevölkerung Österreichs zu einer nunmehr Nation.

Niemand verkennt die Existenz einer österreichischen Staatsangehörigkeit. Nun aber ist Volk, erst recht Nation ohne Zweifel nicht gleich Staatsangehörigkeit. Die angebliche „westliche" Auffassung der Nation, die Frankreich vertrete, wird angesichts der Existenz der keltischen Bretonen, des Urvolkes der Basken, der italienischen Corsen, der germanischen Vlamen, Elsässer und deutsch-Lothringer in dieser „Staatsnation" Frankreich so einzigartig, daß sie für Österreich nicht in Frage kommen kann.

Zu fragen bleibt dann angesichts der unleugbaren Ungleichheit zwischen Nation und Staatsangehörigkeit, ob es wirklich der von niemandem angerührten Existenz des österreichischen Staates nützt oder gar erforderlich ist, daß die deutsche Bevölkerung Österreichs sich als ein von dem deutschen Volk verschiedenes Volk, als eine „Nation Österreich" bekennt? Staatsgrenzen sind ungleich Nationsgrenzen, Volksgrenzen, Kulturgrenzen, Sprachgrenzen. Kulturelle Gemeinschaft besteht nicht nur mit den eigenen Staatsangehörigen, sondern mit den Angehörigen des eigenen Volkes, der gleichen Nation. Die heutige Existenz des Staates Republik Österreich ist so völlig unumstritten, daß buchstäblich niemand sie in Frage stellt. Zur Erhaltung und Festigung dieses Staates Republik Österreich ist es höchst erfreulich, daß die Bevölkerung Österreichs sich als eigenständiges souveränes Staatsvolk, als Gemeinschaft österreichischer Staatsangehöriger fühlt.

Nur: Eine These Staatsangehörigkeit gleich Nation – in Österreich ist unhaltbar. Eine solche These – die Frankreich mit seinem ius soli näher liegen mag – scheitert sogar im Falle Frankreichs an der Existenz der Frankokanadier, die kein geringerer als Staatspräsident de Gaulle provokativ als Franzosen anerkannt hat, obwohl sie nun offensichtlich keine französischen Staatsangehörigen sind.

Aber selbt wenn kontradiktorisch einmal unterstellt werden soll, daß „la république une et indivisible" gleichzeitig „la grande nation" sein könne und sei: In Österreich wie in Bayern, in Württemberg, in Hessen ist die kollektive Selbstbesinnung, das Bekenntnis, die Selbstbestimmung zur anerkannten Staatsintegrität des Staatsvolkes ungleich der deutschen Nation. Staatsbewußtsein, Bewußtsein, Angehöriger dieses Staates zu sein, ist ungleich Nationalbewußtsein. Die fortdauernde deutsche Reichsstaatsangehörigkeit, die Souveränität der Zeiterscheinung Bundesrepublik Deutschland, Vier-Zonen-Deutschland, der Republik Österreich, ist eine andere Ebene, ist eine andere Kategorie als die deutsche Nation. Die deutsche Nation besteht ohne Rücksicht auf Staaten und Staatsangehörigkeiten.

3.797
Prozentsätze: Prozentsätze sind zwar grundlegende Voraussetzungen, aber noch keine Beweisargumente für die Existenz einer gesonderten „Nation Österreich". Wenn und weil „die Österreicher „statistisch: zu 99,5% deutschsprachig sind, zu 98% von deutscher Abstammung sind, zu 89% römisch-katholisch sind, zu 23,4% Wiener sind, vorgeblich (und unter einer schiefen Fragestellung) zu 67% ihr eigenes selbständiges Staatsvolk bejahten 1980, einige Prozent langsam auf dem Wege sind zur Anerkennung des Staatsvolkes = Staatsnation Österreich, einige Prozent noch Nein sagen selbst zum isolierten österreichischen Staatsvolk = Staatsnation, einige Prozent unentschieden gegenüber stehen, so bleibt jedes „Österreichgefühl", jedes Gefühl, ziemlich= geziemend oder sehr stolz zu sein auf die österreichische Staatsangehörigkeit höchst erfreulich. Doch ist der österreichische Staat, die Republik Österreich, das Staatsvolk=die Staatsnation noch keine österreichische, von der deutschen getrennte ethnische Nation.

(Und gegen ein borniertes Vorbringen: Mit einem „deutsch-völkischen Ahnenpass" – etwas, das es nie gegeben hat – hat das nicht das Geringste zu tun.)

3.798

Unterschied zwischen Staat und Nation: Beispiele in Fülle in Europa belegen den Unterschied von – gegebenem – Staat und – mangelnder – Nation. Einige Fakten seien angeführt:

Schweiz: Die Bevölkerung der Schweiz bejaht ihren Staat fraglos seit vielen Jahrhunderten. Dennoch gibt es in der Schweiz nur 4 Völker, Staatsvölker, aber keine schweizer Kulturnation noch schweizer Sprachnation, keine schweizer Nation; trotz 8 Jahrhunderten schweizer Geschichte seit 1231 in freier Selbstbestimmung zum „Staatsvolk", zur „Staatsnation". Insbesondere aber muß weiter betont werden, daß Scheinberufungen aus Österreich auf die Absonderung der Schweiz aus Deutschland unzutreffend und irreführend sind: Wegen der Unterschiede aller Fakten der Lage. Die Schweiz hat 7 Jahrhunderte in freier Selbstbestimmung um ihre Sonderstellung, ihre Selbständigkeit gekämpft. Sie ist seit 1648 völkerrechtlich anerkannt als souverän. Sie hat sich freiwillig und bewußt aus jedem deutschen Staatsverbande losgelöst: Zur Willensnation!

Österreich dagegen ist nur drei mal durch fremde hohe völkerrechtswidrige Gewalt entgegen dem Selbstbestimmungsrecht: 1920 gegen seinen demokratisch erklärten Willen am Anschluß gehindert worden, 1945 von den Alliierten mit der Lüge der „Moskauer Deklaration" als Begründung aus dem deutschen Staatsverbande herausgeschnitten worden, 1955 von den Alliierten erneut zur Anerkennung dieser Staatsgrundlage zur endlichen Erreichung der Räumung erpresst worden. Österreich ermangelte der Selbstbestimmungsmöglichkeit der Schweiz.

Belgien:

Die 2 Bevölkerungsteile Belgiens bekennen sich zu ihrem Staate seit nunmehr 166 Jahren seit der Revolution von 1830. Den Anfang bildete ein freier Willensakt, nicht das Diktat eines fremden Befehls. Dennoch gibt es nur Vlamen, Wallonen, die frankophone Region Brüssel, das deutschsprachige Eupen-St. Vith. Die einzigen Belgier könnten der König und seine Familie sein. Es gibt weder eine belgische einheitliche Kulturnation noch eine belgische Sprachnation. Dagegen mag es ein politisches belgisches Staatsvolk, eine belgische Staatsnation geben, wenn die Völker Belgiens es wollen. Eine belgische Nation gibt es nicht.

Jugoslawien lohnt zufolge seiner Auflösung nicht mehr der Behandlung.

Die „DDR" ist liquidiert worden.

Ähnliches gilt für die kleinen Sonderfälle Luxemburg, Liechtenstein, Danzig.

3.799

Deutsche Kultur- und Sprachnation: Österreich ist ein unverzichtbarer Teil der deutschen Kulturnation. Die Fortdauer der ungeteilten deutschen Kulturnation gefährdet die Staatlichkeit Österreichs nicht, gefährdet seine politische Selbständigkeit nicht. Weder Österreich noch die Schweiz noch Luxemburg noch Liechtenstein noch Danzig sind eigenständige Kulturnationen. Sie bedürfen zu ihrer selbstverständlichen politischen Selbständigkeit dieser kulturellen Pseudo-Eigenständigkeit nicht.

Ohne jeden Zweifel zutreffend ist betont worden, daß die Schriftsprache, die gesprochene Hochsprache allein noch keine Nation zu begründen vermöge. Die Vielzahl verschiedener Nationen gleicher Sprachen, der englischen, der spanischen, der portugiesischen Sprache beweisen es. Der Fall der USA, viele Nationen bis zur endlichen Integration, aber i.allg. nur eine Sprache, ist einmalig. Für Österreich ist er ohne Vergleichswert. Die Gleichheit der Sprache allein vermag auch die Fortexistenz einer bestehenden Sprachnation noch nicht zu gewährleisten. Umso überflüssiger waren alle Versuche zu Theorien der Entwicklung einer österreichischen Landessprache im Gegensatz zur deutschen Sprache. Österreich ist und bleibt unveränderlich ein Teil der deutschen Sprachnation. Etwaige entgegenlautende Propaganda ist ohne Belang und zu belächeln.

Die Erfindung einer Germanophonie ist überflüssig. So wie jeder anderslautende Ersatz ebenso überflüssig wäre.

3.7910

Es gibt im Zusammenhang mit dem Entwurf zu einem Museum zur Deutschen Geschichte in Berlin Versuche zu Kompromissen. Von dem Kieler Emeritus K.D. Erdmann wurde die Hierarchie zu entwickeln versucht, es gebe neben- und ineinander in Deutschland: 3 Staaten: Bundesrepublik Deutschland, Österreich, Deutsche Demokratische Republik. 2 Nationen: Die deutsche Nation, die österreichische Nation, 1 Volk: Das deutsche Volk. So gut gemeint solche Versuche waren, so sind sie doch politisch wie logisch zum Scheitern verurteilt.

Politisch neigt man angesichts der deutschen „Timidität" dazu, Österreich, einen über 1000 Jahre zweifelsfreien Teil Deutschlands, hinwegzufingieren: Und von 2 Staaten in Deutschland – bis auf Weiteres wenigstens das noch – auszugehen. Aber mit „Vier-Zonen-Deutschland" ist auch dieser Scheinausweg erledigt.

Logisch sind selbst die drei Staaten in Deutschland anfechtbar. Danzig, Luxemburg, Liechtenstein gehören zweifelsfrei zur deutschen Geschichte einerseits. Die „DDR" andererseits war kein „Deutscher Staat".

Die „Zwei Nationen in einem Volk" sind kaum logisch und wenig sinnvoll. Der angebliche Gegensatz „Zwei Nationen in e i n e m Volk" ist unlösbar. Die theoretischen Unterschiede zwischen Nation und Volk überzeugen bei solcher Scheingegenüberstellung nicht mehr. Wenn es vorgeblich Bundesdeutsche, DeDeÄrsche Deutsche, Österreichische Deutsche geben soll: So sind und bleiben sie eben eines doch … Deutsche.

3.7911

Welche Nation? Friedrich Heer fragt mit Recht – und mit eigenartiger Absicht – welche „Nation" gemeint sei: Die des Hochmittelalters, diejenige Montesquieus, diejenige Meinekkes! Eine Antwort dürfte sich im hier in Frage stehenden Falle erübrigen: Die deutsche Nation erfüllt jeden dieser Definitionsversuche! Eine projektierte „österreichische Nation" dagegen erfüllte aber bei wissenschaftlicher Redlichkeit k e i n e n dieser Definitionsversuche!

Versuche zur Stiftung von Verwirrung: Die Nationen seien alle sehr jung; sie seien erst im Zuge des monarchischen Absolutismus entstanden, insbesondere: die „österreichische Nation" sei 1806 entstanden, mit dem Untergang des mittelalterlichen Reiches; sind nichts als journalistische Fehlleistungen, sind unbewußt oder bewußt Geschichtsfälschungen, sind schlicht kindlich: Trotz Hilde Spiel.

Die offiziell nun so sehr erwünschte These von der „Nation Österreich" ist eine solche absichtliche Verwirrung der Begriffe, Staat, Bevölkerung, Volk, Staatsvolk, Staatsnation, Nation. Doch ist diese These so offensichtlich mehr als umstritten, so daß sie offiziell „amtlich" nur verdeckt geteilt und vertreten wird. Diese These der „Nation Österreich" ist eine absichtliche, wissentliche, willentliche Erfindung o h n e sachliches objektives Fundament. Sie ist eine Fiktion. Eine „Fiktion" ist juristisch definitionsgemäß „eine bewußte Lüge". Diese Lüge war bis 1943 noch nicht erfunden. Sie war selbst für die österreichischen Sozialisten im Exil nicht ernsthaft überlegenswert. Sie wurde erst die Lüge der „Moskauer Deklaration" 1943. Sie wurde 1945 als Lüge die offizielle Politik der Alliierten. Erst danach ist sie schwächlich von österreichischer Seite angenommen und übernommen worden: Um danach von US-amerikanischer Seite als Lüge anerkannt zu werden.

Diese absichtliche Verwechselung unvereinbarer Begriffe sollte aufhören zur „Nation Österreich": Österreich ist ein Staat ... und auf diesen aufbauend existiert das politische Staatsvolk. Eine „Nation", – dies sind Menschen!, – ist Österreich, – dies ist ein Gebiet, ein Land, ein Staat! – nicht.

Unstreitig und zweifelsfrei ist, daß es bis 1945 (mindestens noch) k e i n e „Nation Österreich" gab. Ab 1945 existierte eine über jedes Maß deutliche Absicht zuerst der vier alliierten Mächte, dann des offiziösen, dann des offiziellen Österreich, die gewünschte, aber nicht vorhandene gesonderte „Nation Österreich" künstlich konstruieren zu wollen. Der bloße Wille einer Regierung, gewisser sie tragender bzw. unterstützender Kräfte, diese Nation dann eben zielbewußt zu erfinden, genügt sachlich noch in keiner Weise, um sie entstehen zu lassen. Das zuerst stillschweigende und weniger, dann schließlich immer mehr und mehr ausgesprochene Bekenntnis der Bevölkerung Österreichs zu ihrem Staat ist völlig natürlich. Nur hat ein demokratisches „Staatsbewußtsein" mit einer „Nationswerdung" noch absolut nichts zu tun.

Eine Nation entsteht nicht auf Befehl: Schon gar nicht von außen, von vier rechtswidrig, entgegen jedem Völkerrecht und dem Selbstbestimmungsrecht der Völker handelnden Besatzungsmächten 1945 bis 1955. Eine Nation entsteht nicht schon deshalb, weil ein Staat Österreich besteht, und weil Organe dieses Staates liebend gerne nun einmal zur Außenpolitik eine Nation ihr eigen nennen möchten.

Eine „Vaterlandsnation" Österreich ist ein Widerspruch in sich: Vaterland,- Land, Staat! – ungleich Nation, – Menschen! Eine „Bundesnation" Österreich ist eine ebenso sinnlose wie sinnwidrige Fiktion. Österreich ist viel mehr als die um sein Volk herum erfundenen Lügen.

3.7912

Ergebnis: Die „Nation Österreich" wäre auch moralisch kein Königsgedanke. Sie kann nicht o h n e die deutsche Nation existieren, gewissermaßen nur um „dagegen" zu sein. Sie kann nicht n e b e n der deutschen Nation existieren! Es sei denn sie müßte bewußt und absichtlich ohne und gegen die deutsche Nation existieren wollen. So wie das Kommunisten 1945 vorgeschlagen hatten!

Zu einer solch klaren Fragestellung: ... „Zusätzlich zur Wahrung der Selbständigkeit des souveränen Staates Österreich" „gegen die weitere Zugehörigkeit des Staatsvolkes Österreichs zur deutschen Nation zu sein", ist die Bevölkerung Österreichs niemals befragt worden.

Im Ergebnis k a n n sich die Bevölkerung Österreichs nach dem Selbstbestimmungsrecht selbstverständlich von der deutschen Nation lossagen: Wenn dies die Bevölkerung Österreichs in einer freien und geheimen Volksabstimmung ausdrücklich und auf Dauer wünschen sollte. Österreich kann sich aber nur im Einvernehmen mit Deutschland von ganz Deutschland herauslösen in einem Separationsvertrag. Dieser erforderte die offene und übereinstimmende Ausübung des Selbstbestimmungsrechtes: ... durch ganz Deutschland einerseits: Verzicht durch Volksentscheid ... u n d durch ganz Österreich andererseits: Loslösung durch Volksentscheid.

Solange das so nicht geschehen sein sollte, handelt Österreich in einer Sonderform von Separatismus! Der Nationalkrankheit Deutschlands seit 1648. Dies wäre eine Absage Österreichs von sich selbst und von Deutschland. Solche Separation Österreichs von Deutschland wäre erst vollendet, wenn das restliche Vier-Zonen-Deutschland ihr förmlich durch Volksentscheid jemals zugestimmt haben sollte.

Kaiser Maximilian, der letzte Ritter, Prinz Eugenio von Savoie, die Kaiser Josef I. und Josef II., Andreas Hofer, Erzherzog Karl, Radetzky, Tegetthoff, Conrad von Hötzendorf, Seipel, Adler würden eine Separation Österreichs von Deutschland noch anders und noch sehr viel deutlicher bezeichnet haben denn nur als Separatismus.

3.7913

Deutschland ohne Österreich wäre auch nicht mehr Deutschland, sondern ein Rest. Das gleiche Stigma bindet ganz Deutschland und alle seine Teile, negativ wie positiv.

Österreich neben, ohne, gegen Deutschland wäre auch nicht mehr Österreich.

3.7914

Sonderprobleme: Südtiroler! Heimatvertriebene!

Zwei Sonderprobleme der These „Nation Österreich", die unlösbar sind und unlösbar bleiben werden, sind noch zu würdigen:

Südtiroler:

Die Südtiroler waren bis 1920 mit Nordtirol und Österreich vereinigt. Die Südtiroler waren seit 1920 bis 1943 und sind seit 1945 erneut von Nordtirol und Österreich getrennt. Die Regierung der autonomen Provinz, die „Südtiroler Landesregierung" erklärt und behandelt amtlich ihre Volksgruppe als „Deutsche" in Südtirol, als Deutschsprachige, nicht als Österreicher, nicht als Österreichischsprachige. Sie kann gar nicht anders, wenn sie nicht Unzutreffendes erklären möchte.

Die theoretische Entwicklung der fraglichen „Nation Österreich" könnte erst ab und nach 1945 begonnen haben., wenn überhaupt jemals. Danach wären, kontradiktorisch unterstellt, unterschiedlich: die Südtiroler Deutsche, nicht Österreichischer Nationalität, da sie seit 1945 eben nicht dabei gewesen sein würden!

die Nordtiroler Österreichischer Nationalität, nicht Deutsche, da sie seit 1945 bei der „Nationswerdung" Österreichs ja dabei gewesen sein würden! Obwohl naturgemäß und unbestreitbar beide tiroler Volksteile unverändert und ungemindert Tiroler sind und bleiben werden. 1363, 1809, 1914 – 1918, 1943 – 1945! Dennoch sollten sie jetzt geteilt sein und zwei verschiedenen Nationen angehören: Dies ist offensichtlich absurd.

Diese Absurdität hätte im übrigen auch die rechtliche Nebenfolge, daß „Österreich" für die nunmehr ja fremdnationalen „Deutschen in Südtirol" logisch eigentlich nur streitig bzw. nicht mehr „zuständig" bleiben würde: Entgegen dem positiven Recht! Nach der clausula rebus sic stantibus zufolge völliger Veränderung der österreichischen Rechtsgrundlage? Dies wäre erst recht absurd?

Was ein Professor Dr. Gschnitzer, Silvius Magnago, Eva Klotz, im Grunde alle Südtiroler, von dieser theoretischen Auswirkung der „Nation Österreich" halten würden, kann geahnt werden; nicht nur aus der angeführten Stellungnahme von Franz Pahl …

3.7915

Die Heimatvertriebenen aus Österreich-Ungarn:

Eine letzte aber höchst wichtige Folgefrage wäre die Zugehörigkeit zur österreichischen oder aber zur deutschen Nation von über 4 Millionen Heimatvertriebenen, „Österreichern"?, von Österreichern aus dem Sudetenland, Galizien, der Slowakei, Ungarn, Rumänien, Jugoslawien: Da die österreichische Nation, wenn es sie jemals gegeben haben sollte, ja nicht mit einem Trompetensignal am Tage der Kapitulation entstanden sein könnte.

Dabei sind zwei verschiedene Betrachtungsweisen zu unterscheiden:

Entweder: Es könnten zu der „österreichischen Nation" nur diejenigen gehören, die um Österreich herum in den angrenzenden Grenzgebieten wohnten bzw. wohnen: Die Südtiroler, Südmährer, Ödenburger, Marburger usw. Dann wären diejenigen Heimatvertriebenen nur aus diesen wenigen Ländern, die ins Altreichsgebiet vertrieben worden sind, Angehörige der fremdnationalen, nämlich österreichischen Minderheit. Dagegen wären die Heimatvertriebenen aus allen übrigen, nicht angrenzenden Teilen von Österreich-Ungarn Balkandeutsche. Wenn sie nach Österreich vertrieben worden sind, so wären sie nunmehr Angehörige der fremdnationalen, nämlich deutschen Minderheit in Österreich. Beides ist sinnlos.

Oder: Es hätten zur „österreichischen Nation" alle diejenigen Deutschsprachigen gehört, die aus den Gebieten von Österreich-Ungarn nach dem Stande von vor November 1918 stammen. Die Staatsangehörigkeit des Deutschen Reiches in der Form des Artikels 116 des Grundgesetzes für die Bundesrepublik Deutschland ist nicht identisch mit der Zugehörigkeit zur deutschen Nation. (Sonderfragen der Sudetendeutschen, die ja Reichsangehörige geworden waren, bedürfen hier nicht der Beurteilung.) Danach wären die Heimatvertriebenen aus dem ehemaligen Österreich-Ungarn im Altreichsgebiet Angehörige der fremdnationalen österreichischen Minderheit, einer anderen Nation: Ggf. bis zu Millionen. Dies wäre erneut und abschließend vollendet sinnlos.

3.7916
Ergebnis:

Die Bevölkerung Österreichs ist Teil des deutschen Volkes und der deutschen Nation; ist Teil der deutschen Kulturnation; ist Teil der deutschen Sprachnation; ist Staatsvolk eines deutschen Staates, von zweifelsfrei mehreren deutschen, zur Zeit bestehenden Staaten.

Österreich ist und bleibt ein Teil Deutschlands. Die Österreicher sind Deutsche.

3.8 Andere Teilstaaten Deutschlands:

3.81 Preußen:
Preußen ist ein deutliches Gegenbeispiel zur deutschen Nation und zur Staatsnation Österreich. Preußen war k e i n Volk. Preußen war keine Nation. Preußen wäre vielleicht bis 1866 auf dem Wege zum preußischen politischen Staatsvolk gewesen, wenn es daran interessiert gewesen wäre. Preußen war ein Kollektiv, ein Lebewesen eigener Art. Preußen war eine Dynastie, ein Adel, eine Armee, ein Beamtentum, ein Richtertum, eine Lehrerschaft. Preußen wurde in der Bewährung 1740 bis 1763, dann in der Katastrophe 1806 zu einer Idee. Preußen war noch der Leutnant, der Volksschullehrer, der vorgeblich Königgrätz 1866 gewonnen haben soll. Vor der Königskrönung 1701 bestand Preußen nicht als Problem; das Churfürstentum Brandenburg war nur ein Teil eines großen Ganzen, war auf das Deutsche Reich bezogen. Es kämpfte um die Neumark, um Pommern, um Ostpreußen, um Westpreußen. Es hatte noch keine Zeit für den Kampf um die Hegemonie. Nach 1701 und bis 1871, erst recht bis 1914 bestand Preußens nicht gesuchte, kaum gewünschte Ratio darin, – nicht dazu geboren, aber geworden –, sich selbst aufzuheben, um in Deutschland aufzugehen: „Dieser Bismarck macht uns noch den ganzen preußischen Staat kaput". Die Hegemonialmacht wurde Preußen nur um den Preis seines eigenen Aufgehens. Preußen versuchte, sich darauf zu besinnen, wenigstens ein Staat zu sein und es zu bleiben, als es schon mitten im erfolgreichen Untergang war: Mit seiner bloßen Sperrminorität im Reichsrat 1871 – 1918 – 1933; mit seiner sozialdemokratischen Landesregierung und Polizei bis zu v. Papens „Preußenschlag" 1932; mit seinem „Prozeß Preußen contra Reich"

1932.

Im Grunde trat Preußen schon ab 1867 gegenüber dem Norddeutschen Bund zurück. Im Grunde dankte Preußen jahrzehntelang ab, ab 1871 bis 1918. Mit dem verkannten „Charaktermajor" des bloßen „deutschen Kaisers". Praktisch endete Preußen 1888 im Personalregiment eines körperlich wie erst recht geistig verkrüppelten „Monarchen". Förmlich trat es 1914 – 1918 ab unter dem unumgänglichen Diktat der Obersten Heeresleitung. Formal vegetierte es 1918 bis 1932 weiter. Brutal wurde es 1933 inkorporiert in eine Parteidiktatur, die niemals preußisch gewesen war und niemals preußisch wurde. 1945 erhielt es nur noch einen Eselstritt von Ignoranten, die Preußen niemals begriffen hatten und auch gar nicht versuchten, es zu verstehen: Weder Friedrich den II., den Großen, noch Blücher, Scharnhorst und Gneisenau, weder Bismarck noch Moltke, weder August Bebel, Ebert und v. Hindenburg, noch Stauffenberg.

1701 – 1740 war Preußen mit Sicherheit kein Staatsvolk. 1740 – 1786 war es vielleicht auf dem Wege irgendwo dorthin. 1815 – 1867 wandte es sich der deutschen Nation zu und verzichtete damit, ohne es zu wollen oder auch nur zu bemerken, auf seine mögliche Natur als eigenständiges Staatsvolk. Ab 1867 war es nur noch die Gegenwart seiner eigenen Vergangenheit. Nicht mehr. Im Übrigen: Da im Ausland vielfach zufolge der Namensgleichheit Preußen und Ostpreußen verwechselt werden: Die deutschen Länder Ostpreußen und Westpreußen sind eigenständig. Der Staat Preußen umfaßte sie zwar; er ist mit ihnen aber nicht identisch. Er war mit ihnen niemals wesensähnlich oder gleich. Die beiden Neustämme der Ostpreußen, der Westpreußen leben, obwohl der Staat Preußen vergangen ist. Der Geist Preußens ist erforderlich. Des Staates Preußen bedarf Deutschland nicht mehr. Umsomehr steht aus, daß dieser ehrliche Staat durch ein deutsches Gesetz anständig förmlich aufgelöst werden möge.

3.82

Bayern:

Bayern ist ein Lehrbeispiel zum Begriff des politischen Staatsvolkes innerhalb des deutschen Volkes, der deutschen Nation und innerhalb Deutschlands.

Bayern existierte als Stamm Jahrhunderte länger als das deutsche Volk; spätestens seit den Agilolfingern, das heißt seit etwa 555 n.Chr., unter den Scheyern, dann den Wittelsbachern. Es war viele Jahrhunderte vor Österreich eine Macht. Österreich ist durch Bayern, aus Bayern heraus entstanden. Bayern ist fast ein Jahrtausend älter als das Preußen der Hohenzollern nach 1415. Ebenso wie Österreich, wie Preußen, inkorporiert Bayern mehrere Altstämme in seinem Lande; hier Teile von Stämmen: Bajuwaren, Franken, Schwaben, dazu Sudetendeutsche, andere Vertriebene. Ebenso wie Österreich, wie Preußen hat Bayern eine kulturelle Mission, ein „Staats"gefühl. Bayern ist seit nunmehr 14 Jahrhunderten ein Staat, ein Jahrtausend ein deutscher Staat. Die Existenz und die Potenz Bayerns sind geeignet, im Vergleich Österreich und seine vorgebliche Einzigartigkeit und Einmaligkeit eines „privilegium minus" zu relativieren. Bayern relativierte noch mehr Preußen, seine Neuartigkeit, seine Heftigkeit, seine Durchschlagskraft, seine protestantische Konfession. Unbeschadet Gustav Adolf ist es in Deutschland völlig gleich zu achten, katholisch oder protestantisch bestimmt zu sein. Durch Geschichtszufall oder Schicksal wurde Bayern zeitweilig wie Österreich und sogar noch mehr als Österreich die Vormacht des Katholizismus in Deutschland, des süddeutsch-katholischen Teils des deutschen „Geistes". Dies hat Bayern geprägt wie es ist. Bayern blieb immer ein höchst beachtlicher Staat mitten in Deutschland. Eine „Nation Bayern" zu werden hat niemals jemand erwogen noch propagiert noch versucht. Auch nicht die sinnwidrige „Freiheitsaktion Bayern", die 1945 einen selbständigen separatistischen Staat Bayern wollte.

3.83

Sachsen:

Sachsen ist das letzte Lehrbeispiel für den Begriff des Staatsvolkes in Deutschland und gegen eine eigenständige angebliche „Nationswerdung"; nur wegen der Existenz eines Bundeslandes.

Sachsen existiert seit spätestens dem Markgrafen Konrad von Wettin, 1127 – 1156, das heißt seit 850 Jahren: Länger als fast alle europäischen modernen Staaten. Sachsen-Thüringen schenkte der Welt in Martin Luther den Reformator und den Beginn der modernen Zeit. Sachsen schuf die moderne neuhochdeutsche Schriftsprache. Die Wartburg und Dresden sind europäische Kulturmittelpunkte wie nur wenige ihresgleichen. Sie sind Juwelen im Kulturmittelpunkt Mitteldeutschland. Sachsen regierte Polen.

Sachsen ist ebenso „Staat", ebenso Staatsvolk wie Österreich, wie Preußen, wie Bayern. Von der völlig gleichartigen und gleich potenten Substanz her bleibt mit jedem Ernst zu fragen: Warum soll der deutsche Staat Österreich ein „souveräner" Staat, eine „österreichische Nation" sein? ... Warum soll der deutsche Staat Bayern zwar keine Nation, aber ein Staat sein? Warum soll der deutsche Staat Sachsen weder eine Nation noch ein Staat sein?

Von der Substanz her besteht zwischen diesen gleichermaßen bewunderungswürdigen drei Teilen Deutschlands k e i n Unterschied: Volklich, sprachlich, kulturell, geschichtlich, moralisch, geistig, ethisch, politisch ...

3.9 Dismembration zu selbständigen deutschen Staaten
außerhalb des Deutschen Reiches,
außerhalb der Bundesrepublik Deutschland
ohne Bildung einer Nation, ohne Bildung einer Staatsnation.

3.91

Übersicht: Erfolgreich abgeschlossene Separation: 2: Zuerst Liechtenstein; dann Luxemburg, genannt Grand Duché de Luxembourg.

Ungeachtet mehrerer Versuche bisher mißglückte Dismembration: 8: Danzig, Memelland, Rheinische Republik, Pfälzische Republik, Saarland, „Deutsche demokratische Republik", Ostberlin, Westberlin.

Im Einzelnen: Die „Freie Stadt Danzig": Die Sieger der ersten Weltkrieges, die diese „freie" Gebietskörperschaft ja wohl mit irgendeiner Motivation geschaffen hatten, widerlegten sich selbst aufs krasseste, indem sie als Sieger des zweiten Weltkrieges sich ihres eigenen „freien" Geschöpfes nicht mehr zu erinnern bereit waren und es vernichteten.

Das „Memelland". Es war niemals eine besondere Gebietseinheit gewesen. Die Sieger wußten nicht einmal etwas damit anzufangen: Nur loslösen wollten sie es. Die Sieger des zweiten Weltkrieges erinnerten sich wiederum nicht der Existenz ihres Geschöpfes.

Die „Rheinische Republik" und die „Pfälzische Republik"? Diese Mißgeburten blieben vergessen.

Das Saarland: Die Sieger des ersten Weltkrieges verletzten das Selbstbestimmungsrecht. 1935 wurde dies offensichtlich und durch freie Volksabstimmung aller Welt attestiert. Die Sieger des zweiten Weltkrieges probierten ungeachtet des erfolgreichen Plebiscits für Deutschland die gleiche Verletzung des Selbstbestimmungsrechtes der Saarländer zum zweiten Male. 1955 wurde dies erneut offensichtlich und aller Welt attestiert. Die endliche Vernunft Frankreichs ist anzuerkennen.

Die sogenannte „DDR": Entgegen Lenins Lehren wurden die notorischen Verletzungen des Selbstbestimmungsrechtes nunmehr vom Osten probiert. Die Lage blieb aber so prekär, daß die Fiktion einer „sozialistischen deutschen Nation" erfunden werden mußte. Bis 1989 blieb es bei der Unvernunft der UdSSR. Danach ist nun alles erledigt durch den 3.10.1990.

„Ostberlin": Die „Hauptstadt der DDR". Das dort Gesagte gilt potenziert. Die Teilung einer Millionenstadt durch eine Mauer war – obwohl es kaum noch jemand sagte – eine einzigartige, brutale Idiotie. Nunmehr liquidiert 1990.

„Westberlin": Die projektierte „Freie Stadt Westberlin", der achte und bisher letzte Dismembrationsversuch, ist in sich gescheitert vor seiner Verwirklichung. Es war der absurdeste von allen. Es war blanke Unvernunft der UdSSR unter Chrustschow bis Breschnew.

Zusammenfassend ist zu dieser Übersicht von 2 erfolgreich abgeschlossenen Separationen von deutschen Staaten und 8 untergegangenen bzw. mißglückten Dismembrationsversuchen von deutschen Staaten binnen nur 35 Jahren 1920 – 1955, ggf.1990, zu sagen, daß in jeweils krassester und in keiner Weise verschämter Verletzung des Selbstbestimmungsrechtes der Völker immer erneut die gleichen rechtswidrigen bis kriminellen Versuche zur Vergewaltigung Deutschlands unternommen worden sind. Gleiche Versuche sind mit k e i n e m anderen Staat, Volk, Nation in der Geschichte in der ganzen Welt jemals unternommen worden: Geschweige denn wiederholt worden in der schönen Hoffnung, beim zweiten Male könne der Übermut doch endlich noch seinen antideutschen Erfolg erbringen. Zu erinnern bleibt, daß alle diese Versuche unternommen wurden im Namen der Herstellung des Friedens oder sogar der Gerechtigkeit im Zusammenleben der Völker Europas.

3.91
Fürstentum Liechtenstein:

Es geht hier nicht um Quantität, sondern um Qualität: Das Fürstentum entstand aus dem Privateigentum eines österreichischen mährischen Fürstengeschlechtes an zwei Zwergherrschaften am Oberrhein. Erst 1719 wurde es reichsunmittelbar. Als solches ist es das letzte übrig gebliebene Land des Heilige Römischen Reiches Deutscher Nation. Ab dem Reichsuntergang 1806 war es bis 1814 – wie viel größere und stolzere deutsche Einzelstaaten – Mitglied des Rheinbundes Napoleons, 1815 – 1866 Mitglied des Deutschen Bundes. Als solches nahm es an der Kriegserklärung an Preußen teil. Beim Friedensschluß wurde es – horribile dictu – von Preußen vergessen, so daß auch der Krieg nur vergessen worden sein kann. 1876 – 1918 war es mit Vorarlberg ein gemeinsames Zoll- und Steuergebiet. Nach 1918 lehnte es sich ab 1924 durch Staatsvertrag in Zollunion und Währungsunion an die Schweiz an. 1938 wurde es zum Glück zum letzten Male, nunmehr von Adolf Hitler vergessen!

Liechtenstein ist im Grunde ein „souveräner", höchst liebenswerter deutscher ... Amtsgerichtsbezirk! ... Solche AG Bezirke zählte 1936 das Deutsche Reich nur 1661 ... Liechtenstein ist weder Nation noch Volk, aber mit Sicherheit ein Teil des deutschen Volkes und ein deutscher Staat, mit dem „Staat" zu machen ist. Obwohl es zielbewußt aus seiner „Nationalhymne" die lange überlieferten Worte ... am „deutschen" Hochrhein gestrichen hat.

3.92
Grand Duché de Luxembourg:

Auch hier geht es nicht um Quantität, sondern um Qualität: Absolut niemand stellt den Staat Luxemburg in Frage. Dies ändert nichts daran, daß Luxemburg ein deutsches Land war. Nur ist seine Separation von Deutschland erfolgreich abgeschlossen, wenn auch ohne Bildung einer Nation, vielleicht bei Bildung einer „Staats"„Nation", eines Staatsvolkes, ohne Bildung einer Kulturnation geschweige Sprachnation. Die Seltsamkeit der französischen Benennung eines deutschen Landes folgt aus der Geschichte Luxemburgs in Deutschland und Europa.

3.921

1308 – 1313: Heinrich VII, Graf von Luxemburg, war einer von Dutzenden deutschen Grafen im alten Reich, ohne jegliche Besonderheit, auch wenn sein Land zweisprachig war. Nach dem Tode des ersten Habsburgers König Rudolf, nach dem kurzen Zwischenspiel des Adolf von Nassau, dem Jahrzehnt des Albrecht des I. von Habsburg, Rudolfs Sohn, schwindet eine der letzten Möglichkeiten für ein starkes deutsches Königtum durch Albrechts Ermordung 1308 durch Johann Parricida. Um die landfremde Wahl des Bruders des französischen Königs zu vermeiden, wählten die Churfürsten einen Bruder des Churfürsten und Bischofs von Trier, einen kleinen Grafen: Luxemburg. Luxemburg war ein völlig nicht unterscheidbarer Teil im Ganzen des Deutschen Reiches. Es wurde nicht von oder für Frankreich gewählt, sondern gegen Frankreich.

Heinrich VII. nutzte – ebenso wie Rudolf von Habsburg es erfolgreich schon vorgemacht hatte – seine kurze Regierungszeit von nur 6 Jahren, um Luxemburg zu erhöhen und zu vergrößern. 1310 fällt Böhmen an Luxemburg: Ein Königreich im deutschen Königreich; dazu eine Churstimme! Über Ludwig den Bayern und über Friedrich von Österreich hinaus kann Luxemburg warten. Karl IV. von Luxemburg, einer der klügsten und erfolgreichsten Fürsten der deutschen Geschichte, wird deutscher König, dann deutscher Kaiser: 1347 – 1378. Sein Sohn Wenzel kann die Machtstellung nicht bewahren: 1376/ 1378 – 1400. Dessen Vetter Jobst von Mähren, als 4. Luxemburger, stirbt kurz nach seiner Doppelwahl: 1410–1411. 1410–1411–1433–1437: Wenzels Bruder, Siegmund, Markgraf von Brandenburg, König von Ungarn, wird als letzter, als fünfter Luxemburger, deutscher König, dann deutscher Kaiser. Seine zwiespältige Stellung, das Alleinlassen des Deutschen Ordens gegenüber dem Angriff Polen-Litauens 1410 – 1466, die Verbrennung des Reformators Huß 1415, sind Teil unglücklicher mittelalterlicher überaus deutscher Geschichte. 1684 ist Luxemburg französisch besetzt. 1697 – 1794 ist Luxemburg habsburgisch. 1794 – 1814 ist Luxemburg französisch. 1815 – 1830 – 1866 ist Luxemburg Land des Deutschen Bundes (bis 1830 unter niederländischer Verwaltung).

Danach ist im Ergebnis Luxemburg von 911 – 1866 von 956 Jahren höchstens 35 Jahre französisch gewesen und 921 Jahre ein zweifelsfrei deutsches Land.

3.922

Wie danach ein Ministerpräsident von Luxemburg behaupten kann, Luxemburg sei „niemals Teil des Deutschen Reiches" gewesen, bleibt bei 5 luxemburgischen deutsche Königen und Kaisern, bei 921 Jahren deutscher Reichsstandschaft bzw. Bundeszugehörigkeit absichtliche Geschichtsfälschung, die selbst im XX. Jahrhundert unerklärlich ist.

1839: Luxemburg trat mit Arel / Arlon den wallonischen Teil des Staates an Belgien ab, das „wallonische Quartier". 1842 – 1919 Luxemburg ist Mitglied im deutschen Zollverein bzw. in Zollunion mit dem Deutschen Reich. 1866 Luxemburg als Großherzogtum wird (in Personalunion mit den Niederlanden) selbständig. Frankreich versucht es zu erwerben, zu kaufen. Preußen unter Bismarck ist an deutschen, nationalen Notwendigkeiten – aber ohne Substanz für Preußen – nicht interessiert. Daß Luxemburg immer ein deutscher Staat war interessiert nicht. Lediglich zum Schutz Luxemburgs wird es 1867 durch einen Londoner Vertrag für neutral erklärt, die preußische Besatzung der ehemaligen Bundesfestung zurückgezogen. Seitdem, das heißt erst relativ kurze Zeit, ist zu vollstem Recht nach seinem eigenen Willen Luxemburg „le Grand Duché de Luxembourg" als vorletztes Land des Heiligen Römischen Reiches Deutscher Nation.

Nach 1839 war die französische Amtssprache des doppelsprachigen Landes ohne innere Berechtigung Amtssprache des fortan ja einsprachigen, nämlich deutschen Landes geblieben. Seit 1843 war Französisch nur fakultativer Unterrichtsgegenstand an den Volksschulen. Erst 1881 wurde Französisch obligatorischer Unterrichtsgegenstand. Das Land ist objektiv ganz und gar deutsches, „letzeburgisches" Sprachgebiet. Die beiden letzten Dörfer, die 1839 noch wallonisch gewesen waren, Doncols und Soller, haben die allgemeine Volkssprache angenommen. Diese Volkssprache – entsprechend der Volksdevise „Mer wölle bleiwe, was mer sinn" – bleibt das moselfränkisch, derselbe Dialekt wie in Trier oder Saarburg. (Nur dem Vatican blieb es vorbehalten, einmal eine „luxemburgische Sprache", langue luxembourgeoise, für einen päpstlichen Ostersegen urbi et orbi zu entdecken.) Die Luxemburger sind entschlossen, keine Deutschen sein zu wollen. So soll es sein und bleiben. Der Aachener Karlspreis wurde mit Recht für „das luxemburgische Volk" verliehen.

(Nur zum statistischen Vergleich: Der luxemburgische Staat hat die Größe und die Einwohnerzahl eines deutschen Landgerichtsbezirkes bzw. Landkreises. 1936 zählte das Deutsche Reich 154 Landgerichtsbezirke bzw. 1933 715 Landkreise.)

Acht Fälle n i c h t abgeschlossener Dismembration zu selbständigen deutschen Staaten:

3.93
„Freie Stadt Danzig":
Die seit 1466 mehrfach versuchte Dismembration einer „Freien Stadt Danzig" von Deutschland ist höchster Aufmerksamkeit wert. Es findet sich eine höchst symbolhafte wechselseitige Tragik: Die Stadt Danzig zerstörte – mit anderen – 1454-1466 den Deutschen Orden; „Die „Freie Stadt Danzig" zerstörte – durch andere – 1939 – 1945 das Deutsche Reich; Das Deutsche Reich zerstörte – durch andere – 1945 die Stadt Danzig.

3.931
Als pommerellischer Fischerflecken 997 erstmals, urkundlich als Hauptort Pommerellens 1148 erstmals erwähnt. 1227 Lübisches, 1343 kulmisches (Magdeburger) Stadtrecht. 1224 und 1234 – das heißt v o r dem Erscheinen des Deutschen Ordens in der Weichselniederung ab 1231 ab Thorn – wehrten unabhängige pommerellische Fürsten von Danzig Einfälle der Prussen ab.

1224/1227 wird Danzig als „Stadt nach deutschem Recht" von Herzog Swantopolk von Pommerellen ausdrücklich anerkannt. 1227 muß auf Weisung des Papstes ein „Herzog von Polen" die Selbständigkeit der Stadt Danzig ausdrücklich anerkennen. 1240 erhält Danzig die Befugnis zur Selbstverwaltung und die eigene Gerichtsbarkeit. Seine „libertas", seine Lehensfreiheit wird anerkannt. Diese Anerkennung wird 1277 von Herzog Mestwin II. ausdrücklich nochmals wiederholt; mit Wahl des Schultheiß, der Ratsherren („Consules"), mit Anerkennung seiner Rechtssatzungen. 1269 wird Danzig – für 3 Jahre – Lehen des Markgrafen von Brandenburg. 1294 – 1308 gerät Danzig mitten in den pommerellischen Erbfolgekrieg. 1308 fallen „Burg, Stadt und Land" Danzig an den Deutschen Orden. In 3 Prozessen zwischen 1310 und 1339 versuchte Polen[23] mit „böswilligen Erdichtungen" vorzubrin-

---

[23] Bruno Schumacher: Geschichte Ost- und Westpreussens, 3. Aufl. 1958., S.94

gen, die gänzliche Zerstörung Danzigs durch den Deutschen Orden bei der Inbesitznahme, die Ermordung von 10 000 Bürgern bei der Eroberung. Beides war nicht nur unwahr, sondern auch unlogisch. Weil der Orden nicht zerstört und ausmordet, was er selbst braucht und behalten will!

Nacheinander erkannten rechtlich die Herrschaft des Deutschen Ordens über Danzig an: Der deutsche Kaiser, der Markgraf von Brandenburg, die Erben der pommerellischen Herzöge, der Papst. 1343 wird dann erneut auch durch Polen Danzig als unabhängig und als nicht polnisch anerkannt.

1416 betrug die Einwohnerzahl von Danzig schätzungsweise etwa 20 000; zur gleichen Zeit hatte Köln über 30 000, Nürnberg wie Hamburg 22 000, Frankfurt wie Basel 10 000, Dresden 3 000. Der slawische Anteil betrug in Danzig etwa 1,5%. Danzig war danach bis 1466 eine rein deutsche Stadt – und blieb es bis 1945.

Bis zum Tode des Hochmeisters Winrich von Kniprode 1382 blühten der gesamte Staat des Deutschen Ordens ebenso wie seine Städte, und insbesondere darunter Danzig und Thorn!

3.932

Zwischen 1389 und 1454 jedoch begannen sich die Klagen der reichen und überaus stolzen Städte zu häufen:

Zu allererst ging es um wirtschaftspolitische Streitigkeiten mit dem souveränen Orden: Bernsteinmonopol; Vorkaufsrecht; Getreideeigenhandel; Lobgeld-Steuer; Pfundzoll; Getreideausfuhr; Schiffbau für Fremde; Gleichbehandlung im Konkurs!

Gesellschaftliche Streitigkeiten mit dem souveränen Orden schlossen sich an:

Öffnung der Ritterbruderschaft des Ordens für das Patriziat, für den Landadel, für den Prussenadel; Vollschwesternschaft? Aufnahme von Eheleuten in den Orden? Heiratserlaubnis für die Ritter (wie im Calatravaorden!)? Alternierende Hochmeister: Deutsche / Prussen?

Politische Streitigkeiten mit dem souveränen Orden bildeten den Abschluß:

Ordensburgen in den Städten! Auch am Rande von Danzig eine solche Zwingburg! Fehlen eines stehenden Heeres des Deutschen Ordens! Fehlen einer eigenen Hochsee-Kampfflotte des Deutschen Ordens! Fehlen der Symbole der Selbständigkeit der Städte wie bei einer „Freien Reichsstadt"! Siegeln mit rotem Wachs! Mitwirkung der Stände an der Außenpolitik, Krieg, Frieden durch einen „Landesrat", an Gesetzgebung, Landesordnungen, Steuern des Ordens; Fehlen einer Verfassungsgerichtsbarkeit für Preußen, für den Orden u n d seine Städte und Landstände!

1397, das heißt vor 1410 kam es zur Gründung des Verräterbundes, des Eidechsenbundes, 1440 zum „Preußischen Bund", „Bund vor Gewalt", in Wirklichkeit Bund für Gewalt!

Selbst Danziger Historiker, die parteiisch und nicht objektiv sind, z.B. Keyser, konstatieren eine vorgeblich negative Stufenfolge der Entwicklung des Verhältnisses Danzigs zum Deutschen Orden: „Der Orden hat zunächst Danzigs Kaufleute nicht behindert"; dann: Der Orden „begann die Wirtschaftspolitik seiner Städte zu beeinträchtigen"; dann: Der Orden wollte ... „den Forderungen nicht genügen", die er „je länger desto schärfer ablehnte"; dann: „Vermittlungsversuche" des Deutschen Kaisers zwischen dem Orden als Landesherr und dem Untertan Danzig; dann: Das Ziel Danzigs war „Selbständigkeit nach innen und nach außen"; dann: Das „Ziel der herrischen Politik" des Ordens machte „jede Verständigung unmöglich". Es bedarf nicht der Einzelwiderlegung, wonach der nach Kaiser und Papst allzuständige Orden sich nicht zwingen zu lassen brauchte, auf seine Rechte zu verzichten.

3.933

Theoretiker haben ein extensives ständisches vorgebliches „Widerstandsrecht" nachzuemp-finden versucht (Weise), ein „Aufsichtsrecht der Stände". Dabei existierte seit 1422, Frieden vom Melnosee, bzw. 1435, Frieden von Brest, nur ein „Mithilferecht zur Friedensbe-wahrung". Stattdessen bezog sich jede der ultimativen Forderungen Danzigs auf ein unbe-streitbares absolutes Eigenrecht des Deutschen Ordens.

Die Haltung Danzigs – von 1410 bis 1454 – war mehr als zwiespältig. Bei Tannenberg war die bevölkerungsreiche Stadt nicht sehr stark vertreten gewesen; bei der Verteidigung der Marienburg mit ein paar Hundert „Schiffskindern".

Nach Tannenberg ließ Danzig eine Reihe von dem Orden ergebenen Danziger Bürgern ohne Rechtsgrund hinrichten. Die Ratsherren Arnold Hecht und Konrad Letzkau verhandel-ten mit dem König von Polen. Danzig verweigerte dem Hochmeister Plauen die Vermö-genssteuer nach dem Ersten Thorner Frieden 1411. Daraufhin zernierte der Orden Danzig. Danzig schickte eine Kriegserklärung („Absagebrief"). Der Komtur der Danziger Burg des Ordens, der Bruder des Hochmeisters Heinrich von Plauen, ließ 3 Ratsherren von Danzig, die Verfasser des Absagebriefes, wegen Hochverrats hinrichten. Daraufhin unterwarf sich Danzig vorläufig.

Zum Dank durfte der Orden 1416 die dem Orden getreuen Gewerke für die verräterischen Patrizier niederwerfen. 1455, 1465, 1525 muß der Orden 3 weitere Aufstände niederwerfen.

1450 wendet sich der Papst, 1451 der Kaiser gegen Danzig und den „Preußischen Bund". 1451 – 1454 „rät der Danziger Rat wiederholt zur Mäßigung."

3.934

1454 schickt der Bürgermeister von Thorn, Tilemann vom Wege, – der in den Folgen be-deutsamste Verräter deutscher Geschichte, in Hochverrat den Absagebrief an den Deutschen Orden und bietet Polen die „Schutzherrschaft" an. „Unter Führung von Danzig" – in Hoch-verrat und Landesverrat – „haben die Stände 13 Jahre gegen den Deutschen Orden um ihre Unabhängigkeit gekämpft; sie wollten ähnlich wie die Schweizer und die Niederländer ein selbständiges Staatswesen errichten"![24] Der Unterschied war nur der, daß nicht die Selb-ständigkeit das Ergebnis sein konnte, sondern nur die Unterwerfung unter einen fremden, zutiefst feindlichen Staat: Polen!

Zwar erkannte Danzig ... „dem Herrn König (– von Polen! –) hängt die Lunge sehr auf Danzig". Dementsprechend schleifte Danzig die Ordensburg Danzig, damit kein König von Polen darin übernachten könnte. Aber wenn schon Verrat, dann mit aller Folgerichtigkeit Verrat: „Nec temere, nec timide". 13 Jahre lang zahlte Danzig für den Bürgerkrieg, zur Be-zahlung auch der Niederwerfung des ordenstreuen Altthorn, zur Bezahlung auch der tsche-chischen Söldner gegen den Deutschen Orden.

3.935

1466 im 2. Thorner Frieden hatte Danzig „gewonnen"! „Volle königliche Macht" über ei-nen scheinbar unabhängigen Staat „königlich Westpreußen", in Personalunion mit dem König von Polen, nicht in Realunion mit dem Staate Polen, wurde eingeräumt. Danzig „huldigte" erst nach polnischer Anerkennung seiner „Rechte und Freiheiten". Nur Danzig konnte zeitweilig sicher sein innerhalb seiner Bastionen; hinter seinen Kanonen. In Ego-zentrik, in erbärmlichstem Egoismus hatte Danzig Verrat geübt auf verderblichste Kosten

---

[24] Erich Keyser: Geschichte der Stadt Danzig, 2. Aufl., S.9

des ganzen restlichen Westpreußen, von Ostpreußen, des Deutschen Ordens als Landesherr, des Deutschen Kaisers, des Deutschen Reiches: Im Grunde zu Gunsten Polens, für das „souveräne" Recht des Siegelns mit rotem Wachs … Kaiser und Reich haben diesen 2. Frieden von Thorn nie anerkannt. Selbst der Papst hat diesen Frieden niemals anerkannt.

Keyser möchte glauben machen: Danzig … „nimmt in der Geschichte der Ostseeländer eine ähnliche Stellung ein, wie die Republik Venedig im Mittelmeer". Deutlicher dürfte ein sinnwidriger Lokalpatriotismus – gegenüber den wirklichen welthistorischen Folgen – kaum jemals seinen Ausdruck gefunden haben (Keyser aaO S.18).

Die weitere Entwicklung Westpreußens erwies die Bedeutsamkeit der langen Verrates von Danzig und Thorn. Alsbald mußten die schutzlos gewordenen westpreußischen Städte – mit Danzig! – erklären: „Wir sind keine Polen. Wir sind Deutsche, die in Preußen siedeln" … „Non sumus Poloni, sed Germani in Borussia" … „Jestes my niemcami osiadlymi w Prusiech". Ein polnischer Reichstag dagegen rief ihnen alsbald entgegen: „Polen, Polen seid ihr. Man muß euch Preußen noch einmal mit den polnischen Völkern überziehen; ihr werdet vielleicht noch eine Kuh zuviel haben".

3.936
1569, im polnischen Reichstag zu Lublin, wurden das „königliche Westpreußen" und das „selbständige" Danzig gegen ihren Willen nach 103 Jahren Scheinselbständigkeit in Polen „inkorporiert" in Realunion im Staate, anstatt in Personalunion nur mit der Krone. Nun wurden Danzig und Thorn verratene Verräter und betrogene Betrüger. 1577 belagerte König Stephan Bathory von Polen Danzig vergeblich. Soweit ging – mit den Waffen in der Hand – die Freiheit Danzigs noch. 1734 änderte sich selbst dies. Danzig wurde von Rußland und Sachsen furchbar zusammengeschossen, für einen polnischen König. Dafür war Danzig noch gut genug. 1772 wurde Danzig auf Betreiben Rußlands nicht preußisch, sondern erst 1793. 1793 – 1807 war Danzig dann preußisch. 1807 – 29.11.1813 war Danzig erstmals ausdrücklich eine „Freie Stadt" unter französischem Gouvernement und Besatzung als französische Festung. 1813 – 1815 versuchte Rußland Danzig zu behalten, anstatt es an Preußen herauszugeben. 1815 – 1920 war Danzig dann preußisch und reichsdeutsch.

3.937
Die Entwicklung Danzigs, von 1920 bis 1933, von 1933 bis 1939, von 1939 bis 1945, von Versailles bis zur Katastrophe, bis zur Roten Armee und zur polnischen Armee ist bekannt. An Danzig und den 1. September 1939 ist eine großangelegte Geschichtsverfälschung angeknüpft worden. Es kann hier nicht die Aufgabe sein, – innerhalb der Darstellung der Dismembration Danzigs von Deutschland – diese erfolgreichste Hetzkampagne der Weltgeschichte zu behandeln, geschweige widerlegen zu müssen.

(Für alles Weitere vergleiche z.B. nur 1984 A. Lentin, Brite: „Die Drachensaat von Versailles, die Schuld der Friedensmacher". Leicester. Englisches Original; 1986 D. L. Hoggan, US Amerikaner: „Der erzwungene Krieg", Tübingen; 1990 Ulrich Stern, jüdischer Deutscher,: „Die wahren Schuldigen am Zweiten Weltkrieg", München.)

Hier kann es genügen, wenige Stimmen von bedeutsamen Zeitgenossen, meist Ausländern, wiederzugeben, speziell zu Danzig:

Smuts: „Paderewski bestand auf Danzig als Einlösung des Polen gegebenen Versprechens eines ’freien und sicheren Zugangs zum Meer'. Wilson, der das Versprechen gegeben hatte, fühlte sich verpflichtet, es zu halten, auch wenn Polen, – wie Feldmarschall Smuts sich beklagte (April 1919 in Versailles) – auf Danzig nicht mehr Anspruch als die Tschechoslowakei auf Hamburg habe" (Lentin, S.122).

Lord d'Abernon (britischer Botschafter in Berlin 1920 – 1926): Lord Noel-Buxton am 15. Juni 1932 im Oberhaus in London: „Lord d'Abernon hat kürzlich die Lage in Danzig beschrieben und von dem Korridor als dem Pulvermagazin Europas gesprochen" (Stern S.81).

Carl Jakob Burckhardt (Schweizer, vom Völkerbund als Kommissar in Danzig eingesetzt): Geschrieben am 5. Juli 1939 an Roger Mankins, britischen Völkerbundsdelegierten in Basel: „Bei den Polen ... maßlose Ansprüche" ... „Man erfand die Freie Stadt Danzig, die nicht frei, sondern in jeder Beziehung bedingt, wohl eines der kompliziertesten Gebilde darstellte, das jemals dem theoretischen Denken improvisierter Völkerrechtler entsprungen ist. Schon 1919 erklärte in der französischen Kammer Marcel Sembat, daß Danzig den Keim zu einem neuen Krieg in sich trage" (Stern, S.118; Burckhardt S.23 ff).

Um zur Grundfrage der Tragödie Danzig zu kommen: In keiner Weise einzusehen ist, warum Wilson Polen – einer niemals seefahrenden Nation – einen „gesicherten Zugang zum Meer" glaubte versprechen zu sollen: Über eine überwiegend deutsch besiedelte Provinz Westpreußen hinweg. Gibt es doch Dutzende, auch alte, auch große und bedeutende Staaten ohne einen Zugang zum Meer: So z.B. in Europa von vor 1918: Schweiz, Serbien! So z.B. von nach 1918: Österreich, Tschechoslowakei, Ungarn. So z.B. in Asien 5: Afghanistan, Tibet, Nepal, Bhutan, Mongolei. So z.B. in Afrika alleine 14. Nach dem Selbstbestimmungsrecht hatten Österreich Triest und Ungarn Fiume/Rijeka verloren. Freihäfen genügten völlig.

In Danzig wurde mit der polnisch dominierten und tyrannisierten „Freien Stadt Danzig" aus purer Unkenntnis ein tödliches Problem ohne Notwendigkeit künstlich geschaffen.

3.938

Der Verrat Danzigs und Thorns am Deutschen Orden, an Kaiser und Reich hat 1466 bis 1772 Westpreußen zum langsamen Untergang in Dreck, Armut und Chaos verurteilt.

Der zweite Untergang Westpreußens 1920 bis 1939, der dritte Untergang Westpreußens 1945, nunmehr zusammen mit Danzig, nunmehr zusammen mit Ostpreußen, nunmehr zusammen mit dem Deutschen Reich, waren nur noch Glieder in der Kausalkette seit 1454 und 1466. Sie sind die Folgen, – nicht nur, aber auch – des Hochverrats und Landesverrats von Danzig und Thorn. Sie endeten für viele Millionen in „mourir pour Dantzig". Die zeitweilige scheinbare Selbständigkeit und Unabhängigkeit und „Freiheit" der deutschen, westpreußischen Provinzhauptstadt Danzig 1466 – 1793 forderten einen hohen Preis.

3.94

Das Memelgebiet:

Das Memelland war vor 1920 niemals in dieser Form und Territorialbegrenzung eine Gebietseinheit gewesen. 1253 wurde die Stadt Memel als deutsche Stadt gegründet, von Norden kommend, von Kurland. Das Gebiet gehörte zu mehreren Komtureien des Deutschen Ordens. Es umfasste gleichfalls unregelmäßige Teile von 4 prussischen Stämmen, Kuren im Norden, Lamotina in der nördlichen Mitte, Schalauer in der östlichen Mitte, Kerschauer im Osten. Bis 1422, das heißt für sofort 169 Jahre, lag die Grenze des Hoheitsgebietes des Deutschen Ordens von Stadt und Burg Memel bis Georgenburg (Memel) 18 km bis 46 km nördlich des Stromlaufs der Memel. Die Memel war niemals die Grenze. Von 1398 bis 1411 gehörte sogar ganz Schamaiten dem Deutschen Orden. 1422, im Frieden am Melnosee, wurde die Grenze nördlich der Memel zurückgenommen bis auf die preußische und Reichsgrenze von 1920. Dort lag fortan die Grenze gegen Schamaiten/Litauen absolut unverändert während 498 Jahren 6 km bis 20 km nördlich des Laufs der Memel. Die Memel war weiterhin niemals die Grenze gewesen. Dieses kleine Gebiet willkürlich herauszuschneiden, zusammen zu addieren, war eine französisch-litauische Farce. Es hatte nicht einmal ein Zentrum. Die Stadt Memel lag völlig exzentrisch im Nordwesten. Der Zentrale Ort Tilsit verblieb im Altreichsgebiet. So mußte in dem Dorf Pogegen, litauisiert Pogegiai, künstlich ein Verwaltungszentrum gesucht und konstruiert werden.

Der neue Staat Litauen wurde erst am 20.12.1922 von den Alliierten de iure als Staat anerkannt. Nach einer Übergangszeit unter der Oberhoheit der alliierten Mächte, mit einem französischen Oberkommissar an der Spitze, vom 10.1.1920-18.2.1923, – fielen litauische Freischaren am 10.1.1923 in das Memelland ein, setzten ein „Landesdirektorium" ein und erklärten die Vereinigung mit Litauen. Polen sah sich geprellt, da es gleichfalls ganz Litauen einschließlich des Memellandes hatte annektieren wollen. So kam ein"endgültiges" Memelstatut erst am 14.3.1924/30.7.1924 unter Zuerkennung von Vorrechten für Polen im Hafen von Memel, litauisiert Klaipeda, zustande. Das Memelland hatte eine beschränkte Autonomie. Nach einer kurzen parlamentarischen Periode – mit 5 deutschen Abgeordneten im litauischen Parlament in Kaunas – wurde 1926 in Litauen die Diktatur eingeführt und das Parlament aufgelöst. Erst 1936 gab es wieder ein Parlament mit nunmehr 3 deutschen Abgeordneten.

Die Autonomiewahlen isoliert für das Memelgebiet am 19.10.1925 hatten einen großen Sieg der deutschen Parteien mit 27 deutschen Abgeordneten, von 29 insgesamt, gebracht. Bis 1933 folgte eine Politik der Verständigung. Sie wurde abgelöst durch einen litauischen Angriff unter „Kriegsrecht" gegen die Autonomie, bis 1938. Dann mußte Litauen 1939 das Memelland an das Deutsche Reich zurückgeben. Diese Rückgabe wurde völkerrechtlich allgemein anerkannt: Ohne jede Ausnahme. 1945 war dann den Alliierten des zweiten Weltkrieges ihre Erfindung vom ersten Weltkrieg keinen Gedanken mehr wert.

3.95
Die „Rheinische Republik", die „Pfälzische Republik":

3.951
Besonders bezeichnende französische Versuche der Separation und Dismembration deutscher Gebiete und deutscher Bevölkerung stellen die „Rheinische Republik" und die „Pfälzische Republik" dar. Bei der Rheinprovinz handelte es sich um 7 213 564 Einwohner (am 16.6.1925) auf 23 973, 87 qkm Fläche (ohne die saarländischen Gebietsteile); das heißt um mehr als 1 4 europäische Staaten: Österreich 6,8/ Portugal 6,8/ Griechenland 6,6/ Schweden 6,2/ Bulgarien 5,9/ Schweiz 4,1/ Finnland 3,7/ Dänemark 3,6/ Irland 3,0/ Norwegen 2,8/ Litauen 2,5/ Lettland 1,9/ Estland 1,1/ Albanien 1,0 Millionen Einwohner.

Eine solche Kernprovinz Preußens und des Deutschen Reiches sollte gleichsam im Vorübergehen – über Versailles noch hinaus – mitgenommen werden. Nachdem der Mythos des „Grand Rhin" 1814 gescheitert war; nachdem der Ersatzmythos des „Petit Rhin" in Form des „Territoire de la Sarre" ab 1918 auf den Weg gebracht worden war; nachdem die Gebietsabtrennungen durch das Diktat von Versailles erfolgt waren; nachdem DeutschÖsterreich einschließlich seiner Provinzen des Sudetenlandes der vollzogene Anschluß durch Gewalt durch das Diktat von Saint Germain verboten worden war; nachdem die Dismembrationen der „Freien Stadt Danzig" und des „Memellandes" erfolgt waren.

Nachdem sie in Versailles damit nicht durchgedrungen war, versuchte die französische Republik im „Frieden" darüber hinausgehend das Rheinland und die Pfalz abzutrennen. Nachdem dies angesichts der Forderung des Selbstbestimmungsrechtes des US-Präsidenten Wilson als allzu offenkundige krasse Verletzung des Prinzips mißlungen war, betrieb

Frankreich es nunmehr 1923 als separatistische Dismembration zweier scheinbar deutscher neuer „unabhängiger" Staaten. Es bediente sich dabei der Separatisten, deutscher Hoch- und Landesverräter. Die Unverfrorenheit eines solchen Separationsversuches mitten im sogenannten Frieden des Versailler Diktates ist ebenso bemerkenswert wie entwaffnend.

3.952
Diese außenpolitischen Versuche dürfen nicht verwechselt werden – obwohl dies selbst manchen Zeitgenossen ab 1919 aus vielen Gründen sehr schwer gefallen zu sein scheint – mit den Plänen zur Reichsreform nach Artikel 18 der Weimarer Reichsverfassung. Danach war beispielsweise von Hugo Preuß die Aufgliederung des alten Geamtstaates Preußen in neue Länder vorgesehen. Eines der neuen Länder hatte – ebenso wie Oberschlesien – das Rheinland werden sollen. An solchen Plänen völliger Legalität und innerhalb des innenpolitischen Rahmens des Deutschen Reiches hatte auch Dr. Konrad Adenauer ... 1917 – 1933 Oberbürgermeister von Köln, 1920 – 1932 Präsident des Preußischen Staatsrates hervorragenden Anteil. Diese Reformpläne haben mit Separatismus nichts zu tun.

3.953
Zum Hoch- und Landesverrat wurden die zunächst von A. Dorten unternommenen Putschversuche in Koblenz, der Provinzhauptstadt des Rheinlandes, und im Reg. Bez. Wiesbaden. Eine Gruppe in Köln unter J. Smeets versuchte ein Gleiches. Ebenso in Düsseldorf unter J. Matthes. Entscheidende Versuche erfolgten im Herbst 1923, mitten in der Inflation, von Aachen und Düsseldorf über Köln bis Koblenz. Sie bildeten in Koblenz eine „Vorläufige Regierung der Rheinischen Republik". Der französische Oberkommandierende Tirard erkannte sie – unter Bruch des Vökerrechts einer Besatzungsmacht – am 26.10.1923 alsbald als „Staatsregierung" an.

Die Rechnung hatte die Bevölkerung unterschätzt. Die Bevölkerung massakrierte mit Jagdgewehren, Heugabeln und Dreschflegeln die Banden der Separatisten, so beispielsweise bei Königswinter in der „Schlacht am Siebengebirge" am 15./16.11.1923. Die „Staatsregierung" der Verräter löste sich dann am 26.11.1923 entgegen den französischen Vorstellungen auf. Daraufhin wurde nachträglich das Scheitern der Separation Oberbürgermeister Dr. Konrad Adenauer von französischer Seite erbittert vorgeworfen: Als seine Schuld und Verantwortung für das Scheitern. Die französische Seite dürfte es ja am Besten gewußt haben.

3.954
Nach dem bedauerlichen Scheitern im Rheinland versuchte die französische Republik es ein weiteres Mal:Erneut eine Separation, nunmehr in der Rheinpfalz und in Rheinhessen:

Die Rheinpfalz umfasste 931 755 Einwohner auf 5 504 qkm Fläche. Rheinhessen umfasste ca 349 000 Einwohner auf 1338 qkm Fläche: Im Ergebnis wiederum ein Gebiet volkreicher als Estland oder Albanien. Eine separatistische „Autonome Regierung" der Pfälzischen Republik unter einem J. Heinz aus Orbis brachte vorübergehend durch Gewalt die örtlichen Verwaltungen in ihre Hand. Auch hier vernichtete die Bevölkerung die Cliquen der Separatisten, so durch den Sturm auf das Bezirksamt, die Landkreisverwaltung von Pirmasens, am 12.2.1924.

Angesichts aller dieser armseligen Bemühungen einer modernen Großmacht nach fremdem Hoheitsgebiet bleibt im Ergebnis zu fragen:

Woher nahm sich Frankreich das Recht zum Streben nach dem „Grand Rhin"? Woher nahm sich Frankreich das Recht zum Streben nach dem „Petit Rhin"? Woher nahm sich

Frankreich das Recht zum Streben nach Dismembration der „Rheinischen Republik"? Woher nahm sich Frankreich das Recht zum Streben nach Dismembration der „Pfälzischen Republik"?

3.96
Saargebiet (1919-1935), Saarland (1945-1955):

3.961
„Le territoire de la Sarre" 1919 – 1935 war noch k e i n Versuch einer Dismembration eines deutschen Teistaates neben einem deutschen Gesamtstaat gewesen. Das Ziel war damals noch die endliche Annektion durch Frankreich. Die Fragestellung für 1935 … „Anschluß an Frankreich" … hatte den fortwirkenden Mythos des „Petit Rhin" einerseits bewiesen, andererseits kläglich entschleiert. Ganze 2 124 saardeutsche Stimmen für Frankreich, für einen Anschluß an Frankreich, hatten 1935 diese Episode des Annektionsversuches beendet. Von wie erinnerlich 150 000 Saarfranzosen, die 1920 noch Clemenceau entdeckt zu haben glaubte.

Zu bewundern bleibt dann die liebenswürdige Unverfrorenheit, mit der 1945 (nach ihrer abschließenden Niederlage durch Volksabstimmung 1935) die französische Republik erneut versuchte, das Selbstbestimmungsrecht des Volkes an der Saar ins Gegenteil zu verkehren. Der Versuch eines französischen Generals König zur Werbung für die französische Besatzungsmacht durch eine Rede auf dem größten Platz von Saarbrücken scheiterte. Der Platz war leer geblieben. Die Bevölkerung des Saarlandes bewies 1945 zum zweiten Male, daß sie nichts von einem „Mouvement pour le rassemblement de la Sarre à la France" wissen wollte. Frankreich erkannte, daß es als äußerstes Ziel die Schaffung eines neuen deutschen Teilstaates gegen Deutschland, eines neuen Luxemburg versuchen sollte. Nicht mehr eine internationale Völkerbundskommission, eine scheinbar „deutsche" Regierung vertrauenswürdiger Separatisten sollte die Herrschaft im Sinne Frankreichs ausüben. In einem Johannes Hoffmann fand sich ein Quisling. Schon am 12.2.1946 wurde das „neue" Saarland aus dem Kontrollgebiet des interalliierten Kontrollrates der 4 Siegermächte ausgegliedert, als ein auf dem Wege befindlicher neuer souveräner Saarstaat. Am 18.12.1946 folgte die Vorverlegung der Zollgrenze Frankreichs an die innerdeutsche Saargrenze.

3.962
Als Überschriften für diese französische Saarpolitik mögen zwei Sätze aus Erklärungen des französischen Außenministers Bidault auf der Moskauer Außenministerkonferenz 10 – 24.3.1947 dienen: „Es handelt sich für Frankreich hauptsächlich darum, KOHLE zu bekommen" … Und dann im gleichen Atemzuge: „Unser Vorschlag steht in Übereinstimmung mit den frei und vielfältig geäußerten Wünschen der Bevölkerung". So offensichtlich wirklich wahr der erste Satz war, – Politik von 1681 im Jahre 1947 –, so unbestreitbar „frei erfunden" war der zweite Satz, die Scheinreverenz vor dem Selbstbestimmungsrecht des XX. Jahrhundert.

Es lohnt sich,- da sich darin wie in einem Spiegel die ganze Rücksichtslosigkeit der Besatzungspolitik, wie in einem Spiel mit Puppen anstatt mit mündigen Menschen, die politische Charakterlosigkeit wiederspiegelt, – eine scheinbar sekundäre französische Territorialmanipulation zu beleuchten. Das „Territoire de la Sarre" war 1920 wie 1945 auf 1 913,14 qkm Fläche zusammengesetzt gewesen aus 1 Stadtkreis, 7 Landkreisen mit 243 Gemeinden. Ohne das Einverständnis auch nur der beiden anderen westlichen Besatzungsmächte vergrößerte die französische Besatzungsmacht am 18.7.1946 durch eine Anordnung

Nr. 8 des Zonenbefehlshabers die „Delegation superieure de la Sarre" um nur 142 Gemeinden: vom Landkreis Saarburg um 70 Gemeinden; Trier Land um 11 Gemeinden; Wadern um 43 Gemeinden; Birkenfeld um 18 Gemeinden. Die „neue Saargrenze" kam damit in den Vorstädten der uraltehrwürdigen Kaiserstadt Trier zu liegen. Dabei ging es der Republik sicherlich weniger um Gemeinden, Territorien, Menschen: Sondern um die Grenzen. Vor der Territorialmanipulation stießen das Grand Duché de Luxembourg und das Territoire de la Sarre nirgends zusammen. Nach der Manipulation hatten die beiden separaten Reichssplitter eine breite gemeinsame Grenze. Dies hatte die Folge, – die die Republik als Dauererfolg bei dieser „Verwaltungsmaßnahme" erhoffte, – daß … die restliche gemeinsame deutsch-französische Grenze um fast hundert Kilometer kürzer geworden wäre, Lothringen aufgehört hätte ein Grenzland gegenüber Deutschland zu sein, und nur noch das Elsaß als Grenzland übrig geblieben wäre. Proteste dagegen der beiden Westmächte, insbesondere des britischen Foreign Office folgten. Schon nach nur einem Jahr mußten 1947 61 Gemeinden aus dem Saarland wieder ausgegliedert und zurückgegeben werden: 11 Gemeinden des Landkreises Trier Land, 50 Gemeinden des Landkreises Saarburg. Die gleichzeitige neue Eingliederung von 13 Gemeinden in das Saarland hatte dann Alibifunktion: 7 Gemeinden des Landkreises Birkenfeld, 6 Gemeinden des Landkreises Kusel. Immerhin blieb durch die räumlich sinnwidrige restliche Aufrechterhaltung eines sehr schmalen Korridors bis an die luxemburgische Nordgrenze ein kleines Stück gemeinsamer luxemburgisch-saarländischer Grenze erhalten.

3.963

Entscheidend aber war, daß das neugeschaffene separatistische Saarland seine französische Aufgabe nicht zu erfüllen vermochte. Alsbald zeigten „Wahlen" zum Saarparlamentt am 30.11.1952 mit 24,5% ungültig abgegebenen Stimmen, was die Bevölkerung zu wagen begann: Wirklich zu denken. Noch vermochte dies die absolute Machtstellung des französischen Hochkommissars nicht zu vermindern: Am 3.3.1950 kontrahierte Frankreich 12 Saarkonventionen mit den Separatisten, also mit sich selbst; u.a. 50 Jahre Pacht der Kohlengruben; am 20.5.1953 kontrahierte Frankreich erneut 7 Saarverträge mit sich selbst.

Doch begann 1952/1955 die westliche Gemeinschaft die Bundesrepublik Deutschland gegen die Sowjetunion zu benötigen … Die Zeit für eine separatistische Dismembration des Saarlandes war 1953 zu Ende. Der letzte Versuch war gescheitert.

3.964

Am 2. Juli 1953 forderte der Deutsche Bundestag der Bundesrepublik Deutschland,- der einmal verboten worden war, sich um das Saarland zu kümmern-, das Selbstbestimmungsrecht für die Bevölkerung des Saarlandes. Am 23. Oktober 1954 schloß Frankreich, – in der Hoffnung, noch zu retten, was nicht mehr zu retten war,- ein „europäisches Saarstatut". Das Statut sah eine Volksabstimmung der Saarbevölkerung vor: Europäisierung? Am 24.12.1954 stimmte die französische Nationalversammlung zu; am 27.2.1955 schweren Herzens der Deutsche Bundestag! Ungerecht dürfte es sein, daß der Bundeskanzler Dr. Konrad Adenauer von vornherein mit dem Scheitern vor Ort gerechnet habe. Adenauer dürfte über nationalen Erwägungen gestanden haben: Aus welchen Gründen immer … Der Bundesminister für gesamtdeutsche Fragen Jakob Kaiser dagegen teilte diese nationalen Erwägungen sehr ausdrücklich. Die Bevölkerung des Saarlandes schließlich ließ sich ebenso von nationalen Empfindungen leiten. Sie durchschaute die dürftige Bemäntelung der „Europäisierung" zu Gunsten eines Europa, das es (mindestens noch) nicht gab. Bei 97% Abstimmungsbeteiligung lehnten 67,2% der Bevölkerung die „Europäisierung" – entgegen der ausdrücklichen Empfehlung der eigenen deutschen Bundesregierung – en canaille ab am 23. Oktober 1955. In Frankreich wie in der Bundesrepublik siegte binnen Jahresfrist die Vernunft und das Selbstbestimmungsrecht. Am 27.10.1956 resignierte Frankreich: In den Luxemburger Verträgen zugunsten der Liquidation des Dismembrationsversuches eines Saarlandes unter französischer Herrschaft durch Separatisten.

3.965

Am 18. Dezember 1955 konnten freie Landtagswahlen stattfinden. Am 1. Januar 1957 erfolgte die Rückgliederung des Saarlandes als 11. Bundesland der Bundesrepublik Deutschland.

Am Schluß bleibt angesichts der historischen Entwicklung der Jahre 1919 bis 1955 nur zu fragen – nach zwei sehr klaren Volksabstimmungen gleichen Ergebnisses für das Selbstbestimmungsrecht des ganzen deutschen Volkes wie der regionalen Saarbevölkerung – w i e o f t eigentlich das Selbstbestimmungsrecht noch manifestiert werden muß, bis es beachtet wird? Selbst dann, wenn es sich um Deutsche handelt.

3.97

Die sogenannte „Deutsche Demokratische Republik", sog. „DDR".

3.971

Liechtenstein, Luxemburg, die „Freie Stadt Danzig", das „Memelland", die „Rheinische Republik", die „Pfälzische Republik", das Saarland ... waren bzw. sind echte Fälle separatistischer Dismembration von Teilen des deutschen Volksbodens und deutschen Staatsgebietes mit dem Ziel der Bildung wirklicher oder vorgeblicher selbstständiger Staaten im Europamaßstab. Während die beiden ersteren ihren Werdegang aus Deutschland heraus erfolgreich abschließen konnten, waren die letzteren über den Status sehr vorläufiger deutscher Teilstaaten von höchst verschiedenem Status niemals hinausgekommen. Noch hatte ihre Bevölkerung diese Teilstaaten jemals gewollt, sondern sie sobald irgend möglich wieder beendet: Sei es durch Volksabstimmung; sei es durch Aufstand, bis hin zu blutigen Kämpfen.

Die „DDR" hatte mit den beiden abgeschlossenen Fällen nichts gemeinsam. Mit den gescheiterten Fällen hat sie nur das gemeinsam, daß ihre Bevölkerung die „DDR" niemals gewollt noch bejaht hatte. Die „DDR" war nur ein Teilgebiet mit deutscher Bevölkerung auf deutschem Volksboden und deutschem Staatsgebiet. Ein deutscher „Staat" war die „DDR" nicht. Die „DDR" war weder deutsch. Die „DDR" war weder demokratisch. Die „DDR" war weder Republik. Noch war die „DDR" selbstständig. Noch war die „DDR" ein Staat im Sinne der Weltfriedensordnung. Dies ist der „Fakt" (Walter Ulbricht): Entgegen dem Protokoll eines Außenministers, entgegen dem erst opportunistischen, dann timiden Sprachgebrauch einer „neuen Ostpolitik", entgegen der der deutschen Resignation folgenden Anerkennung durch ausländische Regierungen im diplomatischen Verkehr, entgegen der Aufnahme der „DDR" als „Mitgliedsstaat" in die Vereinten Nationen, entgegen dem Empfang eines Honecker in Bonn durch Kohl.

3.972

Die „DDR" war weder deutsch: Das einzige Deutsche an und in der „DDR" waren in nuce einige Landtagswahlen nach 1945, so beispielsweise am 20.10.1946 in Sachsen, Sachsen-Anhalt und Thüringen. Deutsch war abschließend und als letztes der Arbeiteraufstand am 17. Juni 1953.

Die „DDR" war eine sowjetische Besatzungszone bis mindestens 1949 bzw. 1955. Sie war eine verdeckte sowjetische Herrschaftsform auf deutschem Boden mit deutschen Quisling-Funktionären leninistisch-stalinistischer Ideologie geblieben bis Spätherbst 1989 und 18.3.1990. Die „DDR“ war nach wie vor ein sowjetischer spätkolonialer Satellit, dem nur seine absolute Unschätzbarkeit einige scheinbare Bewegungsfreiheit verschaffte und sicherte bis 1989. Die „DDR“ war ein sowjetisches militärisches Reservoir und ein strategisches Glacis bis mindestens 1990. Die „DDR“ war eine vollendete und höchst leistungsfähige sowjetische ökonomische Ausbeutungsorganisation.

Die Existenz einer DDR“ ohne und gegen den Willen des insofern völlig einigen deutschen Volkes aller Teile Deutschlands widersprach dem Selbstbestimmungsrecht der Völker. Sie widersprach auch allen wissenschaftlichen und ernsthaften sowjetischen Kriterien Lenins und Stalins betreffend Nation, Volk, Staat, Selbstbestimmung.

3.973

Die „DDR“ war weder demokratisch: Das einzig demokratische in der „DDR“ waren erneut die ersten Landtagswahlen und der Arbeiteraufstand. Die „DDR“ war weder demokratisch, ob man die SED als angebliche maior pars fingiert, oder ob man die SED als angebliche sanior pars verfälscht.

Die SED, das waren einige Prozent der persönlich Interessierten. Diese handelten in Hochverrat bzw. Landesverrat im Interesse einer nichtdeutschen, fremden, ausländischen Macht. Daran kann nichts ändern, daß ehrliche SED-Parteigenossen versuchten, für die Bevölkerung das Beste herauszuholen. Bis hin zu jenem so „ehrenwerten“ Ministerpräsidenten Dr. Hans Modrow 1990. Den Charakter der „DDR“ vermochte auch nicht zu demokratisieren: – daß in der Bevölkerung ggf. Millionen Schweigender, Leidender, Verfolgter, Duldender, Hinnehmender, sich Arrangierender sich fanden; und Millionen ehrlich hart Arbeitender; – daß ggf. neben vielen nützlichen Funktionären und Idioten sich bis 1989 Millionen Mitläufer fanden; – daß ggf. jedes Jahr Zehntausende Interessenten nachwuchsen; – daß Hunderttausende dem nicht entgehen konnten, Waffenträger des Systems sein zu müssen, obwohl sie dies keinesfalls wollten; – daß schließlich ggf. Zehntausende bereitwilliger Denunzianten bis Mörder sich fanden; im egoistischen Interesse der „Staatssicherheit“, der „Stasi“.

3.974

Die „DDR“ war weder eine Republik: Res publica, Gemeinwohl, Commonwealth setzen, um vorliegen zu können, um höchstes Ziel sein zu können, als oberstes Ziel, als Beweggrund des Handelns „das Gemeinwohl des eigenen Volkes“ voraus. Das Gemeinwohl der Bevölkerung der „DDR“ blieb aber nur ein sekundäres Ziel h i n t e r den primären Zielen des sowjetischen Herrschaftssystems. Oberste Ziele der „DDR“, der SED für die Sowjetunion waren dagegen … die Niederhaltung der eigenen Bevölkerung der „DDR“, die gewaltsame Veränderung der Gesellschaft in Mitteldeutschland gegen deren eigenen Willen und hin zu kommunistischen Zielen, die Zernierung oder Ausweisung aller möglichen Gegner aus dem eigenen Volke.

Dies gilt individuell, klassenmäßig, religiös, konfessionell, parteimäßig, gegen die Ausreise Verlangende, Militärdienstverweigerer, Intellektuelle, Pfarrer, Grundbesitzer usw. Aufgabe der SED blieb die Erfüllung der vorgegebenen Ziele der sowjetischen Herrschaftsmacht. Das Streben gimg immer noch nach der kommunistischen Revolution, wo immer dies mit Obstruktion, Infiltration, Propaganda, Spionage, Unterwanderung, Beeinflussung, bis hin zur militärischen Intervention möglich sein sollte; überall in der Welt; auch in der „DDR“; noch 1989. Bis zum Beweis des Gegenteils.

3.975

Noch war die „DDR" selbstständig: Hier bedarf es nicht der Theorien zur Souveränität. Die „DDR" war nicht selbstständig – trotz wachsender Möglichkeiten zur Beeinflussung der Mächte des Warschauer Paktes wie der westlichen Welt: Trotz wachsender festzustellender Eigenmächtigkeiten; trotz zunehmend eingeräumter „Mitbestimmung", soweit sie sowjetische Interessen nicht nachhaltig negativ berührte. Die DDR" hatte nach wie vor keine Eigenständigkeit. Sie war nicht endgültig fähig zur Eigenbestimmung. Sie war nicht entlassen aus der sowjetischen Herrschermacht in eine deutsche Eigenverantwortlichkeit. Dabei mag es in zunehmendem Maße fraglich geworden sein, ob die obersten Funktionäre des SED-Regimes nicht mit allen Mitteln versuchten, diese Selbstständigkeit um jeden Preis zu erlangen; sei es selbst nur im Privatinteresse!

3.976

Noch war die „DDR" im Zweifel schon ein Staat: Die „Staatsgewalt der „DDR" war Herrschaftsgewalt der Sowjetunion und im Kern die Gewalt der Roten Armee. Den 17. Juni 1953 überlebten nicht die „DDR", sondern die sowjetische Panzerwaffe und die Hinrichtungskommandos der Roten Armee. Die Staatsgewalt war mithin fremde, abgeleitete Gewalt: Ab 1945 gewesen, 1953 bestätigt worden und im Kern nach wie vor bis 1989 geblieben. Die Verwaltungsmacht der „DDR" war nur subsidiär: Die Nationale Volksarmee, die Spezialpolizeien, die diverse Blockparteien waren schlagkräftige Organe, aber unter letztlich nicht deutschem, sondern nach wie vor sowjetischem Endbefehl.

An der „Rechtsnatur" der „DDR" „Staatsgewalt" änderte es konstitutiv nichts Entscheidendes, daß die Bundesrepublik die „DDR" hingenommen, „anerkannt" hatte: Vorbehalten aber bis zuletzt nur als „Inland": Als Mimikry, um der Erleichterung des Lebens der Millionen Gewaltunterworfenen der „DDR" im Alltag, beispielsweise um der Reisemöglichkeiten willen, um des Loskaufs sog. politischer Gefangener willen. Daß die Welt die „DDR" zufolge der lange vollzogenen Vollendung der äußerlichen Organisationsformen eines normalen Staates völkerrechtlich „anerkannt" hatte, hinderte Deutschland nicht, die „DDR" als pseudostaatliche Gewaltorganisation (Kohl: „Konzentrationslager") zu betrachten und zu behandeln. Nur wurde dies fast nie mehr deutlich.

3.977

„Volk der DDR": Ohne jeden Zweifel beherrschte die „DDR" eine deutsche Bevölkerung. Dies aber war kein „Volk" im Sinne einer Weltfriedensordnung, sondern eine unterworfen gehaltene Bevölkerung.

Die „DDR" hatte nie und konnte es nie wagen, ihre Bevölkerung zu befragen, ob sie diese Organisations- und Herrschaftsformen wünschte und bejahte. Alles Weitere zeigte sich für die SED vernichtend am 9.11.1989 und am 18.3.1990. Die „DDR" hatte nie und konnte es nie wagen, ihre Bevölkerung das Parlament und die Regierung wählen zu lassen: Mit demokratischen Methoden, geheim, frei, gleich, unter Angebot einer Auswahl, unter Garantien für die Einhaltung der Rechtsordnung. Alles Weitere erledigte sich dann 1990.

Die „DDR" hatte nie und konnte es nie wagen, ihre Bevölkerung selbst entscheiden zu lassen, und ihr die Freiheit zu gewähren, ihr Leben selbst gestalten zu können: „Pour vu, que cela dure" galt schließlich auch hier. Die „DDR" war nicht gewillt, die Menschenrechte einzuhalten; entgegen ihren Unterschriften in Helsinki und Wien. Die „DDR" hatte seit 1961 durch den Bau der Berliner Mauer ihre eigene Bevölkerung eingesperrt in ein riesenhaftes Konzentrationslager. Sie war gewillt, diese Gefangennahme und Gefangenschaft noch 50 oder 100 Jahre fortzusetzen (Erich Honnecker 20.1.1988). Ein solches Regime von Gefangenenwärtern hat kein „Volk" hinter sich. Es bildete keinen Staat in dem Sinne einer dauerhaften Weltfriedensordnung. Nun hat sich schließlich gezeigt, daß es ohne „die Mauer" keine „DDR" mehr geben kann: Ab 9.11.1989.

3.978
Territorium: Ein Territorium im Sinne eines räumlich begrenzten Teils der Erdoberfläche verwaltete die SED für die Sowjetunion in Form der „DDR".

3.979
Das Ende der „DDR": Hier kann es nicht um Staatstheorien gehen. Daher war es auch nicht von entscheidendem Belang, wenn in Nachlässigkeit, Nachahmung, mangelnder Erkenntnis des Sachverhaltes und der Bedeutung, in Liebedienerei für die Sowjetunion, in Nachfolge naiver bis unverständlicher und unverantwortlicher eigener bundesdeutscher Alltags-Außenpolitik selbst die überwiegende Mehrzahl der Völkerrechtssubjekte – auch der Staaten der freien Welt – die sogenannte „DDR" diplomatisch anerkannt hatten.

Die Separation Mitteldeutschlands, der „DDR" von dem deutschen Staat, mit dem seit langem erklärten Ziel der Dismembration zu einem selbstständigen Staat, war von der Sowjetunion gewünscht, angestrebt und wie sie glaubte, zeitweilig verwirklicht worden. Solches war von den Staaten des Warschauer Paktes bzw. der kommunistischen Welt trotz Mißgunst, Eifersucht und Neid auf die „DDR" hingenommen und zufolge der Machtsprüche der Sowjetunion toleriert worden. Es war von der westlichen Welt einerseits entweder nicht gehindert oder aber andererseits arrangiert worden in dem Sinn, daß man „Deutschland so liebe, daß es davon gar nicht genug geben könne"; mindestens zwei bzw. drei oder …

Mindestens war der deutschen Timidität folgend das vorläufige Ergebnis, daß die Weltrechtsgemeinschaft geneigt schien, die „DDR" als völlig normalen Staat hinzunehmen.

Das polnische Volk hatte auf die Wiedergeburt seines geteilten Staates von 1795 bis 1918 nur 123 Jahre gewartet. Auf die Dauer mußte es selbst bezüglich der möglichen Dismembration der sogenannten „DDR" auf den Willen, die Ausdauer und das Vertrauen allein des deutschen Volkes in der „DDR" ankommen. Dieses Volk verwies 1989 die „DDR" auf die Körperverwertung der Geschichte.

Im Sinne einer bewußten und gewollten Trennung der „DDR" von Deutschland und vom deutschen Volke … hat sowohl die Bevölkerung in der „DDR" und in Ostberlin, als auch die Bevölkerung in der Bundesrepublik Deutschland (mit dem Bundesland Berlin), als auch Teile der Bevölkerung Österreichs den Versuch der Entwicklung … der „sozialistischen DeDeÄrschen Nation", des Pseudostaates DDR", der „Hauptstadt Ostberlin" innerlich nicht anerkannt und endlich zum Scheitern gebracht.

3.98
Ostberlin
Ostberlin war keine zweifelsfreie staatsrechtliche bzw. völkerrechtliche Gebietseinheit. Das alliierte Recht galt für ganz Berlin, auch wenn es nur lückenhaft praktiziert wurde. Das Recht der Bundesrepublik Deutschland galt für ganz Berlin nach dem insofern gehemmten nudum ius des Grundgesetzes. – Was einerseits zur „DDR" und ihrer Illegalität und Illegitimität gesagt wurde, gilt grundsätzlich potenziert auch für Ostberlin als sogenannte Hauptstadt der „DDR", praktisch als letzter der Bezirke der „DDR". Was andererseits über Westberlin gesagt werden muß, gilt vielfach spiegelbildlich für Ostberlin. Ostberlin verdient nicht den Namen eines „deutschen Landes", eines „deutschen Staates". Ostberlin war und

blieb nichts als ein behinderter Teil der Gemeinde Berlin.

3.99

Die zeitweilig projektierte „Freie Stadt Westberlin"

Die zeitweilig projektierte „Freie Stadt Westberlin" war ein Projekt im sowjetischen Kampf um Deutschland und um die Welt. Es ist als solches zwar niemals aufgegeben worden. Es ist aber einer eingehenden ernsthaften Widerlegung kaum mehr bedürftig. Berlin ist die Hauptstadt Deutschlands. Die Hauptstadt Deutschlands ging die Union der Sozialistischen Sowjetrepubliken nur vorübergehend und nur im begrenzten Rahmen der Viermächteverantwortung jemals das Geringste an.

Groß-Berlin war gedacht gewesen (Artikel 23, auch 127, 145 des Grundgesetzes) für die Bundesrepublik Deutschland als ihr Bundesland. Dies unterlag bis 1990/1991 noch alliierten Vorbehalten.

Berlin (West) ist nach deutscher Rechtsmeinung, zum Beispiel einem Spruch des Bundesverfassungsgerichtes, seit 1949 ohne Unterbrechung ein Land der Bundesrepublik Deutschland. Dies unterlag noch bis 1990/1991 alliierten Vorbehalten. Die „DDR" war nicht Siegermacht, war kein Vertragspartner, war ohne Ingerenzrechte. Sie interessierte rechtlich nicht.

Diese in Teilen – für alle Seiten – bedauerliche aber gegebene Rechtslage noch weiter zu ändern zu Gunsten der Sowjetunion und der „DDR" war der sowjetische Plan der Organisation einer „Freien Stadt Westberlin" bestimmt. Er sollte die erste Etappe sein, die sofortige Separation von der Bundesrepublik Deutschland und von den Westmächten, bis hin zur Dismembration und Annektion durch den Osten. Ein wirkliches Ziel – um seiner selbst willen – war dagegen die „Freie Stadt Westberlin" zu keiner Zeit und für niemanden. Sie sollte eine westliche Rückzugsepisode und ein bloßes Durchgangsprovisorium sein: „Westberlin liegt auf dem Territorium" der „DDR" ...

Eine solche „Freie Stadt Westberlin" wäre ebenso sinnvoll, nämlich logischerweise absurd wie ... eine Freie Stadt Moskau mitten in Rußland, aber ohne Rußland, eine Freie Stadt Paris mitten in Frankreich, aber ohne und gegen Frankreich, eine Freie Stadt London ohne Groß Britannien, eine Freie Stadt Rom mitten in Italien, aber ohne und gegen Italien: So wie zur Zeit Napoleons III., eine kaiserlich-französische Division für das päpstliche Rom, gegen das Königreich Italien. Das Projekt wurde übereinstimmend von den drei westlichen Schutzmächten Berlins, von der Bundesrepublik Deutschland für ihr Bundesland Berlin und von der Bevölkerung Berlins in beiden Teilen der Stadt nicht nur nicht gewünscht. Das Projekt wurde schärfstens abgelehnt: In der Tat bis an die Schwelle eines Krieges.

Alle Projekte oder historischen Versuche solcher Art von herausezierten und isolierten „Freien Städten" sind ausnahmslos alsbald gescheitert: Die freie Stadt Krakau: 9.06.1815 – 6.11.1846 (Artikel VI der Wiener Kongreßakte), die freie Stadt Danzig: 28.06.1919 – 1.09.1939 (Artikel 100 – 108 des Versailler Diktates), die freie Stadt Triest: 10.02.1947 – 5.10.1954 (Londoner Abkommen).

Selbst die beiden restlichen – von Hunderten historischen – „Freien" und „Hanse"städte Hamburg und noch mehr Bremen mit Bremerhaven, sind mehr nur noch Relikte als progressive Wachstumsspitzen. Diese Organisationsform für einen Zentralen Ort ist offensichtlich kontraproduktiv bis verfehlt. Eine „Freie Stadt Westberlin" – ohne die diversen Milliarden an jährlichem Finanzausgleich von der Bundesrepublik Deutschland – wäre zufolge der widernatürlichen Trennung von ihrem natürlichen Hinterland, der Mark Brandenburg und Mitteldeutschland, absolut überfordert und isoliert nicht lebensfähig gewesen. Solches wünschte und damit rechnete die Sowjetunion bei der Propaganda für diesen ihren Plan.

Eine „Freie Stadt Westberlin" wird mit deutschem Einverständnis niemals kommen. Diese Dismembration, diese Separation widerspräche aufs Krasseste dem Selbstbestimmungsrecht der Völker. Sie wäre kein „selbstständiger Staat" oder „selbstständiger deutscher Staat" Sie wäre nichts als eine zeitweilige Wachstumsspitze der Sowjetunion. Dies ist nunmehr endlich lange vergangene Vergangenheit: Seitdem das Brandenburger Tor wieder offen ist.

Kapitel 4

4 Verbrechen aller Menschen aller Völker aller Zeiten

4.1 Berechtigen Verbrechen Deutscher zum Gegenverbrechen des Landraubes?

4.11

Verbrechen aller Zeiten:

Um Grundlagen für die Untersuchung der sich hier stellenden Fragen zu gewinnen, ist es erforderlich, ... sowohl die Verbrechen Deutscher, als auch die Verbrechen aller Menschen aller Völker aller Zeiten (stichwortartig) darzustellen, um sie nebeneinander und gegenüberstellen zu können.

Niemand bestreitet die zahlreichen und schwerwiegenden Verbrechen Deutscher aus der Zeit 1933 – 1939, insbesondere aber die Kriegsverbrechen aus der Zeit 1939 – 1945. Sie sind in der Zwischenzeit im Allgemeinen zweifelsfrei; sie sind dokumentiert; nichts kann sie ungeschehen machen.

Niemand verkennt auch mehr diese Verbrechen Deutscher. Die geradezu dummen Polemiken, ob fast 6 Millionen Juden ermordet worden seien, oder aber nur 5 Millionen Juden, oder aber nur – wieviele immer – ermordet worden seien, haben aufgehört. Ohnehin zählt jeder Mord; zählt jeder Mord gleich.

Niemand verkleinert mehr, verharmlost, versucht in Teilen unbegründet zu leugnen. Es gibt keine „faschismuswissenschaftlichen" Scheineinwände gegen die unleugbaren wirklichen Tatsachen und Sachverhalte.

4.12

Verbrechen der Ostmächte:

Keineswegs so klar, keineswegs so zweifelsfrei ist dies bezüglich der Verbrechen der Sowjetunion, Polens, der Tschechoslowakei bis 1945 und ab 1945 in den folgenden Jahren. Sie werden sekretiert, nicht veröffentlicht, soweit sie dokumentiert sind, – um „die Entspannung nicht zu gefährden" –. Sie werden totgeschwiegen, selbst wenn sie veröffentlicht werden konnten. Sie sollen möglichst niemals stattgefunden haben. Mindestens sollen sie ohne weitere Begründung für immer vergangen sein. Nur dann lassen sich so einfach wie bisher bestimmte Hetzpolemiken so überaus erfolgreich weiterführen.

Auch die Verbrechen dieser drei Mächte sind zu klären, um eine anständige Grundlage der Entspannung und jeder Befriedung zu erreichen.

Die Klarstellung und die Verurteilung der Verbrechen aller Staaten aller Menschen aller Völker aller Zeiten ist ein ausgesprochen ekelhafter Geschichtsgegenstand. Dennoch ist die Klärung und Bearbeitung in extenso notwendig, da Verbrechen Deutscher das letzte Scheinargument Polens für den Landraub an Ostdeutschland darstellt: Noch für einen „demokratischen" Sejm zum 1. September 1989 mit seiner Verbrechensschuldlüge „der erheblichen Mehrheit der Deutschen": Die bisher das verabscheuungswürdigste ist, was von polnischer Seite vorgebracht worden ist.

4.13 Gegenverbrechen:

Die Grundlage aber für die Würdigung aller Verbrechen ... derjenigen Deutscher, – die so gebührend gewürdigt worden sind –, derjenigen der Ostmächte, – die gewesen sind, ohne gewürdigt zu werden –, ist die Erkenntnis der Bedeutsamkeit der Verbrechen aller Menschen aller Völker aller Zeiten. – Verbrechen sind nicht nur religiös – als Sünde – unstreitig. Die religiöse Erbsündelehre ist mittlerweile etwas zu blutleer, zu abstrakt geworden. Wie schon Martin Luther vorausgesagt hatte, gerät mit dem Verlust des Glaubens an den persönlichen Teufel auch der Glaube an den persönlichen Gott in die Gefahr, verloren zu gehen. Wie können aber Verbrechen philosophisch gedacht werden, wenn es den absoluten Gegensatz, den Glauben an Gott, an das absolute Gute, nicht mehr gäbe?

Verbrechen sind auch kriminologisch unstreitig. Auch die Verbrechen der Sowjetunion, Polens, der Tschechoslowakei vor 1945 und ab 1945 bleiben Verbrechen. Hier geht es nur um die Objektivierung, o b Verbrechen einzelner Deutscher zum gigantischen Gegenverbrechen des Landraubes an Ostdeutschland durch die UdSSR, durch Polen, durch die Tschechoslowakei – unter weiterer gleichzeitiger Begehung jedes denkbaren Verbrechens jeder normalen Strafrechtsordnung – rechtfertigen oder entschuldigen. Sie entschuldigen nicht. Sie rechtfertigen nicht. Nach keiner „Rechts"ordnung aller Zeiten aller Länder. Auch wenn solche Verbrechen, der Massenmorde, der Vergewaltigungen, der Vertreibung, der Deportation, in der Vergangenheit vorgekommen sind: Mit seit 1945 sprunghaft zunehmender Tendenz.

4.21
Verbrechen bis 1917:

4.211
Assyrien: Die Ehre, das erste bedeutende Mordregime der bekannten Geschichte zu stellen, gibt sich Assyrien, ca 1362-1205, 1113-1074, 930-689 v.Chr.! Erst 614 fielen Assur und 612 Niniveh. Die Kriegführung war gekennzeichnet durch bewußte Zerstörung Babylons, systematische Aussiedelungen unterworfener Bevölkerungen, Massaker bei jeder Stadteroberung. Im Ergebnis 650 Jahre einer beispiellosen Schreckensherrschaft von der Ägäis bis Armenien und Persien, Syrien, Messopotamien, Arabien. Ein tödliches Angedenken unsäglicher Mörder.

4.212
Die Hunnen: Von 209 vor bis 85 nach Chr. suchten die östlichen Hunnen China heim; 375 bis 453/468 nach Chr. Südeuropa, Mitteleuropa, Westeuropa bis Gallien. Unter Ausmordung ganzer Landstriche.

4.213
An den Juden: Schon 613 n.Chr. beginnen in Europa Glaubensverfolgungen. 1096 mit dem Beginn der Kreuzzüge kommt es zu Judenmetzeleien beispielsweise in Mainz, Trier, Worms, Speyer. Von 1163 in Leobschütz bis 1348/1350 zur Zeit der Pestepidemie bis 1478 in Passau reiht sich Verfolgung an Verfolgung. In England kam es zu vorgeblichen Ritalmordverfolgungen und 1290 zur Ausweisung der Juden. In Frankreich kam es 1306 und erneut 1394 zur Ausweisung; in Spanien 1492, in Portugal 1496. Im Zufluchtsland, in Polen kamen immer wieder Pogrome vor bis 1914, erneut bis 1968 auch im kommunistischen Polen: Das gleiche Polen, welches sich mit dem jüdischen – nicht polnischen – Martyrium 1939–1945 zusätzlich zu schmücken sucht.

4.214
Die Inquisition und die Glaubensverfolgungen: Die Inquisition wurde 1184 durch Papst Lucius III. verfügt, 1215 bestätigt. Denunziationspflicht, Selbstgestellungspflicht wurden de-

kretiert. Die Denunzianten, die „Zeugen" wurden geheim gehalten; ein Verteidiger vielfach nicht zugelassen. 1252 gestattet Papst Innocenz IV. die Anwendung der Folter, Geißelungen, Kirchenstrafen, Gütereinziehung, Gefängnis, Verbannung. In Frankreich amtierte die Inquisition bis 1772, in Portugal bis 1821, in Spanien bis 1834, in Italien letztmals 1859.

Von 1481 – 1808 sollen in Spanien allein 31 912 Scheiterhaufen gebrannt haben, soll 291 456 mal ewiges Gefängnis verhängt worden sein. Galeerenstrafen, Konfiskationen, Infamie ganzer Familien schlossen sich an. 1784 erfolgte die letzte Hinrichtung. Allein in den Niederlanden sollen unter Karl V. bis zu 5 000 Opfer zu beklagen sein. Auch das Luthertum und der Calvinismus schürten Scheiterhaufen: Der Arzt Michael Servet in Genève ist der berühmteste Fall. An Geschehnisse wie die Bartholomäusnacht ist zu erinnern.

4.215

An „Hexen", „Zauberern": Die Verfolgungen begannen schon mit den Waldensern, Albigensern, Templern. Den Höhepunkt bildet eine Bulle Papst Innocenz VIII: 1484 und dann 1487/1489 der „Hexenhammer" von Jakob Spener. Die letzten Hinrichtungen erfolgten 1749 bei Würzburg, 1785 in Glarus, 1793 in Passau, 1860 in Mexico. Zu vermuten steht, daß viele Hunderttausende elendiglich umgekommen sind.

4.216

Die Mongolen: Sie vereinigten ganz Innerasien unter systematischer Vernichtung ganzer Völker. 1398 bei der Eroberung und Zerstörung von Neu Delhi sollen sie eine Pyramide aus einer Million Menschenschädeln errichtet haben. Die Tataren, insbesondere die Goldene Horde errichteten eine Schreckensherrschaft unsäglichster Art über das russische Leidensvolk. Erst 1437 beginnt der Zerfall, erst 1502 die Vernichtung. Aber bis heute: „Grattez le Russe, et vous verrez le tatare".

4.217

An den Indianern: Der Vertreibung der Juden 1492, der Mauren 1501, schloß sich 1519 die Vernichtung des Aztekenreiches, 1533–1535 die Vernichtung des Inkareiches an: Unter Vernichtung von Völkern und Kulturen. Spanier, Niederländer, Franzosen, Briten, US-Amerikaner gegen die Indianer schlossen sich an. In Nord- wie in Südamerika wurden die Indianer erbarmungslos bekämpft, zurückgetrieben, viele Stämme ausgerottet. Für die Zeit um 1492 werden die amerikanischen Indianer auf zwischen 8 – 40 Millionen geschätzt. Heute gibt es reinblütig noch etwa 16 Millionen Indianer; davon etwa 800 000 in den Vereinigten Staaten. Durch Gewalt oder „Vertrag" wurden sie in Reservationen eingeschlossen: 1900 waren dies noch rund 320 000 qkm Fläche, 1930 nur noch ca 100 000 qkm in ca 185 Reservationen.

4.218

Die Türken: Der Siegeszug der Türken seit Manzikert 1071, Adrianopel 1361, Amselfeld 1389, Nikopolis 1396, Varna 1444, Konstantinopel 1453, Kairo 1516, Mohacs 1526, Wien 1529, Lepanto 1571, Wien 1683 war gekennzeichnet durch Grausamkeit, wiederholte Zwangsumsiedelungen, Zwangsrekrutierung der Janitscharen, persönliche Infamie (Abziehen der Haut bei lebendigem Leibe bei einem venezianischen Cypernkommandeur). Völkermorde schlossen sich an: 1896, 1915 – 1918 an 1,4 Millionen Armeniern. 1923 folgten die Griechen Kleinasiens; bis zur Ausweisung. Bis heute an den Kurden. Es waren die ersten planmäßigen, wissentlichen und willentlichen Völkermorde der modernen Geschichte überhaupt …

Zu den Einzelheiten sind die Prozeßakten gegen den – vom Gericht f r e i gesprochenen!-armenischen Mörder des den Mord an den Armeniern anordnenden ehemaligen osmanischen Innenministers Talaat Pascha des Schwurgerichts am Landgericht Berlin III vom 2.–3. Juni 1921 zu vergleichen: Obwohl offizielle türkische Stellen immer noch versuchen, alles abzuleugnen.

4.219

Die Guillotine: Abschließend ist an Ereignisse wie die Guillotine-Mordherrschaft der Jacobiner zu erinnern. Auch die ruhmreiche Große Französische Revolution hatte eine Schrekkensherrschaft gebracht.

4.22

Verbrechen zwischen 1917 und 1945:

4.221

L e n i n : Im Westen ist die philantropische Neigung verbreitet, W. I. Lenin als philosophischen Führer des Bolschewismus von seinen Verbrechen zu entlasten. Verbrechen, die nun einmal zwischen 1917 und 1924 bzw. 1945 im Übermaß in der Sowjetunion geschehen sind, sollen dementsprechend Stalin angelastet werden. Bei Stalin als zweifelsfreiem Verbrecher ohnegleichen macht es ja dann – so glaubt man – („hoffentlich") keinen großen Unterschied mehr. Diese Neigung ist in mindestens zwei Hinsichten irreführend. Zwar war Lenin nur eine relativ kurze Lebenszeit zur Terrorherrschaft vergönnt: 4.4.1917 / 16.4.1917: Abfahrt durch Deutschland / Ankunft in Sankt Petersburg; Mai 1922 / 1923 / 21.1.1924: Schlaganfall / Arbeitsunfähigkeit / Tod.

Dennoch aber ist der Sachverhalt von über 5 Jahren Mordregime Lenins einerseits gegeben. Dennoch aber stimmt der Exkulpationsversuch andererseits nicht, wonach Lenin nur in Retorsion in einem Bürgerkrieg, das heißt reaktiv gehandelt habe. Dieses unterscheide seine Mordherrschaft von der Stalins und insbesondere Hitlers.

Bereits eine solche Sachverhaltsdarstellung ist falsch: Die willkürlichen Verhaftungen und Erschießungen begannen im Dezember 1917 mit der Gründung der Tscheka; wenige Monate nach der Rückkehr Lenins. Lenin selber schrieb schon im Januar 1918, es gehe um … „Wege zur Ausrottung und Unschädlichmachung der Parasiten, (der Reichen und Gauner, der Tagediebe und Hysteriker unter der Intelligenz …)". Das Dekret über den Roten Terror vom 5. September 1918 gebot erneut neben den Massenerschießungen … „die sowjetische Republik gegen Klassenfeinde mittels deren Isolierung in Konzentrationslagern abzusichern". Das Gesetz vom 17. Februar 1919 verfügte, daß … „fremde Klassenelemente in Konzentrationslagern", das Gesetz vom 15. April 1919, daß … „feindliche Klassenelemente in Zwangsarbeitslagern „einzusperren seien. Am 8. Januar 1921 erließ die Tscheka ihren Mordbefehl Nr. 10: „In Bezug auf die Bourgeosie sind die Repressionen zu verschärfen". Ab 1922 begann mit der „kirchlichen Revolution" die Verhaftung der Geistlichen, der Mönche, der Nonnen, der Gläubigen. In den Lagern starben die Häftlinge, um Platz zu machen, aus Hunger, Kälte, Krankheiten, auch ohne Todesurteil, selbst ohne Ermordung.

Insbesondere aber der Argumentationsversuch, Lenin habe in einem Bürgerkrieg sich wehren und morden müssen, ist unzutreffend. Der Zar war bereits am 15. März 1917 zurückgetreten. Lenin traf erst am 16. April 1917 in Rußland ein. Am 8. Dezember 1917 fanden demokratische Wahlen zur Verfassunggebenden Nationalversammlung statt. Diese verloren die Bolschewiken mit nur 23,5% der Stimmen. Am 18. Januar 1918 trieben sie als Verlierer daraufhin die Duma mit Waffengewalt auseinander und errichteten mangels Unterstützung durch das Volk ihr Terrorregime. Erst danach. im Frühjahr 1918, begann dann und danach der bewaffnete Bürgerkrieg mit dem Aufstand der Don-Kosaken.

Die Bolschewiken mordeten also Unschuldige vor dem Bürgerkrieg und nicht Bürgerkriegsgegner w e g e n des Bürgerkrieges. Im Übrigen kann der Bürgerkrieg, den Lenin selbst provoziert und dann geführt hat, – erst gegen die parlamentarische Demokratie, dann erst gegen die Weißen, – zufolge seines Handelns in venire contra factum proprium Lenin nicht als Rechtfertigung oder auch nur als Entschuldigung für seine Massenmorde dienen.

Lenin hatte keinerlei Interesse an persönlicher „Schuld" oder „Unschuld" seiner Opfer. Er befahl die Ausrottung wegen „Sozialschädlichkeit", Männer, Frauen, Greise, Kinder, wie Ungeziefer, fabrikmäßig, planmäßig, bürokratisch, als Schreibtischtäter; mindestens 1 7 Jahre vor den Schreibtischtätern der Gestapo. Auch Lenin hat mithin schon Hunderttausende hinmorden lassen.

Als Lenin dann seinen wichtigsten Mitmörder, J. D. Stalin Ende 1923 „zu brutal" fand: „Daher schlage ich vor, über ein Mittel zu beraten, Stalin aus diesem Amt (d.i. Generalsekretär der KP) zu entfernen", war es bereits zu spät.

4.222
S t a l i n : (An Kulaken, Ukrainern, Krim-Tataren, Wolgadeutschen, Katyn, Kriegsgefangenen) J.D. Stalin übernahm die Macht förmlich am 21.1.1924. Er behielt sie formal bis zu seinem Tode am 5.3.1953, das heißt über 29 Jahre.

Der emigrierte sowjetische Historiker A. Antonow-Owssejenko schreibt in seiner Biographie Stalins über Stalin: „Unter die Berufsrevolutionäre mischte sich ein Berufsverbrecher!"

(A. Antonow-Owssejenko: Biographie Stalins, Portrait einer Tyrannei, Berlin 1986.)

„ ... der Georgier hatte herausgefunden, daß sich der Klassenkampf verschärfen müsse, je näher man dem Sozialismus kam ..." „Daraus ergab sich die These vom Massenmord als der unvermeidlichen Bedingung für den Sieg des Kommunismus." „Die Haupt- und zudem Lieblingsbeschäftigung Stalins war der Mord. Kein anderer Tyrann, angefangen bei Nero und aufgehört bei Hitler, kann sich in der Zahl seiner Opfer mit Stalin messen!"

Stalin hat nicht gezählten Millionen Unschuldiger das Leben gekostet. An Stalin und an Stalins Willen und Entschlossenheit zum Massenmord hängen mindestens fünf große Mordkatastrophen mit jeweils Millionen Ermordeter. Sie gehen teilweise ineinander über.

1. Die von Lenin übernommene und bis 1941 weitergeführte Mordkampagne gegen „Klassenfeinde" der Bolschewiken: Bourgeois, Offiziere, Adel, Funktionäre, Beamten, Geistliche, Mönche, Nonnen, Gläubige.

Dann Stalin selber: 2. Die „Ent-Kulakisierung",

3. die Kollektivierung auch der Mittel- und Kleinbauern,

4. die Dezimierung der Ukrainischen Nation durch Genocid und die absichtlich herbeigeführte Hungerkatastrophe,

5. die „Große Säuberung" von „aufrechten Kommunisten" bis Soldaten bis Marschällen.

zu 2: Zur Entkulakisierung: Das offizielle Statistische Handbuch der UdSSR 1928 definierte als Kulaken, wer Produktionsmittel im Wert von mehr als 1 600 Rubel besitzt, aber an mehr als 50 Tagen Arbeitskräfte beschäftigt, oder Produktionsmittel im Wert von mehr als 800 Rubel besitzt, aber an mehr als 75 Tagen Arbeitskräfte beschäftigt, oder Produktionsmittel im Wert von mehr als 400 Rubel besitzt, aber an mehr als 150 Tagen Arbeitskräfte beschäftigt.

Dies waren keine „Großbauern". Sie bewirtschafteten 6,7 bzw. 8,8 bzw. 11,0 Hektar Ackerland. Vernichtet wurden danach ca. 700 000 „Kulakenwirtschaften"; ferner „freiwillig" kollektiviert weitere 600 000; 1929 – 1931: Kollektivierung war Verfolgung, Vertreibung, Deportation, Verhungern.

In einem Gespräch mit Winston Churchill behauptete Stalin, daß „ ... alles sehr schlimm und schwierig, aber notwendig war ... Aber die große Masse (der Kulaken) war sehr unbeliebt und ist von ihren Knechten umgebracht worden."

zu 3: Zur restlichen Kollektivierung: Etwa 26 Millionen landwirtschaftlicher Haushalte mit durchschnittlich 2,5 bis 5,6 Hektar Ackerland waren betroffen; Ende 1934 waren 9/10 der Ackerfläche in der UdSSR in 240 000 Kollektivfarmen zusammengefaßt. Ksenija Mjalo beschreibt 1989 dieses „kosmische Drama" als „Zusammenbruch einer ganzen Welt."

zu 4: Zur Hungerkatastrophe der Ukraine: Stalin begann die Verfolgung als „Revolution von oben." „Es ist Krieg. Entweder sie oder wir. Die letzten verfaulten Reste der kapitalistischen Landwirtschaft müssen um jeden Preis ausgelöscht werden." „Durch Euch, die Parteibrigaden, müssen die Dörfer lernen, was bolschewistische Härte bedeutet." Im März 1930 war die Landwirtschaft praktisch zusammengebrochen! Und Stalin veröffentlichte seinen Artikel: „Schwindlig vor Erfolg." Anfang März 1933 kam es zum massenweisen Hungertod. Die Grenze zwischen der sterbenden Ukraine und dem besser versorgten Großrußland wurde absichtlich gesperrt. Das Getreideablieferungssoll lag absolut außerhalb des Bereichs des Möglichen. Rationierung gab es nur für parteiisch Bevorzugte. Es gab in Millionen Verhungerte, in Fülle Selbstmorde, Leichen wurden zerschnitten und gekocht, eigene Kinder getötet und aufgegessen. Die Todesrate war von Dorf zu Dorf verschieden: Bis zu 100 Prozent –.

Stalins Frau – Nadeshda Allelujewa – bat Stalin vergeblich um Gnade für die Verhungernden und beging dann nach der Verweigerung Selbstmord am 5. November 1932.

Sacharow sieht den Grund in der für Stalin charakteristischen „Ukrainophobie", in einem persönlichen Racheakt Stalins an der größten ethnisch und kulturell selbstständigen „Minderheit" im großrussischen Kolonialreich. Es handelt sich um einen klaren Fall von Völkermord an dem großen und stolzen Volk der Ukrainer: 8,8% der Gesamtbevölkerung der UdSSR.

Für die sowjetische Sprachregelung hat es diese Hungerkatastrophe niemals gegeben.

In der modernsten und sorgfältigsten Analyse von Conquest[25] werden die Zahlen der Ermordeten genannt: In der Hungersnot in der Ukraine 1931–1933: 5 000 000; im Nordkaukasus: 1 000 000; in Rußland: 1 000 000, Opfer der Entkulakisierung: 6 500 000; Kollektivierung in Kasachstan: 1 000 000

Insgesamt somit 14,5 Millionen Ermordeter, davon mindestens 3 Millionen Kinder.

zu 5: Zur „Großen Säuberung": In der Zeit zwischen 1936 und 1938 beträgt die Zahl der in den Säuberungsaktionen Erschossenen, Liquidierten, Verschwundenen zwischen eine und drei Millionen, darunter vor allem auch „aufrechte" Kommunisten und Soldaten.

4.223
Kronzeuge M. Gorbatschow: Als Kronzeuge für die zahllosen und gigantischen Verbrechen Stalins – und der Genossen um ihn, und der Sowjetunion! – kann 70 Jahre nach der „Gro-

---

[25] Robert Conquest: Ernte des Todes, Stalins Holocaust in der Ukraine 1929 – 1933; München 1988.

ßen Sozialistischen Oktoberrevolution" nunmehr Michail Gorbatschow, Generalsekretär der Kommunistischen Partei der Sowjetunion zitiert werden (2.11.1987).

Zunächst, entgegen seinen Beschönigungsversuchen war die Zwangskollektivierung der Bauernschaft keineswegs „der einzig mögliche Kurs für die Partei".

Kam es nicht nur zu „Überspitzungen" bei der Kollektivierung, wurden Kulaken und bäuerlicher Mittelstand nicht nur in einen Topf geworfen,

hat sich die Kollektivierung nicht nur als ein Schritt von prizipieller Bedeutung für die „Stärkung des Sozialismus auf dem Lande" erwiesen,

war Stalins Persönlichkeit nicht nur „äußerst widersprüchlich". Wie schon Chruschtschow muß auch Gorbatschow Stalins Verbrechen zugeben: Stalin habe „von allen Verbrechen gegenüber Partei und Volk gewußt,"

die Massenunterdrückung war eine „bittere Wahrheit,"

die groben politischen Fehler werden zugegeben,

die Willkürakte werden zugegeben,

nicht nur das russische „unser Volk" hat dafür einen hohen Preis entrichten müssen,

sie waren nicht nur für das Leben der russischen „unseren Gesellschaft" folgenschwer!

Stalin wird „massiver und nicht zu vergebender Unterdrückungsmaßnahmen" angeklagt. Stalins Schuld sei mithin „groß und nicht zu verzeihen!"

Alles das, was Gorbatschow in feierlicher Philippika gegen Stalin für Millionen gemordeter Russen, zumal russischer Bauern, für Millionen verhungerter Ukrainer anklagt, alles dies trifft ganz genauso zu für die Verbrechen Stalins – und der „Personen" um ihn, die Rote Armee – gegenüber dem estnischen, lettischen, litauischen Volke, gegenüber dem weißruthenischen, dem polnischen, dem deutschen Volke, dem rumänischen, dem serbischen, dem ungarischen Volke.

4.224

Stalins Katyn: März-April 1940: Nachdem der Hitler-Stalin Pakt vom August 1939 das deutsche militärische Vorgehen in Polen ermöglicht hatte, – es war kein „Nichtangriffspakt", sondern ein „Angriffspakt" –, nachdem das geheimgehaltene Zusatzprotokoll die Aufteilung der Besatzungszonen im zu besiegenden und zu besetzenden polnischen Staat geregelt hatte. Danach hatte sich die neutrale UdSSR dem kriegführenden Deutschen Reich angeschlossen, danach hatte die UdSSR neben und parallel zum Deutschen Reich Gebietsteile Polens besetzt: Gebietsteile Polens, die weitaus größer waren, als die vom Deutschen Reich besetzten polnischen Westgebiete. Eine Kriegserklärung gegen Polen für ihren Angriffskrieg hatte die UdSSR nicht abgegeben, um auch Groß Britannien seine bekannte, aber vage Garantie nicht zu erfüllen.

Polnische Kriegsgefangene machte auch die UdSSR Hunderttausende: Nach der offiziellen Meldung der „Krasnaja Swesda" vom 17. September 1940: ca 9 361 (aktive und Reserve-)Offiziere, vom Leutnant bis zu 10 Generalen, 1 Admiral; ca 181 163 Unteroffiziere und Mannschaften (bzw. 218 670?); ca 362 618 Zivilgefangene und zivile Deportierte.

Die Offiziere kamen für ca 5 – 6 Monate in 3 Lager: ca 4 500 nach Kozelsk, südwestlich Kaluga; ca. 4 000 Starobelsk, nördlich Woroschilowgrad; ca 5 400 Ostaschkow im Seligersee.

In der Gewißheit, in diesen Offizieren einen Teil der vermutlich antisowjetischen Elite Polens gefangen zu haben, einer Elite, die es im vorgeblichen sowjetischen Interesse zu beseitigen gelte, ließ Stalin im März-April 1940 diese Offiziere ermorden. 4 143 dieser Offiziere ausschließlich aus dem Lager Kozelsk wurden am 13. April 1943 von Deutschen aufgefunden in Katyn.

Der Sachverhalt, der kriminelle Tatbestand, insbesondere der Zeitraum der Morde März-April 1940, das heißt 14 Monate vor Beginn der deutschen Invasion nach Rußland, wurde alsbald 1943 durch eine internationale, neutrale und objektive Ärztekommission untersucht, festgestellt und bestätigt.

Weitere bis zu 10 500 polnische Offiziere aus den beiden anderen Lagern Starobelsk und Ostaschkow sind verschollen und mit an Sicherheit grenzender Wahrscheinlichkeit auch ermordet worden. Ihre Gräber sind lediglich bisher nicht gefunden oder aber – wahrscheinlicher – die Funde weiter verheimlicht worden. Ferner verbleiben ca. 105 000 bis 150 000 polnische Unteroffiziere und Mannschaften, die in der UdSSR „verschwunden" sind, zwischen September 1939 und Oktober 1941.

In der gleichen Gewißheit, eine gegnerische, nunmehr deutsche Elite beseitigen zu wollen, hatte Stalin 1944 vorgebracht, 50 000 deutsche Ofiziere, insbesondere solche des Generalstabes, erschießen lassen zu wollen. Nicht am bloß interessierten Zuhören Roosevelts, sondern am empörten Widerspruch Churchills war dieses Vorhaben dann gescheitert.

Der Mord an jedem dieser Polen, – mit mit Stacheldraht gefesselten Händen, mit verbundenen Augen, geknebelt –, der Tod jedes dieser Offiziere, – in einem nicht erklärten auch sowjetischen Angriffskrieg-, durch eine vorgeblich neutrale Macht –, ist nach dem Strafrecht aller Kulturstaaten und ausdrücklich nach dem Kriegsvölkerrecht verboten. Jeder dieser Morde ist ein infames Verbrechen; sogar nach dem sowjetischen Recht. Tausende solcher Morde sind Tausende Verbrechen. Aber entscheidend ist nicht nur die große Zahl, sondern die Unschuld, die absolute Wehrlosigkeit, die rechtswidrige bloße „Kriegsgefangenschaft", die bekannte Klassengegnerschaft, die nur vermutete Russengegnerschaft, die auserlesene, als möglicher Widerstandskern zu vernichtende Intelligenz.

Einmalig und einzigartig wird dann dieses tausendfache Verbrechen durch den fast 50 Jahre lang, zuerst mehr, dann weniger erfolgreichen Versuch des einen kriminellen Despoten – Stalin – diese Verbrechen einem anderen kriminellen Despoten – Hitler – als Mord zu unterschieben und anzulasten. Seit sehr langem ist objektiv und für die Geschichte geklärt, – zum Beispiel durch die Untersuchungen des US-amerikanischen Kongresses –, daß die UdSSR die mordende Macht war, obwohl sie im Nürnberger Kriegsverbrecherprozeß noch die Stirn gehabt hatte, zu versuchen, Katyn als nazistisches Verbrechen einzubringen; was nur der schon damaligen Zweifelhaftigkeit halber schon in Nürnberg keinen Erfolg hatte.

Ganz anders die entscheidende Frage … zwischen einerseits dem polnischen Volk und Staat, als den Geschwistern und Erben der Opfer, und andererseits der Kommunistischen Partei der Sowjetunion, als den Mithelfern und den Erben des Mörders Stalin und der mordenden Sowjetunion. Ungeachtet, ja im Gegensatz dazu, daß an jeder möglichen Stelle die Morde von Katyn den Hitlerfaschisten angelastet wurden, auch in Warschau, auch in Katyn, wußte das polnische Volk seit 1943, daß Stalin, daß die UdSSR, daß der NKWD die Mörder waren. Bei dieser Katyn-Lüge beharrte die UdSSR 44 Jahre. Erst im April 1987 fand sich die UdSSR zu einer „Erklärung" mit Polen bereit, in der „weiße Flecken" in der offiziellen Geschichtsschreibung und deren Untersuchung zugestanden wurden. Weiteres geschah nicht. Am 8.3.1988 forderten darauf 59 polnische Intellektuelle in einem namentlich jeweils adressierten „offenen Brief" an 55 sowjetische Künstler, Wissenschaftler und Intellektuelle, die Wahrheit über die Morde von Katyn festzustellen: … „Dieser Mord, begangen von den Schergen Stalins … im Namen der Wahrheit … Das sind wir den Ermordeten schuldig" … Am 11.3.1988 forderte erstmals ein parteiloser Abgeordneter des Sejm die polnische Regierung auf, die Wahrheit über Katyn auszusprechen! Am 30.5.1988 konnte ein sowjetischer Historiker erstmalig andeuten, daß – in Kürze – mit einem sowjetischen Schuldeingeständnis zu rechnen sei. Erst am 16.2.1989 durfte die polnische Wochenzeitung

„Odrodzenie" einen Bericht des ehemaligen Generalsekretärs des Polnischen Roten Kreuzes, Skarzynski, veröffentlichen, wonach vom NKWD im Frühjahr 1940 die Offiziere ermordet worden sind. Erst am 7.3.1989 gab der polnische Regierungssprecher Urban erstmalig öffentlich zu, daß „wahrscheinlich" Katyn ein Werk des „stalinistischen NKWD" gewesen war.

Einen pseudohistorischen einstweiligen Schlußpunkt zur Tragödie Katyn bildet dann nunmehr eine sowjetische Farce: Durch die UdSSR, hier durch Intourist: wird das wirkliche „K a t y n " – bei Smolensk – ausgetauscht gegen ein belangloses „Chatyn" – bei Minsk – welches 300 km entfernt liegt. Katyn wird isoliert und zerniert, Chatyn wurde möglichst den Touristen vorgeführt. Dieses Chatyn hat mit dem Mord an den Polen – außer der bewußt bemühten Namensähnlichkeit – nicht das Geringste zu tun. Seine Vorführung und Betonung stellt eine bewußte Irreführung dar: Anstatt nach einem halben Jahrhundert der Lüge endlich die Wahrheit einzugestehen.

Schließlich am 17. April 1990 wurde durch eine Tass-Meldung – also nicht durch Gorbatschow oder durch die Regierung der UdSSR – eingestanden, daß der „frühere" Sicherheitsdienst NKWD unter Stalin – also doch wohl die UdSSR – die ca 15 000 polnischen Offiziere und Soldaten ermordet habe: „Merkwürdigkeiten beim Eingeständnis über das Massaker von Katyn" (FAZ vom 17.4.1990).

4.225
Hitlers und Stalins zweiter Weltkrieg: Hier geht es nur und ausschließlich um die Geschichte der Verbrechen: Auf dem Hintergrund des Scheinarguments, daß deutsche Verbrechen die Ostmächte berechtigten zu dem Gegenverbrechen des Landraubes an Ostdeutschland und dem Sudetenland. Für diesen kurzen Geschichtsabriß der Verbrechen aller Völker aller Staaten aller Zeiten ist vorweg zu unterscheiden: Einerseits zwischen den Millionen Toten, die in irgendeiner der unzählbaren „normalen" Kampfhandlungen im Kriegsgeschehen gefallen sind, umgekommen sind, also nicht ohne Weiteres in „Verbrechen", sondern im Rechtsrahmen des Kriegsvölkerrechtes: Dennoch war jeder ein Toter zu viel ... Andererseits zwischen den Millionen Toten, die nicht in „Kampfhandlungen" starben, sondern Verbrechen zum Opfer gefallen sind.

Das Leben in seiner archaischsten Form, – „ ... der Krieg ist der Vater aller Dinge?", und dies war in etwa das Lebensgesetz der Assyrer, der Spartaner, der Mongolen! –, bejaht oder auch nur denkt heute n i e m a n d mehr. Diese Sinnlosigkeit des Kämpfens, Tötens, Sterbens um nichts, hat sich glücklicherweise einfach zu Tode „gesiegt" und ist überlebt.

Der Krieg in seiner ethisch am wenigsten angreifbaren Form – „ ... Herr, wir bitten Dich um den Krieg der Völker, für die Freiheit der Völker" ... um die Bitte eines Polen zwischen 1795 und 1815 zu wiederholen! – ... ist heute gleichfalls nicht mehr denkbar: Nicht mehr moralisch nachzuvollziehen, nicht mehr zu bejahen. Offen bleibt, ob die Freiheit vor dem Frieden zurückzustehen und zurückzutreten hat.

Der Krieg in politischer, durchgeistigtester Form, als Mittel der Politik mit anderen Mitteln, ist widerlegt und seit spätestens 1945 überwundene Vergangenheit. Der ewige Frieden aber wäre nur das schönste Ideal.

Der Krieg in seiner letzten Form, nicht einmal mehr als ungerechter Krieg, sondern als „gerechter" Krieg, nicht einmal mehr als Angriffskrieg, sondern als „Verteidigungskrieg", steht in Frage seit dem Kriegsverbotspakt, seit der Kriegsächtung! „ ... Jede Zuflucht zu einem Krieg, zu j e d e r Art von Krieg, ist eine Zuflucht zu Mitteln, die ihrem Wesen nach verbrecherisch sind" ... „Ein ehrlicher Verteidigungskrieg verstößt natürlich nicht gegen das Recht!" ... (Robert H. Jackson, Hauptanklagevertreter der USA beim interalliierten

Militärgerichtshof zu Nürnberg, 21.11. 1945). Mit diesem überaus klaren theoretischen Erkenntnis gegen jeden Krieg mag praktisch die Problematik verschoben worden sein zur Frage der Definition dessen, was „Krieg" ist! Was gerecht, was ungerecht ist, was Angriff, was Verteidigung ist, was subjektiv, was objektiv ist, was präventiv, was aggressiv ist. Angesichts dieser für jede Partei diametral entgegengesetzten Definitionsergebnisse bleibt für 1939 – 1945 – vielleicht letztmalig und nicht mehr für Campuchea! – jeder Seite zuzubilligen, daß der Tod, der Tod in Millionen, noch nicht ohne Weiteres kriminell herbeigeführt ist, wenn er anläßlich einer Kampfhandlung/Kriegshandlung eintritt, – das heißt im Rahmen des Kriegsvölkerrechtes –, zum Beispiel streng im Rahmen der Haager Landkriegsordnung.

Nach dieser Fragestellung bleiben dann weiter zu unterscheiden: einerseits alle Todesfälle aller Einzelnen, aller Betroffenen, ohne daß Verbrechen vorlägen, andererseits die gesamte ungeteilte Verantwortung für die grauenvollen Hekatomben von Toten durch diejenigen, die als Bestien in Menschengestalt wissentlich, willentlich, absichtlich diesen zweiten Weltkrieg als ihren Krieg herbeigeführt haben: Adolf Hitler und Josip Stalin.

Viele Millionen Sowjetbürger sind so in Kampfhandlungen gestorben; im Rahmen des Kriegsvölkerrechts: Im Gefecht Gefallene, Vermißte, gefangen an Verwundungen Gestorbene, Verluste zufolge Beschießungen, Luftangriffen, Seekriegshandlungen, Seuchenopfer(insbesondere Fleckfieber); Partisanen ohne Kombattantenstatus.

Viele Millionen Sowjetbürger sind aber auch entgegen dem Kriegsrecht Verbrechen zum Opfer gefallen: Sowjetgefangene in deutscher Gefangenschaft, gefesselt, erschöpft, verhungert, erfroren, erschossen (Asiaten?); Ermordete Spezialgruppen: Kommissare, Kommandoangehörige, Funktionäre, Höhere Offiziere, Fallschirmjäger, Angehörige von Frauenbataillonen; (vgl. auch z.B. „Pferdestall" im KL Buchenwald). Deportierte Zivilisten; Massaker an Juden durch Einsatzgruppen.

Millionen Deutsche sind so in Kampfhandlungen gestorben; im Rahmen des Kriegsrechtes.

Viele Millionen Deutsche sind aber auch entgegen dem Kriegsvölkerrecht Verbrechen zum Opfer gefallen bis zum Kriegsende: Deutsche Gefangene in sowjetischer Kriegsgefangenschaft, auf Transport Verstorbene, Erfrorene, zu Tode geschuftet, verhungert, erschossen; bis zu 1,6 Millionen Zivilisten alleine als deportierte Arbeitssklaven; Massakrierte Zivilisten in Ostdeutschland, Mitteldeutschland, dem Sudetenland, Österreich; Vergewaltigte! Alles vor wie nach dem Ende der Kampfhandlungen am 8. Mai 1945. Danach Opfer einer Scheinjustiz in „Kriegsverbrecherprozessen", gegen Unschuldige.

Beide Armeen, die Rote Armee, die Wehrmacht, sie waren sich gegenseitig gleichermaßen keine guten Kameraden. Beide gegenseitig. Beide gleichermaßen.

Bis hin zu jenen Hunderten von Panzerketten zu Tode gewalzten deutschen Bauern, Frauen, Kindern, Soldaten, Pferden, in Nemmersdorf in Nordostpreußen: „Befreiung" durch die Rote Armee nach Art Josip Stalins.

4.226
Adolf Hitler und sein Holocaust 1941 – 1945: Inhalt und Ergebnisse des Holocaust sind allgemein bekannt. Fraglich ist und wird bleiben, wann und mit welchem Ziel Hitler seinen Plan zur „biologischen Vernichtung" des europäischen Judentums gefaßt hat: Jedenfalls im Zweifel kaum vor Kriegsbeginn. Erste Vorläufer, der Boykott vom 1. April 1933, die Nürnberger Gesetze vom 15. September 1935, (Reichsbürgergesetz, Blutschutzgesetz), die Pogrome vom 9. November 1938, die Reichs„kristallnacht", ein Aussiedlungsplan nach Madagaskar im Frühjahr 1939, bezogen sich noch nicht und gehören noch nicht zum end-

gültigen Plan. Vermutlich bei der Vorbereitung der Angriffsoperation Barbarossa auf die UdSSR stellte sich gleichzeitig die Problematik der Beherrschung und der Behandlung von Hunderttausenden bis Millionen von osteuropäischen Juden: Und damit die Überlegung, sie nach Art eines Mörders und Räubers zu liquidieren, zunächst um sich der Problematik zu entledigen, dann aber in ideologischer Vollidiotie ausgestaltet und verbrämt zur pseudosektiererischen Rassen-„Endlösung".

Am 31. Juli 1941, – das heißt 42 Tage nach dem Beginn der Invasion und damit nach den gewonnenen Grenzschlachten in den Grenzprovinzen der UdSSR –, soll der endgültige Mordbefehl ergangen sein. Die Aktion wurde im Reich und der eigenen Bevölkerung gegenüber – so weit möglich, aber in zunehmendem Maße durchbrechend – geheimgehalten. Seit Oktober 1941 stand sie unter dem Kommando von Eichmann.

Im Osten wurden in rasanter Folge Vernichtungslager – mit wechselnder Vernichtungsausstattung und Maschinerie – errichtet. Besonders bekannt geworden sind Auschwitz, Birkenau, Treblinka, Maidanek, Belzek. Während das „normale" System der KZ die Dezimierung der gigantisch wachsenden Zahlen der „Schutzhäftlinge" durch übermäßige Zwangsarbeit (insbesondere in Steinbrüchen), drakonische Strafen, Seuchen, Verhungern betrieb, – so auch in den KL im Reichsgebiet –, wurden im Osten Millionen vergast, erschossen, durch Vivisektion, Zwangsimpfungen, andere medizinische Versuche, Kältereaktionsversuche, Sterilisationen usw. umgebracht.

1939 hatten erst 3 große KL (Dachau, Buchenwald, Sachsenhausen) sowie 3 kleine KL (Mauthausen, Flossenbürg, das Frauen-KL Ravensbrück) bestanden; bei ca insgesamt 21 400 Häftlingen; darunter fast keine Juden mehr. Durch diese Lager waren aber zuvor auch Ströme jüdischer Verfolgter im November 1938 hindurchgeschleust worden; ebenso Sinti und Roma. Der Krieg führte zur explosionsartigen Vergrößerung des „SS-Staates". 1944 schließlich bestanden 22 KL, davon 15 im Reichsgebiet, dazu 165 Arbeitslager, davon 130 im Reichsgebiet. Am 15.8.1944 war die Iststärke der Häftlinge trotz des ununterbrochenen Mordens an Millionen auf 524 286 gestiegen; im Januar 1945 nach Schätzung 750 000; die Gesamtzahl der in den „Normallagern" – ohne die Durchschleusung in den Vernichtungslagern – Inhaftierten 1933 – 1945 schätzungsweise ca 2,2 Millionen „Schutzhäftlinge".

Juden waren ab 1943 in diesen Normallagern nicht mehr. So gab es beispielsweise im KL Buchenwald auch keine „Gaskammern". In den „Normallagern" wurde versucht, diese Hunderttausenden an „kostenlosen" Arbeitssklaven in den Prozeß der Rüstungsindustrie einzugliedern: Dies ging bis hin zum Zweiglager Dora (vom KL Buchenwald) bei Nordhausen. Von dort gingen am Schluß jeden Morgen bis zu Hunderte Häftlinge auf „Transport" von Buchenwald zur Produktion von VWaffen ins Bergwerk im Harz. Und jede Nacht kamen diese „Transporte" als zerfetzte Leichen wieder zurück zum einzigen Krematorium nach Buchenwald. In den Juden-Vernichtungslagern im Osten dagegen führte die „Selektion" überwiegend am ersten Aufenthaltstag zum Tode. Wohl überwiegend in der Gaskammer.

In den offiziellen Aufzeichnungen der Gestapo, hier des SD, wird bis Ende 1942 die Zahl der ermordeten jüdischen Deutschen und Reichsstaatsangehörigen mit 180 000 angegeben (Dok No 5193). Das Institute of Jewish Affairs, New York, gibt 1945 die Zahl der insgesamt ermordeten Juden mit 5 787 000 Menschen an. Diese Zahl mag umstritten sein. Sie wird von Michael Wolfssohn nicht bestätigt. Es kommt aber nur auf die Gesamttatsache entscheidend an.

4.227

Dresden 13 – 15. Februar 1945: Dresden, Hauptstadt des Landes Sachsen, Sitz eines Churfürsten des Heiligen Römischen Reiches Deutscher Nation, 1547 bis 1806, Nebensitz der Könige von Polen 1697 bis 1763, Elbflorenz, eine der schönsten Städte der Welt, ein geschlossenes Baudenkmal, am 17. Mai 1939 646 962 Einwohner, 1946 noch 467 966 Einwohner, achtgrößte Stadt des Deutschen Reiches, Stadt der Kunst: „Dresden is a happy mixture of peaceful dreams", keine bedeutende Garnisonsstadt, wenig bedeutende feinmechanische und optische Industrien.

Februar 1945 war für alle Beteiligten das Ende des Krieges klar abzusehen. Das Deutsche Reich, die Wehrmacht, insbesondere die Luftwaffe lagen bereits in völliger armseligster Agonie. Nur der massakrierte Körper sollte noch geschlagen und getreten werden, auch wenn der Terror gegen die Bevölkerung nicht den leisesten Einfluß auf das Kriegsgeschehen hatte. Die Angriffspläne des britischen Luftmarschalls sahen die Vernichtung vor: „Schlächter Harris": der dicht bevölkerten Innenstadt mit ihren engen Gassen, die dicht bebauten Wohngebiete nach Osten und die nach Süden; mit Sprengbomben und Brandbomben sowie Beschießungen. Nicht angegriffen wurden die militärischen Einrichtungen im Norden der Stadt. Nicht angegriffen wurden die Industrievororte elbaufwärts.

13. Februar 1945, 21h39 Fliegeralarm, Royal Air Force, 22h30 Zweiter Alarm, 14. Februar 1945 dritter Alarm, 14h00, US-Luftwaffe, 15. Februar 1945 vierter Alarm, Nachts.

Das „Höllenfeuer aus Menschenhand" raste so über die Stadt hinweg, daß die Hitzewirkung den Angriff der dritten Welle unmöglich machte. Sowohl um ca. 2h00 Nachts als auch ca. 14h00 am folgenden Tage beschossen US-amerikanische Jagdflieger flüchtende Zivilisten, Frauen, Kleinkinder, mit Bordwaffen im Tiefflug. Dem Wahnsinn nahe hoben Mütter den schießenden US-Amerikanern ihre Kleinkinder entgegen. Die Flieger schossen sie einfach nieder (FAZ 18. 2. 1985).

Die Stadt Dresden war seinerzeit überfüllt mit Flüchtlingen aus Oberschlesien, Niederschlesien, dem Wartheland. Niemand kennt die Zahl der im Phosphor-Feuer Verbrannten. Nur halbwegs vergraben konnte man bis 35 000; gewesen sind es mindestens 130 000, geschätzt bis zu 300 000 Gemordete. Dresden war nicht die prozentual im Verhältnis zum Wohnraum am schwersten vom Bombenkrieg heimgesuchte Stadt. Aber die Zahl der in einem wohlberechneten, auf kürzesten Zeitraum berechneten Schlag getöteten Menschen „war gewiß die größte im Bombenkrieg gegen Deutschland" (FAZ 13.2.1989).

„Diejenigen, die namens der Menschlichkeit Krieg führten gegen das von Hitler in seine Gewalt gebrachte Deutschland, hatten sich verführen lassen zu einer unmenschlichen Antwort auf Unmenschlichkeit" (FAZ 16.2.1987). E i n Verbrechen – Coventry zum Beispiel – ist keinerlei Rechtfertigung noch Entschuldigung für ein hundert mal schwereres und vollendet sinnloses zweites Verbrechen: Dresden.

Ein Arbeiter, ein großer Dichter, Gerhart Hauptmann, sprach es abschließend aus kurz vor seinem Tode: „Wer das Weinen verlernt hat, der lernt es wieder beim Untergang Dresdens".

Militärisch war das Massaker absolut sinnlos. Kasernen wie Industrieanlagen wurden nicht zerstört und waren gar nicht von Interesse. Psychologisch war der blutige Terror überflüssig: Nach der Volksmeinung fragte der schon konvulsivisch zuckende Adolf Hitler niemanden mehr ... Ein Verbrechen.

4.228

Hiroshima: 6. August 1945; Nagasaki: 9. August 1945:

Hiroshima: Die Stadt ist die Hauptstadt einer Präfektur und ist eine Universitätsstadt.

1938 zählte sie 334 600 Einwohner; Ende 1945 waren es dann noch 137 200 Einwohner; 1950 wieder gewachsen auf 285 700 Einwohner.

Am 6. August 1945 wurde von Flugzeugen der US-amerikanischen Luftwaffe die erste Atombombe der Weltgeschichte (mit Uran 235) – ohne jede Räumungszeit – abgeworfen. Die Verluste betrugen 86 100 Tote, 61 000 Verletzte; die Zersörung der Stadt 60%.

Nagasaki: Hauptstadt einer Präfektur; Medizinische Universität; Sitz eines katholischen Bischofs. 1950 241 800 Einwohner. Am 9. August 1945 Abwurf der zweiten Atombombe. Die Verluste betrugen 36 000 Tote, 40 000 Verletzte. Die Stadt wurde fast völlig zerstört.

Das politische Ziel der Vereinigten Staaten 1945, den zweiten Weltkrieg möglichst schnell zu beenden: ohne ein weiteres so verlustreiches „Inselhüpfen", bevor die Sowjetunion auch im Fernen Osten in den Krieg eintreten konnte, bevor China weiter gefährdet werden konnte, bevor die japanische Kriegspartei psychisch den Untergang des Deutschen Reiches verkraftet haben konnte, ist verständlich. Nicht verständlich – weil absolut überflüssig – sind die beiden Massaker, mit über Hunderttausend Toten.

Die USA brauchten den faktisch relativ weit vom juristischen Regierungssystem abweichenden und komplizierten Herrschaftsapparat Japans nicht genauer zu kennen. Es war mit an Sicherheit grenzender Wahrscheinlichkeit zu erhoffen nicht nur, sondern – erst recht nach einem zweiten Atomschlag, ggf. in Erwartung weiterer Atomschläge – zu erwarten, daß Japan die Unvermeidlichkeit der sofortigen Kapitulation begreifen würde.

Das erfolgte und entscheidende „Machtwort" des machtlosen Kaisers Hirohito, Showa, „Leuchtender Frieden", konnte zwar nicht vermutet und erst recht nicht erwartet werden, insbesondere nicht binnen kürzester Zeit. Dennoch stand – um Japan zu zwingen – dem nichts im Wege: die Städte soweit erforderlich eine nach der anderen zu vernichten, aber dagegen die Menschen zu verschonen zufolge Aufforderungen zur Stadt r ä u m u n g . Wenn Bekanntmachungen erfolgt wären, wenn Räumung unter Darlegung der Zerstörungsdrohung gefordert worden wäre, wenn relativ kurze bis sehr kurze Räumungsfristen gestellt worden wären, um den feindlichen japanischen Militärapparat zu schnellem Gang zu bewegen, so wären: aus Hiroshima als der ersten Stadt viele Zehntausende, wenn nicht die ganze Bevölkerung der Stadt, aus Nagasaki viele Hunderttausende, wahrscheinlich sogar die Bevölkerung der umliegenden Präfektur in wildester Flucht – über jeden eventuellen Widerstandsversuch von Armee und Polizei usw. – hinweggerast. Dabei konnte – gerade um das Außerordentliche der Ereignisse zu betonen, zu erreichen und zu steigern – jede „Rücksicht" auf die Evakuierung auf ein Mindestmaß vermindert werden.

Daß nicht nur die beiden Städte zerstört wurden, was militärisch richtig sein kann, sondern daß auch in zwei Massakern ohnegleichen, die Menschen als politische und psychlogische Erfolgsgeiseln mit hingemordet wurden, war militärisch und sogar politisch überflüssig und sinnwidrig. Eine japanische Abwehr von einzelnen Flugzeugen, in großen Höhen, zu unbekannter Einsatzzeit, zu ggf. mehreren möglichen und angedrohten zu räumenden Städten, wäre offensichtlich ganz aussichtslos gewesen. Zwei Verbrechen.

4.229

Stalins Verbrechen der Vertreibungen, Deportationen ab 1945: Die vom Krieg mißhandelten Bevölkerungen einer Reihe von Ländern, – die vom Ende der Kampfhandlungen endlich Erlösung erhofft hatten –, mußten oft die sogenannte „Befreiung" durch die Rote Armee in solcher Weise erleben, daß es ihnen wie ein brutaler und blutiger Hohn auf solchen hohen Freiheitsanspruch vorkommen mußte. Dabei sind hier gleichermaßen nicht nur Millionen Deutsche betroffen gewesen, sondern nacheinander auch Rumänen, Ungarn, Slowaken, Polen, Esten, Letten, Litauer, Finnen; mit Hunderttausenden Opfern: Ganz Ostmitteleuropa. Hinzu kam, daß Stalin in den kommunistischen Parteien seinerseits nur allzu willige Helfer fand.

Polnische Soldateska wie Zivilisten mordeten, vergewaltigten Hunderttausende, raubten alles nur Bewegliche.

Tschechische selbsternannte Revolutionsgarden, – Angehörige eines Volkes, dem 1938 bis 1945 vergleichsweise in der Masse friedlicher Wohlstand beschieden gewesen war –, wüteten unbeschreiblich: Vgl. den Massenmord von Außig 31.07.1945.

Serbische Partisanen mißhandelten Deutsche, nicht nur Soldaten, sondern Zivilisten, insbesondere Frauen in unmenschlichster Art. „In Serbien war es am schlimmsten" (FAZ 31.10.1990).

Ohne Stalins kriminellen Willen und Befehl, Wohlwollen und Aufreizung, Deckung und Hilfe hätten sie alle, Polen, Tschechen, Serben, Rote Armee, so niemals handeln können.

Den höchst umfangreichen Dokumentensammlungen, – die wie ein ununterbrochenes Inferno anmuten in ihren Schilderungen von Einzelschicksalen –, ist alles Nähere in menschlich unerträglicher Deutlichkeit zu entnehmen.[26]

Als solche „Vertreibungsverluste", also an Toten n a c h dem 8. Mai 1945 zufolge Ermordung, Erschöpfung, Verhungern, Vergewaltigung im Zuge der Austreibungen – nach Westen! – und der Deportationen „zur Arbeit" – nach Osten – sind danach mindestens festzuhalten:

Verluste nach dem 8. Mai 1945: Verluste der Deutschen aus Ostdeutschland und aus dem Sudetenland 2 200 000; Verluste der Rußlanddeutschen 350 000; Verluste in der mitteldeutschen Zivilbevölkerung 240 000; Verluste der österreichischen Zivilbevölkerung 60 000; Verluste an deutschen Gefangenen in der UdSSR nach Kriegsende über 300 000; Verluste an zur Zwangsarbeit in die UdSSR verschleppten Deutschen über 300 000; ferner Verluste der deutschen Zivilbevölkerung in Zentralpolen; Minderheit 1939.

Es bleibt eine ungeheure Zahl deutscher „Nachkriegsverluste" mit mehr als 3, 4 Millionen Toten, meist Ermordeten. Hier ging es „nur" um die Toten, die entgegen dem Kriegsvölkerrecht in Folge des Krieges, aber n a c h Ende der Kampfhandlungen umkamen. Daß auch alle zugrundeliegenden Sachverhalte und Tatbestände – ungeachtet selbst noch der Todesfolge am Schluß – Folterungen, Verschleppungen, Vergewaltigungen, Verbringung in Lager, Beraubungen, Zwangsarbeit, bereits in sich Verbrechen sind, die von allen Rechtsordnungen der Welt, auch von dem sowjetischen Strafrecht mit schwersten Strafen belegt und geahndet werden, ist nur festzustellen.

Abschließend aber bleibt festzuhalten, daß das Entscheidende ist, daß die zugrundeliegende Politik Polens, der Sowjetunion, der Tschechoslowakei die Vertreibung als solche, die Deportation als solche bereits Verbrechen sind. Verbrechen begangen an bis zu 13 Millionen Deutschen. Aber auch an Esten, Letten, Litauern, Weißruthenen, Ukrainern, Polen aus der Westukraine.

Das Erbe Stalins, das es wieder gut zu machen gilt. Das nicht mit schönen Worten über „Aussöhnungen" zu erledigen ist."

---

[26] „Dokumentation der Vertreibung", 8 Bände, 1953 – 1960"
Statistisches Bundesamt: „Die deutschen Vertreibungsverluste; Bevölkerungsbilanzen für die deutschen Vertreibungsgebiete; 1939/1950; 1958.
Erich Maschke: „Zur Geschichte der deutschen Kriegsgefangenen des zweiten Weltkrieges," 18 Bände; 1962 – 1964.

4.23
Verbrechen seit 1945:

4.231
Wandel 1945? Mit dem Jahre 1945 scheint sich die Situation der politischen, religiösen, rassischen Verbrecher zu wandeln. Dies ist erstaunlich, da es ausgerechnet zusammenfällt mit dem interalliierten Versuch in Nürnberg, über das geltende Völkerrecht weit hinausgehend Politik zu bestrafen; bis insbesondere einschließlich der Todesstrafe.

Bis 1945 sind Verbrechen aller Völker aller Zeiten aller Menschen in maßloser Zahl geschehen. Nur schien jedes Verbrechen wenigstens eine Spur von Sinn haben zu sollen. Dieser für Außenstehende vielfach nicht erkennbare und objektiv vielfach auch nicht existierende Sinn konnte es mit sich bringen, daß zwar wohl das Verbrechen befohlen wurde und dann auch begangen wurde. Aber sowohl der Schreibtischmörder als auch manchmal seine Henker hatten wenigstens einen Anflug eines schlechten Gewissens, obwohl der versteckte Sinn das Verbrechen rechtfertigen sollte.

Lenin fand Stalin zu brutal. Aber selbst Stalin wollte, daß bei seinem Tode „alle Völker stille Lieder" singen sollten. Selbst Stalin versuchte, Katyn den „Hitlerfaschisten" anzulasten, um es für sich ableugnen zu können. Hitler wollte vorgeblich wenigstens von Frauen und Schäferhunden geliebt werden. Die britische Gesellschaft und die englische Königsfamilie versuchte, den britischen Luftmarschall nicht mehr zur Kenntnis zu nehmen, der Dresden gemordet hatte, – auf Churchills, seiner Majestät Primeminister, Befehl und Verantwortung. Nur sekundär Harris, primär Churchill!

Seit 1945 hat sich das wohl im System geändert. Das Mindestmaß an schlechtem Gewissen scheint verloren gegangen zu sein. Selbst das kriminelle Interesse am Verbrechen ist vermindert, wenn nicht erloschen. „Soziale Prophylaxe" heißt jetzt die Parole. Gemordet wird jetzt nach Art von Kammerjägern. Einer – auch nur ideologischen – Begründung bedarf ein politischer Mord scheinbar nicht mehr. Er braucht nicht einmal mehr zweckmäßig zu sein, er geschieht einfach. Er geschieht aus Beschränktheit, Dummheit, Gemeinheit, Armseligkeit, Langeweile, Blutdurst, Aktionismus, „Vergeltung", „Rache". So begann es schon bei einem anfangs Dogmatiker wie etwa Mao Tse Tung. So ging es weiter bei so armseligen Figuren wie Idi Amin und Bokassa. So endete es leider noch lange nicht bei Pol Pot und Saddam Hussein.

Von allen Verbrechen interessieren vordergründig nur noch die Ergebnisse, wenig oder nicht mehr die Beweggründe. Es interessieren zuerst die Mörder, nur noch weniger die namenlosen, die zahllosen Opfer.

4.232
Mao Tse Tung: Zugrundezulegen ist, daß Asien ein anderes Menschenbild hat, und es pflegt, ein anderes als Europa oder aber als Amerika. Auch dann bleibt die Proklamation der Volksrepublik China vom September 1949 der Beginn einer der größten Mordperioden der Menschheitsgeschichte. 1950 bis 1953 war die Zeit der Vernichtung der bisher führenden sozialen Gruppen Chinas: Großgrundbesitzer, Pachteintreiber, wohlhabendere Bauern, Geschäftsleute, Priester, Verwaltungsbeamte, mit einem Wort „Bürger". Die Schätzungen über die Zahl der Opfer dieser Mordperiode gehen von 3 bis zu 10 Millionen. 1951 – 1959 tobte in Tibet der Freiheitskampf der Kampas gegen die chinesische Aggression und Fremdherrschaft. Die Schätzungen: 1 Million Tote.

1958 (– 1962) erfolgte der legendäre „große Sprung nach vorne". Die Schätzungen: Viele Hunderttausende verhungert. Die folgende Periode der „Hundert Blumen", der „Hundert Schulen" war leider nur von kurzer Dauer.

Ab 12. August 1966 inscenierte der rastlose, jetzt nur noch zerstörerische Geist Maos die „Große Kulturrevolution": Aktionismus um des Aktionismus willen. Sie zerstörte wesentliche Teile dessen, was noch von der chinesischen Kultur trotz allem überlebt hatte. Sie wurde, weil morden so unterhaltsam war, zum Aufstand der Jugend gegen jegliches „Alter": Absichtlich herbeigeführt, weder organisch noch auch nur spontan! In Fülle führte sie zu persönlichen Terrorisierungen: Liu Schao Tschi, Tschou en lai, Deng Hsiao Ping. Die Schätzungen: Erneut mindestens 1 Million Tote.

Endlich starb Mao. Übrig blieb nicht nur eine „Vierer-Bande". Nun aber auch Deng Hsiao Ping und der Tienanmen Platz 1989. Wenn solches mit dem urältesten Kulturvolk unserer Welt geschieht: Wie kann irgend ein logisch denkender Mensch ... von der E i n - z i g artigkeit deutscher Verbrechen sprechen? Wo war was wann einzigartig? Das nicht schon einmal dagewesen wäre? Die E i n m a l i g k e i t deutscher aber wie chinesischer Verbrechen dagegen ist beschämend für alle.

4.233
Vereinigte Staaten von Amerika in Vietnam: Die Ereignisse sind so sehr in das Weltgewissen eingegraben, daß sie hier nicht vorgetragen zzu werden brauchen. Die weltbekannt gewordenen „vernichtenden" Stellungnahmen von Telford Taylor – ehemals US Chief Counsel at Nuremberg –! über „Nuremberg and Vietnam" sind abschließend.

Vielleicht können eine unendliche Reihe zweifelhafter Maßnahmen noch als militärisch sinnvoll erscheinen. Dagegen sind die kriminellen Tatbestände in S o n M y = M y L a i 4 eindeutig: 128 Tote, Männer, Frauen, Kinder, Babies. 13 Festgenommene, bei 3 Waffen! Und dann ein Herr US-Oberleutnant William Calley; erst zu lebenslänglich verurteilt! Und dann begnadigt ... Zu fragen bleibt angesichts dieser Verbrechen: Der kommandierende General Westmoreland war über das Geschehen von My Lai ausgezeichnet unterrichtet. Er wurde niemals auch nur angeklagt. Geschweige verurteilt. Der japanische Kommandierende General auf den Philippinen, Yamashita, war über bestimmte verbrecherische Unternehmungen einzelner seiner Untergebenen n i c h t unterrichtet. Er wurde wegen diesen Unternehmungen dieser seiner Untergebenen ... gehängt.

4.234
Frankreich in Algerien: Der Versuch der französischen Republik, den Freiheitskampf in Algerien niederzuwerfen, war eine – unbewußte? – letzte Zuckung des Kolonialismus. Dabei war Frankreich mit langem Zögern und mit vielen Kämpfen bereit gewesen, seine afrikanischen Kolonien, Tunis, Marokko, seine asiatischen Kolonien, Syrien, Libanon, endlich sogar Indochina freizugeben. Nicht so Algerien. Dem standen scheinbar mehrere besondere Hindernisse entgegen. Weil Algerien seit über 100 Jahren, seit 1830 französischer Besitz war, in französische Departements eingeteilt worden war, wurde es unbekümmert als Teil des Mutterlandes betrachtet. Und dieses „Sanktuarium" antasten zu lassen, mußte die französische Republik erst mit einer Million Toter, toter Algerier, gezwungen werden. Hinzu kam, daß in Algerien, zum Teil seit Generationen, weiße Franzosen lebten, die „pieds noirs" zu Hunderttausenden. Sie waren nicht unverständlicherweise entschlossen, das was sie hatten, mit „Zähnen und Klauen" festzuhalten. Was die französische Republik im europäischen Maßstabe, – ohne die geringsten Gewissensbisse und ohne mit einer Wimper zu zucken –, nicht nur tolerierte, sondern guthieß, – weil es ja zum ersten für Polen und zum zweiten gegen Deutschland gerichtet war: ... Deportation und Vertreibung von insgesamt bis zu 13 Millionen Deutscher aus ihrer Heimat Ostdeutschland und Sudetenland, Heimat seit mindestens 600 bis z.T. 900 Jahren, das war die französische Republik unter fast kei-

nen Umständen bereit zuzugestehen gegenüber einer Million eigener Algerien-Franzosen, mit deren Heimat Algerien seit 100 Jahren ... Mit Massakern, mit Terror, mit Folterungen, mit Elektroschocks gegen die Genitalien, mit Gefangenenkonzentrationen, mit Umsiedelungen, mit Niederbrennen, mit allen denkbaren Machtmitteln eines modernen Großstaates: Mit dem Fanatismus, mit dem Haß, mit der Todesverachtung seiner Soldaten: Sie wollten sich nicht ein weiteres Mal, wie 1940 in Frankreich gegenüber den Deutschen, dann wie bei Dien Bien Phu in Nordvietnam, geschlagen geben gegenüber verachteten Gegnern. So kämpfte Frankreich um Algerien mit Blut und Verbrechen: Bis endlich de Gaulle kam.

4.235

Idi Amin, Bokassa: Idi Amin, „Generalfeldmarschall", „Professor", „Dr.", Mörder in Uganda ab 1971. Bokassa, von Fremden gekrönter „Kaiser", Mörder im Tschad. Beide markieren Gipfel des Verbrechens. Primitivste, geistlose, sogar ideologielose Vernichtung, bis hin zum Essen von Fleisch ermordeter Kinder (Bokassa), aus geistiger Impotenz, Habsucht, Machtgier, Blutdurst, Stammeshaß, Raublust, schlicht aus Dummheit. Niedriger als diese beiden geht es vermutlich kaum mehr.

4.236

Pol Pot in Campuchea: Das erste, bisher Gott sei Dank noch das einzige durchprobierte Experiment in Steinzeit-Kommunismus. Damit aber sofort der Unterschied zu den ähnlich primitiven Mördern in Afrika: Eine ideologische Überspitzung, eine Absurdität lag zu Grunde. Machtgier um jeden Preis wird zu verbohrter Potenz. Selbst wenn vielleicht keine egozentrischen materiellen Wünsche oder Ziele vorlagen. Die „soziale Prophylaxe" nunmehr gegen die Stadt, gegen die Kultur, gegen die Wirtschaftsformen, gegen die Menschen, insbesondere gegen die Intelligenz. Das Ergebnis ist eigenartig, ist einmalig, ist e i n z i g artig. Hier wirklich ein Mal einzig in seiner Art.

Selbst das kommunistische siegreiche Vietnam – ganz gewiß von jeder Humanität, erst recht von jeder „Humanitätsduselei" weltweit entfernt – erkannte, daß dieses Regime, Pol Pot, die „Roten Khmer" vernichtet werden mußte. Die Schätzungen: Millionen Ermordeter.

4.237

Die Union der Sozialistischen Sowjetrepubliken in Afghanistan:

Das bisher letzte Verbrechen des Völkermordes ist eines der größten im XX. Jahrhundert. Die friedliebende Sowjetunion überfällt den kleinen und scheinbar schwachen Nachbarstaat Afghanistan. 27. Dezember 1979:

Dann kommen und liegen dazwischen Millionen Minen, Millionen Flüchtlinge, zerstörte Dörfer, vernichtete Landwirtschaft, Kämpfe von ca. 115 000 Sowjetarmisten auf vorgeblliches Ersuchen der „legalen" Regierung in „brüderlicher revolutionärer Solidarität": Mindestens 13 310 sowjetische Gefallene, 35 478 Verwundete, 31 Vermißte, etwa 1,3 Millionen tote afghanische Zivilisten, eine unbekannte Zahl gefallener, verwundeter, vermißter Kämpfer der Muschahedin.

15. Februar 1989: Abschluß des Abzugs der nach ihrem Angriffskrieg geschlagenen Roten Armee aus Afghanistan: „Freude und Bitterkeit führen in meiner Seele miteinander Krieg" (FAZ 16.2.1989). Ein abgeschlossenes Verbrechen des Genocids. Besonders verabscheuungswürdig: Der Angriff einer Weltmacht auf einen schwachen Staat.

4.3 Berechtigen Kriegsverbrechen einzelner Deutscher zu dem Landraub an Ostdeutschland und dem Sudetenland? Ein unverantwortliches Vorbringen:

Nun nach dieser Chronologie der Verbrechen aller Staaten aller Völker aller Menschen aller Zeiten alleine gegenübergestellt: Die Kriegsverbrechen einzelner Deutscher bis 1945!

Von völlig unbegreiflich unverantwortlich handelnder deutscher Seite, – einem Juristen, der Name tut nichts zur Sache, – Anonymos, ist vorgebracht worden zu Ostdeutschland:

„Man kann die Sanktion in Gestalt der Abtrennung bestimmter Territorien als schwerste Maßnahme gegen einen Aggressorstaat charakterisieren. Es steht wohl außer Zweifel, daß die Verbrechen Deutschlands im zweiten Weltkrieg im Allgemeinen und die Polen gegenüber betriebene Ausrottungspolitik im Besonderen diese harte Maßnahme – die Abtrennung der Ostgebiete – der Siegermächte zugunsten Polens völkerrechtlich rechtfertigen. … Es handelt sich bei dieser Gebietsabtrennung nicht um eine Annektion … sondern um eine sich aus dem Friedensprizip ergebende Sanktionsmaßnahme gegen Deutschland als Aggressor. Sie diente der Sicherung der territorialen Integrität der östlichen Nachbarn Deutschlands und der friedlichen Existenz besonders der polnischen Nation. Diese Grenzveränderung steht daher nicht im Widerspruch zum Selbstbestimmungsrecht und zum Annektionsverbot."

Jedes Scheinargument in diesen Ausführungen ist nichts als absoluter Nonsens. Dies wird im Folgenden zu beweisen sein. Wie ausführlich zu belegen sein wird, ist von diesen in höchstem Maße nicht qualifizierbaren Thesen nichts, aber auch gar nichts zutreffend.

Zu der unglaublichen Fülle von Problemen, Fragen, Antworten zu ohne jeden Zweifel in Fülle vorgekommenen Verbrecher Deutscher ist zahlreich von den verschiedensten Stimmen bereits Stellung genommen worden. Es mag weiterhin und wird weiterhin Stellung nehmen können wer will. Zur hier interesierenden isolierenden Fragestellung solcher Verbrechen als Scheinargument für den Landraub an Ostdeutschland gilt es daher n i c h t zu der allgemeinen abstrakten Frage irgendwelcher Verbrechen einzelner Deutscher irgendeine Stellung zu nehmen.

4.31

Argumente für Landraub:

Hier geht es nur darum – und nur und ausschließlich darum – festzustellen, ob solche zweifelsfreien, feststehenden Verbrechen Deutscher, die ohne jeden objektiven territorialen Bezug geschehen sind, das heißt somit mit Ostdeutschland begrifflich nicht das Geringste zu tun haben können, Argumente geben können für den Landraub an Ostdeutschland.

Sieben rein deutsche (bzw. weitaus überwiegend deutsch besiedelte) Provinzen werden zuerst durch Mord von bis zu 2,2 Millionen Menschen in der Vertreibung, dann durch Deportation, durch Heimatvertreibung von bis zu 13 Millionen Deutschen menschenleer gemacht wie eine derelinguierte Wüste.

Dann werden diese Provinzen scheinbar legal unter die fremde „Verwaltung" eines Satelliten einer Besatzungsmacht gestellt.

Dann werden diese Provinzen von dem Satelliten annektiert wie ein rechtloser Raum.

Dann wird versucht, die deutsche „Anerkennung" für solches völkerrechtswidriges kriminelles Vorgehen im Vertragswege als „Rechtens" zu erlangen.

Schließlich wird die Verweigerung solcher nichtswürdiger Anerkennung einerseits, die Forderung auf Herausgabe des Raubes an den rechtmäßigen Souverän Deutschland andererseits, als Revisionismus, Revanchismus, Feindschaft zur Entspannung, Bedrohung des Weltfriedens diskriminiert.

Hier geht es nur ausschließlich und abschließend – isoliert von allem anderen hier nicht einschlägigen Beiwerk – um die Frage der angestrebten, zielbewußt verfälschenden Versuche der Verbindung:

einerseits: geschichtlichen, wie immer zu beurteilenden bzw. zu verurteilenden Ereignissen, – auch Verbrechen Deutscher –, die ohne jeglichen territorialen Bezug waren und sind …

andererseits: mit dem völkerrechtswidrigen, das Selbstbestimmungsrecht verletzenden, in krimineller Art durchgeführten Raub von 7 deutschen Provinzen, Gebiete, die größer und volkreicher sind als die große Mehrheit der Staaten dieser Erde.

Es geht nicht nur um Grenzen, um Verschiebung von Grenzen, um Bagatellen, um „querelles allemandes", zu denen die Alltagspolitik zum Routinealltag übergehen könnte.

4.32
Geschichte der Landwegnahme:

Während Jahrtausenden, vielleicht Jahrhunderttausenden ist Land nach siegreichen Kriegen weggenommen worden: Dörfer, Äcker, Wiesen, Weiden, Wasser, Städte.

Dies war zwar niemals legitim, mochte aber erklärbar erscheinen in einer Welt, die im Grunde eine urwüchsige, naive, bäuerliche „agrarische" Ideologie unbewußt oder schließlich bewußt für richtig hielt: Verhinderung von Hunger (Durst), daher und dagegen Bereitstellung immer größerer agrarischer Flächen um jeden Preis.

Das beinahe letzte Zeugnis dieser zweifelsfrei in Europa veralteten, kindischen, aber mörderischen Zielsetzung, – „Ich nehme anderen ihr Land weg, ohne Rücksicht auf deren Lebensnotwendigkeiten, damit mein Volk nicht Hunger leide" –, ist bezeichnenderweise zu entnehmen aus … Adolf Hitlers „Mein Kampf" (S.754): „Haltet das Reich nie für gesichert, wenn es nicht auf Jahrhunderte hinaus jedem Sprossen unseres Volkes sein eigenes Stück Grund und Boden zu geben vermag" …

Im abstrusen Versuch, gerade noch dieses altertümliche bzw. antiquierte Ziel zu erreichen, ist das Deutsche Reich 1939 – 1945 gescheitert. Die einzelnen dafür verantwortlichen Deutschen sind als Verbrecher bestraft worden und hingerichtet worden! Wegen Vorbereitung und Führung des zweiten Weltkrieges.

Genau aber nach dieser gerade mit dem Tode bestraften und mit Hinrichtung geahndeten Devise: – „Ich will haben; ich nehme, denn ich habe die rechtswidrige Gewalt, um nehmen zu können", sind Polen, die Tschechoslowakei und die Sowjetunion 1945 vorgegangen, indem sie Ostdeutschland und das Sudetenland raubten. Nur kann diese uralte Verbrechensmethode kein legales Argument sein für Landraub im XX. Jahrhundert des Völkerrechtes, des Selbstbestimmungsrechtes, der Menschenrechte. Wenn dennoch so gehandelt worden ist, so ist dies gegenüber der Weltrechtsordnung ein Verbrechen, gegenüber den Besiegten ein Verbrechen Polens, der Tschechoslowakei, der Sowjetunion.

4.33
Normalreaktionen:

Der mehr als 100 jährige Krieg zwischen England und Frankreich 1339 – 1453, ebenso der 30 jährige Krieg zwischen Katholizismus und Protestantismus in Mitteleuropa 1618 – 1648 haben jeweils Dutzende Millionen Menschen in unverantwortlicher Weise das Leben gekostet. Die Kriege der Armeen der Großen Französischen Revolution, dann des Kaisers Napoleons des I., der mit Recht der Große genannt wird, 1789 – 1815 kosteten erneut 1 5 Millionen Menschen das Leben; in gleichfalls vor der Menschlichkeit nicht zu vertretender noch zu verantwortender Weise.

Jedoch nach keiner dieser Kriegskatastrophen aus fünf Jahrhunderten dachte jemand – schon! – daran, Millionen Menschen aus ihrer Heimat zu vertreiben, dachte jemand – mehr! – daran, riesige Gebiete sinnlos und rechtswidrig und um jeden Preis zu rauben: Um einen polnischen Grenzpfahl an der Oder errichten zu können, mitten in Deutschland.

Die französischen Grenzen: einerseits von 1789 am Anfang der letzten der erwähnten Völkerkatastrophen, andererseits von 1815 am Ende dieser 26 Jahre voll Krieg und Mord, sind absichtlich nicht von einander verschieden festgelegt worden. Frankreich sollte buchstäblich nichts verlieren trotz des gerade vergangenen Vierteljahrhunderts französischer Angriffskriege. Niemand dachte daran, das französische Volk etwa „bestrafen" zu wollen, zu verurteilen, seine Lebensfähigkeit aufs Äußerste zu gefährden – wie 1945 im Falle Deutschlands – trotz des Vierteljahrhunderts unprovozierter, verlorener Angriffskriege Frankreichs, gegen den gesamten übrigen europäischen Kontinent, von Lissabon bis Moskau.

Und die siegreichen Mächte beließen Frankreich im Gegenschlag alles, was sich Frankreich – 1681 bis 1789 – oft zweifelhafterweise angeeignet hatte. Obwohl sich Frankreich seinerseits z.B. 1801 riesige deutsche Gebiete völlig unbekümmert um jegliches Recht einverleibt hatte.

Wieso sollen in Parallele hierzu dann Kriegsverbrechen einzelner Deutscher 1939-1945 eine Rechtfertigung, Argumente, ja auch nur eine Entschuldigung sein für den Mord an bis zu 2,2 Millionen Menschen, Vergewaltigungen Hunderttausender Frauen, Vertreibung und Deportation von bis zu 13 Millionen Deutschen aus ihrer Heimat und für den endlichen territorialen Raub Ostdeutschlands und des Sudetenlandes?

Da dennoch diese Forderung: Deutsches Land wegen angeblicher deutscher Verbrechen! entgegen jeder historischen Vernunft unentwegt von den interessierten Staaten weiter vertreten werden wird, muß es im Folgenden näher untersucht werden. Nur einer der letzten Anlässe ist die Verbrechensschuldlüge des polnischen Sejm von 1989 (Vergleiche unten 4.91).

4.34

Verbindungsversuche: Gegenwärtiges Land gegen vergangene Verbrechen:

Grundlegend bleibt festzustellen und festzuhalten, daß es hier nur um die Territorialfrage geht, um die absurden Verbindungsversuche … einerseits Verbrechen einzelner Deutscher bis 1945, andererseits verbrecherischer Landraub in Ostdeutschland durch ganze Völker und deren Staaten. Diese Verbindungsversuche müssen als absurd bezeichnet werden: zufolge der historischen Relativität aller Verbrechen aller Völker aller Staaten aller Zeiten, zufolge des Mangels jeglichen Bezuges von irgendwelcher logischer Haltbarkeit zu den fraglichen Territorien, zufolge der erledigten persönlichen Bestrafung der schuldigen Deutschen: ne bis in idem!

Dabei bleiben von vornherein die Unterschiede festzustellen und festzuhalten …

einerseits zwischen persönlichen Verbrechen einzelner Deutscher, seien es auch solche von Menschen in Regierungsämtern, in staatlichem Auftrag, auf Befehl; für die es keine „Kollektivschuld" geben kann, sondern nur persönliche Verantwortung und persönliche Bestrafung und 1945 persönliche Hinrichtung,

und andererseits zwischen begeisterten Kollektivhandlungen ganzer Völker, der Polen, der Tschechen, seien es Handlungen raubgieriger Einzelner in Ostdeutschland in Besitznahme, seien es Handlungen der raubenden Staaten, Polen, der Tschechoslowakei: und dabei zwei Millionen friedlicher deutscher „Etappenbewohner" zu ermorden durch Soldaten wie durch marodierende Zivilisten, bis zu 13 Millionen Deutsche durch bloße Besatzungsmächte zu vertreiben, sich zu Millionen in fremdem Eigentum niederzulassen, mehrheitlich freiwillig, in Plünderung, Raub, Diebstahl, Usurpation, Untreue, Unterschlagung: Nicht durch Einzelne, sondern durch Millionen Einzelner ganzer raublustiger gieriger Völker.

Schon der Unterschied zwischen der Hinrichtung einzelner Deutscher einerseits, und dem anmaßenden Sitzen von Millionen Polen, Tschechen, Russen in deutschem Eigentum mit dem Anspruch der Rechtmäßigkeit andererseits, ist mehr als bezeichnend. Dieser unvereinbare Unterschied ist nicht hinwegzufingieren mit noch so bedeutsamen Gegenanklagen und wundervoll klingenden Predigten.

4.35
Aufrechnung?

Schließlich bleibt festzustellen, daß es hier bei der Untersuchung „Gegenwärtiges Land gegen vergangene Verbrechen" in der Zielsetzung eben gerade nicht um Aufrechnung gehen kann: Obwohl dies häufig als scheinbares Gegenargument behauptet wird.

Es geht um den Nachweis, daß es nicht Deutschlands, nicht Deutsch„lands" Verbrechen waren. Das Land ist schuldlos. Der Boden kann nicht schuldig werden. Der zeitbedingte Staat Deutsches Reich ist nicht das zeitlose Deutschland. Im Übrigen kann auch dieser Staat Deutsches Reich nicht „bestraft" werden. Etwa entsprechende Versuche 1945 und ihre Motive sind völkerrechtswidrig.

Es waren auch nicht einfach allgemein „deutsche" Verbrechen schlechthin. Das deutsche Volk in seiner Gesamtheit ist nur in religiöser und moralischer Hinsicht schuldfähig. Einzelne strafrechtlich Schuldige können die zahllosen vielen Anderen, die Unschuldigen nicht zur Strafbarkeit für von ihnen nicht Begangenes verpflichten. Bezeichnungen wie „Deutsche" Schuld, „deutsche" Verbrechen sind also lediglich als bewußt unzulässig verkürzende Kennzeichnungen anzusehen. Es gibt keine allgemeine „deutsche Schuld", keine allgemeinen „deutschen Verbrechen". Es waren, es sind, es bleiben Verbrechen zahlreicher individueller „Deutscher", jeweils einzelner Schuldiger.

Hier geht es nur um den Nachweis, daß diese Verbrechen einzelner Straftäter, einzelner Subjekte, einzelner Deutscher kein Argument für polnischen, tschechischen, sowjetischen Landraub an Ostdeutschland darstellen können.

Es geht nicht um eine Relativierung der Schuld Deutscher. Wer dennoch die Schuld des ganzen Volkes fingieren und feststellen will, der bleibt dann hinzuweisen auf die historische unbestreitbare Relativität aller Verbrechen aller Menschen auf der ganzen Welt.

4.36
„Unschuldige"?

Selbst wenn die deutschen Ostprovinzen:

die Entstehung des Nationalsozialismus verschuldet hätten: Das Gegenteil ist völlig fraglos und unstreitig. Die Ostprovinzen waren relativ lange völlig unbeteiligt;

den Nazismus besonders gefördert hätten: Dies geschah niemals. Die Prozentsätze der Stimmen für die NSDAP bei den Reichstags- bzw. den preußischen Landtagswahlen sind genauestens bekannt und eindeutig weniger nationalsozialistisch als der Durchschnitt im Reichsmaßstab;

nur und ausschließlich von fanatischen Nationalsozialisten bewohnt gewesen wären:Dies haben selbst die feindlichen Siegermächte niemals ernsthaft zu behaupten versucht,

so wäre alles dies keinerlei Völkerrechtsargument. Es wäre kein Argument, die deutsche Bevölkerung zu vertreiben und ihre Heimatprovinzen zu rauben.

Versuchte vereinzelte Bezugnahmen auf Eigenschaften dieser vertriebenen Bevölkerung sind rechtlich ohne jeden Belang und sachlich zudem unzutreffend bzw. schlecht erfunden. Widerwillige Anerkenntnisse selbst der drei Feindstaaten von 1945, daß auch „Nichtnationalsozialisten", daß somit auch „U n s c h u l d i g e " von der Vertreibung, Vergewaltigung, Beraubung betroffen worden seien, bestärken nur die Erkenntnis der Rechtswidrigkeit dieses ganzen Vorbringens. Wovon soll die „Unschuld" abhängig sein? Wer hat das Recht, woran „Schuldige" festzustellen und zu diskriminieren? Wie sollten schließlich wohl die angeblichen Verbrechen der Millionen Vertriebener, der Kinder, Frauen, Greise, Krüppel, ebenso der Gefallenen, Vermißten, Geflohenen zu konstruieren sein? Umso mehr, wenn zwar von der Einmaligkeit, nicht aber von der angeblichen Einzigartigkeit allgemein „deutscher", noch konkreter nationalsozialistischer Verbrechen und Verbrecher in der Weltgeschichte nicht die Rede sein kann. Umso mehr ist unwiderlegbar, daß jeder Versuch solcher Argumentierung als „Grund" für den Landraub an Ostdeutschland 1945 ein Scheinvorbringen aus schlechtem Gewissen ist. Hinter diesen offensichtlichen Unrechtshandlungen 1945 stand keine Begründung, sondern nichts als offene rechtswidrige gierige Gewalt.

4.4 „Vorsicht vor falschen Schlüssen aus der deutschen Vergangenheit" (F. Oppenheimer in FAZ 14.5.1986).

4.41
Die Verführungen einer kollektiven Schuldbesessenheit:

Beginn, Mitte und Ende jeder polnischen, tschechischen, sowjetischen Polemik, jeder Scheinargumentation gegen das deutsche Volk und damit gegen Deutschland ist immer die vorgebliche deutsche Vergangenheit, die sie meinen: Eine Vergangenheit von 1933 – 1945, eigentlich sogar nur 1939 – 1945, eine Vergangenheit, die „nicht vergehen will", und nach dem Willen von Interessenten gerade auch nicht vergehen soll!

4.42
Tausend Jahre, sechs Jahre?

Allein schon diese Jahreszahlen dieser Vergangenheit von 12 Jahren, konkreter von 6 Jahren, machen es bis zur Absurdität und Bösartigkeit einerseits, bis zur Lächerlichkeit andererseits deutlich, daß von diesem ganzen Vorbringen nur Relatives zu halten ist. Das deutsche Volk und mit ihm sein Staat existieren – gleichviel, wann man den Anfang feststellen will: 843, 870, 888, 911, 919 nach Chr. – seit nunmehr 1991 = 1148 bis 1 072 Jahre. Dies war ohne Zweifel, wie bei jedem anderen europäischen Volk auch, eine Geschichte und eine Vergangenheit voll von Blut, Tränen und Schweiß; genauso aber auch voll erfüllt von Geist, Gerechtigkeit, Brüderlichkeit, Mühe, Leiden und Arbeit, Musik, Fortschritt, Gemüt und Frömmigkeit. Wer dann davon von 1148 – 1072 Jahren nur 12 bis 6 Jahre absolut setzen will – und über ein Jahrtausend hinwegfingieren will, unter absichtlichem Vergessenwollen dieses Jahrtausends deutscher Vergangenheit, der handelt geistig nicht redlich. Er handelt, abgewandelt nach Talleyrand, nicht nur unverantwortlich und kriminell, er handelt beschränkt. Er betrügt im besten Falle sich selbst, im Normalfalle andere. Er sagt die Unwahrheit. Er verleumdet wider besseres Wissen.

4.43
Vorsicht vor dem deutschen Charakter: Vorsicht vor falschen Schlüssen aus der deutschen Vergangenheit ist daher im Geist und in der Wahrheit geboten.

In Erkenntnis der Unhaltbarkeit des Vergessenwollens der ersten Tausend Jahre deutscher Geschichte ist statt dessen versucht worden, grundsätzlich den ganzen „deutschen Charakter" zu brandmarken: Von Martin Luther über Friedrich den Großen, von Hegel zu Bismarck, von Richard Wagner zu Nietzsche, von Wilhelm II. zu Adolf Hitler, eine durchgehende Kette von – ja was eigentlich? – „Verbrechern" zu konstruieren.

Versuche solcher Art sind so sehr ohne jede Vernunft, sie sind so oft widerlegt worden, sie sind so offensichtlich grundfalsch, – angesichts der bis zur Unvereinbarkeit gehenden Verschiedenheit der Charaktere der hier fraglichen Deutschen –, daß sich jede weitere ernsthafte Befassung damit angesichts der feststehenden Ergebnisse der Unsinnigkeit solcher Thesen bei Anstand eigentlich erübrigt. Der Versuch, damit die ganze deutsche Geschichte, die Vergangenheit in toto als Einheit – aber eigentlich ja wiederum nur 1517 bis 1945, das heißt wiederum nur einen kleinen Teil! – zu verleumden, ist so sehr gescheitert, daß er objektiv erledigt ist.

4.44
Adolf Hitler:

Es bleiben also für den Verbrechensvorwurf 12 bis 6 Jahre dieser deutschen Geschichte als Gegenstand: Es bleibt Adolf Hitler. Hitler war kein Reichsdeutscher, – schon gar kein Preuße, obwohl alle Schuld gerade Preußen treffen soll, weshalb der Staat Preußen aufzulösen versucht wurde –, sondern ein Angehöriger des österreichischen deutschen Teilstammes;

Hitler war kein Akademiker, kein gebildeter Mann – alle erwähnten Anderen waren es gewesen, sondern ein einseitiger Autodidakt;

Hitler war kein Protestant, – und Preußen war die Vormacht des Protestantismus in Deutschland gewesen! –; alle übrigen genannten vorgeblichen „Vorgänger" waren Protestanten gewesen. Er war kein Ketzer, sondern von normaler katholischer Abkunft;

Hitler war kein Adliger, kein „Kapitalist", noch nicht einmal ein „Burschui", – drei seiner „Vorgänger" wären es gewesen! –, sondern ein armer proletarischer Kleinbürger;

Hitler war kein normaler Mann – fast alle „Vorgänger" hatten Ehefrauen, fast alle hatten Kinder, ein Haus, eine Heimat, persönliches Glücksstreben! –

Hitler hatte eine manisch gefärbte psychopathologische Beeinträchtigung unter Explosibilität und Enthemmung mit vermindertem Kritikvermögen bis zur Selbsttäuschung. Er war ein Sonderling, ein geistig Anomaler, ein Psychopath, ein Massenmörder, ein „Genie" des Hasses, wie dämonischer die Weltgeschichte nur noch Stalin und Mao Tse Tung kennt. Aber rational zurechnungsfähig war er und ist somit aus seiner subjektiven Persönlichkeit und Verantwortlichkeit nicht zu exculpieren. Es bleiben also Adolf Hitler und die von ihm verübten und befohlenen Verbrechen in 12 / 6 Jahren der deutschen Geschichte

4.45
Die Episode Adolf Hitler:

Die „Episode Adolf Hiler" in der deutschen Geschichte – ekelhaft und armselig – beginnt ernsthaft eigentlich erst bei der „Machtübernahme" am 30. Januar 1933.

München 1923, die Obstruktionspolitik 1925 –1932 zerrüttete – parallel mit dem Terror der KPD – den Staat zunehmend. Über den Alltag jedes Staates hinaus wiesen sie noch nicht.

Diese „Machtübernahme" kam zustande auch, gerade und durch eine Kette von Zufällen, von Irrtümern, von sicherlich vermeidbaren Stümpereien, Armseligkeiten, Hinterhofintrigen: Im einzelnen und im ganzen eine schändlich borniert Manipulation:

„1933" wäre mit Sicherheit – nicht nur mit an Sicherheit grenzender Wahrscheinlichkeit! – niemals so zustandegekommen ohne die vorausgegangenen 14 Jahre, vom November 1918 bis Januar 1933: Die Niederlage im ersten Weltkrieg, – von Serbien provoziert, von Rußland herbeigeführt, erst von Österreich-Ungarn, dann vom Deutschen Reich überflüssigerweise aufgenommen, – Kapitulation, Auslieferung der Flotte, Abdankung des Kaisers und der Landesfürsten, Ausrufung der Republik gegen den Willen Eberts …

die Diktate von Versailles und von Saint Germain, mit einer unglaublichen Fülle von Unrecht, Diskriminierung, Schikanen, Ausbeutung, Versuchen zur Vernichtung, das Verbot des Anschlusses Österreichs einschließlich des Sudetenlandes, eines Anschlusses, den diese Teile Deutschlands nach dem Selbstbestimmungsrecht und dem Vorfriedensvertrag mit den USA und Präsident Wilson mit Recht forderten; was das Deutsche Reich hinnehmen mußte, da alle Stämme kriegsmüde und ausgeblutet waren …

die entgegen dem Selbstbestimmungsrecht erzwungene Abtretung auch rein deutsch besiedelter Gebiete vom Deutschen Reich wie von DeutschÖsterreich …

die Kriegsschuldlüge, die Kolonialschuldlüge …

die vielen Milliarden von Reparationen, kaum gemildert und unerträglich trotz Dawes-Plan und Young-Plan …

die rote kommunistische Armee an der Ruhr, in Berlin, in Mitteldeutschland, in München, in Sachsen einerseits, die die Polen verfolgende „Rote Armee" an der Weichsel und vor Ostpreußens Grenze andererseits …

die alliierte Besetzung des Rheinlandes, Oberschlesiens, des Memelgebietes …

die Besetzung darüber hinaus des Ruhrgebietes durch Frankreich und Belgien 1921 und 1923, mit der damals tief empfundenen „schwarzen Schmach am Rhein" …

die diskriminierende einseitige Entwaffnung des Deutschen Reiches, die Beschränkung der Reichswehr auf 100 000 Mann …

die rechtswidrige Vertreibung durch Verwaltungsschikanen von 600 000 Deutschen aus Westpreußen aus dem „polnischen Korridor" 1918 – 1926 … die tödliche Inflation, auch infolge der Reparationslasten,

die Weltwirtschaftskrise 1929 – 1931 …

die über 6 Millionen Arbeitslosen, das heißt mit Angehörigen 16 Millionen Menschen, mithin ein Viertel der Reichsbevölkerung dahinvegitierend unter dem Existenzminimum mangels Hilfsmöglichkeiten des Staates …

die Bürgerkriegspolitik der Kommunisten und der Nationalsozialisten, bis 1932 sich gegenseitig addierend und steigernd,

die Arbeitsunfähigkeit des Deutschen Reichstages …

die Vergreisung des Reichspräsidenten, des unersetzbaren Notgesetzgebers durch Notverordnungen.

4.46
Die alliierte Politik von Versailles führte zum zweiten Weltkrieg

Zwar sind eine Reihe dieser Ereignisse solche der deutschen Innenpolitik. Die allermeisten dieser Ereignisse und Fakten aber sind direkte Folgen der mittelalterlich antiquierten feindseligen Politik einzelner oder aller Alliierten des ersten Weltkrieges und der Friedensdiktate von Versailles und Saint Germain. Häufig sind die Tatsachen auch die Folgen des offensichtlich rechtswidrigen Handelns einzelner Siegermächte: Des Handelns Polens, der Lügen Benesch für die Tschechoslowakei, des Handelns Frankreichs, sich dann wandelnd hin zu Briand, Stresemann, Locarno 5.–16.10.1925.

Adolf Hitler, eine Episode in der deutschen Geschichte, ist mithin im Ergebnis nicht ohne Ursprung aus dem Nichts, – aus einer „heilen Welt" entsprungen. – Adolf Hitler entstammte dem vergewaltigten, getretenen, verelendenden österreichischen Teilstamm des deutschen Volkes zwischen 1918 und 1933 bzw. 1938.

Diejenigen Staaten, die diese Vergewaltigung Deutsch-Österreichs und des Deutschen Reiches 1918 zu verantworten hatten, die gerechte Lösung der Probleme Europas 1918 durch das Selbstbestimmungsrecht pervers mißachtet hatten, die weitere Verelendung durch die Reparationen bis 1932 nicht abzuwenden bereit gewesen waren: Diese Staaten haben unmittelbar Adolf Hitlers Aufstieg und Machtübernahme über das Deutsche Reich erst ermöglicht; sie haben sie mittelbar erst herbeigeführt. Diese Staaten haben sehenden Auges die Grundlagen der Katastrophe ab 1933 bis 1939 gelegt. Diese Staaten haben den zweiten Weltkrieg in bewußter Fahrlässigkeit allermindestens nicht vermieden, im Grunde heraufbeschworen und herbeigeführt. Diese Staaten haben der deutschen Demokratie der Weimarer Reichsrepublik und DeutschÖsterreichs die Selbstbestimmung rechtswidrig verweigert; die Revision verweigert.

Was sie unglaublich kurzsichtig der deutschen Demokratie verweigert hatten, nahm sich – inhaltlich in Übereinstimmung mit dem Selbstbestimmungsrecht – Adolf Hitler: Nunmehr gegenüber der Gewalt unter dem resignierenden Zusehen der westlichen Mächte aus eingestandenem schlechtem Gewissen.

4.5 Negative Mythen über die deutsche Geschichte
    (F. Oppenheimer FAZ 14.5.1986)

4.51
Ziel deutscher Wähler 1933:

Es ist geargwöhnt worden, daß vermutlich insbesondere ab 1933 die Mehrheit der deutschen Wähler die Ziele des Nationalsozialismus und vor allem seinen Antisemitismus bejaht und geteilt hätte. Nach eingehenden US-amerikanischen Untersuchungen ist dies in gar keiner Weise der Fall gewesen.

Diejenigen Deutschen, die in den Wahlen zum Deutschen Reichstag 1932/1933, am 31. Juli 1932, am 6. November 1932, selbst noch am 5. März 1933 die Liste der Nationalsozialistischen Deutschen Arbeiterpartei, erst recht die konservative Liste der Deutschnationalen Volkspartei wählten, sie wählten „wissentlich und willentlich", oder glaubten es so wählen zu können –, eine Fülle von einander ergänzenden innen – und außenpolitischen Zielen.

Zuerst und prinzipal: Arbeitsbeschaffung um jeden Preis; zur Beendigung des Elends der Massenarbeitslosigkeit; Wiederaufbau der Wirtschaft; Beendigung der Bürgerkriegsdrohung zwischen der NSDAP und der KPD; Autobahnbau; Allgemeiner Fortschritt. Aber sehr viel mehr wählten sie nicht, soweit nach Absicht gefragt wird. Alles dies waren selbstverständliche und überparteiliche Ziele.

4.52
Außenpolitische Wählerziele:

Diese Wähler waren weiter mit Sicherheit einverstanden mit den folgenden Zielen, ohne sie im Einzelnen ausdrücklich lautstark zu fordern: Kündigung der Diktate von Versailles und Saint Germain alsbald nach der Rückkehr des Saargebietes vermittels der vorgeschriebenen Volksabstimmung; Wiederherstellung der Gleichberechtigung für die Reichswehr, die Reichsmarine, die Luftwaffe: geschehen am 16.3.1935; Wiederbesetzung des einseitig sinnwidrig entmilitarisierten Rheinlandes: geschehen am 7.3.1936; Anschluß der Republik Österreich an das Deutsche Reich: geschehen am 13.3.1938. Alles dies waren nach dem Selbstbestimmungsrecht der Völker höchst berechtigte Ziele. Sie blieben höchst berechtigt nach allen Idealen der freien Welt, auch wenn ein Hitler sie durchführte.

Diese Wähler standen schließlich mit Sicherheit nicht in Gegnerschaft gegen die Vollendung der Selbstbestimmung für alle Deutschen: Angliederung des befreiten Sudetenlandes: geschehen am 1.10.1938; Wiederrückgliederung des befreiten Memellandes: geschehen am 22.3.1939; Wiedereingliederung der Freien Stadt Danzig: geschehen am 1.09.1939. Alles dies waren nach dem Selbstbestimmungsrecht der Völker höchst berechtigte Ziele.

Aber diese deutschen Wähler und Bürger bangten wie alle anderen Europäer um den Frieden. Selbst ein Adolf Hitler hatte noch im August 1939 – anläßlich einer Parade der Berliner, der 3. Infanterie-Division – angesichts der eisig schweigenden Berliner Bevölkerung zeitweilig erkennen müssen und widerwillig es ausgerufen: „Mit diesem Volk kann ich keinen Krieg führen" … Das deutsche Volk hat den zweiten Weltkrieg nicht gewollt, genausowenig wie das französische Volk: Ganz anders das polnische Volk, das in den Krieg von seiner unverantwortlichen Führung geradezu gehetzt wurde und glaubte „nach Berlin zu marschieren".

4.53

Was die deutschen Wähler 1932–1933 n i c h t gewählt haben:

Diese deutschen Wähler der Jahre 1932 bzw. 1933 wußten und wollten dagegen nicht, sie wählten in der Tat nicht – und dies gilt ohne Zweifel für die übergroße Mehrheit – was nach 1933 begann und 1939 verstärkt weiterging:

die brutale Verfolgung von Andersdenkenden, die Einrichtung von Schutzhaftlagern, KL, KZ!

die Verfolgung der Juden, den Boykott jüdischer Geschäfte am 1. April 1933, die Nacht der Synagogenverbrennung am 9.11.1938, Morde an Juden, Plünderungen, Eintreibung einer Massenkontribution von den Unschuldigen und Verarmten, den Ausbau von Vernichtungslagern für den Holocaust im Kriege! Massenmorde, begonnen mit der erlogenen „Staatsnotwehr" der Erschießung von Ernst Röhm und der höheren SA-Führung 1934, Morde an vorgeblich „lebensunwertem Leben" Kranker, Erbkranker, Krüppel, Greise. Morde an den Zigeunern, Sinti, Roma!

4.54

Antisemitismus in Deutschland?

Ungeachtet der Existenz des Berliner Hofpredigers Adolf Stöcker um 1914 in Preußen einerseits, des Wiener Bürgermeisters Karl Lueger in Österreich andererseits, waren ihre antisemitischen Bestrebungen 1933 im Grunde lange vergangene Vergangenheit. In der praktischen Politik war 1933 Hitler in seinem Verfolgungswillen gegen die Juden nicht von Zahlreichen begleitet, sondern relativ allein. In seinem Willensentschluß zur Verfolgung und dann zum Mord am Judentum, – wenn er so buchstäblich damals schon gefaßt worden sein sollte, was nicht unstreitig ist-, das heißt zur „Endlösung" im späteren Sinne, stand er im Verhältnis zu den hier nichts ahnenden vielen Dutzend Millionen des deutschen Volkes fast isoliert. Wirklich zu einer echten Volksbewegung war der Antisemitismus in Deutschland vor 1933 niemals geworden. Ganz anders als etwa in Frankreich. Nach dem Jahrzehnt der „Affäre Dreyfus" mit ihrer beispiellosen Tiefenwirkung auf einen modernen Staat mit einem neuzeitlichen Volk scheint Frankreich (nach Oppenheimer) „das einzige westliche Land, in dem ein Antisemitismus von der späteren Art Hitlers je eine volkstümliche Bewegung wurde": Mit Hetzzeitungen (– genau wie der spätere „Stürmer" –), mit Mordaufrufen, mit Umzügen des Pöbels, mit Straßenkämpfen. „Es gab keine vergleichbaren Ereignisse in Deutschland vor Hitler". Es gab gleichfalls keine Parallele zum französischen antisemitischen Schrifttum in der deutschen Literatur.

1933 war in Deutschland fast niemand geistig drauf vorbereitet, – oder faktisch bereit, es auch nur zu glauben –, daß der Antisemitismus ein höchst wesentlicher Teil der Regierungspolitik Hitlers sein würde.

Weder das deutsche Bürgertum glaubte es, weil es noch immer an den deutschen Rechtsstaat glaubte. Noch die deutsche Arbeiterschaft glaubte es, weil sie ehrlich auf die Namensbestandteile des Parteinamens NSDAP, an Arbeitertum, an Sozialismus glaubte. Noch die deutschen Bauern glaubten es, weil sie über „Blut und Boden" traditionsgemäß nicht hinaus zu sehen vermochten.

Noch die katholische Kirche glaubte es, als sie am 22. Juli 1933 (– nach vielen Jahren vergeblicher Verhandlungen –) übereilt ein „Reichskonkordat" schloß und Adolf Hitler damit in Europa „hoffähig" machte. Noch das Königreich von Groß Britannien und Nordirland glaubte es, als es am 18. Juni 1935 einen für das Deutsche Reich vorteilhaften Flottenvertrag schloß. Noch die Französische Republik glaubte es, als sie am 29. September 1938 das Abkommen über die Angliederung des Sudetenlandes an das Deutsche Reich mitunterzeichnete.

Dies alles gilt, obwohl die offen antisemitischen ekelhaften „Nürnberger Gesetze" vom 15.9.1935 hätten nachdenklich machen sollen und können.

4.55
Die Unkenntnis des deutschen Volkes über die Judenverfolgungen:

Ein US-Amerikanischer Bürger, Jurist, als Jude selbst vielfach persönlich Leidtragender hat (vgl. FAZ 14.5.1986) mit Sorgfalt alles untersucht. Er belegt, wie wenig „die Deutschen" den Antisemitismus des Hitler wollten, wie wenig sie von den Verbrechen, die ihre Reichsleitung verübte, wußten noch wissen konnten: „Es ist viel darüber gestritten worden, wieviel 'die Deutschen' von der äußersten Schrecklichkeit, den Gaskammern wußten. Die direkt Beteiligten, die töteten und folterten, wußten es. Eine größere Minderheit konnte davon erfahren haben, aber sie schlossen absichtlich Augen und Ohren. Noch mehr Leute hatten die Deportationen von Juden mit eigenen Augen gesehen, aber sie zogen es vor, zu glauben, daß sie 'lediglich umgesiedelt' würden. Aber ebenso wahr ist, wie Sarah Gordon darlegt, daß das Naziregime sich größte Mühe gab, seine Verbrechen zu verheimlichen …" Die Vernichtungslager im Osten „waren in den meisten Fällen außerhalb der Sichtweite von Soldaten und wurden streng geheim gehalten. Nur wenige konnten Genaueres erfahren, wie die höchsten Amtspersonen sowie die Widerstandsbewegung und die Kirchenführer". Berichte, die schließlich durchsickerten, wurden zum großen Teil von den Deutschen nicht geglaubt, ebensowenig wie von den englischen, amerikanischen und vatikanischen Behörden.

Es glaubten ja bis 1938, ja fast bis zum Ende 1943 vielfach auch jüdische deutsche Mitbürger nicht an diesen Wahnsinn. Hatten sie doch selbst ein ganzes Leben lang, da sie sicher ganz bewußt ganz normale Deutsche gewesen waren, dem Deutschen Reich im Frieden wie im Kriege gedient.

Es wird als mehr als zweifelhaft bezeichnet, ob wirkungsvoller Widerstand der Bevölkerung gegen die Vernichtug ihrer jüdischen Mitbürger möglich gewesen wäre: „Nur eine Armee von Heiligen und Märtyrern wäre eines riesigen, spontanen Aufstandes fähig gewesen, um den „Ruchlosen auszulöschen" („pour ecraser l'infame").

„Stalin und seine Nachfolger haben bis jetzt mehr Unschuldige ausgehungert, gefoltert und ermordet, als selbst Hitler, aber wir hören nie von Anschuldigungen gegen die Russen, wie sie ständig gegen die Deutschen geschleudert werden ... Ebensowenig wie die Russen die Verbrechen Stalins aufhalten konnten ... konnten die Deutschen die Verbrechen Hitlers aufhalten" („Vorsicht vor falschen Schlüssen aus der deutschen Vergangenheit. Die Verführungen einer kollektiven Schuldbesessenheit". Von Franz Oppenheimer; FAZ, 14.5.1986.)

4.56
Kritik und Antikritik:

Versucht worden ist, die von Oppenheimer vorgetragene, nicht erwünschte Wahrheit zu diffamieren: In Vorwegnahme des „deutschen Historikerstreites" – da nicht sein kann, was nicht sein darf! Dabei handelt es sich im Grunde nur um längst fällige Klarstellungen durch Oppenheimer als Amerikaner, als Deutscher, als Jurist, als Jude.

Die wenigen wirklichen Verbesserungsvorschläge riefen dazu auf, daß man „es sich nicht zu einfach" machen dürfte. Allgemein anerkannt wurde dagegen, daß die Selbstgerechtigkeit des Vorbringens gegen Oppenheimers Erkenntnisse ohne Realitätssinn für die Angst der Menschen sei, die unter einem Terrorregime leben müßten. Diese Selbstgefälligkeit sei unerträglich und beleidigend. Der Gedanke an eine Widerstandsaktion 1938 – 1943 im Reichsinneren für die Juden sei praktisch utopisch gewesen. Dennoch haben die Eliten aller Gesellschaftsschichten, des Adels, der Offiziere, des Bürgertums, der Arbeiter, ihr Leben mit dem Aufstand vom 20. Juli 1944 a u c h an dieses Ziel gesetzt. Mit der Katastrophe des 20.7.1944 wurde das anständige Deutschland handlungsunfähig. „Preußen" war ein letztes Mal untergegangen. Danach bis zum 8. Mai 1945 dauerte nur noch die Agonie.

4.6 Vergangenheit, die nicht vergehen will: (Ernst Nolte; FAZ 6.6.1986) oder: Historikerstreit: Einmaligkeit, nicht Einzigartigkeit der Verbrechen Deutscher ...

Hier ist es im Rahmen des territorialen Bezuges auf Ostdeutschland n i c h t erforderlich, zu dem Hauptproblem des bekannten deutschen sogenannten „Historikerstreites" Stellung zu nehmen. Dies ist in vielfältigsten Formen von Seiten der Protagonisten wie Beobachter wie Beurteiler geschehen. Hier kann es nur darum gehen: Das Scheinargument „der Vergangenheit, die nicht vergehen will" ... das ist die nationalsozialistische Vergangenheit von 1933, 1938/1939 – 1945 insofern zu begrenzen, in seine Schranken zu verweisen, das heißt aber hier auszuschalten, als von interessierten Seiten versucht wird, es als Begründung für den Landraub an Ostdeutschland zu benutzen. Dies wäre eine absichtliche Verfälschung. Darum geht es hier nicht um die Interna des Historikerstreites. Die Historie wie so manche Historiker – und andere – in Ehren wie in Unehren.

4.61
„Einzigartigkeit" deutscher Verbrechen: Die angedeutete Verfälschung geschieht bedenkenlos auf dem Umweg und Abweg, daß die „Einzigartigkeit" deutscher Verbrechen während des Krieges postuliert wird. Dies geschieht nicht um der geschichtlichen Objektivität willen, sondern auch deshalb, um aus dieser angeblichen Einzigartigkeit wirklich einzigartige, das heißt völlig abwegige Versuche zur Rechtfertigung bzw. Entschuldigung der einzigartigen Operationen 1945 an Landraub zu unternehmen: Landraub, der unter jedem anderen objektiven und neutralen Gesichtspunkt illegal, illegitim, kriminell genannt werden muß.

Die vorgetäuschte Einzigartigkeit deutscher Verbrechen soll die offensichtliche Einzigartigkeit polnischen, tschechoslowakischen, sowjetischen Landraubes entkriminalisieren, motivieren, begründen, verschleiern, normalisieren, heilen, womöglich legalisieren.

Nun ist für das Opfer und die Leidtragenden jedes Verbrechen eigenartig und einmalig. Für sie ist jedes Verbrechen unter seinen Personen, zu seiner Zeit, an seinem Ort einmalig, ein Mal. Jeder Mord ist und bleibt e i n Mord, jeder Raub ein Raub. Jeder Ermordete ist ein Ermordeter zu viel. Dabei wird es nur scheinbar zu einem anderen Sachverhalt, wenn zufolge der riesengroßen Zahlen der Ermordeten die Quantität auch marxistisch in Qualität umschlägt.

Nur von deutschen Kriegsverbrechen wird zielbewußt, wissentlich und willentlich und im Gegensatz zu diesen allgemeinen Erkenntnissen behauptet, daß dies der Fall, der e i n z i g e Fall, der e i n z i g a r t i g e Fall singulärer Verbrechen sei. Und diese Verbrechen – ausnahmslos, soweit wirklich von deutscher Seite begangen, und kein erlogenes Katyn anderer nichtdeutscher Täter – sind begangen worden vor über 50 Jahren. Diese Verbrechen seien gegenwärtig. Sie würden niemals Geschichte. Sie könnten niemals Geschichte werden. Zu dieser Geschichtsfrage wären zahlreiche deutsche Stimmen einander gegenüber zu stellen. Nur sie vermöchten andeutungsweise eine deutsche öffentliche – nicht nur die veröffentlichte! – Meinung zu dieser entscheidenden deutschen Schicksalsfrage wiederzugeben. Dies ist deshalb erforderlich, weil das ganze deutsche Volk gefordert ist und aufgefordert bleibt, diese Lebensfragen selbst in die Hand zu nehmen. Nur wenn „Schlesien gehört uns allen" nicht nur zur Kenntnis genommen, sondern auch vertreten wird, kann es eine amtliche deutsche Ostdeutschlandpolitik geben, die diesen Namen verdient. Dies ist zur Zeit nicht der Fall. Höchst bedauerlicherweise ist seit langem das Gegenteil der Fall.

4.62
Historikerstreit:

Ernst Nolte hat in einer Rede, „die geschrieben, aber nicht gehalten werden konnte", (FAZ, 6.6.1986), die Frage aufgeworfen, warum zwar die Augusteische Klassik oder das Zeitalter des ersten Napoleon den Historikern überlassen werden. Die nationalsozialistische Vergangenheit dagegen unterliege anscheinend diesem Hinschwinden, dieser Eingrenzung, Relativierung, diesem Vorgang der Entaktualisierung nicht. Sie werde als Richtschwert über der Gegenwart aufgehängt: „Selbstverständlich" nur über der Gegenwart der Bundesrepublik Deutschland, kaum Österreichs, überhaupt nicht der „DDR" –, solange dies noch von Interesse gewesen wäre!

Jede solche tönende Rede von der „singulären Schuld der Deutschen" übersieht allzu geflissentlich ihre Ähnlichkeit – bis zur Verwechselbarkeit – mit der zu vollstem Recht verurteilten vergangenen Hetze von der angeblich singulären „Schuld der Juden". Zudem sind alle solche Schuldvorwürfe, die von „Deutschen" gegen „die Deutschen" erhoben werden, unaufrichtig. Solche Ankläger glauben, sich selbst nicht einbeziehen zu müssen. (Obwohl bekanntlich: „Alle Kreter lügen ... dies sagt xy ... xy war ein Kreter ... also usw). Bei solchen, faktisch zweifelsfrei geschehenen Verbrechen einzelner Deutscher während des zweiten Weltkrieges geht es grundsätzlich vor allem um die sogenannte „Endlösung" gegen die etwa 6 Millionen Juden. Sie wird ununterbrochen zitiert. Dabei geht es der Gerechtigkeit halber auch um den Tod in den KL, das „lebensunwerte Leben", die Zigeuner, die sowjetischen Kriegsgefangenen, Polen usw.

Dem steht aber zur Seite die oben dargelegte, unendlich lange Abfolge der Reihe der Verbrechen unterschiedslos aller Völker aller Zeiten auf der ganzen Erde.

4.63

Massenmorde:

Fast alle diese Völkermassenmorde geschahen durch Staaten: Einige aber sogar mit der begeisterten Unterstützung durch die „begünstigten" Völker. Insbesondere die durch den Raub von gewaltsam von Bewohnern geleertem Land und weit über 100 Milliarden an privatem zivilen Eigentum begünstigten Okkupanten. Solche durch Raub Begünstigte sind mehrere Millionen Polen, sind einige Hunderttausende Tschechen, einige Russen.

Bei diesen Morden von 2,2 Millionen Ostdeutschen können jedoch von deutschen Verbrechen betroffene Ostvölker – wie die Polen mit wenigen Hunderttausend umgekommener wirklicher Polen! – sich n i c h t in Addition, um eindrucksvolle, möglichst riesengroße Zahlen angeblicher polnischer Opfer zu erreichen, die Morde am einem a n d e r e n Volk, wie hier im Beispielsfall die Juden aus dem polnischen Staatsgebiet von 1921 – 1939 zu Gute halten. Die bis zu 3,5 Millionen ermordeter Juden aus Polen sind für ihr Judentum gestorben, nicht für Polen: Weder für den polnischen Staat noch für das polnische Volk. Sie begründen keine polnischen Ansprüche, Polemiken, höhere Verluste usw. Wenn und weil Polen dies versucht, verfälscht Polen – wie so häufig – die Fakten und die Geschichte. Dies gilt in diesem Falle umsomehr, als Pogrome von Polen gegen Juden relativ häufig waren, vor allem einerseits vor 1939, aber sogar wieder andererseits nach 1945, so 1968!

Vorgebracht worden ist als Scheinargument – zu Gunsten Polens im Beispielsfall – der Begriff vorgeblicher deutscher „Ausrottungs"- Politik.

Zwar bleibt zu bestätigen, daß unter den oben für die Jahrhunderte im Einzelnen aufgelisteten Massenmorden sich auch Fälle von Ausrottungsversuchen befanden. Die meisten aber dieser Massenmorde mochten von beispiellosem Mordwillen begleitet sein. Dagegen Völker von vielen Millionen Menschen „auszurotten" blieb – als Möglichkeit – erst dem Atomzeitalter vorbehalten. Bis 1945 war dies einfach praktisch nicht durchführbar: Dutzende Millionen Ukrainer überlebten selbst Stalins Mordwillen. 23 Millionen Polen überlebten Hitler. 12 Millionen Juden überlebten in aller Welt.

4.64

Chronik der Massenmorde 1915 – 1991

An den Massenmordversuchen an ganzen Völkern waren folgende Staaten maßgeblich beteiligt (nach der historischen zeitlichen Reihenfolge 1915-1991):

Das osmanische Sultanat/Türkei gegen Armenier

die Sowjetunion – Lenin – gegen Bourgeois, das eigene russische Volk, gegen Gläubige, gegen Bauern

die kemalistische Türkei gegen Griechen

die Sowjetunion – Stalin – gegen Kulaken

das eigene Volk, gegen ein unterworfen gehaltenes Volk, gegen Ukrainer

das Deutsche Reich – Hitler – gegen Juden, Kriegsverbrechen, gegen Sowjetgefangene

die Sowjetunion – Stalin –, gegen Vertriebene, Deportierte aus den Ostgebieten

die Volksrepublik Polen, gegen Reichsdeutsche, Vertriebene aus den Ostgebieten

Großbritannien, gegen Dresden, gegen die Wlassowarmee, gegen die Kosaken, gegen die kroatische Armee

Tschechoslowakei, gegen Sudetendeutsche

die USA, gegen Hiroshima, Nagasaki, Vietnamesen

Campuchea – Pol Pot – gegen das eigene Volk

China, Mao Tse Tung, gegen das eigene Volk

die Sowjetunion, gegen Afghanen.

Besonders erheblich und bezeichnend ist, daß einige Staaten mehrfach, als einzige aber die Sowjetunion vielfach immer wieder erscheinen.

4.65

Symptome nicht vergehender Vergangenheit

Die Folgerungen daraus, daß vorgeblich diese fragliche deutsche Vergangenheit angeblich nicht vergehen kann – in Wirklichkeit doch wohl nicht vergehen soll! – sind verfälschend.

Der Soldatenfriedhof von Bitburg – mit einigen Gräbern von Angehörigen der Waffen-SS, unter vielen Hundert Gräbern! – war dafür ein Symptom.

Die Anwürfe ehrenrühriger Art gegen den ehemaligen Oberleutnant der deutschen Wehrmacht, den Bundespräsidenten eines geachteten Staates, Österreichs, ist ein weiteres Symptom. Nunmehr soll es schon genügen, deutscher, außerordentlich niedrigrangiger Soldat gewesen zu sein, um völlig unbesehen, ohne konkrete Anklage, ohne Beweise, ohne Prüfung, ohne Verurteilung vorgeblich Mitglied einer „Verbrecher"organisation = Deutsche Wehrmacht gewesen zu sein.

Das Nichtvergehen dieser Vergangenheit sei vorgeblich erforderlich, da diese „Vergänglichkeit" „volkspädagogisch gefährlich" sei oder es wenigstens sein könnte. Es müsse daher bei der – in alle Ewigkeit – zu „bewältigenden" deutschen „Singularität" der Verbrechen bleiben. Diese vorgeschobene Befürchtung ist praktische zielbewußte Ideologie zu eindeutigen politischen Zwecken.

4.66

Verfälschung durch Abstrahieren:

Die Vergangenheit, die „nicht vergehen darf", abstrahiert zunächst von der langen historischen Abfolge von Völkermassenmorden, bei denen das Deutsche Reich relativ sehr spät und nur während sehr kurzer Zeit ebenso handelnd wie andere Staaten in Erscheinung trat. Diese historische Abfolge der Völkermassenmorde gerade auch in der Neuzeit 1915 – 1991 ist eindeutig genug und sie ist unwiderlegbar vorgegeben.

Abstrahiert wird weiter von der historisch-psychologisch nun einmal objektiv vorhandenen und vorgegebenen Beispielsfunktion der Völkermassenmorde sowohl unter Lenin als auch unter Stalin: Eine Frage sowohl der Mörder an der Spitze eines Staates als auch des ganzen Staatssystems: „Massendeportationen und -erschießungen, Folterungen, Todeslager und Ausrottung ganzer Gruppen nach bloß objektiven Kriterien, öffentliche Forderungen nach Vernichtung von Millionen schuldloser, aber als feindlich erachteter Menschen" (E. Nolte aaO).

Dabei wird der technische Vorgang der Vergasung besonders gebrandmarkt. Mit Recht, da er grausam ist, unvorstellbar. Aber jeder Mord ist ekelhaft, ist grausam, ist verwerflich, ist unerträglich. Der nazistische Mord durch Vergasung ist ebenso ekelhaft wie der sowjetische Mord durch Genickschuß. Abstrahiert wird weiter davon, daß keineswegs allein oder auch nur erstmals das Deutsche Reich bürokratisch, mechanisch, organisatorisch, hierarchisch geordnet Völkermassenmorde befahl und beging.

Der Beginn 1915, Jungtürken gegen Armenier, war es in vergleichbarem Maße.

Der sowjetische Weitergang, GPU / KGB / NKWD gegen das eigene Volk, war es in völlig gleichem Maße. Beide Aktionen, um nur diese Beispiele zu nennen, lagen lange Jahrzehnte vor der deutschen Organisation solcher Verbrechen.

Abstrahiert wird weiterhin davon, daß der „Archipel Gulag" früher war und ursprünglicher als Auschwitz. Der „Klassenmord" der Bolschewiki war das faktische und das logische

Prius des „Rassenmordes" der Nazis. Die von Hitler ab 1939 begangenen Verbrechen waren „denkbar" und nachvollziehbar geworden durch Lenins Verbrechen, durch Stalins Verbrechen: Nicht umgekehrt! Wer dies nicht zu sehen bereit ist, der verfälscht die Geschichte. Dabei bleibt der Kausalnexus nicht entscheidend. Jedes dieser Verbrechen ist einmalig und eigenartig singulär. Keines von ihnen relativiert keines von ihnen. Jedes ist gleich verwerflich. Jedes ist und bleibt ein Verbrechen.

4.67

Allgültigkeit der Sittengesetze:

Entgegen anderslautendem Vorbringen ist es dabei unerheblich, daß Deutschland zum Westen gehört und die Sowjetunion zum Osten. Die Moral, die Ethik, die Sittengesetze, insbesondere aber das Verbot des Mordes: Dies ist Westen und Osten; es gilt von jeher in jeder Rechtsordnung, die diesen Namen verdient, von jeher in aller Welt. Eine besonders nachhaltige Verdammung vor allem aber gerade deutscher Verbrechen, „weil es zum Westen gehört", wäre die sublimste und sinnloseste Form arroganter Elitenmanie, die überhaupt nur sachfremd fingierbar wäre: Wahnsinniger Hochmut unter Demutsgeste.

Historisieren ist nicht relativieren. Der Zeitablauf als solcher gestattet die Relativität, die Vergleichbarkeit, ohne menschliches Zutun. Verstehen wollen, geistig überwinden wollen ist niemals relativieren. Zur „Kontroverse über die Unvergleichbarkeit der nationalsozialistischen Massenverbrechen gehört die Erinnerung" (Joachim Fest, FAZ 29.8.1986).

Weder kompakte Moralität noch moralische Denunziation erfüllen die Forderungen des geschichtlichen Verantwortungsbewußtseins und der inneren Unabhängigkeit. Falsche Unterwürfigkeit, Zeihung der heimlichen Komplizenschaft mit dem „Faschismus" (– was immer dies 1996, 51 Jahre nach seinem unseligen Ende sein soll! –) sind keine historischen Argumente. Sie sind vielmehr der Beweis für das Fehlen solcher Sachargumente.

„Singularität" hatten sowohl die bolschewistischen als auch die nazistischen Völkermassenmorde in ihrer Zeit, in ihrer Art, in ihren Objekten. Diese Eigenartigkeit, diese Singularität, jedes und aller dieser Morde verhindert die Annahme, die Fiktion, die Polemik, die Hetze der „E i n z i g "artigkeit eines dieser Morde, allein der deutschen Morde.

4.68

Millionenmorde aus Ideologie:

Objektiv richtig ist, daß Hitler als der Betreibende der „Endlösung" nicht nach Schuld oder Unschuld fragte, sondern die pseudo-rassische Zugehörigkeit zur ausschließlichen Ursache der Entscheidung über den Tod machte. Dies war mit zweifelsfreier Sicherheit etwas Ungeheuerliches. Aber: Etwas in seiner U n l o g i k noch nie Dagewesenes war es n i c h t .

Das Charakteristikum, das Kriterium der Überantwortung von Millionen Menschen zur Vernichtung aus einer absurden Ideologie zu entnehmen, ist nicht von Hitler erfunden worden. Es ist zuerst von Lenin zielbewußt geschaffen und praktiziert worden. Das heißt mithin 1917 statt 1933 / 1939, das heißt mindestens 16 Jahre früher als von Hitler. Ende 1918 erklärte einer der ersten Chefs der Tscheka, der Lette Martyn Latsis ... „Wir sind dabei, die Bourgeosie als Klasse auszurotten. Sie brauchen nicht nachzuweisen, daß dieser oder jener gegen die Interessen der Sowjetmacht gehandelt hat. Das erste., was Sie einen Verhafteten zu fragen haben ist: Zu welcher Klasse gehört er, wo stammt er her, was für eine Erziehung hat er gehabt, was ist sein Beruf? Diese Fragen sollen das Schicksal des Angeklagten entscheiden. Das ist die Quintessenz des roten Terrors" (Joachim Fest, FAZ 29.8.1986).

Dies ist logisch: Bolschewistisch wie nazistisch das gleiche: Soziales wie biologisches Sosein als Ursache von Todeswürdigkeit ist gleich sinnlos, absurd, gleich unmoralisch, unentschuldbar, gleichermaßen nicht zu rechtfertigen. Administrative mechanische Form, bürokratische Vollstreckung, Schreibtischtäterschaft, Akten-Mordplanung sind beiden Aktionen von Massenmorden eigen. Die Ergebnisse, die Berge von Leichen sind vergleichbar. Ob darüber Fotos existieren, wie beispielsweise für Auschwitz, oder aber eben solche Fotos aus dem Ljubljanka-Gefängnis nicht existieren: Dies ist objektiv völlig irrelevant.

Das deutsche wie das großrussische Volk sind in gleichem Maße an den Verbrechen eines Stalin wie eines Hitler"beteiligt":Nämlich überhaupt nicht beteiligt. Beide sind nicht gefragt worden. Beide Völker waren nur mit kleinen Minderheiten beteiligt. Beide Völker sind wegen Nichtwissens und ohnehin wegen Nichtändernkönnens n i c h t beteiligt.

4.69
Geistlosigkeit der Massenmorde:

Dem kann auch nicht entgegengehalten werden, … daß der Kommunismus selbst in seiner abartigen sowjetischen Ausprägung wenigstens noch einen kleinen Rest von humanitärem Ideenbestand bewahrt habe, daß der Nationalsozialismus dagegen niemals mehr als „Gedankenmüll völkischer Sektierer" gewesen sei.

Selbst wenn dies so gewesen sein sollte, was im Grunde hier zur Sache nicht einmal erheblich ist, bleiben die Millionen Morde beider Seiten immer völlig gleichermaßen Morde. Es bleibt nichts von den imposanten Geschichtsutopien des Kommunismus, wenn Lenin verlangte, die russische Erde von den „Hunden und Schweinen der sterbenden Bourgeoisie" freizumachen.

Die Ergebnisse sind unleugbar und feststehend:

Kein fremder Mord rechtfertigt oder entschuldigt den eigenen Mord.

Kein Mörder hat sich je im Ernst durch Verweisung auf den anderen Mörder exculpieren können.

Schuld ist schlechterdings nicht aufrechenbar gegen andere Schuld.

Kein fremdes Verbrechen ist geeignet, das eigene Verbrechen zu verkleinern. Kein eigenes Verbrechen verkleinert den fremden Mord.

Kein fremder Mord relativiert den eigenen Mord. Kein eigener Mord relativiert den fremden Mord.

Jeder Mörder ist danach e i n malig, singulär, e i g e n artig. Kein Mörder ist e i n z i g artig vor der Geschichte. Die Geschichte ist voll von ungezählten Millionen Mördern, Morden und ihren Mordopfern.

W. I. Lenin, J. W. Stalin, Adolf Hitler, Mao Tse Tung waren Mörder. Sie waren schreckliche Fehlerscheinungen im Geschichtsprozeß. Sie waren der Menschheit unwürdig. Die Völkermassenmorde, die sie befahlen, waren nicht die ersten. Sie blieben bis heute schon wieder leider nicht die letzten.

Die Welt schuldet den Opfern der Sowjetunion, des Deutschen Reiches wie Chinas, Lenins, Stalins, Hitlers, Mao Tse Tungs Erinnerung, wie es eigentlich gewesen war, damit es sich nicht mehr wiederholen möge.

Die Sowjetunion wie Deutschland wie China müssen damit leben: Gleichermaßen.

Nach diesem Ergebnis und in Anerkenntnis dieses Ergebnisses ist der sogenannte Historikerstreit für die Frage der „Singularität" der Verbrechen Deutscher als Scheinargument für das Gegenverbrechen des Landraubes an Ostdeutschland und dem Sudetenland n i c h t mehr von Erheblichkeit. Das Gegenverbrechen des Landraubes bleibt Verbrechen.

4.7 Verschwiegene Zeitgeschichte:

4.71
Lenin und Stalin:

In der westlichen demokratischen Welt, insbesondere aber in Deutschland gibt es eine fatale Neigung, ja eine Entschlossenheit in der Absicht, die Verbrechen anderer Staaten, anderer Völker, zu allererst aber die der friedliebenden Sowjetunion auszusondern bis zum Vergessen, – obwohl sie ständig weitergeschehen. Dagegen werden Verbrechen des Deutschen Reiches bzw. einzelner Deutscher bis zum Absolutum erhöht, emporstilisiert, um sie ideologisch als „einzigartig" zu predigen. „Man möchte nicht Lenin befleckt sehen" (J. G. Reißmüller, FAZ, 4.11.1986). Deshalb hat man sich die Version angewöhnt, daß die Sowjetunion erst durch und unter Stalin zum verbrecherisch handelnden Staat wurde. Aber auch Stalins Verbrechen möchte man lieber nicht mehr wahrnehmen: Die Vernichtung der Bourgeoisie, die Verfolgung der Gläubigen, die Ausrottung der Kulaken, den Hungertod von Millionen Ukrainern. Dies alles wird reduziert, damit bagatellisiert, verharmlost, gemindert zur rein innenpolitischen, allenfalls verfehlten gesellschaftspolitischen Maßnahme. Die Grotesken der Schauprozesse gegen kommunistische Funktionäre 1936 – 1938, die Dezimierung des eigenen Ofizierskorps der „Roten Armee", die Schauprozesse in den Satellitenstaaten 1949 – 1952 vervollständigen nur dieses Ergebnis. Sie alle wurden kommunistisch liquidiert, das heißt justizgemordet wegen Verbrechen, die sie bekanntermaßen nie begangen hatten. Und sie waren doch vielfach davor viele Jahre lang selber Ausführende von kommunistischen wirklichen Verbrechen gewesen. Dieser ihrer wirklichen Verbrechen waren sie niemals angeklagt worden. Sie wurden niemals geahndet.

4.72
Keine Aufrechnung?

Diese bewußt „verschwiegene Zeitgeschichte" findet – wenigstens im modernen westlichen Nachkriegsdeutschland weithin einen ihrer Gründe in der ebenso wohllautenden wie ultimativen Forderung –:

„Es dürfe nicht aufgerechnet werden!"

Aufrechnung ist korrekterweise juristisch die Gegenüberstellung von Ansprüchen eines Gläubigers und Schuldners, gegen Ansprüche eines anderen Gläubigers und Schuldners. Mit der Rechtsfolge, daß die aufrechenbaren Ansprüche beider Seiten, Gläubiger, Schuldner getilgt werden, das heißt zufolge Leistung und Gegenleistung erlöschen. Aufrechnung im politischen Raum dürfte es schon gedanklich logisch viel seltener geben als zivilrechtlich. Aufrechnung von Mord ist einerseits nicht logisch; jeder Mord trägt seinen unabänderlichen absoluten Unwert in sich selbst in Unvergleichbarkeit, ist andererseits nicht denkbar. Jeder Mord geschieht um seines verbrecherischen eigenen Sinnes bzw. Unsinnes willen, nicht um gegen einen anderen Mord „aufgerechnet" zu werden. Die emphatische, vollmundige Forderung, es dürfe nicht aufgerechnet werden, ist daher politisch eine nicht eingreifende, unzutreffende, falsche, also belanglose Scheinparole. Bei gutem Willen könnte dies allerseits bekannt und anerkannt sein.

„Aufrechnen – das hieße … die sowjetkommunistischen und die nationalsozialistischen Verbrechen so nebeneinanderzustellen, daß die einen die anderen … austilgten, als wären beide nie geschehen. An eine solche Rechenoperation, die absurd wäre, denkt niemand" (J. G. Reißmüller, FAZ, 14.11.1986).

Als wären beide nie geschehen? Nein. Nur so, als wären nur die deutschen geschehen! Wenn und weil dies aber so ist, sollte das unsinnige Gerede, wenigstens unter deutschen ernstzunehmenden Beurteilern aufhören. Mindestens soweit Heimatvertreibung, Verbrechen und insbesondere der Landraub an Ostdeutschland betroffen sind.

„Aufrechnung" ist daher für die hier entscheidende Frage der „Singularität", oder aber der Gleichheit und damit der Vergleichbarkeit polnischer, tschechischer, sowjetischer Verbrechen gegenüber Verbrechen Deutscher nicht von Belang. Wer es dennoch vorbringt, z.B. in deutscher Parteipolitik, ist entweder bestenfalls nicht unterrichtet, denn er handelt unlogisch, oder er ist voreingenommen, emotional, irrational, ideologisch festgelegt bzw. subjektiv interessiert.

Beides, Unwissenheit wie Böswilligkeit ist für die Beurteilung des Landraubes an Ostdeutschland und dem Sudetenland ohne Argumentationswert. Dies zu erkennen und anzuerkennen ... „ist notwendig um der Wahrheit und der Wahrhaftigkeit willen" (wie aaO Reißmüller es wahrheitsgemäß postuliert! FAZ, 14.11. 1986).

4.73
Singularität

Christian Meier (FAZ, 20.11.1986) will zum Streit um die nationalsozialistische Vergangenheit „kein Schlußwort" schreiben. Er glaubt feststellen zu können, daß „das Problem der Singularität" nicht mehr strittig sei.

Wenn deutsche „Singularität" hier deutsche „Einmaligkeit" heißen soll, so ist dies logisch zutreffend. Ein Mal, jedes Mal ist in sich „ein Mal", „einmalig". Jedes Mal ist einmalig. Wenn deutsche „Singularität" hier aber deutsche „Einzigartigkeit" heißen soll, so mag es jeder zu begründen und zu entscheiden versuchen: Aber es ist angesichts der vielen Millionen von Opfern von Massenmorden allein zwischen 1915 und 1991 schlicht n i c h t zutreffend. Denn die Wortbedeutung des festliegenden Sprachbegriffes „Einzig"artigkeit, „einzig in seiner Art", kann logisch nicht umgebogen und nicht umgeschrieben werden. Erst recht nicht, um einer ideologischen, „pädagogischen", in Wirklichkeit verbohrten Zielsetzung zu dienen. Auch die vorsichtigsten Formulierungen können nichts daran ändern, daß „einzig"artig, „einzig in ihrer Art" – als Morde, als Verbrechen – die Morde Deutscher, die Verbrechen Deutscher aus der Zeit 1933 – 1945 leider unter Millionen anderer Morde, anderer Verbrechen zwischen 1915 und 1991 n i c h t gewesen sind. Die fraglichen Verbrechen Deutscher, wie die anderer Mörder zwischen Armenien und Afghanistan waren einmalig; sie waren eigenartig. Sie waren dagegen logisch nicht einzigartig.

Die nationalsozialistische Vergangenheit im deutschen Staatsleben mag zum „negativen Mythos vom absolut Bösen" werden, oder soweit sie es schon geworden ist, es bleiben. Eine „Hypnotische Lähmung" des deutschen Bewußtseins, insbesondere des Geschichtsbewußtseins der deutschen Nation kann davon nur als irrationaler, emotionaler Mythos entstehen. Nur ein Mythos ist an Logik nicht gebunden. Geschichte aber, die Wissenschaft von der Geschichte aber, „wie eigentlich alles gewesen", ist an Logik untrennbar gebunden.

Im Sinne der Vergleichbarkeit – damit aber auch der Gleichheit trotz Einmaligkeit – jedes Mordes als Mord mit jedem anderen Mord, ist logisch nicht zu begründen, warum alle anderen Morde, beispielsweise polnische Morde bei der Vertreibung, tschechische Morde aus Rache, sowjetische Morde nach Vergewaltigung anders zu beurteilen sein sollen als Morde Deutscher.

4.74
„Immer wieder vorhalten lassen müssen"?

Chr. Meier hat aaO vorgebracht, „daß das deutsche Volk sich diese nationalsozialistische Vergangenheit immer wieder vorhalten lassen müsse"! Dann bleibt aber nicht nur zu fragen, sondern höchst ernsthaft zu bezweifeln, und bei Redlichkeit und Wert-Urteilsfreiheit zu verneinen, warum Deutschland sich solches sollte vorhalten lassen müssen!

Da mag es „kein Entkommen" geben: Immerwährende Erinnerung und Scham: Ja. Vorhalten lassen von genauso Schuldigen: Nein.

Dieses „Nicht vorhalten lassen müssen" gilt für jeden deutschen Staat und allgemein für das zeitlose deutsche Volk. Es gilt erst recht und in verstärktem Maße für die Bundesrepublik Deutschland. Dieser heutige deutsche Staat der Vier Zonen vertritt in Teilidentität das Deutsche Reich. Dennoch ist er selbst erst 1949 bzw. 1990 verfaßt worden und Vier-Zonen-Deutschland ist nicht das Deutsche Reich. Zwar muß auch er begreifen, kann nicht vergeben, kann nicht vergessen.

Aber vorhalten lassen braucht er sich nur genau so viel, aber auch genau so w e n i g , wie alle anderen Staaten der Welt, die gleichfalls Massenmorde zu verantworten haben.

Zwar bleibt gültig, was über die Unmöglichkeit einer „Exculpation" gesagt worden ist. Niemand will die „Hypotheken einer glücklich entmoralisierten Vergangenheit abschütteln". Dies kann objektiv niemand. Ob Geschichte es leisten kann, zu der „Sinnstiftung" einer Nation, zudem einer so unglücklichen Nation wie der deutschen beizutragen, mag dahingestellt bleiben.

4.75
Deutsche Affinität zu Auschwitz?

Aus bestimmten deutschen „Lebensformen" oder „Entwicklungszusammenhängen" wird versucht, deutsche Affinität zu Auschwitz zu konstruieren; und Auschwitz in die deutsche Gegenwart heraufzuholen und zurückzuholen. Wer so handelt, wer gar versucht, Auschwitz parteilich zu vereinnahmen und zu vermarkten, der handelt zwar unbegründet, aber eindeutig destruktiv und verantwortungslos. Er wird zum inhaltslosen Blechtrommler. Deutschland war seit 1918, es ist seit 1933, es bleibt seit 1945 eine geschlagene und eine verfolgte Nation. Eine überwundene Nation, eine endgültig erledigte Nation wird es erst dann, wenn es den eindeutigen Mahnungen seiner Nationalhymne, des Deutschlandliedes entgegenhandeln sollte. Ein etwa neben der „bundesrepublikanischen" Identität – zur dringenden Unterstützung – gesuchter deutscher „negativer Nationalismus" ist ein nicht durchdachter, abwegiger, naiver, niemandem außerhalb Deutschlands begreiflich zu machender postmoderner Utopismus. Und noch nicht einmal ein schöner.

Andere „normale" Völker denken solch abstruses Zeug nicht einmal in ihren Halluziationen, was deutsche „Denker" zielbewußt neu für Deutschland erfinden und anpreisen. „Nachdem der Historikerstreit im Wesentlichen beendet ist", stellt sich umso mehr die Frage der historischen Zwischenbilanz im Hinblick auf den deutschen Osten, von Memel bis Danzig, von Stettin bis Hindenburg, von Troppau bis Prachatitz, von Brixen bis Meran.

4.76
Ergebnis des Historikerstreites:

Ernst Nolte, Anfangsobjekt der haßerfüllten Polemik, letzter wissenschaftlicher Betrachter und Beurteiler des Historikerstreites, hat entscheidende Anforderungen aufgestellt in seiner Aufforderung „Die Ausschau nach dem Ganzen zu richten" (FAZ, 18.7.1987).

Über „Wissenschaftliches Ethos und Historisierung" kommt er zu Grunderkenntnissen: „Es gibt nichts Menschliches, das außerhalb der Geschichte stünde" … „ … kein Grab ist so groß und bleibt so offen, daß es nicht nach dem Verlauf von Jahren oder Jahrzehnten zum Thema der Wissenschaft werden könnte oder werden müßte" … „Nicht alles Verstehbare ist für den Historiker verständlich, und nicht alles, was er verständlich findet, gilt ihm schon deshalb als gerechtfertigt" ... Wissenschaft „setzt moralisches Unrecht nicht mit historischem Unrecht gleich" ... Alles Historische müsse „historisiert, also in möglichst weitem Umfang verstehbar und mindestens zum Teil verständlich gemacht werden" ...

Und seine Nutzanwendung zur Konkretisierung: ... Zwei weltgeschichtliche Phänomene scheinen sich auch heute noch einer solchen Historisierung zu entziehen: Der Bolschewismus und der Nationalsozialismus" ...

Die Folgerungen müssen dann gezogen werden: ... Wer Lenin ernst nimmt, wer Stalin ernst nimmt, wer Hitler ernst nimmt ..., in „Kampf und Wechselwirkung" „der beiden Hauptantagonisten" ...

Und das Ergebnis bleibt: Der Bolschewismus u n d der Nationalsozialismus müssen miteinander historisiert werden ...

Hier allein ist der „allgemeine Maßstab" in „Zusammenhangwissenschaft" zu gewinnen. Vor diesem allgemeinen Maßstab – miteinander zu historisieren bleibt von der vorgeblichen „Einzig"artigkeit deutscher Verbrechen – wie auf a l l e n anderen Gebieten bedauerlicherweise auch! – so aber auch h i e r nichts übrig.

4.8 Ergebnisbilanz zum Scheinargument der Verbrechen Deutscher als Begründung für das Gegenverbrechen für den Landraub an Ostdeutschland:

4.81
Die Grundtatsache geschichtlicher Massenmorde:

Unfraglich und unstreitig ist, daß es ab 1933, insbesondere ab 1938/1939 bis 1945 Verbrechen bestimmter einzelner deutscher Organisationen und Einzelpersonen gegeben hat. Die Schuldigen wurden angeklagt, die Schuldigen wurden verurteilt, die Schuldigen wurden ggf. hingerichtet.

Objektiv ebenso unfraglich und kaum streitig ist es, daß es von 1915 bis 1991 Massenmorde und Verbrechen jeglicher Art in entsetzlicher Zahl gegeben hat, Massenmorde insbesondere an Armeniern, Griechen, Kurden, Russen (Bourgeois, Gläubige, Kulaken), Ukrainern, Volksdeutschen, Reichsdeutschen, Sudetendeutschen, Hindus, Muslimen, Tamilen, Vietnamesen, Camputscheanern, Biafra, Afghanen gegeben hat. Von Anklagen, Verurteilungen, ggf. Hinrichtungen – z.B. der polnischen Mörder des Lagers Lamsdorf OS – ist in allen diesen Fällen nichts bekannt geworden.

4.82
„E i n z i g "artigkeit?

E i g e n artigkeit kommt jedem Mord zu. E i n maligkeit kommt jedem Mord zu. „E i n z i g "artigkeit kommt keinem Mord zu. Einzigartigkeit kommt leider seit Jahrmillionen keinem Mord zu. Auch die insofern übereinstimmenden, noch so zwingenden Gebote aller Ethik, Moral, aller Religionen konnten dies leider nicht verhindern!

„Singularität", „Einzahl"fähigkeit ist „Ein"maligkeit: An dem betroffenen Opfer, durch den oder die gegebenen Täter, zur gegebenen Zeit, am gegebenen Ort. Sowjetische Singularität oder chinesische Singularität eines Mordes ist genauso singular wie deutsche Singularität. Es überrascht, daß eine so offenkundige Tatsache betont werden muß.

Kollektivschuld gibt es äußerstenfalls als religiöse Schuld, als moralische Schuld; nicht dagegen als strafrechtlich relevante Schuld ohne persönlichen Täter.

4.83

Kausalität, Finalität, Prius:

Politisch und rechtlich gibt es keine Kollektivschuld. Es gibt keine Kollektivschuld des großrussischen Volkes. Es gibt keine Kollektivschuld des deutschen Volkes: Weder der 1933, 1938/1939 – 1945 als Erwachsene Miterlebenden. Noch weniger etwa der Nachgeborenen. Daran vermag alle zielbewußte Polemik, Propaganda und bis zu Hetze insbesondere bestimmter Massenmedien bzw. bestimmter Einzelpersonen nichts zu ändern. Es gibt Kollektivscham. Es gibt eine deutsche Kollektivscham ohne Grenzen. Es gibt nirgends und niemals eine Aufrechnung von Mord. Dennoch bleiben die Zeitunterschiede und die – mögliche, in jedem Einzelfalle erst noch zu beweisende – Kausalität und Finalität. Zeitlich frühere, beispielsweise die sowjetischen Millionenmorde erst Lenins und dann Stalins sind ein P r i u s . Sie sind ursprünglicher als die Morde des Deutschen Hitler oder des Chinesen Mao Tse Tung.

Jeder Mord hat sein absolutes, keiner Ableitung bedürfendes U n w e r t -Urteil in sich selbst. Auf einen logischen, moralischen Ursprung, auf einen Kausalnexus – wenn es ihn geben sollte – kommt es daher prizipal nicht an. Dennoch bleibt z.B. die zeitliche, das heißt historisch festliegende Aufeinanderfolge britischer Concentration Camps, sowjetischer GULAG, deutscher Schutzhaftlager KZ unverändert.

Die Ausführungstechnik der Morde, die Hinrichtungsart, ob mechanisiert, bürokratisiert, vom „Schreibtisch" aus, ist ... aus der Sicht der Opfer, das ist die entscheidende, aus der Sicht der hinterbliebenen Leidtragenden, dies ist die überlebende, daher einzig angemessene spätere äußere, o h n e entscheidenden Belang. Solches vielfach versuchte Vorbringen ist daher neben der Sache. Es ist ein Motivationsversuch für ein gewünschtes fertiges Vorwegergebnis. Jeder Mord ist als Mord gleich verwerflich gleich jedem Mord.

4.84

Aggressorstaat:

Der oben zitierte juristische Anonymos versucht in seiner These gegen Ostdeutschland zu berücksichtigen, daß das Deutsche Reich 1939 ein Aggressorstaat gewesen sei.

Auszugehen ist ab dem Normaljahr der Entstehung der UdSSR 1917 und Polens 1918. Danach kann dem Deutschen Reich 1939 nur vorwerfen, Aggressorstaat gewesen zu sein, wer selber kein Aggressorstaat war!

Die Sowjetunion war seit 1917 Aggressorstaat in mindestens 15 Fällen: gegen die Ukraine mehrfach, gegen Georgien, gegen Armenien, gegen Aserbeidschan, gegen Tannu Tuwa, gegen Finnland, zwei mal, gegen Estland, drei mal, gegen Lettland, drei mal, gegen Litauen, drei mal, gegen Polen mehrfach, gegen Ungarn, gegen die Tschechoslowakei, gegen Rumänien, gegen das Deutsche Reich, gegen Afghanistan.

Polen war seit 1918 Aggressorstaat in mindestens 6 Fällen: gegen das Deutsche Reich, gegen die Ukraine mehrfach, gegen die Sowjetunion, gegen Litauen, gegen die Tschechoslowakei, zwei mal, gegen die Slowakei.

Zudem war völkerrechtlich der Krieg als Mittel der Politik bis 1945 – trotz und ungeachtet des Briand-Kellogg-Paktes – noch legal.

Zudem war das deutsche militärische Vorgehen 1939 gegen Polen nach einer höchst komplizierten deutsch-polnischen Zwischenkriegsgeschichte in der Zeit von 1916 bis 1939: mit polnischen Übergriffen auf die deutschen Randgebiete in Posen, Besetzung des überwiegend deutsch-kaschubisch besiedelten Westpreußen, dreimaligen Insurgentenaufständen in Oberschlesien unter besonders zahlreichen Mordopfern, Hinausschikanieren von 600 000 Deutschen aus Westpreußen im „Frieden", Versuche, die deutsche Stadt Danzig wirtschaftlich abzuwürgen bis 1939, ununterbrochene Provokationen 1939 gegen das Deutsche Reich, durch Oberst Beck, Außenminister! Pogromen gegen Volksdeutsche ein – nach sowjetischer Definition! – „Befreiungskrieg", das heißt mindestens ein nicht ungerechter Krieg zur Verwirklichung des Selbstbestimmungsrechtes Danzigs und der Deutschen aus Westpreußen. Diejenigen, die von „deutschem Überfall" reden, beweisen nur, daß sie die Tatsachen nicht kennen oder nicht kennen wollen!

Zudem war der deutsche Krieg gegen die Sowjetunion 1941 – den ohne jeden Zweifel das Deutsche Reich ungeschickt genug war, zu b e g i n n e n, ein Präventivkrieg. Der rein zeitliche Beginn schließt die fatale Präventiv-Eigenschaft nicht aus. Nur wenige Wochen später hätte die Sowjetunion ihrerseits angegriffen. Ihr Aufmarsch der Roten Armee war bei Kriegsausbruch fast vollendet. Er war sinnwidrig so weit vorne an der Demarkationslinie erfolgt, daß er für eine Verteidigung unbrauchbar war, da er extrem für den Angriff bestimmt gewesen war. Er war mit solchen Massen erfolgt, daß er bei unterlassenem Angriff bei Herbstende schleunigst hätte völlig revidiert werden müssen. Bei dem folgenden vier Jahre langen Kampfe „zweier Banditen", Adolf Hitler gegen Josip Stalin, ist allermindestens nicht fraglos, wer vor der Geschichte als der Aggressorstaat bestehen wird: Der ein halbes Jahrhundert vergangene Staat des Mörders Hitler oder der gegenwärtige, jahrzehntelang kaum reformierte Staat des Mörders Stalin.

4.85
Ergebnisbilanz zum Vorbringen des Anonymos:

Danach läßt sich eine Ergebnisbilanz zum Argument der deutschen Verbrechen als Scheinbegründung für das Gegenverbrechen des Landraubes an Ostdeutschland feststellen: Vergleiche oben das anonyme Anfangszitat des anonymen Juristen: …

Nachdem es nicht „einzig"artige allgemein „Deutsche" Verbrechen und Massenmorde gegeben hat, sondern persönlich zuzurechnende, zu verantwortende und dann zu sühnende Verbrechen einzelner Deutscher, nachdem es eine deutsche „Ausrottungs"politik gegenüber Polen nicht geben konnte und nicht gegeben hat, – ganz zu schweigen von den Tschechen, denen bei relativ erfolgreicher Greuelpropaganda trotzdem 1939 bis 1945 relativ sehr wenig geschehen war! –

was bleibt dann in der Ergebnisbilanz zum Argument der „deutschen" Verbrechen, insbesondere einer Ausrottungspolitik als Begründung für den Landraub an Ostdeutschland und dem Sudetenland von dem Eingangszitat des Anonymos?

Wenn der anonyme Jurist hohen Grades eingangs doziert: „es steht wohl außer Zweifel …" so ist dies nach alter juristischer Erkenntnis jedes juristischen Anfängersemesters bereits der rechtswidrige Versuch, zu überspielen, daß etwas in höchstem Maße zweifelhaft ist, man dies zwar erkennt, aber keine Argumente hat, um es zu belegen oder aber zu widerlegen.

Die vom Anonymos zugegebene: … „harte Maßnahme", „schwerste Maßnahme", war weder eine „Sanktion" noch eine „Sanktionsmaßnahme". Landraub ist internationalrechtlich als Sanktion jedenfalls seit jeher unzulässig. Dementsprechend auch noch von niemandem vor dem Anonymos so zu exculpieren gesucht worden.

Das zweckdienlich vom Anonymos im territorialen Annektionszusammenhang frei erfundene und hierfür sofort ins Absurde überstrapazierte „Friedensprinzip" – das sonst in höchstem Maße allgemein als höchst wünschenswert anzuerkennen ist –: Es verbietet Landraub ohne Zweifel geradezu. Es gibt keine schlimmere und nachhaltigere Bedrohung, Beeinträchtigung und Verletzung des Friedensprinzips als rechtwidriger Landraub. Dieses „malträtierte!" geradezu umgedrehte, verfälschte, nur noch unter Mißbrauch des Begriffes und des geheiligten Namens des Friedens sogenannte „Friedensprinzip" rechtfertigt oder entschuldigt Landraub niemals. Landraub ist schärfster Unfrieden.

Die vorgebliche bloße „Grenzveränderung", die der Anonymos zugibt, ist in Wirklichkeit eine über jedes geschichtliche Maß hinausgehende brutale Gebietsabtrennung: Eine lebensbedrohende Gebietsamputation! Es ist nichts als eine plumpe, rechtswidrige, kriminelle Annektion. Es bleibt eine unheilbare Verletzung des Annektionsverbotes. Dieses kann für eine ephemere „Sicherung der territorialen Integrität" nicht aufgehoben werden. Diese Integrität ist völlig gleichermaßen für beide Nachbarn, für Polen und für Deutschland zu sichern: Nicht nur für Polen allein! Die angeführte „friedliche Existenz" als Recht und als Pflicht für Polen ist nichts als eine selbstverständliche Realität! Sie ist kein Rechtsanspruch und keine Begründung für einseitigen Bruch des Selbstbestimmungsrechtes durch Landraub durch Polen, die Tschechoslowakei, die Sowjetunion. Das Selbstbestimmungsrecht fordert geradezu erst die „Sicherung der territorialen Integrität" und der „friedlichen Existenz" im Interesse der einheimischen ortsansässigen deutschen Bevölkerung in ihrer Heimat. Es verbietet deren Deportation.

Das Selbstbestimmungsrecht ist das primäre, prinzipale, grundlegende Menschenrecht. Es zu verletzen kann unter gar keinem noch so volltönenden und wohlklingenden Vorwand Polen, der Tschechoslowakei, der Sowjetunion gestattet sein.

Nach alldem bleibt von den Thesen des anonymen Juristen für den Landraub an Ostdeutschland und dem Sudetenland: N i c h t s . Die These ist unverantwortlich. Die Thesen sind – um sehr vorsichtig das allermindeste zu sagen – bis zur Absurdität unzutreffend. Die Thesen sind nicht zu qualifizieren. Die Thesen sind Nonsens.

4.9 1. September 1939 – 1. September 1989:

4.91

Der erste „demokratische" polnische Sejm 1989 und die Wahrheit? Seine Verbrechensschuldlüge!

Am 24. August 1989 verabschiedete der neugewählte polnische Sejm eine Resolution zum 50. Jahrestag des deutschen Angriffs auf Polen – vermutlich einstimmig – mit folgendem Wortlaut: ... „In übereinstimmung mit der historischen Wahrheit und moralischen Grundsätzen stellen wir jedoch fest, daß die erhebliche Mehrheit der deutschen Bevölkerung die Schuld an den Verbrechen des Dritten Reiches trägt! ...

Dazu bleibt „in Übereinstimmung mit der historischen Wahrheit" folgendes richtigzustellen zur Wahrung „moralischer Grundsätze".

Die Republik Polen war seit dem Pilsudski-Putsch vom 12.5.1926 keine Demokratie, sondern eine ochlokratische Militärdiktatur. Dies ging in der von Polen beherrschten Westukraine, in Ostgalizien und Wolhynien bis zu einer brutalen Terrorherrschaft, gegenüber den Deutschen in Polen bis zu blutigen Verfolgungen: Vergleiche die Morde von Bromberg 1939.

Polen provozierte durch den Außenminister Oberst Beck wissentlich und willentlich den Krieg um Danzig, mit der britischen Garantie vom 30.3.1939: Einen Krieg mithin, den Hitler dann ungeschickt genug war, als Angriffskrieg zu beginnen am 1. September 1939.

Polen war 1939 nicht wehrlos, sondern nach mehreren Teilmobilmachungen – 23.3.1939, 30.8.1939 – für seine Verhältnisse hochgerüstet: Und Polen glaubte im Ernst „nach Berlin marschieren zu können".[27]

---

[27] Hoggan: Der erzwungene Krieg; 13. Aufl. 1986; S.425–426.

Der polnische Sejm 1989 ist nunmehr nach 63 Jahren der erste teilweise demokratisch gewählte Sejm. Was hat er 1989 festzustellen versucht zum 1. September 1939?

4.912

Ausgehend von solcher historischer Grundlage erklärt der Sejm, „in der Folge der nach dem Krieg eingetretenen territorialen Veränderungen haben „viele" Deutsche ihre Heimat verloren". Dies ist zutreffend. Es waren nach der Volkszählung vom 17. Mai 1939 9 559 725 Deutsche; ziemlich viele mithin: Mehr als Norwegen, Schweden, Finnland, Dänemark, Belgien, die Schweiz, Österreich, Ungarn, Bulgarien oder beispielsweise Schottland gleichzeitig Einwohner hatten: „Viele" ihre Heimat verloren!

Weiter erklärt der Sejm: Unter ihnen waren „Unschuldige, die Schäden und Unrecht erlitten haben." Anzuerkennen ist, daß hier das U n r e c h t Polens mit dürren Worten eingestanden wird. Zu fragen bleibt angesichts zugegebener „Unschuldiger", wer dann wohl generell die „Schuldigen" sein sollen! Eine Kollektivschuld gibt es weder nach christlicher noch ethischer noch moralischer noch marxistisch-leninistischer Überzeugung!

Zum Unterschied von Versailles 1920 mit seiner Kriegsschuldlüge gegen Deutschland wird also hier vom polnischen Sejm eine deutsche Verbrechensschuldlüge zielbewußt konstruiert: 1989!

Die „Unschuldigen" haben „Schäden erlitten!" Dies ist zutreffend. Das Privateigentum der Heimatvertriebenen allein für Ostdeutschland liegt im Wert irgendwo weit über 100 Milliarden Mark: „Schäden erlitten!"

Die „Unschuldigen" haben „Unrecht erlitten". Dies ist zutreffend. Hunderttausende Frauen jeglichen Alters, vom Kind bis zur Greisin, wurden vergewaltigt. Im Zuge der Deportation wurden über 2 Millionen Deutscher – Zivilisten, nach dem Ende der Kampfhandlungen! – ermordet. Die restlichen bis zu 9,5 Millionen Ostdeutscher und 3 Millionen Sudetendeutscher wurden heimatvertrieben, deportiert: „Unrecht erlitten!"

4.913

Selbst wenn es aber eine Kollektivschuld überhaupt geben könnte: Der Sejm stellt „jedoch fest, daß die erhebliche Mehrheit der deutschen Bevölkerung die Schuld an den Verbrechen des Dritten Reiches trägt!" Dies ist die Verbrechensschuldlüge!

Hier soll vorweg außer acht gelassen bleiben, daß Verbrechen aller Völker aller Staaten aller Zeiten – bis hin zu Lenin, Stalin, Hitler, Mao Tse Tung – leider die geschichtliche Grundlage allen Lebens sind.

Hier braucht nur geklärt zu werden, daß die Behauptung über die e r h e b l i c h e M e h r h e i t des deutschen Volkes angesichts der baren Fakten offenbar und unbestreitbar Nonsens sein muß: Die Bevölkerung des Deutschen Reiches am 17. Mai 1939 auf dem Gebietsstand vom 31. Dezember 1937 betrug 69 317 000; davon verbrechensunfähige Babies und Kinder 0 – 6 J. 6 948 000; weiter Kinder 6 – 10 J. 3 828 000; weiter pubertäre Jugendliche 10 – 14 J. 4 251 000; weiter Heranwachsende 14 – 18 J. 4 739 000; verbrechensunfähige Jugend somit insgesamt – 18 J. 19 666 000

Da Frauen gleichfalls nicht für Menschenrechtsverbrechen prädestiniert sind, gehen weiter die restlichen weiblichen Erwachsenen ab: 25 746 000. Es bleiben somit die restlichen männlichen Erwachsenen mit 23 905 000. Dies sind dann 34, 6%, mithin keine Mehrheit, erst recht keine erhebliche Mehrheit. Dabei sind die Millionen an Greisen, an gefallenen Soldaten, an Vermißten, an Gefangenen noch nicht einmal abgezogen worden! Und wieso sollen eigentlich alle Männer Verbrecher sein?

Die Verbrechensschuldthese des polnischen Sejm der Schuld der „Erheblichen Mehrheit des deutschen Volkes" ist also auch insofern nichts als eine Verbrechensschuld l ü g e : Borniert, impertinent, arrogant, ohne Invektiven nicht abschließend qualifizierbar!

4.914

Der Sejm beansprucht „in Übereinstimmung mit der historischen Wahrheit" zu urteilen. In Wirklichkeit handelt er unanständig und in fälschender Propaganda. Sei es, weil er selber an sein unzutreffendes Vorbringen mangels Kenntnissen glaubt, sei es wider besseres Wissen: Von dem schlecht unterrichteten Sejm an den besser zu unterrichtenden Sejm!

Und die „moralischen Grundsätze", die der Sejm bemüht? Die stehen in den 10 Geboten seit Jahrtausenden: Du sollst nicht töten: 2 Millionen in Ostdeutschland Ermordeter bei der Vertreibung! Du sollst nicht stehlen: Ostdeutschland und Danzig. Du sollst nicht falsches Zeugnis geben: Verbrechensschuldlüge 1989!

4.915

Schließlich die „Neuen Grenzen, die von den siegreichen Mächten der Anti-Hitler-Koalition anerkannt wurden"?

Ob eine kriegerische Koalition etwas „anerkennt" ist völkerrechtlich nicht relevant. Weder die UdSSR noch die Anti-Hitler-Koalition kann aber verbindlich „anerkennen", was das Völkerrecht verbietet im Annektionsverbot: Und einem Friedensvertrag mit dem Deutschen Reich vorbehält. Auch Vier-Zonen-Deutschland kann nicht verbindlich „anerkennen". Dies ist die Völkerrechtslage Ostdeutschlands und Danzigs.

Endlich die Dauerhaftigkeit? Polen war von 1813 bis 1917 vom Zartum Rußland besetzt. Länger dauert die „Dauerhaftigkeit" der Rechtswidrigkeit auch im Falle Ostdeutschland und Danzig nicht.

Nichts ist geregelt, was nicht gerecht geregelt ist: Abraham Lincoln.

4.916

Es hätte aus einer Fülle von Gründen nicht nur sehr nahe gelegen, daß in der Botschaft von Bundespräsident von Weizsäcker an Staatspräsident Jaruzelski, der Volksrepublik Polen eine verbindliche Stellungnahme zum Vorwurf der Verbrechensschuld der erheblichen Mehrheit der deutschen Bevölkerung proklamiert worden wäre. Doch ist dies „ein weites Feld". Stattdessen wurde erklärt, „wir haben verbindlich zugesagt, jetzt und in Zukunft Gebietsansprüche nicht zu erheben". Änderungen an der völkerrechtlichen Rechtslage des Deutschen Reiches in Ostdeutschland können solche Erklärungen der Bundesrepublik ohnehin nicht bewirken!

4.92

Der erste demokratische polnische Senat 1989: Seine Ausflucht über „Entscheidungen ohne Teilnahme der Polen": 31. August 1989!

Wesentlich anders, wesentlich sachlicher als die oben behandelte Resolution, lautete eine in Kenntnis der Botschaft von Bundespräsident von Weizsäcker vom ersten demokratischen polnischen Senat am 31. August 1989 verabschiedete Resolution. Darin wird deutlich: daß der polnische Sejm von 1989 nach wie vor eine wesentlich kommunistisch beherrschte scheindemokratische Alibiinstitution in Nachfolge von 40 Jahren stalinistischer Volksrepublik Polen war und ist, während der polnische Senat 1989 eine wirklich demokratisch gewählte Volksvertretung im Protest gegen die Polnische Vereinigte Arbeiterpartei und den Stalinismus darstellt, der zu 98 von 99 Mitgliedern aus Nichtkommunisten besteht.

Von der nach Ansicht des polnischen Sejm 1989 doch so absolut fundamentalen Verbrechensschuldthese zu Lasten der vorgeblich „erheblichen Mehrheit der deutschen Bevölkerung" findet sich dort bei dem Senat so minutiös kein Wort, so daß die Annahme naheliegen könnte, daß der polnische Senat die Verbrechensschullüge des polnischen Sejm nicht zu teilen vermag und daher nicht erneut zu erheben bereit war.

Da im polnischen chauvinistischen Interesse aber zur Argumentation für die „Änderung der Grenzen" angesichts des „Gedenkens des 1. September 1939" mindestens irgendeine Begründung gegeben werden sollte, wird als eine bisher nicht strapazierte neue Version vom polnischen Senat eingeführt, „Kraft der Entscheidungen, die ohne Teilnahme der Polen von den Siegermächten getroffen wurden, änderten sich die Grenzen des Staates" Polen.

4.922

Davon ist äußerstenfalls nur soviel formell nicht offensichtlich unwahr, als die polnische Lubliner Satelliten-Regierung in Potsdam bei dem Treffen der Siegermächte am 2. August 1945 und damit auch bei der Formulierung des Protokolls zur Oder-Neiße-Linie nicht p h y s i s c h – persönlich „teilnahm". Dabei waren aber Mikolajczyk und eine polnische Regierungsdelegation auch persönlich gehört worden: ca 24. Juli 1945, das heißt 9 Tage vor der schließlichen Unterzeichnung des Protokolls. Absolut unzutreffend ist aber die damit gewaltsam gesuchte polnische Ausflucht, daß es sich bei dem Potsdamer Protokoll um nur nichtpolnische, nur Regelungen der Siegermächte gehandelt habe, Entscheidungen, die Polen „nicht gewählt und nicht akzeptiert habe", denen es nur kraft fremder Hoher Gewalt – und somit sogar vorgeblich ohne oder gar gegen seinen Willen! – zu folgen hatte. Dies ist allermindestens eine Ausflucht;wenn nicht logisch eine Lüge. Polen war Anstifter: Polen war Mittäter.

4.923

Zunächst bleibt festzustellen, daß niemand Polen gezwungen hätte, die „Verwaltung" Ostdeutschlands zu übernehmen, hunderttausende deutscher Frauen zu vergewaltigen, viele Millionen Ostdeutscher aus ihrer Heimat wie Vieh zu deportieren, dabei 2 Millionen ostdeutscher Zivilisten zu ermorden, dann alsbald an Stelle der deutschen Einwohner einige Millionen Polen aus Zentralpolen – nicht aus dem sogenannten Ostpolen- per Befehl in Ostdeutschland anzusiedeln. Ebensowenig war Polen zu zwingen, eine Scheinvolksabstimmung mit der importierten polnischen Bevölkerung zu veranstalten, um dann versuchen zu wollen, einseitig und ohne Rechtsgrundlage Ostdeutschland zu annektieren.

Der polnische Ministerpräsident Arciczewski hatte noch 1944 den gegenteiligen Weg dazu bereits für ein friedliebendes Polen gewiesen, als er für die polnische Regierung für Polen proklamierte: „Wir wollen weder B r e s l a u noch S t e t t i n "

Nun nahm also Polen 1945, angeblich „ohne seine Teilnahme", sowohl Breslau als auch Stettin! Und trotz aller Verschiedenheit der Fakten: Beispielsweise die schweizerische Eidgenossenschaft hatte es 1918 abgelehnt, Vorarlberg sich „schenken" zu lassen, obwohl es ihr gratis angeboten worden war. Vorarlberg hätte ohne weiteres in die Schweiz gepasst: Vergewaltigungen wären nicht vorgekommen, Millionen Morde wären nicht vorgekommen, Millionen an Deportationen wären nicht vorgekommen: Und die Bevölkerung von Vorarlberg sogar mit dem Anschluß an die Schweiz sehr einverstanden gewesen wäre. Nur nahm die Schweiz das dargebotene Vorarlberg nicht an, da sie nicht zum Räuberstaat und Leichenfledderer zu werden wünschte.

4.924

Polen dagegen, das vorgeblich nicht teilnehmende Polen, war sofort begeistert bereit,- wie bereits früher an seinen Nachbarn Sowjetunion und Litauen, – nunmehr an seinem Nachbarn Deutschland ein Räuberstaat zu werden: Auch wenn der Senat 1989 dies wahrheitswidrig, vielleicht mangels besserer Kenntnis, vielleicht aber auch wider besseres Wissen, nicht wahrhaben will. Polen war dagegen begeistert bereit, zum Leichenfledderer zu werden.

Die wirklichen polnischen Fakten sind die folgenden: (Dabei werden die zahlreichen „Untergrund"zitate bzw. bloße „Stimmen" nicht mitangeführt: Alle Belegstellen aus G. Rhode/W. Wagner: Quellen zur Entstehung der Oder-Neiße-Linie, in den diplomatischen Verhandlungen während des Zweiten Weltkrieges; 2. erw. Aufl.1959!

Schon am 9.10.1925 schrieb die polnische Gazeta Gdansk:" Ganz Ostpreußen!-Sonst Krieg" Bei dieser Denkungsart blieb es:

Hier die Chronologie:

Polen verlangt Grenzen, „die seine Sicherheit gewährleisten"; Rundfunkerklärung der polnischen Exilregierung vom 20.12.1939; S. 12; Polen verlangt ein gesichertes und wirtschaftlich starkes Territorium; Rede Raczynskis am 24.9.1941 im St. James Palace; S. 12; der Polnische Nationalrat in London fordert, die Grenze nach Westen zu verlegen, zu begradigen und zu verkürzen; Entschließung des polnischen Nationalrates vom 2.12.1942; S. 18; Sikorski sucht die Alliierten für die polnischen Expansionspläne zu gewinnen; Verhandlungen Sikorski-Roosevelt 12.1942; S.19; Prosowjetische Polen verlangen Ostpreußen, Danzig und Oberschlesien; Deklaration des Kongresses des Verbandes polnischer Patrioten in Moskau am 10.6.1943; S.49; Polen verlangt Garantien für die Annektion der deutschen Ostgebiete; Note der polnischen Exilregierung vom 23.1.1944 S.97; Polen stimmt der vorgeschlagenen Westgrenze und der Vertreibung der Deutschen zu; Stellungnahme des „Rates der Nationalen Einheit" vom 15.2.1944; S.102; Unterredung Roosevelt – Mikolajczyk vom 12.6.1944. Der Bewegrund war hier Lemberg, Stanislau, Drohobycz, Vilnius, Königsberg, ganz Schlesien für Polen herauszuschlagen zu wollen; S. 132; die prosowjetischen Polen rufen ihre Landsleute auf, um die Oder zu kämpfen; Manifest des „Nationalen Befreiungskomitees" vom 22.7.1944; S.134; das „Lubliner Komitee" fordert die Oder-Neiße-Linie als Grenze Polens; Pressekonferenz Osobka-Morawskis am 28.8.1944; S.141; die polnische Exilregierung stimmt der Entfernung der deutschen Bevölkerung zu; Auszug aus dem „Neuen Plan" vom 30.8.1944; S.143; die neue polnische Exilregierung – nach dem Rücktritt Mikolajczyks am 24.11.1944 – will „Weder Breslau noch Stettin"; Interview von Ministerpräsident Arciszewski am 17.12.1944; S.166: Auch das gab es ein mal … Es scheint aber nur für wenige Tage gegolten zu haben, denn: Stettinius und Eden sind beunruhigt durch den Umfang der p o l n i s c h e n Forderungen; Besprechungen auf Malta am 1.2.1945. Nur 6 Wochen nach Arcisczewskis großmütigem „Verzicht" auf die deutschen Provinzhauptstädte, die ihn ohnehin nichts angingen noch ihm gehörten. Bierut kündigt die polnische Verwaltung der deutschen Ostgebiete an; Erklärung vom 5.2.1945; S.232; Osobka-Morawski kündigt die Polonisierung der deutschen Ostgebiete an; Rede vor dem „Nationalrat" am 3.5.1945; S.258: Eine polnische Regierungsdelegation verteidigt die Oder-Neiße-Linie als Westgrenze Polens: Vortrag Mikolajczyks vor der P o t s d a m e r Konferenz ca 24.7.1945; S.281; Drei mal warnte Churchill die Polen, „nicht zu weit zu gehen"; 24.7.1945; „Polen verlange zuviel"; 25.7.1945; „Polen will zu weit nach Westen gehen"; 26.7.1945: Einen Tag, bevor Churchill als Primeminister gestürzt wurde. S.284 – 289; die deutschen Ostgebiete werden Polen zur „Verwaltung" überlassen, die Einwohner deportiert; Potsdamer Protokoll IX und XIII am 2.8.1945; S.296; Präsident der Vereinigten Staaten von Amerika Truman: „Potsdam war ein willkürlicher Gewaltakt". (Brief an Außenminister Byrnes am 5.1.1946; S.322.) Admiral Leahy spricht offen von dem Landraub Polens.

Nach dieser unbestreitbaren Chronologie gerade auch von Polen erzwungener Fakten und durchgesetzter Forderungen über Ostdeutschland zwischen 1939 und 1945 seitens des polnischen demokratischen Senats 1989 erklären zu wollen, „Kraft der Entscheidungen, die o h n e Teilnahme der Polen von den Siegermächten getroffen wurden, änderten sich die Grenzen des Staates Polen", ist eine beispiellose Ungehörigkeit, im Grunde eine Lüge. Sie erledigt sich von selbst bei der Kenntnisnahme der dargestellten Fakten ununterbrochener, in keiner Weise nach dem Völkerrecht, insbesondere dem Selbstbestimmungsrecht zu verantwortender Initiativen und Aktivitäten in Richtung hier auf Verbrechen gegen die Menschlichkeit und internationales Recht.

Polen war Anstifter. Polen war Mittäter.

Erstaunlich ist dabei – selbst bei weitgehender Kenntnisnahme der polnischen Geschichte und der polnischen Mentalität bis zur Affinität zur Lügenhaftigkeit – mit welcher völlig unbekümmerten Naivität Polen von 1939 bis 1945 rein deutsche Gebiete, die niemals zum polnischen Volksboden gehört hatten, immer wieder gefordert hat. Bis erst Groß Britannien und dann die Vereinigten Staaten von Amerika dem unverschämten polnischen Drängen nachgaben.

Und dieses im XX. Jahrhundert, dem Jahrhundert der Haager Landkriegsordnung, der Russischen Oktoberrevolution, der 14 Punkte Wilsons und des Selbstbestimmungsrechtes der Völker, der „Welt, die für die Demokratie gesichert werden sollte", der Menschenrechte und endlich der Atlantik-Charta.

Diese polnische Art des Landraubes und der Deportation ist die modernste Version des Massenmordes in der Geschichte.

4.93
Jan Josef Lipski: Für großes Unrecht um Verzeihung bitten: 1. September 1989!

4.931
In Krakau sprach Jan Josef Lipski, Hochschuldozent, Vorstandsmitglied der „Solidarität", seit Juni 1989 Senator im polnischen Senat 1989 (FAZ, 5.9.1989). „Er sprach über Polen, Deutsche und Europa. Er sprach von Deutschen und Polen. Und er sagte ... daß die Vertreibung der Deutschen aus Polen ein großes Unrecht gewesen sei und die Polen dafür um Verzeihung bäten".

Anzuerkennen ist, daß Lipski für sich und moralisch für sein Polen diskussionslos feststellt, daß die Vertreibung der Deutschen ein großes Unrecht gewesen war: Und ist! ... Vorbehaltlos anzuerkennen ist, daß er für sich und moralisch für sein Polen um Verzeihung bittet. Wie der Kommentator der FAZ vereinfachend schreibt: Er sagte dies an dem Tage, an dem sich der deutsche „Überfall auf Polen" jährte. – Was objektiv falsch ist, da Polen nur den Krieg bekam, den Oberst Beck zielbewußt provoziert hatte – Hoher Anerkennung wert ist das Bitten um Verzeihung. Aber das ist nicht genug. Aber es ist damit nicht getan, Großes Unrecht fordert nicht nur Worte sondern Wiedergutmachung.

4.932
Zunächst bleibt festzustellen, daß zeitlich v o r Lipski die polnischen und die deutschen Bischöfe ähnliche Bekundungen ausgetauscht haben. Angesichts der – völlig verschiedenen – besonderen Stellung der Teile der römisch-katholischen Kirche in Polen einerseits, in Deutschland andererseits, blieben diese Bekundungen, die sich in frommen Worten erfüllten und erschöpften, von delikatem bis zweifelhaftem Wert.

4.933

Weiter bleibt festzustellen, daß der Vorsitzende des Tschechischen Nationalausschusses General Lev Prchala mehrfach, bereits am 18.12.1950 im Bundeshaus in Bonn, erneut am 29.5.1955 vor den Teilnehmern des Sudetendeutschen Tages in Nürnberg erklärt hatte: „Als Mensch und Europäer verurteile ich die Verbrechen, die 1945 an den Sudetendeutschen begangen wurden. Als Tscheche und Christ fühle ich mich verpflichtet, Sie, sudetendeutsche Männer und Frauen, um Verzeihung zu bitten!" Das zugefügte große Unrecht und die Notwendigkeit zur Verzeihung sind für die Sudetendeutschen und die Ostdeutschen-Reichsdeutschen völlig gleich.

Prchalas Bitte um Verzeihung für die Tschechen geschah fast vierzig Jahre vor der brandneuen Verbrechensschuldlüge des polnischen Sejm 1989 am 24.8.1989, vor der Ausflucht polnischer vorgeblicher Nichtteilnahme an den Oder-Neiße-Entscheidungen von dem polnischen Senat 1989 am 31.8.1989 und vor der tröstlichen Einkehr Lipskis in Krakau am 1.9.1989.

4.934

Schließlich bleibt festzuhalten, daß unbewußt – oder aber bewußt? – selbst Senator Lipski sich in seiner bewegenden und bewegend bleibenden Anerkenntnis großen Unrechts und seiner Bitte um Verzeihung für sich und für sein Polen grundlegend bis zur absoluten Verfälschung i r r t !

Lipski spricht von der Vertreibung der Deutschen aus P o l e n . Auch aus dem wirklichen Polen, aus Zentralpolen, aus dem rechtmäßigen polnischen Kernstaatsgebiet in seinen Grenzen von 1939 sind Deutsche vertrieben worden: Sind bis zu 1 1/2 Millionen Deutsche vertrieben worden: Aus Lodz, aus Radom, aus Krakow, aus Kattowice. Wo ihre Vorfahren schon seit Jahrhunderten gelebt hatten! Diese Deutschen aber nimmt Lipski entweder nicht zur Kenntnis oder er meint sie jedenfalls nicht. Für ihre Vertreibung bittet er im Zweifel auch nicht um Verzeihung. Lipski meint, und er meint es zu Recht, wenn er fälschlich „aus Polen" sagt, die Vertreibung der Ostdeutschen aus Ostdeutschland. Sie aber sind nicht „aus Polen", sondern nur durch Polen vertrieben worden. Sie wurden aus Provinzen Deutschlands vertrieben: Mit ihnen 7 – 9 Millionen Ostdeutsche, weiter dabei 2 Millionen Ermordeter, Hunderttausende Vergewaltigter. D i e s e Vertreibung aus Deutschland nach Deutschland fordert die Anerkennung großen Unrechts und die Bitte um Verzeihung. Diese Vertreibung, dieser Länderraub fordert Wiedergutmachung.

Das Wort „aus Polen" im Munde Lipskis ist mithin mindestens ein Irrtum und eine Falschbezeichnung. Schade, daß selbst aus dem Beginn wirklicher Normalisierung noch Irrtum bzw. Falschbezeichnung stehen für die Bitten um Verzeihung für das polnische Jahrhundertverbrechen 1945.

4.94

Deutsch – polnische Normalisierung:

4.941

Unbestreitbar ist, daß in einem Europa, welches sich in irgendeinem Maße immer mehr auf seinen wie immer gearteten Zusammenschluß vorwärtsbewegt, ein Nebeneinanderliegen von europäischen Staaten: die zwar ggf. noch diplomatische Beziehungen miteinander haben, die aber die Grenzen gegeneinander schließen, die in möglichst keiner Weise miteinander zu kommunizieren bereit sind, die geistig Gegner, ggf. sogar offene Feinde sind, mehr als unerwünscht bis unerträglich ist. Verhältnisse wie in der jüngsten Geschichte ...

z.B. zwischen Griechenland und der Türkei, auch nach dem Frieden von Lausanne vom 24.7.1923,

z.B. zwischen Litauen und Polen wegen Vilnius zwischen dem 9.10.1920, 8.1.1922, 8.4.1922 einerseits, und dem polnischen Ultimatum vom 19.3.1938 andererseits,

z.B. zwischen Ungarn und Rumänien seit 1987 wegen der Unterdrückung der Szekler,

z.B. zwischen Bulgarien und der Türkei 1989 wegen der Unterdrückung der türkischen Minderheit in Bulgarien,

sind solche gravierenden Ausnahmefälle. Im Interesse aller sind sie zu lösen und zu beseitigen, um des dauerhaften Friedens in Europa willen.

4.942

Auch wenn dies als im Interesse des Friedens und der Entspannung in Europa zweifelsfrei ist, so bleibt dennoch das ganz besondere Verhältnis zwischen Deutschland und Polen seit 1945 in Richtung einer deutsch-polnischen Normalisierung zu untersuchen. Dieses Verhältnis ist ein solcher Ausnahmefall.

Die neue Verbrechensschuldlüge des polnischen Sejm 1989, die besondere Nichtteilnehmerausflucht, der Freizeichnungsversuch des polnischen Senates 1989, sind hierzu in gar keiner Weise hilfreich. Nicht nur im Sinne eines solchen unerträglichen Ausnahmezustandes ist das Verhältnis zwischen Deutschland und Polen ab 1945 von höchstem Interesse. In einem Maße vielmehr, – das von keinem der nur als Beispielsfälle gedachten angeführten historischen Konfrontationen und Aversionen erreicht wurde –, ist die Grundlage des deutsch-polnischen Verhältnisses durch die Verbrechen und den Landraub 1945 durch Polen vergiftet und zerstört worden. Es gilt nicht nur, diese Konfrontation äußerlich beizulegen, zu übertünchen, zu verkleistern. Nur dies taten die Bundesregierungen mit dem Warschauer Vertrag von Willy Brandt und mit den Pariser und Moskauer Diktaten mit Helmut Kohl. Es gilt die Ursachen zu erkennen und zur Lösung die Folgen zu beseitigen bzw. wieder gutzumachen.

4.943

Stufe 1: Die Grundlage: Die Verbrechen Polens von 1945: Auszugehen ist von dem Ende der Kampfhandlungen des zweiten Weltkrieges. Hier wurde und wird bis heute die gültige Grundlage des Verhältnisses zwischen Deutschland und Polen gelegt durch Verbrechen Polens und von Polen: Hunderttausende Vergewaltigungen, Deportation von 7 bis 9,5 Millionen Zivilisten aus Ostdeutschland nach dem Ende der Kampfhandlungen, dabei: Mord an über 2 Millionen Zivilisten, Greisen, Frauen, Kindern, nach dem Ende der Kampfhandlungen, entschädigungslose Enteignung von Privatvermögen im Wert von irgendwo weit über 100 Milliarden Mark, Länderraub an 7 ostdeutschen Provinzen und der Freien Stadt Danzig.

4.944

Stufe 2: Normalität des Chaos: Die normalste logische Reaktion auf diese polnischen Verbrechen des Jahres 1945 wäre ohne jeden Zweifel die Retorsion gewesen: Der Versuch jedes normalen Menschen, dieses Eigentum, diese Provinzen, diesen Raub von Verbrechen um jeden Preis wieder zurück zu nehmen. Diese Stufe war rein theoretisch, da der Machtapparat des Deutschen Reiches untergegangen war und die 4 Alliierten die Oberste Regierungsgewalt übernommen hatten. Die Lage in ihrer deutschen Hilflosigkeit ähnelt etwas dem Zustand Deutschlands zur Zeit der Ruhrbesetzung 1923. Immerhin scheint viele Jahre lang die polnische importierte Bevölkerung diese deutsche unwahrscheinliche Auferstehung gefürchtet oder sogar erwartet zu haben.

Immerhin ist der Gedanke so nahe liegend, daß er keineswegs als von vornherein – da nur aus Notwehr und zur Selbstverteidigung geboren – als illegitim perhorresziert werden könnte. In Voraussicht dieser Kalamität hat schon Winston Churchill – kaum nachdem er selber die unglückselige Oder-Neiße-Linie geschaffen hatte – erkannt, daß hier 1945 ein Urgrund für einen Krieg geschaffen worden war, der unvergleichlich viel gravierender war, als etwa Elsaß-Lothringen einerseits 1871, oder aber der polnische Korridor andererseits 1920.

Zu solchem Weitblick bedurfte es nicht einmal der Prophetie eines Churchill. Als Angehöriger der Kriegsgeneration erklärte schon im House of Commons der Abgeordnete S. N. Evans (Labour Party): „Sind dafür diese tapferen Männer, die nicht zurückkehren ... in den Kampf gegangen und gestorben? Ich glaube das nicht ... Ich gehe sogar so weit zu sagen, daß in diesem Augenblick die Saat eines neuen Krieges gesät worden ist"; 21. August 1945!

4.945

Stufe 3: Normalität des Ignorierens: Nachdem die Grundlagenstufe der polnischen Verbrechen bis 1947 auszulaufen begonnen hatte, nachdem der chaotische Gedanke der Retorsion ausschied, mußte zwangsläufig das Nebeneinander Polen neben Deutschland irgendwie beginnen, irgendwann beginnen.

Jedes normale Volk, bis hinunter zu kleinen afrikanischen Neustaaten hätte darauf normal reagiert; nämlich: Das deutsche Volk, der deutsche Staat kann die bodenlos unanständige Deportation der Heimatvertriebenen, kann den Landraub nicht ändern und nicht beenden. Die einzige normale, noch bleibende Antwort wäre die absolute Negation: Das eiskalte Ignorieren Polens, weil es als Räuberstaat im moralischen Sinne für Deutschland nicht vorhanden sein kann.

Zu jeder notwendigen Etappe und Epoche war zusätzlich eine so deutliche Rechtsverwahrung über den deutschen Anspruch auf Ostdeutschland erforderlich gewesen, daß die „gesicherten Westgrenzen Polens vom 31. Dezember 1937 völlig zweifelsfrei gewesen wären".

Um innenpolitisch diese Ostpolitik so zu sichern, wäre es in der Bundesrepublik erforderlich gewesen, die Straftatbestände des Hochverrats und des Landesverrats alsbald ab 1954 so auszugestalten, daß kein Zweifel über die deutsche Entschlossenheit zur Wahrung und Verteidigung des deutschen Rechtes auf Ostdeutschland auch mit den Mitteln des Strafrechtes hätte jemals aufkommen können.

Stattdessen veröffentlichte die Evangelische Kirche eine fragwürdige Denkschrift: Über Fragen, von denen sie nichts wußte, nichts verstand und die sie nichts angingen. Stattdessen kam die Alltagsroutine einer geltungsbedürftigen Bürokratie und der Ehrgeiz eindeutiger Politiker („Verräter" laut Professor Dr. Hofmann, Paderborn; FAZ aaO. 1987). (Ebenso „Verräter" nach Herbert Wehner und Ernst Reuter!) Es kam die Aufnahme diplomatischer Beziehungen zu Polen ohne jede Notwendigkeit. Es kam eine „neue Ostpolitik" „nützlicher Funktionäre!" Es kam der Warschauer Vertrag. Es kamen Anleihen, Zahlungen, Handel as usual, Paketsendungen mitleidiger Herzen Nichtbetroffener. Es kam der Alltag winziger Routinepolitik, als ob nichts geschehen wäre.

4.946

Stufe 4: Normalität der Anbiederung: Nach der Metamorphose des Faktischen zum Normativen bleibt zu sagen, daß – nachdem schon mit Polen jahrelang eine völlig verfehlte Annäherungspolitik bis hin zum Vertrag betrieben worden war- nunmehr sich äußerste, reservierte Höflichkeit befohlen hätte: Immer erneut unter Rechtswahrung durch Rechtsverwahrungen. Stattdessen kam der Wandel durch Anbiederung, durch Nachlaufen, durch Liebkindpolitik, durch Schmeichelei. Das Ende war, ist und bleibt nunmehr die vorgeblich „Besondere Pflicht" Deutschlands Polen gegenüber; bleibt die „Aussöhnung".

Dieser deutsche Staat und dieses deutsche Volk bleiben nur noch zur Nachdenklichkeit berechtigt und verpflichtet. Es scheint sich bei der Ostdeutschlandpolitik um eine deutsche Sonderform einer masochistischen Geisteskrankheit zu handeln.

4.95
„Aussöhnung" von Deutschen und Polen 1989 und heute:

4.951
Mißbrauch: Kaum jemals ist ein Schlagwort so offensichtlich mißbraucht worden, wie dasjenige der notwendigen und der möglichen Aussöhnung zwischen Deutschen und Polen.

Was nun kann Aussöhnung bedeuten? Das Wort existiert zunächst im Lexicon überhaupt nicht. Es ist also zielbewußt aufgefunden worden; es ist als politisches Leitthema für das „vergangenheitsbewältigende" deutsche Volk erfunden worden. Es gibt es nur als „Versöhnung" in der christlichen Rechtfertigungslehre. Ebenso existiert es als Begriff des jüdischen „Versöhnungstages", des Jom Kippur. Wie ist also 1991 Aussöhnung zwischen Deutschen und Polen zu definieren? Objektiv! Für beide Seiten gleich! Fordernd und bedeutend! „Aussöhnung": Sie fußt auf der Erkenntnis der geschichtlichen Wahrheit. Sie beginnt mit der beiderseitigen jeweiligen Vergebung. Sie geht weiter mit dem Unterlassen einseitiger Untaten. Sie geht weiter mit dem Unterlassen einseitiger Anklagen. Sie erfordert Wiedergutmachung der angerichteten Schäden. Sie bildet nach Jahren und Jahrzehnten gegenseitiges Vertrauen. Sie begründet schließlich – am Ende – gute Nachbarschaft.

Schön wäre es, wenn Aussöhnung nicht nur sich auf die Ablösung negativer Positionen beschränkte, sondern auch positive Reaktionen beider Seiten erlaubte. Bis dahin – und das ist noch ein weites Feld – bleibt deutsche Hilfsbereitschaft für Polen heute eigentlich schon eine zu weit gehende Forderung und Folgerung von Aussöhnung mit Polen.

4.952
Polnische Vorstellungen von Aussöhnung mit Deutschland 1991:

Zunächst darf versucht werden zu klären, was nach allen bekannt gewordenen Stimmen der polnische Staat, die polnischen Parteien und Gewerkschaften, und schließlich die polnische Bevölkerung, sich unter Aussöhnung mit Deutschland 1991 vorstellen.

Vorgegeben ist die Verbrechensschuldlüge aus der Resolution des polnischen Sejm 1989: Offensichtlich ist dies k e i n Schritt zur Aussöhnung im Dienste der Wahrheit. Vorgegeben ist weiter die Ausflucht des polnischen Senates 1989, wonach die Entscheidung zur Änderung der Grenzen Polens, die Festlegung der Oder-Neiße-Linie, ohne Teilnahme von Polen erfolgt sei. Dies ist eine verfälschende Ungehörigkeit. Auch dies ist k e i n Schritt zur Aussöhnung im Dienste der Wahrheit.

Selbstverständlich soll und will Polen auch im „sündenreinen" Zustand der „Aussöhnung" seinen Raub an Ostdeutschland und an der „Freien" Stadt Danzig behalten. Selbstverständlich sollen Polens „gesicherte" – wogegen gesicherte – Grenzen 1991 nicht seine rechtmäßigen Staatsgrenzen nach dem Stande vom 31. August 1939, sondern die Besatzungszonen-Demarkationslinie an Oder und Neiße – nebst zusätzlich geraubtem Stettin – bleiben. Bombastische „Siegesfeiern" finden auf dem deutsche Boden der Danziger Westerplatte statt.

Die deutsche Minderheit in Oberschlesien und in Niederschlesien – immer noch viele Hunderttausende – soll weiter „auf europäischem Standard" unterdrückt werden können:

Vielleicht nach dem europäischen Standard des albanischen Kossowo? Als ob es keine Menschenrechte, keine Polen verpflichtenden Menschenrechtspakte, keine demokratischen Mindesterfordernisse gäbe: In Sprache, Schule, Gottesdienst, Bildung von Vereinen. Alles dies – da eine spezielle Regelung von polnischer Seite verweigert und von deutscher Seite timide nicht gefordert wird – unter der allerseits bekannt irreführenden Überschrift: Europäischer Standard!

Phantasievolle Forderungen kaum gezählter Milliarden auf Zahlungen werden ohne Rechtsgrundlage erhoben. Und: Ohne Visum überschwemmen polnische Wirtschaftstouristen und sogar Asylanten Deutschland.

Ein Symbol zur Aussöhnung war nur seinerzeit die Botschaft römisch-katholischer Bischöfe Polens, die aber nur für sich selbst sprechen konnten und aufs schärfste kritisiert wurden.

4.953

Geistig ist kaum eine Einkehr Polens erfolgt. Geistig ist keine Umkehr Polens erfolgt. Ungeachtet weniger Halbsätze in polnischen Kundmachungen gibt es k e i n staatliches Unrechtsbewußtsein Polens, gibt es keine staatliche Anerkennung des Unrechts Polens 1945, gibt es keine staatliche Bitte um Verzeihung für Polen. Dies wäre auch kein Petitum nur der Vertriebenen, es ist ein Anspruch ganz Deutschlands.

Geschichtslegenden, Beschönigungen, Selbsttäuschungen über die Wahrheit, offensichtliche Lügen werden mit ausdrücklichem Wahrheitsanspruch gepflegt: Sejm-Resolution 1989, Senats-Resolution 1989. Selbstverständlich bleibt die korrekte Völkerrechtslage Ostdeutschlands geleugnet: Verbunden mit der Forderung der Diktate von Paris und Moskau der rechtliche Anerkennung der bloßen Faktizität, des bestehenden Unrechts als Recht.

Finanzielle Verpflichtungen werden nicht erfüllt, weder Tilgung noch auch nur Verzinsung. Dagegen immer wieder sporadisch eine Verminderung oder Streichung der Schulden gefordert, als ob es darauf einen Rechtsanspruch gäbe. Naiver teilweiser Ersatz in Zloty – z.B. für das Schloß des Grafen Generalfeldmarschall Moltke in Kreisau – wird empfohlen.

Rentenzahlungen werden „angemahnt", die dann die Berechtigten nicht erreichen. Kredite erneut a fonds perdu in absurden Summen werden im Ernst nachgesucht.

Von Aussöhnung ist auf polnischer Seite nach den obigen Mindestdefinitionen n i c h t s Hinreichendes zu finden. Dabei wird der gute Willen der einfachen Menschen nicht verkannt. Der Vergleich zur Aussöhnung mit Frankreich nach 1955 geht völlig fehl: Frankreich hat nicht wie Polen vergewaltigt, Millionen Menschen deportiert, Millionen Menschen ermordet, 7 deutsche Provinzen über Versailles hinausgehend geraubt.

Im Ergebnis: Was wäre das von polnischer Seite für eine „Aussöhnung", bei der der Räuberstaat Polen seinen Landraub behält, bei der jeder private Räuber in den Ostgebieten „sein" geraubtes Privathaus behält, bei der die römisch-katholische polnische Hierarchie die geraubten evangelischen Kirchen behält ...

4.954

Und die deutschen Vorstellungen von Aussöhnung mit Polen 1991! Es gibt im deutschen Volke eine Fülle von sehr viel gutem Willen für das polnische Volk. Höchst gutgläubig projizieren viele Deutsche ihren eigenen guten Willen in den völlig anders denkenden polnischen Staat und in das Not leidende polnische Volk. Die Hilfsbereitschaft in Deutschland ist groß und rühmenswert. Vieles von alledem aber ist naiv und weltfremd.

Die Tatsachen der Heimatvertreibung, das Recht, die Fakten, die Geschichte, die neuen verbalen weitergehenden Ungehörigkeiten! Alles das soll in Deutschland um jeden Preis vergessen und geleugnet werden, weil es unzweifelhaft gegen Polen spricht. Selbst wenn gegen „business as usual" 1991 nun nichts mehr gesagt werden mag. Nachlaufen, Würdelosigkeit, „Bekenntnisse", die niemand erwartet und die niemand honoriert, sind allesamt abzulehnen und nicht produktiv.

Auf deutscher Seite wie objektiv leidet die amtlich gesuchte Aussöhnung mit Polen Not.

4.96
Deutsche Geisteskrankheit zu Gunsten Polens 1989-1991:

4.961
Aus der Anfangsperiode des Deutschen Bundestages 1949, kurz nach der Konstituierung der Bundesrepublik Deutschland, ist die überdeutliche Anklage von Dr. Kurt Schumacher Geschichte geworden, der erste deutsche Bundeskanzler, Dr. Konrad Adenauer, sei ein „Bundeskanzler der Alliierten." Formell beigelegt blieb materiell der Vorwurf unwiderlegt und blieb bestehen, daß in Deutschland eine geradezu fatale Volksanlage besteht, bereit zu sein, deutsche Interessen hintanzustellen: Um Fremden nicht widersprechen, nicht „Nein" sagen zu müssen, um gefallen zu können, um entgegenzukommen, um in Liebedienerei fremden Interessen zu entsprechen und fremde Forderungen zu erfüllen. Dies geht bis zur offenen, unverantwortlichen und unverständlichen Verletzung deutscher Interessen.

Parallel dazu und analog ist seit spätestens 1989 hierzu eine masochistische Geisteshaltung in der deutschen Politik zu konstatieren. Nur: Was quod licet iovi Adenauer noch fraglich sein mochte, noch zu erwägen möglich, solches ist quod licet bovi seitdem niemandem mehr als mildernder Umstand gestattet: Obwohl es ununterbrochen strapaziert wird. Namen, die sich förmlich aufdrängen dabei, sind nicht entscheidend.

4.962
Im Namen einer scheinbaren Fortschrittlichkeit, einer Anpassung oder Vorwegnahme irgendeines Zeitgeistes, um der „Berechenbarkeit" willen, wird zunehmend und abschließend aus „Wandel durch Annäherung" nunmehr in der Ostdeutschlandpolitik statt dessen „Schamade durch Anbiederung".

Fast jede Partei, einige Gewerkschaften, einige Politiker, nützliche Funktionäre, Kommunalbedienstete, viele noch so kleine Jemande fühlen sich geeignet, berechtigt und damit auch verpflichtet, ihre Meinungen insbesondere als Erkenntnisse über die „gesicherte Westgrenze Polens", über Deutschland und sein Verhältnis zu Polen, zu proklamieren. Dabei kann die Höhe der Gehälter fatalerweise mit dem zunehmenden Maße an Nichtkenntnis bzw. Nichtkennenwollen aller Fakten über Ostdeutschland, über Polen und seine Politik seit 1916 bis heute kommunizieren.

Im Übrigen: Für deutsche Fragen, für die Bevölkerung Mitteldeutschlands, für die deutsche Minderheit in Ostdeutschland, für das Selbstbestimmungsrecht der Völker Europas bleibt dabei nicht genügende Zeit, weil z.B. in Südafrika, in Chile Einmischung in innere Angelegenheiten forciert werden mußte.

4.963
So ist insbesondere das polnische anmaßende Schlagwort, von Polen, das „gesicherte Grenzen" beanspruchen könne und müsse, von deutschen „nützlichen Funktionären" ungeprüft übernommen worden: Mit dem Ergebnis der Vertretung polnischer, nicht deutscher Interessen. Alle Staaten der Erde haben genau den gleichen Anspruch auf ihre gesicherten Gren-

zen! Aber es müssen i h r e Grenzen sein: Im Falle Polens mithin die Staatsgrenze Polens gegenüber Deutschland nach dem Stande vom 31. August 1939: Und nicht eine militärische Demarkationslinie des polnischen Verwaltungsgebietes Ostdeutschlands, noch dazu innerhalb der vergangenen sowjetischen Besatzungszone in Deutschland.

Um die – von Deutschland, von Europa, vom Recht her gesehen – Absurdität dieses polnischen Propagandaschlagwortes ermessen zu können, empfiehlt sich einmal der Vergleich mit der französischen Volksmeinung nach 1871, nach der Abtretung des überwiegend deutsch besiedelten Elsaß-Lothringen an das Deutsche Reich: Bei diesem Vergleich: Elsaß-Lothringen und Frankreich einerseits, Ostdeutschland und Polen/Deutschland andererseits, standen sich an Fakten gegenüber:

Elsaß-Lothringen: Ostdeutschland: nur 14 525 qkm, 7 mal mehr dagegen: 102 985 qkm. Deutscher Volksboden 99%: Nur 1 634 260 Einwohner Elsaß-Lothringens; vorher 9,5 Millionen Deutsche!

Abtretung durch Friedensvertrag/ polnische Verwaltung ohne FrV.

Vergewaltigung Hunderttausender / Mord an über 2,2 Millionen, Deportationen 7 – 9 Millionen; selbstverständlich Verweigerung der Option für Optionsrecht Millionen „Autochthone":

Die Lage Elsaß-Lothringens 1871 – 1918 war danach absolut unvergleichlich viel besser als das Ergebnis der polnischen Politik seit 1945 in Ostdeutschland.

Aber kein Franzose, buchstäblich kein Franzose wäre 1871 – 1918 auch nur auf den Gedanken gekommen, sich so krankhaft zu benehmen, wie viele „nützliche" Deutsche 1989 – 1991. Kein Franzose wäre bereit gewesen, die Reichsgrenze gegen Frankreich zu predigen, als eine „gesicherte Grenze des Deutschen Reiches", die von Frankreich um jeden Preis anerkannt und respektiert werden müßte. Jeder Franzose, – auch Jean Jaurès – war dagegen in Hinblick auf die Vogesengrenze sehr gerne bereit gleichzeitig zu sein: Ein Revisionist, ein Neokonservativer, ein Rechter, ein Revanchist, ein Reaktionär, ein Ewig Gestriger.

Dies zeigt eigentlich unwiderlegbar angesichts der 1989 bis 1991 betriebenen Ostdeutschlandpolitik, daß diese deutsche Politik, die größten Teile der deutschen veröffentlichten Meinung, insbesondere zweier unbezahlbarer Magazine, dazu Teile der deutschen Volksmeinung zur „gesicherten polnischen Westgrenze" 1989 – 1991 krank sind: Krank im Geiste; eine deutsche Sonderform einer masochistischen Geisteskrankheit; zu Gunsten Polens; das solches nicht verdient.

4.964

Anfälle dieser Krankheit: Um zwei besonders bedrohliche Beispiele von Anfällen dieser Krankheit im Geiste zu nennen:

Warum „müssen wir Polens Westgrenze anerkennen"? Aus einer Fülle von Gründen, die in diesem Buche ausführlich und mit Fakten versucht worden sind zu zeigen: Wir dürfen nicht. Wir müssen nicht. Auch wenn dort heute in den Ostgebieten des Deutschen Reiches ohne jeden Zweifel „anständige Polen" wohnen! Dies ist rechtlich nicht von Belang. Ihre Eltern, ihre Großeltern haben vergewaltigt, haben gemordet, haben mit Begeisterung das deutsche Privateigentum geraubt, in dem ihre Söhne, ihre Enkel heute befriedigt wohnen. Sie haben deportiert, sie haben das deutsche Land von 7 Provinzen geraubt. Deutschland, das Deutsche Reich darf und muß diese Grenze nicht anerkennen. Und selbst wenn sie 123 Jahre so bliebe.

Über die „Anerkenntnis" des nicht zuständigen Vier-Zonen-Deutschland zu den Traktaten der Pariser und Moskauer Diktate 1990 wird weiterhin unten Stellung zu nehmen sein. Diese erpreßten ungleichen „Verträge" binden das Deutsche Reich nicht.

Als letztes Beispiel: Warum „müssen wir Polen helfen?" Für jeden anderen Staat, für jedes andere Volk mag es eine Fülle von Gründen hierfür geben. Nicht so für den deutschen Staat. Nicht so für das deutsche Volk. Das deutsche Volk hat, – ohne dabei gefragt worden zu sein –, gegen seinen Willen schon dem polnischen Volk „geholfen", indem ihm 7 blühende Provinzen und die „Freie" Stadt Danzig von Polen in Leichenfledderei geraubt worden sind. Also: W i r dürfen nicht! ... W i r müssen nicht! ... Polen lebt ja heute schon zu einem Drittel seiner staatlichen und Volksexistenz vom Verbrauch d e u t s c h e r Substanz: Von zur Zeit 312 677 qkm Fläche Polens sind Länder der Ostgebiete des Deutschen Reiches 102 985 qkm Fläche; plus 1 951 qkm Fläche der Stadt Danzig.

Alle diese Ergebnisse können bei geistiger Redlichkeit nicht bestritten werden. Wenn und weil dies aber so ist, weil alle diese Ergebnisse so sehr gegen Polen sprechen und gegen die Voreingenommenheit so mancher Deutscher für Polen: Alle diese Ergebnisse beweisen leider, daß Teile der deutschen Politik gegenüber Polen, daß Teile der deutschen veröffentlichten Meinung, daß Teile des deutschen Volkes krank sind in der Bereitschaft, Polen entgegen zu kommen. Geisteskrank, krank im Geiste zu Gunsten eines idealen Polen, das es nicht gibt.

Die deutsche Politik zu Ostdeutschland ist masochistisch.

Kapitel 5

5 Das Selbstbestimmungsrecht des deutschen Volkes auf sein Land und die Mythenromantik von Nachbarvölkern:

Das deutsche Volk in seinen Stämmen war kaum entstanden, im Grunde in Teilen noch in der Entwicklung begriffen, als bereits seine Existenz einerseits, seine Zielrichtungen andererseits kollidierten ... mit zum Teil berechtigten Zielrichtungen von Nachbarn, mit z.T. verfremdeten, überholten, vergangenen Mythen, mit z.T. utopischen, verfehlten, absurden Romantik – Träumen von Nachbarvölkern bzw. Nachbarstaaten.

Dies gilt in allerdings stärkstens wechselndem Maße ohne Ausnahme für alle Nachbarvölker. Jede Nation, jedes große oder aber selbst noch so kleine Volk, wollte bestrebt sein, sich absolut zu setzen, seine Interessen für berechtigt zu halten, dagegen die noch so legitime Gegenwehr für unberechtigt, ja für Anmaßung zu erklären.

5.1 Der dänische Mythos für ein dänisches Schleswig (Holstein):

Relativ früh, relativ weitgehend, relativ friedlich war die Klarstellung der deutschen Nordgrenze in Schleswig. Nach Jahrhunderten langsamen Hin- und Herschiebens war Dänemark nach der verlorenen Schlacht von Bornhöved 1227 gezwungen, mehr und mehr zu resignieren und sich ethnographisch auf seinen eigenen Volksboden zu beschränken. In der unterkühlten Eigenart der nördlichsten Deutschen wie der Dänen konnte dies sich staatlich noch bis 1864 hinziehen. Eine Änderung der Volksgrenze bei Tondern/Flensburg war im Ergebnis damit kaum verbunden. Weder gelang es dem Staat Dänemark das Land Schleswig, geschweige Holstein und Lauenburg volklich zu integrieren, noch gelang das Entgegengesetzte dem Staate Preußen und dem Deutschen Reich mit Padborg, Abenra, Haderslev. Insgesamt war die dänische Mythenromantik um „Südjütland" Sönderjylland für Schleswig relativ gemäßigt.

5.2 Der französische Mythos ... für le grand Rhin, ca seit 1477 bis 1945, für le petit Rhin, ca seit 1815 bis 1955:

Elf Jahrhunderte französisch – deutscher Geschichte und Entwicklung – mit Dutzenden von kleinen und von großen Kriegen, darunter der erste Weltkrieg – waren bereits scheinbar unabänderlich angelegt in dem Zerfall des Karolingerreiches und in der Zerteilung und Verteilung seiner Länder.

5.21
Verträge:
Der Vertrag von Verdun, 843 n.Chr., – auf Grund der Eide von Straßburg vom 14.2.842 n.Chr. – mit dem in Altromanisch schwörenden Heer Karls II., des Kahlen, mit dem in Althochdeutsch schwörenden Heer Ludwigs des Deutschen, zeigten scheinbar den kaum nochmals endenden Antagonismus noch nicht. Die Trennungslinie zwischen den Ländern der beiden beteiligten, so verschiedenen Völker wurde zunächst durch das vorübergehende Reich Lothars des I. überdeckt.

Immerhin war die Verschiedenheit der Völker, der Sprachen, der Länder, der Herrscher unübersehbar und unbestreitbar deutlich geworden.

Der folgende Vertrag von Meersen 870 n.Chr. ließ bereits die kommende Konfrontation offen hervortreten durch die nunmehr offene Teilung in die beiden ungleichen Hälften: Das westfränkische Königreich „Francien", Gallien einerseits, und das ostfränkische Königreich, das „Volks"land, Deutschland andererseits. Lothringen wurde aufgelöst. Francien reichte zunächst mit Besançon, mit Liège relativ weit nach Osten, unter Zuteilung des Tales der Maas nach Westen.

5.22
Die erste Epoche: Innere Konsolidation 880 – 1477:

Im Bewußtsein beider getrennter Völker blieb jenseits jeder Ratio Franken, das fränkische Karolingerreich das Reich der eigenen Vorfahren; ohne daß zur Kenntnis genommen wurde, daß sich dies logisch eigentlich für eines der beiden so verschiedenen Völker ausschloß.

Die werdenden Deutschen sahen in dem fränkischen Stamm, in dem im Deutschen Reich aufgehenden fränkischen Großstamm die verkörperte Nachfolge. Sie saßen in der Hauptstadt Karls des Großen, in Aachen. Sie besaßen die Krönungsstadt Frankfurt am Main. Sie herrschten über die Stadt und die Residenz der Päpste, über Rom.

Die werdenden Franzosen fühlten sich in Carolus Magnus, in Charlemagne repräsentiert. Sie beanspruchen ihn noch heute: Bis hin zu seinem Denkmal auf dem Platz vor der Kathedrale Notre Dame de Paris. Daß ihr Carolus Magnus der späte Nachfahre germanischer Eroberer gewesen war, daß er selber ein Eroberer war und blieb, selbst ein Germane war, wurde zielbewußt unterdrückt und vergessen. Im Vordringen von Francien nach Osten mochte das werdende französische Volk in Vollendung des Strebens von Carolus Magnus und seiner Herrschaft zu handeln glauben.

Für die französisch – deutsche Geschichte mögen die ersten 6 Jahrhunderte 880 – 1493 relativ „leerer", relativ „friedlich" erscheinen. Trotz Kämpfen: Immerhin führten sie schon hinweg z.B. über Bouvines 1214, als König Philipp August von Frankreich zwar vor allem das angevinische England, aber auch einen deutschen Kaiser, Otto IV. entscheidend schlug. Sie führten hinweg über Philipp IV., le Bel, 1285 – 1314, über den hundertjährigen Krieg Englands gegen Frankreich 1339 – 1453, über Ludwig den XI., 1461 – 1483.

Danach beginnt erst die unaufhörliche Leidensgeschichte der Verstrickung der Deutschen und der Franzosen. Erst ab 1477 – nach der Beendigung der Friktion Bourgogne (vergleiche unten 5.3) – bekam Frankreich seine Kräfte frei für den jahrhundertelangen Marsch nach Osten. Er endete erst 1815, 1871, 1923, ja 1955. Deshalb ist die Geschichte der Friktion Bourgogne so unerhört entscheidend für Deutschland.

1477 erst endete eine erste Epoche der französischen Geschichte, die Epoche der eigenen inneren Konsolidation. Es begann eine zweite Epoche, die des Sammelns der französischen Erde. Ihr erst folgte die bekannteste, die dritte Epoche, die des „Grand Rhin" und die des „Petit Rhin".

5.23
Die französisch-deutsche Sprachgrenze:

Für den nun folgenden Jahrhunderte dauernden militärischen Marsch Frankreichs nach Osten war es niemals jemals ein Grund für französisch – deutsche Antagonismen, daß etwa die französisch – deutsche Sprachgrenze nicht mit absoluter Deutlichkeit festgelegen hätte; daß sie vielmehr stets feststellbar war und blieb, daß sie sehr genau bekannt war, wenn man nur bereit gewesen wäre, sie zur Kenntnis zu nehmen. Diese französisch – deutsche Sprachgrenze bildet die allein entscheidende Grundlage der Beurteilung des Selbstbestimmungsrechtes des deutschen Volkes auf sein Land: Auch im Westen.

Diese Sprachgrenze hat sich seit 843 n.Chr. kaum wesentlich geändert: Ein leichtes Vordringen des Französischen/Wallonischen findet sich: bei Boulogne, Calais, Dunkerque, St. Omer, wenige km nach Norden von Kortrijk bis Löwen, wenige km nach Osten von Malmedy bis Arlon, wenige km nach Nordosten von Metz bis Pfalzburg.

Ein leichtes Vordringen des Deutschen/Niederländischen findet sich: wenige km nach Westen von Maastricht bis St. Vith, wenige km westlich Schlettstadt, wenige km nach Westen von Münster bis Porrentruy, wenige km von Murten bis Sitten.

5.24
Die legitime zweite Epoche: „Das Sammeln der französischen Erde"

Ein legitimer Grund des französischen Vordringens ab 1283, insbesondere in der zweiten Epoche ab 1477 lag darin, daß durch die skizzierten Ereignisse der geschichtlichen Teilungen völlig einwandfrei französisch sprechende Gebiete mit z.T. hunderten Kilometern Tiefe zunächst staatsrechtlich zum Heiligen Römischen Reich Deutscher Nation gehörten.

Legitim – auch im modernen Sinne des Selbstbestimmungsrechtes des deutschen Volkes auf sein Land – war fast zwei Jahrhunderte lang das Streben Frankreichs nach Osten zum Sammeln der französischen Erde. Militärisch und politisch beginnend zu einer Zeit, in der das Deutsche Reich geistig in die Neuzeit aufbrach, mit dem Anbruch der Reformation 1517, sich alsbald tödlich verstrickend im geistigen Kampf: Für Frankreich nach 1477 weiterführend mit der Wendung nach Außen, zunächst nach Südosten, mit dem Marsch König Karls VIII. nach Neapel.

Zwar war vermutlich in Frankreich durchaus schon ein Gefühl der Affinität für ihre französisch sprechenden Reichsnachbarn im Osten gegeben. Dennoch darf für diese Zeit bis vielleicht 1618 noch kein „Nationalismus" in einem moderneren Sinne unterstellt werden. In einer Zeit, noch 1556, in der der deutsche Kaiser des Heiligen Römischen Reiches Deutscher Nation, Karl V., ein spanisch-deutscher-burgundischer Prinz, sich in Brüssel, einer niederdeutschen, vlämischen Stadt, in seiner liebsten Sprache, nämlich in mittelhochfranzösisch, nach dem Kloster San Yuste in Spanien aus der Welt verabschiedete.

Auch darf „legitim" im Sinne des modernen Völkerrechts bzw. Staatsrechtes nicht gleichgesetzt werden – im damaligen wie im heutieg Sinne – oder verwechselt werden mit legal. Die Mittel dieser französischen Politik territorialen Vordringens um jeden Preis waren alle zeitgemäßen Mittel: Krieg, Vergewaltigung, Erbschaft, Mord, legalistische Lüge, Kauf, Raub, Heuchelei, Tausch, Plünderung, Heirat, Schenkung.

Im Sinne staatsrechtlicher Legalität blieb die französische Eroberungspolitik Raub: Landraub von Reichsterritorien des Reiches Deutscher Nation.

5.25
38 Reichsterritorien auf Dauer erobert von Frankreich:

Es folgt eine scheinbar endlose Aufzählung französischer Eroberungen auf Dauer; durchgehend Reichsgebiete. (Das Überraschendste dabei scheint, daß wohl noch nirgends diese Aufstellung von höchstem historischem Interesse und Belang zusammengestellt worden zu sein scheint.)

Dabei gehen die zweite Epoche, das Sammeln der französischen Erde aus Reichsgebiet 1246 – 1678 ... und die dritte Epoche, die Eroberung bis zum „Grand Rhin" von d e u t - s c h e r Erde aus R e i c h s gebiet 1648 – 1801, fast nahtlos ineinander über.

Erste deutschsprachige Eroberungen Frankreichs – der Sundgau im Jahre des Westfälischen Friedens 1648 – und letzte französischsprachige Befreiungen Frankreichs – das württembergische Teilland Mömpelgard=Montbeliard 1793 / 1798 – überlappen sich um einhundertundfünfzig Jahre.

Nach der (mit Sicherheit nicht völlig vollständigen) Aufzählung waren vom energischen Beginn an, 1305 Vivarais, bis zum Ende, 1798 Mülhausen Reichsterritorien als Eroberungen Frankreichs während dieser fünf Jahrhunderte auf Dauer betroffen:

25 französischsprachige Reichsterritorien 1305 – 1793

12 deutschsprachige Reichsterritorien 1648 – 1798,

1 flämischsprachiges Reichsterritorium 1668.

Dabei handelte es sich jeweils um Gebietsteile von sehr verschiedener Größe, Bevölkerungszahl und Bedeutung. Neben ganzen, sehr großen Provinzen stehen kleinere Länder.

Haben Groß Britannien und die Vereinigten Staaten von Amerika solches jemals zur Kenntnis genommen, daß Frankreich 493 Jahre hindurch dutzende Male mit Erfolg das Reich Deutscher Nation immer erneut angegriffen hat? Immer erneut Reichsgebiete annektiert hat?

Provence, 1246, 1481 / Vivarais, 1305 / Lyonnais, 1307, 1563 / Valentinois / 1316, Diois, 1316 / Dauphiné, 1349 / Dombes, 1523, 1762 / Verdun, 1552, 1648 / Toul, 1552, 1648 / Metz, 1552, 1648 / Calais, 1559 / Sundgau, hochdeutsches Sprachgebiet, Westfälischer Friede 1648 / Artois, 1659 / Le Quesnoy, 1659 / Montmedy, Damvillers, 1659 / Diedenhofen, hochdeutsches Sprachgebiet, Pyrenäen Frieden 1659 / Dunkerque, 1661, 1662 / Sierck, hochdeutsches Sprachgebiet, Vincennes Frieden, 1661, 1662 / Berques, vlämisches Sprachgebiet, Frieden von Aachen 1668 / Lille, 1668 / 10 elsässische Reichsstädte, hochdeutsches Sprachgebiet, 1673, 1679 / St. Omer, 1678, 1679 / Valenciennes, Cambrai, 1678, 1679 / Maubeuge, 1678, 1679 / Franche Comté, 1678, 1679 / Straßburg, hochdeutsches Sprachgebiet, 1680, 1681, 1682 / 1686, 1697, Frieden von Ryswijk / Charolais 1682, 1686 / Niederelsaß, hochdeutsches Sprachgebiet, 1697 / Barcelonette 1713 / Orange, 1702, 1713 / Neu Breisach, hochdeutsches Sprachgebiet, 1748, 1752 / Weißenburg Land, 1748, 1752 / Lothringen, z. kl. T. hochdeutsches Sprachgebiet, 1634–1659, 1670–1697, 1702–1714, 1766 / Givet, Venaissin, 1790, 1797 / Montbeliard, 1793, 1798 / Mülhausen, hochdeutsches Sprachgebiet, 1798.

5.26

21 weitere Reichsteritorien vorübergehend erobert von Frankreich:

Bei dieser abgekürzten Aufzählung sind weitere französische Besetzungen von Gebieten des Deutschen Reiches / dann der „spanischen Niederlande", auf niederdeutschem / vlämischem / deutschem bzw. wallonischem Sprachboden dann nicht enthalten, soweit sie nur von sehr kurzer, vorübergehender Dauer waren:

Veurne, vlämisches Sprachgebiet, – 1678 / Kortrijk / "" – 1678 / Ath, – 1678 / Binche, – 1678 / Charleroi, – 1678 / Bouillon, unter französischem Schutz, 1678 / Saarprovinz, hochdeutsches Sprachgebiet, 1680 – 1697 / Luxemburg, "", 1684 – 1697 / Landau, "" 1648, 1673/1679, 1813 hochdeutsches Sprachgebiet / Philippsburg, "" 1648 – 1679 Besatzungsrecht, 1688 – 1697 besetzt / Kehl, 1684 – 1697 hochdeutsches Sprachgebiet / Altbreisach 1648 – 1697 "" 1648 – 1697 hochdeutsches Sprachgebiet / Freiburg im Breisgau, hochdeutsches Sprachgebiet, – 1697 / Ypern, vlämisches Sprachgebiet, – 1713 / Bistum Basel, Reichsboden, 1792 – 1813 / Bistum Basel, Schweizer Boden, 1797 – 1813 / Genève 1798 – 1813 / Vaud (Waadt), Fribourg (Freiburg im Üchtland) 1798 – 1813 / Valais (Wallis) 1798 – 1813 / Neufchatel (Neuenburg) 1805 – 1815.

5.27

Weitere (italienische) Reichsterritorien erobert von Frankreich: Weiter nicht enthalten sind französische Eroberungen bzw. Besetzungen von italienischem, piemontesischem, savoyardischem, genuesischem, monegassischem Gebiet: Die alle ehemalige Reichsterritorien waren:

Savoyen, 1792 – 1815 / Exilles, 1631 – 1713 / Pinerolo, 1631 – 1696 / Saluzzo, 1543 – 1601 / Villars, – 1760 / Nizza, 1792 – 1815 / Monaco, 1793 – 1815 / Corsica, 1768 (Welche Legitimität vor dem Selbstbestimmungsrecht des corsischen Volkes z.B. kann ein „Kauf" der Insel Corsica von der Bank von Genua an Frankreich übertragen können?)

Weiter nicht enthalten sind zahlreiche französische Eroberungen bzw. Besetzungen von spanischem, catalonischem, aragonesischem mallorcinischem, navarresischem Gebiet, die hier nur der Vollständigkeit halber – in der Fraglichkeit vor dem Selbstbestimmungsrecht der örtlichen Bevölkerung – erwähnt werden.

5.28

Die dritte Epoche: „Le Grand Rhin"

Etwa am Ende des „deutschen" dreißigjährigen Krieges war Frankreich am Ziel der Epoche des Sammelns der französischen Erde angelangt gewesen. Seine Könige, seine großen Staatsmänner aber waren entschlossen, nicht stehen zu bleiben. Sie sammelten nunmehr nicht mehr französische Erde. Sie waren entschlossen, deutsche Erde des deutschen Nachbarvolkes zu sammeln.

Nicht entscheidend ist, wer zum ersten Male den französischen Traum des „Grand Rhin" gedacht und formuliert hat für kommende Jahrhunderte.

Nicht entscheidend ist, wer die dreiste Anmaßung der „natürlichen Grenzen Frankreichs" erstmals inauguriert, vertreten und befolgt hat Sie revidierte die Vorsehung, die das französische Volk auf seinen Volksboden eingegrenzt hatte: Ein französischer Volksboden, der unverändert seit 11 Jahrhunderten den Rhein nirgends berührt; nicht mit einem Meter.

Nicht entscheidend ist, ob den Urhebern bzw. Vertretern solcher Pläne genau bewußt war, daß sie das Imago Frankreichs, das einmalige Sechseck verlassen wollten, das Sprachgebiet verlassen wollten.

Im Ergebnis war aber klar – und selbst Ludwig XIV. muß es begriffen haben, als er mit dem Ausruf „Quel beau jardin" ins sonnige deutsche Elsaß esrtmals einfuhr, und kein Mensch seine Sprache verstand! – daß es nicht mehr französisches Sprachgebiet aus dem Reich der Deutschen zu befreien galt, sondern nunmehr stattdessen deutsches Sprachgebiet des Deutschen Reiches zu erobern, zu unterwerfen, einzuverleiben war.

Frankreich verließ nicht nur die Legalität – z.B. mit erlogenen, erfundenen bzw. kaum mehr auch nur zweifelhaften Reunionsakten! … Frankreich verließ auch die Legitimität unter Verstoß gegen das Recht jedes Volkes, hier das Recht des deutschen Volkes auf s e i n Land.

1648 – 1697 wurden rein deutsche Länder des Deutschen Reiches besetzt: Vom Sundgau über Diedenhofen, von 10 elsässischen Reichsstädten zur Saarprovinz, von Straßburg bis Luxemburg und dem Niederelsaß.

Dabei war wissentlich und willentlich mißachtet worden, daß, wer sich ein höchst begehrenswertes Land und seine Menschen mit Hilfe der Bajonette nimmt, es dem anderen, dem rechtmäßigen Eigentümer, hier unbestreitbar Deutschland, als Raub weggenommen haben muß. Der Jubelruf Ludwigs XIV. war nur zu berechtigt. Aber er rechtfertigte nicht den Raub dieses wunderschönen deutschen Landes.

Am Ende des Weges von Richelieu und Mazarin war Frankreich dann endlich 1801 angelangt an seinem Traumziel, an dem durch nichts zu rechtfertigenden Eroberungsziel des „Grand Rhin"; mit der Grenze im Rhein im Frieden von Lunéville.

Dabei ist nicht klar ersichtlich und nicht völlig geistig nachvollziehbar, w a r u m Frankreich glaubte, le „Grand Rhin" erstreben zu müssen.

Nicht völlig von der Hand zu weisen, aber wohl auch nicht völlig ausreichend als Begründung ist die Vermutung purer Willkür: … Weil ich kann, also darf ich, ich will haben, will immer mehr haben, sic volo, sic iubeo, ich fürchte die Gegenwehr, also muß ich immer weiter vorgehen, um mir ein Glacis zu erwerben. Nicht auszuschließen ist, daß Frankreich in bewußter Latinität die römische Vorliebe – aber vor 1 600 Jahren! – nachträglich teilte und weiterführte, möglichst Wasserläufe als Grenzen ansehen und festlegen zu wollen;: Den Rubicon Cäsars … die Donau, den Rhein, den unteren Tigris als Grenzen des römischen Reiches, bis hin zu jenem Vinxtbach zwischen den Provinzen Germania inferior und Germania Superior.

Selbst aber wenn solche Überlegungen für „le Grand Rhin" und für die „natürlichen Grenzen Frankreichs" zugrunde gelegen haben sollten: Warum dann der Rhein? Der Rhein war weder Grenze von Gallia Lugdunensis noch von Belgica! Warum nicht die Meuse? Die genauer als alles Andere große Teile des französischen Volksbodens abgrenzte.

Diesem seit spätestens 1648 rechtswidrigen französischen Traum vom Großen Rhein auf Kosten des deutschen Volksbodens und Sprachgebietes folgte Frankreich noch bis 1919, 1923, 1945, ja im Grunde 1955. Im Grunde immer, auch selbst dann, als es scheinbar abwich: … in der Erstreckung des Reiches Napoleons als „Empereur des Francais" 1810; bis Lübeck; in den Wirren um Luxemburg 1867; am Ende der Ruhrbesetzung 1923; in der wiederholten Begründung von separatistischen Scheinstaaten.

Dieser rechtswidrige Traum vom französischen Großen Rhein hat Frankreich wie Deutschland bis 1945 viel umsonst vergossenes Blut, Tränen und Schweiß gekostet.

Haben Groß Britannien und die Vereinigten Staaten von Amerika dies eigentlich jemals zu verstehen gesucht: Der Schluß von fünf Jahrhunderten französischen „Grand Rhin" waren deutsche Provinzen: Namens Elsaß-Lothringen. Und deren Schluß war der erste Weltkrieg …

5.29
Frankreich für „Le Petit Rhin":

Nicht nur der geschichtlichen Vollständigkeit halber bleibt schließlich der kleine Ersatzmythos, der Ersatztraum, die Ersatzromantik des „Petit Rhin" zu würdigen. Mehr noch verdient die Hartnäckigkeit festgehalten zu werden. Als der endlich einmal erreichte, so lange so vergeblich ersehnte „Grand Rhin" vom Frieden von Lunéville 1801 schon 1814 gescheitert war, wurde zielbewußt – mangels erreichbarem Größeren – als Ersatz „le Petit Rhin" entdeckt.

Im 2. Pariser Frieden wurden zunächst einmal noch Teile des Saarlandes von Gerlfangen über Saarlouis bis Dudweiler zurückgegeben. Ein Austausch von Grenzgemeinden 1827 und 1830 schloß sich an. 7 zunächst preußische Gemeinden wurden wieder lothringisch-französisch. Es blieb bei diesem einzigen Zeichen wirtschaftlicher Vernunft.

Nicht mehr erheblich ist, ob 1870 im Versuch des napoleonischen Revanchekrieges des Herzogs von Gramont pour Sadowa das Streben nach dem „Petit Rhin" eine Rolle gespielt hat.

1914 bis 1918 mußte Frankreich – im Bestreben erst einmal Lothringen und das Elsaß wieder zu erringen – dessen ewig französische Natur beanspruchen und zu beweisen suchen: Vom ersten rechtswidrigen Tagesbefehl Joffres vom August 1914 über den Französisch-

Unterricht in reichsdeutschen Gemeinden bei Mülhausen /Elsaß, bis zur Delegation unter Minister Scheüch nach Versailles 1918, bis zu dem erlogenen französischen Slogan „le plebiscite est fait", weil man eine Volksbefragung über Elsaß-Lothringen mit Recht für Frankreich zu vermeiden suchen mußte.

1918 nahm dann das siegreiche Frankreich Clemenceaus und Fochs die US – amerikanische Forderung des Selbstbestimmungsrechts der Völker zur Kenntnis. Sei es … entweder, daß das politische Frankreich sich selber belog, oder ehrlich an sein eigenes unbeweisbares Vorbringen glaubte: Das uralte Mythenstreben Frankreichs nach deutschen Gebieten wurde nun ergänzt durch die These Clemenceaus von den 150 000 Saarfranzosen. Ihnen sollte durch ein alsbald abzutrennendes und isoliertes „Territoire de la Sarre" Rechnung getragen werden. Dazu bleibt vom Selbstbestimmungsrecht her festzustellen: Um eines französischen Mythos willen – und um Kohle, Eisen und Stahl im Saargebiet – wurde schon 1920 das Selbstbestimmungsrecht aufs ernsteste verletzt: Am 1.12.1910 zählte das Saargebiet 652 000 Einwohner; Mitte 1913 zählte das Saargebiet 677 000 Einwohner; Am 16.6.1925 zählte das Saargebiet 770 000 Einwohner; Am 16.6.1933 zählte das Saargebiet 812 000 Einwohner.

Feststeht, daß Clemenceau bei seinem Vorbringen in Versailles mit 150 000 „Saarfranzosen" keine nach französischer Meinung zu geringe Zahl von Franzosen vorgebracht hat. Selbst wenn es diese Franzosen 1920 gegeben hätte – es gab sie niemals – so … hätten sie – von der Gesamtzahl von 1913 – 23,3% betragen, hätten sie nicht kompakt an der Reichsgrenze, sondern im Lande verstreut gewohnt. Nach beiden Sachverhalten hätten sie gegenüber den dann immer noch 7 7% der deutschen Majorität der Bevölkerung der Saar territorial n i c h t berücksichtigt werden dürfen. Clemenceaus Vorbringen war also nichts als Willkür.

Gänzlich gegen Frankreichs Willen war dann für die Saarbevölkerung eine Volksabstimmung nach 15 Jahren Fremdherrschaft vorgesehen worden für 1935.

Durch das Saarstatut (Artikel 45-50 des Diktats von Versailles) wurde das Saargebiet auf 15 Jahre dem Völkerbund als Treuhänder unterstellt. Das Eigentum der Kohlengruben und deren alleinige Ausbeutung gingen an Frankreich über. In der Person des Hohen Kommissars, in der vom Völkerbund ernannten Regierungskommission überwog der französische Einfluß. 1925 wurde das Saargebiet in das französische Zollgebiet einbezogen …

Frankreich mochte hoffen, ebenso, wie es die Deutschen im Elsaß, in Deutsch-Lothringen in 250 Jahren „gewonnen" hatte, auch die Deutschen im Saarland gewinnen zu können. Dies war nicht nur der Versuch einer Dismembration – wie nach 1945 – eines deutschen Teilstaates neben einem deutschen Gesamtstaat. Das Ziel war noch nicht eine vorgebliche Selbständigkeit, sondern endlich schließlich die Annektion des Saargebietes für Frankreich.

Die Volksabstimmung am 13.1.1935 bestätigte das Selbstbestimmungsrecht entgegen dem Traum vom „Petit Rhin" und entgegen Richelieu, Mazarin und Clemenceau: 90,8% stimmten für die Rückgliederung an das Deutsche Reich 477 199, / 8,8% stimmten für den status quo als deutsches Gebiet, 46 613, / 0,4% stimmten für Frankreich 2 124, / weiße Stimmzettel 1 292, / ungültige Stimmzettel 905.

Das zutreffende objektive Ergebnis hat niemals jemand angezweifelt. Die Saarfranzosen waren spurlos vergangen. Das Deutsche Reich konnte seine eigenen Kohlengruben für 900 Millionen Mark zurückkaufen. Der Mythos vom „Petit Rhin" war ausgeträumt. Dies nahm Frankreich 1935 zur Kenntnis, daß 1681 nunmehr 1935 nicht mehr ging. 1955 war es dann zum zweiten und letzten Male zu Ende.

5.3 Die Friktion Bourgogne:

5.31
Die Zielrichtungen Frankreichs 1285 – 1342

Die Zielrichtungen des Königreichs Frankreich durch Jahrhunderte hindurch, nach der Erreichung des Ärmelkanals durch die Normandie, nach der Erreichung des Atlantik durch die Bretagne, Aquitanien, Vasconien, die Guyenne, nach der Erreichung der Ostpyrenäen mit dem Roussillon, die endliche Wendung nach Osten bedeutete Weltgeschichte: Sie bedeutete immerwährenden Kampf gegen Deutschland.

Ob es je einen bewußten, gewollten, absichtsvollen, ausdrücklichen „Entschluß" zu einer solchen Wendung nach Osten gegeben hat, mag vermutlich zweifelsfrei nicht festzustellen sein. Es ist aber nicht entscheidend. Ein solcher – in der Neuzeit zwar niemals mehr gebrandmarkter, aber um so wirkungsvollerer – französischer „Drang nach Osten" hat viele Jahrhunderte lang Frankreich geleitet: Das Königreich, die Republik, die Kaiserreiche des 1. und des 3. Napoleon, erneut die Republik: Ohne Unterschied. Immer gegen Deutschland.

Dabei ist es nicht entscheidend, ab wann innenpolitisch Frankreich so weit war, in der Lage zu sein, bewußt ein solches großes Ziel anzustreben. Zunächst erklimmt des Königtum zwar mit Philipp IV. von Frankreich, le Bel, eine absolutistische Machthöhe, die den Staat zur energischen Expansion befähigte. Selbst damals aber, also schon 1285 – 1314, dringt die französische Ausdehnungspolitik möglichst geräuschlos unter Vorwand von allerlei Rechtstiteln vor: In Valenciennes, in den Argonnen, in den Bistümern Verdun und Toul, in Lothringen, im Erzbistum Lyon, dem Bistum Viviers. 1291 fällt schon nach 2 Verträgen mit – im Hochverrat – einem Pfalzgrafen Otto IV, Burgund, die Franche Comté faktisch an Frankreich. Trotz angeblich bestehen bleibender Lehenshoheit des Reiches.

Da wird – nach so viel geschicktem Vorwärtsdrang – die Freiheit der Lorraine (Lothringens), des linken Rheinufers, sowie Reichsitaliens, noch einmal durch höhere Gewalt gerettet: Durch den Hundertjährigen Krieg Englands gegen Frankreich.

Nach scheinbar weniger katastrophalen Anfängen: 1294 – 1297 Krieg gegen England zur Eroberung der Guyenne; 1303 Gefangennahme des Papstes Bonifatius VIII. in Anagni; 1307 – 1314 Vernichtung des Templer-Ordens; malträtiert und neutralisiert das englisch-französische Ringen von 1339 bis 1453 die französische Politik für mehr als Hundert Jahre vollständig. Eine Katastrophe folgt der anderen: Sluys, Crecy, Maupertuis, die Jacquerrie, Azincourt. Nachdem Frankreich sich aus dieser Agonie herausgekämpft hatte – 1429 – 1431 der historische Kampf der Jeanne d'Arc – wird es noch fünf Jahrzehnte weiterhin lahmgelegt durch diejenige Friktion, die die Bourgogne (Burgund) auch allein bedeutete. La Bourgogne behinderte, dann verhinderte das Vordringen Frankreichs nach Osten gegen Deutschland.

5.32
Die Ausgangslage der Bourgogne:

Nach dem Aussterben der Hauptlinie war in Frankreich die Nebenlinie der Capetinger, das Haus Valois (1328 – 1498) an die Regierung gekommen. Dieses französische Herrschergeschlecht belehnte selbst einen Franzosen mit der Bourgogne. Danach unternahm es dieses Herzogtum, sich unter seinen vier großen Herzögen zu verselbständigen, sich von Frankreich loszusagen:

Philippe le Hardi: 17.1.1342, 6.9.1363, 2.6.1364, 27.4.1404 / Jean sans Peur: 28.5.1371, 27.4.1404, 10.9.1419 / Philippe le Bon, l'asseure: 31.7.1396, 10.9.1419, 15.6.1467 / Charles le Téméraire: 11.1.1433, 15.6.1467, 5.1.1477.

Die Ausgangslage mochte gekennzeichnet sein durch „une France"; ein „regnum francorum". In den 114 Jahren, die das Schicksal den vier großen Herzögen einräumte, entwikkelte sich ein starker „regionalisme bourguignone". Ebenso, wie sich eine „nation gallofranque" allmählich im Laufe vieler Jahre, bis zu einem Jahrtausend herausgebildet hat, erschien zeitweilig die Entstehung einer „nation gallo-bourgonde" als möglich, ja als in der Entwicklung begriffen. Hinzu kommt noch, daß große Teile des entstehenden burgundischen Staates nicht zu Frankreich gehörten, sondern unter der Lehensoberhoheit des Heiligen Römischen Reiches Deutscher Nation standen: La Franche Comté, später die meisten der 17 Provinzen in Belgien und dem Süden der Niederlande. Diese deutschen Reichsteile waren für Frankreich noch nicht erreichbar. Dies potenzierte die Verselbständigung des burgundischen Kernstaates um Dijon von Frankreich.

Mit dem fast gleichen Anspruch an Souveränität haben zu ihrer Zeit: die „Capetiens de France ont fait le royaume", die „Capetiens de Bourgogne ont fait le duché",[28] (Calmette S.21). Das alte germanische „regnum burgundiae" strebte zu höchster Blüte. Die berühmten Klöster, Cluny, Citeaux, begründeten burgundische Orden. In Fülle neue burgundische Klöster als Kulturmittelpunkte folgten: Luxeuil, Montiers Saint – Jean, Bèze, Saint – Seine, Saint-Benigne de Dijon, la Madeleine de Vezelay, das berühmte Champmol.

Theoretisch konnte die Krone Frankreich noch relativ lange La Bourgogne, die Herzöge nach Paris zu Veranstaltungen des Königreichs „vorladen" lassen. (Vergleiche die Parallele zur Reichsvorladung und Reichsacht gegen den unentschuldigt nicht erschienenen Herzog Heinrich den Löwen von Sachsen.) Praktisch ignorierten die Herzöge der Bourgogne solche Vorladungen immer, und sie betrachteten sie als bloße Beleidigung. Im Frieden von Arras 1435, zu Peronne 1468, erneut zu Arras 1482, mußte Frankreich auch förmlich auf jegliche Lehenspflicht und Huldigung der Bourgogne verzichten.

Die unaufhörlichen Leiden des von den Fremden, den Engländern im Sanktuarium Frankreich geführten Krieges stärkten vorübergehend zunächst – unbeschadet der „conscience bourguignonne" die „conscience française" auch der Bourgogne. Die gestärkte „âme française" ging soweit, daß „la Bourgogne souffre pour la France" (Calmette). Jedoch „schon" nach 22 Jahren Krieg erfolgte der geistige Umschlag. Schon im Dezember 1361, noch vor dem Regierungsantritt von Philippe Le Hardi, dem ersten der Grand Duc, galt die Parole: „Le duché entend rester duché; il ne veut pas devenir une province." (Calmette S.41)

Vielleicht glaubte Frankreichs König Jean II, Le Bon, verheiratet mit einer Jeanne de Bourgogne, diese Entwicklung aufhalten zu können, als er seinen jüngsten Sohn mit der Bourgogne belehnte.

5.33
114 Jahre Regierung der Großen Herzöge:
In den folgenden 114 Jahren der Regierung der vier großen Herzöge der Capetinger-Valois über die Bourgogne bezeichnen Anfang und Ende auch die beiden Extreme der Haltung gegenüber dem königlichen Frankreich in der Ile de France.

Philippe le Hardi, der größte, und mit 41 Regierungsjahren auch der erfolgreichste der 4 Herzöge, glaubte noch guter Franzose und schon ganz Burgunder sein zu können. 1369, durch seine Heirat der Erbtochter Flanderns, trat aber schon er aus Frankreich heraus.

Jean sans Peur, dem bis zu seiner Ermordung auf der Brücke von Montereau nur 15 Regierungsjahre bevorstanden, davon 8 Jahre seit 1411 im offenen Bürgerkrieg gegen die Orléans, war im Zweifel schon „plus bourguignon que son père" (Henri Pirenne; Calmette

---

[28] Joseph Calmette: Les grands Ducs de Bourgogne; 1949.

S.174). Er war „en tout cas, plus Flamand", „une predilection pour les affaires de France". An innenpolitischen Erfolgen in und für Frankreich verhinderte Jean sans Peur der seit 1407 sich dahinziehende Armagnac-Krieg ebenso wie seinen Sohn Philippe le Bon.

Philippe le Bon, „L'asseure" mag sich noch immer als Franzose gefühlt haben: Er mochte es sein wollen. Nach dem Morde von Montereau schwenkte aber die Bourgogne, die bisher sich gegen ein Waffenbündnis mit England als dem Landesfeind gesträubt hatte, offen ins Lager gegen Frankreich über. In 48 Jahren seiner Regierung aber „ce n'est plus en France ni par la France, c'est hors de France et contre la France, que la dynastie bourguignonne poursuivra l'accomplissement de ses desseins" (Calmette S.190). „Philippe ... fera pas moins ... une politique lotharingienne". Das „démembrement" sollte zu einer „resurrectio lotharingiae" führen, zwischen Frankreich und Deutschland zu einer „monarchie independente". Schon am 24. Mai 1430 hatte ein Bastard de Wandonne für einen Luxemburg in den Diensten von Herzog Philippe le Bon der Bourgogne unter den Mauern von Compiègne die Retterin Frankreichs, die Jungfrau von Orleans, Jeanne d'Arc, für England und damit für das Martyrium gefangen genommen.

Schon 1447 strebte Philippe le Bon nach der Königskrone aus der Hand des deutschen Kaisers Friedrich III.

Charles le Téméraire, der vierte, der letzte der vier großen Herzöge, bedeutete 10 Jahre lang die Krönung der Loslösung, der Unabhängigkeit, des Widerstandes, des Bündnisses mit England und Aragon gegen Frankreich: Bis zum offenen Krieg. Schon Philippe hatte angeordnet, daß sein Sohn Flämisch sprechen zu können habe.

Charles le Temeraire ging in seiner bewußten Ablehnung Frankreichs so weit, sich wegen einer weitläufigen Abstammung von John of Gaunt, dem ersten Lancaster, als Engländer zu bezeichnen. Andererseits bezeichnete er sich nach der Abstammung seiner Mutter auch als „portugalois". Gegen den Widerstand Frankreichs vollzieht sich die Einigung Spaniens durch die Heirat Ferdinands von Aragon mit Isabella von Kastilien 1469 unter dem Schutze von Charles le Téméraire.

Seine Devise war: Je lay emprins (entrepris) ... Ich habs gewagt ... Dennoch bleibt festzustellen, daß er nervös, überreizt, sprunghaft, unüberlegt, sadistisch brutal handelt: Nicht nur „gewagt". Es bleibt festzuhalten, daß viele seiner letzten Handlungen sinnlos bis sinnwidrig waren. Seit dem Treffen mit dem deutschen Kaiser zum Zweck der Königskrone in Trier am 20.9.1473 gelang ihm nichts mehr.

Die 11 monatige Belagerung von Neuß 1474 / 1475 für einen Erzbischofsprätendenten, den niemand haben wollte, war überflüssig und sinnwidrig. Schon das zweimalige Massaker von Liège, 28.11.1467, 31.10.1468, war nicht nur ein Verbrechen, sondern eine Dummheit. Ebenso das Massaker in der Kirche von Nesle.

Der folgerichtig drei mal verlorene Kampf gegen die „unbezwinglichen" Schweizer, Grandson 1.3.1476, Murten 22.6.1476, Nancy 5.1.1477 war schlicht ein Vergessen der eigenen Aufgabe und ein Verrat an der eigenen Mission der Bourgogne: Selbständigkeit um jeden Preis, Bündnis zum Krieg mit England gegen Frankreich.

In einer objektiven burgundischen Strategie war zwar die Lorraine absolut entscheidend. Aber die Schweizer waren irrelevant und mußten herausgehalten werden.

Auf dem vereisten Felde bei Nancy endete eine der schlimmsten Bedrohungen Frankreichs. Nach 114 Jahren wurde Frankreich frei für seinen „Drang nach Osten." La Bourgogne versank.

(Warum hatte der Téméraire aus Crecy 1346, Maupertuis 1356, Tannenberg 1410, Azincourt 1415 nichts gelernt? Keine stehende Armee geschaffen, die Infanterie vernachlässigt, kein befestigtes Lager als Stützpunkt errichtet? Warum hatte er keine Leibgarde, warum keine persönlichen Compagnards? Anders als das Heldentum eines Kyros bei Kunaxa 401 v.Chr., anders als Friedrich II bei Torgau 1760 n.Chr.: Was hatte ein Herzog von der Bourgogne in der vordersten Linie zu suchen? Einen für eine Niederlage nicht vorher geordneten Staat, nur eine Tochter, keinen Sohn hinterlassend! Die Staatskatastrophe war vorprogrammiert.)

5.34

Die Entstehung Belgiens, der Niederlande aus der Bourgogne?

Nun ist über diesen Untergang einer Dynastie und eines Staates hinaus dekretiert worden, von nicht völlig unbeteiligter Seite, – dem belgischen Historiker Henri Pirenne (Calmette S.228) – in Bekräftigung einer älteren Stimme: Philippe le Bon, der dritte große Herzog der Bourgogne, 1396, 1419 – 1467, ... sei einerseits der „conditor imperii belgici „ ... sei andererseits der „fondateur des Pays – Bas.

Nun könnte dies mit Lächeln auf sich beruhen. Die Staatskatastrophe der Bourgogne liegt über ein halbes Jahrtausend zurück; ebenso der Tod von Philippe le Bon.

Dagegen sprechen aber die in dieser Zwischenzeit unabänderlich veränderten nationalen Voraussetzungen und Folgerungen. Beide heutigen Staaten, – Belgien, die Niederlande – beide Gebiete waren rechtlich und politisch von 919 n.Chr. bis 1648, d.h. 729 Jahre Gebiete des Deutschen Reiches, des Heiligen Römischen Reiches Deutscher Nation. Beide Länder, die Niederlande vollständig, Belgien mit seinem größten flämischen Teil, waren viele Jahrhunderte Gebiete des deutschen Volksbodens, von Deutschen besiedelt, nicht von „Niederländern", die es noch nicht gab, erst recht nicht von „Belgiern", die es bis heute noch nicht gibt. Wie kam es zu der eingetretenen völligen Veränderung? Ist die Entstehung der Staaten Belgien, der Niederlande wirklich aus der Bourgogne abzuleiten? Welche Schuld trifft an diesem gigantischen, grandiosen Verlust das Deutsche Reich? Wieviel Schuld trifft das deutsche Volk?

Das Problem ist keine tote Vergangenheit aus lange vergangenem Mittelalter. Die Bedeutung des Problems wird alleine schon daraus unwiderlegbar deutlich, daß es sich ... um 14,6 Millionen Niederländer, um bis zu 5,6 Millionen Vlamen handelt, das heißt um insgesamt somit um mehr als 20 Millionen Nachkommen ehemaliger deutscher Menschen. (Die „DDR" zählte 15,5 Millionen Deutsche, Österreich 7,5 Millionen Deutsche, Ostberlin ca 1,2 Millionen Deutsche; zum Vergleich.)

Der Beginn, der Ansatzpunkt für die Entwicklung der Gebietszugehörigkeit der beiden Nordseeküstenländer zwischen Dünkirchen und Emden findet sich in einer scheinbar vergleichsweise nebensächlichen Einzelregelung des Vertrages von Verdun 843 n.Chr., (855), von Meersen 870, (879). Flandern westlich des Flusses Scala, Escaut, Schelde, kam zum Westreich Karls des Kahlen. Flandern ostwärts des Flusses kam zum Mittelreich Lothars, später mit diesem zum Ostreich Ludwigs des Deutschen. Dies war insofern eine einmalige Besonderheit, als hier – und nur hier – die übliche Nichtbeachtung der bestehenden und unveränderten französisch – deutschen Sprachgrenze dazu führte, daß Deutsche – Niederdeutsche, Franken, später Vlamen – unter gallo-fränkische, später französische Herrschaft gerieten. Warum dies 843 im letzten geschehen ist, dürfte kaum noch feststellbar sein. Das Gebiet war seit dem Beginn der fränkischen Staatswerdung immer und ausschließlich von Germanen, von salischen Franken bewohnt gewesen. Der spätere, ganz exorbitante Reichtum kann zu dieser Zeit noch kaum eine Rolle gespielt haben. Dagegen (954) 978 bis 1004 waren vorübergehend nicht nur Brabant, Hainaut und Cameracensis deutsches Reichsgebiet, Brabant, Hennegau und Cambrai/Kamerich. Auch „Wasia", der flandrische Brückenkopf westlich der Schelde, mit Gent, gehörte mit Lotharingia inferior zum Deutschen

Reich, nicht mehr zum „fränkischen" Westreich. Dann aber zur Zeit der Sachsenkaiser – 1024, der fränkischen Kaiser, 1024 – 1125, der Staufischen Kaiser, 1138 – 1254, gehörte wieder der Teil der Markgrafsachaft/Grafschaft Flandern westlich der Schelde zum Königreich Frankreich; ebenso im 14., ebenso im 15. Jahrhundert. König Philippe IV. von Frankreich, le Bel, nahm ausdrücklich Westflandern in seinen Besitz ab 1279. Das germanische – wie das wallonische und französische – Volk Flanderns, nicht nur Gent, Brügge, Ypern, sondern auch Dünkirchen, Lille, Douai, war zu keiner Zeit bereit und willens, sich zu unterwerfen; wem immer! Angesichts der bekannten Charaktereigenschaften des französischen Volkes, – dem sich kongenial das französische Königtum mühelos anschloß –, versuchte darum Frankreich in wechselnden Formen Jahrhunderte lang Flandern zu unterwerfen, von der Heirat und der Erbschaft, bis zu Gift, Erpressung, Massaker und zum Krieg: Mit stark wechselndem Erfolg.

Die Grafschaft Flandern, das Herzogtum Brabant, die großen Städte, die Zünfte, selbst die Patrizier, die Bischöfe wehrten sich bis zum Tode, bis zur Zerstörung. Sie wehrten sich gegen jeden Unterdrücker für die Freiheit. Sie wehrten sich gegen Frankreich. Sie wehrten sich gegen Frankreich plus Bourgogne. Sie wehrten sich gegen Bourgogne. Sie wehrten sich schließlich gegen Spanien.

1213 Vernichtung der französischen Flotte in Damme / 1297/1300 Unterwerfung Flanderns, Gefangennahme von Graf Guy / Mai 1302, „Morgenfeier" von Brügge, die französische Besatzung wird massakriert / 11. Juli 1302 „Schlacht der güldenen Sporen" bei Kortrijk; das französische Ritterheer wurde restlos vernichtet / 1304 Flandern in der Schlacht bei Mons-en-Puelle geschlagen / 1320 Französisch Flandern, Lille, Douai, Orchies von Frankreich unterworfen / 1340 Vernichtung der französischen Flotte bei Sluys / 1338-1345 Aufstand des Jakob van Artevelde für Gent und Flandern, ermordet in Gent / 1382 erneuter Aufstand des Sohnes, Philipp van Artevelde, für Gent und Flandern, Schlacht bei Roosebeke, das flandrische Heer durch das französisch-burgundische Heer vernichtet, Tod Arteveldes / 1383 Belagerung und Einnahme von Gent, erneut 1385; 1385 Gent und Flandern kommen an Bourgogne / 1408 Schlacht von Othee, Heer von Liège vernichtet / 1452 Genter Kampf gegen Bourgogne / 1453 Schlacht bei Gavere verloren, das Genter Heer wurde von der burgundischen Ritterarmee „taillée en pièces" / ab 1430 wiederholte Aufstände Brüssels gegen Bourgogne / 1477 Enthauptung der burgundischen Räte in Gent trotz flehentlicher Bitten von Maria von Bourgogne / 1484 Belagerung und Eroberung von Gent durch Kaiser Maximilian, durch Albrecht von Sachsen / 1488 Maximilian 12 Tage in Gent in Gefangenschaft / 1540 Belagerung und Eroberung von Gent durch Kaiser Karl V. / 1576 „Spanische Furie" in Antwerpen, Massaker von 10 000 Bürgern / 1584 Belagerung und Eroberung von Gent durch König Philipp II. von Spanien, durch den Herzog von Parma / 17. August 1585 Belagerung und Eroberung von Antwerpen gegen Philipp Marnix von St. Aldegonde, durch König Philipp II. von Spanien, durch Alexander Farnese.

Diese unendliche Geschichte von Kampf um jeden Preis für die Freiheit läßt es unmöglich erscheinen, daß Flandern sich jemals nach der Bourgogne ausgerichtet hätte. Trotz aller unbeschreiblichen Freiheitsliebe und Tapferkeit war überall das Ende Unterliegen und Untergang. Erst als in Flandern ohnehin alles von Spanien erstickt zu werden drohte, verzichtete Frankreich auch förmlich auf Flandern nach fast 550 Jahren erbitterten Kampfes. 1526 im Frieden von Madrid, 1529 im Frieden von Cambrai kurzzeitig revidiert, 1559 im Frieden von Cateau Cambresis verzichtete es erneut und endgültig auf Flandern.

5.35
Erst französische, dann „deutsche" Außenpolitik der Bourgogne

Wie sollen nun angesichts dieses bedingungslosen Abwehrwillens, Kampfes und Unterganges dieses stolzen und tapferen Volkes und Landes Flandern – gram gegen alles Französische und ebenso gegen alles Burgundische – immer zu Gunsten der eigenen Stadt, der eigenen Markgrafschaft, ausgerechnet aus der Bourgogne Belgien und die Niederlande entstanden sein? Berühmte Stimmen – bis zu Huizinga – haben es zu begründen versucht.

Dies scheitert schon geistig-moralisch an dem vielfach manifestierten Inhalt der Außen- und Kriegspolitik der Bourgogne. Wie dargelegt waren die ersten drei großen Herzöge bewußt zuerst, dann immer höchstens n o c h Franzosen. Der Staat Bourgogne war inhaltlich ohne jeden Zweifel ein französischer Staat, ein gallo-burgundischer, keinesfalls ein germanischer, kein fränkischer, auch kein lothringischer.

Das Kerngebiet der Bourgogne, Dijon, das eigentliche Herzogtum – deutlicher noch als das Reichslehen Franche Comté – war rein französisch. Desgleichen die Grafschaften Nevers, Vermandois, Amiens, Ponthieu, Boulogne, Artois.

Das Ziel der drei ersten großen Herzöge, Le Hardi, Sans Peur, Le Bon, war viele Jahrzehnte lang die Herrschaft über Frankreich, mit, ohne oder gegen das „capetingische" königliche Frankreich der Ile de France. Der „Traum Bourgogne" war bis 1467 ein rein französischer Traum. Im versuchsweisen Handeln von Le Téméraire ab 1467 bleibt schwerlich ein – konsequentes – anderes System zu finden.

Zwei mal aber hat das Herzogtum Bourgogne – wenn auch in schwächlicher bis verfehlter Weise! – versucht, „deutsche" Außenpolitik zu betreiben. Der erste der Versuche, die Versuchung des Philippe Le Bon durch Kaiser Friedrich III. und seinen Kanzler Gaspard Schlick 1447, das vage Angebot, das zögernde Ansuchen um eine burgundische Königskrone im Heiligen Römischen Reich Deutscher Nation – was staatsrechtlich relativ leicht gewesen wäre – scheiterte. Er scheiterte an der übertriebenen Vorsicht des – ohnehin als unfähig beurteilten – deutschen Kaisers u n d am mangelnden energischen Einsatz von Philippe Le Bon. Der deutsche Traum der Bourgogne ... „c'est donc ... Philippe"! (Calmette S. 214). Alles war damals gleichzeitig Spielmaterial und ernsthafter Versuch.

Der zweite der Versuche, das Treffen Kaiser Friedrich III. mit Charles Le Téméraire in Trier, um den 20.9. 1473, bis zur fluchtartigen Abreise des Kaisers am 24.11.1473, scheiterte diesmal nur an der Unentschlossenheit (Österreichs und) des Deutschen Reiches. Charles Le Téméraire war um fast jeden Preis willens, erst König von Burgund – und wenn denn, dann möglichst bald Kaiser des Reiches Deutscher Nation zu werden.

Vor diesem weitgespannten Hintergrund gewinnen sein Kampf um L;iège, um die Lorraine, der Pfandbesitz von Pfirs, dem Sundgau, dem Breisgau, erst recht aber die „burgundisch" beurteilt sinnwidrige und überflüssige Belagerung von Neuß und der Entscheidungskampf gegen die Schweizer einen anderen zielgerichteten Inhalt. Auch dieser deutsche Traum der Bourgogne scheiterte 1477 vor Nancy. Die Heirat der Erbin der Bourgogne, Maria, 1477 war schon österreichische Außenpolitik, nicht mehr burgundische.

In Trier sollen die reichen Bredaischen Nassaus im Gefolge Burgunds, Engelbrecht V., gegenüber drei ärmeren Dillenburgischen Nassaus, im Gefolge des Kaisers, durch glänzende Aufmachung gegenüber deren kümmerlicher Ausrüstung sehr aufgefallen sein. Kaiser Sigismund, 1411 – 1437, Römischer Kaiser Deutscher Nation, Deutscher, deutscher Luxemburger, ausgerechnet dieser vierte Luxemburger auf dem deutschen Kaiserthrone, mußte 1418 die Frankreich feindlichen Brabanter und Brüsseler, die seiner Politik abwehrend gegenüber standen, fragen: „Vous voulez donc être français?" (Calmette S.172). Daß sie dies nicht wollten, hatten sie in 6 Jahrhunderten immer wieder erbitterten Kampfes bewiesen. Sie wollten aber auch nicht burgundisch sein, daß sich für sie vermutlich von Französisch durch noch größere Schlagkraft, noch größere verbrecherische Energie und Brutalität unterschied. Selbst wenn sie den Glanz der burgundischen Krone sicher nicht verkannten: Gent, Brügge, Brüssel, Liège hatten sich mehrfach gegen die Bourgogne buchstäblich bis zum Tode gewehrt. Sie teilten im übrigen auch die nachgewiesene Sehnsucht aller deutschen Landschaften und Städte des Mittelalters nach „Selbständigkeit", von Gent bis Königsberg, von Wien und Berlin bis Thorn und Riga. Durch den rätselhaften Gang der Geschichtsentwicklung gingen die meisten dieser Bestrebungen später spurlos unter; gingen dagegen die Niederlande und dann Belgien in die Weltgeschichte ein mit ihrer eigenen Sinngebung. Der geliehenen Sinngebung dieser beiden Staaten durch die vorgebliche Adaption einer fremden, der burgundischen, einer feindlichen, der französischen Sinngebung bedurft zu haben, bedürfte sehr viel deutlicherer Beweise, als sie jemals vorliegen werden.

5.36
Zugehörigkeit der niederen Lande zur Bourgogne!

5.361
Die vorgebliche Entstehung der zwei modernen Staaten, der Niederlande, Belgiens, aus der Bourgogne, selbst auch nur aus burgundischer Wurzel, scheitert schließlich an der relativ kurzen bis sehr kurzen, ja an der völlig mangelnden Zugehörigkeit jeder einzelnen der 17 Provinzen zur Bourgogne.

Dabei interessieren naturgemäß:

das jeweilige Anfangsdatum des Beginns der Zugehörigkeit zum Herzogtum Bourgogne, ab dem 26.11.1364, das heißt ab dem Regierungsantritt von Philippe Le Hardi, dem ersten der vier großen Herzöge; nicht dagegen vorher, da eine französische Provinz „Bourgogne" nicht von Bedeutung gewesen wäre; der Erwerbsgrund: Heirat, Erbschaft, Erpressung, rechtlose Gewalt, Krieg, Massaker, Zerstörung; ggf. das Enddatum des Verlustes der Zugehörigkeit zur Bourgogne:

schließlich grundstürzend das Datum der engültigen Staatskatastrophe der Bourgogne, der 5. Januar 1477.

Demgegenüber bleibt dann entscheidend das (naturgemäß virtuelle) „Entstehungsdatum" des „Wirgefühls" der Bevölkerung der niederen Lande:

„Belgiens: Vielleicht frühestens 1568, nach der Hinrichtung Von Egmont und Hoorn; untergegangen bei der Eroberung Antwerpens 1585; erneut bewußt zu schaffen gesucht seit 1830. Soweit es überhaupt als „belgisches" Nationalgefühl gilt: Das heißt aber 353 Jahre nach 1477!

„Niederlande": In bewußter, gewollter, klarer Reaktion auf fremdes Unrecht frühestens 1568; mit den Hinrichtungen. Absichtlich potenziert seit 1579, der „Unie" von Utrecht. Förmlich seit 1648. Das heißt aber 91 – 102 – 171 Jahre nach 1477.

Zwar gab es zwischen 1477 und 1556/1568 sechs unklare Zwischenstufen personaler und territorialer Art. Aber sie waren nicht mehr Herrschaft der Bourgogne, sondern nunmehr stattdessen Österreichs oder Spaniens: Beide mit einem mindestens ebenso deutlichen Anspruch auf Loyalität wie die Bourgogne. Sie waren auch noch nicht irgendeine Art von „Einheit" der 1 7 Provinzen der niederen Lande:

1477 – 1482 Maximilian von Österreich, für Maria von Bourgogne/Österreich; 1482 – 1519 nach Marias Tod Maximilian I für Österreich, als „Reichsverweser" der Bourgogne; 1496 – 1504 in seiner Vertretung, Philipp der Schöne für Österreich mit Juana; 1504 – 1506 Philipp der Schöne mit Juana, als Königin von Kastilien; 1506 – 1519 nach Philipps Tod Margarete von Österreich, für Maximilian I., für Carlos I./ Karl V. 1519 – 1556 Karl V. für Österreich/ Carlos I. für Spanien.

5.362

Die einzelnen der 17 Provinzen haben sehr unterschiedliche Zeiten zur Bourgogne gehört:

1 französische Provinz: Grafschaft Artois; zwar durch Erbschaft 1384 an Bourgogne. Aber seit 1659, 1678 ununterbrochen französisch. Daher hier der Behandlung nicht bedürftig. (Ebenso die Grafschaft St. Pol; keine der Provinzen; vorübergehend Reichsgebiet. So stark wie erklärt war offensichtlich selbst die Wirkung eines burgundischen Jahrhunderts nun auch wieder nicht.) Freigrafschaft Burgund/Franche Comté 1384; keine der Provinzen, ebenso die Protektorate/Bistümer Tournai, Cambrai, Metz.

5.363

8 der 17 Provinzen im heutigen Belgien:

Von den 8 belgischen betroffenen Provinzen haben die Schwerpunkte Flandern 49 Jahre, Brabant und Antwerpen 47 Jahre zur Bourgogne gehört. Nach 353 Jahren Zwischenzeit von der Bourgogne 1477 bis zum Königreich Belgien 1830 kann nur angenommen werden, daß Belgien mit seiner Namenswahl 17 Jahrhunderte nach den Kelten in Nostalgie eine Vergangenheit gefunden hat in der Hoffnung, daß sie für das Glück des Lebens wesentlich war. Mit der Bourgogne hat aber diese Staatswerdung Belgiens nichts zu tun.

5.364

8 der 17 Provinzen in den heutigen Niederlanden:

Von den 8 niederländischen Provinzen der 17 haben somit 3 überhaupt nicht, und 2 nur jeweils 4 Jahre nach dem Gewaltakt des Téméraire zur Bourgogne gehört. Nachdem die Schwerpunkte Holland 49 Jahre, Geldern mit Zutphen jeweils 4 Jahre, Utrecht überhaupt nicht zur Bourgogne gehört haben, kann nach 102 Jahren Zwischenzeit von der Bourgogne 1477 bis zu den Generalstaaten 1579 n i c h t angenommen werden, daß die Niederlande aus der Bourgogne entstanden sein sollen.

5.37

Bilanz: Niedere Lande und die Bourgogne:

Mit der politischen, territorialen und geistigen Existenz des 1477 in einer fast beispiellosen Staatskatastrophe untergegangenen Herzogtums Bourgogne haben die beiden modernen Staaten in den niederen Landen: ... sowohl Belgien mit 8 der südlichen der 17 Provinzen ... als auch die Niederlande mit 8 der nördlichen der 17 ... im Ergebnis wenig bis nichts zu tun.

Die Niederen Lande gehörten sogar großenteils niemals zur Bourgogne. Ihr vielfacher Abwehrkampf gegen die Bourgogne wie auch der endliche faktische Staatsuntergang der Bourgogne waren auch nun wirklich nicht geeignet, ausgerechnet auf die erbitterten Kampfgegner anziehend zu wirken.

Das niederländische, ebenso das vlämische Volk sind ebenso in Sprache, Volkscharakter, Geist, Mentalität, Kultur von der delikaten Staats-Armee-Kultur der Bourgogne völlig unabhängig. Sie sind von ihr in Teilen nicht einmal berührt worden. Die Niederlande sind ausschließlich aus germanischer, aus deutscher Wurzel gewachsen. Sie bedurften der Romanitas nicht. Belgien ist hier – wie bis heute – zweigeteilt. Es ist germanisch-romanisch im Wesen, ganz anders als die Niederlande. Nur: Von der Bourgogne konnte und brauchte auch der wallonische Teil seine Eigenarten nicht erwerben. Über so viele Jahre hinweg trug auch diese Tradition nicht.

Politisch sind dagegen Vorläufer bzw. Anfangsformen beider Staaten entstanden aus dem Hochverrat des Römischen Kaisers „deutscher Nation", des österreichisch/burgundisch/spanischen Karls V., gegen sein Reich deutscher Nation; zugunsten des volks- und raumfremden Königreichs Spanien.

Geistig sind diese beiden Staaten in ihren Teilen gewachsen aus ihrer ungewollten Isolierung gegenüber der drohenden Unfreiheit in Form der Herrschaft fremder feindlicher Staaten: ... Frankreich, Bourgogne, Spanien! ... Vom Deutschen Reich alleingelassen hatten sie sich Jahrhunderte lang gegen diese Staaten wehren müssen. Nur gegen Deutschland, gegen das Deutsche Reich hatten Flandern, Gent, Brabant, die niederen Lande sich zwischen 843 n.Chr. und 1648 niemals zu wehren brauchen! Anders als Dutzende Male gegen Frankreich und die Bourgogne. Deutschland gewährte jedem seiner Länder, jeder seiner Reichsstädte und Reichsstände ... „die Freiheit, die sie meinten" ... Auch ohne das Reich. Auch gegen das Reich. Leider nicht mit dem Reich. Deutschland vergaß nicht nur seinen Nordosten von Reval bis Stettin. Deutschland vergaß auch seinen Nordwesten, von Ypern bis Groningen. Ein ausgesprochenes Beispiel besonderer Aggressivität.

Deutschland mußte sich ja stattdessen seit 1517 berauschen an der reinen Lehre Martin Luthers. Deutschland mußte stattdessen die 4 Kriege des Königs Carlos I von Spanien, des Kaisers Karls V gegen König Franz I. von Frankreich in Italien und Frankreich führen.: ... 1521 – 1526 um Mailand und Burgund, 1526 – 1529 um Rom, 1536 – 1538 um Mailand und Neapel. Deutschland mußte den Ritterkrieg führen 1522 – 1523, von Trier bis Landstuhl. Deutschland mußte den Bauernkrieg führen 1524 – 1525, in Schwaben, Franken, Tirol, Salzburg, im Elsaß, in Thüringen. Deutschland mußte zum ersten Male die Türken vor Wien schlagen 1529. Deutschland mußte den Schmalkaldischen Krieg verlieren 1546 – 1547. Deutschland mußte den Dreißigjährigen Krieg vorbereiten, bis 1618.

Deutschland hatte seinen Nordwesten von Flandern bis Westfriesland vergessen. Dies geschah entgegen jenen prophetischen verzweifelten Worten, die Philipp Marnix von St. Aldegonde dem deutschen Volke zum letzten Male geradezu beschwörend zugerufen hatte: „Meine Herren Deutschen ... Es ist Euere Aufgabe" ... Dies geschah noch vor seiner in Stellvertretung geleisteten, heldenhaften, aber vergeblichen, weil allein gelassenen Verteidigung von Antwerpen 1585. Wäre 1585 Antwerpen stattdessen von Deutschland gegen Spanien verteidigt worden, so hätte es 1914 nicht erobert zu werden brauchen und 1940 wäre überflüssig gewesen.

5.4 Friktionen: Lotharingien / Mittelfranken: Lorraine / Lothringen:

5.41
Die Grundbedeutung Lotharingiens:

V o r wie n a c h dem Untergang der Friktion Bourgogne stand Frankreichs Vorwärtsdrang nach Osten eine weitere Friktion entgegen. Doch unterscheidet sie sich grundlegend von der burgundischen Friktion.

La Bourgogne (Burgund) währte nur während des Lebens von 4 großen Herrschern, nur 114 Jahre, von 1364 bis 1477. Die Bourgogne aber war für Frankreich und sein Streben nach „Grandeur" eine tödliche Gefahr. Wenn die Bourgogne überdauert hätte – ebenso wie Österreich-Ungarn aller Absurdität zum Trotz viele Jahrhunderte überdauert hat – so wäre Frankreich isoliert worden, eine kleine Randmacht am Atlantik für Europa geblieben.

Lotharingien dagegen währte vom Vertrage von Verdun, 843 n.Chr., mit Lothar I als Herrscher, über 855 mit der weiteren Teilung des Mittelreiches, mit Lothar II. als Herrscher, über 959 mit der nochmaligen weiteren Teilung des nördlichen Lotharingien in Niederlothringen, am Meer, um Aachen und Köln, und Oberlothringen, „Moselanien" um

Metz und Trier, über die Wiedervereinigung beider Lothringen von 1033 bis 1044/1048, bis zur Belehnung von Gerhard vom Elsaß mit „Lothringen", nachdem Niederlothringen als „Brabant" ausgeschieden war.

Lothringen in seinen drei verschiedenen Erscheinungsformen zwischen 843 und 1048 überdauerte immerhin 205 Jahre. Es lag wie eine natürliche Barriere zwischen Frankreich und Deutschland.

Ab 879 n.Chr. gehörte Lotharingen zu Ostfranken, somit ab 919 zum Deutschen Reich Lothringen dann, die Lorraine, unter der deutschen Dynastie der Gerhartinger, dann der Anjou, der Gerhartinger-Vaudémont, überdauerte 1048 bis 1738, als Relikt bis 1766, mithin gegen Frankreich eine Friktion von mindestens 718 Jahren Dauer: ab 919 aber von 847 Jahren Dauer. Im Gegensatz zur erst werdenden – und dann schnell sterbenden – Großmacht Bourgogne war Lorraine aber niemals mehr als ein kleiner Staat. Frankreich o h n e wie m i t Lorraine war und blieb eine Großmacht. Aber diese Macht wurde durch diesen Kleinstaat über 7 Jahrhunderte an ihrem Vordringen behindert bis aufgehalten. Verhindern – auf Dauer – konnte Lorraine Frankreichs Vordringen nicht.

So wie die stolze Freie Reichsstadt Metz es durch ihre echt lothringischen Paraigen im XIII. Jahrhundert verkündet hat, zu sein:

„ … la chambre de l'empire, l'ecu, la porte et la propugnade d'icelui … contre la France et la Bourgogne" …

(…„die Heimstatt des Reiches, der Schild, die Pforte und das Bollwerk desselben gegen Frankreich und Burgund" …), so war in Realität das Herzogtum Lorraine (Lothringen) der Schild des Heiligen Römischen Reiches Deutscher Nation gegen Westen. So wie Byzanz, so wie Kastilien aus ganz anderen Gründen der Dank Europas gebührt, so gebührt solcher Dank Deutschlands auch der Lorraine und dem Geschlecht der Gerhartinger. Der Unterschied der beiden Volkssprachen Lothringens, mittelhochfranzösisch neben mittelhochdeutsch, bedeutete offensichtlich für die Lorraine noch kaum ein Hindernis: Solange – bis etwa 1517 – Latein ohnehin die gemeinsame Kirchensprache und Amtssprache war und blieb.

5.42
Frankreichs Weg nach Osten: Über Lothringen:

Hier ist nicht der Ort und auch nicht notwendig, die höchst komplizierte und wechselvoll verlaufende Geschichte einerseits Lotharingiens, andererseits Oberlothringens, schließlich der Lorraine zu schildern. Hier kommt es nur darauf an, zu belegen, wie diese deutschen Reichsterritorien und ihre Herrscher als Friktionen gegen Frankreich – und zeitweilig die Bourgogne – gewirkt haben auf deren Angriffsweg gegen Osten. Dies ist leider unumgänglich, da Frankreich im Grunde seit 843/911 n.Chr. bis in die Neuzeit – 1955 – niemals bereit gewesen war, auf das Lebensrecht Deutschlands, seit 1517 auf die Freiheit zur evangelischen Religion, seit vielleicht 1648 auf das Selbstbestimmungsrecht des deutschen Volkes – und auf das Recht Deutschlands auf sein deutsches Land – Rücksicht zu nehmen. Rücksicht zu nehmen auf das Selbstbestimmungsrecht des deutschen Volkes war Frankreich zu keiner Zeit bereit, nicht 1681 in Straßburg, nicht 1789 – 1815 in den Revolutions- und Napoleonischen Kriegen und Friedenstraktaten, insbesondere nicht 1801 in Lunéville, nicht 1870, als es „Revanche pour Sadowa" für ein Österreich forderte, das dies selber gar nicht wünschte, nicht 1918 in Versailles und Saint Germain, nicht 1935, als erst eine Volksabstimmung die „Saarfranzosen" Clemenceaus widerlegen mußte, nicht 1945 als Potsdamer Epigone, vielleicht erstmals 1955.

Weil also das Deutsche Reich seit seiner Begründung 911/919 niemals eine Westgrenze gehabt hatte, die von politischer, militärischer, mindestens geistiger Bedrohung frei gewesen wäre: Bedrohung durch Frankreich! Deshalb ist die Friktion Lorraine, die diese Bedrohung so lange teilweise neutralisierte, für Fragen nach Deutschland und seiner Westgrenze von hohem Belang.

5.43
Erste Angriffe Westfrankens auf Lotharingien:

Die Versuche vertraglicher Regelungen zwischen Westfranken und Ostfranken – wobei Lotharingien sehr bald zum reinen Objekt herabsank – hatten keine dauernde Befriedungswirkung: 843 Vertrag von Verdun, Lothar I. / 855 Teilung des Mittelreiches, Lothar II. / 8.8.870 Vertag von Meersen / 880 Vertrag von Ribemont / 923 Vertrag von Bonn.

910 Der erste Angriff Frankreichs auf das Ostfränkische Gebiet Lotharingien erfolgte bereits 910, durch Charles den Einfältigen; schon Heinrich I., der Vogler mußte zur Sicherung Lotharingiens Zabern, Verdun, Metz wiedererobern, Zülpich belagern, Trier und 925 erneut Metz mußten belagert und genommen werden bis 925; noch vor der Ungarnschlacht bei Riade an der Unstrut 933. / 939 Otto der Große muß in einer Schlacht bei Andernach Verbündete Louis IV. von Frankreich schlagen; noch vor der Ungarnschlacht bei Augsburg auf dem Lechfelde. / 942 Im Frieden von Vouziers an der Aisne bestätigt Louis IV feierlich das Anrecht des Deutschen Reiches auf Lothringen. / 959 Geburtsjahr Oberlothringens, der Lorraine. / 978 Hugo I. Capet überfällt (für König Ludwig V., den Faulen von Frankreich) Lothringen; er überrumpelt Otto II. in Aachen. Deutscher Gegenangriff bis Paris! / 980 Im Frieden von Margut am Chiers erfolgt ein neuer Verzicht Frankreichs auf Lothringen. / 984 Französische Eroberung von Verdun: 987 Rückgabe von Verdun. / 1055 König Henri I von Frankreich erhebt in Ivois Ansprüche auf Lothringen: Flieht dann aber vor dem angebotenen Duell mit König Heinrich III.

5.44
Geschichte des angegriffenen Lothringen:

Mit 1048 beginnt die eigentliche Geschichte des Herzogtums Lorraine der deutschen Dynastie der Gerhartinger.

Die Verteidigung der Lorraine gegen die französischen Angriffe während der 690 Jahre 1048 – 1738 wird sehr bald erschwert durch den üblichen mittelalterlichen deutschen Territorialzerfall der großen „Stammesherzotümer" in kleine bis kleinste Territorien. So auch bei Lorraine: Grafschaft, später Herzogtum Bar (1354), Luxemburg (1354), Salm. Zeitweilig verselbständigt, dann wiedereingegliedert: Grafschaften Vaudemont, Briey, Dagsburg, Herrschaften Blamont, Finstingen, Bitsch. Ferner die Bistümer Metz, Verdun, Toul; daraus ausgegliedert die Freien Reichsstädte Metz, Verdun, Toul.

1281 Der Verfall des Deutschen Reichs im Westen gegenüber Frankreich beginnt ... mit Habsburg! Kaiser Rudolf I. von Habsburg (1273 – 1291) überträgt dem französischen König Philippe III, le Hardi den ... „Schutz" ... des Bistums Toul. Was bei diesem Hochverrat dabei gedacht worden sein mag, ist nicht mehr nachvollziehbar. „Schutz" des Beschützers vor sich selbst? Dem rechtswidrigen Angreifer! König Philippe Le Bel von Frankreich (1268 – 1314) „übernimmt" faktisch gleichfalls den „Schutz" des Bistums Verdun. Dies wird erst 1396 rechtlich anerkannt. / 1354 Der luxemburgische Deutsche Kaiser Karl IV. hält Reichstag in Metz. / 1356 Karl IV. erläßt in Metz förmlich das einzige „Reichsgrundgesetz", die „Goldene Bulle". Verdun kommt zeitweilig wieder unter Reichs„schutz". / 1431 Herzog Charles II. von Lorraine verbietet, daß eine seiner allein erbberechtigten Töchter einen Franzosen heirate. / 1441 König Charles VII. unterwirft Toul und Verdun für Frankreich. Der Widerstand von Metz bleibt erfolgreich. Durch diese

Liberation und Reunion ist die Freiheit der Freien Reichsstädte herabgesetzt worden zu Provinzstädtchen mit einem königlichen Präfekten. / 1453 – 1470 König Louis XI. von Frankreich verzichtet wieder einmal auf alle Ansprüche an Lorraine. / 1473 Ein Überfall auf Metz mißlingt. / 1476 Belagerung und Eroberung von Nancy durch Herzog Charles Le Téméraire von Bourgogne. / 5.1.1477 Entscheidungsschlacht bei Nancy. / 1525 Im lothringisch-elsässischen Bauernkrieg lehnt die Stadt Zabern „Hilfsangebote" der Sendung einiger Tausend französischer Reiter mit äußerster Deutlichkeit bedingungslos ab. / 1541 König Francois I. von Frankreich nötigt Lorraine zur Lehensabhängigkeit. / 1542 Im Vertrag von Nürnberg wird dagegen Lorraine durch Kaiser Karl V. in den Schutz des Reiches zurückgenommen. Dies wird 1603 durch Kaiser Rudolf II. erneut bestätigt. / 1544 Kaiser Karl V. stellt in Toul dessen Verbundenheit mit Kaiser und Reich fest. / 1552 Herzog Moritz von Sachsen, den die Lorraine nichts anging, sichert in Hochverrat dem König Henri II. von Frankreich Toul, Verdun und Metz zu. Frankreich unterwirft Toul, am 10.4.1552 durch List und Verrat Metz, am 12.6.1552 Verdun. Der Versuch Kaiser Karls V., Metz zurückzuerobern, scheitert: Erneuter Untergang der 3 Freien Reichsstädte. / 1587 Metz widersteht der französischen katholischen Liga. / 1633 Vertrag von Liverdun. Frankreich setzt „Parlamente" für die 3 Bistümer und Reichsstädte ein. / 1633 Feierlicher Einzug König Louis XIII. in Nancy, der Hauptstadt der Lorraine. / 1648 Westfälischer Frieden: Artikel IV: Frankreich erhält die 3 Bistümer und Städte. / 1661 Erste französische Heerstraße mitten durch Lorraine ins Elsaß. / 1664 Vertrag von Vincennes. Lorraine wird wieder Herzogtum unter französischer Lehenshoheit König Louis XIV. von Frankreich. / 1670 König Louis XIV. von Frankreich besetzt zunächst Nancy, dann ganz Lorraine. / 1697 Im Frieden von Rijswyk wird die widerrechtliche Besetzung der Lorraine beendet. Die 3 Bistümer und Städte, dazu Longwy und Saarlouis bleiben französisch. Herzog Karl V. von Lothringen, der Sieger der Türkenschlacht am Kahlenberge 1683, hat sein Land Lothringen niemals betreten. / 1729 Regierungsantritt des letzten Herzogs der Lorraine Franz Stephan: 1736 Gemahl der Kaiserin Maria Theresia von Österreich. / 1733 König Louis XV. von Frankreich besetzt Lorraine im polnischen Erbfolgekrieg. / 1738 Gegen empörte Proteste der Bevölkerung, gefolgt von Massenauswanderungen, erzwungene Abdankung des Herzogs zugunsten Stanislaus von Polen. Der lothringische Historiker Paul Rodier schreibt zu diesen Länderschiebungen: … „Infolge dieses bizarren Arrangements wurde ein Deutscher König von Polen, ein Pole Herzog von Lothringen, ein Lothringer Großherzog von Toskana und ein Spanier König beider Sizilien".

1766 Tod des Titularherzogs Stanislaus Lesczynski. Annektion der Lorraine durch Frankreich.

5.45

Jahrhunderte Bilanz der angegriffenen Lorraine:

Der Geist, in dem diese französische Angriffspolitik Jahrhunderte lang gegenüber einem – absolut unbestreitbar und einwandfrei – Territorium des Heiligen Römischen Reiches Deutscher Nation geführt worden war, wird charakterisiert durch einen förmlichen Widerspruch des Kardinals Richelieu 1633 für König Louis XIII. von Frankreich, den „Gerechten". Der Herzog von Lorraine berief sich gegenüber der von Frankreich geforderten Übergabe seiner Hauptstadt Nancy auf seine vorgehende Verpflichtung gegenüber Kaiser und Reich. Dies rief den sofortigen Widerspruch Richelieus – eines Priesters, eines Kardinals der Heiligen Kirche – hervor. Richelieu bezeichnet den König von Frankreich als „den einzigen legitimen Erben des Herzogtums Lorraine": Und den Deutschen Kaiser als „Usurpator im lothringischen Raum".

Selbstverständlich war der Staatsmann und Kirchenfürst Kardinal Richelieu viel zu klug, um sich nicht jederzeit einzugestehen ... daß Frankreich mindestens 6 mal – 942, 980, 1055, 1453–70, 1542, 1697 – auf die Lorraine, die es nichts anging, „verzichtet" hatte; daß danach jedes seiner Worte eine „Reunion" behauptete, das heißt eine offensichtlioche Lüge war.

Im Ergebnis: Von 843 n.Chr. bis 1766, also während 923 Jahren haben Lotharingien, Oberlothringen, Niederlothringen, Lorraine (Lothringen) Frankreich n i e m a l s angegriffen.

Dagegen: Selbst wenn man die vielen indirekten Beherrschungsformen und Unterwerfungshandlungen ... – wie Abkommen, Verträge, Protektorate, unter den Schutz von Frankreich stellen, Besetzungen – n i c h t mit berücksichtigt: Selbst dann hat dagegen Frankreich: (nach dieser mit Sicherheit nicht einmal vollständigen Aufstellung) 11 mal Lorraine (Lothringen) angegriffen, militärisch mit Waffengewalt heimgesucht, unterworfen, schließlich annektiert: Lothringen, ein Herzogtum des Deutschen Reiches, des „Heiligen Römischen Reiches Deutscher Nation": 910, 978, 984, 1281, 1441, 1473, 1541, 1552, 1587, 1670, 1733, schließlich das Ende 1766 ...

Frankreich ist es dann nach 1766 durch eine zielbewußte und kluge „propaganda fide" gelungen, die westliche Welt zu überzeugen von dem traurigen Schicksal der armen douce France, wie es sich in Lothringen und dem Elsaß wiederspiegelt. So wie der höchst gutwillige Präsident der Vereinigten Staaten von Amerika, Wilson, es offensichtlich gutgläubig erklärt hat, welches „Unrecht Frankreich in Elsaß-Lothringen durch Preußen und Deutschland 1871 – 1918 geschehen sei".

Dabei wirkt es wie eine letzte Ironie des Schicksals: daß die Schlachten des Krieges 1870 bei Weißenburg, Wörth, Metz auf elsässischem, lothringischem Boden lagen; daß alle vier großen französischen Lagerfestungen des Krieges 1914, Verdun, Toul, Epinal, Belfort, dazu la „position de Nancy", auf dem lothringischen Gebiet des alten Reiches Deutscher Nation lagen, ebenso „la voie sacrée" 1916; daß alle nach Norden gerichteten Festungsgruppen der „ligne Maginot" 1940, Hackenberg, Hochwald, auf deutsch-lothringischem Boden lagen.

5.5 Der italienische Mythos für „Vetta d'Italia in Alto Adige" seit ca. 1885

1977 beschloß der Südtiroler Landtag, die Landesregierung möge eine wissenschaftliche Studie über ... Südtirol in Auftrag geben. Zwei ausgewiesene Sachkenner, der venezianische Italiener Umberto Corsini, der Karlsruher Deutsche Rudolf Lill wurden um die Gutachten gebeten. 1988 wurden sie erstattet.

Außerordentlich bezeichnend ist nun, daß 1988 der Venetianer die nach dem Selbstbestimmungsrecht ohne Zweifel rechtswidrige Annektion Südtirols des Jahres 1920 zu argumentieren, zu vertreten, und aus lange zurückliegenden sachfernen bis sachfremden Darlegungen zu rechtfertigen sucht. So stellt Corsini dem vorgeblichen Pangermanismus – was immer das bezüglich des 1920 rein deutschen Südtirol 1988 sein soll – das italienische Risorgimento gegenüber.

Das Risorgimento, zu deutsch „Wiedererhebung", eine der edelsten Einigungsbestrebungen der Weltgeschichte, hat aber von 1815 bis 1870 seine Aufgabe erfüllt. Es hat mit Deutsch-Südtirol keinerlei sachliche Verbindung. Seine Vorkämpfer, etwa der Philosoph Vico, der Dichter Alfieri, die Staatsmänner der Reformen, von Alberoni bis Tannuei haben Forderungen auf Deutschtirol nie vertreten und an eine Erstreckung über die italienische

Sprachgemeinschaft hinaus niemals gedacht. Italien hatte bei seiner Einigung bei seiner Vielgestaltigkeit von Milano bis Palermo weitere Probleme, – nunmehr um deutsches Gebiet, – wahrhaftig nicht notwendig. Und es hatte eigene innere Fragen übergenug. Corsini ist zuzustimmen, daß das italienische Risorgimento das „Bewußtsein vom Eigenwert der Nation", „ein diplomatischer und militärischer Prozeß der territorialen Einigung der italienischen Nation" war. Angesichts der begriffsunabänderlichen Beschränkung auf die territoriale Einigung der „i t a l i e n i s c h e n " Nation bleibt aber sein Vorbringen, daß dieser „bürgerliche und politische Vorgang" „europaweit im Gleichschritt verlief" insofern ohne jeden Belang. Er versucht aber damit, die rechtswidrige und schuldhafte Annektion Südtirols durch seinen Staat, die moralische und ethische Schuld für Täuschung und Lüge bei den Friedensverhandlungen zu verringern, als ob Italien nichts Anderes getan habe, als alle anderen Staaten Europas 1920 auch. Selbst wenn es so wäre, bliebe aber ein allgemeines „Unrecht" 1920 noch immer auch für Italien 1920 ein Unrecht.

Jeder Versuch der Vermischung des edlen Risorgimento mit der teilweise verlogenen „Irredenta"-Propaganda von 1915 bis 1920 ist abzulehnen. Deutsch-Südtirol war keine italienische „terra irredenta", kein „unerlöstes italienisches Gebiet".

Stattdessen steht in aller Klarheit fest, wer der Urheber dieser Lügenpropaganda war, der „Irredentist und Deutschenhasser" (so selbst die FAZ!), der „Totengräber Südtirols", so die Zeitschrift „Südtirol", August 1965! Dies war Ettore Tolomei, dem es gelungen war, den italienischen Ministerpräsidenten für seine Phantasien zu gewinnen.

Tolomeis Daten sind die folgenden: 1865 geboren; 1885 Mitglied der revolutionären, nationalen, panromanistischen Vereinigung „pro patria"; 1890 Gründer und Herausgeber der Zeitschrift „Nazione Italiana". Hier versuchte er mit Hilfe einer gefälschten Landkarte nachzuweisen, daß Südtirol zum Teil unbewohnt, zum Teil gemischtsprachig, zum Teil eine „graue Zone" bis zum Brenner darstelle. Das italienische, noch zu Österreich gehörige Trentino scherte ihn dagegen schon lange nicht mehr, da ohnehin von der ehrlichen deutschen wie österreichischen wie tiroler Seite dessen „Italianita" von niemandem bestritten wurde.

Im Sommer 1904 sah er seine historische Mission gekommen. Mit seinem Bruder Ferruccio bestieg er den Glockenkarkopf, tief in Deutsch-Südtirol, 2 900 Meter hoch, meisselte ein I für Italia in einen Stein und beanspruchte als angeblicher Erstbesteiger das angemaßte Recht der Benennung in „Vetta D'Italia": Scheitel von Italien! ... Nur war dies eine unverschämte Fälschung. Der Glockenkarkopf – unter diesem Namen seit langem in den österreichischen Generalstabskarten verzeichnet, war im Sommer 1895 von Dr. Fritz Kögl bestiegen worden, worüber er 1897 ausführlich in der „Zeitung des österreichischen Alpenvereins" berichtet hatte. Tolomei muß dies bekannt gewesen sein. Aber unabhängig hiervon war seine Zweitbesteigung ohnehin belanglos. Auch handelte es sich um einen in der Gegend der wesentlich höheren Dreiherrenspitze um einen nichtssagenden, ganz unauffälligen Berg. Auch die spätere Brennergrenze liegt weiter nördlich. Alles war also ein plumper Täuschungsversuch.

1906 rief er ein „Archivio per l'Alto Adige" ins Leben und wurde damit der Erfinder der „Südtiroler Frage". 1906 bis 1914 erfanden die Brüder, ab 1910 Ettore allein ca 20 000 italienische Ortsnamen für die deutschen Orte in Südtirol. 1915 begrüßte Tolomei den Kriegseintritt Italiens mit: „Es lebe der Heilige Krieg". 1916 begründete er dann die „Associacione Alto Adige". Mit Hilfe der Italienischen Geographischen Gesellschaft gelang ihm die Ausbreitung seiner gefälschten Ortsnamen in Karten und Büchern. 1918 gab er ein Handbuch der Ortsnamen des erstrebten „Alto Adige" heraus. Kurz vor dem Zusammenbruch Österreich-Ungarns beauftragte der Ministerpräsident des Königreichs Italien, Orlando, den phantasievollen „Träumer" Tolomei mit der Organisation eines „Vorbereitungsamtes für die Behandlung des cisalpinen Deutschtums".

Im April 1919 kam Tolomeis historische Stunde. Als in den Friedensverhandlungen gemäß Punkt 9 der „Vierzehn Punkte" Wilsons „eine Berichtigung der italienischen Grenze ... nach der klar erkennbaren Linie der Nationalität" durchgeführt werden sollte, zählte Sonnino für Italien eine Fülle von Alpenbergen, Kämmen und Pässen auf, – alle mit wundervollen Tolomeiischen italienischen Namen – und er schloß mit der Forderung nach der Grenze auf der „Vetta d'Italia". Der Präsident der Vereinigten Staaten von Amerika, Wilson, entschied: „Vetta d'Italia"? – Zenith of Italy!- Der Name spricht für sich!" Die anders verlaufende Grenze über den Brenner, mitten durch das deutsche Südtirol, wurde dank Tolomei geboren. Und Wilson hatte vom Deutschtum Südtirols keinerlei Ahnung: Was er wenig später einsah und zugab!

Tolomei wurde gefeiert als der „Urheber der Brenner-Grenze", der „Retter" der Situation. 1923 wurde er zum Dank Senator des Königreiches Italien.

Wilsons Privatsekretär Baker schrieb in seinen Erinnerungen: „Unglaublicherweise hatte der Präsident die Brennergrenze Orlando zugesagt ... eine Tat, die er später als einen großen Fehler ansah und tief bedauerte". Und an anderer Stelle: „Als ich auf den deutschen Brennerpaß zu sprechen kam ... sprach Wilson zu mir:" Diese Entschließung tut mir leid. Ich kannte die Lage nicht, als diese Entscheidung getroffen worden ist."

5.6 Der polnische Mythos von der „Piast-Idee"; ca. seit 963 n.Chr.:

5.61
Der Mythos:

[29]Die Geschichte Polens beginnt – nach Annahme von Oskar Halecki – etwa ab 840 n.Chr. Ein Bauer, oder Adeliger, oder Hausmeier, ... „Piast!", aus der Gegend von Kruschwitz – im Netzegebiet – habe unter Ablösung eines älteren Herrschergeschlechtes seine neue Dynastie – die der Piasten – begründet.

Der vierte Herrscher dieser Linie, Mieszko, – 992 n.Chr. –, hatte zunächst zwei Niederlagen durch einen deutschen Grafen Wichmann hinnehmen müssen. Dann ist er 962 n.Chr. endgültig durch Markgraf Gero unterworfen worden. 963 n.Chr. wird in der offiziellen polnischen Geschichtsschreibung als das Begründungsdatum des „Herzogtums Polen" angenommen. Alsbald mußte Mieszko sich als „Tributpflichtiger", „Vasall", „Freund des Kaisers" sich dem Deutschen Kaiser unterwerfen und seine Herrschaft als Lehen des Deutschen Reiches nehmen.

Mit dem danach ehrwürdigen, sonst aber durch nichts belegten Namen des Piast, mit dem Staatsgründer Mieszko beginnt der Piasten-Mythos.

Nun ist jedes Volk – und dies gilt ungeschmälert genauso für das polnische Volk – berechtigt, sich in seinem Mythos wiederzuerkennen: Bestimmt besteht der Piasten-Mythos als Traum wie als Trauma, als Erinnerung wie als Illusion, als Argument wie als Vorwand. Jeder Mythos jedes Volkes, dieser Piasten-Mythos des polnischen Volkes ist höchster Ehren wert, ist zum Stolz berechtigend, ist und bleibt ehrwürdig. Halecki sieht in den ersten Herrschern, in den Epochen der ersten Jahrhunderte der Geschichte Polens eine „Epoche unbestreitbaren Glanzes". Dies kann und mag so sein. Niemand braucht es in Frage zu stellen. Niemand braucht es zu negieren. Es tut nur wohl; es verletzt niemanden. Die from-

---

[29] Oskar Halecki: Geschichte Polens. Frankfurt 1970.

me Ehrfurcht, die solchem Piasten-Mythos gebührt, wird überaus deutlich in den Namen, die das polnische Volk seinen Herzögen und Königen im Laufe der Jahrhunderte verliehen hat: ein Bauer, der Gerechte, der Alte, der Tapfere, der Schwarze, der Fromme, der Große, der Weiße, der Schiefmund, der Wiederhersteller, der Keusche, der Ellenlang. der Kühne, der Bärtige.

Nur: Bedeutsam und verhängnisvoll wird dieser Piasten-Mythos im Zwanzigsten Jahrhundert erst und dann, wenn dieser in sich berechtigte und harmlose Mythos in diesem Jahrhundert ein politisches oder rechtliches oder moralisches oder „historisches" Argument sein soll! Wenn mangels wirklicher Argumente gegen das Selbstbestimmungsrecht der Völker solche mehr als fadenscheinigen Scheinargumente im Brustton ehrlichster Überzeugung vorgebracht werden als scheinbarer Rechtsanspruch. Wenn über seit 4 bis 8 Jahrhunderten deutsche Provinzen, die seit diesen Jahrhunderten nur noch deutsch besiedelt waren, polnische historische märchenhafte Erinnerungen aufgefrischt und ausgebreitet werden sollen.

Zunächst nimmt der Piasten-Mythos möglichst nicht zur Kenntnis, daß mindestens 5 Mal im Laufe der ersten 3 Piastenjahrhunderte die Piasten-Fürsten ihr Herzogtum bzw. ihr Königreich Polen als Lehen des Heiligen Römischen Reiches Deutscher Nation nehmen mußten, sich als Vasallen den deutschen Königen unterwerfen mußten, tributpflichtig waren, die Oberhoheit des Deutschen Reiches anerkennen mußten, sich „Freund des Kaisers" nennen mußten.

963 n.Chr. sofort Mieszko I unter Kaiser Otto I, dem Großen, 1032 n.Chr. erneut Mieszko II unter Kaiser Konrad II., 1134 n.Chr.; erneut Boleslaw III. unter Kaiser Lothar III 1140 n.Chr.; erneut Boleslaw IV. unter König Konrad III., 1288 n.Chr.: erneut Heinrich IV unter König Rudolf von Habsburg.

Das entscheidende an dem Piasten-Mythos aber ist der Versuch, mit ihm zu versuchen zu begründen und zu versuchen zu rechtfertigen, daß irgend ein Land, und alles Land, das jemals einem Piastenfürsten vor vielen Jahrhunderten untertan gewesen war – oder genauer untertan gewesen sein soll –, deshalb – und mangels anderer Argumente a l l e i n deshalb, – im XX. Jahrhundert ohne Rücksicht auf die Bevölkerung als „polnisch" angesehen werden müsse, und von Polen beansprucht und annektiert werden dürfe. „Ist dies auch Wahnsinn, hat es doch Methode!" (Shakespeare).

Solcher überdehnter Piasten-Mythos versagt nun in dem Versuch seiner Anwendung bei allen deutschen Ostprovinzen; obwohl: das Piastengeschlecht für ganz Polen bis 1370 herrschte, der masowische Zweig bis 1526 noch existierte, der schlesische Zweig sogar bis 1672 vorgeblich gelebt haben soll.

Daher der Einzelnachweis zu den einzelnen deutschen Provinzen:

5.62
Ostpreußen:

Ostpreußen war prussisches, war baltisches Land. Es war niemals polnisch besiedelt. Ostpreußen war n i e m a l s in Piasten-Besitz. Hier besagt der Piasten-Mythos unbestreitbar überhaupt nichts. Ostpreußen wurde seit 1231 n.Chr. deutsch. Seine vorübergehende Eigenschaft als Lehen der polnischen Krone – nicht des Staates Polen – seit 1526 endete schon wieder 1657, beides zudem weit jenseits aller Piasten-Mythen.

5.63
Pommerellen-Westpreußen:

Die leidvolle Geschichte Westpreußens wird näher dargetan werden (Vergleiche unten

7,215). Bezüglich der Piasten beschränkt sie sich auf 8 Jahre vorübergehender Besetzungen von 2 Jahren = 1294 – 8.2.1296, 3 Jahren 1297 – 1299, letztmalig 3 Jahren 1306 – 1308. Ab 1308 bis 1466 war Polen der Weg nach Norden durch den Deutschen Orden versperrt. 1370 aber endete schon die gesamtpolnische Piastendynasatie. Betonungen, wie die Oskar Haleckis (aaO S.49), ein König, Ladislaus Lokietek, habe sich niemals damit abgefunden, dem Deutschen Orden „diese alte polnische Provinz zu überlassen", sind nicht mehr Geschichtsschreibung des Historikers Halecki, sondern verspätete Emotion und Propaganda; und sie sind ohne jeden Beweiswert: Weder war Westpreußen eine „alte polnische Provinz"! Wie hätte es dies zwischen 1294 und 1308 werden sollen? Noch waren die vor 1308 aussterbenden Dynastien der Pomoranenherzöge Polen, noch waren sie Piasten! Noch konnten die polnischen Angriffskriege die 9 Verzichte Polens auf Pommerellen ungeschehen machen (vgl. 7.215). Die Piasten-Mythen erbringen nichts gegenüber Westpreußen.

5.64

Danzig:

Danzig war vor 1227 eine kaschubische Fischersiedlung unter der Herrschaft der Pomoranen; weder polnisch noch piastisch. Nach der Gründung der deutschen Stadt Danzig 1227 blieb es eine Stadt im Herrschaftsbereich der Pomoranen. Es wurde genau wie Westpreußen nur 8 Jahre polnisch besetzt; zwischen 1294 und 1308. Mit 1308, mit der Begründung der Herrschaft des Deutschen Ordens, bis 1466, war Danzig den Piastenträumen machtmäßig entrückt. 1370 endete mit dem Aussterben der Gesamtpolen-Piasten jede Illusion. 1453/1466 – 1795 war die stolze und militärisch unbezwingliche Stadt faktisch gegenüber Polen, Sachsen und Rußland souverän. 1795 – 1920/1945 war sie deutsch, als Freie Stadt bzw. preußische Provinzhauptstadt.

5.65

Pommern:

1121 – 1138 war es Polen sehr vorübergehend gelungen, das selbständige, nicht piastische Herzogtum Pommern zu besetzen. Das Herzogtum der Greifen war dann seit 1138, 1164, 1184, 1231 immer wieder und immer erneut deutsch. Wenige, ca. 17 Jahre kriegerischer polnischer Besetzung durch Piasten vermögen dies nicht aus der Welt zu schaffen. Seit 1138, das heißt ganze 39 Jahre nach dem e r s t e n der Kreuzzüge 1099, ein Jahrzehnt vor dem katastrophalen zweiten Kreuzzug, ist Pommern von Polen nicht mehr zu berühren gewesen. Dieses Datum, 807 Jahre v o r 1945 zeigt, wie absurd Versuche der Argumentation mit dem Piasten-Mythos im XX. Jahrhundert, wie verspätet pubertär, wie geradezu geistesarm sie erscheinen müssen.

5.66

Ostbrandenburg:

963 wird angenommen als Beginn der Piastengeschichte. Um 1 000 waren sowohl die Lausitz als das Land Leubus schon deutsch, die Elbslawen, Oderslawen, – die alle keine Polen waren – waren unterworfen und eingegliedert in das Deutsche Reich. 1002, erneut 1018 gelingt König Boleslaw Chrobry von Polen die zeitweilige Unterwerfung der Lausitz. Das völlig ziellose Umherschweifen dieses „Tapferen" belegt aber, daß er im gleichen Jahr 1018 vor der Hauptstadt des Rus, der Ukraine steht, – 1200 km davon –, und siegreich einzieht, um es als „Botschaft des Triumphes und der Herausforderung an die Kaiser des westlichen und des östlichen Reiches" (Halecki aaO S.24) zu verkünden. Damit aber wird „der Tapfere" gerade für den Piast-Mythos unerheblich, da er entgegen dem nachträglichen, ziel-

bewußt gegen den Westen gerichteten Mythos besinnungslos nach allen Seiten, insbesondere nach Südosten, um sich schlug. Boleslaw Chrobry ist als erster Piastenkönig somit gerade kein Symbol für den Piasten-Mythos.

Sein Nachfolger, Mieszko II., unterlag nach einem „übereilten" (Halecki aaO S. 26) sinnlosen Angriff der Verteidigung Kaiser Konrads II. Er mußte sich ca 1032 ausdrücklich unterwerfen und demütigen. Die kurze polnische Besetzung der Lausitz, des Landes Leubus, von Ostbrandenburg endete 1032 endgültig. Diese Zeit liegt – zur Piasten-Abwechselung! – sogar nur 77 Jahre vor dem ersten Kreuzzug. Noch abstruser kann ein Piasten-„Anspruch" gar nicht mehr sein: Vergangen 1032, das heißt 913 Jahre vor 1945.

5.67
Schlesien:

Schlesien – und nur Schlesien! – war wirklich bis zu 346 Jahre Piasten-Land, wenn auch nicht immer polnisch, sondern viele Jahrzehnte böhmisches, das heißt reichsdeutsches Lehen von schlesischen Piasten-Seitenlinien. Dabei ist aber die Entwicklung durch Jahrhunderte deutscher Arbeit nicht zu verschweigen. Der Held und das Opfer der Niederlage in der Mongolenschlacht bei Liegnitz 1241, Heinrich II., der Fromme, war bereits in vierter Generation Deutscher. Er hatte wiederum eine deutsche Ehefrau. Er war nur noch Piast. Sein Vater, Heinrich I., – der Bärtige – zählte schon seine Großmutter, seine Mutter und seine Gattin als deutsche Prinzessinnen. Er hatte zwar nacheinander polnische Erfolge gesammelt: 1229 die Oberhoheit über die bürgerlich-deutsche Stadt Krakau (Halecki aaO S.37, 44) errungen, 1234 über die Hälfte von „Großpolen!" Aber selbst er: Er war zwar auch Piast. Aber selbst er war schon „Schlesier".

Mit 1335, mit dem Friedensvertrag von Trentschin durch König Kasimir III., den Großen, König von Polen, endet die gesamtpolnische Geschichte des piastischen Schlesien. 1335 bis 1336, nur mit Nachzüglern bis 1368 gingen alle Piastschlesischen Herzogtümer an Böhmen. (Höchst bezeichnenderweise kennt die sonst objektive „Geschichte Polens" von Oskar Halecki scheinbar den unbestreitbar existierenden und besonders erheblichen Vertrag von Trentschin, weil er auf leere Ansprüche verzichtete, überhaupt nicht! Obwohl er von dem größten Symbol-König Kasimir dem Großen geschlossen wurde. Dementsprechend stellt Halecki alle Folgen – für einen Historiker mehr als eigenartig – unzutreffend dar. AaO S.51).

Seit 1335 ging das weiterhin vereinzelt piastische Schlesien das Königreich Polen nichts mehr an. Auch dies waren mithin nur 610 Jahre vor 1945! Mit dem piastischen Schlesien endet spätestens der Piasten-Mythos.

5.68
Zur Gegenüberstellung zur „Piast-Idee": Polen für die „Jagellonische Idee"; ca seit 1386!

Der Piast-Mythos betrifft ausschließlich fremdnationale, hier deutsche Volksgebiete: Westlich von Polen. Der jüngere, dem Piast-Mythos folgende „Jagellonische Mythos" betrifft ausschließlich fremdnationale Volksgebiete, hier litauische, weißruthenische, ukrainische Volksgebiete: Ostwärts von Polen. Die polnische Romantik und ihre staatsrechtlichen Mythen betreffen somit bezeichnenderweise immer Gebiete, die Polen heute und nach dem Selbstbestimmungsrecht nicht das Geringste angehen.

Die Gegenüberstellung hier, die Charakterisierung ist angezeigt, um diese für ein friedliebendes Europa gemeingefährliche Geistesverwirrung dieser beiden polnischen Mythen aufzuzeigen.

Das polnische Mittelvolk zählte 1894, 1890 insgesamt 13 672 000 Menschen: Im Zartum Rußland ca. 7 220 000 Polen, im Kaiserreich Österreich-Ungarn ca. 3 687 000 Menschen, im Königreich Preußen ca. 2 765 000 Menschen

Ungeachtet der mehr als bescheidenen Quantitäten des polnischen Volkes in der machtmäßig noch nicht gestörten Friedensperiode bis 1914 glaubten schon damals Teile seiner Intelligenz und ihr folgend des einfachen Volkes: ... „an die natürlichen Grenzen Polens in der Ostsee und dem Schwarzen Meer" (Halecki aaO. S.82). Wie ein solcher Wahn 1914 zu beurteilen bleibt, ist jedem Beobachter und Urteiler selbst überlassen.

Dieses polnische Volk – kaum durch deutsche und österreichische Waffen befreit vom Zartum Rußland – raubte 1918 das deutsche Westpreußen, das westliche Posen, dann Ostoberschlesien. Zusätzlich raubte es 1921 von Weißruthenien Nowogrodek, Bialystok, Polesie, raubte es 1921 von der Ukraine Wolhynien, Tarnopol, Stanislau, Lviv. Zusätzlich raubte es 1922 von Litauen seine Hauptstadt Vilnius.

Für den geistigen Hintergrund, der sich in solchem praktizierten chauvinistischen Größenwahn manifestiert, ist es erforderlich, auch den „Jagellonischen Mythos" zu charakterisieren. Wurden doch 1970 – in einer scheinbar objektiven Geschichte Polens – (Halecki, in deutsch 1970, aaO. S.8), diese Grenzen des polnischen Staates von 1918 gegenüber Deutschland, 1921 gegenüber Weißruthenien und der Ukraine, 1922 gegenüber Litauen, obwohl sie in allen Himmelsrichtungen weit ü b e r das polnische Volksgebiet zu Lasten aller seiner Nachbarvölker hinausgingen, als „künstlich" und als „unhaltbar" bezeichnet. Und zwar offensichtlich nicht etwa, weil sie – wahrheitsgemäß – für das Selbstbestimmungsrecht zu weit gingen, sondern weil sie für die polnische Romantik des „Piasten-Mythos" und des „Jagellonischen Mythos" lange n i c h t   w e i t   g e n u g gegangen seien. Forderten ja Polen 1945 und vereinzelt bis heute: Sowohl als auch: den Beibehalt der Oder-Neiße-Linie als „Friedensgrenze" in Ostdeutschland, die Wiederannektion von Vilnius bis Lviv ostwärts von Polen.

Der Jagellonische Mythos, das „große jagellonische Polen" (Halecki aaO. S.76), entstand aus einer Vereinigungsidee des zutreffenderweise relativ kleinen Königreichs Polen mit dem riesigen Großfürstentum „Litauen", faktisch Weißruthenien und die Ukraine: Schamaiten, das heutige Litauen gehörte gerade nicht dazu. Verwirklicht wurde diese Vereinigung: ... in Krewo 14. 08.1385 in der Krönung Jagellos, eines Litauers, als Wladislaw II zum König von Polen 4. 03.1386. Im Vertrag von Horodlo 2.10.1413, in der endgültigen Union von Lublin, 1. 07.1569 von Polen und „Litauen" zu einer „gemeinsamen Republik".

Zu diesem vereinigten „Litauen" konnte das wirkliche Litauen, damals Samogitien oder Schamaiten nicht dazu gehören, da es ein Land des Deutschen Ordens war. Dieses vereinigte „Litauen" umfaßte außer Weißruthenien auch noch zusätzlich von Großrußland Polock, Witebsk, Smolensk, Mohilew, Brjansk, Starodub. Es umfaßte nicht nur die Ukraine, sondern von Großrußland außerdem noch Hadiacz, Poltawa, Kudak. Dazu erwarb Jagello 1387 die Oberhoheit über die rumänische Moldau. 1399 wurde er an der Worskla in der Ostukraine am weiteren Vordringen gehindert. 1466 konnte König Kasimir von Polen das „königliche Westpreußen" und das Ermland als Nebenland für die Krone Polen erwerben. Zur widerrechtlichen Realunion kam es erst 1569. 1561 – nach der letzten Schlacht des Deutschen Ordens, bei Ermes in Estland, – kamen Kurland und Semgallen unter polnische Lehensabhängigkeit; Livland wurde polnische Provinz.

Was das vereinigte „Polen-Litauen" 1772, 1793 an Moskau verlor war nur das erträumte „große jagellonische Polen" von Meer zu Meer, aber noch immer trotz beider Teilungen kaum polnischer Volksboden! Warum also sollte Polen von Meer zu Meer reichen? Mit keinem Meter stieß polnischer Volksboden jemals zu irgend einem Zeitpunkt vor 1920 an die Ostsee. An das Schwarze Meer, – die zweite „natürliche Grenze Polens" – kam polnischer Volksboden niemals näher als 665 Kilometer heran!

Wer bestimmt dann nach welcher Ratio welches die „natürlichen" Grenzen Polens zu sein haben? Warum dann nicht beispielsweise die „natürliche Grenze" Frankreichs im Osten: Die Weichsel! 890 km entfernt! Warum dann nicht beispielsweise die „natürliche Grenze" Deutschlands im Westen: Der Atlantik! 665 km entfernt! Warum dann nicht beispielsweise die „natürliche Grenze" Italiens im Norden: Die Ostsee! 770 km entfernt! Warum dann nicht beispielsweise die „natürliche Grenze" Rumäniens im Norden: Die Ostsee! 745 km entfernt! Warum schließlich nicht die natürliche Grenze Polens im Süden: Die Adria! Nur 555 km entfernt. Natürlich wäre dies nur ein frevelhafter chauvinistischer Witz. Auf Dutzende Millionen Menschen würde dabei keine Rücksicht genommen! Aber zum Glück existiert ein solcher „Stephan Bathory-Mythos" nicht auch noch!

Bei der Verfolgung und Verwirklichung des „Piast-Mythos" 1918 wie 1945 wurde auf ein Dutzend Millionen Menschen keine Rücksicht genommen: Im Korridor und dann in Ostdeutschland!

Bei Verfolgung und Verwirklichung des „Jagellonischen Mythos" 1921 und 1922 wurde auf ein Dutzend Millionen Menschen keine Rücksicht genommen: Im sogenannten Ostpolen!

Die Schuld an der Realität solcher krimineller Angriffs-Annektionen mag die Staatsmänner treffen, die – mit 3 Streichhölzern- über die Völker hinwegmarschieren. Die Verantwortung aber trifft die polnischen Romantiker, die es verstanden haben, solche Träume so lange ernsthaft zu vertreten, bis es gelang, sie blutig durchzusetzen.

Der „Piast-Mythos" wie der „Jagellonische Mythos" sind im Ergebnis Gefahren für den Frieden Europas, Aufforderungen zur Unterjochung oder Vertreibung fremdnationaler nichtpolnischer Nachbarvölker, romantische Erinnerungen an seit Jahrhunderten vergangene mittelalterliche Unterwerfungsformen ausschließlich adliger polnischer Herrschaft: Ohne und gegen das Volk! Beide Mythen sind mit dem Selbstbestimmungsrecht der Völker in keiner Weise vereinbar. Es muß aufhören, daß dergleichen nur aus Höflichkeit nicht offen qualifizierter Nonsens vertreten wird: Und die Politik mitbestimmen kann im XX. Jahrhundert der Demokratie und der Menschenrechte und des Völkerrechtes.

5.7 Der tschechische Mythos des sogenannten historischen „böhmischen Staatsrechtes"; seit ca 22.08.1867:

In einer am 22.08.1867 von Rieger formulierten Deklaration legten 81 tschechische Abgeordnete in 10 Punkten die „Desiderien der (tschechischen) Nation" vor. Sie beriefen sich dabei grundlegend auf das „historische böhmische Staatsrecht". Danach sei die Einheit aus Böhmen, Mähren und österreichisch-Schlesien ein selbständiger tschechischer Staat gewesen und geblieben.

Nichts davon ist haltbar. Nichts davon kann gegenüber dem Selbstbestimmungsrecht der Völker im XX. Jahrhundert von Erheblichkeit sein.

Bereits förmlich scheitert jeder solche Anspruch daran, daß – nach einer sagenhaften böhmischen Staatsgründung um 874 n.Chr. – zwischen 929 n.Chr. und 1749 n.Chr. mindestens 9 mal das absolute Abhängigkeitsverhältnis Böhmens, die Eigenschaft ein bloßer abhängiger Teil des Deutschen Reiches zu sein, proklamiert und immer erneut bestätigt und bekräftigt worden ist: / 929 zwischen König Heinrich I und Herzog Wenzel, dem tschechischen Nationalheiligen / 950 Huldigung Herzog Boleslaws I. vor Kaiser Otto I, dem

Großen / 1004 Wiedereinsetzung Herzog Boleslaw III. durch Kaiser Heinrich II. / 1086 Wratislaw II. empfängt von Kaiser Heinrich IV. die Königskrone / 1126 Sobieslaw hat das Lehensverhältnis mit Kaiser Lothar III. von Supplinburg zu erneuern / 1158 Wladislaw II erhält von Kaiser Friedrich I. die erbliche Königswürde / 1348/1355 Kaiser Karl IV. regelt durch seine Verfassungsurkunden das Verhältnis des böhmischen Reichslandes als Königreich mit Churstimme zum Deutschen Reich / 1620/1627 Kaiser Ferdinand II. regelt durch Gesetz – nach der Katastrophe der Schlacht am Weissen Berge – die „Verneuerte Landesordnung für Böhmen" / 1749 Kaiserin Maria Theresia beseitigt förmlich in der Staatsreform die Relikte einer rechtlichen Einheit der verschiedenen Länder der Krone Böhmens.

Es gab mithin seit 929 n.Chr. über 1749 bis 1806 nur ein deutsches Reichsfürstentum, Herzogtum, dann Königreich, Churfürstentum Böhmen. Es gab keinen selbständigen Staat. Erst recht gab es keinen selbständigen „tschechischen Staat".

Rechtlich ist bereits der Begriff des historischen „böhmischen" Staatsrechtes, der „Länder der böhmischen Krone", der „Wenzelskrone" schief bis unzutreffend. Böhmen ist nur Böhmen und nichts weiter als Böhmen. Böhmen ist nur Ceski. Ceski ist nur Böhmen. Mähren gehört nicht dazu: Weder zu Böhmen noch zu Ceski. Schlesien gehört nicht dazu. Obwohl von tschechischer Seite bewußt die Begriffsverwirrung bis Verfälschung gesucht worden ist: Böhmen sei auch Ceski im Sinne von Tschechei/„Tschechien".

Wenn das Königreich Böhmen wirklich jemals mehr zu beanspruchen versucht haben sollte, so bleibt festzuhalten, daß das Land, daß der „böhmische Staat" zwei mal ausdrücklich beseitigt worden ist: 1620 sowohl als 1749; unter Beseitigung der sogenannten Einheit.

Rein territorial ist gleichfalls festzuhalten, daß es zufolge der Unbestimmtheit des Bereiches „Böhmen" kein historisches „böhmisches" Staatsrecht geben kann, sondern äußerstenfalls viele Ansätze zu vielen verschiedenen Zeitpunkten mit sehr verschiedenen Bereichen: / 967 wurde der Herrschaftsbereich erstmals über Ceski hinaus erweitert / 1055 wurde erstmals Mähren in den Herrschaftsbereich einbezogen / 1322 wurde die Reichspfandschaft Egerland zwar erworben, aber nie eingegliedert / 1335 wurde Schlesien durch den Vertrag von Trentschin einbezogen / 1373 wurde Brandenburg erworben / bis 1378 wurden erstmals beide Lausitzen, die Oberpfalz, Troppau, erworben und erneut Mähren / 1400 ging die Oberpfalz verloren an Churpfalz / 1415 ging Brandenburg an die Hohenzollern verloren 1648 gingen die Lausitzen an Sachsen verloren / 1742 ging Schlesien an Preußen verloren; bis auf den Rest von österreichisch-Schlesien. Nachdem solche riesigen Gebietsverluste eingetreten sind bleibt zu fragen, wann also wohl die „Historie" des „böhmischen" Staatsrechtes in welchem der Dutzend Zufallsumfänge begonnen oder geendet haben soll! Dabei brauchte die Episode Ottokars vor Dürnkrut nicht einmal berücksichtigt zu werden.

Materiell schließlich: Wieso soll eine rein dynastische Zeitform, ein Verwaltungsbezirk, den die Habsburger Jahrhunderte hindurch als ihr Privateigentum betrachtet hatten, der bewußt zwei mal völlig entmachtet und beseitigt worden ist, 1918 rechtsverbindlich sein?

Da Böhmen in Österreich-Ungarn nichts als eine Verwaltungseinheit war, haben Kaiser Josef I. eine Königskrönung in Prag abgelehnt, Kaiser Karl VI. sie bis 1723 hinausgeschoben. Maria Theresia sprach von der Wenzelskrone nur als einem „Narrenhäupl", hat den Legitimisten und dem Hochadel aber wegen des Krieges mit Preußen schließlich den Gefallen tun wollen.

Tschechische Propagandisten haben geglaubt, sich auf ein „Erstgeburtsrecht" als tschechische „Staatsnation" berufen zu können. In den „Desiderien der Nation" von 1867 berufen sich die tschechischen Abgeordneten auf einen mit der „Pragmatischen Sanktion" Kaiser Karls VI. zwischen „den Ländern der böhmischen Krone" und dem Haus Habsburg vorgeblich geschlossenen Vertrag. Dieser Vertrag stelle die einzige rechtliche Bindung des tschechischen Böhmen an Österreich dar.

Dies ist so offensichtlich völlig unzutreffend, daß es nur erstaunen kann. Die Pragmatische Sanktion war keinerlei Vertrag. Sie wurde Böhmen nur am 12.08.1720, Mähren gesondert am 17.08.1720 ausdrücklich lediglich zur K e n n t n i s gebracht. Sie kann daher einem sogenannten „böhmischen Staatsrecht" keinerlei Rechtstitel begründen. So wurde sie 1725 bis 1738 von den Mächten Europas anerkannt, 1726 auch von Preußen.

Abgesehen davon also, daß es ein solches böhmisches Staatsrecht überhaupt nicht gibt, ist gegenüber dem Selbstbestimmungsrecht der Sudetendeutschen die Berufung auf ein historisches „Narrenhäupl" von böhmischem Staatsrecht eine mittelalterliche naive Impertinenz.

Leider haben ihr die Sudetendeutschen, die Reichsdeutschen, die Österreicher noch Vorschub geleistet, durch eine territoriale Falschdarstellung des Sudetenlandes: Auf den Volkstumskarten wurde das Sudetendeutschtum bis zu den österreich-ungarischen alten Staatsgrenzen isoliert dargestellt. Wieso sollen aber die böhmischen Randgebirge als geschichtliche bloße Verwaltungsgrenzen sakrosankt sein?Anstatt das Sudetendeutschtum im festen Verband kompakt verbunden mit der deutschen Oberpfalz, mit dem deutschen Sachsen, mit dem deutschen Schlesien auch visuell darzustellen, wurde das Sudetendeutschtum immer als Randdeutschtum dargestellt. Als ob mit den Gebirgskämmen der Mittelgebirge um das böhmische Becken „die Welt aufhöre". Als ob das Sudetendeutschtum „mutterseelenallein" isoliert dem geballten Tschechentum gegenüber gestanden hätte.

1918 bis 1920 scheint die These vom „historischen böhmischen Staatsrecht" von den Siegermächten honoriert worden zu sein.

Insgesamt bleibt die erfolgreiche These vom historischen böhmischen Staatsrecht im XX. Jahrhundert des Selbstbestimmungsrechtes ein unverständlicher und unverständiger tschechischer mittelalterlicher Mythos.

5.8 Rußland für einen „eisfreien Hafen" einerseits 1758 – 1762, die Sowjetunion für „Kaliningrad" andererseits 1945 – 1991

Einen Mythos des großrussischen Volkes über Königsberg in Ostpreußen gibt es nicht. Anklänge zu einer solchen Entwicklung sind aber festzuhalten. Und bereits die Umkehr: „Trauriges Königsberg"! So Egil Levits in Heft 13 des „Europarchivs 1989; so Heft 3 / 1989 von Kontinent.

Die russischen Statthalter im eroberten königlich preußischen Königsberg 1758: General Graf Fermor 1.1758-3.1759, ein baltischer Edelmann, Freiherr von Korff, 3. 1759–1761, "" Suworow, 1761 – 5.1.1762, der einzige Russe mochten an die Dauerhaftigkeit der zaristischen Besetzung Ostpreußens noch geglaubt haben. Die Zarin Katharina II., die Große, gab Ostpreußen wieder an Preußen heraus.

Ähnliches wiederholte sich 1813/1814, als ein Württemberg als Statthalter Zar Alexander I. von Rußland versuchen mußte, erst Königsberg, dann Danzig n i c h t an Preußen herauszugeben, sondern es für Rußland zu behalten.

Der Aufenthalt russischer Statthalter im Stadtschloß. im Deutsch-Ordens-Schloß in Königsberg hat dann bei der Argumentation des sowjetischen Architektenkollektivs nach 1945 für das Anliegen der Erhaltung des Schlosses gedient. Um des sowjetischen Mythos vom urrussischen Kaliningrad willen wurde das Schloß dann doch gesprengt.

Unvergleichbares geschah 1944, als Stalin unter der Zustimmung von Roosevelt und

Churchill „argumentieren" konnte, in Königsberg einen „eisfreien Hafen" haben zu müssen für die Sowjetunion, um dort immer „im Nacken Deutschlands sitzen zu können". Dabei erklärte schon am 24.8.1945 Professor Dr. Savory, konservatives Mitglied des House of Commons, Königsberg „hat niemals in der Geschichte zu Rußland gehört". „Die russische Bevölkerung Königsbergs ist unendlich gering". Dies war der „Fakt". Sie war immer gleich Null.

Etwas Unvergleichbares geschieht am 13. April 1988, als in der „Moskowskije Nowosti" Kaliningrad zur heimatkundlichen Betrachtung über: ... „Unseren Landsmann Kant" genutzt wurde. Er verbinde im Bewußtsein sowjetischer Menschen das heutige Kaliningrad mit dem ehemaligen Königsberg. Kant jedoch war außer Philosoph auch königlich preußischer Festungsbaumeister. Genau so wie der sterbende Gerhard Hauptmann würde er angesichts dieser Zukunft gefragt haben: „Bin ich noch in meinem Haus"? Immanuel Kant ist nicht aus Kaliningrad. Immanuel Kant ist aus Königsberg in Ostpreußen. Tschou en lai – der große chinesische kommunistische Staatsmann bekannte einmal: „Ich kenne kein Kaliningrad. Ich kenne nur Königsberg"

Der Gipfel ist jetzt erreicht, da die importierte großrussische Bevölkerung die neuen Namen Kantstadt oder Königsberg propagiert. Ebenso, da die Rußlanddeutschen als eine der möglichen Heimstätten Nordostpreußen zeitweilig in die Diskussion einführten.

5.9 Litauen für Klaipeda:

Eine Romantik, ein litauischer Mythos für Memel, für Klaipeda wäre erst erfunden, nachdem das Memelland abgetrennt worden war, nachdem ... die von Livland vom Deutschen Orden 1252 aus dem Nichts heraus begründete deutsche Burg und Stadt, die erst 1328 überhaupt erst zu Ostpreußen kam, die nach 671 Jahren Deutschtum erst am 18.2.1923 durch litauische Freischärler zu Litauen kam, schon als Klaipeda abgestempelt war. Ob das neue Litauen eine geistige Verbindung zwischen Vergangenheit und Gegenwart Klaipedas sucht, wird sich erweisen müssen.

Kapitel 6

6 Überblick über territoriale Fragen des Selbstbestimmungsrechtes des deutschen Volkes auf sein Land (Historische, statistische, ethnographische Stichworte)

6.1 Territorien des Heiligen Römischen Reiches Deutscher Nation:

6.11

Reichsterritorien j e n s e i t s der deutschen Sprachgrenze, seit Jahrhunderten aufgegebene historische Vergangenheit: 911 – 1648 / 1801: (Gegenbeweis gegen vorgebliche deutsche „Aggressivität" und „Pangermanismus").

Das Selbstbestimmungsrecht des deutschen Volkes auf s e i n Land ist verbunden mit der Existenz und der Begrenzung des deutschen Volksbodens, das heißt grundsätzlich zunächst – mit Ausnahmen vorbehalten – bis zur deutschen Sprachgrenze. In der Fragestellung hier handelt es sich aber zuerst dagegen ausnahmslos um Territorien j e n s e i t s der deutschen Sprachgrenze. Es handelt sich nicht um deutschen Volksboden, sondern nur um Territorien des Heiligen Römischen Reiches Deutscher Nation. Zu belegen bleibt daher, warum und wozu diese Untersuchung?

Um die Notwendigkeit und Nützlichkeit an einem hoch bedeutsamen Beispiel zu belegen: Zufolge der Union der Krone Polen 1387 mit der Krone des Großfürstentums Litauen gerieten bis 1795 auf vier Jahrhunderte riesige weißruthenische, ukrainische, schamaitische (des heutigen Litauen) Volksgebiete in den polnischen Einflußbereich. Polen hatte ein anderes als das mittelalterliche und deshalb völlig veraltete adelsrepublikanische monarchische „Recht" der Krone Polen auf diese fremdnationalen Volksgebiete niemals gehabt. Der polnische Volksboden reichte niemals wesentlich ostwärts des Bug. In Kenntnis dieser Grundlagen hat Polen dennoch 1921 wie 1945 fanatisch geglaubt, politische Rechte auf diese Gebiete gewaltsam beanspruchen zu können: Gebiete, die schon 1772 wie 1793 in der ersten und zweiten Teilung Polens zu R e c h t aus dem Königreich Polen ausgegliedert worden waren. Und solch ein anachronistischer Fehl-Anspruch wurde von Polen erhoben, und bleibt in Polen unvergessen, mitten im XX. Jahrhundert des Selbstbestimmungsrechtes der Völker: Auch der Ukrainer, auch der Weißruthenen! Solch ein „Anspruch" wird „unterbaut" durch zweifelhafte polnische Statistiken, die bewußt verfälschende Deklaration von Nichtpolen als vorgebliche Nationslose, sogenannte „Hiesige", durch die romantische Klageerhebung über Millionen vorgeblich von Stalin nach Osten ausgesiedelter Polen aus diesem sogenannten „Ostpolen", das immer ein West-Weißruthenien, eine West-Ukraine war.

Ganz anders verlief das Schicksal des deutschen Volkes:

Seit fast 2 000 Jahren ist zugrundezulegen, daß in Europa nicht ein amorphes „Volk" selbst als Bewahrer bzw. als Eroberer von Territorien auftritt. Eroberer war und ist fast immer nur das staatlich verfaßte Volk. Was mithin diesen Staat angeht, seine Jugend, seine Blüte, sein Elend, sein Alter, sein Untergang berührt mithin immer auch das Volk, das ihn konstituiert.

Wenn nun – wie dies 6 Jahrhunderte hindurch mit dem deutschen Staat, dem Reich Deutscher Nation, von 1256 bis 1806 geschehen ist – der deutsche Staat ununterbrochen große Gebiete verliert, ununterbrochen sich auf dem Rückzug befindet, so muß dies auch höchst bedeutsam das deutsche Volk beeinträchtigen: Auch dann, wenn sein eigentlicher deutscher Volksboden erst relativ spät angetastet wurde! Sein Geist, seine Mentalität, sein Prestige, sein Lebensgefühl, seine Dynamik oder aber eben seine Resignation sind dann weniger oder mehr, unbewußt oder bewußt auch Funktionen dieses seines Staates, der sich 6 Jahrhunderte hindurch auf dem ewigen Rückzug befindet: Bis hin zum endlichen Untergang des Heiligen Römischen Reiches Deutscher Nation.

Der deutsche Staat nun, das Reich der Deutschen Nation hat 6 Jahrhunderte lang relativ widerstandslos riesige Gebietsverluste erlitten: Und fast klaglos hingenommen. Diese Verluste sind im Gewissen dieses deutschen Volkes „erledigt". Es hat sie schlicht verschlafen. Es hat sie schlicht vergessen. Warum und wozu dann hier noch diese Prüfung? Diese Prüfung ist zwingend geboten und dringendst erforderlich. Diese Prüfung erlaubt einen Gegenbeweis. Einen Gegenbeweis, der gegen eine feindselige Polemik und Propaganda einerseits, die geistige Lage des erfolgreich „umerzogenen" deutschen Volkes andererseits, die Problematik des Selbstbestimmungsrechtes des deutschen Volkes auf sein Land 1991 von entscheidender Bedeutung ist. Sie erlaubt den Gegenbeweis gegen die angebliche deutsche Aggressivität, gegen die Thesen preußischer „ewiger Kriege", ewiger „deutscher Angriffskriege", gegen die Anmaßung der Polemik gegen einen vorgeblichen „deutschen Drang nach dem Osten". Sie widerlegt die Propagandathesen des sogenannten „Pangermanismus", von Andreotti bis Glemp. Sie erlaubt den Gegenbeweis gegen die so genüßlich breit ausgewalzte fingierte deutsche „Grundverderbtheit" von Habermas, gegen den angeblichen ewigen egozentrischen „Sonderweg", gegen die vorgeblichen „Erbfeindschaften". Von deutscher Seite aus hat es jedenfalls eine Erbfeindschaft gegen das polnische, gegen das tschechische, gegen das großrussische Volk niemals gegeben.

Ein Volk somit, das deutsche Volk somit, dem bestätigt werden muß durch neutrale und objektive Beobachter und Urteiler, daß es sich sechs Jahrhunderte lang als das absolut u n - f ä h i g s t e Volk Europas erwiesen hat, seinen Staat, sein Reich, dessen Reichsgebiete auch nur zu wahren und zu verteidigen, ein solches Volk ist erwiesen als friedliebend, als gutmütiger als gut ist, als zurückhaltender als gut ist. Ein solches Volk kann vor dem Urteil der Geschichte sehr viel besser bestehen, als sehr viele andere Völker und Staaten in Europa: Auch solche, die sich in Vorwürfen gegen Deutschland überbieten.

Dieses Volk hat mindestens das Recht auf s e i n Land. Das deutsche Volk hat mindestens sein ungeschmälertes Recht auf Selbstbestimmung auf sein ungeschmälertes Land seines Volksbodens und Sprachgebietes: Wenn es schon auf riesige Gebiete seines rechtmäßigen Reichsterritoriums jenseits der Sprachgrenze klaglos verzichtet hat, Jahrhunderte lang immer erneut verzichtet hat.

6.12
Reichsterritorien am Mittelmeer:

6.121
Jerusalem 1229 – 1244, das heißt 15 Jahre:

Auch wenn es dem Wissen des deutschen Volkes völlig entfallen ist. Die Heimatstadt von drei der wichtigsten Weltreligionen, Jerusalem, das goldene Haus, die hochgebaute Stadt, war ein Mal Eigentum, Gebiet, Boden des Deutschen Reiches: Durch Vertrag des Staufers Friedrich II., Deutscher König, Kaiser des Reiches, mit dem ägyptischen Sultan Elkamil, wurde es am 18. März 1229 Reichsgebiet! Wo Friedrich II. sich selbst krönte! 1244, noch 6 Jahre vor des Kaisers Tod, ging es nach der Eroberung durch die Chowaresmischen Türken dem Reich und gleichzeitig dem Christentum zum letzten Male verloren.

6.122

Cypern 1194 – 1489, das heißt 295 Jahre:

König Richard Löwenherz von England eroberte im Vorübergehen Cypern 1191 und gab es 1193 weiter zu Lehen an die Familie Lusignan. Bei der Freilassung König Richards 1194 aus österreichischer, das heißt aus deutscher Gefangenschaft, nahm er das Königreich England als Lehen des Deutschen Reiches. Damit wurde sein englisches Unterlehen Cypern Reichsgebiet; – wie wenig bzw. sehr wenig dies auch bedeutet haben mag. Erst durch Katharina Cornaro kam es an Venedig. Da die venezianische Serenissima nicht zum Reich gehörte, schied Cypern damit rechtswidrig aus dem deutschen Lehensverband aus.

6.123

Sizilien 1194 – 1268, das heißt 74 Jahre:

Sizilien war unter staufischen Kaisern des Reiches, deutschen Königen und Fürsten wenn auch nicht rechtlich, so doch praktisch ein Nebenland des Reiches: Nicht nur aus erheiratetem und nicht zweifelsfreiem normannischem Recht, sondern dann auch aus eigenem, deutschem, noch zweifelhafterem Recht. Unter Heinrich VI., (1190 – 1197)ab 25.11.1194, unter Philipp von Schwaben (1198 – 1208), Friedrich II.(1212 – 1250), Konrad IV. (1250 – 1254), Konradin (1254 – 1258), Manfred (1258 – 1266), schließlich erneut unter Konradin (1266 – 1268) bis zum Justizmord in Neapel durch Charles von Anjou am 29.10.1268.

6.124

Reichsitalien 951 – 1648 bzw. 1806, das heißt bis zu 855 Jahre:

Gebiet des Deutschen Reiches, von Otto I., dem Großen, bis zu Ferdinand III., – 44 deutsche Herrscher –, eine Odyssee und ca 8 Jahrhunderte immerwährenden Martyriums für alle Beteiligten, insbesondere auch für das italienische und das deutsche Volk, von physisch völlig überforderten Kaisern zu Päpsten und Gegenpäpsten ganz verschiedensten Formates: An diesem vom Schicksal für Deutschland verzauberten Lande gingen Jahrhunderte des Lebens des deutschen Volkes für seltsame Träume zu Grunde. Ganz am Schluß noch, 1806 noch gehörten noch Savoia, dazu weitere winzige Reste immer noch zum Reich.

6.13

Reichsterritorien im Baltikum – Livland, Kurland, Estland – 1199/1207 – 1561, das heißt 362 Jahre:

6.131

Der deutsche Missionsbischof Albert von Livland – seit 1199 – gründete 1201 die deutsche Stadt Riga. Schon 1202/1203 folgte die Gründung der „fratres militiae christi", des deutschen Schwertbrüderordens. Dem Bischof unterstellt, erhielt er schon 1207 ein Drittel des eroberten bzw. noch zu erobernden Landes. Albert empfing am 2. Februar 1207 in der Reichspfalz zu Gelnhausen von König Philipp von Schwaben Livland als „aufgetragenes Reichslehen", als Reichsgebiet. Albert erreichte am 1.12.1225 die Anerkennung Livlands als „Mark des Reiches" und die ausdrückliche Gleichstellung mit den anderen Reichsfürsten als Markgraf. 1212 hatte schon Kaiser Otto IV. dem Schwertbrüderorden seinen ganzen Besitz als Reichslehen bestätigt. Am, 6.11.1225 wurde der Bischof von Dorpat – auch er ein großer Territorialherr – als Reichsfürst anerkannt. Am 1.10.1228 wurde der Bischof von Ösel-Wick als Reichsfürst anerkannt.

Am 22.9.1236 war der Schwertbrüderorden in einer Schlacht bei Schaulen von den übermächtigen Litauern vernichtet worden. Am 13.5.1237 übernahm deshalb der Deutsche Orden im Vertrag von Viterbo das entstandene Vakuum Livland. 1245 erteilte Kaiser Friedrich II. in feierlichster Form – unter wörtlicher Wiederholung des Preußenprivilegs der Bulle von Rimini vom März 1226 – dem Deutschen Orden die Ermächtigung zur zusätzlichen Eroberung zum Reichsgebiet Livland nunmehr ferner von Kurland, Litauen und Semgallen als Reichsgebiete. Daß der Deutsche Orden zeitweilig vorgeblich nicht „passiv lehensfähig" zum Deutschen Reich gewesen sein soll, ist ebenso wie die Bulle von Rieti bezüglich Preußens rechtlich irrelevant für die völlig fraglose Reichszugehörigkeit Livlands, Kurlands, Semgallens usw.

6.132
Estland: 1209 – 1217, erneut 1227 eroberte der Schwertbrüderorden Estland und gründete 1230 erneut Reval. Nach dänischen Intervallen – 1217 – 1227, 1238 – 1346, war auch Estland Deutsch-Ordensland bis 1561: „Das Gesamtgebiet des Deutschen Ordens war in das Deutsche Reich einbegriffen" (Wittram, Baltische Geschichte, S.30).

6.133
Die vielfachen inneren Wirren im Gebiet des Deutschen Ordens (gegen den Erzbischof wie gegen die Stadt Riga, 1297 – 1397, 1426 – 1451, 1454 – 1492), beeinträchtigten als eine Art Bürgerkrieg niemals den deutschen Charakter der Herrschaft des Deutschen Ordens im Baltikum. 1520 wurde dem Bischof von Kurland als letztem deutschem Bischof im Baltikum die Reichsfürstenwürde bestätigt.

Wolter von Plettenberg, der größte der Livländischen Ordensmeister (1494 – 1535) beschickte sowohl die Reichstage als auch das Reichskammergericht in selbstverständlicher Wahrnehmung der Reichszugehörigkeit. Am 13.9.1502 siegte er in der Entscheidungsschlacht am Smolinasee gegen die moskowiter Invasion Iwans III. 1526 – nach der Säkularisierung Ostpreußens – wurde Plettenberg in den Reichsfürstenstand erhoben, sein Herrschaftsgebiet Livland, Kurland, Estland wurde reichsunmittelbar. 1530 wurde auf dem Augsburger Reichstag für Plettenberg die Belehnung des Reiches ad personam wiederholt. Eine weltliche Dynastie zu gründen, der Reformation zu folgen, dem Brandenburger in Ostpreußen zu folgen, lag Plettenberg fern.

6.134
Bei Ermes in Estland ist 1561 der livländische Zweig des Deutschen Ordens in Pflichterfüllung tapfer kämpfend in einer letzten Schlacht gegen die Moskowiter untergegangen: Nach 354 Jahren seiner erfüllten Mission. Nur die Stadt Riga behielt eine „reichsunmittelbare Selbstständigkeit" mit seit 1576 kaiserlichem Recht, mit rotem Wachs, wie eine Freie Reichsstadt zu siegeln. Die förmliche Erhebung zur Freien Reichsstadt gelang nicht mehr: „Riga, des romischen reichs, Teutzschlands ihres gemeinen Vaterlands, genossen" … mußten, vom Reich allein gelassen, 1581 vor Polen kapitulieren.

6.135
Schamaiten, 1398 – 1411/1422, das heißt 24 Jahre:
Zwischen den Kernländern des Deutschen Ordens, zwischen Preußem im Süden, Livland/Kurland im Norden, schob sich breit, vordringend (nur!) bis fast ans Meer Schamaiten. 1245 belehnte Kaiser Friedrich II. den Deutschen Orden u.a. mit „Litauen" als Reichsgebiet. 1252 war die entscheidend wichtige Verbindungsstadt, Memel nahe der Mündung der Nemunas / Memel, von Norden her, von Kurland aus gegründet worden. Erst

1328, das heißt 76 Jahre später kam Memel dann nach Süden, das heißt zu Preußen. Der Verbindungsweg, an der Flutgrenze an der Ostsee entlang, über Nimmersatt / Polangen, blieb immer prekär; aber er war Reichsgebiet und Ordensgebiet. 1253 wurde die Eroberung Schamaitens angebahnt. Am 13.7.1260 fielen in der Schlacht bei Durben, nordöstlich Libau, der livländische Landmeister und 150 seiner Brüder im Kampfe gegen die Schamaiten. Von 20 livländischen Landmeistern sind im 13. Jahrhundert 6 im Kampf gegen die Litauer gefallen. Bezeichnend für alle inneren deutschen Verhältnisse im Baltikum war, daß die jahrhundertelang rein deutsche Stadt Riga bis 1330 mit Litauen gegen den Deutschen Orden verbündet blieb. Jahrzehntelang beschied sich der Deutsche Orden – in zutreffendem Eingeständnis eigenen Unvermögens gegen ein ganzes Volk der Schamaiten – mit „Reysen", das heißt terroristischen Adelspromenaden: Kurzsichtig, brutal, dumm, überaus blutig, ergebnislos. Erst 1362 konnte der Hochmeister Winrich von Kniprode Kaunas erobern. Erst 1398 konnte er bis Vilnius vorstoßen. Erst 1398 im Frieden von Sallinwerder wurde dann Schamaiten Gebiet des Deutschen Ordens und wie alle seine Landesteile Reichsgebiet. 1404 wurde dies im Frieden von Racianz von Litauen und Polen erneut bestätigt. Selbst der tüchtige Ordensvogt Michael Küchmeister konnte aber das Gebiet nicht wirklich entwickeln. 1411 verzichtete der Deutsche Orden zeitweilig,1422 endgültig auf Schamaiten. In Schamaiten haben sowohl der Deutsche Orden als auch das Deutsche Reich versagt.

6.136
Gotland, 1398 – 1407, das heißt 9 Jahre:
Um der Union der 3 nordischen Reiche in der Union von Kalmar zuvorzukommen, und um die Piraten, die „Vitalienbrüder" aus ihrem Hauptstützpunkt zu vertreiben, war der Deutsche Orden gegen seinen Willen genötigt, 1398 nach einer See-Expedition mit 80 Schiffen und 4 000 Mann die Insel Gotland zu erobern, und die – traditionell sehr deutsche – Stadt Wisby einzunehmen. Ein Ordensvogt übernahm Beherrschung und Verwaltung der Insel. Ob es sich um einen Erwerb auf erhoffte Dauer oder aber nur um eine kurzzeitige Besetzung handeln sollte, blieb fraglich. Ob Gotland Reichsgebiet geworden war, blieb somit fraglich.

Wisby, 1158 eine Stadtgründung Lübecks, 1160 „mercatores romani imperii", zählte 1398 ca. 20 000 Einwohner, 10 Kirchen; es war Mitglied der „Dudeschen Hanse". 1894 dagegen, das heißt fast 5 Jahrhunderte später, zählte die schwedische Kleinstadt Wisby noch 7 445, 1955 dann 15 200 Einwohner.

6.14
Reichsterritorien an der deutsch-französischen Reichsgrenze:

6.141
Arelat, 879, 1033 – (1156 – 1284) – 1365; das heißt 332 Jahre:
879 entstand im Zerfall des Frankenreiches das arelatische oder cisalpinische, südliche Burgunderreich, und das transjuranische oder nördliche hochburgundische Reich, welches dem deutschen Kaiser Arnulf von Kärnten lehenspflichtig wurde. Zufolge eines Erbvertrages fiel das Arelat 1033 an das Deutsche Reich. Versuche, 1156 durch eine Heirat und eine Krönung in Arles die gelockerten Beziehungen wieder zu festigen, führten nicht weiter. Versuche des Kaisers Rudolf von Habsburg 1284 mißlangen wiederum. Die nochmalige Krönung eines Deutschen 1365, – die erste seit Barbarossa –, nunmehr Kaiser Karls IV. in Arles, blieb ohne Folgen. Das Arelat zerfiel in kleine Herrschaften, die zum

großen Teil an Frankreich kamen. Nur die Franche Comté blieb im Reichsverband. Das Reich hat das Arelat nicht verstanden und nicht gehalten.

6.142

Das weitere Schicksal der Franche Comté ist unter der „Friktion Bourgogne" oben behandelt worden (Vergleiche 5.3): Franche Comté/Freigrafschaft Burgund, Reichsgebiet 1033/1156 – 1678, das heißt mindestens 522 Jahre!

Das Schicksal der Freien Reichsstädte bzw. Bischofsstädte Toul, Verdun und Metz, und das allgemeine Schicksal des Reichsherzogtums Lorraine ist unter der „Friktion Lorraine" oben behandelt worden (Vergleiche 5.4). Lorraine/Lothringen Reichsgebiet 911 – 1766 = 855 Jahre / Toul 911 – 1289, 1648 = 370 Jahre / Verdun 911 – 1396, 1648 = 485 Jahre / Metz 911 – 1552, 1648 = 737 Jahre. Vergleich z.B. auch Montbeliard/Mömpelgard, Bistum Basel, Reichsgebiete 911 – 1797/1801 = 886 Jahre.

6.15

Reichsterritorien in Belgien:

Le Wallonai / Wallonien, 911 – 1556, 1714 – 1794 = 725 Jahre.

Vom ersten Tage des Entstehens des ersten Deutschen Reiches an gehörte dieses Gebiet dieser romanischen Sprache zum Reich. Zufolge der auseinanderlaufenden Stoßrichtungen der mittelalterlichen französischen Strategie und Politik: ... nach Norden gegen England, dann gegen Flandern, nach Südosten gegen die Bourgogne, nach Südsüdosten gegen Italien, dann erst gegen die Lorraine und Deutschland, lag Wallonai lange in einem scheinbar toten Winkel. Sobald jedoch die Niederlande als Ziel, als Gegner, evtl. als möglicher Verbündeter Frankreichs in Erscheinung getreten waren, begann sich dies zu ändern. Angesichts des Reichtums insbesondere der Vlamen, aber auch der Wallonen, bedeutete der Hochverrat Kaiser Karls V. der Abtretung dieser Reichsgebiete 1556 an das raumfremde Königreich Spanien eine entscheidenden Einschnitt. Erst 158 Jahre später, nach dem Niedergang Spaniens, kam Wallonai als „österreichische Niederlande" wieder bis 1794 zum Deutschen Reich. Armeen der französischen Revolution eroberten dann auch dieses Land und beendeten die Reichszugehörigkeit.

Zu dem geistigen, insbesondere auch burgundischen Hintergrund, zum Weitergang über die Vereinigten Niederlande bis hin zu Belgien vergleiche oben „Friktion Bourgogne" (5.3), und „Staatsnationen, die ausgeschieden sind, Niederlande (3.5) und Belgien" (3.61).

Heute ist Wallonai ein selbstverständlicher Teil der belgischen Staatsnation.

6.152

Wallonisches West – Luxembourg 911 – 1795 = 884 Jahre 1815 – 1839 = 24 Jahre

Das alte Luxemburg, eine Grafschaft, dann Herzogtum des Deutschen Reiches, war seit der Regierung der großen Gräfin Ermesinde, das heißt seit 1196 –1247 zweisprachig. Zwar wurden zwei getrennte „Quartiere", das deutsche und das wallonische, abgeteilt. Aber der überwiegende Kultur- und Spracheinfluß war der des sehr nahen Frankreich. Nach einer vorübergehenden Besetzung unter Ludwig XIV. 1684 – 1697 und nach einer vorübergehenden Annektion unter Napoleon, 1795 – 1814, war es 1815 – 1830 Teil der Vereinigten Niederlande unter holländischer Herrschaft. 1830 geriet es in die belgische Revolution hinein und wurde 1839 durch den Londoner Kongreß Belgien zugesprochen. Die deutschsprachige Provinzhauptstadt Arel wurde als Arlon mit abgetrennt und alsbald romanisiert.

Heute ist die Provinz Luxembourg ein selbstverständlicher Teil der belgischen Staatsnation.

6.16
Reichsterritorien in der Schweiz:

6.161
La Suisse Romande 1033 – 1648, das heißt 615 Jahre. Die Suisse Romande teilte nach der Auflösung des Frankenreiches das Schicksal von Burgundia transjuriana und kam mit ihm 1033 zum Deutschen Reich. Nach heutigen Kantonen handelte es sich: ... um 4 rein französischsprachige: Genève, Neuchatel, Vaud, Jura; um 3 gemischtsprachige: Bern, Valais, Fribourg. Die Sprachgrenze hat sich seit etwa 800 bis zum Abschluß der Besiedelung und bis zur Gegenwart etwas verändert: Der Südwesten von Bern, der Osten und Norden von Fribourg, der Osten von Wallis: Einige schmale Grenzstreifen (Vergleiche Historischer Atlas der Schweiz, Karte 11) wurden deutsch besiedelt.

Die Loslösung der einzelnen Teile der deutschen Schweiz betraf die Suisse Romande kaum vor dem Ende: Faktisch 1499, besiegelt förmlich 1648. Genève Reichsterritorium 1033 – 1519, 1526, 1584, das heißt mindestens 486 Jahre. Vaud 1033 – 1475, 1536, das heißt mindestens 442 Jahre.

Der westfälische Frieden beendete die Reste von Reichszugehörigkeit 1648. Neuchatel blieb im Deutschen Reich bis 1806, bei Preußen bis 1857; das heißt 773 Jahre.

Die Suisse Romande ist heute ein selbstverständlicher Teil der schweizerischen Staatsnation.

6.162
Die rätoromanische Schweiz / Graubünden, 911 – 1499 / 1648, das heißt 737 Jahre. Die drei Bünde, 1367 Gotteshausbund, 1395 Oberer oder Grauer Bund, 1436 Zehngerichtenbund, traten in Etappen ab 1497 in Verbindung zur Eidgenossenschaft. 1499 mit dem Schwabenkrieg, 1648 mit dem Westfälischen Frieden war die Lösung vom Reich vollendet.

Graubünden ist heute ein selbstverständlicher Teil der schweizerischen Staatsnation.

6.2 Stufe 1:

Ausnahmsweise entsprechend dem Selbstbestimmungsrecht der Völker: „Verlorene gefallene Mauersteine" des Deutschen Reiches bis 1648; mit deutscher Sprache:

6.21
Völlig anders als bei den Territorien des Heiligen Römischen Reiches Deutscher Nation, deren Schicksal gerade angesprochen worden ist, gestaltet sich, – unterscheidbar in 5 völlig verschiedene Stufen – ... Stufe 1: bis 1648 / Stufe 2: 1648 – 1918 / Stufe 3: 1918 – 1945 / Stufe 4: Übergangsperiode 1919 – 1955 / Stufe 5: 1945 – heute das Schicksal der Reichsgebiete in Mitteleuropa und mit deutscher Sprache, mithin das Schicksal des Bodens des deutschen Volkes.

Gemeinsam hatten alle diese Gebiet nur, daß sie alle einmal auch Gebiete des Deutschen Reiches gewesen waren. Unterschiedlich bis zur Unvergleichbarkeit war und bleibt, daß j e n e Territorien – von Jerusalem bis zur rätoromanischen Schweiz –, die bis 1648 verlorengegangen waren, seit Jahrhunderten aufgegebene, nur noch historische Vergangenheit betrafen, in vielen Fällen jenseits Mitteleuropa lagen. Dagegen betreffen die nun zu behandelnden 5 Stufen deutsche Reichsgebiete ausnahmslos in Mitteleuropa.

Jene Territorien lagen jenseits der deutschen Sprachgrenze. Diese Reichsgebiete, die in den 5 Stufen zu behandeln bleiben, waren bzw. (großenteils) sind Gebiete m i t deutscber Sprache. Als „deutsche" Sprache rechnet hier nicht nur Martin Luthers Hochdeutsch, sondern jede der deutschen Nebensprachen bzw. der deutschen Dialekte, wie das Friesische, das Niedersächsisch-Westfälische, das Niederfränkische, die aus dem Niederfränkischen entstandene neue Nationalsprache des Niederländischen / Vlämischen, schließlich das Alemannische, „Schweizerische".

Jene Territorien – von Jerusalem bis zur rätoromanischen Schweiz – betrafen das Selbstbestimmungsrecht der Deutschen n i c h t . Sie sind Erinnerungen: Sie sind Beweise, daß das deutsche Volk die Selbstbestimmung anderer Völker nicht verletzte, sondern sie, wenn sie es wünschten, freigab. Die Reichsgebiete nun, die in den 5 Stufen zu behandeln bleiben, waren einmal Gebiete, die die Selbstbestimmung der Deutschen auf das Entscheidendste betrafen: Sie tangierten, verletzten, verloren, oder die es heute noch aufs Äußerste betreffen. Diese 5 Stufen, nur diese 5 Stufen, aber auch alles in diesen 5 Stufen, betrifft die Selbstbestimmung des deutschen Volkes.

Und „verloren gegangene Mauersteine" aus dem riesigen ehrwürdigen Bau des „Deutschen Hauses" zwischen 911 und heute sind deutsche Volksgebiete … sowohl eine Anerkenntnis, welche wichtigen Ecksteine verloren gegangen sind, als auch die nicht unstolze Feststellung, daß allen rechtswidrigen Verlusten bis Katastrophen zum Trotz Deutschland noch immer da ist und da bleiben wird.

6.22

Die Niederlande:

Die Entstehung, das Schicksal der niederen Lande als deutsche Lande, ihre Loslösung vom deutschen Volk, – ohne daß dieses deutsche Volk mitentscheiden konnte, – ihre Loslösung dann vom Deutschen Reich,- ohne daß zufolge des kaiserlichen Hochverrats dieses Reich gefragt wurde,- ist oben 3.51 – 3.56, 3.58 – 3.59 in seiner ganzen für Deutschland im Grunde unerträglichen Bedeutsamkeit behandelt worden. Die komplexe Beziehung von Teilen der niederen Lande zur Bourgogne, vgl oben 5.21, kommt hinzu. Heute bleibt nur noch die Feststellung, die keiner Anerkennung mehr bedarf: … die Niederländer sind eine selbständige Staatsnation, die Niederländer sind eine selbständige Nation, die Niederländer sind ein eigenständiges Volk, das Niederländische ist eine selbständige Hochsprache.

Was Deutschland hier verloren gegangen ist, das belegen die baren Daten (Stichworte): Fläche: 37 313 qkm; Einwohner: 1829 2.613 000 / Einwohner 1859 3.309 000 / Einwohner 1879 4.013 000 / Einwohner 1899 5.104 000 / Einwohner 1920 6.865 000 / Einwohner 1930 7.936 000 / Einwohner 1952 10.436 000 / Einwohner 1989 14.900 000.

Hinzugerechnet werden müßten – von Deutschland her gesehen als Geamtverlust – die Vlamen, 1989 mindestens 5 370 000 Menschen, – aber auch wesentlich höher geschätzt – auf ca 13 257 qkm Fläche. Insgesamt sind dies weit mehr Menschen – deren Vorfahren bis 1517 / 1648 einmal Deutsche waren –, als die ganze „DDR" mit Ostberlin Einwohner zählte. 1991 somit 20 Millionen Niederländer einschließlich der Vlamen.

6.23

Die (ehemals deutsche) Schweiz: Die Entwicklung zur selbständigen schweizerischen Staatsnation ist oben 3.62 gewürdigt worden. Was Deutschland hier verloren ging, – weil es die Schweizer in Ausübung ihres Selbstbestimmungsrechtes so wollen, obwohl sie „deutscher" sein dürften als das heutige deutsche Volk und als Deutschland –, belegen die Daten (Stichworte): Fläche: (von 41 295 qkm) ca 23 500 qkm Einwohner: / 1910: (von

3 753 000) 2 594 000 Einwohner / 1920: (von 3 880 000) 2 751 000 Einwohner / 1930: (von 4 066 000) 2 924 000 Einwohner / 1941: (von 4 266 000) 3 075 000 Einwohner / 1950: (von 4 715 000) 3 395 000 Einwohner / 1989: (von 6 052 000) 4 300 000 Einwohner. Selbstverständlich sind die deutschsprachigen Schweizer heute Teil der selbständigen schweizer Staatsnation: Und somit kein Teil der deutschen Nation. Ob sie im weitesten Sinne noch zum deutschen „Volk" gehören, – was ihre Literatur, ihre Kultur, ihre Sprache, ihre geistige Lage andeuten könnten –, müssen sie selber beurteilen.

6.24
Walsertäler:

Südlich der Monte Rosa waren einige Kleinstgemeinden – in den Quellgebieten von 3 Bächen (Lys, Sesia, Auza) von deutschen Kolonisten aus dem Ostwallis im Mittelalter besiedelt worden Nachzuweisen sucht sie noch der „Historische Atlas der Schweiz" 1958 S.11 ... Ohne Kirche und Schule sind sie – ein liebenswürdiges Sein – zum Verschwinden prädestiniert. Gleiches gilt für das oberste Formazzatal, vielleicht 5 Kleinstgemeinden südlich von Nufenen und Griespass. Insgesamt vielleicht einige Tausend Menschen.

6.3 Stufe 2:

Entgegen dem Selbstbestimmungsrecht; „Verlorene gefallene Mauersteine" des Deutschen Reiches 1648 –1918 (Stichworte) und Verluste des deutschen Volkes mit deutscher Sprache:

6.31
Westflandern:

Die bewegte und teilweise blutige Vergangenheit von Flandern ist oben, vgl. 5.2, im Zusammenhang mit den Friktionen Bourgogne und Lorraine dargestellt worden. Der ursprünglich niederfränkische, das heißt deutsche, dann vlämische Volksboden in Flandern dürfte dabei relativ lange fast unverändert geblieben sein. Ein langsames Zurückweichen, – entsprechend der Suprematie des französischen Staates und damit der französischen Staats-, Verwaltungs- und Kirchensprache –, ist anzunehmen. Ryssel muß Lille, Dünkirchen muß Dunkerque im 17. Jahrhundert gewichen sein. In den spanischen Niederlanden noch mit Ostflandern fest vereint, beschleunigte dann das französische „Gouvernement Flandre et Hainaut" die Entwicklung, nachdem Dünkirchen 1662, Berques 1668 an Frankreich gefallen waren. Im überwiegend sprachlich französischen Departement Nord bildet der nordöstliche vlämische Landesteil nur eine Minderheit. Von 1 917 000 Einwohnern insgesamt (1946) dürften etwa 110 000 Vlamen kaum noch geblieben sein; in ständiger Abnahme begriffen: In den 8 Cantons Berques, Bourbourg, Cassel, Gravelines, Hazebrouck, Hondschoote, Steenvoorde, Wormhoudt etwa damals 89 Gemeinden.

Heute ist Flandern ein selbstverständlicher Teil der französischen Staatsnation.

6.32
Das Elsaß:

6.321

Auch um das Elsaß sind zwei Weltkriege geführt worden. Auch bezüglich des Elsaß – je nach dem Standpunkt für oder gegen das aktuelle Schicksal des Elsaß – sind im Ergebnis mit einer Metamorphose des Faktischen zum Normativen zwei Weltkriege verloren worden bzw. gewonnen worden. Dies gestaltet es außerordentlich schwierig, sine ira et studio über die hier interessierenden Sonderfragen des Elsaß zu berichten. Hier sind die beiden Kriege das Weltgericht gewesen oder geworden.

Andererseits ist dies viel leichter, als zu den Ostgrenzen Deutschlands Stellung zu nehmen.

Einerseits: Das deutsche Volk hat sich mit der Entwicklung im Elsaß im Grunde schon seit 1918 abgefunden. Keine deutsche Reichsregierung, zwischen 1918 und 1939, keine deutsche Bundesregierung, zwischen 1949 und 1991, hat jemals irgend eine noch so geringe Aktivität für die Sprache und für die Selbstbestimmung der Bevölkerung des Elsaß unternommen. Und: Die Bevölkerung des Elsaß ist grundsätzlich nicht vertrieben worden!

Andererseits: Das Ergebnis der französischen Politik aus 1648/1681 bis 1991, das heißt aus bis zu 343 Jahren einer seit spätestens 1853 zielbewußten Französisierungspolitik, liegt abgeschlossen vor. Auch die Elsässer selber wollen es im Zweifel nicht mehr mit auch hinreichender Tatkraft ändern. Offensichtlich ist es möglich, – und es ist Frankreich gelungen, – eine anfänglich unbetreitbar fremdnationale, hier eine deutsche Bevölkerung zu einer französischen Bevölkerung umzumanipulieren, zu zwingen. Das hat mit Demokratie, das hat mit Einhaltung und Gewährung der Menschenrechte, das hat mit der Einräumung des Selbstbestimmungsrechtes, das hat mit dem Naturrecht offensichtlich nichts gemein. Aber es ist geschehen. Aber es dürfte fast abgeschlossen sein.

6.322

In der folgenden stichwortartigen Aufstellung elsässischer Fakten geht es daher niemals mehr um Fragen der territorialen, politischen, staatlichen Zugehörigkeit. Es geht ausschließlich – auch bei rein historisch-politischen Daten – um Belange der Sprachzugehörigkeit und der Volkszugehörigkeit. Es geht weder um „Deutsches Reich" noch „Bundesrepublik Deutschland"! „Deutschland", das „Land der Deutschen" ist mit keinem von beiden wesensgleich noch es jemals gewesen oder geworden.

Es werden keinerlei politische Ansprüche in keiner Richtung zu vertreten sein.

Die Bevölkerung des Elsaß ist offensichtlich und unbestreitbar n i e m a l s nach ihrem politischen Willen gefragt worden. Zwar besteht die begründete Vermutung, daß 1914 – unbeschadet der Affäre von Zabern – in einer Volksbefragung der deutsche Charakter des Elsaß bejaht worden wäre. Noch selbst mitten in der Niederlage 1918 hat eine Delegation unter Leitung von Minister Scheüch noch versucht, die Interessen des deutschen Elsaß zu vertreten. Gleiches gilt für den „Nationalrat" unter Dr. Ricklin. Heute aber muß unterstellt werden, daß auch die niemals befragte Bevölkerung des Elsaß ihre Selbstbestimmung konkludent stillschweigend zum letzten Mal ausgeübt habe. Sie wird sich als Teil der französischen Staatsnation fühlen. Ob die Bevölkerung des Elsaß noch immer – so wie einmal fast ein Jahrtausend – ein Teil des deutschen Volkes ist, kann offen bleiben. Mit dem zu wesentlichen Teilen erfolgten Wechsel der Sprache, dem drohenden Verlust der deutschen Hochsprache, dem Rückgang auch des alemannischen wie des mittelfränkischen Dialektes, folgt noch nicht automatisch der Wechsel der Volkszugehörigkeit. Aber er wird seit mindestens schon 143 Jahren, seit 1853 vorbereitet.

6.323

Seit 843, 855, 870, 911 über 1517 bis 1636 war das Elsaß ohne jeden Zweifel und unbestreitbar selbst für französische Interessenvertreter ein rein deutschsprachiges Land eines rein deutschen Volksteiles. Die Sprachgrenze, damit die Volksgrenze ist durch diese 8 Jahrhunderte im Wesentlichen fast unverändert geblieben.[30] (Nach Hans Witte, Elsaß-Lothringischer Atlas, Karte 25, soll 1550, zur Zeit der größten Ausdehnung des deutschen Sprachgebietes, auch das obere Breuschtal mit Schirmeck deutschsprachlich gewesen sein. Nur Saales einerseits, Vosgien um Schnierlach andererseits, waren bereits französischsprachig: Das heißt kaum 1% des Elsaß.)

Dies blieb im Grunde so, solange die Zugehörigkeit des Elsaß zum Heiligen Römischen Reich Deutscher Nation dauerte. Dessen praktische Sprachen, Latein, Mittelhochdeutsch, alemannischer / mittelfränkischer Dialekt schlossen jeden Sprachwechsel und jede Umvolkung nahtlos aus. Die französische Sprache existierte nicht einmal als Problem bis mindestens 1517.

[31]Wenn ein großer französischer Reiseführer in dem Geschichtsabriß von Strasbourg und dem Alsace: ... einerseits die Zugehörigkeit zum Heiligen Römischen Reich Deutscher Nation zugibt, für die Zeit von 855 bis 1648, andererseits versucht, sie als „mehr dem Namen nach als tatsächlich" darzustellen, da „das Elsaß immer ein lockeres Gefüge von Freien Städten und Adelsherrschaften war", so ist dies entweder Unkenntnis oder Falschdarstellung! ...

Das ganze mittelalterliche Deutsche Reich war überall – von Wien und Berlin bis Straßburg – gleichermaßen „ein lockeres Gefüge". Dies besagt über die unbestreitbare Reichszugehörigkeit, die zu relativieren versucht wird, offensichtlich noch überhaupt nichts. Erst im Dreißigjährigen Krieg, ab 1636 wurde zufolge französischer Kriegsbeteiligung die Lage des Elsaß prekärer. Erst 1648 konnte Frankreich im Elsaß annektieren: die österreichischen Territorien im Sundgau und Oberelsaß, die Lehensherrschaften im Unterelsaß, die 40 Reichsdörfer der Vogtei Hagenau. Dazu 1664 von Baden-Durlach Landskron, 1680 die vorgeblichen Reunionen, 1681 endlich Straßburg, 1793 erst Reste, 1798 gar erst das eidgenössische Mülhausen.

Noch 1525 hatte die elsässische Stadt Z a b e r n auf ein lothringisches Angebot zur Sendung von einigen Tausend französischen Reitern gegen den süddeutschen Bauernaufstand geantwortet: ... „Die französischen Sitten werden bei uns nicht geachtet, und die uns fremde Sprache ist allen zuwider".

Aber schon 1685, nur 5 Jahre nach den Reunionen Ludwigs XIV, nur 4 Jahre nach der Eroberung von Straßburg, wurde für das Elsaß angeordnet, „daß in allen öffentlichen Schriftstücken nur die französische Sprache angewandt werden sollte". Dieser Erlaß scheiterte damals noch an der Unmöglichkeit seiner Ausführung und wurde deshalb von niemandem befolgt. Das gleiche geschah mit dem Erlaß vom selben Jahr 1685, welcher kurzerhand die „elsässische Tracht", – die man damals einfach die deutsche Tracht nannte – verbot.

Deutsch blieben Kirche und Schule; auf Deutsch versahen Amtsleute, Gerichte, Räte, Schultheissen, Meyer und Schöffen weiter nach den alten Ordnungen ihr Amt. Nur die obersten Behörden, mit denen das Volk kaum in Berührung kam, waren französisch (Intendanten, Präfekten, oberste Gerichtsbarkeit).

Auch nicht mehr nur örtliche Herrschaftsexcesse, wie im Münstertal zwischen 1765 und 1777, änderten dies noch nicht allgemein: 1736, 1765 sollte der erste Treueid dem französischen Prätor geleistet werden. Eine Delegation dagegen von 100 Mann endete auf den Galeeren bzw. im Gefängnis (bei den „gedeckten Brücken"). 1775 sollte der zweite Eid geleistet werden. 12 Männer wurden eingekerkert. 1775 erneut sollte ein dritter Eid geleistet werden. Die Anführer der Eidesverweigerer wurden eingekerkert. 1777 sollte ein vierter Eid

---

[30] Elsaß-Lothringischer Atlas; herausgegeben von Georg Wolfram und Werner Gley, Frankfurt 1931.
[31] Die blauen Führer; Herausgeber: Francis Ambriere; Hachette, Paris 1956; S.146.

geleistet werden. Erneut Einkerkerungen. Erst 2 Männer, dann 60 Männer, dann 8 tapfere Frauen versuchten Paris zu erreichen, um den König anzurufen. Vergeblich. Dann erst war „Frieden".

Das geistige Leben war deutsch geblieben, so die Straßburger Universität zur Zeit ihres berühmtesten Studenten, Johann Wolfgang Goethe. Die Meistersinger-Gesellschaft bestand in Straßburg bis 1780, als sie im Reich längst verschwunden war

Der englische Reisende Young, der kurz vor 1789 durch das Elsaß fuhr, schrieb, er habe, als er über die Vogesen ins Elsaß kam, den Eindruck gehabt, in ein anderes Land zu kommen, so „deutsch" sei alles gewesen. Bis zur Revolution wurden die Elsässer von den Franzosen „Allemands" genannt. In zollpolitischer Hinsicht galt das Elsaß für Frankreich als „province étrangère effective". In den größeren Städten begannen aber vornehme französische Beamtenkolonien zu entstehen.

1794 bestätigten nach der erfolgten Revolution die Pariser Revolutionäre, daß in Straßburg „die alten Familien die wenig zivilisierten Sitten und die gotischen Gebräuche ihrer Vorfahren an den Tag legten".

Der elsässische Maire von Straßburg, Friedrich von Dietrich, wurde geköpft. Die deutsche Universität, die „in den Augen der Republik das wunderbare Schauspiel der Knechtschaft und des Deutschtums in einem französischen und freien Lande darstellte", wurde aufgelöst. Der Volksrepräsentant Lacoste schlug nach seinem Einmarsch mit Revolutionstruppen in das Hanauer Land vor, „ein Viertel der Bewohner dieser Gegend zu guillotinieren, den Rest aber zu vertreiben".

Dementsprechend führte ein Konventsmitglied mit Namen Marcius aus, daß die Sprachen unnötig seien, denn „die Hauptsache für die menschliche Bildung sei die Forderung, daß es in Zukunft nur eine Sprache in Europa geben dürfe; und Frankreich sei wahrlich nicht zu stolz, wenn es erkläre, daß dies die französische sein müsse; die sonstigen Nationen möchten die Sprache des Siegers lernen."

6.324

Noch im XIX. Jahrhundert waren die Schulmeister, die Französisch konnten, im Elsaß noch sehr selten gewesen. Französisch war ein bloßes Lehrfach unter allen Anderen. Nur die neue „Academie de Strasbourg" und e i n Lyzeum hatten Französisch als Unterrichtssprache. 1853 wurde dann die französische Sprache in den Volksschulen im Elsaß Unterrichtssprache (auch für Deutsch bzw. für den Religionsunterricht). Nun begann die wissentliche und willentliche Französisierung. Aber noch der französische König Charles X (1824 – 1830) hatte sich bei seinem Besuch im Elsaß entschuldigt, nicht Deutsch sprechen zu können. Auch noch der französische Kaiser Napolen III. (1852 –1870) hatte mit seinen elsässer Untertanen deutsch gesprochen.

Nach 1871 entstand zufolge der seltsamen deutschen Politik in der elsässischen deutschen Bevölkerung der Eindruck, daß es genüge, sich möglichst französisch zu gebärden, um von der deutschen Regierung des deutschen Elsaß verhätschelt zu werden. Eine des Merkens würdige Entwicklung begann: Die französische Sprache gewann unter der deutschen Herrschaft an Anziehung. Wo bisher auf alten Familiengräbern die Inschriften immer deutsch gewesen waren, erscheinen die nach 1871 hinzugefügten Namen plötzlich in französischer Sprache.

Die Gründe waren relativ einfach, die in einem absichtlich neu geschaffenen, nunmehr sprachlichen Gegensatz manifestiert und abreagiert werden sollten: Die idiotische Belagerung, Beschießung und sehr weitgehende Zerstörung von Festung und Stadt Straßburg 1871; der politisch-ideologische Gegensatz zu „Preußen" – mit dem die Bevölkerung kaum etwas zu tun hatte! Vergleiche analog das katholische Westfalen und Preußen 1815; der angeborene Trotz des „Hans im Schnokeloch"; die urdeutsche Höherschätzung von Fremdem gegenüber Eigenem; der Diktaturparagraph des Statthalters; die Autonomieproblematik und die Verfassungsfrage bis Mai 1911; die erbärmliche Zabern-Affäre, weil ein Leutnant seinen Verdauungstrakt nicht zu beherrschen vermochte. Schließlich: Die beleidigende Diskriminierung der elsässischen Soldaten im ersten Weltkrieg.

6.325

1914 hatte die erste – völkerrechtswidrige – Maßnahme der ins Oberelsaß einrückenden 1. französischen Armee Dubail arroganterweise darin bestanden, alsbald am 8. August 1914 im zeitweilig besetzten elsässischen deutschen Reichsgebiet für die Schulen die Einführung des Französischen als Unterrichtssprache anzuordnen (in Thann, Masmünster, Dammerkirch).

1918, ab 11. November war das Elsaß wieder de facto französischer Besitz. Tanz mit Dirnen auf den Straßen wurde deklariert als „le plebiscite est fait".

1919 bis 1925 gab es für das Elsaß einen eigenen Generalkommissar, sowie einen „conseil consultatif". Zeitweilig gab es dann eine „direction générale" bzw. einen Unterstaatssekretär in Paris; sonst nur 2 „normale" französische Departements: Während das deutsche „Reichsland" doch wenigstens eine eigene Individualität gewesen war. Kindergärten, Volksschulen, Höhere Schulen, die Universität dienten 1918 bis 1940 dazu, aus Elsaß-Lothringen „ein Land französischer Sprache zu machen". Die Heimatrechtlerbewegung, bis hin zum Kolmarer Prozeß (1. – 24. Mai 1928) konnte dies kaum hindern. Das Reich ließ die Bevölkerung allein.

Seit 1945 ist das Ziel der allgemeinen Verbreitung zuerst und allein der französischen Sprache erreicht worden: Bis heute.

Das einstweilige Ende bezeichnen zwei vielleicht zufällige Zeitungsausschnitte: Die Annoncen 1989 der Stadt Strasbourg: „Straßburg spricht europäisch" (mehrfach 11. – 12. 1989 FAZ); und der Zeitungsartikel: „Europa? Lauter letzte Kämpfe im Elsaß / Zweisprachigkeit ist keine Krankheit" (Dieter Wenz in FAZ, 13.12.1989.)

6.326

Statistik: Um den Verlust an deutschem Sprachgebiet und deutschem Volksboden festzustellen folgen hier die statistischen Daten des Elsaß: 2 Regierungsbezirke, 4 Landgerichte, 13 Landkreise, 2 Stadtkreise.

Die letzte rein objektive Volkszählung nach „Muttersprachen" war die reichsdeutsche Zählung 1910 (mit dem Ergebnis entsprechend dem freien Bekenntnis der Menschen!): Fläche Elsaß: qkm 8 394; deutsche Muttersprache 1 152 800 Menschen, 94,6%; französische Muttersprache 58 165 Menschen 4,7%; mehrere und andere Muttersprache 7 838 Menschen 0,7 %.

Die Stadt Straßburg zählte bei 172 100 Einwohnern 96.9% Deutsche, 3 800 mit französischer Muttersprache, d.h. 2,2%.

Die erste französische Volkszählung 1931 fragte nicht mehr nach klaren „Muttersprachen", sondern nach „langues parlées". Sie bediente sich bewußt zweier verwirrender Kriterien: Sie fingierte zunächst, daß die deutsche Hochsprache und der elsässische Dialekt zwei verschiedene Sprachen seien, die sich gegenseitig ausschlössen. Sie fingiert so viele künstliche Unterteilungen wie möglich, um die 94,6 % der Deutschen in 9 verschiedene Kategorien aufteilen zu können und damit verschwinden zu lassen: ... Dialekt allein, Dialekt und Deutsch, Deutsch allein; noch 6, 8%; Französisch und Dialekt, Französisch und Deutsch,

Französisch, Dialekt und Deutsch, Französisch allein; schon 11,5 %, andere Sprachen, ohne Angaben.

Dies erinnert an die berühmte polnische Praxis, im sogenannten Ostpolen aus Weißruthenen und Ukrainern „Hiesige" in Millionenzahl auszugliedern, um die unterworfenen fremden Nationen wenigstens zahlenmäßig veringern zu können. Oder an die Millionen Kurden, aus denen die türkische Statistik „Bergtürken" schuf.

Die Entwicklung im Elsaß geht weiter und ihrem französischen Sprachziele entgegen. Heute ist das Elsaß ein selbstverständlicher Teil der französischen Staatsnation.

6.33
Deutsch – Lothringen:

6.331
Die Geschichte und die Entwicklung der Lorraine zwischen 843 und 1766 ist in der Schilderung der Tragödie der „Friktion Lorraine" oben 5.4 dargestellt worden. In diesem fast tausendjährigen Staat ... einerseits einem Teilstaat des Heiligen Römischen Reiches Deutscher Nation, andererseits einem weitaus überwiegend französischsprachigen Territorialstaat bildete Deutsch-Lothringen einen relativ kleinen Bestandteil, einen Streifen am Nordostrande. Deutsch-Lothringen teilte die höchst bewegte und bewegende bittere Geschichte der Lorraine. Wie der Gesamtstaat Lorraine war das deutsche Gebiet in einem heute nicht mehr nachvollziehbaren Maße treu zu seinem Deutschen Reich.

Die stolze Freie Reichsstadt Metz, Sitz eines deutschen Bischofs, in Gegnerschaft zu Frankreich, zur Bourgogne, wenn es sein mußte zur Lorraine, wenn es sich nicht umgehen ließ selbst gegen den burgundisch-spanischen Habsburger Karl V., nannte sich voller Ehrfurcht: ... „La chambre de l'Empire, l'ecu, la porte et la propugnade d'ice lui contre la France et la Bourgogne". Hier war das Deutsche Reich keineswegs inhaltslos, sondern gegenwärtig in dieser Stadt französisch-deutscher Paraigen.

Als 1648, bestätigt 1697 die Reichsfreiheit von Metz zugunsten französischem Provinzstatus endete, als 1766 die Lorraine unterging, ertrugen gerade auch die Deutsch-Lothringer die einsetzende französische Herrschaft nicht widerstandslos und nicht freiwillig. Zwischen 1764 und 1772 sind große Teile der dem Herzogtum Lorraine staatstreuen deutsch-lothringischen Bevölkerung ausgewandert: Bis ins Banat. Die übrig gebliebene, in Paris sogenannte „Lorraine allemande" wurde ab 1789 bewußt aufgeteilt; z. gr. T. zum Departement de la Moselle, z.T. zum Departement de la Meurthe.

6.332
Dabei war die Lage Deutsch-Lothringens immer problematisch gewesen. Die Anlehnung an die zentrale Lorraine wurde erschwert durch die französische Staatssprache. Nach Norden ins Saartal und in die Pfalz fand sich kein starker Nachbar; insbesondere nach der Katastrophe der Kurpfalz durch Melac 1689. Nach Osten – der Zusammenfassung nach 1871 folgend – bestanden vorher an sich geringe Bindungen.

Die Sprache trennte auch nach 1871 weiter von Französisch-Lothringen. Mindestens die Landkreise Chateau-Salins und Fentsch, besser auch der Stadtkreis Metz hätten 1871 nicht vom Deutschen Reich annektiert werden sollen, da sie überwiegend französischsprachig waren. Der Dialekt Deutsch-Lothringens, das Mittelfränkische, verband Lothringen auch nicht mit dem alemannischen Dialekt im Süden des Elsaß; ein mitteldeutscher gegenüber einem oberdeutschen Dialekt. Einen kulturellen, geistigen, politischen Mittelpunkt hatte Deutsch-Lothringen – vergleichbar etwa dem Vakuum in Graubünden – nur sehr bedingt.

Nancy war 1766 vergangen; im Zentralstaat ab 1789 ohne weiteren Belang. Metz – der natürliche Zentrale Ort – war gemischtnational: 1871 vermutlich noch überwiegend französisch, war es 1910 – auch ohne Militärpersonen – überwiegend deutschsprachig. Von 73 600 Einwohnern waren 52 850 Deutsche (ohne Militär), das heißt 71,8%, und nur 17 900 Franzosen, das heißt 24,3%. In einer rasanten wirtschaftlichen und militärischen Entwicklung begriffen, blieb es für das mystifizierende ländliche Deutsch-Lothringen des „Zauberers Muzot" (Mungenast) geistig kompliziert.

Straßburg, 172 100 Einwohner, 96.9% deutschsprachig, war weit weg und nicht „lothringisch". Saarbrücken 23 000 Einwohner, hatte seine Entwicklung noch nicht begonnen. Trier war ehrwürdig, aber zu still, 43 000 Einwohner, war zu „altdeutsch". Die Sitzstädte der beiden Landgerichte, zu Metz noch Saargemünd, dazu der 5 deutschen Landkreise, waren und blieben zu sehr örtlich beschränkt. Sprachlich und volkstumsmäßig prekär erwies sich auch die notwendige militärische Überbelegung: XVI. Armeecorps in Metz, XXI. Armeecorps in Saarbrücken.

Um den Verlust ermessen zu können, den Deutsch-Lothringen bedeutete, folgen nun die Daten. Die Dimensionen waren immer eng beschränkt gewesen:

Fläche Lothringen: Annektiert 6 228 qkm, deutsch besiedelt ca 3 500 qkm; Gesamtbevölkerung 1910: 655 211 Einwohner / deutschsprachig: 481 460 Einwohner, d.h. 73,5% / französischsprachig: 146 097 Einwohner, 22,3% / Deutsch und französisch: 3 395 Einwohner, / 0,2% / Andere Sprachen: 32 097 Einwohner, 4,9%.

Zwischen 1918 und 1940 potenzierte sich die Problematik der militärischen Überbelegung. Erst recht, als die Festungsgroßgruppen Hackenberg, Hochwald und Bitsch der Maginotlinie sich über Deutsch-Lothringen ausbreiteten.

Heute ist Deutsch-Lothringen, dem Schicksal des Elsaß folgend, ein selbstverständlicher Teil der französischen Staatsnation.

6.34

Flandern (in Belgien; ohne das französische Westflandern; Vgl. hierfür 6.31):

Das sprachliche und volkliche Schicksal Flanderns ist unter verschiedenen Bezügen oben bereits dargestellt worden: Vgl. 3.61 bezüglich der Eigenschaft als Teil der belgischen Staatsnation; vgl. 3.5 als Teil der niederländischen, neu entstandenen Nation, Volk, Sprache; vgl. 5.3 als vorübergehender Teil der Friktion Bourgogne; vgl. 5.4 als zeitweiliger Teil der Friktion Lorraine.

Hier sind wegen der außerordentlichen Bedeutsamkeit auch dieses Verlustes für Deutschland und den deutschen Volksboden die statistischen sprachlichen Daten darzustellen.

Die Probleme Flanderns und der Vlamen sind mehrere:

Erstens: Das Verhältnis zur niederländischen Nation und Sprache, das grundsätzlich geklärt erscheint. Deshalb interessiert es hier nicht.

Zweitens: Das Verhältnis zur ggf. in der Entstehung begriffenen oder entstandenen belgischen Staatsnation. Es erscheint nicht völlig geklärt; interessiert hier aber nicht.

Drittens: Das Verhältnis zum wallonischen Volksteil und zur französischen Sprache, das nicht geklärt erscheint; insbesondere nicht um Brüssel. Schließlich: Das Verhältnis zur Provinz Brabant und zur Hauptstadt Brüssel. Dies bleibt höchst bedeutsam und prekär.

Brüssel war jahrhundertelang eine deutschsprachige Stadt. Brüssel war dann eine flämisch-niederländischsprachige Stadt. Teile Brüssels und Teile seiner selbständigen Vorortgemeinden beginnen beiläufig oder absichtlich sich zu entwickeln zu erst gemeischtsprachigen, dann vorgeblich französischsprachigen Zentren. Dies griff danach über auf nach und nach größer werdende Teile der Zentralprovinz Brabant. Diese war seit der Entstehung der deutsch-französischen Sprachgrenze schon seit vielen Jahrhunderten geteilt: ... in einen niederdeutsch, dann flämisch sprechenden Teil im Norden, in einen wallonischen, französisch sprechenden Teil im Süden. Die Sprachprobleme Belgiens sind mithin nicht die eindeutigen bzw. überwiegenden Provinzen Belgiens: ... Ostflandern 96.5% vlämisch, Antwerpen 95,1% vlämisch, Limburg 93,3% vlämisch, Westflandern 91,3% vlämisch, und erst recht nicht die entsprechenden wallonischen Provinzen: Namur 99,6% wallonisch, Hainaut 97,2 % wallonisch, Luxembourg 90,8% wallonisch, Liège 90,6% wallonisch.

Das Problem bleiben Brüssel und Brabant. Dabei liegt Brüssel im vlämischen Nordteil von Brabant. Die Nachbarorte südöstlich, südlich, südwestlich von Brüssel sind zunächst noch der Herkunft nach vlämisch.

Das Problem würde unzulässig vereinfacht, verschoben und zum Nachteil der wallonischen Zahlen verfälscht, wenn argumentiert würde für ganz Belgien: 57% Vlamen, 32,5% Wallonen, 11% Bewohner des Brabanter bzw. Brüsseler „zweisprachigen Gebietes von Brüssel". Auch die meisten der Brabanter bzw. Einwohner Brüssels sind nicht oder nicht nur zweisprachig. Auch sie haben grundsätzlich eine „Muttersprache" oder eine „langue parlée".

Danach können die Zahlen angenommen werden mit etwa: mindestens 53,4% Vlamen, 45,3% Wallonen, 1,3% Deutsche.

Dann stellen sich die statistischen Daten des hier allein interessierenden historischen Verlustes an früher deutschsprachigem, heute vlämisch-niederländischem Volksboden: Belgien insgesamt 30 507 qkm, davon vlämisch bewohnt ca 13 257 qkm, wallonisch bewohnt ca. 17 250 qkm, Belgien insgesamt Einwohner 8 092 000 (1930), 8 653 000 (1951), 9 900 000 (1989), davon Vlamen ca (zwischen 5,6 Mio und) 5 370 000 Einwohner, Wallonen ca 3 710 000 Einwohner, Deutsche ca 100 000 Einwohner, andere ca 900 000 Einwohner =

(jeweils „nur eine Landessprache sprechend" bzw. plus jene, „die zwei oder alle drei Landessprachen sprechen, sprechen am häufigsten").

5,4 Millionen Vlamen entsprächen in der Größenordnung 4,2 Millionen Norwegern, 4,9 Millionen Finnen, 5,2 Millionen Dänen, 3,7 Millionen (Deutsch-)Schweizern.

Zur Zeit ist Flandern selbstverständlich ein Teil der sui generis belgischen Staatsnation.

6.35
Aubel:

Aubel und das angrenzende deutschsprachige Grenzgebiet kam bereits 1815 zu dem Königreich der Vereinigten Niederlande, damit 1830 zum Königreich Belgien. Es waren zunächst 9 Gemeinden der Provinz Liège, unmittelbar an der preußischen, dann der deutschen Grenze bei Aachen; mit etwa 20 000 Einwohnern. 1920 kam als zehnte Kelmis, das frühere Neutral-Moresnet dazu.

Ab 1848 gab es als Zeichen deutscher Zugehörigkeit ein deutsches Lokalblatt („Die fliegende Taube") in Aubel; ab 1904 in Montzen einen Verein für die deutsche Sprache.

6.36
Arel, Bochholtz:

Das Gebiet wurde erst infolge der belgischen Revolution von dem Großherzogtum Luxemburg abgetrennt: 1830 / 1839. Der Londoner Kongreß sprach zusätzlich zu dem wallonischen Teil von Luxemburg auch einen deutschen Anteil mit der Provinzhauptstadt Arel und Streifen südlich und nördlich von Arel Belgien zu. Es waren 21 deutsche Gemeinden mit 70 Ortschaften, zwei deutsche Ortsteile von wallonischen Gemeinden; dazu die isoliert liegende Gemeinde Bochholtz (– Beho –).

Mit dem ersten Weltkrieg verschwanden die deutschen Zeitungen. 1893 – 1914 gab es einen „Verein zur Wahrung und Pflege der Muttersprache im deutschsprechenden Belgien". Danach nicht mehr. Die Stadtverwaltung von Arel änderte den Stadtnamen in Arlon. Sie lehnte die Fortdauer deutscher Straßennamen ab.

6.37
Limburg:

Die Einbettung des Schicksals von Limburg in dasjenige der Niederlande und Flanderns, der Bourgogne und der Lorraine ist ober dargestellt worden (vgl. 3.61, 3.5, 5.3, 5.4).

Im Frieden von Münster und Osnabrück 1648 war Limburg zwischen den Generalstaaten der Niederlande und Spanien geteilt worden; 1794 wurde es nach der Eroberung durch die Franzosen wieder vereinigt; 1839 zwischen den Niederlanden und Belgien zum zweiten Male geteilt. 1848 hatte Limburg mitgewählt zur Deutschen Nationalversammlung in der Paulskirche. Offensichtlich war die Bevölkerung noch so deutsch gesinnt, daß sie die Teilnahme an der Wahl – anders als die Tschechen in Böhmen und Mähren – n i c h t verweigerte. Der niederländische Teil Limburgs gehörte bis 1866 zum Deutschen Bund. Er schied erst aus mit dem förmlichen Ende des Deutschen Bundes, da er zum norddeutschen Bund nicht mehr hinzutrat. Wann dann die niederdeutsche Sprache in die niederländische Sprache überging mag fraglich erscheinen.

Heute ist Limburg ein selbstverständlicher Teil der niederländischen Nation.

6.38
Liechtenstein:

Zur Geschichte und Entwicklung Liechtensteins als ein deutscher Staat vgl. oben 3.91. Die Daten sind: Fläche: 160 qkm, Einwohner: 27 300. Es ist einer der reichsten und wirtschaftlich gesündesten und bedeutsamsten Staaten der Erde. Es hat mehr Einwohner als eine Reihe von Staaten und Mitgliedern der Vereinten Nationen.

6.39
Luxemburg:

Zur Geschichte und Entwicklung des Grand Duché de Luxembourg ist oben 3.92 Stellung genommen worden. Die Daten sind: Fläche: 2 586 qkm, Einwohner: 367 000
Ohne Zweifel eine deutsche Bevölkerung, die nicht deutsch zu sein wünscht. Ohne Zweifel ein nichtdeutscher Staat.

6.4 Überblick zur Geschichte des Versuchs der Entwicklung
des Selbstbestimmungsrechtes des deutschen Volkes auf sein Land
in Richtung der Vereinigung des deutschen Volkes im Deutschen Reich:
„Sammeln der Deutschen Erde" nur deutsches Sprachgebiet:
Kein Pan„germanismus"!

6.41
Vorgeschichte 870/879 – 1806/1809:

Das deutsche Volk in seiner tausendjährigen Entwicklung ist untrennbar verbunden mit dem deutschen Land in Mitteleuropa. Neben einer Unzahl von „fremden „Zielen, vom Heiligen Land über Sizilien bis Reichsitalien, stand die Sorge um Deutsch„land" lange so sehr im Hintergrund, daß das deutsche Volk sein Land weitgehend vergaß. Im Gegensatz zu

England, das „in an absence of mind" sich das größte Weltreich der Weltgeschichte geschaffen hat, hat das deutsche Volk „in an absence of mind" „sein Heiliges Römisches Reich Deutscher Nation" verloren und große Teile dieses seines Reiches völlig vergessen, andere Teile auch des deutschen Volksbodens verloren.

Hier geht es naturgemäß nicht um einen Abriß der deutschen staatlichen Geschichte, sondern ausschließlich um das Schicksal des Landes dieses deutschen Volkes, um den Volksboden. Bezeichnenderweise ging es längere Zeiträume hindurch parallel zum staatlichen Rückgang auch in Bezug auf die Bewahrung des deutschen Volksbodens fast immer nur rückwärts: Von Flandern westlich der Schelde bis Schleswig, von der Schweiz bis zu den Niederlanden und Flandern, von Westpreußen bis Memel; ungeachtet des Verlustes des Baltikums, schwedischer bzw. dänischer vorübergehender Vorstöße von Danzig bis Bremen. Mit 1806 endend war der Volksboden relativ konsolidiert, waren neue Nationen, neue Staatsnationen aus dem deutschen Volke ausgeschieden, war in Remedur für 1466 im Jahre 1772 Westpreußen wieder heimgekehrt.

Mit 1809 beginnt eine Gegenbewegung. Der Aufstand der Tiroler gegen Frankreich und Italien war der Beginn des Kampfes um das Selbstbestimmungsrecht für alle Deutschen, geführt von Österreich u n d von Preußen. Die Deutschen resignierten nicht mehr – aller wohlgemeinten Philosophie von Goethe entgegen. Es begann „das Sammeln der Deutschen Erde". Nichts an dieser Sammlung ist aggressiv gewesen, nichts rechtswidrig, nichts illegitim. Niemand wurde etwas weggenommen, was nach der Selbstbestimmung ihm gehört hätte.

Die zeitweiligen kleinen Grenzfragen: ... Welschlothringen ab 1871, 1910 = 146 097 Franzosen von in Lothringen 655 211 Einwohner insgesamt, Nordschleswig ab 1864, 1910 = 123 828 Dänen von in Schleswig-Holstein 1871 = 894 000, 1910 = 1 455 000 Einwohnern insgesamt, waren Ungerechtigkeiten; aber Bagatellen im Vergleich zu den deutschen Verlusten 1920 wie 1945 in die vielen Millionen. Polen war noch von Rußland unterworfen; einen polnischen Staat gab es nicht.

Genauso wie Frankreich jahrhundertelang die französische Erde von Nord bis Bourgogne sammelte, bis es schließlich darüber hinausgriff auf deutschen Volksboden, – genauso wie Moskau, wie Großrußland jahrhundertelang die russische Erde vom Eismeer und Ural bis zum Schwarzen Meer und Kaukasus sammelte, bis es schließlich an allen Grenzen massiv daüber hinausgriff: Auf finnischen, baltischen, weißruthenischen, ukrainischen, georgischen, armenischen, aserbeidschanischen Volksboden, endlich auf deutschen!

Genauso war das deutsche Volk berechtigt und verpflichtet, den deutschen Volksboden zu sammeln: Ausdrücklich nur den deutschen Volksboden! ...

Das hat – entgegen vielen Stimmen bis Andreotti – nicht das geringste mit „pan", mit „germanismus" zu tun. Das deutsche Volk hat niemals versucht, andere „germanische" Völker, so beispielsweise Island, Färöer, Norwegen, Dänemark, Schweden, England, Schottland sich anzugliedern: Dies aber erst wäre dann „Pan Germanismus" gewesen. Bezeichnenderweise werden solche Vorwürfe gerade von solchen erhoben, die ihrerseits – wie Polen, Tschechen, Italiener – nicht bereit sind, das Selbstbestimmungsrecht zu achten. Das deutsche Volk hat nicht einmal versucht, wozu es allen Grund und alles Recht gehabt hätte, die Niederlande mit Flandern, Luxemburg, die Schweizer, Liechtenstein zurückzuhalten, als sie gehen wollten. Dies ist das ausgesprochene Gegenteil von Pangermanismus. Das deutsche Volk hat auch pflichtvergessend nicht versucht, das Baltikum nach 1231 – 1561 deutscher Herrschaft festzuhalten und zu retten, nachdem es es über drei Jahrhunderte geschützt hatte gegen den „Geist" Iwan Grosnys, dem selbst Nowgorod unterlegen und erlegen ist.

354

6.42

1809 – 1866: Europäische Befreiungskriege; Deutscher Bund; Erste demokratische Wahlen im ganzen deutschen Sprachgebiet zur Nationalversammlung in der Paulskirche 1848:

1809, Tirol, der erste deutsche Freiheitskampf für die Selbstbestimmung eines deutschen Volksteiles, endete bezeichnenderweise – wie fast alle folgenden deutschen Selbstbestimmungsrechts-Entscheidungen bis 1955 – in einer blutigen, brutalen Niederwerfung.

Die Befreiungskriege sahen das deutsche Volk nur anfänglich gespalten. Ab 1815, im Rahmen des Deutschen Bundes, war die Volkseinheit formal gewahrt. Alle Teile Deutschlands, auch Luxemburg, auch Liechtenstein, auch alle Teile Österreichs, von Vorarlberg bis österreichisch-Schlesien, auch Schlesien über Brandenburg bis Pommern, auch Westpreußen (zusammengeschlossen mit Ostpreußen, wenigstens von 1848 – 1851) waren vereinigt. – Ein Deutschland, wie es gemäß dem Selbstbestimmungsrecht nicht korrekter hätte geformt und begrenzt werden können. (Nur die Tschechen waren noch formal aus historischer Überlieferung noch mit eingeschlossen.)

Ohne Agression, im Einvernehmen mit dem Konzert der europäischen Mächte, auch Rußlands, auch Englands, auch Frankreichs. 30 167 000 Deutsche hatten 7 2 Stimmen im Plenum des Deutschen Bundes; eine miserable, aber immerhin eine Vertretung bei einer miserablen deutschen Staatlichkeit.

1846, beginnend mit einem dänischen „offenen Brief", über den Frieden von Berlin im Juli 1850, die Niederlage von Idstedt, bis zum Londoner Protokoll vom 8.5.1852, scheiterte „der erste Versuch" der Erringung des Selbstbestimmungsrechtes für Schleswig und Holstein.

1848 ist nicht nur demokratisch beurteilt ein glorreiches Jahr deutscher Demokratie. Diese Wahl zum Parlament in der Paulskirche 1848 ist auch die e i n z i g e demokratische Wahl, die vereint abzuhalten – in Übereinstimmung mit dem Selbstbestimmungsrecht – dem deutschen Volke jemals vergönnt worden ist. Höchst ehrlicherweise haben die Tschechen in Böhmen und Mähren einerseits, die Polen in Posen z.T. anderseits nicht mitgewählt. Es war eine nur deutsche, eine gesamtdeutsche Wahl 1848. Dies war „Deutschland", weder „Klein" noch „Groß", schlicht nur „Deutschland". Ohne jegliche Bindestriche, Einschränkungen usw.!

Von den 800 Mitgliedern des Parlamentes der Paulskirche stammten dementsprechend: ... aus Schleswig-Holstein 13 / aus Vorarlberg, Tirol 24 / Hannover 36 / Kärnten 10 / Rheinpreußen 50 / Steiermark 26 / Rheinpfalz 13 / Niederösterreich, Wien 33 / Baden 21 / Mähren, öst. Schlesien 32 / Württemberg 8 / Böhmen 28 / Schlesien 55 / dazu Limburg 2 / Brandenburg, Berlin 36 / Pommern 19 / Preußen (Ost+West) 46.

Diese Wahlen, dieses Parlament, dieses Gesamtdeutschland 1848 ist das erste und einzige, nach dem die Frage auszurichten und zu beantworten ist: D a s   i s t Deutschland! Dieses sind die Gebiete Deutschlands. Hier liegen Deutschlands Grenzen. Umso erstaunlicher ist es, daß dies das deutsche Volk nicht ununterbrochen mit jedem Nachdruck vertreten und gefordert hat für sein Selbstbestimmungsrecht. Auch Heute. Gerade Heute.

Historisch ist die Paulskirche scheinbar „gescheitert". Wie fast jeder Selbstbestimmungsentscheidung in Deutschland blieb auch dieser der Erfolg versagt. Demokratisch aber und vor dem Ziel der Selbstbestimmung ist die Paulskirche nach der Gerechtigkeit in keiner Weise entwertet.

6.43

1864 Schleswig – Holstein / 1866 Krieg Preußens gegen Österreich und den Deutschen Bund / 1866 – 1871 Norddeutscher Bund:

1864 gelang schließlich der „Z w e i t e Versuch" zur Befreiung Holsteins und Schleswigs; zwischen dem 18.4.1864 Düppeler Schanzen und dem 29.6.1864 Alsen, endend im Vorfrieden am 1.8.1964 und im Frieden von Wien 30.10.1864. Höchst bedauerlicherweise erfüllte Preußen die Vertragsverpflichtung zur Abhaltung einer Volksabstimmung in Schleswig, – für dessen dänischen Nordteil –, nicht. Dies mußte dann erst 1918 nachgeholt werden. Doch handelte es sich wie bekannt um 1910 nur 123 828 Dänen, nicht wie 1945 bis zu 13,5 Millionen Deutsche.

Der Bruderkrieg um die Hegemonie in Deutschland – Preußen gegen Österreich und gegen den Deutschen Bund – endete mit dem Erlöschen des Deutschen Bundes, mit der Bildung des Provisoriums des Norddeutschen Bundes, mit dem Ausscheiden Österreichs und Liechtensteins aus dem förmlichen staatlichen Zusammenhang. Angesichts der Pläne Napoleons III. zum Kauf und zur Annektion von Luxemburg einerseits, des offensichtlichen Nichtinteresses Bismarcks und Preußens an ausschließlich nationalen Fakten des deutschen Volksbodens in Luxemburg andererseits, – und im Interesse der Erhaltung des Friedens –, wurde Luxemburg auf Österreichs Vorschlag 1867 durch den Londoner Vertrag für neutral erklärt und schied danach aus der deutschen Staatlichkeit ohne nationale Notwendigkeit aus. Dies zeigt, wie wenig Deutschland – und insbesondere gerade Bismarck – an einer Erhaltung, zu schweigen Ausdehnung des deutschen Volksbodens lag.

6.44

1870 – 1871 Krieg Frankreichs gegen Deutschland: 1871 bis 1945 Deutsches Reich: 1879 – 1918 Bündnis mit Österreich – Ungarn:

Nach dem vom emotionalisierten französischen Kaiserreich provozierten, dann erklärten, dann verlorenen Krieg von 1870 – 1871 stellte sich für die süddeutschen Staaten aus Furcht vor weiterer Kriegführung Frankreichs – nach 1798 bis 1815 gegen ganz Deutschland, 1859 gegen Österreich, 1870 – 1871 gegen Süd- und Norddeutschland – die Frage nach Elsaß – Lothringen, nach Straßburg als dem „Gibraltar Süddeutschlands". Obwohl Preußen nur relativ sehr wenig daran interessiert war, kam das weitaus überwiegend deutsch besiedelte, aber vermutlich z.T. französisch gesinnte Elsaß-Lothringen zum Deutschen Reich.

Eine Entscheidung nach dem Selbstbestimmungsrecht hat weder das Deutsche Reich gesucht – keine Volksabstimmung nach 1871! – noch Frankreich dann 1918 wagen können („Le plebiscite est fait"). Falsch war, daß die französische Festungsstadt Metz, daß ein schmaler Streifen vom französischsprachigen Lothringen um Chateau Salins und Dieuze dem neuen Reichsland Elsaß-Lothringen angeschlossen wurde. Beides war überflüssig. Insbesondere die veralteten Festungswerke von Metz hätte Deutschland stärker und besser um Trier wiederholen können. Doch handelte es sich 1910 wie bekannt gerade um 146 097 Franzosen in Lothringen, nicht um 1945 bis zu 13,5 Millionen Deutscher. Luxemburg wurde 1871 erneut vergessen. Der Verbleib bis 1919 im deutschen Zollverein war keinerlei Ersatz.

Durch das Bündnis des Deutschen Reiches mit dem – immer noch überwiegend deutsch geführten – Österreich-Ungarn 1879 wurde versucht, auch die Teilung des deutschen Volkes im Rahmen des Möglichen zu mildern bzw. zu heilen.

6.45

1914 – 1918 erster Weltkrieg: Diktat von Versailles 28.06.1919: Diktat von Saint Germain 10.09.1919: Verweigerung des Selbstbestimmungsrechtes der Völker:

1919 erfolgte: … einerseits nach den Zusicherungen des Selbstbestimmungsrechtes durch die Regierung der Vereinigten Staaten von Amerika im Vorwaffenstillstandsvertrag, andererseits nach der Zusicherung eines „Friedens der Gerechtigkeit", in dem Diktat von Versailles und in dem Diktat von Saint Germain der bis dahin größte Raub der europäischen Geschichte; an deutschem Volksboden in noch nie dagewesenem Ausmaß: Eupen-St. Vith; an Belgien, dann Befragungsfarce / Elsaß-Lothringen; an Frankreich; keine Volksabstimmung / Südtirol; an Italien; keine Volksabstimmung / Österreich; Verbot des vollzogenen Anschlusses; entgegen Volksabstimmungen / Sudetenland; Verweigerung der Vereinigung; Blutopfer / Oberschlesien; Teilung entgegen Volksabstimmung / Hultschiner Ländchen / deutsches Westposen; Vertreibung der Deutschen bis 1926 / Westpreußen; Verweigerung einer Volksabstimmung / Danzig; formell Freie Stadt; Loslösung vom Reich / Memelland; nach Handstreich an Litauen.

Nur im vorher staatlich-ungarischen Burgenland wurde freiwillig deutscher Volksboden zurückgegliedert an Österreich.

Zu Recht wurde Nordschleswig nach Volksabstimmung an Dänemark zurückgegeben, Ostposen mit Poznan in Polen eingegliedert.

6.46
13.01.1935 Saarabstimmung: 12.03.1938 Anschluß Österreichs: 29.09.1938 Befreiung des Sudetenlandes: 22.03.1939 Rückgabe des Memellandes: 1.09.1939 Rückgliederung von Danzig:
Sammeln der Deutschen Erde konform mit dem Selbstbestimmungsrecht der Völker

Am 13.01.1935 konnte nach einer haushoch für Deutschland gewonnenen Volksabstimmung zum ersten und einzigen Male gemäß dem Selbstbestimmungsrecht – förmlich von den Versailler Feindmächten gebilligt – ein Teil deutschen Volksbodens, das Saarland in das Deutsche Reich zurückgegliedert werden.

Am 12.03.1938 konnte in Übereinstimmung mit der Forderung des Selbstbestimmungsrechts und der großen Mehrheit des Willens der Bevölkerung von Österreich dieses deutsche Land, – so wie es 1918 selbst einstimmig im Parlament beschlossen hatte, – an das Deutsche Reich nach 72 Jahren der Trennung wieder angeschlossen werden.

Am 29.09.1938 konnte in Übereinstimmung mit der Forderung des Selbstbestimmungsrechts und der überwältigenden Mehrheit des Willens der Bevölkerung des Sudetenlandes dieses deutsche Land, – so wie es es 1918 bis zu den Mordmassakern von Kaaden gefordert hatte, – in das Deutsche Reich eingegliedert werden.

Dies erfolgte mit dem förmlichen Einverständnis aller Mächte der europäischen Völkerrechtsgemeinschaft. Gerade auch im Einverständnis Groß Britanniens, Frankreichs und der Tschechoslowakei; unter Anerkennung durch die Vereinigten Staaten von Amerika und durch die Sowjetunion!

Am 22.03.1939 konnte in Übereinstimmung mit der Forderung des Selbstbestimmungsrechts und der Mehrheit des Willens der Bevölkerung des Memellandes dieser deutsche Landesteil in das Deutsche Reich zurückgegliedert werden. Die gesamte Völkerrechtsgemeinschaft hat dies völkerrechtlich noch anerkannt: Auch Groß Britannien, auch Frankreich, auch die Vereinigten Staaten von Amerika.

Am 1.09.1939 konnte in Übereinstimmung mit der Forderung des Selbstbestimmungsrechts und der Mehrheit des Willens der Bevölkerung der Freien Stadt Danzig diese deutsche

Stadt in das Deutsche Reich zurückgegliedert werden. Nach der Selbstbestimmung ging dies die Republik Polen nicht das Geringste an. Danzig war 1939 eine zu 98% deutsche Stadt.

6.47

15.03.1939; rechtswidrige Besetzung der Tschechei / 1.09.1939; Zweiter Weltkrieg / 2.08.1945; Potsdamer Protokolle.

Am 15.03.1939 erfolgte die rechtswidrige, verantwortungslose, kriminelle, bodenlos dumme Besetzung der Tschechei entgegen der Forderung des Selbstbestimmungsrechts und der großen Mehrheit des Willens der Bevölkerung der Tschechei. Sie richtet sich selbst.

Am 1.09.1939 begann in Gegenwehr des Deutschen Reiches der zweite Weltkrieg, den die Republik Polen durch eine ununterbrochene Folge von vielfachen Provokationen bewußt provoziert hatte:

[32](Seitenzahlen der Zitate jeweils Hoggan: Der erzwungene Krieg)

15.02.1939 Beschlagnahme deutschen Eigentums in Polen S.348 / 25.02.1939 Antideutsche Demonstrationen in Polen S.380 / 20.03.1939 ff; Entscheidung Polens, das Deutsche Reich herausfordern zu wollen S.416ff / 23.03.1939 Teilmobilmachung Polens S.424 / 26.03.1939 Drohungen Polens mit Krieg S.429 / 26.03.1939 Mobilmachungsprogrom in Bromberg S.434 / 5.05.1939 Becks chauvinistische Rede S.503 / 13.05.1939 antideutsche Krawalle in Lodz S.519 / 11.06.1939 Polnische Provokationen in Danzig S.534 / 4.08.1939 Polnisches Ultimatum an Danzig S.546 / 14.08.1939 Polnischer Terror in Ostoberschlesien S.597 / 24.08.1939 Antideutsche Maßnahmen Polens verschärfen sich S.632 / 31.08.1939 Becks Auseinandersetzung mit Papst Pius XII. S. 742 / 31.08.1939 Polen bezeichnet die Deutschen als Hunnen S.750.

Danach gab es für die Republik Polen weder einen Rechtfertigungsgrund noch auch nur einen Entschuldigungsgrund, den Krieg um die Westerplatte und um die Freie Stadt Danzig solange provoziert zu haben: Beides deutsche Gebiete, die nach dem Selbstbestimmungsrecht Polen nicht anzutasten hatte.

Den zweiten Weltkrieg haben in mindestens gleichem Maße herbeigeführt: ...

Einerseits: Wer auftragsgemäß seit 1934 immer erneut versucht hat, in Übereinstimmung mit den Vorfriedensvertrags-Zusagen von Wilson und mit dem Selbstbestimmungsrecht der Völker, mit Polen zu einer vernünftigen Übereinkunft über Danzig und über den territorialen Zugang des Deutschen Reiches zu seiner Provinz Ostpreußen zu gelangen: Das Auswärtige Amt des Deutschen Reichs!

Danach, wer nach dem Scheitern dieser jahrelangen Versuche in gerechter Gegenwehr förmlich offensiv geworden ist: Das Deutsche Reich und die Freie Stadt Danzig. Es gab keinen „Überfall" auf das „friedliebende", „wehrlose Polen".

Andererseits: Wer durch Jahre hindurch mit immer erneuten und immer unverschämteren Provokationen unter Verletzung der Menschenrechte der vielen Hunderttausende Deutscher in Polen und unter Verletzung des Selbstbestimmungsrechtes des deutschen Volkes größenwahnsinnig handelte: Der Außenminister der Republik Polen, Oberst Beck. Und ebenso, wer dann in der Defensive unterlag: Die Republik Polen.

Vor allem aber: Wer durch Abgabe einer B l a n k o -Garantieerklärung am 30. März 1939 für die chauvinistische Mittelmacht Polen diese zum Krieg gegen das Deutsche Reich aufreizte: Der Außenminister von Groß Britannien Lord Halifax.

---

[32] David L. Hoggan: Der erzwungene Krieg; Die Ursachen und Urheber des Zweiten Weltkrieges; 13. Neu-Auflage; Grabert-Verlag-Tübingen 1986.

Erneut ein Zitat aus dem „Memento" dieses Buches, prophetisch vorausgeahnt für Polen, Danzig, den Korridor und Deutschland: „Es handelte sich um einen seit dem Vertrag von Versailles bestehenden Sachverhalt, um ein Problem, für das man längst hätte eine Lösung finden müssen, wenn es nur die Staatsmänner der letzten 20 Jahre mit weiterem Blick und größerem Pflichtgefühl betrachtet hätten". So Primeminister Arthur Neville Chamberlain in Birmingham am 20. März 1939! Das heißt aber nur 10 Tage vor der Blanko-Garantie-Erklärung „seines" Außenministers Lord Halifax für Polen. Jenes Polen, das im Besitz hatte: ... von litauischem Volksboden: Vilnius, die Hauptstadt Litauens / von weißruthenischem Volksboden: Nowogrodek, Bialystok (östlicher Teil), Polesie / von ukrainischem Volksboden: Wolhynien, Tarnopol, Stanislau, Lviv (östliche Hälfte) / von deutschem Volksboden: Westpreußen, Westposen, Ostoberschlesien / von tschechischem Volksboden: Teschen / von slowakischem Volksboden: In den Karpathen. Unter Bedrohung von Danzig und Ostpreußen.

Nach dem Ende des zweiten Weltkrieges und nach der Selbstverpflichtung aller alliierten Mächte durch die Atlantik-Charta: „Gebietsveränderungen nur in Übereinstimmung mit dem Willen der Bevölkerung vornehmen zu wollen" ... erfolgte am 2. August 1945 in den Potsdamer Beschlüssen die gigantischste Deportation und der größte Raub der Geschichte an Ländern des unterlegenen Deutschen Reiches, an deutschem Volksboden.

Zusätzlich erfolgte schließlich 1945/49 die Unterwerfung Mitteldeutschlands und Ostberlins unter ein kommunistisches Satrapenregime: Bis hin zu jenem denkwürdigen 9. November 1989.

Eine erste Umkehr war nur die Rückgliederung des Saarlandes 1955 gewesen. Die Französische Republik – und es gereicht Mendès-France zur Ehre – hatte endgültig zur Kenntnis genommen, und sie hatte die Schlußfolgerungen daraus gezogen, daß im XX. Jahrhundert das Zeitalter des Selbstbestimmungsrechtes der Völker begonnen hat.

6.5 Stufe 3:

1918 – 1945; 1945 bis heute: E n t g e g e n dem Selbstbestimmungsrecht der Völker; „Verlorene gefallene Mauersteine" des Deutschen Reiches:

6.51
Verbotener Anschluß Deutsch-Österreichs / Österreichs:

Zu dem durch ein ganzes Jahrtausend zweifelsfrei deutschen Charakter von Österreich ist oben 3.7 abschließend Stellung genommen worden.

Um den augenblicklichen staatlichen Verlust an deutschem Sprachgebiet und deutschem Volksboden zugunsten einer vorgeblichen „österreichischen Nation „festzustellen, folgen hier die statistischen Daten: Bundesland (Hauptstadt) Wien, 8 Bundesländer (jeweils ohne Südtirol):

Fläche 83 850 qkm Einwohner 1910 Deutsche 6 001 797, Andere 287 000, Gesamt 6 289 000 / 1923 6 272 892, 262 000, 6 535 000 / 1934 6 393 066, 367 000, 6 760 000 / 1951 6 934 000 / 1989 7 660 000. Um die ganze Dimension der rechtswidrigen Verweigerung der Selbstbestimmung 1918 – 1920 durch das Diktat von Saint Germain bzw. Versailles festzuhalten, ist aber die zusätzliche Addition des Sudetenlandes zu DeutschÖsterreich erforderlich: Zu dessen Bestandteil sich die Sudetenlande rechtmäßig erklärt hatten!

Fläche 28 971 qkm Einwohner 1921 Deutsche 2 973 000 Somit das gesamte Deutsch-Österreich 1919 (ohne Südtirol): ca Deutsche 9 245 000.

Dies sind mehr Deutsche, denen schon 1918 – 1920 absichtlich die Selbstbestimmung verwehrt wurde, als Einwohner die folgenden souveränen europäischen Staaten zählten: Portugal, Island, Norwegen, Schweden, Dänemark, Irland, Belgien, Finnland, Estland, Lettland, Litauen, Ungarn, Griechenland, Albanien. Ebenso Schottland, Wales!

6.6–6.7 Stufe 4: Übergangsperiode (Stichworte):

E n t g e g e n dem Selbstbestimmungsrecht der Völker (z.T. zeitweilig) „Verlorene gefalle- ne Mauersteine" des Deutschen Reiches: 1919 / 1935 / 1938 / 1939 – 1945 / – 1955 / bzw. bis heute:

Territoriale und ethnographische Fragen: Gebiete m i t   d e u t s c h e r   S p r a c h e „Staaten":

6.61
Saargebiet/Saarland

Zur inneren Entwicklung des Saargebietes bzw. Saarlandes – von Clemenceaus „150 000 Saarfranzosen" 1920 bis zu 2 124 Stimmen für die Vereinigung der Saar mit Frankreich 1935 und zur Volksabstimmung 1955 ist oben 3.96 Stellung genommen wor- den.

1945 ging es der französischen Republik nicht mehr um Saarfranzosen speziell oder Menschen allgemein, sondern nach Bidaults These um das „Bekommen der Kohle". Den- noch sollen hier die Zahlen der Menschen, über die 1920 bis 1935 und erneut 1945 bis 1955 so eigenartig und einzigartig verfügt worden ist, näher festgehalten werden: Als Aus- druck des Schicksals einer deutschen Grenzbevölkerung, die das Glück hatte, „auf Kohle zu sitzen":

Fläche 1.1.1936 1 913,14 qkm / 1946 2 558,9 qkm / 30.06. 1979 2 523,23 qkm / Einwohner 1.12.1910 652 381 / 19.07.1927 770 030 / 25.06.1935 810 987 / 17.05.1939 908 219 / 29.10.1946 851 615 / 14.11.1951 955 400 / 6.06.1961 1 072 600 / 27.05.1970 1 119 700 / 1989 1 042 000

6.62
Memelgebiet

10.01.1920, 15.11.1920, 14.03.1924, 22.03.1939, Anfang 1945 E n t g e g e n   dem Selbstbestimmungsrecht der Völker:

Zur Geschichte und Entwicklung des Memellandes ist ober 3.94 Stellung genommen worden. Hier bleiben die Zahlen für dieses deutsche Grenzgebiet zu nennen.

Fläche 2 417 qkm / 1910 mit deutscher Muttersprache 71 781 = 50,6% von 141 238 / „litauischer" 67 124 = 47,8% / deutscher/anderer 2 028 = 1,4% / anderer 305 = 0,2%

1925 141 645 / davon Deutsche 59 337 = 43,5% / „Memelländer" 34 337 = 25,2% / unbekannt 4 067 = 3,0% / Litauer 37 626 = 27,6% / Juden, Russen, Andere 1 000 = 0,7%

6.63
Die „Freie Stadt Danzig" 10.01.1920, 15.11.1920, 1.09.1939 Anfang 1945 Entgegen dem Selbstbestimmungsrecht der Völker:

Zur tragischen Entwicklung der vorgeblich Freien Stadt Danzig ist oben 3.93, 4.91 – 4.96, 5.61 – 5.64, 7,214 – 7.216 Stellung genommen worden. Hier bleiben die ethnogra- phischen Daten anzuführen.

An Hand der alten Listen mit den Namen der Danziger Geschlechter und der Bürger ist unwiderlegbar festgehalten – ganz genau so wie für die Geschlechter und die Bürgerschaft der Städte von Thorn – daß die Städte von Danzig bis 1466 äußerstenfalls sehr wenige Prozente polnischer Einwohner zählten; etwa 1,5%.

Fläche: 1 966 qkm / Bevölkerung: 1.12.1910 330 630 / 1923 366 730 / 18.08.1929 407 517 / Muttersprachen: deutsch 1910: 315 336 = 95,4% / 1923: 348 493 = 95,0% / polnisch 9 400 = 2,8% / 12 027 = 3,3% kaschsubisch / 2 165 = 0,7% masurisch / 56 deutsch+polnisch 2 547 = 0,8% / 1 629 = 0,4% deutsch+andere / 492 = 0,1% andere

Die stolze Stadt zählte 2 Stadtkreise, 3 Landkreise, 252 Gemeinden, OLG, LG, AG, eine Technische Hochschule, eine Medizinische Akademie, ein Bistum, 72 Abgeordnete, davon 2 Polen.

Dazu kamen 1920: Die Polnische Post, die Danziger Eisenbahnen, gemischte Hafenverwaltung, sowie eine polnische „Schulmutter" für Minderheitenschulen.

6.71

Territoriale und ethnographische Fragen: Gebiete m i t d e u t s c h e r S p r a c h e : „Regionen":

Polnischer Korridor: E n t g e g e n dem Selbstbestimmungsrecht der Völker ist durch das Diktat von Versailles der „Polnische Korridor" geschaffen worden. Zu den Hintergrundfakten des polnischen Korridors, zur Geschichte, zur Entwicklung der Probleme ist oben 3.34 „Versailles", 5.61 – 5.63 „Piast-Mythos", 7.4 „Rückkehr in urpolnische Gebiete" Stellung genommen worden. Hier sind die geographischen und ethnographischen Tatsachen zur Gesamtwürdigung des „Versailler Korridors" darzustellen, die einen riesigen Raub deutschen Volksbodens verdeutlichen.

6.711

Auszugehen ist von den völkerrechtlich erheblich gewordenen Thesen Präsident Wilsons vom 8. Januar 1918, hier dem Punkt XIII: „unabhängiger polnischer Staat", „der die von unbestreitbar polnischer Bevölkerung bewohnten Gebiete umfassen soll", „freier und sicherer Zugang zum Meer".

Präsident Wilson kannte ohne Zweifel die Ergebnisse und die Fakten der objektiven Volkszählung in Westpreußen von 1910 n i c h t . Sie scheinen ihn auch nicht interessiert zu haben, da ja der „freie und sichere Zugang zum Meer" „gewährleistet" werden sollte: Das heißt also, auch dann künstlich, sinnwidrig und um jeden Preis auch entgegen dem Selbstbestimmungsrecht geschaffen werden sollte, wenn und o b w o h l k e i n e unbestreitbar polnische Bevölkerung die Provinz Westpreußen bewohnte, jene Provinz, die allein den polnischen „Zugang zum Meer" darstellen mußte.

Die objektiven Bevölkerungstatsachen interessierten erst recht Paderewski nicht, was keiner Darlegungen bedarf. Eine polnische Denkrichtung wollte ohnehin nicht nur ganz Westpreußen annektieren, sondern auch das Memelland, Südostpreußen, und mit französischer Hilfe schließlich möglichst ganz Ostpreußen, wenn solcher Raub nur damals schon zu haben gewesen wäre.

6.712

Um nun die objektiven Zahlen für Westpreußen würdigen zu können genügt es nicht, – was selbst die einschlägige reichsdeutsche Veröffentlichung von Fittbogen (S.55 ff) getan hat und verkennt –, einander gegenüber zu stellen, weil es zu einer Verfälschung der Tatsachen führt: Fläche und Bevölkerung nur des a b g e t r e n n t e n Gebietes ... Fläche 15 864,50 qkm Bevölkerung 1.12.1910 / insgesamt hierauf 967 704 Menschen, deutsche Muttersprache davon 411 621 / polnische Muttersprache 433 281 / deutsche und andere Muttersprache 14 807 / kaschubische Muttersprache 104 332

Auszugehen ist objektiv von der organischen, von der Natur vorgegebenen, geographisch zusammengehörigen, historisch so gewachsenen Gebietseinheit Westpreußens, Pommerellens, des Weichsellandes: Von der Einheit des Gebietes und Raumes, nicht von dem widernatürlichen Torso des abgetrennten Korridors. Als solche Einheit war Westpreußen sogar 1466 – 1772 ein Nebengebiet der Krone Polens gewesen und bis zuletzt geblieben.

6.713

Ein nur scheinbarer Excurs sei gestattet, um zu zeigen, was hier erkannt werden muß: Wer etwa Chinatown aus dem Stadtkörper von San Francisco herausschneidet, der kann eine chinesische Stadt erhalten! Wer Washington aus den USA herausschneidet, der kann eine Negerstadt, eine afrikanische „Liberia"stadt erhalten: Mitten in den USA. Wer Kreuzberg aus Berlin herausschneidet, der kann eine türkische Großstadt erhalten: Mitten in Deutschland. Wer Marseiller Vororte aus Marseille herausschneidet, der kann algerische Unruheherde erhalten: Mitten in Frankreich. Wer – wie die nicht unterrichteten Verfasser des Diktates von Versailles – Westpreußen völlig willkürlich zerschneidet, der erhält den polnischen Korridor von 1920 bis 1939. So etwas war nicht friedensfähig.

Wer Slowenien entzwei zu schneiden bereit wäre, könnte einen „freien und sicheren Zugang zum Meer" nach Triest für Österreich oder gar für Bayern erhalten. Wer Kroatien entzwei zu schneiden bereit wäre, könnte einen freien und sicheren Zugang zum Meer nach Rijeka, Fiume für Ungarn erhalten. Wer – um die Argumente von Feldmarschall Smuts aufzugreifen – Norddeutschland entzwei zu schneiden bereit sein könnte, könnte einen „freien und sicheren Zugang zum Meer", nach Hamburg für die Tschechoslowakei erhalten.

Daß alle solche Erwägungen – Chinatown, Washington, Kreuzberg, Marseille, Palästina, Slowenien, Kroatien, Norddeutschland – keine vernünftigen Überlegungen, sondern nichts als offensichtlicher Nonsens sind, bedarf keines weiteren Nachweises. Mit Westpreußen aber, mit Danzig, mit dem „polnischen Korridor" dagegen war so verfahren worden im „Frieden" von Versailles.

6.714

Diese natürliche Gebietseinheit Pommerellen, Weichselland, Westpreußen ist sogar relativ einfach festzustellen, da sie von 1308 bis 1920 als Einheit praktisch durchgehend existiert hat: ... 1308 – 1466 als Deutsch-Ordens-Land, 1466 – 1772 als „Königlich Preußen" der Krone Polens, 1772 – 1920 (mit geringer Unterbrechung) als Provinz Westpreußen.[33]

Die Einwohnerzahlen dieser organischen Gebietseinheit sind nun die folgenden. Dabei sind gerade auch die Teile mit zu berücksichtigen, die 1920 n i c h t polnisch wurden, gerade weil sie unbestreitbar (zu sehr) deutsch und keineswegs „polnisch bewohnt" waren: Die Hauptstadt Danzig, der Teil Westpreußen-Marienwerder ostwärts der Weichsel, Westpreußen westlich der Tucheler Heide = Die Grenzmark. Die Zahlen soweit möglich Volkszählung 1910: ...

(Landschaften in Klammern) Stadtkreis SKr Landkreis: Deutsche / Kaschuben / Polen / Insgesamt / Neustadt 24 500 / 46 800 / nicht 71 300 / Karthaus 14 200 / 52 000 / bekannt

---

[33] Dr. Gottfried Fittbogen: Was jeder Deutsche vom Grenz- und Auslandsdeutschtum wissen muß; 9. Auflage, Berlin 1938.

66 200 / Berent 20 800 / 32 200 / 53 000

(Kaschubei) = 59 500 = 131 000 = 190 500

SKr Danzig 315 300 / 2 200 / 9 500 = 327 000

(Marienwerder) 244 300 / 20 100 = 264 400

SKr Graudenz 34 200 / 6 100 / 40 300 / SKr Bromberg 74 300 / 22 200 / 96 500 / SKr Thorn 30 500 / 15 700 / 46 200 Dirschau, Schwetz 70 300 / 83 700 / 154 000 / Preuß. Stargard 17 200 / 48 200 / 65 400 / Graudenz 28 700 / 20 000 / 48 700 Kulm 23 300 / 26 800 / 50 100 / Bromberg 31 200 / 26 500 / 57 700 / Thorn 27 800 / 31 500 / 59 300

(Weichseltal) = 337 500 / 280 700 / 618 200

Konitz 30 300 / 44 700 / 75 000 / Tuchel 11 300 / 22 700 / 34 000 / Zempelburg 21 600 / 8 900 / 30 500 / Wirsitz 34 200 / 33 000 / 67 200

(Tucheler Heide) = 97 400 / 109 300 / 206 700

Briesen 24 000 / 25 500 / 49 500 / Sensburg 11 000 / 51 100 / 62 100 / Neumark 12 100 / 46 900 / 59 000 / Soldau 19 300 / 5 500 / 24 800

(Kulmer Land) = 66 400 / 129 000 / 195 400

Schlochau 55 200 / Flatow 39 400

(Grenzmark) = 166 300

Zu berücksichtigen bleibt über die reinen Zahlen hinausgehend, daß bei einer Volksabstimmung 1920 sich die Kaschuben – wie die Masuren am 11.7.1920 – im Zweifel für den Verbleib bei Deutschland ausgesprochen haben würden.

Nach diesen Fakten der kreisweisen Daten, – geordnet nach Großlandschaften –, sind von den etwa 7 Großlandschaften Westpreußens nur 5, – nämlich Danzig, Marienwerder, die Kaschubei, das Weichseltal, die Grenzmark – von 55% (Weichseltal) bis zu 95% (Danzig) von Deutschen 1910, ebenso 1914 und 1920 bewohnt gewesen.

Nur die beiden schwächsten und wirtschaftlich belanglosen Landschaften, die Tucheler Heide und das Kulmer Land, – zwei von einander entfernte, n i c h t zusammenhängende Teile! –, waren von 52,9% Tucheler Heide, bis 66,1% Kulmer Land von Polen bewohnt.

Wo den westpreußischen Landschaften – nur Dank Lloyd Georges Hartnäckigkeit in der Einhaltung von Wilsons Versprechungen! – großzügig gestattet wurde, wenigstens abzustimmen, stimmten am 11. Juli 1920: Westpreußen – Marienwerder zu 92,3% Masuren-Südostpreußen zu 97,8% für den Verbleib bei Deutschland, ungeachtet der vorgeblich stark slawischen Bevölkerung, insbesondere in Masuren.

Nach diesen kreisweisen Daten standen 1910, wie fortgeschrieben 1920 in Westpreußen/Pommerellen: ... einer Gesamtzahl von 1 286 700 Deutschen plus 133 200 Kaschuben somit 1 418 900 Nichtpolen/für Deutschland 548 600 Polen gegenüber.

Wahrhaftig – wie von Wilson gefordert und zugestanden – „von unbestreitbar polnischer Bevölkerung bewohnte Gebiete" auf dem urpolnischen „freien und sicheren Zugang" Polens „zum Meer": Es gab sie n i c h t. Der Zugang mußte aus deutschem Volksboden willkürlich herausgeschnitten werden.

Polen hat mit polnischer Politik, polnischer Wirtschaft, polnischem Charme und polnischer Schikane der Deutschen diese Grundlage nach Versailles schnellstens zu korrigieren gewußt. Binnen nur 6 Jahren, bis 1926, mußten dem polnischen Terror bis zu 530 000 Deutsche aus Pommerellen weichen. Danach war Pommerellen dann ab 1926 endlich „urpolnisch". Und die Lebenserwartung von Hunderttausenden war selbst damals schon zerstört worden.

6.715

Bezeichnend für Polen sind weitere Einzelheiten:

Selbst im Versailler Diktat war „ein freier Zugang" Ostpreußens zur Weichsel einge-räumt und vorgeschrieben worden. Die praktische Grenzziehung erfolgte so, daß – unter ho-her Gefährdung der Weichseldeiche – die neue „Friedensgrenze" einige Kilometer ostwärts des Weichselstromes verlief. Zur Benutzung der „freien Zugangsstraße" mußte eine polni-sche Genehmigung von weit weg aus Mewe eingeholt werden. Die 5 Weichseldörfer – ost-wärts des Stromes auf der ostpreußischen Seite – kamen an Polen.

Nach der Versailler Grenze waren Dorf und Bahnhof Garnsee bei dem Deutschen Reich verblieben. Das friedliebende Polen des Marschalls Pilsudski „wollte" den Bahnhof „ha-ben". Also besetzte es ihn mitten im Frieden und annektierte ihn.

6.716

Posen war – ganz anders als Westpreußen – eine immer im Ostteil überwiegend polnisch besiedelte Provinz gewesen: ...

Fläche des abgetretenen Gebietes 26 041,84 qkm

abgetretene Bevölkerung am 1.12.1910 Deutsche 669 859 / Polen 1 263 346 / deutsch-sprachig und andere 11 194 / anderssprachige 1 372

Die Angliederung 1813 / 1815 war nur erfolgt, um zwischen den deutschen Provinzen Westpreußen / Ostpreußen einerseits, und den deutschen Provinzen Niederschlesien und Oberschlesien andererseits, ein Mindestmaß territorialer Verbindung des preußischen Staats-gebietes gegenüber dem unberechenbaren Zartum Rußland sicherzustellen: Und Rußland zu-rückzuhalten, daß zuerst Königsberg und dann Danzig hatte behalten wollen. Obwohl die nach vielen Hunderttausenden zählende deutsche Grenzbevölkerung 1919 eine Gegenwehr gegen die polnische rechtswidrige Landnahme versuchte, gingen ganze deutsch besiedelte Grenzkreise wie Bromberg, Wirsitz, Kolmar i.P., Birnbaum, Neutomischl, Wollstein, Lissa der Provinz Posen verloren.

Der Erwerb aber des östlichen Großteils der Provinz Posen für Polen war nach dem Selbstbestimmungsrecht rechtmäßig. Bei Vernunft aller Teile hätte sich eine friedliche gemeinsame Grenze unter Schonung des Einflußbereiches des Zentralen Ortes Berlin einerseits für Deutschland und von Poznan für Polen andererseits erreichen lassen. Nach dem Versailler Diktat dagegen reichte Polen bereits ab 1920 gegenüber Berlin viel zu weit nach Westen und gefährdete Berlin wirtschaftlich. Vergleiche hierzu die katastrophale Weiterentwicklung nunmehr gegenüber der Oder-Neiße-Linie unten 10.34.

6.717

Stellungnahmen ausländischer Beurteiler zum polnischen Korridor

Zur Abrundung und zum Abschluß der Würdigung Polens und insbesondere des pol-nischen Korridors sollen im Folgenden einige wörtliche Zitate von Stellungnahmen meist höchst bedeutsamer meist ausländischer Beurteiler dienen. (Alle Seitenzahlen der Anm. Zi-tate vgl Stern.)

25.03.1919 David Lloyd George (Britischer Primeminister) S.301: „Der Vorschlag der polnischen Kommission, 2 100 000 Deutsche der Aufsicht eines Volkes ... zu unterstel-len, das noch niemals im Laufe seiner Geschichte die Fähigkeit zur stabilen Selbstregie-rung bewiesen hat, muß ... früher oder später zu einem neuen Krieg in Osteuropa führen".

11.05.1919 James L. Garvin (Britischer Publizist, Chefredakteur „Observer";) S.182: „Die Art, wie man zu Werke ging, wird eine hoffnungslose Vendetta zwischen Deutschland und Polen auslösen. Sollte sich die Politik der Polen auf der gegenwärtigen Linie weiterbewegen, so werden die Deutschen früher oder später – zusammen mit den Russen – eine günstige Gelegenheit abpassen." „Der Versailler Vertrag bereite dem deutschen Volk ein Schicksal, wie es so hart noch keinem anderen Volk auferlegt worden sei."[34]

22.05.1919 Jan Christiaan Smuts (britischer General, südafrikanischer Premierminister) S.397: „Ich bin überzeugt, daß wir bei der ungebührlichen Vergrößerung Polens ... einen politischen Kardinalfehler begehen, der sich noch im Lauf der Geschichte rächen wird. Das neue Polen wird Millionen Deutscher und Russen und Gebiete mit einer deutschen und russischen Bevölkerung umfassen." „Im Hinblick auf diese ... Erwägungen würde ich die Grenzen Polens, wie sie in dem Friedensvertrage provisorisch festgesetzt sind, einer Revision unterziehen, Oberschlesien und alle wirklich deutschen Gebiete Deutschland belassen".

1921 René Martel (französischer Historiker, Professor) S. 315: „Am 2. Mai 1921 brach der von Korfanty aufgezogene dritte Aufstand in Oberschlesien aus. Es begann eine entsetzliche Schreckensherrschaft. Die Mordtaten vervielfachten sich. Die Deutschen wurden gemartert, zu Tode gepeinigt, ihre Leichen geschändet." „Die Vorfälle überschreiten an Grausamkeiten die schlimmsten Vorgänge, die man sich vorstellen kann".

9.10.1925 Gazeta Gdansk; S.187: „Polen muß darauf bestehen, daß es ohne Königsberg, ohne ganz Ostpreußen nicht existieren kann. Wir müssen jetzt in Locarno fordern, daß ganz Ostpreußen liquidiert wird ... Dann wird es ja keinen Korridor mehr geben. Sollte dies nicht auf friedlichem Wege geschehen, dann gibt es wieder ein zweites Tannenberg, und alle Länder kehren dann sicher in den Schoß des geliebten Vaterlandes zurück."

31.10.1927 The Nation and Athenaeum (britische Zeitschrift) S.327: „Der Korridor, der Ost- und Westpreußen trennt, ist unmöglich. Man stelle sich vor, daß durch Yorkshire ein Keil getrieben würde, der Menschen gleicher Nationalität trennt, mit allen Folgen von Zöllen, Pässen usw. Dieser Korridor vergiftet die politische Atmosphäre Europas".

30er Jahre Jacques Bainville (französischer Historiker) S.91: „Man kann sagen, daß der Friedensvertrag von Versailles den ewigen Krieg organisiert. Es wäre doch sehr merkwürdig, wenn Deutschland die Grenzen im Osten für lange Zeit als endgültig betrachten würde" „Stellen wir uns ... vor, daß Frankreich besiegt worden wäre und daß der Sieger aus irgendwelchen Gründen für gut befunden hätte, Spanien einen Korridor zu geben, der bei Bordeaux mündete. Wie lange würde Frankreich ... diese Amputation dulden? Genau so lange, wie der Sieger es dazu zwänge und wie Spanien imstande wäre, seinen Korridor zu verteidigen. Mit dem polnischen Korridor, Danzig und Ostpreußen kann es sich nicht anders verhalten".

17.10.1930/14.12.1931 Manchester Guardian; S.309: „Der polnische Terror in der Ukraine ist heute schlimmer als alles andere in Europa. Aus der Ukraine ist ein Land der Verzweiflung und Zerstörung geworden" „Die Minderheiten in Polen sollen verschwinden. Die polnische Politik ist es, die dafür sorgt, daß sie ... verschwinden. Diese Politik wird rücksichtslos vorwärtsgetrieben und ohne die geringste Beachtung der öffentlichen Meinung der Welt, auf internationale Verträge. Die Ukraine ist unter der polnischen Herrschaft zur Hölle geworden. Von Weißrußland kann man dasselbe mit noch größerem Recht sagen."

29.01.1931 New York Herald Tribune; S.333: „Der polnische Korridor bedeutet so lange Böses für den Weltfrieden, bis die deutschen Forderungen nach Revision vor einer unparteilichen internationalen Kommission Gehör finden".

1935 M. Follick (britischer Publizist) S.167: „ ... die durch Versailles geschaffene Unrechtsgrenze im Osten Deutschlands". „Frankreichs Alliierte haben durch ihr Einverständnis zu dieser verbrecherischen Tat einen der furchtbarsten Schläge gegen die Zivilisation ge-

---

[34] Ulrich Stern; Die wahren Schuldigen am Zweiten Weltkrieg; Ursachen und Anstifter im Licht der neuen Forschung; München 1990.

führt, der jemals in der Geschichte bekannt geworden ist ... Polen muß mit einem vernichtenden Kriege mit Deutschland rechnen ..."

06.1939 William Strang (Leiter Zentralabteilung britisches Foreign Office) S.406: „Auf jeden Fall scheint man allgemein anzunehmen, daß Ostpreußen von Polen annektiert wird. Der stellvertretende Leiter der Ostabteilung des (polnischen) Außenministeriums sagte tatsächlich, daß dies der endgültige polnische Plan sei. Er rechtfertigte ihn damit, daß die Bevölkerung von Ostpreußen im Abnehmen sei, daß viele dortige Gebiete ohnehin polnisch seien, daß auf jeden Fall ein Bevölkerungsaustausch arrangiert werden könne, und daß Polen, ein junger und rasch wachsender Staat, eine Küste haben müsse, die seiner nationalen Wichtigkeit entspreche".

4.07.1939 Kardinal Valeri (Päpstlicher Nuntius in Paris) S.436: „In meinen Unterhaltungen im Quai d'Orsay habe ich die klare Überzeugung gewonnen, daß weder Frankreich noch Großbritannien vorhaben, auf Polen irgendeinen Druck auszuüben, sich zu mäßigen, noch Verhandlungen mit Deutschland zuzustimmen. Die westlichen Großmächte sind deshalb ... bereit, an der Seite Polens zu marschieren, wenn letzteres sich entschließt, die Waffen gegen Deutschland zu erheben ... Frankreich und England haben deshalb die Entscheidung des casus belli in die Hände Polens gelegt."

8.1939 Joseph E. Davies (US Diplomat, Botschafter in Moskau); S.140 „Einer der höchsten Beamten unter Beck äußerte zu mir ... seine Regierung würde nicht zugeben, daß Polen und Deutschland zusammenkämen, um ihre Schwierigkeiten wegen des polnischen Korridors und Danzigs beizulegen ... Seine Regierung ... würde es der Welt zeigen. Drei Wochen nach Kriegsausbruch würden polnische Truppen in Berlin sein."

31.8.1939 Joseph Lipski (polnischer Diplomat, Botschafter in Berlin); S.301: „ ... hatte Lipski ... mitgeteilt, daß er in keiner Weise Anlaß habe, sich für Noten oder Angebote von deutscher Seite zu interessieren. Er kenne die Lage in Deutschland ... Er erklärte, davon überzeugt zu sein, daß im Falle eines Krieges Unruhen in diesem Land ausbrechen und die polnischen Truppen erfolgreich gegen Berlin marschieren würden".

11.09.1939 Robert Gordon Menzies (Premierminister Australiens) S.318 „Amerika habe mit dem „verrückten Korridor" einen Dorn in das Fleisch Europas getrieben. Es möge jetzt für die Einberufung einer Konferenz sorgen, die den Dorn beseitige" ...

Durch zwanzig Jahre hindurch war mithin der Korridor von vernichtenden Kommentaren begleitet und gewürdigt worden. Als es zu spät geworden war, konnte keine Konferenz mehr versuchen, die Folgen zu ändern; im September 1939.

6.72
Deutsche Teile von Ostoberschlesien: E n t g e g e n dem Selbstbestimmungsrecht der Völker:

Zur Geschichte Oberschlesiens ist oben 5.61 – 5.63 „Piast-Mythos" und 7.4 zu „urpolnisch" Stellung genommen worden. Oberschlesien war und bleibt ein Erfolg und ein Ergebnis preußischer, deutscher Arbeit seit 1740 bis 1920.

Ganz Oberschlesien hatte 1871 erst 371 400 Einwohner, 1910 aber dann 2 267 981 Einwohner. Der Industriebezirk allein hatte 1871 9 597 Einwohner. Dies entsprach 18 Einwohner pro qkm. Die Bevölkerung des Industriebezirks wuchs = 1 500 000 Einwohner 1910. Dies entsprach 1980 Einwohnern pro qkm.

Solches war eine Steigerung auf das 156 fache des Anfangsbestandes in 40 Jahren preußischer Herrschaft. Aus Menschen deutscher und wasserpolnischer Muttersprache bildete sich hier sui generis ein oberschlesisches Volk. Dies hat Korfanty 1921, es hat Stalin 1945, es hat sogar Kohl und Mazowiezki 1989 – 1991 erlebt und überlebt: Vergleiche

Schloß Kreisau 1989 mit: „Helmuth, Helmuth! Du bist auch unser Bundeskanzler". Muttersprache und Nation und Bekenntnis deckten sich hier weder 1910 noch 1989.

Nach dem Inkrafttreten des Diktates von Versailles am 10.01.1920 wurde fast ganz Oberschlesien als Abstimmungsgebiet unter die Herrschaft einer interalliierten Plebiszitkommission unter französischem parteiischem Vorsitz gestellt: 11.02.1920 bis 10.07.1922.

Drei von Korfanty aus Kongreßpolen nach Oberschlesien importierte Aufstände mußten abgewehrt werden; unter Terror, unter enormen Opfern an Ermordeten, Gefallenen, Gemarterten.

Dennoch ergab das Plebiszit am 20.03.1921 einen klaren Entscheid für Preußen und Deutschland:

Für Deutschland abgegebene Stimmen 707 393 = 62%, Polenstimmer 479 365 = 38%. Bei loyaler Durchführung auch nur des Textes des Versailler Diktates hätte nun u n g e -
t e i l t ganz Oberschlesien an Deutschland zurückfallen müssen. Eine Botschafterkonferenz beschloß stattdessen am 20.10.1921 rechtswidrig, daß Oberschlesien zu teilen sei, damit Polen begünstigt werden konnte.

Die Teilung wurde so feindselig durchgeführt, – obzwar scheinbar rational 60 zu 40% –, daß die neue Grenze das Industriegebiet absichtlich und einseitig zerschnitt: An Polen fielen ...

von 67 Steinkohlenbergwerken 53 / von 56 Milliarden unerschlossenen Steinkohlenvorräten 50 / der gesamte Eisenerzbergbau / von 16 Zink- und Bleierzgruben 11 / von 37 Hochöfen 21 / von 14 Stahl-, Eisen- und Walzwerken 9

Die statistischen Daten sind die folgenden nach der Volkszählung von 1910:

Fläche abgetreten 3 213 qkm / Einwohner deutscher Muttersprache 263 701 / u. anderer Muttersprache 37 081 / zusammen Einwohner 300 782 / polnischer Muttersprache 585 112 / anderer Muttersprache 6 643 / insgesamt 1910 892 537 / 1919 985 076 / Einwohner 1931 1 131 543

Zwischen 1919 und 1931 war dank polnischem Charme der Anteil der Deutschen nunmehr zurückgegangen auf nur noch vorgebliche 6%. = 68 735 Einwohner, Deutsche in Ostoberschlesien.

Nur scheinbar entwaffnend ist, daß es sich auch 1910 um eine Bevölkerung mit – im tiefsten Frieden, ohne nationalen Gegensatz, ohne absichtliche Konfrontation, das heißt ohne Bekenntnischarakter! – überwiegend wasserpolnischer Sprache gehandelt hatte. Als die Konfrontation dann aber 1920 bis 1922 da war, forderte das Selbstbestimmungs- R e c h t die absolute Zugrundelegung des Willens der Selbstbestimmung der demokratischen M e h r h e i t . Das Gebiet der Volksabstimmung war als Jahrhunderte alte Einheit organisch vorgegeben. Dieses Gebiet war von den Alliierten bestimmt und abgegrenzt worden. Dieses Gebiet war als Einheit durch das Diktat von Versailles vorgeschrieben. Dennoch wurde der Mehrheitswillen der Selbstbestimmung der 62% des Volkes absichtlich mißachtet durch die zielbewußte Teilung Oberschlesiens. Dies war keine Entscheidung im Einklang mit dem Selbstbestimmungsrecht.

6.73
Hultschiner Ländchen: Entgegen dem Selbsbestimmungsrecht der Völker

Die Daten sind die folgenden: 1910, 1921, 1930 deutsche Haussprache 6 574, 7 707 = 16,3%, 4 008 = 7,5% / mährische Haussprache 38 531, 39 209 = 83,0%, 49 316 = 92,3% / deutsche und andere 599 / andere 2 742 = 0,7% / 86 = 0,2%

Die deutsche Statistik hatte die mährische Haussprache – von Menschen, die aber alle auch deutsch sprachen – überschätzt, die kulturelle Zugehörigkeit zum Deutschtum unterschätzt. Dies beweisen die Ergebnisse der Stimmabgaben – bei 92,3% Mährern, siehe oben – bei den Bezirkswahlen 1928, bei den Parlamentswahlen 1935, deutsch 13 998 = 62,7% / 21 150 = 74,0% / tschechisch 8 218 = 36,0% / 7 030 = 24,6% / kommunistisch 295 = 1,3% / 382 = 1,4%. Die unstreitig mährische Bevölkerung wollte offensichtlich deutsch sein und wollte gar nicht durch die Tschechen „befreit" werden.

6.74

Die Sudetenländer: Böhmerwald, Egerland, Riesengebirge, Nord-Mähren, österreichisch Schlesien: 10.11.1919, 29.09.1938, seit 1945: E n t g e g e n dem Selbstbestimmungsrecht der Völker:

Zur Geschichte der deutschen Sudetenländer ist oben zum sogenannten „Böhmischen Staatsrecht" 5.7, zur Behauptung einer vorgeblichen „Rückkehr in urtschechische Gebiete" 7.21 Stellung genommen worden. An die Täuschungen Masaryks, an die Verlogenheit Benesch' ist oben 3.46 – 3.47 erinnert worden.

Hier sind die ethnographischen Daten darzustellen, wie sie sich auf Grund der politischen Entwicklung gestalteten.

6.741

8. Januar 1918: Auszugehen ist auch hier von dem geistigen Grundgerüst des Vorfriedens der Waffenstillstandsverträge laut Präsident Wilsons 14 Punkten, hier Punkt 10. Hiernach sollte „den Völkern Österreich-Ungarns" – das zahlenmäßig stärkste davon waren unbestreitbar die österreichischen Teile des deutschen Volkes – „die freieste Möglichkeit autonomer Entwicklung gewährt werden"!

6. Oktober 1918: Die deutschen Abgeordneten des österreichischen Reichsrates erheben die Forderung auf das Selbstbestimmungsrecht für das – so ausdrücklich! – „deutsche Volk in Österreich" …

21. Oktober 1918: Die provisorische Nationalversammlung für Deutsch-Österreich beschließt das Selbstbestimmungsrecht und dessen territoriale Präzisierung: „Der Deutsch-Österreichische Staat beansprucht die Gebietsgewalt über das ganze deutsche Siedlungsgebiet, insbesondere aber auch in den S u d e t e n ländern."

29. Oktober 1918: In einer Entschließung der deutsch-böhmischen Abgeordneten des österreichischen Reichsrates erklärt sich Deutsch-Böhmen zur Provinz Deutsch-Österreichs.

12. November 1918: Durch Gesetz der provisorischen Nationalversammlung von Deutsch-Österreich, Artikel 2: „Deutsch-Österreich ist ein Bestandteil der Deutschen Republik" wird die Grundlage konstituiert für die deutschösterreichische Sudetenregelung.

22. November 1918: „Die Republik Deutsch-Österreich übt die Gebietshoheit über das geschlossene Siedlungsgebiet der Deutschen … aus!" Die Republik umfaßt u.a. … Deutschsüdmähren … Deutschsüdböhmen, … Deutschböhmen und Sudetenland …

6. und 7. Februar 1919: In einer Rede des Reichspräsidenten Friedrich Ebert bei der Eröffnung der Weimarer Nationalversammlung und der folgenden Antrittsrede des Präsidenten der Nationalversammlung Eduard David (SPD) … erfolgt die Begrüßung von Deutsch-Österreich im Deutschen Reich, wird die Wiedervereinigung mit DeutschÖsterreich als Herzenssache des ganzen deutschen Volkes erklärt!

21. Februar 1919: In dem einstimmigen Beschluß der Deutschen Nationalversammlung wird festgestellt, daß Deutsche des Reiches und Österreichs eine untrennbare Einheit bilden.

4. März 1919: In Wien wurde die erste Sitzung des Volkshauses der deutsch-österreichi-

schen Republik eröffnet. In einem Aufruf der deutsch-böhmischen Landesregierung heißt es: Nur Deutsch-Böhmen ist mit Gewalt zu stummem Schweigen verurteilt". Doch auf die tschechische Besetzung Deutsch-Böhmens antwortete das Sudetenland mit Generalstreik.

In zahlreichen Massakern, unter anderen in ... Karlsbad, Reichenberg, Eger, Außig, Sternberg, Brüx, Mies, Neutitschein, endlich Kaaden ... wurden Kundgebungen der sudetendeutschen Bevölkerung für ihr Selbstbestimmungsrecht blutig brutal unterdrückt: Unter 54 Todesopfern: Unter ihnen ein Achtzigjähriger, 2 Knaben von 14 und je einer von 13 und 11 Jahren. Unter 104 Verletzten: Allein in Kaaden wurden 17 Deutsche getötet, 30 schwer und 80 leichter verletzt. Angesichts solcher Daten kann nur bedauert werden, daß nicht eine einzige deutsche Maschinenpistole eines Freikorps Oberland der sudetendeutschen Weltgeschichte einen anderen Lauf nahegelegt hatte.

10. März 1919: Professor Coolidge, Mitglied des US-Regierungs-Ausschusses ... bei der Friedenskonferenz in Versailles/Saint Germain berichtet dazu: „Das Blut, das am 4. März geflossen ist ..., ist ... auf eine Art und Weise vergossen worden, die nur schwer verziehen werden kann ... Betrachtet man die Grenzen, so schlägt er vor: ... im Süden Nieder- und Oberösterreich bis zur ethnischen Grenzlinie auszudehnen ... Eger ... Vereinigung mit Bayern ... Nordböhmen ... offensichtlich ... Wunsch nach einer Trennung von Böhmen, mit überwältigender Mehrheit ... Rechtmäßigkeit ihres Anspruches nicht zu bestreiten ... Sudetenland ... kann leicht ... abgetrennt werden ...

15. Juni 1919: In einer Note der deutschösterreichischen Delegation in Saint Germain wird eine Volksabstimmung „in den deutschen Gebieten der Sudeten gemeindeweise unter neutraler Kontrolle in Abwesenheit der tschechischen Truppen" gefordert, um festzustellen, „welchem Staat diese deutsche Bevölkerung anzugehören wünscht". Diese Volksabstimmung fand nicht statt, ... „da der tschechoslowakische Staat sonst auf einen sehr begrenzten Umfang zurückgeführt werden würde". So der französische Vertreter Laroche am 1.04.1919 im Rat der Außenminister!, ... was dem Selbstbestimmungsrecht entsprochen hätte! ... „da die alliierten Generalstäbe bereits an den nächsten Krieg mit Deutschland denken müßten" (so Laroche s.o.), womit sie sehenden Auges die Sudetenkrise von 1938 heraufbeschworen ... „da sonst der slowakische Druck auf Autonomie so verstärkt worden wäre" (so Laroche s.o.): Was zur Sprengung der Tschechoslowakei weiterführte, als das slowakische Volk seine Selbstbestimmung ausübte.

6.742

28. Juni 1919: Diktat von Versailles; hier die Artikel 80, 81, 82. Unabhängigkeit Österreichs; Belassung der Grenze des Deutschen Reiches zur Tschechoslowakei nach dem Zustand am 3.08.1914; brutale Verletzungen des Selbstbestimmungsrechtes.

10. September 1919: Diktat von Saint Germain; hier Artikel 27, 54, 88. Belassung der Grenze Österreichs zur Tschechoslowakei auf der historischen Grenze Nieder- bzw. Oberösterreichs; Unabhängigkeit Österreichs; Verbot des Anschlusses; brutale Verletzungen des Selbstbestimmungsrechts.

Der „westliche Friedensplan" der USA, Groß Britanniens und Frankreichs des Jahres 1960 bezeichnete den „Vertrag" von Versailles als einen „aufgezwungenen Diktatfrieden".

1. Juni 1920: 4 1 sudetendeutsche Abgeordnete von 4 Parteien erklärten als „Deutscher parlamentarischer Verband" im tschechoslowakischen Parlament, daß ... „die Deutschen Böhmens, Mährens und Schlesiens ... niemals den Willen (hatten), sich mit den Tschechen zu vereinigen". Sie hatten „ausdrücklich erklärt, sich an DeutschÖsterreich ... anzuschließen" „Die Tschechoslowakei ... hat diese Gebiete widerrechtlich und mit Waffengewalt besetzt". Dies sei ein Gewalt-, niemals ein Rechtszustand. „Wir erklären ... feier-

lich, daß wir niemals aufhören werden, die Selbstbestimmung unseres Volkes zu fordern"!

2. Juni 1920: 31 sudetendeutsche Abgeordnete der DSAP, der Sozialdemokraten erklärten im tschechoslowakischen Parlament, daß die Tschechoslowakei ... „das Schicksal dieses Staates an das Schicksal des Gewaltfriedens von Versailles und Saint Germain geknüpft hat. Dieser Friede ... hat kein europäisches Problem gelöst. Er hat alle Probleme ... vergewaltigt."

Angesichts solcher Grundlagen und der Toten und Verwundeten der Massaker von Kaaden und vieler anderer Orte hat ein bekannter Professor in Deutschland – der Name tut nichts zur Sache – im Frühjahr 1991 es unternommen, eine Polemik zu schüren über seine Frage, warum die Sudetendeutschen „nicht loyal" zu „ihrem" Staate Tschechoslowakei „gestanden hätten". Diese Fragestellung und Ansicht höflich zu charakterisieren ist nicht möglich.

6.743

Bei den Diktaten von Versailles und Saint Germain ist zu unterscheiden zwischen zeitweiligen Auswirkungen und andauernden Folgen. Schon die zeitweiligen Auswirkungen zwischen 1920 und 1938 waren für die Sudetenländer überaus lebensbedrohend.

Die Verfassung – vom 29.02.1920 / das Sprachengesetz – vom 29.02.1920 / die spätere Ausführungsverordnung – vom 23.02. 1926 / sind einseitig für den Vorrang der tschechischen Sprache. Das österreichische, hoch entwickelte übernommene Schulwesen wurde sofort vermittels des Volksschulgesetzes – vom 3.94.1919 / in zwei Richtungen entscheidend verschlechtert: Die deutsche Leitung der deutschen Abteilung des Landesschulrates wurde von einem tschechischen Präsidium abgelöst. Bei Schulen, deren Schülerzahl – wirklich oder vorgeblich – sank, konnte die Klassenzahl herabgesetzt oder die Schule ganz aufgelöst werden.

Deutsche Schulen bzw. Klassen unter 20 Kindern wurden geschlossen: bis 1926/1927 über 3 000 Volksschulklassen! Tschechische „Minderheitenschulen" über 5 Kinder wurden künstlich errichtet: 1 200 tschechische Vorzugsschulen im deutschen Siedlungsgebiet. Mit Vorliebe wurden deutsche höhere Schulen geschlossen. Die deutsche Universität in Prag, die zwei technischen Hochschulen in Prag und Brünn wurden kümmerlich ausgestattet.

Die sudetendeutsche Wirtschaft wurde systematisch gefährdet. Die Nichtanerkennung der (nur von den Deutschen gezahlten!) Kriegsanleihe entzog riesige Summen. Die Enteignung des Grundbesitzes, – über 150 Hektar landwirtschaftlich, über 250 Hektar forstwirtschaftlichen Besitzes, fast restlos zugunsten von Tschechen bzw. zur Verstaatlichung –, ermöglichte es, tschechische Beamten- bzw. Sachbearbeiter-Ansiedlungen im deutschen Gebiet anzulegen.

Die sudetendeutsche Industrie wurde planmäßig angegriffen. Bis 1936 wurden ca 2 000 deutsche Fabriken in den Sudetenländern stillgelegt, gleichzeitig aber aber ca 600 tschechische neue Fabriken errichtet. Die Arbeitslosigkeit nahm daher bei den Sudetendeutschen erschreckende Ausmaße an.

Diese tschechische Herrschaft 1920 bis 1938 charakterisiert der unbestreitbar völlig neutrale und objektive britische Gutachter Lord R u n c i m a n am 21.09.1938 daher zutreffend wie folgt: „ ... gekennzeichnet war durch Taktlosigkeit, fehlendes Verständnis, kleinliche Unduldsamkeit und Benachteiligung" ... „viele Versprechen ... gar nichts erfolgt", „tschechische Beamte und Polizisten, die ... kein Deutsch sprechen", „Ansiedlung tschechischer landwirtschaftlicher Siedler", „bei der Zuteilung von Staatsaufträgen tschechische Firmen bevorzugt", „Gefühl der Hoffnungslosigkeit" ...

370

6.744

Als wirklich katastrophal und endlich tragisch erwiesen sich aber die andauernden Folgen.

19.03.1923: Als bisher einziger Staat in der Geschichte der Welt sah sich die Tschechoslowakei genötigt, denjenigen, „der gegen den Staat wegen seiner Entstehung" „aufwiegelt", mit 2 Jahren Gefängnis zu bedrohen. Die neutrale und objektive Schilderung der Proteste der sudetendeutschen Abgeordneten gegen die Einverleibung ihrer Heimat, noch mehr die Darstellung der Massaker, insbesondere von Kaaden, wurde damit zum besonderen tschechischen Straftatbestand.

7.–11.3.1931: Die einzige mögliche und logische Schlußfolgerung aus dem geschilderten Charakter des tschechischen Massakerstaates zog höchst beachtlicherweise der VI. Parteitag der kommunistischen Partei der Tschechoslowakei ... „durch den Kampf für das Selbstbestimmungsrecht bis zur Loslösung für jene Teile der deutschen Nation, welche auf dem derzeitigen Gebiet der Tschechoslowakei leben".

19. Mai 1935: Die gleichen Folgerungen begann zögernd das Sudetendeutschtum zu erwägen, als es bei tschechoslowakischen Parlamentswahlen der „Sudetendeutschen Partei" (SdP) bei einer deutschen Gesamtbevölkerung von knapp 3,5 Millionen mit 1 249 497 Stimmen 4 4 Parlamentsmandate und 2 5 Senatsmandate zuwies.

18.12.1936: Dessen ungeachtet glaubte der tschechoslowakische Staatspräsident Benesch ... „daß sich unter der Tschechoslowakei vieles zu Gunsten der Tschechen und gegen die Deutschen gewendet habe", „daß die ... Tschechisierung auf vielen Wegen ... weitergehen werde", daß dies „ein natürlicher, moderner, soziologischer, politischer und wirtschaftlicher Prozeß" sei, „der nicht aufgehalten werden kann": Kein Volk mit 80 Millionen irgendwo auf der Welt hätte sich so etwas von einem Volk von 8 Millionen länger gefallen lassen.

6.745

3. Juni 1938: Die Erkenntnis der absoluten Unhaltbarkeit dieser Unrechtsherrschaft erkannte alsbald ein Leitartikel in der „Times": „Die Anwendung dieses Grundsatzes (des Selbstbestimmungsrechtes) wurde jedoch den Deutschen Österreichs und Böhmens kurzsichtig und unklugerweise verweigert". Es folgte daraus ... „der Ausdruck der Auffassung, daß es den Deutschen in der Tschechoslowakei erlaubt werden müßte, durch eine Volksabstimmung ... über ihre Zukunft zu entscheiden, – auch dann, wenn dies ihr Ausscheiden aus der Tschechoslowakei bedeuten würde".

21. September 1938: Diese schicksalhafte Schlußfolgerung zog genau so zu Recht Lord R u n c i m a n in seiner Stellungnahme für den britischen Primeminister: „Sofort das volle Selbstbestimmungsrecht" gewähren; „Gebietsabtretungen unvermeidlich"; „Volksabstimmung ... dieser überwiegend deutschen Gebiete ... reine Formalität"; „Die überwiegende Mehrheit ihrer Einwohner wünscht die Verschmelzung mit Deutschland".

So mit absoluter Sicherheit zutreffend diese damalige Stellungnahme Lord Runcimans war, ist es doch bedauerlich, daß keine Volksabstimmungen stattgefunden haben: Der blutige Rechtsbruch von 1918 – 1920 ist durch die „Normativität des Faktischen" einfach als einmal existent, also auch „berechtigt" in die Vergangenheit eingegangen! Nach einer 1938 mit 100% gewonnenen Volksabstimmung wäre manches Unrecht von 1945 wie von 1991 schwerer zu argumentieren. („München" „von Anfang an nichtig"!? ...)

29.09.1938 Nur genau dies, was Lord Runciman als neutraler Beobachter und Urteiler logischerweise vorgeschlagen hatte, vollzog das Münchner Abkommen. Es wurde völkerrechtlich verbindlich anerkannt: ... von Groß Britannien am 4.10.1938, von Frankreich am 5.10.1938, von der Tschechoslowakei am 30.9.1938, 6.10.1938, 14.12. 1938, von den

Vereinigten Staaten von Amerika durch den Präsidenten im Oktober 1938, durch das Department of State am 4.01.1940, von der Sowjetunion am 1.01.1940.

Entgegen allen ungleichen Verträgen gibt es keinerlei legitimen Grund, warum das Abkommen und seine Selbstbestimmungsrechts-Entscheidungen – die unbestreitbar richtig waren – ungültig sein oder geworden sein sollten.

Von niemand vermag bestritten zu werden, daß der Anschluß des deutschen Sudetenlandes an das Deutsche Reich gemäß der Selbstbestimmung seiner Bevölkerung rechtmäßig und geboten war. Zwanzig Jahre lang war jede friedliche Revision der Massaker-Einverleibung wider besseres Wissen verweigert worden; insbesondere von dem notorischen Lügner Benesch. Wenn danach 1938 nunmehr unter Drohung mit Gewalt in Selbsthilfe der seit 2 Jahrzehnten überfällige Entscheid nach der Selbstbestimmung erzwungen wurde, so kann denjenigen, die 1938 der Vernunft zum Erfolg verhalfen ... Chamberlain und Daladier, denen Dank und äußerste Anerkennung gebührt, und nicht Polemik, aus dem puren Erfüllen des Vernünftigen gegenüber einer Drohung zur Selbsthilfe n i c h t der Vorwurf des Appeasement gemacht werden. An Stelle blutiger Unvernunft 1919 war nur die Vernunft 1938 getreten. Die Ausübung des Selbstbestimmungsrechtes bleibt moralisch gerechtfertigt. Sie wird nicht dadurch belastet, – entgegen vielfacher Propaganda –, daß sie notgedrungen durch Selbsthilfe unter Drohung erreicht werden mußte: Da die Vernunft Jahrzehnte nichts gefruchtet hatte. Daß Adolf Hitler ein Verbrecher wurde ändert daran nichts. Niemand kann das Selbstbestimmungsrecht dreckig machen.

6.746

Die Deportation, die Vertreibung, der sogenannte „Transfer" von 3,5 Millionen Sudetendeutschen, war alsbald das erklärte Ziel aller tschechischen Politiker. Dabei war der tschechischen Seite zu dieser Zeit in keiner Weise etwa bekannt gewesen ... die nationalsozialistischen KZ, der Beginn des Holocaust, beides nicht vor 1944. Lidice ist erst am 10.06.1942 mit Absicht von dem Londoner Exil herbeigeführt worden. Die angeblichen moralischen Argumente tschechischer Politiker für die Vertreibung sind danach nichts als ein Scheinvorbringen.

In einer Chronologie der Vorbereitungen für die gewünschte Vertreibung[35] (Dokumente zur Sudetenfrage; S.253 – 264) werden für die Zeit ab 1.01.1942 buchstäblich Hunderte von Beschlüssen, Reden, Artikeln, Gesetzen, Aufrufen nur aufgezählt; so beispielsweise (Stichworte): ... schon Dezember 1938 der tschechische Politiker Hubert Ripka mit einem Brief mit der Deportationsaufforderung / 17.05.1941 der stellvertretende Außenminister Ripka in einer Rede / 9.1941 Benesch in einem Artikel, 22.01.1942 Benesch in einer Besprechung, 5.06.1942 Außenminister Masaryk in einem Brief / 17.06.1942 die tschechische Exilregierung in einer Erklärung, „Zwei Millionen Deutsche wird man sich entledigen", „Alle jungen Deutschen müssen weg", „Deutsche sollen aus der Tschechoslowakei ausgewiesen werden", „Alle Deutschen, die dem nazistischen System halfen, sind für seine Verbrechen verantwortlich", „Transfer der Deutschen in großem Umfang", „praktisch gilt Kollektivschuld aller Deutschen" / 27.10.1943 Edvard Benesch mit der Aufforderung zum Mord an den Deutschen / 3.02.1944 Benesch gleiche Aufforderung zum M a s s e n m o r d ! / 16.07.1944 Benesch: „Erschlagt die Deutschen bei Kriegsende! / 28.10.1944 Tschechischer „Justizminister" Stransky: „Das deutsche Problem in der Tschechoslowakei wird sich zum großen Teil v o r dem Transfer lösen. Durch Hunger und M o r d ! / 3.11.1944 Aufruf des tschechischen Generals Ingr zum Massenmord an den

---

[35] Fritz Peter Habel: Dokumente zur Sudetenfrage, Veröffentlichung des Sudetendeutschen Archivs; München 1984

Deutschen am Tag X! / 6.12.1944 Außenminister Masaryk: „Gute Deutsche dürfen bleiben. Ihre Kinder kommen in tschechoslowakische Schulen".

6.747

Die von manchen Tschechen – mangels einer Begründung für die Vertreibung – angeführten Scheingründe für die blutige Deportation von 3,3 Millionen Sudetendeutschen: ... es sei „die Schuld" aller Sudetendeutschen, da sie den Nazis „geholfen", da sie deren Herrschaft „gebilligt" hätten und unterstützt hätten, sind derart armselig, daß sie keiner Stellungnahme bzw. Widerlegung bedürfen. Die Sudetendeutschen waren Reichsangehörige.

Es liege „Hochverrat" der Sudetendeutschen gegenüber der Tschechoslowakei vor? Vorwürfe solcher Art sind absurd, da die Sudetendeutschen ab 1938 keine tschechischen Untertanen mehr waren, tschechischen Gesetzen nicht mehr unterstanden, dem tschechischen Staat keine Pflichten mehr schuldeten!

Bei der Vertreibung sind ca. 250 000 Sudetendeutsche entsprechend den Aufforderungen von „Staatspräsident Benesch" ermordet worden.

18.12.1950 / 29.5.1955: Der tschechische Exilpolitiker General Prchala, Vorsitzender des tschechoslowakischen Nationalausschusses, bittet um Verzeihung: „Als Mensch und Europäer verurteile ich die Verbrechen, die 1945 an den Sudetendeutschen begangen wurden. Als Tscheche und Christ fühle ich mich verpflichtet, ... um Verzeihung zu bitten"

1989 Staatspräsident Vaclav Havel bittet die Sudetendeutschen um Verzeihung. 1990 Kardinal Tomaschek bittet die Sudetendeutschen um Verzeihung.

6.748

Die Fragen des Privateigentums der Millionen Sudetendeutschen sind offen. Sie sind bisher gleichzeitig zielbewußt und naiv von tschechischer Seite angesprochen worden.

Am 16.10 1990 führte der „demokratische" Ministerpräsident Calfa aus (Laut FAZ) zur Frage der Rückgabe „verstaatlichten Eigentums", seine Regierung würde „aus vielen Gründen nur ungern" v o r das Jahr 1948 zurückgehen. Dies wird leicht verständlich, da einerseits 1948 die Vertreibung der Sudetendeutschen abgeschlossen war, da andererseits 1948 die Beraubung der sudetendeutschen Zivilisten abgeschlossen war. Nur die an 1948 anschließenden Folgerungen sind teilweise rechtswidrig, teilweise sachfern bis sachfremd, teilweise beides. Über das „historische Eigentum" „bekannter Familien" – also doch wohl des Hochadels – habe es schon Verhandlungen und Verträge gegeben. Nur ist dies zur Grundforderung auf Wiedergutmachung kaum erheblich. Entscheidend ist das Eigentum in Höhe von bis zu 67 Milliarden der Million unbekannter Normalfamilien bzw. Unternehmer. Zugegeben wird von tschechischer Seite, daß das „Privateigentum der vertriebenen Menschen eine sehr heikle Sache" sei. Nur sind die tschechischen Abwehrformeln unzutreffend und unhaltbar: Es handelt sich nicht um „eingezogenes Vermögen", es handelt sich nicht um normale „Enteignung", sondern um durch nichts begründbaren Raub an Privatpersonen.

Es handelt sich nicht um Fragen, die in nennenswertem Umfang auch Polen – und schon gar nicht Ungarn – betreffen. Jedes kriminelle Handeln jedes Staates, hier des tschechoslowakischen Staates, fordert seine Wiedergutmachung ohne Rücksicht auf Dritte und gleiche Verbrechen Dritter. Selbst fremdes paralleles kriminelles Handeln entbindet in keiner Weise von der tschechischen Erfüllung der sudetendeutschen Forderungen.

Es handelt sich schließlich nicht um Unrecht, das irgend etwas mit tschechischem „Eigentum in der Karpatho-Ukraine" zu tun hätte.

Eine phantastische „Gemeinsame Entschädigung" als teilweise tschechische Forderung kommt überhaupt nicht in Frage. Eine „Einziehung als deutsche Reparationszahlung" ist nichts als ein rechtswidriges Scheinargument: Krieg geführt hat das Deutsche Reich, nicht die sudetendeutsche Privatperson. Die Tschechoslowakei kann keine Reparationen fordern für einen Krieg, den sie nicht geführt hat und an dem sie nicht beteiligt war. Ein angedeuteter „Katalog tschechischer Reparationen für Kriegsschäden" ist unbegründet, eine überflüssige Fiktion. Die Slowakei war ohnehin ein selbständiger Staat.

Wenn mangels jeglicher tragfähiger Argumente nunmehr die Entschädigungsforderung als „Dolchstoß gegen die neue Demokratie" zu bezeichnen versucht wird, so ist dies ... rechtlich ein zur Forderung sachfremdes Vorbringen, politisch psychologische Verfälschung, moralisch Heuchelei.

6.749

Es bleiben nur noch die Bevölkerungszahlen anzuführen: Flächen: Böhmen 51 948 / Mähren 22 222 / Schlesien 4 423 / Hultschin 316, d.h. „Tschechei" 78 909 / Sudetenland 26 537 qkm. Bevölkerungszahlen: 1910 1921 1930 1939 1945 Sudetendeutsche 3,492 2,973 = 22,3% / 3,071 = 21,3%, 3,340, 3,126 / Tschechen 6,8 = 50,8% / 7,4 = 51,2% / Slowaken 2,0 = 15,0% / 2,3 = 15,8% / Ungarn 0,9 = 6,7% / 0,7 = 4,8% / Ukrainer 0,6 = 4,5% / 0,7 = 4,8% / Polen 0,1 = 0,7% / 0,2 = 1,4%.

Das ganze estnische, lettische, litauische, slowakische, albanische Volk zählt nicht so viel Menschen, wie der von Versailles, Saint Germain, der Tschechoslowakei und Potsdam mißhandelte deutsche Volksteil der Sudetendeutschen.

An die kleinen österreichischen Verluste an der Nordgrenze: Weitra, 11 Ortschaften, 1910: 10 376 Deutsche, 2 157 Tschechen, Feldsberg, ist abschließend zu erinnern.

6.75

Burgenland / Ödenburg: E n t g e g e n dem Selbstbestimmungsrecht der Völker:

Um das ohnehin zerstückelte Rumpfungarn des Diktates von Trianon zusätzlich zu allen anderen Nachbarn auch mit Deutsch-Österreich zu verfeinden, wurde dem ungefährlichen Rest Österreichs ein ungefährlicher Zuwachs eingeräumt: Der einzige an allen deutschen Grenzen.

Das Gesamtgebiet mit fast einer halben Million Einwohnern wurde aber alsbald vor der Angliederung wieder zerschnitten: ... Das fast zur Hälfte deutsche Gebiet um Preßburg wurde der Tschechoslowakei übergeben, Wieselburg und Umland verblieb aus verkehrstechnischen Gründen bei Ungarn.

Ungarn verzögerte die Räumung. Mit einem Putsch und unter Terror konnte es mit Italiens Unterstützung für die Hauptstadt Ödenburg und 250 qkm im Umkreis die Anberaumung einer Volksabstimmung durchsetzen, die nicht vorgesehen gewesen war. In den Landgemeinden stimmten 63% für Deutschösterreich, in der Stadt trotz Wahlfälschungen noch 35%. Das restliche Burgenland wurde am 3.12.1921 übergeben. Ödenburg dagegen verblieb zufolge des Scheinergebnisses vom 14.12.1921 als Sopron bei Ungarn.

Fläche des Burgenlandes 3 965 qkm / Bevölkerung des Burgenlandes: 1934 299 500 / 79% Deutsche / 15% Kroaten / 5% Magyaren.

6.76

Kärnten, Steiermark, 10.10.1920: Entgegen dem Selbstbestimmungsrecht der Völker:
Ähnlich wie die polnischen Insurgenten in Oberschlesien versuchten 1918 – 1919 jugoslawisches Militär und slowenische Insurgenten: nicht nur wie in der Südsteiermark, mit Mar-

burg, Cilli, Pettau, Mahrenberg, sondern auch in Kärnten, bis einschließlich Klagenfurt, entgegen dem Selbstbestimmungsrecht antiösterreichische vollendete Tatsachen zu schaffen. Vor den Augen einer US-amerikanischen Kommission wurde auf eine friedlich demonstrierende deutsche Volksmenge in Marburg geschossen: 10 Tote, 60 Verwundete, 27. Januar 1919.

Der entschlossenen Gegenwehr Kärntens, und dem Eingreifen der US-Amerikaner Professor Coolidge und Oberst Miles gelang es, Präsident Wilson zur Abhaltung von Volksabstimmungen zu bewegen.

Erste Zone: 1 705 qkm, 72 000 Einwohner, zwei Drittel slowenische Umgangssprache, aber viele heimattreue Windische!

Zweite Zone: 365 qkm, 53 000 Einwohner, 92% Deutsche, 8% Slowenen!

Die Zoneneinteilung erfolgte, da das Gesamtgebiet in toto mit 57% Anteil der Deutschen mit Wahrscheinlichkeit entgegen den jugoslawischen und den alliierten Wünschen gestimmt haben würde. Alle Versammlungen mußten aktiv geschützt werden, da die deutschen Redner ständig unter Lebensgefahr standen.

Bei der Volksabstimmung in der südlichen Zone 1 am 10. Oktober 1920 bei einer Beteiligung von 95% 22 025 Stimmen, das heißt 59% für Deutschösterreich, dagegen 15 279, das heißt 41% für Jugoslawien. Fast die Hälfte der deutschen Stimmen mag auf heimattreue Windische zurückzuführen sein.

Bei den bald folgenden deutschösterreichischen Wahlen zum Nationalrat erreichte die slowenische Partei dann nur noch die Hälfte der Stimmen, die sie bei der Volksabstimmung erzielt hatte. Dennoch sind große Gebietsverluste festzuhalten: Die Gemeinde Seeland wurde freiwillig an Jugoslawien abgetreten. Das Mießtal mit Unterdrauburg ging mit 776 qkm Fläche und 24 800 Einwohnern durch Saint Germain verloren. Nach den Erfahrungen von Klagenfurt, Oberschlesien und Masuren wäre ggf. trotz windischer Sprachmehrheit mit einer deutschen Abstimmungsmehrheit auch in Südsteiermark wie in Kärnten zu rechnen gewesen. Die bedeutendste Stadt der Gegend, Marburg, hatte noch 1914 eine deutsche Mehrheit aufgewiesen.

6.77
Südtirol, Tarvis: Entgegen dem Selbstbestimmungsrecht der Völker:

Zur Entstehung des italienischen chauvinistischen Mythos für „Vetta d'Italia" in „Alto Adige" ist oben 5.5 eingehend Stellung genommen worden. Aus diesem märchenhaften, ja erlogenen Mythos ist – eigentlich erstaunlicherweise – im Zufallslauf der Weltpolitik das schwerwiegende Problem Südtirol entstanden. Es bedarf aus drei Gründen genauerer Untersuchung.

6.771
Zum Ersten geht es um die Sünde wider den Geist der eigenen freiheitlichen Geschichte des Risorgimento, die „Italien sich im ersten Weltkrieg hat zu schulden kommen lassen". Sie „besteht darin, daß es sich nicht auf das wirklich italienische Gebiet von Welschtirol" (Trient) „beschränkt, sondern den Existenzkampf seiner früheren Bundesgenossen" (Österreich-Ungarn, Deutsches Reich) „zu offenbaren Erpressungen und nach dauernden militärischen Mißerfolgen die Gunst des Sieges seiner Bundesgenossen zum Raub des Bozener Landes[36] ausgenutzt hat" (So Max Hildebert Boehm, aber 1930!).

---

[36] Max Hildebert Boehm: Die deutschen Grenzlande; 2. v. Auflage, 1930.

Zum Anderen geht es um den – hoffentlich – letzten, mittelalterlich anmutenden Versuch einer modernen (Groß)Macht, mit Gewalt, Terror und Rechtswidrigkeit, – aber noch v o r und o h n e offene Vertreibung der Bevölkerung –, Menschen zwingen zu wollen, Italiener zu werden und zu sein, die Deutsche sind, und es bleiben wollen und werden ... Zwar ist die Französische Republik auf haargenau diesem Wege Italien vorangegangen: Und mit Erfolg. Die Unterschiede liegen nur darin, daß Frankreich im Geiste eines Richelieu bereits vor 348 Jahren von 1648 und 1681 an die Ideale von 1789, die Menschenrechte und die Bürgerrechte, insbesondere seit 1853 bis heute systematisch verletzt hat, während Italien seine Ideale des Risorgimento erst 1920 bis heute zu verletzen unternimmt: Heute im Zeitalter der Demokratie und der Selbstbestimmung des Menschen geht solches staatliches Verhalten Gott sei Dank nicht mehr.

Zum Dritten hat Italien, gleichermaßen sowohl das parlamentarische königliche Italien vom 3. November 1918 bis zum 28. Oktober 1922, als auch das faschistische Italien vom 28. Oktober 1922 bis zum 25. Juli 1943, in in Europa einzigartiger und unerträglicher Weise das Selbstbestimmungsrecht u n d die Menschenrechte verletzt. Hierzu sind in Kürze die Tatsachen darzulegen, um die ethnographischen Daten in ihrer Entwicklung von 1910 bis heute zu erklären.

6.772

Die Daten des deutschen und des ladinischen Südtirol sind zugrundezulegen. Dabei sind die Ladiner entsprechend ihrer Selbstbestimmung als Tiroler und nicht als Italiener zu zählen. Das Ladinische, natürlich eine der kleinen Tochtersprachen des Latein, steht dem Provenzalischen weit näher als dem Italienischen. Insbesondere ist es kein italienischer Dialekt, sondern eine eigenständige Sprache.

Fläche des deutschen und ladinischen Südtirol ca 7 400 qkm / Bevölkerung Insgesamt Deutsche in % Ladiner Italiener 1910 wie 1918 97,4% / 1921 252 000 / 225 000 / 88,5% 20 000 / 7 000 1936 298 000 / 1939 337 000 / 236 000 75,2% / 20 000 / 81 000 / 1951 334 000 64,8%. Zwischen 1946 und 1953 sollen allein ca 70 000 Italiener zugewandert sein nach Südtirol, Region Alto Adige, Provinz Bozen / Bolzano. Wie konnte es dazu kommen, daß binnen 3 3 Jahren eine rein deutsche Landschaft zu einem Drittel italienisch besiedelt wurde?

6.773

Bereits der Kommandierende General der italienischen Besatzungstruppen im November 1918 versprach feierlich: „Italien ... will den Mitbürgern der anderen Sprache die Erhaltung der eigenen Schulen, der eigenen Einrichtungen und Vereine zugestehen! Vertraue jeder darauf, daß alles, was die Sprache und die Kultur des Hochetsch betrifft, sorgfältig und liebevoll geregelt werden wird" ...

Der italienische Innenminister erklärte am 27. September 1918 im Parlament in Rom: „Die Völker anderer Nationalität, die mit uns vereinigt werden, sollen wissen, daß uns der Gedanke einer Unterdrückung und Entnationalisierung vollkommen fernliegt, und daß ihre Sprache und kulturellen Einrichtungen geachtet werden" ...

Der König von Italien gab in seiner Thronrede vom 1. Dezember 1919 folgende Versicherung ab: „Die besetzten Gebiete werden ... mit der strengsten Achtung vor ihrer Autonomie und den örtlichen Traditionen behandelt werden" ...

Mussolini schließlich als letzter hat sich selber desavouiert, da er – noch als Sozialist – im Herbst 1919 ... „jeder Gewalttätigkeits- und Entnationalisierungsabsicht ... abgeschworen und Achtung der Sprache und Sitte des Landes und Gewährung einer Verwaltungsautonomie" gefordert hatte.

6.774

Der italienische Alltag begann alsbald. Im April 1921 schon überfielen Faschisten einen tiroler Trachtenzug in Bozen, verwundeten 48 Männer und Frauen: Und sie ermordeten den Lehrer Franz Innerhofer.

Am 15. Juli 1923 verkündete E. Tolomei im Auftrag des faschistischen Großrates ein „32 Punkte Programm zur Entnationalisierung Südtirols".

Im August 1923 wurde der Gebrauch des ein Jahrtausend alten Namens „Tirol" für strafbar erklärt.

1923 sah die „Schulreform Gentile" den Abbau des deutschen Schulwesens vor. Nun ging alles seinen „faschistischen Gang". Die Liste des allumfassenden gesetzlichen und Verwaltungsterrors zur Unterdrückung des südtiroler Deutschtums wurde im Laufe weniger Jahre lückenlos. Sie ist imponierend.

Die erste Phase der faschistischen Auslöschungspolitik war gekennzeichnet durch den Versuch, die gewaltsame Entnationalisierung durch erzwungene Assimilation 1922 – 1934 zu erreichen: Verbot deutscher Parteien / Verbot deutscher Kultur- und Freizeitvereine / Turnerbünde / Alpenverein / Musikkapellen / Trachtengruppen / Verbot deutscher freiwilliger Feuerwehren / Verbot deutscher wirtschaftlicher Interessenorganisationen / Gewerkschaften / Bauernbund / Landwirtschaftliche Zentralkasse / Genossenschaften / Sequestration des Eigentums deutscher Institutionen / zwangsweise Einführung von Tolomeis „Toponomastik" als offiziell einzig gültige „italienische Ortsnamen" / Entlassung der deutschsprachigen Beamten und insbesondere Lehrer / bis zur Zwangsverschickung / strengste Verfolgung und Bestrafung privaten Deutschunterrichtes / Gefängnis / Verbannung ins „Confino" / Geldstrafen für Hunderte Lehrer / Aufhebung der Autonomie der Gemeinden / Abschaffung frei gewählter Bürgermeister / Zwang zu Italienisch als einziger zugelassener Amtssprache, auch vor Gericht / Italienisierung der Familiennamen, ebenso der Grabsteine / Zerstörung der deutschen Presse / Polizeiliche Unterdrückung der deutschen Kindergärten / der deutschen Spielstunden für Kleinkinder.

Die Vernichtung des deutschen Schulwesens verursachten bei der Bevölkerung eine psychologische „Todesmarschagonie". Man versuchte, alles dagegen Denkbare zu tun: 10 Bürgermeister reisten zu Mussolini; sie wurden abgespeist mit nichtssagenden Worten. 53 000 Frauen setzten ihre Unterschriften unter ein Bittgesuch an die Königin von Italien: Aber die Krone war sowohl willenlos als auch machtlos gegen den Faschismus.

6.775

Die zweite Phase der faschistischen Südtirolpolitik war gekennzeichnet durch den Versuch der „Eroberung des Bodens" ab 1934. Der Versuch blieb erfolglos. Das aus dem Jahre 1900 stammende „Tiroler Höferecht" war schon 1929 aufgehoben worden. Trotz seit 1937 weitgehender Enteignungsbefugnisse gingen dennoch bis 1939 lediglich ca 300 südtiroler Bauernhöfe an italienische Neusiedler über. Dies änderte auch die Optionsauswanderung bis 1942 nicht, da sie praktisch grundbesitzende Bauern überhaupt nicht zu veranlassen vermochte, ihren Heimatgrund und Boden zu verlassen. 95% der südtiroler Höfe blieben in südtiroler Hand.

Erfolgreich war nur der Versuch der „Eroberung" der Provinzhauptstadt Bozen, nunmehr Bolzano. Das Ziel des seit Ende 1933 Präfekten Mastromattei, die Hauptstadt auf 100 000 Einwohner explosionsartig zu vergrößern, blieb zwar unerreicht. Immerhin veränderte sich aber die Bevölkerungszusammensetzung stark: 1939 in Bozen 36 000 Italiener zu 22 000 Deutschen, 1945 50 000 zu 14 000. Abschließend sind zu dem erwähnten Mord an Innerhofer weitere drei Morde zu erwähnen: Dazu Verbannungen in Fülle.

Interessant war schon, daß das Deutsche Reich Stresemanns, der vor dem Völkerbund einmal – wegen Litauen – mit der Faust auf den Tisch hatte schlagen können, für die Menschenrechte in Südtirol nichts, gar nichts hatte tun wollen und können. Ebenso wie die Republik Österreich. Und was tat nun nach 1933 der „Reichskanzler Adolf Hitler"? Le nommé Hitler hatte – vom Selbstbestimmungsrecht her gesehen – dennoch ohne Unterbrechung Südtirol poltisch abgeschrieben, national wie menschlich beurteilt ganz bewußt verraten (Vergleiche sein Buch: „Mein Kampf" II, 1927, S.707).

6.776

Am 12. März 1938 erfolgte der Anschluß Österreichs an das Deutsche Reich. Dies führte unter der südtiroler Bevölkerung zu einer Begeisterung ohnegleichen, in der Erwartung auf baldige Lösung des Südtiroler Problems.

Stattdessen schlug als erster der italienische Botschaftsrat in Berlin, M. Magistrati eine „radikal ethnische Lösung" durch Aussiedlung vor, zwei Tage nach erfolgtem Anschluß Österreichs, am 14. März 1938. Am 23. Juni 1939 bzw. 21. Oktober 1939 erfolgte die Abmachung des Umsiedlungsvertrages, der zunächst eine Option forderte bis 31. Dezember 1939, für Geistliche bis 30. Juni 1940: entweder für das Deutsche Reich, damit aber auch gegen Tirol, oder für Tirol, damit aber auch erbittert gegen den eigenen Willen für … Italien, oder Verweigerung jeder Option (graue Option). Der Vertrag forderte die alsbaldige Umsiedlung, die bis 31.12.1942 beendet sein sollte.

Seitens des faschistischen Italien war dies klug zu Ende gedacht. Seitens Deutschlands war es die erbärmlichste Zumutung, gegen die Heimat Tirol, für ein ungewisses Irgendwo, von Vorarlberg bis zu den Beskiden zu votieren: Was Himmler vorsah. Gegen das schönste Land der Welt, für ein „geschlossenes Siedlungsgebiet" in den Karpathen.

Erstaunlicherweise dennoch: Das Reich war stärker, als es gut war! Von 247 000 befragten Deutschen und Ladinern optierten wirklich 213 000, „la mort au coeur", das heißt 86% für die deutsche Staatsbürgerschaft und die Umsiedlung. 80% der Geistlichen der Diözese Brixen optierten dagegen für Tirol und für Dableiben. Ein Vielfaches Hin- und Her von „Umoptieren" folgte. Zerwürfnisse, Haß gegen die „Dableiber" kamen auf. Wirklich abgewandert sind lediglich bis Ende 1940 57 000, insgesamt bis zur Einstellung 78 000 … Welches Opfer für Deutschland hätte größer sein können …

6.777

Am 8. Mai 1945 erfolgte die Gründung der Südtiroler Volkspartei: Mit dem Anspruch auf die endliche Ausübung des Selbstbestimmungsrechtes. Dies wurde von den Alliierten wiederum abgelehnt: „Man könne Italien, das gerade erst seine Kolonien verloren habe, keinen weiteren Verlust zumuten".

Am 5. September 1946 erfolgte – an Stelle der Selbstbestimmung – der Abschluß eines G r u b e r d e G a s p e r i Abkommens: Südtirol bleibt bei Italien, erhält aber die Zusicherung von „Autonomie".

Im Februar 1948 erfolgte erst der Erlaß des „Reoptanten"gesetzes. Von den Abgewanderten kehrten aber nur etwa 20 000 nach Südtirol zurück: Nur 27%.

Im ersten sogenannten Autonomiestatut versuchte Italien Südtirol zu hintergehen, indem die durch das Abkommen zugesicherte „Autonomie" für Südtirol an Welschtirol/Trient m i t Südtirol gegeben werden sollte; bei dann italienischer Mehrheit der Bevölkerung. Es mag sein, daß der Trentiner de Gasperi regional seinen Landeskindern die „österreichischen" Segnungen mitten in Italien wirklich gerne gegönnt hätte …

Kanonikus Gamper faßte im Oktober 1953 in einem Artikel die allgemeine Volksmeinung zusammen: „Todesmarsch" in Untergangsstimmung ... Nunmehr kam Bewegung in den verschlafenen österreichischen status quo. / Oktober 1956: Erstes österreichisches Memorandum an Rom. / 1957: Die südtiroler Volkspartei, nunmehr unter Leitung von Silvius Magnago, fordert auf der Massenkundgebung auf Siegmundskron „Los von Trient". Erste Sprengstoffanschläge kommen. / 1960: Österreich bringt die Südtirolfrage vor die Vereinten Nationen ... / 1969: Annahme des sogenannten „Pakets", das heißt 9 Jahre nach der Befassung der Vereinten Nationen. / 1972: Inkrafttreten des Zweiten Autonomiestatutes. Jahrelange Verzögerungen der Durchführungsbestimmungen. Daher ab 1978 Terroranschläge beider Seiten. / 1981: Erstmals Zunahme der deutsch- und ladinisch-sprachigen, Abnahme der italienischsprachigen Bevölkerung. Die ethnische Blockbildung und Frontstellung verschärft sich.

Die seit so vielen Jahrzehnten fällige Abschlusserklärung konnte noch immer nicht abgegeben werden.

Im Ergebnis bedauert Italien, daß die Südtiroler noch „da", „noch immer da" sind; erklärt aber voll Überzeugungstreue, daß die Südtiroler den glücklichsten Minderheiten-Status in Europa ihr eigen nennen: Ohne Selbstbestimmungsrecht! Und wieso Minderheitenstatus: Sie waren und sind die große regionale Mehrheit in ihrer Heimat Südtirol ...

6.778
Tarvis, Malborgeth, Pontafel: Entgegen dem Selbstbestimmungsrecht der Völker:

Das winzige Gebiet, das Kanaltal, – nahe bei Villach –, evtl. bis zu 440 qkm Fläche, im ganzen 3 größere Gemeinden, das 1919 zu Italien gekommen ist: Marktflecken Tarvis 1890 = 2 860 deutsche Einwohner, 287 slowenische Einwohner / Malborgeth = 770 Einwohner / Pontafel = 734 Einwohner / ist von besonderem Reiz.

Seit 843, das heißt seit 1 076 Jahren gehörte es zum Ostreich, später Deutschen Reich, war um 1 000 Teil des Herzogtums Kärnten, dem Lurngau, ebenso zur Zeit der sächsischen und fränkischen Kaiser. Zur Zeit der Stauferkaiser kam es zum so weit entfernten Bistum Bamberg, ein Beweis für die vollendete Friedlichkeit der Lage. Dort verblieb es im XIV. und XV. Jahrhundert. Nur den Zugang zum Predilpaß sicherte sich dann Kärnten zur Abwehr gegen Süden, zur Reformationszeit. Im XV. bis zum XVII. Jahrhundert war es wieder bambergisch, um dann kärntnisch zu werden und es bis 1919 zu bleiben. Mithin war es – wie gesagt – nur 1 076 Jahre Ostreichs- bzw. Reichsgebiet bzw. Teil des Reichsteiles Österreich. Es war niemals italienisch. Italienische Einwohner hatte es überhaupt keine; nicht einen. Es hatte ausschließlich deutsche, nur ganz wenige slowenische Einwohner. Dazu eine stolze Vergangenheit: Die Verteidigung des kleinen Forts Malborgeth durch die Österreicher, den „siebenbürgischen Leonidas" 1809 gegen vielfache französische Übermacht; desgleichen 1915 – 1917 im Alpenkrieg.

Zu Italien kam es entgegen dem Selbstbestimmungsrecht ... weil Italien alles „cisalpinische Deutschtum" sich anzueignen gedachte, weil ein paar Straßen- und Bahnverbindungen von Tolmezzo im italienischen Friaul über das österreichische Tarvis nach dem slowenischen Ljubljana nicht über österreichisches Gebiet führen sollten! Aber warum eigentlich nicht?

Was interessieren dann schon deutsche Einwohner, deutsche Vergangenheit, deutsches Selbstbestimmungsrecht?

6.781

Eupen – St. Vith: E n t g e g e n dem Selbstbestimmungsrecht der Völker:
Das Gebiet wurde 1920 an das Königreich Belgien abgetreten.

Fläche (einschließlich Malmedy): 1 036 qkm / Bevölkerung: Insgesamt: deutsch / „nur deutsch" / „am häufigsten deutsch" / wallonisch / 1910: 60 003, 49 494, 9 683 / 1930: 62 155, 43 024, 4 358, 12 823

Von dem Gesamtgebiet, den ehemaligen Landkreisen Eupen, Malmedy und dem Großteil von Monschau (Montjoie) ist die sogenannte „preußische Wallonei" um Malmedy abzuziehen. Das übrige Restgebiet von Eupen-St. Vith ist weitaus überwiegend deutsch.

Die Selbstbestimmung der Bevölkerung wurde verletzt. Nach Artikel 34 des Diktates von Versailles sollte eine „Consultation", eine Volksbefragung durchgeführt werden. Stattdessen wurde vorgesehen, daß in auszulegenden Listen die Bevölkerung das Recht sollte ausüben können, „darin schriftlich ihren Wunsch auszusprechen, daß diese Gebiete ganz oder teilweise unter deutscher Staatshoheit" blieben. Praktisch wurden insgesamt z w e i Listen ausgelegt: Je eine in Eupen und eine in Malmedy. Von den etwa 30 000 Stimmberechtigten wagten nur 271, sich so namentlich bloßzustellen, durch Eintragung zu protestieren: Solche, die ohnehin voraussahen, daß sie ausgewiesen werden würden; z.B. Beamte.

Eine unerhört komplizierte Grenzregelung erfolgte, da ohne Rücksicht auf entstehende Enklaven oder Exklaven eine Eisenbahn belgisch werden, eine Straße reichsdeutsch bleiben sollte.

Nach der Euphorie des Kriegsendes 1918 war Belgien bereits sehr bald die Erwerbung leid. 1924 bis 1926 wurde mit dem Deutschen Reich über die Rückgabe gegen bestimmte finanzielle Zugeständnisse verhandelt. Zu Ergebnissen kam es nicht, da Frankreich die Suggestionswirkung, die Präzedenzwahrscheinlichkeit vermieden zu sehen wünschte; und Belgien zum Verzicht auf den Austausch zwang.

Deutsch war in Belgien seit 1830/1839 von vornherein als dritte Landessprache anerkannt. Nach dem belgischen Volksschulgesetz war Deutsch in den deutschsprachigen Gemeinden Unterrichtssprache, mit Französisch erst ab dem 5. Schuljahr als Fremdsprache; jedoch versuchsweise schon ab dem 3. Schuljahr und als zweite Unterrichtssprache vorgesehen.

Kirchlich wurde das Gebiet von der Erzdiözese Köln abgetrennt und über eine Zwischenzeit eines eigenen Bistums Eupen (1921–1925) der Diözese Liège zugeteilt. Seitdem beteiligt sich die Diözese Liège an deutschen katholischen Publikationen.

1945 war nicht dazu angetan, die Zustände nunmehr im Sinne des deutschen Selbstbestimmungsrechtes ändern zu können. Immerhin ist Entnationalisierung gegen Deutsche in Belgien seit langem kein Ziel mehr. Der modus vivendi ist höchst erträglich geworden. Im fortdauernden Kampf der Wallonen und der Vlaamen, einerseits um den Gesamtstaat, andererseits um die Zuständigkeiten ihrer jeweiligen Staatsteile, blieb für eine Konfrontation gegen Deutsche weder Notwendigkeit noch Zeit.

6.782

Kelmis, Neutral Moresnet: Fläche 3,5 qkm / Bevölkerung 1920: Insgesamt 4 216 Deutsche, 4 100 Wallonen / 1930: 4 463, 4 168

Das Gebiet liegt an der Stadtgrenze der Großstadt Aachen, nur 4,4 km von der Stadtmitte entfernt. Es ist Teil des geschlossenen deutschen Sprachgebietes. Seine Neutralisierung 1815 – 1918folgte aus Unklarheiten der Grenzziehung durch den Wiener Kongreß. Der Grund des „Konflikts" war der Besitzanspruch über ein Galmeibergwerk, französisch „la calamine", deutsch „Kelmis". Die Verhältnisse entsprechen denen in Eupen-St. Vith.

6.783

Welkenraedt, Montzen, Aubel:

Das Gebiet gehört seit 1815 zu Belgien. Es ist Teil des geschlossenen deutschen Sprachgebietes. Es handelt sich heute um 9 Gemeinden der Provinz Liège. Fläche: ca. 270 qkm / Bevölkerung: ca. 20 000 Deutsche. Seit 1848 gab es in Aubel ein deutsches Lokalblatt („Die fliegende Taube"). Seit 1904 existierte in Montzen ein „Verein zur Hebung und Pflege der Muttersprache im deutschsprachigen Belgien"; 1931 ein „Bund der Deutsch-Belgier". Die Sprach- und Schulverhältnisse ähneln denen in Eupen-St. Vith bzw. Kelmis.

6.79

Tondern:

10.02.1920, 16.06.1920: Zur dänischen Mythenromantik für ein dänisches Südjütland, Nordschleswig ist oben 5.1 Stellung genommen worden.

Nordschleswig, 3 993 qkm Fläche / 1910 = 166 348 Einwohner, davon 123 828 mit dänischer Muttersprache, ist in den nördlichen drei Vierteln ein ohne Weiteres dänisches Land. Bedauerlicherweiose kam es entgegen dem Bestimmungen des Friedensvertrages von 1866 nicht zu der vorgesehenen Volksabstimmung, die den Heimfall von Nordschleswig an Dänemark schon nach 1866 gebracht hätte. Obwohl Dänemark keine gegen das Deutsche Reich kriegführende Macht gewesen war, kamen nach dem 10.01.1920 zwei Zonen des vorgesehenen Abstimmungsgebietes zufolge der Regelungen des Versailler Diktates unter die Verwaltung einer internationalen Kommission.

In der 1. Zone, der nördlichsten Zone, wurde am 10.02.1920 abgestimmt. Stimmberechtigte waren insgesamt 109 745: Stimmen wurden abgegeben für Dänemark 75 431, für das Deutsche Reich noch 25 329. Diese Zone wurde dementsprechend korrekt Dänemark zugesprochen. Es übernahm die Regierungsgewalt am 16.06.1920.

In der 2. Zone, der südlicheren Zone, wurde am 14.03.1920 abgestimmt. Stimmberechtigte waren insgesamt 71 843: Stimmen wurden abgegeben für das Deutsche Reich und Preußen 51 724, für Dänemark noch 12 800. Enttäuschenderweise erfolgte jetzt von dänischer Seite ein Versuch, zu „corriger la fortune" in der Form einer „Internationalisierung" dieser zweifelsfrei deutschen Zone. Nachdem dieser Versuch gescheitert war erfolgte die Rückgliederung zu Preußen.

In der Nordzone blieb also eine kleine deutsche Minderheit, in der Südzone eine – halb so zahlreiche – kleine dänische Minderheit. Bei einer vernünftigen Grenzziehung hätte die unmittelbar nördlich der neuen Grenze liegende Kreisstadt Tondern – mit damals überwiegend deutscher Bevölkerung – bei dem Deutschen Reich bleiben sollen. Auch hätte sich vermeiden lassen, daß die deutsche Großstadt Flensburg mit der Stadtmitte 5,2 km von der neuen Grenze zu liegen kam: Was leicht hätte geschehen können.

Bestrebungen 1945 und danach, die sogenannte Südschleswigfrage – siehe oben 12 800 dänische Stimmen! – nochmals zur Virulenz zu bringen, scheiterten trotz zielbewußtem Einsatz von Lebensmittelpaketsendungen (u.a. „Speckdänen"). Im Frühjahr 1955 hat die Bundesrepublik Deutschland zusammen mit der Landesregierung von Schleswig-Holstein mit der Regierung von Dänemark Regelungen für die beiderseitigen Minderheiten-Volksgruppen abgeschlossen. Die umfassende Regelung sieht in völliger Parität eine vorbildliche Volksgruppenlösung vor. Es spricht für den guten Willen aller hohen vertragschließenden Teile, daß es auch so geht: Leider nur viel zu selten.

6.8–6.9 Stufe 5: Verluste 1945 bis heute (Stichworte):
Entgegen dem Selbstbestimmungsrecht der Völker:

Territoriale und ethnographische Fragen; Nur Gebiete mit deutscher Sprache; Staaten:
(Saarland vergleiche 6.61, Memelgebiet vergleiche 6.62, „Freie Stadt Danzig" vergleiche 6.63).

6.8

W e r geglaubt hatte, – und der Verfasser gesteht – als jahrelanger politischer Häftling im Konzentrationslager Weimar-Buchenwald – am 8. Mai 1945 so gutgläubig und naiv gewesen zu sein, – nach den 14 Punkten Präsident Wilsons und der Vereinigten Staaten von Amerika mit dem Bekenntnis unbedingter Forderung nach dem Selbstbestimmungsrecht der Völker, nach der Ächtung des Krieges als Annektionsgrund für fremdnationale Territorien, nach der feierlichen Atlantik-Charta der Vereinigten Staaten von Amerika und von Groß Britannien, mit dem Bekenntnis der Wahrung des Selbstbestimmungsrechtes der Völker, nach der Kenntnisnahme der Verurteilungen in Nürnberg auch wegen der Annektion fremdnationalen Territoriums, – sogar deutschen nationalen Territoriums von Österreich bis Danzig: es werde 1945 nunmehr nach Gerechtigkeit gestrebt werden: Demokratie, der Wille der Mehrheit einer Bevölkerung beachtet und geachtet werden, das Recht auf Selbstbestimmung a l l e n Völkern zustehen, den größten wie den kleinsten, den kolonialbefreiten wie den in Europa unterworfen gehaltenen, wie aber a u c h Deutschland, mit einem Wort nunmehr endlich Recht statt Unrecht herrschen, der sah sich 1945 krassestem Unrecht gegenüber: Unrecht, das kein redlich Denkender in den Vereinigten Staaten von Amerika, in Groß Britannien, in Frankreich mit gutem Gewissen vertreten kann.

Das Unrecht von Versailles, das Unrecht von Saint Germain, so sehr gen Himmel schreiend es gewesen war: Es wurde 1945 in einer Art moralischer, ethischer, logischer Bewußtlosigkeit, in Unzurechnungsfähigkeit der westlichen Staatsmänner bei weitem übertroffen. Alles, was sie selbstverständlich rechtlich mit Überzeugung vorher wie nachher vertraten, vergaßen sie in Geistesabwesenheit, als es um Deutschland einerseits, um Polen und die Tschechei andererseits ging. Alles, was gemäß der Selbstbestimmung u n d unter Anerkennung durch die gesamte Staatengemeinschaft zwischen 1935 und 1939 geschehen war: an Revision des Unrechts von Versailles und Saint Germain, an Herstellung des Rechtes für das deutsche Volk, Saarland, Österreich, Sudetenland, Memelland, Danzig, wurde rückgängig gemacht unter dem Vorbringen des Vorwands der Wiederherstellung der „Friedensordnung" von Versailles und Saint Germain vor deren „Störung". An Stelle der völkerrechtlich allein gültigen Grenze des fortbestehenden Deutschen Reiches vom 31. August 1939 wurde rechtswidrig – um einen zeitlichen Ausgangspunkt zu haben, was „Deutschland" sei, was Stalin forderte – 1945 willkürlich „Deutschland nach dem Stande vom 31. Dezember 1937" postuliert.

Dann begann zusätzlich 1945 und bis heute fortdauernd: ... der „Landraub Polens" (Zitat Admiral Leahy, I was there, 31. Juli 1945, S.493 – 494. Aus „Dokumente zur Oder-Neiße Linie aaO. S.292), die „polnische Besetzung des östlich der Oder gelegenen Teils Deutschlands."Es war ein willkürlicher Gewaltakt" ... (Zitat Präsident Harry S. Truman, Memoirs, Bd. I S.492; aus Dokumente zur Oder-Neiße Linie aaO. S. 322).

Dieser Landraub umfaßte Ostpreußen, Danzig, Ostpommern, Mittelpommern, zusätzlich Stettin, Grenzmark Posen-Westpreußen, Ostbrandenburg, Ostsachsen, Niederschlesien, Oberschlesien.

In der zweifellos zutreffenden Erwägung aller Landräuber seit einigen Millionen Jahren, daß man im Grunde niemals genug rauben könne, schloß Stalin nach der Devastation Ostdeutschlands durch Polen und die Sowjetunion die Abtrennung Ostberlins und Mitteldeutschlands an. Er konstruierte daraus eine spätkoloniale Helotenherrschaft unter dem Namen „Deutsche Demokratische Republik" unter Einsatz „deutscher" kommunistischer nützlicher Funktionäre. Dies hielt insgesamt immerhin 45 Jahre bis zum 9.11.1989.

Als diese „DDR" – welch eine Wendung durch Gottes Fügung würde mit vollstem Recht ein gläubigeres Jahrhundert gesagt haben – durch die Einsicht von Michail S. Gorbatschow endlich vergangen war, blieb die Erwägung des Landräubers Stalin von 1945 und 1949, die auch zur Schöpfung einer „DDR" noch v o r und noch westlich Ostdeutschlands geführt hatte, g ü l t i g .

Um die Freiheit Mitteldeutschlands von der zeitweilig europäisch friedliebend werdenden Union der Sozialistischen Sowjetrepubliken erbitten zu können, war und bleibt Deutschland erpreßt. Es bleibt gezwungen, die Devastationslinie der polnischen Verwaltung über Ostdeutschland in der Oder und Neiße auf Dauer als die „gesicherte Westgrenze Polens" zu behandeln. Es bleibt im Ergebnis doch immer gut – nach dieser wohl kaum nur unbewußten Logik Stalins! – auf ein mal z w e i Landmassen zu rauben, damit, wenn der am weitesten vorgeschobene Raub wieder mal herausgegeben werden muß, – Mitteldeutschland! – der andere, der zweite Raub, – Ostdeutschland! – mit Duldung durch Deutschland behalten werden kann: So geschieht es 1991.

Eine späte Apotheose für dieses kriminelle Vorgehen Stalins.

6.81
Die „Deutsche Demokratische Republik" „DDR"; 7.10.1949. E n t g e g e n dem Selbstbestimmungsrecht der Völker:

Die sogenannte „DDR" war und bleibt eine Stalinrealität. Ob sie eine „Stalinrealität des Zweiten Weltkrieges" ist, oder ob sie eine scheinbar selbständige Folge der Nachkriegs-Anfangsepoche ist, bleibt dabei gleichbedeutend. Sie bleibt als Stalinrealität in beiden möglichen Fällen wie Stalin und mit Stalin gleich verabscheuungswürdig. Die Forderung des Selbstbestimmungsrechtes des deutschen Volkes auf sein Land kann durch eine solche Stalinrealität nicht erledigt werden. Dazu ist oben 1.4 Stellung genommen worden.

Daß für Mitteldeutschland, für die „DDR", für Ostberlin das deutsche Volk, die deutsche Nation „Berechtigter" ist, Alleinberechtigter ist, ist oben 2.1 dargetan worden.

Zwar war es höchst modern geworden, die Bevölkerung Mitteldeutschlands, der „DDR", das vorgebliche „Volk der DDR" „nicht bevormunden zu wollen". Dies klingt zwar wundervoll scheindemokratisch. Indem es aber die Entscheidung einem Volksteil, einer Minderheit o h n e oder ggf. g e g e n den Willen und die Entscheidung der dann nicht befragten Mehrheit anvertraut, ist es gerade nicht demokratisch. Isolierte Selbstbestimmungsrechtsentscheidungen ohne oder gegen das Gesamtvolk wären deshalb unzulässig. Alle Teile Deutschlands müßten übereinstimmend entscheiden. Die Frage braucht nicht mehr vertieft zu werden, da sie gänzlich theoretisch geblieben ist und bleiben wird. Alles dazu Notwendige ist oben 2.44 – 2.46 gesagt worden.

Die Dismembration schließlich einer „DDR", die Stalin wünschte, die die SED vier Jahrzehnte lang brutal betrieb, die mancher bis 1989 zu tolerieren bereit war, ist nicht eingetreten. Es gibt keine „sozialistische Nation der DDR". Alles dazu Erforderliche ist oben 3.97 und 7.57 bereits gesagt worden.

Flächen: „DDR" 30,3% 108 177 qkm / Bundesrepublik 69,7% 248 630 qkm / Vier-Zonen-Deutschland 100% 356 807 qkm / Deutschland 31.12.1937 132% 470 543 qkm / 31.08.1939 164% 585 787 qkm / 31.07.1914 540 743 qkm

Bevölkerung: Jahr „DDR" BRD 4 Zonen / 1939: 16 745 000 = 28,2%; 42 988 000; 59 733 000 / 1950: 18 388 000 = 26,6%; 50 809 000; 69 197 000 / 1961: 17 079 000 = 23,3%; 56 185 000; 73 264 000 / 1970: 17 068 000 = 22,0%; 60 651 000; 77 719 000 / 1978: 16 751 000 = 21,4%; 61 337 000; 78 088 000.

In der „DDR" kamen dazu 62 000 Sorben. Mithin ist die Bevölkerung Mitteldeutschlands zu 99,63% deutsch, 037% sorbisch. Ausländer kommen hinzu.

In der Bundesrepublik sind davon 4 144 000 ausländische Mitbürger. Mithin ist die Bevölkerung Westdeutschlands zu 93,26% deutsch gewesen; 6,74% Ausländer kommen dazu.

Mit dem 3. Oktober 1990 ist dies alles erledigt. Die „DDR" ist Abfall der Geschichte, wo sie hingehört.

6.82
Ostberlin: 30.11.1948: E n t g e g e n dem Selbstbestimmungsrecht der Völker:

Flächen: Ostberlin 46,1%; 409,70 qkm / Westberlin 480,20 qkm / Gesamtberlin 889,90 qkm.

Bevölkerung: Jahr Ostberlin Westberlin Gesamtberlin / 1939: 1 588 000 = 36,6%; 2 751 000; 4 339 000 / 1950: 2 147 000 / 1961: 2 197 000 / 1970: 2 122 000 / 1978: 1 129 000 = 37,2%; 1 904 000; 3 033 000.

In Ostberlin ist der Ausländeranteil relativ geringer. In Westberlin leben ca 192 000 Ausländer. Die Bevölkerung von Westberlin ist mithin zu 90,0% deutsch, zu 10% ausländisch. (z.B. ca 84 700 Türken, 27 000 Jugoslawen.)

Auch dies unerwünschte Ostberlin ist mit dem 9. November 1989, dem 3. Oktober 1990 erledigt.

6.91
Regionen: Verluste; Gebiete n u r   m i t deutscher Sprache; E n t g e g e n dem Selbstbestimmungsrecht der Völker:

Nordostpreußen; z.Zt. unter großrussischer Verwaltung; 1945 mit deutscher Sprache: 2. August 1945: Gemäß dem Potsdamer Protokoll, das den deutschen Staat zu nichts zu verpflichten vermag, hatte die Sowjetregierung die endgültige Übergabe der Stadt Königsberg und des anliegenden Gebietes an die Sowjetunion vorgeschlagen: Art. VI, Abs. 2

Da die Westmächte in Potsdam nicht bereit waren, Grenzfragen endgültig zu regeln, erklärten sie lediglich, daß sie diesen Vorschlag bei der ... Friedenskonferenz unterstützen werden: Art. VI, Abs.3

27. Februar 1945: Im House of Commons befragte der konservative Abgeordnete Lord Dunglass bereits, ob solche Vorschläge „mit dem Artikel der Atlantik-Charta übereinstimmen", der lautet: „Die hohen vertragschließenden Parteien wünschen keine Gebietsveränderungen, die nicht mit den frei geäußerten Wünschen der betroffenen Völker im Einklang stehen ... Die Ostpreußen haben niemals gewünscht bzw. beantragt, an die Sowjetunion angegliedert zu werden" ...

24. August 1945: Dies stimmte mit der Feststellung des konservativen Abgeordneten Professor Savory im House of Commons überein, „auf welchen ethnologischen und historischen Gründen der Vorschlag beruhe, den Russen Königsberg zu übergeben. Es hat nie-

384

mals in der Geschichte zu Rußland gehört. Die russische Bevölkerung Königsbergs ist unendlich gering". Dies war absolut zutreffend: Sie war darüber hinaus gleich null …

Im Gegensatz zu den Propagandamärchen von den „urpolnischen Gebieten" ist Königsberg niemals auch nur als „urrussisch" fingiert worden!

Sowjetische Besatzungs-Fläche (ohne Memelland) = 13 886 qkm von insgesamt Ostpreußen 37,6% von = 36 992 qkm

Bevölkerung: 1939: 1 187 209 Einwohner; von insgesamt Ostpreußen 1910: 2 147 342 Einwohner / 1925: 2 256 349 Einwohner / 1933: 2 333 301 Einwohner / 1939: 2 488 122 Einwohner

In Ostpreußen wohnten 1933 24 283 Ausländer. Die 8 883 Juden waren jüdische Deutsche. Die deutsche Bevölkerung betrug gemäß dem Abstimmungsergebnis vom 11.07.1920 selbst in Masuren 97,8%. In Nordostpreußen wird sie 99,1% erreicht haben.

6.922
Verluste: Gebiete n u r m i t deutscher Sprache: E n t g e g e n dem Selbstbestimmungsrecht der Völker:

Süd-Ostpreußen; z.Zt. unter polnischer Verwaltung; 1945 mit deutscher Sprache. Oben ist dargetan worden, daß Ostpreußen n i c h t von dem Piasten-Mythos betroffen sein kann; vgl. 5.62. Desgleichen kommt eine „Rückkehr ins wiedergewonnene Gebiet", in „urpolnische Gebiete" überhaupt nicht in Betracht, da die Prussen keine Slawen waren; vgl 7.214. Dennoch war ganz Ostpreußen immer ein bevorzugtes Ziel polnischen chauvinistischen Ehrgeizes. Vergleiche hierzu nochmals beispielsweise Gazeta Gdansk vom 9. Oktober 1925: „Ganz Ostpreußen her! – sonst Krieg".

Fläche: 23 099 qkm von insgesamt Ostpreußen (ohne Memelland) 36 992 qkm

Bevölkerung: 1939 1 300 913 Einwohner von insgesamt Ostpreußen 1939 2 488 122 Einwohner

Die deutsche Bevölkerung betrug gemäß dem Abstimmungsergebnis vom 11.07.1920: … in Masuren 97,8% für Deutschland, 2,1% für Polen / in Westpreußen (Ostw. d. Weichsel) 92,3% für Deutschland, 7,6% für Polen. Im ganzen z.Zt. unter polnischer Verwaltung stehenden Süd-Ostpreußen wird sie erreicht haben 95,1% für Deutschland, 4,9% für Polen.

6.93
Verluste: Gebiete n u r m i t deutscher Sprache: E n t g e g e n dem Selbstbestimmungsrecht der Völker:

Ostpommern (ohne Grenzmark), Mittelpommern, z.Zt. unter polnischer Verwaltung; 1945 mit deutscher Sprache:

Oben ist dargetan worden, daß Pommern seit 1138, das heißt seit 807 Jahren vor 1945 auch vom noch so extensiven Piasten-Mythos nicht betroffen sein kann; vgl. 5.65! Desgleichen kommt eine „Rückkehr ins wiedergewonnene Gebiet", ins „urpolnische Gebiet" nicht in Frage; vgl. hierzu oben 7.217.

Fläche: 19 975 qkm von insgesamt Provinz Pommern (ohne Grenzmark) 30 271 qkm

Bevölkerung: 1910 1925 1933: 2 147 342; 2 256 349; 2 333 301 Einwohner

Die Zahl der jüdischen Deutschen betrug ca. 3 000. In Pommern wohnten 15 031 Ausländer 1933. Die Bevölkerung war zu 99% deutsch.

6.94

Verluste: Gebiete n u r m i t deutscher Sprache: E n t g e g e n dem Selbstbestimmungsrecht der Völker:

6.941

S t e t t i n ; zur Zeit unter polnischer Verwaltung; 1945 mit deutscher Sprache:
Die deutsche Hauptstadt der preußischen Provinz Pommern, Stettin, liegt bekanntlich: ... zu 100% westlich der Ost-Oder (Große Reglitz), zu 90% westlich der West-Oder.

In den Dutzenden von Belegstellen in alliierten Dokumenten in Vorbereitung des Raubes
der Ostodergebiete bis zur Oder-Neiße-Linie kommt Stettin, da es geographisch n i c h t betroffen sein konnte, relativ selten vor. Es gehörte einfach nicht zu den Ostodergebieten.
Aber Geographie und Logik interessiert polnische Chauvinisten ohnehin nicht.

2. November 1944: Der exilpolnische Außenminister Tadeusz Romer hatte im Foreign
Office in London über die Vorverlegung der Grenze „bis zur Oder einschließlich Stettins"
angefragt. Im vertraulichen Schreiben antwortete der Staatssekretär im britischen Außenministerium Sir Alexander Cadogan, daß die Regierung seiner Majestät hierfür sei, „einschließlich des Hafens Stettin". – Was die Stadt Stettin gar nicht einschließen müßte! Dies
war ein für die britische Seite außerordentlich schmachvolles Entgegenkommen: Bekannt
geworden ist es deshalb erst im Juni 1947.

17. Dezember 1944: Der exilpolnische Ministerpräsident Arciszewski erklärt: „Wir wol-
len weder Breslau noch Stettin. Wir fordern nur unsere ethnisch und historisch polnischen
Gebiete". (Sunday Times Interview 17.12.1944, aus Dokumente zur Oder-Neiße-Linie aaO.
S.166).

Da kein Pole jemals gegen polnische vermeintliche Interessen argumentiert hat, steht
danach aus dem berufensten Munde eines polnischen Ministerpräsidenten fest: Stettin war
weder ethnisch polnisch 1944! Noch ist Stettin historisch polnisch!

26. Juli 1944: Stalin verspricht dem Lubliner Komitee am 26. Juli 1944 auch Stettin.

1. – 13. Februar 1945 (Konferenz von Jalta): Am 1.2.1945 ist Außenminister Eden
nicht bereit, wie Mikolajczyk so auch dem Lubliner Komitee Stettin zuzugestehen. Am
7.02. schlägt Molotow vor, Stettin als polnisch vorzusehen. Am 13.02.1945 kann die
Prawda lediglich veröffentlichen, daß Polen im Norden und Westen „Entschädigungen" erhalten soll.

17. Juli bis 1. August 1945 (Konferenz von Potsdam): Am 17.07.1945 wurden die deutschen Grenzen von 1937 als das, „was von Deutschland noch übrig ist" nach Stalins
Wunsch festgelegt. Am 1.08.1945 Diskussion in letzter Stunde: Wo verläuft die Grenzlinie bei Stettin? Am 2.08.1945 heißt es in Artikel XIII. der unterzeichneten Erklärung des
Regierungsprotokolls nur: „Linie ... unmittelbar westlich von Swinemünde und von dort
die Oder entlang ..."

Danach ist juristisch unbestreitbar, daß Stettin von dem Potsdamer Protokoll nicht betroffen, das heißt Polen n i c h t zur Verwaltung unterstellt worden war noch ist.

In Stettin blieb im Mai 1945 eine neue deutsche Stadtverwaltung. Drei Mal setzten sie
die Polen ab. Drei Mal mußte Polen das widerrechtlich besetzte Stettin wieder räumen. Erst
zwischen 5. Oktober 1945 und 19. November wurde Stettin dann zum letzten Male von
Polen besetzt.

Hierzu sah sich der „demokratische" Ministerpräsident Polens Mazowiecki bemüßigt zu
erklären (laut FAZ 21.02.1990): „Zu bitter war die Lektion von Jalta, wo man versucht
hatte, in unserer Abwesenheit über lebenswichtige Probleme Polens zu entscheiden".

Die Regierungserklärungen des Protokolls von Potsdam können als res inter alios acta

Deutschland zu nichts verpflichten. Erst recht können sie Polen zu nichts berechtigen. Was auch immer die „DDR" im Görlitzer Vertrag von 1950, was die Bundesrepublik im Moskauer Vertrag vom August 1970 jemals unterschrieben haben mögen: Es bindet Deutschland weder rechtlich noch auch nur politisch.

6.942

Stettin: Heutige Fläche seit 1950 ca. 788 qkm; Fläche des Stadtkreises 1945 ca. 461 qkm
Bevölkerung: 1819, 1871, 1890, 1910, 1933, 1939: 26 050 / 76 280 / 116 228 / 236 116 / 270 747 / 382 984.

Damit ist Stettin in den letzten 120 Jahren preußischer Herrschaft bei 99% deutscher Bevölkerung auf das 15 fache gewachsen gewesen. Was besagt gegenüber einer so modernen Großstadt und Provinzhauptstadt Stettin polnischer Nonsens von „vor 1 000 Jahren"! Vor 1 000 Jahren war Stettin seit 1107 Residenz der Pomoranenherzöge, aber erst seit 1243 Stadt. 997 aber – das heißt vor 1 000 Jahren mithin – war Stettin, – wenn es überhaupt schon bestand – ein pomoranisches, ein nichtpolnisches Fischerdorf, mit 100 Einwohnern.

Die Fragen um Stettin sind von ganz besonderem Interesse. Polen hat die Ostgebiete des Deutschen Reiches – formalisiert durch das juristisch unbrauchbare Potsdamer Portokoll – als Satellit einer Besatzungsmacht rechtswidrig zu annektieren versucht. Es verwaltet sie als Teil einer sowjetischen Besatzungszone. Polen hat aber auf Stettin nicht einmal diesen völkerrechtswidrigen Rechtsschein von Potsdam. Polen hat Stettin schamlos, unanständig, widerwärtig geraubt. Polen handelte in Stettin mit der Moral eines Steinzeithominiden: „Ich kann es tun mit Brachialgewalt; also tue ich es."

Anläßlich von Querelen zwischen Polen und der „DDR" seit 2.01.1985 über die Odermündung bei Stettin – hier die 12 Meilen Zone – hat erstmals ein polnischer Bischof im polnischen Fernsehen zu dieser Frage, das heißt aber zur Außenpolitik Polens Stellung genommen. Diese Stellungnahme zu Stettin und zur Odermündung ist hohen Interesses würdig, da sie diejenigen Scheinargumente Polens zusammenfaßt, die über das übliche polnische Nonsensvorbringen hinaus einem intelligenten Polen noch einfallen zur Oder-Neiße-Problematik.

Der Bischof der Diözese Stettin-Kammin (Szezcin-Kamien) – ... Majdanski – hat sich besorgt geäußert. Dabei wird in bunter Folge abstrus Grundfalsches mit Richtigem bis Unerheblichem gemischt: In 7 Punkten (laut Dt aus Warschau in FAZ vom 8. 11.1988).

6.943

1. Zitat Majdanski: „Polen befinde sich zur Zeit in den Grenzen, die vor einem Jahrtausend von den ersten polnischen Herrschern vorgezeichnet worden seien".

Dies ist zunächst faktisch unzutreffend, denn eine Grenze in der Oder gab es früher nie; auch nicht vor Tausend Jahren.

Es ist weiter rechtlich unzutreffend, denn „vor 1000 Jahren" waren „die ersten polnischen Herrscher", das heißt schon der Staatsgründer Polens Mieszko I., (963 – 992) von Deutschland abhängig, Polen war ein bloßes Lehen des Deutschen Reiches, der Fürst mußte sich als Vasall dem deutschen König unterwerfen, er war tributpflichtig, mußte die Oberhoheit des Deutschen Reiches anerkennen, kam über den Rang eines „Freundes des Kaisers" noch nicht hinaus.

Es ist schließlich unlogisch. Nur 17 Jahre 1121 – 1138 kam Polen als Besatzungsmacht bis vor Stettin. Seitdem, seit 1138, das heißt vor 1945 seit 807 Jahren, ging Polen Stettin nicht das Geringste mehr an. Dies war zur Zeit der Kreuzzüge, lange vor der türkischen Eroberung von Byzanz, vor den Mayas, Inkas, Atzteken, vor der Entdeckung Amerikas. Wo endet eigentlich polnischer politischer Chauvinismus und wo beginnt armseliger Nonsens eines phantastischen Anspruches? Für Näheres vergleiche oben 5.65.

6.944

2. Zitat Majdanski: „Diese Lösung sei historisch vielleicht schwer anzunehmen, denn zwischenzeitlich habe sich Polen über Jahrhunderte hinweg in eine andere Richtung entwikkelt, nach Osten". Dies ist ausnahmsweise im Gesamtvorbringen ein mal völlig zutreffend. Zwischen 1385 und mindestens 1569 hat sich Polen, dem Jagellonischen Mythos folgend, mit Litauen nach Osten verbissen, gegen Rußland, gegen Weißruthenien, gegen die Ukraine. Dies endete im Grunde erst 1793 und 1795 mit dem Gegenschlag Moskaus. Für Näheres vergleiche oben 5.68.

6.945

3. Zitat Majdanski: „Das polnische Volk habe ein Recht darauf zu leben und sich zu entfalten".

Ohne jeden Zweifel: Alle Völker haben ein Recht darauf, zu leben und sich zu entfalten. Dies ist ein Grundrecht, ein Lebensrecht aller Völker, aller Staaten. Nur: Jeder hat jeden zu achten! Alle haben das gleiche Recht. Bestimmt die Polen. Genauso auch die Deutschen. Dieses allgemeine Recht jedes und aller gewährt keinerlei besonderes Recht Polens auf Stettin und auf die Ostgebiete des Deutschen Reiches: „Du sollst nicht stehlen". Entfalten soll und kann sich jedes Volk: Jedes aber immer nur in s e i n e m eigenen Volksgebiet. Niemals in fremdem. Nicht die Polen in deutschem Volksgebiet und Staatsgebiet. Für Näheres vergleiche unten 8.33 und 10.11.

6.946

4. Zitat Majdanski: „Die Oder- und Ostseeeregion sei für das Leben und die Entwicklung Polens von großer Bedeutung".

Polen war historisch niemals eine seefahrende Nation. Die Flotten von Danzig, Elbing, Thorn, Kolberg u n d von Stettin waren während Jahrhunderten d e u t s c h e Patrizierflotten in der dudeschen Hanse. Die polnische Scheinlogik: … weil Breslau und Oberschlesien und Niederschlesien von Polen geraubt worden sind, so müsse dazu zusätzlich Stettin geraubt werden, um den ganzen Oderstrom zu beherrschen, entspricht sinngemäß einer Folgerung etwa abstruserweise: weil Böhmen an der Elbe liegt und keinen Meereshafen hat, so muß die Freie Hansestadt Hamburg tschechoslowakisch werden!

Polen als Weichselstaat mag in Gdingen sein Genüge finden für Warschau. Deutschland braucht die Oder und braucht Stettin für Berlin, dessen Vorort ja Stettin fast war. Warschau ist sehr weit entfernt; Berlin ist sehr nah. Warschau hat eine Million Einwohner; Berlin hat vier Millionen Einwohner.

Polen hat seit 1138, das heißt 8 Jahrhunderte o h n e Stettin gelebt! Warum soll es plötzlich ab 1945 nicht mehr gehen?

Und die große Bedeutung von Oder und Stettin für Polen? Dies entspricht im Grunde der Logik eines Minderjährigen, Unzurechnungsfähigen: „Was schiert mich Eigentum? Ich kann es gut gebrauchen! Also möchte ich es haben, denn ich bin der Größte! Also nehme ich es mit Gewalt weg! Also behalte ich es! Also gehört es mir auch rechtlich und einwandfrei: Und jeder stört, wie leicht einzusehen, den Frieden, der es (Vergleiche Näheres 7.43, 7.44) mir wieder wegnehmen will! Auch der Eigentümer und der wahre Berechtigte!"

6.947

5. Zitat Majdanski: Der Gipfel des Vorbringens von Bischof Majdanski ist aber: „In diesem Gebiet muß die historische G e r e c h t i g k e i t zum Tragen kommen". Und dies unter der Überschrift „Polen hat an der Oder Lebensrecht". Wie kann ein normaler Mensch solchen Nonsens predigen angesichts der Fakten: Polen hat seit 1138 keinerlei Beziehungen mehr zu dem deutschen Lande Pommern. Polen hat seit 1032 keinerlei Beziehungen mehr zu dem deutschen Lande Ostbrandenburg. Polen hat seit 1335 keinerlei Beziehungen mehr zu dem deutschen Lande Schlesien. Angesichts von Bischof Majdanskis Umkehrung der Wahrheit ins Gegenteil kann solches Vorgehen nur verglichen werden mit der berühmten literarischen Bezeichnung des Mord- und Terrorministeriums in Orwells Roman „1984, als Ministerium für Liebe".

Gerechtigkeit ist Sitte und Gesetz, so Homer, „Pflichten gegenüber Gott und Menschen", so Altes Testament, es ist „die Grundlage menschlichen Zusammenlebens", es sind die Forderungen der 10 Gebote! Es ist iustitia commutativa, es ist das Gebot „suum cuique tribuere", es ist Gleichheit des Rechtes und Verbot der Willkür. Wo bleibt die Gerechtigkeit bei Bischof Majdanski? Und bei Polen?

6.948

6. Zitat Majdanski: „Hier muß auch mit dem Boden gesund gewirtschaftet werden".

Solche Feststellung ist zu allen Fragen über Stettin ohne jeglichen Beweiswert. Als polnische Forderung gegenüber der deutschen Forderung auf Rückgabe Stettins ist es von entwaffnender Naivität. Warum sollte das polnische Volk „gesünder wirtschaften" können als das deutsche Volk.

6.949

7. Zitat Majdanski: „Je weiter man sich vom Krieg entferne, desto mehr sind wir in Gefahr, der Unwahrheit zu dienen". „Auf deutscher Seite ... gebe es die Tendenz, die eigenen Untaten zu vergessen, die Untaten der Polen dagegen herauszustreichen". Interessant zunächst, daß auch die Untaten der Polen überhaupt zugegeben werden. Doch bedarf es hier keiner Aufrechnung von Untaten. Keine Untaten keiner der Seiten berechtigen zum Landraub: An Stettin, an Pommern, an den Ostgebieten des Deutschen Reiches. Bischof Majdanski hat mit seinen Ausführungen objektiv der von ihm beklagten Unwahrheit gedient mit seinen Schlußfolgerungen zu der Forderung: „Polen hat an der Oder Lebensrecht". Polen hat an der Oder kein Lebensrecht. Objektiv hat Polen an der Oder keinerlei Recht; auch kein Lebensrecht.

Und daß auch Bischof Majdanski Häftling in einem Konzentrationslager war, – was der deutsche Journalist lobend gebührend hervorhebt-, hat weder mit Stettin etwas zu tun, noch entbindet es von der Wahrheit, der Bischof Majdanski zu dienen vorgibt. Politischer jahrelanger Häftling in einem Konzentrationslager war der Verfasser dieser Richtigstellung auch.

6.95

Verluste: Gebiete n u r   m i t deutscher Sprache: E n t g e g e n dem Selbstbestimmungsrecht der Völker:
Grenzmark Posen – Westpreußen; 1945 mit deutscher Sprache: Die Notwendigkeit der Bildung einer solchen Grenzmark zufolge des Diktates von Versailles belegt schon die Zerrissenheit der „Frontière démembrée" nach dem Herausschneiden des entstehenden polnischen Neustaates ohne Rücksicht auf die gewachsenen Zusammenhänge. Sie bestand nacheinander – nach der Bildung am 21.07.1922, (Pr.Gs. S.17) – nach einer Vergrößerung um 4, einer

folgenden Verkleinerung um 3 Landkreise (am 21.03.1938 Pr.GS. S.30 bzw 3.09.1938, Pr.GS. S.99) aus westpreußischen, posenschen, pommerschen, brandenburgischen und niederschlesischen Landkreisen.

Wie oben ausgeführt, beschränkt sich der Piast-Mythos für Westpreußen auf 2 + 3 + 3, mithin 8 Jahre vor 1308. 1370 endet bereits die Piastdynastie; vergleiche 5.63, 5.64. Desgleichen kommt eine „Rückkehr in wiedergewonnene Gebiete" nicht in Betracht, da die Pomoranen keine Polen waren, vergleiche 7.213, und da seit 1308 diese Grenzmark nie mehr auch nur staatlich oder als Gebiet der Krone Polen polnisch war; vergleiche 7.215.

Fläche bis 1938: 7 715 qkm; Fläche ab 1938: 11 457 qkm

Bevölkerung: 1910, 1925, 1933, 1939: 310 114; 332 485; 337 578; 479 272.

In der Grenzmark wohnten 2 186 Ausländer. Die Bevölkerung dürfte zu 97% deutsch gewesen sein.

6.96

Verluste: Gebiete n u r m i t deutscher Sprache: E n t g e g e n dem Selbstbestimmungsrecht der Völker:

Ostbrandenburg; zur Zeit unter polnischer Verwaltung: 1945 mit deutscher Sprache:

Der Piast-Mythos endet für Ostbrandenburg schon 1 032; vergleiche 5.66. Eine „Rückkehr in wiedergewonnene Gebiete", in „urpolnische Gebiete" 1945 nach 913 Jahren kann bezüglich einer solchen Geisteshaltung nicht mehr ohne Invektive gekennzeichnet werden.

Fläche: 11 351 qkm

Bevölkerung: 594 000 Einwohner

In diesem Teil der Provinz Brandenburg wohnten wenige Tausend Ausländer. Die Bevölkerung dürfte zu 98% deutsch gewesen sein.

6.97

Verluste: Gebiete n u r m i t deutscher Sprache: E n t g e g e n dem Selbstbestimmungsrecht der Völker:

Teile von Ostsachsen; zur Zeit unter polnischer Verwaltung; 1945 mit deutscher Sprache: Teile des Landkreises bzw. Stadtkreises Zittau:

Fläche: ca 173 qkm Bevölkerung: 28 200 Einwohner

Die Bevölkerung war zu 100% deutsch plus sorbisch. Es gab keine Tschechen; keinen einzigen Polen.

6.98

Verluste: Gebiete n u r m i t deutscher Sprache: E n t g e g e n dem Selbstbestimmungsrecht der Völker:

Niederschlesien; zur Zeit unter polnischer Verwaltung; 1945 mit deutscher Sprache.

Bezüglich des Piast-Mythos vergleiche 5.67. Zur „Rückkehr in urpolnische Gebiete" vergleiche 7.218.

Fläche: 25 066 qkm; Bevölkerung: 3 053 078 Einwohner. Die Zahl der jüdischen Deutschen betrug 1933 25 145 Einwohner. Die Zahl der Ausländer betrug 1933 44 555 Einwohner. Eine Zahl eines polnischen Anteils an der Bevölkerung ist nicht veröffentlicht. Er dürfte wenige Prozent betragen haben. Davon abstrahiert dürfte die Bevölkerung Niederschlesiens – eine Bevölkerung allein schon in die Millionen – zu 95% deutsch gewesen sein.

6.99

Verluste: Gebiete n u r   m i t   deutscher Sprache: E n t g e g e n dem Selbstbestimmungs-recht der Völker:

Oberschlesien; zur Zeit unter polnischer Verwaltung; 1945 z.gr.T. mit deutscher Sprache.

Bezüglich des Piast-Mythos vergleiche 5.67. Zur „Rückkehr in urpolnische Gebiete" vergleiche 7.218.

Fläche: 9 715 qkm; Bevölkerung: 1 529 258 Einwohner. Die Zahl der jüdischen Deut-schen betrug 1933 9 228 Einwohner. Die Zahl der Ausländer betrug 1933 26 401 Einwoh-ner. Davon abstrahiert dürfte die Bevölkerung Oberschlesiens gewesen sein: zu mindestens 60% rein deutschsprachig; so schon das Ergebnis der Volksabstimmung am 20.03.1921; bis 1945 gestiegen auf etwa 70%; zu weiteren etwa 20% deutschsprachig und anderssspra-chig: (wasserpolnisch, slonsakisch, goralisch, nicht hochpolnisch) zu etwa 6% polnisch und anderssprachig; zu etwa 4% polnischsprachig ausschließlich.

Die Deutschen in Oberschlesien wurden 1945 grundsätzlich nicht vertrieben. Sie wurden 1945 und in den folgenden Jahren weniger deshalb nicht vertrieben ... weil Polen sich wirklich Illusionen über ihr „Polentum" hingegeben, an ihr Polentum ernsthaft geglaubt hätte, weil Polen glauben wollte, sie entnationalisieren zu können, sie polonisieren zu können, zuerst mit Totschweigen, dann mit Terror und Schikanen, sondern weil Polen um jeden Preis Bergarbeiter brauchte, weil Polen Menschen sammeln mußte für seine faktisch leeren, „wiedergewonnenen" Gebiete: sogenannte Autochthone, Hiesige!

Die triumphale Demonstration der vielen Hunderttausende deutscher Oberschlesier, die nach 1945 es fertig brachten, dennoch nach Deutschland zu kommen, spricht für das Deutschtum und gegen Polen: Bis heute.

Kapitel 7

7 Schein„gründe", die gegen die Forderung deutscher Grenzen entsprechend dem Selbstbestimmungsrecht des deutschen Volkes auf sein Land vorgebracht werden

7.1 Schein„gründe" aus der Gewalt

7.11

Der Versuch der immerwährenden Suprematie durch die Rote Armee:

Ein Grund gegen das Selbstbestimmungsrecht des deutschen Volkes auf Ostdeutschland soll die notwendige Suprematie der Roten Armee über Ostmitteleuropa sein.

Vorgebracht wird, die Rote Armee sei 1944 – 1945 zur Befreiung unterdrückter Völker in Ostmitteleuropa bis nach Berlin vorgedrungen. Auch mancher Deutsche konzedierte dies. Hier ist nicht zu untersuchen, und es ist hier auch unerheblich, ob diese Rote Armee der Jahre 1944 – 1946 überhaupt irgendjemand, irgendein Volk befreit hat im Sinne des zeitlosen Menschenrechtes „Freiheit".

Hier geht es nur darum, daß die Rote Armee – in ihrem Zustand des Jahres 1945! – Deutschland und insbesondere Ostdeutschland – von Memel bis Wien – n i c h t befreit hat. Diese Rote Armee der Sowjetunion brachte auf ihrem Vormarsch in niemals gekanntem Ausmaß mit sich ... Vergewaltigung, Raub, Mord, Vertreibung, Unterwerfung unter ein spätkoloniales Satellitenregime! Ob sich dies ab 1989 auf Dauer ändern wird ist offen. 1944 bis 1989 war es unbetreitbar so. Eine Armee, die den Anspruch erheben will, irgend jemand befreit zu haben, kann ein solches Erscheinungsbild nicht in die Geschichte eingegraben haben.

Auf der immerwährenden Suprematie d i e s e r Roten Armee beruht nun vom ersten Tage an und beruht weiterhin bis zunächst 1996, der Zustand der Vernichtung Ostdeutschlands und des Sudetenlandes einerseits und der Unterwerfung Mitteldeutschlands und Ostberlins andererseits. Mit der Existenz und der Anwesenheit dieser Roten Armee in Mitteldeutschland – in der ehemaligen „DDR" – steht und fällt das Beherrschungssystem der Stalinrealitäten in Ostmitteleuropa.

Nach der Steinzeit-Argumentation: „Ich liege und besitze, also laßt mich schlafen" wird durch die pure „force in beeing" der Roten Armee auf deutschem Boden, und noch immer auf polnischem Boden, der Raub von 1945 verewigt. Durch das Schwergewicht von bis zu 22 Besatzungsdivisionen dieser Roten Armee in Mitteldeutschland soll sichergestellt werden, daß das sowjetische Unterwerfungssystem in Ostmitteleuropa wenigstens militärisch nicht vor 1996 rückwärts revidiert werden kann. Die Räumungen wären sehr viel schneller zu beenden gewesen.

Das sowjetische Parteisystem der Kommunistischen Partei der Sowjetunion – ob unter Stalin, Breschnew oder Gorbatschew scheint weithin ähnlich bedeutend – kann und will gerade diese seine Rote Unterwerfungsarmee nicht zwingen zur Einhaltung der Menschenrechte und des Selbstbestimmungsrechtes der Völker. Warum sollte es dies auch tun wollen, da ja bis auf scheinbar wenige Friktionen dieses Unterdrückungssystem der Roten Armee bis heute im Wesentlichen noch immer standgehalten hat: 1948 Widerstand und Blockade Westberlins, 1953 Volksaufstand Berlins und Mitteldeutschlands, 1956 Arbeiterrevolte in Poznan, 1956 Nationale Revolution in Ungarn, 1959-1961 Widerstand und Einmauerung

Westberlins, 1968 Prager Frühling der tschechischen Kommunisten, 1980 „Solidarität" in Polen, 1989 Fall der Berliner Mauer. Ungeachtet dieser offenkundigen Friktionen wird das Unterdrückungssystem als ein Teil der „Befriedungspolitik" mit Erfolg propagandistisch vertreten.

Diese Rote Befreiungsarmee ist nun das Rückgrat eines Neokolonialismus einzigartigen Ausmaßes:

7.112

In der „DDR" und in Ostberlin: Noch hat die deutsche Revolution des 9. November 1989 dies nicht ändern können. Gerade die Generalität der Roten Armee fürchtete sonst, „den 2. Weltkrieg noch zu verlieren". Noch Talleyrand hatte vor 180 Jahren gewußt, daß man „mit Bajonetten eine ganze Menge anfangen kann: Daß man aber nicht darauf sitzen könne". Die Rote Armee sitzt bildlich gesprochen auf den modernen Bajonetten, auf Panzern, Maschinenwaffen und Atombomben. Und Ostdeutschland bleibt auf unabsehbare Dauer unterworfen.

7.113

In Polen: Nicht umsonst standen sich schon 1956 polnische und sowjetische Truppen westlich Warschau kampfbereit gegenüber. Nicht umsonst war Breschnew versucht, die polnische Solidaritäts-Krise mit der Gewalt der Roten Armee niederzuringen. Nicht umsonst wurde stattdessen ab 1980 die eigene polnische Armee zur Niederhaltung des eigenen Volkes von der „Polnischen Vereinigten Arbeiterpartei" mit Willen und Billigung der Sowjetunion als letzte Aushilfe eingesetzt. Wenigstens als Möglichkeit bleibt noch immer weiter existent, die ggf drohende, vermutlich dann aber höchst blutige brüderliche Invasion der Roten Armee gegen Polen. Auch die „demokatischen" Regierungen haben dies bis heute nicht völlig ausschließen können.

7.114

In der Tschechei: In Ungarn: Auch wenn beide Staaten heute beruhigt erscheinen, – nach den demokratischen Reformen –, so bleibt doch in Erinnerung zu behalten: … 1968 standen tschechische Panzer und Soldaten feuerbereit an den Kasernentoren der einmarschierten Roten Armee gegenüber … 1956 kämpften ungarische Soldaten aufopferungsvoll gegen die Rote Armee. Die sowjetische Gewalt ist der Inhalt des Systems in ganz Ostmitteleuropa. Gewalt war und blieb die letzte, im Grunde die einzige Kategorie, deren die Sowjetunion und die Rote Armee fähig gewesen waren: … In Georgien, Armenien, Aserbeidschan, in der Ukraine, in Weißruthenien seit 1918 ff, in Estland, Lettland, Litauen seit 1940/1945 ff, gerade insbesondere 1990–1991.

7.115

Auf Zeit und vorübergehend – und dank vieler nützlicher Funktionäre im Westen – gelingt es jedoch der Sowjetunion dieses weitgehend zu verschleiern. Obwohl als Propagandathese schon etwas veraltet, wird von Zeit zu Zeit die „deutsche Gefahr" immer wieder beschworen. Die „deutschen Ansprüche" werden immer wieder gebrandmarkt, gerade weil alle Bundesregierungen ohne Ausnahme zu timide waren, das deutsche Recht klar herauszustellen. Ein „Pangermanismus"geschrei sowjetischer Panslawisten ist immer noch wirkungsvoll. Der sowjetische Imperialismus kultiviert von Zeit zu Zeit die Parole: „Da ist der Kriminelle; haltet den Dieb" Die Raubmacht von 1945 wie 1989, die Sowjetunion, brandmarkt die Aggressivität des beraubten Deutschland, die vorgebliche Angriffslust der Geschlagenen, die Lust des David auf Revision an Goliath.

Zwar kann und wird sie bei den Komplizen in Polen damit im Zweifel weiterhin beinahe leichthin Gefolgschaft finden. Alle anderen Mächte aber: ... insbesondere Litauen, Lettland, Estland, Georgien, Armenien, Aserbeidschan, dann Ungarn, Rumänien, Slowenien, Kroatien, Bulgarien, irgendwann Albanien, Italien, Frankreich, Spanien, vielleicht die Neutralen, vor allem aber Groß Britannien, die Vereinigten Staaten, Kanada, sie alle sollten und könnten die wirkliche Unterdrückungsgewalt der Roten Armee in Ostmitteleuropa richtig einschätzen. Als das, was sie ist: Eine menschenrechtswidrige, selbstbestimmungsrechtswidrige, fremde Waffengewalt; entgegen psychologischen und scheinhumanitären Argumentationen.

7.12
Haß, Rache, Vergeltung, Erbitterung, aufgewühlte Gefühle:
Ein Grund gegen das Selbstbestimmungsrecht des deutschen Volkes auf Ostdeutschland sei die Notwendigkeit der Rache für Polen, die Sowjetunion, die Tschechei:

7.121
Das Verlangen nach Rache ist eines der urältesten menschlichen Gefühle und dementsprechend auch Beweggrund für Politik. Geschichtlich mag solche Rache oft genug mit Landraub verbunden gewesen sein. Nur ist solches Eingeständnis des Suchens nach Rache als Schein„grund“: ... für territoriale Forderungen im XX. Jahrhundert des Völkerrechtes, der Demokratie, der Menschenrechte, des Selbstbestimmungsrechtes der Völker, ... keinerlei Argument (mehr). Die jenigen, die ihre blutige Rache ... einerseits verbal postuliert und vorgebracht haben, ... andererseits millionenfach an Unschuldigen blutig praktiziert haben, ... disqualifizieren sich selbst: Sei es als Einzelpersonen, als Kriegsverbrecher, als Gefangenenwärter, als Vergewaltiger, als Mörder, als Henker, sei es als sogenannte Staatsmänner, wie Benesch, als Schreibtischtäter, wie General Ingr ... sei es als pseudodemokratische Staaten: Polen, Tschechei.

7.122
Polen: Die polnische Regierung im Kriegsexil ließ durch ihren Emissär Jan Karski am 28. Juli 1943 in einer offiziellen Vorsprache bei dem Präsidenten der Vereinigten Staaten von Amerika, F. D. Roosevelt, in aller Form das polnische Verlangen nach „ R a c h e “ als Grund für polnische Territorialforderungen vortragen.
Nicht nur „Germans in Poland to go West“ wurde verlangt: Wobei die „Definition“ von „Poland“ nach völlig freiem polnischem Ermessen bis ins Irgendwo bei Berlin gehen sollte ... Vor dem Exodus wurde „Some kind of Revenge“ zu stillen offiziell für den polnischen Kulturstaat beansprucht. Ob der Präsident der Vereinigten Staaten von Amerika solches Ansinnen als seiner und seines Staates unwürdig zurückgewiesen hat, wird nicht berichtet. Desgleichen wird nicht berichtet, ob der Präsident Roosevelt, – entsprechend seinen feierlichen Verpflichtungen in der Atlantikcharta und der Erklärungen der Menschenrechte in der Virginia Bill of Rights 1776, sowie der Erklärung der Menschen- und Bürgerrechte vom 26. August 1789 –, der Zumutung durch eine „Rache“forderung widersprochen habe.
Noch 1990 existiert dieser polnische Haß. Anläßlich der Verleihung des Friedenspreises des Deutschen Buchhandels an den bekannten Polenfreund Karl Dedecius sagte Professor Dr. Heinrich Olschowsky, Polonist an der Humboldt-Universität in Ostberlin, daß heute in Polen ... „der in den Nachkriegsjahren verbreitete Anspruch auf gerechten Haß für die Kollektivschuld der Deutschen von den besten Köpfen als totalitäre Selbstzerstörung zurückgewiesen wird“ (FAZ 8.10.1990).

Die Fakten verurteilen sich selbst: ... Weder gab noch gibt es einen Anspruch auf Haß ... noch gibt es gerechten Haß ... noch gibt es eine Kollektivschuld weder der Polen noch der Deutschen ... noch sind „die besten Köpfe" mehr als eine winzige Minderheit!

7.123

Sowjetunion und Stalin: Auf Vorhaltungen Churchills während der Potsdamer Konferenz bemerkte Stalin: „ ... daß wir die Lage bedenken sollten, in der die Polen sich befänden ... Sie nähmen Rache an den Deutschen", sagte er, „für die Unbill, die ihnen von den Deutschen im Lauf der Jahrhunderte widerfahren ist ...!" ... Nur Landgewinn könne die aufgewühlten Gefühle der Erbitterung beschwichtigen, die unter der Naziherrschaft erregt worden seien ...!

Präsident Truman dagegen, – der es nicht mehr nachträglich zu ändern vermochte, anders als Roosevelt, der es alles herbeigeführt und unterstützt hatte –, legte dagegen für die Vereinigten Staaten fest: ... „We do not pay for polish revenge". Selbst er hat es aber unterlassen, noch klarzustellen, daß „Rache" für zivilisierte Staaten im XX. Jahrhundert für Landraub kein mögliches Argument sei.

7.13

Die Stalinrealitäten des zweiten Weltkrieges:

Vae Victis ... Deutschland habe alles, auch jedes offene Unrecht hinzunehmen:

Ein Grund gegen das Selbstbestimmungsrecht des deutschen Volkes auf Ostdeutschland soll sein, daß Deutschland die Stalinrealitäten des zweiten Weltkrieges bedingungslos hinzunehmen habe.

7.131

Diese Grundhaltung – niemandem, keinem Recht, keiner Moral, keiner Ethik, keiner Religion, für nichts verpflichtet und damit verantwortlich zu sein,- entspricht im Grunde genau der Haltung der drei Siegermächte Sowjetunion, Polen und Tschechoslowakei. Diese Stalinrealitäten wurden geschaffen ohne jede Rücksicht auf Recht, Moral, Ethik, Menschlichkeit, Freiheit, Demokratie. „Unconditional Surrender"! ... So war es in Appomatox Court House 1865 bei dem Abschluß des amerikanischen Bürgerkrieges weder gedacht noch praktiziert worden. Obwohl es so 1945 auch von den USA nicht gedacht gewesen war, blieb es doch den Ostmächten vorbehalten, aus der nackten verbrecherischen Praxis der Jahre 1945 und folgende einen Grund für den Landraub an Ostdeutschland finden, hier erfinden zu wollen. Weil Deutschland – nach ihrer mehr als parteiischen Meinung – das negative Extrem des menschlichen Geschlechtes darstellen sollte, könnte mit diesem Lande, Volke, Staate umgegangen werden nach Willkür, Gutdünken, völliger Unbekümmertheit, Anmaßung. Dies gelte insbesondere – und dies war Polens erste bis letzte Schlußfolgerung! – in territorialer Hinsicht gegenüber allen Vorsätzen auf Landraub. Deutschland habe alles hinzunehmen. Deutschland habe auch jedes offene Unrecht hinzunehmen.

Im XX. Jahrhundert entbehrt eine solche These so sehr jedes Argumentationsgehaltes, daß sie jetzt eigentlich nach dem Eintritt scheinbarer Friedensverhältnisse überhaupt nicht einmal mehr widerlegt zu werden braucht. Diese Grundhaltung dieser Stalinrealitäten ist so offen jenseits jeder dauerhaften Weltfriedensordnung, so sehr und so offen kriminell, daß ihr – nur weil ihr zeitweilige Faktizität eigen ist – dennoch kein Argumentationswert zukommt.

7.132

„Realitäten", zuerst faktische Realitäten waren auch die Millionen Ermordeter aller Zeiten, aller Völker. „Realitäten" waren auch Attila, der Dschingis Khan, Lenin, Stalin, Hitler, Mao Tse Tung, Pol Pot. Dennoch haben diese Realitäten keine Gestaltungskraft mehr.

Realitäten waren auch die Staatsgründungen Napoleons, wie das Königreich Westfalen, der Satellit Japans, Mandschutikuo, die minutiöse „Sozialistische Volksrepublik Finnland" 1939, die Volksrepublik Nordkorea. Sie waren vergangen, sie werden vergehen als sinnwidrige Durchgangsstationen der Geschichte.

Notwendige und richtige „Realitäten" gab es andererseits schon in Fülle: Aber obwohl sie notwendig und richtig waren, hat sie ein neidisches Schicksal vorübergehend heimgesucht: Ukraine, Weißruthenien, Estland, Lettland, Litauen, Armenien, Georgien, Aserbeidschan, die Slowakei, Kroatien, Biafra, Maluku Selatan.

Wenn solche notwendigen und richtigen Realitäten vergehen können; welchen Wert sollen dann vor der Geschichte – die auch das Weltgericht ist – die „Stalinrealitäten" des zweiten Weltkrieges beanspruchen können: Bis sie endlich spurlos vergehen.

7.133

Die pure bloße Faktizität ist nicht nur kein endgültiges Argument, sondern im Sowjetbereich häufig das Gegenteil: Menschenrechtsverletzung, Beschränktheit, Unterwerfung, Diktatur, Tyrannei, Verbrechen. Entscheidend bleibt für immer die Übereinstimmung mit den unwandelbaren Menschenrechten, Gerechtigkeit, Demokratie im Sinne der Mehrheit des Volkswillens, Selbstbestimmung der Völker. Dann war nicht nur die „DDR" Abfall der Geschichte gewesen, wie mittlerweile jeder weiß und einsieht. Dann bleibt die Faktizität polnisches Ostdeutschland, tschechisches Sudetenland, russisches Nordostpreußen vorübergehend. Sie bleibt ohne Friedenswert.

Keinerlei Logik gebietet, daß Deutschland jedes Unrecht hinzunehmen habe, das 1920, das 1945, das 1949, das 1952–1955, das am 12. September 1990 geschah.

7.14

Die Oder-Neiße-Linie sei die strategische Trennlinie und die kürzeste Hauptkampflinie zwischen Polen und Deutschland.

Ein Grund gegen das Selbstbestimmungsrecht des deutschen Volkes auf Ostdeutschland soll die Notwendigkeit sein, die Oder-Neiße-Linie als die kürzeste Hauptkampflinie gegen Deutschland aufrecht zu erhalten. „Dann säße Rußland (nicht die UdSSR) im Nacken Deutschlands". (Stalin 1.12.1943)

7.141

Die Idee bzw. die Illusion der idealen Hauptkampflinie als Staatsgrenze ist so alt wie das menschliche Geschlecht, geformt in Staaten. An die berühmtesten Prototypen, an die diversen, immer wieder erneuerten chinesischen Mauern einerseits, an die verschiedenen „limites imperii romani", den Limes in Deutschland, in Schottland, in Afrika, in Mesopotamien andererseits ist zu erinnern. Die zeitweilige österreichisch-ungarische"Militärgrenze" gegenüber den türkischen Aggressionen diente ähnlichen Zwecken. Keines dieser riesigen Werke hat auch nur annähernd sein Ziel erreicht, seinen Zweck zu erfüllen; selbst nur für kürzere Zeiträume. In der Neuzeit ist die italienische Grenze nach dem Diktat von Saint Germain auf dem Brenner aus solchen „strategischen" Überlegungen entstanden;unter bewußter Verletzung des Selbstbestimmungsrechtes des Volkes von Tirol.

7.142

Nachdem die Sowjetunion, die Tschechei, über jedes Maß hinaus aber vor allem Polen 1945 ein unhaltbares territoriales Regime errichtet haben, ist die unabänderliche Folge ihres unaufhörlichen schlechten Gewissens offenkundig. Es ist der Versuch, im sogenannten Frieden bereits eine strategische Hauptkampflinie in Form der Oder-Neiße-Linie als vorgebliche Staatsgrenze und noch dazu „Friedensgrenze" zu befestigen. Davon kann nur so viel zutreffend eingeschätzt sein, daß die Oder-Neiße-Linie – zwischen Stettiner Haff und Erzgebirge/ Riesengebirge – in der Tat die geographisch „kürzeste" denkbare Hauptkampflinie zwischen Deutschland und Polen darstellen würde. Vorgebracht wird in diesem „militärischen" Phantasiestrategem, gegen die immerwährende Angriffslust Deutschlands gerüstet sein zu müssen.

7.143

Dabei ist die Idee der „absoluten HKL" seit einem Jahrhundert nichts als eine Illusion.

Schon 1866, vor der Schlacht bei Königgrätz, waren die „Positionspläne" Krismanics, des Generalstabschefs des unglücklichen österreichisch-ungarischen Feldherrn Benedek, in ihrer unbeweglichen Versteinerung – angesichts ihres Aussehens auf den Landkarten – als „Wurststrategie" charakterisiert worden.

1914 – 1915 konnten die starken und modernen Festungslinien in Frankreich einerseits: Verdun, Toul, Position de Nancy, Épinal, Belfort / Rußlands andererseits: Deblin (Iwangorod), Warschau, Modlin (Nowogeorgiewsk), Pultusk, Rozan, Ostrolenka, Lomza, Osowiec, Grodno, Olita, Kaunas ... imGrunde keinen wesentlichen Verteidigungseffekt sicherstellen.

1940 war die zu kurze Maginotlinie, 1945 der abgerüstete, nicht mehr verteidigte Westwall ohne Entscheidungswert. Selbst ein solcher Defensivabschnitt wie die kilometerbreite Weichsel 1944/1945, ebenso der Rhein 1945 blieben fast unerheblich. Strategisch sind die relativ schmale Oder und die winzige Lausitzer Neiße ohne jeden Belang. Eine politisch gesehen Vergewaltigungslinie ohnegleichen d e s h a l b als Besatzungszonengrenze festlegen zu wollen, ist im XX. Jahrhundert kindlich.

7.144

UdSSR: Voll seine Bedeutung strategisch wie politisch behält dagegen das Wort des nichtrussischen Grusiniers J. D. Stalin: ... „Rußland müsse im Nacken Deutschlands sitzen", indem es den eisfreien Hafen Königsberg besetzt halte. (Zitat aus Teheran 1.12.1943) Rußland sitzt in Königsberg nicht nur immerwährend im Nacken Deutschlands, sondern Mitteleuropas und damit ganz Europas. Rußland hatte 1945 – 1996 eine unerträglich weit vorgeschobene Stellung errungen: Vor Hamburg, dem Sprungbrett nach Dänemark wie England, im Harz, dem Sprungbrett zur Ruhr und zu den Niederlanden und nach Belgien, vor Fulda, dem Sprungbrett nach Rhein-Main und nach Frankreich, vor Berlin, das geteilt und eingeschlossen war.

Polen kann weiterhin von Osten her niedergehalten werden. Die drei baltischen Staaten als Vorfeld für Leningrad, Minsk, Moskau, werden abgeschnitten und in wachsendem Maße durch die großrussische Unterwanderung dezimiert.

Solange „Rußland im Nacken Deutschlands sitzt" in Ostpreußen, solange mit Rußland Iwan Grosny wie Stalin in Ostpreußen in Waffen stehen, wird es kein freies Mitteleuropa und ungefährdetes Europa geben.

7.145

Polen: Die Militärdemarkationslinie in der Oder und Neiße mag geographisch die kürzeste und taktisch sich scheinbar anbietende Hauptkampflinie sein. Sie mag weit weg liegen von Warschau, Poznan, Breslau, Oberschlesien, Krakow. Sie mag ein scheinbar ungefährdetes Kerngebiet Polens zwischen Weichsel und Warthe für Polen sichern: Anders als dies bis 1939 die Lage war, als Polen keinen Kernraum, kein Sicherheitsreduit besaß. Sie mag durch das brutale Ausräumen deutscher Rückzugspositionen – polnisch behauptet „Wachstumsspitzen" ... – Ostpreußen-Ostpommern einerseits, beider Schlesien andererseits, Polen aus einer Klammerposition im Sinne einer Kriegführung im Stile von 1866 oder 1813 befreit haben. Dennoch kann eine Hauptk a m p f linie wie die Oder-Neiße-Linie im XX. Jahrhundert nicht einmal eine strategische Stellung sein. Sie kann erst recht keine „Friedensgrenze" auf „Friedenswacht" sein. Die Flüsse sind beide im XX. Jahrhundert bedeutungslos.

7.146

Tschechoslowakei: Das kampflose Nachgeben der Tschechoslowakei 1938 mag befördert worden sein durch die Einsicht in die strategisch gesehen relativ hoffnungslose militärische Lage des Staates: Selbst auch nur der vorbereiteten Festungslinien in Innerböhmen: Zwischen Österreich, Bayern, Sachsen, Niederschlesien, Oberschlesien ringsum umschlossen. Zwar mag die Existenz der polnischen Oder-Neiße-Linie diese tschechische Lage heute scheinbar geändert haben. Falls es so angesehen werden kann – ungeachtet der historischen Erfahrungen der Tschechoslowakei mit Polen 1920 wie 1938/1939 – kann Polen heute als Rückendeckung der Tschechei fingiert werden. Immerhin war die Entlastung durch die „sozialistische" „DDR" für die Tschechei bis 1989 wirklich von Belang. Es schien nur noch eine „Westfront" der Tschechei zu bleiben. Es blieben kurze Gebirgsränder. Für die Tschechei mag die Oder-Neiße-Linie im Ergebnis daher mehr als eine Entlastung erschienen sein als auch nur für den „beatus possidens" Polen.

Insgesamt ist die Erreichung einer Hauptkampflinie mitten im sogenannten Frieden in Form der Oder-Neiße-Linie k e i n legitimer Grund zum Landraub an Ostdeutschland noch dem Sudetenland noch bisher Mitteldeutschland.

7.147

Wieso kann überhaupt die Sicherheit Polens im XX. Jahrhundert so geschmälert sein, daß es einer HKL bedarf, nachdem Polen: ... seit 1231 mit der Existenz eines deutschen Ostpreußen wie Westpreußen, seit 1241 mit der Existenz eines deutschen Schlesien ... zu leben hatte und offensichtlich o h n e Änderung seines Volksbodens bis 1772 fünfeinhalb Jahrhunderte völlig ohne jede Gefährdung unverletzt überdauert hat. Die beiden Halbexklaven – Preußen und Schlesien – jeweils mit vielen Millionen Deutschen, volkreicher als viele Staaten der Welt, gehen Polen danach gar nichts an. Weder Preußen noch Schlesien gingen und gehen Polen das Geringste an. Wieso gibt eine Oder-Neiße-Linie Polen eine erhöhte „Sicherheit", die für Deutschland eine Unerträglichkeit, eine Katastrophe darstellt? Haben andere außer Polen kein Recht auf Sicherheit.? Wieso braucht auf die Sicherheit deutscher Menschen zu Millionen, auf die Sicherheit Deutschlands vor polnischem Oberst Beck Größenwahn und vor polnischem Länderappetit keine Rücksicht genommen zu werden? Eine Hauptkampflinie bietet keine Sicherheit. Die „Bar Lew Linie" beispielsweise war im Ergebnis nichts eine Illusion mitten im Feindesland Ägypten. Genau gleiches gilt für die Oder-Neiße-Linie mitten in Ostdeutschland.

7.15

Ostpreußen wäre eine Exklave, Schlesien wäre eine Halbexklave. Dies wäre gegen Polens Interesse. Dies wäre eine Schmälerung seiner Sicherheit.

Ein Grund gegen das Selbstbestimmungsrecht des deutschen Volkes auf Ostdeutschland soll die Notwendigkeit der Verhinderung der Schmälerung der Sicherheit Polens sein.

Das Ergebnis einer Überschau der deutsch/polnisch/tschechischen Volksgrenze zeigt, daß auf deutscher Seite drei große Siedlungsstrahlen, die in der Ostkolonisation des 10. bis 13. Jahrhunderts entstanden waren, den Grenzverlauf bis zum Normaljahr 1918 bestimmten: der preußisch-baltische Vorstoß: Pommern, Westpreußen, Ostpreußen, im Baltikum versickernd; der schlesische Vorstoß: Lausitz, Niederschlesien, Oberschlesien, in Oberschlesien bis Teschen, in den Karpathen versickernd; der österreichische Vorstoß: bis Theben vor Preßburg reichend, unnötig weit ausgreifend, im Balkan, im Banat, in Siebenbürgen versickernd.

Dazwischen waren tragischerweise zwei westslawische kompakte Keile stehengeblieben: der polnische Keil: mit den Flanken von Suwalki bis Birnbaum und von Kattowitz bis Wollstein, mit der Spitze an der Obra gegen Berlin;

der tschechische Keil: mit den Flanken von Oderberg bis Theresienstadt und von Preßburg bis Taus, mit der Spitze westlich Pilsen gegen Nürnberg und Lauterburg.

Nur solange der deutsche wie der westslawische Nationalismus nicht virulent waren, konnte dieses Raum k u r i o s u m ohne schwerwiegende Folgen jahrhundertelang friedlich existieren. (Vergleiche das Bonmot noch des XIX. Jahrhunderts: „Wenn diese Saaldecke einfällt, so ist die tschechische Nation tot".) 1918 hätte das geschlagene, friedliebende Weimarer Deutschland gerne den puren Bestand der drei deutschen Landzungen nach Maßgabe des Vorfriedensvertrages und der 14 Punkte Wilsons gewahrt. Es hätte seinerseits mit Sicherheit niemals die beiden slawischen Völker angegriffen. Stattdessen zerbrachen die Versailler Diktatsvorschriften ohne Kenntnis und Überlegung im Nord-Osten den preußisch-baltischen Vorstoß durch die Bildung des polnischen Korridors. Da man trotz allem in Versailles die Unbekümmertheit Moskaus von 1945 noch nicht aufbrachte, blieb Ostpreußen als Insel bestehen. In der Mitte der östlichen Volksgrenze gestattete das Diktat von Saint Germain die durch keine wirklichen Argumente zu motivierende Annektion von 3,5 Millionen Sudetendeutschen durch 6,5 Millionen Tschechen. Eine solche „Lösung" mußte geradezu einen Weitergang gewaltsamer Art heraufbeschwören.

Entweder besaß Deutschland nach 1920 die Kraft, die Lücken: … den polnischen Korridor insbesondere, den polnischen Keil zwischen Schlesien und Preußen im Allgemeinen einerseits, den tschechischen Keil andererseits, gewaltsam zu schließen. Es hat es 1939 in der Tschechoslowakei wie gegenüber Polen erreicht und 1945 wieder verloren.

Oder es besaßen Polen und die UdSSR die Kraft, den polnischen seit 1920 ohnehin existierenden Keil durch die Eingliederung der deutschen Vorstöße, des baltischen und des schlesischen Vorstoßes bis zur Ostsee einerseits und dem Riesengebirge andererseits zu erweitern. Sie haben es 1945 erreicht. Nachdem beide Seiten durch die Überspitzung nationaler Politik die Unmöglichkeit einseitiger Lösungen erwiesen haben, sollte nunmehr eine wirkliche Friedenslösung angestrebt werden.

Durch die Anlehnung Polens im Riesengebirge an die Tschechoslowakei haben die Slawen es erreicht, daß die beiden nördlichen historischen deutschen Vorstöße: … der baltische Vorstoß mit ca. 6 Millionen Deutschen, der schlesische Vorstoß mit ca. 7 Millionen Menschen, – zum Teil im vollsten Sinne des Wortes – „liquidiert" worden sind. Daß gleichzeitig der österreichische Vorstoß bestehen geblieben ist, zeigt auch schon räumlich, daß mit solchen Gewaltmaßnahmen keine dauernde Lösung zu erreichen ist. Eine neue

Festlegung einer deutschen Ostgrenze als wirkliche „Friedensgrenze" müßte daher dreierlei grundlegend berücksichtigen: Sie sollte keine neuen deutschen strahlenartigen Vorstöße herstellen oder wiederherstellen: Um die ganze unglückliche, so brutal liquidierte Raumvergangenheit nicht wiedererstehen zu lassen; sie sollte den tschechischen, noch mehr den polnischen Keil an den Spitzen so abstumpfen, daß zwischen den Karawanken und der Ostsee eine, soweit tunlich, möglichst ungebrochene Grenzlinie entsteht; sie sollte anstreben, daß die Reichsgrenze von 1938 als völkerrechtlich gültige Normalgrenze nicht zu weit verlassen wird; im Interesse Polens sowohl wie der Landsmannschaften wie der Verfolgung des deutschen Rechtsanspruches.

7.16

Solange die russische Herrschaft über das Baltikum von den Vereinigten Staaten und der Weltrechtsgemeinschaft nicht anerkannt sei, dürfe das Baltikum nicht an Deutschland grenzen.

Ein Grund gegen das Selbstbestimmungsrecht des deutschen Volkes auf Ostdeutschland soll die Notwendigkeit für die UdSSR sein, die drei Völker und Staaten des Baltikums durch die großrussische Herrschaft über Ostpreußen einzuschließen und niederzuhalten.

7.161

360 Jahre lang waren die Völker und die Gebiete der drei baltischen Staaten Litauen, Lettland, Estland ... 1201 deutsche Gründung von Riga, 1219 dänische Gründung von Reval, 1252 deutsche Gründung von Memel, mindestens Estland, Livland und Kurland, zeitweilig auch Schamaiten durch Deutsche davor bewahrt worden, russisch werden zu müssen: ... 1242 Schlacht auf dem Peipussee, 1502 Schlacht am Smolinasee, 1561 die letzte Schlacht des Deutschen Ordens gegen Rußland, bei Ermes in Estland. Dann verging mit dem Deutschen Orden mehr als eine Epoche. Aber die drei kleinen Völker waren – anders als Pleskau, anders selbst als das stolze Nowgorod am Ilmensee – „wie in einer Nußschale" beschützt, nicht im Kulturchaos Iwan Grosnys als Kulturdünger untergegangen.

Nachdem 1939 wie 1944, wesentlich auch durch Verschulden des Deutschen Reiches, die drei baltischen Staaten in den Herrschaftsbereich der Sowjetunion geraten waren, hat diese Einverleibung, die mit dem Selbstbestimmungsrecht der Völker in keiner Weise zu vereinbaren war, die freie Welt niemals anerkannt. Die baltischen Völker haben nicht resigniert. Sie tun es heute weniger als jemals. Das Baltikum wirkt nun in beiden Richtungen: Von Rußland her! Von der freien Welt her!

7.162

Von Rußland her: Finnland mag wegen des Verhältnisses zu Skandinavien immer etwas prekär erschienen sein. Estland, Lettland, Litauen mögen auf einen ersten Blick vergleichsweise relativ klein erscheinen. Zufolge der Lage an der dort noch z.T. eisfreien Ostsee und als Vorfeld für Leningrad und Minsk werden sie aber bedeutsam und als unverzichtbar eingeschätzt. Wirtschaftserwägungen kommen hinzu. Trotz Genocid, Deportationen, großrussischer massiver Unterwanderung ist es der UdSSR bisher nicht gelungen, diesen Bereich endgültig zu sichern. Hinzukommt noch der religiöse Abstand von Moskau, Katholizismus in Litauen, Protestantismus in Lettland und Estland.

Von der freien Welt her: Nach dem Vergehen der euphorischen Phantasien des Westens ... von 1945 über das Wesen der Sowjetunion und über Stalin, von 1985 – 1991 über die Perestroika und Gorbatschow, dürfte wohl grundsätzlich niemand mehr bereit sein, diese drei kleinen Staaten und Völker, unabdingbare Teile des vereinten Europa, weiterhin zu „sacrifizieren". Wenn sie aber für Europa festgehalten werden sollen, so bedürfen sie auf Dauer und unumgänglich der Unterstützung: Insbesondere gerade zufolge ihrer Kleinheit! Ist die lettische Hauptstadt Riga – vormals die Stadt der deutschen „Schwarzhäupter" – ja vorgeblich schon großrussischer als lettisch, Lettland und Estland in Gefahr, mehrheitlich großrussisch unterwandert zu werden. Polen war schon sehr lange Zeit und ist erwiesenermaßen k e i n Rückhalt für das Baltikum. Polen hat vielmehr frevelhafterweise durch die Invasion nach Vilnius – unter dem Vorwand Zentrallitauen, durch den polnischen General Zeligowski am 9.10.1920 – zum Niedergang Litauens Entscheidendes beigetragen. Vorher war es jahrhundertelang nur ein Usurpator gegenüber Schamaiten und Kurland: Anders als gegenüber Weißruthenien unter dem Namen Großfürstentum Litauen!

7.163

Gesichert werden könnte die Existenz der drei Kleinstaaten erst wieder, wenn Ostpreußen – als südlicher Nachbar Litauens – wieder mitteleuropäisch, das heißt wieder deutsch würde. Solange die russische Zentralmacht dies zu verhindern vermag, solange sie mit Kaliningrad von Süden her das Baltikum „einrahmt", ist und bleibt die Lage der drei baltischen Völker prekär. Solange wird der Kolonialstatus der v i e r baltischen Gebiete, der drei Staaten u n d Ostpreußens, in g l e i c h e r Weise aufrechterhalten bleiben. Großrußland von sich aus dürfte diesen Kolonialstatus erst dann beendigen, wenn in aller Kürze alle vier Gebiete überwiegend großrussisch besiedelt sein würden. Dies wird in relativ sehr wenigen Jahren der Fall sein können, wenn die Forderung der Völker auf Selbstbestimmung nicht energischer vertreten wird als bisher. Der Westen, das ganze Europa, nicht nur das mutige Island darf das Baltikum nicht weiterhin allein lassen; moralisch beurteilt verraten: So wie leider bisher! So ist der Landraub an Ostdeutschland mit eine Garantie für die moskau-russische Niederhaltung des Baltikums!

7.17

Die „Breschnew Doktrin": Der Sozialismus gehe nie zurück! Der Sozialismus verliere nie etwas!

Ein Grund gegen das Selbstbestimmungsrecht des deutschen Volkes auf Ostdeutschland soll sein, daß der „Sozialismus", – der noch Ostpreußen besetzt hält – selbst in seiner gegenwärtigen gemäßigtesten Form, niemals zurückgehen könne und nichts – auch nicht Ostpreußen – endgültig verlieren könne. Nach einer im Grunde … niemals ausnahmslos wirklich befolgten … aber auch niemals wirklich aufgegebenen sowjetischen Staatsdoktrin … soll die Außenpolitik der UdSSR festliegen: Danach soll (möglichst) alles, was jemals der Union der Sozialistischen Sowjetrepubliken angehörte, mindestens was machtmäßig von der UdSSR unterworfen worden war, mindestens aus der machtmäßigen Kontrolle der UdSSR nicht herausgelöst werden dürfen. Von 1945 ab war es in Bulgarien, Rumänien, aber auch in Ungarn, in der Tschechoslowakei und (indirekt) in Polen, vor allem aber in der „DDR" war es mit Energie und Tatkraft so praktiziert worden bis 1989; und weiter bis zunächst 1996. Dabei ist es unerheblich und bleibt es unerheblich: … ob eine solche Doktrin jemals so allgemein proklamiert worden ist, ob sie seit 1956 und 1968 jemals wieder praktisch so anzuwenden gesucht worden ist, so z.B. 1980 beinahe gegenüber Polen, 1989 beinahe gegenüber Mitteldeutschland, ob der in der Zwischenzeit zielbewußt perhorreszierte Name Breschnews mit solcher Doktrin verbunden war und verbunden bleiben muß, ob Gorbatschow – oder Jelzin? – es ohne es weiter zu proklamieren aber weiter praktizieren werden, ob auch unter dem Schein einer „Föderation" oder „Konföderation" das Prinzip unverändert zu bewahren gesucht werden wird.

Die zunächst sehr seltenen Gegenbeispiele – Ostfinnland, iranisches Aserbeidschan, Ostösterreich – haben sich inzwischen vermehrt. Jugoslawien machte sich selbständig ohne und gegen den Willen der UdSSR; aber es blieb wenigstens noch „sozialistisch". China wurde vorübergehend zur aufs äußerste bekämpften eigenständigen „sozialistischen" Großmacht. Chile ging dem „Sozialismus" verloren. Mocambique, Angola, Äthiopien sind verloren gegangen. Selbst in Albanien beginnt ein „Neues Denken".

Am schwersten aber erklärbar ist vom doktrinären Standpunkt aus und am deutlichsten ist die nach 8 Jahren mörderischen Kampfes erzwungene Räumung Afghanistans. Nun sind auch Ungarn, Polen, die Tschechoslowakei, sogar Rumänien und Bulgarien auf dem Wege nach Europa und nach demokratischen Lebensformen.

Schließlich ist als machtmäßig faktisch für das alte Denken schwerster, unerträglichster Schlag 1989/1990 die „DDR" restlos verloren gegangen. Weil nun die „DDR" nicht mehr existiert, kann Polen nicht mehr endgültig für Rußland gesichert werden. Daher dient die Aufrechterhaltung der Oder-Neiße-Linie – über alle papiernen Erklärungen hinaus – der Aufrechterhaltung der Gegnerschaft Polens gegen das so sehr viel stärkere liberale Deutschland. Ausgesprochen am Gegenteil, an der Verständigung sollte die freie Welt interessiert sein.

Einen „Sozialismus" jedoch, der „niemals zurückgehen" könne, gibt es objektiv nur noch höchst eingeschränkt bzw. nicht mehr. Aber selbst die Reste sind destruktiv genug: Die UdSSR hat bedingungslos die Kurilen zurückzugeben, bedingungslos Nordostpreußen an Deutschland zurückzugeben.

7.18

Die Wiederherstellung Ostdeutschlands sei eine Prestigeminderung und ein Machtverlust:

Ein Grund gegen das Selbstbestimmungsrecht des deutschen Volkes auf Ostdeutschland soll sein, daß die Wiederherstellung des deutschen Ostens eine Minderung des Prestiges und einen Verlust an Macht für Polen, für die UdSSR, für die Tschechei bedeuten würde.

7.181

Im XX. Jahrhundert bedeutet „Land" an sich: … weder eine Minderung noch eine Mehrung des Prestiges eines Staates, noch einen Verlust noch einen Gewinn an Macht für diesen Staat.

Anders dagegen kann und muß es angesehen werden, bereits geraubtes Land mit unterjochten Völkern gerade entgegen dem Selbstbestimmungsrecht der Völker festzuhalten, unterjocht zu halten, nicht herauszugeben: Nichts, überhaupt nichts wieder „herauszugeben": Von den Kurilen bis Kaliningrad. Dies ist gerade auch der Fall Ostdeutschlands. Dies ist die allgemeine Maxime der Russen, ihres Prestiges, ihrer Macht. Sie befolgten sie in Nachfolge der Zaren vom ersten Tage 1917 an bis heute, entgegen den Leninschen Prinzipien der eigenen Verfassungen, die angeblich den freien Austritt von Gebieten und Völkern aus der Sowjetunion gestatteten.

7.182

Der noch bestehende Kolonialbesitz Moskaus ist Inhalt seines Prestiges und Ausdruck seiner Macht.

Schon 1961 wurden von der Sowjetunion 48 Vasallenvölker mit über 188 Millionen Menschen beherrscht und ausgebeutet[37]: 6 Satellitenstaaten: Bulgarien 7,7 Mio, Mittel-

---

[37] Quelle der Sowjetangaben: Bulletin der Bundesregierung vom 16.08.1961, Nr. 151, S. 1465

deutschland 17,2 Mio, Polen 29 Mio, Rumänien 20,9 Mio, Tschechoslowakei 13,6 Mio, Ungarn 9,9 Mio …

15 eingegliederte Staaten: Armenien 1,8 Mio, Aserbeidschan 3,7 Mio, Estland 1,2 Mio, Georgien 4,0 Mio, Kasachstan 9,3 Mio, Kirgisien 2,1 Mio, Lettland 2,1 Mio, Litauen 2,7 Mio, Mongolen 1,8 Mio, Moldau 0,7 Mio, Tadschikistan 2,0 Mio, Turkmenistan 1,5 Mio, Ukraine 41,9 Mio, Usbekistan 8,1 Mio, Weißruthenien 8,1 Mio.

30 eingegliederte Gebiete, davon 4 Gebietsteile fremder Staaten (Karelien, Kurilen, Nordostpreußen).

Bei einem solchen Bestand der UdSSR als der letzten Kolonialmacht dieser Erde an Kolonien, Halbkolonien, Satellitenstaaten, bleibt selbstverständlich zu fragen, was ein Gebiet wie Ostdeutschland einschließlich des Sudetenlandes hier konstitutiv angeblich so unverzichtbar bedeutet. Es bliebe nur die Antwort, daß „der Fortschritt, der Sieg, das Neue, die Unerschütterlichkeit" um jeden Preis gewahrt werden.

Einschließlich des Landraubes in Ostdeutschland, Sudetenland, Moldau, Karelien, Sachalin und den Kurilen.

Prestige und Macht Polens wie der Tschechoslowakei sind ohnehin nach 1980 bzw. 1968 nur noch Funktionen der Sowjetmacht gewesen bis 1989.

7.19

Die „Realitäten" des status quo dienen dem sowjetischen psychologischen Wunsch ewiger Feindschaft zwischen Deutschland, Polen und der Tschechoslowakei

Ein Grund gegen das Selbstbestimmungsrecht des deutschen Volkes auf Ostdeutschland soll die politische Hoffnung der UdSSR sein, so für ewige Feindschaft zwischen Deutschland, Polen und der Tschechoslowakei gesorgt zu haben.

7.191

Moskau: Seit den traumatischen Ur-Erfahrungen Moskaus mit dem Westen: 1605 – 1613 die Polen in Moskau mit dem „falschen Dimitri", 1709 die Schweden bei Poltawa, 1812 die Franzosen und Europäer in Moskau, 1920 die Polen in der Ukraine, 1941 die Deutschen vor Moskau, ist es Rußlands erstes, wichtigstes und letztes Ziel, einen territorialen cordon sanitaire zwischen sich, dem „Sanktuarium" und Europa zu legen.

Dies konnte geschehen durch direkte Annektionen Rußlands von möglichst vielem ostmitteleuropäischem Vorland. So geschah es: 1721 mit Estland, Lettland, 1939, 1945 erneut; 1757 mit Ostpreußen, 1945 erneut; 1772, 1793, 1795, 1813 mit Polen; 1795 mit Litauen, 1939, 1945 erneut; 1809 mit Finnland, 1940, 1945 z.T. erneut; 1812 mit der Moldau, 1939 erneut, 1945 erneut.

Diese Form der Sicherung Moskaus erwies sich insbesondere durch die Notwendigkeit, Polen in fünf Kriegen und Aufständen niederzuschlagen, als viel zu viel Aufsehen erregend für das „friedliebende" Moskau: … 1733 – 1735 Polnischer Erbfolgekrieg; 1794 Nationale Erhebung Polens; 1830 – 1831 polnische Revolution; 1863 Polnischer Aufstand, Massaker in Praga; 1920 Polen in Kijiv, Moskau vor Warschau.

7.192

UdSSR:

Seitdem diese direkte Form der Usurpation, Unterdrückung, Terrorherrschaft nicht mehr völlig zeitgemäß zu sein schien, wird die indirekte Form der Beherrschung durch einen Satellitenstaat durch die UdSSR vorgezogen: ... Hier sind die Fälle von Landraub an Deutschland: ... in Form der Verwaltung von Nordostpreußen, der Verwaltung von den Ostgebieten des Deutschen Reiches durch Polen, in Form der Annektion des Sudetenlandes durch die Tschechei für die psychologische Kriegführung der UdSSR besonders gelungene Beispiele.

Die am meisten erfolgversprechende Idee des Verbrechers in Menschengestalt J. D. Stalin war es nun, die westlichen Nachbarn Moskaus so tödlich gegeneinander zu hetzen, sie so unerträglich miteinander zu verfeinden, daß über das Durcheinander von Feinden Moskau stets mit „divide et impera" der möglichst wenig direkt beteiligte Dritte sollte sein können. Dieses Vorgehen sollte das Vorfeld Moskaus möglichst bis zu den Grenzen Frankreichs sichern.

Zufolge des inneren Zwiespaltes der Moskauer Politik seit 1917: im Sinne der kommunistischen Weltrevolution niemals weit genug vordringen zu können, im russisch-imperialistischen Sinne sich bereits mangels wirklicher Potenz zu weit in das überlegene Kraftfeld Europas vorgewagt zu haben, gingen nur Teile der Erwartung in Erfüllung.

7.193

Polen:

Zwar hatte Moskau Polen richtig eingeschätzt: Während selbst unverantwortlich handelnde westliche Staatsmänner – als es zu spät war – begriffen, daß Polen zu viel von Ostdeutschland zu annektieren suchte, daß Polen zu weit nach Westen vordringe, daß „die polnische Gans überfüttert werde", konnte nach kurzem Zögern am Ende Polen gar nicht genug deutsches Land rauben. Ein über alle Maßen schlechtes Gewissen mußte die Folge sein. Trotz allen Größenwahns Polens konnte der gleichzeitige Minderwertigkeitskomplex Polens nicht völlig kompensiert werden.

Einerseits wollte Polen alles behalten: Von Lemberg über Breslau und Stettin bis Danzig und möglichst Königsberg, Vilnius! Andererseits will Polen Deutschland niederhalten, Westberlin möglichst schwächen: Dennoch auch mit Deutschland, – weiter verbunden mit durch nichts zu rechtfertigenden Forderungen –, „business as usual" betreiben: Proletariertum des Raubverwerters verbinden mit Großmachtstreben in „Ewiger Feindschaft" zur „deutschen Aggressionssucht". Der Primas Glemp und die katholische Kirche in Polen stehen da leider nicht abseits genug. Nur „Solidarität" schien Moskaus Planung zeitweilig zu gefährden.

7.194

Tschechoslowakei:

Zwar war die Tschechoslowakei für Moskau nur bis 1968 ein so sicherer Posten wie Polen: Kleiner, zwiespältiger, obwohl mitteleuropäischer, engstirniger, wollte aber auch die Tschechei bei diesem Programm der Niederhaltung Deutschlands beteiligt sein. Dabei konnte nicht einmal das Sudetengebiet angemessen wieder besiedelt werden; zufolge der beschränkten Quantität des tschechischen Volkes. Im graueren Alltag war die schamlose Selbstsicherheit des notorischen Lügners Benesch für Versailles und Saint Germain verloren gegangen·

7.195

„Deutschland":

Fraglich ist dagegen bis heute, ob Moskau bei dieser seiner geschilderten Zielsetzung die deutsche „veröffentlichte Meinung" – einige Magazine, einige Fernsehtendenzen, einige Kirchenmänner, einige „Staatsmänner", – richtig eingeschätzt hatte. Moskau hatte in Deutschland die normale Reaktion eines normalen Volkes auf den unerträglichen Landraub an Ostdeutschland und dem Sudetenland erwartet: Ablehnung, Abwehr, um jeden Preis; dauerhafte Schlußfolgerungen!

Fraglich bleibt, ob dies so nach Moskaus Erwartungen gekommen ist. Einerseits ist die gegenwärtige faktische Lage armselig. Die veröffentlichte Meinung Deutschlands nimmt Ostdeutschlands Raub wenig bis nicht mehr zur Kenntnis: Mitteldeutschland von der Wartburg bis Frankfurt an der Oder wird zielbewußt in „Ostdeutschland" ummanipuliert. Beschränktheit, Timidität, vorgebliche Entspannungseuphorie, Wichtigtuerei sogenannter „Berechenbarkeit", Ersticken in Alltagsroutine, Parteiengerede, schlichte Nichtkenntnis wichtigster Tatsachen, bis hin zu Politikerverrat sind festzustellen. Mit einer solchen Anzahl nützlicher Idioten nach Lenin hatte vorher niemand gerechnet. Auch nicht in Deutschland.

Bei solcher Lage, Anerkennung durch Resignation, hat Moskau im Ergebnis gesiegt, anders gesiegt, als es erwartete. So viel potenzierte Armseligkeit hatten Polen und Moskau weder erhofft noch erwartet. Sie hatten einfach die Vernunft der deutschen veröffentlichten Meinung völlig überschätzt.

Andererseits glaubt kein vernünftiger Ausländer, schon gar kein sein Vaterland anbetender Pole den Deutschen diesen äußeren Schein als endgültige Antwort, weil jeder normale Ausländer diese Antwort nach wie vor für absolut undenkbar hält.

Objektiv, logisch, rational ist mit dem Landraub an Ostdeutschland und dem Sudetenland die Grenze zur absoluten Unerträglichkeit weit überschritten. Trotz zeitweiliger erstaunlicher heutiger Infantilität der deutschen veröffentlichten und der öffentlichen Meinung bleibt auf Dauer n i c h t die Hinnahme.

Selbst das bis zum Masochismus und bis zur politischen Geisteskrankheit gutmütige deutsche Volk wird erkennen, daß „Ostdeutschland und das Sudetenland dem ganzen deutschen Volk gehören". Dies bedeutet zur Zeit Feindschaft gegen die bösgläubigen Besitzer. Es bedeutet aber bei Wiedergutmachung keine ewige Feindschaft. Schon gar nicht im Interesse Moskaus.

7.2 Schein„gründe" aus der Geschichte

7.21

Das historische Argument vorgeblicher Rückkehr in „urpolnische" („urtschechische") „wiedergewonnene" Gebiete:

Ein Grund gegen das Selbstbestimmungsrecht des deutschen Volkes auf Ostdeutschland soll sein, daß „die Polen" („die Tschechen") in „urpolnische" (bzw. „urtschechische") „wiedergewonnene" Gebiete „zurückgekehrt" sein sollen! In „urrussische" Gebiete ist nicht einmal behauptet worden!

7.211

Im Anfang war für Polen nicht das Wort. Im Anfang war für Polen nicht die Tat. Im Anfang war für Polen die Begierde: Die nackte, erbärmliche, obszöne polnische Begierde nach rein deutschen blühenden Ländern. Nur war solche polnische Gier im XX. Jahrhundert der Demokratie und der Selbstbestimmung nicht so recht „vertretbar".

Wenige Begründungsversuche für den polnischen Landraub an Ostdeutschland scheinen in Polen bei dem normalen Mitmenschen populär geworden zu sein. Die letzte Zuflucht der zu allem entschlossenen polnischen Chauvinisten, zuletzt der kommunistischen polnischen Politiker, war die Berufung darauf, daß Polen – wenn es die deutschen Provinzen raube – in „urpolnische" Gebiete wiederkehre, zurückkehre.

Dieser Versuch scheint in Polen eingängig gewesen und geworden zu sein. Das eigene Volk war bereit, dieses verlogene Märchen zu glauben, da es nur zu gerne bereit war, dieses zu glauben: Entsprach ja der offene Raub unbestreitbar fremden deutschen Eigentums sonst doch wirklich nicht polnischer, das heißt katholischer Moral. Die westliche Öffentlichkeit scheint in bezeichnendem, aber beklagenswertem Ausmaß bereit gewesen zu sein, diese Phantasmagorien hinzunehmen und zu honorieren, wenn auch vielleicht nicht wirklich zu glauben.

Berühmt geworden ist jene geistige Konfrontation am 10.02.1945 zwischen Außenminister Molotow für die Sowjetunion – und für Polen! – einerseits, und ausnahmsweise erstaunlicherweise Präsident F. D. Roosevelt für die Vereinigten Staaten – und Groß Britannien?, und Europa?, und Deutschland? Molotow beantragte zu formulieren ..." unter Wiederherstellung der alten Grenzen Polens in Ostpreußen und an der Oder! „ ... Der Präsident fragte, wie lange es her sei, daß diese Gebiete polnisch waren. Molotow sagte, sehr lange, aber sie seien tatsächlich polnisch gewesen. Der Präsident sagte, das könnte dazu führen, daß die Briten die Rückkehr der Vereinigten Staaten zu Groß Britannien forderten ...! Stalin vermochte nur abzulenken mit der Bemerkung, daß solches der Ozean verhindere!

Mangels irgendwelcher stichhaltiger Argumente ergriffen die kommunistischen Polen das Scheinargument der urpolnischen Gebiete. Die Gelegenheit das zu praktizieren, was sie ersehnten – den größten Landraub, verbunden mit Völkermord, Vergewaltigung, Diebstahl von weit über 100 Milliarden Privateigentum – bot sich im Rahmen des Vormarsches der Roten Armee 1945. Polen propagierte zurückzukehren in wiedergewonnene urpolnische Gebiete: Bis hin zu jener rührend geistesarmen Szene mit polnischen Soldaten im Angesicht der von den Sowjets eroberten preußischen Festungsstadt Kolberg an der Ostsee 1945: Mystische Worte des „nie mehr die urpolnische Ostsee Verlassens" murmelnd und das „urpolnische" „Kolobrzeg" des preußischen Soldaten Neidhart von Gneisenau und des Bürgers Nettelbeck vor Augen.

Wie verhält es sich nun mit diesen urpolnischen Gebieten? Dazu kann und muß festgestellt werden, was die urpolnischen Erfinder sich darunter vorgestellt haben könnten.

7.212

„Urpolnische Gebiete"? Das polnische Volk war und ist berechtigt, unter „polnischen" Gebieten solche zu verstehen, die polnisches Sprachgebiet aus der Zeit v o r den terroristischen Veränderungen ab 1918, waren. Dies ist die Zeit der Volkszählung im tiefsten Friedensjahr 1910. Soweit polnische Propaganda so gemeint gewesen wäre, bestehen weltweit keinerlei Bedenken, das polnische Volksgebiet wirklichkeitsgemäß anzuerkennen. Nur war es s o   n i c h t gemeint. Denn dann hatte Polen vom Deutschen Reich schon 1918 nichts Anderes zu fordern als den Osten der Provinz und die Stadt Poznan. Selbst schon diese scheinbare Selbstverständlichkeit war eine Auslegung zugunsten Polens, weil die betroffenen „Anteks" als seit Hundert Jahren Preußen vielfach weiterhin Preußen und Deutsche und unbeschadet ihrer polnischen Sprache keine Polen sein wollten: Beispiele für solche Entscheidungen gibt es überaus deutliche:

Masuren: Die Bevölkerung in Südostpreußen – die von Polen als polnisch fälschlich beansprucht wurde – hatte in der Reichstagswahl von 1912 noch 12% Stimmen für polnische Listen abgegeben. Bei der Volksabstimmung nur 8 Jahre später 1920 stimmten davon nur 2% noch für den Anschluß an Polen: Mitten in der Staatskatastrophe des verlorenen ersten Weltkrieges …

Westpreußen: Die Bevölkerung in Westpreußen hatte 1912 in den Regierungsbezirken Danzig mit 72%, Graudenz mit 61%, Bromberg mit 53% starke Mehrheiten für deutsche Listen gewählt. Wenn man sie Wilson folgend 1920 zu befragen gewagt hätte, so würden die Mehrheiten – analog dem Beispiel Masurens – noch viel deutlicher ausgefallen sein.

Oberschlesien: Die Bevölkerung Oberschlesiens überstand drei vorgebliche „polnische Aufstände" Eingeschleuster, Ortsfremder, keiner Oberschlesier – Mitte August 1919, Mitte Juli bis Ende August 1920, Anfang Mai bis Mitte Juni 1921 – … und sie stimmte nach diesen Quälereien dennoch immer noch mit 59,6% für den Verbleib bei Deutschland.

Abgesehen von diesen Einzelgebieten mit Bevölkerung mit auch polnischer Sprache: Die an sich klare Regel über das polnische Sprachgebiet gleich polnisches Volksgebiet gleich berechtigterweise polnisches Staatsgebiet versagte: Sie versagte 1939 bis 1945 im Versuch der polnischen Anwendung auf die geforderten Provinzen des Deutschen Reiches – Ostpreußen, Pommern, Schlesien –, da sich dort objektiv k e i n e bewußt polnische Bevölkerung in diesen rein deutschen Provinzen finden ließ! … Und noch der polnische Ministerpräsident Arciszewski wollte für Polen „nur" die „ethnisch" polnischen Gebiete!

Polen war daher nun gezwungen: … mangels ethnisch wirklich „polnischer" Gebiete … „urpolnische" Gebiete als Ersatz zu erfinden.

Dies geschah zunächst in einer Verabsolutierung in einem Sinne des Feudalismus des XVIII. Jahrhunderts: Eine im XX. Jahrhundert des Selbstbestimmungsrechtes der Völker offensichtlich widersinnige Ableitung. Danach waren die beanspruchten „urpolnischen" Gebiete auch alle jene Gebiete, in Wirklichkeit litauische, lettische, weißruthenische, ukrainische, deutsche Gebiete, die im Jahre 1772 – völkerrechtlich anerkannt – zum Königreich Polen gehört haben sollten: Zum Zeitpunkt der 1. Teilung Polens!

Allein auch diese schon irrational extensive „historische", das heißt heute und ethnisch belanglose Auslegung von „urpolnisch" nutzte 1920 wie erst recht 1945 den polnischen Propagandisten zum Landraub auf Deutsches Reichsgebiet überhaupt n i c h t s : Weder Ostpreußen noch Pommern noch Ostbrandenburg noch Niederschlesien noch Oberschlesien gehörte auch nur 1772 zu Polen …

Diesem Ergebnis folgend war deshalb Polen gezwungen, in seiner Propaganda noch weiter zurückgehend, eine Verabsolutierung im Sinne des Chauvinismus, zurückgehend bis 1466 als „urpolnisch" zu fordern. Aber noch nicht einmal dieses nutzte Polen etwas:

Ostpreußen: Denn Ostpreußen wurde 1466 nicht polnisches Staatsgebiet, sondern selbst zwischen dem Frieden von Krakau am 8.04.1525 und dem Frieden zu Wehlau am 29.09.1657 blieb Ostpreußen ein selbständiges deutsches Herzogtum mit deutscher Bevölkerung; und nur vorübergehend ein durch Eid verbundenes Nebengebiet der Krone Polen. Bis es brandenburgisch wurde.

Westpreußen: Denn Königlich Westpreußen stand zwischen 1466 und 1772 rechtlich nur in Personalunion zur Krone Polens: Mit weitaus überwiegend deutscher und kaschubischer Bevölkerung: Unter bemerkenswerter polnischer Mißwirtschaft.

Auch diese beiden Fiktionen „urpolnischer" Gebiete 1466 beweisen also für Polen noch nichts sehr Erhebliches. Selbst aber wenn einmal kontradiktorisch unterstellt wird, es habe sich um polnische Gebiete gehandelt, selbst wenn es sich wirklich von 1466 bis 1772 um urpolnische Gebiete gehandelt hätte: ... Was heißt – 1945 ebenso wie 1991 – in Europa „ur- x y z", was heißt „wiedergewonnene" Gebiete? Dies bleibt zu belegen an Beispielen von Polen selbst bis USA und Frankreich ...

Polen selbst: urdeutsch: Lehen, Tributpflichtiger des Deutschen Reiches 968 – 1 000 / ur-litauisch: Teil der Krone Litauens, 1 386 – 1 572 / ursächsisch: Teil der Krone Sachsens, 1 697 – 1 763 / urösterreichisch: Galizien, Ladomerien, Halicz, 1 772 – 1 918 Westgalizien 1 795 – 1 809 / urpreußisch: Posen, 1 793 – 1 807, 1 813 – 1 918 Großpolen, 1 793 – 1 807 Mazowien, 1 795 – 1 807 / urrussisch: Westpodlesien, 1 795 – 1 918 Mazowien, Großpolen, 1 813 – 1 918.

Polen selbst war mithin ganz oder größtenteils von 968 – 1 918 mindestens 430 Jahre von 950 Jahren „urrussisch" bis „urdeutsch" bis „urösterreichisch" bis „urpreußisch". Und war nicht „urpolnisch"! ... Dies ist ein tragischer, ein geradezu tödlicher „Witz" der polnischen Geschichte. Aber Polen muß sein verfehltes Argument logischerweise auch gegen sich selbst gelten lassen.

Finnland: Suomi war mindestens 702 Jahre lang nicht „urfinnisch".

Estland: Eesti war mindestens 711 Jahre lang nicht „urestisch".

Livland, Kurland: Latvija war mindestens 681 Jahre lang nicht „urlettisch", sondern beispielsweise 68 Jahre vorgeblich „urpolnisch", aber vor allem 324 Jahre lang „urdeutsch"!

Schamaiten(Litauen): Lietuva war 520 Jahre lang keineswegs „urlitauisch".

Ungarn: Magyarorszag war nur 392 Jahre lang keineswegs „urungarisch", sondern türkisch und österreichisch.

Frankreich: Auch la douce France war „nur" 299 Jahre lang zum größten Teil nicht „urfranzösisch" gewesen, sondern „urenglisch", ohne daß heute selbst Geisteskranke daraus politische Ansprüche ableiten und anfordern würden: Vergleichbar dem polnischen Propagandavorbringen.

USA: Von den United States in Übereinstimmung mit Präsident F. D. Roosevelt zu schweigen, die ja dann indianisch, niederländisch, französisch, spanisch, vor allem aber „urbritisch" zu sein hätten.

7.213

„Rückkehr" in „wiedergewonnene Gebiete". Wie dargelegt ist der polnischen Propaganda für den „urpolnischen" Charakter irgendeines deutschen Gebietes jede mögliche historische Cäsur recht, die irgendetwas verspricht: Aber die Ethnographie, die Volkszählung 1910, erbringt keine polnischen Provinzen / aber der Feudalismus, das Königreich Polen nach dem Stande von 1772, erbringt nichts / aber der Chauvinismus der blinden Perhorreszierung des Deutschen Ordens, der 2. Thorner Frieden von 1466, erbringt immer noch nichts.

Darum war Polen bereit, im Sinne des urpolnischen Mystizismus so weit wie nur irgend denkbar zurückzugehen: Zum Millenium! Aber auch dieser schon legendenhafte Mystizismus – 963 Gründung des Staates Polen – erbringt bei Prüfung in dem Sinne „urpolnischer" Ansprüche n i c h t s für Polen.

Von 963 n.Chr. bis 1945 sind 982 Jahre polnischer, aber auch deutscher wie europäischer Geschichte vergangen. Je nachdem, wie lange eine Generation angesetzt wird: Bei 25 Jahren sind es 39, bei 33 Jahren sind 29 Generationen vergangen, die Polen irrational zu überspringen versuchen möchte.

Dabei ist von vornherein klarzustellen, was alles für einen Anspruch, „urpolnisch" zu sein, überhaupt nicht in Frage kommen kann; und was deshalb von vornherein ausschaltet:

Altslawisch: Diese Völker v o r 963 waren niemals „urpolnisch", da es Polen noch nicht gab. Dagegen gab es das deutsche Volk schon, seit 843, 870, 911, 919.

Prussisch: Diese Stämme waren niemals „urpolnisch", da sie keine Slawen waren. Auch polnische Propaganda kann aus Balten keine Slawen machen.

Pomoranisch: Auch dieses Volk war niemals „urpolnisch". Eine selbständige Bevölkerung hatte eine eigenständige Sprache, ein eigenes Herrschergeschlecht. Es kämpfte lange gegen polnische Angriffe.

Kaschubisch: Auch diese Bevölkerung war und i s t nicht „urpolnisch". Es handelt sich um eine selbständige Sprache, die vom Polnischen so weit entfernt ist, wie das Dänische vom Deutschen.

Des weiteren sind selbständige slawische Dialekte vom Polnischen zu unterscheiden gewesen, auch wenn sie keine eigenen Sprachen entwickelt hatten: So das masurische, das slonsakische, das goralische. Ob sie sich als polnisch fühlten ist jeweils völlig offen und des Beweises bedürftig. In Masuren wie in Oberschlesien ist dieser polnische Beweis wie dargelegt völlig mißlungen zugunsten des Deutschtums.

Gefordert wird von Polen Rückkehr zu vorgeblichen Territorialregelungen, die – wenn überhaupt – vor Jahrhunderten gegolten haben sollen, jedenfalls seit vielen Jahrhunderten vergangen sind. Rückkehr zu Territorialregelungen, die seit Jahrhunderten vergangen waren? Überhaupt und grundsätzlich: „Rückkehr"? Wieso soll gerade Polen ein solches Ausnahmerecht – das sonst niemand kennt und niemand beansprucht – über viele Jahrhunderte hinweg sein eigen nennen? Zurück, „Rückkehr" wäre bei fast allen Staaten, bei fast allen Völkern der Erde so sinnwidrig, daß es erbitterten Widerstand überall hervorrufen würde: In ganz Nordamerika, Mittelamerika, Südamerika, Teilen von Asien, Teilen Europas!

„Rückkehr" ist definitionsgemäß Rückschritt. Und dies in einer Zeit, in der angeblich im Namen des Fortschritts alles vorwärtsgeht. Insbesondere der Kommunismus vorgibt, „das Neue" zu wollen. Und da bringt die „Polnische vereinigte Arbeiterpartei" „Rückkehr" als ihr Territorialargument vor.

Nicht einmal mehr Israel vertritt noch „Rückkehr" ins Heilige Land, sondern ein neuer Staat, eine neue Einwanderung, ein neues Volk sind gegeben bzw. entstanden.

Willi Brandt- in Polen zufolge seiner Nützlichkeit sicherlich unverdächtig! – hat 1989, – schon nach nur 44 Jahren – das Ziel der deutschen Verfassung, die „Wieder"vereinigung begrifflich ablehnen zu sollen geglaubt: Und „N e u "vereinigung zu erwägen geben wollen. Wie anders erst nach 982 Jahren deutscher Geschichte Ostdeutschlands gegenüber polnischen Träumen und Ansprüchen.

Und endlich: „Wiedergewonnene Gebiete"? Ein Teil der Oder-Neiße-Gebiete war niemals „polnisch". Nicht für einen Tag: Weder 963 n.Chr. noch 1466 noch 1772 noch 1910. Sie können logisch nicht „wiedergewonnen" werden.

Wiedergewonnen setzt voraus, daß Polen das Gebiet jemals „befriedet" im Besitz gehabt haben muß. Dazu reichen bloße 8 Jahre in 3 Abschnitten zu 2-3 Jahren kriegerischer Besetzung nicht aus: So beispielsweise Ostpommern.

Es setzt weiter voraus, daß nicht feierlich Polen in Friedensverträgen bzw. Schiedssprüchen völkerrechtlich Verzicht geleistet hat: So z.B. 9 mal hintereinander auf Pommerellen (vergleiche unten 7.215).

Es setzt voraus, daß nicht durch eine Geschichtskatastrophe eine polnische Ära völlig untergegangen war: So z.B. 1241 durch den Mongolensturm.

Wenn dies alles nur in allem genommen wird, so ist die „Rückkehr" Polens ein politischer propagandistischer psychologischer Gegenwartsbetrug mit Vergangenheitsmystik: So sind die „wiedergewonnenen Gebiete" in Wirklichkeit nichts als „neugeraubte Gebiete"; sonst nichts.

Im Einzelnen bleibt dazu in aller Kürze festzustellen, – da Polen alle Fakten leugnet bzw. herumdreht –, wie die Lage der einzelnen deutschen Ostprovinzen historisch wirklich war.

7.214
Ostpreußen:

Das Land der Prussen war niemals polnisch gewesen 963 bis 1231. Es war nicht einmal von Polen oder einem der Teilfürstentümer beansprucht worden. In der Bulle von Rimini 1226 übertrug der Kaiser des Heiligen Römischen Reiches Deutscher Nation, Friedrich II., Preußen, das heißt das damalige Eigentum von ca. 8 heidnischen prussischen Stämmen, dazu das Kulmer Land, das zur Zeit gleichfalls im prussischen Besitz war, dem Deutschen Orden als Reichsgebiet, ohne daß der Orden zeitweilig „passiv lehensfähig" gewesen wäre. Allein die Reichsübertragung zählt. Der Kaiser als höchste staatliche Instanz der europäischen Christenheit konnte das Eigentum übertragen. Im Vertrag von Kruschwitz, nunmehr 1230, übertrug Herzog Konrad von Masowien – ein polnischer Teilfürst – das vage von ihm beanspruchte Kulmerland, – das er nicht besaß, – und Prussen, das seinen prussischen Feinden gehörte, ... und das ihn nicht das Geringste anging! (Nemo plus iuris transferre potest quam ipse habet!).

Ob der Vertrag von Kruschwitz echt war, oder aber – was Polen behauptet – historisch gefälscht war, ist rein rechtlich völlig unerheblich. In einer Bulle von Rieti, nunmehr 1234, versuchte dann das Papsttum eine Einmischung in Preußen. Nachdem zu dieser Zeit Preußen seit 8 Jahren Reichsgebiet war, konnte der Ordensstaat kein „patrimonium petri" werden. Es wäre auch absurd, annehmen zu wollen, daß Kaiser Friedrich II. 8 Jahre lang auf eine Besitzergreifung durch seinen Todfeind, das Papsttum, gewartet hätte.

1231 – 1466 war Ostpreußen nichts als deutsch und war der Staat des Deutschen Ordens. Entgegen Präliminarien nahm der Orden 1466 – 1526 praktisch das Land n i c h t als Lehen. Keiner der letzten Ordenshochmeister war als Reichsfürst dazu bereit und dazu zu zwingen gewesen. Ostpreußen blieb somit gleichfalls förmlich deutsch bis 1526.

1526 – 1656 war Preußen eidlich angelobtes Gebiet der Krone Polen. 1656/1657/1660 ging dann wiederum auch das letzte rein formelle polnische Eidesrecht zu Ende.

Im Ergebnis einwandfrei deutsch somit 1231 – 1466, 1657 – 1945, das heißt 523 Jahre. Formelles polnisches Zuordnungsrecht 1466 – 1657, das heißt 191 Jahre, davon wirklich beschworenes Recht 1526 – 1657, das heißt 132 Jahre: Nur 288 Jahre vor 1945.

7.215
Pommerellen / Westpreußen:

Ab 1231 wurde von Thorn aus über Kulm, Marienwerder, Elbing Westpreußen durch die Eroberung durch den Deutschen Orden deutsch. Das Herzogtum der Pomoranen endete 1294 – 1309, in einem Erbschaftsstreit, den der Deutsche Orden gewann und beendete.

Während dieser Kampfzeit hatte Westpreußen zeitweilige polnische Besetzung: ... 1294 – 8.02.1296 Przemyslaw II. von Polen; dann wurde die Besatzungsmacht hinausgeworfen! 1297 – 1299 Wjadyslaw Lokietek berühmt sich theoretisch, „Herzog von Pommerellen" zu sein, ohne es in praxi zu sein. 1306 – 1308 Wiederholung dieses leeren Anspruchs.

Am 13.11.1308 / 13.09.1309 / 12.06.1310 eroberte bzw. übernahm vertraglich der Deutsche Orden ganz Pommerellen. Kaiser Heinrich VII., der Luxemburger, nahm Pommerellen am 12.7.1311 als Reichsgebiet auf in das Deutsche Reich. 1321 hat der Papst die Eroberung Pommerellens durch den Orden für zu Recht bestehend erklärt. 9 mal hat dann Polen auf Pommerellen, ein Gebiet, das ihm nicht gehörte und das es nichts anging, v e r - z i c h t e t : Gegenüber dem Deutschen Orden und dem Kaiser und Reich: ...

1) 26.11.1335: Im böhmisch-ungarischen Schiedsspruch von Wysegrad; mit König Kasimir dem Großen von Polen (1333 – 1370) / 2) 9.03.1337: Im böhmischen Spruch von Inowroclaw, erneut mit König Kasimir dem Großen / 3) 8.07.1343: Im Frieden von Kalisch als „Verzicht", nicht nur als „Schenkung", erneut, zum dritten Male durch König Kasimir / 4) 23.05.1404: Im Frieden von Racianz bestätigte König Jagiello (1386-1434) den Frieden von Kalisch und den Verzicht auf Pommerellen. / 5) 1.02.1411: Im 1. Thorner Frieden wurde bestimmt, daß Pommerellen dem Deutschen Orden verbleiben sollte; durch König Jagiello. / 6) 24.08.1412: Im Ofener Schiedsspruch wurde der Thorner Frieden bestätigt. / 7) 6.01.1420: Im Breslauer Schiedsspruch wurde der Thorner Frieden und der Verzicht auf Pommerellen bestätigt. / 8) 27.09.1422: Im Frieden vom Melno – See erneuerte König Jagiello von Polen den Verzicht Polens auf Pommerellen. / 9) 31.12.1435: In dem Frieden von Brest verzichtete diesmal König Wladyslaw III. Warenczyk (1434-1445) zum letzten Male auf Pommerellen.

In genau 100 Jahren zwischen 1335 und 1435 hat Polen danach in 5 Friedensverträgen und 4 Schiedssprüchen, somit 9 mal auf Pommerellen verzichtet: Ein deutsches Land, ein kaschubisches Land, das Polen schon von Anbeginn 1231 an nicht gehört hatte.

Diese 9 Verzichte zwischen 1335 und 1435 waren so ehrlich gemeint gewesen, daß das stets friedliebende Königreich Polen mindestens 4 ausgesprochene A n g r i f f s kriege und dazwischen fast ohne Unterlaß Kriegshandlungen unternahm, um Pommerellen zu erobern: Entgegen allen Friedensverträgen und Schiedssprüchen, die es unterschrieben hatte: ...

1) 1320 – 1325 Angriff des Königs Wladyslaw Lokietek, 2) 1327 – 1332 Kriegshandlungen 3) 1337 – 1343 Angriff Königs Kasimir 4) 1388 – 1398 Angriff Jagiello 5) 1409 – 1411 Angriff 6) 1413 – 1414 Angriff 7) 1422 Kriegshandlungen 8) 1433 Angriff 9) 1454 – 1466 Angriff Kasimir IV. Jagiellonczyk

Endlich dann 1466 konnte die friedliebende Krone Polens ihren Raub in Pommerellen behalten: Bis 1772.

In somit 146 Jahren finden sich fast ununterbrochene Kriegshandlungen zwischen Polen und dem Deutschen Orden um den Besitz von Pommerellen. 1231 – 1466, 1772 – 1920 war Westpreußen danach deutsch, das heißt während 383 Jahren. 1466 – 1772 war Pommerellen danach polnisch, das heißt während 306 Jahren; vor 148 Jahren vor 1920.

7.216

Danzig:

Die Freie Hansestadt Danzig war 1227 als deutsche Stadt aus einer unbedeutenden kaschubischen Fischersiedlung gegründet worden und gewachsen. 1309 übernahm sie der Deutsche Orden – in Gegnerschaft zu Brandenburg wie zu Polen – als deutsche Stadt. Polnische Massakerberichte sind propagandistische freie Erfindungen. In der Marienburg haben „Danziger Schiffskinder" tapfer auch mitgekämpft. Zu mehr sah sich die reiche und bevölkerungsstarke stolze Stadt nicht gefordert. Auf die traurige und wechselvolle Geschichte des Hochverrats und Landesverrats Danzigs gegenüber dem Deutschen Orden zwischen 1410 und 1466 kommt es hier nicht an. Das Streben Danzigs gegen den Orden ging immerhin nach Selbständigkeit; nicht für die Herrschaft Polens. Danzig stand ab 1466 in Beziehungen zur Krone Polens, nicht aber zum polnischen Staat. Danzig blieb faktisch souverän bis 1795. Dieser Selbständigkeitswunsch führte zur polnischen vergeblichen Belagerung durch

König Stepan Bathory 1577 ebenso wie zur sächsisch-russischen Belagerung 1734 für einen König von Polen, nicht für Polen. Danzig war 1227, 1309, 1410, 1466, 1577, 1734, 1795 immer gleich deutsch gewesen und geblieben. Eine polnische Gemeinde gab es praktisch nicht. Die Freie Stadt Danzig war 1910 wie 1939 zu mehr als 95% von Deutschen bewohnt.

7.217
Stettin, Mittelpommern, Ostpommern:

Pommern ist – im Gegensatz zu Teilen Schlesiens – vor 1945 n i e m a l s ein fester und auf Dauer befriedeter Bestandteil Polens gewesen. Polen hatte es nur zeitweilig besetzen können. Der Pomoranenstaat der Greifen hat sich dagegen vom Ende des 10. Jahrhunderts bis Anfang des 12. Jahrhunderts gegenüber dauernden Angriffen Polens zu wehren gehabt. Dabei kam Polen auch bis vor Stettin und konnte Ost- und Mittelpommern zeitweilig unterwerfen.

1025, beim Tode des Königs Boleslaw Chrobry brach ein erstes Mal die polnische Besetzung zusammen. 1121 zwang König Boleslaw III. Schiefmund Ostpommern erneut die polnische Oberhoheit auf; nach jahrelangen Kämpfen. 1127 / 1128 allein schon missionierte Bischof Otto von Bamberg in Pommern unter dem Schutz deutscher Waffen gegen Gniezno, das polnische Erzbistum. 1135 mußte Boleslaw Pommern vom Deutschen Reich zum Lehen nehmen. 1138 beim Tode König Boleslaw Schiefmunds zerfiel Polen in eine Reihe von Teilstaaten und die polnische Besetzung Pommerns brach ein zweites Mal zusammen.

Seitdem, s e i t 1138, das heißt 807 Jahre vor 1945 hatte Pommern keinerlei staatlichen Zusammenhang mehr mit Polen. – Das 1140, 2 Jahre nachher eingerichtete pommersche Bistum Kammin wurde dementsprechend auch nicht der polnischen Erzdiözese Gniezno, sondern dem Papst unmittelbar unterstellt. 1164 wurde Pommern ein Lehen Herzog Heinrichs des Löwen. 1184 wurden die Pommerngreifen Reichsfürsten und nahmen Pommern als Lehen Kaiser Friedrichs I. Barbarossa.

1148 für kürzere Zeit, 1185 bis zum 22. Juli 1227 – dem Tage der Schlacht von Bornhöved – wurde Pommern zeitweilig auch dänisches Lehen. 1231 wurde Pommern abschließend brandenburgisches Lehen und damit gehörte es endgültig dem Verbande des Deutschen Reiches an.

Von polnischer Seite ist versucht worden – gegenüber 807 Jahren Abstand, 33 bzw. 25 Generationen Deutschtum Pommerns – auf eine vorgebliche „ethnische" oder „kulturelle" Kontinuität „slawischer" Komponenten, nicht einmal polnischer Komponenten hinzuweisen. Jedoch nur im äußersten Ostpommern erhielten sich kleine kaschubische Gruppen.

Des weiteren wird versucht, die Huldigung Boguslaw I. von Pommern gegenüber Barbarossa als eine bloße „deutsche Episode" darzustellen. Allein dies besagt zu Gunsten Polens überhaupt nichts, nachdem Heinrich der Löwe vorausging, Dänen folgten und Brandenburg abschließend eintrat.

Schließlich ist der polnische Versuch der Unterscheidung nicht von Erheblichkeit zwischen deutschem und westeuropäischem, nordeuropäischem Lehensrecht und polnischem „Patrimonialrecht". Die polnischen Herrscher hatten weder ca 1000 bis 1025 noch 1121 – 1138 irgend ein patrimoniales Obereigentum über Pommern. Ein angebliches „Fortleben" „vieler slawischer Institutionen", nicht einmal polnischer Institutionen in Pommern gab es nicht lange und es hätte zugunsten Polens nichts zu besagen.

Ein „urpolnisches Pommern" hat es somit niemals gegeben. Seit 1138 scheidet es nahtlos aus.

7.218

Schlesien, Niederschlesien, Oberschlesien:

Ganz anders zunächst scheinbar Schlesien: Die schlesischen Teilfürstentümer waren vor 1280 z.T. 290 Jahre wirklich zeitweilig Bestandteile des polnischen Gesamtstaates.

990 bis 1000 wird Schlesien durch Mieszko I., Dago (963-992) erobert, dann auch Oberschlesien. Bereits 1038/1039 folgt dann aber schon der Verlust und die Gegeneroberung durch das im Reichsverband stehende Königreich Böhmen. Fast 95 Jahre Kampf Polens gegen Böhmen und das Deutsche Reich um Schlesien folgen.

Hier geht es nicht um eine Darstellung der relativ gradlinigen aber komplizierten Geschichte Schlesiens, sondern um Schlesiens vorgeblich „urpolnische" Patrimonialaspekte. 1025 bricht der Gesamtstaat Polen zum ersten Male zusammen. 1138 bricht Polen zum zweiten Male zusammen. 1202 erlosch die polnische Senioratsverfassung der Piasten. Die schlesischen bisherigen Teilfürstentümer wurden damit auch förmlich unabhängige Territorien. 1241 blockierte die Katastrophe des Mongolensturmes und der Niederlage bei Liegnitz die Einigung. In das Vakuum drang erneut Böhmen ein.

Nach und nach 1280 / 1289 – 1335 / 1368 fielen nun alle schlesischen Herzogtümer an die Krone Böhmen, das heißt eine Reichsstandschaft als Lehen: Breslau 1280 bis 1327, Beuthen 1289, Oppeln, Falkenberg, Cosel, Ratibor, Teschen-Auschwitz 1327, Sagan, Oels, Steinau, Liegnitz-Brieg 1329, Glogau 1331, Münsterberg 1336, das Bistum Breslau 1342, Schweidnitz-Jauer 1368.

Am 24. August 1335, im Vertrage von Trentschin, verzichtet Kasimir der Große, König von Polen, auf Schlesien. Spätestens damit endigt jede Begründung des polnischen Vorbringens des patrimonialen Obereigentums der Piastendynastien an schlesischen Herzogtümern. Ebenso erneut im Frieden von Kalisch am 8. Juli 1343. Am 7. April 1348 erfolgte die förmliche Einverleibung der schlesischen Herzogtümer in die Krone Böhmen durch Karl IV. als König Böhmens, 1355 durch Karl IV. als deutscher römischer Kaiser. Nach 990 bis spätestens 1335 waren die Teilstaaten Schlesiens äußerstenfalls einmal „urpolnisch" g e w e s e n, das heißt bis äußerstenfalls 345 Jahre, 14 bis 10 polnische Generationen. Nach 1335 bis 1945 war Schlesien einschließlich Oberschlesien „urdeutsch", das heißt 610 Jahre, 25 bis 19 deutsche Generationen.

Spätestens hier, im Falle Schlesiens, wird die logische Kernfrage deutlich und kann in der Entscheidung des Gewissens Europas nicht umgangen werden: Warum sollen polnische historische Jahre schwerer wiegen als deutsche historische Jahre? Warum sollen 345 polnische Jahre mehr wert sein als 610 deutsche Jahre? Warum polnisches frühes Mittelalter mehr wert als deutsche Neuzeit? Warum polnische vor Jahrhunderten verstorbene Piastenfürsten mehr wert als deutsches ethnographisches Selbstbestimmungsrecht? Warum polnisches XIV. Jahrhundert mehr wert als deutsches XX. Jahrhundert? Warum 10 polnische Generationen mehr wert als 19 deutsche Generationen.

Im XX. Jahrhundert der Selbstbestimmung der Völker kann es ein solches „Warum" logischerweise nicht geben und die Antworten sind unbestreitbar.

Auch ein „urpolnisches" Schlesien, daß einem deutschen Schlesien vorzugehen hätte, kann es mithin objektiv nicht geben.

7.219

Rückkehr in „urtschechische" Gebiete? Tomas G. Masaryk hat als erster Staatspräsident der neubegründeten tschechoslowakischen Republik geglaubt, in der Regierungserklärung vom 23.12.1918 feststellen zu sollen: … unsere Deutschen, die einst als Immigranten und Kolonisten hierher gekommen sind …! Damit versuchte er das Gebiet und die Bevölkerung des deutschen Sudetenlandes als „urtschechisches" Gebiet zu beanspruchen. Gemeint waren vom Staat der 6,5 Millionen Tschechen die 3,5 Millionen Sudetendeutschen, – „unsere" Deutschen –, wieso unsere? Sie waren die Angehörigen eines Volkes von 80 Millionen.

Nach der Definition sind „Immigranten"=Einwanderer! Zur Einwanderung erforderlich wäre zweierlei: Einwanderung als Fremder in ein auswärtiges, in ein fremdes Land … Einwanderung in ein bereits bewohntes Land … Dem 12–13. Jahrhundert war der Landausbau in Böhmen und Mähren durch Deutsche ein gewohntes Bild. Die Siedelungsgeschichte der böhmischen und mährischen Länder zeigt die räumliche Verbundenheit der deutschen Siedelgebiete im Sudetenland mit den ringsum von Wien bis Dresden bis Oppeln benachbarten deutschen Gebieten. Sie ist Zeugnis für die Herkunft der deutschen Siedler und den Siedlungsvorgang.

Die Deutschen kamen aus dem Deutschen Reich. Sie blieben im Sudetenland in Böhmen und Mähren im Deutschen Reich: Indem sie in Böhmen und Mähren siedelten! Böhmen war weder ein fremdes noch ein auswärtiges Land. Sie waren also keine „Immigranten". Sie blieben in einem deutschen Reichsfürstentum.

Als sie sich ansiedelten kamen sie meist in neues Land. Sie bildeten Rodungsinseln im bisher unbewohnten bzw. fast nicht besiedelten Land, mit ca 1 – 3 Einwohnern pro qkm. Auch insofern waren sie entgegen Masaryk keine „Immigranten".

Die These Masaryks als Begründung für den vorgeblich „urtschechischen" Charakter der Sudetenländer geht daher in beiden Richtungen betreffend die Einwanderung fehl.

„Kolonist" dagegen zu sein bedeutete im europäischen Mittelalter etwas Alltägliches. Jedes Mittelgebirge, jeder sumpfige Flußlauf, jedes Moor, jeder See, jeder alte Straßenzug, einem Höhenrücken folgend, sah in der „inneren Kolonisation" Hunderttausende von „Kolonisten" Jahrzehntelang. Auch dies besagt somit über die Sudetendeutschen zugunsten des vorgeblich tschechischen Charakters des Landes, welches sie neu besiedelten, überhaupt nichts.

Die Basis der Rechtsstellung der Prager Deutschen, dann aller Deutschen im Königreich Böhmen, einem Teil des Heiligen Römischen Reiches Deutscher Nation seit Beginn, waren die Festlegungen des Königs Wratislaw II. von Böhmen, schon 1061 – 1092! – Herzog Sobieslaw I. von Böhmen, 1173 – 1178, hat sie nochmals und ausdrücklich in der feierlichen Form eines Freiheitsbriefes bestätigt: 1) … daß ich in meine Gnade und meinen Schutz nehme die Deutschen … 2) „Ich räume also diesen Deutschen ein, nach dem Gesetze und Rechte der Deutschen zu leben" … 5) … zu keiner Heerfahrt sollen sie ziehen, … außer wenn für das Vaterland zu kämpfen wäre … 6) … Wenn der Herzog außerhalb Böhmens … so sollen die Deutschen Prag bewachen … 13) „Wißt, daß die Deutschen freie Leute sind" …

Mit welchem Recht kann der späte Nachfahre Masaryk versuchen, zurücknehmen zu wollen, was schon ab 1061, das heißt 857 Jahre in Böhmen gegolten hatte; nach wirklichem böhmischem staatlichen Recht.

In tschechische, „urtschechische" Städte können die Sudetendeutschen darüber hinaus nicht „eingewandert" sein! Alle diese Städte Böhmens und Mährens – bis auf einzig das Kampflager „Tabor" der Bürgerkriegspartei der Hussiten – sind ausnahmslos von Deutschen gegründet worden. Dies wird besonders deutlich dadurch, daß b i s zu den Hussitenkriegen (nach der kriminellen Verbrennung des Jan Huß am 6. Juli 1415) – von 1419 bis 1436 – bis auf Königgrätz und Mies fast alle bedeutenden Städte noch sehr deutliche deutsche Mehrheitsbevölkerungen aufgewiesen haben: Sogar der Rat der Altstadt Prag 17: 7 bis 1404, die Neubürger der Altstadt Prag bis 1393, der Rat der Kleinseite Prag 8: 2 bis 1334, der Rat der Neustadt Prag 7: 2 bis 1361. Bezüglich der Räte, der Losungsbücher, der Handwerkerrollen, der hausbesitzenden Berufe, der Neubürger, der Zuwanderer, der Berufe im Stadtbuch der Gewerbetreibenden, der Namensverhältnisse im Testamentenbuch, waren deutsche Städte beispielsweise: ... Brünn 1351, Budweis 1411, Chrudim 1402, Deutsch Brod 1406, Iglau 1425, Kolin 1401, Königgrätz vor 1399, Mies vor 1362, Olmütz 1492, Ungarisch-Hradisch 1429, Znaim 1434.

Nachdem große Teile des deutschen Böhmen bzw. Mähren in den Hussitenkriegen bis 1436 zerstört und ausgemordet worden waren, mag der „urtschechische" Charakter bis zur Wiederbesiedlung durch Habsburg und Österreich ab dem XVI. Jahrhundert bestanden haben: Für sehr kurze Zeit und nur zufolge Genocidiums! ...

Ein Argument gegen das Selbstbestimmungsrecht der Sudetendeutschen im XX. Jahrhundert ist er nicht. Die Gründung eines nur tschechischen Böhmen mit Hilfe der Morde war selbst den Hussiten bis 1436 mißlungen. Sie gelang ebenso nicht bis zur Schlacht am Weissen Berge 1525. Sie gelang nicht bis 1918. 1918 aber gilt das Selbstbestimmungsrecht der Völker: Auf das sich gerade die Tschechen gegenüber Österreich-Ungarn berufen hatten. Die „urtschechischen" Gebiete waren im Ergebnis genauso „urdeutsche" bzw. „urösterreichische" Gebiete gewesen: Keine ausschließlich tschechischen:

7.22
Das „geschichtliche Bewußtsein" der Polen bzw. der Tschechen ...

Ein Grund gegen das Selbstbestimmungsrecht des deutschen Volkes auf Ostdeutschland soll die Schonung des geschichtlichen Bewußtseins der Polen bzw. der Tschechen, der Gefühle, der Mythen, der Großmachtideen, der Meeresträume sein.

7.221
Die Rachegefühle der Roten Armee von 1945, der vergewaltigenden und mordenden polnischen Verbände und Irregulären, die Gesinnung der Tschechen sind ausführlich unter den Mythen der Völker oben dargestellt worden; die Piastidee, die Jagellonische Idee, das „Böhmische Staatsrecht".

Ein irregeleitetes Bewußtsein Polens, ... eines Sieges Polens als Aggressor über einen Deutschen Orden auf deutschem Boden bei einer Ortschaft „Grunwald" – die es so nie gegeben hat – ein von Polen mißverstandener Schlüsselroman von Sienkiewicz gegen den Zarismus, aber mit dem Titel „Die Kreuzritter" ... die aggressive Gesinnung der Hussiten, alle diese vergangenen Ideen geben keinerlei Grund zu Ansprüchen auf deutschen Volksboden und deutsches Staatsgebiet.

7.222
Großmachtideen sind an sich spätimperialistische Verirrungen des Endes des XIX. Jahrhunderts, vielleicht nachzuvollziehen bis 1918. Dagegen 1945 wie heute sind sie völlig unerheblich, sind keinerlei Kriterium mehr. Sie gewähren Polen keinerlei Rechte.

Träume von Meeren, von Staatsgebieten an 2 Meeren, womöglich an 3 Meeren sind spätpubertäre Illusionen: Polen an der Ostsee, dem Schwarzen Meer, womöglich Adria ... Tschechei an der Adria oder der Nordsee ... Ungarn in Rijeka/Fiume ... Österreich in Triest. Dies Alles ist bis zur Lächerlichkeit genau so viel bzw. eben so wenig wert, wie die Idee eines Hafens Bayerns in Triest. So auch Polen an der Ostsee!

Der Präsident der Vereinigten Staaten von Amerika Wilson hatte als Selbstbestimmungsrecht Polen n u r versprochen: ... „die von unstreitig polnischer Bevölkerung bewohnten Gebiete", „ein unbehinderter und gesicherter Zugang zum Meer". Dies widersprach sich und es schloß sich gegenseitig aus: Es gab objektiv über „von unstreitig polnischer

Bevölkerung bewohntes Gebiet" k e i n e n unstreitig polnischen Zugang zum Meer: Der polnische Volksboden berührte die Ostsee bis 1918 mit keinem Meter. Das westpreußische Ostseeufer war kaschubisch und deutsch besiedelt. Südlich davon lag das überwiegend deutsch besiedelte Westpreußen.

Ein solcher Zugang hätten bei Vernunft auch einer oder mehrere Freihäfen sein können. Zugrunde zu legen ist weiter, daß es bis 1918 n i e m a l s eine polnische Seefahrt gegeben hat. Die mittelalterlichen wie die neuzeitlichen Flotten Danzigs, die Flotte Thorns, die Flotte Elbings, die Flotte Königsbergs, sie alle waren deutsche Bürgerflotten. Eine Warschauer, eine Krakauer Flotte hat es niemals gegeben. Weder in der Ostsee, noch im Schwarzen Meer, noch schon gar in der Adria. Der polnische Korridor von 1920, erst recht die polnische Ostseeküste von 1945 sind inhaltlich Fehlkonstruktionen in Realisierung sinnwidriger Meeresträume.

7.223

Keinem Volke geht etwas Legitimes verloren, wenn seine irregeleiteten Phantasien nicht erfüllt werden. Das Leben, auch die Politik von 1945 ist nicht dazu da, verfehlte polnische Phantasmagorien zu schonen, noch weniger, sie zu verwirklichen. Das geradezu lätale an solchen Träumen ist, daß ungeachtet ihrer objektiven Lächerlichkeit sie 1920 und erst recht 1945 praktische Politik geworden sind. Dabei hätte bis 1945 kein Normaler einen Gedanken an eine Oder-Neiße-Linie und eine polnische Ostsee verschwendet. Ehrwürdig liebgewordener Nonsens, auch polnischer Nonsens bleibt objektiv Nonsens. Wer sich im normalen Leben analog den polnischen mehrfachen Meeresträumen bemühen würde, käme in eine Neurologie. Politik ist aber auch für Polen nicht für Geisteskranke da.

7.23
Polnische „Historische Nationalität" in Restitution?

Ein Grund gegen das Selsbtbestimmungsrecht des deutschen Volkes auf Ostdeutschland soll eine (frei erfundene) „Historische Nationalität" der deutschen Ostprovinzen in Restitution für 1772, 1793, 1795 sein.

7.231

1945 sind von vielen interessierten Seiten die abenteuerlichsten vorgeblichen Argumente für die offensichtlich praktizierten Völkerrechtsbrüche „rechtlich gewürdigt","neu interpretiert", „verändert angewendet" usw. worden. In Wirklichkeit wurden solche sogenannten Argumente frei erfunden, ohne und entgegen aller Logik und Ratio, weil sie zu den politischen vorgegebenen Fakten passen sollten.

Ein besonders bezeichnender Fall ist die Erfindung der „Historischen Nationalität" durch Klafkowski, natürlich Pole, natürlich Völkerrechtsjurist hohen Grades. Von einer eingehenden Widerlegung dieses Rechtfertigungsversuches für die Oder-Neiße-Linie, diese Scheinbegründung für die Verletzung des Selbstbestimmungsrechtes und des Deportationsverbotes, kann abgesehen werden. Es gibt keine „historische Nationalität". Selbst wenn es sie gäbe, so gäbe es keine polnische historische Nationalität in den Ostgebieten des Deutschen Reiches. Wieso sollte im Übrigen der Raub Ostdeutschlands die „territoriale Lösung" sein, die „am geeignetsten" sei? Wieso läge sie „der Wirklichkeit – welcher? – am nächsten"? Was sind „historische Territorien"? Alles Erforderliche ist zu den „urpolnischen" „historischen" Territorien gesagt worden.

7.232

Die verfehlte Idee ist auch nicht als Restitution, Rekonstitution, Rekonstruktion zu konstruieren ... Frankreich hatte 1918 vorgegeben, das deutsche Reichsgebiet Elsaß-Lothringen nicht (wieder) zu annektieren, sondern nur zu „restituieren". Dies mag dahingestellt
bleiben: Elsaß-Lothringen war wenigstens bis 1871 französisches Staatsgebiet gewesen.
Die Oder-Neiße-Gebiete dagegen waren z.b. Schlesien seit 1335, dem Frieden von Trentschin, das heißt seit 610 Jahren, seit 18-24 Generationen niemals polnisch. Über Dutzende
von Generationen hinweg gibt es nichts zu restituieren. Die als Beweis angeführten Tei-
lungsjahre, 1772, 1793, 1795 der polnischen Teilungen betrafen von den Oder-Neiße-Ge-
bieten fast nichts: Lediglich das Bistum Ermland, das heißt 1%. Ganz Ostdeutschland gehörte auch 1772 nicht zum Königreich Polen. Zurückzufordern, zu restituieren hat
Deutschland, nicht Polen.

7.24

1991, das heißt 46 Jahre nach 1945, zähle ausschließlich die neueste Entwicklung, Lage
und Bevölkerung?

Ein Grund gegen das Selbstbestimmungsrecht des deutschen Volkes auf Ostdeutschland
soll sein, daß 1991 nur noch ausschließlich die neueste Entwicklung und die gegenwärtige
Lage und Bevölkerung zähle.

Vorgebracht wird, im Jahre 1991 könne nur noch die neue Tradition aus 46 Jahren
„friedlicher" Vergangenheit in der Volksrepublik Polen zählen. Alles länger Vergangene
zähle nicht mehr: Aber trotzdem erstaunlicherweise dann dennoch 1 000 Jahre, wenn es
vorgeblich für Polen spräche. Nur noch die neue polnische Bevölkerung der Gebiete habe
Rechte auf diese Länder. Alle deutschen ein Jahrtausend alten Rechte seien untergegangen,
verwirkt, verjährt usw.

Grundlegend bleibt zu fragen, woher diese behauptete Ausschluß-Cäsur kommen soll.
Zynisch gesagt ist auch bei Karl Marx, Wladimir I. Lenin und Josip D. Stalin darüber in
deren ausgezeichneten Schriften zu Nationalitätenfragen immer nur das Gegenteil festzustellen.

Wenn nun schon vorgebracht werden sollte, daß die polnische Bevölkerung ihr Heimatrecht und ihr Selbstbestimmungsrecht durch eine Volksabstimmung bekräftigen könnte, so
bleibt zu unterscheiden; unter Zugrundelegung eines Abstimmungsalters von 21 Jahren:

Zwar sind seit 1945 nur 46 deutsche abstimmungsberechtigte Jahrgänge verstorben.
Zwar sind seit 1945 die in Ostdeutschland geborenen 25 polnischen abstimmungsberechtig-
ten Jahrgänge (über 21) nachgewachsen. Abstimmungsberechtigt können nur die im Abstimmungsgebiet Geborenen und deren Kinder sein. Wenn im Ergebnis unter internationaler Überwachung mit Briefabstimmung abgestimmt würde, so hätten selbst n o c h   h e u -
t e die Deutschen die Majorität. Polen bleibt aufgefordert, 1991 den Willen der Bevölkerung Ostdeutschlands und Danzigs frei sich erklären zu lassen. (Nur die nach 1945 als Be-
fohlene, als Immigranten, als Beutemacher Zugereisten „carpet beggars" haben kein
Stimmrecht). Interessant wäre vor allem, wieviel Polen dann bei solcher Gelegenheit – um
zu Deutschland zu kommen! – ihre Stimmen unerwartet abgeben würden!

7.3 Schein„gründe" vom Volk her

7.31

Da die Ostdeutschen 1945 alle „davongelaufen" seien, sei Ostdeutschland ein „leeres" Land gewesen, im das die „umgesiedelten" Ostpolen „hingehen" konnten?

Ein Grund gegen das Selbstbestimmungsrecht des deutschen Volkes auf Ostdeutschland sei, daß die Ostdeutschen 1945 alle davongelaufen gewesen seien, so daß Ostdeutschland 1945 ein l e e r e s Land gewesen sei, in das „die umgesiedelten Ostpolen" aus den an die Sowjetunion abgetretenen „ostpolnischen" Gebieten hingehen mußten und „hingehen" konnten: „Einen Raum zu finden", in dem sie „weiterleben konnten". So beispielsweise vergleiche Jan Jozef Lipski im „Spiegel" vom 20.8.1984: „Zwei Banditen".

7.311

Diese Argumentation versucht einen logischen Schein in zwei entgegengesetzten Denkrichtungen gleichzeitig zu erwecken: Um eine logische und rationale Argumentation vorzutäuschen.

Einerseits: Weil die Ostdeutschen davongelaufen seien, primär, weil deshalb Ostdeutschland ein „leeres" Land gewesen sei, deshalb konnten „die Ostpolen" nach Ostdeutschland hingehen, sekundär.

Andererseits: Weil die Ostpolen umgesiedelt werden sollten, primär, weil ein leeres Land für sie gefunden werden mußte, Ostdeutschland, deshalb gingen „die Ostpolen" nach Ostdeutschland, sekundär.

Beide Denkrichtungen sind unzutreffend, so scheinbar logisch oder naheliegend sie zu sein scheinen. Es bleibt richtigzustellen:

Einerseits: Die Sowjetunion war entschlossen, die Gebiete des unzutreffend so genannten „Ostpolen" aus dem Frieden von Riga, sobald sie dieses Land ihres Scheinverbündeten Polen besetzen konnte, bis zur Curzon-Linie zu behalten um jeden Preis: Mit oder ohne polnische Bevölkerungsteile. Und wenn sie sie alle hätte deportieren oder massakrieren müssen. So, wie sie schon 1939 – 1941 jeweils Hunderttausende von (auch) Polen aus „Ostpolen" deportiert oder massakriert hatte.

Andererseits: Das kommunistische Polen war entschlossen – und die Exilpolen folgten entgegen Arciszewski alsbald nur allzu schnell und bereitwillig nach – so viel von Deutschland zu rauben, wie sie nur bekommen konnten: Und sei es von Lucifer in Gestalt von Josip. D. Stalin. Und sei es mit – oder besser ohne – 9 – 10 Millionen deutscher Einwohner. Und sei es nach Massakern an zwei Millionen Deutschen. Und sei es nach der Deportation von 7 – 9 Millionen Deutschen.

Und nur höchst sekundär, weil sie vorgeblich ein „leeres" Land brauchten für umzusiedelnde „Ostpolen", die niemand zur Umsiedlung zwingen konnte noch wollte, die wirklich zu Hunderttausenden niemand gezwungen hat, ihre Heimat jenseits des Bug zu verlassen, die jederzeit in Zentralpolen mehr als genug Wohnraum gefunden hätten![38] Denn es kamen nur ganze 1 503 263 „Ostpolen". Und dafür sollen bis zu 10 Millionen Ostdeutscher deportiert und heimatvertrieben worden sein!

---

[38] Für diese entscheidende Zahl vergleiche G. Rhode – nach Statistischem Jahrbuch 1949 Warschau – in „Quellen zur Entstehung der Oder-Neiße-Linie in den diplomatischen Verhandlungen während des Zweiten Weltkrieges, 2. Aufl. 1959, S. 272.
W. Churchill, The second world war, Bd.6 S.438. Alle folgenden Seitenzahlen vergleiche Rhode / W.Wagner aaO.

7.312

Die vorgebrachte Argumentation, die Ostdeutschen seien davongelaufen, bot sich vor allem deshalb an, um den Westmächten ... die das Selbstbestimmungsrecht nach der Atlantik Charta noch immer nicht völlig vergessen hatten, ... die selbst im Zusammenhang mit Ostdeutschen noch an Menschenrechte, an „human" und „orderly" dachten, und die nicht alles mitzumachen bereit waren ... die begonnenen „vollendeten Tatsachen" geistig hinnehmbar zu machen. Damit nicht doch noch – vergleiche Churchill – ... „ein dritter Weltkrieg kann kaum vermieden werden. Auf eine solche frühzeitige Kraftprobe und Bereinigung mit Rußland müssen wir jetzt unsere Hoffnungen setzen" übriggeblieben wäre! 4. Mai. 1945 ...

7.313

Die Sowjetunion durch Generalissimus Stalin belog die Westmächte.[38] Krim Konferenz, 7.02.1945, „die meisten Deutschen in diesen Gebieten seien schon vor der Roten Armee weggelaufen" ... S.215 und (Byrnes, Speaking Frankly S.3) ... „denn wenn unsere Truppen einrücken, laufen die Deutschen weg" ... S.215

Die Behauptungen erfolgten entgegen den eigenen Erkenntnissen der Roten Armee in situ, lediglich polnische kommunistische Lügen wiederholend. Die Sowjetunion durch Generalissimus Stalin fuhr fort, die Westmächte zu belügen: ...

am 21. Juli 1945 (Potsdamer Konferenz): ... aber die Deutschen sind geflohen ... es ist niemand zurückgeblieben außer den Polen ... sie sind geflohen ...(mit US-amerikanischer Anmerkung: „soweit sie sie nicht sofort totgeschlagen haben!") S.275

am 25. Juli 1945 (Potsdam): Stalin erneut ... ..." Nicht ein einziger Deutscher ist in dem an Polen übergebenen Gebiet zurückgeblieben" ... S.288

am 9. April 1947 (Außenminister Marshall, Moskauer Konferenz in Bezug auf Potsdam): ... „Generalissimus Stalin erklärte ... da die deutsche Bevölkerung dem deutschen Heer nach Westen gefolgt sei"! S.296

Es waren objektiv mindestens 6 – 7 Millionen Menschen in Ostdeutschland zurückgeblieben.

7.314

Primeminister Winston Churchill übernahm die Lügen Stalins:

am 27.02.1945 (vor dem House of Commons) ... „das ein sehr großer Teil der deutschen Bevölkerung bereits verlassen hat" ... S.235

im Juli 1945 (The second world war, Bd.6 S.561): „ ... dieses Gebiet war großenteils von Deutschen bewohnt, und wenn auch einige Millionen geflohen waren" ... S.272

am 22. Juli 1945 (Potsdamer Konferenz) „ ... Die Sowjetregierung behaupte, daß alle fort seien" ... „ ... und daß in den von den Polen besetzten Gebieten keine Deutschen zurückgeblieben seien" ... S.279

am 24. Juli 1945 (Unterredung mit einer polnischen Delegation): ... „Polen verlangt nicht mehr, als es verloren habe. Nur anderthalb Millionen Deutsche müßten umgesiedelt werden (einschließlich Ostpreußen). Mehr seien nicht mehr übrig" ... S. 285 Entsprechend dieser völligen Falschunterrichtung durch die Regierung konnte das House of Commons nur seine Beschlüsse fassen

am 27.02.1945 Sir William Beveridge vor dem House of Commons ... „obgleich ich glaube, wie der Ministerpräsident ausgeführt hat, daß ein großer Teil der Bevölkerung bereits das Gebiet verlassen hat" ... S.240

am 27.02.1945 Sir A. Eden: „ ... in den meisten Fällen ... ist sie bereits fort" ... S.242

am 27.02.1945 Rhys Davies vor dem House of Commons: „ ... ich kenne seine Antwort, daß nämlich die Deutschen diese Gebiete bereits verlassen hätten, daß sie sie geräumt hätten" ... S.244

am 20.08.1945 Außenminister E. Bevin: „ ... und sie waren gerade ausgetrieben" ... S.314

Ungeachtet dieser ununterbrochenen Falschunterrichtung protestierten energische Stimmen gegen diese Regierungspolitik: quer durch das House of Commons, am 23.02.1944 wie am 27.02.1945.

Zwar gab es auch Stimmen von kaum zu qualifizierender Unkenntnis: Strauss (Labour): ... sprechen 97% dieser Bevölkerung deutsch! ... Bull (Conservative): ... Alle Polen sprechen deutsch ...

So z.B. Eden am 23.02.1944! Und von unangebrachtem Selbstmitleid überfließend als ehemaliger „Rapporteur" über Danzig am 27.02. 1945.

Zur Ehre des House of Commons aber kann und muß es gesagt werden, daß höchst vernünftige und objektive Stimmen im Dutzend sich erhoben gegen die Vertreibungen, gegen die Gebietsabtrennungen entgegen dem Selbstbestimmungsrecht! So z.B. am 22.02.1944: Sir Archibald Southby (Cons.), Miss Rathbone (Ind.) S.170

So z.B. am 23.02.1944: G. Strauss (Lab), Stokes (Lab), Lt. Comm. Hutchinson (Cons), Boothby, Hore-Belisha (Ind). S.171– 178 ... So z.B. am 27.02.1945: Greenwood (Lab), Lord Dunglass (Con)Sir William Beveridge (Lib), Price (Lab), Capt. Thorneycroft (cons), Rhys Davies (Lab), Pethick-Lawrence (Lab). S.237 – 245

Erneut zur Ehre der Mitglieder des House of Commons ist es anzuerkennen, daß die Selbstverständlichkeit ausdrücklich anerkannt wurde, daß Evakuierte, Deportierte, „Davongelaufene", selbstverständlich – „das liegt in der menschlichen Natur" – sowohl bestrebt sein würden, als auch berechtigt seien, ... "in ihre Heimat zurückzukehren" ...

„Angenommen, die Bevölkerung von Wales und Schottland würde zwangsweise nach England evakuiert, und ließen ihre Schulen. Einrichtungen und die Gräber ihrer Angehörigen zurück, glaubt jemand, daß sie sich wohlfühlen würden und nicht wünschten, in ihre Heimat zurückzukehren" ... S.245 (MP Rhys Davies, Lab., 27.2.1945)

Und ebenso aus berufenstem Munde: ... „Sollten die Deutschen wirklich davongelaufen sein, dann sollte man ihnen erlauben zurückzukommen" nach der Zäsur des Waffenstillstandes! (Primeminister Winston Churchill, 21.07.1945, Potsdamer Konferenz) ... Dieses erklärte der gleiche humanistische Staatsmann Churchill, und er wird damit zum größten bewußten Heuchler: ... der Ostdeutschland an Polen mitüberantwortet hatte, ... der die Deportationen, verbunden mit einem Genocidium (als vorgeblichen Bevölkerungs„austausch" o h - n e einen Austausch) der Ostdeutschen befürwortet und mitbeschlossen hatte ... Im Ergebnis einer der schwerwiegendsten Fälle offensichtlicher Heuchelei der modernen Weltgeschichte.

Des gleichen Anerkenntnisses zur Ehre verdienen Stimmen aus dem House of Lords: Lord Strabolgi (Lab), Lord Noel-Buxton (Lab), so z.B. am 8.03.1944 S. 179, 181

7.315

Auch die Unterhändler der Vereinigten Staaten folgten der Not wie der Unkenntnis gedrungen folgend den Lügen der Sowjetunion durch Generalissimus Stalin.

Zum 21.07.1945 Außenminister Byrnes (Potsdamer Konferenz): ... die Russen verteidigten sich damit, daß die Deutschen vor den russischen Armeen geflohen seien ... S.287

Zum 9.08.1945 Präsident Truman (Rundfunkrede an die Nation): ..." das neue Gebiet im Westen war früher von Deutschen besiedelt. Aber die meisten von ihnen sind bereits angesichts der vordringenden Sowjetarmee weggegangen" ...

Angesichts einer solchen Fülle von Stimmen dazu, daß die Millionen Deutschen aus Ostdeutschland – und dem Sudetenland? – „davongelaufen" seien, erstaunt es nicht: ... daß aus falschen Prämissen – den Lügen Stalins – falsche Schlüsse – Resignation der Westmächte – zu falschen Ergebnissen gezogen worden sind – so z.B. Hinnahme der westlichen Neiße als neuer Grenzfluß für Polen.

7.316

Wie war nun die wirkliche Lage in dem „leeren Land", aus dem die deutsche Bevölkerung „davongelaufen" gewesen sein soll, so daß die „Ostpolen" „hingehen" konnten.

In Ostdeutschland wohnten auf 114 296 qkm Fläche am 17.05.1939 9 621 000 zu 95% deutsche Menschen, in Danzig wohnten auf 1 951 qkm 1929 408 000 zu 95,4% deutsche Menschen, im Sudetenland wohnten auf 22 608 qkm 1939 2 948 000, ferner auf 4 396 qkm 322 000 (in österr. Gaue eingegliedert) zu 91% deutsche Menschen.

Die 10 Millionen Deutschen in Ostdeutschland einschließlich Danzig nehmen während des Krieges um ca 1,5 Millionen Umgesiedelter zu. Sie nehmen weiter um einige Hunderttausend ausgelagerter Inlandsdeutscher zu. Sie nehmen gleichzeitig um einige Hunderttausend Kriegstoter und Gefangener ab.

Ab 10. Januar 1945 hätte eine Evakuierung der ostdeutschen Provinzen nahegelegen: So wie 1939 die Festungszone hinter dem Westwall zeitweilig nach Thüringen usw. evakuiert worden war. Dies ist aus ideologischer Verbohrtheit und Beschränktheit der Nazi-Machthaber fast überall unterlassen worden, so daß ca bis zu 11,5 Millionen Deutscher in das Einmarschgebiet der Roten Armee bis zum angedeuteten „Ostwall" zu geraten drohten.

In eigener Initiative sind mit Sicherheit bis zu 2,7 Millionen in den letzten Wochen, Tagen und Stunden geflohen. Angesichts des – fast überall gleichermaßen vorgekommenen – Massakers von Nehmersdorf (Ostpreußen) ist es nur allgemein europäischer Maßstab, vor einer Roten Armee von möglichen Mördern und Vergewaltigern „davonzulaufen", um – nach dem Waffenstillstand – wiederzukommen, zurückzukehren. Vielen Millionen ist aber eine Flucht nicht mehr möglich gewesen, so daß sie von der sowjetisch-polnischen Flut eingeholt und überrollt wurden. Bis zu 2 Millionen wurden vergewaltigt, wurden ermordet, verstarben in Internierungen, wurden in die Sowjetunion verschleppt und starben dort. Insgesamt aber muß die deutsche Bevölkerung in Ostdeutschland – noch ohne das Sudetenland – auf allermindestens 5 650 000 bis 6, ja bis 7 Millionen angewachsen gewesen sein.

Danach war im Ergebnis Ostdeutschland in gar keiner Weise „leer".

7.317

Noch die polnische Nachkriegsstatistik widerlegt Polen und die Sowjetunion selbst.

Die Behauptungen Stalins vm 7.02.1945 und 21. – 25. 7. 1945 in Jalta und Potsdam wurden durch seinen eigenen Außenminister Lügen gestraft, der am 9.04.1947 vor der Moskauer Außenminister-Konferenz erklärt hat, die polnische Regierung habe bis zum 1.01.1947 insgesamt 5 678 9346 Deutsche aus Ostdeutschland ausgewiesen. Ferner gab er zu, daß 400 000 noch zurückgeblieben seien, während es in Wirklichkeit 1947 allein in Oberschlesien bis zu 1,2 Millionen waren. S.275

Allein in der „Wojewodschaft" Breslau hatte Polen in der Volkszählung vom 14.02.1946 noch 1 239 309 Deutsche festgestellt – von insgesamt 1 971 829 am 17.05.1939! – ... und nur 690 886 neu zugewanderte Polen. S.276

Ostdeutschland war also 1945 nicht „leer". Selbst obwohl von der Sowjetunion und der Volksrepublik Polen den Millionen Geflohener, Kriegsheimkehrer usw. nicht gestattet worden war, zurückzukehren. Es war die Heimat von 10 – 11 Millionen, augenblicklicher

Wohnort 1945 ca 7 Millionen. Dieses Land, Ostdeutschland, wurde erst leer gemacht, mit Vergewaltigung, mit Mord, mit Deportation, mit Verschleppung, mit Genocidium, mit Hunger, bis über 1947 hinaus.

7.318

Und für wen wurde es so zwingend erfordert und leergemacht?

Von höchstens 34 849 000 Einwohnern des gesamten Vorkriegspolen 1938: sind etwa bis 3,5 Millionen Juden, davon 2,475 000 Mio aus Zentralpolen, 1,025 Mio aus Ostpolen ermordet worden,

sind ca 150 000 Polen als Kriegsopfer 1939, 1944/45 gefallen bzw. umgekommen. Das psychologisch propagierte ungeheuere „polnische Martyrium"während des Krieges hat es nie gegeben,

sind etwa 400 000 Verschleppte aus Westeuropa wegen der Sowjetisierung Polens nach 1945 nicht zurückgekehrt,

sind etwa bis 1,5 Mio Deutsche aus Zentralpolen – nicht aus Ostdeutschland- liquidiert worden oder deportiert worden,

sind fraglicherweise bis zu evtl. 1,4 Mio Polen in „Ostpolen" zum kleinen Teil freiwillig, zum weitaus größeren Teil gezwungen zurückgeblieben, kamen dort um, wurden deportiert, sind verschwunden: So selbst Rhode aaO S.272 (Falls sie jemals gelebt haben?)

In Zentralpolen, im polnischen Volksboden waren also als Kriegsfolge usw. mindestens Platz für 4,2 Mio, nach anderer Berechnung aber bis zu 7,4 Mio Menschen w e n i g e r als 1938: Wo also „Ostpolen" mühelos und zwanglos „hingehen" konnten, wenn dieser Staat nur bereit war, seine Volksangehörigen auf die leer gewordenen Millionen an Plätzen aufzunehmen, anstatt nach Ostdeutschland rauben zu gehen.

7.319

Und was kam dann nun aus „Ostpolen" nach 1945? Im an die Sowjetunion abzutretenden sogenannten „Ostpolen", das heißt auf 108 000 qkm Fläche an Weißruthenien, 88 000 qkm an die Ukraine, wohnten an Polen – nach einander bezeichnenderweise entgegenlautenden, sich fast ausschließenden Angaben, zum Teil absichtlich gefälschten polnischen Angaben: Polnische „Muttersprache" 1931 = 3 994 000 Poln. Stat. minus als Polen gezählte Juden, dann höchstens Polen = Katholiken = 3 347 000 minus Litauer=Katholiken minus ukrainische Katholiken Rest Polen somit 2 867 000

Bestand 1931 höchstens 2,2 bis 2,5 Mio Polen = Times 12.1.1944

Mehr Polen gab es im ganzen „Ostpolen" im Zweifel nicht: 1939 nicht. Erst recht 1945 nicht.

Und was kam dann nun 1945 – 1957 aus „Ostpolen" an Polen? Bis 1949 aus „Ostpolen" und der Sowjetunion 1 503 263 ... (Rhode aao. S. 272 Statistisches Jahrbuch 1949, 11.50 S.26). Zusätzlich zufolge Repatriierungsabkommen 25.03.1957 evtl noch 243 000. Über den offensichtlich fehlenden Rest sog. heimatloser Ostpolen urteilt Gotthold Rhode – ein Polen mehr als wohlwollender Beurteiler –: „Die Mehrzahl der fehlenden mehr als anderthalb Millionen Menschen (sic: Polen aus „Ostpolen"!) dürfte in der Deportation (sic: durch die UdSSR, in der UdSSR! –) umgekommen sein". (Falls sie jemals, außer in der polnischen Statistik, gelebt haben sollten!) Es kam also aus dem ehemaligen „Ostpolen" in praxi fast n i e m a n d, der – über das durch den Krieg um Millionen Menschen entleerte Zentralpolen hinaus – um jeden Preis in ein durch Mord und Deportation leergemachtes Ostdeutschland hätte „hingehen" müssen. In Zentralpolen war für die vierfache bis fünffache Zahl von Umsiedlern aus Ostpolen Platz, o h n e Erhöhung der Bevölkerungsdichte im

Vergleich zu 1939. Das sowjetisierte kommunistische Polen mußte vielmehr mühselig, unter künstlicher, willkürlicher starker Senkung der Bevölkerungsdichte in Zentralpolen, das neu geraubte Ostdeutschland mit befohlenen und herangekarrten Millionen aus Zentralpolen aufzufüllen suchen. Notdürftig wurde hier durch Kommando in Jahrzehnten der erfolgte Raub wenigstens im Alibi scheinbar zu motivieren gesucht. Polen brauchte weder Ostdeutschland noch konnte es es ohne äußersten Kraftakt überhaupt besiedeln. Nach fast einem halben Jahrhundert ist dies wenigstens soweit gelungen, daß der „große Sprung Polens nach vorne" wenigstens übertüncht und überdeckt werden konnte.

Im Ergebnis erweist sich danach die Lüge von den umzusiedelnden und im hierfür leerzumachenden Ostdeutschland unterzubringenden heimatlosen „Ostpolen" – damit sie wo „hingehen" konnten – als eine der größten und folgenschwersten Lügen der Weltgeschichte. Aber die ganze westliche demokratische Welt der heutigen Freunde Deutschlands scheint bereit zu sein, diese Ostpolen-Wanderungslüge zu glauben und 1990 vorbehaltlos zu grunde zu legen der heiligen Westgrenze Polens um Ostdeutschland.

7.32
Gerard Labuda/Klaus Zernack und die vorgebliche deutsche „Massen"-Abwanderung" 1945 aus den deutschen Ostprovinzen.

Ein Grund gegen das Selbstbestimmungsrecht des deutschen Volkes auf Ostdeutschland soll sein, daß 1945 die Ostdeutschen in einer „Massen"-Abwanderung weggegangen seien.

Dieser Begründungsversuch findet sich in der neuesten und nach ihrer offensichtlichen Intention umfassendsten Untersuchung über „Deutschlands Grenzen in der Geschichte" … natürliche Grenzen, Grenzen in den vier Himmelsrichtungen, hier die Ostgrenze. innerdeutsche Grenzen. Diese evtl. fragliche Betrachtung über „Deutschlands Ostgrenze" stammt von einem deutschen Historiker an Hand des Buches eines polnischen Historiker Gerard Labuda. Zugrundegelegen zu haben scheinen ferner ältere sehr negative und fragliche Auffassungen über „Zweihundert Jahre deutsche Polenpolitik" (von Martin Broszat).

Obwohl also im Rahmen einer nach der Intention allumfassenden Monographie geschrieben, scheint auch dieser Verfasser Klaus Zernack sich n i c h t darüber im Klaren gewesen zu sein, welche der verschiedenen möglichen, sich mindestens ergänzenden wenn nicht ausschließenden vielen Auspizien des Deutschtums er darzustellen unternehmen will.

7.321
Entweder: Es wünscht Zernack darzustellen im weitesten Sinne den Deutschen S t a a t , die deutschen Teilstaaten, dementsprechend die staatlichen, die politischen Grenzen.[39]

Dies wäre dann aber – entgegen dem Buchtitel – nicht „Deutschland". „Deutschland" war noch nie der „Deutsche Staat". Es wäre nicht das Land der Deutschen, des deutschen Volkstums, des deutschen Sprachgebietes.

Wenn Zernack sonach im Zweifel grundsätzlich den deutschen Staat darstellt, so ist beispielsweise seine dazu ausgewählte Karte 2, Seite 142 – 1400!, eine der mächtigsten Epochen der deutschen Geschichte – offensichtlich z.gr.T. unzutreffend. Sie stellt die entscheidend wichtigen Gebiete des Deutschen Reiches („Heiligen Römischen Reiches Deutscher Nation") Estland, Livland, Kurland, Schamaiten geschichtswidrig nicht dar.

Festzuhalten bleibt auch hier, daß das Deutsche Reich, z.B. zwischen 919 und 1806, niemals mit „Deutschland" in seinen deutschen Grenzen identisch war. Der deutsche Staat hat denn auch vor 1949 niemals „Deutschland" geheißen.

---

[39] „Deutschlands Grenzen in der Geschichte; herausgegeben von Alexander Demandt; 1990
Martin Broszat: „Zweihundert Jahre deutsche Polenpolitik. 1963, 1972

<u>Oder:</u> Unterstellt: Zernack wünschte darzustellen im weitesten Sinne „Deutschland", das Volksgebiet des Deutschtums, die Grenzsäume des deutschen Volksbodens und Sprachgebietes.

Dies wäre dann aber offensichtlich nicht das Deutsche Reich, („Heilige Römische Reich Deutscher Nation"), wäre nicht der deutsche Staat, wären nicht durchgängig die staatlichen, die politischen Grenzen.

Wenn Zernack nun grundsätzlich wohl das deutsche Volksgebiet n i c h t darstellt, so verfehlt er – entgegen dem Buchtitel – „Deutschland", so verändert er den Begriffsinhalt „Deutschland". Damit aber werden „Deutschland" und die deutschen Grenzen verwischt. Dann ist Zernacks ausgewählte Karte 3 S.145 – 1650, erneut eine entscheidende Periode deutscher Geschichte – erneut offensichtlich unzutreffend. – Denn sie stellt „Deutschland" nicht dar: Sowohl das „Königliche Preußen", das heißt Pommerellen, Westpreußen, als vor allem und noch unbestreitbarer das „Herzogtum Preußen", das heißt Ostpreußen ... war auch 1525 bis zum 29. September 1657 „Deutschland", mit fast ausschließlich deutschem und prussischem, ggf kaschubischem Volkstum, unverändert wie 1410, 1454, 1466.

Der Eid des letzten Hochmeisters des Deutschen Ordens in Preußen (nicht im Altreich) Albrecht von Brandenburg, vor der Krone und dem König in Polen, nicht zugunsten des polnischen Staates, der rzespospolita, der Adelsrepublik Polen, – über Albrecht von Brandenburg bis zum Großen Churfürsten – änderte am Deutschtum, am deutschen Volkstum Ostpreußens, das heißt aber in seiner Eigenschaft, „deutsch" zu sein, mithin seiner Zugehörigkeit zu „Deutschland" überhaupt nichts. Der Kaiser, das Deutsche Reich (H.R.R.D.N.), der Deutsche Orden als der Landesherr, im Altreich wie in Preußen, Livland/Kurland /Estland, schließlich der Papst haben 1466, den 2. Thorner Frieden, und weil auf diesem fußend den Eid von 1525 niemals völkerrechtlich anerkannt. Der bloße Reichsfürst Albrecht von Brandenburg versuchte also im egozentrischen Eigeninteresse sich selbst und seinem Neffen König Sigismund in Polen etwas anzudienen, unterzuordnen, das ihm selber rechtlich in keiner Weise gehörte. Er handelte also internationalrechtlich und staatsrechtlich ultra vires und somit nichtig. Auch für ihn gilt: „Nemo plus iuris transferre potest, quam ipse habet". Auch wenn f a k t i s c h Ostpreußen zeitweilig vom Deutschen Reich bis auf das nudum ius getrennt war.

Befremdlich mag auch erscheinen, daß von Zernack zur Darstellung das Jahr 1650 ausgewählt worden ist: Nicht etwa 1648! Bereits aber 1657 stimmte dann aber für Ostpreußen: ... die reale politische Machtlage (Churfürstentum Brandenburg), mit der formalen staatlichen Rechtslage (kein angemaßtes polnisches Eidesrecht mehr), mit der ethnischen Lage (deutsche und prussische Bevölkerung) wieder überein: Für „Deutschlands Ostgrenze in der Geschichte", die darzustellen unternommen werden soll. Beide so nicht zutreffenden Karten 2 wie 3 beanspruchen aber unterschiedslos „Deutschlands Ostgrenze" darzustellen.

7.322

Zernack nun schließt 1990 seine Darstellung – weitergehend als historisch vertretbar ist – an Labudas pseudohistorische, polnische Propagandadarstellung von 1971 an. Daher muß zunächst stichwortartig zu Labuda Stellung genommen werden.

Labuda führt – nach der Kurzzusammenfassung von Zernack aaO. S.136 – 137, 152 – programmartig aus:

„ ... während Labuda für die Kernthese seines Buches in der subtilen Rekonstruktion des ganzen Jahrtausendprozesses politischer Geschichte an einer bestimmten Stelle innehält. Auf der Suche nach den tieferliegenden Voraussetzungen für die „Rückkehr Polens an Oder und Neiße" wechselt er von der Mitte des XIX. Jahrhunderts an auf eine sozial-demographische Interpretationsebene. Im ganzen führt seine piastische, um nicht zu sagen „Posener" Konzeption vom Jahrtausend polnischer Geschichte zu folgendem Bild: Im 10. bis 12. Jahrhundert haben die Piasten die Umrisse des nationalen Territoriums aufgebaut. Der an sich bedeutsame ökonomische Fortschritt des Hochmittelalters war für Polen im Westen mit demographischen Einbußen verbunden. Diese belegen den aggressiven Charakter der deutschen Ostkolonisation. Labuda unterscheidet dabei eine offene und eine versteckte Aggression". „Unter dem Druck dieser Kräfte ging die Oderlinie verloren. Aber Polen vermochte durch den Abschluß einer Union mit Litauen, eines Bündnisses mit Ungarn und mit Ausnutzung des Potentials der nach 1340 gemeinsam mit Litauen einverleibten reussischen Länder schon Mitte des 14. Jahrhunderts diese Expansion aufzuhalten und sogar im 15. Jahrhundert einen Teil des Verlustes in Pommerellen wiederzugewinnen" ...

„ ... Von den Teilungen Polens an konzentriert sich Labudas Darstellung nun gänzlich auf das preußische Teilungsgebiet, ... Das hat seine guten Gründe: Denn die Lage des Polentums im Teilungsstaat Preußen war zwar einerseits gekennzeichnet durch die konsequente Unterdrückung aller Ansätze der staatlichen Wiedergeburt Polens und auch kultureller Germanisierungsdruck blieb nicht aus. Andererseits aber taten sich günstige Auspizien auf dank der industriellen Schwerpunktverlagerung Preußens aus den agrarischen Ostprovinzen in den rheinisch-westfälischen Westen. Damit setzte die preußische Ostflucht ein und ihr folgte eine polnische Nachwanderung. Beides habe durch die Ereignisse der Weltkriege des 20. Jahrhunderts eine beträchtliche Beschleunigung erfahren. Den Kulminationspunkt bildet nach Labuda die, wie er es nennt, „Massenabwanderung" aus den preußischen Ostprovinzen in der Schlußphase des Zweiten Weltkrieges. Die Konsequenzen für die Grenzziehung an Oder und Neiße mußten zwar durch politische Entscheidungen und Willensanstrengungen gesichert werden. Im Ganzen aber wurde so mit objektiver Folgerichtigkeit die demographische Rückkehr des Polentums in die alten Grenzen um das Jahr 1000 ermöglicht und die gesamte Geschichte Polens in einen „piastischen" Kontinuitätszusammenhang gerückt ...

Labuda wendet sich mit dieser Geschichtskonstruktion ausdrücklich gegen polnische Auffassungen, die die neue Westgrenze Polens an Oder und Neiße ausschließlich als ein Ergebnis der deutschen Niederlage im zweiten Weltkrieg ansehen ... Zernack: „Die Kernthese Labudas von der angeblich demographisch lange vorbereiteten Rückkehr Polens in seine piastischen Grenzen ist also anfechtbar. An der Willkürlichkeit des Machtgebrauchs im Vollzug der Beschlüsse von Jalta und Potsdam in den deutschen Ostprovinzen kann kein Zweifel bestehen" ...

Zu alle dem bleibt in Fülle das Folgende richtigzustellen: ...

Die fingierte vorgebliche „Rückkehr" Polens"an Oder und Neiße" bleibt nicht nur zu behaupten, sondern erst: ... bezüglich des Ausgangspunktes, der angebliche Grenze in der Oder vor einem Jahrtausend: Die es so niemals gab! ... bezüglich der „Rückkehr" nach einem Jahrtausend zu qualifizieren, da Europa im XX. Jahrhundert lebt, mit Demokratie, Menschenrechten, Selbstbestimmung, Nationen, Rechten ... zu beweisen.

Die vorgebrachten polnischen „demographischen Einbußen" des Hochmittelalters, also vor Jahrhunderten, belegen nur den Kulturunterschied in Schlesien. Das ethnisch nie polnische Pommern können sie ohnehin nicht betreffen. Das kaschubisch-deutsche Westpreußen, das deutsch-prussische Ostpreußen können sie nicht betreffen, da diese Länder bis 1466 ethnisch nicht polnisch waren. Labuda argumentiert an den Fakten vorbei ... Entgegen Labudas These belegen auch die Verluste in Schlesien den aggresssiven Charakter der deutschen Ostkolonisation nicht. Die schlesische Grenze war seit 1335 völlig unverändert ...

Die Konzentration Labudas „gänzlich auf das preußische Teilungsgebiet" ... 1772,

1793, 1795 ... ist eine offensichtliche Verfälschung der historischen polnischen Grundfakten: ... wonach Moskau am weitaus meisten, ... dann Österreich ... Preußen am wenigsten von Polen eroberte. Moskau eroberte ... so z.B. bereits 1667 allein riesige Gebiete von Welikije Luki bis Otschawow; so z.B. 1793 Rußland allein 250 000 qkm Annektion; so z.B. 1795 120 000 qkm. Dagegen 1795 Österreich 46 000 qkm Fläche, Preußen 38 500 qkm Fläche. Auch geographische Nichtkenntnis kann zur Geschichtsverfälschung führen.

Eine zielbewußt fingierte „preußische Ostflucht" im XIX. Jahrhundert hat es nicht gegeben, sondern eine normale Binnenwanderung in einem großen Reich: Die eine Ver m e h r ung der Ostbevölkerung von 1816 bis 1933 auf 259, 1% aufwies. Selbst im Gesamtreich betrug die Vermehrung nur 300,3%. (Statistik des Deutschen Reiches Band 451 1 S.23).

Von Labudas Propagandafiktion einer vorgeblichen „Massen"-Abwanderung aus den preußischen Ostprovinzen in der Schlußphase des zweiten Weltkrieges distanziert sich auch Zernack.

Eine „Wanderung" kann in der Neuzeit nur noch freiwillig erfolgen. Zwang ist heute nicht mehr „Wanderung". 1945 lag – wie auch Labuda und der Posener Schule genau bekannt ist – in Ostdeutschland aber Hunderttausendfache Vergewaltigung, Millionenfacher Mord, Panikartige Flucht von Millionen Frauen, Kindern, Greisen vor der Roten Armee und polnischen Verbänden und Irregulären vor, – die Männer waren ja eingezogen: ... Anschließend Deportation von vielen Millionen, nicht aber als Wanderung, sondern mit Gewalt, Polizei, Bajonetten. Als Gerhard Hauptmann von Sowjets vor Polen geschützt werden mußte ...

Diese polnische Grundthese Labudas der „Massen"-Abwanderung 1945 ist mithin historisch nicht nur „anfechtbar", sondern sie ist unwiderlegbar eine schamlose zielbewußte Lüge zur Verdeckung von gigantischen Verbrechen des Genocidiums und des Landraubes.

Die „neue Westgrenze Polens" ist entgegen Labudas vorgebrachter Auffassung ausschließlich das Ergebnis der Stalinrealitäten des zweiten Weltkrieges unter aktivster polnischer Miturheberschaft. Von 1335 bis 1939 war sie objektiv gesehen undenkbar und in keiner Weise in Vorbereitung.

Wenn Zernack im Gesamtergebnis nur postuliert, daß Labudas Thesen von der „deutschen Ostflucht" „nicht ausreichen", so ist dies bei dem offensichtlichen Phantasievorbringen Labudas eine äußerst höfliche Untertreibung.

Auch im britischen House of Commons wurde 1945 mehrfach festgestellt, daß eine deutsche Ortsbevölkerung Ostdeutschlands, die vor der Roten Armee und Polen panikartig flüchten mußte, nicht nur das Recht dazu habe, sondern mit Selbstverständlichkeit in ihre Wohnsitze zurückkehren werde: MP Rhys Davies, Labour Party: „ ... in ihre Heimat zurückzukehren", am Beispiel einer analogen fiktiven Evakuierung von Wales und Schottland nach England, 27.02.1945.

Hier ist weder der Ort noch die Zeit, um Labudas verharmlosende chauvinistische polnische Fiktionen – juristisch ist eine Fiktion eine „bewußte Lüge" – zu kommentieren oder bis in die Einzelheiten zu widerlegen. Seine Inspirationen, die er dem „piastischen", „Poznaner" „Westinstitut" verdankt, sprechen abschließend für sich selber.

7.323

Z e r n a c k nun in seiner Version von „Deutschlands Ostgrenze in der Geschichte" hat – ohne auf Labuda völlig ausschließlich zu beruhen – in seiner Darstellung 1990, Labudas Thesen von 1971 so breit und so fast kritiklos zitiert, daß schon deshalb eine genauere Prüfung und Würdigung erforderlich wird. Noch über Labuda hinaus geht seine eigene These von der deutschen Ostpolitik im Allgemeinen und der – wie postuliert wird – „negativen

Polenpolitik" Preußens im Besonderen: Mit dem nur im Abstrakten zutreffenden Ergebnis: ... einem größeren Zusammenhang von deutscher Ostpolitik und dem politischen System der Mächte in Europa, der Öffnung des Blicks für die Ostgrenze Deutschlands insgesamt, also über die deutsch-polnische Grenze hinaus, der Rekonstruktion der Grundlinien deutscher Ostpolitik in ihren europäischen Bedingungen und Wirkungen.

Aber mit der scheinbar kühlen scheinbaren Bilanz: Am Ende des Jahrtausends ... verläuft die Ostgrenze „Deutschlands" ... ungefähr wieder dort, wo diese Geschichte einmal begonnen hat, eben an der Grenze zu Polen ... im 10. Jahrhundert" Dabei gab es im 10. Jahrhundert kein vom Deutschen Reich unabhängiges Polen. Und keine „Grenze" in der Neiße noch in der Oder auf irgend eine erhebliche Friedensdauer. Höchst bedauerlich bleibt, daß Gotthold Rhode niemals mehr dazu kam, nach seiner Darstellung der polnischen Ostgrenze seinen Plan der detaillierten Darstellung der polnischen Westgrenze zu verwirklichen.

Hier geht es nur um die Ostgrenze Deutschlands, wie sie gemäß dem Selbstbestimmungsrecht der Völker rechtlich und moralisch liegt. Bezeichnenderweise kommt generell im ganzen Buch von Demandt und speziell im Ostabschnitt von Zernack das pure Wort „Selbstbestimmungsrecht" – die absolut zwingende Norm des modernen Völkerrechts auch für die deutsche Nation! – überhaupt nicht vor; ebensowenig Menschenrechte, ebensowenig Demokratie als klare Herrschaft der Wahrheit des Mehrheitswillens: Auch 1945 für die deutschen Ostprovinzen und ihre deutsche Bevölkerung von jeweils bis zu 99%.

7.324

Hier geht es nur um fragwürdige Einzelheiten von Zernacks Argumentation, die einerseits zu postulieren scheinen, daß Polen teilweise berechtigt gewesen sein soll oder sogar „zu einem guten Teil mit Recht" = Zernack S. 151 – ... seine nationale Aufstandspolitik, – bis 1914 –, seine chauvinistische Angriffspolitik – 1918 – 1923-, seine aggressive Provokationspolitik – 1923 bis zum 1. September 1939 – betrieben hat.

Andererseits scheint er zu postulieren, daß Preußens, dann Deutschlands Politik Polen wie Rußland wie Europa „förmlich hineingezogen" haben in „die mitteleuropäischen Dinge" bis hin zur nicht beklagten und nicht beanstandeten, sondern bloß konstatierten „Willkürlichkeit des Machtgebrauchs im Vollzug der Beschlüsse von Jalta und Potsdam in den deutschen Ostprovinzen"!

Schließlich bleibt die von Zernack kaum bestrittene angebliche deutsche „Massen" „Abwanderung" nach Labuda 1945 in den deutschen Ostprovinzen.

7.325

Stichwortartig bleibt nun zu den einzelnen Thesen Zernacks – die in einem „abschließenden" Gesamtwerk Ostdeutschland gültig abzuhandeln unternehmen sollen – zu fragen bzw. Stellung zu nehmen:

Postuliert wird von Zernack (S.135): ... Der preußisch deutsche „Machtstaat" habe „in wenigen Jahrzehnten" „Deutschland Ostgrenze" „einer gefahrvollen Dynamisierung und Überdehnung nach Osten hin" ausgesetzt.

Positiv unterstellt werden soll, – was leider aus dem Wortlaut sich nicht zweifelsfrei ergibt! – daß nicht nur eine Aneinanderreihung volltönender Begriffe gesucht worden ist, ohne weitere Einzelheiten darzustellen.

Dann bleiben aber diese Thesen nicht nur der Beweise erst noch bedürftig. Sie erfordern vorher sogar noch eine logische Begründung: ... Was wurde überhaupt an der Ostgrenze „gefahrvoll dynamisiert"? Was wurde an der Ostgrenze „gefahrvoll überdehnt"? Beidem steht absolut entgegen, daß die Ostgrenze Preußens, dann Preußens und des Deutschen Reiches 1815 bis 1918 um keinen Meter bewegt worden ist. Die Ostgrenze wurde also mithin weder dynamisiert noch überdehnt!

Gemeint sein könnte – wenn auch nicht angesprochen – mit Broszat (S.82, 106, 115) die Sonderentwicklung der Provinz, des vorgeblichen „Großherzogtums Posen". Argumentiert wurde von polnischer Seite ohne Berechtigung über eine angebliche „formell bestehende staatsrechtliche Sonderstellung", eine angebliche „völkerrechtliche Garantie", über angeblich „feierlich abgeschlossene Verträge", über angeblich „erteilte Zusicherungen". Entgegen polnischen Postulaten lag zugrunde – 3. Mai 1815 – ein ausschließlich bilateraler Vertrag Rußlands und Preußens ... „die Polen werden ... Institutionen erhalten ... welche die Regierungen für nützlich und angebracht halten". Dieser Vertrag begründete keinerlei Außenwirkungen jenseits der beiden Mächte zu Gunsten Polens. Mangels jeglicher Substanz und zufolge seiner völligen Unbestimmbarkeit begründete er auch keine Innenwirkungen. Er enthält, da er dem freien Ermessen – „nützlich und angebracht" – unterliegt, keine Selbstverpflichtungen. Erstaunlich und bedauerlich ist, daß manche deutsche Nurhistoriker (von Weise bis Broszat und Zernack) juristische, sehr weit reichende Stellungnahmen abgeben wollen ultra vires.

Gemeint sein könnte (Broszat S.86), daß nach der Volkszählung 1815/1816 in Preußen mit rund 10 Millionen Einwohnern höchstens 1,5 Millionen Polen lebten; davon in der einzigen überwiegend polnischen Provinz Posen 521 000 Katholiken = Polen neben 218 000 Protestanten = Deutschen und 50 000 Juden!

Gemeint sein könnte (Broszat S.87), daß 1848 selbst nach polnischen geschönten Berechnungen in der Provinz Posen von den Gütern über 150 Hektar 950 000 Hektar in polnischer Hand gegenüber 600 000 Hektar in deutscher Hand sich befanden. Zwischen 1848 und 1878 (Broszat S.151, 152) war der polnische Großgrundbesitz auf 700 000 Hektar zurückgegangen, der deutsche dagegen auf 850 000 Hektar angewachsen! Das polnische Bauernland belief sich 1878 auf 650 000 Hektar, das deutsche Bauernland auf 400 000 Hektar.

Gemeint sein könnte (Broszat S.111), daß höchst bedauerlicherweise die sogenannte „nationale Reorganisation", die Teilung der Provinz Posen in einen polnischen Bezirk und in einen restlichen deutschen Nord-Westbezirk nicht erfolgte. 1910 zählte der posensche Reg. Bez Bromberg 379 488 Deutsche und 378 831 Polen; Reg. Bez Posen 427 232 Deutsche 900 059 Polen; „die gesamte Provinz Posen 806 720 Deutsche" 1278 090 Polen

Selbst die Provinz Posen (Broszat S.144–146) war also – mit ihrem Nordteil und ihrem Westrand – zu 41,7% deutsch; die Stadt Bromberg war zu 80,9% deutsch (46 720 Deutsche, 9 350 Polen). Wenn diese nationale Teilung der Provinz Posen durchgeführt gewesen wäre, so wäre die katastrophale Unwissenheit der Vereinigten Staaten als Vertragspartei in Versailles ausgeschlossen gewesen: Mit bei Logik und gutem Willen vielleicht Schlußfolgerungen im Sinne des Selbstbestimmungsrechtes: Wilsons „unbestreitbar polnische Bevölkerung"!

Gemeint sein könnten (Broszat S.99) die Farcen von ca. 1 000 Hochverratsprozessen gegen preußische Insurgenten am polnischen Aufstand von 1830, die zumeist in Freispruch oder nur milden Strafen endeten, eine mißbrauchte Konzession gegenüber der gleichzeitigen drakonischen russischen Strafjustiz.

Gemeint sein könnten (Broszat S.127) die posener polnischen Proteste vom 18.03.1867 und 1.04.1871 gegen die „Verdeutschung Preußens"! Erst jetzt wurden die posener Polen zu einer nationalen Minderheit.

Kaum gemeint sein dürften (Broszat S.141, 142) Maximilian Jackowski und seine 1877 erst 105 polnischen Bauernvereine in den Ostprovinzen, der „Zentralverein polnischer

Grundbesitzer", Szamarzawski und seine binnen eines Jahres 1873 14 polnischen Genossenschaften.

Kaum gemeint sein dürften weiter (Broszat S.174) im Ergebnis in Ostdeutschland 1815 – 1918 ein wirtschaftlicher Aufschwung ohnegleichen, der die Provinz Posen heute noch schärfstens von Kongreßpolen unterscheidet, eine fortschrittliche soziale Gesetzgebung, eine intakte Rechtsstaatlichkeit Preußens.

Postuliert wird von Zernack (S.137) die „konsequente Unterdrückung aller Ansätze der staatlichen Wiedergeburt Polens", gepaart mit „kulturellem Germanisierungsdruck".

Zugrundezulegen bleibt ein absoluter Gegensatz zwischen: ... einerseits dem logischen deutschen Nationsbegriff, ethnisch, volkskulturell, sprachlich, andererseits einem polnischen einer polnischen „Adelsnation", einem „souveränen Adelsvolk", einem „historischen", „territorialen" „Nationsbegriff", anknüpfend an ein Zehntel der Nation, an die polnische „Schlachta", von Gniezno bis Wilno bis Kiew. Im Grunde sowohl nach dem Selbstbestimmungsrecht als auch nach der Demokratie als auch nach der Logik („natio") ist der polnische Versuch des historischen Territorialprinzips zur Verfälschung der Nation verfehlt.

Eine bestimmte (ausschließlich) deutsche Naivität kann zugute gehalten werden. So als extremstes Beispiel, wenn im Ernst v e r m i ß t wird (Broszat S.17), daß „die Anerkennung! der 1945 gesetzten polnischen Westgrenze durch die Bundesrepublik politisch weit weniger Enthusiasmus in b e i d e n Ländern zu vermittel vermochte, als viele, die dafür in der Bundesrepublik dafür seit Jahren plädierten, erwartet haben" ... Dazu bleibt festzustellen: Von irgendeiner deutschen Seite noch „Enthusiasmus" für das schamlose Diktat der Oder-Neiße-Linie zu erwarten ..., erfordert Eigenschaften, die lediglich höflichkeitshalber nicht deutlich bezeichnet werden können ...

Postuliert wird von Zernack (S.137) der Vorwurf wegen Preußens vorgeblich verfehlter negativer preußischer Polenpolitik.

Historisch zugrundezulegen bleibt dabei: ... daß Polen seit spätestens 1138 in Pommern nicht Partner, sondern Konkurrent, das heißt Gegner und Feind Brandenburgs gewesen war, daß Polen vor und um 1308 in Bezug auf Danzig Feind von Brandenburg geblieben war, daß Polen bis 1410 in zahlreichen Angriffskriegen gegen das Deutschtum im Ostseeraum kämpfte, ebenso 1454, 1466, daß Polen 1525 Gegner Brandenburgs in Preußen blieb, daß Polen 1657 erst zur Aufgabe seiner angemaßten Eidesstellung in Preußen gezwungen werden mußte, daß Polen schließlich für Preußen 1772, 1793, 1795 keineswegs ein „unschuldiger" Staat war, sondern ein zeitweiliger Partner Rußlands und ein Gegner.

Aus solchen Grundlagen erscheint es mehr als naiv: ... anzunehmen bzw. zu beklagen, daß eine preußisch-polnische Verbindung niemals zustande kam, daß ein preußisch-polnisches „Föderativgebilde" ausschied daß eine föderative preußisch-polnische Union Phantasie blieb, daß kein König von Preußen die polnische Königskrone jemals haben wollte.

Nachdem neun Zehntel des historischen als auch des ethnischen Polen in Russisch – Polen bzw. in österreichisch – Galizien wohnten, gab es in Posen keine ernsthaften Ansätze für eine „staatliche Wiedergeburt". Die Versuche 1830, 1846, 1848, 1863 in Kongreßpolen, die nach Posen überschwappten, abzuwehren, gebot die Abwehr von Hochverrat und Landesverrat. Alle anderen Staaten Europas hätten ebenso gehandelt.

7.326
Postuliert wird von Zernack (S.141) interessanterweise zutreffend, daß Kasimir der Große, König von Polen, in Verträgen mit Böhmen auf Schlesien, mit dem Deutschen Orden auf Pommerellen „d e f i n i t i v " verzichtet hat. Auf Pommerellen hatte Polen aber nur insge-

samt 9 mal 1335 – 1435 verzichtet, was mit vielen polnischen Angriffskriegen zur Eroberung Pommerellens 1320 – 1466 honoriert wurde.

Postuliert werden von Zernack (S.141) „westpolitische Abwehrerfolge" Polens im 14. Jahrhundert, endend mit der „unmittelbaren Grenznachbarschaft Polens zu den pommerschen Herzögen zum politischen Nutzen b e i d e r "! Wieso Nutzen beider? Das Reichsherzogtum Pommern war seit 1138, 1164, 1181, 1231, immer wieder und immer erneut deutsch und noch 1410 bei Tannenberg ein offener Gegner Polens. Was soll dann die polnische Propaganda vorgeblichen „beidseitigen Nutzens" in deutscher Historie?

Postuliert wird von Zernack (S.143) Polen …" fügte 1466 Pommerellen in den polnischen Gesamtstaat ein". Dies ist nicht korrekt genug. „Königlich Preußen" wurde erst durch den polnischen Reichstag von Lublin 18.03.1569 rechtswidrig und entgegen dem „Inkorporationsprivileg" von 1454 zur „Union" mit Polen gezwungen. Ostpreußen blieb ebenso wie Westpreußen-Pommerellen bis 1525 nur in sehr loser Bindung an die Krone Polen. Von der Errichtung eines „Lehensverhältnisses" – welches das polnische Schrifttum bis heute durchgängig annehmen möchte – kann keine Rede sein. Im Text des 2. Thorner Friedens findet sich keine einzige der für ein Lehensverhältnis üblichen Formeln.

Zugestanden wird (Broszat S.27, 69–70, 52, 113, 119, bis zum Tode 1985 nicht widerrufen): das Faktum der „deutschen Städte im polnischen Westpreußen" die „stark deutsch bestimmten Städte", daß „Westpreußen das deutsche Element stärkte".

Dennoch wird lächerlich zu machen gesucht (Broszat S.52), daß „man sich in Deutschland daran gewöhnt hatte, Westpreußen als „deutsches Land" anzusehen" (Broszat S.52), als eine Landbrücke zwischen Pommern und Ostpreußen …

Und dies zur gleichen Zeit und in dem gleichen Buch und völlig ungeachtet der Tatsachen der von Broszat selber mitgeteilten (Broszat S.144–146) Ergebnisse der offensichtlich objektiven Volkszählung von 1910. Danach zählten: … Reg. Bez. Danzig: 532 620 Deutsche = 71,8%, 102 182 Polen, 107 719 Zweisprachige Kaschuben; insgesamt Reg. Bez. 742 252,

Reg. Bez. Marienwerder: 565 323 Deutsche = 58,8%, 373 773 Polen, 21 729 zweisprachige Kaschuben; insgesamt Reg. Bez. 960 825,

Provinz Westpreußen: 1 097 943 Deutsche, 475 853 Polen, 129 628 zweisprachige Kaschuben; somit bei insgesamt Provinz Einwohnern 1 703 474 davon 64,4% Deutsche; das heißt zwei Drittel!

Selbst wenn unberücksichtigt gelassen wird, daß die Kaschuben wie die Masuren bis 1918 deutschgesinnt waren im Sinne des Selbstbestimmungsrechtes, so bleibt zu fragen, was (Broszat Auflage 1972) polnische, offensichtlich verfälschende Propaganda in deutscher Geschichtsschreibung zu suchen hat?

Was war Westpreußen anders als ein „deutsches Land"? Bei zwei Dritteln deutschen Bewohnern. Einen solchen Anteil von zwei Dritteln hat das polnische Volkstum im „polnischen Nationalstaat" 1918-1939 n i e m a l s erreicht! Vertragen tut sich diese Falschdarstellung über ein „polnisches Westpreußen" lediglich mit politischer Blindheit.

Der später ermordete Abgeordnete der Paulskirche Robert Blum forderte „aus Gründen der Gerechtigkeit" und der „fairen Objektivität" dazu auf, auf das mehrheitlich polnische Gebiet Posens zu verzichten (24.–26.07.1848). Am 24.07.1848 erklärte daraufhin der (demokratische) Abgeordnete Jordan: „Wer da sagt, wir sollen diese deutschen Bewohner von Posen den Polen hingeben, und unter polnische Regierung stellen, den halte ich mindestens für einen unbewußten Volksverräter"

430

7.327

Hier kann es nun nicht um Zernacks (und mit ihnen und ihnen weitgehend zugrundeliegend Broszats und Labudas) gesamte Thesen gehen. Gemäß seiner Meinung mag Preußens Polenpolitik „negativ" gewesen sein. Preußens Außenpolitik hatte unbestreitbar ausschließlich preußisch, nicht illusionistisch-„polnisch-positiv" zu sein im Sinne eines XX. Jahrhunderts. Postuliert wird von Zernack (S.144, 147-150): „negative Polenpolitik" (immer Preußens) im 18. Jahrhundert, seit 1788,

„Potenzierung der negativen Polenpolitik" seit der „preußischen Reichsgründung" 1871, „Preußen traditionell negativ" nach 1918.

Auszugehen bleibt (mit Broszat S.36, 40) davon, daß Preußen und Polen jeweils das absolute Gegenteil des Anderen waren:

Polen verkörperte die „adlige Anarchie", die katholische Mystik, ein Minimum an Staat und an Staatsverwaltung, das liberum Veto jedes korrupten Einzelnen.

Preußen verkörperte den zentralistischen Verwaltungs- und Beamtenstaat, Reglement und Rationalisierung, die königliche Souveränität, Entpolitisierung des Adels, Bindung an die Staatskarriere in Militär und Verwaltung, Perfektionierung des Fiskus, wirtschaftliche Erschließung des Landes, „Peuplierung", Verbesserung der Infrastruktur, Gründung von Manufakturen, Neueinführung landwirtschaftlicher Kulturen, einheitliche Gestaltung der Gesetzgebung, Rechtsprechung, Kodifikationen, Fürsorge, Toleranz, Sachlichkeit, Pflichterfüllung.

Dieser Staat Preußen, dieses Modell eines „rocher von bronce", eines entschlossenen Nord-Ost-Deutschtums konnte im Grunde gar nicht anders sein und anders handeln: Als „negativ gegenüber Polen". Diesem Staat diese Ablehnung Polens als Vorwurf glauben vorhalten zu können, ist mehr als eigenartig. Auch wenn der nach 1945 ultra vires „Ermordete schuld" sein sollte: Seine Leistungen, seine Vorzüge, seine Tugenden können ihm im Verhältnis zu einem konstitutiv gänzlich Anderen, zu einem chronisch Untüchtigeren zu allerletzt vorgeworfen werden!

Diese sogenannte preußische „Negativität" hat jedenfalls keinesfalls zur Oder-Neiße-Linie, zum Genocidium 1945, zur Heimatvertreibung und Deportation 1945 geführt. Stalin hat Preußen und seine Polenpolitik weder gekannt noch dürfte sie ihn im Geringsten interessiert haben. Ähnlich Churchill, entsprechend Roosevelt; selbst Mikolajczyk! …

Zernack mag (mit Broszat S.134,136) mit dieser Negativität gemeint haben beispielsweise das preußische Schulaufsichtsgesetz von 1872, mit deutscher Unterrichtssprache, Geschäftssprache der Verwaltung, deutscher Gerichtssprache; Schülerstreiks, Kulturkampf, Verurteilung des Erzbischofs von Gniezno, Ledokowski. Daß Frankreich seit spätestens 1853 in Elsaß-Lothringen spiegelbildlich mit solcher Unterdrückungspolitik vorangegangen war, ist keine Rechtfertigung und keine Entschuldigung Preußens. Diese Politik war eine von Grund auf verfehlte Politik. Sie war nicht nur kurzsichtig. Sie war sogar kontraproduktiv.

Zernack mag (mit Broszat S.147) mit dieser Negativität gemeint haben die Ausweisung illegal eingereister Kongreßpolen aus Posen, 1885 – 1887: Insgesamt 25 914 Personen. Bismarcks große Polenrede vom 28.01.1896 genügt nicht als Rechtfertigung solcher Brutalität, die im Grunde überflüssig war und erfolglos blieb. Aber formal im Recht war der Staat, der „die fremden Polen los sein wollte". Im Übrigen gegenüber jeder moralischen Entrüstung gegenüber Preußen 1885. Polen hat 1945, 60 Jahre später, nach dem Erlaß der Haager Landkriegsordnung, als bloße subsidiäre Besatzungsmacht, bis zu 9,6 Millionen legal in Ostdeutschland wohnender und beheimateter Deutscher deportiert, ausgewiesen. Dies ist das 370 fache unschuldiger Menschen.

Zernack mag (mit Broszat S.148) mit dieser Negativität gemeint haben beispielsweise das Ansiedlungsgesetz, „Gesetz betreffend die Beförderung deutscher Ansiedlungen in den Provinzen Westpreußen und Posen" vom 26.04.1886 mit dem Ergebnis der Gründung einer „Kgl. preußischen Ansiedlungskommission". Aber nach der dienstlichen Feststellung des Reg. Präsidenten von Bromberg, Christoph von Tiedemann, in seiner Denkschrift vom 8.01.1886; selbst zur Zeit und ungeachtet der formalen Herrschaft Preußens: „Die Polen wollen kein friedliches, gleichberechtigtes Zusammenleben mit den Deutschen"! Das erbittert mit Propagandawellen angegriffene Ansiedlungsgesetz hatte somit im Grunde defensiven Charakter. Das nächste Ansiedlungsgesetz vom 20.03.1908 wurde mit dem „berüchtigten" Enteignungsparagraphen (nach Broszat S.165) in 4 (in Worten v i e r) Fällen angewendet.

Die Bilanz 1896 – 1904 ist dementsprechend auch im Grunde ein Ergebnis der Sinnlosigkeit (Broszat S.166): 240 076 Hektar mit 24 969 neuen deutschen Bauernstellen, a 9 ha standen 15 524 „polnischen" Bauernstellen a 4,5 ha gegenüber: Ein Ergebnis preußischer „Negativität" gegenüber dem Polentum in Posen bzw. Westpreußen.

Daß die Politik Preußens wie des Deutschen Reiches 1920 bis 1939 nach Versailles gegenüber diesem Polen nicht positiver werden konnte, ist einsichtig.

7.328

Interessanterweise wird von Zernack eingeräumt (S.146-147, ebenso Broszat S.49-50, 59), daß das Moskauer Zartum Rußlands der Katharina II. 1768 begann „die Republik Polen im Effekt zu einer Provinz Rußlands zu machen". 1772, 1793, – erst recht 1795, ein Vertrag, der auch ohne Preußen geschlossen worden wäre – sind danach höchst erfolgreiche Stationen r u s s i s c h e r Machtpolitik. Sie sind sehr viel weniger preußische Ostpolitik.

Dies widerlegt: … sowohl Labudas absichtliche Selbstbeschränkung auf Preußens so viel kleinere Anteile, um den Raub an Ostdeutschland 1945 – das heißt nur 177 bis 150 Jahre später! – zu propagieren:" … Was Du nicht willst, das man Dir tu …

Als auch Zernacks (S.137, 147) Versuch der Verneinung der „Eindämmung Rußlands" durch Preußen und Österreich durch die Teilnahme an der an sich nicht gewünschten 3. Teilung Polens, als auch Zernacks Postulate der vorgeblich entscheidenden Rolle der so „negativen" preußischen „Polenpolitik" gerade auch für den Raub Ostdeutschlands und die Entstehung der Oder-Neiße-Linie.

Postuliert wird von Zernack (S.146, 148) „Preußen begann –1793! 1795! – einen „halbdeutschen Charakter „anzunehmen. Dies wird auch für 1871 behauptet. Solches ist gemäß den klaren Fakten unzutreffend. Solches ist erst recht geistig unzutreffend. Dabei geht es in keiner Weise um eine Verteidigung Preußens: Die hat es nicht nötig. Es geht nicht um Sympathie für Preußen: Die hat wer will. Zu untersuchen bleibt, was von diesem unzutreffenden bis abstrusen Postulat, das einem Verdikt des deutschen Preußen gleichkommt, betroffen und gemeint sein könnte: Immer im Hinblick auf die Oder-Neiße-Linie.

Preußen bestand vor 1772 aus (nach modernen Grenzen beurteilt) ca 7 kleinen Provinzen. Durch 1772, durch die 1. Teilung Polens wuchs Preußen um 1 1/2 Provinzen, Westpreußen + Kulmerland, Netzedistrikt … Dieser Zuwachs von 8 – 10% war so gering, daß er offensichtlich die Ausgangsbehauptung keinesfalls trägt. Betroffen von der Behauptung könnten nur sein die Jahre … die 2 Jahre von 1793 bis 1795, die 11 Jahre von 1795 bis 1806, nachdem 1807 fast alles polnische Land wieder abgetrennt wurde.

Der beträchtliche Gebietszuwachs von 1793 – sog. Südpreußen – 2. Teilung Polens, mag 10 – 12% betragen haben. Der letzte Gebietszuwachs von 1795 – 1806 – sog. Neuostpreußen – 3. Teilung Polens, mag 8 – 10% betragen haben …

Eine Periode von 13 bzw. 11 Jahren macht den deutschen Staat Preußen, einen Obrigkeitsstaat, einen Armeestaat, einen Beamtenstaat keineswegs „halbdeutsch". Trotz kurzzeitig vielleicht 26 – 30% polnischer Einwohner; die ohnedies zu dieser Zeit wenig politischen Willen entfalten konnten. Die polnisch beeinflußte, belastete Zeit endete spätestens schon wieder 1806/1807.

1815 innerhalb seiner neuen Grenzen nach dem Wiener Kongreß, zählte Preußen in seinen nunmehr 6 großen Provinzen im Gebiet des Deutschen Bundes 7 617 000 Einwohner. Dazu kamen ferner die rein deutsche Provinz Ostpreußen mit ca 0,6 Mio, die 3/4 deutschkaschubische Provinz Westpreußen mit ca 0,7 Mio, die 2/7 deutsche Provinz Posen mit 789 999 Einwohnern, 218 393 Deutschen, 521 217 Polen, 50 389 Juden. Bei einer Gesamteinwohnerzahl Preußens von somit ca 9,7 Mio Einwohnern zählte der Staat Preußen ca 0,95 Mio polnische Einwohner: Das heißt 9,8%.

1871 zählte Preußen 21 320 000 Einwohner, davon 2 100 000 Polen, das heißt erneut 9,8%. 1890 zählte Preußen 26 077 000 Einwohner, davon 2 765 000 Polen, das heißt 10,6%.

Mithin war seit 1806 / 1807 Preußen keinesfalls und zu keinem Zeitpunkt in irgend einem erheblichen Prozentsatz „bruchteilsdeutsch"; weder 1807, noch 1815, noch gar 1866, schon gar nicht 1871 oder 1914!

Vor allem aber bleibt festzustellen, daß auch der polnische Bevölkerungszuwachs der 11 Jahre 1795 – 1806 das Königreich Friedrichs des Großen, eines Fürsten des Deutschen Reiches, nicht slawisch, nicht teilpolnisch machen konnte. So wie Groß Britannien nicht indisch wurde, obwohl es viele Jahrzehnte Indien beherrschte. So wie Frankreich nicht wirklich weniger französisch wurde dadurch, daß es baskische, savoyische, korsische, bretonische, flämische, deutsche Volksteile integrierte, bzw. dadurch, daß es algerische Departements als Departements des Mutterlandes zu fingieren wünschte. Die These vom „halbslawischen Preußen" an „Deutschlands Ostgrenze" bleibt danach mehr als fragwürdig und unverständlich. Wozu werden solche Thesen vertreten?

7.329

Postuliert wird von Zernack (S.148), daß „mit der preußischen Reichsgründung die Verfestigung des imperialen Unterdrückungssystems gegen die kleinen Völker" um sich griff.

Zu beantworten bleibt dabei, welche kleinen Völker zwischen 1871 bis 1914 vom Deutschen Reich bzw. von Preußen unterdrückt worden sein sollen! Die für Deutschland nach 1918 stimmenden Masuren? Die für Deutschland nach 1918 stimmenden Oberschlesier? Die leider niemals befragten deutschgesinnten Kaschuben? Die leider niemals befragten Elsässer? Die Hereros? Die Hottentotten?

Postuliert wird von Zernack (S.150) „die schwierige Abgrenzung in den ethnischen Mischgebieten". Obwohl sich diese These immer und überall findet, ist sie so abstrakt zu allgemein, um zutreffend zu sein: … Sie gilt schon nicht für das ganze Sudetenland und seinen sehr langen Teil der deutschen Ostgrenze, der schärfer und deutlicher gar nicht hätte gezogen werden können! Sie gilt ferner nicht für die lange ostpreußische Grenze, die schärfstens festliegt. Sie gilt ferner nicht für die schlesische Grenze, die wiederum genau festliegt.

Sie trifft auch für Westpreußen und Posen nur begrenzt zu. Bei gutem Willen beider Seiten – der nur nicht bei Dmowski, Paderewski, Pilsudski vorhanden war – hätten sich schmale Grenzsäume und klare Grenzen finden lassen. Nur wünschte Polen gerade diese ethnischen Grenzen zu überschreiten; schon 1920. Bei Stalin wie Mikolajczyk waren die klarsten, schärfsten und nach dem Selbstbestimmungsrecht deutlichsten ethnischen Grenzen dann keinerlei Rücksicht mehr wert. Und Thesen, wie die von den schwierigen Mischgebieten sind dann nichts als Vorwände und Ausreden: So wie ein Bevölkerungs"austausch" 1945 vorgebracht wurde, wo nur Millionen Deutscher vertrieben werden sollten; ohne jeglichen „Austausch".

Als Abschluß wird von Zernack postuliert (S.150), das Versailler Diktat sei in polnischer Sicht ein „Minimum an historischer Gerechtigkeit" einer „nachgeholten" Lösung der polnischen Frage? Eine Prüfung solcher polnischer Irrtümer findet nicht statt: Eine Gesamtwürdigung in höchst wohlwollender Zusammenfassung. Worin soll objektiv das „Minimum an Gerechtigkeit" bestehen?

Aber weder ist die deutsche Nation eine „Teilnation" (S.151) noch ist die polnische Nation eine „geteilte Nation" (S.151) noch eine „Adelsnation": Sondern wahrlich eine gänzlich andere Nation. Vorgefaßte „preußennegative" Leitlinien historischer Betrachtung führen wenig zur Erkenntnis von „Deutschlands Ostgrenze in der Geschichte".

7.33
Die Vertreibung der Ostdeutschen, die Neubesiedlung mit Zentralpolen und 1,5 Mio Ostpolen sei „das kleinere Übel" gewesen!

Ein Grund gegen das Selbstbestimmungsrecht des deutschen Volkes auf Ostdeutschland soll sein, daß die Vertreibung der Ostdeutschen und die Neubesiedlung mit Zentralpolen und 1,5 Millionen „Ostpolen" das „k l e i n e r e Übel" gewesen sei. Der „Verzicht" der Bundesrepublik vom 14.11.1990 sei danach ethisch das kleinere Übel.

7.331
Von ernst zu nehmender polnischer Seite ist zur Begründung und im Versuch des den Deutschen Gutzuredens, den Landraub Ostdeutschlands hinnehmen zu sollen, vertreten worden: ... einerseits die Vertreibung der bis zu 13 Millionen Ostdeutschen und Sudetendeutschen, andererseits die Annektion der Ostgebiete, Danzigs und des Sudetenlandes, seien das vorgeblich kleinere Übel gewesen. Dabei bleibt scharf zu unterscheiden: Das kleinere Übel objektiv geurteilt, oder in chauvinistischer polnischer Sicht oder aber in deutscher Sicht.

Begrifflich und logisch setzt die Behauptung eines kleineren Übels voraus, daß durch seine Auffindung und Auswahl ein „größeres Übel" verhindert werden konnte, abgewendet werden mußte und glücklich vermieden worden ist. Worin könnte das vorgebliche größere Übel bestanden haben, das Polen durch die Begehung von Vergewaltigung, Mord, Deportation und Annektion verhindert hätte? Naturgemäß setzt die Auffindung dieses „Irreale" dann Phantasie voraus. Allein so viel Phantasie kann gar nicht entwickelt werden, um Millionen Tote und Vertriebene als objektiv kleineres Übel erweisen zu können.

Dies vorausgeschickt läßt sich denken, daß die folgenden Fakten als Überlegungen für „größere Übel" in Frage kommen könnten, wenn die deutschen Ostgebiete nicht abgetrennt und geraubt worden wären bzw. die deutsche Bevölkerung nicht deportiert worden wäre.

7.332
Im Normalfall einer Annektion eines fremden Staatsgebietes – dies war ausnahmslos so seit einigen Tausend Jahren – hätte Polen, um die deutschen Ostgebiete rauben zu können, mehr als 9 Millionen Deutsche als seine neuen Untertanen m i t dem Land annektieren müssen. Dies wäre aber für einen angemaßten polnischen „Nationalstaat" mit absoluter Sicherheit ein viel größeres Übel gewesen als die Annektion einer leergeräumten deutschen „Wüste". Nur dieses, wirklich nur dieses stimmt objektiv und in polnischer chauvinistischer Sicht überein.

Polen wäre nach dem Verlust des 1921 geraubten sogenannten „Ostpolen" einerseits, aber ohne Annektion der auf der anderen Seite neu geraubten deutschen Ostgebiete andererseits erstmalig genötigt gewesen, die – allein gerechtfertigten- geringen Dimensionen des wirklichen polnischen Volksgebietes, das heißt Zentralpolens, Kernpolens zur Kenntnis nehmen zu müssen: Anstatt sich selber, und Frankreich, Großbritannien, und die Vereinigten Staaten, ständig über „Polens" Dimension zu belügen. Polen hätte Deutschland in seinen berechtigten Ostgrenzen bestehen lassen müssen. Nach dem Selbstbestimmungsrecht der Völker hätte Polen keine Möglichkeit gehabt, deutsches Volksgebiet sich aneignen zu können. Polen wäre dann territorial keine „Großmacht" geworden! Es wäre zu keiner Vergrößerung Polens auf Kosten einer Verkleinerung Deutschlands gekommen. Alles dies wären große Übel: Nicht objektiv! Sondern nur in chauvinistischer polnischer Sicht.

Polen hätte die Ansiedlung der 1 503 263 Repatrianten aus „Ostpolen" im wirklichen Polen, in Zentralpolen, in Kernpolen vornehmen müssen. Polen hätte selber hart arbeiten müssen und allein von polnischer Arbeit leben müssen, anstatt von immensem deutschem Eigentum, deutscher Industrie, deutscher Landwirtschaft nun schmarotzen zu können. In Zentralpolen war Polen vorgeblich „überbevölkert" zufolge selbst verschuldeter polnischer Unterentwicklung und Unterindustrialisierung. Es hätte nicht stattdessen zu einer gewünschten Herabsetzung der zentralpolnischen Bevölkerungsdichte kommen können zufolge einfacher Umsetzung von Millionen Zentralpolen in fremdes Land, in die deutschen Ostgebiete. Alles außerordentlich große Übel: Aber nicht objektiv, sondern nur in chauvinistischer polnischer Sicht.

7.333

Polen hätte in der Oder-Neiße-Linie keine „Kürzeste Hauptkampflinie" gewonnen, die niemand angreift. Polen hätte keine lange Ostseeküste gewonnen und keine erträumte Seegeltung, die Polen ohnehin nicht zu praktizieren vermag: So wie Polen niemals eine seegehende Nation gewesen war.

Polen hätte kein deutsches Westoberschlesien bekommen und keine deutsche Schwerindustrie. Polen hätte kein deutsches Niederschlesien bekommen und kein deutsches Breslau. Polen hätte keine Oder bekommen und kein deutsches Stettin. Polen hätte keine Weichselmündung bekommen und kein deutsches Danzig. Polen hätte kein deutsches Südostpreußen bekommen und nicht die urpolnische Marienburg. Kein „Grunwald". Alles außerordentlich große Übel: Aber nicht objektiv, sondern nur in chauvinistischer polnischer Sicht.

7.334

Polen hätte – nachdem die Jagellonen-Mythen und –Träume in „Ostpolen", in Weißruthenien und der Westukraine hatten verloren gegeben werden müssen zugunsten der Sowjetunion –, nunmehr stattdessen auch keine Piasten-Mythen und –Träume in Ostdeutschland zu verwirklichen versuchen können. Polen hätte für das von Polen Weißruthenien und der Ukraine geraubte verlorene „Ostpolen" keine vorgebliche „Kompensation" in Form des stattdessen geraubten Ostdeutschland erhalten. Polen hätte seinen Größenwahn – wenigstens doch e i n polnisches Meer – nicht länger verfolgen können. Polen hätte nicht wider besseres Wissen seine „Rückkehr" in „urpolnische wiedergewonnene Gebiete" verkünden können. Es hätte keine Reparatur der angemaßten spezifischen ganz besonderen nur „Polnischen Ehre" gegeben. Polen hätte keine Rache üben können, keine Vergeltung üben können an Millionen Unschuldiger. Polen hätte nicht morden lassen, Polen hätte nicht vergewaltigen lassen, Polen hätte nicht deportieren können. Es hätte keine fortwährende Feindschaft zwischen den deutschen Heimatvertriebenen und dem polnischen Deportationsstaat gegeben. Alles außerordentlich große Übel: Aber nicht objektiv, sondern nur in chauvinistischer polnischer Sicht.

7.335

Warum d a n a c h , nach Vergewaltigungen, nach Genocidium mit Millionen Morden, Deportation von Millionen, Annektion Ostdeutschlands das „kleinere Übel" gewesen sein soll, ist objektiv nicht denkbar. In deutscher Sicht bleiben sie immer niemals zu vergebende Verbrechen. Äußerstenfalls nur in chauvinistischer polnischer Sicht können sie als das kleinere Übel mit schlechtem Gewissen und wider besseres Wissen fingiert werden.

7.336

In der in Deutschland „veröffentlichten" Meinung ist seit sehr langem von bestimmten Magazinen gewohnheitsmäßig nur Nichterfüllung der Pflicht Deutschland gegenüber, vereinfacht Verrat zu erwarten. In der „öffentlichen Meinung" hat dagegen eine Frankfurter Zeitung eine begründete Vermutung für sich, zur Unterrichtung und Informationsfreiheit beizutragen. Dessen ungeachtet hat in Verletzung dieser ersten Pflicht diese Zeitung 2 Tage nach dem Tage der Schamade, am 16.11.1990 im Versuch der Beruhigung und Verharmlosung der Nichterfüllung der Pflicht durch die „Bundesrepublik Deutschland" ausdrücklich ... zur „Begründung des Verzichts" es fertiggebracht, dieses nichtige Grenzbekräftigungstraktat der nichtberechtigten Bundesrepublik gegenüber Polen als ... das kleinere Übel ... zu fingieren. In diesem Leitartikel zu diesem „historischen" Datum wird (anfänglich) Zutreffendes mit (schließlich) Grundfalschem vertrauenerweckend gemischt und verbunden.

Anfänglich wird zutreffend ausgeführt, daß die millionenfache Vertreibung der Ostdeutschen nicht rückwirkend gerechtfertigt wird, die meisten vorgebrachten Begründungen für die Oder-Neiße-Linie „unzureichend" sind, – sie sind sogar völlig unzutreffend – die Argumente „nicht stark genug" sind, Unrecht, faktische Annektion, Vertreibung zu „entkräften", – sie sind sogar offenbarer Widersinn.

Weiter wird zutreffend ausgeführt, daß ... das „historische" Argument, es handele sich um „wiedergewonnene" ursprünglich polnische Gebiete, „nicht ernsthaft zu begründen" ist, – es ist sogar seit spätestens 1335 offensichtlich Nonsens – das Argument, daß Ostdeutschland die „Kompensation" für die verlorenen polnischen Ostgebiete sei, „fragwürdig" sei, – es widerlegt sich sogar in mehreren Hinsichten selber.

Weiter wird zutreffend ausgeführt, daß Sühnen für Verbrechen einzelner Deutscher nicht eine Kollektivstrafe zulassen: Und dann auch genauso gegenüber polnischen Vertreibungsverbrechen gelten müßten.

Dann aber wird zielbewußt als polnische mögliche Argumentation zur „Begründung des Verzichtes" auf Ostdeutschland ... für ein „unbewältigtes" Territorialproblem als Lösung eine „ethische „Maxime frei erfunden: das „kleinstmögliche Unglück der kleinstmöglichen Anzahl" ... Dies wird für „die Gesamtbilanz von Glück und Unglück für die Zukunft relativ am günstigsten" gehalten.

Der Gedanke mag im philosophischen Sinne des Eudämonismus anerkennenswert sein. Nur hat er nach jeder Richtung n i c h t s mit dem Verzicht auf O s t d e u t s c h l a n d als ein G e b i e t des Deutschen Reiches zu tun.

Zuerst bleibt festzustellen und bleibt festzuhalten, daß es sich um ein T e r r i t o r i a l - problem, um ein L a n d handelt. Dieses Land ist Gebiet des Deutschen Reiches. Für dieses völkerrechtliche Faktum, für die Souveränität des Deutschen Reiches, für sein Dominium ist es nicht entscheidend: ... ob dort zur Zeit noch Polen wohnen unter polnischem Besitz, ob die dort zur Zeit noch lebenden Polen nach Zentralpolen zurückgesiedelt werden, wo sie

– bis auf die 1,5 Mio Ostpolen – herkamen, ob die dort zur Zeit noch lebenden Polen nach Rückgliederung an das Deutsche Reich dort w e i t e r leben wollen, unter polnischem Recht, nunmehr wiederum auf Gebiet des Deutschen Reiches, ob und wieviele Deutsche, z.B. Heimatvertriebene in diese Gebiete des Deutschen Reiches u n d der europäischen Gemeinschaften in ihr e i g e n e s Land zurückkehren.

(Vergleiche Artikel 13 Abs.(2) einerseits der Allgemeinen Erklärung der Menschenrechte vom 10.12.1948; vergleiche andererseits die beiden internationalen Pakte vom 19.12.1966, Artikel 1 Abs. (1) und (3), Artikel 12 Abs. (4).)

Diese Reichsgebiete sind kein Privateigentum dort zur Zeit noch ansässiger Polen. Sie sind kein Privateigentum dort beheimateter, jetzt heimatvertriebener Deutscher. Sie bleiben Reichsgebiete: Ohne Rücksicht auf „Glück und Unglück", „Kleinstes Übel" oder „Größeres Übel" von einzelnen Menschen. Auf diese Reichsgebiete kann die unzuständige Vier-Zonen-Bundesrepublik rechtlich nicht verzichten, da diese Reichsgebiete ihr nicht gehören.

Ob Europäisierung – was zu bevorzugen wäre – ob binationaler Staat? Nur das Deutsche Reich kann Vertragspartner sein.

Anerkannt wird, daß ohne ihre Militärgrenzgebiete: … ohne das litauische, weißruthenische, ukrainische vorgebliche Ostpolen, – geraubt 1921, verloren nach Recht und Billigkeit 1945 –, ohne die Ostgebiete des Deutschen Reiches, – geraubt zur Zeit nach 1945 –, Polen, Zentralpolen, Kernpolen „recht klein" sei Das wirkliche polnische Volksgebiet, Sprachgebiet. Wie erstaunlich richtig! Dies hat Polen endlich zur Kenntnis zu nehmen. Bis dahin hat – wie Winston Churchill zutreffend feststellte – „die polnische Gans sich überfressen": An Ostdeutschland.

Zum Schluß bleibt der „Trugschluß" des Leitartikels zu brandmarken, „die Leiden der deutschen Vertriebenen in eine Rechnung nicht mit einzubringen", denn sie „sind in keinem Fall mehr ungeschehen zu machen". Nach dieser Logik sind ethisch die Hekatomben polnischer Verbrechen zu vergessen, weil sie nicht mehr ungeschehen zu machen sind. Ethisch dagegen sei es, daß „der deutsche Gewinn den polnischen Verlust nicht aufwöge".

Niemand von den örtlichen polnischen Bewohnern in Ostdeutschland würde gegen seinen Willen heimatvertrieben werden. Sie würden weiter unter polnischem Zivil- und Strafrecht leben. Die „negative Betroffenheit" der polnischen Bewohner wäre sehr viel kleiner als die „positive Betroffenheit" der Deutschen u n d ihres Deutschen Reiches als Souverän des Landes. Gleichgültig, wie schnell, wie viele Deutsche sich dort wieder niederlassen.

Nach alle dem erscheint es bedauerlich und bleibt unerklärlich, wie solch ein Leitartikel als Verzichtspredigt in der „Zeitung für Deutschland" erscheint.

Und im Übrigen, was der Artikel überhaupt nicht kennt: Den Deutschen steht das Selbstbestimmungsrecht auf ihr Ostdeutschland zu. Den Polen auf das geraubte Land nicht.

7.34

Die Neubesiedelung Ostdeutschlands nach 1945 mit vorgeblich bis zu 11 Millionen Polen könne wegen Unmenschlichkeit nicht rückgängig gemacht werden?

Ein Grund gegen das Selbstbestimmungsrecht des deutschen Volkes auf Ostdeutschland soll sein, daß die Neubesiedelung Ostdeutschlands ab 1945 mit vorgeblich bis zu 11 Millionen Polen wegen Unmenschlichkeit nicht rückgängig gemacht werden könnte? Zunächst ist festzustellen, daß die pure Zahl der neuangesiedelten Polen in den Ostgebieten des Deutschen Reiches nicht von Belang und nicht von Erheblichkeit ist aus mehreren Gründen.

Zum ersten: Alle polnischen, auch alle statistischen Zahlenangaben sind nach vielen Beweisen, insbesondere auch aus der Zeit von 1919 bis 1939 massive, z.T. geschickte, vielfach aber naive Fälschungen bzw. Propagandazahlen: Ob 2 1/2 Mio gefordert 1945, ob 6 Mio vorgeblich erreicht 1954, ob 7,2 Mio geplant 1945, ob 11 Mio vorgeblich erreicht, keine dieser Zahlen kann international nachgeprüft bzw. verifiziert werden. Ebenso wie Statistikzahlen aus dem Orient oder der Sowjetunion sind diese Zahlen keine Fakten, sondern sie sind politisch Kampfmittel und als solche sind sie Fälschungen.

Zum zweiten: In einer Genocideroberung, einer Volksmorderoberung ohnegleichen, sind 2 Millionen Deutsche aus den deutschen Ostgebieten ermordet, bis zu 13 Millionen aus den Ostgebieten und dem Sudetenland hinausgeschafft, deportiert, abtransportiert worden wie Vieh. Ihr Land wurde geraubt. Um in dem wundervollen und berechtigten Bild des „gemeinsamen Hauses Europa" zu bleiben: Ihre Wohnungen wurden ausgeleert. Usurpanten, zu deutsch wie polnisch „Räuber", Diebe, sogar Mörder setzten sich hinein in das Eigentum ihrer Opfer. Sie selber bzw. auch ihre Nachkommen setzten sich ins geraubte, fremde, deutsche Eigentum. Sie selber, ihre Nachkommen bringen nunmehr vor, sie seien genötigt gewesen, stattliche Zahlen von Polen hineinzusetzen. Zahlen solcher Art sind dem Eigentümer Deutschland, den privaten Eigentümern, den Heimatvertriebenen gegenüber ohne Erheblichkeit und ohne Belang.

Zu würdigen bleibt die polnische Art der Neubesiedlung. Binnen Wochen, einigen Monaten 1945 bzw. binnen ganz weniger Jahre waren die Ostgebiete von Deutschen menschenleer gemacht worden. Die Neubesiedlung dieser leeren Gebiete, dieser „Besatzungswüste" erfolgte nunmehr aber n i c h t kraft irgendeiner sachlichen Notwendigkeit. Die Neubesiedelung erfolgte kraft kommunistischen polnischen Kommandos, kraft Befehls.

Etwa 22 Millionen Polen im polnischen Volksgebiet, in Zentralpolen, das weder von der Curzon-Linie irgendwo eingeschränkt wird, noch die deutschen Ostgebiete umfaßte, hatten 1941 – 1945 gerade erst das Eigentum von bis zu 3,5 Millionen Juden (Häuser, Hausrat, Kleidung, Firmen, Fabriken) sich entschädigungslos zugeeignet, das Eigentum von bis zu 1,5 Millionen vertriebenen oder liquidierten Volksdeutschen aus Zentralpolen sich entschädigungslos zugeeignet, das Eigentum von bis zu 500 000 in die Ukraine bzw. nach Weißruthenien jenseits der Curzon-linie zurückkehrenden Ostslawen sich entschädigungslos zugeeignet (Sowjetbürger, Ukrainer, Weißruthenen, Litauer). Von Platznot, von mangelndem Beutegut, von fehlender Lebensmöglichkeit für die 1 503 263 Repatrianten aus „Ostpolen" S.272, für die 105 287 Rückwanderer aus dem Ausland, S.285 im polnischen Volksgebiet und Sprachgebiet, in Zentralpolen konnte also wirklich keine Rede sein. Es gab sie nicht, jene „verzweifelnden Repatrianten" aus „Ostpolen" – von denen selbst Bartoszewski zu schreiben sich nicht enthalten will (FAZ 6.10.1986) – die nach Ostdeutschland gegen ihren Willen gemußt hätten und die „gewiß mehr die Tragik ihres eigenen Schicksals empfunden" hätten als die Freude über den Sieg: Holzkate in Wolhynien gegen Gutshaus in Schlesien, nicht Kanalisation, nicht Strom, nicht Gas, nicht Infrastruktur gegen moderne Zivilisation Ostdeutschlands!

Dies erkennend b e f a h l die polnische kommunistische Partei die zwangsweise Neubesiedlung – und sie lockte mit dem geraubten Privateigentum – der alsbald die zentralpolnische Bevölkerung bereitwilligst bis begeistert folgte.

Am 3. Mai 1945 forderte der polnische Ministerpräsident Osobka Morawski die Ansiedelung von Repatrianten aus „Ostpolen", Bevölkerungsüberschuß aus Zentralpolen, besitzloser Landbevölkerung. aaO. S.258

Ende Juni 1945 ordnete das Zentralkomitee der „Polnischen Arbeiterpartei" (PPR) an, noch „in diesem Jahr" 2 1/2 Mio Polen bis zur (von den Deutschen gesäten) Ernte, 3 1/2 Mio Polen bis Jahresende anzusiedeln. Örtliche Umsiedlungskomitees, Staatliche Repatriierungsämter, Ansiedlungsinspektoren, alle Parteimitglieder hatten zusammenzuwirken. Bis 1. August 1945 sollten schon 25 000 überprüfte Parteimitglieder im Einsatz sein in den „wiedergewonnenen Gebieten". aaO. S.264

Am 6. Juli 1945 wurde aus Moskau über den Plan der polnischen Regierung berichtet, insgesamt 7,2 Millionen Polen anzusiedeln, 4 Millionen in den Städten, 3 Millionen auf dem Lande, in Schlesien 4,2 Millionen, in Westpommerellen – das heißt in Pommern 1,9 Millionen, in Ostpreußen 1,1 Millionen. aaO. S.271

Nachdem diese inhumanen Aktionen innerer Deportation aus Zentralpolen nach Ostdeutschland in den folgenden Jahren durchgeführt und abgeschlossen werden konnten, heißt es nun häufig und mit dem Brustton moralischer Entrüstung, es wäre „unmenschlich", daran etwas ändern zu wollen.

Der scheinheilige Bezug auf die Menschlichkeit steht der Besatzungs- und Verwaltungsmacht Polen n i c h t zu, die ihrerseits 1945 – 1949 vergewaltigt, gemordet und deportiert hat. Allein die Menschenrechte veranlassen nunmehr die Berücksichtigung solchen Vorbringens, obwohl es seitens dieses Staates fraudulös ist.

Dies gilt jedoch nur gegenüber jeglichen theoretisch denkbaren Vorhaben einer o b l i - g a t o r i s c h e n Rücksiedelung nach Zentralpolen. Ein solches Vorbringen gilt nicht gegenüber einer etwaigen freiwilligen Rücksiedlung aus Ostdeutschland nach Zentralpolen.

7.35

In Ostdeutschland lebe bereits die dritte dort geborene Generation von Polen, Tchechen, Russen!

Ein Grund gegen das Selbstbestimmungsrecht des deutschen Volkes auf Ostdeutschland soll sein, daß dort bereits die dritte dort geborene Generation von Polen, Tschechen. Russen wohne!

Wieviele polnische Generationen: seit 1945 bis 1991 bereits in den Ostgebieten des Deutschen Reiches geboren sind, seit 1991 dort noch geboren werden sollten, ist sachlich unerheblich und rechtlich belanglos.

1945 konnte es keinerlei Grund sein d a f ü r , rein deutsche Riesengebiete zu rauben, weil dort vielleicht zukünftig einmal polnische Generationen geboren werden würden.

1991 ist das schlechte Gewissen der polnischen Einwohner der deutschen Ostgebiete in keiner Weise geringer geworden als es jemals seit dem Einzug in deutsches geraubtes Gut gewesen war. Die zwei bis drei in den Ostgebieten geborenen polnischen Generationen mußten nach 1945 stets wissen, daß sie auf geraubtem fremdem, deutschem Besitztum wohnten: Und sie wußten es auch.! Ununterbrochen! Ohne Zweifel!

87% der Polen fühlten sich deshalb 1990 von Deutschland „bedroht". Daran ändert auch nichts, daß sie dort in Deutschland, in Ostdeutschland ggf. geboren wurden, gewohnt haben, gearbeitet haben, gelebt haben, geheiratet haben, Kinder bekamen, dort sterben werden. Nach k e i n e r Rechtsordnung der Welt, die diesen Namen verdient, kann an gestohlenen und geraubtem Gut Eigentum erworben werden.

Die Deutschen, die in den Ostgebieten geboren sind, dort 1914 bis 1945 gewohnt haben, die Nachkommen dieser Deutschen sind, – auch wenn sie zufolge der Deportation nicht mehr dort geboren wurden –, allein berechtigt zum Selbstbestimmungsrecht der Völker auf Ostdeutschland, zum Heimatrecht, zu den Menschenrechten.

Alle Polen, die dort seit 1945 zugezogen sind, sind nichts als Besatzungs- und Verwaltungsmacht-Angehörige, die dem gleichen zukünftigen Schicksal der polnischen Besatzungs- und Verwaltungsmacht unterliegen. Polen, die dort geboren sind, haben auch dann dort kein Selbstbestimmungsrecht. Sie haben ein eingeschränktes Heimatrecht bis zu ihrer freiwilligen Heimkehr aus der Fremde nach Polen. Sie könnten auch auf Deutschem Reichsgebiet nach polnischem Personalrecht unter deutscher Verwaltung weiterleben. Gleiches gil für Ostdeutschland nach einer Europäisierung.

7.36

Die „psychlogische Kohärenz", das Lebensinteresse der „wiederaufgebauten Gesellschaft" Polens, forderten den Weiterbestand des status quo!

Ein Grund gegen das Selbstbestimmungsrecht des deutschen Volkes auf Ostdeutschland soll sein, daß die „psychologische Kohärenz"- was immer das sei! – und das „Lebensinteresse" der „wiederaufgebauten Gesellschaft Polens" den Weiterbestand des status quo zwingend erforderten. Vorgebracht wird, die Existenz der polnischen Gesellschaft forderte die Oder-Neiße-Linie.

Zutreffend ist, daß im Krieg, zunächst durch Kriegsgeschehen, dann in der Besatzungszeit, die polnische Gesellschaft ... in ihrer jüdischen Komponente bewußt zerstört wurde, im polnischen Teil bewußt gestört worden ist. Zutreffend ist, daß in den 46 Jahren seit 1945, – aufs stärkste behindert durch die kommunistische sogenannte Ordnung –, die polnische Gesellschaft höchst mühsam wiederaufgebaut worden ist. Obwohl dies rechtswidrig war, beruhte dieser Wiederaufbau faktisch sehr wesentlich und sehr weitgehend auf deutschem Eigentum in den deutschen Ostgebieten.

Unterstellt, die zur Zeit polnisch verwalteten deutschen Ostgebiete würden rechtens deutscher Verwaltung wieder unterstellt, ausdrücklich unter rechtmäßigem Verbleib der polnischen Ortsbevölkerung in den deutschen Ostgebieten unter eigenem polnischen Ortsrecht ... dann wäre jede deutsche Regierung, Verwaltung, Rechtssprechung über diese polnische Bevölkerung mühsam. Jede Darstellung von Einzelheiten würde diese ungewöhnlich schwierige Aufgabe verdeutlichen.

Um der deutschen Herrschaft nicht unterstellt bleiben zu müssen könnte freiwillig die polnische Ortsbevölkerung beginnen, aus den deutschen Ostgebieten nach Kernpolen zurückzuwandern. Dies wäre zwar möglich. Es setzte aber eine so unerhörte polnische Kraftanstrengung voraus, daß sie ohne äußeren Zwang nicht zu erwarten wäre. Auch dann wäre eine Lockerung der psychologischen Kohärenz der Bevölkerungsgesamtheit wohl schwerlich und nicht für längere Zeit zu erwarten. Bis auf Weiteres ist jede solche Entwicklung unwahrscheinlich.

Nur: Die Lage Polens mit den deutschen Ostgebieten einerseits, die Lage Deutschlands ohne die Ostgebiete andererseits, läßt sich einleuchtend an einem Beispiel aus dem täglichen Leben darstellen: Dem Wohnungsmangel!

Eine Familie von 3 Personen (30 Mio) in 2 Zimmern (200 000 qkm Kernpolen) – die Polen! w i r f t eine Familie von 7 Personen (67,8 Mio) in 5 Zimmern (das Deutsche Reich 1937, 471 000 qkm) – die Deutschen! mit Gewalt aus e i n e m Zimmer: Ostdeutschland, 104 000 qkm. Danach verbleibt die kleine Familie von 3 Personen in nunmehr 3 Zimmern – die Polen. Dagegen verbleibt die große Familie von 7 Personen in nunmehr 4 Zimmern – die Deutschen. So in allem Ernst geschehen im XX. Jahrhundert. Daß Polen diesen Zustand verewigen will, ist leicht verständlich: „Psychologische Kohärenz"?, „Wiederaufgebaute Gesellschaft Polens"?

7.37

Vertreibung und Annektion Ostdeutschlands seien erforderlich zur Wiederherstellung der verletzten Ehre Polens, der Tschechei, der UdSSR!

Ein Grund gegen das Selbstbestimmungsrecht des deutschen Volkes auf Ostdeutschland

440

soll sein, daß wegen der verletzten Ehre Polens, der Tschechei, der UdSSR, die Vertreibung der Deutschen und die Annektion Ostdeutschlands bzw. des Sudetenlandes erforderlich seien.

Hier mag dahingestellt bleiben, was Ehre ist, wie sie verletzt werden kann, wie sie ggf. wiederhergestellt werden kann, bei einem jeden Einzelnen. Die Frage hier ist, ob es eine besondere Ehre eines jeden Volkes gibt, ob sie durch die pure Rechtsfigur des Krieges als solchen verletzt werden kann, ob sie wiederhergestellt werden kann durch die Ermordung von über 2 Millionen Zivilisten, durch Vertreibung von bis zu 13 Millionen Kindern, Frauen, bis Greisen, durch Landraub ganzer fremder gegnerischer Provinzen: Gegebenenfalls, ob sie n u r dadurch wiederhergestellt werden kann? Die Fragesstellung ist bereits so überaus deutlich, daß alle diese Fragen logisch nur verneint werden können. Was ist die Ehre eines Volkes? Wo war diese Ehre? Beim Untergang der Großen Armada? Bei der Eroberung von Konstantinopel durch die Türken? Bei der Vernichtung von Magdeburg? Bei der Kanonade von Valmy? Bei Leipzig? Bei Waterloo? Wo bei Sedan? Wo bei der Marneschlacht? Wo bei der Vernichtung von Dresden? Wo bei Hiroshima?

Es mag also dahingestellt bleiben, ob es eine solche ganz spezifische Ehre eines jeden Volkes gibt; überhaupt geben kann! Mit Sicherheit gibt es keine besondere Ehre des einen Volkes, die dem anderen Volke nicht zu eigen wäre: Keine französische, keine polnische Ehre, die nicht auch eine deutsche, eine russische Ehre wäre. Es gibt keine einzigartige, eigenartige, einmalige besondere Ehre Polens. Selbst wenn es sie gäbe: Wer bestimmte dann, wer wann welche Ehre verletzt hätte? Polens Ehre durch die Einnahme Warschaus? Deutschlands Ehre durch die Ermordung über zwei Millionen Unschuldiger? Schließlich: Was hat Land, was hat Ostdeutschland mit Ehre zu tun? Selbst Peru und Bolivien werden dies nicht logisch zu erklären vermögen, ungeachtet des Hasses von Tarapaca, Tacna, Arica 1884 und Antofagasta 1884, Gran Chaco 1938.

Und selbst wenn der Verlust eines Krieges, der Verlust von Land mit Ehre zu tun hätte! Wieso soll Landgewinn, im Falle Ostdeutschlands also Landraub, für die „Wiederherstellung" der verletzten Ehre Polens erforderlich sein? Angemessen sein? Und wenn er „symbolisch" „erforderlich" wäre, Tacna bis 1929, Arica bis heute? Wieso dann sieben ganze Provinzen? Weit über 100 000 qkm Bodens? Weit mehr als sehr viele Staaten dieser Erde! Die Heimat von bis zu 13 Millionen Menschen? Angemessen? Erforderlich?

Das Deutsche Reich hat ... einerseits mit Polen einen Krieg um das Selbstbestimmungsrecht für Danzig und Westpreußen geführt 1939, ... andererseits mit der UdSSR einen Angriffskrieg 1941 begonnen und 1945 verloren, ... schließlich mit der Tschechei keinerlei Krieg geführt. Keinem Polen wurde durch die Niederlage 1939, den Sieg der Alliierten 1945 die Ehre gekränkt. Das Argument der Wiederherstellung der verletzten Ehre Polens durch den Landraub Ostdeutschlands und durch die Heimatvertreibung ist nichts als ein nichtssagender Schein, inhaltlos und belanglos.

Die UdSSR hat eine Verletzung ihrer Ehre nicht vorgebracht.

Die Tschechei war nicht kriegführende Macht. Sie blieb in jedem Falle vom Kriege unangetastet.

7.38

Der Auserwähltheitsglaube Polens ... Maria regina poloniae ... rechtfertige die „wiedergewonnenen Gebiete"!

Ein Grund gegen das Selbstbestimmungsrecht des deutschen Volkes auf Ostdeutschland soll sein, daß die Auserwähltheit Polens die Wegnahme, die „Wiedergewinnung" der Ostgebiete durch Polen rechtfertige!

In einem im XX. Jahrhundert atavistischen quasireligiösen Glauben an die Auserwählt-heit Polens wird postuliert, Polen als „auserwähltes Volk", als „Martyrer unter den Völ-kern" sei berechtigt, die „wiedergewonnenen Gebiete" wegzunehmen, „wiederzugewinnen". Polen sei „der Christus unter den Völkern".

So polnisch unverkennbar dieses Scheinargument ist, so absurd ist es. Viele Völker die-ser Erde haben schon irgend einen Auserwähltheitsglauben geteilt: ... Die Juden, das Volk Jehovas, Jahwes / die Römer, mit der pax romana / die Deutschen, mit dem „Heiligen Reich" / die Franzosen, „allerchristlichstes Königtum", „la grande nation" / die Großrus-sen, „drittes Rom" / die Briten und die USA: „to make the world safe for democracy". Alle diese Völker sind längst zur Realität zurückgekehrt. Der moralische Unterschied aber ist der, daß kein anderes Volk im XX. Jahrhundert versucht hat, daraus zu versuchen, territoria-le Ansprüche zu begründen.

Entweder sind alle Völker auserwählt zu ihrem einzelnen Schicksal ... Oder es gibt keine auserwählten Völker. Feststeht jedoch, daß nicht gegenüber den „normalen" Völkern – ohne eine besondere Begnadung – daneben ein „singulares", begnadetes, auserwähltes pol-nisches Volk existieren kann. Polen ist kein auserwähltes Volk ... Polen ist kein Marty-rervolk ... 1919 bis 1939 hat es sich gegenüber den Weißruthenen und Ukrainern,1945 ge-genüber den Deutschen ganz anders betragen. Das polnische Volk ist ein Volk so gut bzw. so schlecht wie jedes andere. Wobei 1945 die Güte mit absoluter Sicherheit keinesfalls überwog.

An solcher notwendiger Ernüchterung ändert es auch nichts, daß „Maria die Königin Po-lens" sein soll. Von dieser unverständigen Anmaßung erwirbt Polen keine Rechte. Pol-nische Katholiken sind nur genauso Katholiken, wie Spanier, Portugiesen, Franzosen, Ita-liener, Deutsche, Tschechen, Slowaken, Ungarn, Slowenen, Kroaten, Litauer, Südamerika-ner, Nordamerikaner, ja Chinesen.

Wieso soll Maria die Königin gerade Polens und nur Polens sein? Der Deutsche Orden wurde 1100 – 1118 zum ersten Male im Heiligen Lande gegründet. Der Deutsche Orden wurde 1190 – 1198 zum zweiten Male gegründet. Er war gegründet worden von Papst, Kai-ser und Reich unter dem Namen, der sein Ziel proklamiere:. „Fratres domus hospitalis Sanctae Mariae Theutonicorum Jerosolymitani". Der Deutsche Orden diente der Heiligen Maria bereits über 196 Jahre vorher, b e v o r der heidnische Litauer Jagello sich entschloß – Krakow vaut une messe! – Katholik zu werden, um 1386 König des allerchristlichsten Polen werden zu können. Jener Jagello, der 1410 – nachdem er durch Polen und Tataren die ostpreußische Stadt Christburg hatte bestialisch ausmorden lassen – den Heimatverteidiger, den Deutschen Orden bei „Grunwald" auf deutschem Boden schlug ...

Mindestens gehörte Sancta Maria dem Deutschen Orden gleichviel oder gleichwenig ... wie Polen. Ganz oder gar nicht.

Überdies: Die Mutter Gottes, die Gottesgebärerin, war eine[40] kleine jüdische Frau und Mutter, die – vergleiche Ben Chorin – von ihrem heilsgeschichtlich einzigartigen göttli-chen Sohn gemessen behandelt worden ist. Diese Heilige Maria – wie alle Heiligen – ist gemäß einem Ergebnis der Inquisitions-Befragung der Heiligen Jeanne d'Arc im 2. Prozeß (3.01.1431 – 30.05.1431) weder der französischen noch der englischen Sprache mächtig ... Die Heilige Maria spricht also weder polnisch noch deutsch. Maria ist weder Polin noch Deutsche. Sie ist Königin Polens wie Deutschlands. Die Mutter Gottes mag Königin Po-lens sein. Die Mutter Gottes hat aber mit polnischem angemaßtem Besitz an deutschem Boden nicht das Geringste zu tun.

---

[40] Schalom, Ben Chorin: Die Heimkehr, Jesus, Paulus und Maria in jüdischer Sicht; 8. Aufl. 1985

7.39

Dem Sterbefallüberschuß Deutschlands stehe der Geburtenüberschuß Polens gegenüber. Ein Grund gegen das Selbstbestimmungsrecht des deutschen Volkes auf Ostdeutschland soll sein, daß dem Sterbefallüberschuß des deutschen Volkes ein Geburtenüberschuß des polnischen Volkes gegenüberstehe.

7.391

Als 1945 Polen auf 10 Millionen möglicher deutscher Untertanen verzichtete und sie deportierte, als die Tschechei auf 3 1/2 Millionen sudetendeutscher möglicher Untertanen verzichtete, da dachte niemand an Daten von Bevölkerungsstatistiken. Dem Haß war Demographie gleichgültig. Es gab keinerlei Grund – nicht einmal polnische Scheinargumente – weil vielleicht irgendwann – in 85 Jahren, vielleicht 2 030? –, ein deutscher Sterbefall-Überschuß nachhaltige Änderungen bewirken könnte in den Grundlagen und Verhältnissen ... Eine „Begründung" für den Raub der deutschen Ostgebiete lieferte also 1945 die jeweilige Bevölkerungs-Zunahme bzw. –Abnahme noch in keiner Weise.

Im krampfhaften Suchen polnischer wie tschechischer Interessenvertreter, nachträglich nach dem kriminellen politischen Vorgehen 1945 Argumente noch zu konstruieren für vorgängiges widerrechtliches Handeln, scheinen nunmehr diese Zahlen aber zu interessieren dafür, warum die Raubmächte ihre Beute behalten könnten und behalten sollten: 1991 ...

7.392

Deutschland: (1985)

Bundesrepublik 248 687 qkm Fläche, 60,8 Mio Einw., 245 E/qkm / Westdeutschland 248 207 qkm, 58,975, E/qkm 237 / Westberlin 480 qkm 1,825, E/qkm 3802

„DDR" 108 333 qkm, 16,7 Mio Einw. ,154 E./qkm / Zone 107 930 qkm, 15,510, E. 143 E./qkm / Ostberlin 403 qkm, 1,190 E., 2953 E./qkm

Angesichts der wirklichen deutschen Zahlen 1991, bei denen jeder Sterbefallüberschuß um ein Vielfaches ausgeglichen wird durch Familienzusammenführung, Aussiedlung, Asylanten, Zuwanderer aus der Europäischen Gemeinschaft, Gastarbeiter aus Nicht-EWG-Ländern (Jugoslawen, Türken), ist bisher von einer Schwächung der deutschen Volkskraft nicht nachhaltig zu reden. Dennoch ist die zukünftige abzusehende Entwicklung bedrohlich.

Zwar ist die Familienpolitik aller Bundesregierungen bisher ein unglaublich armes Stückwerk. Von Bevölkerungspolitik auch nur im unumgänglichen Mindestmaß ist aus Borniertheit, Beschränktheit, Timidität, Kurzsichtigkeit, Armseligkeit – bis zur Verletzung des Amtseides: „Schaden vom deutschen Volk zu wenden" – zur Zeit noch nicht die Rede. Nützliche Idioten von Predigern (auch in „Leitartikeln" der FAZ) gibt es über Gebühr. Dennoch kann diese begonnene Rückwärtsentwicklung – wie die Beispiele Frankreichs und der ehemaligen „DDR" schlagend beweisen – angehalten werden, geändert werden, ins Gegenteil verkehrt werden. Dies verhindert bisher nur die Timidität und die Unkenntnis Maßgebender.

Diese Entwicklung ist zur Zeit noch eine vorübergehende. Die reine Absolutzahl ist noch kein selbständiges Argument. Die Verhältnisse müssen auf die Fläche, das Bruttoinlandsprodukt, die Bevölkerungsdichte bezogen werden. Diese ist gerade durch den polnischen Landraub stark gestiegen! Zur Wiederbesiedlung Ostdeutschlands ist Deutschland noch viele Jahrzehnte in der Lage. Und wenn die deutschen Geburtenzahlen stark abnehmen. Sie nehmen bei allen europäischen Völkern leider stark ab. Sie nehmen auch bei Polen ab und werden weiter abnehmen.

7.393

Polen:

312 677 qkm Fläche, 37,3 Mio Einwohner, 119 E/qkm

Auch die polnischen Zahlen sind nicht beeindruckend. Auch der polnische bevölkerungs-statistische Geburtenüberschuß ist stark abnehmend. Das Problem liefert kein polnisches, kein antideutsches Argument.

Im Übrigen abschließend: Auch ein zeitweilig noch starker Geburtenüberschuß begrün-det keinerlei positiven aggressiven Territorialanspruch. Sonst wären Australien wie Neu-seeland schon lange japanisch, malaysisch oder chinesisch. Ebenso: Ein selbst starker Ster-befallüberschuß begründet keinerlei negative resignierende Territorialräumung. Sonst wären bestimmte Teile Frankreichs ggf. schon seit vor 1945 algerisch, z.T. spanisch, z.T. italie-nisch geworden.

Jedes Gegenteil – wie es Polens excessive, des Unterhalts kaum fähige Fertilität propa-giert – wäre das Gesetz der Steinzeit und des Dschungels. Die Verhältnisse sind außerdem in Teilen Gesamtdeutschlands, in Österreich günstiger. Sie sind bei den in Fülle kommen-den Aussiedlern viel günstiger. Darüber hinaus soll es ja ein „gemeinsames Haus Europa" geben. Was zählt dann ein zeitweiliger Überschuß?

7.4 Schein„gründe" von der Wirtschaft her:

7.41

Deutschland sei ohnehin auch ohne Ostdeutschland für den Wirtschaftsfrieden in Ostmit-teleuropa zu potent und zu aggressiv:

Ein Grund gegen das Selbstbestimmungsrecht des deutschen Volkes auf Ostdeutschland soll sein, daß Deutschland ohnehin auch ohne Ostdeutschland noch immer für den Wirt-schaftsfrieden in Ostmitteleuropa zu potent und zu aggressiv sei: Dieses angebliche Argu-ment ist weder sachlich noch rational, – noch weniger ist es etwa richtig. Es ist das bor-nierteste Scheinargument. Es ist keinerlei Argument.

Deutschland, die Bundesrepublik Deutschland, mit der ehemaligen „DDR", Vier-Zonen-Deutschland, die zweite oder dritte Wirtschaftsmacht der Welt, ... die Bundesrepublik, so-gar ohne die „DDR" die erste oder zweite Wirtschaftsmacht Europas, ... wird nicht dadurch weniger potent, weniger tüchtig, weniger fleißig, weniger leistungsfähig, ... um minder Befähigten, weniger Potenten, weniger Tüchtigen, weniger Fleißigen, weniger Leistungs-fähigen, insbesondere unter verfehlten ideologischen Wirtschaftssystemen zu gefallen.

Eine leistungsfähige Wirtschaft eines freien großen Landes macht immer und ist immer potent. Weiter wachsend wird sie immer potenter werden.

Ostmitteleuropa ist seit langem und zur Zeit nur Ursprung von wenigen Prozent der deutschen Importe und nur Ziel von wenigen Prozent der deutschen Exporte. Die geistige Bedeutung ist viel größer als die materielle; für Deutschland wie für Ostmitteleuropa. Auch als Kreditgeber steht die Bundesrepublik keineswegs allein. Nicht nur andere Mächte, auch die EWG ist vielfach tätig. Von Weltinstitutionen zu schweigen.

Die deutsche Wirtschaftsmacht ist keineswegs aggressiver als irgendeine andere ver-gleichbare! (Auch wenn Frankreich bei Skoda dies vermutlich so nicht sehen wird.) Von Südkorea und Taiwan, über Hongkong und Singapur, von Japan und den USA, bis zu den Exporteuren von Kriegswaffen, – gegen die nicht gehetzt wird, wie gegen Deutschland –, Frankreich, Großbritannien, Sowjetunion und USA; auch in den Irak, auch nach Nikara-gua, Angola, Mocambique, Äthiopien, Afghanistan.

444

Mit dem Landraub Polens, der Tschechei, der Sowjetunion hat zudem die Wirtschaftskraft Deutschlands überhaupt nichts zu tun. Dieser Landraub änderte auch an der industriellen Wirtschaftskraft Deutschlands nichts Wesentliches. Diese Kraft würde aber auch nicht entscheidend vergrößert werden durch Ostdeutschland.

Schließlich ist die Bundesrepublik und wird Deutschland ein unlösbarer Bestandteil der Europäischen Gemeinschaft sein und bleiben. Es ist eingebunden, harmonisiert, geregelt, generalisiert, „beherrscht" von „Europa". Deutschland kann keinerlei wirtschaftlicher Gegner mehr sein: nicht mehr isoliert und nicht mehr national. Stattdesen ruft es auf zu „Helft Rußland"! Stattdessen hilft es Ungarn, in Maßen Rumänien und Jugoslawien, sogar Polen.

7.42

Deutschland „brauche Ostdeutschland nicht"! – Ein Grund gegen das Selbstbestimmungsrecht des deutschen Volkes auf Ostdeutschland soll sein, daß Deutschland die deutschen Ostgebiete und das Sudetenland ja gar nicht „brauche"!

7.421

Wer definiert in der Politik, wem was gehört? Von Staat zu Staat? Im Zivilleben ist dies noch relativ einfacher. Die Befriedungsmission aller Staaten aller Zeiten bestand auch und gerade darin, Eigentum zuzuweisen, fragliches Eigentum gerecht zuzuteilen, gestohlenes oder geraubtes Eigentum zurückzuerstatten. Im Staatsleben scheinen diese – nicht einfachen, aber klaren – Kategorien künstlich verdeckt zu werden, um selbst noch kriminelles politisches Handeln noch irgendwie „argumentieren" zu können. So gerade im Falle Ostdeutschlands zu Polen, des Sudetenlandes zur Tschechoslowakei.

7.422

Wenn von polnischer Seite vorgebracht worden ist, Deutschland „brauche" Ostdeutschland nicht, so ist zu unterscheiden:

Im normalen Zivilleben wäre ein solches prozessuales Vorbringen entwaffnend: … Wenn Thersites X – Polen – vorbringen würde, Patroklos Y – Deutschland – brauche große Teile seines Hauses nicht, und er Thersites X – Polen – nehme sich diese Teile des Hauses des Patroklos Y deshalb, so wäre die Reaktion vorgezeichnet in normaler ratio:

Wenn Thersites X – Polen – zurechnungsfähig sein sollte, so beurteilt jede seiner Handlungsweisen das Strafgesetzbuch abschließend, … und er findet sich im Gefängnis wieder. Wenn Thersites X – Polen –unzurechnungsfähig sein sollte, – wofür im Beispielsfalle etwas sprechen würde –, so beurteilte ihn der Arzt und der Richter, und er findet sich in einer psychiatrischen Heilanstalt wieder.

7.423

Anders im Falle Polens: Wer definiert eigentlich, welcher Staat sein zweifelsfreies Territorium zweifelsfrei „braucht"? Warum Deutschland Ostdeutschland braucht ist seit Jahrzehnten belegt in einer langen Reihe von Fakten. Es braucht es gerade zum landwirtschaftlichen Ausgleich für seine Industriegebiete. Auf solche Einzelheiten kommt es bei vernünftiger Beurteilung auch an. Hier jedoch ist entscheidend, daß es sich wohl weniger um die im Grunde kaum bestreitbaren deutschen Fakten handelt, sondern um eine Wertung, ein Unwerturteil, ein Vorurteil, eine Emotion, einen Vorwand, eine Illusion. Auch hier im Staatsleben bleibt aber bestehen, daß ein solches Vorbringen Polens – Thersites X – genau ebenso wie im Privatleben, so auch hier im Staatsleben – um nur eins handelt: Eine beispiellose bornierte Ungehörigkeit: Ohne jeden Argumentationswert und Beweiswert.

7.43
Polen, die Tschechei könnten ohne die Ostgebiete nicht leben!

Ein Grund gegen das Selbstbestimmungsrecht des deutschen Volkes auf Ostdeutschland soll sein, daß Polen wie die Tschechei ohne die „wiedergewonnenen Gebiete" gar nicht „leben" könnten.

Daß die Sowjetunion ohne Königsberg nicht leben könnte, ist nicht einmal behauptet worden.

7.431
Daß das tschechische Volk viele Jahrhunderte, zum Beispiel seit der angeblichen Landnahme „deutscher Immigranten" im 13. Jahrhundert, o h n e das Sudetenland gelebt hat, welches bis 1945 nicht zum tschechischen Volksboden gehörte, ist objektiv nicht bestreitbar. Dabei bleibt nur zu berücksichtigen, daß ... „Böhmen", der tschechische plus der deutsche Anteil bis 1945 nicht identisch sein kann – trotz der tschechischen bewußten Falschbenennung – mit ... Ceski, was logisch n u r den tschechischen Anteil bezeichnen kann, obwohl die Tschechen es zielbewußt verfälschend mit dem gesamten Böhmen gleichzusetzen suchen. Dies hat sich auch 1945 nicht eigentlich geändert, da trotz Jahrzehnten widerrechtlichen Besitzes (und trotz der Mithilfe des am Landraub unschuldigen slowakischen Volkes) die Tschechoslowakei das Sudetenland noch nicht wieder hinreichend zu besiedeln vermochte. Sie hat einfach – noch deutlicher als Polen – für ihren riesigen Raub nicht genügend Menschen; hier Tschechen.

7.432
Daß das polnische Volk seit seiner zweifelhaften Staatsentstehung 963 nach Christus bis 1945, das heißt nur 982 Jahre o h n e ... Südostpreußen, ... Pommern, ... Ostbrandenburg, ... gelebt hat, ist bei Wahrheitsliebe nicht bestreitbar. Daß es seit spätestens 1335 bis 1945, das heißt nur 610 Jahre o h n e ... Niederschlesien, ... Oberschlesien, ... gelebt hat, ist wiederum objektiv nicht bestreitbar.

Jedes Volk wird immer nur so zu leben vermögen, wie seine eigene Tüchtigkeit es ihm gestattet und garantiert, sozial zu leben. Daß es sich – über das eigene Volksgebiet hinaus! – auf fremdem Gebiet, mit fremdem Eigentum als Ergebnis fremder Tüchtigkeit bei fremder Infrastrutur im Wert von weit über 100 Milliarden b e s s e r leben läßt als ohne das fremde Gebiet und Eigentum Ostdeutschland ist leicht einzusehen. Nur ist dies kein Argument für Polen.

Nur wieso soll diese offensichtlich richtige Erkenntnis, auf geraubtem Gebiet mit geraubtem Eigentum b e s s e r leben zu können als nur auf dem eigenen Land und nur durch eigene Tüchtigkeit einen A n s p r u c h begründen, „sonst nicht leben" zu können. Polen möge auf seinem eigenen polnischen Volksboden in Zentralpolen und ohne Ostdeutschland und ohne „Ostpolen" „leben" so gut es es immer vermag. Oder – wenn es dies glaubt und fürchtet – so schlecht, wie es sich immer ergibt. Den fremden deutschen, weißruthenischen, ukrainischen Volksboden benötigt es n i c h t zum „leben". Es ist weder eine berechtigte polnische „Existenzfrage" noch polnischer „Lebensraum" polnischen „Lebensrechtes". Es bleibt eine impertinente Forderung, eine solche Anmaßung, wie sonst „nicht leben zu können", billigen zu sollen

7.44
Polen, die Tschechoslowakei hätten in den Wiederaufbau gigantische Summen investiert!

Ein Grund gegen das Selbstbestimmungsrecht des deutschen Volkes auf Ostdeutschland sollen die gigantischen Leistungen zum Wiederaufbau Polens wie der Tschechei sein. Vorgebracht wird deshalb ein Eigentumsrecht Polens und der Tschechoslowakei.

Es ist unbestreitbar und es ist unbestritten, daß jede der Verwaltungsmächte sehr große Summen investiert hat; am meisten Polen, am wenigsten die Sowjetunion. Jede noch so rechtswidrige und kriminelle Besatzungsmacht bzw. Verwaltungsmacht in occupatio cum animo dominandi wird alles Vorgefundene – das sie sich anzueignen entschlossen ist – möglichst pflegen und wird wieder aufbauen. Diese occupatio gibt nur noch kein Eigentumsrecht, kein dominium. Sie bildet keinen rechtmäßigen Erwerbsgrund. Im Gegenteil ist ihr der Erwerb verboten.

Ebenso aber wie sehr große Summen investiert worden sind, sind in Jahrzehnten fast ebenso große Erträge und Vorteile aus diesen Verwaltungsgebieten gezogen worden. Eine Bilanz bliebe aufzustellen unter Aufrechnung der erbrachten Kosten gegen die gezogenen Erträge. Dann kann erst verifiziert werden, inwiefern dieser Versuch einer Argumentation zu berücksichtigen bleibt im deutschen Aufwendungsersatz für die Geschäftsführung ohne Auftrag.

7.442

Tschechei: Das Sudetenland war bis zum Schluß relativ wenig zerstört. Die meisten Aufwendungen werden daher Alltagsroutine und Erhaltungsinvestitionen gewesen sein. Die Tschechei ist – gemessen an ihren Verlusten fast gleich Null bis 1945 – materiell der prozentual größte Gewinner des Landraubes 1945.

7.443

Die UdSSR: Die UdSSR hat sich – so wie 1757, so 1945, so bis heute – hineinbegeben in fremdes Eigentum. Es bliebe daher bei einem Schadensersatz, Wertersatz, Investitionsersatz.

7.444

Polen: Polens Leistungen auf deutschem Boden können verifiziert werden. Das relativ arme Land hat viel geleistet. In Kapital kann dies entschädigt werden in gleicher Höhe oder in natura. In Arbeit kann es entschädigt werden durch Aufbau, in Kernpolen, in dem östlichen Polen bis zum Bug. Kapital wie Arbeit müßte Deutschland zu entschädigen haben für Ostdeutschland; ggf Jahre lang.

7.45

Da Deutschland sich weigere Reparationen zu leisten, müsse Ostdeutschland als Reparation herhalten.

Ein Grund gegen das Selbstbestimmungsrecht des deutschen Volkes auf Ostdeutschland soll sein, daß Deutschland sich weigere, Reparationen zu leisten, und daß deshalb Ostdeutschland als Reparation herhalten müsse:

Reparationen sind laut Definition „die den Besiegten eines Krieges auferlegten Zahlungen zum Ausgleich für Kriegsschäden des Siegers".

Ohne die damit verbundenen, höchst komplizierten Fragen beantworten zu wollen, ist vorweg festzustellen ...

daß die Tschechoslowakei praktisch keine kriegführende Partei war,

daß Polen durch die entschlossene Politik von Außenminister Oberst Beck absichtlich, wissentlich und willentlich den zweiten Weltkrieg p r o v o z i e r t hat (Vergleiche zu allen Einzelheiten David L. Hoggan aaO.), daß gegen die Sowjetunion mit einiger Wahrscheinlichkeit ein Präventivkrieg geführt worden ist; in Form eines Angriffskrieges.

Alles dies beiseite lassend bleibt festzuhalten, daß Deutschland sich seit 1945 niemals „geweigert" hat, Reparationen zu leisten. Nach Festlegungen der Alliierten in Quebec 1944, Jalta und Moskau 1945, einigten sich die Alliierten im Potsdamer Protokoll vom 2.08.1945 über die Verteilung der Forderungen. Sie sahen von der Auferlegung laufender Leistungen ab, verteilten die Handelsflotte und die Auslandswerte, regelten die industriellen gigantischen Demontagen, enteigneten die Patente.

Der Sowjetunion wurden die Werte in der sowjetischen Besatzungszone Deutschlands und Österreichs sowie in den Ländern des Südostens zugewiesen. Die Sowjetunion forderte auf Grund der Absprachen in Jalta von Deutschland 10 Milliarden Dollar als Reparationen; insbesondere auch aus der laufenden Produktion aus Westdeutschland. Nach der Nichtanerkennung dieser Forderungen auf der Moskauer Konferenz 1947 entnahmen sie sehr erhebliche Reparationen und Demontagen aus ihrer Sowjetischen Besatzungszone; im Werte von mindestens 13 Milliarden Dollar. Am 1.01.1954 verzichtete die Sowjetunion gegenüber der „DDR" auf weitere Reparationen.

Das Londoner Schuldenabkommen vom 27.2.1953 betraf deutsche Auslandsschulden (Vor- und Nachkriegs-Schulden), nicht Reparationen.

Reparationen sind danach von der Sowjetunion in riesigem Umfang ungeregelt entnommen worden. Sie wurden teilweise an Polen weitergegeben. Angesichts einerseits der erbrachten Leistungen, andererseits der Verzichte der Sowjetunion – wie der Westmächte – kommen weitere Reparationen im Zweifel ohnehin überhaupt nicht mehr in Betracht. Auch Polen hat auf Reparationen verzichtet. Die Erklärungen Polens nunmehr 1990, auf deutsche Reparationen doch nicht verzichten zu wollen, widerlegen zusätzlich die polnische These, daß das Land Ostdeutschland an die Stelle vorgeblich verweigerter Reparationen getreten sei.

Reparationen haben mit Territorium, haben mit Ostdeutschland keinerlei rationale Verbindung. Sie haben miteinander nicht das Geringste zu tun. Im Übrigen: Als der Landraub geschah, 1945, wurden Reparationen noch in riesigem Umfang entnommen. Der Landraub kann mithin nicht an deren Stelle geschehen sein! Erst Jahre nachdem der Landraub vollendet war, endeten die Reparationen. Das ganze sogenannte Argument ist nichts als ein naives Scheinvorbringen. Selbst wenn das Scheinvorbringen als zutreffend fingiert würde, bliebe entgegen zu halten in Aufrechnung, daß Polen, die Tschechei, aber auch die Sowjetunion, in den langen Jahrzehnten ihres rechtswidrigen Besitzes an den deutschen Ostgebieten und dem Sudetenland längst ein Vielfaches vorgeblich geschuldeter deutscher Reparationen in Auspowerung herausgeholt haben.

7.46

Niemand dürfe das enteignete deutsche Staatseigentum und das deutsche Privateigentum herausverlangen! – Ein Grund gegen das Selbstbestimmungsrecht des deutschen Volkes auf Ostdeutschland soll sein, daß vorgeblich die Eigentümer nicht das entschädigungslos enteignete deutsche Eigentum herausverlangen dürften.

Verständlich ist, daß ab 1945 Polen, die Tschechoslowakei, die UdSSR versucht waren, das deutsche Staatseigentum, jegliches Eigentum deutscher öffentlicher Träger faktisch oder förmlich zu enteignen und sich zu Besitzern und Eigentümern zu erklären. Rechtlich selbstverständlich ist, daß die drei Besatzungsmächte/Verwaltungsmächte dies nach dem Landkriegsrecht legal nicht vermögen. Das Eigentum des deutschen Staates, deutscher öffentlicher Träger ist legal erhalten geblieben.

Selbst wenn die faktische Territorialherrschaft andauern sollte, bleibt die versuchte entschädigunggslose Enteignung nackte rechtlose Gewalt, die zum Schadensersatz verpflichtet: Selbst dann, wenn alle oder fast alle der betroffenen Stellen zu timide sind: ... ihre Ansprüche durch Proteste zu bekräftigen und zu versuchen, sie zu wahren, ihre Ansprüche auf Rechtswegen zu verfolgen, ... selbst wenn, wie zu erwarten, nichts dabei zu erreichen sein sollte als rechtsförmige Gewalt zur Aufrechterhaltung der offenen faktischen Gewalt.

7.461

Noch deutlicher ist die Rechtslage bezüglich des Privateigentums. Hier mag es genügen, das legale Ergebnis festzuhalten, daß das Privateigentum Deutscher an ihrem Privateigentum, an Grundstücken, Häusern, Inventar erhalten geblieben ist.

Dies ist davon unabhängig, daß kein Gericht, kein Grundbuchamt, kein Katasteramt, kein Notar, keine Verwaltungsstelle der Besatzungsmächte / Verwaltungsmächte in irgendeiner Weise bereit sein würde, bei der Wahrung dieses deutschen Eigentums behilflich zu sein: Offensichtlich entgegen ihrem eigenen abstrakten gesetzlichen Auftrag: Das Recht gilt nicht für Deutsche.

Eine ganz besondere Eigentümlichkeit ist, daß sowohl bei dem Vertrag mit Polen als auch mit der Tschechoslowakei das Auswärtige Amt – es fällt schwer keine Namen zu nennen – nicht bereit ist, das Privateigentum der heimatvertriebenen Deutschen einzubeziehen und zur Voraussetzung jeder Regelung zu machen. Dies ist von einer Verletzung der Fürsorgepflicht den eigenen Staatsangehörigen gegenüber kaum zu unterscheiden.

Kein Argument aus dem Landraub 1945 war es und ist es, daß vorgeblich die ostdeutschen Gebiete „wiedergewonnen" werden mußten, um das deutsche Privateigentum sich aneignen zu können als angeblicher Ersatz für wirkliche, meist phantastische polnische bzw. tschechische „Kriegsschäden an Privateigentum".

7.47

Niemand dürfe von der katholischen Kirche in Polen das „restituierte" evangelische deutsche Kircheneigentum herausverlangen!

Ein Grund gegen das Selbstbestimmungsrecht des deutschen Volkes auf Ostdeutschland soll sein, daß das vorgeblich „restituierte", entschädigungslos enteignete deutsche evangelische Kircheneigentum von der katholischen Kirche in Polen nicht herausverlangt werden dürfe.

Die Katholische Kirche in Polen war keine kriegführende Macht gegen das Deutsche Reich. Sie benahm sich aber 1945 so, als ob sie eine siegreiche kriegführende Macht sei: Durch Kardinal Hlond. Im Versuch einer Anfangsbilanz nach der Entrechtung und beginnenden Deportation der ostdeutschen Ortsbevölkerung aus Ostdeutschland fand die katholische Kirche Polens, – nur diese ist angesprochen, nicht die Weltkirche –, ein vorher sehr weitgehend (zu 66,6%) evangelisches Land vor: Ostpreußen seit 1526, Ostbrandenburg, zum Teil Niederschlesien. Neben 6 232 000 evangelischen Christen hatten 2 829 000 Katholische Christen die Oder-Neiße-Gebiete bewohnt (1939). Von den 56 420 Gemeinden des Reichsgebietes am 31.08.1939 lagen etwa 11 100 in den Ostgebieten. In fast jeder von ihnen befand sich grundsätzlich immer mindestens eine, meistens aber eine Vielzahl evangelischer Kirchen, dazu Gemeindehäuser, Pfarrhäuser, Altenheime, Hospitäler, Kindergärten usw.

Diese evangelischen Kirchen waren zum großen Teil n i e m a l s katholisch gewesen, sondern erst nach der Reformation gebaut worden. Diese evangelischen Kirchen konnten nicht einmal von einer bedenkenlosen „Katholischen Kirche in Polen" „restituiert" werden, sondern konnten nur ... (auf Umwegen) ... weggenommen, gestohlen, geraubt werden. Den Formalakt überließ der Primas wohl gerne dem kommunistischen Staat. Relativ wenige von ihnen verblieben der polnischen evangelischen Kirche Augsburger Bekenntnisses.

Nur scheinbar ganz anderer Art ist das Schicksal der einigen Tausend deutschen katholischen Kirchen in den Ostgebieten. Soweit Oberschlesien und seine katholische Bevölkerung betroffen war, verblieben die Gemeinden ungestört im Besitz ihrer Gotteshäuser: Nur manchmal unter Verbleib ihrer Priester. Die größere Zahl der deutschen Katholiken aber wurde heimatvertrieben. Auch diese Gemeinden verloren ihre Kirchen; auch diese Kirchen verloren ihre Gemeinden. Auch diese deutschen Kirchen erhielten Fremde, erhielten Polen, wenn auch gleicher, wenn auch katholischer Konfession.

Wenn der katholischen Kirche in Polen ernstlich an einem rechtlich einwandfreien Erwerb gelegen gewesen wäre, so hätten die fraglichen Kirchen auch käuflich erworben werden können. Das Geschenk der atheistischen kommunistischen Gewalt war offensichtlich sehr viel billiger und wurde von der christkatholischen urpolnischen Kirche in Polen vorgezogen.

7.472

Hinter diesem Raub der zehntausend ostdeutschen Kirchen steht die grausame Tragödie des Einzugs der polnischen katholischen Kirchenhierarchie in die deutschen Diözesen und Gemeinden in den Ostgebieten.

Alle ostdeutschen Diözesen waren im Juli 1945 ordnungsgemäß besetzt: Erzbistum Breslau Kapitelvikar Ferdinand Piontek, Bistum Ermland Bischof Maximilian Kaller, Bistum Danzig Bischof Karl Maria Splett, Freie Prälatur Schneidemühl Prälat Hartz, Generalvikar Bleske.

Kardinal Augustyn Hlond, Bischof von Warschau. Primas von Polen, hielt sich von April bis Juli 1945 in Rom auf. Er kehrte zurück mit einem doppelten Vorbringen: Außerordentliche päpstliche Vollmacht nach Reskript vom 8. Juli 1945 für „tutto il territorio polacco", der vorgeschützte – erfundene, erlogene – „Wille des Heiligen Vaters".

In rechtswidriger A m t s v e r d r ä n g u n g zwang Hlond die deutschen Diözesanen, am 12. August Breslau, am 16. August Pelplin, am 17. August Schneidemühl zur Resignation. Am 9. August 1945 ließ er den rechtmäßigen Bischof Splett, Danzig, wegen „Polenfeindlichkeit" verhaften. Er ernannte ohne Rechtsgrundlage – entgegen dem nach wie vor gültigen Reichskonkordat – andere „apostolische Administratoren". Weihbischof Nathan wurde von dem neuen Administrator Milik in Begleitung eines polnischen Soldaten mit aufgepflanztem Bajonett zur Resignation gezwungen. Fürsterzbischof Kardinal Bertram war am 6. Juli 1945 noch in seiner Diözese Breslau fast unbehelligt gestorben. Nur dadurch entging er dem Schicksal – seit 1914 Fürstbischof, seit 1929 Erzbischof von Breslau, Kardinal seit 1916/1919 – von seinem Amok laufenden chauvinistischen polnischen „Amtsbruder" Hlond – 22 Jahre jünger als er, 8 Jahre später erst Kardinal geworden – aus seiner geliebten Diözese hinausgeworfen zu werden.

1945 / 1946 wurden noch ca 880 deutsche Priester beiseitegeschoben, verdrängt: „Wir nahmen die Position des Siegers, sie die des Besiegten ein".

Primas Kardinal Hlond handelte offen, bewußt, gewollt rechtswidrig (so der sehr wohlwollende Gotthold Rhode, FAZ 19.7.1988: „Akte des Unrechts")! Das päpstliche Reskript vom 8. Juli 1945 beschränkte seine Vollmachten auf das „territorio polacco". Dies war ohne jeden Zweifel – mindestens bis zu den Potsdamer Beschlüssen vom erst 2. August 1945 – höchstens Polen in seinen Grenzen vom 31.08.1939, das heißt ohne die deutschen Ostgebiete.

Primas Kardinal Hlond l o g („in bewußter Mißachtung der Wahrheit", „gegen den Willen des Vatikans"; Gotthold Rhode, aaO. FAZ 19.7.1988)! Ohne jeden Zweifel und unbestreitbar war Papst Pius XII entschlossen, das geltende Reichskonkordat n i c h t zu verletzen. Dieses aber verbot jegliches Handeln Hlonds in den Ostgebieten; außer ggf. ab 2.8.1945 für ausschließlich polnische Staatsangehörige. Wie die Amtskirche das Vorgehen Hlonds trotz allem eingeschätzt hat, geht aus dem Weitergang hervor. Die Amtskirche des Vatikans in Rom nahm deshalb Hlonds „neue polnische" Bischofssitze Oppeln und Landsberg legalerweise in Erfüllung des fortgeltenden Reichskonkordates mehr als zwei Jahrzehnte nicht zur Kenntnis. Erst 1972 wurde die kanonisch nunmehr korrekte kirchliche Neuordnung vorgenommen, das heißt erst 27 Jahre nach Hlonds Rechtsbrüchen.

7.473
Der Raub der Ostprovinzen des Deutschen Reiches und Preußens und des Sudetenlandes, die Deportation von insgesamt bis zu 13 Millionen Deutschen aus ihrer Heimat, werfen grundsätzliche Fragen über die beispiellose Nichtbefolgung eigener geheiligter, Jahrtausende alter christlicher Lehren durch den gesamten polnischen Episkopat und durch jeden einzelnen Verantwortlichen auf: Indem sie für Polen vertreten und verteidigen, was sie als Christen sonst bedingungslos verdammen: Du sollst nicht töten in Ostdeutschland … Du sollst nicht stehlen in Ostdeutschland … Du sollst nicht falsches Zeugnis reden über Ostdeutschland. Was ist dann Wahrheit? Und was ist dann Heuchelei?

7.5 Schein„gründe" aus politischen Fakten

7.51
Deutschland sei für eine Friedensordnung in Ostmitteleuropa zu groß!

Ein Grund gegen das Selbstbestimmungsrecht des deutschen Volkes auf Ostdeutschland soll sein, daß Deutschland für eine Friedensordnung in Ostmitteleuropa zu groß und zu mächtig sein würde …

7.511
Oben 3.267 ist das Scheinargument untersucht worden, Deutschland – selbst ohne Ostdeutschland – müsse aufgeteilt werden, weil es für Europa allgemein „zu groß und zu mächtig" sei. Dies ist widerlegt worden.

Hier geht es um das speziellere Vorbringen, ein wiedervereinigtes Deutschland m i t Ostdeutschland, zum Beispiel in den Reichsgrenzen von 1937, sei für eine Friedensordnung in O s t mitteleuropa speziell „zu groß" und zu mächtig? Dies ist ebenso falsch wie die generelle Behauptung betreffend Europa allgemein.

7.512
Als Deutschland in Ostmitteleuropa am mächtigsten war, Preußen 1813 – 1870, das Deutsche Reich 1871 – 1914, das heißt während immerhin 101 Jahren, war die Ostgrenze Deutschlands unstreitig und in scheinbar immerwährendem Frieden. Deutschland jedenfalls hat sie niemals in Frage gestellt und keinen Meter geändert.

Das Deutsche Reich beherrschte nur 2,9 Millionen Polen in Ost-Posen und Süd-Westpreußen; Österreich-Ungarn dagegen über 4 Millionen Polen in Galizien, das Russische Reich in Zentralpolen über 8 Millionen Polen.

Das Deutsche Reich hat durch Preußen seit 1813 keinen Quadratmeter Fläche erworben in Ostmitteleuropa. Österreich-Ungarn dagegen erwarb 1846 Krakau dazu. Ferner 1908 Bosnien und die Hercegowina, das als Balkanland anderen Rücksichten unterliegt Das russische Reich dagegen eroberte und annektierte: ... 1721 Estland, Livland / 1792 / 1793 West-Ukraine / 1795 Kurland, Litauen, Wolhynien, Podolien / 1807 Bialystok / 1812 Bessarabien / 1815 Polen, Südwestlitauen / 1878 Südbessarabien. Daraus wird deutlich, daß jedenfalls Deutschland 1813 – 1914 nicht zu groß oder zu mächtig gewesen war für Ostmitteleuropa. Das russische Reich dagegen war schon 1792 – 1878 zu groß und zu mächtig geworden.

7.513

1914 –1918 verzehrten sich das Deutsche Reich und das Russische Reich gegenseitig in einem für beide Seiten überflüssigen Kampf, den beide Staaten verloren. 1916 war Polen von der russischen Herrschaft befreit worden. 1916 – 1939 wurde sofort Polen der ausgesprochene, aggressive, unverantwortliche Störungsfaktor für ganz Ostmitteleuropa. 1918 / 1920 annektierte Polen zufolge des Versailler Diktates das deutsche West-Posen, das deutsche Nord-Westpreußen, und es vertrieb ca. 600 000 Deutsche, ebenso erreichte es die scheinbare Verselbständigung der „Freien Stadt Danzig" unter polnischem Protektorat. 1919 / 1920 annektierte Polen West-Galizien, 1919, 1920 / 1923 annektierte Polen Ost-Galizien, 1920 / 1921 annektierte Polen Suwalki, Grodno und Braclaw (bei Dünaburg), 1919 / 1920 versuchte Polen in einem Aggressionskrieg entgegen dem Selbstbestimmungsrecht die West-Ukraine und Weißruthenien zu erobern und zu annektieren, Polen stand vorübergehend in Kamenez-Podolski, vor Balta, Targowize, ostwärts des eroberten Kijiv, vor Tschernigow, vor Mohilew, vor Polozk, vor Dünaburg.

Nachdem dann Polen zunächst von der Sowjetunion erbärmlich zusammengehauen worden war, gewann Polen schließlich mit französischer Hilfe die Schlacht an der Weichsel. Im folgenden Frieden zu Riga – 18.03.1921 – konnte Polen große Teile der West-Ukraine und Weißrutheniens unterwerfen mit bis zu 8 Millionen Nichtpolen innerhalb seiner Militärgrenze.

1920 / 1922 annektierte Polen das sogenannte „Zentrallitauen" mit der Hauptstadt Litauens Vilnius. 1939 befestigte Polen ein Munitionslager auf Danziger Territorium auf der „Westerplatte".

Daraus wird erneut überdeutlich, daß jedenfalls Deutschland nicht zu groß oder zu mächtig war für Ostmitteleuropa. Polen dagegen, kaum unter äußerster psychlogischer Propaganda befreit von Rußland, trachtete danach, alle seine Nachbarn zu überfallen, wenn möglich zu unterjochen ...!

7.514

Subjektiv wird für Ostmitteleuropa der Staat Deutsches Reich immer für seine Partner wie erst recht für seine Gegner, umsomehr seine Feinde vorgeblich „zu groß" und angeblich „zu mächtig" sein, einfach solange es existiert, bloß weil es überhaupt existiert.

Objektiv dagegen ist Deutschland in jedem Falle vergleichbar: Es ist viel kleiner als Groß-Rußland, es ist annähernd so volkreich wie die Ukraine, es ist immerhin noch im Rahmen gegenüber Polen und Rumänien, es ist kleiner als je in seiner Geschichte (selbst mit Mitteldeutschland und mit Ostdeutschland).

7.515

Real ist gerade für Ostmitteleuropa vom 18. Jahrhundert, von 1772, 1793, 1795 Abstand, Abschied zu nehmen. Wieso soll Deutschland noch irgendwo, irgendwann in Ostmitteleuropa „zu groß" und „zu mächtig" sein? Militärisch wird es so Gott will nie mehr allein sein; politisch ist es Verbündeter vieler Mächte; wirtschaftlich ist es ein für alle Zukunft unselbständiger Teil der Europäischen Gemeinschaft; psychologisch scheint Deutschland nach zwei verlorenen Weltkriegen weithin resigniert und am Ende. Der Frieden in Ostmitteleuropa ist nicht mehr von qkm polnischer eroberter Ukraine-Fläche, sondern von der Gerechtigkeit abhängig. Die Scheinbegründung ist im Grunde mithin eine Berufung auf veraltete Minderwertigkeitskomplexe. Churchills „Polnische Gans" weiß bis zum Überdruß, daß sie sich nach Churchill völlig „überfressen" hat. Die Tschechei hat ein sehr schlechtes Gewissen. Dies alles aber sind keine Fragen von „Größe" oder „Macht". Sie sagen nichts aus gegen ein deutsches Ostdeutschland.

7.52
Deutschland zahle in Retorsion in Form von Land für die Verbrechen während des zweiten Weltkrieges!

Ein Grund gegen das Selbstbestimmungsrecht des deutschen Volkes auf Ostdeutschland soll sein, daß Deutschland in Retorsion in Form der Abtretung von Land für die Verbrechen während des zweiten Weltkrieges zahlen müsse.

Die Verbrechen einzelner Deutscher sind unstreitig und unbestritten. Die Schuldigen sind dafür soweit möglich bestraft worden, zum Teil hingerichtet worden. Die Verbrechen einzelner Sowjetsoldaten, einzelner Polen, einzelner Tschechen sind recht genau bekannt. Die Schuldigen sind dafür weder verfolgt noch angeklagt noch gerichtet noch bestraft worden.

Zur Frage der Verbrechen einzelner Deutscher, zur Eigenartigkeit dieser Verbrechen, zur Einmaligkeit, Singularität dieser Verbrechen, zur nicht gegebenen vorgeblichen Einzigartigkeit solcher Verbrechen … sind die Verbrechen aller Länder, aller Völker, aller Zeiten oben gewürdigt worden (vgl. oben 4.1 bis 4.96). Vorgegeben bleibt die Kollektivscham Deutschlands. Vorhalten lassen aber braucht Deutschland sich Verbrechen nur von solchen, die von Verbrechen frei sind: … „der unter Euch, der werfe den ersten Stein".

Die Verbrechen der Sowjetunion von 1917 bis heute sind ungeheuerliche Legion.

Die Verbrechen Polens betreffen bis zu 2 Millionen ermordeter Deutscher 1945. Diese Verbrechen sind aktenkundig.

Die Verbrechen der Tschechen – die im Kriege nicht einmal gelitten hatten – sind aktenkundig: 250 000 ermordete Sudetendeutsche.

Weder die Sowjetunion noch Polen noch die Tschechei kann Deutschland Verbrechen vorhalten. Schon daran scheitert der Argumentationsversuch: … Polnischer, sowjetischer, tschechischer Landraub gegen und wegen deutscher Verbrechen.

Darüber hinaus wären selbst Staaten, die keine aktuellen eigenen Verbrechen zu vertreten brauchen, nicht berechtigt, rechtswidrige Territorialforderungen gegen Verbrechensanrechnung aufstellen zu wollen. Dies sind absolut inkompatible Kategorien. Land hat nichts mit einer vagen Aufrechnung für Verbrechen zu tun. Verbrechen haben nichts mit Landraub zu tun. Landraub ist selber ein Verbrechen. Ostdeutschland, das Sudetenland bleiben Landraub 1945 und Verbrechen.

7.53
Ostdeutschland diene als Wiedergutmachung für die deutsche Ausrottungspolitik/Genocidium während des zweiten Weltkrieges!

Ein Grund gegen das Selbstbestimmungsrecht des deutschen Volkes auf Ostdeutschland soll sein, daß die deutschen Ostgebiete als Schadensersatz zur Wiedergutmachung für die deutsche Ausrottungspolitik / Völkermord während des zweiten Weltkrieges dienen sollen. Das Scheinargument ist unzutreffend.

Gegen das slowakische Volk – das in einem unabhängigen Staat lebte 1939 –1945 – hat keinerlei Ausrottungspolitik stattgefunden.

Gegen das tschechische Volk – das im Reichsprotektorat beneidenswert gut und besser als die meisten anderen Völker Europas den Krieg überstanden hat – hat keine Ausrottungspolitik stattgefunden. (Der Retorsionsfall Lidice für den Mord an Heidrich ist von der Londoner Emigration zielbewußt gerade deshalb herbeigeführt worden, um das gerade nicht genügend strapazierte Verhältnis des tschechischen Volkes gegenüber Deutschland zu provozieren.)

Anders dagegen der Tatbestand in Polen. Hier ist zu unterscheiden ...

Genocidium, bewußter, absichtlicher, klarer Völkermord wurde gegen die jüdischen Volksangehörigen in Polen und in der West-UdSSR verübt. Millionen von Toten sind zu beklagen. Dieser Völkermord ist jedoch in keiner Weise Polen und dem polnischen Volke zu Gute zu halten. Polen hat selbst durch Pogrome an Juden bewiesen, daß es sie nicht als Polen, nicht als Nachbarn, nicht als Mitmenschen anzusehen bereit war. Dies gilt selbst für die Zeit n a c h 1945 mehrfach; z.B. 1968.

Vielleicht war von der Naziherrschaft ein Völkermord auch an Polen geplant. Dazu kam es nur bezüglich ausgewählter Kategorien und Klassen: Professoren, Priester, Lehrer, Rechtsanwälte, Intelligenz allgemein. Die Größenordnung kann nur geschätzt werden: 150 000 Tote.

Mit Sicherheit ist jeder Tote ein Toter zu viel. Unterstellt selbst, daß es Hunderttausende gewesen wären, befindet sich insofern die Naziherrschaft – vergleiche oben die Aufstellungen der Verbrechen aller Völker aller Zeiten – in Nachfolge vieler Vorgänger: Bis insbesondere zur Sowjetunion, bis Katyn.

Dies entschuldigt nicht die Anfänge und nicht das Teilergebnis, das zum Glück begrenzt blieb, da der Kriegsfortgang den bösen Willen überholte. Der Vorgang war aber Teil einer Kriegführung. Ähnliches findet sich bei anderen unglücklich kriegführenden Mächten. Von einem allgemeinen Völkermord am polnischen Volk dürfte kaum die Rede sein können. Angesichts der Quantität des Volkes einerseits, der Zahl der Opfer andererseits, zählt daher auch allein der verbrecherische Wille. Ein polnisches „Martyrium" aber hat es 1939 – 1945 nicht gegeben. Unterstellt jedoch, es läge bereits Völkermord vor: Völkermord hat nicht das Geringste – als Argumentation – mit Landraub an Ostdeutschland zu tun. Völkermord ist bereits hundertfach begangen worden. Völkermord ist aber noch niemals als Rechtfertigung, oder aber nur als Entschuldigungsversuch, oder auch nur als Sachverhalt im Zusammenhang mit Landraub als Gegenverbrechen gegen ein Verbrechen scheinheilig vorgebracht worden.

Das Ausrottungsargument ist ein Schein„grund"; nachträglich erfunden für vorgängigen polnischen Völkermord an zwei Millionen Deutschen und für den Landraub an Ostdeutschland.

In Frage kommen nur: ... die persönliche Bestrafung der einzelnen Schuldigen, aber aller Seiten, ... die persönliche Wiedergutmachung an den Opfern.

7.54

Die vorgebliche Verschiebung Polens nach Westen sei abgeschlossen und unabänderlich!

Ein Grund gegen das Selbstbestimmungsrecht des deutschen Volkes auf Ostdeutschland sei, daß die vorgebliche Verschiebung Polens nach Westen abgeschlossen und unabänderlich sei:

7.541

In Westeuropa und Amerika ist die Ansicht weit verbreitet, daß Polen durch die Maßnahmen gegenüber Ostdeutschland 1945 um „einige Hundert Kilometer nach Westen verschoben" worden sei. Und daß es damit dann auch sein Bewenden haben müsse. Dies müsse umso mehr gelten, als es sich um eine Idee Winston Churchills gehandelt habe. Bei einer solchen oberflächlichen Betrachtung von Nichtunterrichteten scheinen diese Annahmen auf den ersten Blick zutreffend zu sein. Weshalb es auch von Gutwilligen und in Deutschland vielfach vorgebracht wird.

Davon ist nur soviel zutreffend: Die Ostgrenze des polnischen S t a a t s g e b i e t e s nach dem Stande des Friedens von Riga vom 18.3.1921, 31.08.1939, ist 1945 wirklich nach Westen verlegt worden: von Rakov westlich Minsk bis Grodno 228 km / von Davidgorodek in den Pripetsümpfen bis Brest 284 km / von Ostrog in Wolhynien bis Sokal am Bug 188 km / von Gusyatin am Zbruc in Ostgalizien bis Sambor 248 km.

Die Verwaltungsgrenze des polnischen S t a a t e s ist 1945 (Stand Potsdam) nach Westen verlegt worden: von Lauenburg in Ostpommern bis Swinemünde an der Odermündung 252 km / von Neu Bentschen bis Frankfurt an der Oder 88 km / von Beuthen in Oberschlesien bis Görlitz an der Lausitzer Neiße 288 km / von Goldap in Ostpreußen bis Stettin an der Westoder 558 km. Wie ungeheuerlich dieses leichtfertige und nicht zu verantwortende „boundary making" einer sogenannten Friedensordnung im Ergebnis ausfiel beweist ein Blick auf Deutschland und seine Nachbarstaaten: … 252 bis 288 km von der deutschen Staatsgrenze 1937 hätte eine nach diesem Vorbild veränderte deutsche Staatsgrenze bis nach Chateau Thierry östlich von Paris – 252 km – bzw. bis zum Ostrand von Paris – 288 km – verlegt werden müssen! Ferner: … Entweder die fraglichen 558 km gar reichten von der deutschen Staatsgrenze 1937 bis Cherbourg, bis Angers oder über Marseille hinaus! Oder bei solchen 558 km Verlegung der deutschen Staatsgrenze müßte die veränderte deutsche Grenze bis Viterbo bei Rom vorgeschoben werden.

7.542

Einer näheren Prüfung nach der Sachgesetzlichkeit hält die oberflächliche Ansicht einer Westverschiebung „Polens" – des polnischen V o l k s gebietes!, anders als die Verschiebung der Grenzen des polnischen „S t a a t s gebietes und Verwaltungs"gebietes – nicht stand.

Die falsche Ansicht einer Westverschiebung „Polens" geht von der absolut unzutreffenden Unterstellung aus, daß „Polen", das heißt aber das vom polnischen Volke besiedelte Gebiet,1939 auch wirklich national, sprachlich-polnisch, bis zur damaligen Ostgrenze des Staates Polen gereicht habe … Dies ist in gar keiner Weise der Fall gewesen! … Polen, das vom polnischen Volk besiedelte Gebiet – zur Unterscheidung als „Kernpolen", „Zentralpolen" zu bezeichnen – … lag sowohl 1939 bei Beginn des Krieges, lag aber auch 1945 zur Zeit nach Potsdam und n a c h der Besetzung des sogenannten „Ostpolen" durch die Sowjetunion, mit jedem Quadratmeter völlig unangetastet und unverändert ohne jede Verschiebung in den jeweiligen Grenzen des polnischen Staates …

Polen, Kernpolen, Zentralpolen, das wirkliche polnische Sprachgebiet, der berechtigte polnische Volksboden war nicht im Geringsten verschoben worden …

Das vom polnischen Volk besiedelte Gebiet, Kernpolen, Zentralpolen, das polnische Volksgebiet, das wirkliche Polen reicht grundsätzlich unverändert seit Jahrhunderten: … von Suwalki bis Rybnik bis Czestochowa bis Poznan bis Gniezno bis Wloclawek bis Mlawa bis Kolno bis Grodno bis Bialystok bis Brest bis Chelm bis Przmysl! Weiter reichte es nicht! Weiter reichte es bis 1945 niemals. Hinzukamen Sprachinseln, Minderheiten,

Diaspora, Großgrundbesitz, Heeresgarnisonen, Polizeiapparaturen, ein ganzer Unterdrük-kungsapparat gegen die Weißruthenen und Ukrainer in „Ostpolen" ...

„Verloren" gingen dem polnischen Staatsgebiet 1939 wie 1944 / 1945 n u r die litau-ischen, weißruthenischen, ukrainischen „Militärgrenzgebiete" gegenüber der UdSSR (im al-ten österreichischen Sinne). Hinzugekommen ist stattdessen 1945 nun nur ein deutsches Militärgrenzgebiet der sogenannten „wiedergewonnenen" Gebiete, reichend von der rechtmä-ßigen polnischen Staatsgrenze nach dem Stande am 31. August 1939 bis zur Verwaltungs-demarkationslinie an Oder und Neiße.

7.543

Das polnische Volk ist genauso ein europäisches Volk wie alle anderen Völker Europas: Weder ein Christus unter den Völkern noch von Natur aus ein Verbrechervolk, wenn es sich auch 1945 anders benommen hat. Es muß sich dann nur europäischen Maßstäben des Verhaltens anbequemen. – Das Polnische Volk krankt nur an dringendst einer Heilung be-dürftigen Grundfehlern: ...

1. Das polnische Volk ist nicht bereit, zur Kenntnis zu nehmen, wie groß – wie klein – sein Volksgebiet und Sprachgebiet wirklich ist.

2. Das polnische Volk neigt dazu, seine unberechtigten Forderungen schon für berech-tigte Rechtsansprüche zu halten.

3. Das polnische Volk neigt dazu, seine Träume für eine allgemein gültige Wahrheit zu halten.

4. Das polnische Volk neigt dazu, Polen nicht nur für den Mittelpunkt der Welt, son-dern für den einzigen berechtigten Mittelpunkt der ganzen Welt zu halten, unter Gering-schätzung fast aller anderen Völker: ... Insbesondere des litauischen, des weißruthenischen, des ukrainischen, des tschechischen und des deutschen Volkes, im Zweifel auch des groß-russischen Volkes. Vom jüdischen Volke zu schweigen.

5. Das polnische Volk neigt aber vor allem dazu, alles an Land der Nachbarstaaten um Polen herum „haben" zu wollen, welches es mit noch so armseligen oder auch ohne jede Begründung bekommen kann.

Und das polnische Volk krankt daran, daß es relativ häufig Regierungen hat, die offen rechtswidrig bis kriminell handeln:

1919 – 1921 Pilsudski im Angriffskrieg gegen die Ukraine, dann die Sowjetunion; bis zum Unrechtsfrieden von Riga.

1921 – 1939 in der Terrorherrschaft gegenüber den Weißruthenen und Ukrainern im so-genannten „Ostpolen"; ebenso gegenüber dem kleinen und wehrlosen Litauen.

1939 in der Verfolgung der Volksdeutschen in Polen und in der Provokation des Deut-schen Reiches bis zum Krieg um Danzig (Vergleiche David L. Hoggan aaO, S.416 – 750).

1945 in der Ermordung von bis zu 2 Millionen Deutschen, in der Vertreibung von bis zu 9 Millionen Deutschen, in der Okkupation Ostdeutschlands, entgegen dem Landkriegs-recht des Besatzungsrechtes cum animo dominandi. –

7.544

Nach dem Selbstbestimmungsrecht der Völker gehören zu Recht zum polnischen Staate n u r seine polnischen Volksgebiete:

mit der Tatra, Zakopane, den Burgen Niedzica und Czorsztyn, mit den Schlössern Krasi-zyn, Lancut, Baranow ...

die polnischen Hochflächen, mit Krakow, Kathedrale, Wawel, mit den Festungen Za-mosc, Krzystopor, den Burgen Bedzin, Ogrodzienice, Tyniec, Szydlow, Checiny, dem

Schloß Pieskowa Skala, insbesondere aber der Klosterfestung Czestochowa zum Klaren Berge ...

das großpolnische Tiefland, mit Gniezno mit dem Grabe des Heiligen Adalbert in der Stadtkirche, mit dem Giganten Lodz und seiner ersten Dampfkraftspinnerei 1835-37 gegründet von dem deutschen Urpolen Ludwig Geyer, mit Poznan mit der Bibliotheka Raczynskich ...

das masowisch – podlassische Tiefland mit Warszawa bis zum Schlosse Wilanow, mit der Burg Czersk, mit dem Schloß Bialystok ...

7.545

Dazu aber – zu dem rechtmäßigen Polen – geraubt hatte Polen 1921 noch 8 (acht) sehr große Wojewodschaften: Vilnius, Nowogrodek, Polesie, Wolhynien, Tarnopol, Stanislau und die Ostteile von Bialystok und Lviv ... Nach dem Selbstbestimmungsrecht der Völker hätten diese litauischen, weißruthenischen und ukrainischen Volksgebiete niemals zum polnischen Staate kommen dürfen: Dies ist sogar im House of Commons 1945 anerkannt worden. So beispielsweise von Sir William Beveridge, Lib., 27.02.1945, Dok. aaO. S.239, und Price, Labour, Dok. aaO S.241.

Als „Kompensation" für diesen zurückgegebenen, also verlorenen Raub in „Ostpolen" hat die polnische Regierung 1918 bzw. 1945 als Ersatz 7 (sieben) deutsche Provinzen usw. geraubt: ... Ostpreußen, Danzig-Westpreußen, Pommern, die Grenzmark, Ostbrandenburg, Niederschlesien, Oberschlesien ... Genau wie in Weißruthenien und der Ukraine hätten diese Teile Ostdeutschlands n i e m a l s zum polnischen Staate kommen und gehören dürfen.

7.546

Entgegen aller psychologischen Propaganda ist das polnische Volksgebiet 1945 somit n i c h t verschoben worden ... Da „Polen" nicht verschoben worden ist – nicht das polnische Volksgebiet, sondern nur die staatlichen und die Verwaltungsgrenzen – bedarf der polnische Staat für das polnische Volk auch keiner „Rückverschiebung". Nach der Selbstbestimmung bedarf es der Herausgabe – nach dem „ostpolnischen" 1945 – der im XX. Jahrhundert und auf mitteleuropäischem Boden indiskutablen polnischen strategischen Militärgrenzgebiete in Form der Oder-Neiße-Gebiete: Sei es an Deutschland; sei es zur Europäisierung ...

7.547

Wenn nun von Seiten der glücklichen Besitzer vorgebracht wird in aller Naivität, die „Westverschiebung" Polens und der Sowjetunion sei abgeschlossen; es sei unzumutbar, daran etwas ändern zu wollen, so ist grundlegend festzustellen, daß der „glückliche" Abschluß eines riesigen Verbrechens – Ermordung 2 Millionen, Vertreibung 9 Millionen, ... Neuansiedlung von einigen polnischen Millionen – noch keinerlei Grund noch Rechtsargument für dieses Verbrechen darstellt. Die Wiedergutmachung ist möglich.

Gewonnen wurde durch diese äußerliche Verlegung staatlicher Grenzen nur ein Verwaltungsterritorium einer heute noch „fünften Besatzungsmacht" Polen.

Die UdSSR war an Ostdeutschland interessiert, um Deutschland so weit wie möglich von Großrußland hinwegzurücken.

Polen war an Ostdeutschland interessiert, da offensichtlich wurde, daß das sogenannte Ostpolen 1945 unter keinen Umständen vor diesem absurden Verbündeten und Feind Sowjetunion für Groß-Polen gerettet werden könnte. Groß Britannien war an Ostdeutschland –

von dem es nichts wußte – nur noch in Liquidation an Polen als seinem „ersten Verbünde-ten" interesiert; ein Staat, der solches Interesse nicht verdiente und der Groß Britannien sonst wenig tangierte. „Europäische" Gesamtbelange interessierten noch nicht.

Die USA waren nur relativ interessiert und nur relativ unterrichtet.

Dagegen sind wesentliche Belange Europas verletzt worden bzw. verloren gegangen im Zuge dieser „Verschiebung" von Staatsgrenzen:

Der Anschluß Deutschlands – und Europas – an das Baltikum ging zum Schaden aller Drei verloren. Die Erstreckung Zwischeneuropas, das heißt Ostmitteleuropas bis an die na-türliche Grenzscheide der wolhynischen Sümpfe – polnisches Minderheitengebiet – ging verloren. Die Karpatho-Ukraine ging Mitteleuropa verloren. Die Sowjetunion trat in die Donauebene ein; über die Karpaten hinweg. Etwas, was Österreich-Ungarn gegenüber Ruß-land zu verhindern gesonnen war. Die Sowjetunion wurde ein direkter Nachbar der Slowa-kei und Ungarns. Die Sowjetunion konnte nach dem vorangegangenen Verlust der rumäni-schen Bukowina Rumänien noch weiter umfassen.

Es besteht die Hoffnung, daß das letzte Wort dieser Verlegung von Staatsgrenzen noch nicht gesprochen ist: So z.B. durch die Verselbständigung des Baltikums, Weißrutheniens, der Ukraine, der Moldavia.

7.55
Niemand wünsche auch nur die Wiedervereinigung der Bundesrepublik mit der „DDR"! Erst recht wünsche niemand die Wiederherstellung des Deutschen Reiches in den Grenzen nach dem Stande vom 31.12.1937

Ein Grund gegen das Selbstbestimmungsrecht des deutschen Volkes auf Ostdeutschland soll sein, daß niemand auch nur die Wiedervereinigung der Bundesrepublik Deutschland und Westberlins mit der „DDR" und Ostberlin wünsche! Erst recht wünsche aber niemand, daß das Deutsche Reich in den Grenzen nach dem Stande vom 31.12.1937 wiederhergestellt werde.

7.551
Das Vorbringen ist aus mehreren Gründen nicht wert, widerlegt zu werden.

Zum Ersten: Niemals hat Niemand jemals festgestellt, daß „niemand" solche Wiederverei-nigung nicht wünsche. Noch könnte dies objektiv, allgemeingültig und vor allem zeitlos von irgend jemand festgestellt werden.

Zum Anderen: Das Selbstbestimmungsrecht des deutschen Volkes auf Neuvereinigung Westdeutschlands und Westberlins mit Mitteldeutschland und Ostberlin – und mit Ost-deutschland – ist ein unverzichtbarer, völkerrechtlich unwiderlegbarer, international auch moralisch anerkannter Rechtsanspruch, ein ius cogens. Nur dieses ist 1990 bezüglich der ehemaligen „DDR" verwirklicht worden ... Ein Recht, ein Rechtsanspruch wird nicht da-durch widerlegt, daß er zeitweilig nicht energisch genug vertreten wird einerseits, und daß ggf. zeitweilig „niemand" ihn zu erfüllen wünschen sollte andererseits ...

Zum Dritten: In feierlichen Verträgen haben gewisse Westmächte sich in Selbstverpflich-tung auch zum zwingenden, ersten deutschen Ziel der Wiedervereinigung geäußert, bekant und festgelegt. Was „Wiedervereinigung Deutschlands" alles beinhaltet und bedeutet mag umstritten sein. Aber warum sollen diese Selbstverpflichtungen – weil es 1991 opportun scheinen mag – Lebenslügen politischen Alltags geworden sein? Im Gegenteil beginnen diese Hohen vertragsschließenden Teile ihre Verpflichtungen nach und nach zu erfüllen.

458

7.552

Aber sei es drum: Es wird unterstellt, daß „niemand" die „Wiedervereinigung Deutschlands"
wünsche. Wie ist dann die Lage Gesamtdeutschlands? Die Machtlage in Europa kann und
wird sich ständig ändern. Die Interressenlagen in Europa sind ständig im Fluß. Wenn die
USA, Groß Britannien, Frankreich Deutschland einmal „brauchen" sollten, zum Beispiel
weil es sich zu verselbständigen, scheinbar nach Osten „abzuschwimmen" suchen sollte, so
könnte ein Entgegenkommen eventuell angezeigt sein. Die Notwendigkeiten des strategischen Vorfeldes für Frankreich, Benelux, Groß Britannien fordern, daß dieses Vorfeld umso
breiter, umso besser geeignet sei. Das gleiche gilt für das Aufmarschgebiet der Nato und
der USA in Westeuropa und Mitteleuropa. Zwischeneuropa als „cordon sanitaire" ist nicht
endgültig überholt. Die USA dürften es begrüßen müssen. Es könnte im Eigeninteresse
Polens gegenüber Rußlands liegen. Es könnte im Eigeninteresse Rußlands gegenüber
Nachbarn, von der Türkei und Rumänien, Bulgarien, Albanien bis Estland und Finnland
liegen. „Verschlechterungen" der Lage in Teilen des ehemaligen Satellitengürtels sind
wahrscheinlich. Katastrophale „Verschlechterungen" der Lage im Innern selbst sind nicht
auszuschließen. Der Sicherheitsgürtel von Petsamo und Narwa bis Odessa war insofern
brauchbar für alle Seiten.

Ereignisse nie vorausgesehenen Ausmaßes in der „DDR" und in Ostberlin, die sanfte
deutsche Revolution 1989 haben inzwischen längst zur Widerlegung der These geführt,
„daß niemand die Wiedervereinigung wolle". Ebenso wie in Estland, Lettland, Litauen, Georgien, Armenien, Aserbeidschan, Usbekistan, den islamischen Republiken der Sowjetunion bereits die Entwicklung bis zu blutigsten Unruhen mit bürgerkriegsähnlichen Ein-
sätzen geführt hat: Ebenso sind bereits die vorbereitenden Ereignisse in der „DDR" viel
weitergegangen als dies den Wünschen der timiden Bundesregierungen entsprochen hätte,
niemanden „zu destabilisieren". Die Gerontokratie der 75jährigen in der „DDR" stand auf
dem Aussterbeetat. Die Folgegeneration der Stalinisten, der 60jährigen in der „DDR"-Füh-
rung war überfordert, bevor sie auch nur die Herrschaft antreten konnte. Das Volk, „wir
sind das Volk", „wir sind ein Volk" hat die Entscheidung erzwungen 1989: Hin zur ersten
Station der Einheit, zum Vier-Zonen-Deutschland am 3. Oktober 1990.

Schließlich Europa? Die unaufhaltsame Entwicklung führt zu einem größeren Europa.
Die Anziehungskraft der Europäischen Gemeinschaft nimmt aller Wahrscheinlichkeit entgegen ständig zu. Die Deutsche Mark, der europäische Ecu, der Euro, können nicht
„bekämpft", können nicht „besiegt" werden. Die gemeinsame Währung ist von unabsehba-
rer Zukunft. Das Jahr 1992, 1996 ist auch für Ungarn, die Tschechoslowakei, erst recht
aber für Polen eine Entscheidung bedeutsamsten Ausmaßes.

Die Entwicklung des größeren Raumes wird langsam aber bestimmt zum Gefühl der
größeren Verantwortung für das größere Ganze führen: Einschließlich Deutschlands. Warum nicht einschließlich Gesamtdeutschlands? Warum nicht auch in Polen? Entscheidend
aber bleibt, daß das deutsche Volk die ganze Wiedervereinigung in Einheit und Freiheit mit
aller Energie will. Nicht nur Vier-Zonen-Deutschland.

7.56

Die „Deutsche Frage „sei nicht mehr offen".

Ein Grund gegen das Selbstbestimmungsrecht des deutschen Volkes auf Ostdeutschland
sei, daß die „Deutsche Frage nicht mehr offen" sei. Sie stehe nicht „auf der Tagesordnung
der Weltpolitik."

In der Vergangenheit hieß es zunächst viele Jahre – bis zynischerweise kulminierend im
Jahre 1989 – die deutsche Frage sei nicht mehr offen, weil die „sozialistische Nation" der

„DDR" ihr Selbstbestimmungsrecht bereits ausgeübt habe. Es sei zur Trennung dieser neuen Nation von der deutschen Nation gekommen und diese angebliche „Entscheidung" müsse „selbstverständlich" „respektiert" werden. Die neue „DDR" und ihre Nation dürften deshalb nicht „destabilisiert" werden.

In der Gegenwart, – nachdem seit 1989 die DDR" endlich untergegangen ist –, heißt es nun, erst recht könne die deutsche Frage nicht mehr offen sein, weil die „DDR" untergehe und beigetreten werde. Umso mehr dürfte deshalb „die gesicherte polnische Westgrenze" nicht destabilisiert werden: Im Interesse aller hehren Begriffe wie beispielsweise Frieden, Entspannung, Aussöhnung, Völkerfreundschaft, Europa, Europäisches Haus, Berechenbarkeit, Verantwortung.

Ist die „Deutsche Frage" noch offen? Warum ist sie noch offen?

7.561

Eine deutsche Frage und eine Antwort: Logisch kann es nur e i n e deutsche Frage geben: Die nach „Deutschland". Logisch gibt es auf diese deutsche Frage nur e i n e deutsche Antwort. Sie ist so selbstverständlich, daß sie jenseits aller Nationalstaatsphantasien, jeder Diskussionen und jeder Polemik steht: Deutschland in Einigkeit und Recht und Freiheit; wie es die Nationalhymne seit fast 150 Jahren fordert.

Deutschland in seiner staatlichen Form – nicht der Volksboden – ist unabhängig von dem Namen des deutschen Staates. Dieses staatliche Deutschland ist ebenso allgemeingültig festgestellt und dann rechtlich und moralisch festgelegt worden: Im „Grundgesetz für die Bundesrepublik Deutschland". Kaum einer der 1991 so zahlreichen Kritiker, Polemiker, Utopisten, nützlichen Intellektuellen, Provokateure wird offen gegen dieses Grundgesetz argumentieren können noch wollen.

Das Grundgesetz ist für das deutsche Volk „von dem Willen beseelt", die „nationale und staatliche Einheit" zu wahren (Präambel GG). Dies gilt zweifellos weiter …

Nach dem Grundgesetz ist Deutschland derjenige Staat des deutschen Volkes, der „in freier Selbstbestimmung die Einheit und Freiheit Deutschlands" vollendet (Präambel GG). Dies gilt zweifellos weiter …

Deutschland ist nach dem Grundgesetz der Staat jener Verfassung, den das deutsche Volk „in freier Entscheidung" kraft seines Selbstbestimmungsrechtes wählt (Artikel 146 GG). Dies gilt zweifellos weiter … – Die Antwort auf die deutsche Frage ist somit logisch und verfassungsmäßig klar erkannt, vorgegeben und festliegend. Nur derjenige, der die zweifelsfrei richtige Antwort auf die deutsche Frage, ganz einfach: … Deutschland in Einigkeit und Recht und Freiheit … ein deutsches Volk, eine deutsche Nation, ein deutscher Staat in Selbstbestimmung, … entweder nicht sehen will und nicht wissen will … oder wer – ggf. wider besseres Wissen – verfälscht … oder wer sie zu bekämpfen sucht, weil sie bestimmten Interessen widerspricht: Nur der kann dann versuchen, die deutsche Frage und die deutsche Antwort zu leugnen oder zu verfälschen. Dies ist keineswegs nur Romantik sondern auch deutsches Recht. Solche verfälschende oder leugnende Fragen können aber die einzige zutreffende Antwort nicht ändern oder ausschalten. Immerhin wird ja selbst in der Negation, daß „die deutsche Frage nicht mehr offen sei" eigentlich mindestens zugegeben, daß es „die deutsche Frage" gibt oder mindestens gegeben hat.

Was ist danach die deutsche Frage, die offen ist?

Prinzipal: Der Staat der E i n h e i t und der F r e i h e i t der deutschen Nation.

Ferner: Die Existenz von Separationsstaaten deutscher Herkunft neben diesem einen deutschen Staat; o h n e durch Volksabstimmung geforderte Trennung vom deutschen Volk und deutschen Staat! Vor allem aber: Entgegen dem Selbstbestimmungsrecht der Völker abgetrennte Teile dieses deutschen Staates, dieser deutschen Nation: Von Memel bis Südtirol.

7.562

Was ist nach dieser Antwort „die deutsche Frage" n i c h t ? Nach diesem Versuch einer grundsätzlichen Antwort auf die deutsche Frage ist nunmehr leichter feststellbar und klarer zu bezeichnen, was danach die deutsche Frage n i c h t ist: Weder als „offene" und somit der Lösung noch bedürfende Frage, noch als vorgeblich nicht mehr „offene" und somit vorgeblich abgeschlossene und erledigte Frage.

Nicht die deutsche Frage selbst, sondern nur Mißstände, zur Erfüllung der Einheit in Freiheit Deutschlands möglichst bald und möglichst ohne Reste zu beseitigende Mißstände sind etwa beispielsweise die folgenden:

Jegliche Parteiherrschaft über Teile Deutschlands, in West- wie in Mitteldeutschland, so wie z.B. die untergegangene der SED; so wie z.B. Mißbrauch der Bundesratsstellung;

jegliche Verabsolutierung irgendeiner Ideologie, so insbesondere diejenige des „realen Sozialismus" oder eines „dritten Weges";

jegliche Terrorherrschaft, so Mauer, Stacheldraht, Geheimpolizei Stasi, „Friedensgrenze";

jegliche Vertretung des Klassenkampfes, sei es mit welchem Vorwand immer: Arbeitnehmer, Werktätige, Bauern, „Gesellschaft", maßlose Forderungen sogenannter Tarifverträge!

Aber auch beispielsweise die folgenden Erscheinungen im deutschen Staatsleben sind nur Mißstände, aber nicht die deutsche Frage selbst:

Jegliche Propagierung der Zweistaatlichkeit, unter irreführender Verfolgung als nazistisch; des „Anti-Nationalstaates", des Verfassungspatriotismus statt der Nation, des „Anti-Einheitsstaates";

jeglicher überspitzter Föderalismus, Länderapotheose, Anti-Berlin-Predigten, Rheinbundanklänge;

jegliche Überbewertung von Konfession, politischem Katholizismus bzw. Protestantismus, Atheismus.

7.563

Und die vorgebliche „sozialistische Nation der DDR"?

Was als scheinbar kleiner Mißstand begann – die Parteiherrschaft der SED über Mitteldeutschland und Ostberlin mit Hilfe sowjetischer Panzer und Bajonette – drohte d i e deutsche Frage, die wichtigste deutsche Frage zu werden: 1945 bis 1989. Diese Schamade endete 1989.

In geradezu erschütterndem Maße fanden sich dann 1989 Träumer, Utopisten, Narren, nützliche Intellektuelle, „Dichter", „demokratische Sozialisten", die das Kolonialunternehmen „DDR" der UdSSR in Mitteldeutschland als dritten Sonderweg wenn weiter möglich gerne zu verewigen versucht hätten; in einer ganz besonderen, wiederum echt deutschen Art von nationaler Geisteskrankheit.

Dabei war das Schlagwort der „sozialistischen Nation der DDR", die „ihr Selbstbestimmungsrecht bereits ausgeübt habe" von Anfang an nichts als ein absurdes poltisches und psychologisches verbales Kampfmittel: „Das Volk der DDR" des ehrenwerten Dr. Hans Modrow noch im Ergebnis 1989 / 1990. Nach den Klarstellungen selbst Stalins zur Nationalfrage bedarf diese Ideologiethese der „DeDeÄrschen Nation" keiner weiteren Widerlegung. Stalin hatte in Objektivität und in voller Klarheit alles von vornherein widerlegt …

So wie bei Orwell „1984" das „Minilieb", das Ministerium für Liebe eben das Mord- und Terrorministerium ist, was keines Beweises bedarf. So gab es keine und wird es keine geben: Keine „DeDeÄrsche Nation".

Aber auch nach dem 9.11.1989 kann bedauerlicherweise diese Theorie der „sozialistischen Nation der DDR" nicht bedingungslos als erledigt abgelegt werden, obwohl sie widerlegt ist. Scheinbar größere Teile beider deutscher Bevölkerungen scheinen auch nach dem 9. November 1989 und mindestens bis 3.10 und 12.12.1990 Restbestandteilen dieser armseligen SED-Theorie offen oder unbewußt nachzutrauern. Den Gipfel bilden Kundgebungen gegen die Wiedervereinigung in Berlin und die Demonstration „Nie wieder Deutschland" am 12. Mai 1990 in Frankfurt; einer „radikalen Linken", mit Abstand das Erbärmlichste, das die einschlägige deutsche Geschichte kennt: Ebenso: „Halts Maul Deutschland" am 3. Oktober 1990 in Berlin. Nur anfänglich war einmal die Problematik der westdeutschen, der „bundesrepublikanischen" Anerkennung einer „DeDeÄrschen Nation" ein Eldorado der Phantasmagorien nützlicher Theoretiker. Noch kurz vor dem Ende in Schande, nur vier Monate vor der Revolution der Bevölkerung Mitteldeutschlands, hatten sich große politische Kräfte, eine der größten Parteien Deutschlands dieses Anliegens angenommen. Dabei kommt es für die erledigte Vergangenheit nur an auf das dümmliche, verfehlte Vorbringen, nicht auf die Namen der irregeleiteten Organisationen und nützlichen Funktionäre. Ebenso die Kundmachungen geistig Armer, zu lesen am 3. Oktober 1990 in der Bonner Innenstadt: „Deutschland einig Naziland, Nazis raus, Vertriebene verpißt euch, Schlesien bleibt polnisch."

7.564

Im Deutschen Bundestag zur „DeDeÄrschen Nation"

Noch am 22. Juni 1989 führte vor dem Deutschen Bundestag der deutschlandpolitische Sprecher einer großen demokratischen Partei eine Erkenntnis seiner Partei aus (vgl. FAZ 23.06.1989 zusammenfassend), was zurückhaltend dem Vergessen überantwortet werden soll.

Übrig bleibt nicht, was jahrelang die „DDR" scheinbar im Verhältnis zu einer ebenso uninteressierten wie irregeführten Vielzahl fremder Staaten – so z.B. auch im Rahmen der Vereinten Nationen – zu sein vorgegeben haben mag. Übrig bleibt, was diese „DDR", dieser vorgebliche Nucleus einer vorgeblich neuen Nation im Verhältnis darstellte zum deutschen Staat, zum deutschen Volk, zur deutschen Nation: Staat, Volk, Nation, die derzeit sehr viel mehr schlecht als recht manchmal vertreten werden in Teilidentität und Subjektidentität von Organen Vier-Zonen-Deutschlands.

Diese „DDR" begann als eine bloße Besatzungszone, die sowjetische Besatzungszone Deutschlands. Diese „DDR" wurde ein Verwaltungsgebiet sui generis. Diese DDR" war gemäß Bundesverfassungsgericht analog einem deutschen Land einzuordnen,

Diese „DDR" war deshalb auch keine Nation, keine sozialistische Nation. Sie war keine normale Nation; sie war Teil der deutschen Nation. Sie war keine Staatsnation mangels eines Staates mangels eines Staatsvolkes. Sie war kein Volk; sie war Teil des deutschen Volkes. Sie war „Einwohnerschaft", war „Bevölkerung" des Gebietes Mitteldeutschland mitten in Deutschland.

7.565

Wechselnde Argumentationen für die „Erledigung" der deutschen Frage: Die offizielle Deutschlandpolitik der Regierung der Bundesrepublik Deutschland war von jeher zwiespältig.

Das Auswärtige Amt, relativ spät nach beginnender Verhärtung der Situation entstanden, sah in seiner Routinepolitik mit scheinbarem Recht fast durchgehend auf das Nächstliegendste im territorialen Bereich: im Westen bis 1955 das Saarland, in Mitteldeutschland die „DDR", ab 1949 sich separierend, ab 1961 Ostberlin,

Ostdeutschland schien weit weg. Eine gemeinsame Grenze mit der Volksrepublik Polen gab es nicht. Höchst sporadische verbale Proteste wurden als völlig ausreichend angesehen. Ein Versuch, mit einer Obhutserklärung der Bundesregierung die Minderheit der Deutschen in den Ostgebieten zu schützen, scheiterte: Wie sie das Bundesministerium für gesamtdeutsche Fragen vorgeschlagen hatte! In dieser verengten Sicht war alsbald die deutsche Frage geschrumpft auf den Kampf gegen die „DDR" mit allen „gutbürgerlichen" Mitteln: Von der offenen Konfrontation zur Servilität, zur versteckten bis offenen Unterstützung des Systems unter dem Vorwand der Unterstützung der Bevölkerung, bis zur vergeblichen Annäherung durch Wandel. Sie verzögerte die Revolution im Grunde um viele Jahre. Ohne die Hilfe der Bundesrepublik für die „DDR" hätte es schon lange keine „DDR" mehr gegeben.

Das Bundesministerium für gesamtdeutsche Fragen dagegen hatte bis zu seinem Ende klar und unbestritten die Zuständigkeit für das ganze Gebiet des Deutschen Reiches in seinen Grenzen nach dem Stande vom 31.12.1937. Es nahm diese Aufgabe in vielen Hunderten von Einzelrügen an Hand seiner Kartenrichtlinien und dann Bezeichnungsrichtlinien bis zur Ministerunterschrift sehr ernst. Als diese Aktivität nicht mehr „erwünscht" war, war der Namenswechsel in Bundesministerium für innerdeutsche Beziehungen ein bezeichnender und abschließender Systemwechsel.

Auch hier war damit aus der deutschen Frage mit Ostdeutschland – im Rahmen der Reichsgrenze nach dem Stande am 31.12.1937 – eine auf das Mindestmaß kastrierte deutsche Frage des Verhältnisses zur „DDR" und zu Ostberlin geworden: Mehr war nicht mehr.

Es bedarf keiner Betonung, daß alliierte Schriftstücke, erst recht sowjetische Papiere diese Zwiespältigkeit vertieften durch ihre Einseitigkeit der Zugrundelegung des erwünschten status quo. So geht beispielsweise der sowjetische Entwurf eines Friedensvertrages vom 10. März 1952, vom 10. Januar 1959 (Artikel 9, 10, 11) nicht nur von einem polnischen Ostdeutschland und einem tschechischen Sudetenland, sondern überflüssigerweise sogar expressis verbis von einem französischen Elsaß-Lothringen aus. Zu Grunde liegen vielmehr „zwei deutsche Staaten", die beide nicht kriegführende Parteien waren, mit denen beiden dennoch „Frieden geschlossen" werden sollte nach dem Willen der stalinistischen UdSSR.

7.566
Die deutsche Frage aber bleibt offen:

Die deutsche Frage bleibt offen, solange Gebiete Deutschlands: ohne daß die Bevölkerung befragt worden ist, gegen den ausdrücklichen Willen der Bevölkerung, – sei die Bevölkerung auch deportiert oder heimatvertrieben-, nicht zum deutschen Staat gehören dürfen!

Die deutsche Frage bleibt offen, solange die Grenzen Deutschlands: nicht mit den Sprachgrenzen übereinstimmen dürfen (Ausnahmen Elsaß-Lothringen, Schweiz, Luxemburg, Liechtenstein), nach Deportation der deutschen Bevölkerung festgelegt worden sind.

Die deutsche Frage bleibt offen, solange das Selbstbestimmungsrecht Deutschlands auf sein Land nicht zugelassen und nicht verwirklicht ist.

Die vielen schönen Begriffe: Menschliche Erleichterungen, Freizügigkeit, Entspannung, Versöhnung, Abbruch und Verkauf der Berliner Mauer, octroiierte „Friedensgrenzen", „Durchlässigkeit von Grenzen", „Vernetzung", „Aufhebung des inhumanen Charakters von Grenzen" ... Dies alles ist nicht die deutsche Frage. Die deutsche Frage ist offen im Selbstbestimmungsrecht.

Im Laufe von 44 Jahren zwischen 1945 und 1989, sich steigernd mit den letzten Jahren des neunten Jahrzehnts, war in einer Welle von Timidität, Kleinmut, Appeasement, Lethargie, Müdigkeit. Entspannungsphantasie, Friedensapotheose, Vermeidung von einer Destabilisierung, Konvergenzträumen, Armseligkeit, Phantasien, Ideologieverbundenheit und ähnlichen Tugenden zunehmend erklärt worden, daß „die deutsche Frage" nicht mehr „offen" sei, daß sie erledigt sei, daß sie eine „Lebenslüge" der Bundesrepublik Deutschland sei. Mit der Unterschrift bekanntester Namen, was nur noch beschämender wirkt. Da die „DDR" bis zum Besuch Honeckers in Bonn 1988 und dann bis zur Vierzigjahrfeier der „DDR" 1989 als ein Koloß auf tönernen Füßen zu überdauern schien, bedeutete dies faktisch bis zum 9.11.1989 die vollständige Kapitulation der Bundesrepublik Deutschland vor der „Deutschen Demokratischen Republik" in der Deutschlandfrage. Sie verewigte die absolute Resignation. Sie bedeutete die Sakrosankterklärung der Sowjetkolonie „DDR". Sie beschränkte sich auf immerwährenden Pessimismus.

Nicht nur ungezählte Einzelpersonen, kleinste selbsternannte Spezialisten und Politiker ohne Format haben sich hierbei in Erklärungen hervorgetan, deren Bedeutungslosigkeit in umgekehrtem Maßstabe mit ihrer Entschiedenheit und der gewählten Lautstärke – und der Gehaltshöhe! – korrespondierte. Auch große Organisationen, große Parteien haben sich in einem Prophetentum verewigt, das ihnen auf immer zur Scham gereichen wird. Auch verehrungswürdige große Institutionen – durch den Mund hierzu nicht bevollmächtigter Amtsträger bzw. Vertreter- blieben hiervon nicht ausgeschlossen.

Mit der sanften Revolution des 9. November 1989 ist diese Schamade vorbei. Umso mehr kommt nun ab 1989 die angedeutete Zwiespältigkeit der deutschen Ostdeutschlandpolitik erst recht zum Vorschein.

Vor 1989 erforderte die Erledigterklärung der deutschen Frage wenigstens bei Gutwilligen noch ein schlechtes Gewissen. Waren sie doch in ihren Erklärungen sich bewußt, wissentlich und willentlich den demokratischen Willen von 17 Millionen Deutscher in der ja um jeden Preis zu schonenden „DDR" nicht nur zu mißachten, sondern ihm absichtlich zuwider zu handeln: Wenn sie „DDR", Zweistaatlichkeit, Antinationalstaat predigten.

Nach 1989 entfällt scheinbar dies Erfordernis des schlechten Gewissens. Diese Propheten hatten alles ihnen Mögliche getan, damit die Befreiung Mitteldeutschlands nicht vorkommen möge: Zugunsten der „real-sozialistischen DDR". Nun ist die Befreiung ohne und gegen ihren Willen und ihre Erklärungen und ihre Handlungen eingeleitet und vollendet worden.

Um Mitteldeutschland und um Ostberlin scheint es nun nur noch wirtschaftlich gehen zu müssen. Umso mehr kann fingiert werden, kann phantasiert werden, bis hinauf zu höchsten nützlichen Funktionären, daß mit der Wiedervereinigung mit der „DDR" die deutsche Frage erledigt sei. War der 1989 vergangene vorgeschlagene Verzicht auf die „DDR" bis 1989 noch fast ausschließlich eine Frage des Willens, nämlich des fehlenden guten Willens zur entschlossenen Wiedervereinigungspolitik. So ist nunmehr die an ihre Stelle tretende Ostdeutschlandpolitik fast ebensoviel wie eine Frage des nicht vorhandenen Willens eine Frage der primitiven Unkenntnis, des Nichtwissens.

Nirgends ist mehr von „deutscher Ostgrenze" die Rede. Ununterbrochen ist von „polnischer Westgrenze" die Rede: Eine deutsche Bundesregierung, die im Verdacht steht, polnische Westpolitik nicht nur zu tolerieren, sondern zu unterstützen. Es ergibt sich ein einzigartiges Maß von Ohnmacht von fast 80 Millionen Deutschen zur Ostgrenze des deutschen Staates.

Gegenüber vielfach anzutreffender deutscher Beschränktheit, Borniertheit, Unwissenheit, ist entschlossene neue Aufklärung erforderlich. Gegenüber deutschem nationalen Masochismus, einer Art nationaler Geisteskrankheit gegenüber dem Annektionsstaat Polen, ist entschlossene Abwehr erforderlich.

Gegenüber polnischer Maßlosigkeit in der Erpressung, einem Vorgehen, das jegliche geschichtlichen und rechtlichen Maßstäbe sprengt, bleibt nur die Brandmarkung.

Gegenüber fremder, auch alliierter, auch befreundeter Voreingenommenheit bleibt nur die geduldige Aufklärung: wie wirklich alles gewesen ... wie wirklich alles gekommen ...

Gegenüber stellenweis anzutreffendem Haß Einseitiger bleibt nur die Verzeihung. Was also bleibt ab 1989 / 1991 als „die offene deutsche Frage"? Die offene deutsche Frage ist die Verweigerung des Selbstbestimmungsrechtes für das deutsche Volk auf sein Ostdeutschland, Danzig und das Sudetenland.

Entgegen böswilligem Zweckvorbringen negativ Interessierter steht das Selbstbestimmungsrecht dem deutschen Volke wie jedem anderen Volke zu. Das Selbstbestimmungsrecht ist in keiner Weise nur ein antikoloniales Recht. Die Selbstbestimmung des deutschen Volkes ist in keiner Weise abhängig „von allen 1945 im Kriege mit dem Deutschen Reich Befindlichen", wie vorgebracht worden ist!

Das Selbstbestimmungsrecht des deutschen Volkes ist in keiner Weise abhängig „von allen Nationen, Staaten, Völkern Europas" wie vorgebracht worden ist.

Das Selbstbestimmungsrecht des deutschen Volkes ist in keiner Weise abhängig – von vier Siegermächten – von „Sonderrechten" der USA, der UdSSR, Groß Britanniens, Frankreichs. Nach 45 Jahren ab Kriegsende sind sie clausula rebus sic stantibus lange obsolet, lediglich ohne daß das höflichkeitshalber Deutschland gesagt hat.

Die Selbstbestimmung Deutschlands ist auch in keiner Weise abhängig – das jüdische gerecht denkende Volk wird dies verzeihen – von Angstartikeln in vereinzelten israelischen Zeitungen, die großmütig nur 10 Generationen Abwarten bis zur Wiedervereinigung Deutschlands gefordert hatten.

7.567

Nach welchem Gebiet also fragt „die deutsche Frage"?

Die Frage kann nur eine einzige Antwort bekommen: Das Selbstbestimmungsrecht der Völker bestimmt und begrenzt den deutschen Staat ...

Was dazu an höchst negativen Vorentscheidungen versucht worden ist, ist rechtlich ohne Grundlage, also rechtswidrig gegenüber ius cogens, also nichtig.

Die Posdamer Protokolle, eine res inter alios acta, vermögen das Gebiet eines unbeteiligten und nicht befragten Dritten, des deutschen Staates, des Deutschen Reiches n i c h t zu bestimmen, nicht zu begrenzen, nicht zu verkleinern, auch nicht durch Adiudicatio, durch Annektionen. Der Versuch der Festlegung Deutschlands auf das Gebiet, „was von Deutschland übrig geblieben ist", wie ein Verbrecher namens Stalin selbstherrlich meinte, ist nach Völkerrecht rechtlich zu nichts berechtigend für dritte Mächte, so z.B. für Polen, die Tschechoslowakei, die UdSSR; ist rechtlich zu nichts verpflichtend für Deutschland. Die verlassene Scheinfestlegung 31. Dezember 1937 ist als Begrenzung rechtswidrig, zunächst nur Einmischung in innere Angelegenheiten Deutschlands und daher irrelevant.

Nach geltendem Völkerrecht ist bis zu einer anderslautenden vertraglichen Einigung in Freiheit zwischen dem Deutschen Reich und seinen betroffenen Nachbarn die gültige Grenze des deutschen Staates die Reichsgrenze nach dem Stande am 31. August 1939. Daran kann sich und hat sich bis heute nichts geändert. Obwohl dies buchstäblich niemandem zu passen scheint.

Eine solche vertragliche Einigung kann nur der deutsche Gesamtstaat schließen: ...
Nicht die Bundesrepublik Deutschland. Sie hat nicht Krieg geführt. Sie ist nur teilidentisch

und subjektidentisch … Nicht die „DDR". Sie ist eine Besatzungsanmaßung ohne Rechtserheblichkeit und ist untergegangen … Nicht Vier-Zonen-Deutschland. Es ist nicht der deutsche Gesamtstaat. Es ist n i c h t das Deutsche Reich.

Was auch immer – entgegenlautend – 1990 / 1991 abgemacht werden möge von der Bundesrepublik, sei es auch nach Eingliederung der „DDR", also vom Vier-Zonen-Deutschland …

Was auch immer von Polen erpresst werden möge, ein Schriftstück von Beurkundungscharakter eines rechtswidrig durch Raub erzeugten status quo, die Festschreibung eines zufällig zur Zeit vorübergehend noch Stärkeren, ohne gerechten Interessenausgleich, ohne und gegen das Interesse des vereinten Europa …

was auch immer von „Freunden" Deutschlands noch erzwungen wird 1990 / 1991 …

was auch immer von der UdSSR noch in Erfüllung des Willens Stalins festgelegt werden möge …:

Alles dies ist ein „ungleicher Vertrag" und ist ex tunc, von Anfang an nichtig. Deutschland wird rechtswidrig und sittenwidrig erpreßt. Weit über das Normalmaß kriegerischen Nachdrucks an einem Kriegsende hinaus. Und dies 46 Jahre nach Kriegsende.

Was auch immer 1990 / 1991 abgemacht werden möge. Es darf um der international-rechtlichen Präzedenzwirkung k e i n e n Bestand haben. Sonst würde aus offenem Unrecht ein Völkerrechtssatz folgenden Inhalts:

Eine Okkupationsmacht einer occupatio bellica, nur als Beispiel Polen, die UdSSR, die Tschechoslowakei, während der Dauer der occupatio cum animo dominandi: … vergewaltige erst Millionen Frauen im Okkupationsgebiet … ermorde erst Millionen Zivilisten der Gebietsbevölkerung, vom Baby bis zum Greis … beraube die Bevölkerung um alles beim Antritt der Deportationstransporte … erzwinge die brutale Deportation von Dutzend Millionen Einwohnern, bis zu Kranken, Schwangeren, Sterbenden, aus ihrer eigenen jahrhundertelangen Heimat … raube das Privateigentum der Deportierten im Werte von hunderten Milliarden DM … versuche das besetzte Gebiet der unterliegenden Macht zu annektieren … importiere Landfremde und halte unter ihnen eine „Volksbefragung" ab über die Zuteilung des geraubten Gebietes an die raubende Okkupationsmacht … erpresse am Ende die Unterschrift des Beraubten, daß alles streng rechtlich zugegangen sei:

Wenn so etwas Rechtens und Rechtsüberzeugung wird, wenn solches Völkerrecht wird, so ist dies das Ende des internationalen Rechtes. Es wäre auch das Ende der Humanität, das Ende der Gesittung: Es wäre auch das Ende der Demokratie.

7.568

Wann ist „die deutsche Frage" erledigt?

Die deutsche Frage wäre erst dann im Geist und in der Wahrheit nicht mehr offen, sondern abgeschlossen und erledigt, wenn das deutsche Volk sein Recht auf sein Selbstbestimmungsrecht auf sein Land vergißt … wenn die Bundesrepublik Deutschland sich kapitulierend in ihren Historikerstreit und Verfassungspatriotismus zurückgezogen hätte, ohne Gesamtberlin, ohne die Eingliederung der „DDR", jenseits von Österreich … wenn das Vier-Zonen-Deutschland glauben sollte, daß es schon ganz Deutschland sei … wenn das deutsche Volk Ostdeutschland, das Sudetenland und Danzig nicht mehr vertritt, sondern vergißt:

Dann, aber auch erst dann wäre Nordostpreußen fraglos eine großrussische Kolonie, wäre Ostdeutschland fraglos eine polnische Militärgrenze auf Friedenswacht gegen Westen, wäre das Sudetenland fraglos tschechisch …

Diese Auspizien der Frage nach Deutschland interessieren naturgemäß Polen, die Tschechoslowakei, die Sowjetunion …

7.57

Als „K o m p e n s a t i o n " diene Ostdeutschland zur Entschädigung für Polen für das an die Sowjetunion abgetretene „Ostpolen"!

Ein Grund gegen das Selbstbestimmungsrecht des deutschen Volkes auf Ostdeutschland soll sein, daß Ostdeutschland als „Kompensation", als Entschädigung für Polen für das an die Sowjetunion abgetretene „Ostpolen „dienen müsse.

7.571

Das Betrugs-Schlagwort „Kompensation"

Wenn einerseits ein negativer destruktiver Wille zur Handlung um jeden Preis feststeht,- Ostdeutschland muß polnisch werden-, wenn andererseits logische, rationale, neutrale Argumente sachlich keinesfalls gegeben sind bzw. haltlos sind gegenüber zwingenden objektiven Gegenargumenten in Fülle,- Ostdeutschland ist nichts als rein deutsch,- so stellt sich zur rechten Zeit ein Fremdwort als Betrugswerkzeug ein.

So geschah es hier im Falle der Grenzen der UdSSR, Polens und im Reflex Ostdeutschlands: „Kompensation". Die UdSSR war entschlossen, die Gebiete „Ostpolens", die sie 1939 und erneut 1944 / 1945 kriegerisch besetzt hatte, aus der Liquidationsmasse des Vorkriegspolens um jeden Preis festzuhalten: Nicht nur gegen Polen, sondern gegen die Welt.

Polen – im faktischen Zusammenspiel seiner Londoner Exilregierung und seines Lubliner kommunistischen Wachstumszentrums – war entschlossen – ebenso um jeden Preis –

sowohl den Raub im Osten: Von Vilnius bis Lviv, von Wilno bis Lwow wenn nur irgend möglich festzuhalten gegenüber der feindlichen „verbündeten" Sowjetunion, als auch im Norden und Westen zusätzlich dazu zu rauben, von Deutschland, von Königsberg bis Stettin, von Küstrin bis Beuthen, so viel nur immer zu kriegen war. Und es konnte Polen gar nicht genug sein an Raub, ohne jede Rücksicht auf Gründe oder auf Vernunft.

Die jeweiligen Ziele schlossen sich eigentlich offensichtlich rational absolut aus. Die notwendige Bedingung einer Einigung war selbstverständlich der Verzicht „beider Polen" auf „Ostpolen" gegenüber der Weltmacht Sowjetunion. Die hinreichende Bedingung wurde, daß der Raub an Deutschland so umfangreich sein würde, daß Polen in keinem Falle, – auch „gegen" seinen Willen nicht –, umhin können würde, ihn bedingungslos anzunehmen.

Das verbindende Scheinargument wurde der Begriff der Kompensation: – Polnischer Verlust „Ostpolens" vorgeblich kompensiert durch den polnischen Gewinn Ostdeutschlands ...

„Kompensation" (lateinisch) ist die „Ausgleichung, die Aufhebung der Wirkung einander entgegenstehender Ursachen, die Aufrechnung". (Großer Brockhaus Bd.6 S.509)

Angesichts dieser verlegenen Wortmaske = „Compensatio lucris cum damno" bleibt zu prüfen: wer sie mit welchen „Gründen" vorgebracht hat, was hier „kompensiert" werden sollte; in einer Bilanz zum Bruttosozialprodukt im weitesten Sinne „Ostpolens" gegenüber Ostdeutschland, schließlich in Grundzügen, was rechtspolitisch von solcher vorgeblicher Kompensation zu halten ist.

Vielleicht zur Überraschung der Sowjetunion – die den Chauvinismus der Polen und deren Hartnäckigkeit in der Wahrung ihres ungerechten Gebietsstandes im Osten gegenüber einem „Verbündeten" unterschätzt hatte, – war Polen nicht bereit, über seine ostpolnischen „Militärgrenzwojewodschaften" überhaupt auch nur zu verhandeln. Als Ablenkung schlug Stalin die Umlenkung der polnischen Begehrlichkeit auf Ostdeutschland schon im Dezember 1941 vor. Ein historischer Gedanke war geboren. (Alle Zitate aus Rhode, Quellen zur Entstehung der Oder-Neiße-Linie aaO) S.33.

Bis zu den Abschlußkonferenzen, so z.B. am 6.02.1945 in Jalta, gelang es Stalin durch immer erneute Hinlenkung auf Ostdeutschland alle seine Gesprächspartner zur Übernahme seiner falschen Sprachregelung zu bewegen; ohne vernünftige Überlegung, ohne sachliche Nachprüfung, ohne rechtliche Würdigung, ohne nähere Kenntnisse: Ein Selbstbetrug der Westmächte.

7.572

Die Westmächte und Polen zur „Kompensations"frage:

Von britischer Seite finden sich in Fülle Belegstellen mit Aufforderungen an jeden, den es angeht, zur „Kompensation":

Am 6.10.1943 Primeminister Winston Churchill: „Über die Ostgrenze zu einigen, im Austausch gegen Gewinne in Ostpreußen und Schlesien"; S.53

am 22.02.1944 Primeminister Churchill: „daß Polen auf Kosten Deutschlands im Norden und Westen entschädigt werden müsse"; S.119

am 24.05.1944 Primeminister Churchill: „daß Polen für jeden Rückzug auf diesem Gebiet auf Kosten Deutschlands entschädigt werden soll"; S.130

am 13.02.1945 Die drei Regierungschefs: „Sie anerkennen, daß Polen beträchtlichen Gebietszuwachs im Norden und Westen erhalten muß" S.230

am 27.02.1945 Primeminister Churchill: „das russische Angebot ging immer dahin, Polen im Norden und Westen auf Kosten Deutschlands reichlich zu entschädigen"; S.233

am 27.02.1945 Sir William Beveridge MP: „Ich unterstütze diesen Vorschlag nicht, um Polen eine „Entschädigung" für etwas zu geben, was es n i e hätte haben sollen"; S.239

am 27.02.1945 Price, MP:" Außerdem sehe ich nicht ein, warum Polen für etwas entschädigt werden soll, auf dessen Besitz es gar k e i n Recht hatte"; S.241

am 21.07.1945 Primeminister Churchill:" Die Entschädigung müsse sich im Verhältnis zum Verlust halten". S.276

Die sorgfältiger arbeitende, aber mangelhafter unterrichtete Administration der Vereinigten Staaten stimmte viel vorsichtiger in die Propagandakampagne Stalins ein:

Am 4.02.1945 Die westlichen Außenminister: „sollten wir uns einer wahllosen Massenumsiedlung widersetzen! „Die Übergabe deutschen Gebietes ist zu beschränken;" S.208

am 8.02.1945 Präsident Roosevelt: „daß Polen auf Kosten Deutschlands eine Entschädigung erhalten soll"; „ ... aber kaum gerechtfertigt, die Westgrenze Polens bis zur westlichen Neiße auszudehnen;" S.216.

am 1.03.1945 Präsident Roosevelt: „Kompromiß, nach dem Polen im Norden und Westen eine territoriale Entschädigung im Austausch für das erhalten, was sie im Osten durch die Curzon Linie verlieren"; S.247.

Frankreich wurde nicht gefragt. Dennoch erklärte General de Gaulle am 21.06.1942 sich in einem Telegramm bereit, „im größten Ausmaß die Territorialforderungen zu unterstützen, die Polen gegenüber Deutschland geltend machen könnte": Angesichts der von Frankreich unterschriebenen Atlantik Charta ein mehr als erstaunliches Eingeständnis blanko ... S.35

Zur Entscheidung kam es auch auf die Exilpolen in London, den polnischen Untergrund in Warschau und die polnischen Kommunisten am Ende in Lublin für Stalin wie für die Westmächte an. Sie vertraten jedoch die erstaunlichsten bis einander offen widersprechenden Thesen: ... Einerseits: Wilno (Vilnius) und Lwow (Lviv, Lemberg) habe mit Stettin und Breslau keinerlei „austauschbaren „Zusammenhang. Polen bedürfe des Ostens u n d des Westens und noch m e h r ... Andererseits: Auf den Zusammenhang zwischen der Gewährung der Oder-Neiße-Linie und der Einräumung der Curzon-Linie wird hingewiesen: Bierut, Präsident des polnischen Nationalrates am 24.08.1945 in Warschau.

Schließlich: Es forderten Polen in überstarker „Zurückhaltung" den Verlauf der Oder-Neiße-„Friedensgrenze" 30 Meilen w e s t l i c h der Oder zu legen: Dann hätte auch Berlin im polnischen Besatzungsgebiet und Deportationsgebiet gelegen; für die „Weltmacht Polen" natürlich nur eine geringe Aufgabe und ein nebensächlicher Unterschied ...

7.573

Die Fakten Ostdeutschlands gegenüber denen „Ostpolens":

Welches sind nun die – gemäß der Definition von „Kompensation"! – einander entgegenstehenden, gegenüber stehenden Fakten, die ja „kompensiert", die entschädigt, die aufgerechnet werden sollten: Ostdeutschland und Danzig einerseits, das sogenannte vorgebliche „Ostpolen" andererseits:

Wie an anderer Stelle (bei der Würdigung der innerdeutschen Arbeitsteilung) ausführlicher dargelegt sind die Grunddaten die folgenden:

1939 Ostdeutschland 114 296 qkm Fläche 9 621 000 Einwohner / Danzig 1 951 qkm 408 000 Einwohner / Deutsches Reich 470 544 qkm 69 317 000 Einwohner (Grenze 1937)

Um das Ergebnis vorweg zu nehmen! Und es anschließend in einigen Eckdaten schlaglichtartig zu beweisen: Der Vergleich zwecks Kompensation, zwecks Austausch des einen gegen das andere – „Ostpolen" gegen Ostdeutschland – ist eine sinnlose Beleidigung für Ostdeutschland durch beispiellose Unterschätzung, gleichzeitig unter unhaltbarer maßloser Überschätzung „Ostpolens".

Analphabeten: In der Reichsstatistik 1933, 1939, der Zonenstatistik 1949 kommt sowohl die Rubrik als auch das Stichwort Analphabeten nicht vor, da der Tatbestand in praxi fast nicht existierte, im gesamten Reich nicht, auch in Ostdeutschland nicht.

In „Ostpolen" waren die Prozentsätze für die Wojewodschaften zwischen 1921 und 1931 zwar gefallen. Aber sie blieben die höchsten in ganz Europa, von Kreta und Albanien über Sardinien nach Portugal: Von Polesie mit 48,4%, Wolyn 47,8%, Stanislau 35,6%, Nowogrodek 34,9%, Tarnopol 29,8% bis Wilno 29,1% und Lwow 23,1% Unbeschadet der Veränderungen mindestens ein Versagen des Staates Polen! Wenn nicht überhaupt mangelnder guter Wille festzuhalten bleibt: Ein Staat in Mitteleuropa. Polen hatte an der Bildung seiner weißruthenischen und ukrainischen Untertanen nicht nur keins, sondern nur ein negatives Interesse.

Schulen: Im Deutschen Reich (1938) gab es 51 118 Volksschulen, das heißt 1 Volksschule auf 1 355 Einwohner. In Ostdeutschland (1938) gab es 10 803 Volksschulen, das heißt 1 Volksschule auf 886 Einwohner.

In Polen (1937) gab es 23 978 Primarschulen, das heißt bei ca. 34 849 000 Einwohner 1 Primarschule auf 1 455 Einwohner. In „Ostpolen" (1937) gab es 3 109 polnische Primarschulen, in denen in polnisch und noch einer anderen Sprache unterrichtet wurde. Es gab 496 ukrainische Primarschulen, das heißt bei (mindestens) 4 272 000 Ukrainern 1 ukrainische Primarschule auf 8 610 Ukrainer. Es gab 8 weißruthenische Primarschulen, das heißt bei (mindestens) 1 979 000 Weißruthenen 1 weißruthenische Primarschule auf 247 000 Weißruthenen. Dieser Status war eine Beleidigung für die Ukraine und erst recht für Weißruthenien und bewußte Verdummungspolitik Polens.

Im Deutschen Reich (1938) gab es 1 531 Mittelschulen, 1 590 Gymnasien/Oberrealschulen für Knaben, 713 Gymnasien für Mädchen: Insgesamt somit 3 834, das heißt 1 Mittel- bzw. Höhere Schule auf 18 100 Einwohner. In Ostdeutschland gab es 239 Mittelschulen, 203 Gymnasien für Knaben, 77 Gymnasien für Mädchen: Insgesamt somit 519, das heißt 1 Mittel- bzw. Höhere Schule auf 18 420 Einwohner.

In Polen (1937) gab es 654 Mittelschulen/Gymnasien, das heißt 1 Mittelschule/Gymnasium auf 53 200 Einwohner. In „Ostpolen" gab es 23 ukrainische Mittelschulen/Gymnasien, das heißt 1 Mittelschule/Gymnasium auf 186 000 Ukrainer. Es gab 1 (eine) weißruthenische Mittelschule /Gymnasium, das heißt auf 1 979 000 Weißruthenen ein einziges Gymnasium.

Diese polnische Schulpolitik gegenüber den bis 1939 unterworfen gehaltenen Ukrainern und insbesondere Weißruthenen kann ohne deutlichste Beurteilungen nicht mehr charakterisiert werden: Sie war eine Schande für Europa.

Gesundheitswesen: Im Deutschen Reich gab es (1938) 47 823 Ärzte und 679 000 Krankenhausbetten, das heißt 1 Bett auf 102,1 Einwohner; auch in Ostdeutschland.

In Polen gab es (1935) 12 427 Ärzte und 72 247 Krankenhausbetten. In „Ostpolen" gab es 2 966 Ärzte und 10 964 Krankenhausbetten, das heißt bei (mindestens) 10 853 000 Einwohnern 1 Bett auf 990 Einwohner, Weißruthenen, Ukrainer, Juden, Litauer, Großrussen usw.

Städte: Im Deutschen Reich betrug die Stadtbevölkerung 67%, in Polen 27%, in „Ostpolen" 18%. Die deutschen Städte hatten Kanalisation, Wasser, Gas, Elektrizität. In den (altpreußischen) Wojewodschaften Posen und Westpreußen bestand das Baumaterial zu 5,5% aus Holz, in Ostgalizien zu 54,1% aus Holz, in den Nordostgebieten zu 84,4% aus Holz (1931). Selbst in der Großstadt Wilno betrug der Anteil der Holzhäuser 73,1%. In den 4 Nordost-Wojewodschaften waren 1931 von allen Gebäuden 2,3% (- zwei, drei Prozent-) mit Kanalisation, 3,7% mit Wasserleitung, 0,1% mit Gas ausgestattet. 38,0% hatten elektrisches Licht. Ein mit Ostdeutschland völlig unvergleichbarer Zustand armseligster, vom Staat nicht geänderter Armut.

Gebietskörperschaften: Im Deutschen Reich war jeder Stadtkreis, jeder Landkreis eine Körperschaft, ein Kollektiv, eine Gemeinschaft, ein lebendiger Körper aus Menschen, Wirtschaft, Land. In Ostdeutschland gab es 24 Stadtkreise, von 31 000 bis zu 629 000 Einwohnern, blühende Städte, darunter 3 (+1) Provinzhauptstädte. In Ostdeutschland gab es 107 Landkreise, von 21 000 bis 145 000 Einwohnern, aufstrebend, ertragreich.

In „Ostpolen" gab es 8 Stadtkreise, 80 Powiat, meist armseligster Art, ohne wirkliche Selbstverwaltung.

Volkseinkommen: Das Volkseinkommen der 69 Millionen Deutschen 1939 betrug 64 884 000 000, dasjenige der 10 Millionen Ostdeutschen 6 968 000 000 pro Jahr.

In „Ostpolen" kann das Volkseinkommen der 10,8 Millionen (umgerechnet) nur einen sehr geringen Bruchteil betragen haben. Von den nur 56 600 Steuerzahlern „Ostpolens" verfügten 59% nur über ein Jahreseinkommen von bis zu 2 500 Zloty, 475 Dollar; 24% bis zu 3 600 Zloty, 685 Dollar; nur 17,5% über 3 600 Zloty, 685 Dollar jährlich, 300 Zloty monatlich.

Industriearbeiterschaft: Im Deutschen Reich betrug die Zahl der Industriearbeiter (1937) im Jahresdurchschnitt 6 914 000, die der beschäftigten Arbeiter und Angestellten 18 885 000. Auf Ostdeutschland entfielen davon 2 123 000; auf die eine, die schwächste Provinz alleine 526 000.

Im ganzen „Ostpolen", in 8 Wojewodschaften betrug die Zahl der Industriearbeiter (1937) 74 653; ein Siebentel Ostpreußens alleine.

Öffentliche Arbeiten: An Aufwendungen für öffentliche Arbeiten aus dem „Arbeitsfonds" (Fundusz pracy 1936/1937) hat Polen für „Ostpolen", – das 44,6% seiner gesamten Staatsfläche ausmachte, und das 34% seiner gesamten Bevölkerung zählte –, gerade 15,5% seines gesamten Aufwandes gegeben; 15,5% von mehr als spärlichen 95,7 Mio Zloty.

Bodennutzung: Im Deutschen Reich betrug der Anteil an Ödland (1938) 3,63%. In Polen betrug er 10,5%; in „Ostpolen" 12,5%

Hektarerträge: Der Hektarertrag der wichtigsten Feldfrucht betrug in Doppelzentnern 1935 – 1937: Weizen: Deutschland 23,0 Polen 12,0 Ostpolen 10,4 / Roggen: 17,0 11,2 9,9 Gerste: 22,0 11,9 9,7 / Hafer: 20,0 11,5 9,8 / Kartoffeln: 169, 119, 108

Milchleistung: Die Milchleistung je Kuh betrug: in Ostpreußen 2 705 l, in Schlesien 2 185 l, im Reich 2 425 l, (1937) dagegen in Nord„ostpolen" 1 155 l, in Ostgalizien 1 519 l, in Polen 1 391 l, (1934)

Straßen: Allein in Ostdeutschland betrugen: Autobahnen, Reichsstraßen 7 415 km / Landstraßen 1. Ordnung 14 945 / „Landstraßen 2. Ordnung 16 294"
  Das Straßennetz im (gebietsmäßig größeren) „Ostpolen" betrug nur einen sehr geringen Prozentsatz davon.

Eisenbahnen: Allein in Ostdeutschland betrugen die Streckennetze der Reichsbahn 12 344 km, der Privatbahnen und Nebenbahnen 16 002 km. Das Bahnnetz in „Ostpolen" betrug nur einen sehr geringen Prozentsatz davon.

Motorisierung 1938: Im Deutschen Reich (Gebietsstand 1937) betrug die Gesamtzahl der Automobile 1 271 983; hinzu kamen 1 513 328 Krafträder.
  In Polen betrug die Gesamtzahl der Automobile 34 324.
  In Ostdeutschland allein fuhren 138 744 Automobile; hinzu kamen 203 208 Krafträder.
  In „Ostpolen" betrug die Gesamtzahl der Automobile 3 442 ... Dies sind 2,48% der ostdeutschen Automobile und 0,995% der ostdeutschen Kraftfahrzeuge insgesamt.
  Allein schon dieser isolierte Teil der „Kompensation" hat sich mithin gelohnt. Um im Bilde zu bleiben. Ein „Fiat Polski" wurde „kompensiert" durch 40 Volkswagen plus zusätzlich 59 Krafträder durchschnittlich. Die Kompensation hat sich auch hier gelohnt.

7.574
Gebiet und Bevölkerung Polens:
  Es ist bezeichnend für den „zwischen"-europäischen Status Polens, daß auf die polnischen statistischen Angaben so wenig Verlaß ist, daß über die Gebietsdaten, die Gesamtbevölkerung und die unterdrückten „Minoritäten" eine gesonderte Untersuchung erforderlich ist. Wie in anderen Randstaaten besonders prekärer Lage wurden sowohl die Gesamtzahlen als auch vor allem Eigenschaft und Zahl der Minoritäten in Polen gefälscht (vgl. ebenso Persien, zeitweilig Türkei).
  Nach der siegreichen Beendigung der „battle for the frontiers" durch die Regelungen von Versailles, Riga und bezüglich Teschen, Ostgalizien und „Zentral-Litauen"=Wilna, Wilno,

Vilnius, umfaßte Polen 388 634 qkm Fläche. Die letzte vorliegende Volkszählung im Vorkriegspolen erfolgte 1931. Polen zerfällt – nach deren offiziellen Bevölkerungsergebnissen, bezogen auf die nationalen Gebietseinheiten – wie folgt: russisch-Polen (nicht identisch mit Kongreß-Polen) ca. 115 500 qkm / preußisch-Polen (polnische Teile Posens, Ostoberschlesiens, Westpreußens) ca. 26 000 qkm österreichisch-Polen (Westgalizien, Ost-Teschen ca. 26 000 qkm. Insgesamt das wirklich polnische Kernpolen somit = Das wirkliche polnische Sprachgebiet ca. 167 500 qkm.

Ferner: deutsches Ostpreußen (Soldau, Garnsee) in polnischem Besitz ca. 500 qkm / deutsches Westpreußen/Pommerellen in polnischem Besitz ca. 12 200 qkm / deutsche Teile von Posen, Niederschlesien in polnischem Besitz ca. 6 900 qkm / deutsche Teile von Ostoberschlesien in polnischem Besitz ca. 400 qkm.

Insgesamt deutsches Siedlungsgebiet in Polens Besitz (ohne die Diaspora in Kernpolen) ca. 20 000 qkm.

Litauisches Siedlungsgebiet in Polens Besitz ca. 3 000 qkm.

Ferner: weißruthenisches Siedlungsgebiet ostwärts der 1945 modifizierten Curzon-Linie ca. 69 000 qkm westlich der oa. Curzon-Linie ca 4 500 qkm.

ukrainisches Siedlungsgebiet ostwärts der 1945 modifizierten Curzon-Linie, aber ohne Ostgalizien ca. 64 500 qkm / westlich der oa. Curzon-Linie ca. 7 000 qkm / Ostgalizien ostwärts der Curzon-Linie ca 44 000 qkm / Westgalizien westlich der Curzon-Linie ca. 9 000 qkm

Insgesamt ostslawisches Siedlungsgebiet in Polens Besitz 1921 – 1939 / 1945 ca. 198 000 qkm

Polen besaß bis 1939 im Ergebnis 167 500 qkm wirklich national-polnisch besiedelten und 221 000 qkm fremd besiedelten Landes. Diese höchst bedeutsame Feststellung, daß das „polnische", das polnisch besiedelte Polen, hier Kernpolen, Zentralpolen genannt, nur 43% des polnischen Staatsgebietes von 1939 umfaßte, wird erst bei solcher Detaillierung deutlich.

Dagegen betrug der Anteil an rechtswidrig angeeignetem frendbesiedeltem Gebiet 57%. Leider war es Polen gelungen, diesen Umstand, der kraß die psychologische Propaganda vom „Nationalstaat Polen" widerlegte, in Vergessenheit geraten zu lassen. Nach der stark angezweifelten Volkszählung in Polen von 1931 betrug der Anteil der wesentlichen Volksgruppen: Polen 21 993 000, 68,9% / Ukrainer 4 442 000, 13,9% / Juden 2 733 000, 8,6 % / Weißruthenen 990 000, 3,1% / Deutsche 741 000, 2,3% / „Andere" 1 017 000, 3,2%.

Alle diese Zahlen stehen im begründeten Verdacht unzutreffend bis krass falsch zu sein: Insbesondere betr. die Weißruthenen.

Bei den so zahlreichen sogenannten „Anderen" handelte es sich zu meist um eine polnische statistische freie Erfindung, um „Tuteisci", um „Hiesige", das heißt um Weißruthenen, die nicht in Erscheinung treten sollten.

Selbst danach standen 9 923 000 Nichtpolen den Polen im polnischen Staate von 1939 gegenüber = Als Minimalzahl! Bei einer Erhöhung der Bevölkerungszahl Polens von 1931 bis 1939 um ca. 9% zufolge Geburtenüberschuß betrug die Bestandszahl des polnischen Volkstums am 31.08.1939 höchstens 23 970 000. Davon sind aber Abzüge erforderlich: Verminderung der angegebenen Anzahl vorgeblicher Polen in den ostslawischen Wojewodschaften unter die bekannte Zahl der Römisch-Katholischen, da kaum Polen griechisch-katholisch waren, um mindestens 1 300 000. Darüber hinaus dürften außer den Uniierten 500 000 Ostslawen, 200 000 Litauer usw. römisch-katholisch gewesen sein.

Obgleich polnische Propagandaziffern die fast vernichtete jüdische Volksgruppe – mit bis zu 3,5 Millionen Menschen, Reste ca. 45 000 – in die polnischen Gesamtverluste einbeziehen, ergibt dies keine korrekte polnische Bilanz.

Der Gesamtbestand des polnischen Volkes – der 1945 für die Neubesiedlung der Oder – Neiße – Gebiete zur Verfügung stand, stellte sich auf etwa 21,5 Millionen Polen.

7.575

Die Fakten des sogenannten „Ostpolen": Außenminister W. Molotow erklärte am 31.10.1939: ... daß „Ostpolen" / Westweißruthenien 108 000 qkm Fläche / Westukraine 88 000 qkm umfasse. 1945 ist durch die abweichende Ziehung der Curzon-Linie als neue Staatsgrenze anzunehmen : ... Westweißruthenien 90 000 qkm Fläche, Westukraine 88 000 qkm. Molotow erklärte gleichfalls 1939: ... Weißruthenien sei mit 4,8 Millionen Menschen eingegliedert worden, Westukraine sei mit 8,0 Millionen Menschen eingegliedert worden. Diese Zahlen sind offenbar unzutreffend und wesentlich zu hoch.

1945 ist nunmehr „Ostpolen" anzunehmen mit folgenden Bevölkerungszahlen:: mindestens Römische Katholiken (Polen, Litauer, z.T. Weißruthenen 3 350 000 – 3 650 000 Ukrainische Uniierte Katholiken 300 000 – 400 000

Polen (ohne Juden) 2 500 000 – 3 300 000 – 3 994 000 / Ukrainer 4 272 000 – 6 610 000 / Weißruthenen 970 000 – 1 271 000 – 2 540 000 / Litauer 80 000 – 280 000 / Juden, nur in Ostpolen, 1939 bis zu 1 025 000 / Großrussen 102 000 Andere

Dabei ist jedoch genau zu unterscheiden zwischen den 8 verschiedenen Ostwojewodschaften. Selbst der verfälschte beanspruchte Anteil der polnischen Bevölkerung war fast überall außerordentlich gering: in den 4 1/2 Nordostwojewodschaften: Wilno 53,7%, Ostteil von Bialystok 43,4%, Nowogrodek 39,4%, Wolyn 12,2%, Polesie 9,6%! ...

in den 3 1/2 Ostgalizienwojewodschaften: Ostteil Lwow 32,2%, Tarnopol 34,3%, Stanislawow 14,1%! ...

Dabei werden die Verhältnisse noch dadurch im polnischen Sinne geschönt, daß die isolierten Zentralen Orte als polnische Inseln im fremdnationalen Gebiet: ... für die Nordostgebiete Wilno, das heißt Vilnius, die Hauptstadt Litauens, für Ostgalizien Lwow, das heißt Lviv, die Hauptstadt der Westukraine, einen wesentlich stärkeren polnischen Bevölkerungsanteil aufwiesen, als die umgebenden Einflußbereiche. Im Einzelnen:

Vilnius: Nach der letzten einwandfreien Zählung (1897) zerfiel die Bevölkerung des Bereiches von Wilna (eingeklammert der Stadt Wilna) in Weißruthenen 56,05%, (4,20%), Litauer 17,59% (2,0%), Juden 12,72% (40,30%), Polen 8,18% (30,9%), Großrussen 5,0% (20,5%), Andere 0,46% (2,10%). Wilna war mithin, da Bereich und Stadt zusammengenommen werden müssen – die Juden als indifferent nicht gewertet werden können, eine polnische Enklave mit einem sehr schwachen polnischen Anteil (30,9% zu 28,8%) in einem völlig eindeutig weißruthenischen, keinesfalls polnischen Land (61,05% zu 8,18%). Diese 8,18% Polen der Provinz (1897) werden von Polen 1916 (Piltz) zu 26,5%, 1917 bereits zu 35% (Dmowski) und 1919 endlich als Majorität (Amtliche Statistik) angegeben. In Wirklichkeit dürften sich in dieser Zeit keine oder nur sehr geringe Änderungen vollzogen haben.

Ostgalizien, Lviv: Nach der österreichischen Zählung 1911 waren ca 63% der Bevölkerung Ukrainer, 23 % Polen, 12% Juden und 2% Andere. Lviv selbst hatte schon 1918 einen relativ starken polnischen Anteil in der Stadt und in der engsten Umgebung.

Nach der polnischen Zählung, Religionsangaben 1931 (in Klammern zweifelhafte Sprachenangaben), zerfiel die Bevölkerung der Provinz in 60% (53%) Griechisch-Uniierte (Ukrainer) / 28,5% (39%) Römisch-Katholische (Polen) / und 10% (7%) Juden. Daß die

Römisch-Katholischen (Polen) nun über ein Drittel sollten zugenommen haben, ist „to say the least, remarkable". Trotzdem blieben sie auf jeden Fall eine Minorität, die die Annektion nicht rechtfertigen konnte.

Wolynien und Polesien: Selbst die polnische Statistik der Volkszählung von 1931 gab die römisch-katholische Religionszugehörigkeit (polnische Muttersprache in Klammern) für Wolhynien mit 15,7%, (16,6%), für Polesie mit 11,0% (14,5%) an. De facto dürfte die Zahl der polnischen Volkszugehörigen nicht einmal die der Katholiken erreicht haben. Angemerkt werden muß, daß in der somit zu 90% ukrainischen bzw. weißruthenischen Wojewodschaft Polesie in Staatseinrichtungen, Gemeinde, Kirchen, Schulen, Gerichten usw. nur der Gebrauch der polnischen Sprache zugelassen war, der Gebrauch der ukrainischen Muttersprache der übergroßen Majorität dagegen strafbar war („considered a crime")

Nach dem selbst von der polnischen staatlichen Statistik damit zugegebenen Ergebnis der Zusammensetzung der Bevölkerungen in den 4 1/2 Nordostwojewodschaften, mit einziger Ausnahme von Bialystok, in den 3 1/2 ostgalizischen Wojewodschaften hätten diese gigantischen litauischen, weißruthenischen und ukrainischen Gebiete nach dem Selbstbestimmungsrecht der Völker n i e m a l s und unter keinen Umständen –auch nicht der Sowjetunion gegenüber – Staatsgebiet der Republik Polen werden dürfen. Sie waren und blieben nichtpolnisches Volksgebiet. Sie waren und blieben ukrainisches, weißruthenisches und litauisches Volksgebiet. Sowohl objektiv und rational, als auch ideell gegenüber der Selbstbestimmung der Bevölkerung scheidet danach eine deutsche „Kompensation" für diese von Polen nur geraubten, nicht-polnischen fremdnationalen Gebiete aus.

Materiell kommt hinzu, daß wie nachgewiesen Ostdeutschland gegenüber „Ostpolen" einen unvergleichlich viel höheren Wert darstellt.

In einem Gespräch im August 1945 wurde diese Realität durchaus erkannt. Außenminister Molotow soll gegenüber Mikolajczyk den „Kapitalwert" beider Gebiete geschätzt haben: „Ostpolen" mit 3 1/2 Billion Dollars (15 Milliarden Mark), Ostdeutschland mit 9 1/2 Billion Dollars (40 Milliarden Mark). Auch dabei bleibt Ostdeutschland bereits vielfach unterschätzt und „Ostpolen" weitaus überschätzt.

7.576

Diese „Kompensation", beurteilt nach obersten Rechtsgrundsätzen:

Nach obersten Rechtsgrundsätzen standen somit diese Ostgebiete Polen nicht zu. Polen hat daher kein R e c h t, nach deren Rückgabe eine Kompensation zu fordern. Rechtlich gesehen bedeutet die 1945 dennoch gegebene „Kompensation" daher einen Schadensersatz für den Nichtberechtigten nach Rückgabe des Raubes an den zur Zeit für die Ukraine und Weißruthenien faktisch Berechtigten, die Sowjetunion.

Vor allem aber kann eine Kompensation auf Kosten eines insoweit völlig unbeteiligten Dritten, Deutschlands, nicht gerechtfertigt werden. Wenn man dieses fehlende Recht fingiert, – um sich kontradiktorisch auf den Boden der polnischen Argumentation zu stellen –, so besteht weiter, wie oben näher ausgeführt, für Polen bevölkerungsmäßig auch keine N o t w e n d i g k e i t, eine Kompensation für diese Ostgebiete zu erhalten. Darüber ist es interessanterweise und bezeichnenderweise selbst gelungen, einen Bundesminister außer Diensten, Dr. Rainer Barzel, anläßlich seiner gefilmten Besuchsreise heim in seine Heimat Ermland, durch gefälschte Zahlen zum Propagandisten für polnischen Betrug zu machen. Er erwähnte in diesem Film die Zahl von 6 028 000 Menschen als „Verlust Polens" an Toten durch den zweiten Weltkrieg. Dies mag zutreffen, soweit es sich um die bloße Zahl von polnischen „abhandengekommenen" Staatsangehörigen handelt: Zufolge der Abtretungen! Es ist dagegen eine polnische Propagandalüge über Verluste an „polnischen" Toten.

474

Auszuscheiden sind bis zu ca 3,3 Mio ermordeter Juden. Sie waren k e i n e Polen. Polen hat sie verfolgt, bis 1968. Es kann sie sich nicht zu Gute rechnen.

Auszuscheiden sind bis zu ca 1,4 Mio Volksdeutscher aus Zentralpolen, also Ermordete oder Vertriebene aus Kernpolen innerhalb des polnischen Volksbodens, innerhalb der Grenzen von 1939: Nicht Reichsdeutsche aus dem Reichsgebiet 1939. Auch von ihnen wurden vermutlich Hunderttausende ermordet.

Auszuscheiden sind ca 0,5 Mio Ukrainer und Weußruthenen, die aus Gebieten westlich der Curzon-Linie – und das ist die neue Ostgrenze Polens – freiwillig in ihre Heimatländer ausgetauscht wurden.

Auszuscheiden sind „blutige polnische Kriegsopfer": 150 000 / sind von der UdSSR Verschleppte 650 000. Nicht dagegen 1,5 Mio Polen aus „Ostpolen", nachdem nur 1 503 263 Polen aus den Ostgebieten zurückkehrten. Die fehlenden „mehr als anderthalb Millionen Menschen", polnische Menschen, waren entweder eine Fälschung der polnischen Statistik oder – wie Rhode annimmt – „sie dürften in der Deportation umgekommen sein": Deportation durch die UdSSR (Rhode aaO. S.272).

Selbst wenn man aus ethischen Gründen die gesamten Kriegsverluste des jüdischen Volkes an Substanz, die ja überwiegend das Deutsche Reich herbeigeführt hat, nicht berücksichtigt, – als eine Art venire contra factum proprium, das heißt Berufung auf eigenes Unrecht –, so änderte dies prinzipiell nichts. Noch immer wäre für die 1,5 Mio polnischen Rücksiedler aus „Ostpolen" durch Rücksiedlung der ca 1,4 Mio Volksdeutschen und ca 500 000 Ukrainer ein gleichwertiger Ausgleich in Kernpolen selbst zu schaffen gewesen. Zu berücksichtigen bleibt, daß ein nicht unwesentlicher Teil der Polen aus „Ostpolen" dort erst seit 1921 eingewandert war, während die betroffenen Ukrainer und Deutschen in Kernpolen dort seit Jahrhunderten ihren Wohnsitz hatten.

Dagegen kann auch nicht vorgebracht werden, daß Kernpolen seit einem Jahrhundert „überbesiedelt", richtiger „unterindustrialisiert" sei. Dies gilt selbst dann, wenn Kernpolen auch bei der heutigen, bereits künstlich geminderten Bevölkerungsdichte noch „übervölkert" sein sollte.

Im Ergebnis hat das deutsche Volk sich als befähigt erwiesen, sich auf dem durch die abgeschlossene mittelalterliche Geschichte zugewiesenen Volksboden einigermaßen zu ernähren. Das polnische Volk erwies sich hierzu als in stärkerem Maße unvermögend. Wenn dann deutsche blühende Provinzen devastiert, zerstört und an Polen gegeben werden, so ist dies eine Handlungsweise, die von keiner Rechtsordnung oder Rechtslehre zu keiner Zeit bisher jemals gebilligt worden ist ... Es ist im kapitalistischen Sinne nicht vertretbar: „Jedem nach seinen Fähigkeiten" ... Es ist im sozialistischen Sinne unverantwortlich: „Jedem nach seinen Bedürfnissen" ... Selbst im kommunistischen Sinne ist es nicht zu rechtfertigen: „Jedem nach seinen Leistungen" Es postulierte erstmals im Umgang Polens mit Deutschlandd als Devise: „Dem fähigeren Notleidenden nehme, dem minderfähigen Notleiden gebe"! Und überspitzt: „Dem Fähigen nach Erfüllung der Bedürfnisse des Unvermögenden. Dem Unvermögenden nach den Leistungen des Fähigen".

7.577

Diese Schein„kompensation" rechtspolitisch beurteilt! – Was ist nun rechtspolitisch von dieser in den Faktengrundlagen falschen, unbegründeten und erlogenen vorgeblichen „Kompensation" zu halten? Die handelnden Staatsmänner der Westmächte dürften sich jederzeit und bis zuletzt mindestens im Unterbewußtsein darüber im Klaren gewesen sein, was von diesem für Polen und die Sowjetunion erfundenen Schlagwort zu halten sei. Auf britischer Seite beweist dies das mehrfach zum Ausdruck gekommene schlechte Gewissen:

Das berühmt berüchtigte „Spiel" Primeministers Winston Churchill mit den drei von Osten nach Westen zu verschiebenden Streichhölzern, genannt Polen und Deutschland, ist des Ernstes des Gegenstandes ...

des Sterbens von bis zu zwei Millionen Deutschen, „human and orderly",

der Deportation von über 9 Millionen Deutschen aus ihrer Heimat, Abschiebung ohne „Austausch", ... der Umsiedlung bzw der Ermordung von 1,5 Millionen Volksdeutschen aus Kernpolen, ... der Umsiedlung von 1,5 Millionen Polen aus „Ostpolen" nach Westen ...

der Wanderung von Millionen beutegieriger Polen aus Zentralpolen nach Ostdeutschland zwecks räuberischer Aneignung devastierter deutscher Provinzen ...

unangemessen, unwürdig, nicht zu verantworten und plus qu'une sottise un crime!

Ein Winston Churchill, später Nachfahre von englischen Königen, Adligen, Rittern, die mit dem Deutschen Orden jahrhundertelang gemeinsam in Preußen und Schamaiten für die Zivilisation gekämpft hatten, hätte es nicht nur im Interesse Groß Britanniens und Deutschlands besser wissen können. Er hätte es im Interesse Polens und Europas besser wissen müssen.

Mit betont an den Sowjetsprachstil angeglichenen Unwürdigkeiten wurde die Unverantwortlichkeit deutlich:

Am 28.11.1943 Primeminister Churchill: „Polen könnte gegen Westen vorrücken, wie Soldaten, die mit zwei Schritten „links aufschließen". Wenn er dabei einigen Deutschen auf die Zehen trete, so ... (Rhode aaO. S.73)

am 1.12.1943 Eden mit der Erkenntnis der „Ribbentrop-Molotow-Linie"! als polnischer neuer Ostgrenze! Churchill mit der Erklärung, wegen der Abtretung eines Teils von Deutschland an Polen ... werde sein Herz nicht brechen. (aaO. S.75-76)

Erneut muß es zur Ehre des House of Commons gesagt werden, daß vielfach unter spezifizierter Berufung auf die Selbstverpflichtungen Groß Britanniens in der Atlantik Charta bezweifelt und widerlegt wurde, daß die „Compensation" zu Lasten Ostdeutschlands nach dem Selbstbestimmungsrecht der Völker für die britische Friedenspolitik zulässig sein könne.

Am 22.02.1944 verdrehte Churchill vor dem House of Commons die Atlantik Charta: „So wird z.B. die Anwendung der Atlantik Charta auf Deutschland als Rechtsgrund, der die Abtretung von Gebieten ... verhindert, nicht in Frage kommen"! (aaO. S.119–120) Für wen sollte sie sonst in Frage kommen? Doch nur für den Unterlegenen

Am 15.12.1944 zitierte Churchill eine angebliche Ausnahmezulässigkeit aus der Atlantik Charta zum Nachteil Deutschlands. Die Annahme war offensichtlich unzutreffend. Eden mußte Churchill vor dem versammelten House of Commons berichtigen.

Die Abgeordneten Raikes (Conservative), Strauss (Labour), Stokes (Labour) brandmarkten, daß: ... die Atlantik Charta „zu einem bloßen Gespenst wurde", „daß Churchill zu Grabe getragen habe", die Politik Churchills „gewiß nicht im Einklang mit den Grundsätzen der Atlantik Charta" stünde, „das Fallenlassen der Atlantik Charta ... angekündigt werde". (aaO. S.163, 173, 175) Demgegenüber strafte Eden ganz offen die Pflichten seiner Regierung aus der Atlantik Charta Lügen, indem er proklamierte vor dem House of Commons: „Deutschland werde nicht den rechtlichen Anspruch erheben können, aus der Atlantik Charta ... die Siegermächte daran zu hindern, territoriale Veränderungen auf seine Kosten vorzunehmen". Wer sonst wenn nicht Deutschland? (aaO. S.178) Dementsprechend mußte er sich mit Recht vor dem House of Lords von Lord Dunglas fragen lassen: „Stimmt der Vertrag mit ... der Atlantik Charta überein"? (aaO. S.238.)

Im Ergebnis, so bedauerlich dies bei einem Manne des historischen Gewichtes eines Winston Churchill ist: Zuerst hatte der Primeminister von Groß Britannien Winston Churchill am 14. August 1941 sich selber durch die Atlantik Charta getäuscht und belogen. Dann hatte Winston Churchill das deutsche Volk, Europa und die Welt betrogen. Nur 1944, 1945 hörte die britische unterrichtete politische Öffentlichkeit im Parlament auf, sich fernerhin belügen zu lassen.

Der Präsident der Vereinigten Staaten von Amerika dachte von 1941 bis 1945 – nicht an seine integrierten deutschen Wähler, sondern – an seine „6 Millionen polnischen Wähler". 1945 war er ein sterbender Mann. Die 14 Punkte Wilsons, die Atlantik Charta, das Unrecht, die Gerechtigkeit, das Selbstbestimmungsrecht der Völker waren für ihn keine letzten Kriterien (mehr).

Die Mitunterzeichner der Atlantik Charta, die nachträglich Unterschreibenden, waren ohnehin von vornherein gesonnen, die feierlichen Worte nur für sie für leere Worte zu nehmen. Insbesondere Polen, die Tschechei und die Sowjetunion.

7.578
„Kompensation für Ostpolen": Die folgenschwerste Lüge der Weltgeschichte.

Abschließend ist rechtlich in aller Kürze festzustellen, daß die Verwendung des scheinbar werturteilsfreien Begriffes der „Kompensation" fraudulös ist, eine declaratio falsi, die etwas völlig Anderes verharmlosend verschleiern soll: Raub ohnegleichen.- Die folgenschwerste Lüge der Weltgeschichte. –

Kompensation kann heißen bzw hier bedeuten sollen: sowohl Schadensersatz, als auch Entschädigung, als auch Aufrechnung! Keine dieser Rechtskonstruktionen kann auch nur zu einem Rechtsschein eines Anspruches Polens auf Ostdeutschland führen.

Schaden und Ersatz und Ent„schädigung"? Es muß Kausalität zwischen dem angerichteten Schaden in natura, und dem den Schaden Anrichtenden als dem in Anspruch Genommenen in natura bestehen: Es existiert keine völkerrechtliche Möglichkeit eines Schadensersatzanspruches, wonach: einerseits ein Staat – Deutsches Reich – eine Ersatzpflicht für einen Schaden zu tragen hätte, in Land, den andererseits ein anderer Staat – Polen – in Land, final durch die Schaden setzende Handlung eines dritten Staates – Sowjetunion – zugefügt erhält: In Land! ... Dies wäre nicht Schadensersatz, sondern Abtretung einerseits, verbunden mit Raub andererseits.

Aufrechnung? Bei Aufrechnung muß ein Anspruch eines Gläubigers auf Land – Sowjetunion – gegen einen Anspruch eines Schuldners auf Land – Polen – gegenüberstehen. Ein dritter Staat – Deutsches Reich – kann in diesem Zweierverhältnis der Aufrechnung – in einer Art von Ringaufrechnung?! ... nicht betroffen sein.

Das Deutsche Reich muß als Gläubiger Polens die deutschen Ostgebiete zurückverlangen. Polen muß als Gläubiger der Sowjetunion die p o l n i s c h besiedelten Teile des sogenannten „Ostpolen" zurückverlangen: Aber nicht mehr: Keine litauischen, keine weißruthenischen, keine ukrainischen Gebiete. Mit Aufrechnung hat diese Restitution keinen Zusammenhang und daher nichts zu tun.

Im Ergebnis ist das Schlagwort von der Kompensation des vorgeblichen „Ostpolen" gegen Ostdeutschland nichts als eine Lüge. Die folgenschwerste Lüge der Weltgeschichte heißt Kompensation zugunsten Polens zu Lasten Deutschlands. Auch deutsche „nützliche Funktionäre" höchster Stufen könnten dies seit langem endlich zur Kenntnis nehmen.

7.58

Fait accompli? Der status quo sei in Effektivität ein fait accompli?

Ein Grund gegen das Selbstbestimmungsrecht des deutschen Volkes auf Ostdeutschland soll sein, daß der status quo in Effektivität ein fait accompli sei. Durch die normative Kraft des Faktischen sei eine Metamorphose des Faktischen zum Normativen eingetreten.

Die bloße Beibehaltung des status quo der Oder-Neiße-Linie als Demarkationslinie des polnischen Verwaltungsgebietes, als vorgebliche Staatsgrenze und beanspruchte „Friedensgrenze", mag für die allermeisten der Beteiligten, auch der „deutschen" offiziellen Beteiligten, am einfachsten erscheinen.

Eine Fülle wohllautender, nichts bedeutender Schlagworte sind gefunden worden: ... Friedensliebe, Entgegenkommen, Versöhnung, Aussöhnung, Verantwortung, Freundschaft, Verläßlichkeit, Berechenbarkeit, Fortschritt, Sicherheit, internationale Ordnung, in die Zukunft schauen, Faktizität, Realität des zweiten Weltkrieges, Effektivität, vollendete Tatsache, erledigt.

Ein besonders „nützlicher Funktionär" und hoher Würdenträger erklärte, Ostdeutschland sei „lange von Hitler verspielt", als ob e r oder aber Hitler über das Völkerrecht und das Selbstbestimmungsrecht verfügen könnten.

Die bloße unbegründete Beibehaltung des status quo Ostdeutschlands dient in Wirklichkeit deutscherseits dem Interesse der Borniertheit, der Akadie, der Timidität, der Kleinkariertheit. Bei Beibehaltung des status quo braucht nichts getan zu werden, nichts geändert zu werden, nichts versucht zu werden, nichts ernsthaft vertreten zu werden gegen Widerstände, nicht geworben zu werden. Der Alltag der Routine-Außenpolitik genügt: Die Parteipolitik selbst kleiner Art; man ist niemandes Gegner, aller Welt Partner, aller Welt Freund bei dem Überreichen von Schecks, bei dem Erlaß von Schulden, und man kann „neue Seiten" selbst mit seinen energischsten Gegnern und Erpressern aufschlagen. Als Sicherheitspartner kommt man zur Konvergenz der Systeme im „Ost-West-Gleichgewicht".

Zwar soll nach der Rechtsidee aller Rechtssysteme aller Rechtsstaaten: „Ex iniuria non oritur ius". Hier, bezüglich Ostdeutschland soll Gewalt und Unrecht vor Recht gehen. Und dies angeblich „Von Rechts wegen". Hier liegt nicht Metamorphose des Faktischen zum Normativen vor. Behauptet wird die vorgebliche „Normative Kraft offenen unheilbaren Unrechts"

Die gewaltsame Wegnahme des Gebietes ist erst geglückt, wird erst zur „Vollendeten Tatsache", wenn der angemaßte effektive polnische Verwaltungsbesitz zum rechtmäßigen Dauerzustand geworden sein sollte: In Übereinstimmung mit dem internationalen Recht. Das Deutsche Reich kann jederzeit neu alle Fragen zu Ostdeutschland aufrollen. Daß der rechtswidrige „beatus possidens" seinen Landraub behalten will, und sein „noli me tangere" mit selbst den untauglichsten Mitteln wie der Behauptung des vollendeten „fait accompli" zu vertreten sucht, ist zur objektiven Rechtslage unerheblich.

7.59

Revisionismus, Revanchismus, Entspannungsfeindlichkeit, Frieden durch status quo!

Ein Grund gegen das Selbstbestimmungsrecht des deutschen Volkes auf Ostdeutschland soll sein, daß Revisionismus wie Revanchismus entspannungsfeindlich sei. Oberstes Gebot und einziges Kriterium sei der Frieden durch Aufrechterhaltung des status quo.

Der für die Freiheit ermordete Präsident der Vereinigten Staaten von Amerika Abraham Lincoln hat für alle Zeiten zutreffend und gültig festgestellt: „Nichts ist geregelt, was nicht gerecht geregelt ist."

51 Jahre nach dem Ende des zweiten Weltkrieges scheint Gerechtigkeit nicht mehr und noch nicht wieder zu interessieren: Mindestens so weit Deutschland und insbesondere Ostdeutschland betroffen sind. Einziges ganz allgemeines Ziel ist heute Ruhe; in jeder möglichen Erscheinungsform: Entspannung, status quo, Abrüstung, Servilität, nicht Stören, nicht „Draufsatteln", nichts bewegen, Alltag, Routine, „nicht Destabilisieren".

Frieden, Frieden um jeden Preis ist das einzige Ziel; gerade weil außer – scheinbar – in Europa fast nirgends Frieden wirklich ist. Entgegen der Grundthese der „Aufrechterhaltung des Friedens", wonach es doch halbwegs schiedlich, friedlich zugehen soll, ist zufolge des Wirkens vor allem des Marxismus-Leninismus eben nicht – fast – alles vorbei: Afghanistan, Äthiopien, Mocambique, Angola, Nicaragua, Cuba, Peru, Bolivien, Columbien, Lybien, Sudan, Irak, Burma, China, Tibet, Nordkorea und so mancher andere Staat mehr!

In dieses schöne Bild scheinbaren Friedens paßt eben Deutschland nicht hinein, „wenn es Ansprüche stellt". – Deutschland hat eine „quantite négligeable" zu sein. Seine unverzichtbaren Ziele sind antiquiert, sind vergangen, sind nicht zu verfolgen: Kraft Besatzungsbefehls! Rein verbale Aufrechterhaltung in Lippendienst habe zu genügen. Die querelles allemandes dürften nicht so weit gehen, die ganze Wiedervereinigung auch mit Ostdeutschland zu fordern. Schon dies sei vorgeblich faschistoide Rückkehr zu „Groß-Deutschland" und mit einem Aufschrei berechtigter Entrüstung zurückzuweisen.

Anfang des XIX. Jahrhunderts konnte ein Pole noch dichten: „Herr, wir bitten Dich um den Krieg der Völker, für die Freiheit der Völker". Um den Krieg kann heute wahrlich Gott sei Dank niemand mehr bitten. Umso mehr hat zu gelten: Die Bitte geht dahin, um die Vermenschlichung der Politik, um die Gerechtigkeit unter den Völkern, für die Freiheit der Völker, für das Recht auf Demokratie in Selbstbestimmung.

Gegenüber der Gerechtigkeit im Sinne Lincolns, gegenüber den Menschenrechten, der Selbstbestimmung der Völker, der Demokratie, der Selbstregierung durch Freie Wahlen, war es in keiner Richtung zu verantworten, wenn man zeitweilig offiziell versprach, auch die „DDR" nicht „destabilisieren" zu wollen. Die „DDR" war nach jeder ihrer Lebensäußerungen das Gegenteil von Stabilität und von Stabilisierung des Friedens.

Die „DDR" mußte destabilisiert werden. Die „DDR" war zu beseitigen, so schnell wie möglich: Durch das Volk: durch die Menschenrechte im Interesse der Menschenrechte, durch die Selbstbestimmung des deutschen Volkes, durch die Demokratie, die Selbstregierung, Freie Wahlen.

Bloßer immerwährender Lippendienst – zur Entspannung – ist nicht nur sinnlos, sondern widersinnig. Noch niemals hat aus eigenem Antrieb ein krimineller, räuberischer Staat etwas hergegeben. Wer „die polnischste Stadt Polens" preist, de Gaulle in Breslau, wer „Polen in seinen heutigen Grenzen" vertritt, de Gaulle und nach ihm viele andere, dem scheint offenbar jede Ungerechtigkeit und Rechtswidrigkeit als Mittel antideutscher Politik tolerabel zu sein, selbst wenn er abstrakt theoretisch – sonst – ganz andere Maximen zu vertreten beansprucht.

Was ist denn das für eine heutige Entspannung der Diktate von erst Paris und dann Moskau 1990, die über 2 Millionen ermordeter ostdeutscher Zivilisten hinweggeht, die über bis zu 13 Millionen deportierter Ostdeutscher und Sudetendeutscher hinweggeht, die über die rechtswidrige Annektion Ostdeutschlands und des Sudetenlandes, von Gebieten, die größer sind als viele Staaten in Europa, hinweggeht.?

Solche Entspannung sollte kein Erstaunen hervorrufen, wenn sie gerechtigkeitshalber in höflicher Sprache nicht mehr gekennzeichnet werden kann.

Keine Begründungen gegen das Verlangen der Revision in Ostdeutschland sind es … wenn gegen Fortschritt geltend gemacht wird, daß dieser Fortschritt wirklich Fortschritt bringen würde, wenn gegen Gerechtigkeit eingewandt werden soll, daß diese Gerechtigkeit wirkliche Gerechtigkeit mit sich bringen würde, wenn gegen das Selbstbestimmungsrecht der Völker polemisiert wird, weil dieses Recht auch dem deutschen Volke die Selbstbestimmung bringen müßte und würde.

Es geht nicht und kann nicht gehen um blinden Aktionismus. Aber Johann Wolfgang von Goethe hat es schon vor zwei Jahrhunderten festgestellt, was über der Ostdeutschlandpolitik als Devise stehen könnte: Den rechten Augenblick stets verpassen, nennt ihr die Dinge sich entwickeln lassen, was hat sich denn „entwickelt" saget an, was man zur rechten Stunde nicht g e t a n .

Wie kann dann der deutsche demokratische Staat, der noch nicht das wiedervereinigte Deutsche Reich ist, die Bundesrepublik Deutschland, Vier-Zonen-Deutschland 1991 die polnische Demarkationslinie in Oder und Neiße als Grenze Polens „anerkennen"?

Kapitel 8

8 Schein „rechtsgründe" gegen die Forderung deutscher Grenzen entsprechend dem Selbstbestimmungsrecht des deutschen Volkes auf sein Land (Ergebnisse)

8.1 Vorgebliche Völkerrechtslehre unter Verfälschung ins Gegenteil: (Ergebnisse)

8.101

In früheren Epochen waren Mittelpunkt und Gesetz des öffentlichen Lebens das Recht. Das römische Weltreich mochte von Brutalität und Blut überfließen. Das Ziel, die pax romana war Recht. Das Reich Karls des Großen, das Heilige Römische Reich Deutscher Nation dienten dem Weltfrieden durch Recht. Noch der Landraub Frankreichs an der Westgrenze des Deutschen Reiches 1679 – 1681 verkleidete sich unter dem Namen „Réunion" mit einem geborgten Mantel scheinbaren Rechtes. In Potsdam 1945 schließlich gab sich die unverhüllte Willkür den Anschein des Rechtes, obwohl oder gerade weil die Haager Landkriegsordnung dort am weitesten bei Seite geschoben worden war, als sie am dringendsten benötigt wurde. Das Deutsche Reich aber besteht in seinen rechtmäßigen Grenzen vom 31. August 1939 fort.

Der Gipfel des Unrechts dagegen ist für und gegen Deutschland, für und gegen Ostdeutschland 1991 nicht nur sehr lange erreicht, sondern überschritten. Der Verfasser, obwohl ein Dutzend Jahre Völkerrechtsreferent in einem zuständigen Bundesministerium dagegen, kann deshalb keinen Ehrgeiz mehr darin erblicken, – angesichts der objektiv klaren Rechtslage Ostdeutschlands wie des Sudetenlandes –, die Völkerrechtslage der Ostgebiete des Deutschen Reiches von Memel und Königsberg über Danzig und Stettin, Küstrin und Breslau, Reichenberg und Nikolsburg nochmals darzustellen.

Diese Völkerrechtslage ist immer und immer wieder dargestellt worden: Eine Liste solcher Werke findet sich im Anhang und ist Legion. Jede der Fragen – die hier in Ausführlichkeit aufgelistet worden sind als Scheinargumente der drei Mächte, die die Stalinrealitäten des zweiten Weltkrieges verteidigen um jeden Preis und ohne Rücksicht auf das Völkerrecht – findet ihre Antwort in sich selbst. Jede dieser Fragen und ihrer angeblichen Antworten im Sinne Polens, der Tschechei, der Sowjetunion ist rechtlich gesehen nichts als Phantasie, Heuchelei, Betrug der Umwelt, vielleicht auch des polnischen und tschechischen Volkes selbst. Sie sind großenteils ein solcher phantasievoller Nonsens, daß sie eigentlich kaum ernst genommen werden können.

8.102

Es ist zur Beantwortung solcher Fragen auch sehr viel offensichtlich Unzutreffendes im Ton der Überzeugungversuche vorgetragen worden. Die Namen einiger Professoren, Klafkowski, Skubiszcewski mögen für weitere stehen. Dies würde vielleicht noch nicht von der Nützlichkeit einer erneuten, weiteren Stellungnahme entbinden, wenn nicht noch Schlimmeres dazu käme.

Auch und gerade von hoch und sehr hoch bezahlten fremden und deutschen „nützlichen Funktionären" ist das Recht Deutschlands als „juristische Zwirnsfäden", mit denen man sich „von den sieben A … in Karlsruhe nicht seine Ostpolitik kaput machen ließe", abqualifiziert werden. Nicht umsonst konnten solche „nützlichen Funktionäre" als „Verräter" offen und ohne Widerspruch oder Beleidigungsklage qualifiziert werden müssen (vgl. Leserzuschrift Professor Dr. Dietrich Hofmann, Paderborn, FAZ, 22.08.1987).

Dies ist nun das Ende der Völkerrechtslage Deutschlands. Die bis zu einem – ja nach wie vor ausstehenden – Friedensvertrag mit dem Deutschen Reich grundsätzlich völlig klare Völkerrechtslage wird nicht einmal mehr bestritten. Sie wird einfach nicht mehr zur Kenntnis genommen. In einer deutschen Spezialart einer Geisteskrankheit bezüglich Ostdeutschland wird sie bewußt nicht mehr gewürdigt. Sie wird hinwegfingiert. Geradezu mit einer Art religiöser Inbrunst wird bewußt das Gegenteil der wahren Rechtslage zur „polnischen Westgrenze" gepredigt. Ob es sich um eine Rede zum 8. Mai 1945 / 1985 handelt, ob es sich um eine Rede vor den Vereinten Nationen am 27. September 1989 handelt, ob es sich um die Resolution des Deutschen Bundestages vom 21. Juni 1990 handelt. Jede dieser Kundmachungen ist unzutreffender und unwürdiger als die vorhergehende.

Angesichts dieser Lage genügt für die deutsche Seite der politischen, rechtlichen und wissenschaftlichen Fragen die Bezugnahme auf die vielen Stimmen, die schon in der Vergangenheit der Wahrheit zu dienen versucht hatten: Anstatt in Opportunismus, Timidität, Routine, Anbiederung Genüge zu suchen.

8.103

Von der Seite der Verteidiger der Stalinrealitäten des zweiten Weltkrieges wird dieses Ergebnis naturgemäß zusätzlich potenziert. Das Recht wird als ein tunlichst zu verschweigender bzw. zu unterdrückender Gegner gesehen. Selbst unterschriebene Menschenrechtspakte werden praktisch als nicht existent behandelt. Die Bewahrung des rechtswidrigen Raubes von 1945 scheint ihnen unendlich viel wichtiger als die Wahrung des Völkerrechtes. Zu diesem Ziel ist dann jedes Mittel, bis zur objektiven Verfälschung recht.

Dies gilt selbstverständlich und zu allererst für das kommunistische Polen bis 1989.

Im Juni 1988 erklärte der damalige polnische Außenminister Orzechowski, die von Potsdam vorgeschriebene Friedens„regelung" gebe es längst. Dabei war nicht einmal Potsdam so unbekümmert, jedwelche „Regelung" für ausreichend zu erachten, sondern behielt eine Friedens„konferenz" vor.

Sie sei die Summe einer Vielzahl von nach dem Kriege „geschaffenen Tatsachen". Dabei kann pure offene rechtswidrige Faktizität kein Recht schaffen. Und „Tatsachen" zu „schaffen" unternimmt ununterbrochen jeder Kriminelle.

Die deutsche Einheit sei nur noch eine soziologische und psychologische Kategorie. Sie sei in aller Offenheit absurd und gefährlich. Dabei binden die beiden Artikel 1 der beiden Menschenrechtspakte über das zwingende Selbstbestimmungsrecht auch die Volksrepublik Polen. Daß auch das deutsche Volk sein Recht zu seiner Selbstbestimmung hat, wollte Polen nicht wahr haben. Damals nicht und heute in Wirklichkeit nach wie vor nicht.

Noch am 23.09.1989 erklärte Wojna für die polnische vereinigte Arbeiterpartei in „Rzeczpospolita", Polen komme der status quo „sehr gelegen". „Warum sollten wir ihn ändern"? Dabei steht nach ius cogens dem deutschen Volk das Selbstbestimmungsrecht aller Völker zu! Und keineswegs dem polnischen Volk das Recht zur Verweigerung der Selbstbestimmung des deutschen Volkes. Zwar wird 1989 zugegeben, daran „sei nicht zu rütteln", daß „jedem Volk das Selbstbestimmungsrecht zustehe". Doch nach deutscher („Bonner") Interpretation „gleiche das Selbstbestimmungsrecht dem Recht Deutschlands auf die Wiedervereinigung" Dabei ist die Bestimmung seines Selbstbestimmungsrechtes die ausschließliche Angelegenheit des deutschen Volkes.

Man könne das deutsche Selbstbestimmungsrecht „nicht den Deutschen überlassen". Es sei auch eine „eigene Angelegenheit der Polen und der Franzosen". Dabei kann es kein Selbstbestimmungsrecht geben, daß dem allein berechtigten Volk „nicht überlassen" werden könne, sondern Nachbarvölkern zuständle.

Auch diese Stellungnahme aus 1989 ist also die blanke Negation des Völkerrechts allgemein und des Selbstbestimmungsrechtes insbesondere; vor allem aber der Selbstbestimmung des deutschen Volkes.

8.104

N i c h t in der Substanz anders klingen die Stimmen erklärtermaßen sogenannter demokratischer Polen ab 1989.

Am 18.09.1989 anerkannte Geremek, daß die Wiedervereinigung eine Angelegenheit der Deutschen selber sei. Es gebe ein deutsches Recht auf Wiedervereinigung. Dann aber wird das Recht sofort wieder geleugnet. Ein „freies Europa" sei die Lösung. Wiedervereinigung dürfe „keine Bedrohung eines anderen Landes sein". Ähnliche Stellungnahmen Michniks liegen vor. Und was eine „Bedrohung" Polens sei bestimmt dann das schlechte Gewissen Polens.

Am 24.09.1989 anerkennt dann der neue Außenminister Polens, Skubiszewski: Erstens: Die Wiedervereinigung sei eine Sache der Deutschen selbst. Die Deutschen hätten das Recht zur Selbstbestimmung auch über ihr Schicksal als Staat! Sofort aber zweitens= Das Gegenteil: Selbstbestimmungsrecht hin und her? Verantwortlichkeit der vier Mächte; Besetzung Deutschlands; gewisse alliierte Kompetenzen; außerdem das Selbstbestimmungsrecht nur im gesamteuropäischen Rahmen; ganz Europa habe mitzureden;insbesondere aber Deutschlands Nachbarn: Damit auf jeden Fall Polen mitreden könne!

Auch hier wird praktisch das Selbstbestimmungsrecht im Allgemeinen und das Recht Deutschlands im Besonderen geleugnet: 1945 noch immer statt 1989;Unterwerfung statt Selbstbestimmung; willkürliche, octroiierte, archaische „Siegerrechte" statt Selbstbestimmung.

8.105

Von einer ins Einzelne gehenden Stellungnahme zu den Völkerrechtsfragen um das Selbstbestimmungsrecht des deutschen Volkes auf sein Land Ostdeutschland wird daher im Folgenden abgesehen.

In unserer praktischen Welt der Resolution des Deutschen Bundestages vom 21. Juni 1990 auf Grund der polnischen Erpressung Deutschlands zur „polnischen Westgrenze" gilt Recht nur einseitig oder sehr wenig.

In unserer Welt, in der Deutsche nicht mehr bereit sind, deutsches Recht zur Kenntnis zu nehmen, in der Deutsche wie Geisteskranke polnisches Unrecht als Scheinrecht vertreten, gilt Recht nicht mehr viel.

In unserer Welt, in der fremde hohe Gewalt von vier ehemals alliierten Mächten – entgegen theoretisch richtiger Erkenntnis des Rechtes in der Staatenwirklichkeit bedenkenlos das Unrecht zu Gunsten Polens vertretend – gegenüber Deutschland die Anerkennung des Unrechts erpreßt, gilt Recht nichts … Zur gleichen Zeit mit aufrechterhaltenem höchstem moralischem und demokratischen Anspruch.

In dieser Welt bleiben nur noch die Ergebnisse der Rechtslage kraft Völkerrechtes zusammenzufassen und festzuhalten: Bis und falls „der Mantel Gottes in der Geschichte" wehet, wann und wo er will.

8.11

Das vorgebliche Recht zur „freien Eroberung von Land"? (Ergebnisse)

Ein Schein„rechtsgrund" gegen die Forderung auf deutsche Grenzen entsprechend dem Selbstbestimmungsrecht des deutschen Volkes auf Ostdeutschland soll sein, daß die Siegermächte Polen, Sowjetunion und Tschechoslowakei das Recht zur freien Eroberung von Land hätten. Die „Friedensgrenze" der Oder-Neiße-Linie könne durch einseitigen Octroi Deutschland auferlegt werden?

Diese These, die „Siegermächte" von 1945 hätten das Recht zur freien Eroberung von Land, ist antiquiert. Sie mochte noch bis 1901, – Oranje, Transvaal – bzw 1911 – Tripolis – diskutabel gewesen sein. Seit 1890 – bereits interamerikanisches völkerrechtliches Annektionsverbot – und spätestens seit 1917 – Proklamation des Selbstbestimmungsrechts der Völker durch Präsident Wilson wie durch Lenin – ist sie als inhuman, rechtswidrig, schuldhaft geklärt und gebrandmarkt.

Sowohl die Sowjetunion, – die 1939 zusammen mit dem Deutschen Reich Polen eroberte und anschließend zu annektieren versuchte –, als auch Polen, – das 1939 bis 1945 den sowjetischen wie deutschen Annektionsversuchen widersprach, in Übereinstimmung mit der Staatengemeinschaft –, können heute sich auf vorgebliche Annektionsfreiheit am allerwenigsten berufen.

In der Atlantik Charta haben Polen wie die Sowjetunion sich zur Zulässigkeit von Gebietsveränderungen nur in Übereinstimmung mit dem Selbstbestimmungsrecht der Bevölkerung verpflichtet. An Stelle des Kriegsführungsrechtes sollte das Gewaltverbot treten. Daraus folgt der internationale Wandel von der Annektionsfreiheit zum Annektionsverbot.

8.12

Unconditional Surrender? (Ergebnisse)

Ein Schein„rechtsgrund" gegen die Forderung auf deutsche Grenzen entsprechend dem Selbstbestimmungsrecht des deutschen Volkes auf Ostdeutschland soll sein, daß vorgeblich 1945 „Deutschland" bedingungslos kapituliert habe. Diese „bedingungslose Kapitulation" ermächtige zur Abtrennung und Annektion von Ostdeutschland?

Das Deutsche Reich hat 1945 nicht „bedingungslos" kapituliert. Das Deutsche Reich hat 1945 überhaupt nicht kapituliert. Kapituliert hat 1945 „nur" die deutsche Wehrmacht.

Die Kapitulation der deutschen Wehrmacht 1945 war nicht „bedingungslos". Sie entband nicht und niemanden von der Einhaltung des Kriegsvölkerrechtes, insbesondere nicht von den Regelungen der Haager Landkriegsordnung. Die vielfachen Verletzungen dieses Kriegsvölkerrechtes bleiben rechtswidrig.

Das Kriegsvölkerrecht regelt auch die Pflichten der Besatzungsmächte Polen, Tschechoslowakei und Sowjetunion auf deutschem Staatsgebiet. Es ermächtigt nicht zur Abtrennung und Annektion von Ostdeutschland, Danzig, dem Sudetenland, sondern verbietet sie.

8.13

Conquest, Subjugation, Gegenannektionen? (Ergebnisse)

Ein Schein„rechtsgrund" gegen die Forderung auf deutsche Grenzen entsprechend dem Selbstbestimmungsrecht des deutschen Volkes auf Ostdeutschland soll sein, daß zufolge Conquest und Subjugation die Annektionen der Siegermächte Polen, Tschechoslowakei und Sowjetunion als „Gegenannektionen" rechtmäßig seien.

Polen hat den Krieg 1939 durch die Außenpolitik von Oberst Beck bewußt provoziert.

Ob das deutsche militärische Vorgehen in Polen 1939 zugunsten der Danziger und der Westpreußen-Deutschen danach einen Aggressionskrieg darstellt, kann dahingestellt bleiben.

Das Annektionsverbot schützt auch den ggf. erfolglosen Aggressionsstaat Deutsches Reich gegen den territorialen Appetit des nach Kriegsende als Sozius erfolgreichen Verteidigers Polen. „Gegenannektionen" des am Ende erfolgreich gebliebenen angegriffenen Verteidigers sind und bleiben dennoch rechtswidrig. Sie widersprechen jetzt auch Art. 51 Satzung Vereinte Nationen. Zwar bleiben friedensvertragliche Regelungen von Cessionen – ohne rechtswidrigen absoluten Zwang – zulässig. Würde dagegen zugelassen, daß gegenüber einem Aggressor ohne weitere Schranken deutsche Landrücknahme 1939 mit polnischem Landraub 1945 vergolten werden dürfte, – daß das Deutsche Reich also durch eine evtl. Angriffspolitik jeden völkerrechtlichen Schutz seines eigenen völkerrechtlichen Territorialbestandes etwa „verwirkt" hätte –, so wäre solches „polnisches" Recht wieder auf die Stufe des Faustrechtes der Vorzeit abgesunken.

8.14
Verletzung des Aggressionsverbotes? (Ergebnisse)

Ein Schein„rechtsgrund" gegen die Forderung auf deutsche Grenzen entsprechend dem Selbstbestimmungsrecht des deutschen Volkes auf Ostdeutschland soll sein, daß wegen Verletzung des Aggressionsverbotes (der Stimson-Doktrin, des Briand-Kellogg-Paktes) die Annektionen Polens, der Tschechoslowakei, der Sowjetunion als Sanktion gegen den Aggressorstaat Deutsches Reich rechtmäßig seien? Deutschland habe „jedes Recht verwirkt"?

Das Aggressionsverbot gemäß Briand-Kellogg-Pakt und der Weiterentwicklung durch die Stimson-Doktrin wird heute übereinstimmend als Bestandteil des universellen Völkerrechtes seit spätestens 7. Januar 1932 angesehen. In polnischer Erkenntnis, daß die Steinzeitthese der vorgeblich schrankenlos zulässigen „Gegen-Annektion" zu katastrophalen Konsequenzen und zur Unhaltbarkeit führen müßte, wird als Variation vorgebracht, daß diese „Gegen-Annektion" als „Sanktion" gegen einen Aggressorstaat gerechtfertigt sein soll. Da Gebietsabtrennungen und Abtretungen aber keine Sanktionen sein können, ergibt auch dies keinen Rechtsgrund für den polnischen Landraub an Ostdeutschland.

Entgegen dem Vorbringen kann „jedes Recht verwirken" überhaupt kein Staat. Kein Krimineller auf keiner Rechtsebene „verwirkt" „jedes Recht". Niemand ist objektiv berechtigt, solche Urteile zu fällen, zu vertreten oder aber schließlich vollstrecken zu wollen.

Der Grundsatz der Nichtanerkennung gewaltsamer Gebietsveränderungen (Stimson) will verhindern, daß unter Verletzung des Gewaltverbotes erfolgte und daher völkerrechtlich unwirksame Gebietsveränderungen durch die konsolidierende Wirkung der Anerkennung seitens dritter Staaten schließlich doch Rechtsgültigkeit erlangen: Ex iniuria ius non oritur. Auch aus dem Unrecht Ostdeutschland kann und darf kein polnisches, tschechisches, sowjetisches Recht entstehen.

8.15
Strafanspruch wegen Verbrechen? (Ergebnisse)

Ein Schein„rechtsgrund" gegen die Forderung auf deutsche Grenzen entsprechend dem Selbstbestimmungsrecht des deutschen Volkes auf Ostdeutschland soll sein, daß die Annektionen Polens, der Tschechoslowakei, der Sowjetunion aus dem Strafanspruch wegen der Verbrechen Deutschlands folgten?

Die polnische Straftheorie,- die sich der polnische Sejm zu eigen gemacht hat mit seiner Verbrechensschuldlüge gegen das ganze deutsche Volk –, wonach das Deutsche Reich Ostdeutschland herausgeben habe als Strafe für die Aggression des zweiten Weltkrieges und die verübten Verbrechen … ist eine freie Erfindung in mehreren Hinsichten. Nur Individuen, nicht aber Staaten können strafrechtlich verfolgt, verurteilt und bestraft werden. Alle strafrechtlichen Grundbegriffe sind nicht auf Staaten übertragbar. So beließ es sogar die Nürnberger Rechtsprechung. In dem System des Völkerrechts sind alle Staaten gleichrangig. Keiner ist keinem untergeordnet – Deutsches Reich – so wie keiner keinem übergeordnet ist – Polen! Polen kann schließlich nicht versuchen, Ankläger, Zeuge, Strafrichter und Executor, also Henker in eigener Person zum eigenen Vorteil zu sein.

Die Straftheorie vermag keinen Anspruch Polens auf Ostdeutschland zu begründen.

8.16

Schadensersatz für Delikte in Land? (Ergebnisse)

Ein Schein„rechtsgrund" gegen die Forderung auf deutsche Grenzen entsprechend dem Selbstbestimmungsrecht des deutschen Volkes auf Ostdeutschland soll sein, daß aus den deutschen Delikten die Obligation zur Wiedergutmachung durch Schadensersatz in Land folge?

Die Theorie der Wiedergutmachung deutscher Delikte als Schadensersatz in Land ist unzutreffend.

Wiedergutmachung materieller Schäden hat zunächst grundsätzlich in Naturalrestitution durch Wiederherstellung des Zustandes vor der Unrechtshandlung zu geschehen. In Frage kommen könnten Sachleistungen, Geldzahlungen, Rückgabe etwa entzogener Gegenstände, zur Beseitigung von Zerstörungen, ggf., Zurverfügungstellung von Arbeitskräften, allerdings ohne Zwangseinziehungen, Arbeiterdeportationen und ähnliche Rechtsbrüche der Zeit um 1945.

Eine Naturalrestitution dagegen in Form deutscher Länder ist unlogisch, da diese Länder vor 1945 nicht polnisch, tschechisch, sowjetisch waren und insofern nicht „wiederhergestellt" werden können. Gebietsherrschaft über deutsche Länder als Besatzungsmacht ist kein „Sachwert". Wiedergutmachung in Form der Genugtuung für ideelle Schäden könnte in manchen Formen geschehen: Von der Entschuldigung bis zum Salutieren der Flagge auf der angemaßten Westerplatte, von der Bestrafung einzelner Schuldiger bis zur disziplinarischen Verfolgung, von Geldbußen bis zu Enteignungen rechtswidrig angeeigneter Werte. Einen wie immer gearteten noch so phantasievollen ideellen polnischen, tschechischen, sowjetischen Schaden durch Land zu „restituieren" ist logisch unmöglich.

Die Strafthese ist verfehlt.

8.17

Eine ausdrückliche Zession Ostdeutschlands an Polen sei erfolgt? (Ergebnisse)

Ein Schein„rechtsgrund" gegen die Forderung auf deutsche Grenzen entsprechend dem Selbstbestimmungsrecht des deutschen Volkes auf Ostdeutschland soll sein, daß eine ausdrückliche Cession Ostdeutschlands an Polen, die Tschechoslowakei, die Sowjetunion erfolgt sei?

Von polnischer Seite (Klafkowski) wurde versucht, zu erklären, eine ausdrückliche Cession der Ostgebiete des Deutschen Reiches habe stattgefunden? Zutreffend wird zunächst Cession definiert als vertraglicher Übergang eines Territoriums des einen abtretenden Staates (Cedenten) unter die Herrschaft eines anderen Staates (Cessionars). Wenn jedoch hinzugefügt wird: ... „Der Teil des Territoriums des ehemaligen Deutschen Reiches, den das Potsdamer Abkommen an Polen überweist, bildet den Gegenstand einer Cession von besonderer Art. Es handelt sich nämlich um eine R e t r o cession": So ist an diesen Behauptungen Klafkowskis alles unzutreffend.

Das Deutsche Reich besteht fort und ist nicht „ehemalig", so wenig dies in bestimmte polnische Erwartungen passt. Das Potsdamer Abkommen unterstellt Ostdeutschland lediglich polnischer „Verwaltung". Eine Cession, das heißt ein V e r t r a g liegt als Gebietsabtretungsvertrag 1945 wie 1991 n i c h t vor. Eine Retrocession ist eine zielbewußte Neuerfindung Klafkowskis zum polnischen Spezialgebrauch. Kraus aaO. S. 70 Die deutschen Ostgebiete können nicht „retrozediert", „re-integriert" werden, weil sie zum Teil niemals, zum Teil seit über 700 Jahren nicht unter polnischer Territorialherrschaft gestanden haben. Die Vereinigten Staaten von Amerika und Groß Britannien haben die Ostgebiete niemals für sich in Anspruch genommen. Sie konnten sie daher weder allein noch zusammen mit der UdSSR an Polen bzw. die Sowjetunion abtreten. Selbst wenn sie es gewollt hätten, was nicht der Fall ist. Noch weniger könnte dies etwa die Sowjetunion im Alleingang zugunsten Polens.

Das geradezu naive bis zu belächelnde Schein"argument" der „Retrocession" beweist noch schlagender als vieles Andere die erfindungsreiche Bösgläubigkeit von Polens Rechtswissenschaft. Das nun einmal vorliegende gewaltsame faktische Ergebnis des Raubzuges soll um jeden Preis, selbst um den Preis der Logik und der Wahrheit, scheinbar gerechtfertigt bzw. entschuldigt werden.

Dieses höchst negative Ergebnis ändert sich auch nicht durch die Artikel 1 Absatz (2) und (3) des „Vertrages über die abschließende Regelung in Bezug auf Deutschland" vom 12. September 1990. Eine Cession, eine „Gebietsabtretung" erforderte, um zweifelsfrei zu sein, der bewußten und klaren Verwendung der Begriffe: X cediert an Y, X tritt ab an Y ... Dies ist so zweifelsfrei nicht geschehen.

Es scheiterte auch daran, daß die „Bundesrepublik Deutschland" in ihrem Namen k e i n e Ostgebiete des Deutschen Reiches „a b t r e t e n " kann, die sie nicht besessen hat und die ihr nicht gehören: „Nemo plus iuris transferre potest, quam ipse habet"! Das Vier-Zonen-Deutschland ist nicht das wiedervereinigte Deutschland, nicht das allein berechtigte Deutsche Reich.

Der Versuch einer Argumentation Polens ist nach wie vor untauglich. Das schlechte Gewissen Polens ist nicht zu beruhigen.

8.18

Die Ersitzung Ostdeutschlands sei eingetreten? (Ergebnisse)

Ein Schein„rechtsgrund" gegen die Forderung auf deutsche Grenzen entsprechend dem Selbstbestimmungsrecht des deutschen Volkes auf Ostdeutschland soll sein, daß die Ersitzung Ostdeutschlands durch Polen, durch die Tschechoslowakei, durch die Sowjetunion eingetreten sei?

Grundsätzlich kann Ersitzung als Rechtstitel für den Erwerb von Staatsgebiet international-rechtlich anerkannt werden. Nur darf nicht Annektion stattdessen als Titel zur Besitzübernahme vorliegen, da diese im XX. Jahrhundert unzulässig ist. Das Gewaltanwendungsverbot und das Annektionsverbot stehen entgegen.

Fraglich ist danach die Rechtslage Ostdeutschlands, da diese Provinzen unter offener Verletzung des Annektionsverbotes in Polen einverleibt worden sind. Guter Glaube des Annektionisten ist dabei zwar nicht erforderlich. Der Widerspruch bleibt aber grundlegend: Aus Unrecht kann nicht Recht werden. Aus den Fakten entsteht kein Recht! Die mögliche normative Kraft des Faktischen wird aber dadurch eingeschränkt, daß Ersitzung als Möglichkeit des Gebietserwerbes eine Folge des Grundsatzes von Treu und Glauben ist. Die erfolgte Vertreibung der Bevölkerung, wie die dann erfolgte Annektion verstößt aber gegen diesen Grundsatz. Was so offen gegen Treu und Glauben verstößt, kann nicht unter Berufung auf Treu und Glauben gutgeheißen werden nach Zeitablauf. Der Zeitablauf allein genügt nicht.

Die „Unangefochtenheit" der Ausübung der Hoheitsgewalt muß weiter hinzukommen.

Das Zeiterfordernis der Ersitzung in den rechtshistorisch erheblichen Fällen lag zwischen 30 und 300 Jahren. Es richtet sich auch nach dem Maße der Energie der Gleichschaltung der fraglichen Gebiete. Dies könnte für die Ostmächte sprechen.

Entscheidend aber bleibt die Protesthaltung des verlierenden Staates. Weder die „DDR" noch die „Bundesrepublik Deutschland" waren der „verlierende Staat", waren das Deutsche Reich. Das weiterbestehende Deutsche Reich ist zur Zeit handlungsunfähig. Sein Schweigen ist zufolge seiner Behinderung ohne negative Rechtsfolgen. In Teilidentität hat die Bundesrepublik Deutschland bis zu den Ostverträgen vom 12.08.1970 und 7.12.1970 so oft und so deutlich protestiert, daß die Ersitzungsfrist erst seitdem zu laufen begonnen haben könnte.

Ersitzung ist danach zufolge der Kürze der Zeit noch keinesfalls eingetreten.

8.2 Vorgeblicher Völkerrechtspositivismus? (Ergebnisse)

8.21
Adjudikation in Selbstkontraktion? (Ergebnisse)

Ein Schein„rechtsgrund" gegen die Forderung auf deutsche Grenzen entsprechend dem Selbstbestimmungsrecht des deutschen Volkes auf Ostdeutschland soll sein, daß es 1945 keine deutsche Regierung gegeben habe. – Deshalb sei durch die Berliner Erklärung die Übernahme der „Supreme Authority" notwendig gewesen, erfolgt und rechtmäßig. Damit seien die Siegermächte ermächtigt gewesen, in Selbstkontraktion in Adjudikation einen Gebietsabtretungsvertrag zu Lasten Deutschlands zu Gunsten Polens, der Tschechoslowakei und der Sowjetunion zu schließen?

Zutreffend ist, daß es nach der völkerrechtswidrigen Festnahme der letzten deutschen Reichsregierung Dönitz 1945 keine deutsche Regierung in Deutschland gab. Nur kann sich niemand auf dieses Faktum berufen, der dies selber herbeigeführt hat. Ein idealtypischer Fall eines rechtswidrigen venire contra factum proprium.

Über die Rechtmäßigkeit oder Völkerrechtswidrigkeit der Potsdamer Protokolle braucht hier nicht gehandelt zu werden. Die Potsdamer Protokolle: ... verpflichten als res inter alios gesta Deutschland zu überhaupt nichts, berechtigen dagegen Deutschland zu Berufungen auf die enthaltenen Selbstverpflichtungen der Siegermächte.

Die Berliner Erklärung mit der Übernahme der „Supreme Authority" ist hier nicht zu behandeln. Selbstkontraktion ist überall im Rechtsleben höchst prekär bis anfechtbar bis vernichtbar bis nichtig.

Adjudikation setzt normalerweise eine unabhängige internationale neutrale Schiedsgerichtsbarkeit voraus. Eine solche hat zur Ostdeutschlandzuweisung an Polen zweifellos nicht vorgelegen. Ein deutsches Einverständnis gab und gibt es gleichfalls keinesfalls.

Wenn 1945 in Selbstkontraktion einzelne oder eine Gruppe von Staaten einseitig Gebietszuweisungen vorzunehmen versucht haben, die Ostgebiete des Deutschen Reiches, die Freie Stadt Danzig, das Sudetenland, so ist dies mit dem Gewaltverbot nicht vereinbar, so ist dies mit dem Annektionsverbot nicht vereinbar, so verletzt dies das Grundprinzip des Völkerrechts der Gleichheit aller Staaten, so sind solche Versuche nicht Adjudikation, sondern unzulässige und völkerrechtswidrige Annektionsversuche.

Darüber hinaus setzt Adjudikation Herrenlosigkeit des Objektes voraus. Ostdeutschland war und ist keinesfalls herrenlos.

8.22
Nachträglich deutsche Anerkennung der Annektion Ostdeutschlands? (Ergebnisse)

Ein Schein„rechtsgrund" gegen die Forderung auf deutsche Grenzen entsprechend dem Selbstbestimmungsrecht des deutschen Volkes auf Ostdeutschland soll sein, daß die Potsdamer Beschlüsse über die „Verwaltung" Ostdeutschlands durch Polen (als Teil der Sowjetischen Besatzungszone Deutschlands) die nachträgliche deutsche Anerkennung als polnische „Annektion" gefunden hätten.

Die Eigenartigkeit der drei deutschen Ostverträge: ... Moskauer Vertrag vom 12.08.1970, Warschauer Vertrag vom 7. Dezember 1970, Prager Vertrag vom 11. Dezember 1973 bedarf hier keiner Behandlung.

Relativ zweifelsfrei dagegen ist lediglich, daß es sich bei allen dreien um keine „Gebietsabtretungsverträge" gehandelt hat, um keine Versuche formeller Anerkennung einer „Annektion" von Reichsgebieten. Sonstige Rechtsakte auch nur der nicht zuständigen Bundesrepublik Deutschland, – von dem Satelliten „DDR" zu schweigen –, mit denen eine Annektion der Ostgebiete und Danzigs anerkannt worden wäre, sind nicht ersichtlich bis zu den beiden Diktaten von 1990: ...

5 Prinzipien zur Regelung der deutsch-polnischen Grenze Beschluß der 3. „Zwei-plus-Vier-Konferenz" in Paris am 17. Juli 1990 einerseits,

Artikel 1 des Vertrages über die abschließende Regelung in Bezug auf Deutschland in Moskau vom 12. September 1990 andererseits.

Hier kann einstweilen zurückgestellt werden, daß die Bundesrepublik Deutschland das Deutsche Reich nicht zu verpflichten vermag.

Eine offizielle juristische Auslegung, was diese beiden Diktate gegen Deutschland, insbesondere gegen Ostdeutschland bedeuten sollen, gibt es deutscherseits bis auf schamvolle verbale Lobgesänge eines nützlichen Funktionärs (... ein glücklicher Tag für Deutschland ...) veröffentlicht nicht. Die deutsche Rechtswissenschaft ist überfragt. Hier ist nur ein Überschauergebnis anzudeuten.

Zu den 5 Prinzipien: Zu Ziffer 1: Was Deutschland zur Zeit umfaßt ist für die Folgefrage Ostdeutschland nicht erheblich. Zu Ziffer 2: Das Grundgesetz kann jederzeit geändert werden ohne Genehmigung Fremder. Zu Ziffer 3: Nicht Deutschland erhebt mit Ostdeutschland „Territoriale Forderungen", sondern Polen (vgl. unten)

Zum Vertrag:

Zu Artikel 1 Abs.(1): Die Bestätigung der „Endgültigkeit" von Außengrenzen des Vier-Zonen-Deutschland sagt über den Verbleib, über das völkerrechtliche und staatsrechtliche Schicksal der Ostgebiete des Deutschen Reiches überhaupt nichts. Es beansprucht nur, daß sie zur Zeit, das heißt bis zum Ende der „Endgültigkeit" nicht zu Vier-Zonen-Deutschland gehören werden. Dagegen sagt es nichts darüber, wem sie zur Zeit gehören. Es beansprucht nicht, daß diese Gebiete völkerrechtlich oder staatsrechtlich zu Polen gehören; daß sie „abgetreten" werden; daß ihre Verwandlung eines „Verwaltungsregimes" in eine „Annektion" anerkannt wird. Die Ostgebiete könnten z.B. auch zu einem Europäisierungskomplex zusammengefaßt und zum allseitigen Vorteil entwickelt werden.

Zu Artikel 1 Abs. (2): Der Vertrag – den Abschluß unterstellt – ist unerheblich, da Vier-Zonen-Deutschland den alleinigen Souverän, das Deutsche Reich, nicht zu verpflichten vermag.

Über diese reine Textkritik der beiden Traktate der Diktate von Paris und Moskau hinaus, bleibt aber bis auf Weiteres festzustellen (Stichworte):

Die „DDR", die Bundesrepublik Deutschland, Vier-Zonen-Deutschland, das sogenannte

„Wiedervereinigte Deutschland" sind n i c h t das Deutsche Reich in seinen unverändert internationalrechtlich gültigen Vorkriegsgrenzen.

Die „DDR", die Bundesrepublik Deutschland, Vier-Zonen-Deutschland können ultra vires das Deutsche Reich zu nichts verpflichten, weder rechtlich noch politisch noch moralisch.

Die „DDR", die Bundesrepublik Deutschland, Vier-Zonen-Deutschland haben niemals Krieg geführt. Sie können weder einen Friedensvertrag noch einen Friedensvertragsersatz wie das Moskauer Diktat, gegen oder für das Deutsche Reich abschließen.

Was immer der diktierte Vertragstext von Moskau sei. Er ist kein Cessionsvertrag, kein Gebietsabtretungsvertrag, kein Annektionsanerkennungsvertrag.

Das Moskauer Diktat verletzt in krassester Weise das Selbstbestimmungsrecht, die beiden Artikel 1 der Menschenrechts pakte, die Atlantik Charta usw.

Im Ergebnis: Das Moskauer Diktat ist eine Einmischung in innere Angelegenheiten Deutschlands. Der Moskauer „Vertrag" ist der Prototyp des „ungleichen", des erpreßten Vertrages. Er ist daher rechtswidrig. Er ist seiner Natur nach nichtig und jederzeit vernichtbar.

8.23
Verlust des Selbstbestimmungsrechts zufolge Deportation? (Ergebnisse)

Ein Schein„rechtsgrund" gegen die Forderung auf deutsche Grenzen entsprechend dem Selbstbestimmungsrecht des deutschen Volkes auf Ostdeutschland soll sein, daß die Vertreibung der deutschen Bevölkerung Ostdeutschlands, daraus folgend der Verlust des Selbstbestimmungsrechts der Deutschen zufolge der Deportation endgültig seien? Das Selbstbestimmungsrecht stehe jetzt der polnischen Ortsbevölkerung zu.?

Zur absoluten Völkerrechtswidrigkeit der Vertreibung, unter welchem Namen auch immer: … Repatriierung, Umsiedlung, Aussiedlung, Heimschaffung, Verlegung, Freimachung, Zurückziehung, Massenabwanderung, Bevölkerungsaustausch, Erleichterung bei der Ausübung der Freizügigkeit, Anwendung des Abwanderungsrechtes, Hilfe zur Erfüllung des legitimen Wunsches auf Vereinigung mit dem Stammvolk, bedarf es keiner erneuten Feststellungen mehr.

Wer diese absolut völkerrechtswidrige Deportation 1945 heute „noch für völlig in Ordnung hält" (polnische Volksstimmung) oder zu vergessen sucht, wie Polen, die Tschechei, die Sowjetunion, der kann sich auf die Folgen seiner kriminellen Politik nachher nicht rechtsbegründend berufen.

Darüber hinaus steht das Selbstbestimmungsrecht der rechtmäßigen deutschen örtlichen Bevölkerung der Ostgebiete zu. Es haftet nicht an dem puren Territorium. Es geht nicht auf die polnische, tschechische, großrussische Raubbevölkerung ab 1945 über. Dieses Selbstbestimmungsrecht der Ostdeutschen auf ihre Provinzen kann daher nicht verloren gehen. Wie endgültig die Vertreibung der Ostdeutschen schließlich sein wird, wird erst die Geschichte der Entwicklung der Freizügigkeit in Europa entscheiden.

8.24
Feindstaatenklausel der Satzung der Vereinten Nationen? (Ergebnisse)

Ein Schein„rechtsgrund" gegen die Forderung auf deutsche Grenzen entsprechend dem Selbstbestimmungsrecht des deutschen Volkes auf Ostdeutschland soll sein, daß gemäß Artikel 107 der Charta der Vereinten Nationen Deutschland als („ehemaliger") Feindstaat keine Rechte habe: „Daher" die Gebietszuweisungen der Potsdamer Protokolle „hinzunehmen" habe?

So viel ist zutreffend, daß nach Artikel 107 der Charta der Vereinten Nationen Maßnahmen, welche die hierfür verantwortlichen Regierungen als Folge des zweiten Weltkrieges in Bezug auf einen Staat ... hier Deutschland! ... ergreifen oder genehmigen, der während dieses Krieges Feind eines Unterzeichnerstaates dieser Charta war, nach der Charta der Vereinten Nationen weder außer Kraft gesetzt noch untersagt sein sollen.

Das völkerrechtliche Verbot der Einmischung in die inneren Angelegenheiten eines fremden Staates war 1945 zwingendes Recht. Dieses ohnehin geltende Interventionsverbot ist zudem in Artikel 2 Ziffer 7 der Charta der Vereinten Nationen nochmals zusätzlich positiviert worden. Gegen dieses Verbot verstoßen unbestreitbar die Potsdamer Protokolle ununterbrochen. Die Alliierten in Potsdam waren sich der Völkerrechtswidrigkeit ihres Vorgehens gegenüber Deutschland allgemein und gegenüber Ostdeutschland insbesondere völlig bewußt. Die Positivierung von Artikel 107 der Charta der Vereinten Nationen als Ausnahmeregelung hatte daher lediglich den Zweck, die offensichtlich gegebene Völkerrechtswidrigkeit von „Potsdam", nicht auch noch durch die Charta der Vereinten Nationen klarstellen und brandmarken zu lassen. Sie zeichnete nur von der Beachtung der Charta frei, nicht aber von der Beachtung des Internationalen Rechtes: Deutschland „alle Rechte abzuerkennen" vermag die Charta der Vereinten Nationen als res inter alios gesta ohnehin keinesfalls. Dies vermag gar niemand. Es wäre das Ende jeder Andeutung von Völkerrechts-Weltordnung.

Das Annektionsverbot hat mondialen Charakter. Es geht allem partikularen Recht, sowohl „Potsdam" als auch der Charta der Vereinten Nationen, zweifelsfrei vor. Sachlich zwingend, von ausnahmsloser Geltung, geht es in Potsdam vereinbarten Annektionsversuchen und Unterstellungsversuchen vor. Jeder Versuch, den Landraub an Ostdeutschland auf die Charta der Vereinten Nationen zu stützen, ist danach grundsätzlich gescheitert.

Er scheitert auch formell und materiell angesichts einer Fülle von bereits gestellten Fragen zu Artikel 107 der Charta: Who are the governments baring responsability for such action? Does the phrase include all members of the UN at war with the particular enemy state? How long does this freedom in dealing with the enemy state last? Will it end at the latest with the admission of the enemy state as a member of the UN?

Spätestens seit der UN-Mitgliedschaft der bis 1970 immer erneut gegen die Oder-Neiße-Linie protestierenden Bundesrepublik Deutschland ist jede Berufung auf Artikel 107 der Charta der Vereinten Nationen hinfällig. Die Regelung ist mindestens obsolet. Auf das ohnehin auch 1945 bereits geltende entgegenstehende Völkergewohnheitsrecht gemäß Artikel 34 und 35 der Wiener Vertragsrechtskonvention ist nur hinzuweisen.

8.25
Der Moskauer Vertrag mit der Sowjetunion?

8.26
Der Warschauer Vertrag mit Polen? (Ergebnisse)

8.27
Der Prager Vertrag mit der Tschechoslowakei?

Weitere Schein"rechtsgründe" gegen die Forderung auf deutsche Grenzen entsprechend dem Selbstbestimmungsrecht des deutschen Volkes auf Ostdeutschland sollen sein, daß die drei Ostverträge in verpflichtender Vorwegnahme des Friedens"vertrages" nachträgliche Anerkennungen der Annektionen seien?

Nach den Vertragstexten, sowie den beifolgenden Dokumenten: so z.B. der Äußerung des sowjetischen Außenministers vom 29. Juli 1970, der Erklärung des Bundesministers des Auswärtigen vom 6. August 1970, der Denkschriften der Bundesregierung vom 12. August 1970 bzw. 7. Dezember 1970, der Entschließung des Deutschen Bundestages am 17. Mai 1972, ist dieses Vorbringen unzutreffend.

Entsprechendes gilt für den Vertrag vom 11. Dezember 1973, Analoges für die Entscheidungen des Bundesverfassungsgerichtes vom 11. Juli 1974 und vom 25. Januar 1977.

8.28
Das „Görlitzer Abkommen" der „DDR"? (Ergebnisse)

Ein Schein„rechtsgrund" gegen die Forderung auf deutsche Grenzen entsprechend dem Selbstbestimmungsrecht des deutschen Volkes auf Ostdeutschland soll sein, daß das „Görlitzer Abkommen" zwischen der Republik Polen und der „Deutschen Demokratischen Republik" vom 6. Juli 1950 für Gesamtdeutschland verbindlich sei?

Die Regierung der Bundesrepublik Deutschland hat durch ihre am 4.10.1950 von der Alliierten Hohen Kommission dem Vorsitzenden der Sowjetischen Kontrollkommission in Deutschland übermittelte Note gegen die Anerkennung der Oder-Neiße-Linie Einspruch erhoben und die völkerrechtliche Wirksamkeit des Abkommens bestritten. Die dortige Argumentation ist unverändert zutreffend.

Der US-amerikanische Hohe Kommissar Mc Cloy erklärte am 7.06.1950: ... „Dies ist keine Angelegenheit, die durch einseitige oder zweiseitige Verträge geregelt werden kann. Sie kann auch nicht für Deutschland durch Vertreter eines Regimes geregelt werden, die keine wirkliche Unterstützung durch das deutsche Volk genießen. Die US Regierung hat weder die Oder-Neiße-Linie noch die Einbeziehung derjenigen deutschen Gebiete in das polnische Staatswesen anerkannt, die unter polnische Verwaltung gestellt worden sind"!

Mit dem Untergang der „DDR" ist auch ihr Rechtssystem zur Disposition von Vier-Zonen-Deutschland gestellt. Das Deutsche Reich bindet es ohnehin niemals.

8.29
Die Potsdamer Beschlüsse seien als „Allgemeines Völkerrecht" nach dem Grundgesetz für die Bundesrepublik Deutschland verbindlich? (Ergebnisse)

Ein Schein„rechtsgrund" gegen die Forderung auf deutsche Grenzen entsprechend dem Selbstbestimmungsrecht des deutschen Volkes auf Ostdeutschland soll sein, daß die Potsdamer Beschlüsse „Allgemeines Völkerrecht" seien. Als solche seien sie für Deutschland nach den Artikeln 25 und 116 des Grundgesetzes für die Bundesrepublik Deutschland verbindlich?

Dieser mehr als eigenartige Umwegversuch für vorgebliches Völkerrecht, dessen Rechtswidrigkeit allgemein durchschaut wird, die mangelnde Rechtsgültigkeit über rein innerstaatliches Verfassungsrecht konstruieren zu wollen, ist außerordentlich bezeichnend für die gewagten Argumentationsversuche um jeden Preis kraft schlechten Gewissens?

Die alte, niemals entschiedene Streitfrage des Rangverhältnisses zwischen Verfassungsrecht und Völkerrecht ist vom Grundgesetz in Überperfektion überflüssigerweise scheinbar entschieden worden zu Gunsten des Völkerrechtes.

Artikel 116 GG wiederum besagt lediglich, wer als „Deutscher" zu behandeln ist. Er ist eine Notstandsvorschrift mit Ausnahmecharakter, da zufolge der polnischen und tschechischen Rechtsbrüche deutsche Reichsbürger in die Rechtskalamität gerieten, daß Staatsgebiet, Staatshoheit, Staatsangehörigkeit auseinanderfielen. Die Vertriebenen waren Menschen, die dort, wo sie „ansässig" waren, – in Ostdeutschland – als Staatsbürger nicht mehr anerkannt wurden, während sie dort, wo ihnen die Rechtsstellung des Staatsbürgers zuerkannt werden sollte, – in Westdeutschland – sie weder ansässig noch „Inländer" waren. Artikel 116 GG besagt also über das rechtmäßige deutsche Staatsgebiet überhaupt nichts. Artikel 25 GG wiederum besagt zu den Potsdamer Beschlüssen nur, daß sie kein"Allgemeines Völkerrecht" sein können.

Der pure völkerrechtswidrige Aneignungswille Polens, der Tschechoslowakei, der Sowjetunion: … animus territorium sibi habiendi (Verdroß) animus domini (Bindschedler) occupatio cum animus dominandi (Anzilotti) vermag die fehlende Völkerrechtsgrundlage trotz Potsdamer Protokollen nicht zu ersetzen.

Die Potsdamer Beschlüsse sind kein allgemeines Völkerrecht, sondern Einmischungen in innere Angelegenheiten Deutschlands. Ein Beschluß dreier Mächte gilt nicht generell. Ob er rechtmäßig oder rechtswidrig ist: Er gilt nicht für alle Mitglieder der Völkerrechtsgemeinschaft.

Die Artikel 25 und 116 des Grundgesetzes für die Bundesrepublik Deutschland sind nichts als innerstaatliches Verfassungsrecht. Sie sind kein territoriales „Recht zu Gunsten Dritter"! Sie beinhalten keinerlei territoriale Verpflichtungen der Bundesrepublik gegenüber Polen, der Tschechoslowakei, der Sowjetunion.

8.3 Schein„gründe" aus der „Rechtsordnung" als „Friedensordnung"? (Ergebnisse)

8.31

Das Grundrecht auf „ungefährdetes Sein"? (Ergebnisse) Ein Schein„rechtsgrund" gegen die Forderung auf deutsche Grenzen entsprechend dem Selbstbestimmungsrecht des deutschen Volkes auf Ostdeutschland sollen Achtung und Sicherung des „Grundrechtes „Polens und der Tschechoslowakei auf „Ungefährdetes Sein" darstellen.?

8.311

Die Rechtslehre mag aus Jahrhunderten Staatenpraxis vielleicht eine Lehre über „Grundrechte" von Staaten erarbeitet haben: Obwohl gerade die praktische Geschichte der Staaten nicht als Beweis für solche Grundrechte herangezogen werden kann.

Das vornehmste Grundrecht jedes Staates – berechtigterweise auch des polnischen wie des tschechischen Staates! – ist nun grundsätzlich ohne jeden Zweifel das Grundrecht auf Sein, auf Dasein, auf Existenz.

Die Staatengeschichte beweist allerdings – solange das Selbstbestimmungsrecht der Völker noch nicht galt – das Gegenteil: Die oft relativ schnelle Vergänglichkeit auch von europäischen Staaten: … In Spanien (Leon, Aragon, Navarra), in Frankreich (Burgund, Anjou), in Italien (x italienische Kleinstaaten), in Deutschland (1789 Ländchen 1789), in Groß Britannien (Schottland, Wales), im Balkan (Byzanz, Montenegro), in Ostmitteleuropa (Großfm. Litauen, Ukraine), im Baltikum (Deutscher Orden, Litauen, Lettland, Estland), im Kaukasus (Armenien, Georgien, Aserbeidschan).

Mit dem polnischen Vorbringen eines absoluten Rechtes nur für Polen, eines „Grundrechtes" auf Sein, auf Dasein, auf Sosein, – vergleiche die frei erfundene vorgebliche polnische „Historische Nationalität" Klafkowskis –, ist also leider keinerlei entscheidender Argumentationswert verbunden, angesichts der Vergänglichkeit vieler historischer Staaten.

8.312

Wenn nun hier dennoch rein kontradiktorisch für die Neuzeit das Grundrecht aller Staaten auf Dasein unterstellt werden soll, so ist die logische Schlußfolgerung unwiderlegbar, daß es sich um ein gleichmäßiges Grundrecht nur a l l e r Staaten handeln kann; nicht einzelner, nicht bevorzugter gegenüber anderen normalen, dann also dikriminierten Staaten.

Dann bleibt zu fragen: Wenn Polen dieses unabdingbare Recht auf Dasein hat, – ein Recht, das ihm niemand bestreitet, – wieso sollte das Deutsche Reich dieses Grundrecht aller Staaten nicht auch besitzen, welches Polen für Ostdeutschland den Deutschen bestreiten will.

Der polnische Volksboden war ab 1231 / 1335 bis 1919 sehr genau begrenzt. Er umfaßte 600 – 700 Jahre fast ohne Veränderungen weder Oberschlesien noch Niederschlesien, weder Ostbrandenburg noch Ostpommern, weder Danzig noch Ostpreußen noch Schamaiten, weder Weißruthenien noch die Ost- und Zentralukraine. Wieso muß Polens „Dasein" 1920 darüber hinausgehen in riesige Gebiete? Wieso ist dann ab 1945 ein d e u t s c h e s Reichsgebiet von über 100 000 qkm Fläche zum „Dasein" Polens unverzichtbar und rechtens?

Polen und nur genauso das Deutsche Reich haben dieses Recht auf „Dasein". Polen kann nichts, gar nichts fordern noch behalten, was entgegen dem Selbstbestimmungsrecht dem deutschen Volke weggenommen worden ist. Auch die Versailler polnische Grenze, – die Polen nicht zufrieden stellte und angeblich sein „Dasein" nicht genügend garantierte –, verletzte bereits in Westposen, Westpreußen, Danzig das Selbstbestimmungsrecht des deutschen Volkes; und in „Ostpolen" die Selbstbestimmung ostslawischer Völker: Weißruthenen, Ukrainer. Ebenso der Litauer. Polen existiert. Polen ist. Polen wird „dasein". Dies erforderte in keiner Weise den Landraub an Ostdeutschland.

8.313

Entsprechendes gilt für die Tschechei. Die vorübergehende Grenze von Saint Germain und Versailles – die vor allem auf Lügen (Benesch, auch Masaryk) und Blut (Massaker in Kaaden) aufgebaut war, ist zum Sein, zum „Dasein" der Tschechei in keiner Weise erforderlich. In einem friedliebenden geeinten Europa bedarf das tschechische Volk zum Dasein nicht des deutschen Sudetenlandes. Vermutlich beginnt es bereits zaghaft, dies einzusehen: Im Gegensatz zum polnischen Volk.

8.32

Der status quo garantiere ein Maximum an Schutz? (Ergebnisse)

Ein Schein„rechtsgrund" gegen die Forderung auf deutsche Grenzen entprechend dem Selbstbestimmungsrecht des deutschen Volkes auf Ostdeutschland soll sein, daß nur der territoriale status quo ein Maximum an Schutz Polens, der Tschechei vor Deutschland gewährleiste?

Im Lauf der Geschichte Europas ist überall bewiesen worden, daß Grenzen, noch so exorbitante Grenzen nach chauvinistischen Wunschträumen, kein Maximum an Schutz gewähren können!

Der Limes, tausend Kilometer von Rom entfernt, konnte Rom nicht schützen.

Der Rhein, Frankreichs, Richelieus, Mazarins mittelalterlicher Traum, 1680 / 1687 – 1697 teilweise erreicht, 1801 – 1813 französische legale weiteste Militärgrenze = „Friedensgrenze", konnte Frankreich nicht schützen.

Es bleibt aber immer darauf hinzuweisen, daß von 1231 / 1335 die deutsch – polnischen

Volksgrenzen völlig unverändert verblieben bis 1919. Wovor, wozu Polen deshalb eines „Maximums an Schutz" bedarf, müßte erst noch logisch erklärt werden! Vor Deutschland offensichtlich jedenfalls nicht. Darüber hinaus schützt heute ohnehin k e i n e Linie mehr. Schließlich bleibt abschließend zu fragen, wer und was im A t o m zeitalter überhaupt noch ein „Maximum an Schutz" gewähren kann. Die Oder-Neiße-Linie, ein seichter Flußlauf von wenigen 100 m Breite mit Sicherheit nicht.

8.322

Die Grenze Böhmens gewährte den Deutschen schon in den Hussitenkriegen kein Maximum an Schutz. Sie gewährte den Tschechen 1938 keinen Schutz. Sie kann nur schützen, wenn allerseits guter Wille, Vertrauen, Friedensbereitschaft dahinterstehen.

Die Forderung des Maximums an Schutz ist schließlich keinerlei Argument gegen das Selbstbestimmungsrecht der Völker. Sie ist kein Argument für Landraub.

8.33
Nur der territoriale status quo gewährleiste „dauernd gesicherte Grenzen"? (Ergebnisse)

8.331

Ein Schein„rechtsgrund" gegen die Forderung deutscher Grenzen entsprechend dem Selbstbestimmungsrecht des deutschen Volkes auf Ostdeutschland soll sein, daß nur der territoriale status quo die friedliche Existenz des etablierten polnischen, tschechoslowakischen Staates in „dauernd gesicherten Grenzen" gewährleiste? Dauernd gesicherte Grenzen sind offensichtliche Ziele nicht nur aller friedliebenden Staaten. Gerade auch Aggressionsstaaten, räuberische Staaten werden nach dem Erreichen ihres äußersten Zieles ihre unwandelbare Friedlichkeit betonen, werden sogenannte „Friedensgrenzen" mitten durch geraubtes fremdes Land abstecken, – es zu sichern suchen mit aller diplomatischen Erpressung, mit polizeilichen, endlich mit militärischen Mitteln …! Gerade solche Aggressionsstaaten betonen die Friedlichkeit im Behalten und im weiteren Behaltenwollen ihres Raubes. Und wer sie darin zu stören wage, störe und gefährde „ihre dauernd gesicherten Grenzen"; und wenn er 7 mal, 17 mal, 27 mal seine Friedlichkeit verbürgt. Er „destabilisiere"! Genau dieses ist der Fall mit der Republik Polen in der Oder-Neiße-Linie. Ebenso der Fall der Tschechei nach der Annektion des Sudetenlandes.

8.332

Es mag dauernd gesicherte Grenzen geben und gegeben haben. Die Grenzen auf den Pyrenäen zwischen Frankreich und Spanien sind „dauernd gesicherte Grenzen". Vermutlich bezweifelt dies seit Jahrhunderten niemand … Dies hinderte jedoch Napoleon I. nicht, 1808 – 1814 in Spanien höchst blutig Krieg zu führen. Dies hinderte jedoch nicht eine reaktionäre Intervention in Spanien 1823 – 1828 durch eine französische Armee. Dies hinderte Frankreich jedoch nicht, einen französischen Krieg unbedacht zu erklären und gegen Deutschland 1870 – 1871 zu beginnen, um eine bestimmte Besetzung des spanischen Thrones zu verhindern: Was am besten weder Frankreich noch Hohenzollern-Sigmaringen etwas hätte angehen sollen; und schon gar nicht Deutschland.

8.333
Eine dauernd gesicherte Grenze ist allein eine Grenze, die dem Selbstbestimmungsrecht der Völker entspricht und die deshalb von niemandem in Frage gestellt wird. Die Oder-Neiße-Linie, die tschechoslowakische Staatsgrenze entspricht gerade nicht der Selbstbestimmung

der Völker. Sie entspricht nicht der gültigen Völkerrechtslage. Sie wird deshalb von der Gerechtigkeit und dem Recht selbst ununterbrochen in Frage gestellt. Sie sind gerade keine „dauernd gesicherten Grenzen", sondern dauernd nicht gesicherte Demarkationslinien.

8.34
Der status quo sichere Polen gegen die deutsche Bedrohung? (Ergebnisse)

Ein Schein„rechtsgrund" gegen die Forderung auf deutsche Grenzen entsprechend dem Selbstbestimmungsrecht des deutschen Volkes auf Ostdeutschland soll sein, daß nur der status quo der Sicherung der territorialen Integrität Polens, der Tschechoslowakei gegen die immerwährende deutsche Bedrohung zu dienen vermöge?

Das Vorbringen der dauernden Bedrohung Polens durch Deutschland ist nichts als eine frei erfundene – aber in Selbsttäuschung geglaubte – psychologische Wiederspiegelung des chronisch schlechten Gewissens Polens.

Nicht Deutschland oder der Deutsche Orden, sondern Polen hatte 9 mal auf das deutsch-kaschubische Westpreußen verzichtet. Ein Land, das Polen gar nichts anging, da es ihm nur 9 Jahre insgesamt gehört hatte: 1294–1296, 1297–1299, 1306–1307 ...

Jahre des polnischen Verzichtes in Friedensverträgen oder Schiedssprüchen sind dagegen die folgenden: 1335, 1337, 1343, 1404, 1411, 1422 und 1435 ...

Nicht Deutschland oder der Deutsche Orden, sondern Polen hatte dennoch danach 6 mal Angriffskriege geführt, um das deutsche Westpreußen zu erobern, das Land zu verwüsten, den Staat des Ordens zu zerschlagen.

Die Jahre der polnischen Angriffskriege bis 1526 sind: 1409-1411, 1414, 1422, 1433 – 1435, 1454 – 1466, 1472 – 1478. Polen hat diese 6 Angriffskriege geführt, um eine deutsche Ordensprovinz zu erobern, die Polen gar nichts anging.

8.342
Wie jemand, selbst ein Pole, angesichts solcher Fakten behaupten kann, „Polen sei durch seine ganze Geschichte hindurch einer dauernden, von Deutschland ausgehenden Bedrohung ausgesetzt gewesen", ist rational nicht nachvollziehbar. Auch die berühmte Schlacht von „Grunwald", 1410, Tannenberg, fand auf deutschem Boden statt, nicht auf polnischem. Der polnische Volksboden wurde überhaupt nicht geändert und nicht betroffen. Das gilt selbst noch für die drei Teilungen des „Königreichs" Polen. Sie erfolgten auf Veranlassung und zu 70% zu Gunsten Rußlands, relativ wenig zu Gunsten Österreichs, wenig zu Gunsten Preußens. 1772, 1793 betrafen sie fast kein polnisches Volksgebiet. Aber selbst wenn es sie jemals gegeben hätte, und selbst wenn es sie noch gäbe, so gewährte der status quo keine Sicherung der territorialen Integrität Polens oder der Tschechoslowakei, da dieser status quo seinerseits krass rechtswidrig ist; und zur Revision geradezu zwingt. Er gewährt also gerade keine Sicherheit, sondern er schafft die größte Unsicherheit.

8.343
Die Sicherung der territorialen Integrität ist ein verständliches und berechtigtes Ziel aller Staaten. Sie allein entspricht dem allgemeinen Völkerrecht als einem Recht grundsätzlich souveräner Staaten. Sie entspricht der Charta der Vereinten Nationen. Sie dient der Entspannung. Sie ist ein Teil der Friedenspolitik. Sie bedeutet Versöhnung.

Nachdem somit für alle Staaten die Sicherung der territorialen Integrität eine absolute Selbstverständlichkeit bedeutet, muß abgelehnt werden, daß dieses absolut allgemeine Ziel irgendwelche Sonderrechte für Polen oder für die Tschechoslowakei begründen könnte.

Diese beanspruchten Sonderrechte werden nur als unverzichtbare Sonderrechte beansprucht, weil Bruch des Völkerrechts und Landraub in Ostdeutschland ein chronisches schlechtes Gewissen begründen. Diese geforderte Sicherung entspringt einer unerheblichen Scheinlogik. Sie gewährt keinerlei Argument gegen das Deportationsverbot oder gegen das Selbstbestimmungsrecht der Völker. Diese beanspruchte Sicherung des status quo, der territorialen Integrität Polens und der Tschechoslowakei begründet in keiner Weise ein Recht auf Freizeichnung zur Absicherung begangenen Unrechts. Ostdeutschland gehört nach dem internationalen Recht nach wie vor zum deutschen Staate und nicht zu Polen, zur Tschechoslowakei, zur Sowjetunion. Ostdeutschland kann daher von der Anmaßung territorialer Integrität dieser drei Verwaltungsstaaten nicht berührt werden.

8.35
Der territoriale status quo und das Atomzeitalter? (Ergebnisse)

Ein Schein„rechtsgrund" gegen die Forderung auf deutsche Grenzen entsprechend dem Selbstbestimmungsrecht des deutschen Volkes auf Ostdeutschland soll sein, daß die Aufrechterhaltung des territorialen status quo zwingend geboten sei im Interesse der internationalen Ordnung im Atomzeitalter?

8.351
Die internationale Rechtsordnung ist ein höchst beachtlicher Interessenschwerpunkt jeder modernen Politik. Dies unterscheidet sie jedoch noch nicht wesentlich von der an sich herkömmlichen Politik vergangener Jahrhunderte. Mit geringen Ausnahmen (vielleicht im italienischen rinascimento: Guido guerra, Guido sanque) war Recht, Gerechtigkeit und Ordnung seit Jahrtausenden das Ziel aller Staaten: Ein vielleicht nie erreichbares, aber immer das angestrebte Ziel. Dennoch hat angesichts der modernen technischen Entwicklung die internationale Rechtsordnung unzweifelhaft besonderes Gewicht.

8.352
Die Drohung mit Gewalt als Mittel der Politik sollte abgeschafft sein. Dies setzt Logik, Ratio, Objektivität alles Geforderten voraus. Drohung mit Gewalt ist schon dann als nicht abgeschafft und als nicht abzuschaffen anzusehen, wenn der status quo mit rechtswidriger Gewalt geschaffen wurde und mit rechtswidriger Gewalt aufrechterhalten wird. Die Drohung mit der Gewalt liegt dann bereits im status quo und der Bedrohung eines jeden, der die Rechtswidrigkeit nicht widerspruchslos hinzunehmen bereit sein kann. Dies ist der gegenwärtige Zustand: Die Existenz eines russisch besetzten Nordostpreußen, eines polnisch besetzten und verwalteten Ostdeutschland, eines tschechisch annektierten Sudetenlandes sind Gewalttatbestände.

8.353
Die Gewalt als Mittel der Politik sollte abgeschafft sein. Dies setzt Verständigungsbereitschaft, Anerkennung von Menschenrechten, Erträglichkeit aller sozialen Verhältnisse, Bereitschaft zur Zusammenarbeit voraus. Gewalt ist aber schon dann nicht abgeschafft, wenn mit Gewalt das Selbstbestimmungsrecht der Völker verhindert wird, wenn eine Bevölkerung gegen ihren Willen niedergehalten und unterjocht wird. Dies ist der gegenwärtige Zustand: Das Selbstbestimmungsrecht der Bevölkerung Ostdeutschlands und des Sudetenlandes wird versucht, durch Deportation aus der Heimat auszuschalten. Soweit sie darüber hinaus bis heute an der Option für Deutschland gehindert wurde, ist wiederum dies rechtswidrige Gewalt.

Das Selbstbestimmungsrecht der Bevölkerung Mitteldeutschlands, der sogenannten „DDR" wurde versucht zu hintertreiben und zu überspielen, indem eine „sozialistische Nation der DDR" konstruiert wurde, die vorgeblich ihre Selbstbestimmung bereits ausgeübt habe. Die am 17. Juni 1953 gewaltsam von den 22 Divisionen der Gruppe der sowjetischen Truppen in Deutschland niedergeworfene Bevölkerung konnte nach 1945 erst nach 44 Jahren beginnen, friedlich ihr Selbstbestimmungsrecht auszuüben: Ab 9. November 1989. Das Problem der Gewalt endete erst am 3. Oktober 1990.

8.354

Diese gegenwärtige Extremposition, eine Stalinrealität des zweiten Weltkrieges, wird von den drei Ostsiegermächten als die einzige optimale fingiert. Jede rechtliche Revision dieser unerträglichen Vergangenheit und Gegenwart wird durch diese pure Gewalt verhindert. Ein solcher Zustand kann kein Teil einer dauernden internationalen Rechtsordnung sein.

Die notwendige internationale Rechtsordnung herzustellen und aufrechtzuerhalten setzt erst einen Anfang in Ordnung voraus. Die Welt"friedensordnung" ist aber so wenig in Ordnung wie je, seit Truppen der Roten Armee den Boden Ostmitteleuropas betreten haben. Polen, die Tschechei, die großrussische Republik müßten erst bereit sein, eine solche vorgängige Rechtsordnung herstellen zu lassen. Ein solcher Ordnungswille ist trotz Atomzeitalter noch nicht in genügendem Maße gegeben; auch nicht in der „Perestroika" und nicht im „Neuen Denken".

Ein solches Atomzeitalter würde zurücktreten, wenn auch nicht mehr endigen, wenn eine Verständigung über nukleare und dann konventionelle Abrüstung wirklich substantieller Art zu erreichen sein sollte. Vielleicht würde dann ein Ende des polnischen und sowjetischen va banque Spieles näherrücken.

8.355

Unbeschadet aller noch so einleuchtenden Berechtigung des Interesses an einer verständigen internationalen Rechtsordnung im Atomzeitalter begründet dieses Interesse aber keinerlei Argumentation: ... gegen das Deportationsverbot, gegen das Selbstbestimmungsrecht der Menschen, gegen das Annektionsverbot gegen Besatzungs-und Verwaltungsmächte. Nicht der deutsche Staat vergreift sich an der Rechtsordnung und der Selbstbestimmung der Menschen, der sich gegen die Wegnahme von Ostdeutschland zu wehren sucht, sondern derjenige, der die Rückgabe oder Europäisierung der von ihm zu Unrecht angeeigneten Territorien verweigert: Polen, Tschechei, Sowjetunion, heute Rußland.

8.36
Verzicht auf Ostdeutschland und internationaler Frieden? (Ergebnisse)

Ein Schein„rechtsgrund" gegen die Forderung auf deutsche Grenzen entsprechend dem Selbstbestimmungsrecht des deutschen Volkes auf Ostdeutschland soll sein, daß der bedingungslose Verzicht Deutschlands auf die Ostgebiete des Deutschen Reiches, die Freie Stadt Danzig, das Sudetenland unerläßlich sei im Interesse des internationalen Friedens und der Sicherheit? Dazu müsse das deutsche Volk auf sein Selbstbestimmungsrecht auf sein Land allgemein in Aufopferung verzichten?

Mit Gewißheit sind Frieden und durch ihn Sicherheit höchste völkerrechtliche Lebensgüter. Das internationale Recht fordert weder noch gestattet es Veränderungen des Gebietsstandes von Staaten entgegen dem Selbstbestimmungsrecht, selbst dann, wenn diese Staaten einen Aggressionskrieg verschuldet hätten.

Die Definition des Krieges, insbesondere diejenige des einseitigen Agressionskrieges ist offen. Streitig ist nicht nur, ob das Deutsche Reich 1941 gegen die Sowjetunion einen Präventivkrieg geführt hat, den sonst die Sowjetunion wenige Wochen später ihrerseits als Aggressionskrieg begonnen hätte.

Streitig ist insbesondere, ob das militärische Vorgehen des Deutschen Reiches 1939 gegen Polen nicht u.a. in Wahrung des Selbstbestimmungsrechtes der deutschen, nur teilweise vertriebenen Bevölkerung von Westpreußen erfolgt ist: Sowie zur Wiederstellung der Selbstbestimmung der Deutschen von Danzig.

Selbst wenn es ein deutscher Aggressionskrieg 1939 gewesen sein sollte, so hat die Sowjetunion den gleichen Aggressionskrieg gegen den gleichen Gegner Polen ebenfalls geführt. Es wäre mindestens eine Aggression zu zweit gegen Polen gewesen.

Es gibt daher keine „besondere", „einmalige" deutsche „Friedensschuld" Deutschlands gegenüber Polen oder gegenüber der Sowjetunion. Gegenüber der Tschechoslowakei scheidet solche Argumentation ohnehin aus, da diese praktisch am Krieg nicht beteiligt war, ungeachtet der Existenz von Exilregierung und Exiltruppeneinheiten.

Wieso soll eigentlich ein Verzicht Deutschlands, eine Aufopferung Ostdeutschlands und des Sudetenlandes zu Gunsten der Ostmächte „im Interesse des Friedens" unerläßlich sein? Wie die politische Lage von 1991 beweist, braucht scheinbarer „Frieden" mit Recht, mit Gerechtigkeit, mit Ordnung in keiner Weise identisch zu sein. Die pax polonica, die pax sowietica ist rechtswidrig. Derjenige Staat vergreift sich am Frieden, der zu Unrecht usurpiertes Besatzungsgebiet, Verwaltungsgebiet nicht zurückgeben will. Wieso dienen dann die Oder-Neiße-Gebiete unter polnischer Verwaltung dem internationalen Frieden, nachdem der gleiche Tatbestand dem internationalen Recht widerspricht?

Aufopferung und Verzicht kann gerechterweise immer nur ausgewogen, wenn nicht gleichmäßig sein. Es gibt keine Werteskala, wonach deutsches Recht schlecht, polnisches, tschechisches, sowjetisches Unrecht gut zu sein habe. Noch etwa ist – was Polen 1945 im Ernst beanspruchte – der deutsche Staat rechtlos, hors la loi, res nullius, und dagegen Polen allein rechtsfähig und rechtswürdig. Abschließend ist darauf hinzuweisen, daß die Union der Sozialistischen Sowjetrepubliken seit 1945 bis 1989 von Mitteldeutschland über Polen, Ungarn, die Tschechoslowakei, Vietnam, Cambodscha, Angola, Mocambique, Afghanistan, diesen Frieden mehr verletzt hat, als alle übrigen Staaten der Welt zusammengenommen.

Auch der „Frieden", die pax polonica, die pax sowietica ist kein Argument für den Landraub an Ostdeutschland.

8.37
Verzicht auf territoriale Forderungen zu Gunsten der Überwindung der Grenzen? (Ergebnisse)

Ein Schein„rechtsgrund" gegen die Forderung auf deutsche Grenzen entsprechend dem Selbstbestimmungsrecht des deutschen Volkes auf Ostdeutschland soll sein, daß Deutschland im Interesse der „Berechenbarkeit" und der „Entspannung" isoliert und als erster, ggf einziger in Vorleistung zu verzichten habe auf „territoriale Forderungen" zu Gunsten der Überwindung nationaler Grenzen?

Territoriale Forderungen stellt nach Völkerrecht derjenige Staat, der Gebiete zu beanspruchen versucht, die einem anderen Staate rechtlich gehören. Die Ostgebiete des Deutschen Reiches und das Sudetenland gehören nach internationalem Recht bis zu einem entgegenlautenden Friedensvertrag gemäß dem Selbstbestimmungsrecht zum deutschen Staat.

Deutschland stellt deshalb keine „territorialen Forderungen", sondern verbleibt Souverän des deutschen Staatsgebietes. Territoriale, nach dem Völkerrecht, insbesondere dem Selbstbestimmungsrecht rechtswidrige Forderungen stellen Polen, die Tschechoslowakei, die Sowjetunion, heute Rußland. Deutschland kann nicht und sollte nicht in Vorleistung verzichten, da dies den Menschenrechten, vor allem der Selbstbestimmung widerspricht. Die Entspannung muß erreicht werden gerade ohne Rechtsverletzungen, ohne Verletzungen der demokratischen Selbstbestimmung.

8.372

In Weltverbesserung wird aus Unwissenheit, Masochismus, von einer infantilen Propagandasucht aus, in Verabsolutierung isolierter Utopien von den verschiedensten Seiten aus versucht, die „nationalen Grenzen zu überwinden", im Dienste der „Entspannung". Schlagworte vieler Qualitäten sind anzutreffen: „die Grenzen in Europa achten", „die Unverletzlichkeit der bestehenden Grenzen", „es könne nicht darum gehen, nationale Grenzen in Europa immer wieder zu verrücken und in Frage zu stellen", „es gelte, die Grenzen ihres trennenden Charakters zu entkleiden, „ihnen ihre abweisende und menschenverachtende Feindseligkeit zu nehmen", „man dürfe den Kontinent als Ganzes nicht aus den Augen verlieren", „man müsse sich auf Gemeinsamkeiten unseres Kontinents besinnen und sie stützen".

8.373

Manche dieser Schlagworte sind beherzigenswert, vor allem, wenn sie den Kontinent betreffen. Manche dieser Worte sind leeres Nichts, und sie werden nicht dadurch besser, daß sie häufig selbst von hoch stehenden Persönlichkeiten übernommen und vorgelesen werden.

Nationale Grenzen? Die Oder-Neiße-Linie ist gerade keine nationale Grenze, sondern eine militärische Demarkationslinie, eine Hauptkampflinie genannt „Friedensgrenze", eine Hauptkampflinie gegen einen vorgeblichen Angriff Deutschlands, der niemals kommen wird.

Trennender Charakter? 1914 war die Trennung zwischen Frankreich und Deutschland viel schärfer als irgend eine heutige Grenze, außer derjenigen durch die Grenzen der UdSSR. Dennoch war nicht die Grenze die Trennung. Sie erforderte keinerlei Formalitäten gegenüber Ein- und Ausreisenden. Die Trennung ist das verschiedene Recht.

Abweisende Feindseligkeit? Die Grenzen der Europäischen Gemeinschaft weisen sie nicht auf. Die Grenzen zur UdSSR können ohne sie nicht bestehen.

Menschenverachtende Feindseligkeit? Nur die Demarkationslinie Polens ist menschenverachtend. Nur sie verbietet entgegen den Menschenrechtspakten die Rückkehr in das eigene Land und rechtswidrigerweise die gerichtliche Geltendmachung des eigenen Privateigentums. Gleiches gilt für die Tschechoslowakei.

8.374

Der Gedankenansatz der Polemik gegen die Grenzen bereits ist falsch. Nicht die Grenze ist krank. Sie ist nur beschränkt relevant. Sie ist nur ein Symbol. Sie bedeutet eine wechselnde Fülle von Formalitäten. Trennen tun die Rechtssysteme, Bürgerliches Recht, Strafrecht, Staatsrecht, Verwaltung, Polizei, Gerichte, Wirtschaft, Handel, Schulen, Universitäten, die Sprache, die Kultur. Sie aber können nicht „durchlässig gemacht", sie können nicht „vernetzt", sie können nicht „überwunden" werden. Sie sind absolut unverzichtbar; sie sind lebensnotwendig.

8.375

Wie sollten Grenzen durchlässig gemacht werden? Mit schönen Titeln, wortreichen Staatsverträgen, bis hin zu Städtepartnerschaften, Tourismus, Handel, Paketeversand, Teilnahme an Presse, Funk, Fernsehen, Krediten? Alles dies sind nur Vorbereitungen. Durchlässigkeit könnte erst die Vereinheitlichung der Rechtssysteme bringen. Diese aber sind nur die wenig variable Form für grundverschiedene, einander vielfach ausschließende nationale Systeme. Ein deutsches Schlesien, ein polnisches Schlesien: Da bleibt nichts „durchlässig" zu machen; es ist ein entweder / oder. Anderes könnte erst für Schlesien unter europäischer Verwaltung – mit dem Rückkehrrecht, Personalrecht, Entschädigungen usw – gelten. Nur Europäisierung kann Polen und Deutschland gleichermaßen gerecht werden.

8.376

Nationale Grenzen überwinden? Dies sind entweder Journalistenideen, Worte? Oder es ist ein ernsthafter Versuch, zu dem die Europäische Gemeinschaft schon – nicht überaus erfolgreich – über drei Jahrzehnte braucht: Denn es bedarf in Fülle rechtlicher Klärungen, die kaum ein Nationalstaat freiwillig schafft ohne höchste Notlage. Polen würden vermutlich in den zurückgegebenen deutschen Reichsgebieten ungern und nicht auf Dauer wohnen bleiben wollen. Deutsche würden in verbleibende „polnische Westgebiete" kaum in beträchtlicher Anzahl zurückkehren wollen. Der Nationalismus / Chauvinismus aller Seiten müßte vermutlich erst vorher gemildert werden.

8.377

Insgesamt: Es ist eine Anmaßung, verlangen zu wollen, Deutschland müsse „im Interesse der Entspannung" – welcher? – als Erster und Einziger in Vorleistung – für welche Nachleistung? – verzichten auf seine eigenen Provinzen: Ohne damit der Überwindung nationaler Grenzen dienen zu können. Die entgegenlautenden nützlichen Reden nützlicher Funktionäre in Ehren. Sie sind nicht nur wenig wertvoll, sondern überwiegend gefährlich.

Kapitel 9

9 Rechtsgründe für die Forderung deutscher Grenzen entsprechend dem Selbstbestimmungsrecht des deutschen Volkes auf Ostdeutschland (Ergebnisse)

9.1 Alliierte Selbstbindungen
Wilsons „14 Punkte"! Ende des ersten Weltkrieges! (Ergebnisse)

Ein Rechtsgrund für die Forderung deutscher Grenzen entsprechend dem Selbstbestimmungsrecht des deutschen Volkes auf Ostdeutschland sind die alliierten Selbstbindungen am Ende des ersten Weltkrieges in Form von Präsident Wilsons und der Vereinigten Staaten von Amerika 14 Punkte als Rechtsgrundlage des Waffenstillstands mit dem Deutschen Reich 1918: Bedingungen für den Vorfriedensvertrag zu den Diktaten von Versailles und Saint Germain.

Am 5.10.1918 hat die Deutsche Reichsregierung den Präsidenten der Vereinigten Staaten von Amerika, Wilson, ersucht, die Herstellung des Friedens auf der Grundlage seiner Vorschläge in die Hand zu nehmen.

Am 5.11.1918 hat der amerikanische Staatssekretär Lansing nach mehrfachem Notenwechsel geantwortet: „The allied Governments have given careful consideration to the correspondence which has passed between the president of the United States and the German Government. Subjekt to the qualifications which follow, they declare their willingness to make peace with the Government of Germany on t h e   t e r m s   o f   p e a c e laid down in the Presidents address to Congress of january the eighth 1918 and the principles of settlement annunciated in his subsequent addresses." Erst auf Grund dieser beiderseitig angenommenen Friedensgrundlage hat das Deutsche Reich den Waffenstillstandsvertrag abgeschlossen. Die von den alliierten und assoziierten Regierungen (auch Polen!) überreichten Friedensbedingungen standen in zahlreichen und grundlegenden Fragen mit dem Geist und dem Wortlaut des Vorwaffenstillstandsvertrages in offenem Gegensatz.

Die wichtigsten Widersprüche zwischen den in den Vorwaffenstillstandsvertrag aufgenommenen Wilson-Punkten und dem Versailler Diktat sind die folgenden:

Verletzung des Punktes 1:

Das Diktat ist nicht als Friedensvertrag und öffentlich auf einer Friedenskonferenz zustandegekommen. Deutschland hatte nur das Recht, binnen kurzer Frist schriftliche Einwendungen vorzubringen.

Verletzung des Punktes 3:

Den Siegern wurden auf Kosten Deutschlands nicht nur vorübergehende, sondern auch dauernde wirtschaftliche Vorteile zuerkannt (so z.B. Art. 276, 321, 380).

Verletzung des Punktes 4:

Das Deutsche Reich wurde einseitig entwaffnet.

Verletzung des Punktes 5:

Allein die deutschen Kolonien wurden weggenommen und unter Mandatsverwaltung gestellt. Das Deutsche Reich wurde bei der Verteilung der Mandate nicht berücksichtigt.

Verletzung des Punktes 9:

Die neue österreichisch-italienische Grenze wurde nicht längs der Volksgrenze gezogen.

Verletzung des Punktes 13:

Der neue polnische Staat erhielt keineswegs nur jenes Land, das von unbestritten polnischer Bevölkerung bewohnt war (vgl. Wilsons Schriften noch von 1916 zu dieser Frage).

Ferner die zusätzlichen Punkte Wilsons:

Verletzung des Punktes 15:

Die getroffene Regelung der meisten Fragen war vom ersten Tag an reformbedürftig und konnte ohne Revision nie von Dauer sein.

Verletzung wesentlicher Teile der Punkte 16, 17, 20:

Große Teile des Deutschen Reiches und des neuen Staates Österreich, – der nach dem einstimmigen Beschluß aller deutschen Abgeordneten des Kaisertums Österreich das ganze deutsche Siedlungsgebiet dieses Reiches umfassen sollte –, wurden ohne Befragung und gegen den erklärten Willen der betroffenen Bevölkerung fremdnationalen Staaten einverleibt. DeutschÖsterreich wurde gegen seinen offen erklärten Willen das Recht, über seine staatliche Zugehörigkeit selbständig zu entscheiden, entzogen. Der frei gewählte Namen wurde ihm zu führen verboten.

Verletzung des Punktes 18:

Abgesehen von der unvollständigen Abtretung des Burgenlandes an Österreich wurden die nationalen Ansprüche Deutschlands überhaupt nicht berücksichtigt.

Verletzung des Punktes 23:

Von einer gerechten und unparteiischen Regelung kann keine Rede sein. Die Regelung erfolgte nicht auf Grund eines allgemeinen Prizips, das nach beiden Seiten hin gleichmäßig angewandt wurde, sondern bald wurden nationale, bald geographische, bald historische, bald wirtschaftliche, bald strategische Gründe vorgeschoben, um Deutschland zu schädigen, die Sieger und ihre Verbündeten zu bevorzugen.

Verletzung von Punkt 24:

Die Berücksichtigung der teilweise maßlosen Sonderwünsche der einzelnen Siegerstaaten gefährdeten den Frieden und sind daher mit dem allgemeinen Interesse nicht zu vereinbaren.

Verletzung des Punktes 25:

Abschluß zahlreicher geheimer Bündnisverträge.

Verletzung des Punktes 27:

Die zahlreichen militärischen Abmachungen wurden nicht veröffentlicht.

Alle Einwendungen und Vorstellungen betreffend die Rechtswidrigkeit und vielfache Unerfüllbarkeit des Diktates hatten keinen Erfolg. Es wurde schließlich angedroht, daß im Falle der Nichtannahme der Waffenstillstandsvertrag außer Kraft treten und die gegnerischen Regierungen jene Maßnahmen ergreifen würden, die sie zur Auferlegung (pour imposer) der Bedingungen für notwendig erachteten. Erst unter dem Druck dieser völkerrechtswidrigen Drohung erfolgte die Annahme der „Friedens"bedingungen.

9.2 Alliierte Selbstbindung: Atlantik Charta!
Während des zweiten Weltkrieges! (Ergebnisse)

Ein entscheidender Rechtsgrund für die Forderung deutscher Grenzen entsprechend dem Selbstbestimmungsrecht des deutschen Volkes auf Ostdeutschland sind die Selbstbindungen internationalen Rechtes, die die Siegermächte in der Atlantik Charta festgelegt haben: Die Vereinigten Staaten von Amerika, Groß Britannien, die Sowjetunion, Polen, die Tschechoslowakei, viele andere Mächte.

[41]Ferdinand Otto Miksche fragt (FAZ 10.08.1990) angesichts der unverständlichen deutschen Propaganda zugunsten einer rechtswidrigen „polnischen Westgrenze" in der Oder-Neiße-Linie, ob von deutscher Seite noch niemand die Atlantik Charta zur Kenntnis genommen habe? Natürlich ist dies geschehen. So z.B. beispielhaft Rabl aaO. S.67 – 97.

Dennoch soll es hier – um des offensichtlich für jeden Neutralen hervorgerufenen Eindrucks der Unkenntnis, der Nichtbeachtung und der Nichtanwendung willen – nochmals in den Grundzügen geschehen.

Die Atlantik Charta, abgeschlossen am 14. August 1941 auf dem Atlantik: von dem Präsidenten F. D. Roosevelt der Vereinigten Staaten von Amerika, die formal noch bis 7. Dezember 1941 neutral waren und blieben, einerseits, von dem Primeminister Winston Churchill des Vereinigten Königreichs von Großbritannien, andererseits; gibt bekannt, „gewisse gemeinsame Prinzipien in der nationalen Politik ihrer Länder" beachten zu wollen. Sie beruht auf der gemeinsamen Verweigerung der Anerkennung völkerrechtswidriger Kriegsmaßnahmen des Deutschen Reiches u n d der Sowjetunion gegenüber nacheinander Polen, Finnland, Estland, Lettland, Litauen, Rumänien, Jugoslawien, Griechenland und schließlich der UdSSR. Sie gründet „ihre Hoffnung auf eine bessere Zukunft für die Welt" auf 8 Prinzipien.

Das Prinzip „Zweitens" lautet: „Sie wünschen nicht, daß territoriale Veränderungen zustandekommen, die nicht mit den frei geäußerten Wünschen der betreffenden Völker übereinstimmen".

Im Londoner Protokoll wurden diese Bestimmungen am 24. September 1941 angenommen, unter anderen von der Sowjetunion, von Polen und von der Tschechoslowakei. Sie wurden übernommen weltweit: von der „Erklärung der Vereinten Nationen", unterzeichnet am 1. Januar 1942, von der Vier Mächte Erklärung über die allgemeine Sicherheit vom 30. Oktober 1943, von der Erklärung über das befreite Europa vom 18. Februar 1945. Wie ist nun der Charakter dieser völkerrechtlichen Verpflichtung? Es handelt sich um einen internationalrechtlichen Vertrag. Die hohen vertragschließenden Parteien und die beitretenden Parteien sind rechtlich absolut gebunden.

Dies bestätigte Präsident Roosevelt in seiner Erklärung vom 19. Dezember 1944: „all the United Nations, including Britain and Russia have accepted formally". Es macht keinen Unterschied, daß keine unterschriebene Urkunde vorliegt. Es gibt keine Ratifikationsbedürftigkeit. Die maßgebenden Mächte haben sich jahrelang auf die Charta berufen. Jeder entgegenlautende Versuch wäre dann nur ein krasses venire contra factum proprium, arglistig und nichtig. Lediglich Polen: moralisch gewungen offiziell wie alle anderen die Charta anerkennen zu m ü s s e n , faktisch aber entschlossen, das absolute offensichtliche Gegenteil um jeden Preis zu erstreben, versuchte „Hinweise" anzubringen vor und bei der förmlichen Annahme: Rücksiedlung ausgesiedelter Polen in den Korridor, die zukünftigen Grenzen müßten dem Lande Sicherheit gewährleisten, einen breiten Zugang zur See sicherstellen.

---

[41] Sudetendeutscher aus österreichisch Schlesien, erst tschechoslowakischer, dann französischer Offizier, Berater de Gaulles, Militärschriftsteller

Auch wenn Skubiszewski versucht, – vermutlich wider besseres Wissen – daraus polnische „Vorbehalte" gegen das Prinzip 2 zu konstruieren, bleibt festzuhalten: sie wurden nicht „duly recorded", sie sind äußerstenfalls „interpretative understanding". Als solche reservatio contra litterem sind sie rechtlich unerheblich. Im klaren Gegensatz zu Prizip 2 folgten dann jedoch bald Versuche, völkerrechtlich gültige Gebietsregelungen, die dem Selbstbestimmungsrecht entsprachen, aber für Deutschland günstig waren, zu revidieren:

Frankreich versuchte das Sudetenland Grenzabkommen von 1938 am 29. September 1942 für nichtig zu erklären; was seinerseits unbeachtlich und nichtig war.

Großbritannien versuchte eine „repudiation of Munich" am 5. August 1942. Churchill verstieg sich am 11.10.1943 zu einem Erklärungsversuch: „Wir widerrufen jede Gebietsausdehnung, die Deutschland … erreicht hat". Dabei kann selbst er nur eine „Anerkennung" widerrufen, nicht aber eine Gebietsausdehnung.

Die USA wollten wenigstens formell rechtmäßig – ungeachtet „unconditional surrender" – bezüglich der Grenzen nur, daß Deutschland veranlaßt werden sollte (… should be made to give up …), sämtliche seit 1938 gemachten Gebietserwerbungen wieder herauszugeben: Allerdings ohne jede Rücksicht auf das Selbstbestimmungsrecht; und damit auf Prizip 2 der Atlantic Charta.

1945 ist zugrundezulegen, daß das Deutsche Reich als Staat nicht kapituliert hat. Kapituliert hat zwei mal nur die Wehrmacht. Das Gebiet, welches am 31. August 1939 internationalrechtlich anerkannt rechtmäßig unter deutscher Staatshoheit stand, hat sich bis zur Beendigung des Krieges rechtsgültig im gleichen Zustand befunden und in keiner Weise geändert. Dementsprechend hat auch der Nürnberger Internationale Militärgerichtshof hinsichtlich der sudetendeutschen Gebiete weder eine Anklage erhoben noch eine Verurteilung ausgesprochen.

Hinsichtlich des Memelgebietes wurde ungeachtet erhobener Anklage keine Verurteilung ausgesprochen.

Prinzip 2 betrifft alle Staaten und alle Völker. Es betrifft sowohl die Völker der Siegermächte als auch vor allem die Völker der besiegten Staaten. Auch die besiegten Staaten haben nach dem internationalen Recht Anspruch auf ihren Gebietsstand. Allein dies entspricht dem Buchstaben wie dem Geist des Artikels 15 Abs. (2) des Genfer Protokolls von 1924. Auch der Angreifer hat das die Niederlage überdauernde Recht auf politische Unabhängigkeit und territoriale Integrität. Die Rechtsgültigkeit und selbstverständliche Anwendbarkeit der Atlantik Charta wird dadurch besonders unterstrichen, daß der unabänderlich absolute Gegner des Prinzips 2 – Polen –mehrfach glaubte, sich gegenüber berechtigten Ansprüchen der UdSSR zur Curzon Linie seinerseits für Polen auf die Atlantik Charta berufen zu können: So die polnische Exilregierung am 15.02.1944, so Ministerpräsident Mikolajczyk gegenüber Stalin am 13.10.1944, so erneut Mikolajczyk gegenüber Stalin am 13.10.1944.

Das schamlose Satyrspiel wird dann in voller Deutlichkeit offen erklärt von Churchill bzw. Eden vor dem House of Commons.

Churchill 22. Februar 1944: „Es (der Terminus „Bedingungslose Kapitulation") bedeutet, daß die Alliierten … den Deutschen gegenüber … durch keine Verpflichtung gebunden sind. So wird … die Anwendung der Atlantik Charta auf Deutschland als Rechtsgrund, der die Abtretung von Gebieten an feindliche Staaten verhindert, nicht in Frage kommen".

Der offensichtlich krasse Widerspruch zu Prinzip 2 wurde im House of Commons klar erkannt und gebrandmarkt:

MP G. Strauss: ... „Es wäre gewiß nicht im Einklang mit den Grundsätzen der Atlantik Charta" ... 23.02.1944. Rhode aaO. S.173

MP Stokes: ... „Bedeutet das dann, daß die Regierung seiner Majestät die Grundsätze der Atlantik Charta aufgegeben hat"? 23.02.1944 Rhode aao. S.177

Eden, Außenminister: ... „daß Deutschland nicht den rechtlichen Anspruch werde erheben können, aus der Atlantik Charta ... Vorteile zu ziehen, um die Siegermächte daran zu hindern, territoriale Veränderungen auf seine Kosten vorzunehmen". 23.02.1944 Rhode aaO. S. 178

MP Raikes: ... „das ist nicht die Art von Regelungen, die die Atlantik Charta versprach ... „15.12.1944 Rhode aaO. S.163

Wie wenig Churchill die Atlantik Charta interessierte erhellt daraus, daß er sich glaubte, daraus auf eine Ausnahmeregelung berufen zu können, die es objektiv in keiner Weise gibt. 15.12.1944 Rhode aaO. S.161

Lord Dunglass: ... „Stimmt der Vertrag mit dem Artikel (sic Prizip 2) der Atlantik Charta überein"? 27.02.1945 Rhode aaO. S.238

Wie ist nun der objektive, bei Redlichkeit unbestreitbare Inhalt des Prinzips 2 der Atlantik Charta? Prinzip 2 betrifft zwei Fakten: „Territoriale Veränderungen", mit „Frei geäußerten Wünschen der betreffenden Völker".

Es ist eine historische, internationalrechtlich unstreitige Tatsache, daß seit Jahrtausenden Siegermächte noch niemals territoriale Veränderungen, –hier Gebietsabtretungen zu ihren eigenen Ungunsten-, vorgenommen haben. Gebietsabtretungen betreffen ausnahmslos und immer nur besiegte Mächte. Das Prinzip 2 der Atlantik Charta betrifft mithin die besiegten Mächte. Das Prinzip 2 betrifft mithin unabänderlich und unleugbar gerade das Deutsche Reich.

An dieser Selbstverpflichtung des Prinzips 2 ändert das von dem Kriegsvölkerrecht nicht entbindende Wort von der bedingungslosen Kapitulation!- einer Wehrmacht! – überhaupt nichts. Die Kapitulation erfolgte innerhalb des Kriegsvölkerrechtes, vor allem innerhalb der Haager Landkriegsordnung. Alles andere Gerede bedarf nicht einmal der moralischen Wertung. Alles Andere ist Falschdarstellung, bis zur Verfälschung: Ist Widerspruch in sich, ist unlogisch, ist Betrugsversuch, ist Selbsttäuschung bis zum Selbstbetrug.

Der britische, hoch bedeutsame Historiker Arnold J. Toynbee hat in einem Memorandum festgestellt, daß die Deutschland vorgeschriebenen Gebietsabtretungen mit Prinzip 2 der Atlantik Charta „kollidieren". Geoffroy Harrison, ein führender Beamter des britischen Foreign Office hat „irgendwelche unüberwindlichen Schwierigkeiten" hieraus bestritten: Mit der Begründung, daß dieses Prizip „für den Wechsel von Gebieten m i t   i h r e n E i n w o h n e r n gedacht sei". An dieser beispiellosen Argumentation ist soviel richtig, daß Prizip 2 „Wünsche" der Bevölkerung, mithin eine Bevölkerung voraussetzt. Nach dieser Logik ist das Problem des Prizips 2 gelöst: Man ermorde zwei Millonen Ostdeutsche, man deportiere bis zu 13 Millionen Ostdeutsche und Sudetendeutsche! Dann handelt es sich nicht mehr um Gebiete „mit ihren Einwohnern": Dann sei Prinzip 2 mangels „Wünschen" mangels Bevölkerung nicht anwendbar. Eine solche Argumentation ist eine beispiellose Infamie: Erst zu deportieren und dann die Nichtexistenz einer Bevölkerung vorzubringen ...

Hier sind einfache strafrechtliche Feststellungen der Schluß. Es sind Straftatbestände in fast jeder Rechtsordnung, einzeln und zusammen: Hausfriedensbruch durch eine Besatzungsmacht ist Straftatbestand; Körperverletzung durch eine Besatzungsmacht ist Straftatbestand; Mord durch eine Besatzungsmacht ist Straftatbestand; Deportation, Verschleppung, „Repatriierung" durch eine Besatzungsmacht ist Straftatbestand; Raub von Haus, Boden, Eigentum durch eine Besatzungsmacht ist Straftatbestand.

Wenn dagegen – s.o. – der Hausfriedensbruch und die Deportation abgeschlossen seien, so sei der Raub mit Prizip 2, das heißt mit „territoriale Veränderungen", „Übereinstimmung mit den frei geäußerten Wünschen der betreffenden Völker" vereinbar. Eine solche Argumentation – rigorosestes venire contra factum proprium – hat mit Logik, mit Recht nichts mehr gemeinsam. So ist dennoch 1945 verfahren worden, ungeachtet Prizip 2 der Selbstverpflichtung aller Mächte nach der Atlantik Charta.

9.3 Selbstbestimmungsrecht der Völker als Menschenrecht auf der ganzen Welt (Zusammenfassung)

Ein Rechtsgrund für die Forderung deutscher Grenzen entsprechend dem Selbstbestimmungsrecht des deutschen Volkes auf Ostdeutschland ist das Selbstbestimmungsrecht aller Völker als Internationales Recht, Völkerrecht, Menschenrecht auf der ganzen Welt, für ausnahmslos alle Völker, auch für die Deutschen, auch für die Heimatvertriebenen.

9.31

In vielen Sprachen und aus vielen Rechtsgebieten stammend, gibt es eine Fülle von Monographien zur Selbstbestimmung der Völker. In deutscher Sprache soll nur – post mortem honor – an Dr. Günter Decker gedacht werden, dessen ganzes Leben dem „Selbstbestimmungsrecht der Nationen" gewidmet war.

Hier braucht deshalb an jegliche Grundlagenforschung nicht nochmals herangegangen zu werden. Von Machiavelli einerseits, über Martin Luther, bis hin zu Thomas Morus andererseits, ist das moderne Staatsdenken bis 1917 in einer komplizierten Entwicklung zur schließlich vorbehaltlosen Anerkennung des Rechtes auch der Völker auf ihre Selbstbestimmung weiterentwickelt worden. Auch der Wurzeln braucht hier nicht mehr gedacht zu werden. Ist ja das Recht auf Selbstbestimmung der Menschen im Grunde so uralt wie das menschliche Geschlecht selber, so alt wie das einzelne verantwortliche Individuum des homo sapiens, so alt wie die Ehe, wie die Familie, wie das Staatsleben. So wird der Geist der Selbstbestimmung mit Selbstverständlichkeit nicht nur von Sokrates, Platon, Aristoteles, Augustinus, Thomas von Aquino, Grotius bis Hegel jedem geistigen Weltanschauungssystem immanent zugrundegelegt als Willensfreiheit.

9.32

Diese Selbstbestimmung, das höchste Gut der sittlichen Persönlichkeit, wird nun grundsätzlich von den west- und mitteleuropäischen Nationen abstrakt gleichermaßen anerkannt (vergleiche Martin Luther mit seiner These von der „Freiheit eines Christenmenschen"). Zum größten Bedauern muß es gesagt werden, daß das aber seitens zweier europäischer Kulturstaaten in einer Art Kulturskandal in gar keiner Weise der Fall ist: Von Polen zwischen 1918 und im Grunde bis heute, von der Tschechoslowakei zwischen 1918 und 1946.

Von beiden ostmitteleuropäischen Zwischenstaaten von Versailles und Saint Germain ist die Selbstbestimmung, dieses unverzichtbare Menschenrecht, auf das Unerträglichste verletzt worden. Ist es doch im XX. Jahrhundert, im Zeitalter der Menschenrechte und vor allem der Selbstbestimmung, eine bodenlose Anmaßung und eine unerträgliche Schande, wenn diese beiden Staaten, wenn die beiden sie konstituierenden Völker der Polen einerseits, der Tschechen – nicht der Slowaken! – andererseits, glaubten, viele Millionen Angehöriger fremder Völker in einem Nationalhelotentum unterworfen halten zu können: Mitten in Europa, in einer Art nationalen Sklaventums ohne Eigenbestimmung.

Polen: (Nach der stark angezweifelten letzten Volkszählung 1931). Bei einer Bevölkerungszahl von ca 21 993 000 Polen hielt Polen unterworfen 1921 – 1939, – bis hin zum blutigen Terror seiner Ulanenregimenter und seiner Polizei; fast zwei Jahrzehnte lang:

Litauer 80 000 in Wirklichkeit bis zu 280 000 / Weißruthenen 990 000 bis zu 2 540 000 / Ukrainer 4 442 000 bis zu 6 610 000 / Deutsche 741 000 bis zu 1 400 000 sog. Hiesige=Tuteisci 1 017 00, d.h. Weißruthenen

Ferner scheinbar integriert mindestens 2 733 000 Juden.

Tschechoslowakei: Bei einer Bevölkerungszahl von 6 730 763 bzw. 7 308 900 Tschechen (1921 bzw. 1930) hielt die Tschechei, die sogenannte Tschechoslowakei unterworfen 1918 bis 1938, gleichfalls zwei Jahrzehnte: Deutsche: 2 973 418 bzw. 3 070 938 (1921 bzw. 1930) / Ungarn: 744 621 bzw. 691 923 / Polen: 75 987 bzw. 81 737 / ferner scheinbar integriert: Slowaken: 2 300 000 / Ukrainer: 461 449 bzw. 549 169 / Juden: 180 504 bzw. 186 642 / das heißt insgesamt Nichttschechen 6 736 000 bzw. 6 881 000 / (bis zu 249 971 Ausländer und 49 636 Andere sind nicht gerechnet). Die Tschechen waren mithin 1921 in ihrem sogenannten Nationalstaat objektiv in Wirklichkeit in der Minderheit gegenüber den Unterworfenen. Beides konnte nicht dauern ab 1920. Beides hat nicht überdauert 1938 bzw. 1939.

Da sich beide Raubstaaten – 1945 anders als 1918 – nicht mehr zutrauten, weiterhin viele Millionen, vor allem Deutsche unterworfen halten zu können, wurden die Ostdeutschen und die Sudetendeutschen, bis zu 13 Millionen Menschen deportiert, heimatvertrieben, vergewaltigt, 2,2 Millionen Menschen ermordet. Die nun menschenleeren Gebiete wurden dann annektiert und zwei neue „Nationalstaaten" Polen und Tschechoslowakei konnten konstituiert werden.

9.33

Seit im Grunde 1917 ist nunmehr die Selbstbestimmung, das Selbstbestimmungsrecht anerkannt. Die nichtsdestoweniger zahlreich anzutreffenden Versuche, die Selbstbestimmung den Menschen, das heißt die Freiheit, sowohl des Geistes als auch des Körpers zu entziehen, einzuengen, in Frage zu stellen, sind nach mehr oder weniger langen Unterdrückungsperioden gescheitert, sind immer gescheitert, so z.B.: einerseits die Aufteilung Mazedoniens nach der Niederlage von Pydna, 168 v. Chr., in 4 Zonen, die nicht miteinander verkehren durften / die Zerstörungen z.B. von Karthago und von Korinth 146 v. Chr., unter Verkauf der Bevölkerung als Sklaven / die Sklavenkriege Roms 135 – 131, 73 – 71 v. Chr. / andererseits die Inquisition, die Bauernkriege, die Leibeigenschaft, schließlich das Unterworfensein der Sudetendeutschen unter die Tschechei zwischen den 54 Ermordeten von Kaaden am 4. März 1919 und der Abtretung des Sudetenlandes am 1. Oktober 1938.

In der Neuzeit zuerst praktisch wurde die Selbstbestimmung in der Form der Selbstbestimmung der Staaten, der vielgerühmten „Souveränität" nach Jean Bodin. Sie wurde alsbald innerstaatlich relativiert durch Länder, Kreise, Städte, Gemeinden, religiöse Gemeinschaften, am Ende endlich die Selbstbestimmung der Völker, der Teile von Nationen, der Nationen: Sei es im Rahmen von existenten Staaten, sei es g e g e n Staaten, so z.B. gegen die Tschechoslowakei. Am Ende blieb 1917 als Subjekt des Selbstbestimmungsrechtes die Nation in allen ihren Erscheinungsformen. Dies mußte 1989 selbst von der Sowjetunion anerkannt werden, zuerst in Gorbatschows Versprechen der „Freiheit der Wahl", dann in den „Unabhängigkeitserklärungen" der einzelnen Sowjetrepubliken, vom Baltikum beginnend und zu Ende in Zentralasien.

9.34

Angesichts der Virulenz und der zunehmenden Dynamik der Norm des Selbstbestimmungsrechts verstand es sich mühelos, daß von diverse negativ interessierten Seiten Umdeutungsversuche und Verfälschungsthesen vertreten wurden und werden, deren „Subjekten" angeblich das Selbstbestimmungsrecht zustehen soll:

zuerst die „Klasse", so z.B. das „Sowjetvolk", das es nicht gibt und niemals geben wird,

dann die Religion, so z.B. Pakistan, das „Land der Reinen",

dann die Staaten, so z.B. südamerikanische Staaten, aber auch schon die „DDR",

dann die Kolonien, so za. die afrikanischen Staaten, deren höchster Schatz ihre Grenzen aus der Kolonialzeit sind, die ihre Individualexistenz und Identität konstituieren sollen, es aber natürlich nur sehr fraglich können,

schließlich die „sozialistische Nation" der „DDR" – in Anerkenntnis des konstituierenden Tatbestandes „Nation" für das „Selbstbestimmungsrecht der DDR" frei erfunden – um fingieren zu wollen, das „Volk der DDR" habe sein Selbstbestimmungsrecht bereits ausgeübt und verwirklicht; es könne daher zur „kapitalistischen deutschen Nation" keinesfalls gehören.

9.35

Nach dem armseligen Untergang der realsozialistischen „DDR" wird nun 1990 das ausdrückliche absolute Gegenteil – das Selbstbestimmungsrecht des ganzen e i n e n deutschen Volkes – im Vertrag zwischen der Bundesrepublik Deutschland und der „DDR" über die Herstellung der „Einheit Deutschlands" mit bedeutsamen Worten proklamiert im September 1990, im „Einigungsvertrag" zwischen der Bundesrepublik Deutschland und der „DDR". Alleine in dessen Präambel kommen an Postulaten vor: 4 mal die Einheit Deutschlands, 3 mal die Grenzen, 3 mal die Freiheit, 1 mal die Friedensordnung, 1 mal die Menschenrechte, 1 mal die Selbstbestimmung, 1 mal die freie Selbstbestimmung. In Artikel 4 wird weiter versprochen, daß Deutschland handelt: ... kraft s e i n e r verfassunggebenden Gewalt, in f r e i e r Selbstbestimmung, in Einheit und Freiheit v o l l e n d e t ! Artikel 23 GG soll aufgehoben werden. Die „polnische Westgrenze" wird anerkannt. Preußen, Pommern, Ostbrandenburg, Niederschlesien, Oberschlesien, das Sudetenland können keinen „Beitritt" mehr erklären.

Zur rechtlichen Erkenntnis dieser Bestimmungen ist in eine Untersuchung im zwingenden Rahmen des Pariser Erpressungsdokumentes der 5 Prinzipien vom 17. Juli 1990 einzutreten.

9.36

Als unüberwindliche Vertragsvoraussetzungen und Regelungsgrundlagen sind zwei Völkerrechtsfakten in die Erinnerung zu rufen:

Die Atlantik Charta, hier Prinzip 2, das Selbstbestimmungsrecht „Keine territorialen Veränderungen entgegen den frei geäußerten Wünschen der betreffenden Völker".

Die polnische, internationalrechtlich o h n e gültige Vorbehalte erfolgte Anerkennung des Prinzips 2 der Atlantik Charta am 24. September 1941 im Londoner Protokoll einerseits, dagegen die politischen Vorbehalte des unvereinbaren absoluten Gegenteils: „breiter Zugang zum Meer", „genügend geschützt", „den wirtschaftlichen Notwendigkeiten entsprechender Zugang zur See" andererseits.

Dazu bleibt vom Prinzip 2 her, vom Selbstbestimmungsrecht her klarzustellen:

Die Breite des Zugangs zur See hängt nach dem Selbstbestimmungsrecht vom polnischen Volksgebiet ab. Dieses Volksgebiet erreichte nirgends die Ostsee, weder breit noch überhaupt. Der Zugang war nur über kaschubisches und deutsches Volksgebiet möglich: 1918 erst recht, aber selbst noch 1939.

„Genügend geschützt" ist im XX. Jahrhundert polnisches Territorium nur noch durch eine rechtmäßige, legitime, friedliche, gutnachbarliche Außenpolitik, nicht durch eine rechtswidrige, unmoralische, chauvinistische, auf der Spitze von Bajonetten, formalisiert durch erpreßte „Anerkennungen".

Die wirtschaftlichen Notwendigkeiten Polens waren 1918 zu erfüllen durch einen Freihafen, 1945 zu erfüllen durch einen Hafen Gdingen. Gebietserweiterungen wegen pseudowirtschaftlicher „Notwendigkeiten", die mit dem Selbstbestimmungsrecht nicht vereinbar sind, sind unzulässig und rechtswidrig.

Die Bevölkerungszahl Polens ist für die Forderung Polens eines Zugangs zur See ohne jede Argumentationsbedeutung. Die Bevölkerungszahl desjenigen Volkes, dem das Selbstbestimmungsrecht über Ostdeutschland allein zusteht, die deutsche, ist mehrfach größer als die polnische.

Andere bevölkerungsreiche Staaten überall haben in Übereinstimmung mit dem Völkerrecht gleichfalls k e i n e n Zugang zum Meer: Tschechoslowakei, Ungarn, Weißruthenien, Bolivien, Paraquai, Afghanistan, Nepal, Laos, Tschad, Uganda, Burundi, Niger, Mali, Obervolta, Zentralafrikanische Republik, Sambia, Simbabwe, Botswana, Lesotho, Swasi.

Die polnische förmliche und rechtlich verpflichtende Zustimmung und Anerkennung der Atlantik Charta, hier Prinzip 2, das Selbstbestimmungsrecht, war also eine absichtliche, bewußte und gewollte, objektiv unbegründbare Staatslüge Polens.

9.37

Die tschechische Anerkennung des Prinzips 2 der Atlantik Charta am 24. September 1941 im Londoner Protokoll einerseits, dagegen die politischen Vorbehalte des unvereinbaren absoluten Gegenteils ... „Beitritt nur, wenn bei endgültiger Interpretation und Anwendung der Charta strategische Grenzziehungsprinzipien der Nachbarn Deutschlands berücksichtigt werden", andererseits? Dazu bleibt vom Prinzip 2, vom Selbstbestimmungsrecht her klarzustellen:

Eine „endgültige Interpretation" zu „frei geäußerten Wünschen der Bevölkerung" kann logisch immer wieder nur „frei geäußerte Wünsche der Bevölkerung" ergeben: Obwohl 1919 Benesch frei und frank zusammengelogen hatte, die Sudetendeutschen wollten zu seiner Tschechoslowakei.

„Strategische Grenzziehungsprinzipien" sind XVIII. Jahrhundert. Sie haben gegenüber dem Selbstbestimmungsrecht im XX. Jahrhundert, ab 1917 wie 1941, keinerlei Argumentationswert und keinen Bestand. Gemeint waren von Außenminister Jan Masaryk die böhmischen Randgebirge und die mährische Nordabdachung: Das heißt nach 1938 nunmehr 1941 wiederum die Einführung und Aufrechterhaltung der Grenzen von Saint Germain und Versailles. Die tschechische Exilregierung war nicht bereit, das Geringste dazu zu lernen. Dies forderte die Tschechoslowakei, obwohl ihr gegenüber zwischen dem 15. März 1938 und dem 27. September 1938 schon in aller Deutlichkeit mehr als 6 mal von offizieller britischer Seite: ... der britische Botschafter in Prag Sir Basil Newton, der Außenminister Lord Halifax, der Primeminister Neville Chamberlain, erneut Sir Basil Newton, der britische Botschafter in Berlin Sir Nevile Henderson, erneut Lord Halifax, festgestellt worden war, „die tschechoslowakische Regierung muß klar erkennen, daß ... es ohne Rücksicht auf den Ausgang (eines allgemeinen Krieges!) keine Möglichkeit gibt, der Tschechoslowakei ihre heutigen Grenzen zurückzugeben" (18.09. und 27.09.1938).

Die tschechische förmliche und rechtlich verpflichtende Zustimmung und Anerkennung der Atlantik Charta, hier Prinzip 2, der Selbstbestimmung, war also eine absichtliche bewußte und gewollte, objektiv unbegründbare Falschprogrammierung; eine Staatslüge.

9.38

Und die 4 Mächte 1990: ... (Ergebnisse)

Entsprechend dieser polnischen Staatslüge zum Prinzip 2, zu dem Selbstbestimmungsrecht, der Atlantik Charta, wird Deutschland durch das Pariser Diktat der 5 Prizipien vom 17. Juli 1990 erpreßt, die sogenannte „Polnische Westgrenze" im krassen Gegensatz zur Selbstbestimmung „anzuerkennen": Im „Einigungsvertrag" usw.

Die „Einheit" Deutschlands 1990 ist also nur „Vier-Zonen-Deutschland", nicht Deutschland. Die Grenzen Deutschlands 1990 kann nur ein Friedensvertrag des Deutschen Reiches regeln, kein Vertrag zwischen zwei Teilstaaten, die nicht identisch, sondern nur subjekt-identisch und teilidentisch sind. Die „Freiheit" Deutschlands ist 1990 also eine beschnittene Freiheit. Die Menschenrechte wurden 1990 mißachtet. Die „freie Selbstbestimmung", von der der Einigungsvertrag spricht, ist unfrei. Sie ist ein limitiertes Selbstbestimmungsrecht: Limitiert auf Mitteldeutschland. Sie ist ein kastriertes Selbstbestimmungsrecht: Kastriert in Bezug auf Ostdeutschland.

„Seine verfassunggebende Gewalt Deutschlands" ist also eine eingeschränkte, bevormundete Gewalt; selbst über das Grundgesetz, über die innersten Angelegenheiten des domaine réservé Deutschlands soll verfügt werden. Die Einheit und Freiheit Deutschlands wird 1990 nicht vollendet! Weder in freier Selbstbestimmung noch überhaupt.

9.4 Territoriale Souveränität Deutschlands! (Ergebnisse)

Ein Rechtsgrund für die Forderung deutscher Grenzen entsprechend dem Selbstbestimmungsrecht des deutschen Volkes auf Ostdeutschland sind Dominium und Souveränität Deutschlands über Ostdeutschland!

Der fast allen Rechtsystemen geläufige entscheidende Unterschied zwischen rechtlichem, gesichertem, verbindlichem, unbeschränktem Eigentum, ... und faktischem, abgeleitetem, meist vorübergehendem Besitz, ist auch für das internationale Recht systemimmanent. Aus dem Dominium hergeleitet ist das Imperium. Auch das Dominium ist grundsätzlich rechtlich gesichert, verbindlich, unbeschränkbar. Auch das Imperium ist faktisch, abgeleitet, vorübergehend.

Dem entspricht dann Souveränität einerseits, verbindlich, unbeschränkbar. Dem entspricht die – beispielsweise in Ostdeutschland – faktische, abgeleitete, vorübergehende, beispielsweise polnische Staatsgewalt und Gebietshoheit über Ostdeutschland andererseits. Auch eine angemaßte völkerrechtliche Besatzungsgewalt zur Verwaltung Ostdeutschlands ist nur Gebietshoheit, aber nicht Souveränität. Deutsches Eigentum an Ostdeutschland läßt polnischen Besitz, deutsches Dominium läßt polnisches Imperium, deutsche Souveränität läßt polnische Gebietshoheit / Staatsgewalt vorübergehend zu.

Die deutsche Souveränität über Ostdeutschland mag als ein „nudum ius" erscheinen. Die Staatspraxis lehrt, daß auch der entschlossenen Bewahrung eines „nudum ius" hohe Bedeutung zukommen kann.

Zwar gibt es heute in Ostdeutschland keinen äußerlich erkennbaren Widerstand gegen die polnische wie sowjetische Gewaltausübung. Solcher Widerstand entspricht bedauerlicherweise nicht dem deutschen Volkscharakter. Deutsche eignen sich – wohl zufolge blinder Autoritätsunterwerfung – nicht zu Komitadschis, Guerrilleros, Franctireurs, Muschahedin.

In Kaaden ließen sich die tüchtigen Egerländer – das Egerländer Hausregiment hatte im ersten Weltkrieg die höchsten Verlustziffern aller deutschen Regimenter! – widerstandslos von importierter tschechischer Aggressionssoldateska zusammenschießen: Insgesamt 54 Tote ... Die einzigen, die Widerstand versucht haben, die Südtiroler Bombenleger, erlahmten sehr bald. Die Notwendigkeit und Nützlichkeit entschlossenen Widerstandes beweist jeden Tag von neuem die palästinensische Intifada.

Die Abwesenheit solchen Widerstandes gegen die fremden Verwaltungsmächte in Ostdeutschland bildet jedoch kein Argument für die Besatzung. Ein derartiger, Annektion wie Ersitzung hindernder Widerstand des Volkes, des Souveräns kann nicht erwartet werden, wenn der die Ostgebiete sich einverleibende Staat entweder die angestammte Bevölkerung deportiert – 1945 – oder mit menschenrechtswidrigen Praktiken einschüchtert – Polen bis 1989 – oder ihr den minimalsten Minderheitenstatus versagt – Oberschlesien.

Deutschland bleibt Souverän in Ostdeutschland. Deutschland war auch nach 1945 und ist heute: weder ein non existens, noch ein nullum, noch ein rechtloser, rechtsfreier Raum zur Verfügung von Siegermächten – wie dies eine Poznaner Schule lehren wollte. Es gab 1945 und es gibt heute keinen Souveränitätserwerb, keinen Eigentumserwerb mehr aus Raub.

9.5 Seit der Ächtung des Krieges und dem Annektionsverbot ist der Sieg im Kriege kein Argument mehr für den Landraub an Ostdeutschland (Ergebnisse)

Einen Rechtsgrund für die Forderung auf deutsche Grenzen entsprechend dem Selbstbestimmungsrecht des deutschen Volkes auf Ostdeutschland bildet das Annektionsverbot. Seit der Ächtung des Krieges ist Sieg im Kriege kein Argument mehr für den Landraub an Ostdeutschland. Auch das besiegte Deutschland, das deutsche Volk, die Vertriebenen können territorial im Recht sein und bleiben. Auch die Siegermächte können territorial im Unrecht sein und bleiben; zufolge Verletzung des Annektionsverbotes.

9.51
Der Begriff der Annektion (Ergebnisse)

Annektion ist die Usurpation deutscher Gebietsherrschaft durch gewaltsame Verletzung der territorialen Unversehrtheit. Sie ist zu unterscheiden von der Cession, der Abtretung, welche nicht vorliegt; von der Bundesrepublik als einem Vier-Zonen-Deutschland auch nicht vorgenommen werden kann. Die Annektion wie die evtl. erpresste Scheincession 1991 sind rechtswidrig und nichtig.

Gewaltsames Vorgehen 1945 liegt zugrunde. Die bloße Eroberung (Conquest) ist noch nicht Annektion. Der Annektionswillen muß hinzutreten; im Auftreten gegenüber allen anderen Staaten, in der Behandlung als Teil Polens bzw. der Tschechoslowakei bzw. der UdSSR. Die Okkupation mußte vorausgehen, damit die Usurpation vollzogen sein muß. Auch die sowjetische Völkerrechtsdoktrin hält bei Mißachtung des Willens der betreffenden Bevölkerung die Annektion für rechtswidrig.

9.52
Die Annektion der Ostgebiete des Deutschen Reiches, Danzigs, des Sudetenlandes. (Ergebnisse)

512

Eine Cession liegt weder als einvernehmlicher noch als erzwungener Vertrag vor. Die Vereinigten Staaten und Großbritannien haben diese Gebiete nie beansprucht noch besessen. Sie konnten sie deshalb auch nicht an Polen bzw. die Tschechoslowakei bzw. die UdSSR abtreten, selbst wenn sie es gewollt hätten, was in Potsdam bekanntermaßen keineswegs der Fall war. Erst recht ist die UdSSR als zunächst alleiniger Okkupant und Usurpant dazu zugunsten Polens nicht in der Lage. Objektiv wie subjektiv haben Polen, die Tschechoslowakei, die UdSSR deutsche Ostgebiete rechtswidrig annektiert.

Die Republik Polen hat die deutschen Ostgebiete in mehreren Abschnitten annektiert.

26. Juli 1944: Einseitiger Vertrag Molotows mit dem polnischen „Komitee für nationale Befreiung".

5. Februar 1945: Der Präsident des polnischen Nationalrates, Bierut, kündigt an, Polen habe „mit der Eingliederung deutschen Vorkriegsterritoriums begonnen". Dies ging selbst über den o.a. sowjetisch-polnischen, seinerseits schon rechtswidrigen Vertrag hinaus. Es beweist entgegen dem polnischen Vorbringen von 1989 einmal mehr, daß Polen selbständig rechtswidrig vorging und n i c h t von dritten Mächten ohne sein Zutun zur Oder-Neiße-Linie usw. gezwungen wurde, – z.B. durch Potsdam, wo Polen nicht anwesend gewesen sei, das aber schon rein zeitlich ein halbes Jahr später lag! –

8. April 1945: Protest der USA bei der UdSSR wegen Überlassung deutscher, aber sowjetisch besetzter Gebiete an Polen zwecks Inkorporation!

17. April 1945: Sowjetische Antwortnote mit Ausreden. Die deutsche Bevölkerung sei „abgereist"; die polnische zurückgebliebene werde lediglich polnischerseits verwaltet.

19. Februar 1947: Polnisches „Verfassungsgesetz". Frühester Annektionszeitpunkt.

19. Februar 1949: Aufhebung des Ministeriums für die wiedergewonnenen Gebiete. Spätester Zeitpunkt der förmlichen Annektion.

9.53
Die Völkerrechtswidrigkeit der Annektionen (Ergebnisse)

Die Unzulässigkeit und Rechtswidrigkeit der Annektionen ist das Ergebnis der Entwicklung der internationalen Bewegung zur Kriegsverhütung und zur Gewaltverhütung. Aus den Verpflichtungen zum Kriegsverzicht folgte logisch der Annektionsverzicht. Entwicklungsgeschichtlich ist die Satzung des Völkerbundes mit den Artikeln 10 und 12 bedeutsam. Das Annektionsverbot, der Annektionsverzicht richtete sich sowohl gegen den siegreichen Angreifer als auch gegen den erfolgreichen Verteidiger, so beispielsweise Polen 1945.

Eine weitere Etappe bildet der Briand-Kellogg Pakt vom 27. August 1928; verbindlich geworden für 63 Staaten, darunter auch Polen, die Tschechoslowakei, die UdSSR.

Eine entscheidende Verpflichtung bedeutete die Atlantik Charta. (Vergleiche oben).

Die alle verpflichtende Normierung folgt aus der Satzung der Vereinten Nationen, zugunsten von Mitgliedern wie von Nichtmitgliedern, vom 26. Juni 1945, in Kraft 24. Oktober 1945: Also v o r den Annektionen und vor den Vertreibungen. „Die Charter stellt in jeden Zweifel ausschließender Weise klar, daß die Mitglieder der Vereinten Nationen auch für den Fall auf Annektionen verzichtet haben, daß sie in einem Abwehrkrieg siegreich gewesen sind, wie Polen und die Sowjetunion". (Kraus aaO. S.81)

9.54
Das gewohnheitsrechtliche Annektionsverbot! (Ergebnisse)

Von pan-amerikanischen Verpflichtungen zur Nichtanerkennung von Annektionen ausgehend, hat sich als allgemeine Rechtsüberzeugung ein mondiales Gewohnheitsrecht der

Kriegsächtung und des Annektionsverbotes durchgesetzt. Es gilt für und gegen sämtliche Mitglieder der Völkerrechtsgemeinschaft. Es gilt in gleicher Weise gegen den siegreichen Angreifer, wie gegen den Staat, der einen gegen ihn gerichteten Angriff (Polen gegenüber dem Deutschen Reich wie gegenüber der Sowjetunion) im Endergebnis erfolgreich abgewiesen hat. Es ist zwingender Natur und läßt keine Ausnahmen zu. Selbstverständlich auch nicht zugunsten Polens, der Tschechoslowakei und der Sowjetunion 1990 / 1991; sei es auch mit westlicher Hilfe bei der Erpressung. Dieses Annektionsverbot war in Geltung, als Polen, die Tschechoslowakei, die Sowjetunion deutsche Reichsgebiete annektierten. Schon vor dem Inkrafttreten der Satzung der Vereinten Nationen stand es in Geltung. Es war für Polen, die Tschechoslowakei, die Sowjetunion schon vorher, erst recht dann als Gründungsmitglieder der Vereinten Nationen verpflichtend. Dem Annektionsverbot gegenüber scheiden auch Berufungen auf Artikel 107 der Satzung, z.B. auf die Rechtsfigur der Repressalie aus. Auch die sogenannte „Gegenannektion" des erfolgreichen Verteidigers bleibt Annektion, rechtswidrig und nichtig.

9.55
Die Rechtsfolgen des Annektionsverbotes! (Ergebnisse)

Aus der Deliktsnatur der polnischen usw. Annektionen folgt: der Besatzungsstatus nach Okkupationsrecht ist wiederherzustellen, die Räumung des Besatzungsgebietes nunmehr Jahrzehnte nach Kriegsende hat zu erfolgen, der Wiedergutmachungsanspruch ist zu realisieren. Unstreitig ist, daß der Krieg beendet ist, gleichviel ob faktisch 1945, oder legal durch einseitige Enderklärungen, so z.B. für die UdSSR mit Erlaß des Obersten Sowjets vom 25.01.1955, für Polen durch Erklärung vom 31.01.1955 bzw. Beschluß vom 18.02.1955.

Die erfolgten Annektionen als einseitige Willenserklärungen entfalten als zufolge des Annektionsverbots m i ß g l ü c k t e Versuche keine legalen rechtlichen Wirkungen. Die heute gleichfalls rechtswidrigen Okkupationen behalten ihre tatsächlichen Wirkungen nur vorübergehend bis zur Wiedergutmachung.

Die Schlußfrage bleibt, wann eine deutsche Regierung bereit ist – nachdem sie jetzt faktisch dazu befähigt wäre – das Recht Deutschlands zu vertreten.

9.6
Deportationsverbot und Recht auf die Heimat! (Ergebnisse)

Ein Rechtsgrund für die Forderung deutscher Grenzen entsprechend dem Selbstbestimmungsrecht des deutschen Volkes auf Ostdeutschland bildet das internationalrechtliche Deportationsverbot, verbunden mit dem Recht auf die Heimat.

Auf den romantischen, mytischen Inhalt des Begriffs „Heimat" kommt es hier nicht an. Der Begriff ist zudem international: daheim, k domu, chez soi, at home zu sein. Polen hat ihn bereits am 24.01.1941 („land of their ancestors"), lange vor Deutschland versucht geltend zu machen. Nachträgliche Versuche, den Begriff, – als Deutschland ihn verwendete – lächerlich zu machen, sind unerheblich. Grundlegend bleibt zu sagen, daß sich rein rechtlich gleichen: einerseits das prohibitiv-negative „Deportationsverbot", andererseits das positiv-konservierende „Recht auf die Heimat". Beide Denkrichtungen sind im Grunde nur zwei rechtliche Ausprägungen einer einzigen Völkerrechtslage: Wo einer Bevölkerung das Verbot, sie zu deportieren – sei es im Frieden, sei es als Inländer, sei es unter Besatzungsherrschaft, sei es als Ausländer, sei es im Kriege, rechtlich zur Seite steht, ist mit dem Verbot ein noli me tangere geschaffen.

Wo jeder Einzelne – und die Gesamtheit der Einzelnen – nicht weggeführt, nicht deportiert werden darf, steht jedem Einzelnen, – und der Gesamtheit der Einzelnen – auch das positive Recht zu, zu verbleiben, bei sich zu sein, daheim, in der Heimat zu sein.

Der Heimat, dem Ansässigkeitsgebiet muß das Merkmal der gesicherten Ansässigkeit zugeordnet sein. Dieses „Gebiet gesicherter Ansässigkeit" bedeutet den überschaubaren, menschlich bergenden Bereich innerhalb der eigenen s t a a t lichen, nationalen, sprachlichen, ggf. religiösen Gemeinschaft. Er umfaßt Elternschaft, Kindschaft, Jugend, Erziehung, Arbeitsplatz, Nachbarschaft, Freundschaft und Liebe.

Jedes unfreiwillige Verlassen, jede Deportation wird aus der Drohung zur Gefahr, zum unerträglichen Einschnitt, zur dumpf zu überlebenden Quälerei, schließlich zur Katastrophe eines ganzen bisherigen privaten Lebens, zur brutalen, sinnlosen Zerstörung der grundsätzlich unberührbaren Intimsphäre.

Um stattdessen „unbehelligt" ansässig sein zu können, müssen gegeben sein: Freiheit vor Furcht vor jeder Deportation aus der Heimat, Freiheit vor Verfolgungen unter Verletzungen von Menschenrechten in der Heimat, Freiheit der Zugehörigkeit zu s e i n e m Staat, nicht zu irgendeinem Staat. Alle drei Voraussetzungen sind durch Völkerrecht geboten. Alle drei Verletzungen sind durch Völkerrecht v e r b o t e n . Alle drei sind 1945 von Polen, der Tschechoslowakei, der Sowjetunion in krassester Weise mißachtet und verletzt worden.

1. Schon die de Martenssche Klausel 1907 formuliert unübertrefflich als unbestreitbares Völkerrecht, das zwingend zu beachten ist, – und 1907 von niemand bezweifelt wurde – die „unter gesitteten Völkern feststehenden Gebräuche", die „Gesetze der Menschlichkeit", die „Forderungen des öffentlichen Gewissens". (Absatz 5 des Vorspruchs zur Haager Landkriegsordnung)

2. Die Haager Landkriegsordnung (HLKO) vom 18. Oktober 1907 schweigt nur scheinbar, da – wie der offizielle Kommentar des Roten Kreuzes zum Artikel 49 der Genfer Konvention zum Schutze von Zivilpersonen in Kriegszeiten bemerkt (1956) – dies sei „zweifellos 1907 deshalb geschehen, weil zu Anfang unseres Jahrhunderts angenommen werden konnte, daß diese Praxis außer Gebrauch gekommen" sei. Aus Artikel 43 der HLKO ergibt sich das Verbot … der massenhaften Ausweisung ziviler Staatsangehöriger in Ausübung der öffentlichen Gewalt im besetzten Feindesland.

3. Artikel 232 Absatz 2 des Versailler Diktates postuliert gemäß HLKO die Ersatzpflicht für Verschickungen.

4. 1919 wurde auf der Genfer Kriegsrechtskonferenz, 1934 auf der Tokioter Konferenz des Roten Kreuzes versucht, den „Schutz von Zivilpersonen in Kriegszeiten" sicherzustellen.

5. Die von deutschen Truppen im zweiten Weltkrieg besetzten Staaten (Frankreich, Niederlande, Belgien, Norwegen, Jugoslawien, Griechenland, u n d Polen und die Tschechoslowakei) erklärten feierlich am 13. Dezember 1942, daß „Massenaustreibungen dem Völkerrecht und insbesondere der HLKO widersprechen"! Polen verhängte Todesurteile gegen Deutsche wegen Einzeldeportationen von Polen aus dem Korridor! Für das gleiche, was Polen nachher millionenfach vorzunehmen gewillt war.

6. Die Londoner Charta vom 8. Mai 1945 hat j e d e Art von Deportationen ohne Rücksicht auf Beweggrund oder Zweck als rechtlich verboten und Zuwiderhandlungen als strafbar positiviert; wenige Monate vor dem Beginn der polnischen und tschechischen Millionenmassendeportationen.

7. Artikel 6 Buchstabe b „Verschleppung der Zivilbevölkerung zu anderen Zwecken" sollte … auch die Deportationen betreffen, die „Menschen aus dem Weg räumen, deren

Land man sich aneignen möchte" ... Genau dies wollten Polen und die Tschechoslowakei, die UdSSR.

8. Diese Allgemeingültigkeit des Deportationsverbotes ist durch Art. 49 des Genfer Abkommens zum Schutz der Zivilbevölkerung im Kriege vom 12. August 1949, durch Art. 3 Abs. 1 und Art. 4 des IV. Ergänzungsprotokolls zum Europäischen Abkommen über den Schutz von Menschenrechten und Grundfreiheiten vom 16. Sptember 1963 nur erneut bestätigt und klarer formuliert worden. Es galt ohnehin seit Jahrzehnten.

Seit spätestens 1907 waren das Deportationsverbot und das Recht auf die Heimat mithin völkerrechtlich zwingend festgelegt. Auch nach der Subjugation des Deutschen Reiches 1945 ist die Deportation e i g e n e r Staatsangehöriger – im Beispielsfalle Deutscher – innerhalb des eigenen rechtmäßigen Staatsgebietes – im Beispielsfalle Deutschlands – durch die zufälligen Mächte eines „Kontrollrates" v ö l k e r r e c h t s w i d r i g. Ebenso die Deportation fremder Staatsangehöriger eines Dritten, – im Beispielsfalle Deutschlands – vom rechtmäßigen Territorium dieses Dritten auf Grund einer Einigung fremder Staaten zu Lasten Deutschlands als eines Dritten: Durch Potsdam einwandfrei völkerrechtswidrig.

1945 mag vergangen sein. Seine Folgen sind es nicht.

Kapitel 10

10 Gründe für die Forderung deutscher Grenzen entsprechend dem Selbstbestimmungsrecht des deutschen Volkes auf Ostdeutschland (Ergebnisse)

10.1 Gründe aus der Geschichte (Ergebnisse)

In den obigen Darlegungen sind eine eindrucksvolle Fülle von Gründen gegen das Selbstbestimmungsrecht des deutschen Volkes auf sein Land, insbesondere auf seine Provinzen in Ostdeutschland und dem Sudetenland aufgezählt worden. Die Phantasie der Interessenten, der Sowjetunion, der Tschechoslowakei, insbesondere des kommunistischen Polen – aber ebenso völlig unverändert des „demokratischen" Polen – ist offenbar höchst eindrucksvoll, wenn es gilt, den Landraub an Deutschland heute jeden Tag erneut zu „begründen".

Alle diese Schein„gründe", Gegen„gründe" sind zu widerlegen, sind teilweise vernichtend zu widerlegen. Dennoch bleibt die Bekämpfung der Resignation auf der Grundlage des status quo als eine riesige Aufgabe. Große Teile der deutschen Bevölkerung denken nicht mehr an Ostdeutschland und haben sich resignierend arrangiert:Insbesondere in Westdeutschland, aber auch in Mitteldeutschland. Die offizielle Politik behalf sich bis 1990 mit Lippendiensten und will nicht ernsthaft zu handeln versuchen. Nicht umsonst ist bereits „Der Deutschlandverrat deutscher Politiker" (Professor Dr. Dietrich Hofmann, Paderborn, FAZ, 22.08.1987) ohne jeden Versuch einer Beleidigungsgegenklage gerügt worden. Neben der polnischen Erpressung für den Preis des Zusammenschlusses zum Vier-Zonen-Deutschland mit Mitteldeutschland scheint alles Andere sekundär.

Gegenüber den oben aufgeführten, dann aber widerlegten „Gegengründen" dann nun Gründe f ü r die Wiederherstellung des deutschen Selbstbestimmungsrechtes auf sein Land zu finden, scheint schwerer. Von den polnischen, wenn auch mißbrauchten, erfundenen, ja erlogenen „Gegengründen" auszugehen und an ihnen festzuhalten „mit Zähnen und Klauen" ist naturgemäß für die beati possidentes zur Zeit ein genügender Vorwand. Dennoch gibt es auch eine Fülle von Gründen f ü r das deutsche Selbstbestimmungsrecht auf sein Land. Ihre Vertretung erfordert jedoch fast immer einen Überzeugungsakt, manchmal einen Glaubensakt, fast immer einen Willensakt. An alledem mangelt es in der Bundesrepublik. Naturgemäß ist die Deutschlandfrage zuerst und zuletzt eine unaufhörliche Anrufung der Deutschen. Wenn die Deutschen, wenn die offizielle Politik der Bundesrepublik zu timide ist,- um sich aufdrängende Invektiven nicht zu gebrauchen –, wer sollte es deutscher als die Deutschen für Deutschland tun? Bei aller Anerkennung des grundsätzlich guten Willens der Vereinten Staaten," immer moralisch zu handeln" (Baker: 1991!).

10.11
Das deutsche Volk hat das gleiche Lebensrecht wie jedes andere Volk! (Ergebnisse)

Ein Grund für die Forderung deutscher Grenzen entsprechend dem Selbstbestimmungsrecht des deutschen Volkes auf Ostdeutschland ist, daß das deutsche Volk und das Deutsche Reich, – die seit 843 bzw. 911 n.Chr., das heißt seit über einem Jahrtausend in der Entwicklung sind, – das gleiche Lebensrecht haben wie jedes andere Volk und jeder andere Staat.

Erstaunlich und konsternierend ist es, wenn scheinbare Selbstverständlichkeiten und Alltäglichkeiten ausdrücklich und entgegen der geübten Praxis festgestellt werden müssen.

Die Weltrechtsgemeinschaft, so z.B. vertreten durch die Vereinten Nationen, ist selbstverständlich bereit, im Prinzip das Selbstbestimmungsrecht jeder farbigen Dorfbevölkerung in Afrika anzuerkennen, zu betonen, zu vertreten. Selbstverständlich gilt dies für jedes Zwergvolk, jeden Zwergstaat irgendwo in der Welt. Dagegen bedarf es mit niemals endender Energie der Feststellung und der Vertretung des Lebensrechtes des deutschen Volkes, nicht erst seit 1918, insbesondere aber seit 1945 und den Stalinrealitäten des zweiten Weltkrieges.

Das deutsche Volk, der deutsche Staat sind in der Entwicklung seit 843 bzw. 911/919 noch existent, das heißt seit 1148 Jahren. Die allermeisten europäischen Völker – denen niemand ihr Lebensrecht streitig zu machen versucht – sind allerhöchstens gleichaltrig, wenn nicht jünger, z.T. erheblich jünger. Auch wenn stolz phantasievolle „Milleniums"-feiern abgehalten werden. Gleiches Recht gilt für alle Völker. Dabei ist es geschichtlich und rechtlich nicht erheblich, ob es sich um ein vorgeblich aggressives oder aber ein angeblich friedfertiges Volk handelt, ob Verbrechen vorgeworfen werden oder scheinbare Tugendapotheose vorgebracht wird, ob Religion, Rasse, Farbe, Kultur, Zivilisation, Sprache, Geschichte verbinden, trennen, geteilt, gebilligt oder verabscheut werden.

Dabei ist es nicht erheblich, ob zeitweilige Propaganda irgendein Volk.. mit den Hunnen gleichsetzte, zum Verbrechervolk erklärte, zum Paria erniedrigen wollte. Dabei ist nicht erheblich, ob nonchalante Burschikosität irrigerweise ein Volk zeitweilig an der Gurgel anderer Völker, zeitweilig zu den Füßen anderer Völker argwöhnte (Churchill). Gleiches Recht gilt für alle Völker: Entgegen allem voreingenommenen Gerede. Warum sollte für das deutsche Volk etwas Anderes gelten? Kein Volk kann sich sein Schicksal frei aussuchen, Teile ablehnen, andere Teile annehmen. Niemand kann einem Volke sein erlebtes Schicksal vorwerfen: Weder Stalin Rußland, noch Hitler Deutschland, noch Mao Tse Tung China. Kein Volk kann seine Herrscher endgültig selber bestimmen, wenn die Vorsehung Anderes beschlossen hat. Frankreich hat Napoleon I nicht gerufen, Rußland hat weder Lenin noch Stalin gerufen, Deutschland hat Hitler nicht gerufen. Selbst in Europa gilt dies. Selbst in Europa ist die Demokratie – das heißt aber die Selbstbestimmung – erst seit 1789 wieder zum allgemeinen Ziel geworden; auch in Amerika erst seit 1776.

Wie oben eingehend dargelegt ist kein Volk in aller Welt frei von Schuld, frei von Verbrechen. Es gibt Kollektivschande und dementsprechend Kollektivscham: Mehr nicht. Es gibt keine Kollektivschuld. Es war und ist ein weiter Weg jeglicher Pflicht des deutschen Volkes durch die Geschichte und die Gegenwart. Es bleibt aber weiter ein Weg als Recht und als Anspruch für dieses Volk. Deutschland war, ist und bleibt ein Teil der Weltrechtsordnung. Diese verpflichtet nicht nur jeden, alle anderen zu achten. Sie berechtigt auch Deutschland dazu, geachtet zu werden. Völker sind geheiligt. Die Ehrfurcht ist jedem Volk entgegenzubringen: Dem deutschen, dem jüdischen, dem polnischen, dem russischen, Camputschea, den Hutus wie den Tutsis.

10.12

Infolge Identität des deutschen Staates gehört Ostdeutschland seit über 700 Jahren dem deutschen Volk und zum deutschen Staat (Ergebnisse)

Ein Grund für die Forderung deutscher Grenzen entsprechend dem Selbstbestimmungsrecht des deutschen Volkes auf Ostdeutschland ist, daß zufolge der politischen und rechtlichen Identität: des Heiligen Römischen Reiches D e u t s c h e r Nation, des Deutschen Bundes, des Norddeutschen Bundes, des (zweiten) Deutschen Reiches, der Weimarer Reichsre-

518

publik, des (dritten) Deutschen Reiches, der Bundesrepublik Deutschland, Vier-Zonen-Deutschlands Ostdeutschland seit über 700 Jahren dem deutschen Volke und zum deutschen Staat gehört.

10.121

Das Deutsche Reich, das deutsche Volk, eine Symbiose in seinen Stämmen, war ein Kunstwerk der Geschichte. Hat eigentlich irgendjemand in seiner bornierten Leichtfertigkeit, um nichts Deutlicheres zu sagen, wahrzunehmen sich herbeigelassen, daß dieses Kunstwerk, ein Tausendjähriger Teil Europas sinnlos verletzt, zum Teil – Ostdeutschland – sinnwidrig zerstört wurde, um unanständigen Landhunger zu stilen, 1918 schon, erst recht 1945 und durch die Deportation: Der schlesische Stamm gehört nach Schlesien und nicht ins Exil, der ostpreußische Stamm gehört nach Ostpreußen, und nicht großrussische Proletarier zu Füßen des Grabes Kants, der pommersche Stamm gehört in das geraubte Stettin, nicht in die Diaspora. Danzig gehört nach Danzig; nicht Gdansk und Pan Walesa.

10.122

Trotzdem lebt dieser 1918, erst recht 1945 mißhandelte Staat in Identität. Kein Staat kann seine Identität verleugnen, um sie zu verlassen: Dann geht er unter. Das Deutsche Reich nahm der Weltordnung viel. Das deutsche Volk gab der Welt mehr. Wer „ohne Sünde unter Euch ist", – die Sowjets, die Polen, Tschechen –, „der werfe den ersten Stein".

Kann, soll, will die Weltordnung jemals auf Deutschland verzichten?

Zu diesem Deutschland gehören alle seine Teile wie die Organe eines Körpers. Westdeutschland, der Süden, der Norden, Mitteldeutschland, Ostdeutschland, Österreich. Ostdeutschland schon seit über 700 Jahren.

10.13
Ostdeutschland ist ein integrierender Bestandteil Gesamtdeutschlands. (Ergebnisse)

Ein Grund für die Forderung auf deutsche Grenzen entsprechend dem Selbstbestimmungsrecht des deutschen Volkes auf Ostdeutschland ist, daß die Ostgebiete als Land ein integrierender Bestandteil Gesamtdeutschlands, des deutschen Staates und Volkes in Kontinuität sind.

Für ein sehr unbefangenes Denken, insbesondere einer Stadtbevölkerung, mag Land, mag Raum oberflächlich erscheinen als landwirtschaftliche Nutzfläche und touristische Erholungsgelegenheit. Dies ist nicht der politisch-geistige Sinn von Land.

Bereits aus der Bibel nimmt seit Jahrtausenden das jüdische Volk sein ganz besonderes Lebensverhältnis zu seinem Land: Ein Land noch dazu, welches es seit fast 1900 Jahren nicht eigentlich mehr besaß. Aus der Geschichte entnimmt seit 3 Jahrhunderten das französische Volk sein Verhältnis zu dem berühmten „Sechseck", welches das „Sanktuarium", welches La France darstellt.

Land, Raum ist danach nicht nur ein bäuerliches Faktum. Land ist Heimat, Heiligtum, Leben, Gemüt, Gemütlichkeit, Wohnung, Gräber der Vorfahren ... und vieles mehr. Weil Land so viel mehr ist, so viel mehr geworden ist, ist es – glücklicherweise – im Allgemeinen nicht mehr so, wie zu den Zeiten der Assyrer, Babylonier, Meder, Perser, Hunnen, Mongolen: Herrscher, Staaten, Völker, die um jeden Preis mehr Land, mehr unterworfene Menschen haben wollten: Mit denen sie dann gar nichts anzufangen wußten. Aber mehr; immer mehr.

Heute ist Verlust des Heimatlandes, Verlust des Raumes, Verletzung des Rechtes auf diese seine Heimat. Verlust des Landes ist Verlust an seelischer Substanz. Kein gesundes Volk kann und wird sich mit dieser Verletzung seiner kollektiven seelischen Substanz abfinden. Auch das deutsche Volk nicht. Darum kann das polnische Volk nicht ruhig schlafen. Trotz aller Erpressung.

Raub nun von Land, von Heimaterde, von Raum, hinzukommend unter Mord, Vergewaltigung, Deportation der Millionenbevölkerung, ist der Versuch der Usurpation fremder, in Ostdeutschland fremder deutscher seelischer Substanz. Solches zu versuchen, zu unternehmen, sich dazu zwingen zu lassen, schließlich zu glauben, dessen zu bedürfen, ist ein in der Weltgeschichte beispielloses Armutszeugnis: In diesem Falle Polens. Thorn, Danzig bis Breslau sind und bleiben deutsche Patrizierstädte; die Marienburg ein Herzenssymbol Deutschlands. Versuche, dies zu relativieren, abtun zu wollen als Gefühlsseligkeit, als romantisierender Mystizismus ist billig, ist Verkennung der Wirklichkeit einer Gemeinschaft, eines Volkes.

Nach der Rechtsüberzeugung aller Völker sollte „suum cuique", „Jedem das Seine" gehören. Polen hat schon seit 1918 nicht nur „das Seine". Polen lebt erst recht seit 1945 nicht nur auf „Seinem". Polen lebt wesentlich auf geraubtem deutschen Land, mit geraubter deutscher Substanz unzählbarer Milliarden Wert. Polen versucht sich deutschen geistigen Inhalt zu stehlen.

Zwar ist an sich festzustellen, daß das deutsche Volk schon seit der lätalen Resignation zufolge des 30 jährigen Krieges kein vitales Verhältnis zu seinem Land, zu seinem Raum mehr hatte. War das deutsche Volk vorher jahrhundertelang seinem Traum vom Südland in Italien nachgelaufen, so „schlief es ein" nach 1618 bis 1648. Geschichtswidrig verlor es seinen Blick für seinen Raum. Es vergaß ganze Provinzen; erst des Reiches, dann des Volkes: Von Estland, Livland, Kurland, über Westpreußen bis Ostpreußen. Daß der deutsche Staat nicht nur eines Volkes bedarf, sondern auch seines Landes, wurde bis 1806 nicht mehr genügend zur Kenntnis genommen.

Dies wurde erst anders für die Neuzeit, beginnend spätestens mit Schleswig-Holstein 1848 wie 1864. Auch wenn zufolge der erneuten lätalen Resignation, nunmehr zufolge des ersten, dann des zweiten Weltkrieges, in Deutschland von Ostdeutschland nicht ununterbrochen geredet wird: Insbesondere nicht in der von unverantwortlicher Seite höchst geschickt manipulierten veröffentlichten Meinung Westdeutschlands (zwei Hamburger Magazine). Ostdeutschland und das Sudetenland sind als Länder und bleiben es integrierende Bestandteile des deutschen Volksbodens und des deutschen Staates, des Deutschen Reiches.

10.14
Kein Raub kann das deutsche nationale Geschichtsbild ändern oder die lebenden Symbole zerstören (Ergebnisse)

Ein Grund für die Forderung auf deutsche Grenzen entsprechend dem Selbstbestimmungsrecht des deutschen Volkes auf Ostdeutschland ist, daß keine Vertreibung und kein Raub das deutsche nationale Geschichtsbild ändern oder die lebenden Symbole zerstören können.

10.141
Jedes Volk hat das Recht, sich selber in seinem Bild seiner Geschichte, seinen Leistungen, seinem Versagen, seinen Helden wiedererkennen zu wollen. Ohne daß darüber im Alltag viel geredet zu werden braucht, sind die Symbole, die für dieses Geschichtsbild stehen, in jeder normalen Nation der Inbegriff ihres Eigenlebens, vielfach bis zur Mystik und bis zum Heiligtum.

Wie jedes andere Volk hat auch das deutsche Volk das Recht, das ihm keine Stalinrealitäten des zweiten Weltkrieges nehmen können, sein Geschichtsbild unzerstört und ungeschmälert zu erhalten.

10.142

Für jedes andere Volk in Europa und der Welt ist dies so selbstverständlich, daß niemand es wagen würde, es in Frage zu stellen. Nicht einmal gedanklich.

So in Italien: Rom, Florenz, Venedig, Ravenna, Turin, Palermo, und unendlich viel mehr; so in Frankreich: Paris (mit Notre Dame, Chapelle Royale, Arc de Triomphe, Place de la Concorde, mit der „heiligen" Strasbourg);

so in Großbritannien: Tower of London, Canterbury, York, Edinburgh, Harlech;

so in Spanien: Toledo, Burgos, Salamanca, Avila, Cordoba, Sevilla, Granada, Zaragoza;

so in Portugal: Batalha, Alcobaza;

so in Griechenland: Akropolis von Athen, Delphi, Olympia, Sparta;

so in Rußland: Moskau, Leningrad; nachdem Nowgorod, Pskow, Minsk, Kijiv, Lviv schon lange unterworfen worden waren;

so in USA: Ohne Neuengland, Gettysburgh, New Orleans, Salt Lake City, San Francisco wäre es nicht mehr dasselbe Land;

so in Polen: Czenstochowa, der Wawel in Krakow, das Grab des Heiligen Adalbert in Gniezno. Was wäre Polen ohne diese seine gültigen und ihm rechtmäßig gehörenden Symbole? Nur ganz genau das Gleiche hat Polen Deutschland in Ostdeutschland zuzugestehen.

10.143

Nur das Gleiche, aber in jeder Deutlichkeit und Ausschließlichkeit genau das Gleiche, hat und muß Deutschland fordern, wenn es nach Mitteldeutschland nunmehr auch Ostdeutschland und das Sudetenland wieder frei zu geben und wieder zu räumen fordert:

Die deutschen Patrizierstädte: Memel, Königsberg, Braunsberg, Elbing, Danzig, Marienwerder, Stettin, Glogau, Breslau, Neiße; die deutschen Festungen und Burgen: Feste Boyen/Lötzen, Marienburg, Kolberg, Küstrin, Silberberg, Glatz; die deutschen Kathedralen und Klöster: Oliva, Pelplin, Leubus, St. Marien zu Danzig, St. Johann Baptista zu Breslau.

Nicht zu schweigen von Mitteldeutschland unter sowjetischen Divisionen bis 1996: Eisenach und die Wartburg, Weimar, der Kyffhäuser, die Dresdener Hofkirche/Kathedrale, das Leipziger Völkerschlachtdenkmal, Wittenberg, das Brandenburger Tor, Potsdam, Sanssouci.

10.144

Deutschland hat ein Grundrecht darauf, im Geist und in der Wahrheit sich selbst treu bleiben zu können: Ohne seine abgetrennten Provinzen wäre es nicht mehr Deutschland ...
„Das ganze Deutschland soll es sein." Das Deutschland, um das die Befreiungskriege gekämpft worden waren. Es wäre sonst ein Torso, eine Ruine.

Woher nehmen Polen, die Tschechei, die UdSSR sich das Recht zu der Anmaßung, entgegen dem Selbstbestimmungsrecht der Völker, den Menschenrechten, der Demokratie, das deutsche Geistesleben im deutschen Geschichtsbild nicht nur gefährlich zu beeinträchtigen, sondern in Teilen zerstören zu wollen. Sei es selbst, ohne es bemerkt zu haben, vielleicht ohne es wirklich zu wollen: Das wäre belanglos. Diebstahl wie Raub eines Geschichtsbildes – bis hin zum Prototyp der polnischen Briefmarke mit der gestohlenen deutschen gotischen Stadtsilhouette von Thorn – ist geistig ein Verbrechen gegen die Gesittung der

Menschheit. Deutschland wird auch mit und durch seine Symbole und sein Geschichtsbild weiterleben.

10.15
Symbolik der Toten! (Ergebnisse)

Ein Grund für die Forderung auf deutsche Grenzen entsprechend dem Selbstbestimmungsrecht des deutschen Volkes auf Ostdeutschland ist die Erinnerung, die Symbolik der Toten für die Lebenden.

10.151
Kein Volk kann leben ohne nationale „kollektive" Erfolgserlebnisse. Diese werden immer „Erinnerung" bleiben. Sie werden Geschichte, „tote" Geschichte, Geschichte um und von Toten, Symbolik der Toten für die Lebenden.

So in Frankreich: Sedan, Douaumont, Vaux, Voie sacrée / so in Italien: Die Porta Pia in Rom, Isonzo / so in Großbritannien: Armada, Trafalgar, Waterloo, Ypres / so in der UdSSR: Stalingrad, Leningrad, Moskau / so in Polen: Grunwald 1410, Praga 1794, Warszawa 1939. Katyn 1941! Polen war berechtigt, auf die Teilungen mit den äußerst blutigen Kriegen und Aufständen von 1830, 1848, 1863 gegen Rußland zu antworten. Niemand verkenne Mut und Tapferkeit von Polens Soldaten auf der Westerplatte 1939, obwohl Polen und diese Soldaten auf diesem Danziger Territorium nichts zu suchen hatten.

Keiner dieser Bezüge ist denkbar ohne den Bezug auf ein Land: Sei es in der Verteidigung des eigenen Landes, sei es auf fremdem Land widerrechtlich.

10.152
Das deutsche Volk ist aber ganz genau so berechtigt zu dem Bezug zu den Schlachtfeldern der deutschen Geschichte gerade auch in Ostdeutschland: Zur Symbolik der Toten, zu den Erfolgserlebnissen der Toten für die Lebenden.

So die Soldaten Ostdeutschlands, von der Wahlstatt 1241 bis Tannenberg 1410 und am Smolina See 1502, bis zur letzten Schlacht des Ordens bei Ermes 1561;

so im 30jährigen Krieg 1618 – 1648, für die Freiheit des Glaubens, stellvertretend für die ganze Welt;

so bei Zorndorf 1758, Kunersdorf 1759;

so in den Befreiungskriegen gegen Napoleon I., 1806 – 1807, 1812 – 1814, 1815; die Schillschen Offiziere in Wesel; die Lützower, Theodor Körner; edelste Jugend: Alleine 7 verkleidete Frauen unter den Freiwilligen, darunter eine Jüdin, Luise Grafemus, 30 Jahre alt, Mutter von 2 kleinen Kindern, bis zum preußischen Wachtmeister befördert, mit dem Eisernen Kreuz ausgezeichnet;

so die singend sterbende Jugend des Deutschlandliedes von Langemarck 1914,

die Sieger von Tannenberg,

die österreichischen Verteidiger der Festung Przmysl; so bis zum Annaberg 1923 und nach Nehmersdorf in Ostpreußen 1945;

so im endlichen Anschluß Österreichs 1918 wie 1938, nach dem Willen von 98% heute toter österreichischer Menschen;

so am 20. Juli 1944 im Martyrertum einer allein gelassenen preußischen Elite für die Freiheit und die Moral.

Ihnen allen gilt die Erinnerung Deutschlands. Sie alle diese Toten, diese Gefallenen für Ziele, die ihnen heilig waren, haben ein Recht darauf, daß die Hingabe ihres Lebens gewürdigt wird, daß Gerechtigkeit auch in Ostdeutschland am Ende siege: „Nichts ist geregelt, was nicht gerecht geregelt ist" (Abraham Lincoln).

10.16
Frankfurt, Weimar und Bonn: Nationalversammlungen! (Ergebnisse)

Ein Grund für die Forderung auf deutsche Grenzen entsprechend dem Selbstbestimmungsrecht des deutschen Volkes auf Ostdeutschland ist, daß Demokratie und Selbstbestimmung in Deutschland eigene deutsche Entscheidungen waren und kein fremdes Octroi!"

Kein Grund gegen das Selbstbestimmungsrecht des deutschen Volkes auf Ostdeutschland und kein Grund für einen Landraub an Ostdeutschland kann der scheinbar ernsthaft vorgebrachte Vorwurf sein, Deutschland – Preußen – sei der Selbstbestimmung nicht wert! Deutschland sei nie eine Demokratie gewesen; es sei eine bloße „Armee, die sich einen Staat geschaffen habe"; es sei geboren zur Willkürherrsachaft nach innen wie nach außen! Deutschland müsse deshalb: bevormundet und unter Kuratel eines „Kontrollrates" gestellt werden; es müsse eine Umerziehung wie ein Unmündiger über sich ergehen lassen; und endlich das 1945 von polnischen Autoren als Wunschziel propagierte Ergebnis: Deutschland sei als „herrenloses Nullum" von den Siegermächten neuabzugrenzen und abschließend zu verwalten! Die aufgezeigten Voraussetzungen sind unzutreffend. Die Schlußfolgerungen sind für ein altes Kulturvolk beleidigend, unerträglich und rechtswidrig! Die Demokratie ist in der Geschichte Deutschlands kein alliiertes Octroi 1945.

Vergleiche einzelne Länder: Ostpreußen: Ständeherrschaft 1566 – 1603.

Württemberg: „Das gute alte Recht", Grundlage einer Verfassung seit dem Tübinger Vertrag vom 8. Juli 1514; eine „Magna Charta" auf deutschem Boden.

Vergleiche einzelne Landschaften: Kämpfe der Nordfriesen, Ostfriesen für die Freiheit; Untergang der Gemeinschaft der Stedinger Bauern 1234;

cum grano salis: Die schweizer Kantone bis 1648;

Der Freiheitskampf der Niederlande.

Vergleiche einzelne Städte: der gleichheitliche, freiheitliche Bund der Hansestädte seit 1157, 1358. Städtebünde im Inland; Reichsstädte, von Lübeck bis Wien (zeitw.).

Andere Länder Europas waren vielfach in ihrer Zeit auch nicht weiter. Die Armee hat in Deutschland jedenfalls den Staat nirgends und niemals kommandiert. Der Staat war vor der Armee da und blieb über der Armee. Die meisten der deutschen Länder waren viel weiter von Willkürherrschaft entfernt, als die meisten europäischen Staaten ihrer Zeit.

Die Wendungen Gesamtdeutschlands zur Demokratie: im Wartburgfest 18.06.1817, im Hambacher Schloß 27.05.1832, 1848 in der deutschen Nationalversammlung zu Frankfurt, 1919 in der verfassunggebenden Nationalversammlung zu Weimar, 1949 im parlamentarischen Rat zu Bonn waren eigene deutsche Entscheidungen.

Versuche, Deutschland bewußt zu diskriminieren, finden hier keinen abschließenden Grund.

10.17
Eine sogenannte „DDR" und Ostdeutschland! (Ergebnisse)

Ein Grund für die Forderung auf deutsche Grenzen entsprechend dem Selbstbestimmungsrecht des deutschen Volkes auf Ostdeutschland ist, daß die entgegenlautenden Abmachungen der „DDR" zur Oder-Neiße-Linie ohne rechtlichen Belang sind.

Hier ist keine Notwendigkeit, das allgemein bekannte Phänomen der sogenannten

„DDR" nochmals näher zu behandeln. Es geht nur um den Unwert der „DDR" vor der deutschen Geschichte und um ihre Belanglosigkeit, ja rationale Nichtexistenz in der Begründung für das Deutschtum Ostdeutschlands. Hier geht es nur um zwei Ergebnisse.

10.171

Vor Jahrzehnten schon nannte ein Kanadier Walter Ulbricht – stellvertretend für sein Herrschaftsgebiet „DDR" und seine Partei SED „– den größten Verräter an seinem Volke –!" Hieran hat sich bis heute nichts geändert: Nicht durch den zeitweiligen Austausch belangloser Namen wie Honecker, Krenz, schließlich Modrow, nicht durch die zeitweilige protokollarische Scheinaufwertung der „DDR" durch die Mitgliedschaft in den völlig uninteressierten Vereinten Nationen, die inzwischen wieder längst vergangen ist.

Das Herrschaftsgebilde „DDR" im Interesse der Sowjetunion, das den Arbeiteraufstand des 17. Juni 1953 zu verantworten hat, das den Mauerbau des 8. August 1961 zu verantworten hat, das politische Häftlinge zu verantworten hat, das Ermordete zu verantworten hat, ist vor der Geschichte nur für den Abfall bestimmt.

Die „DDR" war nichts als ein Kolonialinstrument der UdSSR mit Hilfe deutscher Kommunisten. Sie war der Versuch, die bei freien Wahlen aussichtslose kommunistische Innenpolitik in Hochverrat und in Landesverrat zu verlagern mit der Gewalt der Roten Armee in scheinbare Außenpolitik.

10.172

Weil dies auch internationalrechtlich so war, weil es bis zur Selbstbestimmung der Bevölkerung Mitteldeutschlands 1989 so blieb, deshalb konnte die „DDR" kein Teil einer dauerhaften Friedensordnung werden. Weil die „DDR" nur ein unselbständiger, weiterentwickelter Teil des sowjetischen Kolonialreiches war, deshalb war und ist ihre Stellungnahme zu Ostdeutschland rechtlich, politisch und moralisch unerheblich. Selbst das kommunistische Polen dürfte dies immer gewußt haben. Es gibt keine Rechtsnachfolge in diesen Teil von „DDR-Recht". Die „Anerkennung" der „DDR" für die Oder-Neiße-Linie als „Friedensgrenze" ist rechtlich ohne Belang. Selbst die Bundesrepublik hatte den „Vertrag" sofort abgelehnt.

10.2 Gründe vom Volk her: (Ergebnisse)

10.21
Kultur und Zivilisation zeugen für das Deutschtum Ostdeutschlands! (Ergebnisse)

Ein Grund für die Forderung deutscher Grenzen entsprechend dem Selbstbestimmungsrecht des deutschen Volkes auf Ostdeutschland ist, daß die historischen Zeugnisse von Kultur und Zivilisation in Ostdeutschland aus 7 Jahrhunderten, die Städte, die Dörfer, Burgen, Kirchen, selbst die Friedhöfe „deutsch reden".

10.211
Ostdeutschland ist unverkennbar deutsch und nicht polnisch: Selbst noch 4 Jahrzehnte nach dem Beginn der polnischen Wirtschaft. Die in eineinhalb Jahrhunderten moderner deutscher, hier preußischer Herrschaft entstandene vollständige Infrastruktur, die in 7 Jahrhunderten langsam und organisch gewachsene Kulturlandschaft konnte von Polen in 4 Jahrzehnten weder erreicht noch umgewandelt noch polonisiert, d.h. zerstört werden. Verbessert worden ist sie ohnehin nicht, sondern zum Teil armselig zerfallen.

10.212

Städte: Hunderte Städte, große bis winzig kleine, wurden sie fast ohne Ausnahme alle von Deutschen gegründet, aus dem Nichts heraus. Sogar von so manchen Städten auf dem wirklichen alten polnischen Volksboden läßt sich dies sagen. Die ostdeutsche Backsteingotik ist überall zu finden, ernst, einfach und doch großartig, vollendet. Von Bremen, Hamburg und Lübeck über Rostock, Stralsund, Stettin, von Danzig über Königsberg, Memel, Libau, bis nach Riga, Reval und Narwa. Selbst die polnische Königsstadt Krakow war als Krakau und mit Veit Stoß lange mit deutscher Bevölkerungsmehrheit, dann Minderheit geprägt.

Hansestädte: Mitglieder der „dudeschen Hanse" wurden sie alle: Thorn 1233, Kulm 1234, Elbing 1237, Braunsberg 1254, Königsberg 1255. Nur Danzig war – aus älterer Wurzel stammend – ihnen als deutsche Stadt 1227 noch voraus.

Die Rathäuser: Vom stolzen Geist der – ausschließlich deutschen – Patrizier, der Handelsherren, zeugen die großen und reichen Sitze der regierenden Bürgermeister, der Senate. Besonders deutlich in den rein deutschen mehreren Städten Thorn. Neben den „Giganten" der Großstädte, – Danzig, Königsberg, Thorn, – standen schön und gleichrangig kleinere Rathäuser, Marienburg, Wormditt, Preußisch Holland.

10.213

Die Burgen: Noch unverkennbarer, noch bezeichnender für das Deutschtum Ostdeutschlands sind die Burgen, die einsam und still in der Weite der Landschaft von deutschen Rittern als ihren Erbauern künden. 1231 beginnend mit Altthorn, endend erst nach 1410 mit den letzten Ordensburgen Memel, Ragnit und Lyck, erbaute der Deutsche Orden a l l e i n in Ostpreußen und Westpreußen 121 preußische Ordensburgen, dazu 29 Bischofsburgen der 4 Bistümer Kulmer Land, Pomesanien, Ermland und Samland. In Livland, Kurland, Estland kamen insgesamt 51 Ordensburgen, 36 Bischofsburgen und 29 Vasallenburgen hinzu zu den Burgen in Preußen.

10.214

Die Dörfer: Allein im älteren Ostpreußen baute der Deutsche Orden, – aus dem Nichts, auf dem leeren Felde beginnend –, über 1000 Dörfer. Allein im jüngeren Westpreußen schlossen sich 354 neue Dörfer an, 180 neue deutsche Hufendörfer, 174 neue kaschubische Hakendörfer. Pommerellen/ Westpreußen war keine „einwandfrei polnische Zugangsprovinz" zur Ostsee, sondern bis 1466 und ab 1772 überwiegend deutsch mit kaschubisch besiedelt, bis nach 1918 bzw. bis 1926. Bezeichnend ist, daß solchen Kulturtaten des Deutschen Ordens nur 6 polnische Angriffskriege gegenüber standen.

10.215

Die Kirchen: Tausende Dorfkirchen in allen ostdeutschen Provinzen sind von Deutschen gebaut worden: Sehr viele nach 1517 und von vornherein protestantisch. Nicht nur die stolzen und grandiosen Riesenkirchen in Danzig und Thorn sind deutsche Kirchen im Bau und im Charakter.

Die Kathedralen in Culmsee, Marienwerder, Frauenburg, Königsberg, die Stadtkirchen St. Marien in Danzig, St. Johann in Thorn, sondern auch kleinere Kirchen, wie die wundervollen in Arnau und Juditten im Samland.

Die Klöster: Sie waren bis 1466 und ab 1772 deutsch: Oliva, Pelplin, oder ab 1232, 1343 wie Grüssau.

Selbst die Friedhöfe sprechen noch deutsch, soweit sie nicht entehrt, entweiht, geschändet, eingeebnet worden sind; soweit nicht – à la Italiana in Südtirol – die deutschen Grabnamen polonisierend herausgemeisselt werden mußten.

Die ganze Kulturlandschaft in Ostdeutschland, nicht nur die Grabsteine „reden deutsch".

10.216
Nach diesem Ergebnis zur Kulturlandschaft Ostdeutschlands bleibt festzustellen und festzuhalten, daß jedes Volk seinen Raum, seine Länder nach seinen besten Kräften gestaltet. Dieses Land, Ostdeutschland, ist ein Spiegelbild deutscher Kultur, ist ein Bild deutscher Zivilisation. Niemand wird im Ernst glauben können, mit dem erzwungenen Ändern von Namen Toter auf Grabsteinen 7 – 9 deutsche Jahrhunderte auslöschen zu können. Es ist Polens unwürdig, zu versuchen, sich sein Land, seinen Charakter der Kulturlandschaft in fremdem deutschem Land nehmen, um nicht zu sagen stehlen zu können oder zu müssen.

Niemand verkennt, daß Polen arm war und ist, ärmer als westlicher gelegene Länder. Materielle Armut aber verdeckt nicht das Armutszeugnis geistiger Art. Polen polnisch ist leistungsfähig, tüchtig, fleißig genug, sich seine Blöße nicht mit deutscher Kultur zudecken zu müssen. Es wäre schade, wenn Polen der Verhüllung seiner Blöße durch Ostdeutschland bedürfte.

10.22
Keine Rechtsordnung und Friedensordnung auf der Welt anerkennt Raub als Rechtsargument (Ergebnisse). Ein Grund für die Forderung auf deutsche Grenzen entsprechend dem Selbstbestimmungsrecht des deutschen Volkes auf Ostdeutschland ist, daß keine Rechtsordnung, keine Friedensordnung, keine Staatsordnung Raub als Rechtsargument anerkennt.

Ungeachtet aller so riesengroßen Verschiedenheit aller Menschen überall auf der Welt sind in einem gewissen Mindestmaße und in bestimmtem Grade die Ideale, die Normen, die Gebote, dementsprechend die Verbote der Moral, der Ethik, der Gesittung im Entscheidenden immer mindestens ähnlich. Keine Ordnung der Welt anerkennt Raub. Alle Friedensordnungen, Staatsordnungen, Rechtsordnungen überall in der Welt fordern dann das deutsche Ostdeutschland, dem nur Mord, Vertreibung und Raub entgegenstehen.

Das große russische, polnische, tschechische Volk verrieten ihr Gewissen, wenn sie auf dem Stalinraub beharren wollten. Nachdem Stalins Terror tot sein soll.

10.222
In jedem Ernst bleibt nur die Frage an Polen: Ist das die Moral Polens: Deutsche Länder zu rauben? Ist das der Geist Polens, was 1945 – bis heute fortwirkend – geschieht? Ist das das katholische Polen?

10.223
Es bleibt nur die Frage an das große gequälte Volk der Russen: Ist das Rußland? Mit Gewalt, Blut, Terror, Unterdrückung, Vertreibung Deutsche in Mitteldeutschland bis 1996 unterworfen zu halten, Deutsche in Ostdeutschland zu deportieren, deutsche Länder zu entvölkern? Ist das der Geist Rußlands, was die nicht gefragte Rote Armee befehlsgemäß bis 1989 unter ihren Stiefeln hielt in Mitteldeutschland und in Ostdeutschland?

10.23
Der Anstand und der Ministerpräsident Polens Arciszewski! (Ergebnisse.)

Ein Grund für die Forderung deutscher Grenzen entsprechend dem Selbstbestimmungsrecht des deutschen Volkes auf Ostdeutschland ist, daß der polnische Raub Ostdeutschlands in unerträglicher Weise den Anstand verletzt. Der unwiderlegbare Beweis hierfür ist die Selbstverpflichtung Polens durch seinen Ministerpräsidenten Arciszewski am 17. Dezember 1944:

„Wir wollen weder Breslau noch Stettin!"

Welche Gründe der allerverschiedensten Art es gegen die polnischen Absichten auf Annektion der deutschen Ostprovinzen, – oder aber vielleicht sogar dafür geben mag. Eines muß bestehen bleiben, weil es den Genius Europas als Sünde wider den Geist verletzen würde, wenn es nicht beachtet und geachtet wird.

Ebenso, wie es eine Sünde geben soll, die niemals und von niemand vergeben werden kann: ... Die Sünde wider den Heiligen Geist ... so gibt es einen Grundbestandteil des europäischen Geistes, der nicht außer acht gelassen, nicht mißachtet werden darf, ohne den Geist des Abendlandes auf das schwerste zu verletzen. Und es bleibt nur eine endlose und namenlose Scham, wenn es dennoch geschieht. Der Anstand war der Anfang der Gesittung Europas. Der Anstand bleibt die Mitte der Kultur Europas. Der Anstand muß bis zum Ende gewahrt bleiben. Es war, ist und bleibt einfach namenlos, grenzenlos, erbarmungslos unanständig ..., „bis auf die Knochen" ... was Polen Deutschland 1945 antat. Und kein ... „aber da war doch vorher" ... „so ist doch zu bedenken" ... entschuldigte oder rechtfertigte die erbärmliche Unanständigkeit 1945 eines Länderraubzuges ohne gleichen. Niemand und nichts konnte Polen 1945 zwingen, so unanständig zu sein wie Josip Stalin. Niemand und nichts kann Polen heute und in Zukunft zwingen, weiterhin so verbrecherisch unanständig zu bleiben wie Josip Stalin. Der Europäer im Polen hat dies sogar oft genug gefühlt und gewußt: Auch zwischen 1943 und 1945. Aber auch 1991!

10.232

Die im Warschauer Untergrund weiterarbeitenden 4 polnischen Parteien schlossen am 15. August 1943 ein Abkommen über ihre gegenwärtige und zukünftige Politik. Dieses wurde dem Ministerpräsidenten der polnischen Exilregierung in London, Mikolajczyk zugeleitet. Punkt 4 lit e lautete unter anderem: „Das Problem der nationalen Minderheiten muß entsprechend den Grundsätzen der Tradition, der Freiheit und der Gleichheit der Rechte und Pflichten gelöst werden" (Rhode aaO. S.53) Sic: Gleichheit der Rechte: Auch der Deutschen und der Polen.

10.233

Die polnische Arbeiterpartei, die Nachfolgerin der 1938 aufgelösten kommunistischen Partei Polens, veröffentlichte im November 1943 im Warschauer Untergrund eine umfassende programmatische Erklärung unter dem Titel: „Wofür wir kämpfen". Dort heißt es u.a.: „Alle polnischen Gebiete müssen in den polnischen Staat einbezogen werden!"

1. „Im Westen und an der Ostsee müssen wir die ethnographisch polnischen Gebiete wiedergewinnen, die mit Gewalt entpolonisiert und germanisiert worden sind." Sic: Ethnographisch polnisch

2. „Im Osten kann das polnische Volk, das ... das Recht der Nationen auf Selbstbestimmung anerkennt, in den Gebieten, die seit Jahrhunderten von einer ethnischen Mehrheit von Ukrainern und Weißruthenen bewohnt werden, dem ukrainischen und weißruthenischen Brudervolk nicht das Recht absprechen, ihre Staatsangehörigkeit in Übereinstimmung mit dem Willen der Bevölkerung zu bestimmen". (Rhode aaO. S.55) Sic: Ethnische Mehrheit! Auch der Deutschen? In ihren Ostgebieten des Deutschen Reiches?

10.234

Der polnische „Rat der nationalen Einheit" in Warschau veröffentlichte am 15. März 1944 eine große Erklärung. Darin hieß es: „Im Einklang mit den begründeten historischen Rechten" ... Sic: Historie ist gegenüber der Selbstbestimmung keinerlei Argument! ... „und Interessen Polens" ... Sic: Interesse ist Machtgier, Raub, Vergewaltigung, nicht Recht, sollen danach eingegliedert werden:.. ganz Ostpreußen, das mit Gewalt und Hinterlist eingedeutscht worden ist" ... Sic: Nur wenige Prozent polnische Bevölkerung, die Prussen waren niemals Polen, die Gewalt war vom Papst und vom Heiligen Bernhard gefordert! Immerhin der Versuch einer polnischen Begründung! ... „der uralte Hafen des Weichselgebietes Danzig, der unmittelbar an der alten Grenze Polens liegt" Sic: Eine 99% deutsche Stadt; bloß, weil sie „an der Grenze" liege! An der Grenze liegen auch Straßburg, Wien, Belgrad, Istanbul! Wiederum wenigstens der Versuch einer Begründung! „ ... der pommersche Keil zwischen der Ostsee, der Odermündung und der Netze".. Sic: Überhaupt keine Begründung! Aber noch nicht Stettin. „ ... die Gebiete zwischen Netze und Warthe" Sic: Erneut keine Begründung. „Oberschlesien" ... Sic: Erneut keine Begründung. OS, welches sich in einer Volksabstimmung 1923 gegen Polen erklärt hatte. Aber jedenfalls noch nicht Breslau. (Rhode aaO. S. 124)

Alles in Allem: Ein schon sehr begrenzter Anstand neben lauter falschen Behauptungen oder Verschweigen mangels Gründen.

10.235

Ministerpräsident Mikolajczyk richtete für die polnische Exilregierung in London am 18. März 1944 ein langes Schreiben an den Präsidenten der Vereinigten Staaten, Roosevelt. Dort hieß es u.a.: „Auch kann man ihr (der polnischen Regierung) keinen Vorwurf machen, weil sie sich weigert, ... der Übersiedlung von wenigstens fünf Millionen Polen aus Ostpolen" ... Sic: Aus den polnischen Ostgebieten wurden nur 1 503 206 Polen nach Kernpolen freiwillig zurückgesiedelt! ... „im Austausch gegen die „Übersiedlung" von Millionen Deutscher zuzustimmen, oder weil sie die Aussicht eines späteren Z u r ü c k f l u t e n s der Welle befürchtet, oder ... innerhalb von etwa fünfzig Jahren wiederum eine folgende V e r s c h i e b u n g der Völker auf ihrem Gebiet verursachen kann" ... Sic: Einsicht in die Sinnlosigkeit gewaltsamer einseitiger deutscher Deportationen entgegen dem Selbstbestimmungsrecht. (Rhode aaO. S.124)

10.236

Am 12. Juni 1944 sagte Präsident Roosevelt Ministerpräsident Mikolajczyk ... Polen sollte auch Schlesien erhalten. Er wisse, daß Stalin vorgeschlagen habe, Polen nach Westen hin bis zur Oder und bis Stettin auszudehnen. Er fragte M., was er von diesem Vorschlag halte ...? M. antwortete, „im allgemeinen sei er ... der Ansicht, daß die deutschen Gebiete mit einem hohen Prozentsatz polnischer Bevölkerung Polen einverleibt werden sollten. Dies treffe bestimmt auch für Schlesien zu" ... Sic: Solche Gebiete gab es überhaupt keine. Und dies traf zu 98% für Schlesien bestimmt nicht zu. „Andererseits aber fügte M. hinzu, sei er ganz entschieden g e g e n eine ü b e r t r i e b e n e Ausdehnung Polens nach Westen, die dieses Polen nur mit einer starken deutschen Minderheit belasten würde ..." (Rhode aaO. S.133) Sic: Breslau, erst recht Stettin waren zweifellos übertrieben.

10.237

Am 17. Dezember 1944 wurde der Ministerpräsident der neuen exilpolnischen Regierung in

London, Arciszewski, von der „Sunday Times" in einem Interview befragt. Er erklärte:
„Die Debatte im Parlament hat ... auch das (Problem) unserer Westgrenze mit Deutschland
aufgeworfen, und hier möchte ich erklären, daß wir k e i n e großen Expansionsideen haben ... Wir haben die Eingliederung Ostpreußens, Oberschlesiens und von Teilen Pommerns in Polen verlangt ... Aber wir wollen unsere Grenze im Westen nicht so weit aus-
dehnen, daß sie acht bis zehn Millionen Deutscher umschließt ...

Wir wollen w e d e r B r e s l a u n o c h S t e t t i n.

Wir fordern nur unsere ethnisch und historisch polnischen Gebiete" ... (Rhode aaO.
S.167) Sic: Dies war die Stimme der polnischen Exilregierung und – ungeachtet aller Fehler – würdig eines europäischen Polens.

Hier endete leider der Anstand Polens ... Mit der historischen und ethnisch zutreffenden
polnischen Klarstellung, daß weder Breslau noch Stettin historisch und ethnisch polnische
Gebiete seien.

Dann siegte: ... auf polnischer, aber kommunistischer Seite die Ländergier, auf sowjetischer Seite haßerfüllter Vorwärtsdrang Richtung Atlantik, auf britischer Seite unverantwortliche nonchalante Burschikosität, auf US amerikanischer Seite Unkenntnis, Voreingenommenheit, Resignation in der Hinnahme des polnisch-sowjetischen fait accompli.

10.24
Demokratieprinzip: Entscheid durch die Bestimmung der Mehrheit der Bevölkerung Ostdeutschlands (Ergebnisse)

Ein Grund für die Forderung auf deutsche Grenzen entsprechend dem Selbstbestimmungsrecht des deutschen Volkes auf Ostdeutschland ist die zwingende und unabänderliche Forderung des Demokratieprinzips: Der Entscheid durch die Bestimmung der Mehrheit ... fordert
das deutsche Ostdeutschland; die Bewohner Ostdeutschlands waren bis 1945 bis zu 99%
Deutsche.

10.241
Das Grundproblem der deutschen Nord-Ost-Grenze ist – wie oben angedeutet – nicht darin
zu sehen, daß keine klare Volksgrenze im Normaljahr 1918 feststellbar gewesen wäre. Es
gab vielmehr eine relativ klare Linie, wenn Versailles nur bereit gewesen wäre ihr zu folgen, wenn diese Linie auch beiderseits Minderheiten und gemischte Gebiete beließ.

Eine ethnische Minderheit ist dann anzunehmen, wenn fremdnationale Bevölkerungsteile
in der Diaspora leben. Diese kann in zwei verschiedenen Formen vorliegen. Zunächst kann
es sich um eine fremdnationale örtliche Mehrheit handeln, die lediglich als Exklave zum
geschlossenen Raum des Muttervolkes keine territoriale Verbindung hat: Zum Beispiel
Schönhengstgau, Iglau, Gottschee, Siebenbürgen.

In solchen Fällen bildet diese örtliche „Mehrheit" innerhalb des sonst überwiegend geschlossenen Volksbodens des umgebenden fremden Volkes eine Minderheit.

Eine Minderheit zufolge Diaspora ist ferner dann vorhanden, wenn gemischtsprachliche
Gebiete vorliegen. Das Banat, Baranya, Woiwodina, Slawonien zum Beispiel hatten solche
deutschen Bevölkerungsteile, die kaum je die örtliche Mehrheit, stets aber als Gesamtheit
eine Minderheit bildeten. Gleiches gilt vielerorts für Kernpolen (um Lodz usw.).

Schwieriger wird die Entscheidung, wenn an geschlossenen deutschen Volksboden anschließend, auf deutschem Kulturboden, aber bei fremdnationaler Mehrheit, deutsche Minderheiten in gemischtsprachlichen Gebieten sich fanden (Vergleiche z.B. die Verhältnisse
im SKr Poznan und den LKr Wollstein, Samter, Obornik, Wongrowitz, Schubin, Znin,

Mogilno, Gniezno, Poznan, Schrimm und Schroda). Grundsätzlich sollte kein deutscher Anspruch irgendwelcher Art – Reichsgrenzen von 1914! – auf solche Gebiete erhoben werden.

Der fremdnationalen Argumentation ist in solchen Fällen aus dem eigenen strikten Standpunkt des Selbstbestimmungsrechtes nichts zu entgegnen. Die überwiegend deutschen Gebiet können nach der Selbstbestimmung nur dann gefordert werden, wenn überwiegend fremdnationale Gebiete nicht gefordert werden. Es genügte mehr als hinreichend, wenn alle 1918 oder auch nur 1938 rein oder überwiegend deutschen Gebiete wieder freigegeben würden.

Andererseits sollte nicht in den entgegengesetzten Fehler verfallen werden, nur das – offen gesagt – Zufallsgebiet des Zufallszustandes vom 31.12.1937 als „das deutsche Gebiet" zu fordern. Ohne Österreich, ohne das Sudetenland. Dies würde die fremde Methode, ein Unrecht – 1918 – durch ein größeres Unrecht – 1945 – zu übertreffen, und 1918 damit als „Recht" zu dekretieren, zum Erfolg führen.

10.242

Keine deutsche Minderheit lag und liegt in denjenigen Fällen vor, in denen im Anschluß an geschlossenes deutsches Volksgebiet deutschen geschlossenen Volksteilen widerrechtlich die Zugehörigkeit ihrer Heimatlandschaft zum Deutschen Reich verweigert wurde und wird. Die Deutschen in Westpreußen z.B. waren zwischen 1918 und 1926 – Überhandnehmen ihrer Flucht ins Altreich – keine Minderheit. Westpreußen war mehrheitlich nun einmal bis 1926 deutsch!

Die Sudetendeutschen waren zwischen 1918 und 1938 keine Minderheit. Sie können nicht bezogen werden auf das lediglich benachbarte tschechische Volksgebiet, das sie nach Menschenrecht und Völkerrecht – Selbstbestimmungsrecht – nicht das Geringste anging. Es ist eine visuelle bewußte Fälschung, wenn ihre Siedlungsgebiete als „Isolierte Ränder" wechselnder Breite innerhalb des tschechoslowakischen Staatsgebietes von 1938 dargestellt werden. Sie waren ein Teil des überall angrenzenden geschlossenen deutschen Volkskörpers. Sie waren somit in ihrer Heimat eine entgegen demokratischen Regeln politisch entrechtete, aber überwältigende Mehrheit von 95%.

Es ist auch nicht einzusehen, warum die Sudetendeutschen nur in ihre Heimat sollten zurückkehren dürfen, wenn das Sudetenland Teil einer fiktiven „Donauföderation" würde. Ebenso sollte der tschechische Mystizismus vom „unteilbaren Naturraum Böhmen" nicht unkritisch übernommen werden. Obgleich Böhmen ein von der Natur gut abgegrenzter Raum ist, kann unter leichter Berichtigung der Staats- und Volksgrenze vom 6.12.1938 eine gerechte Grenze festgelegt werden, die mindestens so gut wäre, wie die normalen europäischen Binnengrenzen.

Eine „Donauföderation" mit Grenzen zwischen Deutschen und Deutschen kommt nicht in Frage.

Das Schicksal des Sudetenlandes ist auch für die deutsch-polnische Grenzfestlegung von Belang, da die Verbindung zwischen Schlesien, Sachsen, Franken und Bayern davon abhängig ist.

10.243

Darüber, was das Demokratieprinzip ist, wird – abgesehen von hier zu vernachlässigenden kommunistischen Verfälschungen – politisch und rechtlich kaum eine ernsthafte Streitfrage entstehen können. „Demos kratein", Herrschaft des Volkes ist cum grano salis seit der Magna Charta Libertatum für England vom 15.06.1215, dem Tübinger Vertrag für Württemberg vom 8.07. 1514, der Unabhängigkeitserklärung und der Verfassung der Vereinigten Staaten von Amerika vom 4.07.1776 bzw. dann 1789, und der Erklärung der Menschen- und Bürgerrechte für Frankreich vom 26.09.1789 unbestreitbar Herrschaft der Mehrheit des Volkes.

Darüber, was die Mehrheit ist, darüber was das Volk ist, ließ sich vielleicht in der Vergangenheit noch einige Zeit etwas variieren. Seit 1789 ist das Volk in Freiheit und in Gleichheit die gesamte Bevölkerung grundsätzlich ohne Ausnahmen: Alle erwachsenen Stimmberechtigten; die Mehrheit logisch 50,1% dieses Volkes. Unstreitig und unbestreitbar.

10.244
In diesem Sinne war es nicht nur leichtestens festzustellen, sondern zweifelsfrei, daß alle deutschen Ostprovinzen und das Sudetenland über 90%, die meisten 99% deutsche Bevölkerung aufwiesen: 1918 wie 1939 wie 1945. Lediglich Westpreußen hatte eine starke polnische und eine mittlere kaschubische Minderheit. Poznan als polnische Provinz mit polnischer starker Mehrheit fiel seit 1815 heraus.

10.245
Ausgehend von den absurden Regelungen von Versailles und Saint Germain mußten europäische Staatsmänner der Zwischenkriegszeit jahrzehntelang „leiden" unter den von ihnen selbst geschaffenen „Problemen" „deutscher Minderheiten" und dem maudits „Revisionismus", der diese Probleme zu beenden forderte. Für die Freie Stadt Danzig, den polnischen Korridor, Oberschlesien, das Sudetenland. Antony Eden beispielsweise beklagte aufs beweglichste – als britischer Außenminister später vor dem House of Commons – seine diesbezüglichen „Leiden" am 27.02.1945: „da keine Lösung möglich war, solange der Korridor bestand" … Um sich und Europa diese Leiden für die Zukunft zu ersparen, wollten „Staatsmänner" dieses Formates 1945: keine „Minderheitenprobleme" mehr zulassen, keine Einverleibung von Gebieten mit „Minderheiten" vornehmen. Denn 1945 waren entgegen allem polnischen phantasievollen Vorbringen: keine Gebiete mit „ethnisch polnischer Bevölkerung" auf deutschem Reichsgebiet auffindbar, keine polnischen, tschechischen, russischen „Minderheiten" auf Gebiet des Deutschen Reiches zu schützen.

Gerade Oberschlesien hatte bereits in einer Volksabstimmung gegen Polen votiert. Auch die Sudetendeutschen waren im logischen Sinne in ihrem Gebiet keine Minderheit. In Ostpreußen wohnte mit absoluter Sicherheit nicht ein einziger Sowjetrusse. Die einzigen ostpreußischen „Russen", die altgläubigen Philiponen, waren gerade Flüchtlinge vor Moskau.

10.246
Da nun aber an Polen, die Tschechoslowakei, die Sowjetunion 1945 in riesigem Ausmaß deutsche Gebiete ausgeliefert werden sollten, boten sich zur „Lösung" dieser Probleme zur Vermeidung deutscher „Minderheiten" zwei Möglichkeiten an, die beide z.T. an vielen Millionen Deutscher praktiziert wurden: entweder zunächst und zuerst Vergewaltigung und Ermordung möglichst großer Teile der deutschen Bevölkerung, oder / und dann Deportation der deutschen Bevölkerung nach West- und Mitteldeutschland und völlige Devastation Ostdeutschlands und des Sudetenlandes.

Nun gab es danach weder mehr eine deutsche Mehrheit noch – im Allgemeinen – eine deutsche Minderheit. Nur in Oberschlesien wurden fast zwei Millionen Reichsdeutscher als vorgebliche Autochthone – nun gegen ihren Willen – zurückbehalten: Aber ohne jegliche Minderheitenrechte, insbesondere ohne Optionsrecht, ohne das Recht auf die eigene Sprache, Schule, Kirche usw.: Nur Arbeitspopulation sollten sie sein dürfen, Arbeitsheloten.

10.247

Die heutige polnische Ortsbevölkerung in den deutschen Ostprovinzen, die heutige tschechische im Sudetenland kann sich auf das Demokratieprinzip nicht berufen. Sie wohnt rechtswidrig auf geraubtem „Verwaltungs"gebiet, das rechtlich nach wie vor zum deutschen Reichsgebiet gehört; bis zu einem Friedensvertrag.

Geraubter Boden kann weder gutgläubig erworben noch verwirkt noch verjährt noch ersessen werden. Die polnische wie die tschechische wie die russische Ortsbevölkerung ab 1945 ist zudem extrem bösgläubig. Sie weiß es bis heute, sie hat es immer gewußt, daß sie auf geraubtem deutschem Boden zeitweilig sitzt.

10.25

Die Wiedergutmachung in Ostdeutschland durch Räumung oder Europäisierung macht keine erneute Vertreibung nunmehr der polnischen oder tschechischen Ortsbevölkerung erforderlich. (Ergebnisse)

Ein Grund für die Forderung auf deutsche Grenzen entsprechend dem Selbstbestimmungsrecht des deutschen Volkes auf Ostdeutschland ist, daß die Wiedergutmachung oder Europäisierung in Ostdeutschland keine erneute Vertreibung erforderlich macht. Auch auf geräumtem und zurückgegebenem oder aber europäisierten Ostgebieten des Deutschen Reiches kann die nunmehr fremde Ortsbevölkerung, Polen, Tschechen, Russen zu Millionen bei eigenem Recht verbleiben; wenn sie solches will.

Die Ostgebiete des Deutschen Reiches stehen nur unter fremder Verwaltung. Sie sind nach wie vor unverändert Gebiete des Deutschen Reiches. Eines Tages, durch welche Umstände immer, müßten sie dem Eigentümer Deutschland zurückgegeben werden unter deutsche Regierung und Verwaltung. Oder sie müssen allermindestens europäisiert werden. Hier nun beginnt die notwendige Praxis des Demokratieprinzipes, da die fremden Ortsbevölkerungen auf geraubtem Boden keine Souveränitätsrechte beanspruchen und ausüben können.

Es ist ein politischer und rechtlicher Fehlschluß, dann aber von vornherein als Selbstverständlichkeit zu unterstellen, weil auf diesen deutschen Gebieten nur noch eine deutsche Minderheitsbevölkerung mehr da ist, weil eine überwiegende polnische usw. Ortsbevölkerung jetzt da ist, daher müßten diese Reichsgebiete Territorium Polens, der Tschechoslowakei, Rußlands bleiben, daher könnten diese Reichsgebiete nicht wieder unter deutsche Verwaltung und Regierung gestellt werden oder aber europäisiert werden.

Insbesondere in einem freien, in einem sich vereinigenden Europa wären diese Schlüsse überflüssig und verfehlt. Große Teile des deutschen Volkes haben die Vertreibung ab 1945 erlebt. Niemand will eine erneute Vertreibung. Niemand denkt an eine Vertreibung der Polen, der Tschechen, der Russen. Da aber keine Vertreibung erforderlich ist, ist dieses angebliche Gegenargument – nicht noch eine Vertreibung! – nichts als Unkenntnis der Sach- und Rechtslage.

Auch Millionen Fremder, z.B. Polen, könnten unter ihrem eigenen Rechtssystem, unter ihrer eigenen kommunalen und regionalen Verwaltung, unter ihrer eigenen Gerichtsbarkeit in kommunaler und regionaler Autonomie leben: Bleiben, wenn und solange sie wollen. Volksgruppenrechte sollten und könnten diesen Rechtsstatus ordnen und garantieren. Die Gesetzgebung obläge der demokratischen deutschen Mehrheit des Souveräns, des Gesamtstaates, oder einer gemeinsamen europäischen Institution. Freiwillige polnische Rückwanderung gegen finanzielle Entschädigung für die Personen, und materielle Aufbauhilfe für den zurücknehmenden polnischen Staat stünde jedem frei.

Die Ostgebiete des Deutschen Reiches sind und bleiben Reichsgebiete. Sie können es auch faktisch wieder werden ohne erneute Vertreibungen. Völlig belanglos ist dagegen – obwohl es allzu häufig vorgebracht wird, mit dem Unterton, damit alle Probleme ja gelöst zu haben – daß nichts geändert zu werden brauchte, da von den (insgesamt 13 Millionen) Heimatvertriebenen vorgeblich niemand mehr, mindestens aber vorgeblich nur wenige, allermindestens aber vorgeblich jedenfalls nicht genügende, bereit sein würden „zurückzugehen". Zunächst hat dies bisher noch niemand zu verifizieren vermocht. Ferner würde es sich ändern, wenn sie deutsches Personalrecht mit sich brächten und unter deutscher oder wenigstens europäischer Verwaltung fortan leben könnten. An die polnische Gerechtigkeit und Neutralität glaubt niemand.

Vor allem aber: Die Ostgebiete des Deutschen Reiches sind Reichsgebiete; nicht Privatgebiete. Sie sind nicht (nur) Privateigentum pars pro toto jedes Vertriebenen und seiner Nachkommen. Primär kommt es auf den deutschen Staat und das deutsche Volk an. Sekundär kommt es dann auf die Vertriebenen an.

10.3 Gründe von der Wirtschaft her: (Ergebnisse)

10.31
Die deutsche gewachsene Infrastruktur Ostdeutschlands ist unverkennbar. (Ergebnisse)

Ein Grund für die Forderung auf deutsche Grenzen entsprechend dem Selbstbestimmungsrecht des deutschen Volkes auf Ostdeutschland ist die Tatsache, daß auch heute nach wie vor die gewachsene deutsche Infrastruktur Ostdeutschlands unverkennbar ist: Die Städte, die Straßen, die Eisenbahnen, die Autobahnen. Sie sind nach wie vor Deutschland nach und trotz 45 Jahren polnischer Abwärtsentwicklung.

Die Städte:
Hier geht es nicht um Romantik, um das mittelalterliche Stadtbild, um Gotik. Hier geht es um das, was preußische, was deutsche Arbeit aus den Städten gemacht hatte, Großstädte, in die sich polnische Immigranten naiv hineinsetzten. Dabei ist es nur zweitrangig, daß manche dieser Städte Kriegszerstörungenm erfahren hatten. Im Vergleich zu dem Erscheinungsbild so mancher seit langem wieder blühenden westdeutschen Stadt nach 1945 und nach dem Lufterror bis 1945 nehmen sich die ostdeutschen Städte, wo der Luftkrieg nur sporadisch hinkam, noch immer zufolge der polnischen „Verwaltung" heruntergekommen aus.

Beispiele sollen die unwahrscheinlichen Ergebnisse der Arbeit Preußens belegen; hier durch Einwohnerzahlen in der Entwicklung 1819 bis 1939. Während nur 120 Jahren eine Vervielfachung der Einwohner auf das 15 fache bis zum 140 fachen!

Stadtname Vielfaches: 1819, 1852, 1880, 1900, 1925, 1939
Allenstein 22,2 fach: 2 256, 3 489, 7 610, 24 295, 38 105, 50 407
Elbing 4,4 fach: 19 469, 24 202, 35 842, 52 518, 67 878, 85 925
Kolberg 4,9 fach: 7 511, 10 050, 16 027, 20 200, 30 115, 36 760
Stettin 14,6 fach: 26 050, 52 252, 91 756, 210 702, 254 466, 381 309
Küstrin 4,0 fach: 5 977, 8 832, 14 069, 16 473, 19 383, 23 760
Landsberg 5,5 fach: 8 751, 13 284, 23 612, 33 598, 43 303, 48 078
Glogau 3,0 fach: 11 183, 16 240, 18 630, 22 147, 26 098, 33 558
Liegnitz 8,7 fach: 9 617, 15 901, 37 157, 54 882, 73 123, 83 701
Breslau 8,1 fach: 78 135, 121 052, 272 912, 422 709, 557 139, 630 041

Neiße 3,2 fach: 11 897, 16 672, 20 507, 24 267, 32 604, 37 802
Beuthen 41,6 fach: 2 426, 7 204, 22 811, 51 404, 62 543, 100 891
Hindenburg 140,3 fach: 899, 12 541, 29 189, 73 163, 126 211

Die Straßen:

Neben einem dichten Netz von Reichsstraßen und preußischen Staats- usw. Straßen, einem Wegenetz bis zu jedem Dorf, findet sich im höchst eindrucksvollen Gegensatz der Zustand im ehemaligen russischen Gouvernement Warschau vor 1914.

Die Unterschiede: Reichsgebiet 1945, Reichsgebiet 1918, Gouvernement Warschau sind noch heute mehr als bemerkenswert. Die Ostgrenze der altpreußischen Provinz Posen ist eine unverkennbare Kulturscheide zwischen Preußen und Polen noch nach 70 Jahren geblieben.

Die Eisenbahnen:

Neben einem dichten Netz im Reich, in Posen wie 1918, stehen riesige Lücken im Gouvernement Warschau. Die Kohlenmagistrale nach Gdingen blieb die wesentliche, die einzige polnische Leistung. Auf einer Karte der Eisenbahnlinien findet sich sehr deutlich der Eindruck einer Kulturscheide zwischen Preußen – in Posen – und der Hauptstadt Warschau.

Die Autobahnen:

Selbst der bestehende Torso ist noch nur deutsche Leistung. Polen scheint gar nicht fähig oder nicht interessiert, in beachtlichem Maße Autobahnen zu bauen.

Polen kann bezüglich der Infrastruktur nicht einmal den Stand von 1939 und 1945 auch nur in der Größenordnung erreichen, trotz mittlerweile 50 Jahren Zeit. Wer dann den miserablen Zustand der Städte selbst in der ehemaligen „DDR" von 1989 kennt, vermag sich vorzustellen, was polnische Wirtschaft in der Zwischenzeit aus diesen wundervollen ostdeutschen Städten gemacht hat, wie die Straßen aussehen, wie die Eisenbahnen gehalten sind, was mit den Autobahnen weiter geschehen ist.

10.32

Westdeutschland und Mitteldeutschland bedürfen Ostdeutschlands als Bestandteil einer ausgewogenen Arbeitsteilung: (Ergebnisse)

Ein Grund für die Forderung auf deutsche Grenzen entsprechend dem Selbstbestimmungsrecht des deutschen Volkes auf Ostdeutschland ist, daß Westdeutschland und Mitteldeutschland Ostdeutschlands bedürfen als Bestandteil einer ausgewogenen Arbeitsteilung West / Mitte / Ost.

Ostdeutschland, die Ostprovinzen des Deutschen Reiches, sind ein Riesengebiet. Ein Viertel des Reichsgebietes von 1937, 24%, 114 296 qkm, 9 621 000 Einwohner 1939, 14% der damaligen Bevölkerung des Reiches: An Fläche wie an Einwohnern mehr als eine lange Reihe unabhängiger, europäischer Staaten, von Kleinstaaten überall in der Welt zu schweigen.

Deutschland, ganz Deutschland, das ungeteilte Deutschland war ein riesiger sozialer Körper, ein historisches Kunstwerk, das frevelhaft, ohne Notwendigkeit und ohne Berechtigung zerstört worden ist; über jedes legitime Kriegsziel hinaus.

Von 1816 bis 1945 wuchs die Bevölkerung Ostdeutschlands (die des Sudetenlandes tritt noch hinzu) von 1816 = 3 514 000 auf 1939 = 9 621 000 auf 1945 = 10,5 Millionen Einwohner.

Dabei leistete Ostdeutschland im Sinne einer sozialen Aufgabenteilung in diesen 123 Jahren seinen jahrhundertealten Beitrag weiter in der Auffüllung der Industriezentren Westdeutschlands. Ohne diese Binnenwanderung, den Zuschuß von ca 3 Millionen Menschen aus Ostdeutschland im Westen, hätte Ostdeutschland am Kriegsende alleine rund 13 Millionen Menschen gezählt. Diese bis zu 3 Millionen Ostdeutscher lieferten jene zusätzliche Kapazität, von der – da sie zur rechten Zeit 1848 – 1914 zur Verfügung stand – die Initialzündung der deutschen Industriealisierung weitgehend ausging. Im Konjunkturrythmus der Industrieentwicklung sind es bevorzugt die mobilen Produktionsfaktoren an Arbeitskraft und an Kapital, die die Expansion alter und die Entwicklung neuer Anlagekapazitäten auslösten. Für das Wachstum Berlins, des Ruhrgebietes, Mitteldeutschlands, war der ostdeutsche Beitrag entscheidend wichtig; zur sozialen Ausgewogenheit in Arbeitsteilung.

Nur zum Vergleich und als Größenmaßstab: Einen vergleichbaren Stimulationsfaktor haben die vorgeblichen „polnischen Ostgebiete", da sie niemals in das polnische Sozialleben in vergleichbarer Weise integriert waren, niemals dargestellt. „Ostpolen" blieb ein höchst nebensächlicher Faktor. Die dortigen angeblich bis zu 3 Millionen Polen, vermutlich aber niemals mehr als die Rückkehrer = 1 503 263 (Rhode S.272), bedeuteten für die polnische Gesamtwirtschaft fast nur eine quantité négligeable.

10.322
Ostdeutschland war Teil des deutschen Wirtschaftsgefüges und des deutschen Sozialkörpers. Im Rahmen des europäischen Agrarmarktes und seiner Überschüsse sind zwar nationales Potential der Ernährungsbasis, wie viel weniger etwa Autarkie, keine letzten oder auch nur entscheidenden Kriterien mehr. Immerhin sind für Krisenzeiten, Export/Import-Probleme, Finanzielle Schwächeanfälle – Perioden, die fast jeden Staat fast jederzeit treffen können – Ausgleichsfaktoren im eigenen Staatsgebiet nach wie vor wesentlich. Ostdeutschland war für Deutschland dieser Ausgleich in vielen Beziehungen.

So wurden geerntet 1937: 14,5 Mio to Kartoffeln / 1,3 Mio to Hafer / 4,0 Mio to Zukkerrüben / 0,9 Mio to Gerste / 2,8 Mio to Roggen / 0,8 Mio to Weizen

Der Viehbestand 1939 war höchst beachtlich: 1 049 000 Pferde (von 3 451 000 im D.R.), = 30,4% / 4 128 000 Rinder (von 19 948 000 im D.R.) = 20,7% / 5 656 000 Schweine (von 25 240 000 im D.R. = 22,4% / 975 000 Schafe (von 4 852 000 im D.R.) = 20,1% 403 000 Ziegen (von 2 306 000 im D.R.) = 17,5% / 19 766 000 Geflügel (von 97 719 000 im D.R.) = 20,2%

Ostdeutschland erbrachte 651 000 to Schlachtfleisch, 261 000 to Reinfett, 5,557 Mio to Milch, 820 Mio Stück Eier; d.h. über die ostdeutsche Bevölkerung hinaus Nahrung für mindestens weitere 8.3 Millionen Menschen in anderen Teilen Deutschlands.

Ostdeutschlands gewerbliche Wirtschaft beschäftigte 9% der deutschen Industriearbeiter, lieferte 16,8% der deutschen Steinkohleförderung, 7,5% bei Zink, 40% bei Blei, 12% der Steine, Erden, 19,3% Papier und Zellstoff, 17,1% der Sägeindustrie usw.

Allein aus der ostdeutschen Erzeugung konnten an Menschen insgesamt ernährt werden: aus Fleischerzeugung 26,3 Millionen Deutsche, aus Fett 25,7 Mio, aus Kartoffeln 25,3 Mio, aus Brot 20,4 Mio. Wer unter welchem Vorwand dürfte es wagen können, Deutschland solche Teile seines materiellen Lebens zu stehlen? Aus keinem berechtigteren Grund, als weil Polen gerne fremde Länder besitzt, um auch sie auszupowern und auszuschlachten?

Nur zum Vergleich und als Größenmaßstab: Wie so ganz anders die Verhältnisse in „Ostpolen". Obwohl um 59 000 qkm flächenmäßig größer als Ostdeutschland, war es bedeutungslos; denn: schwer zugänglicher, wenig wertvoller Sumpfwald 23,8% / nasse und moorige Sumpfwiesen 21,5% / dazu Ödland 12, 5% / Ackerland somit nur 40,5%. In der

Ernährungswirtschaft ausschließlich für den eigenen Innenbedarf „Ostpolens" produzierend; infolge der Art der Bewirtschaftung und der herrschenden Terrorverhältnisse noch geraume Zeit nichts für die Versorgung anderer Teile Europas zu leisten im Stande.

10.323
Entscheidend aber ist noch darüber hinausgehend etwas Anderes: Die zerstörte soziale Ausgewogenheit Deutschlands, die zerstörte Sozialstruktur. (Ergebnisse)

Jedes Volk, jeder Stamm, jede Landschaft, jede Stadt ist, solange sie organisch gewachsen sind, ein halbwegs gesundes Kollektiv, eine Individualität: Die Ostpreußen und Ostpreußen gehören zusammen, nicht in Exil und Diaspora, die Danziger, nicht in chaotische Auflösung, die Pommern, nicht in individuelle Vereinzelung, die Brandenburger, die Niederschlesier, die Oberschlesier, die Sudetendeutschen. Alle Arbeit im westdeutschen Exil ist notgedrungen Ersatz.

Insgesamt, nehmt alles nur in allem, war Deutschland bis 1920, 1945 ein gewachsenes Ganzes: Westen und Mitte überwiegend Industrie; Norden, Süden, insbesondere Osten überwiegend Landwirtschaft. Von den rund 300 000 vertriebenen, ehemals selbständigen Bauern und Landwirten, waren ab 1945 in Westdeutschland nur 7,3% berufs- und sozialgerecht in Vollbauernstellen ab und über 10 ha Größe unterzubringen gewesen, von vor der Vertreibung 26,1% aller ostdeutschen Erwerbstätigen.

26,5% aus Industrie und Handwerk wuchsen auf 41,4%, Handel und Verkehr von 18,2% auf 19,9%. Ein ganzes bäuerliches Viertel Deutschlands war untergegangen, war bewußt zerstört worden: Mit allen kaum einzuschätzenden Folgen, die dies gehabt haben muß: Entwurzelung, Heimatlosigkeit, sozialer Abstieg, Rückgang der Geburtenzahl, Berufsfremdheit, Sterbefallüberschuß.

War dieser brutal erzwungene blutige Untergang von 7 ganzen deutschen Ostprovinzen wirklich im Sinne der doch auch stark bäuerlich geprägten Kultur Polens? Vom Mickiewicz, von Nowacki, von Kosciuszko, nicht einmal von Pilsudski? von Sienkiewicz, Alle aus dem bäuerlichen Osten Polens stammend! Alle ihre arme Heimat liebend! So wie die Ostdeutschen ihre Heimat.

10.33
Der außerordentlich starke Abfall der Bevölkerungsdichte von Deutschland nach Polen: (Ergebnisse)

Ein Grund für die Forderung auf deutsche Grenzen entsprechend dem Selbstbestimmungsrecht des deutschen Volkes auf Ostdeutschland ist der bis zur Unsinnigkeit außerordentlich starke Abfall der Bevölkerungsdichte, von der Bundesrepublik über die ehemalige „DDR" über die Oder-Neiße-Linie nach Polen hinein. Dieser widernatürliche Abfall beweist, daß Polen 1945 irrational mitten in den abgerundeten deutschen Sozial- und Wirtschaftskörper hineingeschoben worden ist.

10.331
Die Annektion von feindlichem Gebiet nach dem Siege im Kriege (Debellatio), dabei einerseits die Belassung der Bevölkerung des eroberten Gebietes in situ, oder aber andererseits die Vertreibung, Deportation, Ermordung der Bevölkerung des eroberten Gebietes, ist seit eineinhalb Jahrtausenden in einer Entwicklung zum Kulturfortschritt begriffen gewesen.

Erst seit der Ächtung des Krieges und seit dem Annektionsverbot ist die gewaltsame

Wegnahme feindlichen eroberten Gebietes verboten, auch dann, wenn völlig fraglos die Gebietsbevölkerung in ihrer Heimat verbleibt. Dies war ein großer Kulturfortschritt des Anfangs des XX. Jahrhunderts. Erst recht aber ist die gewaltsame Wegnahme eroberten feindlichen Gebietes verboten, wenn zum Zweck dieser Annektion die Bevölkerung des eroberten Gebietes durch Ermordung, Vertreibung, Deportation beseitigt wird.

Ein solches Unternehmen des Holocausts, des Völkermordes war – auch ohne schon theoretisch durch Völkerrechtsverbot positiviert worden zu sein, – u n ü b l i c h geworden: seit 451 n.Chr., Schlacht auf den Katalaunischen Feldern, dann Attilas Tod, als Kriegspraxis der Hunnen,

seit 1227, Tod des Dschingis Khan, 1241 Schlacht bei Liegnitz, als Kriegspraxis der Mongolen,

seit 1380, Schlacht auf dem Kulikover Feld, als Kriegspraxis der Tataren.

Ein solches Völkermord, – Völkerdeportations-Verfahren war im Zuge der Kulturentwicklung aller Staaten, die sich zur Kulturwelt rechnen wollten, unüblich geworden. Es war als kulturell unwürdig abgeschafft worden. Erst Polen, die Tschechoslowakei, die Sowjetunion haben es 1945 wieder erneut eingeführt und praktiziert. Sie haben sich damit aus der Reihe der Kulturstaaten selber zeitweilig ausgesondert.

Die Entwicklung von 451 bis ca. 1380, ca. 930 Jahre lang, war erfolgt entsprechend der Kriegspraxis der normalerweise dichtbesiedelten Staaten, dünnbesiedelte Gebiete erobern und dann annektieren zu wollen, um neues Land besiedeln zu können.

Seit der Steinzeit aber ist es: unlogisch, irrational, absurd, verbrecherisch d i c h t besiedelte Gebiete – hier der Deutschen – zu erobern, und deren Bevölkerung zu ermorden oder aber auszutreiben, um diese entleerten Gebiete dann einem Volke von d ü n n e r Bevölkerungsdichte – hier den Polen – geben zu wollen:

Durch diesen Landraub wurden dicht besiedelte Gebiete weggenommen, um sie den dünner Siedelnden zu geben. Als Ziel ergab sich damit, daß die dünner Siedelnden, – die Polen – sich nunmehr noch weiter ausbreiten konnten. Als Ziel ergab sich, den erst eroberten und leer gemachten Raum nunmehr um jeden Preis wieder irgendwie – sei es auch nur noch so dünn – zu besiedeln. Weil sonst für jeden neutralen Beobachter zu deutlich geworden wäre, daß Polen diese Gebiete weder brauchte noch verwenden konnte. Dabei mag durchaus im Hintergrund stehen, daß das minder befähigte Volk – hier die Polen – in seinem eigenen Sprachgebiet trotz relativ geringer Bevölkerungsdichte zufolge seines schlechten Wirtschaftssystems und seiner miserablen Infrastruktur „zu dicht" gewohnt hatte: Und nunmehr „dünn genug" wohnen konnte nach der Einverleibung Ostdeutschlands.

Durch diesen Landraub und seine notdürftige Besiedelung wurden die dünn besiedelten Gebiete Kernpolens noch mehr entblößt, um die Abkommandierten auf den „wiedergewonnenen" deutschen Gebieten neu anzusiedeln. Als Ergebnis war damit unausweichlich, daß die ohnehin dichter Siedelnden, – hier die Deutschen –, noch mehr zusammen gequetscht wurden. Als Ergebnis fand sich dann eine der höchsten Bevölkerungsdichten Europas, zumal bei einem zahlenmäßig sehr starken Volk in einem Großstaat. Die künstliche Zweiteilung änderte daran nichts. Dabei steht dann unumgänglich im Hintergrund, daß das befähigtere Volk – hier die Deutschen – stellvertretend für das minder befähigte Volk – hier die Polen – durch diesen Landraub an Ostdeutschland gezwungen war, gigantisches geraubtes Eigentum dem polnischen Staat und Volk „gratis" zu überlassen: Um mit gigantischen eigenen deutschen Aufbauleistungen in der Bundesrepublik die Integration von den vielen Millionen Heimatvertriebenen gerade noch unterhalb der Schwelle der sozialen Explosion und Revolution zu schaffen. Genau diese positiv – negative Wechselwirkung ist aber geschehen: Mit Danzig, Stettin, Breslau, Hindenburg.

10.332
Die Daten zu den Fakten sind die folgenden:

Vor dem Krieg; 17.05.1939: Ostpreußen 2 341 000 deutsche Einwohner, 36 895 qkm,
63,5 E/qkm / (Danzig) / Pommern 2 394 000 deutsche Einwohner, 38 401 qkm, 62,3
E/qkm / Schlesien 4 870 000 deutsche Einwohner, 37 013 qkm, 131,6 E/qkm / Reich
79 549 000 deutsche Einwohner, 586 238 qkm, 135,7 E/qkm, dagegen 1938: Polen
34 849 000 gemischte Einwohner, 388 398 qkm, 89,7 E/qkm

Nach dem Krieg; 29.10.1946: Westdeutschland 48 689 000 deutsche Einwohner, 248 699
qkm, 195,7 E/qkm / (Berlin) / Sowjetzone 17 314 000 deutsche Einwohner, 107 173 qkm,
161,5 E/qkm / 4 Zonen 66 003 000 Einwohner, 353 430 qkm, 187,1 E/qkm / dagegen erst
3.12.1950: Polen 24 977 000 Einwohner, 312 677 qkm, 80,1 E/qkm, sogenannte westpol-
nische Woj., O.-N.-G. ca. 30–40 E/qkm Niederschlesien ca 60–70 E/qkm

10.333
1987 Bundesrepublik (incl. Berlin W) 61 700 000 Einwohner, 248 625 qkm, 248,5 E/qkm
/ „DDR" plus Ostberlin 16 700 000 Einwohner, 108 181 qkm, 154,7 E/qkm / 4 Zonen
78 400 000 Einwohner, 356 806 qkm, 219,8 E/qkm / dagegen: Polen vorgeblich
37 300 000 Einwohner, 312 677 qkm, 119 E/qkm
   Durch Krieg, Stalinrealitäten, Gebietsraub ergibt sich 50 Jahre nach dem Raub und den
Anpassungsunternehmungen Polens:
   Die Deutschen sind: von 135,7 Einwohnern pro qkm 1939 auf 195,7 E/qkm 1946 auf
219,8 E/qkm 1987 zusammengepreßt worden, damit die Polen von 89,7 Einwohnern pro
qkm 1938 auf 80,1 E/qkm 1950 auf angeblich 119 E/qkm 1987 sich ausbreiten konnten.
In dieser Zwischenzeit kamen weiter Hunderttausende Deutsche als Aussiedler, vor allem
auch aus den polnisch verwalteten deutschen Ostgebieten in die Bundesrepublik Deutschland.
   Was würden beispielsweise Frankreich und die Welt davon gesagt und gehalten haben,
wenn 1940 das Deutsche Reich das dünnbesiedelte Ostfrankreich von Sedan, Verdun, Nancy
bis Domremy und Colombey les deux églises entvölkert hätte durch Ermordung und Vertreibung der Franzosen, – genau wie es Polen vollbracht hat –, um Ostfrankreich anschließend mit Deutschen zu besiedeln. Auf einen solchen Gedanken nach Art Polens, der Tschechei, der Sowjetunion kam niemand: Selbst 1940 nicht. Sedan stehe für Tannenberg, Kuhnersdorf und den Annaberg. Verdun stehe für Königsberg und Kolberg. Nancy stehe für die
Marienburg, das Schloß von Stettin. Domremy stehe für die Marienkirche in Danzig und
den Dom von Breslau. Colombey les deux églises stehe für Kreisau des Grafen Moltke und
Krawarn der Eichendorff.

10.334
Im Sinne einer Weltfriedensordnung, des zu vereinigenden Europa, des Rechtes und der Moral ist es sinnwidrig, absurd und verbrecherisch plus qu'un crime, une sottise ... das deutsche Volk auf seinem auf das dichteste bevölkerten Gebiet zusammenzupressen zur doppelten Bevölkerungsdichte, damit die Polen sich weit ausbreiten konnten bei nicht einmal halber Bevölkerungsdichte. Dies gilt auch dann, wenn der vorgebliche Bevölkerungszuwachs
Polens in 37 Jahren um 12,3 Millionen Menschen, das heißt aber um 49,3% wahr wäre.
Vermutlich ist er aber aus politischen Gründen stark verfälscht, so wie Polen bereits früher
die Stastiken über „Ostpolen" gefälscht hatte. Dies würde noch deutlicher werden, wenn die

wahren Zahlen für die polnisch verwalteten deutschen Ostgebiete 1945 bis 1955 bekannt würden, die Polen bewußt verfälscht oder sekretiert: Kamen ja nur 1 503 263 Rücksiedler, Polen aus den zur Zeit sowjetisch beherrschten „polnischen Ostgebieten". Ostdeutschland mußte also nach 1945 mit Millionen Polen aus Kernpolen, aus dem ehem. Gouvernement Warschau besiedelt werden.

Im logischen und vernünftigen Leben normaler Kulturmenschen – anstelle des psychopathischen Stalin – käme niemand auf die Idee, die folgende Handlungsweise für eine historisch vertretbare zu halten: Es handelt sich als Exempel um ein Beispiel aus der Zuteilung von Wohnraum: Mit den authentischen deutschen und polnischen Zahlen!

1939 / 1938 79,5 Deutsche wohnen auf 586 qm, das heißt ein Einwohner auf 7,38 qm. Zur gleichen Zeit: 34,9 Polen wohnen auf 388 qm, das heißt ein Einwohner auf 11,11 qm; 1,5 mal so viel Wohnraum! Dies wird nun gewaltsam verschlechtbessert:

1946 / 1950 66 Deutsche wohnen auf 353 qm, das heißt ein Einwohner auf 5,35 qm. Zur gleichen Zeit: 25 Polen wohnen auf 313 qm, das heißt ein Einwohner auf 12,5 qm; 2,32 mal so viel Wohnraum! Und sie waren trotzdem arm geblieben zufolge des kommunistischen Wirtschaftssystems. 1987 schließlich, 42 Jahre nach dem Raub und der polnischen Anpassungszeit: 78,4 Deutsche wohnen auf 357 qm, das heißt ein Einwohner auf 4,54 qm. Zur gleichen Zeit: angeblich 37 Polen wohnen auf 313 qm, das heißt ein Einwohner auf 8,39 qm; noch immer nach fast einem halben Jahrhundert fast das Doppelte an Wohnraum.

10.34
Wirtschaftlich ein absurder Nonsens: (Ergebnisse)

Der Zentrale Ort Berlin, bis 5 Mio Einwohner = 45,5 km von der Oder-Neiße-Linie; der schwächere Z.O. Warschau, 1 Mio Einwohner = 428 km von der Oder-Neiße-Linie. (Ergebnisse)

Ein Grund für die Forderung auf deutsche Grenzen entsprechend dem Selbstbestimmungsrecht des deutschen Volkes auf Ostdeutschland ist, daß im geoökonomischen System der Zentralen Orte als Wirtschaftsmittelpunkte für die Bereitstellung von Gütern und die Leistung von Diensten die Lage der Oder-Neiße-Linie ein absurder Nonsens ist:

Einerseits die extreme Randlage von Berlin; einer Metropole mit über 4 Mio Menschen, auf 5 Mio zugehend, 45,5 km zwischen Stadtgrenze und Oder-Neiße-Linie „Friedensgrenze",

andererseits die völlig abseitige Lage von Warschau, einer ökonomisch sehr viel schwächeren Stadt, mit ca 1 Mio Einwohnern, 428 km von der Oder-Neiße-Linie!

Diese Tatsache soll im Folgenden an Hand des geoökonomischen Systems der Zentralen Orte näher dargelegt werden.

10.341

Die Siedlungs- und Wirtschaftsgeschichte Europas mag mit Einzelgehöften, Weilern, kleinen Dörfern, Ackerstädtchen begonnen haben. Die Siedlung beispielsweise auf freiem Land in Ostpreußen begann mit der Burg. Neben dieser Burg, sie ergänzend, von ihr geschützt, kann sich dann langsam ein Kranz von Dörfern, eine städtische Siedlung erheben. Nur ganz wenige Burgen sind einsam geblieben.

Da grundsätzlich alle Burgen und alle Städte in Deutschland aus dem „idealtypischen" „Nichts" an urbaner Besiedelung entstanden sind, ist Deutschland ein besonders eindringliches Beispiel des Wirtschaftssystems der Zentralen Orte: Ein vollendetes Beispiel echter räumlicher Ordnung.

In in Deutschland nicht genügend bekannten, in Amerika aber sehr gewürdigten minutiösen Untersuchungen:

beginnend mit dem Buch von Walter Christaller: „Die Zentralen Orte in Süddeutschland", Jena, 1933, die Wirtschaftsgeographie definierend, wissenschaftlich vertieft von August Lösch: „Die räumliche Ordnung der Wirtschaft", Jena, 1940,

sind die wirtschaftlichen Gesetzmäßigkeiten der Lage städtischer Siedlungen als Zentraler Orte aufgezeigt worden.

In der realtypischen Wirtsachtsgeographie war dabei von der kleinsten Einheit gesellschaftlicher, räumlicher Kooperationen auszugehen, d.h. allgemein in Mitteleuropa schon seit ca 1200 Jahren von der Gemeinde. Mag einmal das Großfamilienhaus eine beinahe autonome und autarke Wirtschaftseinheit gewesen sein, – wo fast alles für fast alle Bedürfnisse hergestellt bzw. geleistet werden konnte an Gütern und Diensten –, so ist dies in Deutschland vorbei mit der Entstehung von Siedlungen mit beginnender Arbeitsteilung; das heißt beginnend schon ab ca. dem 6. Jahrhundert. Alltagsgüter und Dienste blieben familiär. Alle selteneren Güter und Dienste – und das werden seitdem ununterbrochen in unbegrenzter Zahl immer mehr – konnten nur noch an einigen „zentraleren" Orten hergestellt bzw. geleistet werden, da sie sonst nicht häufig genug nachgefragt wurden, um die Spezialisation zu lohnen.

Daraus mußte sich angesichts der völlig verschiedenen Wertigkeit aller Güter und Dienste im Grenznutzen jedes wirtschaftenden Teilnehmers eine Hierarchie der Zentralen Orte und der Bereiche um diese Zentralen Orte herum entwickeln, das heißt nunmehr Gemeindeverbände. Nach ihrer Entstehung handelt es sich um Sozialraumeinheiten, um ökonomische, geographische Kulturraumeinheiten, und um politische und militärische Gebietskörper; um eine von Natur, Kultur und Zivilisation vorgegebene Hierarchie von Raumeinheiten mit Zentren: Den „Zentralen Orten"!

Nach dem Vorliegen der Untersuchungen von Christaller und Lösch bedarf die Richtigkeit der abstrakten Lehre von der Zusammenfassung vieler kleinerer zu immer weniger aber immer größeren räumlichen Sozialkörpern keiner wissenschaftlichen Rechtfertigung mehr. Theoretisch würde eine Klärung aller Beziehungsfragen zu einer vollständigen Wiedergabe aller Bereiche aller Sozialbeziehungen um alle Zentralen Orte aller jeweils verschieden hohen Stufen führen. Praktisch ist jeder Bereich jedes Zentralen Ortes gekennzeichnet durch drei Formungselemente:

sozial: juristisch: hier z.B. Zentraler Ort im Raum, Verwaltungssitz, Warschau,
Lebensbereich mit Gebietskörper, Polen, Zentralem Ort, Raumeinheit,
Grenzsäume, Verwaltungsgrenze Oder-Neiße-Linie.

Von jeder dieser drei Formungselemente kann nun ausgegangen werden zur Feststellung von Gebietskörpern:

„Von innen nach außen": Vom Zentralen Ort auf seinen Z. O. Bereich und seine Grenzen schließend: Z.O. Methode; hier z.B. um Berlin oder um Warschau herum …

„Von außen nach innen": Von bekannten Grenzen auf Bereiche und Zentrale Orte schließend: Grenzmethode; hier z.B. Oder-Neiße-Linie nach den Seiten!

„Von unten nach oben: Von Lebensbereichen aus Z.O. als Brennpunkte und Grenzen als Zellformen feststellend: Bereichsmethode; hier z.B. „Brandenburg" ist was, Pommern ist was, Woj. Poznan ist was?

Bereiche und sie umgebend Grenzen waren in Deutschland erst das Ergebnis von Jahrzehnten bzw. Jahrhunderten Wirtschaftsentwicklung. In Deutschland sind deshalb zuerst prima vista die Zentralen Orte, die Städte als Indizien entscheidend.

10.342

Noch Scharoun, einer der großen Architekten und Planer in Berlin nach 1945, mochte glauben können: „… die Straßen kommen alle nirgendwo her, und sie gehen nirgendwo hin …" Diese vielleicht innerstädtisch noch diskutierbare Anschauung ist großräumig, geoökonomisch im System der Zentralen Orte wie angedeutet mit Sicherheit unzutreffend: Alle Straßen kommen von Zentralen Orten. Alle Straßen führen zu Zentralen Orten. Alle Eisenbahnen, alle Fluglinien, alle Wasserstraßen völlig desgleichen: Immer von einem Zentralen Ort zum nächsten Zentralen Ort.

Jeder Zentrale Ort jeder hierarchischen Stufe weist nun – wenn die organischen Verhältnisse nicht gewaltsam machtmäßig gestört worden sind – s e i n e n Einflußbereich, seinen Versorgungsbereich, seinen Verwaltungsbereich usw. auf. Kein neutraler Beobachter und Urteiler käme auf die Idee, dies abstrakt zu bestreiten …

Um im Falle Berlin einerseits, Warschau andererseits zu bleiben: Auch die zentralörtlichen Bereiche von Berlin bzw. von Warschau – die sich berühren, nicht aber überschneiden und überlagern können – können geoökonomisch völlig einwandfrei und zutreffend festgelegt werden … Wenn sie nicht gewaltsam machtmäßig durch die Oder-Neiße-Devastationslinie absurd verfälscht worden wären bis zur Idiotie.

Um in Beispielsfällen zwischen Berlin und Warschau zu bleiben: Lowicz bzw. Kutno hat jeweils seinen Kleinbereich im Rahmen des Großbereiches von Warschau einerseits … Frankfurt an der Oder bzw. Schwiebus hat jeweils seinen Kleinbereich im Rahmen des Großbereiches von Berlin andererseits.

Deutlicher werden die Verhältnisse bei der geoökonomischen Zuordnung der Mittelbereich: Lodz hat seinen Mittelbereich im Rahmen des Großbereiches von Warschau einerseits … Posen hat eigentlich seinen Mittelbereich im Rahmen des Großbereiches von B e r l i n andererseits. Diese Westzuteilung von Posen und seinem Bereich war auch der status quo ante während der industriellen Revolution des XIX. Jahrhunderts, in Geltung von 1793 – 1807, dann erneut von 1813 – 1920, immerhin entscheidende 127 Jahre. N u r bei dieser Begrenzung bis 1920 war der geoökonomische Großbereich Berlin letztmalig machtmäßig nicht verletzt oder verformt. Seitdem, – seit 1920 bereits – ist er gefährlich angeschnitten gewesen.

Wie ein Körper seine Organe braucht, kann eine Stadt nicht gesund existieren ohne ihren Lebensbereich, ihr Umland, ihr Hinterland. Im Grunde handelt es sich dabei um eine Selbstverständlichkeit, die so sehr natürlich und organisch ist, daß sie meist nicht einmal mehr wahrgenommen wird. Jede Stadt, das heißt jeder Zentrale Ort bedarf SEINES Umlandes, eine kleine Stadt eines kleinen, eine große Stadt eines großen Hinterlandes, eine Hauptstadt eines Staates der Lage möglichst im Zentrum, im „Herzen" des Staates.

So müßte es bei Vernunft auch bei Warschau, bei Vernunft auch bei Berlin sein. Berlin mit einem großen O s t bereich, Warschau mit einem kleineren W e s t bereich.

Berlin nun ist 1945 durch Willkür, durch Raubgier, durch Unvernunft, durch Unwissenheit – und weit über jegliche nationalen Siedlungsgebiete der Polen, was als Ausflucht vorgeschoben worden war, hinaus – in eine absurde Randlage gebracht worden. Zu fragen, wenn nicht zu konstatieren bleibt, ob nicht bewußte Bösartigkeit im Stile Stalins entscheidend war. Ob nicht eine Millionenstadt Berlin, eine Reichshauptstadt Berlin, eine der Weltmetropolen bewußt geschädigt, ihres Bereiches beraubt, in ihrer Lebensfähigkeit bedroht, wenn nicht zerstört werden sollte.

Zur Erinnerung: Von 1813 – 1920: Berlin lag 302 km westlich seiner Bereichsgrenze, Warschau 208 km östlich der Grenze.

Von 1920 – 1939: Warschau gliederte sich den Mittelbereich Poznan an. National berechtigt; wirtschaftlich verfehlt. Berlin lag noch 162 km westlich der Grenze, Warschau schon 348 km östlich der Grenze.

Von 1945 – heute: Warschau gliederte sich die deutschen Mittelbereiche/ Provinzen Breslau und Stettin an. Berlin liegt 45,5 km von der Stadtgrenze zur Oder-Neiße-Linie, nächste Stelle … Berlin liegt 60 km von der Stadtmitte zur Oder-Neiße-Linie, bei Bad Freienwalde … Berlin liegt 82 km von der Oder-Neiße-Linie, folgend der Luftlinie nach Warschau, bei Frankfurt an der Oder …

Warschau dagegen liegt 428 km von der Oder-Neiße-Linie, folgend der Luftlinie.

Dabei ist Berlin im Rang als Zentraler Ort mindestens eine Stufe höher einzustufen als Warschau: Berlin von über 4 auf bis 5 Millionen Menschen zusteuernd im 4 Zonen Deutschland; Warschau etwas über 1 Million Einwohner.

Berlin hat an ihm zuzuordnenden Mittelbereichen erst Danzig und Posen, dann auch Königsberg, Stettin und Breslau verloren.

Das einfachste, sich scheinbar anbietende Scheinargument war: „Berlin liegt als Hauptstadt Deutschlands falsch"? Von nützlichen Idioten her ging dies so weit, eine „Hauptstadt" an der Zonengrenze vorschlagen zu wollen. Immerhin aber hat Berlin 750 Jahre richtig gelegen; die Oder-Neiße-Linie dagegen liegt erst seit 45 Jahren falsch.

Polen und die Sowjetunion, in wortloser richtiger Erkenntnis der Problematik – daß die pure Existenz von Berlin das angemaßte „Lebensrecht" Polens auf „Friedenswacht" an der Oder widerlegt – versuchten, die möglichste Schwächung Berlins zu erreichen, erstrebten die geistige und materielle Unterwanderung Berlins, arbeiteten seit Jahrzehnten an der Neutralisierung Berlins, scheiterten aber in der Eroberung der „Freien Stadt West-Berlin"!

Der gegenwärtige Zustand, die Devastationslinie der Oder-Neiße-Linie ist logisch unbegründbar. Er ist geoökonomisch im höchsten Maße widersinnig. Er ist kontraökonomisch.

Nachdem die Vereinigten Staaten von Amerika durch den Mund ihres Präsidenten John F. Kennedy Berlin adoptiert haben, „Ich bin ein Berliner" … sollten die Vereinigten Staaten auch für die Lebensfähigkeit ihres von der Grenzziehung strangulierten Adoptivkindes Berlin Sorge tragen.

10.343
Wie unerträglich eine solche vorgebliche „Friedensgrenze" 45,5 km vom Stadtrand Berlins ist, wird unwiderlegbar deutlich bei einem Vergleich mit anderen Hauptstädten in Europa. (Dabei wird ca 60 km – von der Stadtmitte Berlins aus – zugrundegelegt.)

P a r i s : Wenn Paris an einer solchen polnischen oder deutschen „Friedensgrenze" läge? 2,2 – 8,8 Mio Menschen? Dann läge diese Terrorgrenze bei Compiègne 70,5 km entfernt, Mareuil sur Ourcq 59 km, (dann wäre die Marneschlacht nicht an der Ourcq gewonnen worden!), Fontainebleau 57 km entfernt, Mantes la Jolle 52 km entfernt. Nicht allzu weit von den administrativen Vororten von Paris!

L o n d o n : Wenn London an einer solchen „Friedensgrenze" läge? 6,7 – 11,2 Mio Menschen? Dann läge diese Grenze bei Cambridge 77,5 km entfernt, Southend on Sea, 60,5 km entfernt, Battle, 77,5 km entfernt. Dann wäre die Südküste normannisch gewesen und William the Conqueror hätte nicht erst über den Chanel fahren müssen.

R o m : Wenn Rom an einer solchen „Friedensgrenze" läge? 2,9 Mio Menschen? Dann läge die Grenze bei Terni, 72 km entfernt, Tagliacozzo 64,5 km entfernt, Anagni 57,5 km entfernt.

542

M a d r i d : Wenn Madrid an einer solchen „Friedensgrenze" läge? 4,5 Mio Menschen? Dann läge die Grenze bei Segovia 69 km entfernt, bei Toledo, 69 km entfernt: Die ciudad imperial Spaniens läge dann nicht mehr in Spanien.

M o s k a u : Wenn Moskau an einer solchen polnischen „Friedensgrenze" läge? 8,34 – 10 Mio Menschen? Dann läge sie bei Klin, 86 km entfernt, bei Serpuchow 96 km entfernt, bei Kolomna 104 km entfernt, bei Naro Fominsk 68 km entfernt. (So nahe kam auch nicht die Wehrmacht, nur der von den Polen eingeführte falsche Dimitri und Napoleon I.)

P r a g : Wenn Prag an einer solchen „Friedensgrenze" läge? 1,2 Mio Menschen? Dann läge die Grenze bei Louny 51 km entfernt, bei Pribram 49,5 km entfernt.

W a r s c h a u : Wenn Warschau an einer solchen sowjetischen oder deutschen „Friedensgrenze" läge? Dann läge diese Grenze bei Ciechanow 76 km entfernt, bei Skierniewice 66 km entfernt, bei Radom 96 km entfernt. Jede dieser Möglichkeiten dürfte gleichermaßen zu polnischer Begeisterung beitragen.

Selbst wenn alles Andere um Ostdeutschland erträglicher wäre als es ist: Um des Lebens Berlins willen muß die Oder-Neiße-Zerstörungslinie fallen.

10.4 Gründe von Europa her: (Ergebnisse)

10.41

Eine Staatenordnung auf Dauer erfordert, daß Kriege in Europa und ihre Kriegsfolgen der Vergangenheit angehören: (Ergebnisse) Ein Grund für die Forderung auf deutsche Grenzen entsprechend dem Selbstbestimmungsrecht des deutschen Volkes auf Ostdeutschland besteht darin, daß nur so eine Gewißheit dafür denkbar erscheint, daß eine wirkliche Friedensordnung, Staatsordnung, Rechtsordnung auf Dauer es ausschließt, daß Kriege in Europa entstehen könnten.

Diese Garantie kann erst gegeben werden, wenn rechtswidrige und unsittliche Kriegsfolgen der Vergangenheit angehören.

Hier geht es nicht um pseudopolitische sinnlose Sprachwendungen, z.B. von Parteien, „vom deutschen Boden darf nie mehr Krieg ausgehen". In Europa, in ganz Europa, nicht nur in der europäischen Wirtschaftsgemeinschaft, muß Krieg undenkbar werden und sein.

Hier geht es auch nicht um spezielle etwaige europäische Regelungen zur Kriegsächtung und zum Kriegsverbot. Alles dazu Notwendige kann offensichtlich effektiv wirklich wirksam im Zweifel nur auf Weltebene geschehen.

Staaten dagegen, wie die Union der Sozialistischen Sowjetrepubliken, wie die Republik Polen, und abgeschwächt wie die Tschechische Republik, die den für die ganze Welt geltenden Menschenrechten noch immer deutlich zuwiderhandeln, in Ostdeutschland, im Sudetenland, seit 1945 bis heute, die das Selbstbestimmungsrecht der Völker kraß verletzen, auch noch 1991, die das Deportationsverbot durch Vertreibung und Aufrechterhaltung des Rückkehrverbotes mißachten, auch noch 1991, die die Stalinrealitäten von Verbrechen aufrechterhalten, die das Recht auf die Heimat verletzen, nach wie vor, die zwingenden Geboten des Sittengesetzes zuwiderhandeln, die mit militärischer Gewalt eine Militärgrenze in der Oder-Neiße-Linie aufrechterhalten, die die Eigentumsrechte der deportierten Millionen Deutschen nicht zuzugestehen bereit sind, auch noch 1996:

Diese Staaten führen den zweiten Weltkrieg weiter, mitten im sogenannten Frieden. Ungeachtet allen formalen diplomatischen Alltagsverkehrs besteht materiell deren Kriegführung weiter. Erst wenn auch materiell dieser Krieg endet, erst wenn wirklich Frieden ohne Stalinrealitäten herrschen wird, erst dann kann die befriedete europäische Staatenordnung auf Dauer bestehen. Da Rußland zu nichts davon bereit zu sein scheint, da zur Zeit noch Polen ebenso wie die Tschechei nicht von dem Gewaltregime in Ostdeutschland bzw. dem Sudetenland abläßt, muß erst die Beendigung dieser Form des fortdauernden Krieges und die Herstellung dieses Friedens eintreten, bevor in ganz Europa endlich Frieden sein können wird. Die endlose Weiterführung des zweiten Weltkrieges in Form der Oder-Neiße-Verwaltungslinie, Devastationslinie, muß ein Ende durch Freigabe Ostdeutschlands haben.

Alle ungleichen Verträge, Anerkenntnisse, „Friedensregelungen" müssen ein Ende in einem Friedensvertrag mit dem Kriegführenden, mit dem Deutschen Reich haben. Dies kann kein Vertragsbruch sein, sondern ist Revision von rechtswidrigen Stalinrealitäten. Alle dem zwingenden Völkerrecht des Selbstbestimmungsrechtes und den Menschenrechten widersprechenden ungleichen Verträge des Jahres 1990 sind vernichtbar bzw. nichtig.

Dazu gehört dann aber auch, daß rechtswidrige und unsittlich Kriegs f o l g e n beendet werden und soweit möglich wieder gut gemacht werden. Zu solchen in jeder Richtung abträglichen Kriegsfolgen gehören insbesondere die polnische Verwaltung der Ostgebiete des Deutschen Reiches und die tschechische Annektion des Sudetenlandes.

Der polnische „demokratisch" legitimierte Außenminister Skubiszewski, – ein Völkerrechtler von hohen Graden, dem genauestens bekannt ist, was er an polnischen Verbrechen vertreten muß –, hat – sinnigerweise im Deutschen Reichstag zu Berlin – am 7. Oktober 1990 erklärt: „Mit der Vereinigung Deutschlands, mit Europas Vereinigung gehörten der zweite Weltkrieg u n d seine F o l g e n (Hervorhebung vom Verfasser) zur Vergangenheit". „Ich habe ein tiefes Verständnis für die Leiden jener Deutschen, die infolge von Kriegshandlungen, Vertreibung oder Aussiedlung ihre Heimat verloren haben". „Diese Deutschen hätten viel Leid und Ungerechtigkeit erfahren" „Es ist für mich schwierig und es tut mir leid, daß es dazu g e k o m m e n ist".

Dazu bleibt mit jeder Deutlichkeit berichtigend festzustellen:

Es ehrt Herrn Skubiszewski zweifelsfrei persönlich, – dagegen nur zweifelhafterweise Polen –, wenn er viel Leid, viel Ungerechtigkeit an Deutschen konstatiert, „tiefes Verständnis" äußert, „es tue ihm leid": Der Republik Polen dagegen hat es bis heute nicht leid getan.

Die Leiden jener Deutschen – zehn Millionen Deutsche – entstanden entgegen seiner Aussage aber nicht durch „Aussiedlung", erst recht nicht durch „Kriegshandlungen", sondern durch Deportation wie Viehtransporte, durch gewaltsame Vertreibung unter Beraubung. Zu schweigen von jenen über zwei Millionen Vergewaltigten und Ermordeten, die polnischer „humaner und ordentlicher" Deportation / Verschickung niemals entkamen. Das Schadensersatzrecht aller Rechtsordnungen der Welt besteht nicht aus wohlklingenden Worten, „tut mir leid", „tiefes Verständnis"! Es besteht, wie der Ordinarius Skubiszewski nicht übersieht, in Naturalrestitution. Diese Wiedergutmachung ist möglich. Diese verweigert Polen.

Die „Aussiedlung" ist entgegen seinen Aussagen nicht dazu „gekommen"; durch was immer. Es handelt sich vielmehr um die absichtliche, rechtswidrige, unsittliche, brutale Politik der Regierungen der Republik Polen.

Es ist für ihn „schwierig". Diese Aussage allein ist mit Sicherheit wahr. Der Jurist Skubiszewski w e i ß nur zu genau, was er an Rechtsbruch, an kriminellem Handeln, an Unsittlichkeit, an Vergewaltigung, an Morden, an Raub zu vertreten hat und zu beschönigen sucht.

544

Und am Ende: Die offene Unwahrheit: Die „F o l g e n " sind eben keinesfalls Vergangenheit. Ostdeutschland unter polnischer rechtswidriger Verwaltung ist Gegenwart. Diese unerträglichste „Folge" muß erst noch beseitigt werden, – und wenn es noch Jahrzehnte dauern sollte –, damit „der zweite Weltkrieg" wirklich der Vergangenheit angehören kann. Vorher nicht.

10.42
Gesamtlösung für Europa: Wirkliche „Friedensgrenzen"! (Ergebnisse)

Ein Grund für die Forderung auf deutsche Grenzen entsprechend dem Selbstbestimmungsrecht des deutschen Volkes auf Ostdeutschland besteht darin, daß eine Gesamtlösung für den Frieden wirkliche „Friedensgrenzen" erfordert. Solche können nur unter Aufhebung aller rechtswidrigen Trennungen bestehen, so beispielsweise entsprechend dem Völkerrecht unter Aufhebung des Verbotes der Rückkehr in die eigene Heimat zu deutschem Personalrecht, so beispielsweise unter Zulässigkeit der gerichtlichen Einklagung des deutschen Privateigentums in Ostdeutschland.

Die Gesamtlösung hin zum „Einfamilienhaus Europa" ohne fremde Zwangseinquartierung erfordert zur Dauerhaftigkeit ... die Herstellung wirklicher Friedensgrenzen statt Militärgrenzen, die Schonung und Befreiung aller Minderheitsvölker, die Befriedung aller Mehrheitsvölker, die Freiheit für die unterworfenen Völker im Mindestmaß: Estland, Lettland, Litauen, Ukraine, Weißruthenien, Armenien, Georgien, Aserbeidschan.

Diese Gesamtlösung erfordert n i c h t Zwangsumsiedelungen: Polen, Tschechen, Großrussen können auch unter deutscher Regierung und Verwaltung des Reichs zu ihrem eigenen Recht in Ostdeutschland bzw. im Sudetenland wohnen bleiben, wenn sie dies wünschen. Volksgruppenrechte, Personalstatuten, das Recht auf Rückkehr in die Heimat, – wer dies wünscht und wer Vertriebener oder sein Nachkomme gemäß Vertriebenrecht ist –, zur Ansiedlung und Verwaltung unter deutschem Recht ... könnten und sollten für Befriedung sorgen. Ebenso eine Europäisierung. Europa-Garantien, Europa Kompetenz-Kompetenz, Europa-Ingerenz könnten hinzukommen.

Von den demokratischen Mindesterfordernissen, wie sie seit langem im Europarat, in den europäischen Gemeinschaften, im Nordatlantikpakt unumgänglich sind, würde offensichtlich niemand abstehen wollen.

Dennoch könnten und müßten Modalitäten gesucht und gefunden werden, um die Völker und Staaten Ostmitteleuropas – wenn und soweit sie es selber wünschen – und soweit sie aus dem status der Parteidiktatur herausgetreten sind – Polen, Tschechen, Slowaken, Ungarn und Szekler, Rumänen, Bulgaren, Serben, Kroaten, Slowenen, Bosniaken, Montenegriner, Mazedonier, Albaner in diese europäische dauerhafte Friedensordnung zu integrieren. Eine solche dauerhafte Friedensordnung Europas muß gleichermaßen polnische wie deutsche wie tschechische Interessen zugrunde legen und berücksichtigen.

10.43
Einheit des Rechtssystems und der Rechtsüberzeugungen Europas: (Ergebnisse)

Ein Grund für die Forderung auf deutsche Grenzen entsprechend dem Selbstbestimmungsrecht der deutschen Volkes auf Ostdeutschland ist die Gewißheit, daß die zu erstrebende Einheit des Rechtssystems und der Rechtsüberzeugung Europas die Anwendung wie die Aufrechterhaltunmg wie die weitere Hinnahme von Gewalt, Mord, Vertreibung und Raub, das heißt die gewaltsame Aufrechterhaltung von Unrecht – wie die Stalinrealitäten des zweiten Weltkrieges – ausschließt.

10.431

Ebenso wie jeder der Dutzenden Einzelstaaten der Vereinigten Staaten von Amerika sein eigenes Rechtssystem hat und behält, ebenso denkt in Europa niemand daran, „das Recht" zu vereinheitlichen.

Mit jeder Sicherheit werden die „kulturellen" Rechtsgebiete, Familienrecht, Erbrecht, Religionsgesellschaftsrecht, Schulrecht, Universitätsrecht, immer stärkstens national bestimmt und geregelt bleiben. Das gesamte „Bürgerliche Recht" könnte hier eingeschlossen bleiben; müßte es aber auf Dauer nicht unbedingt.

Ebenso werden bestimmte Rechtsgebiete, mit denen die Bevölkerung stark in Berührung kommen kann – einschließlich des Rechtsanwalts- und des Notarrechts – Zivilprozeßrecht, Vollstreckung, Strafprozeßrecht, Strafvollzug, Verwaltungsprozeß, Verfassungsgerichtsverfahren, Verfassungsbeschwerde … noch lange oder sogar endgültig national vorgegeben bleiben.

Einigkeit und Einheitlichkeit dagegen sind unverzichtbar: … in den Grundrechten, im Kern, weniger in den Formulierungen, in den Menschenrechten, in den Rechtsüberzeugungen, im Sittengesetz, in den 10 Geboten!

Diese Einigkeit und Einheitlichkeit schließt die Anerkennung, die Tolerierung, auch nur die weitere Hinnahme von Verbrechen aus: Aufrechterhaltung von Unrecht –gemäß allen Rechtsordnungen – Mord, Raub, entschädigungslose Enteignung, Gewalt, Vertreibung, Verbot der Rückkehr in die eigene Heimat, Unmöglichkeit der Zivilklage auf das eigene Privateigentum. Über das viel zu geringe Maß an Rechtsverwahrungen Deutschlands hinaus, sollte und könnte hier Deutschland im nahtlosen Einklang mit der Sittlichkeitsordnung und dem Weltgewissen, mit der Rechtsordnung aller Kulturstaaten, es a b l e h n e n bzw. an Bedingungen der Wiedergutmachung knüpfen, mit Staaten im „Haus Europa" unter Anerkennung ihres Eintritts als Rechtsstaaten zusammenleben zu sollen, die das Verbrechen Ostdeutschland und Sudetenland decken und verewigen wollen.

10.44
Um „Vergebung bitten" und „Vergebung gewähren"! (Ergebnisse)

Ein Grund für die Forderung auf deutsche Grenzen entsprechend dem Selbstbestimmungsrecht des deutschen Volkes auf Ostdeutschland ist das unverzichtbare und zwingende Erfordernis, daß „um Vergebung bitten" und „Vergebung gewähren" Einheit und Gleichheit im Gewissen voraussetzt und erfordert, statt der gewaltsamen Aufrechterhaltung von krassen Verletzungen der 10 Gebote bezüglich Ostdeutschlands und des Sudetenlandes.

10.441
Zu fragen bleibt, ob es Vergebung und Versöhnung zwischen Nationen geben kann? Wenn es sie geben kann, wie muß sie dann gestaltet sein?

Die Frage ist sekundär auch eine religiöse Frage. Als solche religiöse Frage entzieht sie sich hier der Beurteilung und daher auch der Behandlung. Selbst die Botschaften des „Vergebens" zwischen dem polnischen und dem deutschen Episkopat waren aber im Grunde keine religiösen Botschaften, sondern politische Akte. Sie sind als solche zu würdigen.

10.442
Die Frage ist prinzipal und primär aber ein moralische Frage, eine ethische Frage, eine Frage des Sittengesetzes, eine Frage des Gewissens. Über Religion ist Einigung nicht zu finden. Ganz Anderes gilt für Moral, Ethik, Sittengesetz, Gewissen. Allen Völkern, allen

Staaten, aller Zeiten war – und ist – weitaus überwiegend ein Mindestmaß an Geboten und Verboten, an „Rechtssätzen" gemeinsam: Selbst bei Zurückstellung rein religiöser Kategorien. In diesem Sinne – und dies stimmt mit dem „Gesetzes" charakter der Tafeln des Moses völlig überein – sind die (hier einschlägigen und zutreffenden) 10 Gebote unwandelbare Forderungen: Sie sind weder „für noch gegen" Deutschland oder Polen. Sie sind zeitlos, allumfassend, allgültig, unwiderlegbar. Diese Gebote hat jeder jederzeit zu befolgen. Diese Gebote der Sittengesetze aller Zeiten sind 1945 durch Polen, die Tschechoslowakei, die Sowjetunion auf das Unerträglichste verletzt worden.

Das Gebot: Du sollst nicht töten. Das Gebot: Du sollst nicht stehlen. Das Gebot: Du sollst kein falsches Zeugnis geben gegen Deinen Nächsten. Das Gebot: Du sollst nicht begehren Deines Nächsten Gut.

Gegen alle diese Gebote hat auch der polnische Klerus sich vergangen. Wie kann die christliche Weltkirche alle Tage – bis an der Welt Ende – diese Wahrheiten aus ganzem Herzen verkündigen, und der polnische Episkopat hat ab 1945 gegen die millionenfachen polnischen kriminellen Verletzungen seine Stimme nicht erhoben.

Fraglos und zweifelsfrei ist, daß Zuwiderhandlungen Deutscher wie Zuwiderhandlungen von Polen gegen diese Gebote und Verbote gleichermaßen unerträglich sind: Von Deutschen vor 1945, deren Taten längst gesühnt und beseitigt sind! Von Polen nach 1945, deren Folgen hier und heute bezüglich Ostdeutschland zur Wiedergutmachung weiterhin heranstehen.

10.443
Zum 5. Gebot: „Du sollst nicht töten": (Ergebnisse)

Hier steht nicht zur Diskussion, daß und warum dieses Gebot nicht für die Toten der Kriege in Betracht kommt: Seit einigen Jahrhunderttausenden vielleicht. Hier geht es nicht um Morde v o r Kriegsbeginn (polnische Pogrome 1939 gegen Volksdeutsche in Innerpolen; polnische Morde in Bromberg). Hier geht es nur um Millionen Morde n a c h Kriegsende ab Mai 1945. Wie soll wer diese Morde wem vergeben? Mehr als zwei Millionen Deutsche wurden ab 1945 nach dem Ende der Kampfhandlungen im Zuge der Vergewaltigungen und der Vertreibung ermordet: Zivilisten, Frauen, Kinder, Greise, Krüppel, Babies. Die erwachsenen Männer zwischen Fünfzehn und Fünfzig waren ja eingezogen. Ermordet, vergewaltigt, geschlagen, gefoltert, gekränkt in ihrer Menschenwürde. Nur weil es auch Deutsche waren, tobten sich Haß, Zorn, Neid, Eifersucht, Feindschaft, Zank, Beleidigung an Wehrlosen, an Unschuldigen aus.

Sittlich wurde Ärgernis gegeben durch eine Fülle unterstützter fremder Verfehlungen und Verbrechen, insbesondere Tötungen. Verbrechen wurden befohlen, – tschechischer General Ingr –, dazu geraten, eingewilligt, gereizt, – tschechischer Präsident Benesch –, nicht bestraft, stillgeschwiegen, teilgenommen, verteidigt, womöglich gelobt und durch (tschechisches!) Gesetz für „Rechtens „erklärt.

10.444
Zum 7. Gebot: Du sollst nicht stehlen!: (Ergebnisse)

„Wieder ein Gebot ist: du sollst nicht stehlen. Ja, das befolgt ihr nach dem Wort, denn ihr tragt alles offen fort. (Schiller: Wallensteins Lager, 8. Auftritt)

Deutsches Eigentum im Werte von mehreren Hundert Milliarden wurde in ungerechter Weise geraubt, gestohlen, betrogen, bewuchert, beschädigt, zerstört, nicht zurückgegeben.

Dieser Schaden bleibt unwidersprochen wieder gut zu machen. Auch wenn die derzeitigen Besitzer dies nicht wollen. Auch die Tschechen nicht. Nicht nur die Polen nicht.

10.445
Zum 8. Gebot: Du sollst kein falsches Zeugnis geben gegen Deinen Nächsten! (Ergebnisse)

In unwahrscheinlicher Fülle haben Polen, die Sowjetunion, die Tschechen, die Wahrheit verletzt, Ehrabschneidung betrieben, Verleumdung betrieben, falschen Argwohn geweckt, in ungerechtfertigter Weise geschadet, „Urpolnisches" erlogen, „Tschechisches" „Staatsrecht" sinnwidrig erstreckt. Die Wahrheit wiederherzustellen: … Insbesondere der „demokratische" polnische Sejm mit seiner Verbrechensschuldlüge, aber auch der polnische Senat mit seiner Nichtbeteiligunggslüge haben das ausgesprochene Gegenteil getan.

10.446
Zum 10. Gebot: Du sollst nicht begehren Deines Nächsten Gut. (Ergebnisse)

Polen, die Tschechoslowakei, die Sowjetunion haben bedenkenlos zusammen mehr als 138 968 Quadratkilometer deutschen Landes geraubt.

Das Erstaunlichste ist, daß dabei niemand und von keiner Seite – vom konservativen Winston Churchill über den frommen Franklin Delano Roosevelt, vom verbrecherischen Josip Stalin über die subalternen polnischen Kommunisten bis zum „wahrheitsliebenden" Erzlügner Benesch – wahrzunehmen gewillt war, daß ebenso wie man im Zivilleben niemandem ungerechtfertigt sein Gut begehren und wegnehmen kann, auch hier in Ostdeutschland den berechtigten Eigentümern ihr Gut kriminell weggenommen werden sollte. Wer etwas „n i m m t", das ihm nicht gehört, nimmt es dem w e g dem es g e h ö r t !

Zur hohen Ehre des polnischen Exil-Ministerpräsidenten Arciszewski sei es nochmals wiederholt, daß das polnische Exil durch seinen Ministerpräsidenten in Selbstverpflichtung noch am 17. Dezember 1944 den A n s t a n d hatte, Churchill wie Roosevelt entgegenzutreten und entgegenzuhalten: „We do not want that is either Breslau or Stettin".

10.447
Der polnische Episkopat hat in einer Botschaft an den Episkopat in der Bundesrepublik vorgeschlagen, „um Vergebung zu bitten" und „Vergebung zu gewähren"! (Ergebnisse)

Für die Verbrechen von Polen ab 1945 ist der polnische Episkopat nicht in der Lage, Vergebung zu gewähren, sondern nur um Vergebung zu bitten. Diese Verbrechen von Polen sind alle nicht gesühnt. Sie fordern alle noch Wiedergutmachung.

Für die Verbrechen Deutscher vor 1945 mag der deutsche Episkopat um Vergebung bitten. Soweit die Kriminellen erreichbar waren, sind die meisten dieser Taten gesühnt. Sie können nicht mehr darüber hinaus weiter wiedergutgemacht werden. Vergebung zu gewähren für absichtlich nicht gesühnte, offen aufrechterhaltene polnische Verbrechen steht dem deutschen Episkopat nicht zu.

Insofern ist die Lage beider Nationen, hier beider Episkopate völlig verschieden. So lange diese Wiedergutmachung nicht erfolgt ist, so lange alles dieses so ist wie dargelegt, so lange kann nicht Vergebung sein. Sowieso kann niemals Vergessen sein: Solange kann auch die polnische katholische Kirche von der Deckung, der Mitschuld, ja der Teilnahme –

z.B. durch Kardinal Hlond – an Vergehen 1945 sich nicht freisprechen. Sie hat sich 1945 – und später – wie eine siegreiche kriegführende Macht benommen: So z.B. im Raub protestantischer Kirchen. So lange kann im Gewissen Gleichheit und Einheit zwischen Polen, Tschechen, Russen und Deutschen nur mit Zagen sein. Erst müssen die Verbrechen wiedergutgemacht werden.

Nicht einmal eine ausdrückliche „Entschuldigung" seitens der Republik Polen ist bisher erfolgt. Nur Staatspräsident Havel ist eine großartige und höchst ehrenwerte Ausnahme. Wie kann Polen gleichzeitig ... sich als allerchristlichstes, allerkatholischstes Volk dünken, die Mutter Gottes, die Jungfrau Maria als Königin Polens beanspruchen, den Papst stellen, mit seinem 2000 Jahre währenden Anspruch, bis hin zur Unfehlbarkeit in Fragen auch der Sittlichkeit ..., und millionenfach die vier dargelegten Gebote gerade der Sittlichkeit, Gebote der Katholischen Kirche mit Füßen treten? Als Staat, als Volk, als Einzelner als Nutznießer: ... Indem sie mordeten, indem sie stahlen und bis zum heutigen Tag fortfahren zu stehlen, indem sie falsches Zeugnis geben, indem sie begehren die Ostprovinzen Deutschlands.

10.448

Die tschechischen und die slowakischen Bischöfe haben am 19. September 1990 die Vertreibung der Sudetendeutschen verurteilt und sich für das Unrecht entschuldigt. Auch wenn dies mit einer Fülle von fraglichen Ausdrücken geschieht: „ ... die Abschiebung der deutschen Bevölkerung war die Anwendung des ungerechten Prinzips der kollektiven Schuld, die auch Unschuldige betroffen hat" ... Die sogenannte „Abschiebung" war eine brutale Deportation. Die „kollektive Schuld" von über 3 Millionen Sudetendeutschen, für ihr Selbstbestimmungsrecht gegen Benesch eingetreten zu sein, sollte wohl worin bestehen, Deutsche zu sein? Wer also waren dann die „Schuldigen", die vorgeblich deportiert werden durften? Wer also waren dann die „Unschuldigen", die also nicht hätten deportiert werden dürfen? Dennoch ist diese Botschaft sehr ehrenwert. Die Slowakei ist ohnehin von der Schuld an der Deportation frei.

10.45

Aussöhnung, Verständigung, Vertrauen, Freundschaft zwischen den Völkern Europas: (Ergebnisse)

Ein Grund für die Forderung auf deutsche Grenzen entsprechend dem Selbstbestimmungsrecht des deutschen Volkes auf Ostdeutschland ist, daß die zwingend notwendige Aussöhnung, die Verständigung, das Vertrauen, die Freundschaft zwischen den Völkern Europas das Ende von Bevorzugung, von Hegemonie, von Dominanz von „Siegermächten" einerseits, von Diskriminierung und Unterdrückung Deutschlands und der Ostdeutschen andererseits erfordert.

Das politische Streben fast aller europäischen Völker heißt gleichermaßen, wenn auch mit unterschiedlichem Nachdruck: Einigung Europas. Diese Einigung, in Weiterführung der bereits so nachhaltig begonnenen Politik, fordert als Endziel, auf Dauer, als Friedensordnung, nicht nur das verbindungslose Zusammenleben nebeneinander, wie es noch bis 1939 die fast ausnahmslose Regel war. Diese Einigung fordert das Zusammenwachsen zu einer Gesamtheit, zu einem Europa, möglichst aller europäischen Staaten und Völker. Dieses Zusammenwachsen setzt voraus – und es kann nur geschehen, wenn diese Voraussetzungen klar gegeben sind – Verständigung und daraus folgend endgültige Aussöhnung. Erst aus dieser Verständigung, dieser Aussöhnung kann Vertrauen statt Mißtrauen erwachsen.

Erst aus diesem Vertrauen kann eines hoffentlich nicht fernen Tages Freundschaft entstehen und damit dann Europa vollendet werden: Hilfe gegenseitig nach innen; Front aller nach außen.

10.452

Es wären gefährliche Illusionen, zu hoffen, daß „Front nach außen" - als schärfster Antrieb – überflüssig werden würde: Gegen die heranwandernden, dann herandrängenden Menschenmassen von Marokko, Algerien, Tunesien, der Türkei, Ägyptens, Afrikas, Asiens einerseits, der Großrussen andererseits, bleibt Europa auch die Notwendigkeit zur Front nach außen nicht erspart. Auch wenn dies höchst unwillkommen ist, es wissen und zur Kenntnis nehmen zu müssen. Auch wenn dies höchst umstritten sein mag, es praktizieren zu müssen. Die vielfach gepriesene „multikulturelle Gesellschaft", mit Dutzenden Millionen Wirtschafts- „Asylanten", würde sich selbst schnellstens widerlegen.

Ein solches immer gefährdetes Europa kann nicht auf explosivem Grund seine Fundamente finden und erbaut werden. Der kriminelle Zufall des status quo von Stalin und 1945 aber ist und bleibt explosiv. Ob deutsche nützliche Idioten dies wahrhaben wollen oder nicht. Ob die Außenpolitik anderer europäischer Staaten, im Bestreben möglichst wenig oder gar nichts ändern zu müssen, dies wahrhaben will oder nicht.

10.453

Die sogenannten Realitäten des zweiten Weltkrieges müssen genauso am Völkerrecht gemessen werden, beurteilt werden, revidiert werden, wie alle anderen Verbrechen und Zuwiderhandlungen gegen das Völkerrecht. Die Menschenrechte, das Selbstbestimmungsrecht der Völker gehen bedingungslos v o r die Stalinrealitäten des zweiten Weltkrieges. Jedes europäische Volk hat für das zu einigende Europa die gleiche Rechtsstellung und die Bedeutung gemäß seiner Potenz: Das tschechische Volk, das polnische Volk, ebenso wie das deutsche Volk. Hier geht es bei der Wiederherstellung der Menschenrechte und insbesondere der Selbstbestimmung über Vergehen und damit Vergessen hinaus um das Vorwärtsgehen. Gleichheit und Gleichberechtigung bleiben gefordert. Gegenüber den Menschenrechten und dem Selbstbestimmungsrecht der Völker ... gibt es weder Sieger der Stalinrealitäten noch Besiegte, gibt es keine „Siegerrechte", gibt es weder Herrscher noch Beherrschte, gibt es weder fortdauernde Bevorzugung Polens und der Tschechei, noch aufrechtzuerhaltende Diskriminierung Deutschlands, gibt es weder Hegemonie noch Unterwerfung, gibt es weder Dominanz noch Untertänigkeit.

Im Europa des XXI. Jahrhunderts kann es nur Einheit und Gleichheit nach Gerechtigkeit geben. Oder ein solches Europa wird nicht sein.

Dabei stellen sich in aller Deutlichkeit für alle europäischen Mächte die Fragen, was das sich vereinigende Europa tun kann zur Entgiftung der Lage, zur Entspannung zwischen den Staaten, zur Aussöhnung zwischen den Völkern.

Welchen Einfluß kann Europa haben und m u ß dann Europa nehmen auf Polen, auf die Tschechische Republik bei der Aufnahme dieser beiden Staaten eines Tages in die „Vereinigten Staaten von Europa"?

Es stellt sich das unumgängliche Anliegen der Europäisierung Ostdeutschlands.

10.454

Diese unumgängliche Aussöhnung setzt aber guten Willen aller Nationen Europas voraus. (Ergebnisse)

Mindestens hier und jetzt ist dieser gute Wille: zwar beim deutschen Volke in geradezu krankhafter Weise gegeben, dagegen beim polnischen Volke ohne jeden Zweifel n i c h t gegeben. Es erweist sich hier mit einer überraschenden Sicherheit die Richtigkeit eines Dichterwortes: Dies ist der Fluch der bösen Tat, daß sie fortzeugend Böses muß gebären. Dies gilt auch und gerade für die polnischen Morde, Deportationen, den Landraub 1945. Die Einstellung der polnischen Bevölkerung zu Deutschlandfragen ist die direkte Folge der polnischen Verbrechen von 1945.

[42]Nach einer Umfrage ergab sich im Frühjahr 1990 Folgendes:

Die Aufrechterhaltung der Teilung Deutschlands befürworteten 44,7%; entschieden lehnten sie daüber hinaus 35% ab. 41% sprachen sich für die Selbstbestimmung der Deutschen aus.

83% sahen in der Vereinigung Deutschlands eine Bedrohung für Polen. 53% halten das vereinte Deutschland für einen Konfliktherd für Europa und die ganze Welt. 59% glauben, daß es für die Sicherheit Polens und Europas besser sei, wenn es zwei deutsche Staaten blieben. 79% sprachen sich gegen jegliche deutsche Gebietsansprüche gegenüber Polen aus. Demgegenüber unterschied sich sogar die Kommunistische Partei Polens zwischen 1920 und 1933 wohltuend, die die deutschen Siedlungsgebiete in Westpreußen und dem Westen von Posen an das Deutsche Reich zurückzugeben forderte: Welch eine Wendung.

89% wünschten eine gleichberechtigte Beteiligung Polens an den „Zwei plus Vier" Verhandlungen zur Erpressung Deutschlands auf dem Wege zu Vier-Zonen-Deutschland. 68% erwarteten von der Vereinigung Deutschlands eher eine Verschlechterung der polnisch-deutschen Beziehungen. 46% glaubten ernsthaft an einen Ausverkauf Polens durch Deutschland. 83% sprachen sich für die sogenannte Entschädigung der polnischen Zwangsarbeiter während des Krieges aus, obwohl Polen in aller Form auf alle Reparationen verzichtet hat. Forderung 67 Milliarden. 50% plädieren für die (– notabene noch weitere –) Einschränkung der Rechte der (vorgeblich gar nicht vorhandenen) deutschen Minderheit in Oberschlesien. 29% nur waren für das Recht der Deutschen, ihre Sprache und Kultur pflegen zu können: So wie es gemäß internationalem Recht alle Menschenrechtspakte vorschreiben, die Polen unterschrieben hat.

Aber in aller Unschuld: 6% sind eindeutig für die Versöhnung, 38% sind eher pessimistisch, 41% sind optimistisch, 12% sind eindeutig gegen alles.

Danach ist jede „Aussöhnung" in Richtung Polen eine Lüge und sie dürfte es bleiben.

10.455
Dregger ruft Polen zur „Versöhnungsgeste" auf (FAZ 10.09.1990) (Ergebnisse)

Auf einer Kundgebung in Berlin zum „Tag der Heimat" am 9. September 1990 rief der Vorsitzende der CDU/CSU Fraktion des Deutschen Bundestages die polnische Führung zu einer „deutlichen Geste der Versöhnung gegenüber den Vertriebenen" auf. Die Warschauer Regierung solle „endlich auf die deutschen Heimatvertriebenen zugehen, den offenen ehrlichen Dialog mit ihnen suchen, in ihnen nicht Gegner zu sehen, sondern Leidensgefährten, die in manchem das Schicksal des polnischen Volkes zu teilen hatten". Dem „falschen Eindruck" sollte entgegengewirkt werden, „als würden die Deutschen durch die Grenzneuregelung mit Polen die Vertreibung anerkennen". Das aber „kann und darf niemand von uns Deutschen erwarten, geschweige denn fordern".

Bestimmte Eigenheiten dieser wohlklingenden Forderungen folgen zwar aus dem Kundgebungsthema und dem mutmaßlichen Teilnehmerkreis. Aber dies berichtigt oder verbes-

---

[42] Repräsentative Umfrage des staatlichen COBOS Institutes in Warschau.

sert die Thesen nicht.

Zu berichtigen bleibt:

Ostdeutschlands Schicksal ist kein Privatzwist der Heimatvertriebenen mit der polnischen Regierung, sondern ein todernstes Problem des ganzen deutschen Volkes gegenüber dem ganzen polnischen Volk.

Ein „Dialog" ist keine Wiedergutmachung.

Das hier beklagte mytisch schwere Schicksal des polnischen Volkes ist nur die Folge aus Pilsudskis Angriffskriegen und aus Außenminister Oberst Beck und seiner Kriegsprovokation 1939 um Danzig gegen das Deutsche Reich. Daß alles anders verlief, als es sich die „Berlinmarschierer" vorgestellt hatten, ist nicht „deutscher Überfall" sondern Schicksal.

Eine noch so schöne „Versöhnungsgeste" ist nichts anderes als eine bloße „Geste". Sie wäre keinen Quadratmeter pommerschen Bodens wert. Sie ändert sehr wenig. Sie bessert noch fast nichts.

10.456

Wie auf Verabredung antwortete der „Primas von Polen", Erzbischof von Warschau, Kardinal Glemp („Deutschen ist Unrecht geschehen", FAZ 11.09.1990). (Ergebnisse)

Mit vielen schönen Worten redet Glemp, wie fast immer bisher, an der Wahrheit v o r - b e i .

In Deutschland sollten „vernünftige Leute zu Worte kommen und die Irregeleiteten zum Schweigen gebracht werden". Zu fragen bleibt, wieso es irregeleitet ist, die Wahrheit über Polen, die Deportation der Ostdeutschen, die rechtswidrige Annektion Ostdeutschlands zu sagen?

Glemp knüpft an die Versöhnungsbotschaft der polnischen Bischöfe von 1965 an. Nachdem in Polen von 1945 bis 1990 niemand zur ausdrücklichen Entschuldigung und zum Eingeständnis der Verbrechen Polens 1945 bereit war, nachdem ein Mazowiecski über vage Worte niemals hinaus kam. nachdem ein Staatspräsident Walesa Deutschland „auszuradieren" bereit war,

soll nun der polnische Klerus: ungeachtet des fraudulösen Vorgehens des Kardinals Hlond 1945, ungeachtet der Leugnung der bloßen Existenz einer deutschen Minderheit durch Kardinal Glemp selber bis in neueste Zeit, ungeachtet des politisierenden verfälschenden Bischofs von Stettin-Kammin (…„Polen hat Lebensrecht an der Oder" …) in die Bresche treten wie 1965. Nur: Die „Versöhnungsbotschaft" Glemps: heißt polnische rechtswidrige Westgrenze, heißt Behalten des geraubten Ostdeutschland, heißt Behalten des deutschen Privateigentums, heißt Erpressungspolitik: Pariser und Moskauer Diktate 1990. Was bei Vaclav Havel ehrliche Botschaft der Entschuldigung war, ist hier ein endliches Mimikry zur Täuschung der nicht unterrichteten westlichen Welt und Deutschlands. Die „wesentlichen Interessen beider Länder" werden angesprochen. Für Deutschland ist Ostdeutschland mit seinen 7 Provinzen „wesentlich", sonst „nem, nem, soha" im Zusammenhang mit polnischen Interessen.

Angesprochen werden diejenigen, „die sich noch immer Vertriebene nennen, obwohl sie auf ganz andere Art nach Deutschland gelangt sind". Hier kann die Predigt nur noch als bewußte Falschdarstellung bezeichnet werden: …

Millionen Ostdeutscher mußten von polnischer Polizei gewaltsam aus ihrer Wohnung gezerrt und deportiert werden wie Vieh, das heißt vertrieben werden,

Millionen ihrer Verwandten waren vor den vergewaltigenden und mordenden und raubenden Truppen Polens und der Sowjetunion panisch geflohen; sie wurden auch nach dem

Waffenstillstand durch Polen an der Rückkehr in ihr eigenes Heimatland gehindert.

Vertreibung ist sowohl die Deportation als auch das Rückkehrverbot. Jene „ganz andere Art" Glemps ist nichts als eine bewußte verfälschende Ausflucht. Auch nach der Art des polnischen Historikers Labuda über die vorgebliche „Massenabwanderung" 1945.

Der Primas fuhr fort: „Deutschen ist Unrecht geschehen". Deutschen ist aber nicht nur Unrecht geschehen, sondern Verbrechen ohne Zahl wurden begangen. Und Unrecht muß wiedergutgemacht werden. Auch polnisches Unrecht.

Der Primas fährt fort: „Aber man muß auch das Ausmaß des Unrechts sehen, das andere erlitten haben." In Deutschland besteht manchmal eine fast panische Angst davor, nur ja keine Aufrechnung von Unrecht vorzunehmen. Glemp dagegen nimmt nicht nur bedenkenlos eine globale Aufrechnung von Unrecht vor, sondern er versucht aufzurechnen, was absolut unvergleichbar ist und nicht aufrechenbar ist.

Das „andere Unrecht", das er heranziehen möchte, geschah im Kriege. Es betraf vorwiegend Männer und Widerstand; Frauen nur im Arbeitseinsatz. Das polnische Unrecht an Deutschen, das er zuzugeben gezwungen ist, geschah n a c h Kriegsende. Es betraf in Form der Vertreibung vorwiegend Frauen, Kinder, Babies, Greise, Krüppel. Die deutschen Männer waren ja meistens nicht da, sondern eingezogen.

Das „andere Unrecht", der deutsche Angriffskrieg, die deutschen Annektionen sind gerichtet worden. Die Verantwortlichen wurden hingerichtet. Das polnische Unrecht, die polnischen Annektionen werden bis heute aufrechterhalten, als „rechtmäßig" zu erpressen versucht.

Der Primas fährt fort: „Polen aus Pommern, Großpolen, und den ehemaligen polnischen Ostgebieten, die von dort vertrieben worden sind, erinnern sich auch ihres Leides".

Bis auf das Leid ist davon alles schief bis falsch: …

In Pommern gab es überhaupt keine Polen. Nehme man an, er habe es mit Pomorze/Pommerellen verwechselt.

Die Polen aus Großpolen sind von niemandem vertrieben worden., sondern sie strömten freiwillig zum Raub in die deutschen Ostgebiete. Sie kamen aus ihrem ungefährdeten und unbestrittenen polnischen Volksgebiet. Die Polen aus den ehemaligen polnischen Ostgebieten? … Diese sogenannten polnischen Ostgebiete waren 1921 geraubte weißruthenische, ukrainische, später auch litauische Westgebiete, die nach dem Selbstbestimmungsrecht – östlich der Curzon-Linie – Polen nicht das Geringste angingen! Diese Polen wurden 1945 nicht deportiert. Sie gingen freiwillig aus der Sowjetunion zurück ins polnische Volksgebiet.

Die Deutschen dagegen gingen niemals freiwillig. Diese Polen aus den „Polnischen" Ostgebieten aus der ostslawischen Diaspora betrugen ganze 1 503 263: So nach dem Zeugnis des Polenfreundes G. Rhode, aaO. S.272.

Die vertriebenen Deutschen aus Memel, Ostdeutschland, Danzig betrugen bis zu 10 Millionen, mit den Sudetendeutschen bis zu 13 Millionen Menschen! Was kann selbst Kardinal Glemp hier aufrechnen?

Die Versöhnungsgeste von Kardinal Glemp, obwohl ein Fortschritt, ist über gute Worte hinaus nicht genug. Gefordert werden muß als Vorschlag einer „Aussöhnung" als Mindestes: Entschuldigung gemeinsam von Sejm und Senat der Republik Polen für die Verbrechen der Deportation und der Morde, Restitution des deutschen Privateigentums.

10.46

Nationaler Chauvinismus wird in Europa überflüssig (Ergebnisse)

Ein Grund für die Forderung auf deutsche Grenzen entsprechend dem Selbstbestimmungsrecht des deutschen Volkes auf Ostdeutschland ist, daß nur damit die letzten Residuen nationalen Chauvinismus, hier polnischen, tschechischen, russischen Chauvinismus ausgeräumt werden, weil sie im größeren Europa überflüssig geworden sind zugunsten des Aufgehens in der Einheit des Kontinentes. Das Aufgehen größerer wie kleinerer Völker, zur Zeit noch zunehmender Völker, wie zur Zeit abnehmender Völker, beendet den Chauvinismus in der Form der Mystifikation von Militärgrenzen: Mit allen Folgen, die dies auch für Ostdeutschland haben müßte.

Für den Weg in die Zukunft haben alle Völker Europas auf ihren Chauvinismus, ihren übersteigerten und gegen fremde Rechte blinden Nationalismus zu verzichten:In allen seinen vielfachen, gleichermaßen zerstörerischen Formen.

Chauvinismus in Form der Mystifizierung (meist) historischer Symbole, Chauvinismus in Form von Militärgrenzen als octroiierte „Staatsgrenzen" als „Friedensgrenzen", Chauvinismus in Form der Herrschaft gößerer Völker über kleinere Völker, Chauvinismus in Form der Arroganz zur Zeit noch zunehmender Völker gegenüber zur Zeit schon abnehmenden Völkern.

10.461
Symbole: (Ergebnisse)

Am leichtesten scheint der übliche und leider immer wieder überkommene Chauvinismus in der Form der Haypertrophie zur Mystifizierung meist historischer Symbole zum Preis des eigenen Nationalismus gegen einen anderen entsprechenden Nationalismus überwindbar. Dabei sind die meisten dieser Symbole an sich höchst verehrungswürdig.

Höchst interessant erscheint, daß dieser manchmal bis zur Absurdität gesteigerte Nationalchauvinismus sowohl anknüpfen kann an „grandiose Siege" als auch an „katastrophale Niederlagen". Für beide Erscheinungen finden sich überzeugende Beispiele:

Die 216 auf einem „brasier gigantesque" 1244 verbrannten Katharer-Martyrer sind für Albigeois und Provenzalen kaum mehr ein Symbol.

Der entscheidende Sieg Portugals über Spanien 1385 von Alcubarrota ist in Portugals Nationalheiligtum im Kloster Batalha höchst gegenwärtig.

Die Vernichtung des serbischen Heeres 1389 auf dem Kossowo ist aktuellste Geschichte und chauvinistische Politik zugleich; das Trauma Serbiens.

Die Schlacht bei Tannenberg, polnisch Grunwald, 1410, eine litauische Flucht, ein polnischer Sieg durch den Verrat deutschen Adels mitten in der Schlacht, bleibt die angebetete Mystifikation eines Aggressionskampfes Polens auf deutschem Boden: Nach der Ausmordung der Stadt Gilgenburg durch Polen und Tataren.

Griechenland gedenkt mit der Eroberung von Konstantinopel einer der größten Katastrophen der griechischen wie der europäischen Geschichte: 1453

Spanien kann in Granada 1492 das siegreiche Ende von 781 Jahren Kampf in der ewigen Reconquista sehen.

Ungarn verlor in Mohacs 1529 an einem Tage König, Adel und Staat.

Malta feiert hinter seinen gigantischen Festungswällen in der Belagerung von 1565 einen der größten Siege der mittelalterlichen Christenheit.

Eine tschechische Mystifikation geheimnist in die Schlacht am Weißen Berge 1620 einen vorgeblichen Untergang eines tschechischen Staates hinein: In Wirklichkeit eine Schlacht zwischen zwei deutschen Herrscherhäusern: Habsburg und Pfalz, und zwischen zwei Religionen Deutscher, Katholizismus und Protestantismus; nicht aber für oder gegen ein damals staatlich nicht existentes Ceski eines verbrannten Reformators Jan Huß.

Schottland gedenkt in Culloden 1746 der letzten seiner katastrophalen Niederlagen gegen

England.

England braucht über Trafalgar – weil selbstverständlich – nicht weiter nachzudenken. Waterloo – Preußen läßt grüßen – ebenso.

Frankreich hat im XX. Jahrhundert gleichermaßen die Revanche pour Sadowa, 1866, die Kapitulation von Sedan, 1870, die siegreiche Behauptung von Verdun 1916 (1914 – 1918) integriert. 1940 ist überwunden.

Italien gedenkt mit dem zehntausendfachen Ruf „Presente" seiner Toten auf dem Soldatenfriedhof „Re di Puglia" der Isonzoschlachten 1915 – 1918.

Polen gedenkt der Toten von Katyn 1940 als lebendes Symbol.

10.462
Militärgrenzen: (Ergebnisse)

Die unerträglichste Form nationalen Chaauvinismus in Europa war eine historische und sind 6 gegenwärtig noch existierende Militärgrenzen in Form sogenannter Staatsgrenzen: Hauptkampflinien in veralteten strategischen Unterdrückungskonzepten.

Die militärische Demarkationslinie des Polens Pilsudskis tief in Litauen, Weißruthenien und der Ukraine in Wolhynien, ist 1945 von der Sowjetunion v ö l l i g z u R e c h t bis zur Curzon-Linie zurückverlegt worden: Unter Herausgabe von bis zu 10 Millionen Litauern, Weißruthenen, Ukrainern und Juden durch Polen, die Polen 1921 – 1939 unterjocht gehalten hatte, die es nicht das Geringste angingen, für die es keinerlei Kompensation verdiente.

Die Brenner-Grenze Italiens nördlich von Südtirol seit 1918 ist eine Militärgrenze, obwohl sie zufolge der allgemeinen Ermattung friedlich geworden ist.

Die Grenzen von Trianon: zwischen Rumänien und Ungarn insbesondere, zwischen der Slowakei und Ungarn ähnlich, zwischen Kroatien und Ungarn schwächer, sind an vielen Stellen so tief ins ungarische Volksgebiet gelegt worden, daß sie als Militärgrenzen zum Zweck der Niederhaltung Ungarns erscheinen müssen.

Die russisch-rumänische Grenze zwischen Rumänien und Bessarabien, der sogenannten Moldau, ist eine Militärgrenze mitten durch zu beiden Seiten rumänisches Volksgebiet.

Die tschechische Grenze im Bayerischen Wald, im Erzgebirge, im Riesengebirge ist – unter der Vortäuschung einer rein historischen Grenze – eine militärische Demarkationslinie durch im Frieden und bis 1945 ausschließlich deutsches Siedlungsgebiet. 1938, das einzige Mal, als es hätte darauf ankommen können, sah selbst die Tschechei ein, daß ihre Militärgrenze sinnlos war, und sie gab nach ohne Kampf.

Eine Militärgrenze ist die sowjetisch-polnische Demarkationslinie in Nordostpreußen, weil Stalin den – im XX. Jahrhundert sicher abstrusen – Albtraum hatte, daß „Rußland in Ostpreußen im Nacken Deutschlands sitzen müsse".

Eine unerträgliche Militärgrenze ist die Oder-Neiße-Linie. Polen muß begreifen, daß es – entgegen seinem Vorsatz 1939 – niemals „nach Berlin marschieren" wird. Polen muß einsehen, daß diese sogenannte „Friedensgrenze" eine Hauptkampflinie eines nicht erklärten Krieges seit 1945 ist. Polen muß verstehen, daß es an der Oder nicht „auf Friedenswacht" steht und an der Oder weder in Breslau noch in Stettin ein „Lebensrecht" hat.

Zum Ende des Militärgrenz-Chauvinismus in Europa gehört, daß Polen, die Tschechei und Rußland ihre Militärgrenzbezirke herausgeben: Im XX. Jahrhundert sind Grenzlinien – 50 km weiter vor oder zurück – selbst für konventionelle Waffen belanglos. Die ganze Denkrichtung der Militärgrenzen ist hoffnungslos antiquiert.

10.463
Herrschaft größerer Völker über kleinere Völker: (Ergebnisse)

Diese Form des Chauvinismus ist vermutlich die älteste. Sie beginnt im modernen Europa zurückzutreten. Quantität alleine, ohne besondere Qualität, ist heute kein Argument mehr. Die Frage wird dadurch etwas entgiftet, daß die größere Staatsnation normalerweise und bei rationaler Politik dem kleineren mitregierten Volk in Form der Einräumung von Autonomie entgegenkommt. Dennoch geht die vielfach von der herrschenden Nation angestrebte Assimilation meist langsam, aber unaufhaltsam vor sich.

Dennoch stehen noch immer – zum Glück und zum Reichtum Europas – mindestens 28 zahlenmäßig kleine Völker und 9 zahlenmäßig mittlere Völker den 8 zahlenmäßig großen Völkern Europas gegenüber. Hinzu kommen noch mindestens 5 Volksteile, deren Natur als selbständige Sprachgemeinschaften / Völker im Übergang fraglich erscheint.

Immerhin sind von den kleinen Völkern 3: Basken, Armenier, Georgier, dazu Teile von drei weiteren kleinen Völkern: Nordiren, Corsen, Kossowo-Albaner zur Unrast bis hin zum offenen Aufruhr mißhandelt, gereizt und getrieben worden.

Nur durch die Deportation / Vertreibung / Ermordung von Millionen Ostdeutschen in der schärfsten denkbaren Form des Chauvinismus ist 1945 – anders als 1918 – 1939 – verhindert worden, daß wiederum wie durch Versailles und Saint Germain viele Millionen Angehörige des zahlenmäßig großen deutschen Volkes von mittleren bzw. kleineren Staaten und Völkern beherrscht werden: Eine Anomalität, die seltsam und einmalig war: Memelland, Nordostpreußen, Danzig, Ostdeutschland, Sudetenland.

Dagegen blieb die Beherrschung der zahlenmäßig in ihrem Heimatgebiet weitaus überwiegend deutschen Südtiroler – mangels Vertreibung! – durch die Staatsnation Italien bestehen.

10.464
Eine letzte Form des nationalen Chauvinismus ist die Arroganz bestimmter, zahlenmäßig zur Zeit vielleicht noch zunehmender Völker gegenüber zahlenmäßig zur Zeit schon abnehmenden Völkern. (Ergebnisse)

Dies ist kein europäisches Werturteil und kein Kriterium und kein Argument. Auf Dauer ist jetzt bereits absehbar, daß in wechselndem Maße alle europäischen Völker stagnieren werden bzw. abnehmen werden. Dessen ungeachtet haben alle gleichermaßen in die europäische Einheit einzugehen, unter Bewahrung ihrer Individualität, unter Bejahung der Einheit Europas in Vielgestaltigkeit seiner Völker. Auch die Schweiz, Norwegen, Schweden, Finnland werden hier in angemessener Weise zu beteiligen sein. Europa bedarf aller seiner Teile; auch Ostmitteleuropas.

10.47
Europaidealismus und die Teilung Deutschlands: „Wohlwollend wird vorgebracht" (Ergebnisse)

10.471
„Wohlwollend" wird in Deutschland vieles vorgebracht: Deutsche „Nützliche Diener", „Nützliche Funktionäre", „Nützliche Idioten": ... (Ergebnisse)

Die Erscheinung des „Nützlichen Idioten" – der bös- oder aber gutgläubig nicht deutsche, sondern fremde Interessen vertritt – ist viel älter als ihre allgemein bekannteste Definition.

556

Die klassische Definition soll sie durch Wladimir Iljitsch Lenin vor ca. 70 Jahren erfahren haben.

Diese Definition hatte Lenin für Bourgeois, Kapitalisten, Kulaken, Volksfrontanhänger, Bürger von links gewählt. Dieser Definition ist in ihrer Klarheit, Deutlichkeit und Richtigkeit an sich seitdem kaum etwas hinzufügen gewesen.

Für Deutsche trügt diese Feststellung. Dennoch trügt erstaunlicherweise für Deutsche diese Feststellung. In Deutschland wird zu vieles wohlwollend vorgebracht.

Lenin konnte naturgemäß einzelne Deutsche der Zeit nach 1945 nicht gekannt haben: Einzelne Politiker, Philosophen, Soziologen, Journalisten, Juristen, Pfarrer. Selbst Lenin, ebenso Stalin hätte so manche der Aussagen solcher phänomenalen Koryphäen bei auch extensivster Phantasie nicht für möglich gehalten: So „nützlich idiotisch" waren bzw. sind sie.

Dabei ist erfreulicherweise die deutsche Geschichte an sich nicht ausgesprochen reich an solchen „Ephialtes"-Figuren (480 vor Christus, griechischer Verräter an den Thermopylen). Beispiele belegen dies.

Mit Segestes, dem Haupt der West-Cherusker 9 v. Chr., vor der Schlacht im Teutoburger Wald, mag es beginnen.

Der Eidechsenbund, Kulmerländische Ritterschaft, 1410 gerade w ä h r e n d der Schlacht bei Tannenberg Verrat am Deutschen Orden begehend zu Gunsten von Polen, Litauern, Tataren, ist anschließend zu nennen.

Es folgt der folgenreichste Hochverräter und „Nützlichste Idiot" der deutschen Geschichte: Tilemann vom Wege, deutscher regierender Bürgermeister der rein deutschen Stadt Thorn, Verantwortlicher für die Bürgerkriegserklärung, den „Absagebrief" vom 4.2.1454 für den „preußischen Bund" gegen den Landesherrn, den Deutschen Orden, zu Gunsten Polens. Er führte hin nach 1466 mit dem praktischen Untergang des Ordens. Er lieferte Westpreußen an Polen aus; zusammen mit Danzig. Er hat den folgenden Niedergang Ostpreußens in Konsequenz zu verantworten. Er ließ das Traumgebilde der polnischen „historischen Nationalität" beider Preußen entstehen. Er ermöglichte den Niedergang bis 1772. Auf seinen Spuren folgte der polnische Korridor 1918. Auf dessen Spuren folgten der polnische Raub Ostdeutschlands und die Oder-Neiße-Linie 1945. Dante hat in seinem Inferno beschrieben, was ihm widerfahren sollte.

Sodann Johannes Hoffmann, Ministerpräsident des „souveränen" französischen Satelliten „Saar" 15.12.1947 – 29.10.1955: Als typischer Quisling einer neuen Zeit.

Der „Bund deutscher Offiziere" 1941/43 – 1945/46 – für Stalin mißbrauchte Patrioten – kann vom Verdacht nicht freigezeichnet werden.

Walter Ulbricht, Erich Honecker, mit ihnen die „Sozialistische Einheitspartei Deutschlands", die leitenden Funktionäre der „DDR" seit 1945/1949 sind zu brandmarken.

Napoleon I. hatte noch einschränkend festgestellt: „Ich liebe den Verrat, aber nicht den Verräter." Die Sowjetunion liebte nicht nur den Verrat, z.B. Richard Sorge, die Rosenbergs, Klaus Fuchs. Sie liebte auch den Verräter, zunächst, so z.B. den „verdienten Kundschafter des Volkes" G. Guillaume, den kranken Erich Honecker.

Nichts in diesen traurigen Feststellungen richtet sich gegen die zahllosen deutschen Bediensteten in der „DDR", die – mangels besserer Kenntnis oder unter Lippenbekenntnissen – ihre Pflicht taten in Anpassung, Resignation, Fleiß, Arbeitsamkeit, Nächstenhilfe. In der Lage Deutschlands nach 1945, nach 1949, nach 1955 sich zeitweilig abzufinden, zu resignieren, zum Alltag normaler Pflichten übergehen, das heißt Jahrzehnte lang das Nächstliegendste zu tun, und „zu arbeiten, nicht zu verzweifeln" (Carlyle), wird niemand niemandem jemals verdenken können; gerade nicht nach dem 9. November 1989, dem 3. Oktober

1990. (In keiner Weise in die abstoßende Reihe der Verräter gehören etwa Vertreter eigener Interessen wie Heinrich der Löwe, Philipp Melanchthon, Franz von Papen!)

Das typischste und extremste Beispiel zur Erklärung dessen, was in Deutschland unter „Nützliche Idioten" beklagt werden muß, dürfte Deutsche betreffend das folgende sein: Anläßlich des Heimattreffens der Landsmannschaft Schlesien in Hannover 1987 gingen sogenannte deutsche Friedensfreunde auf die Straße, um zu demonstrieren und zu protestieren gegen die Devise der Schlesier: „Schlesien gehört allen Deutschen". Freiwillig, vermutlich selbst ohne dafür bezahlt worden zu sein, verkündeten die Nützlichen Idioten: „Schlesien muß polnisch bleiben!" Eine noch nützlichere Idiotie im polnischen und kommunistischen Sinne ist nicht mehr vorstellbar. Und erst recht nicht analog außerhalb Deutschlands. Kein Franzose – gleichgültig welcher Richtung – wäre zwischen 1871 und 1918 oder auch zwischen 1940 und 1945 – selbst gegen Bezahlung, geschweige freiwillig, zu Demonstrationen auf die Straße gegangen, um zu protestieren: „Alsace-Lorraine muß deutsch bleiben"!

Offensichtlich gibt es im Rest Deutschlands – aber wohl wirklich nur hier – angemaßte „Patrioten", die sind „süchtig nach der Schändung" (so der Leitartikel FAZ 25.7.1987) in der Bejahung, Verteidigung und sogar Lobpreisung der Vergewaltigung des eigenen Volkes und Staates in Deutschland. Solches kann nur zur Achtung anheimgegeben werden.

Hochbedeutsam werden solche gleiche oder ähnliche nützliche Idioten für den Marxismus-Leninismus oder den polnischen Chauvinismus, wenn und weil sie „wohlwollend" die deutsche Bundespolitik als Politiker zu gestalten oder zu beeinflussen in der Lage sind. „Wohlwollend" nach dem Lippendienst für Deutschland dienen sie unter Beschwörung der Entspannung, der Berechenbarkeit, der Verläßlichkeit, des Erhalts des Friedens, in Wirklichkeit dem Imperialismus der Sowjetunion, auch jetzt bei deren Niedergang, der territorialen Aggressivität Polens, der Manie der Tschechen, dem Hoch- und Landesverrat der SED/PdS. Sie dienen weder Europa noch dem deutschen Staat noch dem deutschen Volk.

Wer als Deutscher die Abtrennung Ostdeutschlands und des Sudetenlandes nicht nur als zur Zeit nicht abzuändern erträgt, sondern sie zu vertreten, zu verteidigen, zu rechtfertigen sucht, wie dies 2 Blätter in Norddeutschland seit Jahren tun, der dient nützlich. Das gleiche gilt für bestimmte deutsche Politiker: Wer als Deutscher die Abtrennung Mitteldeutschlands als vorgebliche „Deutsche demokratische Republik" und die Abtrennung Ostberlins für endgültig, für den Friedenszustand auf Dauer, für die Erfüllung des Selbstbestimmungsrechts der Völker – sei es des deutschen Volkes, sei es des „Volkes der DDR", sei es des „Staates" „DDR" – bis 1989 zu halten suchte, der muß heute noch erst beweisen, warum er so handelnd nicht „nützlich gedient" habe! ...

Wer die Unveränderlichkeit der Unterworfenheit und aller Grenzen der Stalinrealitäten des zweiten Weltkrieges zu vertreten sucht – unter russischer Herrschaft – zuletzt den großrussischen Oblast „Kaliningrad", der dient nützlich.

10.472
Bejahung der Teilung Deutschlands im Rahmen und als Folge des Grundgesetzes für die Bundesrepublik Deutschland? (Ergebnisse)

Wohlwollend wird vorgebracht, die Teilung Deutschlands durch Abtrennung Ostdeutschlands, Österreichs usw sei zu bejahen, vorgeblich um Europas willen, im Rahmen und als Folge des Grundgesetzes für die Bundesrepublik Deutschland.

Dabei ist grundsätzlich festzuhalten, daß diese Teilung Deutschlands n i c h t entstanden ist und nicht aufrechterhalten wird, weil es deutschem Willen so entspräche. Wenn ein Konstantin Frantz es im XIX. Jahrhundert gefordert hätte, wenn ein Kurt von Schuschnigg es praktisch vertrat bezüglich Österreichs, obwohl er dem einheitlichen Willen aller Parteien und der gesamten Bevölkerung Österreichs von 1918 bis 1933 / 38 völlig widersprach, so wäre es noch eine Teilung aus deutschem Willen.

Die Bejahung der Teilung Deutschlands durch Abtrennung Ostdeutschlands ist zu allererst ein Problem auch des deutschen Staatsrechtes, auch wenn es modern zu werden beginnt, mangels Argumenten gegen die Rechtsregelungen zu versuchen, das Recht insgesamt zu mißachten und als bloßen „Formelkram" zu bagatellisieren, als „juristische Zwirnsfäden", die man in der praktischen Politik nicht beachten könne.

Im Grundgesetz für die Bundesrepublik Deutschland – ein gerade von den Verächtern der Wiedervereinigung Deutschlands auch nur in den Grenzen vom 31.12.1937 aufs höchste geschätztes Grundgesetz – war in der Präambel mit Verfassungsrang vorgeschrieben: ... die „nationale und staatliche Einheit zu wahren", für „jene Deutschen" zu handeln, „denen mitzuwirken versagt war ... in freier Selbstbestimmung die Einheit und Freiheit Deutschlands zu vollenden".

Nachdem sehr berechtigte, aber doch weniger wichtige Bestandteile des Grundgesetzes als diese Grundvoraussetzungen der Staatsverfassung in Artikel 79 Absatz (3) GG von jeder Änderung (– außer im Rahmen des Artikels 146 GG –) ausdrücklich ausgeschlossen worden sind, sind diese rechtlichen und rechtspolitischen Gesetzesbefehle der Präambel des Grundgesetzes verfassungsrechtlich unveränderlich. Sie sind und bleiben zwingend vorgeschrieben. Sie sind selbst dem qualifizierten Gesetzgeber mit Zweidrittelmehrheit entrückt. Sie gelten fort, auch wenn sie nicht mehr positiviert sind.

Nur dies stimmt auch mit dem Buchstaben und insbesondere den tragenden Gründen, das heißt dem Geist der Judikatur des Bundesverfassungsgerichtes bis 1990 überein.

Das Bundesverfassungsgericht hat wissentlich und willentlich in seinem Urteil zum Grundlagenvertrag mit Gesetzeskraft (gemäß 31 BVfGG) für alle „Staatsorgane" und die darüber ggf. hinausgehenden „Verfassungsorgane" unveränderlich vorgeschrieben: „kein Verfassungsorgan der Bundesrepublik Deutschland darf die Wiederherstellung der staatlichen Einheit als politisches Ziel aufgeben; alle Verfassungsorgane sind verpflichtet, in ihrer Politik auf die Erreichung dieses Zieles hinzuwirken".

Gemäß Artikel 21 Abs. (1) GG sind die Parteien in einer Grauzone eine Art von Verfassungsorgan geworden. Sie „wirken bei der politischen Willensbildung des Volkes mit". Diese Mitwirkung hat sich entsprechend den Geboten und Verboten des Grundgesetzes einerseits, der gesetzeskräftigen Rechtsprechung des Bundesverfassungsgerichtes – bis zu einem etwaigen ausdrücklichen und förmlichen Widerruf in neuer Judikatur – andererseits zu verhalten. Diese Prinzipien gelten fort, auch wenn sie nicht mehr positiviert sein sollten.

Jegliche Propaganda für die Hinnahme, erst recht für die Bejahung der Teilung Deutschlands durch die Abtrennung Ostdeutschlands ist danach verfassungswidrig. Sie ist rechtswidrig und unmoralisch. Dies gilt für alle Parteien. (Was die „Grünen" tun ist ohnehin irrelevant.)

Noch kurz vor seinem Tode hatte Kurt Schumacher – wohl als sein Testament – postuliert: „Wir lassen uns von niemandem in der Vertretung der nationalen Interessen Deutschlands übertreffen ...".

Dem Grundgesetz für die Bundesrepublik Deutschland jedenfalls kann eine Bejahung der Teilung Deutschlands durch die Abtrennung Ostdeutschlands nicht entnommen werden.

10.473

Die „Last der deutschen Geschichte": (Ergebnisse)

Wohlwollend wird vorgebracht, das Verhältnis von eigener und fremder Schuld. Nation

und Staat, deutsche Interessen, Patriotismus, Friedensvertrag, Mitte Europas neu überden-
ken zu müssen im Interesse Europas als Konsequenz der „Last der deutschen Geschichte".
Deutsche „könnten nicht so unbekümmert mit der Last der deutschen Geschichte umgehen", wie vielleicht andere Völker, um nicht der Verdrängung von Fragen, die nicht offen-
bleiben können, zu entgehen. Wohlwollend wird „Verfassungspatriotismus" empfohlen.
Eine Verfassung, auch eine so bewährte wie seit Jahrzehnten das Grundgesetz, ist aber, wie
oben nachgewiesen eben niemals die patria, das Vaterland. Genauso wenig kann „constitutio patria nostra" anerzogen werden.

Wohlwollend wird „republikanischer Verfassungsstolz" empfohlen. Res publica ist das
Leitmotiv jeder deutschen Regierung gewesen, so verschieden ihre Anschauungen sonst
auch gewesen sein mögen. (Natürlich gilt dies nicht für die „DDR"). Die Republik ist zu
ihrer Zeit genauso viel zum Stolz berechtigend, wie es zu ihrer Zeit die Monarchie – 1007
Jahre in der deutschen Geschichte – gewesen sein mag. Mit solchem Schlagwort wird nur
versucht, die höchst achtbare Staatsform der Republik zum Symbol emporzustilisieren,
wozu sie nicht taugt und was sie nicht trägt. Deutschland ist mehr als seine (vorübergehenden) Staatsformen. Bereits der Weimarer „Verfassungstag" war leider sang – und klanglos
trotz aller Verdienste vergangen.

Wohlwollend wird vorgebracht, „deutsche Identität" wiederfinden, herstellen, beweisen,
bewahren, bewähren zu wollen. – Noch so „tief" gemeinte Theorien können aber das Vaterland nicht ersetzen. Deutsche Nationalidentität aber gar suchen zu wollen extremer Weise:
in der Verhinderung fortschreitenden Sozialabbaus, in der Schaffung von Solidarität mit den
Schwächeren, ist unbeschadet aller lobenswerten Liebenswürdigkeit naiv bis zur Kindlichkeit. Die deutsche Nation kann und wird mehr sein als die Bilanzierung ihrer sich ändernden
Sozialverhältnisse.

Die vorgeblich „verabschiedete Nation" (FAZ. 2.7.1987) kann so nicht überwunden oder
vergessen werden.

10.48
Europaegoismus und die Teilung Deutschlands und Europas: (Ergebnisse)

10.481
Wohlwollend werden unendlich wohllautende Thesen zum „gemeinsamen Doppelhaus" Europa vorgebracht: … (Ergebnisse)

„Kaum jemand bezweifele, daß ein status quo plus nicht erreichbar sei", „das Thema sei
die Architektur des gemeinsamen Hauses Europa". „Der dauerhafte europäische Friede setze
deutscherseits eine möglichst breite innenpolitische Verständigung über die eigene nationale Identität voraus", „ein Volk, das so in der Mitte Europas lebe, wie die Deutschen, sei
den Einflüssen und Einwirkungen von vier Himmelsrichtungen immer gleichzeitig ausgesetzt", „die fast permanente Mehrstaatlichkeit in unserer Geschichte sei eine der Folgen".

Diese Thesen teilen die bestrickende Eleganz, alle entweder schief oder falsch zu sein,
entgegen einem blauäugigen ersten Eindruck.

„Status quo plus?" Niemand vermag die Zukunft vorauszusehen. Entsprechend dem Worte Bismarcks „weht der Mantel Gottes in der Geschichte wann und wo er will". Was heute
nicht erreichbar ist, mag „in hundert Jahren" (Gorbatschow!) Alltag der Entwicklung sein.

„Gemeinsames Haus Europa?" Die Architektur des „gemeinsamen Hauses Europa" ist
grundstürzend dadurch bis zur Unmöglichkeit vorbelastet, daß dieses „Haus" äußerstenfalls,
– falls es überhaupt zu existieren vermag –, ein „Doppelhaus" zu sein hat und sehr wenig
Gemeinsames aufweist.

Der westliche Teil, ein „moderner Bungalow vieler Zimmer und Rafinessen", ist in stürmischem Aufbau, nach demokratischen Methoden, zu moralischen und rationalen Zielen. Dem folgt ein Stacheldraht vom Nordkap bis zum Schwarzen Meer; ein Phänomen, das erst langsam zurückzutreten begonnen hat. Der östliche Teil, langsam zerfallende Restbauten früherer Jahrzehnte, ist im Umbruch; er ist aber nach wie vor ein „Lager, sich zu sammeln im Kommunismus und sich zu konzentrieren", ein Konglomerat höchst unterschiedlicher Ausgestaltung.

Gemeinsam ist beiden Teilen nur, daß sie, soweit sie es dürfen, den Kommunismus ablehnen, auf ein einiges Europa hoffen, und dazu das Ende der Reste sowjetischer Herrschaft herbeiwünschen.

Was zu gelten hätte, wenn höchst wünschbarerweise die bisher imperialistische Sowjetunion ein friedliebendes Großrußland – zum ersten Male in seiner Geschichte – würde, wäre zur Zeit noch immer Wunschdenken. Erforderte dies doch – gemäß den Versprechungen Lenins, – daß alle unterworfenen Völker des letzten „Kolonialreiches" der Erde freigegeben würden: Estland, Lettland, Litauen, Weißruthenien, die Ukraine, die Moldau, Armenien, Georgien, Aserbeidschan, die asiatischen muslimischen spätkolonialen Teilrepubliken. Ferner die gänzliche Beendigung der Hegemonie über ostmitteleuropäische Randstaaten wie Polen, die Tschechische Republik, Ungarn, Rumänien, Bulgarien. Offensichtlich ein sehr weites Feld noch immer trotz Gorbatschow und Perestroika und Neuem Denken und Jelzin.

„Nationale Identität?" Die allgemein geforderte innenpolitische Verständigung über die deutsche nationale Identität wäre eine prachtvolle Errungenschaft. Allein es steht zu befürchten, daß sie hier gerade nicht um ihrer selbst willen gesucht wird, sondern zur endlichen fraglosen Hinnahme der Teilung der Nation, des Staates, der Abtrennung Ostdeutschlands und des Sudetenlandes. Solches Bestreben ist aber nicht bestimmt dazu, der nationalen geistigen Einheit zu dienen, sondern die organisch gewachsene Identität zu zerstören.

„Einflüsse aus vier Himmelsrichtungen?" Was die immer erneut festgestellte Mittellage Deutschlands und der Deutschen im Schwerpunkt Europas angeht, so ist dieses deutsche Schicksal immer gewürdigt worden. Es jetzt als Scheinargument für die Teilung Deutschlands durch Abtrennung Ostdeutschlands verwenden zu wollen, ist eine Plattheit.

Die Schlußfolgerung der Einwirkung von allen vier Himmelsrichtungen ist so nicht zutreffend.

Die Einwirkungen beschränkten sich im Mittelalter sehr stark auf die Aggressionen Frankreichs durch 5 Jahrhunderte, etwa beginnend 1477, immer erneut aufgenommen, bis 1801, 1806, 1809, 1813, 1815, 1870, endend erst 1955 an der Saar.

Sie beschränkten sich noch stärker in der Neuzeit auf die Aggressionen Rußlands: 1756 – 1762, 1813, 1815, 1914 – 1918, 1943 – 1945, 17. Juni 1953; endend einstweilen am 12. September 1990 in dem Moskauer Diktat der vier Mächte zur Oder-Neiße-Linie Zu erwähnen bleiben die 6 Angriffskriege Polens gegen und wegen Westpreußen.

Der Norden – einzige Ausnahme Schwedens relativ kurze Großmachtzeit – ist befriedet. Dänische Versuche gingen mit Bornhöved zu Ende.

Der Süden – einzige Ausnahme Rom und der Katholizismus, aber dies ist eine total andere Kategorie – fällt mit Einwirkungen fast völlig aus. Südtirol ist zur Zeit als geregelt anzusehen.

Die türkische Bedrohung 1529 – 1683 war Gott sei Dank abzuschlagen.

Der Westen Deutschlands ist befriedet. Der Osten Deutschlands allein birgt noch eine Fülle von Rechtsbrüchen, von hintereinander gestaffelten Vergewaltigungen, von immer noch blutenden Wunden.

Im Ergebnis hat es im Grunde im Mittelalter nur e i n e ständige feindliche Einwirkung gegen Deutschland gegeben, diejenige Frankreichs. Ebenso gibt es in der Neuzeit nur eine feindliche Bedrohung ... der Osten: Polen, die Sowjetunion.

Von immer gleichzeitigen Einwirkungen kann machtmäßig somit kaum die Rede sein.

„Permanente Mehrstaatlichkeit?" Die vorgebliche permanente Mehrstaatlichkeit Deutschlands wird nicht als historische Tatsache festgestellt und belegt, sondern sie wird erfunden, um die heutige – trotz des Unterganges der „DDR" fortbestehende – Mehrstaatlichkeit: polnisch verwaltete deutsche Ostgebiete, Österreich, Danzig, Sudetenland, Südtirol, scheinbar begründeter bagatellisieren und empfehlen zu können. Was der Sinn der These sein dürfte.

Historisch ist die vorgeblich permanente Mehrstaatlichkeit Deutschlands eine Verfälschung bis eine Fiktion. Eine „permanente" Mehrstaatlichkeit ist die Kleinländerei des Mittelalters nicht wirklich gewesen. Von 911 bis 1517, ggf. bis 1555 zum Augsburger Religionsfrieden, bis 1556 zur Abdankung Kaiser Karls V., also immerhin fast 6 1/2 Jahrhunderte lang, war das Deutsche Reich noch sehr gegenwärtig, ungeachtet der Auflösungserscheinungen zufolge des Mangels des Heimfallrechtes erledigter Lehen.

Das Emporkommen Habsburgs, Österreichs, mit Böhmen, mit Ungarn, seit 1273/78, 1438, 1493, 1519, 1620, hatte nicht das Geringste mit „Einwirkungen fremder Mächte" zu tun. Es führte in Teilen zum Zusammenwachsen, nicht zum mehrstaatlichen Zerfall.

Das entgegentretende Emporkommen Brandenburgs, dann Preußens, seit 1640, 1701, 1740 hatte wiederum nichts mit „Einwirkungen fremder Mächte „für deutsche Mehrstaatlichkeit zu tun. Es führte wiederum im Ergebnis zum Zusammenwachsen, nicht zum mehrstaatlichen Zerfall. Und 1866, 1871, 1879 wurde die vorgebrachte Mehrstaatlichkeit – nach der fraglichen Zwischenzeit 1555 – 1815, also 260 Jahre in 1 078 Jahren, bereits wieder überwunden. Deutschland waren damals zwei fest miteinander verbündete Großmächte, die sich „verheiratet" hatten: Eine Sonderform von „tu felix Austria nube". Und zum ersten Weltkrieg führte Habsburg, nicht Hohenzollern. Eine Empfehlung, eine Rechtfertigung, eine Entschuldigung für deutsche Mehrstaatlichkeit ab 1945 bzw. 1990 für die Abtrennung Ostdeutschlands gibt es aus der deutschen Staatsgeschichte nicht. Für deutsche Entschlußlosigkeit, Timidität, masochistische Geistesschwäche in Bezug auf die polnische Westgrenze findet sich kein Argument in einer vorgeblich „permanenten" Mehrstaatlichkeit in Deutschland. Als Baustein für ein gemeinsames Haus Europa ist diese These gleichfalls nicht geeignet. Die Frage Österreich ist nach wie vor offen, ebenso die Frage Danzig. Die Frage Ostdeutschland ist nach wie vor offen, ebenso die Frage Sudetenland.

10.482

Berechenbarkeit und Verläßlichkeit Deutschlands: (Ergebnisse)

Wohlwollend wird vorgebracht von nützlichen Funktionären, ungeachtet der Kalamität der mangelnden staatlichen Einheit Deutschlands müsse die Bundesrepublik – Vier-Zonen-Deutschland – ein „berechenbarer und verläßlicher Partner" sein und bleiben. Dies gälte vor allem im Verhältnis zur Republik Polen bezüglich Ostdeutschlands.

Berechenbarkeit und Verläßlichkeit sind an sich unbestreitbar wünschenswert, logisch, rational, richtig. Nur ist es in gar keiner Weise mit diesen diplomatischen Worten und Begriffen zwingend vorgegeben, daß die Bundesrepublik Deutschland – nach dem Vergehen der „DDR" und Ostberlins – rechtswidrige Besatzungs- und Verwaltungszonengrenzen, wie die Oder-Neiße-Linie, wie die Grenzlinien des Sudetenlandes, die Teilungsgrenze in Ostpreußen, als rechtmäßig und mit dem Selbstbestimmungsrecht vereinbar anerkennen soll, gar anerkennen muß. Ab 1949 war es übereinstimmende Rechtsauffassung aller politischen Kräfte in Deutschland, auch der Bundespräsidenten, auch der Bundesregierungen, daß

Deutschland niemals die Abtrennung Ostdeutschlands durch die Oder-Neiße-Linie anerkennen werde, sondern auf der Freigabe der Ostprovinzen bestehe. Jedes entgegenlautende Vorbringen wurde einmütig als V e r r a t bezeichnet. Danach wäre die Bundesrepublik in Übereinstimmung mit der Völkerrechtslage und insbesondere mit der Selbstbestimmung der Völker ganz g e n a u s o b e r e c h e n b a r und verläßlich gewesen und geblieben, wenn sie wirklich energisch die Rechte des Deutschen Reiches gewahrt hätte. Im Gegenteil wäre sie gerade aus polnischer, tschechischer, sowjetischer Sicht sogar noch verläßlicher, weil kein normaler Ausländer die deutsche Verzichtspolitik zu begreifen vermag. Sie wäre verläßlich geblieben, wenn sie sofort 1949 klar, unmißverständlich und entschlossen von jeher festgestellt hätte und jeden Tag erneut feststellte:

Das Selbstbestimmungsrecht der Völker ist für das deutsche Volk und den deutschen Staat die einzige Richtschnur der Außenpolitik bis zur Wiedervereinigung aller Teile Deutschlands zu Gesamtdeutschland.

Eine Anerkennung einer „DDR" kommt nicht in Betracht.

Eine Anerkennung der Oder-Neiße-Demarkationslinie als polnische Staatsgrenze kommt nicht in Betracht. Eine Anerkennung der polnischen bzw. sowjetischen Annektion der Ostgebiete des Deutschen Reiches und der Freien Stadt Danzig kommt nicht in Betracht.

Eine Anerkennung der tschechoslowakischen Annektion des Sudetenlandes kommt nicht in Betracht.

Dies wäre Berechenbarkeit und Verläßlichkeit Deutschlands.

10.483
Durchlässigkeit der Grenzen Deutschlands oder Europas: (Ergebnisse)

Wohlwollend wird vorgebracht: „Wir werden bestehende Grenzen nicht verletzen". Vielmehr vorgeblich „gehe es darum, diesen Grenzen ihren trennenden und unmenschlichen Charakter zu nehmen"! „Es bleibt unser Ziel, den Grenzen ihren abweisenden Charakter zu nehmen und die Trennung unseres Kontinentes und auch unseres eigenen Volkes friedlich aufzuheben"! „Die Deutschen werden nicht aufhören, sich als eine Nation zu fühlen"! Aber: Das Gegenteil: „Die Selbstbestimmung habe das ebenso legitime Streben nach sicheren Grenzen und stabilen politischen Verhältnissen in Europa zu achten!"

Den Grenzen ihren „menschenfeindlichen Charakter" nehmen zu wollen ist ein edles und erstrebenswertes Ziel. Nur ist es insofern ein absolutes Mißverständnis, da nicht die Grenze das Hindernis ist, sondern die andere Rechtsordnung. Als Ersatzziel, oder aber als Zielersatz für die staatliche Einheit aller Teile Deutschlands ist die Grenz „verwandlung" weder erreichbar noch geeignet.

Wohlklingende Worte über „gemeinsame Sicherheit, umfassende Partnerschaft, vielfältige Vernetzung zwischen Ost und West" bleiben gegenüber den Fakten belanglos als bloße Worte. Allerseits sollte endlich aufgehört werden mit solchem Vorbringen vager Illusionen, die das Volk höchstens täuschen.

Ohne daß es auf eine Vollständigkeit einer vermutlich unabänderlichen Negativliste und Verlustliste der deutschen Volkseinheit zufolge der Unvereinbarkeit polnischer und deutscher Rechtsordnung für Ostdeutschland ankäme, zeigte eine solche Aufzählung, daß in fast allen wesentlichen bis entscheidenden Bereichen das so gelobte und angepriesene Ziel der Durchlässigkeit der Grenzen o h n e Einfluß und damit – unbeschadet der sonstigen liebenswürdigen Einzelwörter – insofern insgesamt weithin wertlos ist für Ostdeutschland. Was exemplarisch bis 1989 für die Zonengrenze zur „DDR" und Ostberlin galt, gilt erst recht für die Oder-Neiße-Linie bzw. das Sudetenland. Hier kommt insbesondere noch hinzu, daß entgegen der Deklaration der Menschenrechte und entgegen dem Völkerrecht der beiden Menschenrechtspakte, die Rückkehr der Heimatvertriebenen in ihr eigenes Land, in ihre Heimat von der Republik Polen bzw. der Tschechischen Republik rechtswidrig verboten bleibt. Hinzukommt vor allem, daß ihnen ihr Eigentum vorenthalten bleibt nach entschädigungsloser Enteignung und nicht eingeklagt werden kann.

Besonders kraß bis zur Invektive ist die wohlwollende Forderung einiger nützlicher Funktionäre, das Selbstbestimmungsrecht habe das „ebenso legitime" Streben nach „sicheren" Grenzen zu achten. Es gibt im Dutzend zwingende Beweise, warum diese Forderung rechtswidrig ist, die Selbstbestimmung aufs schwerste verletzt und unerträglich ist.

P o l e n hatte 1921 bis zu 10 Millionen Weißruthenen, Ukrainer und Juden in Wolhynien unterjocht und führte bis 1939 eine wahre Terrorherrschaft über sie. Natürlich war Polen aufs innigste bemüht und berührt in seinem „legitimen" Streben nach „sicheren Grenzen" seines Raubes in „Ostpolen", 1921 bis 1945, entgegen den Menschenrechten, entgegen der Selbstbestimmung.

P o l e n hatte die Hauptstadt Litauens, Vilnius, widerrechtlich besetzen lassen und durch verfälschende Manipulationen seine Annektion erreicht. Natürlich war Polen aufs innigste bemüht und berührt in seinem „legitimen" Streben nach „sicheren Grenzen" seines Raubes in „Zentrallitauen", 1923 bis 1945, entgegen den Menschenrechten, entgegen der Selbstbestimmung.

P o l e n hatte sich in Versailles das mehrheitlich deutsche Westpreußen – so noch sogar die Anerkenntnis der polnischen KP in der Pilsudski-Zeit – übereignen lassen. Die deutsche Bevölkerung wurde hinausschikaniert bis 1926. Natürlich war Polen aufs innigste bemüht ...

Die Tschechoslowakei hatte sich in Saint Germain und Versailles das zu 92% deutsche Sudetenland – nach schamlosesten Lügen ihres Außenministers Benesch, nach einem Blutbad in Kaaden mit 54 Toten, – übereignen lassen. Natürlich war die Tschechoslowakei aufs innigste bemüht und berührt in ihrem „legitimen Streben" nach „sicheren Grenzen" ihres Raubes 1920 bis 1938, entgegen den Menschenrechten, entgegen der Selbstbestimmung!

Italien hatte sich in Saint Germain das rein deutschsprachige und ladinische Südtirol übereignen lassen. Natürlich waren das Königreich Italien wie der Faschismus aufs innigste bemüht und berührt in ihrem „legitimen Streben" nach „sicheren Grenzen" ihres Staates am Brennero: 1920 bis heute. Entgegen den Menschenrechten, entgegen der Selbstbestimmung.

P o l e n hatte sich durch Stalin und in Potsdam den größten und wertvollsten Landraub aller Zeiten übereignen lassen, von Masuren und Danzig bis Nieder- und Oberschlesien. Natürlich war Polen ... zuerst das kommunistische Polen Mikolajczyks, Gomulkas, Giereks, Jaruszelskis, dann aber völlig ebenso das „demokratische" Polen des Präsidenten Walesa, auf das Innigste bemüht und berührt in seinem „legitimen Streben" nach „sicheren Grenzen" seines Raubes in Ostdeutschland ab 1945 bis heute. Entgegen den Menschenrechten, entgegen der Selbstbestimmung.

Das Selbstbestimmungsrecht der Völker geht bedingungslos und restlos der danach rechtswidrigen Aufrechterhaltung „sicherer" Grenzen nach dem Ende und als Ergebnis von Raubkriegen vor.

Wer als deutscher nützlicher Funktionär das ebenso „legitime Streben" nach solchen „sicheren Grenzen" des Raubstaates vertritt, hat von den wirklichen Problemen keine Ahnung.

10.49
Freiheit die Zukunft Europas und Deutschlands? (Ergebnisse)

Die Freiheit als die Zukunft Europas scheint im Jahre 1991 – dem Jahr der Rede des Nobel-preisträgers Michail Gorbatschow – näher und sicherer zu sein als seit langem. Alle Menschen scheinen guten Willens. Eine Euphorie der Hoffnungen auf den Frieden und auf die Völkerverständigung hat die Menschen in Europa erfaßt und scheinbart verwandelt.

Mit einer Leichtigkeit und einer Vertrauensseligkeit, die in ihrer wundervollen Erfüllung an Kindlichkeit gemahnt, wird weithin geglaubt, daß alles problemlos werden könnte, alles lösbar sein könnte. Die Fragen von heute, die Armut in der Welt, der Hunger, die Krankheiten, die Übervölkerung, folgend die Umweltzerstörung, die Klimakrise, ließen sich bei gutem Willen aller relativ bald lösen. Im Grunde gebe es keine unlösbaren Konflikte mehr, auch wenn der vordere Orient oder Afghanistan oder Indochina noch letzter Anstöße bedürften.

Requiescat in pacem? Nur Deutschland soll da eine Ausnahme bilden? Können nicht die Stalinrealitäten des zweiten Weltkrieges endlich eingefroren werden? Und so bleiben, wie sie sind? Kann nicht über den nichtswürdigen polnischen status quo in Ostdeutschland im Interesse der Verständigung, der Aussöhnung, des Friedens willen, um Europas willen, mit vielen schönen Worten hinweggegangen werden? Endlich alles vergessen werden? Indem alles um jeden Preis so bleibt, wie es nun einmal 1991 zufällig ist? Daß Wiedergutmachung in Ostdeutschland ein gutes Recht Deutschlands ist und bleibt! Daß allermindestens Europäisierung Ostdeutschlands erforderlich ist: Soll es vergessen werden? Die größte territoriale Frage seit 1795, seit Menschengedenken.

Wo bleibt die europäische einvernehmliche Lösung? In Freiheit und Einheit?

Wenn Westdeutschland und Mitteldeutschland, wenn Vier-Zonen-Deutschland weiterhin einschläft über dem Traum der deutschen Einheit in Freiheit, so bringt dies den Deutschen in Ostdeutschland: ... die Reichsdeutsche sind wie alle anderen, die Schutzbefohlene Vier-Zonen-Deutschlands sind und bleiben, weder die Freiheit noch die Einheit.

Was müssen wohl diese verlassenen Deutschen in Ostdeutschland jenseits der Oder-Nei-ße-Linie von dem Traum der Vier-Zonen-Deutschen von der Freiheit der „Bundesdeutschen" denken, „in der sich die Einheit der Nation erfüllen und vollenden" sollte und müßte? Um Europas willen?

Wohlwollend wird vorgebracht, „in der Freiheit ihrer Menschen solle und müsse sich die Einheit der Nation erfüllen"! Erforderlich ist stattdessen, daß Freiheit u n d Einheit gemeinsam als notwendig erkannt werden. Die Freiheit ist nicht die Einheit ... Die Freiheit kann die Einheit nicht werden und sie nicht ersetzen. Wo bleibt die Freiheit der Ostdeutschen? Wo bleibt die Einheit aller Teile Deutschlands? Wo bleibt das Menschenrecht auf die geraubte Heimat für die Ostdeutschen im Vier-Zonen-Deutschland? Ein Dutzend Millionen Ostdeutscher?

Deutschland und Europa müssen gleichermaßen erfüllt werden in der Einheit ganz Deutschlands in Freiheit ... Nichts ist geregelt, denn es ist nicht gerecht geregelt: So Abraham Lincoln.

Nachwort

Nach dem 1. September 1989: 50 Jahre nach Kriegsausbruch.

Nach dem 9. November 1989: Öffnung der Berliner Mauer; deutsche Revolution.

Nach dem 12. September 1990: Moskauer Diktat zur O d e r - N e i ß e -Linie.

Nach dem 3. Oktober 1990: Wiederherstellung der Einheit von V i e r - Z o n e n - D e u t s c h l a n d.

Während dieses Buch geschrieben wurde ging das deutsche Volk 1989 bewußt zu den höchsten Höhen in der Einheit Vier-Zonen-Deutschlands, aber verlor sich das deutsche Volk 1990 gleichzeitig in die tiefste Tiefe, und es nahm Ostdeutschlands Verlust nicht einmal zur Kenntnis. Es mag deshalb sein, daß dieses Buch neben Zustimmung Widerspruch erregt: Sowohl der Betroffenen,- mancher Deutscher –, als auch bei den Interessenten, – den glücklichen Besitzern des Raubes im status quo –.

Das Buch ist für niemand zur Unterhaltung gedacht. Es ist denen zur Anklage bestimmt, die vor dem Sittengesetz, vor dem Recht und vor der Geschichte nicht bestehen können.

Im alten Ägypten, Tausende Jahre vor Christi Geburt, wurde in Gedanken Gericht gehalten über einen Verstorbenen, ehe er begraben wurde. So bleibt heute in Gedanken Gericht zu halten zu einem Totenbuch. Einerseits: Über Deutschland, von dem zu befürchten steht, daß es – scheinbar florierend – dem Niedergang entgegengeht, weil es seinen Geschichtsauftrag des Selbstbestimmungsrechtes auf sein Land nicht erfüllt! Andererseits: Über Deutschland, weil es in Zukunft im Sterbefallüberschuß dahingehen wird, obwohl Europa und die Welt auch Deutschland brauchen! Schließlich: Über die Gegner wie auch die „Freunde" Deutschlands, die dieses Dahingehen herbeiführen.

Von den Lebenden wurde geistiges Gericht gehalten über den Verstorbenen. Die Richter hatten in Ägypten ein Schwert in den Händen. Wie bis heute Justitia. Die Rechenschaft wurde auf die Waage gelegt, gewogen, befunden. Das Ergebnis, das „Buch der Gerechtigkeit" wurde für alle Zukunft dem Toten dann ins Grab gegeben.

Ein Totenbuch, nunmehr über das dahinexistierende Deutschland bleibt es auch deshalb, weil das Selbstbestimmungsrecht des deutschen Volkes auf sein Land in den rechtswidrigen „Realitäten" der beiden Weltkriege 1920 und insbesondere der Stalinrealitäten von 1945 so schamlos aufs Äußerste verbrecherisch verletzt worden ist, daß an seiner Verwirklichung nur noch verzweifelt werden kann.

Ist ja zur Zeit von Deutschland die H ä l f t e des deutschen Landes dem deutschen Staate verloren gegangen.

Und selbst wenn alles, was hier nachdenklich zusammengestellt worden ist, nur noch Vergangenheit zeigt, keine Gegenwart, keine Zukunft mehr haben sollte! Selbst wenn alles dies zu nichts führt; was zu befürchten steht. Und selbst wenn das Unrecht niemand mehr ändern kann, – oder kaum jemand mehr berichtigen will. Es bleibt das Recht bestehen. Es bleibt der Anspruch Deutschlands auf das Selbstbestimmungsrecht auf das deutsche Land. Auch wenn alle glücklichen Besitzer ihres Raubes deutschen Landes mit dem status quo aufs Äußerste zufrieden sind …

Der erste Verfasser dieses Buches, – der ersten Hälfte über Versailles –, mein Vater, hatte sein ganzes Leben unter die Forderung gestellt: „Versailles muß fallen". Als er dann so glücklich gewesen war, die Revision von Versailles zugunsten des deutschen Rechtes zu erleben, 1935 bis 1939, starb er 1943 als politischer Häftling im Konzentrationslager.

Ich, als zweiter Verfasser dieses Buches, – der zweiten Hälfte über Potsdam –, überlebte als politischer Häftling im Konzentrationslager. Mir blieb dann nicht die Resignation: Nach der Kenntnisnahme der Oder-Neiße-Linie! Es bleibt Deutschland für die Geschichte darzustellen. Es bleibt das Unrecht festzuhalten. Es bleibt festzustellen, wie alles gekommen ist, wie alles gewesen ist.

Das Buch scheint jetzt ein Totenbuch zu sein. Es liegt am deutschen Volke, es mit göttlicher Fügung in ein Buch des Lebens zu verwandeln.

Heute bleibt es dazu bestimmt, jedem der guten Willens ist, dem schlecht unterrichteten US-amerikanischen, französischen, britischen, russischen Leser zu versuchen, in Grundzügen zu zeigen, wie alles gekommen ist, wie alles gewesen ist.

Register

Personenregister:

Ortsregister

Nicht aufgeführt sind: die russischen, schwedischen, schweizer Siegesorte, die ostdeutschen, russischen, französischen, italienischen, schottischen, ungarischen, serbischen, bulgarischen Orte katastrophaler Niederlagen, die polnischen Städte, insbesondere im Korridor, die Festungen, die Eroberungen in Rußland, die deutschen Städte in Böhmen und Mähren/ Schlesien, die hussitischen Zerstörungen, die schlesischen Herzogtümer, die französischen Könige.

Literaturverzeichnis

Nur Beispiele:

Angesichts vorliegender sehr ausführlicher Verzeichnisse über das Schrifttum zu Ostdeutschland, wird hier nur die Literatur verzeichnet, die im Text zitiert worden ist:

Dr. Dr. Kurt Rabl: Die gegenwärtige völkerrechtliche Lage der deutschen Ostgebiete; München 1958; S. 145 – 151;

Michael Schmitz: Die Rechtslage der deutschen Ostgebiete; die Oder-Neiße-Grenze im Blickpunkt des Völkerrechtes; Köln 1986; S. 83 – 87;

Rüdiger Altmann: Der wilde Frieden; 1987;

A. Antonow-Owssejenko: Biographie Stalins, Portrait einer Tyrannei; Berlin 1936;

Prof. Dr. Adolf Bach: Geschichte der deutschen Sprache; 6. erw. Auflage; Heidelberg 1956;

Max Hildebert Boehm: Die deutschen Grenzlande; 2. v. Aufl. Berlin 1930;

Der Große Brockhaus; bis 1985; Band 5;

Professor Dr. Martin Broszat: Zweihundert Jahre deutsche Polenpolitik; 1963; 1972;

Joseph Calmette: Les grands Ducs de Bourgogne; Paris 1949;

Deutsche Geschichte 1866 – 1945; vom Norddeutschen Bund bis zum Ende des Dritten Reiches; München 1980;

Walter Christaller: Die Zentralen Orte in Süddeutschland; Jena 1933;

Schalom Ben Chorin: Die Heimkehr. Jesus, Paulus und Maria in jüdischer Sicht; 8. Aufl. 1985

Winston Churchill: The second world war; Band 6;

Robert Conquest: Ernte des Todes; Stalins Holocaust in der Ukraine 1929 – 1933; München 1988;

Dr. Günter Decker: Das Selbstbestimmungsrecht der Nationen; Göttingen 1955;

Alexander Demandt (Hrsg.): Deutschlands Grenzen in der Geschichte; München 1990;

Gottfried Fittbogen: Was jeder Deutsche vom Grenz- und Auslandsdeutschtum wissen muß; 9. Aufl. München, Berlin 1938;

Peter Fritz Habel: Dokumente zur Sudetenfrage; Veröffentlichungen des sudetendeutschen Archivs; München 1984;

Oskar Halecki: Geschichte Polens; Frankfurt 1970;

David L. Hoggan: Der erzwungene Krieg; die Ursachen und Urheber des Zweiten Weltkrieges; Tübingen 1986;

Theodore N. Kaufman: Germany must parish; USA 1941;

George F. Kennan: Auf Krieg programmiert; Frankreich und Rußland am Vorabend des Ersten Weltkrieges; 1990;

Erich Keyser: Geschichte der Stadt Danzig; 2. Aufl. Würzburg; o.J.

Professor Dr. Herbert Kraus: Der völkerrechtliche Status der deutschen Ostgebiete innerhalb der Reichsgrenzen nach dem Stande vom 31. Dezember 1937; Göttingen 1964;

Der Landeshauptmann der Provinz Sachsen: Mitteldeutschland auf dem Wege zur Einheit; Merseburg 1927;

A. Lentin: Die Drachensaat von Versailles; die Schuld der „Friedensmacher"; Leoni 1984;

August Lösch: Die räumliche Ordnung der Wirtschaft; Jena 1940;

Erich Maschke: Zur Geschichte der deutschen Kriegsgefangenen des Zweiten Weltkrieges; 18 Bände; 1962 – 1964;

Meyers Konversationslexicon 1895; Band P;

Ferdinand Otto Miksche: Das Ende der Gegenwart; Europa ohne Blöcke 1990;

Andreas Mölzer: Österreich, ein deutscher Sonderfall; Berg 1988;

Professor Dr. Martin Philippson: Geschichte der neueren Zeit; Brüssel 1886;

Reichsarchiv: Der Weltkrieg 1914 – 1918;

Gotthold Rhode, Wolfgang Wagner: Quellen zur Entstehung der Oder-Neiße-Linie in den diplomatischen Verhandlungen während des Zweiten Weltkrieges; 2. erw. Aufl. Stuttgart 1959;

Bruno Schumacher: Geschichte Ost- und Westpreußens; 3. Aufl. Würzburg 1958;

Statistisches Bundesamt: Die deutschen Vertreibungsverluste; Bevölkerungsbilanzen für die deutschen Vertreibungsgebiete; 1939 – 1950; 1958;

Ulrich Stern: Die wahren Schuldigen am zweiten Weltkrieg; München 1990;

Dokumentation der Vertreibung; 8 Bände 1953 – 1960;

August Winnig: Vom Proletariat zum Arbeitertum; o.J.

Reinhard Wittram: Baltische Geschichte; die Ostseelande Livland, Estland, Kurland 1180 – 1918; München 1954.